Himmel
Hölle
Fegefeuer

Das Jenseits im Mittelalter

Eine Veröffentlichung des Schweizerischen Landesmuseums

in Zusammenarbeit mit dem Schnütgen-Museum und der
Mittelalterabteilung des Wallraf-Richartz-Museums der Stadt Köln

Katalog, herausgegeben von der Gesellschaft für das Schweizerische
Landesmuseum

Konzept und Gesamtredaktion: Peter Jezler
Redaktion und Lektorat: Elke Jezler unter Mitarbeit von Susan Marti und René Perret
Bildredaktion: Peter Jezler und René Perret
Layout: René Perret
Umschlag: Erika Schmuki
Zeichnungen: Beat Scheffold und Maurizio Belpassi
Übersetzung aus dem Französischen: Angelika Meyer

2., durchgesehene Auflage 1994
© 1994 Schweizerisches Landesmuseum, Zürich
Verlag Neue Zürcher Zeitung, Zürich
ISBN 3-85823-524-5

Umschlagvorderseite: Detail aus der «Versuchung des hl. Antonius» von
Jan Mandyn, Fondation Rau (Kat. 145)
Umschlagrückseite: Stundenbuch, Victoria & Albert Museum London,
Ms. Salting 1221, fol. 153r «Paradies- und Höllenlandschaft» (Kat. 130)

HIMMEL HÖLLE FEGEFEUER

Das Jenseits im Mittelalter

Eine Ausstellung des Schweizerischen Landesmuseums
in Zusammenarbeit mit dem Schnütgen-Museum und der
Mittelalterabteilung des Wallraf-Richartz-Museums der Stadt Köln.

Katalog von Peter Jezler

mit Beiträgen von
Hans-Dietrich Altendorf, Bodo Brinkmann, Hans-Jörg Gilomen, Christine Göttler,
Alois M. Haas, Martin Illi, Susan Marti, Daniela Mondini, Christa Oechslin, Brigitta Rotach,
Wolfgang Schmid, Roger Seiler, Kathrin Utz Tremp, Martina Wehrli-Johns

Herausgegeben von der Gesellschaft für das Schweizerische Landesmuseum

Verlag Neue Zürcher Zeitung

LEIHGEBERINNEN UND LEIHGEBER:

Aachen, Suermondt-Ludwig-Museum
Aarau, Aargauische Kantonsbibliothek
Avenches, Musée romain
Baar, Archiv der römisch katholischen Kirchgemeinde
Bamberg, Historisches Museum der Stadt
Basel, Historisches Museum
Bern, Kantonsarchäologie und Historische Anthropologie
Einsiedeln, Stiftsbibliothek
Engelberg, Stiftsbibliothek
Erkelenz, Pfarrkirche
Fondation Rau pour le Tiers-Monde, Zürich
Frankfurt a.M., Museum alter Plastik, Liebieghaus
Gottfried Keller-Stiftung
Hamburg, Kunsthalle
Hannover, Kestner-Museum
Innsbruck, Tiroler Landesmuseum Ferdinandeum
Innsbruck, Tiroler Volkskunstmuseum
Köln, Diözesan- und Dombibliothek
Köln, Diözesanmuseum
Köln, Domschatz
Köln, Kunst- und Museumsbibliothek
Köln, Schnütgen-Museum
Köln, Wallraf-Richartz-Museum
Kremsmünster, Kunstsammlungen Stift Kremsmünster
Lausanne, Musée de la Cathédrale
London, Victoria & Albert Museum
München, Staatliche Graphische Sammlung
Neuchâtel, Bibliothèque Publique et Universitaire
Nürnberg, Germanisches Nationalmuseum
Oberägeri, Kirchenrat des katholischen Pfarramts
Peyersche Tobias Stimmer-Stiftung, Schaffhausen
Porrentruy, Bibliothèque Cantonale Jurassienne
Regensburg, Museen der Stadt Regensburg
Romont, Schweizerisches Museum für Glasmalerei
Rösrath, Katholisches Pfarramt St. Nikolaus von Tolentino
Rudolstadt, Stadtbibliothek
Rudolstadt, Thüringer Landesmuseum Heidecksburg
Sammlung August Carl
Sammlung Heinz Kisters
Sarnen, Heimatmuseum
Sarnen, Benediktinerpriorat
Schaffhausen, Museum Allerheiligen
St. Gallen, Bischöfliche Kanzlei
St. Gallen, Stiftsarchiv
Vreden, Heimatmuseum
Würzburg, Universitätsbibliothek
Zug, Katholische Kirchgemeinde
Zug, Museum in der Burg
Zürich, Eidg. Technische Hochschule, Graphische Sammlung
Zürich, Kunsthaus
Zürich, Schweizerisches Landesmuseum
Zürich, Staatsarchiv
Zürich, Zentralbibliothek
Zwickau, Ratsschulbibliothek
Verschiedene Privatsammlungen

BEARBEITUNG DES OBJEKT-KATALOGS

A. F.	Andres Furger
A. K.	Armin Kunz
B. B.	Bodo Brinkmann
B. K.	Bernd Konrad
C. G.	Christine Göttler
C. Gü.	Christoph Güntert
C. O.	Christa Oechslin
D. G.	Daniel Gutscher
D. M.	Daniela Mondini
E. J.	Elke Jezler
E. P.	Enrica Picciati
F. G. Z.	Frank Günter Zehnder
F. K.	Friedrich Kisters
G. C.	Gabriela Christen
G. S.	Gudrun Sporbeck
H. W.-A.	Hiltrud Westermann-Angerhausen
Hp. L.	Hanspeter Lanz
I. W.-S.	Ingrid Westerhoff-Sebald
J. H.	Jochen Hesse
J. R.	Jeannette Rüdisühli
J. Ra.	Judith Raeber
L. F.	Laurent Flutsch
L. S.	Liliane Seiler
L. U.	Lutz Unbehaun
M. B.	Markus Brühlmeier
M. Ba.	Marianne Baltensperger
M. Bi.	Marion Bigger
M. F.	Moritz Flury
M. G.	Martin Germann
M. I.	Martin Illi
M. W.	Marius Winzeler
M. W.-J.	Martina Wehrli-Johns
P. J.	Peter Jezler
P. S.	Pasquale Sibillano
R. G.	Ruth Gubelmann †
R. P.	René Perret
R. S.	Roger Seiler
S. M.	Susan Marti
S. P.	Sigrid Pallmert
S. R.	Simone Rova
S. U.-B.	Susi Ulrich-Bochsler
St. T.	Stefan Trümpler
Th. E.	Thomas Egloff
Th. S.	Theo Schmid
U. B.-S.	Uli Beleffi-Sotriffer
U. S.	Ueli Suter
W. F.	Wilibald Flury

Inhaltsverzeichnis

7	Vorwort des Direktors des Schweizerischen Landesmuseums	*Andres Furger*
8	Vorwort der Direktorin des Schnütgen-Museums der Stadt Köln	*Hiltrud Westermann-Angerhausen*
9	Konzept und Entstehung der Ausstellung	*Peter Jezler, Projektleiter*

Thematische Darstellungen und Untersuchungen

13	Jenseitsmodelle und Jenseitsvorsorge – Eine Einführung	*Peter Jezler*
27	Die Entstehung des theologischen Höllenbildes in der Alten Kirche	*Hans-Dietrich Altendorf*
33	Der Durst der Toten und die zwischenzeitliche Erquickung (Refrigerium Interim)	*Brigitta Rotach*
41	Der Himmel der Seligen	*Christa Oechslin*
47	«Tuo daz guote und lâ daz übele» – Das Fegefeuer als Sozialidee	*Martina Wehrli-Johns*
59	Begräbnis, Verdammung und Erlösung – Das Fegefeuer im Spiegel von Bestattungsriten	*Martin Illi*
69	Tod und Jenseits in der deutschen Literatur des Mittelalters	*Alois M. Haas*
79	«Ich manen dich der brüsten min, Das du dem sünder wellest milte sin!» – Marienbrüste und Marienmilch im Heilsgeschehen	*Susan Marti / Daniela Mondini*
91	Zur Rolle von Stundenbüchern in der Jenseitsvorsorge	*Bodo Brinkmann*
101	Zwischen Tod und Auferstehung – Zur Selbstdarstellung städtischer Eliten des ausgehenden Mittelalters im Spiegel von Stifterbildern	*Wolfgang Schmid*
117	Mittelalterliche Medizin und Probleme der Jenseitsvorsorge	*Roger Seiler*
125	Waldenser und Wiedergänger – Das Fegefeuer im Inquisitionsregister des Bischofs Jacques Fournier von Pamiers (1317–1326)	*Kathrin Utz Tremp*
135	Renten und Grundbesitz in der Toten Hand – Realwirtschaftliche Probleme der Jenseitsökonomie	*Hans-Jörg Gilomen*
149	«Jede Messe erlöst eine Seele aus dem Fegefeuer» – Der privilegierte Altar und die Anfänge des barocken Fegefeuerbildes in Bologna	*Christine Göttler*
165	Sterben – «früher» und «heute»	*Roger Seiler*

Katalog der ausgestellten Objekte

170	Kat. 1 bis 6	Heiden und Synkretisten
176	Kat. 7 bis 14	Memento mori
186	Kat. 15 bis 65	Jenseitsvorsorge
252	Kat. 66 bis 90	Tod und Begräbnis
282	Kat. 91	Partikulargericht
284	Kat. 92 bis 119	Fegefeuer
323	Kat. 120 bis 124	Ende der Zeit
330	Kat. 125 bis 138	Weltgericht
350	Kat. 139 bis 152	Hölle
369	Kat. 153 bis 172	Himmel

Jenseitsglossar, Raumgestaltung, Abbildungsnachweis und Bibliographie

397	Jenseitsglossar	*Urs Amacher / Peter Jezler / Susan Marti*
411	Raumgestaltung der Zürcher Ausstellung	*Lukas Dietschy*
414	Abbildungsnachweis	
415	Bibliographie	

Eine Ausstellung des Schweizerischen Landesmuseums

in Zusammenarbeit mit dem Schnütgen-Museum und der Mittelalterabteilung des Wallraf-Richartz-Museums der Stadt Köln

Konzept und Projektleitung

Peter Jezler

Projektrealisierung und Administration

René Perret
Christa Staiger
Susan Marti
Ueli Suter

Wissenschaftliche Beratung und Unterstützung in der Objektrecherche

Frank Günter Zehnder
Hiltrud Westermann-Angerhausen
Christine Göttler
Lutz Unbehaun
Friedrich Kisters
Bernd Konrad
Bodo Brinkmann

François de Capitani
Dione Flühler
Laurent Flutsch
Hanspeter Lanz
Sigrid Pallmert
Hortensia von Roten
Matthias Senn

Ausstellungsarchitektur und Raumgestaltung

Lukas Dietschy, Basel

Realisierung der Ausstellung in Zürich

Bauten, Beleuchtung und Dekoration

F. & D. Baumgartner AG, Dekorationsbau für Bühne, Film und Fernsehen, Embrach
Dekorationsbau Felix AG, Embrach
Matí, Lichtgestaltung, Wädenswil
Abstieg in die Unterwelt: Kunstobjekte von Margaretha Dubach, Zürich

Helen von Burg, Dekorationsmalerin, Basel

Koordination Museumsdienste

Willi Ackermann (Verwaltung)
Toni Isch (Finanzen)
Walter Keller (Hausdienste)
Hanspeter Lanz (Sammlung)
Gina Moser (Gestaltung)
Ueli Stahel (Öffentlichkeitsarbeit)
Peter Wegmann (Bauten und Sicherheit)

Restaurierung und Konservierung

Ulrich Heusser
Renate Knopf
Peter Mäder
Annette Meier
Ursula Schuppli
Geneviève Teoh

Handwerk und technische Dienste

Hans Buchmüller
Jeannette Frey
Kurt Gähler
Walter Gilg
Fritz Jordi
Roland Twerenbold
Erwin Zäch

Folgende Firmen haben die Ausstellung in Zürich mit Material und Leistungen gefördert:

Amewa AG, Wald (Klimageräte)
Klimag AG, Bern (Lüftungsinstallationen)
Schott & Schleiffer AG, Muttenz (entspiegelte Gläser)
SYMA, Kirchberg (Glasfaserbeleuchtung)

Deutsche Lufthansa AG, Direktion Schweiz (Kunsttransport-Flüge)

Realisierung der Ausstellung in der Josef-Haubrich-Kunsthalle in Köln

Projektleitung

Hiltrud Westermann-Angerhausen

Mitarbeit bei der Projektrealisierung

Frank-Günther Zehnder (Wallraf-Richartz-Museum)
Mia M. Storch (Kunsthalle)
Gudrun Sporbeck
Marie-Sophie Dumoulin

Anpassung der Bauten und Einrichtung

Paul-Josef Kohlhof

Administrative Koordination

Winfried Fischer (Verwaltung der Kölner Museen)

Konservatorische Betreuung

Werner Henneberger
Anke Müller
Gudrun Sporbeck

Die Ausstellung wird in Köln gefördert durch:

Anne-Marie und Helmut Börner-Stiftung
«Für Sie» Handelsgenossenschaft eG
Mitglied der REWE-Handelsgruppe
Kultusminister des Landes Nordrhein-Westfalen
Sparkassen-Stiftung zur Förderung rheinischen Kulturguts
Stadtsparkasse Köln

Vorwort

Andres Furger, Direktor des Schweizerischen Landesmuseums

Ein guter Teil der Objekte der Sonderausstellung «Himmel Hölle Fegefeuer» stammt aus der Sammlung des Schweizerischen Landesmuseums. Seit der Gründung des Museums im späten 19. Jahrhundert nehmen die mittelalterlichen sakralen Skulpturen und Tafelgemälde im Museum in Zürich eine zentrale Stellung ein. Diese Kostbarkeiten bilden den Schlüssel zum Verständnis einer differenzierten Welt, von der wir uns heute weit entfernt haben und die es – auf musealem Weg – zurückzuholen lohnt. Die hier in den größeren Zusammenhang gestellten mittelalterlichen Kunstwerke öffnen den Weg zu einer ideellen Welt, womit wir mitten in einer Thematik sind, die – neben dem Brückenschlag zur Gegenwart – zum Hauptprogrammpunkt meiner Leitungstätigkeit am Schweizer Nationalmuseum gehört.

Mit «Himmel Hölle Fegefeuer» wird erstmals der Versuch unternommen, die christlichen Jenseitsvorstellungen und die davon abhängigen Lebensformen mit Kunstwerken und Sachgütern erfahrbar zu machen. Dabei stößt man in der Ausstellung auf eine (begehbare) Jenseits-Welt, die langsam gewachsen und nicht ohne Widersprüche geblieben ist.

Die in dieser Ausstellung gezeigten originalen Kunstwerke weisen letztlich zu den Flammen des eigenen Höllenfeuers und zu den Strahlen aus dem eigenen Himmel. Damit ist gesagt, daß das persönliche Erleben uns wichtig ist; man soll hier staunen können, sich verwirren lassen und wiederkommen dürfen.

Hier setzen für mich, sobald die unmittelbare Faszination des Ausstellungsbesuchs und der Kataloglektüre uns aus ihrem Bann entlassen hat, auch entscheidende Fragen in bezug auf die Gegenwart ein: Durch welche neuen Welten wurde dieses weitgehend verlorene Gut heute ersetzt? Sind es diesseitige oder jenseitige Welten? Was sind die Gründe für die Verschiebung? Nach meiner Meinung haben wir viel erreicht, wenn der Ausstellungsbesuch Anstöße zu weiteren gedanklichen Prozessen gibt, welche uns in die Gegenwart zurückführen.

Ich danke dem Ausstellungsteam unter Leitung von Peter Jezler ganz herzlich für seine enorme, konsequent ausgeführte Arbeit sowie den daran beteiligten Mitarbeiterinnen und Mitarbeitern des Landesmuseums, allen Leihgeberinnen und Leihgebern und insbesondere den Kolleginnen und Kollegen in Köln, welche wesentlich mitgearbeitet haben und die Ausstellung anschließend übernehmen werden. Besonderer Dank gilt auch der Gesellschaft für das Schweizerische Landesmuseum, insbesondere ihrem Präsidenten, Peter Max Gutzwiller, welche das unternehmerische Risiko für den Ausstellungskatalog übernommen hat.

Vorwort

Hiltrud Westermann-Angerhausen, Direktorin des Schnütgen-Museums der Stadt Köln

Himmel-Hölle-Fegefeuer sind Begriffe, die heute fremd, fast wie Kinderreime klingen und weit entfernt von unserer Wirklichkeit zu sein scheinen. Dennoch sind die Angst vor dem «unbekannten Land, aus dem kein Reisender zurückkehrt» und die Hoffnung auf eine möglichst glückliche Weiterexistenz nach dem Tod aus dem Bewusstsein der Menschheit in keiner Kulturstufe fortzudenken. Aus dieser Hoffnung und Angst sind zu allen Zeiten, genährt durch die Lehren der Theologie und die Vorstellung des Volksglaubens, Verträge und Versicherungen, Gedanken- und Vertragsgebäude, Tempel und Kirchen entstanden, Dichtungen, Gemälde und Skulpturen, die das Jenseits an verstehbaren Bildern aus der eigenen Lebenswirklichkeit festmachen wollten, und die Angst und die Hoffnung zu bannen vermochten.

Viele dieser Bilder sind noch lebendig, vermischt mit Elementen anderer Kulturen, versetzt in neue Wertsysteme, verfremdet, verharmlost oder als Volksverdummung verurteilt, aber doch trotz aller Aufklärung auf vielfältige Weise noch Teil unseres kollektiven Bewusstseins.

Die Wiederbegegnung mit den Bildern von Himmel, Hölle und Fegefeuer, die diese Ausstellung ermöglicht, ist deshalb nicht nur eine Herausforderung an die Schaulust, zeigt nicht nur «Wege ins Jenseits», sondern konfrontiert den Betrachter auch Schritt für Schritt mit heutigen Ängsten und Hoffnungen, für die es heute andere Bilder und Texte gibt. Himmel, Hölle und Fegefeuer ist ein Ausstellungsthema, das für jedes große Museum alter Kunst in einer seit der Antike reichen Kunstlandschaft von großem Reiz ist. Denn überall ist im Mittelalter Kunst entstanden, die Gegenwart und Jenseits zugleich meinte. So bin ich vor allem dem Direktor des Schweizerischen Landesmuseums, Andres Furger, und dem Projektleiter Peter Jezler sehr dankbar, daß sie sich das Schnütgen-Museum in Köln als Partner für diese Ausstellung gewählt haben, zu der aus den Beständen unseres Hauses wie auch aus dem Wallraf-Richartz-Museum wesentliches beigesteuert werden konnte. Ich danke für die großzügige, liebenswürdige und produktive Zusammenarbeit und viele Anregungen aus Zürich. Weiter danke ich allen leihgebenden Institutionen und den Kollegen dort, sowie den privaten Leihgebern, die ihre Schätze für beide Stationen der Ausstellung über einen so langen Zeitraum zur Verfügung stellen. Die Realisierung der Ausstellung in Köln in der Josef-Haubrich-Kunsthalle gelang mit der Hilfe von Frank-Günther Zehnder vom Wallraf-Richartz-Museum, Mia Storch in der Kunsthalle, Paul-Josef Kohlhof, der die Ausstellung für Köln einrichtete, Winfried Fischer von der Verwaltung der Museen und den Kollegen im Schnütgen-Museum, Anke Müller und Werner Henneberger, die die konservatorische Betreuung übernahmen und Gudrun Sporbeck, die mir bei der Arbeit für den Katalog und für das Gelingen insgesamt zur Hand war. Ihnen allen gilt mein herzlicher Dank.

Konzept und Entstehung der Ausstellung

Peter Jezler, Projektleiter

Als mir 1986 der Gedanke kam, *Himmel, Hölle und Fegefeuer* zum Gegenstand eines größeren Projektes zu machen, erschien mir der Stoff sogleich für das Medium «Ausstellung» wie geschaffen: Die mittelalterliche Furcht vor ewiger Verdammnis hat in Form von Donationen und Stiftungen eine überaus reiche Sachkultur hinterlassen, womit die erste Bedingung für museale Veranschaulichung erfüllt ist. Gleichzeitig anerbietet sich die Jenseitstopographie als Ordnung für die Abfolge der Kabinette. Richtet man den Blick auf die Guten Werke, die in der Hoffnung auf ein gnädiges Jenseits geleistet worden sind, öffnet sich eine faszinierende Welt, in welcher private Lebens- und Todesbewältigung auch die gesellschaftlichen Organisationsformen in hohem Maße prägt und erklärt. Kult- und Kunstförderung stehen in direktem Bezug zur barmherzigen Sorge um die Armen, und in der Hoffnung auf Gnade vor dem letzten Richter kontrastiert altruistische Selbstentäußerung mit verblüffendem Krämergeist.

Direktor Andres Furger und Vizedirektor Hanspeter Draeyer ließen sich für die Thematik gewinnen und machten die Ausstellung zur Veranstaltung des Schweizerischen Landesmuseums. Mit der Auftragserteilung 1990 haben sie dem Vorhaben nicht nur umfangreiche Mittel zugewiesen, sie haben mir auch einen außerordentlich großen Freiraum zugestanden, innerhalb dessen das Projekt reifen konnte. Für das Vertrauen bin ich beiden zu großem Dank verpflichtet.

Angesichts der umfangreichen Vorbereitungen war eine zweite Station für die Ausstellung von Anfang an wünschbar. Glücklicherweise ergab sich eine Partnerschaft mit dem Schnütgen-Museum bei wesentlicher Unterstützung durch die Mittelalterabteilung des Wallraf-Richartz-Museums. Die beiden Kölner Institutionen und das Schweizerische Landesmuseum stellen aus ihren reichen Beständen den Grundstock an Exponaten. Er wird ergänzt durch zahlreiche Leihgaben, die aus einem Raum stammen, der sich von den Alpen bis in die Niederlande und von Österreich bis nach Frankreich erstreckt. So unterschiedlich die kunstgeographisch bedingte Ausprägung sein mag, so verwandt bleiben doch die ausschlaggebenden Motive für die Herstellung der Werke. Immer geht es um Jenseitsfurcht und deren Bewältigung. Frau Dr. Hiltrud Westermann-Angerhausen und Prof. Dr. Frank Günter Zehnder haben auf Kölner Seite die Liste der Desiderate maßgeblich erweitert und Zugang zu zahlreichen Leihgaben verschafft.

Zwei Lehraufträge am Kunstgeschichtlichen Seminar der Universität Zürich dienten der tieferen Auslotung der Thematik. Die Studentinnen und Studenten konnten sich intensiv in die gestellten Probleme einarbeiten und mit Katalogbeiträgen und Aufsätzen erste Publikationserfahrungen gewinnen. Auch wenn der große Redaktionsaufwand nicht verschwiegen werden soll, sind auf diese Weise einige wesentliche Aspekte zusätzlich erschlossen worden. – Von vielen Kollegen und Kolleginnen durfte ich Gesprächsbereitschaft und wissenschaftlichen Rat in Anspruch nehmen. Mit Dr. Christine Göttler (Berlin und Rom) verbindet mich ein nunmehr schon über Jahre dauernder «Fegefeuer»-Dialog. Prof. Cornelius Claussen und Dr. Bettina Brand Claussen konnte ich in nächtelangen Diskussionen mit Beschlag belegen. Auch Dr. Bodo Brinkmann (Frankfurt a.M.), Dr. Gerhard Jarritz (Institut für mittelalterliche Realienkunde in Krems), Friedrich Kisters, Dr. Bernd Konrad (Konstanz und Berlin) und Dr. Lutz Unbehaun (Rudolstadt) lieferten viele wertvolle Tips und Informationen. Besonderer Dank gebührt den Autorinnen und Autoren der Katalogbeiträge, deren Mitarbeit eine weitgefaßte Darstellung der Thematik erlaubt hat.

In gestalterischer Hinsicht ging es zunächst darum, innerhalb des Landesmuseums eine Raumstruktur zu finden, die es ermöglichte, einerseits vom Fegefeuer in den Himmel und andererseits vom Weltgericht in den Himmel wie auch in die Hölle zu gelangen. Die Aufgabe hat mir nicht wenig Kopfzerbrechen bereitet und war nur zu realisieren, indem Teile der Dauerausstellung ausgeräumt wurden, wozu die betroffenen Konservatorinnen und Konservatoren großzügig Hand boten.

Vom Direktor des Landesmuseums wurde ich zur «Inszenierung» der Ausstellung ermuntert, eine Aufgabe, die mich gleichermaßen geängstigt wie auch herausgefordert hat. Einerseits sollen Kunstwerke nicht zu Requisiten einer Geisterbahn werden; andererseits tut man einem Altarretabel, welches in kühler Sachlichkeit und ohne jeden Bezug zu seiner ursprünglichen Funktion präsentiert wird, auch Gewalt an. Es geht letztlich um die Frage, was wichtiger sei: ob man ein Bild als Zeugnis der Malkunst oder als Ausdruck der Furcht vor dem Weltgericht verstehen will. Ich glaube, daß man sich für die Dauer einer Wechselausstellung für letzteres entscheiden darf. So werden in Zürich die Objekte in bühnenbildartig gestalteten Räumen gezeigt, welche Bezug nehmen auf die im Werk thematisierte Jenseitsstation.

Die Gestalterwahl fiel zuerst auf Itinérance, Paris. Auf die Ausführung des Vorprojekts mußte aber aus finanziellen Gründen verzichtet werden. Christine DeVichet, Philippe Noir und Marc Valet verdanke ich manche Anregung.

Freundeskontakte erbrachten im richtigen Moment die Bekanntschaft mit dem Architekten und Bühnenbildner Lukas Dietschy. Daraus entwickelte sich eine überaus fruchtbare Zusammenarbeit. Im gegebenen finanziellen Rahmen ging Lukas Dietschy die Planung der Ausstellungsarchitektur vollständig neu an. Mit großem Einfühlungsvermögen hat er es verstanden, dem Konzept mit eigener Formensprache poesievolle Gestalt zu verleihen. Zugleich hat er mit umsichtiger Auftragsvergabe für den reibungslosen Aufbau gesorgt. Anerkennung für hervorragende Arbeit gebührt der auf Dekorationsbau für Bühne, Film und Fernsehen spezialisierten *F. & D. Baumgartner AG, Embrach* respektive der Dekorationsbau *Felix AG, Embrach*. Grossen

Dank auch der Beleuchtungsfirma *Matì, Wädenswil* und dem Verlag Neue Zürcher Zeitung.

Ein großes Projekt läßt sich nur mit Unterstützung vieler helfender Hände und Köpfe realisieren. Speziell hervorheben möchte ich jene Personen, welche die Hauptlast der Ausstellungsvorbereitungen mitgetragen haben. Mein besonderer Dank gilt meiner Frau Elke, welche für die Text-Redaktion zeichnet, in vielen Entscheidungen den maßgebenden Rat erteilte und unter den drei Kindern die Erinnerung an den abwesenden Vater wachhielt. Ebenso verbunden bin ich René Perret, der die graphischen Arbeiten leitete und mit enormem Einsatz die typographische Gestaltung und Drucklegung des Katalogs besorgte. Er wurde unterstützt durch Erika Schmuki, die auf Vorarbeiten Martin Diethelms bauend Plakat, Faltprospekt und Buchumschlag gestaltete. Ohne die erstaunliche Leistungskraft von Susan Marti wäre der Katalog nicht fertig geworden; bei Christa Staiger war das Sekretariat in sicherer Hand, und Ueli Suter half an allen Enden umsichtig und zuverlässig – von der wissenschaftlichen Recherche bis hin zum Kinderhüten.

Zum Schluß sei den vielen Mitarbeiterinnen und Mitarbeitern des Schweizerischen Landesmuseums gedankt, die das doch etwas «außergewöhnliche» Projekt mit soviel Sympathie unterstützten.

Thematische Darstellungen und Untersuchungen

Jenseitsmodelle und Jenseitsvorsorge – eine Einführung

Peter Jezler

Die historische und kunsthistorische Forschung hat der Jenseitsvorsorge lange Zeit geringe Aufmerksamkeit geschenkt. An den Jahrzeitbüchern interessierten weniger die rituellen Vorkehrungen, die unsere Vorfahren für eine rasche Erlösung aus dem Fegefeuer getroffen haben, sondern mehr die Namen, die man zur Rekonstruktion der Stammbäume brauchte. Stiftungsurkunden wurden nicht als Vorsorgepläne für das Jenseits gelesen, sondern als Lieferanten von Jahrzahlen, mit denen sich die Kunstwerke datieren ließen. Das hat zu merkwürdigen Verzerrungen geführt. Nicht selten wird das Altarbild für die Hauptsache einer Stiftung gehalten, obwohl es doch nur das relativ billige Beiwerk einer vielleicht zwanzigmal teureren Pfründe ist. Begriffe wie «Seelgerät», «Patronat», «Stiftung» oder «Partikulargericht», welche für die mittelalterliche Kunstgeschichte von eminenter Bedeutung sind, sucht man in den Fachlexika vergeblich oder findet sie nur unzureichend erklärt.

In den letzten Jahren hat sich das Blatt allerdings gewendet. Die Geschichte des Jenseits ist durch eine lange Reihe aufschlußreicher Publikationen neu erschlossen worden[1]. Interdisziplinäre Fragestellungen, welche die Jenseitsvorsorge von der schriftlichen Überlieferung wie von den erhaltenen Monumenten her beleuchten, bleiben aber noch selten[2]. Genau dies ist das Ziel des vorliegenden Katalogs.

Die mittelalterliche Jenseitswelt ist für Nichtfachleute schwer zugänglich. Ein heute kaum mehr gebräuchliches Vokabular steht dem Verständnis im Wege. Zudem war der Umgang mit dem Jenseits dinglich und von kaufmännisch geprägten Handlungsweisen gelenkt. Wer die Mechanismen verstehen will, muß sich von heute geltenden Vorstellungen lösen können. – Im folgenden wird versucht, einige Grundlagen mittelalterlicher Jenseitsvorstellungen zu erläutern. Dabei geht es nicht um eine kritische Hinterfragung, sondern allein um das Verständnis der Funktionsweise. Die Fragestellung ist denkbar einfach: Wer kommt im Jenseits wann wohin? Und was muß man tun, um nicht in der Hölle zu enden?

I. Der Gerichtstermin

Den mittelalterlichen Jenseits-Vorstellungen eigentümlich ist ihr Reichtum und ihre Präzision im Detail bei mangelnder Folgerichtigkeit im System. Sie gründen auf Gerichtsbildern, die darin übereinstimmen,

Abb. 1. Weltgericht, Bamberger Dom, um 1230. – Christus, umgeben von Engeln mit den Passionswerkzeugen, richtet die Auferstandenen. Zu seinen Füßen leisten Maria und Johannes Fürbitte für die Menschen. Während sich die Erwählten zu seiner Rechten unsäglich freuen, führt zu seiner Linken ein Teufel mit einer Kette die verzweifelten Verdammten weg.

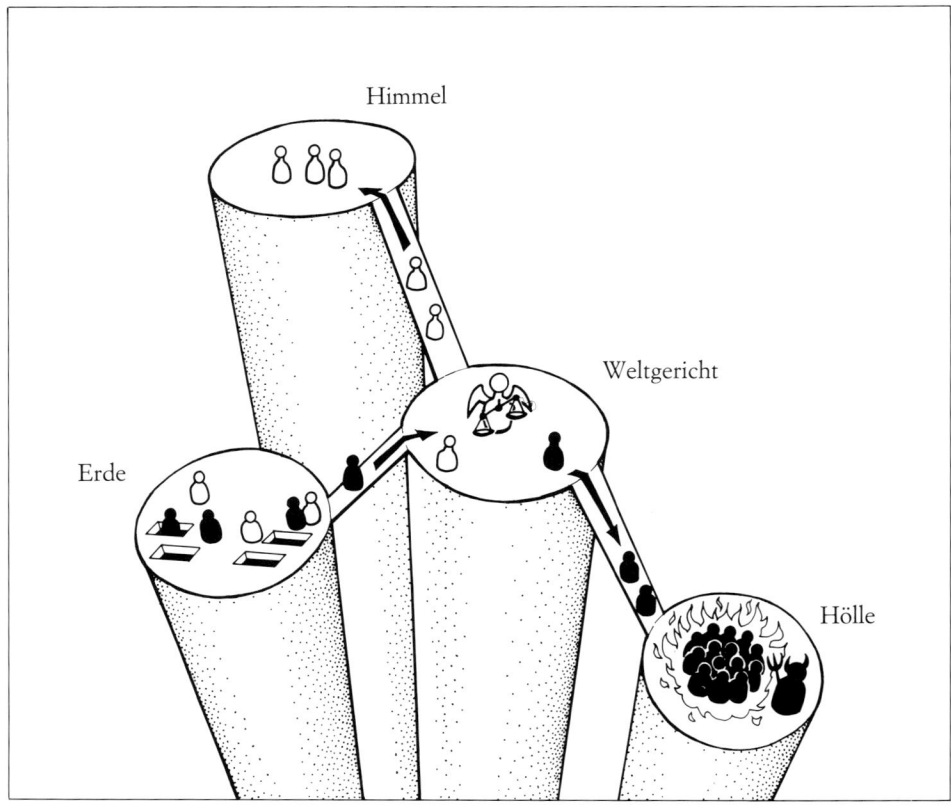

Abb. 2. Im Weltgericht nach Matthäus werden am Jüngsten Tag (am Ende der Welt) alle Menschen vom Tod auferstehen. Ihren Taten im Leben entsprechend werden sie von Christus gerichtet. Die Guten gelangen in den Himmel und die Bösen für immer in die Hölle.

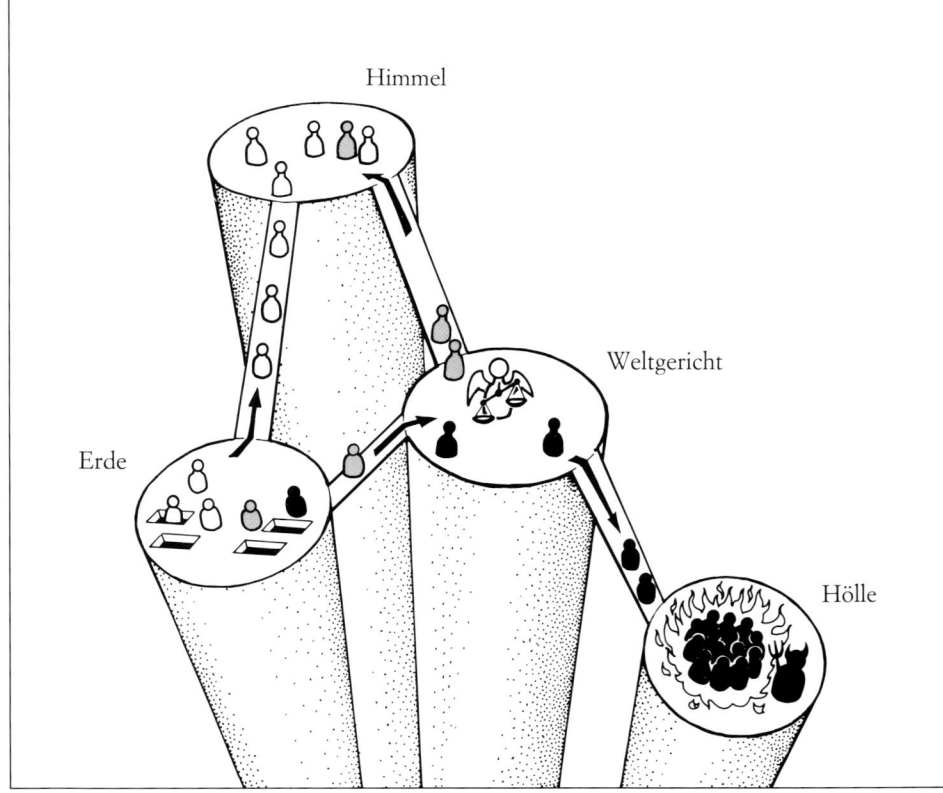

Abb. 3. Das Weltgericht nach Johannes kennt im Gegensatz zu Matthäus neben den Guten und den Bösen noch die Halbguten. Am Jüngsten Tag müssen nur die Bösen und die Halbguten vor den Richter, wobei letzteren die Chance bleibt, doch noch in den Himmel zu kommen. Die Bösen fahren für immer zur Hölle. Den Guten ist das Glück beschieden, nach ihrer Auferstehung ohne Gericht in den Himmel zu kommen.

Zeichnung: Beat Scheffold;
Konzept: Peter Jezler, René Perret, Beat Scheffold.

Abb. 4. Weltgerichtsportal von St. Lazare in Autun, um 1130. – Das Bildprogramm folgt als eines der wenigen dem Johannes-Evangelium. Zur Rechten von Christus gelangen die Auferstandenen direkt in den Himmel. Für die Bösen und Halbguten hingegen findet zu seiner Linken das Gericht statt. Michael wägt die Seelen, wobei er gegen die Macht der Teufel die Waagschale niederdrückt, um die Seele zu retten.

daß Christus die Guten belohnen und die Schlechten bestrafen wird[3]. Die Frage, wann der Prozeß erfolgt und wer dazu anzutreten hat, findet hingegen ganz unterschiedliche Antworten. Einem Gebäude gleich, das an mehreren Ecken, aber ohne Gesamtplan begonnen worden ist, kommt es an den Nahtstellen zu Reibungen, und einige Fluchten zielen aneinander vorbei.

Das Weltgericht nach Matthäus (Mt. 25,31ff.)
Schon in der Bibel finden sich unterschiedliche Auffassungen darüber, wer vor dem Richter antreten muß. Im Matthäus-Evangelium sind es alle Menschen:
Wenn aber der Menschensohn in seiner Herrlichkeit kommen wird und alle Engel mit ihm, dann wird er sich auf den Thron seiner Herrlichkeit setzen, und vor ihm werden alle Völker versammelt werden, und er wird sie voneinander scheiden, wie der Hirt die Schafe von den Böcken scheidet. Und er wird die Schafe zu seiner Rechten stellen, die Böcke aber zu seiner Linken. Dann wird der König zu denen auf seiner Rechten sprechen: Kommet her, ihr Gesegneten meines Vaters, nehmt das Reich in Besitz, das euch seit Grundlegung der Welt bereitet ist! [...] Alsdann wird er auch zu denen auf seiner Linken sprechen: Hinweg von mir Verfluchte, in das ewige Feuer, das dem Teufel und seinen Engeln bereitet ist (Mt. 25,31ff. und 41ff.).

Somit gibt es nur Gute und Böse (Schafe und Böcke). In einem Gerichtsverfahren, das für alle gilt, werden die Erwählten von den Verdammten geschieden. In dieser Art sind die meisten Weltgerichtsbilder aufgebaut (Abb. 1 und 2). Wir blicken auf den richtenden Christus. Unter ihm steigen die auferstehenden Menschen aus ihren Gräbern. Oft tritt der Erzengel Michael auf, um die Seelen zu wägen. Dann werden sie nach ihren Taten geschieden, die Bösen müssen in die Hölle und die Guten kommen in den Himmel.

Das Weltgericht nach Johannes (Joh. 5, 24–29)
Im Gegensatz zu Matthäus entgehen bei Johannes die Guten dem Gericht[4]:
Wahrlich, wahrlich, sage ich euch, wer mein Wort hört, und dem glaubt, der mich gesandt hat, der hat das ewige Leben, und kommt

nicht ins Gericht, sondern ist vom Tode zum Leben übergegangen (Joh. 5,24). [...] *Verwundert euch nicht darüber; denn es kommt die Stunde, in der alle, welche in den Gräbern sind, die Stimme des Sohnes Gottes hören werden. Und es werden hervorgehen, die Gutes getan haben, zur Auferstehung des Lebens; die aber Böses getan haben, zur Auferstehung des Gerichts* (Joh. 5,28f.).

Das Gericht ist demnach fürchterlich – glücklich, wer nicht hin muß. Moderne Theologen mögen hier «Gericht» deuten wie sie wollen; im Mittelalter folgerte man, daß es zwischen Guten und Bösen noch Halbgute gebe, die *non valde boni*[5]. Sie besitzen noch eine Chance, wenn sie vor den Richter treten, denn sonst würde das Gericht keinen Sinn machen. So stellt jedenfalls der Bildhauer Gislebertus das Weltgericht im Tympanon von Autun dar (Abb. 3–5). Auf dem Türsturz erheben sich zur Rechten Christi die Seligen freudig aus den Gräbern und werden von Engeln direkt in den Himmel gehoben. Zu seiner Linken hingegen breitet sich Trauer aus. Nur widerwillig steigt man ans Licht. Eine Gestalt muß

Abb. 6. Christi Höllenfahrt, Holztafel, Ende 14. Jahrhundert. Köln, Wallraf-Richartz-Museum (Kat. 143). – Der auferstandene Christus entsteigt seinem Grab, um Adam und Eva aus der Vorhölle zu befreien. Wütend muß der Teufel auf dem Höllenrachen zusehen, wie ihm seine Beute geraubt wird. Mit dem gespiegelten Höllenrachen wird gezeigt, wie die Teufel die leergewordene Hölle von neuem wieder mit sündhaften Menschen füllen.

Abb. 5. Auferstehende Seele aus dem Türsturz von Autun (vgl. Abb. 4). Nur widerwillig fügen sich zur Linken Christi die Bösen dem Ruf zum Gericht. Einer von den Auferstehenden muß von Teufelsklauen geradezu aus seinem Grab gezerrt werden.

sogar von großen Klauen regelrecht aus dem Sarkophag gezogen werden. Die Seelenwägung findet nicht auf der Mittelachse statt, sondern auf Seiten der Verdammten. Die eben gewogene Seele hat das Glück, doch noch in den Himmel einzugehen.

Die Höllenfahrt Christi
Neben dem Weltgericht am Jüngsten Tag bietet die christliche Überlieferung verschiedene vorgezogene Termine an. Bereits im Alten Testament werden die beiden Propheten Henoch und Elias direkt in den Himmel entrückt (1. Mos. 5,24 und 2. Kön. 2,1–15). Als nächster folgt der Gute Schächer. Ihm verheißt Christus noch am Kreuz: *Heute, sage ich dir, wirst du mit mir im Paradiese sein* (Lk. 23,43). Aus schwachen Andeutungen in den biblischen Schriften erwuchs die Geschichte von der Höllenfahrt Christi. Sie wird im apokryphen Nikodemus-Evangelium ausführlich geschildert[6]. Demnach gelangten Adam und Eva sowie die Vorväter des Alten Testaments nach ihrem Ableben in die Vorhölle, den sogenannten Limbus. Erst 5500 Jahre nach Adams Tod sollte die Zeit kommen[7], da Christus mit seiner Auferstehung den

Teufel überwand, die Höllentore aufbrach, die Gefangenen befreite und sie ins Paradies führte. Als die Schar mit Christus im Paradies anlangt, schreiten ihnen folgerichtig Henoch, Elias und der Gute Schächer als bereits Erlöste entgegen.

War mit der Höllenfahrt Christi die Menschheit aus der Zeit des Alten Testaments vom Tod befreit, so blieb die Frage nach dem Schicksal der künftigen Generationen. Im Spätmittelalter hat man sich verschiedentlich sehr konkrete Gedanken darüber gemacht, was nun folgen sollte. Im Innsbrucker Osterspiel greifen die Teufel eigenmächtig in die Hadesfahrt Christi ein und holen sich eine der Seelen zurück[8]. Mit einem Schlag verwandelt sich die Vor-Hölle in eine ewigwährende. Nun fordert Luzifer seinen «vielgeliebten Kumpan» Satan dazu auf, ihm die Hölle wieder zu füllen: *... bringe mir allzumal / den Papst und den Kardinal* (Vers 388ff.) Der Ständereihe eines Totentanzes entsprechend folgen Würdenträger, Handwerker und «schwatzhafte» Frauen. Von der Heilsgeschichte wendet sich das Schauspiel unvermittelt kleinbürgerlichen Betrügereien zu. Der erste Sünder aus Satans Beute ist ein Bäcker, der den Brotteig mit Kleie gestreckt hat (Vers 461ff.). Das Theaterpublikum soll ob der Überwindung des Teufels nicht im Übermut die Normen des Alltagslebens vergessen. Das «Wiederfüllen» der Hölle illustriert auch eine Bildtafel des späten 14. Jahrhunderts (Abb. 6). Ein doppelter, an der Vertikalen gespiegelter Höllenrachen entläßt auf der einen Seite die Vorväter und nimmt auf der Rückseite die sündige Menschheit neu auf.

Das Partikulargericht
Der Umstand, daß das Weltgericht erst am Ende der Zeit stattfindet, hat all jenen, die um ein kohärentes Jenseitssystem bemüht waren, immer große Schwierigkeiten verur-

Abb. 7. Bernward von Hildesheim († 1022) überreicht der Muttergottes das «Kostbare Evangeliar», um 1015. Buchmalerei, H: 28 cm, B: je 20 cm. Hildesheim, Dom- und Diözesanmuseum, Inv. Nr. DS 18. – Bischof Bernward machte Christus zu seinem Alleinerben. Er übereignete ihm seinen ganzen Besitz in Form von Almosen, Kirchenzierden und Bauten. Sein größtes Vermächtnis war die eigene Grabeskirche St. Michael. Das Kostbare Evangeliar, eine reich geschmückte Handschrift, in welchem sich die abgebildeten Miniaturen befinden, war für das Michaeliskloster bestimmt. – Selbstbewußt tritt Bernward an den Altar, um Maria das Geschenk zu überreichen.

sacht. Zwischen dem Tod des Einzelnen und seinem Gerichtstermin vergeht eine lange Zeit, über welche die Bibel nur ungenügend Auskunft gibt. Unweigerlich stellt sich die Frage nach dem Verbleib der Verstorbenen bis zu ihrer Auferstehung. Sind Gute und Schlechte beisammen, oder erwarten sie die Auferstehung des Fleisches getrennt? Die erste Möglichkeit erscheint ungerecht, die zweite verlangt nach einem Vorgericht gleich nach dem Tod, welches die Entscheidung des Endgerichts vorwegnimmt. Der Lauf der Geschichte sollte der zweiten Möglichkeit den Vorzug geben. Die sich im Hochmittelalter festigende Lehre vom Fegefeuer ließ gar keine andere Lösung zu.

Das Fegefeuer unterscheidet sich von der Hölle darin, daß es endlich ist und nur einen einzigen Ausgang kennt, den Weg in den Himmel. Wer lange genug für seine Schuld gebüßt hat, wird erlöst und von den Engeln ins Paradies geführt. Das Fegefeuer ist somit der Vorhof zum Himmel. Nicht selten erscheinen in Fegefeuer-Bildern die Armen Seelen zwar leidend, aber zugleich auch mit hoffnungsvoll in die Höhe gestreckten Armen. Die Hölle dagegen dauert ewig, sie ist eine Sackgasse, aus der kein Weg hinausführt. Bei solchen Vorgaben muß sich gleich nach dem Tod entscheiden, wer die Bußzeit im Fegefeuer überhaupt antreten darf und wem der Weg in den Himmel endgültig versperrt bleibt. Es findet ein «Individualgericht» oder «Partikulargericht» statt, welches das Urteil – Himmel oder Hölle – vorwegnimmt[9]. Die Frage, wer wann in den Himmel kommt, findet unter Papst Benedikt XII. 1336 endlich eine Antwort, die alle nötigen Varianten berücksichtigt:

Mit apostolischer Vollmacht bestimmen Wir in diesem für immer geltenden Lehrentscheid: Nach allgemeiner Anordnung Gottes waren, sind und werden sein im Himmel, im Himmelreich und im himmlischen Paradies mit Christus, in Gemeinschaft mit den Heiligen:
- *die Seelen aller Heiligen, die aus dieser Welt vor dem Leiden unseres Herrn Jesus Christus hinweggegangen sind, und*
- *die Seelen der heiligen Apostel, Märtyrer, Bekenner, Jungfrauen und*
- *[die Seelen] der anderen Gläubigen, die nach Empfang der heiligen Taufe Jesu Christi gestorben sind und in denen beim Tode nichts zu reinigen war oder nichts zu reinigen sein wird oder die nach dem Tode gereinigt worden sind, wenn etwas in ihnen damals zu reinigen war oder in Zukunft sein wird, und*
- *die Seelen der Kinder, die durch dieselbe Taufe Christi schon wiedergeboren sind oder die jemals getauft werden, wenn sie nach der Taufe vor dem Gebrauch des freien Willens sterben, diese also waren, sind und werden sein im Himmel sofort nach ihrem Tode oder nach der Reinigung – wie oben gesagt – bei jenen, die einer solchen Reinigung bedurften und zwar auch vor der Wiedervereinigung mit ihrem Leib und vor dem allgemeinen Gericht nach Auffahrt unseres Heilands Jesus Christus, unseres Herrn in den Himmel, und nach dem Leiden und dem Tod unseres Herrn Jesus Christus schauten und schauen sie die göttliche Wesenheit in unmittelbarer Schau und auch von Angesicht zu Angesicht ohne Vermittlung eines Geschöpfes, das dabei irgendwie Gegenstand der Schau wäre. Ohne Vermittlung zeigt sich ihnen vielmehr die göttliche Wesenheit unverhüllt, klar und offen. In dieser Schau sind sie erfüllt von dem Genuß der göttlichen Wesenheit. Und durch diese Schau und durch diesen Genuß sind die Seelen der schon Verstorbenen wahrhaft glücklich im Besitze des Lebens und der ewigen Ruhe. Auch die Seelen der in Zukunft Sterbenden werden vor dem allgemeinen Gericht dieselbe göttliche Wesenheit schauen und genießen. Eine solche Schau der göttlichen Wesenheit und ihr Genuß lassen in ihnen die Akte des Glaubens und der Hoffnung schwinden, insofern Glaube und Hoffnung eigentliche theologische Tugenden sind. Hat aber einmal diese unmittelbare Schau von Angesicht zu Angesicht und dieser Genuß in ihnen begonnen oder werden sie beginnen, so besteht diese Schau und dieser Genuß fort ohne Unterbrechung oder Minderung dieses Schauens und Genießens und wird fortdauern bis zum Endgericht und von da an bis in Ewigkeit[10].*

Obschon der Begriff «Partikulargericht» hier nicht erscheint, wird ein solches doch vorausgesetzt, ja es wird für die Gläubigen zur wichtigsten Entscheidung überhaupt. Dem allgemeinen Weltgericht am Jüngsten Tag bleibt zwar noch die Auferstehung des Fleisches, die Scheidung von Erwählten und Verdammten wird dann aber längst stattgefunden haben. – In der Tat häufen sich nun Bilder, in denen eine einzelne Seele gerichtet wird. Vielleicht noch im selben Jahr, in dem Papst Benedikt XII. seinen Lehrsatz veröffentlicht hat, läßt sich ein Mitglied der Familie Bardi (wahrscheinlich der Bankleiter Rudolfo) sein Grabmal in Santa Croce in Florenz mit einem Partikulargericht schmücken (Abb. 8). Das Wandbild von Maso di Banco liegt direkt über der Tumba und zeigt den Verstorbenen ganz allein vor dem richtenden Christus[11]. Er wird also gleich nach der Grablegung individuell gerichtet. Ähnlich sieht es der Begräbnisritus im Prozessionale von Münsterlingen (Kat. Nr. 83). Verschiedentlich begegnen wir dem Partikulargericht in Stundenbüchern[12]. In der Regel handelt es sich um Begräbnisminiaturen, welche beim Totenoffizium stehen (vgl. Kat. 82). Wenn die Seele dem Körper entweicht, entbrennt um sie sogleich ein Kampf zwischen Engel und Teufel. Dasselbe Motiv kehrt sodann bei einigen Bildepitaphien wieder (Kat. 91)[13]. All diese Bilder wurden von vermögenden Personen in Auftrag gegeben, die sich damit ein Wunschbild für ihr eigenes Ende schufen: So wie im Bild dargestellt, hofften sie nach dem Tode gerettet zu werden. Bilder vom Partikulargericht bleiben relativ selten, gemessen an den allgemein gültigen Weltgerichtsdarstellungen, die sich an den Portalen von Kathedralen und Abteien, in Dorfkirchen und Rathäusern, in Gebetbuchminiaturen und auf Gebrauchsgegen-

Abb. 8. Ein Mitglied der Bankiersfamilie Bardi bittet vor dem richtenden Christus für seine Seele, zwischen 1335 und 1341. Wandgemälde von Maso di Banco, Florenz, Sta. Croce, äußerste Chorkapelle links. – Nur ein einziger Mensch erscheint direkt über seinem realen Grab vor dem Richter. Man darf das Bild wohl als eine frühe Darstellung des Partikulargerichts deuten.

Abb. 9. Mit der Festigung der Fegefeuerlehre wird die Jenseitstopographie zunehmend komplexer. – Nach dem Tod findet das individuelle Gericht (Partikulargericht) statt, welches entscheidet,
– wer als Heiliger direkt in den Himmel kommt,
– wer in die Hölle muß oder
– wer zur Läuterung ins Fegefeuer darf.
Die Armen Seelen im Fegefeuer leiden gleiche Qualen wie die Verdammten in der Hölle, sind aber hoffnungsfroh. Wenn sie genügend Buße geleistet haben, werden sie geläutert in den Himmel steigen. Die ungetauft verstorbenen Kinder gelangen in den Limbus, einen Neutralort, wo sie weder leiden noch himmlische Freuden genießen.

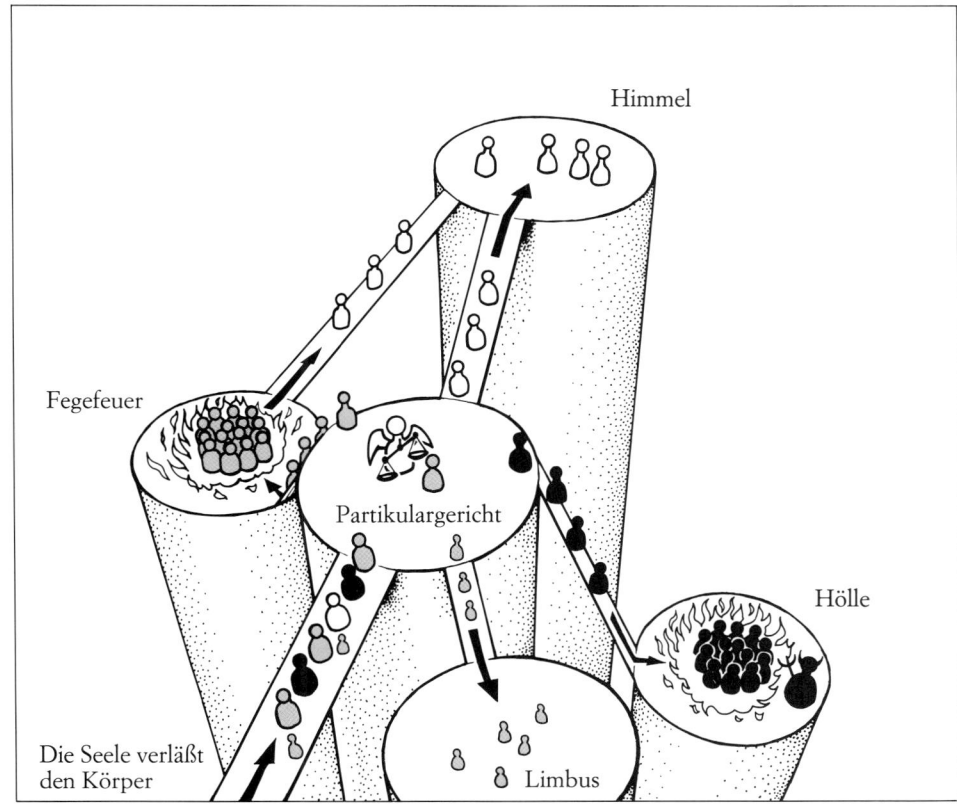

Abb. 10. Wenn man die Fegefeuerlehre mit jener vom Weltgericht überlagert, entsteht notgedrungen Gegenverkehr. Durch das Partikulargericht gelangen alle Seelen ein erstes Mal in den Himmel, bis zur Läuterung in das Fegefeuer oder in die Hölle. Am Jüngsten Tag müssen sie wieder zur Erde zurückkehren, um sich mit dem auferstandenen Fleisch zu verbinden. Nun richtet Christus die Menschen zum zweiten Mal und schickt sie für immer wieder dorthin zurück, wo sie eben hergekommen sind, d.h. in den Himmel oder in die Hölle.

Zeichnung: Beat Scheffold;
Konzept: Peter Jezler, René Perret, Beat Scheffold.

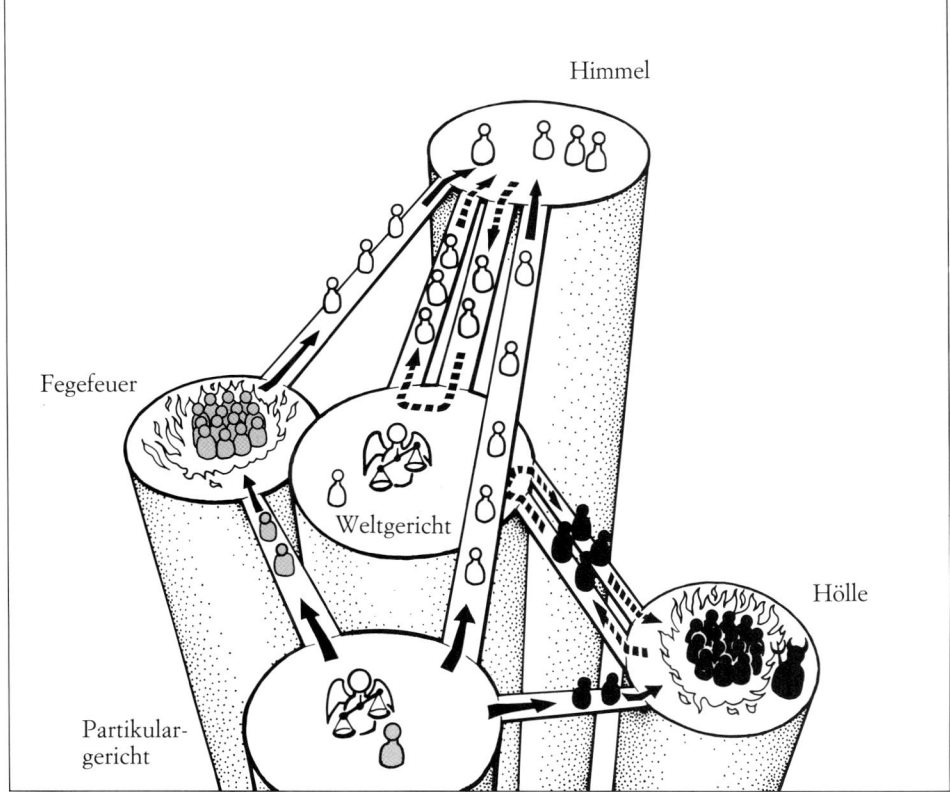

Abb. 11. Hans Fries, Almosenverteilung und Rettung der Armen Seelen aus dem Fegefeuer, um 1506/07, zwei Holztafeln, H: 163 cm. Freiburg i.Ue. Museum für Kunst und Geschichte. – Auf der linken Tafel findet eine großangelegte Almosenvergabe statt. Bedürftige in zerschlissenen Gewändern erhalten Brote und Kleider. Auf der rechten Seite lagern die Brote vor dem Flammensee des Fegefeuers. Engel tragen Seelen, die durch das Almosen erlöst worden sind, in den Himmel.

Abb. 12. Geistermesse aus dem «Speculum exemplorum», 1505. Zwei Retabelflügel aus dem Berner Münster. Bern, Kunstmuseum. – Als der Küster des Nachts seine Kirche aufsucht, zelebrieren tote Priester Seelmessen. – Das Retabel gehörte zum Allerseelenaltar, den der Berner Stadtschreiber Thüring Fricker für alle Armen Seelen Berns gestiftet hat.

ständen finden. – Neben den kanonischen Texten, die das Gericht betreffen, existiert zudem eine Flut von Apokryphen, Visionen und Legenden, die alle Angstmacher und Überängstlichen hinlänglich mit Stoff versorgten[14].

II. Sich einen Schatz im Himmel anlegen

Ob das mittlerweile recht komplex gewordene Heilssystem von der breiten Bevölkerung überhaupt verstanden wurde, ist schwer zu beurteilen. Sicher ist hingegen eines: Jeder wußte, daß es dem Seelenheil förderlich war, Gutes zu tun und das Böse zu lassen. Und allen war klar, daß man seinen Sinn besser zum Himmel als zur Erde wendet: *Ihr sollet euch auf Erden keine Schätze sammeln, wo sie der Rost und die Motten verzehren, und wo sie die Diebe ausgraben und stehlen; sondern sammelt euch Schätze im Himmel, wo sie weder Rost noch Motten verzehren, und wo sie die Diebe nicht ausgraben, noch stehlen. Denn wo dein Schatz ist, da ist auch dein Herz.* (Mt. 6,19).

Gute Werke
Wie man den Schatz im Himmel erwirbt, findet sich in der Bibel verschiedentlich erläutert. Nach Paulus ist nicht aktives Handeln gefordert sondern allein der Glaube an Christus (Röm. 3,21ff. u.a.); eine Ansicht, die zum Rückgrat der Reformation werden sollte. Demgegenüber hielt sich die mittelalterliche Frömmigkeitspraxis an jene Bibelstellen, die sehr wohl Gute Werke im Sinne aktiven Handelns verlangen. Bei Matthäus entscheiden die *sechs Werke der Barmherzigkeit*, ob man zu den Schafen oder Böcken gezählt wird. Im Weltgericht begründet der Menschensohn den Gerechten ihre Erwählung: *Denn ich war hungrig, und ihr habt mir zu essen gegeben; ich war durstig, und ihr habt mich getränkt; ich war fremd, und ihr habt mich beherbergt; ich war nackt, und ihr habt mich bekleidet; ich war krank, und ihr habt mich besucht; ich war im Gefängnis, und ihr seid zu mir gekommen. [...] Wahrlich ich sage euch: Wiefern ihr es einem dieser meiner geringsten Brüder getan habt, habt ihr es mir getan* (Mt. 25,35–40).

Gib alles den Armen
Für die mittelalterliche Jenseitsvorsorge wurde noch eine weitere Matthäusstelle von zentraler Bedeutung: Die Frage nach dem ewigen Leben, die der reiche Jüngling an Christus richtet: *Und siehe, da trat einer hinzu und sprach zu ihm: Guter Meister! was muß ich Gutes tun, daß ich das ewige Leben erlange? Da sprach er zu ihm: Was fragst Du mich über das Gute? Einer ist gut, nämlich Gott. Willst du aber zum Leben eingehen, so halte die Gebote. [...] der Jüngling sprach zu ihm: dies alles habe ich von meiner Jugend an beobachtet, was fehlt mir noch? Jesus antwortete ihm: Willst du vollkommen sein, so gehe hin, verkaufe alles was du hast, und gib es den Armen, so wirst du einen Schatz im Himmel haben* (si vis perfectus esse, vade, vende quae habes, et da pauperibus, et habebis thesaurum in caelo) *und komm und folge mir nach. Als aber der Jüngling dieses Wort gehört hatte, ging er traurig davon; denn er besaß viele Güter. Da sprach Jesus zu seinen Jüngern: Wahrlich ich sage euch, es ist schwer, daß ein Reicher ins Himmelreich eingehe. Ja, ich sage es euch noch einmal: Es ist leichter, daß ein Kamel durch ein Nadelöhr gehe, als daß ein Reicher in das Himmelreich eingehe* (Mt. 19,16–24). Hier öffnet sich jenen Reichen, die von ihrem Besitz nicht lassen wollen, eine sehr bedrohliche Welt.

Christus als Erbe
Es erstaunt nicht, daß im dritten und vierten Jahrhundert, als das Christentum zunehmend auch die Oberschichten erfaßte, Kompromisse gefunden wurden. Ziel war es, dem Christuswort stattzugeben, zugleich den Besitzenden die Nutzung der Reichtümer auf Lebzeit zu ermöglichen und schließlich den Erben nicht alles zu nehmen. Johannes Chrysostomos († 407) bringt das Problem auf die knappe Formel: *Teile mit Christus das Vermögen. Du willst ihm nicht das ganze gewähren? Gib ihm wenigstens die Hälfte, gib im wenigstens den dritten Teil. Er ist dein Bruder und Miterbe. Mach ihn auch hier zu deinem Miterben. Was du jenem gibst, wirst du auch dir geben*[15].

In der Praxis machte man Christus zum «Miterben», indem man den Armen ein Almosen testierte. Die Kirche, welche auch die Armenfürsorge zu ihren Aufgaben zählte, verstand sich als treuhänderische Empfängerin der Legate.

Seelgerät
Wer sich auf diese Weise «einen Schatz im Himmel anlegte», schaffte sich nach mittelalterlicher Terminologie ein «Seelgerät», einen Vorrat für die Seele[16]. Für die mittelalterliche Kultur wurde entscheidend, daß das Seelgerät nicht auf das Sozialwesen beschränkt blieb. Vielmehr erstreckte es sich bald auch auf die Förderung von Kultus, Kirchenbauten und Kirchenzierden. Den Armen gingen so Mittel verloren, was von Kritikern immer wieder als stoßend empfunden wurde[17]. Dem hielten die Verteidiger von Kult und Sakralkunst entgegen, daß Gott von Samuel den Tempelschmuck gefordert habe, und daß es nicht allein um das leibliche Wohl der Armen gehe, sondern auch um das psychische. Kunstwerke seien durchaus in der Lage, die Gemüter der Armen zur Frömmigkeit zu bewegen, womit mehr gewonnen sei, als mit dem Verteilen von Speisen. Unverhofft war so die Kunstförderung selbst zum Almosen geworden. Am Beispiel von Bischof Bernward von Hildesheim († 1022) läßt sich die Anlage eines mittelalterlichen Seelgeräts exemplarisch erläutern. Er habe, ist in seiner Vita zu lesen, *voll Eifer für die Mehrung des Gottesdienstes in seiner Diözese, in der Hoffnung auf künftigen Lohn 'Christus zu seinem Erben erwählt'* (ob recompensationem futuram Christum haeredem elegit)[18]. Bernward kommt damit der Forderung im Matthäusevangelium nach (*willst Du vollkommen sein, so gib alles den Armen*). Mit der völligen Veräußerung seines Besitzes wählt er die *vita perfecta*. Sein Seelgerät umfaßte die Förderung des Domes, die Verteilung von Almosen sowie die Stiftung des Michaelisklosters als eigene Grabstätte. In einzigartiger Weise werden hier Gebäude, Altäre, Ausstattung und Grabmal vollständig auf die Rettung von Bernwards Seele hin angelegt (Abb. 7). Das Kloster ist Michael, dem Seelengeleiter geweiht, die Altarpatrozinien gruppieren sich einer Heeresaufstellung ähnlich als Fürbitter um das Grabmal des Stifters[19], und dieses selbst trägt ein Bildprogramm, das den Toten bereits in den Himmel versetzt.

Das Testament von Andreas Weger
Spätmittelalterliche Seelgeräte konnten hochkomplex sein und sich aus verschiedenen Elementen zusammensetzen[20]. Dabei ist zwischen Stiftungen und Donationen zu unterscheiden. Die Stiftung umfaßt eine Kapitalanlage, die für einen bestimmten Zweck einen Zins abwirft, z.B. für:
- die Besoldung eines Priesters, der täglich eine Seelmesse zu lesen hat (Pfründe),
- die Versorgung eines Ewigen Lichtes mit Öl oder Wachs,
- das Verteilen von Almosen an bestimmten Tagen,

- den Lebensunterhalt armer Studenten,
- die Besoldung von Witwen, welche zwischen Karfreitag und Ostern am Heiligen Grab Trauergebete sprechen,
- die Aufbesserung des Sigristen- oder Küstergehalts,
- die Verfeinerung der Mahlzeit eines Klosters am jährlich wiederkehrenden Todestag des Stifters (Pitanz) etc.

Eine Donation ist demgegenüber ein einmaliger Schenkungsakt. Der Donator übergibt einer Kirche beispielsweise einen Kelch oder ein Bild, was seinem Seelenheil einmaligen Nutzen bringt. Der Vorteil der Stiftung liegt darin, daß sie in der Regel bis zum Jüngsten Tag währen soll und damit dem Stifter im Fegefeuer ständig Linderung verschafft, unabhängig von der Zeit, die er dort erdauern muß. Gefährdet wird die Stiftung nur, wenn das Kapital seinen Wert verliert (wenn etwa der Frost die Rebstöcke eines gestifteten Weinbergs zerstört), oder wenn die geistliche Institution, welche die Seeldienste zu leisten hätte, eingeht. Umsichtige Stifter bauen daher auf Risikoverteilung. Ihre Seelgeräte gleichen dem Anlageplan eines modernen Kapitalisten, der sein Vermögen nicht nur in risikoreichen Wertpapieren mit hoher Rendite anlegt, sondern auch in sicheren Obligationen. Ein anschauliches Beispiel bietet das Testament von 1481 des Andreas Weger aus St. Pölten bei Wien. Folgende Institutionen und Personen werden bedacht:

Sankt Leonhartskapelle im Friedhof
a) *1 ewige Seelmesse für 1000 ungarische Gulden.*
b) *100 Pfund Pfennig für Altarzierden.*
c) *6 Silberbecher mit einem Gewicht von 4 Mark für Kelch und Patene.*
d) *Grundbesitz (Weinreben und eine Wiese) für die Beleuchtung der Seelmesse.*
e) *5 ungarische Gulden für die Herstellung eines Altarretabels auf dem St. Leonharts-Altar.*

Chorherrenstift
f) *Taterhof mit Zubehör für eine Jahrzeit, die am achten Tag nach Allerheiligen zu halten ist, bestehend aus einer gesungenen Vigil am Vorabend und einem gesungenen Seelamt am Morgen, gefolgt von zehn einfachen Seelmessen (alles mit einer Ankündigung von der Kanzel acht Tage davor, mit Katafalk, 24 brennenden Kerzen und großem Geläute).*
g) *60 Pfennig, die gleichentags an Arme verteilt werden.*
h) *ein Geschenk von 2 Silberbechern und 10 Stück welscher Leinwand für Chorröcke, damit die Jahrzeit ordentlich gehalten werde.*

Abb. 13. Altarretabel aus St. Pölten. Privatbesitz, um 1480. – Bei geschlossenen Flügeln stehen sich die Erlösung aus dem Fegefeuer und das Weltgericht gegenüber. Die obere Tafel des Fegefeuerflügels zeigt einen Priester während einer Seelmesse bei der Elevation der Hostie und einen Spender, der einem Armen eine Münze überreicht. Von Hostie und Münze gehen Strahlen aus, die sich über die Rahmung hinweg ins darunterliegende Fegefeuer fortsetzen. Hier treffen die Strahlen einzelne Arme Seelen, die sogleich von Engeln erlöst werden.

Ein Altar wird gestiftet.

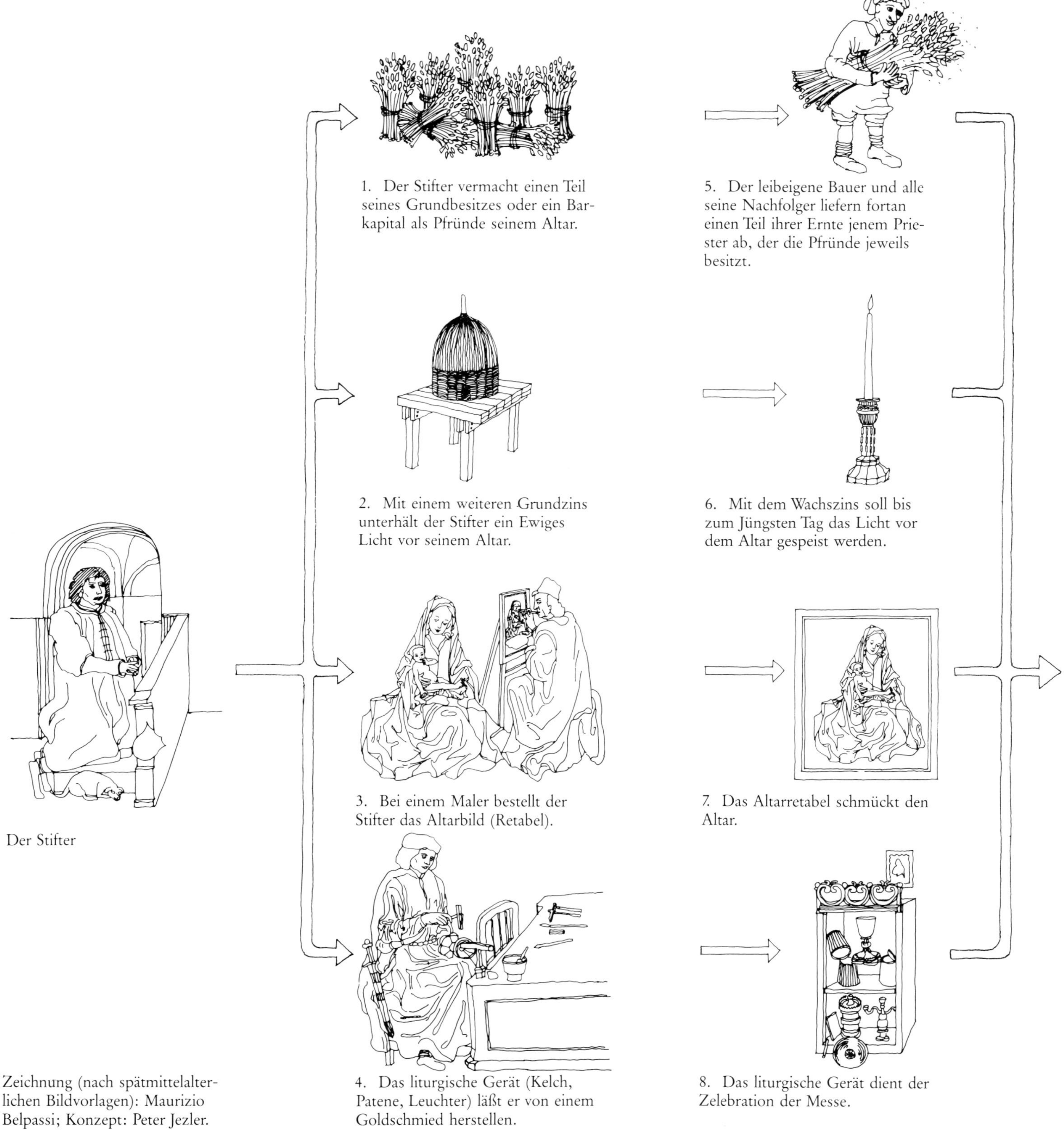

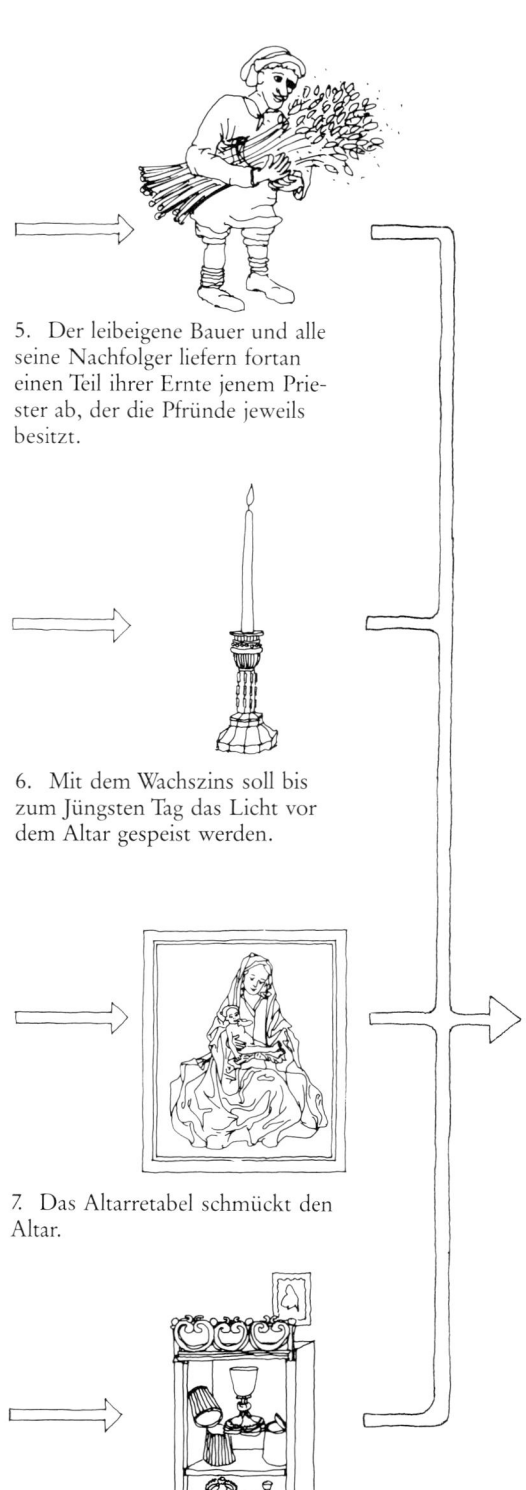

Der Stifter

Zeichnung (nach spätmittelalterlichen Bildvorlagen): Maurizio Belpassi; Konzept: Peter Jezler.

1. Der Stifter vermacht einen Teil seines Grundbesitzes oder ein Barkapital als Pfründe seinem Altar.

2. Mit einem weiteren Grundzins unterhält der Stifter ein Ewiges Licht vor seinem Altar.

3. Bei einem Maler bestellt der Stifter das Altarbild (Retabel).

4. Das liturgische Gerät (Kelch, Patene, Leuchter) läßt er von einem Goldschmied herstellen.

5. Der leibeigene Bauer und alle seine Nachfolger liefern fortan einen Teil ihrer Ernte jenem Priester ab, der die Pfründe jeweils besitzt.

6. Mit dem Wachszins soll bis zum Jüngsten Tag das Licht vor dem Altar gespeist werden.

7. Das Altarretabel schmückt den Altar.

8. Das liturgische Gerät dient der Zelebration der Messe.

11. Wenn die Bußzeit vorüber ist, tragen Engel die Seele des Stifters in den Himmel.

10. Nach seinem Tod wird der Stifter (es sei denn, er sei ein Heiliger) für einige Zeit im Fegefeuer schmoren müssen. Seine gestiftete Ewigmesse lindert aber die Pein und verkürzt die Strafzeit.

9. Der Kaplan lebt von den Erträgen des Pfrundkapitals und zelebriert die im Stiftungsbrief festgesetzte Zahl von Gottesdiensten für das Seelenheil des Stifters (z.B. täglich eine Seelmesse). Stirbt der Priester, so tritt ein Nachfolger das Amt an, so daß die Messen bis zum Jüngsten Tag gelesen werden können.

Pfarrkirche zu unserer lieben Frau
i) *100 Pfund Pfennig an die Orgel.*

Franziskaner
  Damit die Franziskaner nach Wegers Tod 1'000 Messen lesen, übergibt er ihnen:
k) *100 Pfund Pfennig an ein Altarretabel für den vorderen Chor.*
l) *100 Pfund Pfennig, damit man Dormitorium und Refektorium mit Ziegeln eindecken kann.*
m) *100 Pfund Pfennig, die auf Zins angelegt ein Ewiges Licht am Barbara-Altar speisen.*

Messrer Zeche
n) *Eine Wiese vor dem Kremstor, damit sie jährlich nach dem Sonntag von Mariae Himmelfahrt eine gesungene Vigil, ein Seelamt und fünf gesprochene Messen lesen läßt (mit Beleuchtung und einem Almosen von 60 Pfund Pfennig für die Armen).*

Lederer Zeche
o) *Zwei Gärten und eine Wiese für eine gesungene Vigil, ein Seelamt und drei gesprochene Messen am Sonntag der Fastenwoche. Dazu ein Almosen von 60 Pfund Pfennig für die Armen.*

Arme Leute
p) *4 ganze Böhmische Tücher.*

Erst jetzt denkt Weger an seine Frau. Sie wird mit dem Wohnhaus in St. Pölten, 100 Pfund Pfennig, drei gerichteten Betten, zwei Silberbechern, einem Silbergürtel, zwei Paternostern aus Koralle, all ihren Gewändern und dem ganzen Hausrat bedacht. Wie hoch der Wert der Sachgüter liegt, läßt sich schwer schätzen. Bei den 100 Pfund Bargeld hingegen handelt es sich nur gerade um einen Bruchteil dessen, was Andreas Weger für sein Seelgerät aufwendet[21]. Angesichts eines solchen Testaments verstummt die Frage, ob Weger geglaubt hat, was seine Zeit über das Jenseits wußte. Wegers Jenseitsfurcht muß gräßlich gewesen sein, denn er hat das übliche Maß der Vorsorge bei weitem überschritten. Die Erlösungshoffnungen, die hinter einem solchen Testament stehen, zeigt ein Altarretabel, das ebenfalls aus St. Pölten stammt (Abb. 13).

Jeder der beiden Flügel besteht aus je zwei übereinander liegenden Tafeln. Die obere des linken Flügels trägt die Darstellung einer privaten Seelmesse. Eben findet die Hostienelevation statt, und ein Mann, bei dem es sich möglicherweise um den Stifter handelt, spendet ein Almosen. Von der Hostie und dem Almosenpfennig gehen Strahlen aus, die sich über den Bildrahmen hinweg fortsetzen. Sie treffen auf Arme Seelen, welche von Engeln sogleich aus dem Fegefeuer befreit werden. Konkreter lassen sich Ursache und Wirkung von Seelmessen und Unterstützung der Armen kaum visualisieren. Auf dem rechten Flügel folgt dann in traditionellen Bildmustern das Weltgericht, mit der endgültigen Scheidung der Guten und Bösen.

Seeldienste in Michelangelos Medici-Kapelle

Die etwas «kindlich» anmutende Drastik, mit der die Seelenrettung im Retabel von St. Pölten zur Darstellung kommt, darf keinesfalls zur Annahme verleiten, solche Vorstellungen hätten nur in der Frömmigkeit der wenig Gebildeten ihren Platz. Sie stehen auch hinter einem Werk wie der Grabkapelle der Medici in der Neuen Sakristei von San Lorenzo, deren künstlerisches Programm als Inbegriff eines geistreichen Concetto gelten kann. Die liturgischen Anordnungen, welche der Medici-Papst Clemens VII. am 14. November 1532 getroffen hat, sind nicht weniger artistisch als die von Michelangelo geschaffenen Grabmäler (Abb. 14)[22]. Vier eigene Kapläne feiern täglich drei Seelmessen. Während der restlichen Zeit müssen zwei der Kapläne zusammen mit den Kanonikern täglich den ganzen Psalter lesen. Damit das enorme Pensum (in Klöstern verteilte es sich auf eine ganze Woche) überhaupt zu bewältigen war, erfolgte Tag und Nacht alle zwei Stunden ein Schichtwechsel. Dennoch war das Programm für die Kanoniker kaum aufrechtzuerhalten. Aber es dauerte fast ein Jahrhundert, bis 1629 Papst Urban VIII. eine Reduktion gewährte und die nächtliche Rezitation absetzte.

III. Folgerungen

Die hier erläuterten Beispiele wurden mit Absicht aus verschiedenen Gegenden Europas und aus verschiedenen Zeiten gewählt. Sie zeigen, daß unabhängig von Ort und Stand ein gewisser Konsens darüber bestand, wie man mit Guten Werken für das Jenseits vorsorgen konnte. Natürlich muß für das nähere Verständnis jeder Fall für sich betrachtet werden, und hier gibt es Erstaunliches zu entdecken. Ein Mann wie der Berner Jurist Thüring Fricker stiftete seinen Allerseelen-Altar nicht für sich, sondern für die ganze Einwohnerschaft Berns (Abb. 12)[23]. Er hoffte, sich damit ein Heer von Fürbittern heranzuziehen; denn wenn die Armen Seelen der Stadt durch Frickers Seelgerät erlöst wurden, konnten sie ihrerseits wieder für ihn Fürbitte leisten. Die Stiftungsprogramme selbst nehmen wie die damit verbundenen Kunstwerke großartige konzeptionelle Züge an. Sich mit ihnen vermehrt auseinanderzusetzen würde sich lohnen. Denn eines sollte im vorliegenden knappen Überblick klar geworden sein: Bei all den sakralen Kunstwerken, die wir in Museen und Kirchen bestaunen können, handelt es sich immer nur um die Spitze des Eisbergs. Die von den Stiftern aufgewendeten Mittel lassen jedenfalls darauf schließen, daß die liturgischen Seeldienste ihnen weit wichtiger waren als die schmückenden Beigaben. Die Kunstwerke sind somit nur Teil des sichtbaren Ausdrucks eines Konglomerats von Investitionen, die ihre öffentliche, repräsentative Wirksamkeit in weit stärkerem Maße im Sozialwesen und im rituellen Totengedächtnis entfaltet haben.

Abb. 14. Michelangelo, Grabmal des Giuliano de'Medici. Florenz, San Lorenzo, Neue Sakristei. – Vor Michelangelos Werken wurde für das Seelenheil der Medici ein liturgisches Mammutprogramm absolviert. Täglich lasen Kanoniker im Schichtbetrieb den ganzen Psalter; hinzu kamen noch drei Seelmessen.

---

1 Zum Fegefeuer (wenn auch umstritten): LE GOFF 1981 (deutsch 1984); – zum Himmel: LANG / MCDANNELL 1990; – zur Hölle: CAMPORESI 1990; VORGRIMLER 1993.
2 Vgl. etwa: ETTLINGER 1978; CHIFFOLEAU 1980; Kat. Luther 1983 (Nürnberg), insbes. Nrn. 57-61; SCHMID / WOLLASCH 1984; BOOCKMANN 1986, insbes. S. 179-190; KÜHNEL 1986, S. 299-303; Sammelband Materielle Kultur 1990; PASCHE 1989; SCHLEIF 1990; GÖTTLER 1991; IRSIGLER / SCHMID 1992; FRIED 1993.
3 Zum Weltgerichtsbild: BRENK 1966; SCHREINER 1983 und jüngst LUKATIS 1993.
4 Das folgende nach WERCKMEISTER 1982.
5 Die Unterscheidung spielte schon bei Augustin eine Rolle (vgl. dazu LE GOFF 1981, S. 105).
6 Deutsche Übersetzung in: HENNECKE / SCHNEEMELCHER 1968, S. 348-358.
7 Dazu Scheidweiler, ebda. S. 353.
8 Innsbrucker Osterspiel, Verse 342ff.
9 Zum Partikulargericht: ADNÈS 1974; PINOMAA / DIERSE 1974; MARKOW 1984, S. 57-84; VÉGH 1986; BARTZ / KÖNIG 1987.
10 Konstitution «Benedictus Deus», zit. in: HAAS 1989, S. 94f.
11 BORSOOK 1980, S. 38; Tf. 48f.
12 BARTZ / KÖNIG 1987.
13 Vgl. auch das Epitaph für Heinrich Schmitburg von Lucas Cranach d.Ä. im Museum der bildenden Künste in Leipzig (Kat. Reformationszeit 1983, Nr. A 5).
14 Vgl. die Beiträge von ALTENDORF und ROTACH in diesem Band. Eine Auswahl von Visionen ist leicht zugänglich in DINZELBACHER 1989.
15 Hom. 45 ad Mt. 2, zit. in: GÖTTLER / JEZLER 1987, S. 122. Zu Christus als Erbe: BRUCK 1956.
16 Der Wortstamm verhält sich ähnlich wie im Falle von «Haus*rat*» und bezeichnet das für die Seele angesammelte Gut. Zur Begriffsgeschichte: ELSENER 1975.
17 Reiches Material dazu in: GÖTTLER 1991, S. 11-43.
18 Vita Bernwardi, cap. 46.; die entsprechenden Stellen sind (nicht immer hinlänglich) kommentiert bei VON DEN STEINEN 1956. Merkwürdigerweise scheut sich auch die Autorschaft des Bernward-Ausstellungskatalogs, die Sache wirklich beim Namen zu nennen und die berwardinischen Kunststiftungen als kalkulierte Jenseitsvorsorge zu bezeichnen (Kat. Bernward von Hildesheim 1993).
19 BANDMANN 1962.
20 LENTZE 1958.
21 STOLZ 1939, S. 33-38.
22 Das folgende nach ETTLINGER 1978.
23 Dazu GÖTTLER / JEZLER 1990.

Die Entstehung des theologischen Höllenbildes in der Alten Kirche

Hans-Dietrich Altendorf

Die Vorstellung von einer «Hölle» als einem ewigen Strafort gehört einerseits zum Grundbestand christlichen Denkens, in anderer Hinsicht aber auch nicht. Die in der Ausstellung vorgeführten Vorstellungen repräsentieren die «hohe Zeit» christlicher Höllenvorstellungen, das hohe und späte Mittelalter, und zwar in der lateinischen Welt. Die Höllenvorstellungen in dieser abendländischen Ausprägung sind geschichtlich geworden, dürfen also nicht ohne weiteres für die Gesamtgeschichte des Christentums in Anspruch genommen werden. Wir betrachten das Aufkommen der «Hölle» im alten Christentum, ohne im einzelnen auszuführen, weshalb es zur hochmittelalterlichen Dominanz der Hölle als eines christlichen und theologischen Themas kam. Wir verwenden dabei den üblich gewordenen germanischen Begriff der «Hölle» als eines ewigen Strafortes (von *Hel*, das Verborgene), wiederum ohne die gar nicht einfachen Fragen der verschiedenen sprachlichen Bezeichnungen des Strafortes zu berühren. – So ursprünglich die Höllenvorstellung zum Christentum gehört, so wenig kann man sagen, die «Hölle» sei ein zentrales Thema der frühen Kirche gewesen.

Der Jude Jesus von Nazareth trat Ende der zwanziger Jahre des ersten Jahrhunderts unserer Zeitrechnung auf, um den Anbruch der Gottesherrschaft anzusagen. Die Konsequenz der Ansage war, daß die Nähe Gottes zur Entscheidung rufe, wie es am Anfang des Markusevangeliums in der Zusammenfassung von Jesu Verkündigung heißt: *Die Zeit ist erfüllt und genaht ist die Gottesherrschaft; kehrt um und glaubt an das Evangelium* (Mk. 1,15). Im Rahmen des jüdischen Denkens bedeutete diese Botschaft: Das Ende der irdischen Weltzeit steht vor der Tür, Gottes Welt bricht an, macht euch bereit, es ist Entscheidungszeit! In seinen Worten und Gleichnissen verwendete Jesus die auch von ihm geteilten damaligen Endzeitvorstellungen Israels[1]. Die Radikalität seiner Botschaft an Israel mit ihrem Entweder-Oder, Leben oder Tod, führte zur Erwähnung der Hölle: *Besser ist es, einäugig in die Gottesherrschaft einzugehen, als mit zwei Augen in die Gehenna geworfen zu werden* (Mk. 9,47). Der Ernst der Entscheidungssituation läßt den ewigen Tod, das «Verlorengehen», als drohende Möglichkeit ins Auge fassen. In keiner Hinsicht steht es so, daß die drohende Möglichkeit das Zentrum von Jesu Verkündigung bildet – das Gegenteil ist der Fall – aber die drohende Möglichkeit ist eindeutig ins Auge gefaßt und wird nicht verschwiegen[2]. Der Jude Jesus teilte die damaligen Höllenvorstellungen seines Volkes; er benutzte sie, um den Ernst der kritischen Situation darzustellen, in der nach seiner Botschaft die Menschen nun standen. Die Hölle selbst war dabei nicht ein oder das Thema seiner Verkündigung, sondern die damaligen jüdischen Höllenvorstellungen dienten als (ernstgemeinte) Folie für die Botschaft vom Anbruch der Gottesherrschaft. In dieser Hinsicht (und allein in dieser) gehört die «Hölle» zum Grundbesitz des Christentums, das von der Botschaft Jesu her seinen Ursprung nahm[3].

Die Auferstehungserfahrung begründete die christliche Kirche. Die Gemeinden auf dem Boden Palästinas und bald innerhalb des römischen Reiches waren in dem Bekenntnis geeint, der von den Römern gekreuzigte Jesus von Nazareth sei von Gott aus dem Tod auferweckt worden, er sei der erwartete Nachkomme des Königs David, der «Gesalbte» (Messias, griechisch: Christos) und an diesem Messias Jesus (griechisch: Jesus, der Christus) entscheide sich das Heil der Menschen. Paulus und der Verfasser des Vierten Evangeliums haben diese Heilsbotschaft im ersten Jahrhundert durchdacht und sprachlich entfaltet. Es handelte sich durchaus um die Aufnahme der Verkündigung des irdischen Jesus, darüber hinaus aber um eine universale Interpretation im Licht der Auferstehungserfahrung: Nicht der gestorbene Mensch Jesus stand im Zentrum des Bekennens und der Erfahrung, sondern der gegenwärtige Christus, der lebendig ist. Wiederum diente die in Jesu Worten und Gleichnissen mitgeführte Alternative zur Unterstreichung des Ernstes und damit der Endgültigkeit dieser Freudenbotschaft (des «Evangeliums»): Wer die Wahrheit nicht annimmt, die uns erreicht hat, versäumt sie eben und «geht verloren». Von daher erklären sich die Gegensätze, die Paulus öfter formuliert: Gerettetwerden und Verlorengehen (1. Kor. 1,18; 15,18; 2. Kor. 2,15; 4,3.9; Röm. 2,12; 9,22) und die Rede von der «Scheidung» (krisis) im Vierten Evangelium (3,18.36 usw.).

Seitdem begleitet dieses Entweder – Oder die christliche Geschichte. Damit wurde die jüdische Höllenvorstellung vom Gehinnom ein Bestandteil der Verkündigung auch der Kirche, vermittelt durch die Worte und Gleichnisse Jesu. Dabei ist im einzelnen zu beobachten, wie verschieden intensiv diese dunkle Folie des Heilsglaubens beleuchtet wurde. Der Evangelist Matthäus zum Beispiel fügt öfter sein «Heulen und Zähneklappern» den Worten Jesu hinzu (8,12; 13,42.50; 22,13; 24,51b; 25,30), während in der Regel von der Verdammnis recht wenig geredet wird (Hebr. 6,2 [ewiges Gericht]; 2. Thess. 1,9; 2,10 usw.). Die Offenbarung des Johannes, ein judenchristlich geprägtes Werk, stellt am Ende des ersten Jahrhunderts den Untergang der gottwidrigen Mächte kraß heraus, bildet damit aber eine Ausnahme (14,10f.; 21,8; 22,10.14.15).

Das älteste erhaltene christliche Schriftstück, das eine ausgesprochene Schilderung der zukünftigen Hölle und ihrer Strafen bietet, ist die Offenbarung des Petrus (Petrus-Apokalypse), die um 135 oder kurz danach in Ägypten, wohl in Alexandrien, geschrieben wurde. Sie enthält Darlegungen, die bis zu Dantes Inferno hin die christliche Phantasie gespeist haben. Es heißt dort unter anderem:

Dann werden Männer und Weiber an den ihnen bereiteten Ort kommen. An ihrer Zunge, mit der sie den Weg der Gerechtigkeit gelästert haben, wird man sie aufhängen. Man bereitet ihnen ein nie verlöschendes Feuer...
Und siehe wiederum ein Ort: Da ist eine große, volle Grube. Darin die, welche verleugnet haben die Gerechtigkeit. Und Strafengel suchen (sie) heim, und hier in ihr zündet sie das Feuer ihrer Strafe an. Und wiederum zwei Weiber: Man hängt sie an ihren Nacken und Haaren auf, in die Grube wirft man sie. Das sind die, welche sich Haarflechten gemacht haben nicht zur Schaffung des Schönen, sondern um sich zur

Hurerei zu wenden, damit sie fingen Männerseelen zum Verderben. Und die Männer, die sich mit ihnen in Hurerei niedergelegt haben, hängt man an ihren Schenkeln in diesen brennenden Ort, und sie sagen untereinander: 'Wir haben nicht gewußt, daß wir in die ewige Pein kommen müßten.'
Und die Mörder und die mit ihnen gemeinschaftliche Sache gemacht haben, wirft man ins Feuer, an einen Ort, der angefüllt ist mit giftigen Tieren, und sie werden gequält ohne Ruhe, indem sie ihre Schmerzen fühlen, und ihr Gewürm ist so zahlreich wie eine finstere Wolke, und der Engel Ezrael bringt die Seelen der Getöteten herbei; und sie sehen die Qual (derer, die sie) getötet haben, und sie sagen untereinander: 'Gerechtigkeit und Recht ist das Gericht Gottes. Denn wir haben es zwar gehört, aber nicht geglaubt, daß wir an diesen ewigen Gerichtsort kommen würden.'
Und bei dieser Flamme ist eine große und sehr tiefe Grube, und es fließt da hinein (?) alles von überall her: Gericht (?) und Schauderhaftes und Aussonderungen.
Und die Weiber (sind) verschlungen (davon) bis an ihren Nacken und werden bestraft mit großem Schmerz. Das sind also die, welche ihre Kinder abtreiben und das Werk Gottes, das er geschaffen hat, verderben. Gegenüber von ihnen ist ein anderer Ort, wo ihre Kinder sitzen; aber beide lebendig, und sie schreien zu Gott. Und Blitze gehen aus [und] von diesen Kindern, welche die Augen derer durchbohren, welche durch diese Hurerei ihren Untergang bewirkt haben. Andere Männer und Weiber stehen nackt oberhalb davon. Und ihre Kinder stehen hier ihnen gegenüber an einem Ort des Entzückens. Und sie seufzen und schreien zu Gott wegen ihrer Eltern: 'Das sind die, welche vernachlässigt und verflucht und deine Gebote übertreten haben. Und sie töteten uns und fluchten dem Engel, der (uns) geschaffen hatte, und hängten uns auf. Und sie enthielten das Licht, das du für alle bestimmt hast, (uns) vor.' Und die Milch ihrer Mütter fließt von ihren Brüsten und gerinnt und stinkt, und daraus gehen fleischfressende Tiere hervor, und sie gehen heraus, wenden sich und quälen sie in Ewigkeit mit ihren Männern, weil sie verlassen haben das Gebot Gottes und ihre Kinder getötet haben. Und ihre Kinder wird man dem Engel Temlakos geben. Und die sie getötet haben, wird man ewig quälen, weil Gott es so will.
Es bringt der Zornengel Ezrael Männer und Weiber, zur Hälfte (des Körpers) brennend, und wirft sie an einen Ort der Finsternis, der Hölle der Männer, und ein Geist des Zornes züchtigt sie mit jeglicher Züchtigung, und nimmer schlafendes Gewürm frißt ihre Eingeweide. Das sind die Verfolger und Verräter meiner Gerechten.
Und bei denen, die hier waren, andere Männer und Weiber, die kauen ihre Zunge, und man quält sie mit glühenden Eisen und verbrennt ihre Augen. Das sind die Lästerer und Zweifler an meiner Gerechtigkeit[4].

Mit der Petrus-Apokalypse beginnt in der Kirche die bildliche Ausmalung der Höllenstrafen und auch der Himmelsseligkeit. Man muß nur die dürftige und unanschauliche Schilderung des Himmels mit der scheußlichen Höllenschilderung vergleichen, um zu sehen, wo das Interesse des Verfassers liegt! Die einzelnen Elemente der Höllenschilderung entstammen übrigens jüdischen und heidnischen Traditionen, die jetzt in die christliche Vorstellungswelt Einzug halten[5]. Die Petrus-Apokalypse fand nicht ganz wenige Nachfolgerinnen, aber aufs Ganze gesehen bleibt es noch lange Zeit bei weniger konkreten Hinweisen auf die Hölle als Gegenstück zum Heil. Auch die Petrus-Apokalypse wollte ja letzten Endes im Sinn predigthafter Ermahnung (Paränese) wirken und die Gemeinde aufrütteln (so wenig Fürwitz und Neugier, ja eine gewisse Lust geleugnet werden können).

Aber die Entwicklung verlief nicht geradlinig. Während gleichsam selbstverständlich festgehalten wurde, daß zur Verkündigung des in Jesus Christus erschienenen Heils auch die Weitergabe des Entscheidungsernstes gehöre, der einschärfte, das Heil nicht zu versäumen, kann man dennoch nicht sagen, das Christentum der ersten Jahrhunderte sei von Höllenangst geschüttelt gewesen. Gewiß war es eine ernsthafte Verkündigung, wenn man auf die Möglichkeit ewigen Verderbens hinwies, und die Botschaft machte auf die Gemeinden und auf Außenstehende Eindruck. Aber der Grundton ist eindeutig ein Ton der Freude über die Rettung und das universale Heil, das in der Kirche als dem Beginn der «Neuen Schöpfung» angebrochen ist. Die Zeugnisse der christlichen Kunst, wie sie seit dem 3. Jahrhundert sichtbar wurden, belegen das deutlich. So wird aber auch verständlich, daß seit dem 2. Jahrhundert die Hölle zwar als drohende Möglichkeit zum Glaubensbestand gehörte, aber wenigstens für die Glaubenden eine überwundene Möglichkeit war. Viel realer war ein anderes Problem: was geschieht nach unserem leiblichen Tod mit uns? Endgericht und Weltvollendung standen ja noch aus. So wurde der sogenannte *Zwischenzustand* zu einem erheblich wesentlicheren Thema christlichen Nachdenkens[6]: Zwischen Tod und endgültiger Auferstehung ruht die abgeleibte Seele der Verstorbenen in Räumen unterhalb der Erde und genießt eine Art geminderter Seligkeit oder leidet Schmerzen. Eine Reihe von Schilderungen nachtodlicher Leiden und Freuden, die von der Forschung früher als Himmels- oder Höllenbeschreibungen angesehen wurden, erwiesen sich als Schilderungen des Zwischenzustandes, für den der afrikanische Christ Tertullian († in Karthago nach 220) den Ausdruck *interim refrigerium* fand.

Zwei Christen beschritten im 3. Jahrhundert eigene Wege innerhalb der Jenseitsgedankenwelt: Klemens von Alexandrien kam am Anfang des Jahrhunderts auf den Gedanken, der Zwischenzustand könne ein Reinigungs- und Läuterungszustand sein, in dem «Feuer» («vernünftiges» Feuer: also eine symbolische Rede) die Seelen entschlacke und der Vollendung annähere; eine «Hölle» kennt Klemens nicht. Origenes († 254) übernahm diesen Gedanken und wendete ihn auf andere Art gegen die herkömmliche Höllenvorstellung: Im Rahmen des universalen Gedankensystems, das der tiefe Denker entwickelte, kam Origenes früh zu einer folgenreichen Erkenntnis: Gewiß verlangt das Evangelium die Entscheidung des Menschen; der Ernst der Entscheidung bleibt unbestritten. Aber kann ein einzelnes, kurzes Menschenleben ausreichen, um die Wahrheit Gottes zu erfassen? Gott respektiert die menschliche Freiheit und drängt sich nicht auf; seine Liebe ist nicht mit Zwang vereinbar. Sind ewige Strafen für ein Versagen innerhalb der Zeit angemessen? Origenes gab die Antwort, die traditionelle Höllenvorstellung sei als eine uneigentliche Bildrede zu fassen, die für einfache Gemüter den Ernst der Entscheidung zwar zu beschreiben vermöge, für den reifen Menschen aber durchschaubar sei. «Hölle» meint etwas erheblich Ernsthafteres als eine einfache Schlußabrechnung nach dem Ende des irdischen Lebens. «Hölle» meint die Qualen des Gewissens, und sie ist ein Prozeß schmerzhafter Läuterung und Reinigung. Origenes denkt in kosmischen und universalen Dimensionen. Deshalb sieht er, daß die Läuterung und Reinigung nicht nur die einzelnen Menschen angeht, sondern den ganzen Weltprozeß. Das führt ihn zur Hoffnung auf eine universale «Wiederherstellung» (Apokatastasis) des Alls. Alles, was an Geistwesen und Schöpfung je ins Dasein trat, wird in unendlichen Zeiträumen und langen Prozessen gerei-

Abb. 15. Die detailreiche Darstellung von Höllenstrafen in hochmittelalterlichen Bildern geht auf Texte wie die Petrus-Apokalypse zurück. – Ausschnitt aus dem Weltgerichtsmosaik von Torcello, um 1100.

nigt, geläutert und vollendet werden. Diese Lehre des Origenes ist keine schulmäßige und repetierfähige Allerweltsweisheit oder gar eine wissenschaftlich sein wollende Theorie, sondern eine kühne Hoffnung, die einer der weisesten Männer der frühen Kirche wagte. Origenes marktet nichts vom Ernst der Entscheidung ab, aber er versucht, sie zu durchdenken, ihr das in seinen Augen Kindische zu nehmen, das Lohn und Bestrafung sonst anhaftet, und sie auf ihren eigentlichen Sinn zu bringen. Die Apokatastasis«lehre» ist alles andere als eine bequeme und oberflächliche Ausflucht. Origenes denkt vom Wesen Gottes und der Geistwesen her, zu denen der Mensch gehört. Origenes hat damit einerseits die herkömmliche Höllenvorstellung «vergeistigt», wie wir heute sagen würden (Origenes würde wohl eher formulieren: auf ihren wahren Sinn gebracht). Andererseits hat Origenes damit dem Durchschnittschristentum einen Stein des Anstoßes geboten, der dazu führte, daß Origenes im 5. und 6. Jahrhundert zum Häretiker erklärt wurde (542 und 553 verurteilt). Für unser Thema bedeutet das: Der Anstoß an Origenes' Interpretation führte in der Christenheit dazu, die Existenz der Hölle und der Möglichkeit eines ewigen Verlorenseins noch eifriger als vorher zu betonen.

Blicken wir auf das 4. und 5. Jahrhundert, also auf die Zeit der sogenannten Reichskirche, so bleibt das Bild zunächst im wesentlichen unverändert: Die Hölle als ewiger Strafort der Verlorenen wird «gewußt», ohne daß darüber viel nachgedacht wird. Der Zwischenzustand in seiner doppelten Ausprägung ist das Jenseitsthema, das interessiert. Aber eine andere Verschiebung ist seit der Mitte des 4. Jahrhunderts wahrnehmbar (und, wie oft, in der christlichen Kunst abzulesen): Das Kreisen um die individuelle Seligkeit der Gläubigen wird mehr und mehr von einem «kirchlicheren» Denken abgelöst. Die Geborgenheit in der Mutter Kirche mit ihren geheimnisvollen Gaben (der sakramentalen Vermittlung) wird als immer hilfreicher und wesentlicher empfunden. Die Menschen, wohl von den Bischöfen angeleitet, blickten vom Zwischenzustand weg und richteten sich auf die ewige Seligkeit aus, die im Himmel bereitet ist; die «Herrlichkeitsbilder» göttlicher Majestät nahmen zu. Der Zwischenzustand wird im abendländischen Christentum unmerklich zum sogenannten *Fegefeuer* hin umgedeutet[7]. Darin spiegelt sich die theologische Entwicklung, die wir an den großen Auseinandersetzungen des 4. Jahrhunderts studieren können. Für das Stichwort Hölle scheint das zunächst wenig zu bedeuten. In Tat und Wahrheit erfolgt eine Weichenstellung großen Ausmaßes.

Am Anfang des 5. Jahrhunderts entsteht noch einmal ein griechischer Text, der bald ins Lateinische übersetzt wurde: die «Paulus-Apokalypse». Wie die Petrus-Apokalypse des 2. Jahrhunderts gibt die Paulus-Apokalypse eine Höllenschilderung. Immer wieder einmal waren nach der Petrus-Apokalypse solche Schilderungen entstanden. Die Paulus-Apokalypse gehört in diese Tradition und bedeutet somit an sich nichts Neues. Dennoch hat es sich gefügt, daß dieser Text in immer neuen Erweiterungen vervielfältigt wurde, und im Osten und vor allem im Westen im Mittelalter das Bild der Höllenqualen geprägt hat. Neu ist nur ein Gedanke: Es gibt ein zeitweiliges Aufhören der Höllenqualen; am Sonntag werden sie ausgesetzt.

Diese Neuerung verrät, daß nun doch mehr als früher über Höllenprobleme spekuliert wurde (vgl. Kat. Nr. 152)[8]. Aber das war nicht die eigentliche Weichenstellung, die wir bemerken können. Sie erfolgte innerhalb der abendländischen Kirche und erreichte den Osten nicht mehr. Die Orthodoxe Kirche bleibt im wesentlichen bis heute bei der Auffassung: Nach dem Tod des Menschen erfolgt ein Urteil, das einen Zwischenzustand eröffnet, der entweder Seligkeit oder Leiden darstellt, dann folgt das allgemeine Gericht über alle Welt, das diesem Zustand seine Endgültigkeit gibt. Origenes' Lösung wird verurteilt, wenigstens offiziell[9]. Da die Hölle bis zum Endgericht also «leer» ist, bildet sie auch kaum ein Thema; die Darstellungen von Qualen auf den Weltgerichtsbildern haben ermahnenden Charakter[10].

Im Abendland haben zwei Theologen die Grundlagen des theologischen Höllenbildes geschaffen, das im Hochmittelalter seine «Blütezeit» erlebte: Augustinus und Papst Gregor I., der Große. Natürlich wären auch andere Namen zu nennen, da ein gewisser Trend ohnehin vorlag. Dennoch ist es keine Übertreibung oder Verzerrung, wenn Augustin und Gregor als die Väter der mittelalterlichen Höllenvorstellung genannt werden.

Augustin († 430), Platoniker, Theologe der Gnade, der den Apostel Paulus wieder entdeckte und überhaupt dem lateinischen Christentum eine neue Prägung gab, ist in seinen späten Jahren ein überzeugter Vertreter der Ansicht geworden, die Höllenstrafen seien ernstzunehmen. Gewiß stehen die Äußerungen Augustins innerhalb seines riesigen Œuvres recht vereinzelt da; dennoch sind sie von erheblicher Bedeutung. Um sie zu verstehen, muß das Thema nochmals berührt werden, das im Grund die Gemüter vielmehr beschäftigte als die Hölle: Inzwischen hatte sich im lateinischen Westen aus der alten Zwischenzustandsvorstellung das entwickelt, was spätestens seit dem 12. Jahrhundert «Purgatorium» bzw. «Fegefeuer» heißen wird. Der Zwischenzustand hatte ein Doppelgesicht getragen: provisorische Seligkeit resp. provisorische Unseligkeit. Das Erstarken des Kirchengedankens seit etwa Mitte des 4. Jahrhunderts führte dazu, daß man gründlicher über die Möglichkeit nachdachte, wie man den Wartestand im Jenseits günstig beeinflussen könne. Totenkult im Sinn der Hilfe für die Toten durch Fürbitte, Feier der Eucharistie, Totenmahle gab es, seit der Zwischenzustand angenommen wurde, also seit dem 2. Jahrhundert. Aber nun kam man auf den Gedanken, es sei der Kirche als solcher möglich, erfolgreich zu Gunsten der leidenden Toten in das Jenseits hinüber zu wirken. In der lateinischen Kirche kam die Überzeugung auf, wenn der Zwischenzustand eine negative Seite habe, dann deshalb, weil die Verstorbenen eben Strafen für begangene Sünden abbüßen müßten. So wurde unmerklich aus dem doppelgesichtigen Zwischenzustand der heidnischen und frühchristlichen Antike ein reiner Strafort – denn wer war ohne Sünde? So entstand die Rede vom «reinigenden» Feuer, das die Sünden strafend brannte.

Augustin fand diese Vorstellung vor; sie liegt um 400 in der Luft. Da Augustin der Theologe der Erbsünde war (die man besser «Ursprungssünde» nennt: schon mit der Zeugung des Menschen ist seine Sündhaftigkeit gegeben), wird verständlich, weshalb Augustin hier weiterdachte. Die erbsündliche Verfaßtheit des Menschen hat zur Folge, daß in jedem Fall nach dem leiblichen Tod Sünde abgebüßt werden muß. Die entsprechende Konsequenz liegt für den reifen Augustin auf der Hand, und er sprach sie aus: Selbst kleine Kinder, die ungetauft sterben (die Taufe würde einem unschuldigen Säugling die Schuld der Ursprungssünde tilgen) werden eine Strafe erleiden müssen, aber «eine ganz milde»[11]. Die anderen Menschen, getauft oder nicht, werden entsprechend dem Gewicht ihrer tatsächlich vollzogenen Tatsünden Strafen erleiden müssen. Wir sehen hier, wie aus dem alten Zwischenzustand eine Art Vorhölle geworden ist, denn eine vorweggenommene Seligkeit gibt es für den normalen Christenmenschen nicht mehr. Ganz sicher steht für Augustin die Ewigkeit der Höllenqualen fest, auch ihr Feuercharakter: Das Höllenfeuer ist wirklich körperlich, der Hitzegrad richtet sich nach der Schwere der Sünden. Augustin äußert sich sonst über die Hölle durchaus nicht im Sinn der alten apokalyptischen Ausmalungen (die Paulus-Apokalypse hat er vielleicht sogar abgelehnt). Und dennoch wird bei Augustin deutlich, wie jetzt die Höllenvorstellung sozusagen aktiviert wird: Der Zwischenzustand erhält schon eine Art höllischen Charakter. Noch etwas kommt hinzu: Augustin ist auch der Theologe der göttlichen Vorherbestimmung (Prädestination). Gott allein handelt. Er allein ist ernstzunehmen. Vor Ihm haben wir uns zu verantworten. In den Qualen des strafenden Feuers weht uns schon die Qual der Hölle an.

Noch deutlicher wird am Ende des christlichen Altertums im Westen Papst Gregor I. († 604). Gregor lebt nicht mehr wie Augustin innerhalb der noch intakten Reichskirche (obwohl Augustin selbst während der Belagerung seiner nordafrikanischen Bischofsstadt Hippo/Annaba durch die Vandalen starb). Gregor amtet nach der Völkerwanderung im verödeten Rom der Langobardenzeit. Er ist einer der «Begründer» des mittelalterlichen lateinischen Christentums. Für Gregor steht fest und ist von höchster Bedeutung: Die Kirche kann den Verstorbenen durch das Messopfer helfen, das ihre Priester für die Verstorbenen darbringen. Obwohl das Wort Purgatorium oder Fegefeuer noch nicht als Begriff da ist, ist die Sache vorhanden: Die Hilfe im Fegefeuer ist für alle von lebenswichtiger Bedeutung, weil alle Toten im Fegefeuer sind. Das Fegefeuer ist praktisch die vorgezogene Hölle, nur ist es befristet, und die Kirche kann auf es einwirken. Gerade insofern das Fegefeuer ein Vorschein der Hölle ist, das Fegefeuer also Höllencharakter hat (es ist geradezu «infernalisiert»), hat die Kirche mit der Hölle zu tun, indem sie mit der Hölle kämpft. Die Kirche kann die Hölle sozusagen schließen, wenn sie erfolgreich in das Fegefeuer hinüberwirkt, aber die Wirklichkeit der Hölle umgibt sie damit nicht weniger. Um diese Grundüberzeugung in einer bedrohten und barbarisierten rohen Welt vernehmbar zu machen, hat Gregor in seinen Schriften, die er für den Klerus schrieb (der die Gedanken in der Predigt dem Volk weitergeben sollte), höchst elementare, um nicht zu sagen primitive Beispiele gebracht. Gregor übernimmt damit eine seelsorgerliche Aufgabe im Dienst an der Kirche. Die wichtigsten Höllentexte Gregors stehen im vierten Buch seiner 593/594 geschriebenen Dialoge (4,29f.), in denen die Wunder italischer Mönche beschrieben werden. Es sind derbe Geschichten, die einer wilden Zeit zeigen sollen, daß Gott noch heute am Werk ist. Gregor bedient sich bewußt eines volkstümlichen Niveaus, um seine Umwelt zu erreichen. Die Hölle ist ewig, ihr Feuer ist wirkliches Feuer, Grausiges kann man über sie berichten. Der arianische Gotenkönig Theoderich fuhr bei Lipari zur Hölle ein, wie glaubwürdige Zeugen berichten.

Fast gleichzeitig finden wir in Gallien bei Bischof Gregor von Tours eine Jenseitsvision, die eine ganze Gattung mittelalterlicher Höllenvisionen einleitet: König Guntchram sieht das Ende seines 584 ermordeten Bruders Chilperich im Traum voraus. Chilperich wird wegen seiner bösen Taten in der Hölle förmlich zerkocht[12].

Damit ist die Grundlage für die Explosion der Höllenvorstellung im Hochmittelalter endgültig gelegt. Seit Gregor I. ist im Abendland die Hölle (und noch mehr das Fegefeuer) ein Zentralthema geworden, weniger der Schultheologie als der elementaren Frömmigkeit des christlichen Volkes.

Urteilt man historisch, kann man wohl sagen, daß sich seit dem ersten Jahrhundert eine Entwicklung der Höllenvorstellung abgespielt hat, die man nicht gradlinig oder gar naturnotwendig nennen kann. Es «mußte» nicht so kommen, daß die von Jesus und den ersten Gemeinden mitgeführten blassen Höllenvorstellungen zu *dieser* Ausprägung und Entfaltung kamen. Aber die Entwicklung ist nicht grundlos so verlaufen. Es besteht schon eine Kontinuität, aber es kam auch zu einer Intensivierung, die Gewichte und Proportionen verändert hat.

Eine theologische Besinnung ist hier nicht vorgesehen. Aber natürlich erheben sich Fragen an das Höllenkonzept überhaupt. Ob eine Vorstellung, nach der rein zahlenmäßig der größte Teil der Menschheit dem ewigen Verderben anheimfallen muß, als sinnvoll erscheint, darf doch gefragt werden. Aber sind die Weltgeschichte und das individuelle Schicksal überhaupt sinnvoll? Ist die Höllenvorstellung gar ein Pendant zum neuzeitlichen Nihilismus und ein Bekenntnis zur Absurdität (Samuel Beckett ließe in diesem Falle grüßen)?

Eines steht aber auch fest: Der Ernst der jüdischen und frühchristlichen Vorstellung von der Hölle ist nicht zu leugnen, sein Ziel heißt Verantwortung vor dem lebendigen Gott, weil Menschen vor Gott stehen[13]. Eine solche Haltung ist grundsätzlich nicht krankhaft noch sinnlos. Aber mußte es zu dieser Ausprägung kommen? Und was fangen wir damit an? Besucher und Besucherinnen der Ausstellung dürfen sich also mancherlei Gedanken machen. Sie dürfen auch einmal über die Gedanken des Klemens und Origenes nachdenken, selbst wenn ihnen diese Menschen der Vergangenheit bisher ganz unbekannt gewesen sein sollten[14].

---

1 Neueste Literatur bei BAUCKHAM 1990 und VORGRIMLER 1993.
2 Von den historisch «echten» Jesusworten (alle sind übersetzt!) gehören hierher: Mk. 3,28.29; 8,38; 9,43-48; Mt. 5,21.22.26.27.29.30.; 7,13; 8,11.12; 10,28; 22,1-10; 24,45-51a; 25,14-30.31-46 und die entsprechenden Parallelen; nicht alle Einzelformulierungen gehen auf Jesus zurück.
3 Zur Deutung der Gerichtsworte Jesu in seinen Gleichnissen sei auf folgende beherzigenswerte Warnung hingewiesen: Jesu Gleichnisse können «keinesfalls als Gerichtsaussagen ausgelegt werden. Auch wenn in vielen Gleichnissen Züge erscheinen, die untergeordnet auf das Gericht verweisen, so gilt es dabei zu beachten, daß dieser Verweis im Gleichnis erfolgt. Ein Gerichts*gleichnis* darf nicht mit einem Gerichts*wort* verwechselt werden. Denn das Gleichnis überholt ja gerade das Gericht, an das es den Hörer erinnert, indem es ihn auf die Seite des Heils zieht. Daß das *Gericht* im Gleichnis vorkommt, stellt den Menschen vor die Möglichkeit des Nichtseins; daß es aber im *Gleichnis* vorkommt, erweist jene Möglichkeit als eine von Gott selbst bereits überwundene» (WEDER 1978, S. 91). Das heißt aber auch: Der Mann aus Nazareth hat weder eine ewige Verdammnis noch eine Allversöhnung *gelehrt*.
4 Übersetzung von CASPAR DETLEF GUSTAV MÜLLER bei Schneemelcher, 1989, S. 570-572.
5 Reiches Material bei CUMONT 1949 und in der Gedenkschrift für STUIBER 1982.
6 Gültig dargestellt von STUIBER 1957. Vgl. auch den Beitrag von BRIGITTA ROTACH in diesem Band.
7 KLAUSER 1966, S. 66-70.
8 384 formuliert Hieronymus einmal: *aus Furcht vor der Hölle* (ob gehennae metum, Ep. 22,7); ist es das erstemal? – Als um 400 der Streit um Origenes entbrannte, entzündete sich der Haß der Mönche gegen Origenes an seiner Leugnung der Ewigkeit der Höllenstrafen. Der Wüstenmönch Sisoes kann einen geistlichen Vater anrufen: Wie kann ich gerettet

werden vor dem feurigen Fluß (der Hölle)? Die Beispiele lassen sich mehren.

9 HEILER 1971, S. 143–151. Von der Gemischten Orthodox-Altkatholischen Theologischen Kommission in Kavala am 17. 10. 1987 bestätigt (Internationale Kirchliche Zeitschrift (IKZ) 78, 1988, S. 58–60). Aber Origenes' leise Stimme flüstert noch, vgl. HEILER 1971, S. 150f.: Es «können doch nach den Worten von Zankow 'wenige der Orthodoxen ruhig und absolut den Gedanken annehmen, daß es in alle Ewigkeit, trotz der Liebe und der Gnade Gottes ewig verdammte Menschen und eine ewige Sünde geben wird'... Das einfache Herz des orthodoxen Volkes aber löst das Problem dadurch, daß es für alle in Sünden Abgeschiedenen betet und opfert, erfüllt von dem unerschütterlichen Glauben, daß Gott auf das Gebet der Gläubigen hin auch den größten Sünder aus dem Rachen des Höllenfeuers entreißen kann». – Wie unangefochten formulieren 1985 die Lateiner: «Die Lehre der Kirche, welche die Ewigkeit der Höllenstrafen ausdrücklich verteidigt hat, steht also auf einem guten und gesicherten biblischen Fundament» (Katholischer Erwachsenenkatechismus, hrsg. von der Deutschen Bischofskonferenz, Kevelaer, München, Stuttgart, Limburg, Regensburg, Köln 1985, S. 422)!

10 Ein erstes gemaltes Höllenbild ist für Jerusalem (Gethsemane) bezeugt; es war ein Meditationsbild, das zur Buße führen sollte (Dorotheos, Vita Dosithei 3, vor 540).

11 De pecc. mer. et rem. 1,16,21 (Anfang 412): *Mit Recht kann man sagen, daß Kinder, die ohne Taufe aus dem Leib abscheiden, in der allermildesten Verdammnis sein werden. Sehr täuscht sich aber jemand oder läßt sich täuschen, wenn er sagt, sie seien gar nicht in einer Verdammnis.* Man kann sich nicht genug wundern, daß ausgerechnet Augustin der erste Theologe ist, der die im Volk verbreitete Vorstellung von Fegefeuer und Hölle bewußt aufnahm, die eigentlich in manchem seinen Überzeugungen widersprach, vgl. HOLL 1928, S. 106.

12 Gregor von Tours, Hist. Franc. (nach 591 abgeschlossen) 8,5. Vgl. dazu LEVISON 1948.

13 Eine Folge davon ist, daß unter den verschiedenen Höllenvorstellungen der Religionsgeschichte die christliche Variante als die entschiedenste erscheint: Sie kombiniert den endgültigen Ort der Sünde mit dem endgültigen Ort des Irrglaubens, vgl. COLPE, Sp. 1020; es ist «das allgemeine Gericht und der definitive Zustand nach demselben der deutlich und streng festgehaltene Zielpunkt aller Betrachtungen... Die furchtbare Vorstellung von der Hölle, weit entfernt einen Rückschritt in der Geschichte des religiösen Geistes zu bedeuten, ist vielmehr ein Beweis dafür, daß er die sittlich indifferenten Gesichtspunkte ausgeschieden hat und im Bunde mit dem sittlichen Geiste souverän geworden ist» (HARNACK 1909, Bd. 1, S. 193f.; beachte den Zusammenhang!).

14 Es wäre interessant, in heutigen Dogmatiken und christlicher Literatur nachzulesen, was dort über die Hölle und die ewige Verdammnis gesagt wird – und was *nicht* gesagt wird. Die reifste Besinnung ist wohl bei Paul Tillich zu lesen (Systematische Theologie, 3 Bde., Stuttgart 1956–1966, nachgedruckt).

Der Durst der Toten und die zwischenzeitliche Erquickung (Refrigerium Interim)

Brigitta Rotach

Die Vorstellung vom Durst der Toten ist uralt[1]. Wenn Menschen glaubten, daß die Seelen der Verstorbenen im Jenseits litten, haben sie häufig zu Bildern von Hitze, Flammen[2] und deshalb Durst der Toten gegriffen. Auch aus frühchristlicher Zeit finden sich zahlreiche Beispiele dafür, sei es in Texten, Bräuchen oder auf Bildern. Dazu zuerst ein Blick auf die biblischen Texte, die sich mit Jenseitsvorstellungen befassen.

I. Biblische Auferstehungstexte[3]

In der hebräischen Bibel, dem sogenannten Alten Testament, ist das Jenseits kaum ein Thema. In einigen späten Texten finden sich kurze Andeutungen einer Auferstehungshoffnung, so in Daniel 12,2f., Jesaja 26,19, Ezechiel 37,1–14 und Hosea 6,1–3. Der Durst der Toten findet allerdings bereits hier Erwähnung. Als «ausgetrocknet» werden die Gebeine der Toten in Ezechiel 37 gleich dreimal bezeichnet (Verse 2, 4, 11), und im Gegensatz dazu wird die Auferstehung in Hosea 6 und Jesaja 26 mit Naturphänomenen wie Tau und Regen verglichen. Die Erfahrung eines mediterranen Landes, das sehnlich auf den lebensnotwendigen Regen wartet, spiegelt sich in diesen vom kanaanäischen Vegetationsglauben übernommenen Bildern für die Auferstehungshoffnung wider.

Wesentlich breiteren Raum nimmt die Auferstehungsfrage im Neuen Testament ein. Aber auch in der Jesus-Überlieferung wird die Frage nicht als eigenes Thema behandelt oder problematisiert (abgesehen vom Sadduzäerstreit in Mk. 12,18ff). Jesus selbst war erfüllt von einem Bewußtsein für die Nähe des Reiches Gottes (vgl. Mk. 1,15: *Die Zeit ist erfüllt und das Reich Gottes sehr nahe*). Das Eschaton stand für ihn unmittelbar bevor: *Unter denen, die hier stehen, sind einige, die den Tod nicht kosten werden, bis sie gesehen haben, daß das Reich Gottes mit Macht gekommen ist* (Mk. 9,1). Ja, in seiner Gegenwart war das Gottesreich schon angebrochen. Spekulationen über die Ausgestaltung zukünftig-eschatologischer Dinge waren daher nicht relevant. Gelegentlich finden sich zwar Aussagen über die Auferstehung der Toten, das Paradies oder Gericht; doch lassen sie sich in kein einheitliches Bild fügen[4]. Schlaglichter vielmehr, Andeutungen einer jenseitigen Zukunft für die Toten – und dazwischen Berichte, wie Jesus selber Tote wieder zum Leben auferweckt hat (zum Beispiel in Johannes 11). Zeichen des bereits angebrochenen Gottesreiches, Vorschauen auf die Zeit, in der es keinen Tod mehr gibt.

In unserem Zusammenhang interessiert besonders die Geschichte vom armen Lazarus und dem reichen Prasser (Lk. 16, 19–31), wo es heißt:

Als nun der Arme starb, wurde er von den Engeln in Abrahams Schoß getragen. Auch der Reiche starb und wurde begraben. In der Unterwelt, wo er qualvolle Schmerzen litt, blickte er auf und sah von weitem Abraham, und Lazarus in seinem Schoß. Da rief er: Vater Abraham, hab Erbarmen mit mir, und schicke Lazarus zu mir; er solle wenigstens die Spitze seines Fingers ins Wasser tauchen und mir die Zunge kühlen, denn ich leide große Qualen in diesem Feuer (Lk. 16,22–25).

Eine Bitte allerdings, die dem zu Lebzeiten Bösen nicht erfüllt wird!

Wie Jesus war auch noch Paulus von der Nähe des endzeitlichen Geschehens erfüllt. Doch er entwarf seine Argumentation zur Auferstehungsfrage vom Ostererlebnis her und verband so die Hoffnung auf eine allgemeine Auferstehung mit dem Glauben an die Auferstehung Jesu Christi als dem ersten Auferweckten der Entschlafenen. *Wenn Jesus – und das ist unser Glaube – gestorben und auferstanden ist, dann wird Gott durch Jesus auch die Verstorbenen zusammen mit ihm zur Herrlichkeit führen*, schreibt er im ersten Brief an die Thessalonicher (4, 14). Dieser Brief zeigt sehr deutlich, wie bald man allgemein die Wiederkunft Christi, seine Parusie, und damit die allgemeine Totenauferweckung erwartete. Erste Todesfälle in

Abb. 16. Jenseitsvorstellungen verknüpfen sich oft mit dem Gedanken an Durst und Feuer. – Die drei jüdischen Männer im Feuerofen. Wandgemälde, Mitte 3. Jahrhundert n.Chr. Rom, Priscilla-Katakombe, Cubiculum des «Velatio-Grabes».

der Gemeinde hatten offenbar Verunsicherung verursacht. Man fragte sich besorgt, wo die endzeitlichen Ereignisse blieben. Paulus ging in seinem Schreiben tröstend auf das Problem ein. Er betonte, daß die Lebenden den Verstorbenen letztlich nichts voraushaben. *Denn der Herr selbst wird vom*

Himmel herabkommen, wenn der Befehl ergeht, der Erzengel ruft und die Posaune Gottes erschallt. Zuerst werden die in Christus Verstorbenen auferstehen; dann werden wir, die Lebenden, die noch übrig sind, zugleich mit ihnen auf den Wolken in die Luft entrückt, dem Herrn entgegen. Dann werden wir immer beim Herrn sein. Tröstet also einander mit diesen Worten! (1. Thess. 4,16–18). In knappsten Pinselstrichen entwirft Paulus hier ein apokalyptisches Bild. Die Vorstellungen sind nur angetönt, kaum etwas wird ausgeführt. Wer sich nicht auskennt, kann damit wenig verbinden.

Ganz anders steht es mit der sogenannten Apokalypse des Johannes, die etwa eine Generation später entstanden ist (wohl gegen Ende der Regierungszeit Domitians, also zwischen 87–96 n.Chr.). Hier wird das endzeitliche Geschehen in großer Breite ausgemalt. Die Apokalypse beginnt mit der Vision einer himmlischen Liturgie und endet mit einer Liturgie des neuen und ewigen Jerusalem.

Inhaltlich neu gegenüber den Evangelien und Paulus ist an dieser üppigen Vision eine Modifikation des Auferstehungszeitpunktes: Märtyrer nämlich, die für ihren Glauben starben, werden sofort im Himmel aufgenommen und haben beim himmlischen Zeremoniell einen bevorzugten Platz (Apk. 7,13–17; 20,4f.,12f.), während alle anderen Toten bis zur allgemeinen Auferstehung warten müssen.

Die Apokalypse des Johannes ist einzig in ihrer Art unter den biblischen Büchern. Sie steht am Ende der Bibel und auch am Rande des Kanons. Alle anderen Texte machen den Eindruck, als knüpften sie an apokalyptische Vorstellungen an, setzten diese gleichsam als bekannt voraus, aber sie wahrten ihnen gegenüber eine auffällige Zurückhaltung.

Das Christentum der ersten Jahrhunderte war geprägt von einer brennenden Hoffnung auf Auferstehung. *Fiducia christianorum resurrectio mortuorum, illa credentes sumus*[5] (Die Zuversicht der Christen begründet sich in der Auferstehung der Toten; solches Glaubende sind wir), schrieb der Kirchenvater Tertullian um 200 n.Chr. Märtyrer jener Zeit stürzten sich zum Teil förmlich in den Tod. Von Perpetua und ihren Christengefährten heißt es etwa, daß sie heiter in den Kerker zurückkehrten und dort sangen und beteten, nachdem sie ihr Todesurteil vernommen hatten[6]. Trotz dieses offensichtlichen Auferstehungsoptimismus zeigt das frühe Christentum aber auch ein ganz anderes Gesicht. Ungewißheit über das Jenseitsergehen scheint die Leute umgetrieben zu haben. Offensichtlich konnten sich auch die Christen dem Zeitgeist der Spätantike nicht entziehen. Wie alle anderen lebten sie in einer Phase des römischen Reiches, die durchtränkt war von Unruhe und Angst[7]. Die Christen hatten zwar eine Jenseitshoffnung, doch wenig genaue Angaben dazu. Die biblischen Texte gaben ihnen keine eindeutigen Antworten, die altkirchliche Dogmatik hatte noch keine gültige Auferstehungslehre formuliert und die sich institutionalisierende Kirche wehrte sich gegen eine Eschatologisierung der gesamten Weltsicht.

Als mögliche Antworten auf die offenen Fragen des Jenseitsergehens entstand deshalb in jener Zeit eine Fülle von außerkanonischen Entwürfen. Verwandte, sich ergänzende und auch widersprüchliche Vorstellungen wurden denkerisch erprobt, christliche verwoben mit paganen und jüdischen Elementen. Eine solche Vielfalt war möglich und wurde auch nicht als störend empfunden, weil man sich in vorkonstantinischer Zeit im Wesentlichen einig war, nämlich in der Gewißheit der unmittelbaren Nähe des Endaktes und in der Annahme, daß (mit Ausnahme der Märtyrer) die Auferstehung aller gemeinsam am Jüngsten Tag stattfinde. Doch dann stellte sich die Frage, die schon im paulinischen Text anklingt: Wo bleiben die Toten bis zu jenem Tag?

In irgend einer Weise mußte man sich einen Zwischenzustand denken, in dem sich die Toten bis zum allgemeinen Auferstehungsgeschehen befanden. Die Ideen waren vielfältig; ich habe vor allem solche ausgewählt, die vom Durst der Toten ausgehen und sich mit der Möglichkeit eines wässerig erquickenden Zwischenzustandes beschäftigen.

II. Der Zwischenzustand an einem Beispiel der jüdischen Apokalyptik: Äthiopischer Henoch 22

Den Querverbindungen zwischen den Religionen trägt das Beispiel aus der jüdischen Apokalyptik Rechnung. Besonders deutlich ausgemalt wird der Glaube an das verschiedene Los im Zwischenzustand in Henoch 22.

Das Buch Henoch zählt zu den frühesten Zeugen apokalyptischer Literatur. Kapitel 22 gehört zum Buch der Wächter, das im 3.–2. Jahrhundert vor der Zeitenwende in semitischer, wohl hebräischer Sprache aufgeschrieben wurde. Unser Kapitel ist Teil aus Henochs zweiter Reise ins Jenseits, die er unter der Führung von Deuteengeln macht. Uriel, einer der Engel, zeigt ihm jetzt im *Westen einen großen und hohen Berg und hartes Felsgestein und vier hohle Räume:*

Daselbst waren vier Höhlen, tief, breit und sehr glatt, drei davon waren dunkel, eine hell und in ihrer Mitte war eine Wasserquelle. Ich rief: Wie glatt sind diese Höhlen! Wie tief und dunkel! Da antwortete mir Raphael, einer der heiligen Engel, der bei mir war: Diese Höhlen sind dafür geschaffen, daß sich darin die Geisterseelen der Verstorbenen sammeln. Dafür sind sie geschaffen, diese Plätze sind zu ihrem Aufenthalt gemacht bis zu ihrem Gerichtstag, bis zu ihrer Frist und festgesetzten Zeit, wo das Gericht über sie stattfinden wird[8].

Als Henoch nun den Geist eines Verstorbenen klagen hört, erklärt ihm Raphael, daß dies der Geist von Abel sei, der einst von seinem Bruder ermordet wurde. Mit der Frage Henochs: *Da fragte ich ihn deswegen und wegen aller Hohlräume: Warum sind sie getrennt, einer vom anderen?* kommen wir in den Versen 9–13 zur für uns entscheidenden Erklärung des Deuteengels.

Er antwortete mir: Diese drei Räume sind dazu gemacht, um die Geister der Toten zu trennen, und so ist eine besondere Abteilung für die Geister der Gerechten da, wo eine helle Wasserquelle ist. Ebenso ist ein Raum für die Sünder geschaffen, wenn sie sterben und begraben werden und noch kein Gericht über sie zu Lebzeiten ergangen ist. Hier werden ihre Seelen für diese große Pein abgesondert bis zum Tag des Gerichts, der Strafen und der Pein für die ewig Verdammten und der Vergeltung für ihre Seelen; ebenso gibt es eine besondere Abteilung für die Seelen der Klagenden, die über ihren Untergang Aufschluß geben, weil sie in den Tagen der Sünder umgebracht worden sind. Und diese Abteilung ist für die Seelen der Menschen gemacht, die nicht gerecht, sondern Sünder, ganz und gar gottlos und Genossen des Bösen waren; ihre Seelen werden am Gerichtstag nicht bestraft, aber auch nicht von hier mit auferweckt werden. Da pries ich den Herrn der Herrlichkeit und sprach: Gepriesen bist du, Herr, du gerechter Herrscher der Welt[9].

Die vier Höhlen, von denen im Text nur drei genauer beschrieben werden, sind Aufbewahrungsort für die geistigen Anteile der Toten. In ihrer verschiedenen Ausgestaltung bieten sie eine Möglichkeit der Vorsortierung nach Gerechten und Frevlern für die Zeit bis zur Auferstehung. Neben drei finsteren Höhlen gibt es eine, *wo die Quelle des Wassers ist, darüber Licht* (V. 9).

Was könnte es für die leidenden Toten besseres geben als eine Wasserquelle in ihrer Nähe? Die Henoch-Apokalypse hat sich dieses Bildes bedient, um in knappster Form einen angenehmen Zwischenzustand für die Seelen von verstorbenen Gerechten zu beschreiben.

III. Aus den Visionen der christlichen Märtyrerin Perpetua

Die vornehme Vibia Perpetua erlitt 203 (oder 202) n.Chr. in Afrika, wahrscheinlich in Karthago, den Märtyrertod. Die Taufe empfing die junge Frau erst während der Haftzeit. Der Bericht über ihre letzten Tage ist ein ergreifendes Beispiel frühchristlicher, zum Teil noch sehr heidnisch geprägter Frömmigkeit. Unter anderem erzählt Perpetua vier außergewöhnliche Träume, die in ihren seltsamen Einzelzügen sehr authentisch wirken. Die beiden mittleren sind in unserem Zusammenhang besonders aufschlußreich.

Während die Gefangenen eines Tages im Kerker miteinander beteten, brach der Perpetua mitten im Gebet die Stimme hervor und sie nannte Dinokrates – ihren früh verstorbenen Bruder:

Sofort noch in derselben Nacht hatte ich folgendes Gesicht. Ich sehe den Dinokrates aus einem finsteren Orte, wo viele ganz erhitzt und durstig waren, in schmutziger Kleidung und blasser Farbe herauskommen mit einer Wunde im Gesicht, die er hatte, als er starb. Dieser Dinokrates war mein leiblicher Bruder, der im Alter von sieben Jahren aus Schwäche wegen eines Krebsleidens im Gesicht elend starb, so daß sein Tod allen Menschen eine Abscheu war. Für diesen also hatte ich gebetet, und es war zwischen mir und ihm ein großer Zwischenraum, sodaß wir beide nicht zueinander kommen konnten. Es war ferner an dem Orte, an welchem Dinokrates sich befand, ein Bassin voll Wasser, dessen Rand aber höher war als die Größe des Knaben, und Dinokrates streckte sich aus, als ob er trinken wollte. Ich war traurig darüber, daß jenes Bassin voll Wasser war und er doch wegen der Höhe der Umfassung nicht trinken konnte. Da erwachte ich und wurde inne, daß mein Bruder leide; aber ich vertraute, daß ich seiner Not abhelfen werde, an all den Tagen, bis wir in den Kerker des Lagers übersiedelten; denn bei den Spielen nahe dem Lager sollten wir kämpfen; es war damals der Geburtstag des Kaiser Geta. Und ich betete für ihn Tag und Nacht mit Seufzen und Tränen, damit er mir geschenkt werde[10].

Und tatsächlich hatte Perpetua einige Tage später noch eine Vision:

Ich sehe jenen Ort, den ich früher gesehen hatte, und den Dinokrates mit gewaschenem Leibe, gut gekleidet und sich erholend; wo die Wunde gewesen war, sehe ich eine Narbe, und die Umfassung jenes Teiches war tiefer geworden bis an den Nabel des Knaben; ohne Aufhören schöpfte er Wasser aus dem Bassin. Über der Umfassung war auch eine goldene Schale voll Wasser; Dinokrates trat hinzu und fing an, aus der Schale zu trinken, und diese wurde nicht leerer; nachdem er genug Wasser getrunken hatte, fing er froh nach Art der Kinder an zu spielen. Da erwachte ich und erkannte, daß er aus der Strafe entlassen war[11].

Offensichtlich war Perpetuas Gebet wirksam. Das entspricht dem frühchristlichen Verständnis, daß sie als angehende Märtyrerin bereits bei Gott Fürbitte einlegen konnte. Zudem war Dinokrates ja ihr leiblicher Bruder. Wie andere «ahori», das sind zu früh Verstorbene, hatte er nach allgemeiner Ansicht im Jenseits Qualen zu erleiden[12]. Er war an einem *locus tenebrosus* (vgl. 7,4). Perpetua erkannte im Traum *fratrem meum laborare (daß mein Bruder leide)*. Perpetuas Fürbitte versetzte ihn nun nicht ins Paradies. Dinokrates bleibt auch nachher ausdrücklich an *jenem Ort* (8,1). Doch hat sich sein Zustand sehr geändert: *video locum illum quem retro videram, et Dinocratem, mundo corpore, bene vestitum, refrigerantem* (8,1).

Zu diesem *refrigerantem*, das offenbar als Gegenbegriff zum vorherigen *laborare* steht, gehört, daß Dinokrates jetzt sauber gekleidet, daß die häßliche Wunde zu einer Narbe verheilt ist – und daß der Rand des Wasserbeckens markant tiefer geworden ist. Reicht er doch dem Knaben jetzt nur noch bis zum Nabel. Eine goldene Wasserschale erlaubt bequemes Trinken und wird dabei nicht einmal leerer. So erfrischt kann Dinokrates endlich nach Art der Kinder wieder spielen.

Das Wassertrinken nimmt in der Vision der Perpetua einen prominenten Platz ein[13]. In ihm gipfelt die Erkenntnis, daß der Bruder aus der jenseitigen Strafe entlassen ist. Wer Wasser trinken kann aus unversiegbarer Schale, *muß* in einem guten Zwischenzustand aufgehoben sein.

IV. Das Refrigerium Interim bei Tertullian

Quintus Septimus Florens Tertullianus (geboren um 150 n.Chr.), auch er ein Nordafrikaner, hat den Bericht der Perpetua gekannt[14]. Der Gebrauch von *refrigerantem* in ihrer Vision steht wohl in Zusammenhang mit der theologischen Entwicklung des Begriffs bei Kirchenvater Tertullian.

Das Verb *refrigerare* heißt ursprünglich einfach «den Leib erquicken» im Sinne einer physischen Abkühlung oder auch erquicken durch Speise und Trank. Für die römische Kaiserzeit spielt zudem der Aspekt des Bades eine Rolle. Assoziationen zu römischen Thermen, wie Abkühlung, Erfrischung, Erholung, Körperpflege, aber auch Sport und Spiel, Essen, Trinken und Unterhaltung klingen mit, wenn jetzt die Begriffe *refrigerare* und *refrigerium* gebraucht werden[15].

In seinen früheren Texten verwendet auch Tertullian *refrigerium, refrigerare* ganz materiell im Sinn seiner Zeitgenossen. Erst in seinem Spätwerk entwickelt sich der Begriff zu einem dogmatischen terminus technicus. *Refrigerium* meint jetzt die jenseitige Erquickung[16] in ausdrücklicher Gegenüberstellung zu möglicher Jenseitsstrafe. Geradezu formelhaft wird es auch mit Abrahams Schoß[17] von Lukas 16 verknüpft. Inhaltlich sind besonders einige Passagen aus Tertullians später Schrift «De anima» ergiebig für seine Vorstellung vom jenseitigen *refrigerium*.

In Abgrenzung gegen verschiedene philosophische Entwürfe denkt Tertullian die Unterwelt weder als eine nackte Höhle noch als eine unter freiem Himmel befindliche Mistgrube der Welt, *sondern als einen wüsten Raum in einem Schacht der Erde und in der Tiefe. Wir denken an einen verborgenen Abgrund mitten in ihren Eingeweiden* (55,1). In der Unterwelt, in diesem im Innern der Erde gelegenen Versteck werden die Seelen bis zum Jüngsten Tag verwahrt. In Abrahams Schoß erwarten sie die Auferstehung.

Ist also jede Seele in der Unterwelt?, fragt Tertullian und geht damit auf das schon jetzt verschiedene Schicksal der Seelen ein.

Warum solltest du nicht annehmen, daß die Seele in der Unterwelt sowohl bestraft als auch erquickt wird? Das ist doch nur vorläufig, weil sie das beidseitige Gericht noch erwartet; sie nimmt gewissermassen dasselbe und damit die Anwartschaft vorweg. 'Weil beim göttlichen Gericht', antwortest du, 'dessen besondere Aufgabe unvermindert erhalten bleiben muß ohne irgendeine Vorwegnahme des Urteilsspruches. Auch die Wiederherstellung des Fleisches muß abgewartet werden, da es an Mühe und Lohn teilhaben muß'. Was wird also in dieser Zwischenzeit geschehen?[18]

Tertullians Antwort ist klar. Er denkt sich offensichtlich ungern einen Tod, *der mit uns durch verworrene Hoffnung und unsichere Erwartung spielt.* Es soll nicht ungerecht zu- und hergehen im Jenseits, auch nicht während der Wartezeit auf das Gericht. Unerträglich die Vorstellung, daß es *den Schuldigen dort immer noch gut geht, den Schuldlosen jedoch noch nicht!* Daher Tertullians Lösungsvorschlag: *Warum solltest du nicht annehmen, daß die Seele in der Unterwelt sowohl bestraft als auch erquickt wird?* – eine vorläufige Vergeltung also. Die erquickenden Freuden und die möglichen Strafen fangen in dieser Zwischenzeit an, vorläufig. Wer in Genuß der Freuden kommt, wird sie erleben eben als *refrigerium interim.* Tertullian hat damit ein Konzept geschaffen, das die Jenseitsvorstellungen seiner Zeit nachhaltig prägen sollte.

Abb. 17. Cathedra im Coemeterium Maius in Rom. – Solche Steinsessel in spätantiken Grabanlagen waren wohl für die Toten bestimmt, von denen man annahm, sie seien beim Gedächtnismahl anwesend.

V. Grabinschriften und Totenmahl

Refrigerium und *refrigerare* erscheint auch öfters auf christlichen Grabinschriften[19]. Obwohl eine genaue Datierung schwierig ist, geht man davon aus, daß der größte Teil dieser Inschriften aus dem 3. und 4. Jahrhundert n.Chr. stammt[20].

Auf einer Inschrift der Kallixtus-Katakombe in Rom steht zum Beispiel: *SPIRITUM TUUM DEUS REFRIGERET (Gott möge deinen Geist erquicken)*[21]. Oder in der Priscilla-Katakombe ist zu lesen: *IN REFRIGERIO ET IN PACE (im Refrigerium und in Frieden)*[22], womit wohl die Hoffnung gemeint ist, die verstorbene Person möge in einem Zustand von zwischenzeitlicher Erquickung in Frieden ruhen. *Refrigerium* wie vorher *refrigerare* beziehen sich offenbar auf das Jenseits, ohne daß die eschatologische Dimension jedoch weiter ausgeführt wird.

Anders muß *refrigerium* auf einigen Kritzeleien verstanden werden, welche in der Triclina von San Sebastiano gefunden wurden[23]; etwa: *PETRO ET PAULO TOMIUS COELIUS REFRIGERIUM FECI. (Dem Petrus und Paulus habe ich Tomius Coelius ein Refrigerium veranstaltet)*[24]. Das *refrigerium* wurde *veranstaltet,* und zwar laut dieser und anderer Kritzeleien für die beiden Apostelfürsten Petrus und Paulus, deren Gräber man in der Nähe glaubte[25]. Es ist anzunehmen, daß es sich dabei um eine ganz reale Erquickung durch Speise und Trank handelt, mit anderen Worten um ein Totenmahl zum Gedächtnis der Apostelfürsten.

Weitere Funde deuten in ähnlicher Richtung. So entdeckte man in verschiedenen römischen Grabanlagen eigenartig monumentale Sessel (Abb. 17). Diese aus Tuffstein gehauenen *Cathedrae* sind derart eng und teilweise auch so unbehauen, daß eine Benützung durch lebende Menschen ausgeschlossen ist. Sie müssen deshalb als Sitze der Toten gedeutet werden, die man sich beim Gedächtnismahl als anwesend dachte. Auch sprechen gelegentliche Öffnungen in der Grabplatte oder fest angebrachte Trinkschalen von der Sitte, etwas Wein als Anteil für die Toten auszugießen[26]. Zumindest für Afrika läßt sich der Brauch des Totenmahls auch aus Texten von Tertullian[27] und Augustin[28] belegen.

Derartige Totenmahl- und Libationsbräuche im Bereich der frühchristlichen Kirche anzutreffen, mag befremden. Steht doch hinter solchen kultischen Handlungen die uralte Vorstellung, daß die Toten sich in der Nähe des Grabes aufhalten und da ein noch nahezu irdisches Leben führen, angewiesen auf Getränk, ihren immerwährenden Durst zu stillen und allenfalls auch auf Speise.

Die Kirchenschriftsteller haben denn auch fast ausnahmslos die Sitte der Totenmähler bekämpft – allerdings ohne durchschlagenden Erfolg[29].

Die alten Totenriten waren stärker als die neuen christlichen Gedanken und die Gemeindeglieder in ihrer Sorge um die Toten selbständiger als die Kirchenautoritäten es sich vielleicht wünschten. Einmal mehr steht dem christlichen Auferstehungsoptimismus die dennoch bange Frage nach dem Schicksal der Verstorbenen gegenüber. Zumindest für die ungeklärte Zwischenzeit bis zur allgemeinen Auferstehung boten sich da die altbewährten Sitten an.

VI. Bildliche Darstellungen am Grab

Auch in der Frage von Bildern deckte sich die Position der Kirchenautoritäten keineswegs mit den Ansichten der Laien. Sicher bis zum Ende der vorkonstantinischen Zeit forderten die Kirchenväter die Einhaltung des biblischen Bilderverbotes (2. Mos. 20,4–6)[30]. Trotzdem finden wir seit der ersten Hälfte des 3. Jahrhunderts mit Bildern geschmückte Grabkammern und bald darauf auch Sarkophage mit explizit christlichen Bildern[31]. «Die Kunsttätigkeit begann in den Grabstätten, den Katakomben, nicht zuletzt, weil man, ebenso wie die Heiden, die dunklen Totenkammern mit lebendigen Bildern schmücken wollte. Man war wohl inzwischen auch geneigt, das Irdische wieder ernster zu nehmen und die Stätten der Lebenden wie der Toten auf längere Dauer einzurichten, nachdem man fast zwei Jahrhunderte vergeblich auf die Parusie gewartet hatte»[32].

Auf sehr vielen der stereotyp wiederkehrenden Bildmotiven geht es um Szenen der Rettung aus großer Gefahr. Liturgisches Material der alten Kirche könnte einen Einfluß auf die Ikonographie ausgeübt haben. Viele jüdische und altchristliche Gebete oder exorzistische Formeln enthalten nämlich Reihen biblischer Paradigmata, die in immer neuer Weise um Befreiung und Erlösung bitten. So heißt es etwa im Pseudo-Cyprianischen Gebet: – *Erhöre meine Bitte, wie du den Jonas erhört hast aus dem Leibe*

Abb. 18. Ruhender Jona. Detail aus dem Jonasarkophag (Lat. 119), um 300 n.Chr. Rom, Museo Pio Cristiano. – Das Ruhebild vermochte in idealer Weise die frühchristliche Vorstellung vom Schlaf zwischen Tod und Auferstehung *(Refrigerium Interim)* zu verbildlichen.

des Ungeheuers. Wirf mich vom Tod zum Leben wie die Niniviten – Und erhöre meine Bitte, wie du erhört hast die drei Knaben aus dem Feuerofen – Erhöre meine Bitte, wie du erhört hast den Daniel aus der Löwengrube – den Tobias und die Sarra – die Susanna aus den Händen der Alten –[33]. Die Bilder sind nicht als Illustrationen solcher Litaneien zu verstehen, aber vielleicht aus dieser Art Frömmigkeit entstanden; gleichsam als Summarien von «Hoffnungsbildern»[34] könnten sie an die Wände der Grabeskammern gemalt worden sein, christliche Selbstvergewisserung wider die Drohung des Todes.

Interessant wäre es nun zu verstehen, wie diese Hoffnung inhaltlich gefüllt war. Als konkretes Beispiel zur Beantwortung der Frage eignet sich die Darstellung des Jona besonders gut. Jona war in der Grabes-kunst der frühen Christen äußerst beliebt[35]. Häufig wurde die biblische Jonageschichte in einem Zyklus von drei Szenen dargestellt[36]. Auf dem ersten Bild, dem Meerwurf, wird Jona aus dem Schiff in die Nähe des Ketos geworfen oder dem sogar direkt in dessen Rachen gesteckt. Auf dem nächsten, dem Ausspei, spuckt das Ungeheuer den Jona Kopf voran wieder aus. Und schließlich ruht Jona unter einer Laube[37].

Dieses dritte Bild, die Ruhe des Jona, irritiert. Während die anderen beiden noch in offensichtlichem Zusammenhang mit der biblischen Geschichte stehen, findet sich zu diesem kaum ein Anhaltspunkt. Zwar heisst es in Jona 4, daß der Prophet aus der Stadt Ninive hinausging und daß Gott einen Rhizinus wachsen ließ, der seinem Haupt Schatten gab. Doch handelt es sich dabei um eine unselbständige Übergangsszene. Im Zentrum der Passage steht Jonas gespannte Erwartung auf den Untergang der Stadt, sein Zorn dann auch und sein Hadern mit Gott[38]. Keine Spur also von entspannter Ruhe Jonas, wie sie auf den Bildern zum Ausdruck kommt. Und ausgerechnet dieses dritte Bild des Jonazyklus war offensichtlich das beliebteste. Es kommt am häufigsten als Einzelbild vor[39], wird gelegentlich durch betontere Darstellung hervorgehoben[40] oder in die Mitte des Zyklus direkt über das Grab gesetzt[41]. Als in der zweiten Hälfte des 3. Jahrhunderts auch die ersten Sarkophage mit christlichen Bildmotiven entstanden, kam es häufig zu einer verkürzten Umgestaltung des als bekannt vorausgesetzten Jonazyklus: Der Dreierzyklus wurde zu einer einszenigen Darstellung der Jonaruhe verkürzt, der nun rein attributiv das Ketos und eine neu-

Abb. 19. Ruhender Jona und Mahlszene auf dem Deckel vom Sarkophag der Hertofile, letztes Drittel 3. Jahrhundert n.Chr. Rom, Museo Nazionale. Umzeichnung: Beat Scheffold. – Die Bildkombination ist wohl als irdisches Totenmahl und selige Ruhe des Verstorbenen zu deuten.

trale Schiffsszene beigegeben wurde[42]. Gerade angesichts dieses Zusammenhangs zeigt sich aufs deutlichste, wie sehr die unbiblische Ruhe des Jona im Mittelpunkt des Interesses stand.

Ikonographisch entspricht die Pose des ruhenden Jona der typisch antiken Schlafhaltung[43] (Abb. 18), die bei mythologischen Gestalten verbreitet war. Besonders Sarkophage mit Endymion oder Ariadne waren bei Heiden der Spätantike beliebt. Endymion[44], der mit seligem Schlaf beschenkte junge Hirte, war Geliebter der Göttin Selene; und Ariadne, die auf der Insel verlassene schlafende Heldin, wurde vom Gott Dionysos aus Liebe gerettet. Zwei mythologische Gestalten also, die sich dazu eigneten, Jenseitswünsche für die entschlafenen Angehörigen zu transportieren. Dabei drängte der Wunsch, die verstorbene Person mit der mythischen Gestalt zu identifizieren, das mythische Geschehen immer mehr zurück. Die mythischen Gestalten bekamen auf späten Darstellungen die Porträtzüge der Toten, wurden immer größer und rückten in die Mitte des Sarkophages[45]. Diese Abkehr vom Mythos zugunsten einer reinen Typenverwendung der mythologischen Figur erleichterte wohl eine Übernahme in die christliche Kunst.

So wurde der von Gott aus dem Todesrachen des Meerungeheuers gerettete biblische «Held» Jona, dargestellt in der Ruhepose der paganen Heroen, zum positiven Zukunftsbild der christlichen Toten. Ein Teil des Erfolgs dieses verchristlichten Bildmotives ist wohl in der Tatsache begründet, daß das Ruhebild in idealer Weise die verschiedenen Aspekte des *Refrigerium Interim*[46] auszudrücken vermag. Die Anlehnung an die seligen Götterlieblinge, gelegentlich noch verstärkt durch idyllisch-bukolische Umgebung, wie sie dem Hirten Endymion entsprach, brachte die paradiesische Hoffnungskomponente zum Ausdruck. Der Zustand des Schlafens aber wies auf das Nochnicht der Auferstehung hin. «Die Darstellung des schlummernden Jonas trägt dem Vorläufigen des Zwischenzustandes Rechnung, der einmal ein Ende haben wird; das Erwachen aus dem Schlaf durch Auferweckung und Auferstehung braucht man dabei nicht ausgedrückt zu finden»[47]. Durch Kombination der Jonabilder mit anderen Motiven konnte die Jenseitshoffnung noch weiter vertieft oder modifiziert werden. Dazu zwei Sarkophagbeispiele:

Auf dem Deckel zum Sarkophag der Baebia Hertofile[48] (Abb. 19) finden wir Jona und eine Mahlszene, getrennt durch eine Inschriftentafel in der Mitte. Unter einer Laube mit riesigen Flaschenkürbissen liegt der nackte Jona, seinen rechten Arm hinter dem Kopf, während der linke entspannt herabhängt. Die Beine sind überkreuzt: der bekannte Typus eines seligen Schläfers. Neben ihm Accessoires seiner Geschichte, Schiff und Ketos, auf kleinstem Raum hineinkomponiert. Obwohl der drachenartig gewundene Hals des Ungeheuers beinahe das Knie des Jona berührt, erscheint die Ruhe des Schläfers ungestört.

Die Mahlszene, das Gegenstück zu Jona, zeigt eine Männergesellschaft, wie sie auf paganen Jagddeckeln geläufig war. Fünf Männer sitzen am sigmaförmigen Tisch. Ein Bärtiger scheint zu sinnieren, das Gesicht auf die linke Hand gestützt. Sein Nachbar hat eben den Krug zum Trinken angesetzt. Einer hebt den rechten Arm, während er links den Weinkrater hält. Wie der Mann am andern Tischende scheint er in der Art des Meleager nach Wein zu rufen[49]. Am linken Ende des Tisches ist ein Diener in kurzer Arbeitstunika damit beschäftigt, Brot aus einem geflochtenen Korb zu nehmen. Auch auf dem Tisch liegen nur Brote. Alle übrigen Speisen, wie Eberkopf, Wildkeule, Geflügel oder Fische fehlen. Aus dem antiken Jagdmahl wurde hier ein Essen mit Brot und Wein, christianisiert zu einer Agape. Wenn wir bedenken, daß im Sarkophag ein toter Mensch beigesetzt ist, liegt die Vermutung nahe, daß es dabei um ein Totenmahl geht. Die Totenmahldarstellung und daneben die Ruhe des Jona, Hoffnungsbild des beim Mahl irgendwie anwesend geglaubten Toten. Totenmahl und Jonasbild, innerlich zusammengehalten und sich ergänzend durch die Vorstellung des *refrigerium* in seinem doppelten Sinn: als irdisches Totenmahl und als selige Ruhe des Verstorbenen im Zwischenzustand[50].

Beim zweiten Beispiel geht es nicht um einen Deckel, sondern um einen der ganz wenigen Jonasarkophage. Lat.119[51] (Abb. 20) ist um 300 n.Chr. entstanden und im Gegensatz zur geläufigen Jona-Mahl-Komposition in seiner Art ein wirkliches Einzelstück. Wie in der Malerei ist auf diesem Sarkophag der ganze dreiszenige Jonazyklus dargestellt. Doch anders als in jener ist die Jonageschichte in eine übergreifende maritim-bukolische Landschaft eingebettet. Das Meer ist belebt durch Fische und Delphine, zum Schiff gehört ein personifizierter Wind und an der Küste gibt es Reiher, Krebs, Schilf und Bäume. Angler, Fischer und ein Hirt gehören zum idyllischen Inventar. Und in diese reiche Wasser- und Küstenlandschaft ist die Geschichte des Jona hineinkomponiert. Dabei ist im Zentrum

Abb. 20. Jonageschichte in drei Bildern umgeben von Rettungsmotiven und maritimen «Idyllen». Jonasarkophag (Lat. 119), um 300 n.Chr. Rom, Museo Pio Cristiano. – Jona wird aus dem Schiff geworfen, vom Ungeheuer Ketos verschluckt und wieder ausgespien. Unter der Kürbislaube ruht er. In die Hauptgeschichte sind Nebenszenen eingeflochten: Auferweckung des Lazarus; Moses schlägt Wasser aus dem Felsen; die Taube überbringt Noah in der Arche den Zweig. – Die Bilder führen den Durst der Toten im Zwischenreich und ihre Hoffnung auf Rettung vor Augen.

das Ketos gleich doppelt zu sehen. Wild in die Höhe gewundenen treffen sich die beiden Schwänze in der Mitte des Sarkophags. Das eine Meerungeheuer wendet den Kopf zum Verschlucken des Jona nach links, das andere nach rechts zur Ausspeiung. Und weiter oben, an der Küste ruht Jona unter der Laube. Auffallend ist die geradezu puttenhafte Kleinheit der Figuren im Verhältnis zur Gesamthöhe des Sarkophages.

Jona wird hier assoziiert mit verschiedenen anderen Szenen. Die meisten davon kreisen um das Wasser. Jona selbst wurde aus den gefährlichen Wassern des Meeres gerettet. Ebenso Noah, dessen Arche ganz klein neben dem aufgetürmten Schwanz des ausspuckenden Ketos auszumachen ist. Die maritime Idylle dagegen transportiert die positiven Aspekte des Wassers. Und auf einer halbwegs durchgezogenen Zwischenleiste sind über dem Jonazyklus noch weitere Bildmotive angebracht. Neben einer Auferweckung des toten Lazarus findet sich Mose (Abb. 20), der mit ausgestrecktem Stab Wasser aus dem Felsen schlägt, von dem drei winzig hingekauerte Gestalten trinken – gleichsam eine bildgewordene Bitte, daß die Seele des Verstorbenen erfrischt werden möge, wie damals die Israeliten in der Wüste dank Mose ihren Durst am frischen Quellwasser löschen konnten[52].

So erweist sich der Durst der Toten und die Sorge um Wasser nicht nur als eine altbekannte Vorstellung, sondern als ein äußerst beliebtes Element frühchristlicher Jenseitsvorstellungen. Der Totendurst eignet sich ausgezeichnet dazu, einen Zwischenzustand plastisch vor Augen zu führen. Als noch nicht endgültig Auferstandene sind die Verstorbenen über den Durst weiterhin an irdische Bedingungen gebunden oder gar zu einem gewissen Grad der Fürsorge der Lebendigen bedürftig. Durch die Gabe von reichlich Wasser hingegen können sie einen nahezu seligen Zwischenzustand erlangen.

Ein Abschnitt aus dem Gebet der Makrina, das Gregor von Nyssa überliefert, wirkt fast wie eine Zusammenfassung der besprochenen Beispiele. Der Schlaf der Verstorbenen bis zum Posaunenschall des Jüngsten Tages, der Ort der Erquickung (*locus refrigerii*), der Schoß der Väter und natürlich das Wasser, hier nämlich Wasser der Ruhe, kommen in Makrinas Worten vor:

Tu mihi adhibe angelum lucis, qui me ducat ad locum refrigerii, ubi quietis est aqua, in sinus sanctorum Patrum[53].

'Du, o Herr', sprach sie, 'hast uns die Furcht vor dem Tod genommen. Du hast uns das Ende des Erdenlebens dahier zum Anfang des wahren Lebens gemacht. Du läßt unsere Leiber eine Zeitlang im Schlafe ruhen und erweckst sie daraus wieder mit der letzten Posaune...
O ewiger Gott,... stelle du mir einen lichten Engel zur Seite, der mich geleite an den Ort der Erquickung, wo das Wasser der Ruhe ist, in den Schoß der heiligen Väter'[54].

1 Vgl. ELIADE 1976, S. 228–230 und CUMONT 1949, S. 29ff.
2 Vgl. KÖTZSCHE 1986, der sich auf die Rolle des Feuers zur Seelenreinigung konzentriert.
3 Vgl. dazu den Artikel «Auferstehung» in TRE 4, S. 441ff.
4 In Lk. 23,43 verspricht Jesus dem Schächer heute das Paradies. In Mt. 25,31ff. dagegen ist von einem zukünftigen Gericht die Rede.
5 De res. 1, zit. in TRE 4, S. 468.
6 Vgl. das 6. Kapitel der Märtyrerakte. Siehe auch unten den Abschnitt «Aus der Vision von Perpetua».
7 Vgl. LE GOFF 1990, S.68; – DODDS 1965.
8 Aus: Äth. Henoch, 22,2f.: Henoch (Ed. Riessler 1975), S. 370. Vgl auch die kritische Ausgabe: Henoch (Ed. Uhlig 1984), S. 555–558.
9 Ebda. Kap. 22,8–14 (Ed. Riessler 1975).
10 Aus dem 7. Kapitel der Märtyrerakte Perpetua (dt. Übersetzung Rauschen 1913), S. 46f. (Lat. Text: Passio Perpetuae).
11 Ebda., Kap. 8, S. 47.
12 Vgl. FINÉ 1958, S. 173. Zur Diskussion, ob Dinokrates auch Christ war vgl. FINÉ 1958, S. 174f.
13 WILPERT 1903, S. 478f., erwähnt neben der Vision von Perpetua eine vergleichbare aus den Akten der Märtyrer Marianus und Jakobus, in der ebenfalls eine üppige Quelle im Zentrum steht.
14 In seinem Spätwerk «De anima» zitiert er sogar die Märtyrerin Perpetua, wenn auch leicht falsch.
15 Vgl. FINÉ 1958, S. 154.
16 Vgl. dazu FINÉ 1958, S. 165–168. In eschatologischer Färbung wird *refrigerium* bei Tertullian noch vierzehnmal gebraucht.
17 Vgl. zur Wirkungsgeschichte von «Abrahams Schoß» z.B. WOLF 1989 und RUSCHE 1986, S. 71–74.
18 TERTULLIAN (dt. Übersetzung Waszink 1980), De anima, LVIII, S. 181.
19 Auf das Problem der Unterscheidung von christlichen und nicht-christlichen Inschriften kann hier nicht eingegangen werden.
20 Vgl. FINÉ 1958, S. 179 und SCHNEIDER 1928, S. 21.

21 Inscriptiones Latinae Cristianae veteres 2306; zit. in: Finé 1958, S. 179.
22 Inscriptiones Latinae Cristianae veteres 2722; zit. ebda., S. 180.
23 Vgl. Klauser 1974, S. 116 und Schneider 1928, S. 32.
24 Inscriptiones Latinae Cristianae veteres 1565.
25 Vgl. Klauser 1974, S. 115f.
26 Vgl. ebda. S. 118.
27 Vgl. eine Bemerkung in Tertullian, De monogamia, Kap.10 (dt. Übersetzung Keller 1915), S. 501, zit. auch in: Finé 1958, S. 169.
28 Vgl. die rührende Passage in Augustin, Bekenntnisse (dt. Übersetzung Hefele 1958, S. 123f.), 6. Buch, 2. Kapitel, wo Augustin beschreibt, wie seine Mutter Monika Mehlbrei, Brot und Wein zu den Gräbern brachte, was in Afrika zwar erlaubt, in Mailand aber von Bischof Ambrosius verboten wurde.
29 Vgl. z.B. Tertullian (dt. Übersetzung Waszink 1980): De testimonio animae, S. 203f. Augustin nimmt im 22. Brief (Augustinus, Briefe, S. 44–52), dem Schreiben an Bischof Aurelius, differenziert gegen die Totenmähler Stellung. Und im Brief an Bischof Alypius (Brief Nr. 29: Augustinus, Briefe, S. 76–85) erzählt er, wie es ihm am Festtag des Leontius durch die Wortgewalt seiner Predigt gelungen ist, die Gemeinde den ganzen Tag vom gewohnten Mahl in der Kirche abzuhalten. Vgl. zu Augustin auch Van der Meer 1951.
30 Vgl. aus der zahlreichen Literatur zum altkirchlichen Bilderstreit und zur Entstehung christlicher Kunst: Thümmel 1980, S. 252-531(mit Literatur).
31 Die Deutung der Bilder ist umstritten. Haben doch gerade dazu die Theologen der Zeit noch nichts geschrieben. Es sind Werke, die aus dem Berdürfnis und dem Glauben der Laien entstanden sind. Erste tastende Versuche einer christlichen Kunst, die in Stil und Bildtypen noch ganz ihrer Umgebung verhaftet war. Meines Erachtens dürfen sie nicht ohne ihren Kontext von Tod und Grab interpretiert werden.
32 Stützer 1983, S. 8.
33 Zit. ebda., S. 5.
34 Zum Terminus vgl. Wischmeyer 1982, S. 160, Anm. 6. Er beruft sich dabei auf Stuiber und Engemann.
35 Leclerq 1927, Sp. 2572-2631, gibt eine Zusammenstellung der 207 (bis 1926) bekannten Jonadarstellungen, gemalt, auf Sarkophagen und auf Erzeugnissen der Kleinkunst, wie Tonlampen, Bronzen und Glasböden. Seither sind noch viele weitere gefunden worden. Vgl. für die Sarkophage als neueres Standardwerk Deichmann 1967.
36 Aus der Literatur zur Jona-Ikonographie in der frühchristlichen Grabeskunst gibt Wischmeyer 1982, S. 163, Anm.14 eine Auswahl an.
37 Der älteste uns bekannte Jonazyklus dieser Art entstand um 230 n.Chr. und befindet sich in den sogenannten Sakramentenkapellen, die später zu S. Callisto gehörten (Wilpert 1903, Taf. 47,1).
38 Anders interpretiert in dieser Frage z.B. Ferrua 1962, S. 53 oder auch Sichtermann 1984, S. 245.
39 Vgl. als frühestes Beispiel die Ruhe des Jona in der Lucinagruft (Wilpert 1903, Taf. 26,1). Speigl 1978, S. 1–15 hat u.a. die Häufigkeit und Kombinationen der einzelnen Bilder des Jonazyklus untersucht.
40 Bei einem Beispiel im Coemeterium Maius (Wilpert 1903, Taf. 224) wurden die beiden ersten Szenen ganz winzig am oberen Rand des Ruhebildes angebracht.
41 Vgl. dazu den leider sehr schlecht erhaltenen Zyklus im cubicolo dell'Annunciazione in Priscilla (Wilpert 1903, Taf. 44,2; 45,2). Bei einem Beispiel in S. Ciriaca ist der direkt über dem Grab abgebildeteten Ruhe des Jona sogar der Name des Toten mit einem Wunsch beigeschrieben: *Zosimiane in Deo (vivas), Zosimianus, mögest du in Gott leben.*
42 Vgl. Wischmeyer 1982, S. 170, gegen Stuiber 1957, S. 148f., der postuliert, daß die Ruheszene älter ist als der Dreierzyklus.
43 Vgl. dazu Sichtermann 1976, S. 534ff.
44 Bereits Ende des letzten Jahrhunderts haben Schultze und Hasenclever den Zusammenhang zwischen ruhendem Endymion und ruhendem Jona gesehen. Damals entzündete sich die Kritik etwa von Wilpert (Christliche Archäologie 1889, S. 16f.) an der Vorstellung, daß christliche Künstler es nötig hatten, bei antiken Darstellungen anzuknüpfen. Seit Stommel 1958, S. 112ff. eine Campanaplatte mit einem ruhenden Dionysos erwähnte, entwickelte sich der Streit zur Kontroverse Endymion contra Dionysos je als antikes Jonavorbild. Dazu muß festgestellt werden, daß im Zusammenhang mit Dionysos alle Autoren auf diese eine Campanaplatte rekurrierten, während Endymiondarstellungen in großer Zahl bekannt sind, gerade auch in der Sepulkralkunst der Spätantike. Am einleuchtendsten argumentiert Engemann 1967, S. 247ff. und 1973, S. 70ff. Sichtermann, dessen eigene Argumentation nicht überzeugt, hat verdankenswerterweise die Literatur zu diesem Konflikt zusammengestellt und die jeweiligen Positionen dazu vermerkt, vgl. Sichtermann 1984, S. 247f.
45 Vgl. dazu Engemann 1973, S. 28-31.
46 Vgl. dazu die 1957 erschienene Habilitationsschrift von Alfred Stuiber mit dem Titel «Refrigerium Interim». In Anknüpfung an Tertullian unternimmt Stuiber den Versuch, die frühchristliche Grabeskunst aus der Vorstellung eines vorläufig seligen Zwischenzustandes zu deuten. Wenn der Einheitsidee zuliebe auch einiges zu sehr über einen Leisten geschlagen wird, so wird sein Ansatz doch bis heute diskutiert und erweist sich gerade für die Interpretation der Jona-Darstellungen als von großer Bedeutung. Vgl. zur Kritik an Stuiber etwa De Bruyne, in: RAC 34 (1958), S. 87–118.
47 Stuiber 1957, S. 143. Vgl. auch Volz 1934, S. 257.
48 Deichmann 1967, Nr. 778, letztes Drittel 3. Jahrhundert, heute im Museo Nazionale, Roma.
49 Vgl. Gerke 1940, S. 124.
50 Vgl. Stuiber 1957, S. 147f.
51 Vgl. Gerke 1940, S. 38ff.
52 Vgl. Wilpert 1903, S. 266. Das Quellwasser wird hier in dreifacher Bedeutung beschrieben als Symbol der Taufe, Bild des göttlichen Beistandes und Illustration der Bitte um Erfrischung der Toten.
53 Gregor von Nyssa, Vita Macrinae, Sp. 983.
54 Gregor von Nyssa, Vita Macrinae (dt. Übersetzung 1927), S. 356f.

Der Himmel der Seligen

Christa Oechslin

*Der Himmel ruft euch, er umkreiset euch
und offenbaret seine ewge Schönheit;
doch nur zur Erde hin blickt euer Auge.*
(Dante, Göttliche Komödie, Purgatorio 14, 148–150)

Der Himmel ist im mittelalterlichen christlichen Verständnis Wohnstatt des trinitarischen Gottes und als eines der vier Letzten Dinge Ort der Seligkeit. Dorthin werden die von Gott Auserwählten gelangen, wo sie ewiges Leben in der Anschauung Gottes als himmlischen Lohn erhalten. Als Trost und zur Vergeltung irdischer Mühsal und Ungerechtigkeit wurde das Himmelreich zum Ziel der Hoffnung und Sehnsucht, steht der *gegenwärtigen Trübsal* die Verheißung einer *überschwenglichen, ewigen, alles überwiegenden Herrlichkeit* gegenüber (2. Kor. 4,17). Wesentliches Charakteristikum des Himmels ist die Unsagbarkeit seiner Herrlichkeit, denn sie liegt jenseits jeder menschlichen Erfahrungs-, Vorstellungs- und Denkmöglichkeit und ist deshalb letztlich nur im Glauben erfaßbar (1. Kor. 2,9; 13,12). Darum müssen auch alle Darstellungs- und Schilderungsversuche unvollkommene Metaphern bleiben. Daß die Menschen dennoch seit jeher das Bedürfnis hatten, sich das Jenseits der Seligen auszugestalten – oft in Anknüpfung an ihre Vorstellungswelt, die ins Positive verklärt und von allen Übeln befreit wird[1] – beweisen die schriftlichen und bildlichen Zeugnisse, die uns überliefert sind. Die christliche Lokalisierung des verheißenen Reiches im Himmel und dessen Ausgestaltung ist das Resultat einer vielfältigen Einflüssen unterworfenen Entwicklung, die hier nicht umfassend nachgezeichnet werden kann. Es muß auch beachtet werden, daß wegen mangelnder Kohärenz die verschiedenen Vorstellungen oft unbeschadet nebeneinander stehen.

Den Griechen der Antike galten zunächst das Elysion oder die Inseln der Seligen – zwei Vorstellungen, die im allgemeinen dasselbe bezeichnen – als Ort der Seligkeit. Im Elysion Homers (Ende 8. Jahrhundert v.Chr.), am Ende der Erde gelegen, führen die Menschen ein ruhiges Leben, ohne durch Schnee, Regen oder Winterstürme behelligt zu werden; der vom Okeanos kommende, leicht säuselnde Zephyr verschafft ihnen angenehme Kühlung[2]. Auf den Inseln der Seligen Hesiods (um 700 v.Chr.) bringt die Erde dreimal im Jahr Frucht[3]. Dorthin entrückt, ohne den Tod erlitten haben zu müssen, werden aber nur die von den Göttern bevorzugten oder ihnen durch Verwandtschaft nahestehenden Helden. Die Mehrheit der Menschen gelangt nach dem Tod als körperlose Schatten *(psyché, eidolon)* in den in der Unterwelt gelegenen Hades. Sie sind kraftlos und ohne Lebensenergie – prägend ist die Vorstellung eines düsteren Einerleis ohne Trost und Hoffnung[4].

Die Bestimmung des Himmels als Ort der Seligkeit, wie Platon (427–347 v.Chr.)

Abb. 21. Im Zentrum des Himmels krönt die Trinität Maria. Konzentrisch ordnen sich darum herum Engelschöre, Heiligenränge und eine Kongregation lebender Menschen. – Französischer Meister I.M., 1457. Holztafel, H: 126; B: 110 cm. Basel, Öffentliche Kunstsammlung.

ihn beschreibt, hängt mit der Seelenwanderungslehre[5] und der damit verbundenen neuen Vorstellung einer vom vergänglichen Körper unabhängigen, ihre Identität auch nach dem Tod bewahrenden, unsterblichen Seele *(psyché)* zusammen, deren Streben es ist, durch Wiedergeburten geläutert in ihre geistige, himmlische Heimat jenseits der Sterne zurückzukehren[6]. Dahinter stehen die Mysterien und die orphisch-pythagoreischen Seelen- und Jenseitslehren. Ihre Verheißung nachtodlicher Seligkeit im Hades, der in die Gefilde der Seligen und in einen Ort der Strafe geschieden ist, betrifft alle Menschen, insofern sie Geweihte, Fromme und Gerechte sind, während Ungeweihte und Frevler im Tartaros ewige Qualen erleiden müssen[7]. Die Römer folgten weitgehend der Eschatologie der Griechen. Wird der Ort der Seligkeit bei Cicero (106-43 v.Chr.) im Himmel mit der Milchstraße gleichgesetzt, verlegte ihn VERGIL (70-19 v.Chr.) in die Unterwelt, wo sich die Seligen beispielsweise mit Kampfspielen, Reigentanz und Gesang vergnügen[8].

Im Alten Testament erscheint der sich über die Erdscheibe wölbende Himmel noch nicht als Aufenthaltsort der Gerechten. Er ist Wohnstatt Jahwes (1.Mos. 24,3; 5.Mos. 4,36; 26,15), der dort von himmlischen Wesen umgeben thront (1. Kön. 22,19ff.; Jes. 6ff.; Ez. 1f.; Dan. 7,9ff.), den aber alle Himmel nicht fassen können (1. Kön. 8,27). Die Verstorbenen gelangen in die Scheol, ein in der Unterwelt gelegenes finsteres (Job. 10,21f.; Pss. 49,20; 88,7 u. 13), stilles (Pss. 94,17; 115,17), von Gott abgeschiedenes und vergessenes (Ps. 88,6 u. 11f.) Totenreich ohne Rückkehr (2. Sam. 12,23; Job. 7,9; 16,22). Eine Entrückung in den Himmel ist nur den von Jahwe Auserwählten vorbehalten (1.Mos. 5,24: Enoch; 2. Kön. 2,11: Elia)[9]. Mit dem Glauben an die Auferstehung, der frühestens im Danielbuch (Dan. 12,2-4; 2. Jahrhundert v.Chr.) unbestritten faßbar ist, verlor die Scheol ihren Charakter einer ewigen Behausung der Toten. Dahinter standen u.a. der Glaube an die Allmacht Jahwes (5. Mos. 32,39; 1. Sam. 2,6), die Zuversicht auf zu Lebzeiten unerfüllte Vergeltung und Belohnung der Rechtschaffenen während Zeiten der Drangsal und des Martyriums sowie die Vorstellung der Gottesgemeinschaft (Pss. 16,9ff.; 49,16; 73,23-28). Wichtig ist auch die Beeinflussung durch die Auferstehungslehre Zarathustras (630 v.Chr.), mit der die Juden im babylonischen Exil in Kontakt kamen[10].

Die Scheol wird stattdessen und als Folge der Idee eines Gerichts nach dem Tod zum Zwischenaufenthalt für die voneinander geschiedenen Guten und Schlechten. Im Spätjudentum setzte sich unter dem Einfluß der griechischen Lehre der Unsterblichkeit der Seele die Vorstellung durch, daß die Seelen aller Gerechten nach dem Tod im Himmel Aufnahme finden. Damit verbunden ist eine Umgestaltung der Anthropologie, nach der die Seele auch ohne Leib existieren kann, allerdings ohne den hellenistischen Dualismus. Durch die Verbindung der Auferstehungslehre mit der Lehre der Unsterblichkeit der Seele bildete sich die Vorstellung eines Zwischenzustandes der Seele zwischen Tod und Auferstehung aus[11]. Dieser jenseitige Ort für die Seelen der Gerechten wird im apokryphen und rabbinischen Schrifttum meist mit dem himmlischen Paradies gleichgesetzt, das je nach Quelle in den dritten, vierten oder siebten Himmel verlegt wird. Die Spekulationen über die Mehrzahl der Himmel (meist sieben) erfolgten wahrscheinlich durch den Kontakt mit altorientalischen (babylonischen) kosmologischen Vorstellungen[12]. Im Neuen Testament ist mit Ausnahme von 2. Kor. 12,2-4 nur von einem Himmel die Rede. Wie im Alten Testament wohnen dort Gott[13] und die Engel[14]; mit dem Engelsturz (Apk. 12,12) ist alles Böse aus dem Himmel gebannt. Wesentlich ist aber, daß nun der Himmel als Ort für die Auserwählten gilt[15]. Dort sind den Gerechten himmlischer Lohn und wahre Güter bereitet[16], die zu erstreben sich die Menschen bemühen sollten (Kol. 3,1) - ein Gedanke, der in Verknüpfung mit der Ermahnung zu tugendhaftem und gottgefälligem Verhalten besonders in der mittelalterlichen Predigt breiten Raum einnimmt.

Im folgenden sollen nur die wichtigsten Topoi der Himmelsdarstellung im Mittelalter, die sich alle aus dem Alten und Neuen Testament ableiten lassen, vorgestellt und erläutert werden.

Eine zentrale Vorstellung ist das Neue[17] oder Himmlische Jerusalem, die Gottesstadt, das Reich Gottes, die wahre Heimat der Christen[18]. Als Stätte der Gerechten, der Gemeinschaft der Gläubigen mit den Heiligen, in der Gott und das Lamm (Christus) wohnen werden, wird es zum Inbegriff der ewigen Erlösung, zu einer Vision des Friedens[19]. Es ist aber nicht nur eine zukünftige Größe am Ende der Zeiten, sondern ist in der Kirche als mystischem Gottesreich auf Erden und in der monastischen Spiritualität bereits im *hic et nunc* präsent[20]. Diese Mehrdeutigkeit faßt eine Predigt des 12. Jahrhunderts zusam-

Abb. 22. Das Himmlische Jerusalem, sogenannte Trierer Apokalypse, 9. Jahrhundert. Trier, Stadtbibliothek, Cod. 31, fol. 69r. – Der Engel zeigt dem hl. Johannes das von zwölf Türmen umgebene Himmlische Jerusalem.

men: *Diu selbe stât hat manegen namen; si ist genamet Syon, si heizzet Ierusalem, si heizzet himelriche, si heizzet ecclesia*[21]. Eine visionäre Beschreibung des Himmlischen Jerusalem enthält die Offenbarung des Johannes (Apk. 21,9–22,5). Es steigt aus dem Himmel auf die neue Welt herab als viereckige, ummauerte Stadt, gebaut aus Gold und Jaspis, besetzt mit Edelsteinen und Perlen und erleuchtet durch die Herrlichkeit Gottes und des Lammes, mit einem Wort: *zubereitet, wie eine Braut für ihren Bräutigam geschmückt ist* (Apk. 21,2). Darstellungen dieser Gottesstadt gehen bis in die frühchristliche Kunst zurück. Von der karolingischen Zeit an erhalten sie im Zusammenhang mit den Apokalypse-Zyklen der Buchmalerei weite Verbreitung[22]. Vorrangig ist die Vorstellung des Himmlischen Jerusalems als eine von einer Mauer mit Zinnen und Türmen eingefaßte, idealisierte mittelalterliche Stadt, wie sie auf der Minia-

Abb. 24. Mit fröhlichen Gesichtern freuen sich die Seligen im Himmel (Detail aus Abb. 23).

tur der Trierer Apokalypse abgebildet ist (Abb. 22). Zudem fand die Gottesstadt in der Kirchenausstattung, in Wand- und Deckenmalereien, Radleuchtern, Monstranzen und Reliquiaren sinnfälligen Ausdruck[23]. Besonders in der Gotik wurde die Kirchenarchitektur selbst als Himmlisches Jerusalem gedeutet. Eine Beziehung, die beispielsweise im während der Kirchweihe gesungenen Hymnus *Urbs beata Hierusalem* zum Ausdruck kam und auch insofern naheliegend war, als die Liturgie der Kirche in Bezug zur himmlischen Liturgie der Offenbarung gesetzt werden kann[24]. Dementsprechend wurde das Himmlische Jerusalem auch als Kirche dargestellt. Die Gott lobpreisende, unbeschreiblich schöne Engelsmusik ist von Visionären immer wieder gehört worden[25] – die musizierenden Engel deuten sie auf vielen Darstellungen himmlischer Geschehnisse an. Doch nicht nur in der bildenden Kunst war das Bild des Himmels städtisch geprägt. Auch die Prediger der neuen Bettelorden im 13. Jahrhundert und die Jenseitsvisionäre verhießen und beschrieben das Himmlische Jerusalem als Ziel der menschlichen Sehnsucht[26].

Eine ebenso geläufige Vorstellung des Ortes der Seligkeit ist das Paradies, bei dem zwischen einem irdischen und einem himmlischen (2. Kor. 12,2–4) unterschieden werden muß, wobei die Trennung nicht immer klar vollzogen werden kann[27]. Das irdische Paradies wird bei den Vätern und besonders in den mittelalterlichen Jenseitsvisionen und -reisen in enger Anlehnung an 1. Mos. 2,8–14 geschildert. Danach ist es ein im Osten auf einem hohen Berg gelegener Garten, der, durch einen Feuerwall oder den Ozean geschützt, für die Menschen unerreichbar ist. Dort wachsen und blühen wohlduftende Blumen und reiche Frucht tragende Bäume, darunter der Baum des Lebens. Aus einem Brunnen entspringen die vier Paradiesflüsse Pischon, Gihon, Tigris und Euphrat. Das Klima ist mild und frühlingshaft[28]. Eine Ahnung dieser idealen Landschaft mit dem Paradiesesbrunnen vermittelt Ms. Salting 1221 (Kat. 130). Dieser Ort galt einerseits als Zwischenaufenthalt für die Gerechten nach deren Tod bis zum Jüngsten Gericht[29]. Mit dem Paradies des Schächers (Lk. 23, 43) und demjenigen in der Lazarus-Parabel (Lk. 16, 19–31) wird es in der Regel nicht gleichgesetzt. Letztere begründete die in der Patristik vorherrschende Vorstellung des Paradieses als Schoß Abrahams, der aus vielen Weltgerichtsportalen bekannt ist, zum Beispiel in Bamberg (Abb. 23 und 24). Andererseits bedeutet das irdische Paradies die am Ende der Zeiten erneuerte Erde – im Sinne einer

Abb. 23. Die Seligen werden im Himmel von Abrahams Schoß aufgenommen, Archivoltenfigur, um 1230. Bamberg, Dom (vgl. Abb. 1).

Wiederherstellung des dem Menschen infolge des Sündenfalles verlustig gegangenen Paradieses Adams und Evas: *die erde [...] wirt alle alse das paradies. wen si och mit der martiler bluote begossin wart mit manigerhande bluomen, lilien unde rosen, violen, die niemer ervalwent, si smeckent iemer mer* (Abb. 26)[30].

Im himmlischen Paradies tritt das Gartenelement weitgehend zurück zugunsten einer wesentlich abstrakteren Vorstellung. Als Aufenthaltsort der Engel und der Seligen kann es im Prinzip mit dem *caelum empyreum,* dem strahlenden, unveränderlichen und unvergänglichen Himmel des reinen Lichts gleichgesetzt werden, der besonders in der Theologie der Scholastik breite Akzeptanz gefunden hat[31]. Nach dem aristotelisch-ptolemäisch geozentrischen Weltbild müssen die meist zehn verschiedenen Himmelssphären (aristotelisch sind sie aus Aether, der *quinta essentia)* als konzentrische Kugeln mit der Erde als Mittelpunkt vorgestellt werden. Im für den Menschen sichtbaren Bereich folgen die planetentragenden Sphären aufeinander: 1) Mond, 2) Merkur, 3) Venus, 4) Sonne, 5) Mars, 6) Jupiter, 7) Saturn, 8) Firmament mit den Fixsternen. Die darüber liegenden, unsichtbaren Himmel sind nur im Glauben erfaßbar: 9) *caelum cristallinum* (durchsichtig) und/oder *primum mobile* (das erste Bewegende), 10) *caelum empyreum*. Alle Himmel bewegen sich im Kreis mit nach oben zunehmender Geschwindigkeit, einzig das *Empyreum* bleibt in ewiger Ruhe. In diesem obersten Himmel halten sich die Engel auf, deren hierarchische Einteilung in neun Chöre, wie sie seit Pseudo-Dionysius Areopagita (Ende 5. Jahrhundert) festgelegt ist, im Mittelalter weitgehend beibehalten, aber bildnerisch nicht immer konsequent umgesetzt wurde. Am nächsten bei Gott sind Seraphim, Cherubim und Throne, auf sie folgen mit zunehmendem Abstand von Gott die Herrschaften, Kräfte und Mächte sowie die Fürstentümer, Erzengel und Engel[32]. Besonders anschaulich ist die zu den Visionen der Hildegard von Bingen (1098–1179) gemalte Miniatur (Abb. 25)[33]. Ins *Empyreum* werden auch die Seelen der Seligen sogleich nach ihrem Tod gelangen, wo sie nach scholastischer Vorstellung die *beatitudo,* die Heilsvollendung erhalten: ein ewiges Leben in der unmittelbaren Anschauung des dreieinigen Gottes[34], die zugleich ein Akt des Erkennens und der Liebe ist, die aber erst durch die Gnade Gottes *(lumen gloriae)* ermöglicht wird[35]. Zumindest nach der volkstümlichen Theologie wird die Seligkeit noch vermehrt, wenn die Seele nach der Auferstehung am Jüngsten Tag ihren nun verklärten Leib zurückerhält[36]. Je nach religiösem Verdienst und Liebe *(Caritas)* zu Gott im zeitlichen Leben werden die Auserwählten zu Gruppen abgestuften Lohnes zusammengefaßt (Joh. 14,2). In gänzlicher Übereinstimmung mit dem göttlichen Willen wünschte sich aber niemand einen größeren Lohn[37]. Einen zusätzlichen Sonderlohn, die *aureola,* werden die Märtyrer, Jungfrauen und Lehrer und Bekenner erhalten[38]. Sie sind mit dem Heiligenschein und mit einer goldenen Krone dargestellt. Mit der Krone des Lebens werden dagegen alle Auserwählten gekrönt. Die ungetauften Kinder im *limbus puerorum,* denen nur die Erbsünde anhaftet, sind insofern selig, als sie nichts von der ihnen versagten wahren Glückseligkeit in der Anschauung Gottes wissen. Der soziale Aspekt, die Gemeinschaft der Seligen, spielte in der Scholastik eine eher nebengeordnete Rolle, denn die Glückseligkeit liegt in Gott[39]. In der bildenden Kunst widerspiegelt sich diese Paradieseskonzeption, die meist einen Teil des Weltgerichts bildet, in der statischen, hierarchischen Anordnung der Engel, Heiligen und Seligen um das göttliche Zentrum. Die soziale Komponente erhielt dagegen in der (italienischen) Renaissance umso größere Bedeutung. Der Himmel wurde zweigeteilt

Abb. 25. Hildegard von Bingen, Liber scivias, 13. Jahrhundert. Wiesbaden, Landesbibliothek, Cod. 1. – In konzentrischen Kreisen gruppieren sich die Engelschöre um Gott.

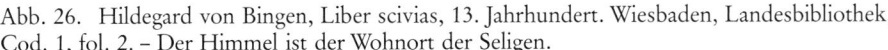

Abb. 26. Hildegard von Bingen, Liber scivias, 13. Jahrhundert. Wiesbaden, Landesbibliothek, Cod. 1, fol. 2. – Der Himmel ist der Wohnort der Seligen.

in eine Himmelsstadt als Wohnstatt der Trinität und ein ideal-landschaftliches Paradies als Wohnort der Seligen, die sich oft paarweise zugetan sind. In Anlehnung an Ciceros «Somnium Scipionis» und «Über das Greisenalter» wurde das Motiv der Wiederbegegnung mit früher verstorbenen Verwandten und Freunden aufgenommen. Die mittelalterliche Statik wird durch Bewegung ersetzt (z.B. Reigen). Durch die Wiederentdeckung der Antike gewinnen die Vorstellungen vom Elysium und vom Goldenen Zeitalter Einfluß, was zu einer Tendenz der Säkularisierung und Erotisierung des Paradieses führte[40].

Die Reformatoren hatten entsprechend ihrer ganz auf Gott ausgerichteten Glaubenslehre eine weitgehend theozentrische Jenseitsvorstellung.

Für Martin Luther (1483–1546) besteht das ewige Leben, die Seligkeit, in der immerdauernden Gemeinschaft mit Christus. Zu Lebzeiten erworbene religiöse Verdienste sind nebensächlich, denn das Heil liegt ganz im Glauben und in der Gnade Gottes. Der unterschiedliche Lohn für die Seligen wird wohl beibehalten, ist aber, da er die Gottesschau nicht betrifft, nur sekundär; Standesunterschiede werden gänzlich aufgehoben. Himmel und Erde werden zum neuen Paradies vollendet[41]. Die Hoffnung auf die Wiederbegegnung mit früher Verstorbenen wird auch von Huldrych Zwingli (1484–1531) aufgenommen. Ebenso ist für ihn die Anschauung Gottes wesentlichster Teil der Seligkeit: *Du werdest als erstes Gott selbst sehen, in seinem Wesen, in seiner Erscheinung, mit all seinen Gaben und Kräften, und dies alles genießen, nicht bescheiden, sondern bis zur Sättigung, nicht bis zum Überdruß, der die Sättigung meist begleitet, sondern zur angenehmen Erfüllung, die nie vom Widerwillen betroffen wird*[42]. Die künstlerische Ausgestaltung des Himmels mußte wegen der betonten Spiritualität in den Hintergrund treten, konnte sich dann aber in der Kunst des katholischen Barocks in voller Sinnlichkeit entfalten.

---

1 Peters 1977, S. XIII.
2 Odyssee 4, 561–569.
3 Hesiod, Erga, 167–173. Weitere Textstellen bei Thesleff 1986.
4 Homer, Odyssee 11, 475f. und 489–491. Schwere Qualen leiden dagegen Tityos, Tantalos und Sisyphos (ebda., 576–600).
5 Früheste Überlieferung bei Pindar (etwa 522–466 v.Chr.), Olympische Oden II, 58–80; Fragmente, 129–131 und 133. Vgl. Burkert 1977, S. 444f.
6 Platon, Phaidros, 146a–249b; Phaidon, 114b-d; Staat, 10, 614a–621d; Timaios, 42b. Zur Philosophie Platons: Burkert 1977, S. 473–484; Rohde, 1910, Bd. 2, S. 263–295.
7 Burkert 1990; Burkert 1977, S. 440–447; Nilsson I 1955, S. 653ff.; Rohde 1910.
8 Latte 1960; Vergil, Aeneis 5,735.
9 Die Scheol ist wie der Hades ein Reich für alle Toten (Hiob 30,23; Ps. 89,49; Hab. 2,5).
10 Lang / McDannell 1990, S. 30f.
11 Bietenhard 1951, S. 184; Volz 1934, S. 256ff.
12 Bietenhard 1951, S. 11–18, S. 161–186. – Zu den Himmels- und Jenseitsvorstellungen im Spätjudentum und Urchristentum: Lang / McDannell 1990, S. 19–43; Bietenhard 1951; Volz 1934, S. 359ff.
13 Mt. 5,16 und 34; 6,1 und 9; 7,11; 23,22; Apg. 7,49; Apk. 4,2; 11,13.
14 Mt. 18,10; Mk. 13,32; Lk. 2,15.
15 Lk. 23,43; 2. Kor. 13,4; Phil. 1,23; 3,20; 1. Thess. 5,10; Apk. 6,9ff.; 7,4ff.
16 Mt. 5,12; 6,20; Mk. 10,21.
17 Bietenhard 1951, S. 192ff.
18 V.a. Apk. 21,2–22,5; Gal. 4,24–31; Hebr. 12,21ff.; 13,14; vgl. Jes. 60,1–22; 62,1–12; Ez. 40–48.
19 Augustinus, Vom Gottesstaat, XIX, 11.
20 Colli 1983, S. 119; Reske 1973, S. 17.
21 Speculum Ecclesiae, S. 133, Z. 15–17.

22 Zu den Apokalypse-Zyklen und den Handschriften der Beatus-Kommentare: Schiller 1990, S. 119ff.; Huber 1989; Gatti Perer 1983, S. 149ff.; Klein 1979, S. 135–186.
23 Gerade für die Radleuchter ist in Chroniken und Weiheinschriften der Bezug zum Himmlischen Jerusalem belegt (so beim Leuchter im Aachener Dom, 1165-1170). Schiller 1990, S. 192-195; Hofmann 1985, S. 28; Gatti Perer 1983, S. 160f. Zur Lichtmetaphysik: Assunto 1982, S. 62-64 und 98-101.
24 Sedlmayr 1988, S. 105. Zur himmlischen und kirchlichen Liturgie: Lang / McDannell 1990, S. 63-71; Hammerstein 1990, S. 17ff.; Peterson 1935. Zur Kirchensymbolik besteht eine relativ umfangreiche Literatur. Zur Übersicht dienen: Jantzen 1987, S. 147ff., bes. S. 154f.; Hofmann 1985, S. 26ff.
25 Hammerstein 1990, S. 53ff.
26 Lang / McDannel 1990, S. 109ff.; Morgan 1990, S. 169ff.; Haas 1989, S. 41f.; Dinzelbacher 1981, S. 108f.
27 Seit Augustin sind sie keine Gegensätze mehr im Westen. Grimm 1977, S. 12ff. Zur Auslegung beider Vorstellungen seit der Patristik: ebda.
28 Dinzelbacher 1981, S. 106; Patch 1950, S. 134f.; Kampers 1897, S. 46ff. Die Anklänge an die Elysiums-Vorstellungen sind offensichtlich. Zu den vorchristlichen Paradiesesvorstellungen als Quellen der christlichen Paradiessagen: Kampers 1897, S. 2ff.
29 Haas 1989, S. 93-95.
30 Lucidarius S. 71, Z. 35–S. 72, Z. 3. Ebenso im Elucidarium 3,78 (Lefevre 1954, S. 462f.). Lang / McDannell 1990, S. 105-109. Zum Elucidarium des Honorius Augustodunensis (um 1080–nach 1137) und der Volksfrömmigkeit: Gurjewitsch 1986, S. 61f. und S. 229-259.
31 Begründet wurde das Empyreum durch die Neuplatoniker des 5. Jahrhunderts. Maurach 1968, S. 5, S. 82f. Zum Ineinanderfließen vom himmlischen Paradies und dem Empyreum: ebda., S. 88ff. Zum Empyreum und zur Kosmologie: Lang / McDannell 1990, S. 117-127; Fleischmann-Kessler 1983; Hughes 1968, S. 111ff.; Maurach 1968.
32 Pseudo-Dionysius Areopagita, Himmlische Hierarchie, Kap. 7-10. Hughes 1968, S. 20ff.; Hammerstein 1990, S. 25-27.
33 Zu Visio I, 6. Sie steht allerdings in der Tradition der 34. Homilie Gregors des Großen (PL 76, 1246-1259), wie die Gliederung (zwei-fünf-zwei) und die Reihenfolge der Engelschöre beweisen. Lutz 1983, S. 364f.
34 Mt. 5,8; 1. Joh. 3,2; 1. Kor. 13,12; Apk. 22,4.
35 Zur Anschauung Gottes und der Seligkeit an sich in der Früh- und Hochscholastik: Lang / McDannel 1990, S. 127-134; Ott 1990, S. 70-84, S. 192-258; Wicki 1954.
36 So beim Volksprediger Berthold von Regensburg: *Ze gelicher wise als der verdampten martel in der helle zwivalt wirt an dem jungsten tage, als wirt der heiligen freude ouch zwivalt, wenne der jungeste tac kumet* (Predigten, S. 183, 9-11). In der scholastischen Theologie wird eine wenigstens extensive Vermehrung der Seligkeit oft anerkannt; die Meinungen sind aber divergierend. Ott 1990, S. 253ff.; Wicki 1954, S. 280ff. und S. 324.
37 Dichterisch ausgedrückt bei Dante, Göttliche Komödie, Par. 3,70-75.
38 Wicki 1954, S. 298ff.
39 Lang / McDannell 1990, S. 132f.
40 Ebda., S. 157-199.
41 Lang / McDannell 1990, S. 200-215; Modalsli 1983.
42 Aus: Fidei expositio (1531), Saxer 1988, S. 163; Gäbler 1983, S. 128ff.

«Tuo daz guote und lâ daz übele»

Das Fegefeuer als Sozialidee

Martina Wehrli-Johns

Die «Geburt des Fegefeuers» hat sich nach Jacques Le Goff um 1170–1180 im Milieu der Pariser Intellektuellen vollzogen. An der Kathedralschule von Nôtre Dame, so lautet die These seines gleichnamigen Bestsellers, sei durch die bedeutendsten Vertreter der Frühscholastik eine neue Geographie des Jenseits entworfen worden, die besser der Realität der neuen städtischen Gesellschaft entsprochen habe als die dem Feudalzeitalter angemessene scharfe Dualität von Himmel und Hölle. Mit der Schaffung eines dritten, mittleren Ortes der Reinigung sei das alte binäre Schema zu einem ternären erweitert und damit dem wachsenden Selbstbewußtsein der mittleren Schicht der Stadtbürger Rechnung getragen worden. Denn die soziale Funktion des Fegefeuers habe im wesentlichen darin bestanden, bislang der Verdammnis anheimgefallenen Berufskategorien wie der des Kaufmannes und Geldverleihers eine Möglichkeit der Errettung aufzuweisen. Dadurch aber sei die neue Lehre vom Fegefeuer zur Wegbereiterin des modernen Kapitalismus geworden[1].

Dagegen ist zum Teil mit Recht eingewandt worden, daß die Vorstellung von einem Reinigungsfeuer als einer Läuterung zwischen Tod und Gericht sehr viel älter ist, das Wort «purgatorium» bereits bei Gregors von Tours nachgewiesen werden kann[2] und das Bemühen um eine Fixierung der Jenseitsgeographie schon von der monastischen Theologie eingeleitet wurde[3]. Auch das Äquivalenzdenken im System des Fegefeuers ist nach der Kritik von Arnold Angenendt nicht kaufmännischem Kalkül entsprungen, sondern beruht auf dem theologischen Lehrsatz, daß sich Sünde und Sühne notwendigerweise entsprechen müssen. Die Vorstellung vom vergeltenden Gott aber sei vor allem für die frühmittelalterliche Tarifbuße bestimmend gewesen, während die scholastische Bußtheologie seit dem Ausgang des 12. Jahrhunderts eher zu einer Theologie der Barmherzigkeit Gottes neigte, die schließlich bei den Mystikern des 14. Jahrhunderts in Umkehrung der von Le Goff herausgestellten «comptabilité de l'au-delà» (Chiffoleau) zu einer Aufhebung des rechnerischen Proporzdenkens geführt habe[4].

Gleichwohl bedeutet die Systematisierung der Lehre vom Fegefeuer im Rahmen der frühscholastischen Bußtheologie einen tiefen Einschnitt, nicht allein, was die Einstellung der Menschen gegenüber dem Tod anbelangt, sondern gerade im Hinblick auf die gesellschaftliche Ordnung des diesseitigen Lebens. *Tuo daz guote und lâ daz übele*, rief der Franziskaner Berthold von Regensburg um 1250 seinen Zuhörern zu, um sie zur Buße auf Erden zu ermahnen, denn *daz vegefiur ist ze einem dinge guot, wan ez überhebet (befreit) der helle. Buoze ûf ertrîche ist ze zwein dingen guot: ez überhebet helle und vegefiures*[5]. Weit entscheidender als eine Vertröstung auf das jenseitige Leben erscheint dem Prediger das richtige Verhalten im Hier und Jetzt, und dazu sollte das Fegefeuer als pädagogischer Mahnfinger die Menschen anhalten. Eine geschärfte Wahrnehmung gesellschaftlicher Probleme kennzeichnete auch den Kreis der Pariser Theologen, die 1170–1180 das Purgatorium als Sozialidee propagiert hatten, ohne zu ahnen, wie sich später, parallel zum Schrecken der großen Pest, Seelenangst so gut wie kaufmännisches Rechnen dieser Idee bemächtigen sollten. Ihnen ging es in erster Linie darum, den Gedanken der Buße zur Grundlage einer Erneuerung von Kirche und Gesellschaft zu machen, den sichtbar gewordenen Mängeln der Geldwirtschaft entgegenzuwirken und neue Formen der Solidarität zwischen den Lebenden und den Toten zu schaffen. Das Fegefeuer, das, wie Le Goff bemerkt, in dieser Form die Konsequenz eines neuen Bußbegriffes darstellt[6], erhielt dadurch notgedrungen einen anderen Stellenwert als im Jenseitsdenken früherer Jahrhunderte. Es bildet keinen unbestimmten Zustand der Läuterung mehr, den die Seele auf ihrer Reise ins Jenseits zu durchschreiten hat[7], sondern es wird in Beziehung gesetzt zum jetzigen, vorläufigen Zustand des Menschen «in via» wie zu dessen endgültiger Bestimmung «in patria». Das Fegefeuer ist, um mit Jakob von Vitry (um 1165–1240) zu sprechen, in Analogie zum irdischen Elend der Welt der «Sterbenden» *(terra morientum)* und zur Glorie des zukünftigen Reiches der «Lebenden» *(terra viventum)* zu einem Aufenthaltsort für Büßer im dreifach gegliederten Totenreich *(terra mortuo-*

Abb. 27. Teufel und Wucherer, um 1210–15. Archivoltenfiguren aus dem Südportal der Kathedrale von Chartres. – Der Wucherer in den Klauen des Teufels bildet seit Anfang des 13. Jahrhunderts ein beliebtes Predigtthema. Wuchergewinne wurden der Todsünde des Geizes zugeordnet und mußten zurückerstattet werden. Daß sich Geld allein durch Zinsen, ohne die Mühsal menschlicher Arbeit, vermehrt, galt als teuflisches Wunder und Lästerung Gottes.

rum, aufgeteilt in Hölle, Limbus und Purgatorium) geworden[8].

In Abgrenzung zu älteren Formen des Totengedenkens sollen diese innovativen Elemente der neuen Fegefeuerlehre nun genauer in den Blick genommen werden.

I. Totengedenken vor 1200

Die Karolingerzeit überliefert die ältesten Gedenkbücher (libri memoriales), auch Lebensbücher (libri vitae) genannt, in denen man die Namen lebender und verstorbener Personen eintrug, um ihrer in der Messe zu gedenken. Sie gehen zurück auf den spätantiken Brauch der Führung von Namenslisten in zusammenklappbaren Wachs-Diptychen, die anläßlich der eucharistischen Mahlfeier verlesen wurden. Mit einem Eintrag in ein derartiges «Lebensbuch» erhoffte man sich, in das gleichnamige himmlische Buch des Lebens nach Apk 3,5 übertragen zu werden, in das die Namen der vor Gott Gerechtfertigten eingeschrieben waren. Die gedenkende Fürbitte sollte die darin Verzeichneten dem Gedächtnis Gottes anempfehlen, denn das Auslöschen der Erinnerung an einen Menschen galt als gleichbedeutend mit der ewigen Verdammnis[9]. Auch die Nekrologien, die parallel zu den Memorialbüchern entstanden sind und diese seit dem 11. Jahrhundert zunehmend ersetzten, waren für den liturgischen Gebrauch gedacht. In ihnen wurden mit einer kurzen Notiz an den Rand eines Kalendariums nur die Namen verstorbener Personen sowie das Datum ihres Todestages aufgeführt. Sie ermöglichten ein individuelleres Gedenken als die bloße Namensnennung der Gedenkbücher, dessen Ort nicht mehr die Messe, sondern das klösterliche Stundengebet war[10].

Beide Formen des Gedenkens beruhen auf der Vorstellung der sündentilgenden Wirkung der Messe und der Fürbitte. Die Meßfeier galt erst seit der Karolingerzeit neben den herkömmlichen Bußmitteln, wie Gebet, Fasten und Almosen, als eine Möglichkeit, stellvertretend für einen anderen Buße zu leisten. Anstelle von Fastentagen konnte sich ein Spender gegen Almosen eine Messe ausrichten lassen, die zur Bußläuterung beitrug. Daraus entwickelte sich schon seit dem 8. Jahrhundert neben der allgemeinen öffentlichen Messe für alle eine Vielzahl von Privat- oder Votivmessen für besondere Anliegen und besondere Personen. Zu den Sondermessen zählten auch die Messen für die Lebenden und Verstorbenen mit der Namensverlesung der in den Verbrüderungsbüchern aufgeführten Personen. Die ältesten Memorialbücher dieser Art stammen aus den Benediktinerabteien Reichenau (mit 40'000 Namenseintragungen), St. Gallen und Pfäfers. Neben Mönchslisten der eigenen Abtei enthalten

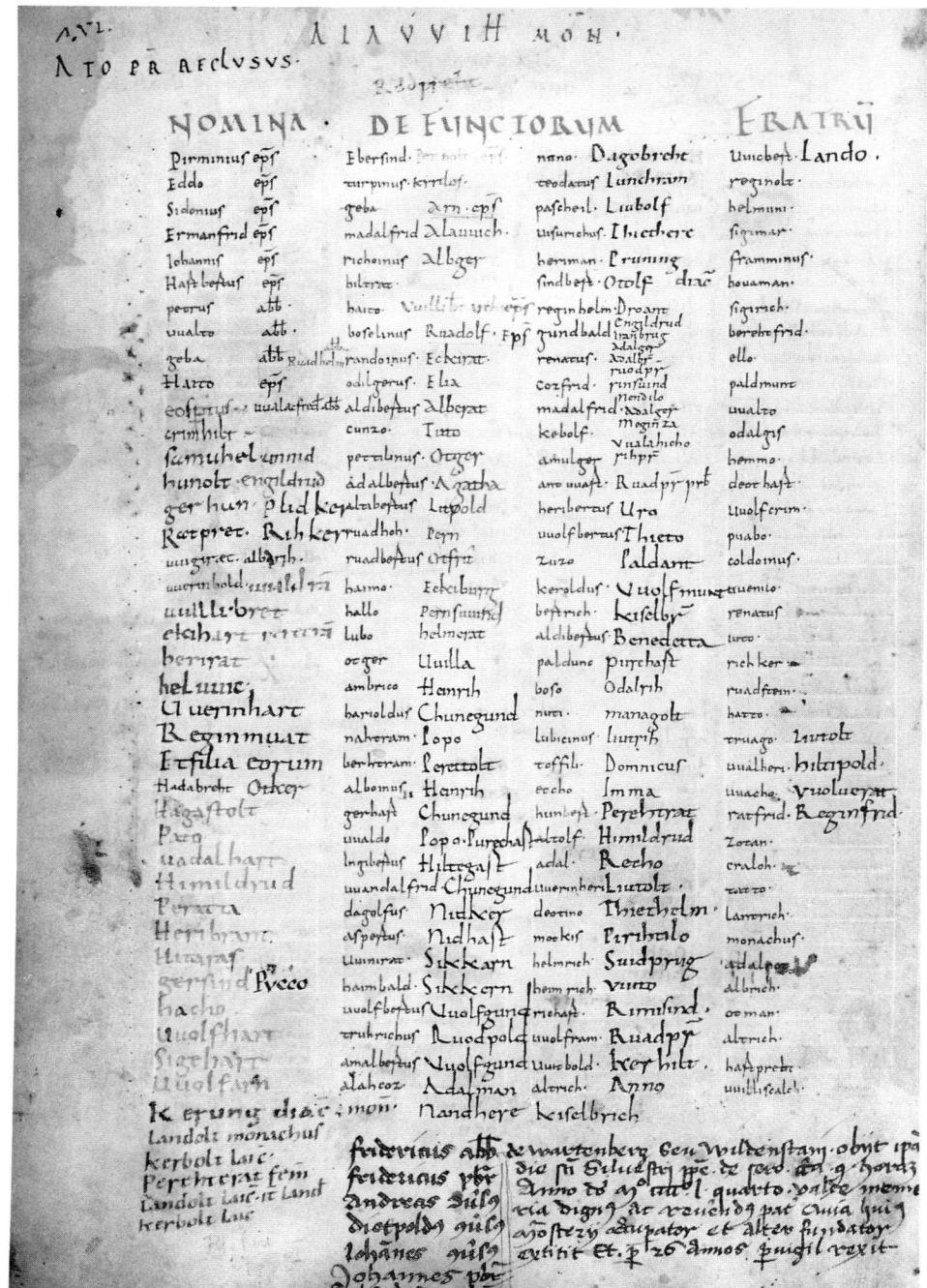

Abb. 28. Verbrüderungsbuch der Abtei Reichenau, erste Anlage 9. Jahrhundert. Zürich, Zentralbibliothek (vgl. Kat. 27). – Eines der ältesten Beispiele karolingischer Memorialüberlieferung. Es verzeichnet die Namen lebender und verstorbener Wohltäter, die in das liturgische Gedenken der Mönchsgemeinschaft aufgenommen worden waren.

diese Verbrüderungsbücher auch die Listen befreundeter Klöster, mit denen man Verbrüderungsverträge geschlossen hat, um sich gegenseitig im Gebet beizustehen. In die Gebetsgemeinschaft der Klöster und Stifte konnten aber auch Laien gegen entsprechende Schenkungen aufgenommen werden, so daß die trockene Aufreihung von Namen, sofern diese durch vergleichende Quellenuntersuchungen identifiziert und zum Sprechen gebracht werden können, das ganze soziale und politische Umfeld einer geistlichen Gemeinschaft widerspiegelt. In den Gedenkstiftungen weltlicher und geistlicher Wohltäter des Klosters wird häufig zusätzlich die Abhaltung von Totenmessen und Jahrzeiten (Anniversarien) am Jahrtag des Todes vertraglich festgesetzt. Auch hier handelt es sich um Formen der Votiv- oder Sondermesse, die durch besondere materielle Leistungen abgegolten wurden. Diese sind dann aber nicht in den Memorialbüchern oder Nekrologien verzeichnet, sondern in besonderen Rödeln zuhanden des Kelleramtes, das für die Ausrichtung der Anniversarien zuständig war[11].

Die Sorge um das Seelenheil führte so zu neuen Gemeinschaftsbildungen, als deren Träger vor allem das Mönchtum in Erscheinung tritt. Besonders in Frankreich formierten sich unter Leitung der Bischöfe aber auch Geistliche einer Diözese zu Gebetsbünden. Außerdem gab es an vielen Orten Klerikerbruderschaften, zu denen gleichfalls Laien beiderlei Geschlechts zugelassen waren. Diese Zusammenschlüsse waren alle im Hinblick auf das jenseitige Ziel einer gegenseitigen Beistandsleistung zur Erlangung des Heils gegründet worden. Andere Assoziationen wie die Gilden, die auch weltliche Ziele verfolgten, wurden von der Kirche nur gutgeheißen, wenn sie sich auf soziale und religiöse Hilfeleistungen beschränkten[12].

Für ein geregeltes Gebetsgedenken boten die monastischen Institutionen jedoch die sicherste Gewähr. Die Mönche repräsentierten den kirchlichen Vollkommenheitsstand; sie waren deshalb in erster Linie dazu legitimiert, als fürbittende «Gerechte» stellvertretend Buße für andere Sünder zu leisten. Anteil zu gewinnen an den geistlichen Früchten eines Klosters wurde deshalb zu einem wichtigen Motiv für adlige Schenkungen[13]. In den Klöstern selber vollzog sich durch diese neue Aufgabenstellung ein innerer Wandel: Die Handarbeit wurde

Abb. 29. Werk der Barmherzigkeit: Kranke besuchen, 1. Hälfte 15. Jahrhundert. Gewölbemalerei aus dem Domkreuzgang von Brixen. – Die leiblichen Werke der Barmherzigkeit, zur Zeit der Frühscholastik zur Siebenzahl erweitert, bezeichnen die Werke, über die der Mensch nach Mt. 25, 31–46 am Jüngsten Gericht Rechenschaft abzulegen hat. Hinter dem Kranken steht Christus und spricht: *Ich bin krank gewesen und ihr habt mich besucht.*

Laienkräften überlassen, die Zahl der Priestermönche, die für die ewige Meßfeier im Kloster benötigt wurden, nahm zu. Diese Klerikalisierung des Mönchtums fand in der monastischen Reformbewegung von Cluny, das sich wie nie zuvor um eine Intensivierung der Totensorge bemühte, seinen Höhepunkt. Von Cluny wurden auch Reformen im Totengedenkwesen durchgesetzt. Sie zielten einerseits auf eine Unterscheidung zwischen dem Totengedenken für die große Zahl der eigenen Profeßmönche und der Fürbitte für außenstehende Wohltäter, andererseits wurde die Wirksamkeit der Fürbitte durch gleichzeitiges Gedenken in allen Klöstern, die die cluniazensische Lebensweise angenommen hatten, verstärkt. So enthalten die bisher aufgefundenen cluniazensischen Nekrologien mehr als 96'000 Namenseinträge aus dem 10., 11. und 12. Jahrhundert. Das ergibt in der synoptischen Darstellung pro Tag etwa 150–170 Namen, für die unter Umständen mehrfach am Tage die Messe zelebriert werden mußte. Durch Abt Odilo von Cluny (994–1048) war außerdem der Allerseelentag zum Gedenken an alle Toten (des cluniazensischen Klosterverbandes) eingeführt worden[14].

Zur Begründung und Propagierung seiner Totendienste hatte Cluny bereits die Idee eines Fegefeuers avant la lettre eingesetzt: Die älteste Vita des Abtes Odilo erzählt die Jenseitsvision eines Sizilienreisenden, die offenbart haben soll, wie die im Feuer eines Vulkans schmachtenden Seelen der Sünder durch die Gebete und Almosen der Mönchsgemeinschaft von Cluny den Qualen des Feuers entrissen würden, worauf der Abt die Anzahl der Messen und Almosen vervielfacht und zusätzlich einen Gedenktag für alle Gläubigen bestimmt habe[15]. In der Sicht Clunys öffneten die Mönche durch ihr reines, engelgleiches Leben die Pforten des Himmels. Die Welt der Laien, aber auch der Pfarrklerus, hatte deshalb dem Kloster zu dienen, der Adel durch Almosen und Kriegsdienst, die namenlose Masse der Bauern durch Bereitstellung des materiellen Unterhaltes. Insofern bildete die Sorge für die Toten auch die Voraussetzung für das bekannte trifunktionale Ordnungsschema der Beter (oratores), der Streiter (bellatores) und der Arbeiter (laboratores), das die kirchliche Ständelehre zu Beginn des 11. Jahrhunderts in verschiedenen Varianten als normatives Konzept der feudalen Gesellschaft entworfen hatte[16].

Mit der Stiftung eines Totengedächtnisses wurde das Kloster in der Regel zum Messelesen sowie zu Gebet und Almosen verpflichtet. Manchmal bestimmte der Stifter auch bestimmte Güter «über den Tisch» für das gemeinsame Mahl der Mönche am Tage seines Gedenkens, oder die Mönchsgemeinschaft mußte zu gewissen Zeiten den Kranken dienen und Armenspeisungen veranstalten[17]. Die Armenfürsorge war ein wesentlicher Bestandteil des Totengedenkens, denn die Armen galten als Intercessoren am Jüngsten Gericht. Ihre Anwesenheit trug dazu bei, das Gedächtnis des Verstorbenen zu befestigen; mit der Armenspeisung vollführten die Mönche stellvertretend für den Stifter oder seine Angehörigen ein postumes Werk der Barmherzigkeit. Im Falle von Cluny sollte die Verknüpfung von Totengedenken und Armenfürsorge allerdings den materiellen Ruin der Mönchsgemeinschaft herbeiführen. Man hat nämlich ausgerechnet, daß in Cluny um die Mitte des 12. Jahrhunderts die Zahl der Toteneintragungen im Nekrolog bereits 18'000 betrug. Für jeden einzelnen verstorbenen Mitbruder mußte der aus 300 bis 400 Mönchen bestehende Konvent jeweils am Todestag und den darauf folgenden 30 Tagen die Eß- und Trinkration eines Mönches einem Armen zugute kommen lassen. Je mehr man sich dem Ausgang des 12. Jahrhunderts näherte, umso mehr vergrößerte sich die Schere zwischen abnehmender Anzahl der Lebenden und Zunahme der Verpflichtungen für die Toten[18]. Daß auf dieser Basis keine Armenpflege mehr möglich war, ist mit ein Grund für den Paradigmawechsel im Bußwesen um das Jahr 1200.

II. Fegefeuer und Bußwesen seit 1200

Der Wandel in der Bußpraxis
Der Anstoß zu Neuerungen im Totendienst kam von der frühscholastischen Bußtheologie. Alle bisherigen Formen des Totengedenkens dienten der Fürbitte um Vergebung der Schuld und der Unterstützung des Büßers im Bußgeschehen. Diese beiden Aufgaben waren unlösbar miteinander verbunden, denn die Sündenvergebung durch den Priester war abhängig von der erbrachten Bußleistung, die sich nach der Schwere des Vergehens richtete. Diese Bußauffassung entsprach dem System der Tarifbuße, die im 6. Jahrhundert durch irische Mönche auf dem Kontinent eingeführt worden war.

Nun setzte im 12. Jahrhundert eine intensive theologische Diskussion um das Sakrament der Buße ein. Wichtige Impulse verdankte sie dem Kreis der Pariser Magister, der sich seit dem letzten Drittel des 12. Jahrhunderts in diesem Zusammenhang auch um eine Präzisierung der Lehre vom Fegefeuer bemühte.

Den Ausgangspunkt ihrer Überlegungen bildete die begriffliche Unterscheidung von innerer und äußerer Buße. Die inwendige Buße oder Reue (contritio) galt nunmehr als wichtigste Erfordernis für die Sündenvergebung. Ihr äußeres Zeichen war das Sündenbekenntnis (confessio) vor dem Priester, der im Sakrament der Buße aufgrund der Schlüsselgewalt die Absolution zum Zeichen der Vergebung erteilte und die Bußstrafen zur Genugtuung (satisfactio) auferlegte oder auch erlassen konnte. Die hier vorgenommene Trennung von Schuld und Strafe hatte weitreichende Konsequenzen. Sie führte zunächst einmal zur Überwindung der alten Tarifbuße mit ihren fast unerfüllbaren, harten Strafen und verlagerte das Schwergewicht der Heilsgewinnung von der äußeren Bußleistung auf die innere Reue und Gewissensbildung. Da die Auffassung vorherrschend wurde, daß nur Gott allein aufgrund der Reue die Schuld vergeben könne, beschränkte sich der Einfluß der Kirche nunmehr auf den Bereich der Genugtuung. Dadurch, daß die Auferlegung der Bußstrafen nunmehr nach der Absolution erfolgte, also keine sündentilgende Wirkung mehr hatte, veränderte sich außerdem ihre Funktion: Die Satisfaktion des Sünders sollte nicht nur der ausgleichenden Gerechtigkeit wegen geleistet werden, sondern auch zur Heilung der Ursachen und Folgen der Sünde beitragen[19].

Als Folge des neuen Bußbegriffs wurde das Fegefeuer nun definiert als ein Ort oder Zustand, in dem der Pönitent nach der Vergebung der Schuld die Bußstrafen erleiden mußte, die abzubüßen ihm zu Lebzeiten nicht mehr möglich war. Dabei konnten ihm die Suffragien der Kirche zur Hilfe kommen, sei es durch stellvertretende Buße der Lebenden in Form von Almosen, guten Werken und Messen oder sei es durch Gewährung eines Bußnachlasses, bei dem die Kirche nach Auffassung einiger Theologen die Fegefeuerstrafen auf sich nahm beziehungsweise in Almosen umtauschte. Ganz allgemein übte die Frühscholastik aber größte Zurückhaltung bei der Ablaßerteilung[20].

Abb. 30. Gute Werke und ihre Wirkung für die Seelen im Fegefeuer, um 1480. Zwei getrennte Tafeln von zwei Altarflügeln (zugehörig sind zwei weitere Tafeln mit Himmel und Hölle). H: 113.5 cm. Regensburg, Museen der Stadt Regensburg. Leihgabe des Bayerischen Nationalmuseums München. – Dargestellt sind links die Frommen Werke, die in der Kirche geleistet werden können. Am Altar zelebriert ein Priester eine Seelmesse. Ein Mann und zwei Frauen (mit ihren weißen Hauben wohl Beginen) beten vor dem Beinhaus, einem Grab und einem Altar für die Verstorbenen. Ein Paar legt Geld in den Opferstock und ein Mann spendet zwei Bettlern ein Almosen. – Die andere Tafel zeigt das Fegefeuer. In einer weiten Landschaft quälen die Teufel mit außergewöhnlicher Grausamkeit die Armen Seelen. Dazwischen erscheinen Engel, welche die Seelen mit Hostien und Getränk laben und Erlöste in den Himmel führen.

Die drei Kirchen

Für die Durchsetzung der neuen Fegefeuerlehre wurde entscheidend ihre Integration in das Kirchenbild Papst Innozenz' III. (1198–1216). Innozenz III. hatte in den 80er Jahren in Paris Theologie studiert und war dort mit den theologischen Vorstellungen der führenden Schulen, insbesondere auch mit den sozialethischen Ideen des Pariser Magisters Petrus Cantor, in Berührung gekommen[21]. In der Lehre vom Fegefeuer folgte er der frühscholastischen Auffassung, wonach die Reinigung im Fegefeuer für diejenigen bestimmt ist, die entweder noch mit dem Makel läßlicher Sünde behaftet sind oder die ihre Bußleistung noch nicht erbracht haben. Für diese leidenden Seelen im Fegefeuer prägte er den Begriff der *ecclesia in purgatorio*, der Kirche im Fegefeuer, die dank der Mithilfe der streitenden Kirche *(ecclesia militans)* gleichfalls zum Heil, d.h. zu ihrer endgültigen Bestimmung in der triumphierenden Kirche *(ecclesia triumphans)* gelangen wird. Zum herkömmlichen Gegensatz von irdischer und himmlischer Kirche war als vermittelnde Instanz die leidende Kirche *(ecclesia patiens)* getreten, für die die Mitglieder der streitenden Kirche die Verantwortung trugen. Durch Buße zu Lebzeiten konnte das Fegefeuer zwar vermieden werden, da die Kirche aber Sünder und Gerechte umfaßte und Innozenz der Überzeugung war, daß kein Mensch wirklich frei von läßlichen Sünden sei, mußten von der Gemeinschaft der Gläubigen zusätzliche Bußleistungen für die Toten erbracht werden, um die Kirche in ihrer Gesamtheit, d.h. vom Anbeginn der Schöpfung bis zu ihrer Vollendung, vom Makel der Sünde zu befreien[22].

Der Begriff der *ecclesia militans*, der in der Kreuzzugsideologie wurzelt und ebenfalls erst im letzten Drittel des 12. Jahrhunderts von der Pariser Schultheologie eingeführt worden war, gab Innozenz die Möglichkeit, dem Laien erstmals seinen festen Platz innerhalb der kirchlichen Hierarchie zuzuweisen und über die Strukturen der streitenden Kirche vermehrt auch auf den weltlichen Bereich Einfluß zu nehmen. Gegenüber der «horizontalen» trifunktionalen Ordnung der Beter, Streiter und Arbeiter folgt die irdische Kirche nun, gemäß einem zweiten ternären Ordnungsschema, das sich auf Gregor den Großen berufen konnte, einer vertikalen, zum Heil strebenden Ordnung, bei der die Menschen entsprechend ihrer bereits erfolgten Ablösung von allem Irdischen in die drei Heilsstände der Prälaten, d.h. der Leiter der Kirche, der Enthaltsamen (Ordensgeistlichkeit) und der Verheirateten eingeteilt sind. In der Terminologie der *ecclesia militans* bilden diese drei «ordines» drei wohlgeordnete Heere, die jeweils entsprechend ihrer Berufung unter der Leitung der Kirche den Kampf gegen den inneren und äußeren Feind aufnehmen. Die Laien gehören traditionsgemäß zum untersten Heer der Beginner, die durch Buße den Weg des Heils voranschreiten, wie der 1. Kanon des 4. Laterankonzils (1215) ausdrücklich festhalten wird[23].

Heilung durch Buße

Damit war das gesamte Leben des Laien auf den Gedanken von Reue und Buße ausgerichtet. Unter Innozenz III. setzte das 4. Laterankonzil die jährliche Beichtpflicht beim zuständigen Ortspfarrer fest und beschloß geeignete Maßnahmen zur Verbesserung von Seelsorge und Predigt. In besonderen Beichthandbüchern erhielten die Priester detaillierte Richtlinien zur Instruktion ihrer Beichtkinder. Diese umfaßte beispielsweise in der Beichtsumme des Petrus von Poitiers († 1216), die der Kanoniker von St. Victor in Paris unmittelbar nach dem Konzil verfaßt hatte, die Unterweisung in den sieben Sakramenten und den (erstmals) sieben Werken der Barmherzigkeit unter Einschluß des Totendienstes als Gegenmittel zu den sieben Todsünden Stolz, Neid, Zorn, Trägheit, Geiz, Völlerei und Luxus; dazu kommt – gleichfalls als Bußmittel – die Kenntnis des Vaterunser, des Credo und des Ave Maria[24]. Hinter diesen leicht einprägsamen Siebnerreihen – die Siebenzahl bringt entsprechend der sieben Schöpfungstage ihre Universalität zum Ausdruck – verbirgt sich ein konkretes sozialethisches Programm, das in der Sozialtheorie der Pariser Magister entwickelt und den Gläubigen gleichzeitig auch durch die Predigt nahegebracht wurde. Einige Punkte seien hier herausgegriffen.

Luxus heißt Überfluß, schreibt Petrus von Poitiers und gesellt dieser Todsünde sogleich als verschwistert den Geiz bei, der sowohl die Begehrlichkeit im Sinne einer übermäßigen Erwerbssucht, wie den Ehrgeiz, definiert als Dominanzstreben, umfaßt[25]. Nun war im Kreis der Schüler des Magisters Petrus Cantor, auf den sich der Autor mehrmals bezieht, die Kritik an der Produktion von Luxusgütern, an der Profitgier der Händler und am falschen Ehrgeiz der Akademiker an der Tagesordnung[26]. Man begnügte sich jedoch nicht mit der Anprangerung gesellschaftlicher Mißstände, sondern versuchte Kriterien für den gerechten Austausch von Gütern zu entwickeln, damit die Tätigkeit der Kaufleute nicht von vornherein unter das Verdikt der Todsünde des Geizes fiel[27]. Daraus entstand beispielsweise die Theorie vom gerechten Preis, der nach den Vorstellungen dieses Kreises dem Marktpreis entsprach[28]. Was darüber hinaus gefordert wurde, galt als Wucher, eine dem Geiz zugeordnete Todsünde, der man nur durch Rückerstattung und Buße entgehen konnte. Hier ließe sich mit Jacques Le Goff argumentieren, daß erst das Fegefeuer den Kompromiß von Heilsstreben und Profitdenken ermöglicht hat. Und in der Tat war diese Theologengeneration keineswegs wirtschaftsfeindlich eingestellt, sie plädierte aber für eine Wirtschafts- und Berufsethik, die dem Eigennutz Schranken setzte. Das schloß auch alternative Gesellschaftsmodelle für den nach größerer Vollkommenheit strebenden Christen mit ein. Jene wollten ganz bewußt das Übel der Sünde an der Wurzel packen. Den institutionellen Rahmen dazu bot in Italien seit Beginn des 13. Jahrhunderts der laikale Dritte Orden der Humiliaten sowie der 1221 erstmals bezeugte und 1289 den Franziskanern unterstellte Orden der Brüder und Schwestern von der Buße. Nördlich der Alpen vertraten die Beginen und Begarden den Stand der laikalen Büßer; auch sie lebten nach dem Konzil von Vienne (1311) zum Teil nach der franziskanischen Drittordensregel.

Die Statuten des Bußordens verpflichteten die Mitglieder zu einem Leben der Buße, dessen Vorschriften im wesentlichen den Bestimmungen des altchristlichen Büßerstandes entnommen waren, darüber hinaus aber auch Elemente der neuen Soziallehre erkennen lassen, wie etwa die unbedingte Verpflichtung zur Rückgabe von Wuchergewinn, die Ablehnung des Kleiderluxus, die Betonung der Handarbeit und die Ausübung der Werke der Barmherzigkeit[29]. Bei den lombardischen Humiliaten – ihr 1201 von Innozenz III. approbierter Orden mit seinen drei Ordenszweigen wurde bereits dem Modell der *ecclesia militans* nachgebildet – ist man versucht, von einer direkten Übertragung der frühscholastischen Arbeitslehre in die Praxis zu sprechen. Diese vertrat die Auffassung, daß Arbeit nur dann zum Heil beiträgt, sofern sie als Buße geleistet wird und nicht aus Erwerbsgier; allfällige Überschüsse sind an die Armen abzuliefern[30]. Daß eine religiös begründete Arbeitsethik zugleich äußerst ertragreich sein konnte, wußten bereits die Zisterzienser. Daß man damit aber die städtischen Massen mit preiswerten Konsumgütern versorgen konnte, entspricht der realistischen Haltung der Pariser Theologen. Die Humiliaten spezialisierten sich auf die Herstellung einfacher, ungefärbter Wolltücher, die sie unter dem sprechenden Signet des eucharistischen Lammes vertrieben. Infolge langer, durch das Stundengebet straff geregelter Arbeitszeiten konnten die Kosten niedrig gehalten und die Nachfrage nach preiswerter Kleidung befriedigt werden. Aus dem erwirtschafteten Gewinn finanzierten sie ihre Sozialwerke[31]. Ganz generell traten die italienischen Bußbruderschaften in der Armenfürsorge und im Spitalwesen die Nachfolge der Klöster an. Um die Schenkungstätigkeit zu fördern, hatte Gregor IX. bereits 1227 alle Zuwendungen an den Bußorden für wohltätige Zwecke von Steuern befreit[32]. So übergaben reiche Kaufmannsfamilien in Florenz unter dem Einfluß der Dominikaner ihre unerlaubten Gewinne aus Bankgeschäften für ihr Seelenheil an den Bußorden, der mit ihrem Geld seine Hospize errichtete und regelmäßig Brotverteilungen an die Armen durchführte, für die sie das Getreide in eigenen Landgütern, den «podere dei poveri», anbauten[33].

Mit der gleichen Begründung, daß die Armen dereinst Fürsprecher am Jüngsten Gericht sein, aber unter Einsatz zeitgemäßer ökonomischer Mittel, wurde hier die Grundlage zu einem weit effizienteren System der Sozialfürsorge geschaffen als jene herkömmliche Armenfürsorge im Rahmen des Totendienstes im Kloster von Cluny. Im neuen System war das Ausmaß der Sozialleistungen nicht mehr abhängig von der Zahl der Verstorbenen, sondern von den wirtschaftlichen Möglichkeiten und der Bußgesinnung der Lebenden. Als Heilmittel gegen die Sünde, genauer gegen die sieben Todsünden, unter die nach scholastischer Lehre alle materiellen und immateriellen Verletzungen des Lebens subsummiert werden konnten, erschien die Buße zudem das geeignete Lenkungsinstrument einer theologisch fundierten Wirtschafts- und Sozialehre, bei der praktisch alle menschlichen Aktivitäten auf das eschatologische Ziel einer Rückkehr zu Gott ausgerichtet wurden[34].

Sakramentale Heilsvermittlung
Während die Frühscholastik der tätigen Buße besonderen Wert beimaß, betonte die Hochscholastik seit der Mitte des 13. Jahrhunderts vor allem den inneren Heileffekt der Buße. Nach Thomas von Aquin († 1274), der sich unter den Dominikanern an der Universität Paris am ausführlichsten mit dieser Frage auseinandergesetzt hatte, bewirkt die Buße im Menschen eine Heilung der Seelenkräfte, die durch die Sünde deformiert wurden. Sie trägt also wesentlich zur Selbstwiederherstellung der menschlichen Person bei. Durch sie erkennt sich der Mensch erneut als Ebenbild Gottes und findet zurück zur Liebe und Einheit mit Gott. Gleichzeitig wird der Mensch als individuelles Glied der Kirche mit Christus als deren Haupt geeint und teilhaftig der Genugtuung, die Christus für alle Glieder seiner Kirche geleistet hat[35]. Entscheidend ist also zunächst die durch die Abkehr von der Sünde erfolgte innere Umwandlung, die den Sünder befähigt, mit Hilfe der Gnade Gottes die Leiden der Bußstrafen willig zu ertragen. Im Vollzug dieser Bußakte wird der Mensch dem leidenden Christus gleichförmig und dadurch teilhaftig seiner Erlösertat, denn *in dem Maße, als der Mensch an der Kraft des Leidens Christi teilhat, erhält er auch die Befreiung von der Strafverfallenheit*[36]. Dieser ganze Vorgang entspricht den drei Teilen der Buße (Reue, Bekenntnis, Genugtuung) und wird vermittelt im Bußsakrament. Gleichförmigkeit mit Christus bewirkt bereits das Sakrament der Taufe. Für alle nach der Taufe begangenen Sünden muß jedoch jeder Mensch selber einen Beitrag zur Genugtuung leisten. Das Sakrament der Eucharistie aber vereinigt den Menschen mit Christus und alle Menschen untereinander zum mystischen Leib Christi. Erst dieses Sakrament vermittelt deshalb vollkommen die Kraft des Leidens Christi, denn die *Genugtuung Christi hat in uns Wirkung, sofern wir ihm eingegliedert sind wie Glieder dem Haupte, die Glieder aber müssen dem Haupt gleichförmig sein*[37].

In dieser christozentrischen Rechtfertigungslehre kommt deshalb der sakramentalen Heilsvermittlung der Kirche zentrale Bedeutung zu, auch was die Fürbitte für die Armen Seelen im Fegefeuer anbelangt. Den Toten kann zwar kein Sakrament mehr gespendet werden, sie sind aber gleichwohl Mitglieder des Leibes Christi und infolgedessen teilhaftig der Genugtuung seines Leidens. Vor allem die Eucharistie, das Sakrament der kirchlichen Einheit und Liebe, tilgt als Sühneopfer am unfehlbarsten die Strafen der Armen Seelen. Für Thomas von Aquin bildet aus diesem Grund die Messe neben Gebet und Almosen die wichtigste Hilfeleistung der streitenden Kirche für die leidende Kirche im Fegefeuer. Die Lehre vom Ablaß wird bei ihm ebenfalls mit der Einheit des Leibes Christi begründet. So wie Christus als Haupt überreichlich für die Glieder seines Leibes Genugtuung geleistet hat, so haben viele Menschen über das geschuldete Maß hinaus Buße getan. Ihre Verdienste fließen in den aus den Verdiensten von Christus und den Heiligen gebildeten Schatz der Kirche, über den die Kirche Verfügungsgewalt hat. Aus diesem unermeßlichen Schatz des Leidens schöpft die Kirche, wenn sie in Form eines außersakramentalen Strafnachlasses für die Lebenden und die Toten Genugtuung leistet[38].

III. Die neuen Spezialisten des Todes

Dominikaner und Franziskaner
1274 wurde auf dem Konzil von Lyon als Bestandteil der bevorstehenden Einigung mit der byzantinischen Kirche die katholische Lehre vom Fegefeuer offiziell festgelegt. An den vorangegangenen Diskussionen in dieser Frage war auch Thomas von Aquin, der auf dem Weg zum Konzil verstarb, maßgeblich beteiligt gewesen[39]. Vergeblich hatte sich auf dem gleichen Konzil eine Fronde von Bischöfen gegen das Seelsorgemonopol der Bettelorden gebildet. Abgesehen von geringen Zugeständnissen an die Bischöfe und den Pfarrklerus blieben die Franziskaner und die Dominikaner im Besitz der ihnen bereits von Honorius III. und seinen Nachfolgern zugestandenen Privilegien, die ihnen das Beichthören, das Predigen und Messelesen sowie die Sepultur gestatteten[40]. Durch ihren Einfluß auf die Eliten und die Massen, vor allem aber durch die indirekte Kontrolle der Bußbruderschaften und der Beginen, die die Franziskaner nach der päpstlichen Approbation eines franziskanischen Dritten Ordens von der Buße (1289) noch verstärkten[41], sicherten sich die beiden großen Bettelorden als neue «Spezialisten des Todes» (Ariès)[42] eine führende Stellung im Totenwesen. Immer mehr Gläubige wünschten, bei den Bettelorden begraben zu werden, um der guten Werke und der Fürsprache des Ordens teilhaftig

zu werden. Als Beichtväter und Priester am Sterbebett lenkten sie über die Testamente die Vergabungen zum Heil der Seelen gezielt auf die von ihnen unterstützten Sozialwerke. Am Totengedenkwesen der älteren Klöster nahmen die Bettelorden aber wegen ihrer Verpflichtung zur Besitzlosigkeit zunächst noch nicht teil. Die Dominikaner durften ihre eigenen Klosteranlagen anfänglich nur mit Hilfe von Almosen und zurückerstatteten Wuchergeldern finanzieren. Feste Einkünfte aus Jahrzeitgut und Meßstiftungen akzeptierten sie erst seit etwa 1300; die Franziskaner mit ihrer strengeren Armutsauffassung selbst zu diesem Zeitpunkt nicht. Sie setzten aber stattdessen ihnen nahestehende Personen als «personae interpositae» ein, die das für den Konvent bestimmte Stiftungsgut treuhänderisch verwalteten[43].

Ein wichtiger Grund für die Lockerung der Armutsgebote liegt in der wachsenden Bedeutung der Totenmessen. Wohl als Folge der neuen Rechtfertigungslehre – auch die Franziskaner vertraten eine streng christozentrische Erlösungslehre – hielten nun auch die Bettelorden vermehrt Seelmessen, anfänglich nur für die eigenen Mitbrüder und Wohltäter des Ordens, seit dem Ausgang des 13. Jahrhunderts auch für Leute, die diese liturgischen Leistungen durch spezielle Seelstiftungen abgalten, deren Erträgnisse juristisch als «ewige Almosen» gerechtfertigt wurden[44].

Die sukzessive Ausweitung der liturgischen Dienste der Bettelorden bewirkte erneut Verschiebungen im Totenwesen. Erst im 14. Jahrhundert setzt nämlich mit Macht jene Rechnungsführung über das Jenseits («la comptabilité de l'au-delà») ein, auf die Jacques Le Goff und Jacques Chiffoleau so nachdrücklich hingewiesen haben. Sie hat ihre zahlensymbolische und ihre wirtschaftliche Seite. Mit fünf Messen zu Ehren der fünf Wunden Christi erhoffte sich der Stifter Anteil an den Verdiensten der Passion Christi, die Zahl 30 konnte die Multiplikation der Dreieinigkeit mit den 10 Geboten bedeuten, die Zahl 100 die ewige Seligkeit[45]. Für die Bettelorden und den Pfarrklerus ergab sich daraus eine neue Einkommensquelle, die alte Finanzierungsmöglichkeiten wie den von der spätmittelalterlichen Agrarkrise betroffenen Zehnten beim Pfarrklerus oder den Bettel bei den Franziskanern bald übertreffen sollte[46].

Gleichzeitig begann nun auch der Ablaß eine gewichtige Rolle zu spielen. Die Lehre vom Heilsschatz der Kirche wurde erstmals anläßlich des Jubiläumsablasses von 1350 offiziell eingesetzt[47]. Als Hoffnung für den Sünder wurde sie zuvor schon von den Dominikanern verkündet. So läßt Heinrich Seuse im «Büchlein der Ewigen Weisheit» (um 1328) Christus sprechen: *Meine strenge Gerechtigkeit läßt kein Unrecht zu in der ganzen Natur, klein oder groß, es muß gebüßt und gebessert werden. Wie sollte nun ein großer Sünder, der vielleicht hundert Todsünden begangen hat und nach der Schrift für jede sieben Jahre büßen müßte oder die ungeleistete Buße in dem heißen Feuerofen des furchtbaren Fegfeuers abzuleisten hätte, ja, wann sollte die arme Seele ihre Buße zu Ende gebracht haben, wann ihr langes Ach und Weh verstummen? Wie würde es ihr doch gar zu lange! Siehe, diese Zeit der Buße und Besserung hat ihr mein unschuldiges Leiden verkürzt. Sie kann sehr wohl in den edlen Schatz meines verdienten Lohnes greifen und*

Abb. 31. Seuse-Handschrift, um 1440. Einsiedeln, Stiftsbibliothek, Cod. 710, fol. 86. – Christus erscheint Heinrich Seuse, damals Prior der Dominikaner in Konstanz, als gekreuzigter Seraph und lehrt ihn: *trage liden gedulteklich*. Die Vision wird in Kap. 43 der Vita Seuses beschrieben. Sie veranschaulicht die Wirksamkeit stellvertretenden Leidens für die Toten im Fegefeuer.

daraus für sich entnehmen. Und sollte sie tausend Jahre im Fegfeuer brennen, so hat sie in kurzer Zeit Schuld und Buße abgelegt, so daß sie ohne Fegfeuer zur ewigen Freude gelangt[48].

Paradoxerweise hat aber gerade diese auf Überwindung des Äquivalenzdenkens angelegte Rechtfertigungslehre auf einer anderen Ebene, nämlich über die Seelstiftungen und das Ablaßwesen, erneut zur Proportionalität und zur Rechenhaftigkeit in der Abbüßung geführt[49].

Gerade die Vertreter der dominikanischen Mystik waren sich dieser Problematik wohl bewußt. Ganz nach der Lehre von Thomas von Aquin betont Heinrich Seuse im 14. Kapitel des «Büchleins der Ewigen Weisheit», daß der Mensch nur soviel von der Genugtuung Christi erhält, als er sich durch Mitleiden dem Leiden Christi angleicht[50]. Die Möglichkeit, sich das Seelenheil erkaufen zu können, lenkte jedoch ab vom Leiden, von der Notwendigkeit der Buße auf Erden. Die leiblichen und geistigen Werke der Barmherzigkeit können in einer arbeitsteiligen Gesellschaft delegiert werden, an die Bruderschaften, an die Beginen und Begarden, an die Priester des Welt- und Ordensklerus, die als Vorsteher der streitenden Kirche und Inhaber der Schlüsselgewalt über den Schatz der Leiden Christi verfügen.

Bruderschaften
Das siebte Werk der Barmherzigkeit («Tote begraben», nach Tobit 1,17), das etwa seit dem 4. Laterankonzils (1215) allen Christen zur Pflicht gemacht wurde, fehlt in keinen Statuten der Bußbruderschaften des 13. Jahrhunderts. Die Sorge um das Seelenheil der Toten war keine Angelegenheit des Einzelnen oder der Familie, sie betraf die Gemeinschaft der Gläubigen als ganze und fiel deshalb unter die Zuständigkeit der streitenden Kirche, die den Laien als Büßer zur Teilhabe aufforderte. Das spätmittelalterliche Begräbniswesen ist aus diesem Grund eng mit dem Bruderschaftswesen verbunden.

Neben dem eigentlichen Bußorden («Ordo de poenitentia»), der sich nach 1289 definitiv zum franziskanischen Dritten Orden wandelte, gab es in Italien seit 1240 eine ganze Reihe anderer religiöser Laienbruderschaften, die sich als besondere Miliz der Bettelorden unter dem Patronat Marias oder eines Ordensheiligen zusammengefunden hatten, um – wie in den Statuten der Dominikusbruderschaft in Bologna von 1244 festgelegt – durch gute Werke das Elend der Bedürftigen zu lindern und für ein heilbringendes Begräbnis der Seelen zu sorgen[51]. Die Marienbruderschaften kennzeichnete überdies ihre spezielle Devotion für die Gottesmutter[52], während die sehr verbreiteten Bruderschaften der «disciplinati» durch gegenseitige Geißelungen und Bußprozessionen ihrer Bußfertigkeit Ausdruck gaben[53]. Mit der gleichen Zielsetzung, aber nunmehr beschränkt auf den Kreis der eigenen Mitglieder, errichteten seit Ende des 13. Jahrhunderts auch die Berufskorporationen ihre Bruderschaften. Nicht selten erfolgte der Zusammenschluß der Handwerker zur Bruderschaft sogar vor der politisch suspekten Zunftbildung[54].

Diese beiden Grundformen des Bruderschaftswesens sollten im 14. und 15. Jahrhundert auch im übrigen Europa charakteristisch werden für die Beteiligung der Laien am kirchlichen Leben. In der Papststadt Avignon befanden sich 54 der insgesamt 95 Bruderschaftsaltäre bei den Bettelorden[55]. 1343 wurde dort auch die erste Bruderschaft für die Armen Seelen im Fegefeuer gegründet, die sich dem von den Dominikanern geförderten Armeseelenkult widmete[56]. Schon etwas früher erscheinen die ersten Corpus Christi-Bruderschaften zur speziellen Verehrung der Eucharistie[57]. Andere Bruderschaften entstanden aus der neu aufblühenden Passionsfrömmigkeit, der Verehrung des Kreuzes, der fünf Wunden Christi, des kostbaren Blutes Christi[58], alles Devotionsformen, mit denen die Gläubigen im Sinne der neuen Rechtfertigungslehre Anteil am Leiden Christi zu gewinnen suchten. Durch gemeinschaftsstiftende Caritas-Bankette an Pfingsten bei den Heiliggeistbruderschaften und gegenseitige Solidarität bei Krankheit und Not sollte überdies die Einheit des Leibes Christi nachvollzogen werden[59]. Zur Gemeinschaft der Lebenden gehörten aber auch die Toten. Die Hauptfunktion dieser Bruderschaften bildet deshalb der Totendienst. So verpflichteten sich die Mitglieder nicht allein zur Teilnahme am Begräbnis, sondern sie halfen bereits bei der Testamentsabfassung, der Krankenpflege und der Sterbebegleitung. Sie sorgten für eine Begräbnisstätte, für die Bereitstellung der Grabtücher und der Kerzen, die von den Bruderschaftsangehörigen beim Begräbnis getragen wurden. Die Bruderschaft war auch verantwortlich dafür, daß der Verstorbene die Suffragien der Kirche erhielt, deren Ausmaß jeweils durch Statuten und zusätzliche testamentarische Verfügungen festgelegt war[60].

Das Bruderschaftswesen war in den romanischen Ländern sehr viel stärker ausgeprägt als in den deutschsprachigen Gebieten. Auf dem Gebiet der heutigen Schweiz weisen deshalb Sitten, Lausanne, Genf und Fribourg die ältesten Bruderschaften auf – es handelt sich durchwegs um sogenannte Heiliggeistbruderschaften –[61], gefolgt von Basel, wo das Predigerkloster zur Zeit des Aufenthaltes von Johannes Tauler eine Marienbruderschaft unterhielt. Für die Teilnahme am Begräbnis ihrer Mitglieder gewährten die Basler Bischöfe verschiedentlich Ablässe, die auch dem Neubau der 1356 durch Erdbeben zerstörten Predigerkirche zugute kommen sollten[62]. Erst im 15. Jahrhundert kann sich der Bruderschaftsgedanke aber allgemein in der deutschen Schweiz durchsetzen und im Totenwesen teilweise die Aufgaben übernehmen, die nördlich der Alpen den Beginen und Begarden überlassen wurden.

Beginen und Begarden

Während der italienische Bußorden und die Bruderschaften idealtypisch den Heilsstand der verheirateten Laien repräsentierten, vertraten die Beginen den Stand der ledigen Büßerinnen, den Stand der Witwen nach der kirchlichen Ständelehre. Im mittelalterlichen Drama von Tod und Auferstehung wurden sie in der trauernden Maria unter dem Kreuz verkörpert, die durch ihre Compassio zum Sinnbild des Leidens der streitenden Kirche wurde[63]. Daran, ob die Begine durch ein Leben der Buße, der Arbeit und des Gebets diesem Anspruch nachkam, oder ob sie als «schlechte» Begine vom Bettel und vom Vagabundieren lebte, maß sich der Grad ihrer kirchlichen und gesellschaftlichen Anerkennung.

Nachdem die Beginen anfänglich vor allem in der Textilarbeit und im Spitaldienst ihr Auskommen gefunden hatten, wurden sie durch die Dominikaner und die Franziskaner nach dem Konzil von Lyon (1274) gezielt auch im Begräbniswesen eingesetzt. Thomas von Aquin hatte ausdrücklich die Totenfeier und die Leichenbestattung als verdienstliches Werk für die Lebenden und die Toten gewürdigt[64]. In Zusammenarbeit mit den Beginen konnten die Bettelorden diesem Auftrag am besten nachkommen. Waren die Ordenspriester zuständig für die sakramentale Absolution der Sterbenden und die Abhaltung der Seelmessen, so übernahmen die Beginen die Krankenpflege und Sterbebegleitung, das Waschen der Toten, die Fürbitte am Grab und das Begehen der Jahrzeiten. Diese Leistungen wurden durch Seelstiftungen abgegolten, zu deren Ausrichtung die Familie des Verstorbenen verpflichtet war. Ein früher Beleg für diese neue Tätigkeit liegt in einem Wormser Seelgerät aus dem Jahre 1275 vor, durch das 40 Beginen gegen 40 Pfennige und eine Brot- und Weingabe angehalten waren, am Grab des Stifters zu wachen und zu beten[65]. Vom Ausgang des 13. Jahrhunderts bis etwa 1360 werden die meisten Beginenhäuser als sogenannte Seelhäuser für bedürftige Frauen gestiftet, die dann als «Seelnonnen» täglich Gebete für das Seelenheil des Schenkers und seiner Familie verrichten und insbesondere auch an deren Jahrzeitfeiern anwesend sein müssen. Derartige «Seelhäuser» unterstanden nicht selten der Aufsicht der Franziskaner, da die franziskanische Drittordensregel nach den Beginenverboten des Konzils von Vienne (1311) für den Stifter eine gewisse Sicherheit für die Einhaltung der Gebetsverpflichtungen bot.

In Basel ist die Zusammenarbeit zwischen Beginen und Franziskanern (Barfüßern) besonders gut dokumentiert. Den Barfüßern war es dort gelungen, im Begräbniswesen eine beherrschende Stellung einzunehmen, nicht zuletzt dank der Mithilfe der Beginen, die – will man der gehässigen Kritik der Gegner aus dem Weltklerus Glauben schenken – die Basler Bürger am Krankenbett zur Wahl des Begräbnisses bei den Franziskanern veranlaßt haben sollen. Der archäologische Befund zeigt, daß die Barfüßer im Zeitraum von 1288 bis zu Beginn des 14. Jahrhunderts bei ihrer Kirche einen umfangreichen Friedhof für Laien angelegt hatten, der beim Neubau der Kirche in den Jahren 1309–1325 sorgfältig in das Innere des Kirchenschiffes verlegt wurde[66]. Die nach der Veröffentlichung der Dekrete von Vienne (1317) ebenfalls in Basel einsetzenden Angriffe gegen die Bettelorden und die Beginen taten der Beliebtheit der Barfüßer keinen Abbruch, sondern verstärkten im Gegenteil das Band zwischen ihnen und den Schwestern. Alle franziskanischen Beginen und Begarden der Stadt wurden nunmehr unter dem Dachverband des Dritten Ordens zusammengefaßt und einer Regelmeisterin unterstellt. Diese hatte die wichtige Aufgabe, stellvertretend für den Brüderkonvent Jahrzeitstiftungen Basler Bürger entgegenzunehmen, zu verwalten und den jährlichen Ertrag in Form einer Piktanz (einer Gabe über den Tisch) den Brüdern zukommen zu lassen[67]. Der Konkurrenz der beiden anderen Bettelorden war diese Umgehung des franziskanischen Armutsgebotes allerdings ein Dorn im Auge. Sie entfachten 1400 unter Anführung des observanten Dominikaners und Inquisitors Johannes Mulberg eine Kampagne gegen die Beginen, worauf der Rat, um der leidigen Auseinandersetzung ein Ende zu bereiten, 1411 kurzerhand die Ausweisung aller Beginen aus der Stadt beschloß – unwiderruflich und endgültig[68].

In Bern verhinderte der Rat von Anfang an eine wirtschaftliche Verflechtung zwischen Beginen und Franziskanern[69]. Deshalb verzichtete man aber nicht weniger auf die Totendienste der Beginen. In den Stiftungsurkunden der Berner Beginensammlungen aus dem 14. Jahrhundert sind die diesbezüglichen Verpflichtungen genau aufgeführt. Im Hause Isenhut (1340) sollten 13 arme Schwestern täglich sieben Pater noster und sieben Ave Maria zum Seelenheil der Stifter beten, an den Jahrzeitfeiern jeweils deren hundert. Außerdem waren die Schwestern gehalten, jeden Donnerstag das «Mandat», die Fußwaschung der Armen nach dem Vorbild Jesu, auszuführen, verbunden mit einer Armenspeisung zum Seelenheil der Stifterin. Gebet und gute Werke im Namen des Verstorbenen gehörten zum Begehen einer Jahrzeit, jedoch war damit noch eine Reihe weiterer Pflichten verbunden: der Besuch des Grabes am Vorabend und am Morgen der Jahrzeit, die Bezeichnung der Gräber mit Tüchern oder Kerzen und schließlich die Teilnahme an den Vigilien und Seelmessen. Nach Begräbnissen wurden die Beginen auch zur Feier des Siebenten und Dreißigsten aufgeboten. Im 15. Jahrhundert verfügte der Rat, die sieben Beginenhäuser zu vier Sammlungen zusammenzulegen; diese verteilten sich nun topographisch so über das Stadtgebiet, daß allen Begräbniskirchen der Stadt zumindest ein Beginenkonvent zugeordnet war. Die Beginen erbrachten also in Bern wie in vielen anderen Städten und Landgemeinden eine wichtige Dienstleistung, die ihnen bis in die Reformationszeit auch eine gewisse soziale Anerkennung verlieh.

Die ständige Nähe zum Tod machte die Stellung der Beginen aber auch anfechtbar. In Basel hatte der Dominikaner Johannes Mulberg den Beginen vorgeworfen, sie würden sich mit den Jahrzeitzinsen kirchliche Einkünfte anmaßen, anstatt von ehrlicher Arbeit zu leben, wie es sich für Laien gehört[70]. Gegen Ende des 15. Jahrhunderts wurde ihre Tätigkeit als Seelschwestern in der humanistischen Kirchenkritik zur Zielscheibe des Spottes. Im Kreis der Straßburger Humanisten um Geiler von Kaisersberg, Sebastian Brant und Thomas Murner erscheinen die Beginen nur noch als wollüstige, geldgierige und faule Schmarotzer der Gesellschaft. Man warf ihnen vor, ihr Bußwerk sei nur Ausdruck ihrer typischen Beginendummheit, sie würden sich am Begräbnisdienst bereichern und so den wirklich Bedürftigen die Almosen vorenthalten[71].

Die Humanistenschelte konnte sich umso ungehemmter entladen, als sie eine Gruppe von Frauen der untersten Schicht traf, die über die soziale Deklassierung hinaus zusätzlich mit dem Stigma des Todes behaftet war. Auf einem Holzschnitt in einem Frühdruck (1461) des «Ackermanns aus Böhmen» von Johannes von Tepl wird der Sensenmann, dem der Autor seine bittere Anklage entgegenschleudert, von einer betenden Begine und weiteren armen Leuten begleitet[72]. Die Todesschelte gilt nun auch der Begine, die man in Norddeutschland gelegentlich den Schindern gleichsetzte[73].

Dem Schicksal, als gesellschaftliche Randgruppe der Verachtung und Verfolgung ausgesetzt zu sein, entgingen im 15. Jahrhundert nur die Beginenhäuser, die ihre Tätigkeit unter dem Schutz der Obrigkeit ausüben oder sich zur Annahme einer Or-

Abb. 32. Einnähen des Leichnams, Stundenbuch Philipps des Guten, Mitte 15. Jahrhundert. Den Haag, Koninklijke Bibliotheek. – In einer vornehmen Schlafkammer nähen zwei Beginen oder Terzianerinnen den Leichnam eines Verstorbenen ein.

Abb. 33. Martin Moser, Armer Lazarus und Reicher Prasser (Lk. 16), 1557. Luzern, Kunstmuseum, Dep. des Historischen Vereins der fünf Orte. – Beim Begräbnis des reichen Mannes sind auch die Beginen als Fürbitterinnen zugegen. Das Luzerner Beginenhaus St. Anna im Bruch wurde erst 1498 errichtet. Es unterstand der Aufsicht der Franziskaner und lebte von Einkünften aus dem Totendienst und der Krankenpflege.

Detail von Abb. 33.

densregel entschließen konnten. Das gilt in noch größerem Maß für die «willig Armen»-Häuser der Begarden, die im 14. Jahrhundert fast ausnahmslos unter Häresieverdacht standen. Ein Teil der Begarden lebte wie die Beginen vom Totendienst. Sie betätigten sich zunächst komplementär zur Gebetshilfe der Beginen als eigentliche Totengräber[74]. Die Verrichtung dieser Dienste war besonders zu Pestzeiten lebensgefährlich, gerade dann scheint man aber die Begarden, die sich oft genug nur durch den Nachweis ihrer öffentlichen Nützlichkeit vor der Inquisition retten konnten, in manchen Städten fast ausschließlich damit beschäftigt zu haben[75]. In den Niederlanden und am Niederrhein kam für einige dieser Häuser die Bezeichnung Cellbrüder auf[76]. Ob sich dieser Name auf ihre Nähe zu den Gräbern oder auf eine fortgeschrittene Verklösterlichung bezieht, ist nicht sicher. 1377 und 1394 wurden die armen Seelbrüder auf Betreiben der sie unterstützenden Obrigkeit von den Päpsten Gregor XI. und Bonifaz IX. in Schutz genommen und schließlich 1431 als «Celliten», dem auch noch ein weiblicher Zweig angeschlossen war, päpstlich bestätigt. 1507 wurden die Celliten endgültig als religiöser Orden konfirmiert, 1518 der Ordensname «Alexianer» angenommen.

Die Entwicklung vom freien Begardentum in Richtung eines religiösen Ordens ist bezeichnend für das spätmittelalterliche Büßertum. Während sowohl die religiösen wie die berufsständischen Bruderschaften am Vorabend der Reformation einen großen Zulauf zu verzeichnen haben, stehen die als Seelstiftungen begründeten Büßergemeinschaften der Beginen und Begarden unter einem Legitimationsdruck. Wer war noch bereit, in der ungebildeten, bedürftigen Begine eine Schmerzensmutter zu erkennen, wer sah angesichts des Begarden, der mit dem Schinderkarren zum Armenfriedhof vor der Stadt fuhr, noch das Bild der Grablegung Christi vor sich? Um den christlichen Erlösungsglauben in seiner existentiellen Dimension erneut verständlich zu machen, mußte der Laie als Büßer wieder unmittelbar angesprochen werden, sei es durch volkssprachliche Passionstraktate als Anleitung zur individuellen Versenkung in das Leiden Christi, oder durch historisierende «narrative» Bilddarstellungen der Passionsgeschichte[77], die den Einzelnen und die Gemeinschaft der Gläubigen als biblisches Volk Gottes mit in das Geschehen einbezogen. Auch die Stiftungen für die Seelen im Fegefeuer hatten nunmehr der Belehrung der Lebenden zu dienen. In nie gekanntem Ausmaß beteiligten sich die Bürger an der künstlerischen Ausstattung der Kirchen und Kapellen. Nicht selten war damit auch ein Predigt- oder Meßstipendium verbunden. Das illustriert eine Altarstiftung für das Basler Münster aus dem Jahre 1514: Maria Zscheckenbürlin, eine der vermögendsten Angehörigen des Basler Patriziats, bestimmte darin neben Gütern zur Ausstattung des Altars die beachtliche Summe von 600 Gulden für ein Meßstipendium zugunsten eines Studenten an der theologischen Fakultät Basel mit der Begründung, *daß in dieser Zeit der Pilgerschaft nichts nütze und nötiger sei als die Lehre und Unterweisung zu der Seelenheil dienend*[78].

---

1 LE GOFF 1986 (Economie), S. 69–89; LE GOFF 1981, S. 209–240, 306, 409.
2 ANGENENDT 1986.
3 BREDERO 1983, S. 445.
4 ANGENENDT 1986.
5 BERTHOLD VON REGENSBURG Predigten I, S. 9.
6 LE GOFF 1981, S. 288–295.
7 Zu den älteren Jenseitsvorstellungen vgl. ANGENENDT 1984, S. 82–85.
8 LONGÈRE 1986, S. 39, Primus sermo defunctorum (nach 1226): *Est enim terra viventium, terra morientium, terra mortuorum. Terra viventium cum Christo in Gloria; terra morientium in hac presenti miseria. Terra autem mortuorum triplex: quidam in inferno, alii in inferni limbo, tertii in purgatorio. In inferno sunt qui mortui sunt in Egypto, id est in tenebris mortalium peccatorum. In purgatorio sunt qui mortui sunt in deserto, id est penitentes, non dum peracta penitentia. In limbo inferni sunt qui mortui sunt quasi in confinio Egypti et deserti, id est parvuli qui mortui sunt tantum in originali peccato.* (Es gibt nämlich das Land der Lebenden, das Land der Sterbenden und das Land der Toten. Das Land der Lebenden mit Christus in der Herrlichkeit, das Land der Sterbenden im gegenwärtigen Elend. Das Land der Toten aber ist dreigeteilt: Die einen befinden sich in der Hölle, die anderen im Limbus, die dritten im Fegefeuer. In der Hölle sind diejenigen, die in Ägypten, d.h. in der Finsternis der Todsünde gestorben sind, im Fegefeuer die in der Wüste Verstorbenen, die als Büßer ihre Buße noch nicht vollbracht haben. Im Limbus der Hölle aber diejenigen, die der Tod quasi an der Scheidelinie zwischen Ägypten und der Wüste ereilt hat, das sind die nur mit der Erbsünde behafteten kleinen Kinder).
9 OHLY 1984, S. 29–33; OEXLE 1976, S. 70–73, 79.
10 OEXLE 1976, S. 75–78; HUYGHEBAERT 1972, S. 33, 35.

11 CLAVADETSCHER 1988, S. 393-396; ANGENENDT 1983, S. 162-201.
12 MEERSSEMAN 1977, S. 3-39; OEXLE 1976, S. 88-90.
13 ANGENENDT 1983, S. 166-167, 180.
14 SCHMID 1989, S. 137; WOLLASCH 1989, S. 162-164; WOLLASCH 1982.
15 LE GOFF 1981, S. 171-173.
16 DUBY 1986, S. 261-265; OEXLE 1984, S. 494-500; OEXLE 1976, S. 92-93.
17 BORGOLTE 1984, S. 589-597.
18 WOLLASCH 1988, S. 193-197.
19 ANGENENDT 1984, S. 134-135, 152-155; VOGEL/HÖDL 1983, Sp. 1123-1141; LE GOFF 1981, S. 288-291; HÖDL 1960, S. 376-391.
20 HÖDL 1980, Sp. 43-46; HÖDL 1960, S. 385-387; PAULUS 1922 II, S. 189-206.
21 IMKAMP 1983, S. 24-32.
22 IMKAMP 1983, S. 147-156; LE GOFF 1981, S. 236-238. Den Begriff der «leidenden Kirche» (ecclesia patiens) verwendet bereits Alain von Lille († 1203), vgl. LONGÈRE 1975 II, S. 117, Anm. 55.
23 IMKAMP 1983, S. 156-166; WEHRLI-JOHNS 1992.
24 PETRUS PICTAVIENSIS, Summa, S. 46-47; LONGÈRE 1991, S. 306-311.
25 PETRUS PICTAVIENSIS, S. 11.
26 BALDWIN 1970 I, S. 58, 130, 263-264.
27 BALDWIN 1970 I, S. 266-269.
28 BALDWIN 1970 I, S. 194, 265, 269.
29 Vgl. die Statutentexte bei MEERSSEMAN 1982, S. 88-112, 276-286.
30 WEHRLI-JOHNS 1990, S. 153-154; LE GOFF 1983, S. 11-33.
31 MEERSSEMAN 1982, S. 280; LITTLE 1978, S. 119; MANSELLI 1976; BARBIERI 1976; ZANONI 1911, S. 138 (Spitäler) und 145ff. (Textilproduktion). Die Beziehungen zur frühscholastischen Arbeitslehre sind noch nicht untersucht worden.
32 MEERSSEMAN 1982, S. 45.
33 BENVENUTI PAPI 1990, S. 20; MEERSSEMAN 1982, S. 11-16.
34 Vgl. dazu auch LE GOFF 1981, S. 333-334.
35 CESSARIO 1982, S. 84, 132-151, 203-218.
36 THOMAS VON AQUIN, Summa theologica III, 86,4, Zu 3: Bd. 31.
37 Ebda. 49,3, Zu 3: Bd 28.
38 THOMAS VON AQUIN, Summa theologica, Suppl. 70, 1-14: Bd. 35, mit Kommentar der Herausgeber. Ferner PAULUS 1922 I, S. 289ff., II, S. 197ff.
39 LE GOFF 1981, S. 376-383; MICHEL 1935, Sp. 1247-1249.
40 MOORMAN 1968, S. 177-178.
41 MEERSSEMAN 1982, S. 25-30.
42 ARIÈS 1977 I, S. 165.
43 NEIDIGER 1981, S. 44-66, 146-147, 90-147.
44 NEIDIGER 1981, S. 59-66.
45 CHIFFOLEAU 1980, S. 344ff.
46 Vgl. CHIFFOLEAU 1984, S. 252-257.
47 PAULUS 1922 II, S. 114ff.
48 SEUSE, Mystische Schriften, S. 263.
49 Dies wird von ANGENENDT 1986, S. 40, übersehen.
50 SEUSE, Mystische Schriften, S. 264.
51 MEERSSEMAN 1977, S. 628.
52 Ebda. S. 921-973.
53 Ebda. S. 589-601.
54 Ebda. S. 211-213.
55 CHIFFOLEAU 1980, S. 278.
56 POLO DE BEAULIEU 1991; CHIFFOLEAU 1980, S. 418-425.
57 CHIFFOLEAU 1980, S. 360-362.
58 CHIFFOLEAU 1980, S. 362-367.
59 Zu den Heiliggeistbruderschaften vgl. CHIFFOLEAU 1987, S. 9-40.
60 CHIFFOLEAU 1980, S. 281-285.
61 BINZ 1987, S. 233-235; MORARD 1987, S. 275-296.
62 MEERSSEMAN 1977, S. 981, 1080-1081, 1086-1087; MAURER 1966, S. 208.
63 WEHRLI-JOHNS 1990.
64 THOMAS VON AQUIN, Summa theologica, Suppl. 71,22: Bd. 35.
65 NEUMANN 1960, S. 98.
66 RIPPMANN 1988, S. 99-106.
67 NEIDIGER 1981, S. 99-126.
68 Ebda. S. 126-132; SCHMITT 1978, S. 152-160.
69 Zum Folgenden UTZ TREMP 1991.
70 NEIDIGER 1981, S. 129-130.
71 SCHMITT 1978, S. 46-47, 182-187; NEUMANN 1960, S. 166.
72 Abbildung in LCI 4, S. 330; zum Werk vgl. HAAS 1989, S. 175-176.
73 LIEBE 1903, S. 47.
74 NEUMANN 1960, S. 138-139.
75 Zum Folgenden KAUFFMAN 1976, S. 10-94.
76 HOTZ 1988, S. 96-103; KAUFFMAN 1976, S. 47-51.
77 Zu diesem Verfahren in der niederländischen Kunst vgl. MARROW 1979, S. 190-205.
78 WACKERNAGEL 1903, S. 181.

Begräbnis, Verdammung und Erlösung

Das Fegefeuer im Spiegel von Bestattungsriten

Martin Illi

I. Die «Geburt des Fegefeuers» und die Folgen für den Totenkult

Obschon die historischen Wurzeln des Fegefeuers in die Spätantike reichen, verbreitete sich die Vorstellung eines reinigenden Feuers nach dem biologischen Tod erst im 12. und 13. Jahrhundert. Allerdings führte dies keineswegs zu einer raschen Veränderung bestehender Begräbnisriten – die großen Zäsuren im Wandel des Bestattungsbrauchtums sind zeitlich anders zu plazieren. In der Mitte des 8. Jahrhunderts gingen die Grabbeigaben sprunghaft zurück, und um die Jahrtausendwende wurden die Friedhöfe mit wenigen Ausnahmen in die Siedlungen integriert. Frühmittelalterliche Sepulkralkirchen zeigen im Unterschied zur Antike, daß sakrale Stätten mit Friedhöfen förmlich amalgamiert wurden. Dies bedeutete eine weitere, tiefgreifende Umgestaltung des Totenkultes[1]. Vom 12. Jahrhundert an ist die Vorstellung des Fegefeuers allmählich in den herkömmlichen Jenseitsglauben eingesickert. Das Ergebnis dieses Prozesses, die Überlagerung von älteren und jüngeren Elementen, gab dem spätmittelalterlichen Totenkult ein spezifisches Gepräge, dessen volles Ausmaß erst im Spiegel der protestantischen Kritik sichtbar wird. Noch radikaler als die lutherische veränderte die zwinglische und die calvinistische Reformation den Totenkult. Der Fegefeuerglauben und die damit verknüpfte Vorstellung, die Lebenden könnten für die Verstorbenen beten und damit auf göttliche Prädestination Einfluß nehmen, wurde zum zentralen Punkt in der Auseinandersetzung mit dem alten Glauben[2]. Grundsätzlich betrachtete die mittelalterliche Theologie den Tod als Strafe für Sünde. Besonders in den Volkspredigten der Bettelorden tritt dieser Gedanke deutlich hervor: *Swenne der mensch sündet, so stirbet diu sel: die sünd ist der sel tod*[3]. Der Mensch ist demnach nur zur Auferstehung befähigt, wenn die Sünden vergeben werden. Dabei wird zwischen den läßlichen Sünden, die im Fegefeuer abgegolten werden können und den sogenannten Todsünden unterschieden. Letztere ziehen, wenn sie ungebeichtet bleiben, ewige Höllenstrafen nach sich. Nur Märtyrer und Heilige fanden den unmittelbaren Weg ins Paradies. Während für die frühen Christen die Auferstehung sicher schien, zeigt sich vom 9. Jahrhundert an besonders in der Totenliturgie eine wesentlich pessimistischere Sicht der Dinge. So betrachtet ist das Fegefeuer einerseits eine Beruhigung, die den Gläubigen die ewigen Höllenqualen erspart, andererseits werden auch die Vorgänge zwischen biologischem Tod und Jüngstem Gericht erklärt – ein Problem, mit dem sich jede christliche Eschatologie befassen mußte.

Die «ewige» Verdammnis

Schwere Sünden schlossen im allgemeinen christliche Riten und die Bestattung auf einem geweihten Friedhof aus. Allerdings gab es keine für das ganze Mittelalter gültige Rechtsauffassung darüber, welches diese Todsünden waren. Zu den wichtigsten zählten Suizid, Häresie und Sodomie[4]. Nach kirchlicher Lehre führen nicht alle schweren Sünden zur ewigen Verdammnis – als Todsünde im engsten Sinne gilt nur die Abkehr von Gott –, doch in der Praxis spielte diese Differenzierung eine untergeordnete Rolle[5].

Wenn also die kirchlichen Begräbnisriten ganz oder teilweise versagt blieben, spricht man von Sonderbestattung[6]. Die mildeste Form war das Begräbnis am Rande eines geweihten Friedhofes oder auf einem Separatfriedhof. Dies bedeutete aber noch keinen Ausschluß von der Auferstehung. Betroffen von dieser Ausgrenzung waren vor allem Arme, Fremde sowie Insassen von Spitälern und Leprosenhäusern.

Der Vollzug einer Todesstrafe zog nicht unbedingt eine Sonderbestattung nach sich. Sofern der Verurteilte gebeichtet und Reue bekundet hatte und keine zusätzliche Ehrenstrafe ausgesprochen wurde – dies traf in der Regel für alle mit dem Schwert Getöteten zu –, so stand einem Begräbnis in geweihter Erde nichts im Wege. Der mit dem Schwert exekutierte Zürcher Bürgermeister Hans Waldmann beispielsweise liegt im Fraumünster begraben.

Eindeutig sozial diskriminierend und als äußeres Zeichen der Verdammung galt die Bestattung «im Felde». In diesem Fall wurden die Leichname ohne Begräbnisliturgie und ohne Bezeichnung der Ruhestätte in einer unwirtlichen Gegend oder oftmals innerhalb der Umfassungsmauern einer Richtstätte begraben. Hingegen mußte der Scharfrichter die mit dem Strick Getöteten eine zeitlang ostentativ am Galgen hängen lassen (Abb. 34); nachher wurden die sterblichen Überreste – etwa vor Feiertagen – buchstäblich zwischen Tierkadavern unter dem Galgen verscharrt. Weitere «negative» Bestattungsrituale waren die völlige Zerstörung des Leichnams durch Feuer,

Abb. 34. Schweizer Bilderchronik des Luzerners Diebold Schilling, 1513. Luzern, Zentralbibliothek (S 23 Fol.), fol. 72v. – Der Leichnam von Hingerichteten bleibt am Galgen hängen und wird danach zwischen Tierkadavern verscharrt.

welche die Auferstehung von vornherein verunmöglichen sollte, oder die Fortschwemmung im Faß, vertrauend auf die reinigende Kraft des Wassers.

Sofern schwere Rechtsbrecher nicht gefaßt werden konnten, gab es auch Rituale, um sie in Abwesenheit – «in effigie» – der Verdammung preiszugeben. 1471 exkommunizierte der Bischof von Konstanz die Mörder des Priesters Konrad Nickel. Als diese sich weder um die Aufhebung der Kirchenstrafe bemühten noch die Tat bereuten, ließ er die Exkommunikation von allen Kanzeln herab bestätigen. Dabei sollten während der Messe unter Glockengeläute die Kerzen ausgelöscht und mit den Füßen zertreten werden. Daraufhin mußten die Priester das Volk wie in einer Prozession vor die Kirchenpforte führen. Als Zeichen der Verdammung wurden dort drei Steine in die Richtung der Übeltäter geworfen. Nach Ausführungsvermerken vollzogen die Leutpriester von Ulm, Stain und Rottweil tatsächlich dieses Verdammungsritual[7].

Höhere kirchliche Behörden tendierten eher dazu, die Sonderbestattung nach Möglichkeit zu vermeiden, besonders bei Suizid. Dies illustrieren einige Fälle in den Konstanzer Bischofsakten. 1418 erhängte sich ein altersschwacher und todkranker Mönch des Franziskanerklosters Königsfelden, und zwar mit einem Seil, das ihm seine Mitbrüder als Hilfe zum Aufrichten über das Bett geknüpft hatten. Das kirchliche Begräbnis wird gewährt, da der Bruder kurz zuvor die Sterbesakramente empfangen hatte und sich auch sonst nichts hatte zuschulden kommen lassen[8]. Gleichfalls erlaubte 1442 der bischöfliche Generalvikar, einen geistesgestörten («furiosus et incompos mentis») Mann, der sich erhängt hatte, kirchlich zu beerdigen. Die Begründung lautete, der Suizident habe noch im Jahr seines Todes gebeichtet[9]. Ein Jahr später erteilte der Generalvikar einem Leutpriester den ausdrücklichen Befehl, einer geisteskranken Frau, die sich nach einem Selbstmordversuch die Kehle aufgeschnitten hatte, im nachhinein die kirchlichen Begräbnisriten zu gewähren[10].

Anders als die bischöflichen Behörden neigte die Bevölkerung in der Frage der Sonderbestattung zu einer harten Haltung. Paradigmatisch ist der Fall von Pfarrer Schänis in Zürich, der 1417 in geweihter Erde begraben wurde. Dagegen protestierten die Landbevölkerung und die Eidgenossen, nachdem ihnen zu Ohren gekommen war,

Abb. 35. Schweizer Bilderchronik des Luzerners Diebold Schilling, 1513. Luzern, Zentralbibliothek (S 23 Fol.), fol. 94v. – Die Leiche eines Mönchs, der Selbstmord begangen hatte, wird aus der Stadt Basel gezerrt, in ein Faß «geschlagen» und in den Rhein geworfen.

der Geistliche habe Suizid begangen. Der Rat gab nach, und das Großmünsterstift mußte den Leichnam exhumieren, in ein «Faß schlagen» und ihn so in die Limmat werfen lassen (Abb. 35)[11]. Die Ursache dieses heftigen Konfliktes liegt im Wiedergängerglauben. Die Leute fürchteten die Rückkehr des Toten und machten ihn für eine Reihe von Unwettern verantwortlich[12]. Nach dem Volksglauben waren die Seelen der Geächteten also nicht nur zur Höllenstrafe verdammt, sondern ihre Körper ebenso zur schadenstiftenden Wiedergängerei verurteilt. Dafür, daß mit einer realen Wiederkehr von Übeltätern gerechnet wurde, gibt es zahlreiche Zeugnisse im Umfeld der nordischen Sagenliteratur[13]; für unsere Breitengrade sei auf die archäologische Ausgrabung der frühneuzeitlichen Richtstätte von Emmenbrücke (Kanton Luzern)[14] hingewiesen. Hier kam eine Bestattung mit einem schweren Bollenstein über der Bauchhöhle zum Vorschein. Zwar steht nicht zweifelsfrei fest, ob der Scharfrichter den Brocken tatsächlich mit Absicht so gelegt hatte[15], um die Wiederkehr des Toten zu verhindern. Doch von einem vergleichbaren Vorgehen erzählt auch Dante. Nachdem der exkommunizierte Sohn des Papstgegners Friedrich II. 1266 im Krieg umgekommen war, begruben die Soldaten dessen Leichnam unter schweren Steinblöcken. Später ließ der Papst die sterblichen Überreste seines Feindes exhumieren und ins Wasser werfen[16].

II. Weder verdammt noch erlöst: Die Bestattung frühverstorbener Kinder

Der Umgang mit frühverstorbenen Kindern ist nicht ein spezifisches, spätmittelalterliches Problem. Alle Gesellschaften, historische und gegenwärtige, müssen definieren, wann das menschliche Leben beginnt. Dies zeigt sich besonders deutlich, wenn Kinder vor oder kurz nach der Geburt sterben. Wie soll der Leichnam eines frühverstorbenen Kindes begraben werden? Erhält ein Kind dasselbe Bestattungsritual wie eine erwachsene Person? Die allgemein verbreitete Ambivalenz in der Beziehung zu Verstorbenen zeigt sich hier besonders deutlich[17]. In historischen Gesellschaften bestand die Angst, der Tod eines Neugeborenen könnte sich negativ auf spätere Geburten auswirken. Frühverstorbene Kinder galten wie im Wochenbett verstorbene Frauen in einem gewissen Sinne als Wiedergänger. Wie aufgrund einer Beichtfrage Bischofs Burchard von Worms († 1025) zu schließen ist, wurden verstorbene Neugeborene heimlich begraben und gepfählt – wie verbreitet diese Praktiken gewesen sind, weiß man allerdings nicht.

Bereits in der antiken Geographie des Jenseits nahmen die frühverstorbenen Kinder einen Platz am Rande des Hades ein, gleich nach dem Höllenschlund. Auch in den realen römischen Begräbnispraktiken zeigen sich Entsprechungen. Starben Kinder, bevor sie gehen konnten, so wurden sie im Haus begraben und konnten nicht auf dem Friedhof der Erwachsenen beigesetzt werden[18].

Eine der römisch-antiken Auffassung entsprechende Ausgrenzung bildete die christliche Theologie aus. Starb ein Kind ungetauft, so war es noch mit der Erbsünde behaftet und konnte deshalb auch nicht an der Auferstehung teilhaben. Der Aufenthaltsort dieser Seelen war der «Limbus», eine Art von Vorhölle[19].

Durandus von Mende († 1296) schrieb in seinem «Rationale divinorum officiorum»[20] vor, ungetaufte Kinder außerhalb des geweihten Friedhofes zu bestatten. Archäologische Befunde zeigen indessen, daß sich diese Auffassung erst spät durchsetzte. In archäologischen Ausgrabungen von hochmittelalterlichen Friedhöfen sind Bestattungen von Neugeborenen über die ganze Fläche verteilt. Einen für den Umgang mit verstorbenen Kindern sehr wichtigen Befund weist die Stadtkernforschung Zürich-Münsterhof von 1977/1978 auf. Hier wurden in der Nordwestecke eines um 1300 aufgelassenen Friedhofes etwa ein Dutzend Bestattungen von Neonaten entdeckt. Im Gegensatz zu den meisten übrigen Bestattungen waren diese Gräber nicht geostet, weil diese offenbar ungetauften Kinder nicht der Gottesschau des Jüngsten Tages entgegensehen konnten. Doch immerhin wurden die Leichname noch innerhalb des geweihten Bezirkes begraben. In einem Fall aber wurde in der Friedhofsmauer eine Nische ausgebrochen und das Kind sozusagen auf der Grenze zwischen profanem und weltlichem Boden begraben; wohl in der Hoffnung, daß die Seele noch nicht ganz verloren sei.

Dieser Befund einer doch recht schwankenden Haltung hängt wahrscheinlich auch damit zusammen, daß in der theologischen Diskussion eine Minderheit die Auffassung vertrat, daß Kinder generell ohne Sünde seien, deshalb wie die Heiligen unmittelbaren Zugang zum Paradies fänden und dort auch eine Fürbitterrolle übernehmen könnten. Deshalb findet man bei der Chorpartie romanischer Kirchen, also an privilegierter Stelle, verhältnismäßig häufig Kinderbestattungen. Andererseits sind die Kinderbestattungen längs der Kirchengebäude, sogenannte «Traufkinder», wohl eher wieder als Zeichen der Ambivalenz zu deuten. Durch das niederrieselnde Dachwasser des Gotteshauses werden die Kinder gebannt und allmählich sozusagen postmortal getauft. Diese Auffassung sollte später im protestantischen Volksglauben vorherrschen.

Die rigorose Ausgrenzung ungetaufter Kinder scheint Folge der Konfessionalisierung und strengerer Auslegung des Kirchenrechts in der Gegenreformation zu sein. Tatsächlich bot die Kirche im Spätmittelalter auch zahlreiche Möglichkeiten an, den Tod ohne Taufe zu vermeiden. Sie erlaubte im Notfall die Laientaufe, schlimmstenfalls sogar mit einer Spritze «ad uterus». Es gab auch Kirchen und Klöster, die sich darauf spezialisiert hatten, schon tote Kinder zu taufen[21]. Solche Taufen waren kirchenrechtlich verboten, doch gelang es einzelnen «Auferweckungszentren», sich selbst gegen bischöfliche Anordnungen zu halten. Die Kindsleichen wurden vor ein Heiligenbild gelegt, um sie auf wundersame Weise für den Moment der Taufe wieder zum Leben zu erwecken. Ein warmer Luftstrom, der von einem glühenden Kohlenbecken aufstieg, hob ein Vogelfederchen, das man auf den Mund des Kindes gelegt hatte, in die Höhe und suggerierte so den Atem. Menschlich ist es durchaus verständlich, daß einzelne kirchliche Einrichtungen – wohl auch auf Druck der betroffenen Eltern – versuchten, den Ausschluß der Ungetauften von der Auferstehung zu verhindern.

III. Die Bestattung der Heiligen

Nach spätantiker und mittelalterlicher Vorstellung fanden Märtyrer und Heilige den unmittelbaren Eingang ins Paradies und erreichten dort die Gottesnähe. Auf diese Weise konnten sie für die gewöhnlich sterblichen Menschen beim Jüngsten Gericht Fürsprache leisten. Dies ist der Grund, weshalb über den Gräbern der Märtyrer, welche sich nach antikem Bestattungsbrauch «extra muros» befanden, allmählich Sepulkralkirchen entstanden; eine Memoria für einen Märtyrer zog auf fast magische Weise weitere Bestattungen nach sich. Die Reliquienteilungen und -translokationen führten dazu, daß auch begonnen wurde, im Weichbild der Städte Tote zu begraben. Etwa ums Jahr 1000 war dieser Wandel vollends vollzogen, und die Bestattung «extra muros» galt als diskriminierend[22]. In einzelnen Städten, so beispielsweise in Ulm, verhinderten manchmal starke kirchliche Gewalten die Verlegung älterer Pfarrkirchen in neuere Stadtkerne. Dies führte meist zu langjährigen Rechtsstreiten[23].

Die Heiligengräber erfüllten in der Kirchenarchitektur eine wichtige Aufgabe. Es war ja sogar kirchenrechtliche Vorschrift, daß jeder Altar eine Reliquie bergen soll[24]. Heiligengräber befanden sich häufig auf der Kirchenachse, vor dem Kreuzaltar oder im Chorbereich, sehr oft auch in separaten Annexen und Krypten[25].

Im Spätmittelalter waren bei Kirchenbestattungen die Grabplätze bei den Altären und den Reliquien die begehrtesten («ad sanctos»). Aber es gab auch Schranken, die nur ganz selten überwunden werden konnte. In der Chorpartie, d.h. überall dort, wo die Eucharistie gefeiert wurde, wurden selten Bestattungen geduldet. Ausnahmen gab es nur für Geistliche, Patronatsherren und sehr hochgestellte Persönlichkeiten[26].

IV. Das Ritual der Grablegung, eine Vorbereitung für das Jüngste Gericht

In der Sepulkralkultur zeigt sich die Vorstellung eines Zwischenzustandes zwischen dem biologischen Tod und dem Jüngsten Gericht am offensichtlichsten an den Gisantsdarstellungen auf Epitaphien. Die Verstorbenen sind weder als lebende noch als tote Menschen dargestellt. Gewisse Elemente, so etwa der Faltenwurf der Kleider,

Abb. 36. Bestattung aus dem ehemaligen Prämonstratenserkloster Rüti, Kanton Zürich. – Mit auf der Brust gekreuzten Armen wartet der Tote auf die Auferstehung.

erwecken den Einduck, die abgebildete Person sei noch am Leben; andere wiederum lassen sie tot erscheinen. Der Zustand ist schlafähnlich[27]. Diese Art der Darstellung korrespondiert mit dem realen Begräbnisritus. Der tote Körper wurde so zur letzten Ruhe gebettet, als ob der Mensch schlafend der Auferstehung harren würde[28]. Wie archäologische Befunde bei hoch- und spätmittelalterlichen Bestattungen mit schöner Regelmäßigkeit zeigen, liegen die Gräber in West-Ost-Richtung, der Blick richtet sich gegen den Sonnenaufgang auf den kommenden Christus. Die Arme sind – so Durandus von Mende – zum Gebet verschränkt. Es kommen in der Regel alle Armstellungen vor, welche man aus liturgischen und andern Quellen, aus Buchmalerei und darstellender Kunst kennt. Es sind dies die im Schoß gefalteten Hände, die über dem Bauch verschränkten Arme sowie etwas seltener die kreuzweise auf die Brust gelegten Arme (Abb. 36). So ruht die rechte Hand auf der linken Brusthälfte und will damit zeigen, daß die Bitte von Herzen kommt.

Außer der Gebetsgebärde umfaßte das Ritual der Grablegung noch weitere Elemente, welche den Verstorbenen auf das Erscheinen vor Gott am Jüngsten Tag vorbereiten sollten. Wohlhabende und hochgestellte Persönlichkeiten ließen sich entweder mit standesüblichen Beigaben oder zumindest mit eindeutig höfischen Gebärden zur letzten Ruhe betten, oder sie nahmen eine ausgesprochene Demutshaltung ein. Letztere ist wohl auf das Bibelwort zurückzuführen, daß eher ein Kamel durchs Nadelöhr komme, als ein Reicher ins Himmelreich[29].

Als Zeichen der Demut und Bescheidenheit galt zum Beispiel die Einkleidung der Toten ins Büßerhemd oder das Einnähen ins Leichentuch. Vermögende Leute, wie die Berner Schultheißenwitwe Jonatha von Erlach, wünschten testamentarisch die Bestattung ohne Sarg[30]. Auch das Statutenbuch des Großmünsters sah für verstorbene Chorherren die Grablegung «sine omne sarcophago» vor[31]. Verbreitet war auch unter Laien der Brauch, sich nach dem Tod ins Mönchsgewand einkleiden zu lassen, um im geistlichen Stand vor Gott erscheinen zu können[32].

Welche Funktion die geistliche oder weltliche Kleidung im Hinblick auf das Jüngste Gericht hatte, legt auch Durandus von Mende dar:
Affer [aber] *eczlich sprechen daz si* [die Toten] *schollen anhaben hozzen mit preyzschuech* [Schnürschuhe] *an den fuezzen, in soleicher meinung, daz si perait sein zu dem gericht*[33].

Demnach gab es also auch Autoren, die verlangten, die Verstorbenen in Hosen zu kleiden und mit gutem Schuhwerk zu versehen, damit sie bereit sein werden, am Jüngsten Tag vor Gott zu erscheinen.

Wiederum anders verhielt es sich für die breiten Bevölkerungskreise, für die die Begräbniskosten gar eine existenzbedrohende Auslage darstellen konnten. In Unter- und Mittelschichten sind einfache Grabriten nicht als Zeichen der Demut zu interpretieren. Die Zürcher Schuhmachergesellen beispielsweise verpflichteten sich, einem in Armut verstorbenen Zunftgenossen den Sarg, die Kerzen, ein individuelles Grab, das Glockengeläute und die kirchliche Totenfeier zu bezahlen. So gebot es ihr Handwerkerstolz. Zudem diente die als minimal erachtete rituelle Begleitung des Begräbnisses nicht nur dem Verstorbenen im Jenseits, sondern auch all denen, die das Ritual förderten. Tote zu begraben gehörte nach mittelalterlicher Auffassung zu den Guten Werken, die nach Matthäus den Weg in den Himmel ebneten[34].

In den Grabriten der Oberschichten ist neben bewußtem Verzicht auch gegenteiliges Verhalten festzustellen. Indem man den Verstorbenen mit seinen Standesattributen ausstattet, wird der Hoffnung auf eine ebenfalls privilegierte Stellung im jenseitigen Leben Ausdruck gegeben[35]. Besonders ausgeprägt war dies im höfischen Grabkult. Zwar sind Funde von hoch- und spätmittelalterlichen Grabinventaren selten, weil die Beigaben bereits in historischer Zeit wieder entfernt wurden, etwa bei Kirchenrenovationen. Es kam auch vor, daß nur billige Scheinwaffen ins Grab gelegt wurden. Manchmal wurden auch wertvolle Beigaben nur präsentiert und statt im Boden vergraben wieder von den Erben zurückgekauft. Verschiedentlich sind in hoch- und spätmittelalterlichen Gräbern Gürtelschnallen zu beobachten, die Reste von ritterlichen Grabtrachten. Sie kommen auch häufig zusammen mit spezifisch männlichen höfischen Gebärden vor, nämlich mit gekreuzten Beinen. Solche Bestattungen befanden sich im Umfeld der königlichen Pfalz in Zürich (Lindenhof) und vor dem Westportal der Stadtkirche Winterthur. Interessanterweise wurde diese Kirche 1180 mit einem Begräbnisrecht für kyburgische Ministerialen ausgestattet[36].

Wie die Adeligen ließen sich auch die Geistlichen mit Standeszeichen begraben. Gelegentlich werden in Kirchengräbern Funde von Meßkelchen gemacht, oftmals nur billige Imitationen aus Holz oder Metall[37] (Abb. 37 und 38). Bei höheren Klerikern kamen auch Insignien hinzu. Dies beschreibt ausführlich der Basler Kaplan Johannes Knebel, der 1478 der Beisetzung des Bischofs Johannes von Venningen im Basler Münster beiwohnte: *...und als der Leichnam von der Bahre weg beigesetzt wurde, war er mit der ganz verzierten Albe bekleidet, so wie er es selbst verfügt hatte, und die Hände mit den Pontifikalhandschuhen bedeckt, wie es sich geziemt, mit dem goldenen Ring* *an der rechten Hand, und in den Händen hielt er die Provisionsbulle* [Dokument der Amtseinsetzung] *seines heiligsten Herrn Papstes Calixti IV.*[38]

Diese Grabbeigaben zielten wohl ebenfalls darauf, dem Toten zu einem günstigeren Erscheinungsbild vor Gott zu verhelfen. Die päpstliche Bulle, welche den Verstorbenen als Bischof auswies, diente förmlich als Passierschein ins Jenseits. Vergleichbare Grabbeigaben waren die sogenannten Jakobsmuscheln, die ihren Trägern die Wallfahrt nach Santiago de Compostela attestierten. Die Funktion dieser Pilgerzeichen macht die reformatorische Kritik deutlich. Martin Luther prägte den Spottvers *Wer in Compostell tritt über die Schwell, der kompt nicht in die Hell.* Die Muscheln dienten quasi als Schlüssel für den Eingang ins Paradies[39]. Natürlich sollte die Ausstattung der Verstorbenen, sei es mit Waffen oder Kultgegenständen, auch die Lebenden beeindrucken. Grabkulte bezweckten im allgemeinen auch reine Repräsentation.

V. Die Hilfen fürs Jenseits im Begräbnisritual und beim Totengedächtnis

Der Akt der Grablegung und das Begräbnisritual sowie auch das Totengedächtnis beinhalten zahlreiche Elemente, welche die Seelen vor dem Zugriff des Teufels schützen und die Qualen des Fegefeuers mildern sollten. In dieser Hinsicht war die Zeit umittelbar nach dem Tod besonders gefährdet. Darstellungen im Umfeld der *Ars moriendi* zeigen häufig Teufel und Dämonen, die am Bett des Todkranken lauern[40]. Auch die Buchmalerei, besonders die Illustration der Totenoffizien, zeigen am Grabrand aufgebahrte Tote, deren Seele dem Mund entschwebt und um die Engel und Teufel einen erbitterten Kampf ausfechten (vgl. Kat. Nr. 82). Schutz vor dem Teufel boten vor allem das Glockengeläut, die Totenmesse und die Gebete sowie das auf dem Grabhügel aufgepflanzte Kreuz[41]. Die nach mittelalterlicher Vorstellung wirksamste Hilfeleistung, welche die Lebenden den Verstorbenen bieten konnten, war die Messe. Das Gebet für die Verstorbenen war ein fester Bestandteil der römischen Messe[42], – für den Reformator Ulrich Zwingli Anlaß genug, um gegen sie zu argumentieren: *In der kanonischen Messe beten wir für die Toten, also gibt es ein Purgatorium*[43]. Fegefeuer und Totengebet wurden also in direkten Zusammenhang gebracht.

Die sogenannten Sühneverträge, die im Falle von Totschlag die Hinterbliebenen mit den Tätern abschlossen, statt Blutrache zu nehmen[44], veranschaulichen auf ihre Weise die Bedeutung der Seelenmesse im Totenkult. Diese Kontrakte verlangten als erstes vom Täter, für das Seelenheil des Opfers zu sorgen. Dies geschah im Falle des Totschlages, den Klein Hans Keller 1521 an Hans Merk in der zürcherischen Herrschaft Regensberg verübt hatte[45], auf folgende Weise: Zunächst mußte Keller für den «Dreißigsten» des Getöteten sorgen, also für die Totenmesse und -speisung am 30. Tag nach der Beisetzung. Dazu waren je 30 Priester und weltliche Männer einzuladen. Diesen stand als Totenopfer ein Präsenzgeld von vier Hellern zu. Weiter verpflichtete der Vertrag Keller zur Stiftung einer wiederkehrenden Jahrzeitmesse für die Seele des Opfers, d.h. er hatte einem Gotteshaus ein Vermögen zu schenken, das einen Jahreszins von fünf Mütt Kernen (ca. 250 Kilogramm Dinkel) einbrachte. Weiter verlangte der Vertrag von Keller, als Zeichen der Sühne ein steinernes Kreuz am Ort des Verbrechens aufzurichten, und zwar gut sichtbar an der Landstraße. Das Mahnmal diente wohl auch für das Seelenheil des Täters, war doch die Reumütigkeit eine der wichtigsten Voraussetzungen für das Bestehen vor dem Jüngsten Gericht. Damit war dem Opfer Genüge getan, und es folgte noch eine Abfindung im Wert von 200 Pfund an die ihres Vaters beraubten Kinder. Schließlich verbannte die zürcherische Obrigkeit, die den

Abb. 37. S-Miniatur aus dem Graduale von St. Katharinenthal, kurz vor 1312. Zürich, Schweizerisches Landesmuseum, LM 26117, fol. 157. – Der Bischof ist in vollem Ornat aufgebahrt; ein Kelch auf seiner Brust ist als Grabbeigabe vorgesehen.

Vertrag vermittelt hatte, den Täter aus der Kirchgemeinde des Opfers und verbot ihm ein Jahr lang, an Trinkgesellschaften teilzunehmen, die auch von Merks Angehörigen besucht wurden. Diese Bestimmung sollte neue Konfrontationen zwischen den verfeindeten Familien vermeiden.

Die erlösende Wirkung, welche der Messe zugeschrieben wird, kommt außer in Sühneverträgen auch in Bildquellen und Ritualientexten zum Ausdruck. Ein signifikantes Zeugnis dafür ist der Allerseelenaltar des Berner Münsters, eine Stiftung des Stadtschreibers Thüring Fricker (Abb. 14). Das Altarbild bietet Einblick in eine hell erleuchtete Kirche und einen Friedhof im abendlichen Dämmerlicht. Der Sigrist überrascht das Heer der Guten Toten, das eine Jahrzeitmesse liest. Unterstützt wird diese erlösende Handlung auf der realen Ebene des Bildes von einer vor dem offenen Beinhaus betenden Begine. Oben über dem Kirchendach tragen die Engel die erlösten Seelen zum Himmel.

Wenn im Zürcher Großmünster ein Chorherr starb, so wurde er laut des Statutenbuches von 1346 am frühen Morgen in die Kirche gebracht und dort aufgebahrt. Insgesamt wurden ihm fünf, teils parallele Messen gelesen. Dabei zog das Leichengeleit prozessionsartig zu bestimmten Altären, unter anderem auch zur Tumba der Stadtheiligen Felix und Regula, um ihre Fürbitte zu erreichen. Zum Schluß des Rituals, das einen ganzen Vormittag dauerte, trugen die Chorherren und Kapläne den Leichnam ihres Mitbruders in den Chor. Sie stellten sich, Kerzen in den Händen tragend, rund um die Bahre auf, während der Tote die Absolution erhielt und die Seele Gott zur Annahme empfohlen wurde. Anschließend fand die Grablegung im Kreuzgang des Stiftes statt[46].

Während das Statutenbuch des Großmünsters als hervorragende Quelle für die Begräbnisrituale der Oberschichten steht, bildet der Vertrag, welchen die Bruderschaft der Zürcher Schuhmacherknechte mit dem Franziskanerkloster schloß, das Gegenstück für die Unterschicht. Immerhin konnten die Knechte erwirken, daß die Mönche ihre verstorbenen Mitbrüder vom Sterbehaus bis zum Klosterfriedhof begleiteten und dort auf einer Gemeinschaftsgrabstätte beisetzten. Die Seelenmesse lasen die Priestermönche jedoch erst am nächstfolgenden Feiertag, damit den Handwerksmeistern kein Arbeitstag verlorenging. Ein

Abb. 38. Französische Übersetzung von Boccaccios Decamerone, Plünderung des Bischofsgrabes, 1430–1440. Paris, Bibliothèque de l'Arsenale, Ms. 5070. – Zwei Räuber wollen zusammen mit Andreuccio das Grab des eben verstorbenen Bischofs plündern. Der geöffnete Sargdeckel gibt den Blick auf das reiche Bischofsornat frei.

individuelles Totengedenken war für die Knechte zu teuer, sodaß sie zur gemeinschaftlichen Erinnerung an die Verstorbenen an bestimmten Terminen Messen lesen ließen und das Kloster auch dafür bezahlten. Solche Gedenktage waren die vier Fronfasten, d.h. die Sonntage zu Beginn der Bußwochen, Allerseelen sowie an den Festtagen der Muttergottes (Mariae Verkündigung, Lichtmeß, Mariae Himmelfahrt und Mariae Empfängnis)[47]. Die Verknüpfung der Marienfeste mit dem Totengedenken ist wohl darauf zurückzuführen, daß die ursprünglich apokryphen Schilderungen von Marias Tod und Begräbnis im Spätmittelalter zum Sinnbild des christlichen Sterbens schlechthin emporstilisiert wurden, und deshalb die Jungfrau als eigentliche Sterbepatronin galt.

Kollektives Totengedenken findet sich nicht nur im Umfeld städtischer Handwerker- und Gesellenbruderschaften, sondern besonders auch auf dem Lande. Dorfbewohner, die als Einzelpersonen ebenfalls nicht in der Lage waren, individuelle Jahrzeitmessen zu stiften, ließen ihre bescheidenen Vergabungen an die Kirche in einen Rodel eintragen. Ihrer wurde an speziellen Festtagen wie Allerseelen mit Seelenmessen und Prozessionen auf dem Friedhof gedacht. Ein Beispiel dafür stellt das Jahrzeitbuch der Landpfarrei Uster dar, das Vergabungen von Landadeligen verzeichnet, aber auch eine Liste mit etwa 350 Dorfbewohnern enthält. Die kollektive Jahrzeit der Letzteren mußten Leutpriester und Kapläne jeweils am Samstag nach Fronfasten im Herbst und nach der alten Fasnacht im Frühling zelebrieren[48]. Nicht nur durch diese Gedächtnismessen, sondern allein schon durch den Eintrag ins Jahrzeitbuch erhofften sich die Stifter den Zugang zum ewigen Leben. Die Bände wurden, soweit sie nicht reinen Verwaltungszwecken dienten, als «liber vitae» im Chor aufgelegt[49].

VI. Die Erlösung durch das Almosen

Von fundamentaler Bedeutung für das Seelenheil des Verstorbenen waren die Totenopfer in Form von Almosen[50]. Arme begleiteten die Leichenzüge, und es wurden für sie bestimmte Brot- und Tuchspenden mitgetragen[51]. Ausführlich berichten davon die anonymen Aufzeichnungen aus der süddeutschen Stadt Biberach: *Item, wers vermüegt [vermögen] hat, der hat uff Baar ganze grabthuch lassen tragen – zween [zwei] Söckh [Säcke] mit weysem broth... aber nit allweg Thuech, nur das broth, oder aber auch kains [...] Ettwan so hat ains Haller oder pfenig ob dem Grab oder uff der oberen Cappell lassen armmen leuüthen geben der lüeben [lieben] Seel zue Trost und Hülf*[52].

Ursprünglich verfügte man testamentarisch, daß an den Tagen des Totengedächtnisses Brote am Grab verteilt werden. Im Laufe des Spätmittelalters wurde der Brauch institutionalisiert, das heißt, die Spenden wurden an Beginenhäuser, Spitäler und Leprosenhäuser verschrieben. An Allerseelen, dem Tag des kollektiven Totengedenkens, drängten sich die Mittellosen buchstäblich auf die Friedhöfe, um von städtischen Beamteten, den sogenannten Spendmeistern, die Gaben in Form von Wein, Brot, Äpfeln oder Geld zu empfangen[53].

Abb. 39. Coëtivy-Meister, Französisches Stundenbuch, Miniatur zum Totenoffiz, um 1460. Baltimore, Walters Art Gallery, Ms. W. 274, fol. 118. – In Innern einer Kirche mit Katafalk wird eine Seelmesse gefeiert. Eben eleviert der Priester die Hostie. Drei Pleurants leisten im Chorgestühl Fürbitte. Am Kirchenausgang erhält ein Bedürftiger ein Almosen. Als unmittelbare Folge davon werden zwei Arme Seelen aus dem Fegefeuer erlöst. Dieses hat der Maler gleichsam im Erdinnern direkt unter der Kirche situiert.

Eine der eindrücklichsten Bildquellen, welche die erlösende Wirkung des Almosens zeigt, befindet sich in einem französischen Stundenbuch aus der Zeit um 1460 (Abb. 39)[54]. In der Mitte eines Kirchenschiffes oder Chores steht ein mit einem kostbaren Tuch bedeckter Sarg. Ob es sich um eine Begräbnisszene handelt oder um eine Jahrzeit, kann nicht entschieden werden. Häufig wurden nämlich bei letzterer leere Katafalke aufgestellt, um die Präsenz des Toten herbeizuführen. Während der Priester vor dem Altar mit dem Rücken zum Kirchenvolk die Oblate hebt und Angehörige sowie verhüllte «Pleurants», das Klagepersonal, an der Bahre beten, werden in einer Seitenkapelle Münzen als Almosen ausgeteilt. In der unteren Bildhälfte ist das Purgatorium dargestellt. Links fallen die dunklen Gestalten ins reinigende Feuer, rechts tragen Engel die durch Messe, Gebet und Gute Werke erlösten Seelen gegen den Himmel. Für das Verständnis des spätmittelalterlichen Totenkultes ist die Quelle auch insofern zentral, weil sie die Vorstellung erschließt, daß die Toten die Fürsorge der Lebenden brauchen. Die Reformation schweizerischer Prägung bekämpfte diese Haltung entschieden. Mit der Säkularisation der Klöster und der Aufhebung des Jahrzeitwesens wurden die Spenden unmittelbar den Armen zugeführt, ohne sie mit dem Totenkult zu verknüpfen[55].

VII. Die Bestattung der Armen – ein Werk der Barmherzigkeit

Ein kirchliches Begräbnis war ziemlich teuer. Die Priester verlangten sogenannte Stolgebühren und Totenopfer. Weitere Auslagen verursachten Sarg, Bahrtuch, Kerzen und Glockengeläute. Außerdem verlangten die Totengräber ihren Lohn. Es ist daher gut verständlich, daß Tote zu begraben als eines der sieben Werke der Barmherzigkeit galt, wie zum Beispiel Hungrige zu speisen oder Nackte zu kleiden[56]. Wer also für die Totenbestattung spendete, tat damit auch etwas für das eigene Seelenheil. Eigentliche Seelgerätsstiftungen flossen so dem Begräbniswesen zu, sei es für die Besoldung von auf Armenfriedhöfen tätigen Geistlichen wie in der Großstadt Köln[57] oder für die Entlöhnung der Totengräber. In der Stadt Esslingen stifteten Albert und Margaretha Steck 1344 für ihr Seelenheil eine eigentliche Totengräberpfründe: Zur Ausstattung der Pfrund gehörte ein Haus und Grundbesitz[58]. Dafür mußte aber der Inhaber alle Personen, auch die fremden, die in der Stadt starben, kostenfrei beerdigen. Die Stiftungsurkunde enthält eine ausführliche Begräbnisordnung, die Einblick in den Betrieb eines spätmittelalterlichen Friedhofes bietet. Insbesondere legte sie eine Mindesttiefe der Gräber von sieben Mannschuh fest, regelte die Doppelbelegung frischer Erdgräber und schrieb dem Totengräber im einzelnen vor, wie er den Friedhof in Ordnung halten sollte. Die Verwaltung des Pfrundvermögens und die Beaufsichtigung des mit der Pfrund Belehnten besorgten der Rat und die Zünfte.

Nicht alle Stiftungen gingen so weit wie die von Esslingen. Die Kirche von Oberwinterthur zum Beispiel erhielt einen Acker geschenkt. Nach dem Willen der Stifter mußte das Gotteshaus dafür die Totengräberwerkzeuge unterhalten. Wo es keine eigentlichen Stiftungen für die Totenbestattung gab, wurde das Begräbnis Armer, Fremder und Pilger als Teil der Caritas einem Spital übertragen. Städtische und kirchliche Obrigkeiten vergaben auch an Personen oder Gruppen das Privileg, Tote gegen fixe Bezahlung begraben zu dürfen, verpflichteten sie aber auch zu sozialen Tarifen – in Zeiten politischer Unruhe wie in Zürich 1336 sogar zum kostenfreien Begräbnis der Armen.

Abb. 40. Totenbestattung als Werk der Barmherzigkeit, erste Hälfte 15. Jahrhundert. Gewölbemalerei aus dem Domkreuzgang von Brixen. – Vor einer Kirche heben zwei Totengräber ein neues Grab aus. Neben einem frischen Grab liegen die Gebeine von älteren Bestattungen.

Der Glaube an das Fegefeuer hat auf der einen Seite wohl zu prunkvolleren Begräbnissen geführt – namentlich zum Beizug von liturgischem Klagepersonal und zu Meßstiftungen. Die Auffassung, die armen Seelen im Fegefeuer würden die Unterstützung der Lebenden brauchen, hat natürlich den Aufwand vermehrt. Jedoch ist ein Teil davon wieder der Caritas zugeflossen. Soweit die Totenopfer nicht an Arme weitergegeben oder zur Kirchenfinanzierung verwendet wurden, sind sie meist in Form von Präsenzgeldern oder Spenden dem Klerus zugefallen. Als im Humanismus und in der Reformationszeit Kritik am Begräbnisbrauchtum aufkam, trug dies den Geistlichen den Vorwurf der «Totenfresserei» ein (vgl. Kat. Nr. 111).

VIII. Zusammenfassung: Todesvorstellungen – ein interdisziplinäres Forschungsgebiet

Daß man dem vielschichtigen Thema «Tod» nur mit interdisziplinären Methoden und Fragestellungen gerecht wird, ist längst erkannt worden. Für unser Thema, das Fegefeuer und die Begräbnisriten, sollen abschließend die Ergebnisse einzelner Disziplinen miteinander verknüpft und zu einem Gesamtbild vereinigt werden. Archäologie und Stadttopographie können generell zeigen, wie seit dem Frühmittelalter Friedhof und Kirche förmlich amalgamiert wurden, der Begräbnisplatz also im Unterschied zur Antike ins Zentrum der Siedlung rückte. Überdies zeigen «in situ» dokumentierte Bestattungen, in welcher Stellung man den Leichnam in die Erde gebettet hat. Der Grabungsbefund fixiert dabei, vergleichbar einer photographischen Momentaufnahme, einen kleinen Ausschnitt aus einer längeren rituellen Handlung. Deutlich kommt dabei die Vorstellung eines Zwischenzustandes zum Ausdruck, indem die Toten im Hinblick auf das Jüngste Gericht als Betende zur Ruhe gelegt und manchmal auch entsprechend gekleidet wurden. Diese Art der Grablegung korrespondiert augenfällig mit

Abb. 41. Totenbestattung als Werk der Barmherzigkeit, erste Hälfte 15. Jahrhundert. Gewölbemalerei aus dem Domkreuzgang von Brixen. – Hinter den Sargträgern erscheint Christus als eigentlicher Empfänger des Guten Werkes.

den Gisants-Darstellung auf Epitaphien. Bildquellen, vornehmlich Miniaturen, zeigen reale rituelle Handlungen, die vor und nach dem Akt der Grablegung stattfanden. Sie illustrieren aber zugleich auch damit verbundene Vorstellungen, insbesondere den Kampf der Engel und Teufel um die Seele sowie das Fegefeuer selbst.

Für unser Thema ergiebig erweist sich auch der rechtsgeschichtliche Aspekt. Die Vorstellung der ewigen Verdammung bestimmte auch den Umgang mit schweren Rechtsbrechern. Bei der – modern gesprochen – privatrechtlichen Regelung des Totschlages kommt besonders deutlich das Verrechnungsdenken zum Ausdruck, das mit dem Fegefeuer verbunden war. Die Schuld am Tod eines Menschen ließ sich wiedergutmachen, indem man für dessen Seelenheil besorgt war und eine Meßstiftung errichtete. Als interessantes Forschungsgebiet ist in diesem Zusammenhang die Rechtsarchäologie zu nennen. Sie sucht die Sühnekreuze, welche sich im Laufe der Zeit zu gewöhnlichen Memorialsteinen gewandelt haben, zu erfassen[59].

Beschreibungen von Bestattungsritualen gibt es vorwiegend für Oberschichten. Sie zeigen deutlich, welche Bedeutung man der Absolution aus Furcht vor dem Gericht nach dem Tod beimaß. Genauso wichtig war das reumütige Sterben. Allerdings sind die Quellen eher selten, die auch begründen, weshalb eine rituelle Handlung zu vollziehen sei. Einzigartig steht in dieser Hinsicht das Rationale von Durandus von Mende. Am stärksten tritt der Gedanke ans Fegefeuer in jenen zahlreichen Dokumenten hervor, die von mildtätigen Stiftungen berichten. Ein geringer Teil dieser Gelder floß wieder dem Begräbniswesen zu, da offenbar aus purer Notwendigkeit die Aufforderung, die Toten zu begraben, in den Katalog der barmherzigen Werke aufgenommen wurde. Breite Kreise waren nämlich nicht in der Lage, selbst für die «realen» Begräbniskosten wie Sarg, Kerzen, Bahrtuch, Entschädigung für die Priester (Stolgebühren) und Totengräberlohn aufzukommen, ganz zu schweigen von der Versorgung der Seele im Jenseits.

1 Illi 1992, S. 11–27.
2 Illi 1992, S. 110f.
3 Zit. nach: Hammerstein 1980, S. 23.
4 Zum Problem der Ausgrenzung siehe: Egloff / Zangger 1991.
5 Zur kirchlichen Lehrmeinung vgl. den Artikel «Sünde» in: LThK Bd. 9, Sp. 1177f.
6 Im folgenden nach Illi 1992, S. 55–64; für frühneuzeitliche Verhältnisse auch Manser u.a. 1992.
7 REC Bd. 4, Nr. 13817.
8 REC Bd. 3, Nr. 8645.
9 REC Bd. 4, Nr. 10566.
10 REC Bd. 4, 10711.
11 Illi 1992, S. 63.
12 Illi 1992, S. 63f.
13 Grundsätzliches dazu bei Lecouteux 1987.
14 Manser u.a. 1992.
15 Entgegen dem Vorbericht der Ausgrabung (Bill / Manser 1988) verzichtet der Hauptbericht (Manser u.a. 1992) darauf, auf den Befund einzugehen. Es ist in der Tat schwierig nachzuweisen, ob der Stein zufällig in diese Lage gesetzt und dann nachträglich bei der archäologischen Ausgrabung sozusagen herauspräpariert wurde (freundliche Mitteilung durch Jürg Manser). Wenn an dieser Stelle dennoch die Meinung vertreten wird, die erste Interpretation sei die bessere, so geschieht dies vor allem im Wissen, daß tatsächlich exkommunizierte Tote mit Steinblöcken fixiert wurden.
16 Ariès 1983, S. 59.
17 Im folgenden nach Illi 1992, S. 57f.
18 So werden archäologische Funde von Kleinkindskeletten in römischen Hausgrundrissen gedeutet, wie sie gelegentlich zum Vorschein kommen, wie zum Beispiel in Zürich (Fortunagasse, Rennweg. Büro für Archäologie der Stadt Zürich, unpubliziert).
19 Zum Limbus vgl. LThK Bd. 6, Sp. 1057.
20 Zu Durandus von Mende und seinem «Rationale» vgl. LMA Bd. 3, Sp. 1469f. Sein Werk ist insofern wertvoll, als es den Zeitgenossen den Sinn von Ritualen und kirchenrechtlichen Vorschriften zu erklären versucht.
21 Vgl. auch Jezler 1991, S. 87–90.
22 Illi 1992, S. 11–22.
23 Illi 1992, S. 21.
24 Reinle 1988, S. 3–23.
25 Grundsätzliches dazu: Straub 1983.
26 Illi 1992, S. 13.
27 Ariès 1984, S. 54–70 und passim.
28 Im folgenden nach Illi 1992, S. 17f.
29 Stone 1987, S. 394.
30 Illi 1992, S. 97.
31 Illi 1992, S. 85.
32 Schaller 1993, S. 59.
33 Durandus, Rationale, S. 274.
34 Illi 1992, S. 102f.
35 Schaller 1993, S. 68.
36 Illi 1992, S. 27–30. Zu Winterthur und weiteren Beispielen siehe: Windler 1994.
37 Illi 1992, S. 28.
38 Im Original (Johannis Knebel Capellani Ecclesiae Basilensis Diarium, Hans Knebels des Kaplans am Münster zu Basel Tagebuch Juni 1476 – Juli 1479, hrsg. von Wilhelm Vischer (Basler Chroniken 3), Leipzig 1887, S. 219): ... *et cum cadaver deponeretur de feretro, albis per totum ornamentis vestitum erat, prout ipse disposuerat, et cyrothecis manus, et in manibus tenuit bullam provisionis sue sanctissimi domini Calixti pape quartii* [gemeint ist Calixtus III. 1378–1458, offenbar hier als der IV. bezeichnet, da es im 12. Jahrhundert noch einen Gegenpapst Calixtus III. gab, vgl. LMA Bd. 2, Sp. 1398].
39 Illi 1992, S. 46.
40 Palmer 1993, S. 324f.
41 Illi 1992, S. 17 und S. 43.
42 LThK Bd. 7, Sp. 324f.
43 *In misse canone oremus pro defunctis, ergo est purgatorium*, zit. in Illi 1992, S. 111.
44 Dazu Riggenbach 1929, S. 131f.
45 Tobler 1882, S. 207–216.
46 Illi 1992, S. 80–90.
47 Illi 1992, S. 106.
48 Jahrzeitbuch Uster, Zentralbibliothek Zürich, MS C 1, fol. 51r–52v.
49 Zum Gebrauch der Jahrzeitbücher im Chorgottesdienst und im Archiv vgl. Bloesch 1975, S. 55–66, auch Einleitung S. 1–3.
50 Ariès 1983, S. 212–215; auch Mollat 1984, S. 96–106.
51 Illi 1992, S. 87.
52 Schilling 1887, S. 168.
53 Illi 1992, S. 41.
54 Dazu: Wieck 1988 (Book), S. 146.
55 Illi 1992, S. 116.
56 Zu den ursprünglich sechs, mit der Totenbestattung sieben Werken der Barmherzigkeit vgl. LMA Bd. 1, Sp. 1471–1473.
57 Illi 1992, S. 68.
58 Im folgenden nach Illi 1992, S. 74–78.
59 Zu solchen Kartierungen vgl. Müller / Baumann 1988; auch Riebeling 1977. Allerdings ist es bislang nicht gelungen, heute noch erhaltene Steinkreuze den in mittelalterlichen Urkunden erwähnten Sühnekreuzen eindeutig zuzuweisen. Frühneuzeitliche Kreuze, die an dem Ort des Verbrechens gesetzt wurden, gelten eher als Denkmäler, die an die begangene Tat erinnern (sogenannte Memorialkreuze).

Tod und Jenseits in der deutschen Literatur des Mittelalters

Alois M. Haas

Daß im Mittelalter vom Tod nicht die Rede sein konnte, ohne daß dabei gleich auch das Jenseits dieses Todes ins Gespräch kam, erhellt aus einem Grundtext theologischer Bildung im Mittelalter, dem «Elucidarium» des Honorius Augustodunensis, das, um 1100 herum verfaßt, bis ins 16. Jahrhundert im gesamteuropäischen Raum einen entscheidenden Einfluß ausübte[1]. Nachdem am Ende des zweiten Buches der Tod als Strafe für die Sünde der Ureltern und als Ergebnis der Vertreibung aus dem Paradies erkannt worden ist (*mors* wird etymologisch von *morsus* «Biß [in den Apfel]» hergeleitet), wird gleich auch die Frage nach der *immortalitas* gestellt. Das Jenseits (*De futura vita* – «Über das zukünftige Leben») in seiner höllischen wie in seiner himmlischen Variante ist ein ausführlich erörtertes Thema des dritten Buches. In dieser Abhandlung über die «letzten Dinge» wird schon gültig ein individuelles, gleich nach dem Tod stattfindendes Gericht (mit einer Scheidung der «Bösen» von den «Gerechten») einem nach dem Kommen des Antichrist eintretenden Gesamtgericht über alle Menschen beim Weltuntergang am Jüngsten Tag vorweggenommen.

Für den mittelalterlichen Menschen war der Tod – anders als in der heutigen Gesellschaft – stets gegenwärtig. Er hätte wohl eine moderne Definition des Todes als einer «anwesenden Abwesenheit»[2] kaum verstanden. Daß der Tod dem lebenden Menschen unaufhörlich eine noch nicht gegenwärtige Erfahrung, also eine Abwesenheit ist, hätte er angesichts des ihm täglich gegenwärtigen Sterbens als eine unverständliche Abstraktion empfunden. Er war zur heute gängigen Tabuisierung des Todes nicht in der Lage, sondern er machte ihn im Gegenteil mit einer schier apotropäischen Inständigkeit allenthalben präsent. Das mittelalterliche Verhalten gegenüber Sterben und Tod ist das Pathos einer rhetorischen Beschwörung, in welcher der Tod als ein intimer Partner des Lebens gegenwärtig wird:

Media vita
In Morte sumus:
Quem quaerimus adiutorem
Nisi Te, Domine
Qui pro peccatis nostris
Iuste irasceris?
Sancte Deus,
Sancte fortis,
Sancte et misericors Salvator:
Amarae morti ne tradas nos[3].

(Mitten im Leben sind wir schon im Tode. Von wem sollen wir Hilfe erbitten wenn nicht bei Dir, Herr, der Du mit Recht über unsere Sünden gezürnt hast? Heiliger Gott, heiliger, starker, heiliger und barmherziger Erretter, überantworte uns nicht einem bittern Tod!)

Der Tod hat im Mittelalter Zeichencharakter[4]: Er verweist auf die Erlösung im Jenseits, das allein wahres Leben und Befreiung vom bitteren Tod dieses in Sünde und Schuld verstrickten Lebens garantiert. Die Erlösung kommt von Jesus Christus, der in seinem und durch seinen Tod den Tod besiegt hat:

Mors et vita duello
conflixere mirando;
dux vitae mortuus
regnat vivus[5].

(Tod und Leben da kämpften seltsamen Zweikampf; der Fürst des Lebens, dem Tode erliegend, herrscht als König und lebt.)

Diese Verheißung der Ostersequenz gibt den Rahmen für die Todesproblematik im Mittelalter ab: Das eigentliche Leben ist nicht dieses kurze, vergängliche, sterbliche Dasein in Angst und Not auf einer nur schwer zu bearbeitenden Erde, sondern das eigentliche Leben ist das ewige Leben, das durch die Erlösungstat Christi den Menschen verheißen ist. Im Grunde wäre das Vokabular umzukehren und dieses Leben hienieden eigentlicher ein Tod zu nennen; das ist auch geschehen:

Heu, heu, vita, mors vocanda,
Odienda, non amanda!
Cum in te sint nulla bona,
Cur expecto tua dona?[6]

(Ach, ach, Leben, das man Tod nennen muß, das man hassen und nicht lieben soll! Da es bei dir nichts Gutes gibt, warum erwarte ich doch deine Güter?)

Damit sind drei Beziehungsebenen umrissen, die auch für die weltliche Dichtung während des ganzen Mittelalters immer wieder den Rahmen für die Todesproblematik abgeben werden:

1. die Allgegenwart der bedrohlichen Macht des Todes (bei einer Lebenserwartung von 35 Jahren noch bei Anbruch des 14. Jahrhunderts eine unbestrittenermaßen deutliche Erfahrung!),
2. das Wissen um die Erlösung vom Tode und um die Rettung in das wahre Leben des Jenseits,
3. die Anfechtung durch die irdischen «Güter» in einem Leben, das besser Tod hieße, die aber – gerade bei einem so kurzen Leben – eine besonders intensive Erfahrungsdimension besessen haben müssen.

Man wird bei der Interpretation all der dichterischen Texte, in denen der Tod so oder so eine Rolle spielt, nie die schlichte Gleichung Literatur = Leben und umgekehrt machen dürfen. Weder darf bei besonders starker Entfaltung der Todesthematik in der Dichtung ohne weiteres auf eine *contemptus mundi*- und Weltfluchtstimmung noch bei fehlendem Angedenken an den Tod auf reine Diesseitigkeit geschlossen werden. Wo Menschen sind, gibt es keine einfachen Mentalitäten, sondern immer nur komplexe, in denen die *memoria mortis* oft eine seltsam undurchsichtige Amalgamierung mit der Freude am Leben eingeht. Über die Realität der Todeserfahrung im Mittelalter aber darf man wohl eines mit Gewißheit sagen: Sie war ungeheuer stark; der Tod war ein Stück erlebter Wirklichkeit und keine tabuierte Randzone des Lebens; die Toten blieben zudem in dem Bereich, dem sie schon als Lebende angehört hatten, sie blieben Angehörige der Gemeinde, und teilten kaum je das Schicksal der heutigen Toten: vergessen zu werden[7].

I. Die Sprachdenkmäler der althochdeutschen Zeit

Die christliche Mission der irischen Wandermönche, die von den britischen Inseln kommend im südwestdeutschen Raum die großen klösterlichen Kulturzentren schufen, versuchte, den Germanen den Tod in christlichem Geiste nahezubringen. Das hieß, daß neben konkreter Sterbehilfe vor allem auch Informationsarbeit geleistet werden mußte. Den Germanen war zwar eine immaterielle Lebenskraft im Leibe – ahd. *ferah* genannt – bekannt, aber diese Kraft reichte nicht über die Lebenszeit hinaus. Für die Christen war aber gerade die Fortdauer der unsterblichen Seele über den Tod hinaus eine der wichtigsten Grundtatsachen ihres Glaubens. Schon früh wurde daher ein altes Jenseits-Wort der Germanen, *saiwala* (ursprünglich: «die zum See Gehörige»), christlich umgedeutet, so daß das Wort nun das Bedeutungsspektrum von *ahd. ferah* (immaterielles Lebensprinzip, das mit dem Tode dahingeht) und den Sinngehalt von lat. *anima* (unsterbliche, nach dem Tode weiterlebende Seele) trug. Mit großer Mühe ist sodann auch der Gehalt dieses Wortes – die Unsterblichkeit – eingedeutscht worden. Lat. *immortalis* wird ahd. durch *untôdig* und *unstirbig*, *immortalitas* durch *untôdîgi* wiedergegeben. Groß muß dann wohl das Interesse der Franken gewesen sein, etwas darüber zu erfahren, wie sich denn das Schicksal der befremdlicherweise unsterblichen Seele des Menschen nach dem Tode gestalte[8]. Im Spiegel des «Heliand» (um 830 entstanden) stellt sich diese Information über das Jenseits wie die machtvoll verbindliche Rede eines germanischen Fürsten dar:

... thar uualdand Crist
an godes namon Iudeo liudeon
allan langan dag lêra sagde,
gihêt im hebenrîki endi helleo gethuing
uueride mid uuordun, hêt sie uuara godes,
sinlif sokean: thar is seolono lioht,
drôm drohtines endi dagskimon,
gôdlîcnissea godes; thar gêst manag
uunod an uuilleon, the hîr uuel thenkid,
that he hîr bihalde hebencuniges gebod.
(V. 2078ff.)

(Dort verkündete der waltende Christ im Namen Gottes dem Volk der Juden den ganzen Tag seine Lehre, verhieß ihnen das Himmelreich und sicherte sie mit seiner Botschaft vor der Bedrängnis der Hölle; er forderte sie auf, den Schutz Gottes, das ewige Leben zu suchen: dort ist Licht des Lebens, Freude des Herrn und Glanz des Tages, Herrlichkeit Gottes; dort weilt mancher Geist in Freude, der hier darauf bedacht ist, daß er auf Erden das Gebot des Himmelskönigs hält.)[9]

Im Zentrum steht das Bemühen, das diesseitige Leben in seinen ihm selbst genügenden Zusammenhängen für ein ihm korrespondierendes Jenseits aufzubrechen, welches Belohnung und Strafe für die Menschen und ihre Taten bereithält. So bildete sich allmählich das Schema von den Vier Letzten Dingen des Menschen (nach Ecclesiasticus 7, 40) heraus: Tod, Gericht, Himmel, Hölle. Seit dem 12. Jahrhundert als System der allgemeinen und individuellen Eschatologie durch Petrus Lombardus († 1160) kanonisch geworden, waren diese vier letzten Dinge schon in althochdeutscher Zeit sachlich durchaus gegenwärtig. Insbesondere das Gericht, dessen Hergang den Menschen so geheimnisvoll wie großartig erscheinen mußte, verlangte nach einer näheren Ausdeutung.

Die meisten größeren Sprachdenkmäler der althochdeutschen Zeit, die sich in irgendeiner Form mit der christlichen Heilsgeschichte befassen, kommen auf das Jüngste Gericht zu sprechen[10]. Neben Otfrids «Evangelienbuch», dem «Tatian» und den «Monseer Fragmenten» ist es vor allem das rätselvolle, bis heute nicht völlig erschlossene, noch in der germanischen Kunstform des Stabreims verfaßte Gedicht «Muspilli» (Ende des 9. Jahrhunderts vielleicht in Fulda aufgezeichnet), das einen für den germanischen Menschen sinnvollen Versuch einer Schilderung des endzeitlichen Schicksals des Menschen unternimmt. Es setzt mit dem individuellen Gericht nach dem Tode des Menschen ein, eröffnet aber gleich auch überindividuelle Bezüge von Heil und Verwerfung:

... sin tac piqueme, daz er touuan scal.
uuanta sar so sih diu sela in den sind arheuit
enti si den lihhamun likkan lazzit,
so quimit ein heri fona himilzungalon,
daz andar fona pehhe: dar pagant siu umpi.
Sorgen mac diu sela, unzi diu suona arget,
za uuederemo herie si gihalot uuerde.
uuanta ipu sia daz Satanazses kisindi kiuuinnit,
daz leitit sia sar dar iru leid uuirdit,
in fuir enti in finstri: daz ist rehto uirinlih ding.
Upi sia auar kihalont die, die dar fona himile quemant,
enti si dero engilo eigan uuirdit,
die pringent sia sar uf in himilo rihi.
dar ist lip ano tod, lioht ano finstri,
selida ano sorgun, dar nist neoman siuh. (1ff.)[11]

(... kommt sein Tag, da er sterben muß. Wenn sich dann die Seele auf den Weg macht und die Leibeshülle zurückläßt, kommt eine Schar von den Sternen des Himmels, eine andere aus dem Feuer der Hölle, die werden um die Seele kämpfen. In Sorge muß die Seele ausharren, bis die Entscheidung fällt, welcher der Scharen sie als Kampfpreis zufällt. Denn wenn das Volk des Satans sie erringt, dann führt er sie unverzüglich dorthin, wo nur Leid auf sie wartet, in Feuer und in Finsternis. Das ist wahrlich ein grauenvolles Urteil. Wenn aber die, die vom Himmel her kommen, die Seele holen und sie den Engeln zuteil wird, dann geleiten die sie schnell empor ins Reich der Himmel. Dort ist Leben ohne Tod, Licht ohne Finsternis, eine Wohnung ohne Sorgen, dort leidet niemand mehr an einer Krankheit.)

Nach der Trennung von Leib und Seele kämpfen Engel und Teufel um die Seele und entscheiden deren Schicksal in der Finsternis des Höllenfeuers oder in der Herrlichkeit des Himmelreiches. Bestimmend für den Ausgang des Kampfes ist das Verhalten des Menschen in seinem Erdenleben; daher die Ermahnung des Dichters, den Willen Gottes zu erfüllen. Die Schrecknisse dessen, der in die Gewalt des Satansheeres gefallen ist, werden ausführlich geschildert. Das Jüngste Gericht präsentiert sich als ein das ganze Menschengeschlecht einbeziehendes Gericht, dem der eschatologische Kampf zwischen Elias und dem Antichrist vorausgeht. Damit liegt hier eine frühe dichterische Auffaltung der christlichen Eschatologie vor, die sowohl von ihrer sprachlichen Ausformung als auch von ihrer inhaltlichen Differenziertheit her äußerst eindrücklich wirkt.

Gegenüber dieser schon recht entwickelten Eschatologie aus christlichem Geist erweist sich die nur äußerlich christianisierte Welt des Hildebrandsliedes (nach 800 in Fulda aufgeschrieben) als reflexlos in sich selbst gefangen und ohne Ausweg; es bleibt einzig der tragische Tod, den der Vater dem Sohne schicksalshaft zu geben verpflichtet ist. Kein Jenseits, weder ein tröstliches noch ein erschreckendes, ist für den alten Hildebrand in Sicht, wenn er – zwar den christlichen Gott anrufend, doch ein durch und durch heidnisches Geschick beschwörend – zu seinem Sohne sagt:

welaga nu, waltant got, quad Hiltibrand,
wewurt skihit!
...
nu scal mih suasat chind suertu hauwan,
breton mit sinu billiu – eddo ih imo ti banin werdan. (V. 49, 53f.)[12]

(O waltender Gott, fuhr Hildebrand fort, das Schicksal will seinen Lauf! So soll es nun geschehen, daß mich mein eigener Sohn mit dem Schwert erschlägt, mich mit seiner Waffe zu Boden fällt oder daß ich ihm den Tod bringe.)

Bei dieser letztlich fatalistischen Haltung gegenüber dem Tod kann es – die genannten

Vorstellungen über das Schicksal des Menschen in der Endzeit haben es schon gezeigt – nicht bleiben, weil nach christlichem Verständnis der Tod das Tor zum neuen Leben ist.

II. Die frühmittelhochdeutsche Literatur (1050–1150)

Die christliche Jenseits-Hoffnung verband sich bald mit der Vorstellung einer *mors melior vita*, des Todes als besserem Leben. Zwei einander komplementär zugeordnete Vorstellungsbereiche konkurrierten in der frühmittelhochdeutschen Literatur (1050–1150) miteinander mit dem Ziel, das Jenseits positiv nahe zu bringen: Die Betrachtung des schrecklichen Teils der Vier Letzten Dinge (Hölle und Gericht) und die meditative Vergewisserung der Freuden des Himmels. Die ganze Menschheit ist letztlich in das Gericht mit seiner nachfolgenden Beseligung oder Verdammung einbezogen. Die Inständigkeit des Gedenkens an den Tod – machtvoll gefördert durch die Reformabtei Cluny, die auch den Totengedenktag Allerseelen zu Beginn des 11. Jahrhunderts einführte – bekam eine ungeahnte Dringlichkeit. Es wird über den Tod und das Jüngste Gericht gepredigt, ein Gedicht «Von des todes gehugede» (von einem gewissen Notker, um 1070) läßt gewaltig sein *Memento mori!* erschallen (V. I ff.):

Nû denchent, wîb unde man, war ir sulint werdan.
ir minnont tisa brôdemi unde wânint iemer hie sîn.
si ne dunchet iu nie so minnesam, eina churza wîla sund ir si hân:
ir ne lebint nie sô gerno manegiu zît, ir muozent verwandelon disen lîb.[13]

(Nun denket alle, Weib und Mann, was aus euch soll werden dann. Ihr liebt dieser Welt Gebrechlichkeit und wähnet, stets hienieden zu sein. Dünkt sie auch noch so liebenswert, nur kurze Frist wird euch gewährt. Lebtet ihr noch so gerne manche Zeit, ihr müßt verwandeln diesen Leib.)

Daher ist es notwendig, daß jedermann den Armen gibt, was ihnen gebührt, daß jedermann das Recht wahrt und nicht beugt, jeder immer an das Ende denkt und die Welt verachtet – *iâ dû vil ubeler mundus, wie betriugist tû uns sus!* (Ja, du sehr übler Mundus, wie betrügst du uns zum Schluß!) –, damit wir so *die sêla bewarin* (die Seele bewahren) bis dahin, wenn wir einst *hinnan ... varn*.

Der Tod selber ist der große Gleichmacher, der dem Reichen keinen Reichtum mehr beläßt und den Mächtigen erniedrigt; er kommt wie der Dieb in der Nacht. Das in diesem *Memento mori* angeschlagene Thema zieht sich durch das ganze Mittelalter hindurch, bis es im 15. Jahrhundert inflationär wird. Kaum 100 Jahre später dichtet Heinrich von Melk (zwischen 1150–1160) ein *Memento mori* in polemischer Absicht gegen die Lebensweise seiner Zeit. In diesem Gedicht kommt Todesdrastik auf: Die schöne Rittersfrau wird vor den verfallenden Leib ihres eben verstorbenen Gatten geführt, der Sohn vor das wiedereröffnete Grab seines Vaters: Die Frau soll das verwesende Antlitz des Toten, seine ausfallenden Haare, seine vermodernde Zunge (die einst Liebeslieder sang), seinen einst schönen Bart, die erstarrten Arme und Hände (mit denen er sie einst umfing), die Füße und Beine, den geblähten Bauch, den Verwesungsgeruch wahrnehmen und erkennen:

owe, dirre chlegliche sterbe
unt der wirsist aller tode
der mant dich, mensc, diner broede. (19, 40ff.)[14]
(O weh über dieses klägliche Sterben und über den schrecklichsten aller Tode: das mahnt dich, Mensch, an deine Vergänglichkeit.)

Zu ähnlicher Einsicht wird der Jüngling vor der Leiche seines Vaters geführt.

Wesentlicher als solche Todesdrastik des 11. und 12. Jahrhunderts ist die aus monastischen Kreisen aufbrechende Positivität des himmlischen Jerusalem, das dem mit Gott Versöhnten verheißen ist. Der Tod, eine Frucht der Erbschuld (daher die Volksetymologie *mors > morsus* = Biß Adams in den Apfel), ist dort, wo er heilsgeschichtlich gesehen wird, überwunden[15]. Dem Entschlafenen ist das himmlische Jerusalem, die Stadt Gottes, der Himmel, bereitet, darin er Ruhe und Freude findet. In einer österreichischen Dichtung um 1140 vom Himmlischen Jerusalem werden die zwölf Edelsteine der himmlischen Stadtmauer, fußend auf Kommentaren der Apokalypse, allegorisch ausgedeutet. Und in einem um 1180 entstandenen «Himmelreich»-Gedicht wird es als herrscherliche Residenz geschildert, in der Gott mit den Seinen Wohnung hält. Im Gedicht «Himmel und Hölle» schließlich werden die Schrecken und Qualen der Hölle kontradiktorisch gegen die Ruhe des himmlischen Jenseits gestellt, das in Begriffen und Allegorien der Mystik gedeutet wird:

Da ist einmuoti
aller mammide meist
der stilliste lust
diu sichere rawa.
Da ist der gotes friundo
sundergebiuwe.
(Da ist Einmütigkeit, höchste Seligkeit, lautlose Lust, unwandelbare Ruhe. Da ist der Sonderwohnsitz der Freunde Gottes.)[16]

Der Tod kann vor dem Hintergrund solcherart Dichtung ganz konform mit dem «Elucidarium» die große Prüfung, die Entscheidung über ewiges Heil oder Unheil des Menschen werden, der sich niemand entziehen kann. Allerdings dominiert durchaus noch der Aspekt des gesamtmenschheitlichen Gerichts am Ende der Zeiten v o r dem individuellen Gericht im Tode.

III. Die mittelhochdeutsche Blütezeit (1150–1250)

Auch in den Dichtungen der eigentlichen mittelhochdeutschen Blütezeit (1150–1250) bezeugt sich eine christliche Begründung des Todes. Da gibt es zunächst den vorbildlichen Heldentod nach einem in christlichem Geist verbrachten Leben. Neben vielen Sterbeschilderungen in Legenden ist hier vor allem der Tod Rolands im Rolandslied des Pfaffen Konrad (um 1130/50 oder um 1170) zu erwähnen. Ganz im Sinne der kirchlichen *militia Christi* hat Roland ein vorbildliches Leben als *gotes helede* und Kreuzritter im unerbittlichen Kampf gegen die Heiden geführt. Sein Tod ist daher folgerichtig exemplarisch und großartig in einem. Er ist von langen Reden des Sterbenden begleitet und vollzieht sich in einzelnen Phasen. Tödlich verwundet zieht er sich nach der großen Schlacht gegen die Heiden, von denen er viele zur Bekehrung zwang oder tötete, zurück:

Rolant cherte gegen Yspanie
uerre uon den erslagenen.
er gesaz zu ainem boume.
da beiter uil cume. (6771 ff.)[17]
(Roland wandte sich in Richtung Spanien, ein Stück entfernt von den Erschlagenen, setzte sich unter einen Baum und hatte da sein letztes Stündlein.)

Sein Tod ist in jeder Hinsicht monumental: An einsamem Ort hält er noch Zwiesprache mit seinem Horn Olifant und seinem Schwert Durandart; mit dem Horn erschlägt er, selbst dem Tode nahe, noch einen heim-

Abb. 42. Begegnung der drei Lebenden und drei Toten, Psalter und Gebetbuch der Bonne von Luxemburg, um 1345. Seitenformat H: 12.4, B: 9.1 cm. Metropolitan Museum of Art, The Cloisters Collection, 69.86, fol. 321v/322r. – Drei Vertreter des Adels begegnen auf ihrem Ausritt plötzlich drei Toten. Diese verweisen in unterschiedlichem Verwesungsgrad auf die Vergänglichkeit irdischen Lebens. Das Motiv veranschaulicht die Allgegenwart des Todes im Mittelalter und dessen ästhetisierende Verarbeitung in der bildenden Kunst.

tückischen Heiden, hält sodann ausführlich Rechenschaft über seine militärischen Erfolge und erklärt schließlich:

ich scol uerwandelen daz leben.
in sine gnade wil ich ergeben
swaz ich sin uon im han. (6885 ff.)

(Ich werde sterben. In seine gnädige Hand will ich alles zurücklegen, was ich von ihm habe.)

Nach solcher *commendatio animae* zieht er den Handschuh ab und hält ihn Gott entgegen. Ein Engel nimmt ihn in Empfang. Damit hat Roland seinen Auftrag, die Heiden zu bekehren oder zu bekämpfen, zurückgegeben, und es heißt von ihm: *Rolant uiel in crucestal* (6895) – Roland fiel mit kreuzförmig ausgebreiteten Armen zur Erde. Es folgt Rolands Gebet für seine Seele, für die Sache der Franzosen und des Kaisers und die Bitte, daß alle in Abrahams Schoß aufgenommen werden mögen. Dann heißt es:

er leite sich an sinen zesewin arm.
daz houbet er nider naicte,
di hende er uf spraite.
dem alwaltigen herren
dem beualch er sine sele.
mit sent Michahele,
sente Gabriele,
sent Raphahele
frout er sich imer mere. (6915 ff.)

(Er legte sich auf die rechte Seite, ließ das Haupt sinken und faltete die Hände. Er befahl dem Allmächtigen seine Seele. Mit St. Michael, St. Gabriel und St. Raphael hat er die ewige Seligkeit.)

Sterben – das zeigt uns der geistliche Heldentod[18] Rolands wie der Tod Vivianz' in Wolframs von Eschenbach «Willehalm» oder der Tod Josaphats in Rudolfs von Ems Josaphat-Legende – ist im Mittelalter kein Geschehen im Verborgenen, sondern grundsätzlich öffentlich, und zwar stirbt man mit «Stil», in einer bestimmten symbolischen Repräsentation der Bedeutsamkeit des Geschehenden. Der Tod ratifiziert gewissermaßen öffentlich symbolisch, wofür der Lebende eingestanden ist. Das Publikum hat dabei die Rolle öffentlicher Zeugenschaft. Aber auch nach dem Sterben ist die Öffentlichkeit des Todes[19] noch nicht aufgehoben: Ausführliche Totenklagen betonen die Rolle des Dahingegangenen und bringen nochmals seine Qualitäten zu Gehör. Der christlich vorbildliche Tod ist mittelalterlich kein teilnahmsloses Geschehen: Der Sterbende weiß um seinen bevorstehenden Tod und nimmt sterbend die Regie seines Sterbens in die Hand. Die ganze Haltung des mittelalterlichen Sterbenden bezeugt eine gewisse Familiarität mit dem Tod, die in einer eigentlichen *commendatio animae*, dem Übergabegebet, gipfelt. So hat die Idealvorstellung mittelalterlicher Thanatopraxis einen ganz bestimmten Ablauf, ein Ritual: Man stirbt grundsätzlich auf dem Boden, d. h. jener, der weiß, daß er sterben wird, läßt sich auf eine am Boden hingebreitete Decke legen – im Kloster mahnt der Sterbende die Krankenwärter selber an ihre Pflicht mit den Worten: *Sternite mattam et pulsate tabulam (Breitet die Decke aus und schlagt die Tafel, um die Brüder zusammenzurufen!)* –, vielfach streut er sich selbst noch Asche aufs Haupt; so hingelegt, das Gesicht zum Himmel, das Haupt nach Osten, die Hände über der Brust gekreuzt, folgt für den Sterbenden eine ganze Reihe von Gebeten: das Glaubensbekenntnis, das Sündenbekenntnis, die Bitte um Verzeihung bei den Überlebenden, das testamentarische Vermächtnis, die *commendatio animae*, und dann wird der Tod in Ruhe erwartet. Mit Abwandlungen vollzieht sich der Tod des christlichen Ritters in ähnlichen Formen. Die eigentlich höfische Literatur des hohen Mittelalters, der höfische Roman und der Minnesang, kennt den Tod nicht mehr in solcher Unmittelbarkeit, allein schon deshalb, weil in diesen Werken mit fiktionalem Inhalt der Kampf zwischen den Rittern nicht mehr grundsätzlich bis ans Leben geht. Wird ein Ritter im Kampfe erschlagen, dann ist es eher ein Unfall als Ausdruck eines agonalen Systems. Eine neue Kategorie des Gefühls mäßigt die kämpferischen Antriebe des Ritters; man schont den überwundenen Gegner und läßt ihn am Leben. Wer es nicht tut, der begeht eine Sünde – wie Parzival, der in *tumpheit* Ither erschlägt[20] oder wie Iwein, der *ane zuht* (ohne höfischen Anstand) den Herrn der Quelle erschlägt[21]. Ist aber einmal jemand gestorben, dann wird er mit großer Trauerbekundung gefeiert und zu Grabe getragen. Ausführliche, fast rituelle Totenklagen[22] geben Kunde von einem neuen Sentiment dem Sterben gegenüber, das sich lieber an die Qualitäten des noch Lebenden hält als an das (ungewisse) Schicksal des Toten. Das Trauern, insbesondere als Ausdruck einer den Tod überdauernden Liebe, wird zu einer ästhetisch-existentiellen Kategorie: So trauert Enite inständig um den scheintoten Erec[23], Sigune weilt, um ihren toten Geliebten trauernd, zeitlebens in der Einsamkeit; einmal erscheint sie dem umherirrenden Parzival wie eine Pietà – als Trauernde mit dem toten Geliebten auf dem Schoß[24]. Im Rahmen von höfischem Roman und Minnesang wird das Reden vom Tod mit metaphorischen Qualitäten versehen und mit der Rede von der Liebe kombiniert. Die *minne* hat nach Morungen einen *vil tôtlichen grunt*[25]. Die Liebe ist – wie schon das Hohelied Salominis sagt und wie es die christlichen Mystiker immer schon wußten: *Fortis ut mors est amor* – stärker als der Tod[26]; sie überdauert ihn. Sigune stirbt im «Parzival» Wolframs von Eschenbach gewissermaßen in asketisch-einsiedlerischer Art einen Minnetod. Der Minnetod, der auch ein Minneleben ist, wird zum ausschließlichen Thema von «Tristan und Isolt» Gottfrieds von Straßburg. Der Refrain dieses unerhörten Ereignisses einer gesellschaftlich unmöglichen, aber trotz aller Widerstände durchgehaltenen Liebe ist der, den Tristan für Isolt – auf französisch – erfindet:

Îsôt ma drûe, Îsôt m'amie,
en vûs ma mort, en vûs ma vie. (19213 f.)[27]

(*Isolt, meine Geliebte, Isolt, meine Freundin,*
Du bist mein Tod, Du bist mein Leben.)

Leben und Tod verbinden sich in dieser Liebe zu einer mystischen Einheit, die nur der Welt der *edelen herzen* zugänglich ist, von der Gottfried sagt:

ein ander werlt die meine ich,
diu samet in eime herzen treit
ir süeze sur, ir liebez leit,
ir herzeliep, ir senede not,
ir liebez leben, ir leiden tot,
ir lieben tot, ir leidez leben:
dem lebene si min leben ergeben,
der werlt wil ich gewerldet wesen,
mit ir verderben oder genesen. (58ff.)

(*Eine andere Gesellschaft meine ich, die in ein und demselben Herzen Süßes und Saures, Freude und Leid, Herzensfreude und Sehnsuchtsschmerz, ein frohes Leben, einen traurigen Tod, einen frohen Tod, ein trauriges Leben zu vereinen vermag: Diesem Leben sei mein Leben verbunden; für eine solche Gesellschaft will ich vorbereitet sein; mit ihr will ich zugrunde gehen oder davon kommen.*)

Tristan sagt von seiner Liebe: *dirre tot der tuot mir wol (Dieser Tod ist mir angenehm,* 12498) und polemisch gegen alle christlichen Bestimmungen des Todes setzt er hinzu, daß er gerne *umb ein ewiclichez sterben* (12502) sich bemühen möchte, so angenehm sei ihm dieser Liebestod, der ihm gleichzeitig *niuwez leben (ein neues Leben)* bedeutet[28]. Die Paradoxie von Leben und Tod wird in diesem erstaunlichen Roman in ein verfängliches Spiel einbezogen, bei dem man nie recht weiß, ob es real oder unwirklich ist. Schließlich aber wendet sich das Ganze doch in Realität: Tristan stirbt, und mit und nach ihm Isolt.

Ganz anders wird im Heldenepos vom Tode gehandelt: Im Grunde wird hier über den Tod kaum gesprochen, es wird klaglos im Sinne eines finsteren Geschickes im

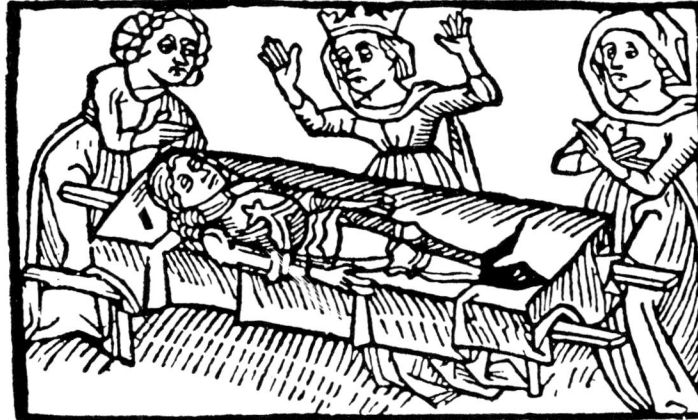

Abb. 43. Tristans Tod, Holzschnitt, 1484.

Kampfe gestorben. Das auf germanische Vorformen zurückgehende Heldenepos kennt keine metaphysische Begründung des Kampfes, wie sie das Rolandslied kannte. Motive, dem andern den Tod zu geben, sind Primäremotionen wie Zorn, Haß, Neid, Rache, und das in aller Selbstverständlichkeit. Einzig was zum Tode führt, die Aristie der Helden, ist interessant, nicht deren Tod an sich. Eine gewisse verwegene Fröhlichkeit angesichts des Todes des andern bezeugt folgender Ausruf des Nibelungenlieddichters: *hey was guoter degene vor in veige gelac!* (Hei, wieviele wertvolle Kämpfer vor ihnen zum Tode bestimmt lagen! 2022,4)[29]. Dieses Sterben im Heldenepos ist gnadenlos, ohne Aussicht auf ein Jenseits. Obwohl Siegfried als Christ stirbt, stirbt er keinen christlichen Tod. Gerade die Tatsache aber des nach dem Tode fehlenden Horizonts gibt dem heldischen Dasein Mächtigkeit als «Triumph der freien Ausdehnung und gewinnenden Weitung»[30]. Der Ausfall des Jenseitsraums bedeutet Intensivierung des Diesseitsraums.

IV. Die spätmittelhochdeutsche Zeit (1250–1500)

Im Spätmittelalter bilden die Letzten Dinge eines der Hauptthemen der religiös gestimmten Meditation. Damit wird der Tod und das mit ihm für die Seele inaugurierte Folgegeschehen in spätmittelhochdeutscher Zeit (1250–1500) ein immer beherrschenderes Thema. Lyrische, epische und dramatische Dichtung wird nicht müde, dem religiös sensiblen Laien in Predigt und Traktaten, in Oster-, Antichrist- und Weltgerichtsspielen, in Contemptus mundi- und Ars moriendi-Schriften, in Exempelliteratur und Visionserzählungen und in – Bildhaftes mit Wortgeprägtem vermischenden – Totentänzen den Tod und das an ihm Bedrohliche, Makabre und Entscheidungshafte vorzuführen. Huizinga hält ganz allgemein fest: «Keine Zeit hat mit solcher Eindringlichkeit fortwährend allen den Todesgedanken eingeprägt wie das 15. Jahrhundert»[31]. «Unaufhörlich hallt durch das Leben der Ruf des memento mori»[32]. Ein Merkvers vermag die Eindringlichkeit, mit der man den Gehalt einer volkstümlichen Eschatologie im Horizont der Vier Letzten Dinge von Tod, Gericht, Hölle und Himmel festlegte, bestens zu illustrieren:

*Bis duo sunt que cordetenus sub pectore misi:
Mors mea, iudicium, baratri nox, lux paradisi.*

(Zweimal zwei Dinge sind es, die ich tief bis in mein Herz in meiner Brust eingeprägt habe: Meinen Tod, das Gericht, die Nacht des Abgrunds, das Licht des Paradieses).[33]

Das «Cordiale de IV novissimis» Gerards van Vliederhoven († um 1402) verbreitet als sehr beliebtes Erbauungsbuch – abgestützt auf den Sirachspruch: *Memorare novissima tua et in eternum non peccabis* (Denk an deine letzten Dinge, und du wirst in Ewigkeit nicht sündigen, Sir. 7,40) – die Betrachtung von Tod, Gericht, Hölle und Himmel, um den Leser bzw. Zuhörer vor den Konsequenzen der Sünde zu warnen[34]. Jedes der vier «Dinge» erfährt eine sorgliche Behandlung in je drei Kapiteln. Dabei wird eine Vielzahl von Zitaten und Beispielen aus der Bibel und den theologischen Autoritäten bemüht, um mittels eines massiven Autoritätsbeweises das Vorgetragene zu stützen.

Die deutsche Mystik nimmt den Tod mitten ins Leben hinein als ein *lebendig sterben* im Sinne einer asketischen *mortificatio* (Abtötung) und gleichzeitig im Sinne einer *mors mystica*, eines mystischen Ersterbens in die Gottheit hinein[35]. Daneben sind es – neben vielen einzelnen Ausgestaltungen des Todesthemas – vornehmlich drei Bereiche, in denen die Problematik des Todes literarisch fruchtbar wurde: 1. im literaturgeschichtlichen Einzelfall von Johann Tepls «Ackermann aus Böhmen», 2. in der breitgestreuten, internationalen Literatur der «Ars moriendi» und 3. in den Totentänzen, soweit sie literarisch ein Echo fanden. Alle drei literarischen Formen sind nicht denkbar ohne den Hintergrund der konkreten Geschichte und ohne die Begleitung der musikalischen[36] und bildenden Künste. Das Paradox ergibt sich, daß dort, wo Kunst in asketische Lebenszusammenhänge, in den Gedanken an den Tod, einbezogen wird, mit einem Mal Kunst in breiter Front entstehen kann; man denke an die ein Gesamtkunstwerk intendierenden Totentänze, in denen in religiöser Absicht der Tod bisweilen als sozialrevolutionär aufgemachte Askese einherkommt.

Die historische Wirklichkeit des 14. Jahrhunderts bot allen Anlaß, einer pessimistischen Grundhaltung dem Leben gegenüber Bahn zu brechen. Der Beginn des 14. Jahrhunderts war durch große Hungersnöte geprägt, Seuchen wie Lepra zogen durch ganz Europa, der Einbruch der Pest von 1348 war nur ein Tiefpunkt unter anderen: Die Zahl der Opfer der verschiedenen Pestzüge war ungeheuerlich. Oft fehlte auch der Trost aus geistlicher Sicht. Der Tod wurde nicht mehr in seiner transitorischen Funktion – als Übergang zum Jenseits – trostreich erfahren, sondern in seiner widerwärtigsten Drastik, gegen die christliche Überwindung nicht mehr durchweg aufzukommen vermochte.

Problematisiert ist der Tod in seiner gewalttätigen Rolle im Streitgespräch zwischen dem Ackermann (Stadtschreiber) und der Personenallegorie des Todes (entstanden um 1401)[37]. Zunächst noch als Rechtsstreit vorgestellt, nimmt das Gespräch immer grundsätzlichere Dimensionen an: Es geht um den Tod der Margaretha, der Gattin des Ackermanns, der den Tod als einen gemeingefährlichen Verbrecher zu brandmarken versucht, ein Angriff, auf den der Tod mit kalten Vernunftüberlegungen über die Natürlichkeit des Todes antwortet. Sukzessive wird so der Ackermann aus seiner Rolle des Anklägers verdrängt, so daß er schließlich nur noch Vergütung für seinen Verlust verlangt und schließlich den Tod bittet, ihm zu raten, was er in seinem Leid tun soll. Beendet wird das Streitgespräch durch einen Richtspruch Gottes, der dem Ackermann Ehre gönnt, dem Tod dagegen den Sieg zuspricht: Der Mensch schuldet dem Tod das Leben, den Leib der Erde, Gott aber die Seele. Das Werk schließt mit einem Gebet, das der Ackermann für die Seele seiner verstorbenen Frau spricht. Auffällig ist das Fehlen einer theologischen Begründung des Todes, wie es Gott angemessen wäre. Es ist unbestreitbar, daß in einem solchen Ausfall theologischer Begründung einem profan-bürgerlichen Todesverständnis Vorschub geleistet wird. Es kommt ja dazu, daß nicht nur der Strafcharakter des Todes schlechterdings vernachlässigt wird, sondern daß auch das religiöse Scharnier, in dem jede christliche Begründung des Todes hängt, ausfällt: der Tod Christi. Der Tod wird einem weltimmanenten Ursachenkomplex zugerechnet; argumentiert wird – von seiten des Todes – mit antiker Philosophie, vornehmlich der Stoa. Es ist bis zu einem gewissen Grad sinnvoll, daß man dieses Streitgespräch als den ideologischen und formalen Anfang einer Renaissance in Deutschland verstanden hat, wenn auch auf der anderen Seite vieles noch stark mittelalterlich geprägt bleibt. Der innere Systemzusammenhang der Argumentation des Todes und des Angriffs des Ackermannes aber läßt eine tiefe Entfremdung gegenüber Christlichem ahnen.

Die Zahl der Todesbüchlein, in denen eine eigentliche *ars moriendi* gelehrt wurde, ist Legion[38]. Wir können auf das Phänomen nur als ganzes eingehen. Die Sterbebüchlein haben einen praktischen Ursprung: Da es den Priestern oft unmöglich war, alle Kranken zu besuchen und auf die letzte

Abb. 44. Johannes von Saaz, Ackermann von Böhmen, Bamberg: Albrecht Pfister, um 1460. Wolfenbüttel, Augustea, H 74. (The Illustrated Bartsch 80, S. 13). – Der Ackermann beschuldigt den Tod eines Verbrechens, weil er seine Frau mitgenommen hat. Gott beendet den Streit durch seinen Richtspruch.

Stunde vorzubereiten, gingen sie dazu über, die Lebenden für den Tod zu disponieren. Man begann, ausführlich über den Tod zu predigen und kam schließlich dazu, ursprünglich für den Priester bestimmte Anweisungen zum Umgang mit Sterbenden herzustellen, die dann bald nicht mehr nur in die Hände der jungen Priester gelangten. Eine ganze Anzahl berühmter Theologen des 15. Jahrhunderts verfaßte solche *artes bene moriendi;* sie entstammten meist den Kreisen, die den Reformkonzilien von Konstanz und Basel nahestanden, also etwa Johannes Gerson, Johannes von Kastl, Nikolaus von Dinkelsbühl, Johannes Nider, Bernhard von Waging usf.

Der Inhalt der *ars moriendi*, die am stärksten die späteren Werke beeinflußt hat, nämlich jene von Johannes Gerson, zeigt uns nachhaltig die Ausrichtung dieser Literaturgattung auf die Praxis des Sterbens. Sie umfaßt vier Teile. Der erste Teil enthält vier Ermahnungen:

1. Unterwerfung unter Gottes mächtige Hand, nach dessen Wille alle sterben müssen, da wir auf Erden keine bleibende Statt haben; wir kommen in die Welt, um durch ein verdienstliches Leben die ewige Glorie zu erwerben.
2. Dankbare Anerkennung der uns von Gott erwiesenen Wohltaten.
3. Geduldiges Ertragen von Leiden und Tod als Buße für unsere Sünden.
4. Vollkommene vertrauensvolle Hingabe unseres Selbst und all des Unsrigen an Gott.

Der zweite Teil umfaßt die sechs sogenannten Anselmischen Fragen:

1. Ob der Kranke fest im christlichen Glauben und gehorsam als ein treuer Sohn der Kirche sterben wolle.
2. Ob er von Gott Verzeihung seiner Sünden begehre.
3. Ob er im Fall der Wiedergenesung besser leben wolle als bisher.
4. Ob er sich einer oder einiger ungebeichteter Todsünden bewußt sei und sie beichten wolle.
5. Ob er, wenn nötig und möglich, restituieren wolle.
6. Ob er allen Beleidigern gern verzeihe.

Der dritte Teil enthält Gebete zu Gott, zu Maria, den Engeln, den Heiligen (Patronen). Und im vierten Teil endlich gibt Gerson eine Reihe von Vorschriften, was den Sakramentenempfang, die Lösung vom Kirchenbann betrifft oder das Vorlesen frommer Legenden, Gebete oder des Dekalogs, soweit noch Zeit bleibt. Wenn der Sterbende nicht mehr reden kann, solle man mit Zeichen sich mit ihm verständigen und ihn an die Hinterbliebenen erinnern. Auf keinen Fall solle man ihm eine mögliche Wiedergenesung vorspiegeln, denn dann würde er die Buße nur verschieben und zöge sich die ewige Verdammung zu; vielmehr hat man Sorge zu tragen, daß er durch Reue und Beichte sein Seelenheil sichert.

Abb. 45. Ars moriendi, Sorge um den vergänglichen Besitz, (vgl. Kat. 75).

Wichtig an dieser Art Literatur ist, daß hier der Tod als das zentrale Geschehen des Lebens dargestellt wird. Der Gedanke an das persönliche Heil, das sich im Sterben einstellt, ist hier das Entscheidende. Alles wurde auf das Drama der Agonie verlegt, während das eigentliche Christenleben im Grunde höchst pessimistisch den Antrieben überantwortet wurde, die als rein irdische für unbezähmbar und unlenkbar galten. Der Klerus ging einen schwerwiegenden Kompromiß ein, wenn er derartige Literatur als wesentliche promulgierte. Damit förderte die Kirche unabsichtlich die bürgerliche Profanierung eines christlichen Daseins[39]. Denn wenn es einen solchen dem Jenseits und seinen Anforderungen reservierten Akt des Sterbens gab, erhob sich ja wirklich die Frage, warum noch das ganze Leben christlich geprägt und durchstrukturiert sein sollte.

Die Tendenz, die Abrechnung mit Gott auf das Lebensende des einzelnen zu verschieben, die im 14. und 15. Jahrhundert aufkam, zeigte sich nicht nur in der *ars moriendi,* sondern auch in einem spezifischen Sinn für das Makabre. Schon im 13. Jahrhundert gab es literarische und ikonographische Bezeugungen dieses Abscheus vor dem gräßlichen Los des menschlichen Körpers, der sich nach dem Tode zersetzte. Sie war aber einbezogen in die gesamte religiöse Sicht der Dinge und bedeutete: Schau, was dich erwartet! Wie nichtig ist doch der Körper! Im 14. Jahrhundert kommt aber etwa seit 1350 in bildender Kunst und Literatur die Personenallegorie des Todes auf: ein Tod, der wie aus eigener Initiative heraus zu handeln fähig ist, gegen den die Menschen ohnmächtig und hilflos sind. Das Makabre oder die Todesdrastik wurden nun verschärft: Der Tod wurde zur anonymen, aber omnipräsenten eklen Figur der Endlichkeit schlechthin. Hierin hat denn auch der Totentanz[40] seinen Ursprung: Er ist «eine der ersten kollektiven Äußerungen der neuen Profankultur»[41]. Ebenso international wie die *Ars moriendi*-Literatur, findet er Verwirklichungen in bildlicher und literarischer Gestaltung. Man denke nur an die berühmten oberdeutschen Beispiele des Klosters Klingenthal in Klein-Basel und des Dominikanerklosters in Großbasel. In diesen Tänzen – oft aus Bild und Spruch bestehend – wird die makabre Begegnung des Menschen mit seiner unabwendbaren Endlichkeit gefeiert. «Hierarchisch abgestuft, treffen sich die Mitglieder jeglichen Standes (vom Papst und Kaiser bis zu Pfarrer und Bauern) mit einem Toten. Jedes Paar stellt einen Leichnam im Streit mit einem Lebenden dar, dessen Ebenbild man im täglichen Leben begegnen konnte»[42]. Es ist keine religiös gedeutete Situation, wie hier der Tod von jedem Lebenden Besitz ergreift, sondern eine rein menschlich tragische, in der die Spitzen der Gesellschaft ebenso abgeführt werden wie die Angehörigen der Niederschicht. Das Jedermann-Motiv klingt auf:

Schonet keinerlei Person
einerlei, ob arm, ob reich,
schont nicht Mitra oder Kron,
Fürst und Bischof gilt ihm gleich.

Der Totentanz hat eine spezifische soziale Information zu geben, die oft untergeht im totalen Gedanken an die alles bestimmende Todesdrastik. Allerdings mag aus der doppelten Perspektive des eigenen Daseinsloses (Gericht über die Seele und Zersetzung der Materie) noch die Äußerung von Buße und Reue resultieren. Aber eigentlich christlich ist dies nicht mehr. Anstelle der Vorstellung von Hölle und Paradies ist die von der eigenen physischen Vernichtung getreten, des tragischen menschlichen Untergangs der eigenen Person. Hier vollzieht sich unter christlichen Vorzeichen ein Stück Säkularisation. Denn «eine nähere Beschreibung des Jenseits findet sich in den Totentänzen nicht, was auch kaum zu erwarten ist bei der Kürze der Verse und dem großen Nachdruck, der hier auf den Tod als solchen gelegt ist»[43]. Der drastische Anblick des Todes – als Mumie, Kadaver oder Skelett – und seiner Attribute (Sense, Sichel, Pfeil und Bogen, Haue, Hacke, Schaufel, Sarg, Musikinstrumente) wird dabei lebhaft konterkariert mit den sozialen Symbolen der von ihm Weggetanzten (Bart, Kardinalshut, Panzer, Stelzfuß, Schellenkleid, Landsknechts- oder Waldbrudermontur usf.). Natürlich wird dieses ganze Ambiente des Sterbens, das zunächst einem fundamentalen Bedauern über den keinem Menschen erspart bleibenden Entzug des Lebens entspringt, kirchlich-religiös fruchtbar zu machen gesucht. Der wortgewaltige Prediger Geiler von Kaisersberg scheint in seinem «Totenbüchlein» (1480/81) beim Bild des niemanden verschonenden Todes, wie er im Totentanz auftritt, anzusetzen, erweitert aber sofort die Thematik ins Christliche und die vom Christentum den Gläubigen versprochene Seligkeit: *Lieber frundt nym war das*

Abb. 46. Hans Baldung, Der Tod und das Mädchen, 1517. Tempera auf Lindenholz, H: 30, B: 14.5 cm. Basel, Öffentliche Kunstsammlung. – Im beginnenden 16. Jahrhundert wird die Szene vom Tod und dem Mädchen aus dem Totentanz isoliert.

wir all under worffen sind der gewaltigen hand gottes und sinem willen. das wir alle wie wir genant sind keyser. kunig und fursten. rich und arm mussend bezahlen den zins des todes. wir sind in dise welt kommen in bilgers wise das wir dardurch gangen. und nit das wir do unser bliben und wonung setzen. sunder das wir hie wol und verdienstlich leben und got dienend entpflihen mogen die grunsenliche pin der hellen und erlangen ewige selikeyt.[44]

Solche predigthafte Nutzbarmachung des Todesgeschehens in christlichem Sinn vermochte aber die moderne säkularisierte Todesfigur – ein mit naturhafter Notwendigkeit das Leben beendender Gewaltvorgang ohne große Transzendenz – nicht mehr aufzuhalten.

---

1. PL 172, Sp. 1109-1176; Lefèvre 1954, S. 359-521. Vgl. dazu Endres 1906, S. 22-26; Gurjewitsch 1986, S. 229-259; Ruhe 1991, S. 68ff.; Gottschall 1992, S. 49ff. (Auswirkung des «Elucidarium» im deutschen Sprachraum); Kleinhans 1993, S. 217ff. (Tod, Eschatologie).
2. Landsberg 1973, S. 14, 23.
3. Spitzmüller 1971, S. 1308. Die Sequenz wurde oft Notker von St. Gallen (840-912) zugesprochen. Sie stammt aber in Wirklichkeit wohl aus dem 11. Jahrhundert.
4. Scholz Williams 1983, S. 134-149.
5. Dritte Strophe der von Wipo (ca. 990-1050) gedichteten Sequenz «In Resurrectione». Den vollständigen Text siehe bei Spitzmüller 1971, S. 380-383.
6. De Vita Mundana Rhythmus, Str. 3; anonym, 12. Jahrhundert; den ganzen Text siehe bei Spitzmüller 1971, S. 1364-1367.
7. Zum Tod im Mittelalter gibt es eine inzwischen unübersichtlich reiche Literatur. Vgl. die Bibliographie bei Haas 1989, S. 235-275. Vgl. dazu noch Schulte 1990; Borst 1993; Link 1993; Zaleski 1993.
8. Vgl. Adolf 1937, S. 30ff.; Schwarz 1938.
9. Nach Mettke 1979, S. 178f.
10. Vgl. Jessen 1883; Grau 1973; Kettler 1977.
11. Text nach Schlosser 1989, 200-205.
12. Ebda., S. 264-267.
13. Text nach Gernentz 1970, S. 72-81.
14. Text nach Maurer 1970, S. 339.
15. Vgl. Klinck 1970, S. 108ff.
16. Text nach Haug / Vollmann 1991, S. 674f. Vgl. dazu Peters 1977; Grimm 1977; Reske 1973.
17. Text nach: Rolandslied.
18. Vgl. Haas 1993.
19. Vgl. Stüber 1976; Veit 1936, S. 183-209.
20. Wolfram von Eschenbach, Parzival, Bd. 1, S. 262ff. (153,21ff.).
21. Hartmann von Aue, Iwein, S. 20ff. (999ff., besonders 1056).
22. Vgl. Leicher 1977; Hengstl 1936; Korn 1930; Frenzen 1937.
23. Hartmann von Aue, Erec, S. 252ff. (5730ff.).
24. Wolfram von Eschenbach, Parzival, Bd. 2, S. 8ff. (435,2ff.).
25. Heinrich von Morungen, Lieder, S. 116f. (XXVII,1,3).
26. Zum Minnetod im Minnesang vgl. Eikelmann 1987, S. 189ff. Hier Hohes Lied 8,6.
27. Gottfried von Strassburg, Tristan, S. 552f.
28. Vgl. Haas 1989, S. 155ff.
29. Text nach Nibelungenlied.
30. Vgl. Kobel o.J., S. 65.
31. Huizinga 1924, S. 181, zitiert nach Dusch in: Gerhard von Vliederhoven 1975, S. 1.
32. Ebda.
33. Zitiert nach Palmer 1975, S. 226.
34. Vgl. Gerhard von Vliederhoven, De veer utersten; Byrn 1980.
35. Vgl. Haas 1979, S. 392-480; Haas 1984, S. 477-500.
36. Vgl. Hammerstein 1980.
37. Johannes von Saaz, Ackermann, S. 83.
38. Vgl. Falk 1969; Rudolf 1957.
39. Vgl. Döring-Hirsch 1927, S. 66ff.
40. Vgl. Kaiser 1982.
41. Tenenti / Ruggiero 1967, S. 121.
42. Ebda.
43. Döring-Hirsch 1927, S. 83.
44. Geiler von Kaysersberg, Sämtliche Werke, S. 6.

«Ich manen dich der brüsten min, Das du dem sünder wellest milte sin!»

Marienbrüste und Marienmilch im Heilsgeschehen

Susan Marti / Daniela Mondini

Ich manen dich der brüsten min, / Das du dem sünder wellest milte sin![1] Mit diesen Worten versucht Maria im Berner Weltgerichtsspiel aus dem 15. Jahrhundert Christus, den Weltenrichter, zur Gnade gegenüber einer sündigen Seele zu bewegen. Sie erinnert ihn daran, daß Barmherzigkeit von Geburt an ihre Wesensart gewesen sei und der Schutz der Sünder ihre besondere Aufgabe. Zudem habe sie als Mutter, besonders unter dem Kreuz, so viele Schmerzen erleiden müssen, daß ihr eigener Sohn ihr nun die Bitte um Begnadigung nicht abschlagen könne[2]. Andernorts formuliert Maria die Beziehung zwischen ihren Brüsten und der Gnade Christi noch expliziter: *Min kind, ich bitt dich von hertzen vast! erman dich der brüst, die gsogen hast, erman dich des lybs, so dich hat trâgen*[3]. Maria erinnert Christus an ihre nährende, lebensspendende Rolle ihm gegenüber und hofft, ihn dadurch beeinflussen zu können. Mitten im von Angst, Schrecken und Jammer geprägten Weltgerichtsgeschehen taucht damit unerwartet ein Motiv von ganz anderer Tonart auf. Mit dem Hinweis auf die Brust und Milch Marias rückt die zärtliche, liebevolle Mutter Maria ins Blickfeld – gegenüber, neben oder unter dem richtenden und strafenden Gott.

Im folgenden gehen wir der Frage nach, welche Rolle die Brust Marias und ihre Milch im Kontext der mittelalterlichen Weltgerichts- und Erlösungsvorstellungen spielt. In einem ersten Schritt befassen wir uns mit der Überlieferung des Motivs, darauf folgen einige, teils auch spekulative Überlegungen zur Bedeutung dieses Motivs im weiteren Sinne. Diese Rolle präzise zu definieren und zu beurteilen ist schwierig, weil sich verschiedene Vorstellungsbereiche und Deutungsmuster überlagern. Es ist beispielsweise davon auszugehen, daß sich die Äußerungen der Theologen über die Heilsbedeutung der Milch Marias nicht decken mit den Assoziationen, die das Bild einer milchspendenden Muttergottes bei Betrachtern und Betrachterinnen aus dem Volk weckte. Diesen Assoziationen und da-

Abb. 47. Jüngstes Gericht, Huth-Psalter, nach 1280. London, British Library, Add. 38116, fol. 13. – Eine der frühesten bildlichen Umsetzungen der «Heilstreppe».

mit einem breiteren Bedeutungsspektrum des Motivs genauer auf die Spur zu kommen, ist nicht einfach, weil uns direkte Aussagen darüber fehlen. Wir möchten versuchen, diesen «Bedeutungsraum» zu erschließen anhand der textlichen Überlieferung, vor allem in der deutschen volkssprachlichen Literatur, sowie anhand von verschiedenen Darstellungen. Hier unterscheiden wir zunächst Bilder, die Maria mit entblößter Brust zeigen, von solchen, auf denen das Fließen der Milch durch einen feinen Milchstrahl verdeutlicht wird.

Schon die Literatur der Antike kennt das Weisen einer Mutter (oder Amme) auf die eigene entblößte Brust als einen Fleh-Gestus, um den Tod einer nahestehenden Person abzuwenden[4]. Dieses Motiv, durch Hieronymus[5] dem Mittelalter überliefert, erhält im christlichen Kontext, auf Maria bezogen, eine weiterreichende Bedeutung. Zentral ist dabei die Seligpreisung der Brü-

Westen seltene Motiv sollte zu einem beliebten Sujet der spätmittelalterlichen kirchlichen Kunst Europas werden[7]. In der hochmittelalterlichen Marienverehrung wird die mütterliche Zuwendung Marias zu allen Menschen immer wichtiger. Maria wird, da sie als Mutter Christi Gottvater am nächsten steht, Mittlerin zwischen Gott und den Menschen *(Maria mediatrix)*. Schützend, verzeihend und helfend tritt sie für die Menschen ein. Sie wird zur Gnadenmutter, zur *Mater misericordiae*. Ein deutliches Bild dafür ist in verschiedenen Marienlegenden aus dem 12. Jahrhundert überliefert: Maria nährt mit ihrer Milch nicht nur das Jesuskind, sondern auch andere Gläubige, die Heilung oder Trost nötig haben. Am bekanntesten ist das Milchwunder Bernhards von Clairvaux: Bernhard kniet betend vor einem Marienbild und äußert den Wunsch: *Monstra te esse matrem (zeige, daß Du Mutter bist)*, worauf Maria ihre Brust entblößt und

zur Gnade gegenüber einem sündigen Menschen zu bewegen. Dieser Vorgang wird Interzession genannt und ist zum ersten Mal deutlich formuliert im Umkreis der bernhardinischen Theologie bei Arnold von Chartres († nach 1156), Abt von Bonneval und Freund Bernhards von Clairvaux: *Securum accessum jam habet homo ad Deum, ubi mediatorem causae suae Filium habet ante Patrem et ante Filium matrem. Christus, nudato latere, Patri ostendit latus et vulnera; Maria Christo pectus et ubera, nec potest ullo modo esse repulsa, ubi concurrunt et orant omni lingua disertius haec clementiae monumenta et charitatis insignia*[10]. *(Einen sicheren Zugang hat nunmehr der Mensch zu Gott, wo er als Mittler in seiner Sache den Sohn vor dem Vater und vor dem Sohn die Mutter hat. Christus, mit entblößter Seite, zeigt dem Vater seine Seite und Wunden, Maria dem Christus ihre Brüste, und es kann keinesfalls eine Abweisung erfolgen, wo diese Zeichen der Gnade und Zeichen der Liebe zusammenkommen und beredter als jede Zunge bitten).* Wie Christus Gottvater seine Wunden vorweist, um ihn an die Leiden des Passionsgeschehens zu erinnern, so weist Maria auf ihre Brüste, um den Sohn zu mahnen, was er seiner Mutter «schuldig» ist[11]. Für den Gläubigen, der um das Schicksal seiner Seele bangt, eröffnet sich eine neue Möglichkeit, Heil zu erlangen. Wenn es ihm gelingt, Maria gnädig zu stimmen, hat diese die Möglichkeit, Christus (und damit indirekt Gottvater) zu beeinflussen. Dieser von Arnold von Chartres formulierte Gedanke eines progressiven Stufensystems der «Heilstreppe» stieß auf gute Resonanz. Die Vorstellung der Interzession Marias kommt dem damaligen Bedürfnis nach Fürbitte und Schutz vor dem strengen, richtenden Gott entgegen. Schon im 13. Jahrhundert wurde die zitierte Stelle Bernhard von Clairvaux selbst zugeschrieben und erlangte über den Umkreis zisterziensischer Frömmigkeit hinaus weite Verbreitung[12], da sie auch in volkssprachliche Predigten[13] und in den gut bekannten Heilsspiegel (Speculum humanae salvationis, anfangs 14. Jahrhunderts) aufgenommen wurde. Konrad von Würzburg (ca. 1230–1287) verwendet das Bild in einem seiner Gedichte, was belegt, daß das Motiv schon im ausgehenden 13. Jahrhundert auch in der volkssprachlichen Literatur gebraucht wurde[14]. Im Spätmittelalter taucht es auch in verschiedenen geistlichen Spielen auf[15].

Abb. 48. Interzession Marias und Christi aus dem Speculum Humanae Salvationis, um 1330. Kremsmünster, Benediktinerstift, Cod. Cremifanensis 243.

ste Marias in Lk. 11, 27[6]: *Selig ist der Leib, der dich getragen hat, und die Brüste, die du gesogen hast.* Aus der Wundererfahrung der Inkarnation Christi im Körper einer einfachen Frau leitet sich die Seligpreisung der Brüste ab. Diese werden zum Symbol der Mütterlichkeit Marias; ihre Milch war lebenswichtige Nahrung für den Menschensohn Jesus. Der bildliche Niederschlag dieser Vorstellung sind die Darstellungen der stillenden Maria, die erstmals in der koptischen Kunst des 6. Jahrhunderts faßbar sind. Dieses bis ins 13. Jahrhundert im

ein Strahl ihrer Milch auf Bernhards Lippen trifft[8]. Diese Legende entstand zwar erst im 13. Jahrhundert; ähnliche Milchernährungswunder, meist mit krankheitsheilender Wirkung, sind aber auch aus älteren Sammlungen bekannt[9].

Ungefähr gleichzeitig wird ein neuer Aspekt des Brüste-Motivs wichtig: der Bezug zum Erlösungsgeschehen. Die eingangs zitierte Textstelle zeigt, daß Maria den Hinweis auf ihre Brüste als ein Argument verwendet, um ihren Sohn während eines Welt- oder eines Individualgerichtes

Abb. 49. Interzession, Glasfenster, 1. Hälfte 14. Jahrhundert. Freiburg i.Br., Münster, nördliches Seitenschiff, zweites Fenster von Westen.

Seit dem 14. Jahrhundert findet sich Marias Hinweis auf ihre Brüste nicht mehr nur in Gerichtssituationen, sondern auch bei der sogenannten Bethanienszene. Diese Szene, die bei Bonaventura erstmals greifbar ist[16], schildert ein längeres Gespräch zwischen Maria und Christus am Mittwoch der Karwoche in Bethanien, etwas außerhalb von Jerusalem. Maria versucht mit verschiedensten Argumenten, Jesus vom Gang nach Gethsemane abzuhalten, da sie weiß, daß Häscher auf ihn warten. Sie erinnert ihn daran, daß er an ihren Brüsten gesogen hat, daß der Engel Gabriel ihr Freude vorausgesagt habe, sie als Mutter jetzt aber nur Schmerz erfahre[17]. Es gelingt Maria nicht, ihren Sohn umzustimmen, denn der Kreuzestod Christi ist Teil des göttlichen Erlösungsplanes. Noch am Tage der Kreuzigung bittet Maria Christus, an seiner Stelle sterben zu dürfen, doch auch dies ist nicht möglich, weil ihre Seele dann in die Vorhölle käme; der Tod Christi ist unumgänglich für die Errettung der Menschheit. Christus kann Maria ihr Leid nicht ersparen, er verspricht ihr aber, daß sie nach ihrem Tod in Ewigkeit mit ihm leben werde[18]. An all dies erinnert Maria Christus, wenn sie ihn beim Jüngsten Gericht darum bittet, daß ihr Schmerz nicht vergebens gewesen sein möge[19]. So mündet schließlich auch die Bethanienszene ins Gerichtsgeschehen, und wer hier dem Brüste-Motiv begegnete, konnte sich daran erinnern, daß Maria mit demselben Argument am Jüngsten Gericht für den Sünder einstehen würde. Der Passionstraktat des Heinrich von St. Gallen (um 1400), in dem die Bethanienszene ausführlich geschildert wird, war als Erbauungsbuch im Spätmittelalter recht verbreitet[20].

I. Bildliche Darstellungen Marias mit entblößter Brust in Fürbittszenen[21]

Die frühesten bildlichen Umsetzungen des durch Texte bereits verbreiteten Motivs finden sich, soweit uns bis jetzt bekannt, in der englischen Buchmalerei des späten 13. Jahrhunderts[22]. Das Motiv der auf ihre entblößte Brust weisenden Maria tritt schon von Anfang an in unterschiedlichen Kontexten auf: Es erscheint in einer Weltgerichtsdarstellung auf der Hereforder Weltkarte von ca. 1280[23], im Lambeth Psalter von ca. 1260–67 bei Illustrationen zur Theophiluslegende[24] und im Huth-Psalter von ca. 1280 (Abb. 47) bei der Darstellung eines Jüngsten Gerichtes[25]. Etwas jünger als die Bildquellen aus England sind Darstellungen aus Italien und dem Gebiet des Oberrheins. Die aus verschiedenen Regionen Europas stammenden frühen Belege, die zudem unterschiedlichen Bildgattungen zugehören, zeigen, daß das Interzessionsmotiv schon seit dem 14. Jahrhundert bekannt ist. In den mit auffälligem Pathos erfüllten Weltgerichtsdarstellungen von Giovanni Pisano wird die Fürbitte Marias zentral, wobei die Brustsymbolik eine wichtige Rolle spielt[26]. An der 1312 vollendeten Pisaner Domkanzel tritt Maria im Weltgerichtsrelief auf der Seite der Verdammten für einen gnadensuchenden Mann ein, der sich an ihr festklammert; sie hält ihre Hand auf die entblößte Brust. Anfangs des 14. Jahrhunderts erfreut sich das Motiv auch im oberrheinischen Gebiet großer Beliebtheit: Hier war die Wirkung des vermutlich vor 1324 entstandenen Heilsspiegels (Abb. 48), eines wohl von Anfang an bebilderten Erbauungsbuches, das in ganz Europa große Verbreitung fand, ausschlaggebend[27]. Eine solche Handschrift (datiert um 1330) zeigt im Kapitel 39 die Interzession Christi und Marias in zwei getrennten Szenen, die sich in Bildaufbau und Farbgebung entsprechen[28]: Christus mit den Marterwerkzeugen zeigt Gottvater die Wunden, und Maria entblößt vor ihrem Sohn die Brust. Schriftbänder kommentieren die Szenen folgendermaßen: *Cristus ostendit patri suo cycatrices et vulnera. / Maria ostendit filio suo ubera et orat pro populo. (Christus zeigt seinem Vater die Narben und Wunden. Maria zeigt ihrem Sohn die Brüste und bittet für das Volk).* Im Glasfenster der Bäckerzunft im Münster von Freiburg im Br. (1. Viertel 14. Jahrhundert, Abb. 49) finden wir die beiden Mo-

Abb. 50. Marienmirakel-Handschrift, Heilung eines kranken Mönchs durch die Milch Marias, zwischen 1320 und 1350. Paris, Bibl. Nat. n.a.f. 24541.

Abb. 51. Marienmirakel-Handschrift, Interzession Marias zur Errettung der Seele eines verstorbenen Ritters, zwischen 1320 und 1350. Paris, Bibl. Nat. n.a.f. 24541.

mente der Fürbitte in einer einzigen Szene vereint. Für diese Kompositionsweise verwendet Köpplin den Begriff «kombinierte Interzession»[29]: In einer einzigen Gerichtsverhandlung vor dem *Tribunal misericordiae*[30] stimmen die Gnadenanwälte Gottvater gnädig, Maria, indem sie ihre Brust entblößt, und Christus durch das Vorweisen seiner Seitenwunde. Im Medaillon mit der Mariendarstellung ist eine Gruppe von fünf knienden Gläubigen in Stifterpose hinzugefügt: Es sind diejenigen, für die Maria ihre Fürbitte einlegt. Im städtischen Milieu des Oberrheins muß die Darstellung beliebt gewesen sein; Zeuge dafür ist schließlich Konrad von Würzburg, der zunächst in Strassburg, später dann in Basel tätig war. In seinem Weltgerichtsgedicht schildert er die Szene ausführlich: *daz lâ dich erbarmen, erwelte muoter ûzerkorn! sîn rôtez bluot er uns ze schaden vor gerihte enbloezet: des lâ von dîner brüste werden blanke milch gfloezet! hei wie das verstoezet von uns dâ sînen grimmen zorn! wie mac ungenâde iemer von dîm edeln sun geschehen, sô dun lâst dîn brüstel sehen, und er dich sîne wunden!*[31]

Interessante Aufschlüsse über die Marienverehrung des 13. und 14. Jahrhunderts sowie über die Bedeutung und Verbreitung des Interzessionsmotives gibt eine französische Handschrift mit Marienmirakeln (Paris, Bibl. nat. n.a.f. 24541). Sie enthält die Sammlung von Marienwundern des Gautier de Coincy (1177–1236), die dieser zwischen etwa 1210 und 1230 in Soisson verfaßte. Von einem Künstler aus dem Umkreis des Jean Pucelle wurde die Handschrift zwischen 1320 und 1350 reich illustriert – jede Legende ziert eine Miniatur von hohem künstlerischem Niveau[32]. Texte und Bilder sind Zeugnisse für die unermüdliche Hilfsbereitschaft und das tätige Eingreifen Marias in jeder Lebens- (und Sterbens-)lage. In alltagsnahen, detailreichen Bildern wird beispielsweise gezeigt, wie sich Maria um das neugeborene Kind einer Nonne kümmert[33], den Angriff des Teufels in der Erscheinung eines Löwen auf einen Mönch abwehrt[34] oder die Stadt Konstantinopel vor Angreifern verteidigt[35]. Auch die Heilung eines kranken Mönches durch Tropfen von Marias Milch wird erzählt und illustriert (Abb. 50)[36]; ebenso die Geschichte des heiligen Marienbildes von Sardanei, dem zwei Brüste wachsen, aus denen eine wundertätige Flüßigkeit mit heilender Wirkung tropft[37]. In mehreren Fällen greift Maria nach dem Tod zugunsten der Seele eines Sünders oder einer Sünderin ein – Voraussetzung dafür ist allerdings, daß der Mensch es zu Lebzeiten nicht an Marienverehrung hat fehlen lassen. In einer der Legenden erhebt der Teufel empört Anklage gegen die große Macht Marias: *Durch ein 'Gott grüß Euch' kann man ihre Macht und ihren Schutz erlangen. Wenn ein Leidender einen Kniefall oder eine Verbeugung vor ihrem Bild macht, ist sie ihm sofort so zugeneigt, daß sie eher Eisentüren und alle Pforten* der Hölle aufbräche, als unsere Seele einen einzigen Tag zu verlassen. Im Himmel und auf der Erde gibt es keine mächtigere Frau und fast wäre sie Gott. Er liebt sie und glaubt ihr so sehr, daß es nichts gibt, was immer sie tun oder sagen könnte, das er ablehnen oder dem er widersprechen würde. Was immer sie will, macht sie ihn glauben. Wenn sie sagen würde: die Elster ist schwarz und das trübe Wasser ist ganz klar, dann würde er sagen: 'Wahr spricht meine Mutter'*[38]. Mehrfach werden Kämpfe um die Seele eines Verstorbenen zwischen Engeln und Teufeln dargestellt; auf einer Miniatur wird gezeigt, wie Maria eine Nonne, die ihr Keuschheitsgelübde gebrochen hat, noch in letzter Minute dem weit geöffneten Höllenrachen entreißen kann, da sie zu Lebzeiten eine große Marienverehrerin gewesen ist.[39] Besonders interessant ist die Miniatur zur Legende über einen reichen, stolzen und eingebildeten Ritter, der seine Macht mißbrauchte, die Geistlichen für Vagabunden hielt und es konsequent unterließ, sich vor dem Kruzifix zu verneigen (Abb. 51)[40]. Nach seinem Tod stürzten sich die Teufel sofort auf seine Seele, den Engeln und Maria gelang es aber, sie in ihre Hände zu bekommen, da der Ritter Maria stets geachtet hatte. Die Miniatur zu diesem Text ist zweigeteilt; im unteren Register sieht man den Körper des toten Adligen am Boden liegen, die kleine, nackte Seele schlüpft aus seinem Mund und wird von zwei häßlichen kleinen Teufeln gepackt, während ein dritter die Szene beobachtet. Zwei Engel nähern sich von oben, der eine faßt die Seele an der Hand und weist mit seinem anderen Arm nach oben. Dort, im oberen, etwas schmaleren Register, kniet Maria vor Christus, der als Richter mit einer Weltkugel in der Hand thronend dargestellt ist. Maria wendet sich zu ihm und zeigt ihre entblößte Brust, zwei Engel knien hinter ihr und unterstützen mit ihren Gebärden die Bitte. Die zwei Register illustrieren den spannendsten Moment der Legende auf zwei Ebenen: während im unteren, irdischen Teil des Bildes im Augenblick des Todes der Kampf um die Seele des Toten entbrannt ist, findet auf der oberen, himmlischen Ebene gleichzeitig das Gericht statt und Maria erinnert Christus an die Brüste, die ihn genährt haben, um ihn zur Barmherzigkeit zu bewegen. Aufschlußreich für den Bekanntheitsgrad, den das Motiv des Brüstevorweisens damals schon gehabt hat, ist die Tatsache, daß im Text zwar die Bitten Marias geschildert, ihre Brüste aber nicht er-

Abb. 52. Konrad Witz (zugeschrieben) Fürbittbild, um 1450. Gemälde auf Holz, H: 135, B: 165 cm. Kunstmuseum Basel.

wähnt werden. Daraus läßt sich schließen, daß dem Miniator dieses Motiv aus anderen Gerichtsszenen schon so vertraut war, daß er es hier wieder einfügte, auch wenn es im dazugehörigen Text nicht auftritt. Das Motiv des Brüstezeigens als bildliches Ausdrucksmittel für die Fürbitte Marias hatte sich also schon in der ersten Hälfte des 14. Jahrhunderts etabliert.

Wenden wir uns späteren großformatigen Darstellungen des Interzessionsmotives zu, so läßt sich feststellen, daß Auftraggeber und Künstler in der Bildfindung recht frei waren. Erinnert die Anordnung von Christus, Maria und Gottvater auf den Außenflügeln des 1503 datierten Altars aus dem Kloster Rüti noch an das Kompositionsschema der Miniaturen des Heilsspiegels, so stehen im etwa fünfzig Jahre älteren Fürbittbild von Konrad Witz (Abb. 52) alle Figuren von Gottvater bis zu den beiden Stifterinnen im selben Kastenraum auf einem einheitlichen Bretterboden ohne Scheidung zwischen einer himmlischen und einer irdischen Sphäre. Die Bedeutungshierarchie und das Motiv der Heils-

treppe, durch die Figurengröße zum Ausdruck gebracht, sind deutlich lesbar. Im Halbkreis um den freundlich wirkenden, auf einem schlichten Thron sitzenden Richter sind die Figuren angeordnet: die bedeutendere der beiden Stifterinnen (eine Äbtissin?), mit einer dunklen Bedeckung der Haube, hat das Privileg, von der Anwältin Maria persönlich an der Hand geführt zu werden. In der linken Bildhälfte ist die Szene des ungläubigen Thomas hinzugefügt als zusätzliches Beweismittel für die «Echtheit» der Passion und Auferstehung Christi.

Maria, die als Fürbitterin eine Brust entblößt, tritt in Verbindung mit verschiedenen anderen Bildinhalten auf: im Zusammenhang mit dem Gnadenstuhl auf dem Rückenschild des Chormantels aus dem Schatz der Kathedrale von Lausanne oder innerhalb der Deesis-Gruppe bei Weltgerichtsdarstellungen, letzteres häufig in flämischen Stundenbüchern[41]. Auf der Weltgerichtstafel des Jan Provost aus Bruges von 1525 kniet Maria an ihrem traditionellen Platz zur Rechten Christi. Sie ist der durch

Wolken von der Erde abgetrennten, himmlischen Zone zugeordnet und nimmt als einzige weibliche Person am Gerichtsgeschehen teil. In ihrer Funktion als Gnadenanwältin zeigt sie mit einer zarten Geste auf die Brust, während ihre linke Hand argumentierend zu den auferstehenden Menschen hinweist. Die weich gerundete Brust Marias kontrastiert dabei ebenso formal wie inhaltlich mit den von Christus und Paulus gehaltenen Schwertern.

Häufig sind Maria und Christus als Fürbitter auch innerhalb der Pestbildikonographie anzutreffen: In der auf 1519 datierten Tafel eines schwäbischen Meisters (Abb. 53) hält der zürnende Gottvater schon die rechte Hand erhoben, um die Pestpfeile auf die Erde hinunter zu werfen. Christus als Schmerzensmann, auf einem schwebenden Kreuz kniend, hat sich aber schützend zwischen Himmel und Erde gestellt, während Maria als die den Menschen nähere Instanz auf der Erde steht, umringt von schutzsuchenden Menschen, die sie teilweise unter ihren Mantel nimmt[42]. Die Fürbitte Marias durch das Vorweisen der Brust wird mit dem Schutzmantelmotiv kombiniert und gesteigert[43]. Während der Pestepidemien war das Bewußtsein der Todesnähe sehr ausgeprägt. Die kombinierte Interzession Marias und Christi sollte sowohl auf das Jenseits – im Falle des Todes – als auch auf das Diesseits wirken und den todbringenden Zorn Gottes besänftigen. Die Wirksamkeit von Marias wunderbarem Schutz vor den Gefahren der diesseitigen Welt, wie sie in unzähligen Legenden überliefert wird, kann in manchen Fällen auch mittels des Interzessionsmotives dargestellt werden[44].

Das Interzessionsbild mit entblößter Brust war in der Kunst nördlich der Alpen in der Zeitspanne zwischen 1450 und 1530 am weitesten verbreitet. Danach wurde es durch die Polemik der Reformatoren zurückgebunden, wobei wahrscheinlich eine große Anzahl solcher Interzessionsbilder dem Bildersturm zum Opfer gefallen ist. In Martin Luthers Äußerungen zum verwandten Motiv des Bernhardinischen Milchwunders zeigt sich, daß die reformatorische Kritik grundsätzlich auf Marias Teilhabe am Erlösungswerk zielte; als Stein des Anstoßes wurde die Darstellung ihrer Brüste hervorgehoben: *Und man hat S. Bernhard auch also gemalet, daß er die Jungfrau Maria anbetet, welche ihrem Sohn Christo weiset die Brüste, die er gesogen hat; ach, was haben wir der Marien Küsse gegeben! aber ich mag Mariens Brüste noch Milch nicht; denn sie hat mich nicht erlöset, noch selig gemacht*[45]. Anschließend verurteilt Luther das eigentliche Interzessionsbild mit folgenden Worten: *Wie denn dies schändliche und lästerliche Bild oder Gemälde anzeiget von dem Jüngsten Tage, da man gemalet hat, wie der Sohn vor dem Vater niederfällt und kniet und zeiget ihm seine Wunden, und Sankt Johannes und Maria bitten Christum für uns am Jüngsten Gerichte, und die Mutter weiset dem Sohne ihre Brüste, die er gesogen hat* (1531)[46]. Auch Zwingli prangert die sinnliche Überreizung an, der Geistliche und Laien vor Magdalenen- und Marienbildern ausgesetzt sind: *Hie stat ein Magdalena so huerisch gemaalet, das ouch alle pfaffen ye und ye gesprochen habend: wie könd einer andächtig sin, mäss ze haben? Ja, die ewig rein, unversert magt und muoter Jesu Christi, die muoss ire brüst harfürzogen haben*[47].

Auch im katholischen Lager mußte unter dem Druck der reformatorischen Kritik die Funktion religiöser Bilder neu reflektiert werden; an der Schlußsitzung des Tridentinischen Konzils (3. Dez. 1563) wurde ein Dekret über die Bilderverehrung erlassen. Unter den darin formulierten Maßregeln

Abb. 53. Schwäbischer Meister, Pestbild, Gemälde auf Holz, H: 119, B: 103 cm. Karlsruhe, Kunsthalle.

für die Produktion kirchlicher Kunst erscheint auch das Verbot lasziver Darstellungen[48]. Sowohl in der reformatorischen Polemik als auch in der gegenreformatorischen Reaktion, die die sixtinischen «Nudi» am Jüngsten Gericht mit sittlichem Tücherwerk bekleiden ließ, läßt sich jenes im 16. Jahrhundert erfolgte Ansteigen der Schamschwelle erkennen, das die Darstellung von Nacktheit zunehmend dem religiösen Raum entzog, um sie im profanen, privaten Rahmen um so mehr zu feiern[49]. In diesem Zusammenhang mußte auch die Schicklichkeit der Darstellung einer Maria mit entblößter Brust überdacht werden: Johannes Molanus (1533-1585) führt in seinem 1570 erschienenen Traktat «De picturis et imaginibus sacris liber unus» die Interzessionsikonographie unter jenen Beispielen auf, welche toleriert werden sollten, da sie auf anerkannte kirchliche Autoritäten wie den heiligen Bernhard zurückgehen und beim Volk auf große Beliebtheit stießen[50]. An einer weiteren Stelle setzt sich der Autor auseinander mit der Darstellung des geköpften Hl. Dionysius, der seinen Kopf unter dem Arm trägt, und rechtfertigt die Grobschlächtigkeit der Darstellung damit, daß sie für das Volk leichter verständlich sei, genauso wie Bilder der brustzeigenden Maria[51]. Molanus' Argumentation vermochte die Verunsicherung über die Darstellungswürdigkeit von Marias nackter Brust nicht wegzuräumen. Die Folge war, daß das Motiv in Fürbittbildern der Gegenreformation häufig gemieden wurde[52]. Dies wird z.B. deutlich in der Sterbeszene auf einer um 1590 entstandenen Glasscheibe aus der Zisterzienser-Abtei Wettingen (Abb. 54)[53]. Über dem Sterbelager eines Mannes streiten sich schon ein Engel und ein Teufel. Marias Fürbitte erweist sich aber als erfolgreich, denn die Seele des Verstorbenen wird von einem Engel in Empfang genommen. Symptom gegenreformatorischer Zurückhaltung ist, daß Maria im Spruchband ihre Brüste als Überzeugungsmittel nennt, diese aber nicht entblößt, sondern einfach mit der linken Hand auf sie weist.

II. Maria spendet ihre Milch

Die Wirkung von Darstellungen der entblößten Brust Marias kann dadurch gesteigert werden, daß Maria – in Parallele zu Christus, der Blut aus seiner Seitenwunde spritzt – einen Milchstrahl aus ihrer Brust

Abb. 54. Sterbebild mit Heilstreppe, Allianzscheibe Melchior Müller – Elisabeth Kolin, 1590, Ausschnitt. Kloster Wettingen, Kreuzgang, Nordflügel.

preßt. Das Motiv des Ernährens wird dadurch noch stärker betont. Während bildliche Quellen, abgesehen von gewissen Darstellungen von Milchwundern, dafür erst im frühen 16. Jahrhundert nachweisbar sind, beschreibt Konrad von Würzburg schon im 13. Jahrhundert in seinem oben zitierten Weltgerichtsgedicht das Fließen der Milch Marias. Vielfältige Hinweise auf die Milch Marias und das Motiv des Stillens auch in Verbindung mit dem Weltgericht finden sich sodann in mystischen Offenbarungstexten, besonders bei Mechthild von Magdeburg (um 1208–1282). Das schon aus den Legenden bekannte Motiv, daß Maria neben dem Christuskind auch andere Menschen stillt, wird im «Fließenden Licht der Gottheit» ausgebaut. Maria hat die Propheten, Apostel, Heiligen sowie die gesamte sündige Menschheit mit ihrer Milch genährt: *Vrȯwe, alsust sȯgetostu do und sȯgest noch die martyrer in iren herzen mit starkem gelȯben, die bihter mit heliger beschirmunge an iren oren, die megde mit diner*

Abb. 55. Goossen van der Weyden (zugeschrieben), Fons Pietatis, 1. Hälfte 16. Jahrhundert. Holztafel, H: 104, B: 70 cm. Göteborg, Kunstmuseum. – Engel gießen das Blut Christi und Marias Milch in das Fegefeuer.

kúscheit, die wittewen mit stetekeit, die ehten mit miltekeit, die súnder mit der beitekeit. Vröwe, noch mûst du úns sôgen, wan dine brúste sint noch also vol, das du nút maht verdruken wol[54]. Mit der Vorstellung der universellen Lactatio ist das Konzept der Caritas als Gottes- und Nächstenliebe ganz eng verbunden[55]. Die Milchernährung symbolisiert körperliche und geistliche Mutterschaft[56] und die Hilfe, die Maria den Sündern zukommen läßt. Die Vieldeutigkeit des Brüste-Motives ist auch in Mechthilds Schriften mehrfach zu fassen, wobei der Milch als Mittel, das ewige Heil zu erlangen, besondere Bedeutung zukommt. In einer Vision des Jüngsten Gerichtes schildert sie: *Do wart gesehen wie schône vnser frôwe stûnd in dem throne zer linggen hant des himmelschen vatters unverborgen an aller megdlicher schôpfnisse, und wie ir menschlich licham ist getempert und geformet in die edel lühtnisse der sele únser frôwen, und wie die lustlichen brúste unverborgen sint vol der sussen milche, das die tropfen vliessent da hin dem himelschen vatter ze eren und dem menschen ze liebe, also das der mensche über alle creature volkomen si*[57]. Die Parallelität von Marias Brüsten und den Wunden Christi wird mehrfach betont: *Do stûnden offen beide sine wunden und ir brúste; die wunden gussen, die brúste vlussen, also das lebendig wart die sele und gar gesunt [...]*[58]. Diese Vorstellungen, von Mechthild besonders eindringlich formuliert, aber in mystischen Kreisen auch anderweitig bekannt, werden in spätmittelalterlicher Zeit mehrfach direkt ins Bild umgesetzt. Das eindrücklichste Beispiel dafür ist die «Fons Pietatis» des Goossen van der Weyden (zugeschrieben, anfangs 16. Jahrhundert, Abb. 55): Maria preßt hier einen Milchstrahl aus ihrer Brust, der zusammen mit dem aus der Seitenwunde Christi herausfließenden Blut in einem Brunnen gesammelt wird. Zwei Engel schütten aus zwei Kelchen die kostbare Gnadenflüßigkeit, welche von diesem Brunnen abgegeben wird, als Labung über die Seelen im Fegefeuer. In dieser gesteigerten Darstellungsweise der kombinierten Interzession wird das für Christus geprägte Bild des Gnadenbrunnens[59], nämlich des aus Christi Wunden fließenden Blutes, das die Kraft hat, die Sünden der Menschen zu reinigen, auf die Milch Marias übertragen. Sie erscheint dem eucharistischen Blut Christi gleichwertig, beide Flüßigkeiten haben Nahrungscharakter und stellen die materialisierte Form göttlicher Gnade dar, die in der eucharistischen Feier der Seelmessen erhofft wird. Im spätmittelalterlichen Ritus der Hostienelevation werden die Brüste Marias explizit erwähnt: *Ave Salvator mundi rex gloriae, beatus venter qui te portavit et ubera quae succisti*[60]. (Sei gegrüßt, Retter der Welt. König des Ruhms, selig ist der Leib, der dich getragen hat, und die Brust, an der du gesogen hast). Die Angleichung von Milch und Blut ist auch in der Auffassung mittelalterlicher Naturphilosophen angelegt, daß nämlich Brustmilch verwandeltes Blut der

Mutter sei, mit welchem sie vor der Geburt das Kind in ihrem Leibesinneren ernährt habe[61].

Konzentriert man sich auf das Motiv der fließenden Milch Marias, lassen sich interessante Überlegungen anstellen zum Verhältnis von Text und Bild: Im Weltgerichtskontext treten die bildlichen Darstellungen der fließenden Milch Marias erst etwa 200 Jahre nach den ersten literarischen Formulierungen desselben Gedanken auf. Wir vermuten, daß der mittelalterliche Betrachter und die Betrachterin schon im Motiv des Vorweisens der entblößten Brust die reinigende und nährende Wirkung der fließenden Milch mitassoziierte, wie es die mystischen Texte nahelegen. Die späteren Bilder, in denen dann das Fließen der Milch durch einen Milchstrahl dargestellt wird, deuten wir als eine Steigerung der visuellen Explizität, wie dies auch sonst in der Drastik und im übersteigerten Naturalismus spätmittelalterlicher Bilder feststellbar ist[62]. Die Beeinflussung von Text und Bild war wechselseitig. Gerade das seit dem späten 13. Jahrhundert aufkommende private Andachtsbild in seiner Funktion als Medium zur mystischen Schau – *materia meditandi* – wirkte auf die Bilderwelt der mystischen Literatur zurück, indem z.B. durch die Darstellung einer *Maria lactans* die Phantasie der Betenden zur Identifkation und zu mystischen Vorstellungen angeregt wurde[63].

Einzigartig ist die Prägung des Bildtypus der «Madonna delle Grazie» (Gnaden-Madonna)[64]: In Campanien und im eng angrenzenden Gebiet wurden im Zeitraum zwischen 1470 und 1620 über 200 Votivbilder geschaffen, in denen Maria als Gnadenmutter, meist mit entblößten Brüsten, zu den Seelen im Fegefeuer tritt. Besonders eindrücklich ist die aus dem Karmeliter-Kloster von Chieti stammende Tafel von Filotesio (Cola) dell'Amatrice (ca. 1508, Abb. 56)[65]: Vor einer felsigen Landschaft steht Maria mit ihrem Kind auf dem Arm. Sie hat beide Brüste entblößt und preßt aus ihnen strahlenartig ihre Milch; an den Enden der Milchstrahlen, zu ihren Füssen, tauchen aus den Flammen des Fegefeuers kleine Figuren auf, welche dankbar das Gnadengetränk zu sich nehmen. Im Grunde handelt es sich um eine übersteigerte Darstellung der *Maria lactans*, bei der besonders Marias Rolle als Mutter nicht nur Christi sondern der ganzen Menschheit betont wird. Diese Botschaft ist auch in jenen Darstellungen angelegt, bei denen das Kind nicht an der dargebotenen Brust saugt, sondern diese zum Heilsversprechen für den Betrachter und die Betrachterin wird, wie z.B. bei Robert Campins Ofenschirm-Madonna (Abb. 57).

Abb. 56. Filotesi (Cola) dell'Amatrice, Madonna delle Grazie, Maria spendet ihre Milch den Seelen im Fegefeuer, um 1508. Chieti, Municipio, ehemals Karmeliterkonvent.

III. Die Wirksamkeit dieser Bilder

Wenn wir nun nach der Wirkung solcher Marienbilder auf ihre Rezipienten fragen, geraten wir in einen schwer faßbaren Bereich, in dem theologisches und magisches Wissen sowie Alltagserfahrungen aufeinandertreffen[66]. Maria hat in den hier vorgestellten Bildern eine doppelte Funktion. Sie ist einerseits ein zur Nachahmung empfohlenes Vorbild und andererseits eine «magische Helferin»[67]. Ihre Milch hat teils magische Kräfte und ist durch Brauchtum und Reliquienkult tief in der Volksfrömmigkeit verhaftet. Im 12. Jahrhundert gab es beispielsweise im westlichen Europa 69 Heiligtümer, in denen die Milch Marias, die übrigens für stillende Mütter förderlich sein sollte[68], als Reliquie verehrt wurde[69]. Diese magische Bedeutsamkeit Marias konnte durch das Konzept der Fürbitte, welches seit der Spätantike bekannt war, im Rahmen des religiösen Wissens legitimiert werden und scheint bis zur humanistischen und reformatorischen Kritik solcher Kultformen kein wirkliches Problem dargestellt zu haben[70]. Je nach Standeszugehörigkeit und religiöser Vorbildung unterschieden sich zwar die einzelnen Kultformen, doch vermutet Spangenberg aufgrund völliger Abwesenheit innovativer Elemente in den Sammlungen von Marienwundern, «daß die Texte zu einer Vielzahl von Institutionen gehörten, die zur Reproduktion bekannter und etablierter Wissensvorräte beitrugen»[71]. Die Langzeitwirkung dieser Wissensvorräte, die wohl im Bereich der Volksfrömmigkeit zu suchen sind, interessiert uns: Wurden hier vielleicht verschüttete Schichten eines sozialen Gedächtnisses angesprochen, in denen noch uralte, ins Heidnische reichende Reminiszenzen nachklingen? Nicht zuletzt wurden ja auf Maria Funktionen heidnischer Fruchtbarkeitsgöttinnen übertragen[72]. Auch das Motiv der Milchspende gehört in den antiken Fruchtbarkeitskontext[73].

Neben der Frage nach der magischen Komponente im Bedeutungsgehalt dieser Bilder ist noch ein anderer Aspekt wichtig. Die Darstellung von Nacktheit in religiösen Bildern verursacht eine besondere Spannung zwischen erotischer Anziehung und religiöser Bedeutung[74]. Das männliche Publikum konnte wohl durch die Reminiszenz an die eigene Mutter, wie auch durch die Erscheinung Marias als erotisierte und zugleich geläuterte Frauenfigur Zugang zu ihr finden[75]. Darstellungen wie die der milchspendenden Madonna, die zu stark die physische Mutterschaft betonten, konnten aber beim einfachen Volk sowie bei Intellektuellen auch gefährliche Spekulationen darüber auslösen, ob die Muttergottes überhaupt noch Jungfrau sein konnte. Dementsprechend massiv unterdrückte die Kirche derartige Strömungen mit Inquisitionsprozessen[76].

Die Beziehung zu Maria und die entsprechenden Identifikationsmöglichkeiten gestalteten sich für Frauen vermutlich komplizierter und sind je nach Stand und sozialer Stellung der betreffenden Frau (Jungfrau, Nonne, Ehefrau, Witwe) zu differenzieren[77]. Mit dem Stillen und Nähren ist eine wichtige weibliche Lebenserfahrung angesprochen: Für verheiratete Frauen der Mittel- und Unterschichten lösten sich Schwangerschaft und Stillzeit fast ohne Unterbruch ab. Die stillende Gottesmutter oder auch die stillende Anna waren ihnen tröstendes Vorbild[78], an das sie sich in Geburtsnöten und bei schwierigen Schwangerschaften hilfesuchend wenden konnten. In adligen und wohlhabenden Kreisen war es seit dem 11. Jahrhundert üblich, das Kind einer Amme anzuvertrauen[79]. Wolfram von Eschenbach († 1220) schildert im «Parzival», wie Herzeloyde, eine adlige Dame, mit dem Hinweis auf die stillende Maria ihre Entscheidung begründete, den Sohn Parzival auch selber zu stillen[80]. Das Stillen galt als niedrige Handlung: Der im 14. Jahrhundert in Italien weit verbreitete Bildtypus der Demuts-Madonna, in welchem die Gottesmutter auf dem Boden sitzend ihr Kind stillt, knüpft an die Vorstellung der Niedrigkeit des Stillens an, und hebt diese Eigenschaft zur Tugend empor[81]. Mutterschaft und Mutterliebe rückten ins Blickfeld der Theologen des hohen und späten Mittelalters: Marienbilder, in denen die Zuneigung und Zärtlichkeit der Gottesmutter zu ihrem Kind gerade durch das Stillgeschehen stark betont wurde, waren ein wichtiges Medium zur Propagierung jenes neuen Mütterlichkeitsideals, das bis in die heutige Zeit wirkt. Auf Grund ihrer Untersuchungen zum Frauenalltag im Mittelalter gibt Opitz zu bedenken, daß es fraglich sei, ob mit jener breiteren Würdigung mütterlicher Verhaltensweisen «eine generelle Aufwertung des weiblichen Geschlechts und der faktischen Leistung des Mutterseins, des Gebärens, Nährens und Versorgens von Kindern verbunden gewesen wäre»[82]. Für eine Frau ging Mutterschaft, im Gegensatz zu Maria, immer einher mit dem Verlust der biologischen Jungfräulichkeit, die von theologischer Seite her nach wie vor als höchstes Ideal für eine Frau und fast einziger Schlüssel zum Himmelreich galt[83]. Die Vielschichtigkeit der Marienbilder, bei denen die Darstellung der nackten Brust Marias für Männer wie Frauen eine hohe emotionale Spannung hervorruft, umschreibt Miles folgendermaßen: «Images of the Virgin with one bare breast both formulate and attempt to control one of the most awesome powers of women, the power to nourish.» («Bilder der Jungfrau mit entblößter Brust sind gleichzeitig sowohl Vergegenwärtigung als auch Versuch zur Kontrolle einer der bedrohlichsten Einflußsphären von Frauen, nämlich des Vermögens zu nähren.»)[84].

IV. Geschlechterrollen im Himmelreich

In der spätmittelalterlichen Geisteswelt hält Maria eine wichtige Stellung innerhalb des Erlösungswerkes inne, indem ihre Interzession dem Bedürfnis der Gläubigen nach Schutz vor dem streng richtenden Gott entgegen kam. Als *Regina misericordiae* steht sie dem *Rex justitiae* gegenüber, der im Welt-

Abb. 57. Robert Campin (um 1375–1444), Ofenschirm-Madonna. Holztafel, H: 63.5, B: 49.5 cm; London, National Gallery.

gericht durch Christus, in den Interzessionsdarstellungen durch Gottvater verkörpert wird. Hinter dieser eigentlichen «Gewaltentrennung» läßt sich eine dualistische Auffassung von Recht und Gnade erkennen, der zugleich geschlechtsspezifische Konnotationen zugeschrieben sind[85]. In der Mariologie wird betont, daß die heilbringende Wirkung nur durch Christus ermöglicht wird, Erlösung also ein Monopol Christi ist, während Maria nur sekundär als Gnadenvermittlerin auftreten darf[86]. So wie aber der Interzessionsgedanke im Heilsspiegel und in vielen Marienbildern formuliert ist, wird deutlich, daß zwar formal an der Auffassung von Christus als primärem Heilsprinzip festgehalten wurde, dieses Prinzip aber durch das aktive Einschreiten Marias aufgeweicht werden konnte. Dies führte auch zu regelrechten ikonographischen Ausnahmeerscheinungen: Aus Neapel sind für das späte 16. und frühe 17. Jahrhundert vereinzelte Darstellungen bekannt, in denen Maria ohne Christus ihre Gnadenmilch den Seelen im Fegefeuer zugute kommen läßt.[87] Damit entfällt die Vermittlerinnenrolle – Maria tritt in diesen Bildern als autonome Erlöserin für die Menschheit in Erscheinung.

Mehrheitlich aber blieb Maria, die zur «universalen Agentin aller privaten Anliegen»[88] geworden war, Vermittlerin zwischen Menschen und Gott: Durch Gebet vor ihrem Bild stimmte man sie gnädig, und sie leitete mit mütterlicher Autorität das Anliegen der Betenden ihrem Sohn weiter. Die Erfolgschancen standen hoch, wenn man Maria zu Lebzeiten stets verehrt hatte, da Christus Marias Fürbitte, wenn sie auf ihre mütterliche Brust wies, kaum abschlagen konnte. *Et si Maria pro nobis, quis contra nos? Et si ipsa quae justificat, quis est qui condemnet? (Und wenn Maria für uns ist, wer ist dann gegen uns? Und wenn sie selbst es ist, die [uns] rechtfertigt, wen gibt es dann, der [uns] verdammen könnte?)* So formulierte es Richard von St. Laurent voll Vertrauen auf Maria[89].

Schwierig erscheint uns aus heutiger Sicht eine Wertung des Phänomens dieser «mächtigen Maria»: Zum einen läßt sich in der auffallend großen «Macht» Marias in der hoch- und spätmittelalterlichen Volksfrömmigkeit beobachten, wie innerhalb des patriarchalen göttlichen Prinzips eine lange verdrängte, als weiblich konnotierte Komponente Raum zu gewinnen sucht, – ein Prozeß, dessen Eigendynamik von den Reformatoren erkannt und zurückgebunden wurde. Zum anderen ist Maria keine reale Frau. In ihrer Rolle als fürsorgliche Mittlerin tritt sie als Projektionsfläche für die Qualitäten eines weiblichen Geschlechtscharakters in Erscheinung. Die auf ihre Brust weisende Maria gehört zu jenem Kreis von Bildtypen (wie die Schöne Madonna, die Schutzmantel-Maria oder die *Maria lactans*), die «zur Fixierung der emotionalen und biologischen Zuständigkeiten der Frauen» beitrug[90]. Die Stilisierung zum unerreichbaren Vorbild als Jungfrau und Mutter und die Entrückung von der realen weiblichen Körperlichkeit trugen wesentlich dazu bei, ihr den Aufstieg zur Himmelskönigin und zur Menschenmutter par excellence zu ermöglichen. Innerhalb des patriarchalen Heilsplanes wird ihr ein fester, ausgleichender Platz zugeteilt: sie wirkt als «Werkzeug der Erlösung»[91].

---

1 Berner Weltgerichtsspiel, S. 30.
2 Ebda., S. 29f.
3 Luzerner Osterspiel Bd. 2, S. 57.
4 Beispiele: Hekuba gegenüber Hektor (Ilias 22, 79ff.); Klytämnestra gegenüber Orestes (Aischylos, Choephoren 896ff.); weitere Stellen bei Seneca, Herc. Oet. 925ff. und Tacitus, Germania 8 (vgl. auch die Angaben bei PANOFSKY 1927, S. 302, Anm. 75, sowie KRETZENBACHER 1981, S. 59–66). Noch in der Manesse-Handschrift wird dieser Flehgestus bildlich dargestellt: Auf dem Bild des Albrecht Marschall von Rapperswil entblößt eine der dem Turnier zuschauenden Damen ihre Brust. Diesen Hinweis verdanken wir Frau Dr. Gerlinde Bretzigheimer.
5 HIERONYMUS, Epistel XIV, 2.
6 Für die Exegese der Milch und der Brüste Marias ebenfalls wichtig sind Hohes Lied 4,5; 7,4–7,9 sowie Jes. 55,1.
7 Vgl. EICH 1953, SCHILLER 1980, S. 191f.
8 Eine bildliche Darstellung in Mallorca von 1280 ist der früheste Beleg für das Bestehen der Legende des bernhardinischen Milchwunders (WADELL 1969, Abb. 93). Die Legende entstand wohl unter Einfluß von Bernhards Schriften, in denen Marias mütterliche Fürsorge für alle Menschen gepriesen wird, wie z.B. im Sermo «In dominica infra octavam assumptionis B.V. Mariae»: *Quid ad Mariam accedere trepidet humana fragilitas? Nihil austerum in ea, nihil terribile: tota suavis est, omnibus offerens lac et lanam* (BERNHARD VON CLAIRVAUX, Sermo in dominica, Sp. 430). Zur Lactatio des Bernhard vgl. DUPEUX 1991.
9 Beispiele für Milchernährungswunder: GAUTIER, Miracles (I Mir 17); ADGAR, Marienlegenden Nr. 13 und Nr. 21. Letztere handelt von Bischof Fulbert von Chartres, der durch drei Tropfen von Marias Milch geheilt wird und diese dann als Reliquie in seiner Kirche aufbewahrt. Für einen Überblick über die Marienmilchlegenden des 13. Jahrhunderts vgl. BETEROUS 1975, S. 403–411.
10 ARNOLD VON CHARTRES, De laudibus, Sp. 1726.
11 Die Parallele zwischen dem Blut Christi und der Milch Marias, die in diesem doppelten Verweisen angelegt ist, wird im Spätmittelalter in bildlichen Darstellungen wieder aufgegriffen und verdeutlicht.
12 Der mittelhochdeutsche St. Georgener Prediger (2. Hälfte 13. Jahrhundert), der die Stelle als Bernhard-Zitat anführt, ist in zisterziensischem Umkreis entstanden. Auch Mechthild von Magdeburg, die das Motiv mehrfach erwähnt, ist von zisterziensischem Gedankengut beeinflußt.
13 ST. GEORGENER PREDIGER, S. 107.
14 Vgl. Anm. 31.
15 MEIER 1959, S. 131f. Neben dem schon zitierten Berner Weltgerichtsspiel verschiedene Fassungen des Theophilusspieles (Theophilspiel, S. 27) und das Schauspiel vom sterbenden Menschen, S. 6.
16 BONAVENTURA, Meditationes, Kap. 72.
17 Die genaue Textstelle lautet: *Min sußer son, sich, das is der lichnam, der dich getragen hat! Das sint die bruste, die du gesogen hast! Ich bitte dich in mutirlicher gute, in der du mich irhoren salt, min herre und min kint, das du einen vunt vindist menschlicher irlosunge, der mit ander wis czu gee danne mit dime tode.* HEINRICH VON ST. GALLEN, Passionstraktat, S. 12.
18 Nach HEINRICH VON ST. GALLEN, Passionstraktat, S. 12f.
19 Berner Weltgerichtsspiel, S. 30.
20 Im deutschen Sprachraum sind ca. 180 Handschriften bekannt, und dieser Text liegt auch den verschiedenen volkssprachlichen Passionsspielen zugrunde (RUH 1940, S. 7).
21 Die ältere Literatur zum Thema ist bei KÖPPLIN 1970, Sp. 346–352 aufgeführt, vgl. auch KRETZENBACHER 1981 und LEVIN 1983. Gutes Bildmaterial bei KÖPPLIN 1983 und LANE 1973.
22 BETEROUS 1975, S. 410, weist nach, daß im 13. Jahrhundert das Thema der Marienmilchwunder in der französischen Literatur in England besonders beliebt war.
23 ARENTZEN 1984, S. 264. Die altfranzösische Beischrift bei BRANDSON 1967, S. 234.
24 Lambeth Psalter: London, Lambeth Palace Library MS 209, fol. 46v (MORGAN 1988, S. 102). Die Theophiluslegende ist die älteste, wichtigste und auch am meisten verbreitete der mittelalterlichen Marienlegenden.
25 Huth-Psalter: London, B.L. Add. 38116, fol. 13v (MORGAN 1988, Abb. Nr. 339).
26 Vgl. die eingehende Untersuchung von SEIDEL 1977 über die Brustsymbolik an der Pisaner Domkanzel.
27 Heute sind noch über 300 Handschriften erhalten.
28 Speculum Humanae Salvationis, Kap. 39.
29 KÖPPLIN 1970, Sp. 347. Das Beispiel aus dem Freiburger Münster zeigt, daß schon in der 1. Hälfte des 14. Jahrhunderts die kombinierte Interzession in monumentalen Darstellungen verwendet wurde, nicht erst gegen Ende des Jahrhunderts, wie in der Forschung bisher meist angenommen (z.B. LANE 1973, S. 16, Anm. 65). Die kombinierte Interzession wurde in der Buchmalerei auch schon um 1330 dargestellt, vgl. Kat. Nr. 22, Cod. 60 der Engelberger Stiftsbibliothek.
30 Der Begriff findet sich bei GERSON († 1429) in der Schrift «Appellatio peccatoris ad divinam misericordiam», Oeuvres complètes, Bd. 7, Nr. 420, S. 358f.
31 KONRAD VON WÜRZBURG, Kleinere Dichtungen, S. 56.
32 40 Abbildungen in schwarzweiß bei FOCILLON 1950.
33 FOCILLON 1950, Taf. 9.

34 Ebda. Taf. 8.
35 Ebda. Taf. 30.
36 Text Gautier, Miracles Bd. 2, S. 127 (I Mir 17), Bild Focillon 1950, Taf. 21.
37 Text Gautier, Miracles Bd. 4, S. 394f. (II Mir 30, vv. 457–486).
38 Gautier, Miracles Bd. 3, S. 172f. (I Mir 42, vv. 192–202); Übersetzung nach Spangenberg 1987, S. 312, Anm. 93.
39 Focillon 1950, Taf. 14.
40 Text Gautier, Miracles Bd. 2, S. 267 (I Mir 28), Bild Focillon 1950, Taf. 16.
41 Vgl. Lane 1973, Abb. 20–23, zusätzlich ein Stundenbuch aus Brügge von ca. 1445, Abb. bei Wieck 1988 (Book), Fig. 64.
42 Vgl. Dresel 1992, S. 55–59.
43 Diese Motivkombination ist schon in den Kapiteln 37–39 im Heilsspiegel angelegt, die nun zu einer Szene zusammengefaßt werden.
44 Vgl. z.B. das auf 1543 datierte Mirakelbild aus dem Kloster Mariastein, abgebildet in: Haas 1973, S. 30.
45 Zit. nach Tappolet 1962, S. 150; weitere Beispiele S. 99, 149, 151.
46 Tappolet 1962, S. 150.
47 Zit. nach Jezler / Jezler / Göttler 1984, S. 88.
48 *... omnis denique lasciva vitetur, ita ut procaci venustate imagines non pingantur nec ornentur...* zit. in: Jedin 1935, S. 184.
49 Zum neuzeitlichen Schamgefühl vgl. Elias 1976, Bd. 2, S. 397ff.; zum Phänomen der Zensur Freedberg 1989, S. 345ff.
50 Molanus, De picturis, Kap. XXV, S. 56. Die Überschrift von Kap. XXIV, welche auch für Kap. XXV gilt, lautet folgendermaßen: *Multa in picturibus et imaginibus esse toleranda, quae probabilia sunt apud doctos quosdam, aut apud vulgum.* In den späteren überarbeiteten Ausgaben des Traktats unter dem neuen Titel «De historia sanctuarum Imaginum et picturarum pro earum usu contra abusis» (1594). 1619 erscheint dieselbe Stelle in Lib. II, Kap. XXXI.
51 Molanus, De picturis, Kap. LXX, S. 129: *Haec pro simpliciorum captu crassius dicta sunt: sicut et de Matre Christi dicimus, quod ubera monstret filio.*
52 Zum Weiterbestehen des Interzessions-Motivs in der niederländischen Kunst der Gegenreformation vgl. Knipping 1974, Bd. 2, S. 263–275: Innerhalb der gegenreformatorischen Position zur Bilderfrage lassen sich zwei Tendenzen erkennen: eine intellektualistisch orientierte, welche ein derartiges Devotionsbild ablehnt, und eine mehr auf spirituelle Erbauung ausgerichtete, welche sich für die weitere Darstellung des Interzessionsmotivs mit entblößter Brust einsetzt. Im süditalienischen Raum gingen die Mariendarstellungen mit entblößter Brust erst nach 1620 zurück, vgl. Scaramella 1991, S. 21.
53 Anderes / Högger 1988, S. 258f.
54 Mechthild von Magdeburg, Fließendes Licht, S. 19.
55 Wie Seidel für die komplexe Deutung der sog. «Ecclesia» von Giovanni Pisano an der Kanzel des Pisaner Doms nachweist, verbinden und durchdringen sich im Symbolik des Stillens drei Bedeutungen: «Die Lehrfunktion der Kirche (die u.a. auch den Hinweis auf die beiden Testamente miteinschließt), der christliche Liebesbegriff als Vereinigung von Caritas Dei und Caritas proximi sowie der Glaube an die allumfassende Liebe der Mater misericordiae» (vgl. Seidel 1977, S. 70 und Scaramella 1991, S. 11–15).
56 Die Brüste werden auch bei Mechthild, einer weiter verbreiteten Tradition der Ecclesia-Personifikation folgend, mit dem Alten und Neuen Testament gleichgesetzt (Mechthild von Magdeburg, Fließendes Licht, S. 182).
57 Mechthild von Magdeburg, Fließendes Licht, S. 40.
58 Ebda. Fließendes Licht, S. 19.
59 Wadell 1969, S. 55–61.
60 Zitiert in: Koepplin 1970, Sp. 351 (vgl. Lk. 11,27). Zur Angleichung von Maria an Christus vgl. Knipping 1974, Bd. 2, S. 273ff.: In den Niederlanden des späten 16. Jahrhunderts tritt das Motiv des betenden Augustinus auf, der zwischen dem blutspritzenden Christus und der milchspendenden Maria kniet und sich nicht entscheiden kann, zu wem er sich wenden soll: *Positus in medio quo me vertam nescio; hic pascor a vulnere hic lactor ab ubere.* Eine Polemik entflammte, als Bischof Gisbert Masius sich 1597 anstelle Augustins in einem Glasfenster darstellen ließ (vgl. Knipping 1974, Bd. 2, Abb. 267 und 268).
61 Diese von den antiken Ärzten Hyppokrates und Galen formulierte Auffassung wurde von Isidor von Sevilla in die «Etymologiae» aufgenommen und gehörte in den folgenden Jahrhunderten zum physiologischen Allgemeinwissen, vgl. Jacquart / Thomasset 1985, S. 72–73 und Bynum 1991, S. 100. Belege für die Auffassung, Brustmilch sei verwandeltes Blut s. Eckstein 1934/35, Sp. 251 sowie Günter 1949, S. 146: Beim Martyrium von Paulus sowie von anderen Heiligen floß anfänglich Milch statt Blut aus der Todeswunde.
62 Zur spätmittelalterlichen Alltagsfrömmigkeit und der Abnutzung heiliger Vorstellungen und Bilder vgl. Huizinga 1987 (1923), S. 176, 189–194.
63 Frey 1946, S. 122–123. Belting 1990, S. 457–470.
64 Vgl. dazu die eingehende Untersuchung von Scaramella 1991. Der Bildtypus scheint unter dem Einfluß der Franziskaner propagiert worden zu sein.
65 Scaramella 1991, S. 124f. u. S. 150.
66 Der Anblick stillender Mütter gehörte im Mittelalter mehr als heute zum alltäglichen und öffentlichen Leben.
67 Spangenberg 1987, S. 57 erläutert diese grundlegende Funktionsambivalenz anhand der Marienmirakelliteratur.
68 Beterous 1975, S. 405. Im Marianischen Atlas von W. Grumppenberg (München 1673) Nr. 206 wird die Herstellung von Marienmilchtabletten aus gemahlenem Gestein der Geburtsgrotte in Bethlehem beschrieben, zit. in: Kretzenbacher 1981, S. 88f.
69 Ein Beispiel eines Marienmilchreliquiars ist die silberne Statuette einer Madonna mit Kind aus einer Kirche in Walcourt (um 1260): Auf der rechten Brust der Mutter Gottes ist ein gefaßter Aquamarin befestigt, unter dem angeblich eine kleine weiße Steinreliquie eingeschlossen ist aus dem Gestein einer Grotte bei Bethlehem, in der Maria das Jesuskind genährt haben soll (Luedke 1983, S. 478, Abb. 30).
70 Spangenberg 1987, S. 77.
71 Ebda. S. 78.
72 Held 1987, S. 47. Camille 1989, S. 220–241 zeigt im Kapitel «Virgin or Venus» auf, wie in die hoch- und spätmittelalterlichen Marienfrömmigkeit heidnische Kultformen miteinbezogen wurden. Vgl. auch den Typus der Maria im Ährenkleid.
73 Levin 1983, S. 563–570 untersucht die Metaphorik Marias als Gnadenbrunnen: Bei Isidor von Sevilla, Etymologiae lib. XIII, Kap. 13, werden eine ganze Reihe von Heil- und Wunderbrunnen aufgezählt, wobei heidnisch antike Legenden ins Christliche übersetzt werden; Maria tritt an die Stelle der Nymphen (S. 572).
74 Vgl. dazu den Aufsatz von Miles 1986 über Interzessionsbilder aus der Toskana, bes. S. 203.
75 Freedberg 1989, S. 319: «The Virgin offered the most concentrated possible combination of motherhood and youthful sexuality». Möbius 1991, S. 12, sieht in dieser Integration von Widersprüchen das Ansetzen jenes Allegorisierungsprozesses, in welchem Weiblichkeit zur Folie für die Projektion allgemeingültiger Werte der bürgerlich-patriarchalen Gesellschaft wird.
76 Scaramella 1991, S. 59–63 führt die Akten von zwei diesbezüglichen Prozessen in Neapel (1590 und 1591) auf.
77 Speziell zu interpretieren wären in diesem Kontext die visionären Stillerfahrungen von Mystikerinnen aus den süddeutschen Frauenklöstern des 13. und 14. Jahrhunderts. Vgl. dazu Opitz 1990, S. 74–78.
78 Von Anna wird im «Vita rhythmica» gesagt: *Non ut solent homines extraneam quesivit / Nutricem mater puero; sed ipsamet nutrivit / Propriis uberibus prolem et lactavit* (Vita rhythmica, S. 24, V. 473–475). Ausführlich wird V. 2510–2521 übrigens auch geschildert, wie Maria Jesus nach zwei Jahren abstillt.
79 Fildes 1980, S. 34. Für das Ammenwesen in der Toskana im 14./15. Jahrhundert vgl. Levin 1983, Bd. 3, 956–966.
80 Wolfram von Eschenbach, Parzival Studienausgabe, S. 51 (13,5–22).
81 Meiss 1951, S. 132–156.
82 Opitz 1990, S. 73.
83 Vgl. dazu Dalarun 1991, S. 42–45.
84 Miles 1986, S. 207.
85 Christus in seiner Rolle als Fürbitter vertritt eher weibliche Eigenschaften. Zur weiblichen Rolle Christi in der Mystik vgl. Bynum 1987, S. 267–273.
86 Groschke 1974, S. 6f.
87 Scaramella 1991, S. 58, Taf. 59 und 69.
88 Belting 1990, S. 467.
89 Zit. nach Seidel 1977, S. 74. Richard von St. Laurent ist ein glühender Marienverehrer. Einer seiner Gebetstexte beginnt denn auch mit einer Paraphrase auf das «Vater unser»: *Mater nostra quae es in coelis, panem nostrum quotidianum da nobis hodie de arca tua, de arca quae tu es,* vgl. dazu Beumer 1959, S. 28.
90 Möbius 1991, S. 12.
91 Ebda. S. 10.

Zur Rolle von Stundenbüchern in der Jenseitsvorsorge

Bodo Brinkmann

Unter den verschiedenen Gattungen mittelalterlicher Handschriften bilden die in Bibliotheken, Museen und sonstigen Sammlungen auf der ganzen Welt erhaltenen Stundenbücher die zahlenmäßig bei weitem größte Gruppe. Man hat daraus gefolgert, daß im Spätmittelalter jeder, der es sich leisten konnte, ein Stundenbuch besessen haben muß[1]. Und oft hat man daran die Frage angeschlossen, worauf der enorme Erfolg dieser Buchgattung zurückzuführen ist. Waren die zumeist üppig illuminierten Stundenbücher Prestigeobjekte, die in erster Linie Reichtum und sozialen Status dokumentieren sollten? Schon den Zeitgenossen drängte sich dieser Eindruck bisweilen auf, wie die satirischen Verse belegen, die der am Hofe Karls V. von Frankreich tätige Dichter Eustache Deschamps (1346–1406) einer wohlhabenden Dame in den Mund legt, welche die rein äußerlichen Vorzüge ihres Stundenbuchs, etwa die Schönheit der Miniaturen, des Einbands oder der kostbaren Schließen, preist[2]. Aufs Ganze gesehen kann es dennoch keinen Zweifel daran geben, daß die Vielzahl der erhaltenen Stücke letztlich eher darauf beruht, daß ihre Besitzer den in Stundenbüchern enthaltenen Texten einen Nutzen beimaßen. Denn den zahlreichen Luxusexemplaren, die der Hochadel des gesamten Abendlands in Auftrag gab, steht eine noch viel größere Menge weniger aufwendig geschmückter Stücke gegenüber. An diesem Ende des Spektrums sind solche Handschriften zu verzeichnen wie das laienhaft geschriebene und krude illuminierte Stundenbuch Latin 1169 der Pariser Bibliothèque Nationale, das zu Beginn des 15. Jahrhunderts vermutlich in Besançon entstanden ist[3]. Der Schreiber, ein gewisser Alain, teilt im Kolophon mit, daß seine Frau das Buch mit Miniaturen versehen habe. In Anbetracht der geringen Qualität ist es wohl ausgeschlossen, daß die beiden im Buchgewerbe tätig waren, – wahrscheinlich haben sie sich ihr Stundenbuch selber

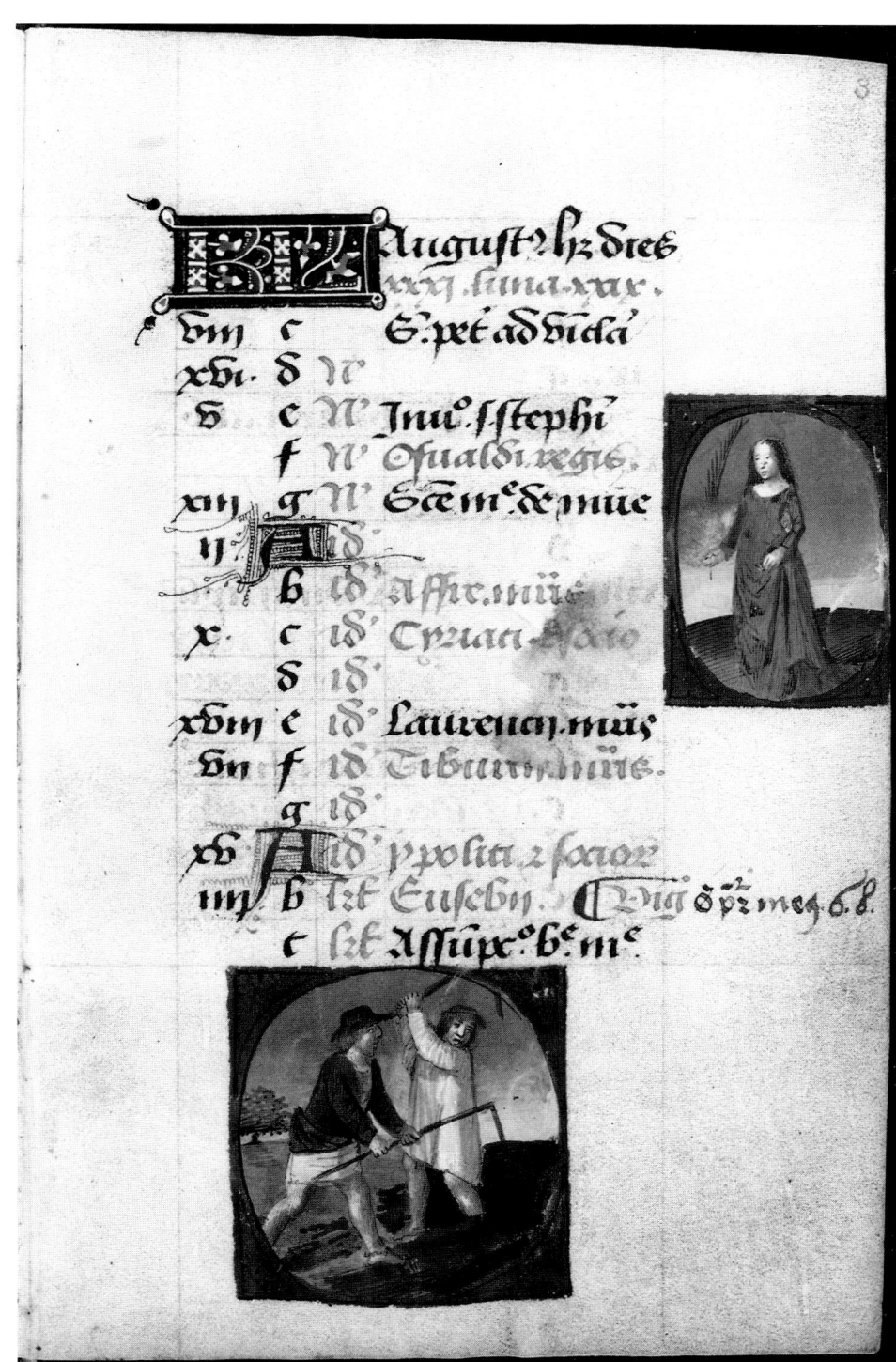

Abb. 58. Stundenbuch, gegen 1480 in Frankreich illuminiert. Zürich, Zentralbibliothek, Ms. C 168, fol. 8. – Im Kalender sind die Todestage von Mutter und Vater verzeichnet.

geschrieben und illuminiert, da dies billiger kam als der Kauf eines fertigen. Weitere Beispiele für diese Praxis lassen sich anführen[4].

Freilich sind unter den Stundenbüchern reine Texthandschriften, die auf jegliche Dekoration verzichten, äußerst rare Ausnahmen[5]. Daß die allermeisten Stundenbücher nicht nur mit Randdekor, sondern auch mit Bildschmuck versehen sind, liegt indessen an ihrer inhaltlichen Struktur: Die Miniaturen markieren Zäsuren im Text, beispielsweise innerhalb des über den Tag verteilt zu betenden Marienoffiziums die Anfänge der einzelnen Gebetsstunden. Sie haben also die praktische Funktion, wichtige Textanfänge leicht auffindbar und damit das Buch erst benutzbar zu machen. Schlägt man z.B. in einem Stundenbuch die Geburtsminiatur auf, so kann man ziemlich sicher sein, daß die Prim des Marienoffiziums folgen wird. Und wenn bei bescheiden ausgestatteten Exemplaren im Marienoffizium die Heimsuchungsminiatur zur Laudes fehlt, so liegt das offenbar daran, daß die Gebetsstunden Matutin und Laudes in unmittelbarer Abfolge hintereinander rezitiert wurden und damit auf eine Hervorhebung dieser Zäsur verzichtet werden konnte.

Das auf die Stunden der altrömischen Tageseinteilung verteilte Gebet, dem das Stundenbuch seinen Namen verdankt, kommt aus dem monastischen Brauch; dementsprechend sind wesentliche Textabschnitte, allen voran das Marienoffiz, dem Brevier entlehnt. Offenbar verdankt das Stundenbuch seine Entstehung dem Verlangen der Laien nach einer ähnlichen Gebetsübung, wie sie der Klerus besaß. Es versteht sich von selbst, daß diese Praxis sowohl dem eigenen Seelenheil, als auch, mittels Fürbitten, dem von Anderen zugute kommen sollte. Über diesen allgemeinen Aspekt hinaus sind Stundenbücher oft um zusätzliche Gebete bereichert, die in erstaunlich konkreter Weise Anlässe und Bedürfnisse reflektieren, welche mit der Person des Bestellers zusammenhängen: So finden sich in Stundenbüchern aus dem Besitz von Herrschern Gebete um weise und gerechte Entscheidungen oder um Beistand in der Schlacht[6]. Schutz auf Reisen oder vor Erkrankungen ist ebenfalls ein gefragtes Thema. Und ein Stundenbuch in der Ausstellung enthält ein auf die Bedürfnisse eines Studenten zugeschnittenes Gebet[7].

Zu den Ereignissen, die im Stundenbuch besonders bedacht werden, zählt auch der Tod. In kaum einem Exemplar fehlt das Mariengebet «Obsecro Te»; seine Beliebtheit gründet sich vor allem darauf, daß es die Bitte an Maria enthält, sie möge dem Beter in seinen letzten Tagen erscheinen und ihm Sterbetag und -stunde ankündigen. Hinter diesem Wunsch steckt die große Furcht, plötzlich und unvorbereitet, d.h. ohne die Sterbesakramente empfangen zu können, aus dem Leben zu scheiden[8]. Wie ernst sie genommen wurde, zeigt sich darin, daß man dem tägliche Beten noch eines weiteren Textes, der «Septem (oft auch: Octo) versiculi Sancti Bernardi», denselben Effekt beimaß und daß auch diese Verse im 15. Jahrhundert in zahllose Exemplare des Stundenbuchs aufgenommen worden sind[9].

Zu den kanonischen Bestandteilen eines Stundenbuchs zählt aber auch ein sehr viel längeres, auf die Nachtstunden verteiltes Stundengebet, das sich auf den Tod bezieht: das Totenoffiz oder, wie es in den Rubriken auch häufig bezeichnet wird, die Totenvigil. Zumeist gegen Ende des Buchblocks angeordnet, fehlt es in kaum einem vollständig erhaltenen Exemplar. Überdies spricht es für das Gewicht, das man gerade diesem Text beimaß, daß er von Diözese zu Diözese unterschiedliche Varianten ausbildet, ebenso wie das beim wichtigsten Textteil des Stundenbuchs, dem Marienoffiz, der Fall ist[10]. Genau wie letzteres entstammt auch das Totenoffiz dem klösterlichen Brauch; es ist ein fester Bestandteil des Breviers. Mit gemeinschaftlichem Chorgebet während der Nachtstunden gedachten seit alters her die Mönche verstorbener Mitbrüder, aber auch derjenigen Toten, die, z.B. als Stifter, in Beziehung zum Kloster gestanden hatten[11].

Aus dem Charakter des Totenoffiziums ergibt sich also, daß man den Text, ob Mönch oder Laie, im Gegensatz zu den oben erwähnten Gebeten schlechterdings nicht für sich selber beten konnte[12]. Es stellt sich also die Frage, welche Funktion dieser Text für die Besitzer von Stundenbüchern erfüllte. Im Grunde kommen nur zwei Möglichkeiten in Betracht: Entweder die Besteller wollten das Totenoffizium im Buch haben, um es selber für ihnen nahestehende Verstorbene beten zu können. Oder aber sie hegten die Hoffnung, daß nach ihrem Tod die Erben des Buches das Totenoffiz für sie selbst beten würden.

Diese beiden Möglichkeiten schließen einander natürlich nicht aus, und vielfach wird eine Mischung aus beiden Absichten das Motiv gewesen sein. Bedenkt man aber, welche dominierende Rolle die persönliche Jenseitsvorsorge im späten Mittelalter gespielt hat, so wäre es verwunderlich, wenn gerade der zweite Aspekt nicht in Erscheinung träte.

In der Tat spricht ein weitverbreitetes Phänomen für die zweite Alternative. Wer sich mit Stundenbüchern beschäftigt, stößt immer wieder auf Exemplare, bei denen aus Eintragungen hervorgeht, daß sie über viele Generationen, oft über mehrere Jahrhunderte hinweg im Besitz einer Familie geblieben sind. Vielfach sind im Kalender Geburts- und Sterbedaten von Familienmitgliedern sorgsam nachgetragen worden, Tage also, die für die Nachkommen Anlässe des Totengedenkens abgeben. Die Katalognummer 81 der Ausstellung ist ein typisches Beispiel dafür (Abb. 58). Im Kalender dieses gegen 1480 in Frankreich illuminierten Stundenbuchs findet sich unter dem Datum des 30.4. der Eintrag O[biit] Mater mea. 86., sowie für den 14.8. O[biit] p[ate]r me[us]. 68. Verzeichnet sind also die Sterbe-

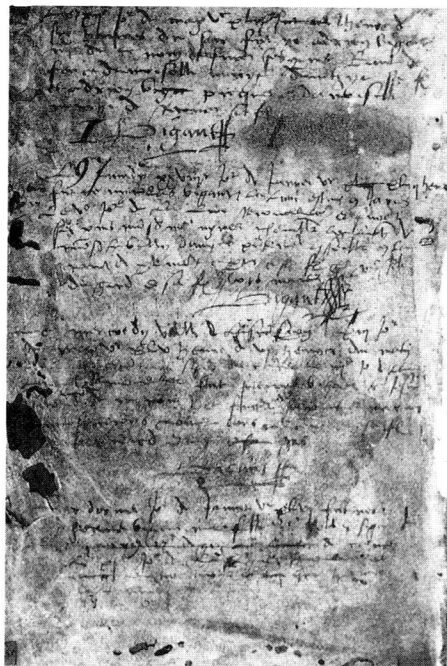

Abb. 59. Stundenbuch, um 1490. Hannover, Niedersächsische Landesbibliothek, Ms.I.97. – Die Innenseite des vorderen Einbanddeckels ist mit Einträgen von verschiedenen Mitgliedern der Familie Bigant gefüllt.

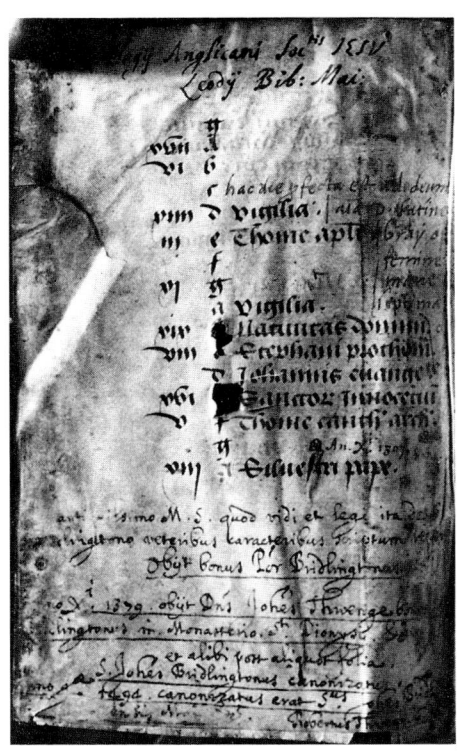

Abb. 60. Stonyhurst College, Ms. 60. – Die Seite enthält verschiedene Sterbedaten in einer Schrift des 16. Jahrhunderts.

abschnitte beigesteuert. Auch in der Ausführung der Miniaturen bleibt er hinter seinen sonstigen Werken zurück. Mit einem Wort: Bei dem Hannoveraner Stück handelt es sich eben um eine Handschrift, die eher wirklicher Frömmigkeit als Prestigedenken ihre Entstehung verdankt, die zur Benutzung und nicht zum Anschauen der Bilder gedacht war. Dementsprechend kann man sich kaum vorstellen, daß sie als wertvolles Kleinod innerhalb der Familie weitergereicht worden ist, sondern eher, daß dies aus Pietät den mit Fürbitten zu bedenkenden Vorfahren gegenüber geschah.

Besonders aufschlußreich sind zwei Einträge in einem flämischen Stundenbuch, das etwa aus derselben Zeit stammt. Es ist in Gent oder Brügge für den Gebrauch von Sarum (Salisbury) geschrieben, mithin für den Export nach England hergestellt worden und wird heute als Ms. 60 in Stonyhurst College aufbewahrt[14]. Vom Kalender hat sich nur das letzte Blatt erhalten; aber auf diesem hat unter dem Datum des 19. Dezembers eine Hand des 16. Jahrhunderts in Kursivschrift mit rosafarbener Tinte nachgetragen (Abb. 60): *Hac die p[er]fecta est ad deum / a[n]i[m]a D. katrine / bray op[time] / femine / mane / septima.* Am unteren Rand sind von späterer Hand noch weitere Sterbedaten festgehalten, die zu dem ersten jedoch in keinem Bezug stehen.

tage von Mutter und Vater, wobei die Zahlen sich vermutlich auf das jeweils erreichte Alter beziehen dürften.

Ein anderes Beispiel ist die Handschrift I.97 der Niedersächsischen Landesbibliothek in Hannover, ein gegen 1490 entstandenes Stundenbuch für den Gebrauch von Amiens, das noch seinen ursprünglichen Einband besitzt. Die Innenseiten von vorderem und hinterem Einbanddeckel sowie ein Vorsatzblatt sind mit Einträgen von verschiedenen Mitgliedern der Familie Bigant gefüllt (Abb. 59)[13]. Der älteste von diesen, Adrien Bigant, gibt 1465 als sein Geburtsjahr an. Zur Entstehungszeit der Handschrift, um 1490, war er also etwa 35 Jahre alt und dürfte somit der Erstbesitzer gewesen sein.

Der Codex in Hannover ist vor allem deswegen ein gutes Beispiel, weil es sich im Gegensatz zu den obenerwähnten Luxushandschriften um ein recht anspruchsloses Objekt handelt. Der Meister des Dresdener Gebetbuchs, ein flämischer Buchmaler, der sich zeitweilig in Amiens aufhielt, hat nur die Minimalausstattung von sechs Miniaturen zu den Anfängen der wichtigsten Text-

Abb. 61. Stonyhurst College, Ms. 60, fol. 104v. – Über der Miniatur steht der Eintrag: *Pray for the soules of dame Cattrayn / Bray and of Ion Colett den of Paules.*

Von derselben Hand, die den Todestag von Katherine Bray in den Kalender eingetragen hat, stammen hingegen zwei Zeilen oberhalb der Miniatur auf fol. 104v der Handschrift (Abb. 61). In derselben Schrift und mit derselben Tinte geschrieben, steht dort, allerdings diesmal auf Englisch, zu lesen: *Pray for the soules of dame Cattrayn / Bray and of Ion Colett den of Paules.*

Katherine Bray war verheiratet mit Sir Reynold Bray, einem Ritter des Hosenbandordens und königlichem Schatzmeister unter Heinrich VII. Sie starb 1507. John Colet, ein Freund von Thomas More und Erasmus, wurde 1505 zum Dekan von St. Paul's Cathedral ernannt und starb 1519. In welcher Beziehung er genau zu den Brays stand, ist leider nicht bekannt; doch muß Katherine Bray ihm das Buch vermacht haben. Penibel hat Colet dann ihren Todestag vermerkt und in die Aufforderung zum Gebet für die Verstorbene das eigene Seelenheil miteingeschlossen[15].

In unserem Zusammenhang ist dabei der Platz interessant, den er sich für diese Marginalie ausgesucht hat: Der Rand oberhalb der Miniatur der Lazarus-Erweckung, die hier wie in den meisten flämischen Stundenbüchern das Totenoffizium einleitet. Es ist sicher kein Zufall, daß spätere Besitzer gerade beim Aufschlagen dieses Textes auf Colets Randnotiz stießen. Vielmehr ist seine Bitte durchaus so zu verstehen, daß der Seelen der beiden Vorbesitzer beim Lesen des Totenoffiziums gedacht werden solle.

Einem so gezielten Hinweis auf zwei Personen steht hier allerdings die Allgemeinheit des Bildthemas gegenüber: Die dem Neuen Testament entnommene, also historische Begebenheit der Lazarus-Erweckung drückt allgemeingültige Auferstehungsgewißheit aus, läßt aber keinen Platz für die Erinnerung an einen bestimmten Verstorbenen aus der Entstehungszeit der Miniatur. Der entgegengesetzte Fall läßt sich an einem Stundenbuch beobachten, das einst dem «Bon Roi» René d'Anjou (1409–1480) gehört hat (Abb. 62)[16]. Sicher angeregt durch die «Transis» der mittelalterlichen Grabplastik, stellt der Maler in der berühmten Eingangsminiatur zum Totenoffiz einen gekrönten Leichnam dar, halb skelettiert und von Verwesung gezeichnet. Die Dreiviertelfigur des toten Königs steht hinter einem über die Bildbreite gespannten Tuch vor einer weiten Landschaft und hält ein Spruchband mit einem

Abb. 62. London, British Library, Ms. Egerton 1070, fol. 53. – Am Eingang zum Totenoffiz erscheint ein gekrönter Leichnam. Das Stundenbuch gehörte König René von Anjou.

Memento Mori; das Tuch zeigt die obere Hälfte von Renés Wappen. Es weist unmißverständlich darauf hin, daß mit der Figur des Verstorbenen hier tatsächlich René d'Anjou selber gemeint ist.

Allerdings ist auf den singulären Charakter dieser geradezu bekenntnishaft wirkenden Darstellung hinzuweisen, und darauf, daß die Themenwahl vermutlich auf Renés unmittelbaren Einfluß zurückgeht. Denn die Miniatur zu Beginn des Totenoffiziums ist eine von fünfen, die eigens für René dem älteren Codex hinzugefügt worden sind und ausnahmslos ikonographische Ra-

ra darstellen, die durchweg Bezüge zur Biographie des Königs aufweisen und offenbar deswegen ausgewählt worden sind[17]. Der politisch zwar glücklose, als Mäzen umso bemerkenswertere und der Nachwelt als Dichter und sogar als Maler in Erinnerung gebliebene König muß sicher als Sonderfall gewertet werden. Wenden wir uns daher gängigeren Bildthemen wie den Darstellungen des zeitgenössischen Totenkultes zu.

So ist in flämischen Stundenbüchern für die Miniatur zu Beginn des Totenoffiziums eine Vorlage recht verbreitet, welche den Blick in einen Kirchenchor wiedergibt (Abb. 63). In der Achse des Baus ist der mit schwarzem Tuch verhängte Katafalk unter einem mit brennenden Kerzen geschmückten Baldachin aufgestellt, der sogenannten «Chapelle ardente». Die Mönche sitzen im Chorgestühl oder beten als verhüllte Pleurants am Sarg. Der Bildgegenstand bot sich an; denn was hier zu Beginn des Totenoffiziums dargestellt ist, ist die Rezitation des Textes selbst während der Nachtwache am Sarg des Verstorbenen.

Diese Darstellung tritt in mehreren Handschriften auf, wobei sie bis in kleinste Einzelheiten nach derselben Vorlage gestaltet ist[18]. Auch hinsichtlich der üppigen heraldischen Ausstaffierung des Kirchenchores stimmen die Miniaturen überein: Wappenschilde prangen auf der Stirnseite des Sarkophags; unterhalb der Obergadenfenster zieht sich ein Trauerflor durch den Chor, der gleichfalls mit Schilden dekoriert ist; in den Raum hineinragende Banner vervollständigen das Bild. Dennoch unterscheiden sich die verschiedenen Fassungen in einem wesentlichen Punkt: Die Tingierung der Wappen ist jedesmal sorgfältig auf den Auftraggeber des jeweiligen Codex abgestimmt. Im hier abgebildeten Beispiel aus dem vor 1483 für William Lord Hastings gefertigten Stundenbuch ging diese Sorgfalt sogar soweit, daß die Wappen in der Miniatur übermalt wurden, als das Stundenbuch den Besitzer wechselte: Unter den Hastings-Wappen liegen die Wappen des englischen Königshauses[19]. Zwar sind solche heraldischen Veränderungen in Handschriften keine Seltenheit; es erstaunt aber doch, daß der Buchmaler die Mühe auf sich nahm, noch die winzig kleinen Schilde auf dem Stoffband in der Totenoffiz-Miniatur zu korrigieren, während er an einer anderen Stelle des Codex die sehr auffälligen Fahnen in den Farben des Königshauses unverändert ließ[20].

Abb. 63. London, British Library, Add. Ms. 54782, fol. 184v. – Flämische Stundenbücher zeigen am Beginn des Totenoffiz verschiedentlich einen Blick ins Innere eines Kirchenchors mit Katafalk und «Chapelle ardente».

Es liegt freilich im Wesen der Heraldik, daß daraus oftmals kein eindeutiger Hinweis auf eine Person erschlossen werden kann[21]. Wappen kennzeichnen nun einmal eine Familie, nicht ihre einzelnen Mitglieder. Nur unter besonderen Umständen kann man daher zu einer präziseren Aussage gelangen. Eine solche Ausnahme stellt das Stundenbuch der Sophia von Bylant dar, dessen Bildschmuck dem vermutlich aus

Abb. 64. Stundenbuch der Sophia von Bylant, 1475, p. 150. Köln, Wallraf-Richartz-Museum. – Miniatur des 1459 verstorbenen Rynalt von Homoet.

Abb. 65. Stundenbuch der Sophia von Bylant, 1475, p. 188. Köln, Wallraf-Richartz-Museum. – Besitzerinnenminiatur von Sophia von Bylant.

Utrecht stammenden und in Köln tätigen Meister des Bartholomäusaltares zugeschrieben wird.

Die Handschrift ist in der Miniatur der Geißelung Christi auf 1475 datiert. Sie zeichnet sich durch zwei Darstellungen der Buchbesitzer aus, eines Edelmannes (Abb. 64) und einer Dame (Abb. 65), die vor ihren Schutzpatronen, Johannes dem Täufer bzw. dem hl. Jakobus, an Betpulten knien und anhand der beigegebenen Wappen identifizierbar sind. Es handelt sich um Reynalt von Homoet und seine Gemahlin Sophia von Bylant.

Außergewöhnlich daran ist, daß Reynalt von Homoet das Buch jedoch nie wirklich besessen hat; denn er ist 1459 verstorben. Er weilte also schon lange nicht mehr unter den Lebenden und seine Witwe war sogar in zweiter Ehe verheiratet, als sie 1475 das Porträt ihres ersten Gatten in ihr Stundenbuch aufnehmen ließ[22]. Betrachtet man aber in derselben Handschrift die Miniatur mit der Totenfeier zu Beginn des Totenoffiziums (Abb. 66), so fällt auf, daß auf dem Katafalk allein das Bylantsche Wappen prangt, welches auf dem Bild der betenden Buchbesitzerin (Abb. 65) unmittelbar über ihr angebracht ist. Daß Sophia ausschließlich der Toten aus ihrer eigenen Familie gedenken wollte, ist in Anbetracht der Darstellung des längstverstorbenen Gatten unwahrscheinlich: Wenn sie diesen noch nach 15 Jahren in ihrem Stundenbuch mit einem Vollbild berücksichtigte, so hätte ihr Gebet doch wohl ihm als erstem gegolten. Eine zwanglose Erklärung der heraldischen Gegebenheiten liefert hingegen die Annahme, es sei hier tatsächlich im Vorgriff auf die Zukunft Sophias eigene Bestattung gemeint. Tatsächlich ist die Miniatur von Kunsthistorikern auch immer so verstanden worden[23]. Sie hätte dann vor allem die Funktion gehabt, künftige Besitzer zum Beten des Totenoffiziums für die Auftraggeberin des Werkes anzuhalten.

Wenden wir uns schließlich einem weiteren Objekt der Ausstellung zu, das uns in den monastischen Bereich zurückführt: dem Gebetbuch des Rheinauer Abtes Heinrich von Manndach (Kat. 72)[24]. Es zeichnet sich durch die bemerkenswerte historisierte Initiale zu Beginn des Totenoffiziums aus, die den Abt mit dem Tod an seinem offenen Grab zeigt (Abb. 68). Am unteren Bildrand sind Heinrichs Familienwappen angebracht, um jeden Zweifel daran auszuschließen, daß hier der Buchbesitzer selbst gemeint ist.

Hat der Unbekannte, in dessen Besitz das Gebetbuch nach Heinrichs Tod überging, angesichts dieser Initiale das Totenoffizium für ihn gebetet? Mit Sicherheit läßt

Abb. 66. Stundenbuch der Sophia von Bylant, 1475, p. 252. Köln, Wallraf-Richartz-Museum. – Miniatur zum Totenoffiz mit dem Bylantschen Wappen.

er (1535) und unter dem 31.1. den Tod des Abtes Bonaventura Wellenberg (1555) notiert; er muß also erheblich jünger gewesen sein als Heinrich von Manndach. Etwas rätselhafter sieht das erste Blatt der Handschrift aus (Abb. 67): Dort findet sich, vermutlich von Heinrichs eigener Hand, sein Besitzeintrag. Eine spätere Hand – ist es dieselbe wie im Kalender? – hat in Kursivschrift oben auf der Seite die Jahreszahl *1551* hinzugesetzt und den Namenszug wiederholt. Was auch immer der konkrete Sinn dieses Zusatzes gewesen sein mag, er bezeugt, daß der Erstbesitzer der Handschrift zu diesem Zeitpunkt noch so deutlich in Erinnerung war, daß es einen Anlaß gab, seinen Namen in eine andere Schriftart zu übertragen. Unter solchen Vorzeichen ist es wahrscheinlich, daß auch die Bildinitiale ihre Botschaft an die späteren Besitzer der Handschrift vermittelt hat.

Freilich soll damit nicht der Eindruck erweckt werden, das Totenoffizium sei im Stundenbuch grundsätzlich für Nachgeborene bestimmt gewesen und die Buchbesitzer selber hätten es nie gebetet. Dies ist gewiß nicht der Fall gewesen, und auch für diesen Umstand lassen sich leicht Belege anführen. Besonders auffällig ist beispielsweise ein möglicherweise schichtenspezifisch bedingtes Phänomen: In Stundenbüchern aus dem Besitz des Hochadels wird nicht nur – oft nicht einmal in erster Linie – der eigenen Familienangehörigen, sondern vor allem gleichrangiger oder höhergestellter Persönlichkeiten gedacht. Das berühmteste Beispiel dafür liefert der Kalender der Très Belles Heures de Notre-Dame des Duc de Berry mit seinen neun Obitus-Einträgen, die sich ausschließlich auf Könige und Königinnen, Herzöge und Herzoginnen beziehen[25]. Zwar figuriert Berrys Gemahlin unter diesen; seine jung verstorbenen Söhne fehlen hingegen gänzlich. Daß der spätere Kaiser Maximilian in seinem älteren Gebetbuch den Namenstag seines Vaters, Kaiser Friedrichs III., im Kalender eigenhändig nachgetragen hat, verwundert sicher nicht[26]. Aber nicht nur der Sohn fühlte sich dem Vater verpflichtet, auch der mit den Habsburgern eng verbundene Tiroler Adlige Nikolaus von Firmian notiert im Kalender seines Stundenbuchs den Obitus Friedrichs III.[27] Kurz gesagt, man gewinnt den Eindruck, daß sich lehnsrechtliche Abhängigkeiten hier bemerkbar machen, daß die Buchbesitzer sich verpflichtet fühlten, ihren irdischen Herren über den Tod hinaus Ge-

sich die Frage natürlich nicht beantworten; doch enthält der Codex immerhin genügend Hinweise darauf, daß der Abt im Gedächtnis seiner Mitbrüder weiterlebte. Der Kalender ist mit einem sorgfältig geführten Obituarium angefüllt, das mit Heinrichs To-

destag, dem 25.2.1529 beginnt: Dort findet sich die Eintragung *obiit hainricus de man[n]dach abbas i[n] / [?] mon[asteri]o an[n]o 1529*. Derselbe Schreiber hat unter dem 14.3. den Tod seines Vaters (1524), unter dem 4.4. den Tod seines Bruders Jos de Pai-

Abb. 67./68. Gebetbuch des Rheinauer Abtes Heinrich von Manndach, Zürich, Zentralbibliothek, Ms. Rh.141, fol 1 (Besitzereintrag) und fol. 104r. (Besitzerminiatur mit Tod; vgl. Kat. 72).

folgschaft zu leisten, indem sie für diese beteten. Solche Fälle bilden also eine Gruppe von Beispielen, in denen für uns greifbar wird, daß den Buchbesitzern das Totenoffiz durchaus zur eigenen Andacht für Verstorbene diente.

Dennoch rechtfertigen genügend Indizien die Annahme, daß das Totenoffiz eben auch den angesprochenen, in die Zukunft weisenden Erwägungen seine Stellung als fester Bestandteil des Stundenbuchs verdankt: der Hoffnung nämlich, die Erben würden es für einen selber beten. Wenn das zutrifft, dann stellt das Stundenbuch in dieser Hinsicht eine gewisse Parallele zu den im Spätmittelalter so populären Altarstiftungen dar. Während ein Stifter z.B. für einen Altar und seine Ausstattung bis hin zu kleinsten Details in der Erwartung sorgte, daß damit die kontinuierliche Feier der Seelenmesse für die eigene Seele sichergestellt sei, hätte der Besitzer eines nach dem Tode weitervererbten Stundenbuchs die Aussicht gehabt, daß Generationen von Nachgeborenen das Totenoffiz für die eigene Seele lesen würden. Freilich tritt zugleich ein wichtiger Unterschied zwischen dem öffentlichen und dem privaten Bereich zutage, denen Altarretabel respektive Stundenbuch zuzuordnen sind: Handelt es sich bei der Altarstiftung um einen rechtsverbindlichen Akt, so dürfte die mit dem Stundenbuch verbundene Frömmigkeit kaum zu regeln gewesen sein[28]. Hier blieb jeder Auftraggeber einer solchen Handschrift wohl letztlich auf sein Gottvertrauen und sein Vertrauen in die Familien-Pietät angewiesen.

Im Unterschied zwischen öffentlicher und privater Sphäre liegt auch der Grund dafür, daß wir bei entsprechender Quellenlage über die Umstände und Aufgaben von Altarstiftungen recht gut unterrichtet sind, während wir bei der Frage nach der Verwendung von Stundenbüchern weitgehend auf Marginalien und sonstige, oft zufällige Spuren des Gebrauchs angewiesen bleiben. Dennoch sprechen die Nachträge und Besitzvermerke eine eindeutige Sprache: Zu allgegenwärtig ist die Bitte um Gebet für die eigene Seele, auch und gerade dann, wenn ein Buch außerhalb der Familie den Besitzer wechselt wie im Falle des Stundenbuchs der Katherine Bray, als daß man dies als reine Floskel abtun könnte.

Zumindest in einem Fall hat die funktionale Parallele zwischen Altarretabel und Stundenbuch-Miniatur sogar ihren augenfälligen formalen Ausdruck gefunden. Als ein Angehöriger der Frankfurter Patrizierfamilie Humbracht gegen 1504 ein Tripty-

Abb. 69. Gebetbuch von Claus Humbracht, 1508. Frankfurt a.M., Stadt- und Universitätsbibliothek, Ms. germ. oct. 3, fol. 82v. – Die Illustration lehnt sich an das vier Jahre früher entstandene Retabel an (vgl. Abb. 70).

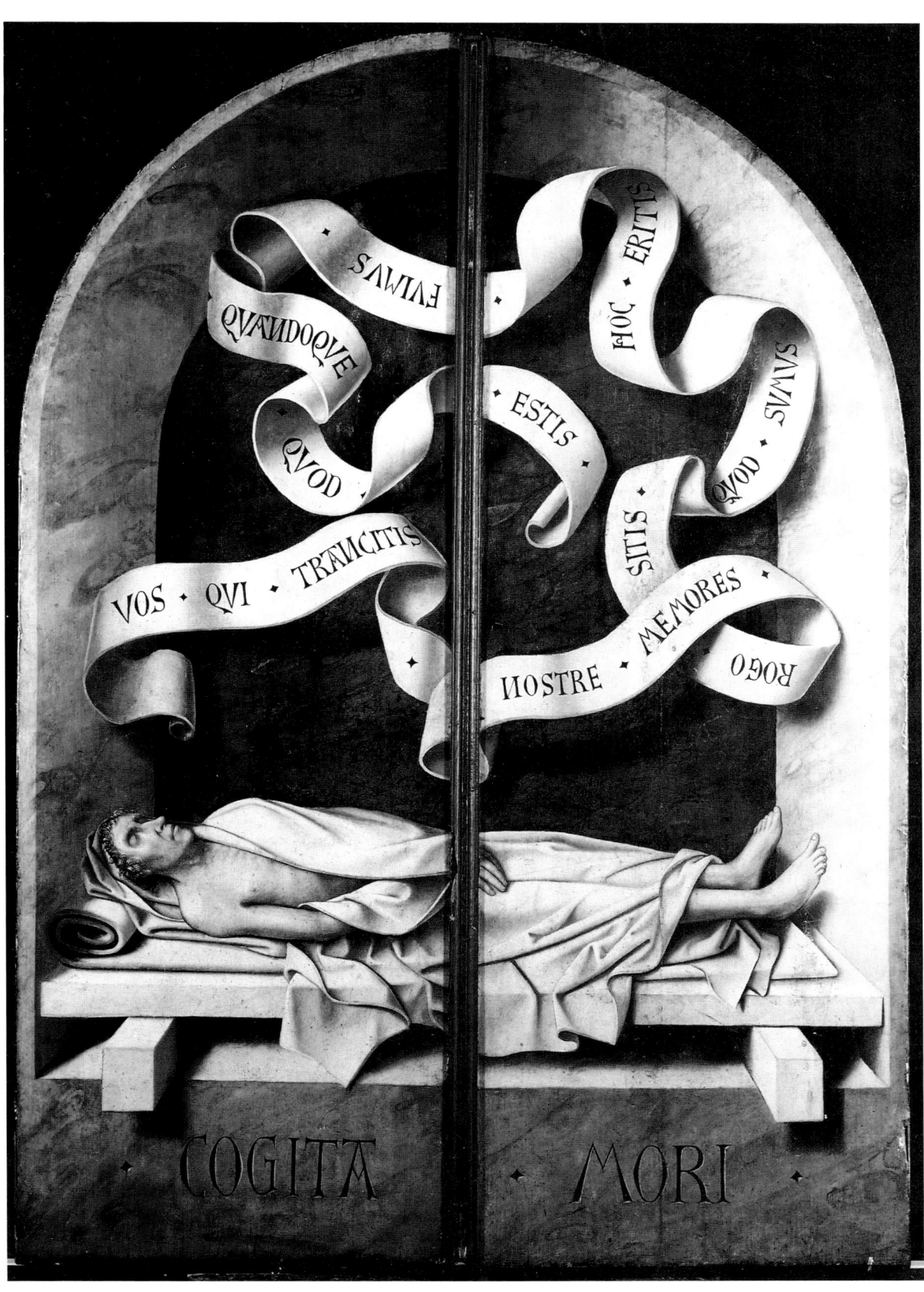

Abb. 70. «Meister von Frankfurt», Retabel mit Vanitas-Darstellung auf den Flügelaußenseiten, 1504. Frankfurt a.M., Städelsches Kunstinstitut.

chon bei einem Antwerpener Maler bestellte, den man nach diesem und einem weiteren Bild den «Meister von Frankfurt» nennt, wählte er für die Flügelaußenseiten eine sehr eindrucksvolle Vanitas-Darstellung aus (Abb. 70)[29]. In einer flachen Nische ist der Leichnam eines Mannes aufgebahrt, über dem ein vielfach gewundenes Spruchband mit dem Text eines ausführlichen *Memento Mori* schwebt. Eine Miniatur aus dem Gebetbuch, das Claus Humbracht d. J. 1508, wenige Jahre nach der Entstehung des Retabels, wohl in einer lokalen Werkstatt schreiben und illuminieren ließ (Abb. 69), zeigt deutliche Anklänge an die großformatige Darstellung desselben Themas auf dem Altar[30].

---

1 So urteilt z.B. DE HAMEL 1986, S. 10. Siehe auch das dem Stundenbuch gewidmete Kapitel S. 158-185, das der Autor treffend «Books for Everybody» betitelt hat. Vgl. auch DELAISSÉ 1974, S. 205-225 und WIECK 1988 (Time).
2 Vgl. PANOFSKY 1953, S. 68.
3 DE HAMEL 1986, S. 172; LEROQUAIS 1927, Bd.1, S. 96, Nr. 34.
4 Siehe DE HAMEL 1986, S. 172.
5 Dies betonen zu Recht BARTZ / KÖNIG 1987, S. 487-528, besonders S. 494.
6 Vgl. z.B. HILGER 1973, S. 10f., 27-29.
7 Vgl. Kat. Nr. 81.
8 Erläutert bei KÖNIG 1984, S. 37.
9 Vgl. Kat. Nr. 30.
10 Nicht mehr berücksichtigt werden konnte die langerwartete Studie von OTTOSEN 1993.
11 LThK 10, Sp. 277, s.v. Totenoffizium (1965).
12 Darauf weisen BARTZ / KÖNIG 1987, S. 508, hin.
13 Die Einträge nicht erwähnt bei HÄRTEL / EKOWSKI 1989, S. 147-151.
14 Vgl. Kat. Treasures 1976, S. 30, Nr. 53; ALEXANDER 1989, S. 308-317.
15 Nach ALEXANDER (ebda., Anm. 5) ist die Handschrift entweder Colets eigene oder die eines Korrektors, der Autographen von ihm annotiert hat.
16 Siehe zuletzt AVRIL / REYNAUD 1993, S. 226f., Nr. 122.
17 PÄCHT 1973, S. 85-12, besonders S. 88-101.
18 Eine Liste der Wiederholungen bei BRINKMANN 1988, S. 90-106, hier S. 95; vgl. auch DE WINTER 1981, S. 342-427, hier S. 412f.
19 Das Stundenbuch in der British Library (Add. Ms. 54782) wird allgemein das zweite Hastings-Stundenbuch genannt, um es von einem stilistisch etwas älter wirkenden Codex für denselben Besitzer zu unterscheiden, der sich in Madrid (Fundacion Lázaro-Galdiano, Inv. Nr. 15503) befindet. Beide Stundenbücher müssen vor 1483 entstanden sein, da Lord Hastings in diesem Jahr hingerichtet wurde. Vgl. TURNER 1983, der auch die Übermalung der Wappen konstatiert (S. 115). Genau genommen muß sich der Empfänger – nicht unbedingt aber der Auftraggeber – der Handschrift noch während der Herstellung geändert haben; denn die Übermalung ist anscheinend noch in demselben Atelier vorgenommen worden, das auch den Rest der Illuminierung besorgt hat. Vgl. dazu BRINKMANN 1988, S. 91.
20 Auf fol. 126. Vgl. ebda.
21 Mit Rücksicht darauf scheint mir die Auffassung von BARTZ / KÖNIG 1987 etwas zu kategorisch, so gut wie nie würde namentlich benennbarer Toter gedacht (S. 501).
22 Vgl. PIEPER 1953, S. 135-156, besonders S. 147-149; HARTHAN 1982, S. 158-161.
23 PIEPER 1959, S. 97-158, hier S. 130. Vgl. auch den Kongreßbeitrag von PIEPER 1991, S. 268; Henri Defoer äußerte in der Diskussion nach Professor Piepers Vortrag den Gedanken, die Totenoffiz-Miniatur richte sich im Falle Sophia von Bylants eben an die Nachkommen, und hat damit die hier vorgestellten Überlegungen angeregt.
24 Im Spätmittelalter vermischen sich die Sphären insofern, als auch Kleriker Stundenbücher besessen haben. Heinrich von Manndachs Gebetbuch ist allerdings kein gewöhnliches Stundenbuch, sondern enthält eine Reihe sehr spezifisch auf ihn und sein Amt zugeschnittener Texte.
25 Vgl. dazu KÖNIG 1992, S. 16-20.
26 Auf fol. 7 v. HILGER 1973, S. 24.
27 BRANDIS / FINGERNAGEL 1985, S. 233-241, besonders S. 234.
28 Der juristische Aspekt von Stiftungen wird in jüngeren Untersuchungen zu Recht immer wieder betont. Vgl. z.B. den Sammelband «Materielle Kultur und religiöse Stiftung». Allerdings schildert DE HAMEL 1986, S. 172, den Versuch eines englischen Stundenbuchbesitzers, durch einen Eintrag im Codex selber eine gewisse Verbindlichkeit zu erzeugen: William Fairfax schreibt ein 1464 datiertes Stundenbuch mit der Verfügung, daß es auf ewig an seinen Sohn und Erben und dessen Nachkommen weitervererbt werden soll.
29 Vgl. zuletzt SANDER 1993, S. 369-392 zum Altar, zur Handschrift S. 384-388.
30 Zum Gebetbuch Ms.germ.oct.3 vgl. WEIMANN 1980, S. 84-88. Schon der Bildgegenstand an sich ist im deutschen Bereich ungewöhnlich, im flämischen hingegen recht verbreitet; dort kommt auch das Detail der Strohmatte unter dem Leichnam immer wieder vor. Die ikonographische Zutat der Uhr im Gebetbuch erklärt sich aus dem Text des Spruchbands nach Mt. 24,44: *Seid bereit; denn des Menschen Sohn wird kommen zu einer Stunde, da ihr nicht meinet.*

Zwischen Tod und Auferstehung

Zur Selbstdarstellung städtischer Eliten des ausgehenden Mittelalters im Spiegel von Stifterbildern

Wolfgang Schmid

I. Bilder von Menschen im Mittelalter

Unmißverständlich sind die Bestimmungen des zweiten Gebots: *Du sollst dir kein Gottesbild machen, keinerlei Abbild, weder dessen, was oben im Himmel, noch dessen, was unten auf Erden, noch dessen, was in den Wassern unter der Erde ist. Du sollst sie nicht anbeten und ihnen nicht dienen* (5 Mos. 5,8; vgl. 2 Mos. 20, 4f.). Verboten waren also Darstellungen Gottes, aber auch alle Bilder von Lebewesen auf der Erde, im Wasser und in der Luft – gemeint sind in erster Linie plastische Götzenbilder, die angebetet werden konnten[1]. Auch Menschenbilder waren darin eingeschlossen, war doch der Mensch nach dem Ebenbild Gottes geschaffen. Aber was war mit Bildern, die nicht angebetet wurden? Durfte man sie herstellen und besitzen, sie gar zum Schmuck der Kirchen verwenden? Über diese Fragen ist an der Wende von der Antike zum Mittelalter[2] und dann wieder in der Reformations- und Gegenreformationszeit lange und heftig gestritten worden[3].

Folgenreich war eine Kompromißformel, die Papst Gregor der Große um 600 fand: Bilder in der Kirche seien nützlich, sie könnten als Bibel für den Laien dienen, der die lateinische Sprache nicht beherrschte[4]. Das ganze Mittelalter hindurch, auch noch im 16. Jahrhundert, war damit die Anwesenheit von Bildern im Kirchenraum gerechtfertigt. Sie durften nur nicht angebetet werden[5].

Um 1510 schrieb der Nürnberger Maler Albrecht Dürer, Tafelbilder würden im Dienst der Kirche gebraucht und zeigten das Leiden Christi. Als ob es eine Selbstverständlichkeit wäre, nennt er dann ihre zweite Aufgabe: Sie bewahren die Gestalt der Menschen nach ihrem Ableben[6]. Papst Gregor der Große und auch spätere Autoren haben die Bildnisse sterblicher Menschen nicht erwähnt, vermutlich gerade deshalb, weil sie kein theologisches Problem darstellten. Menschenbilder wurden nicht angebetet; höchstens einzelne Herrschaftsträger, denen der Aufstieg zum Rang eines Heiligen gelang – dann durften sie auch verehrt werden.

Seit dem frühen Mittelalter gab es einen relativ festen Kanon von Menschenbildern[7]. An erster Stelle ist das Herrscherbild zu nennen, zumeist religiös legitimiert. Nicht minder wichtig war das weit verbreitete Grabbild[8]. Stifterbilder sind seit dem 6. Jahrhundert in Rom und Ravenna überliefert[9]. Sie sind mit zwei anderen Bildgattungen eng verwandt, die sich im Einzelfall nicht immer eindeutig voneinander abgrenzen lassen: mit dem Künstler- bzw. Autorenbild[10] und mit dem Dedikationsbild. Letzteres zeigt die Übergabe eines Kunstwerks durch seinen Hersteller an die Auftraggeber oder durch den Donator an einen Heiligen[11]. Eine von religiösen Bindungen freie Bildgattung entstand erst im ausgehenden Mittelalter, das Porträt[12].

Stifterbilder zeigen den Donator eines sakralen Kunstwerks oder den Urheber einer Stiftung. Während die Donation mit dem Akt des Schenkens abgeschlossen ist, soll die Stiftung über längere Zeit währen (in der mittelalterlichen Praxis bis zum Jüngsten Tag). Diesem sehr bedeutenden Unterschied tragen die Stifter- resp. Donatorenbilder meist keine Rechnung, d.h. sie lassen nicht erkennen, ob nur das Objekt geschenkt wurde, oder ob sich damit noch ein weit bedeutenderes Stiftungskapital verbindet. Im folgenden ist dem Sprachgebrauch der Kunstwissenschaft folgend immer von Stifterbild die Rede, auch wenn es sich von Fall zu Fall um ein Donatorenbild handeln könnte. Stifterbilder waren nicht an bestimmte Gattungen gebunden[13]. Der Stifter mußte nicht unbedingt mit dem Auftraggeber identisch sein; Kunstwerke wurden auch für Vorfahren, für Nachkommen oder durch Testamentsvollstrecker in Auftrag gegeben[14]. Der Stifter ist in der Regel kniend und betend dargestellt, er ist einem oder mehreren Heiligen zugeordnet oder er betrachtet ein biblisches Ereignis. Eine irdische und eine himmlische Ebene werden zusammengezogen, der Stifter in den Gang der Heilsgeschichte integriert. Oftmals ist er in einem Bedeutungsmaßstab kleiner dargestellt als die Heiligen. Allerdings verschoben sich die Proportionen im 15. Jahrhundert, gleichzeitig kamen subtile Formen der Kennzeichnung auf, die versteckten Porträts[15].

Es liegt außerhalb meiner Möglichkeiten, das Thema Stifterbilder hier umfassend darzustellen; ich möchte mich auf Fallstudien beschränken und eine Reihe von Beispielen aus Köln[16] und Nürnberg[17] einander gegenüberstellen. Sie stammen aus den beiden bedeutendsten deutschen Städten am Ausgang des Mittelalters: Köln, das Zentrum der Gotik mit seiner über Jahrhunderte zurückreichenden Kultur, gilt als traditionsverhaftet und «konservativ»[18]. Nürnberg dagegen war um 1500 ein künstlerisches wie auch technologisches Innovationszentrum allerersten Ranges[19]. Stifterbilder sind zwar das ganze Mittelalter hindurch nachweisbar, es ist aber ein deutlicher Höhepunkt – im Zusammenhang mit dem vorreformatorischen Stiftungsboom – in den Jahrzehnten vor und nach 1500 zu beobachten.

II. Zum Quellencharakter der Stifterbilder

Der Ausgangspunkt dieser Untersuchung ist eine auf den ersten Blick etwas beunruhigende Beobachtung: Es gibt in der Geschichte des Mittelalters Phänomene, die in den Schriftquellen so gut wie keinen Niederschlag finden. Sie werden deshalb auch von einer überwiegend auf Urkunden und Chroniken fixierten Mediävistik nicht so recht zur Kenntnis genommen. Das ist bedauerlich, denn es würde bereits genügen, in Kirchen und Museen die Augen zu öffnen, um auf bisher unbekannte Quellen zur mittelalterlichen Geschichte zu stoßen; dies gilt nicht nur für Stifterbilder.

Stifterbilder sind eine aus historischer wie auch aus kunsthistorischer Sicht gleichermaßen interessante Quellengruppe, aufschlußreich für die Realienkunde, die

Abb. 71. Meister der Georgslegende, Stifterbild des Peter Kannegießer und seiner Familie am Georgsaltar, um 1460. Eichenholz, H: 124,5, B: 76,5 cm. Köln, Wallraf-Richartz-Museum. – Die Stifter blicken aus dem Bild heraus und wollen bei ihrem Gebet gesehen werden.

Personengeschichte und die Familienkunde, die Sozial- und die Mentalitätsgeschichte, die politische und die Kirchengeschichte. Sie können die Aussagen verwandter Quellen wie Testamente oder Grabdenkmäler erheblich ergänzen. Sie sind allein schon deshalb von besonderem Interesse, weil sich ihre Auftraggeber in den meisten Fällen identifizieren und dadurch mit biographischen Quellen in Verbindung bringen lassen: über die Person des Stifters läßt sich so zum Kunstwerk vorstoßen[20].

Was immer noch fehlt, ist ein passender methodischer Zugriff[21]. Was bedeuten Stifterbilder? Warum wurden die Auftraggeber in dieser Form dargestellt? Welche Botschaft sollen sie vermitteln? In der Literatur finden sich keine befriedigenden Antworten auf diese Fragen. Die bisherigen Arbeiten – z.B. von E. Heller[22] und von A. Rooch[23] – bringen in dieser Hinsicht kaum Aufschlüsse, weil sie sich zumeist auf rein kunsthistorische Gesichtspunkte beschränken. Auch in den Schriftquellen findet man keine Antwort, sie schweigen zu diesem Thema[24].

Es gibt verschiedene Wege, die bei der Untersuchung von Stifterbildern eingeschlagen werden können. Zunächst kann man von der auf den ersten Blick befremdlichen Beobachtung ausgehen, daß sie überraschend viele Gemeinsamkeiten mit Urkunden besitzen. Außerdem können wir versuchen, unter Benutzung zeitgenössischer Denk- und Lesetechniken ihre Aussage zu entschlüsseln. Das methodische Instrumentarium läßt sich der mediävistischen Bedeutungsforschung entnehmen; die typologische und die allegorische Auslegung eines Gegenstandes und dessen Einordnung in ein heilsgeschichtliches Programm[25].

Doch zunächst zu den Gemeinsamkeiten zwischen Stifterbildern und Urkunden[26]. Ein Bild mit Wappen und Inschrift an einem Kunstwerk signalisiert, wer sein Stifter ist. Damit wurde ein Rechtsgeschäft zwischen diesem und den Vertretern einer kirchlichen Institution optisch dokumentiert. Gegen irdische Güter wurden kirchliche Dienstleistungen wie Memorien, Anniversarien und Messen erworben. Da die Kirche diese Leistungen nach dem Tode des Stifters und bis zum Jüngsten Gericht erbringen sollte, war eine umfassende Absicherung erforderlich: in Form von Urkunden, durch Einträge in die Memorienbücher und nicht zuletzt auch durch die Schaffung von Kontrollinstanzen[27]. Ein Stifterbild dokumentierte somit, daß ein mittelalterliches Kunstwerk nicht für ein Museum, sondern für einen ganz bestimmten Ort mit zeitlichen und räumlichen Koordinaten hergestellt wurde: Es hatte einen Urheber und einen Empfänger, war in einer bestimmten Form abgefaßt und wurde durch das Stifterbild beglaubigt – ähnlich wie eine Urkunde durch das Siegel. Das Stifterbild enthält eine Botschaft, es wendet sich an den Besucher der Kirchen, den Laien, den, der die Schenkungsurkunde nicht lesen kann. Es zeigt, für wen hier gebetet wird, wem die Fürbitte gilt. Es erinnert aber auch die Geistlichen daran, ihren Verpflichtungen nachzukommen. Zeitgenössische Betrachter waren sehr wohl in der Lage, die Aussagen von Wappen und anderen Zeichen zu lesen[28]. Diese ermöglichen es sogar, eine abgestufte Hierarchie zu erkennen, vom Stiftergrab im Chor eines Klosters über die Familienkapelle, in der jedes Ausstattungsstück gekennzeichnet war, bis hin zu mehreren Wappen an einer Gemeinschaftsstiftung[29].

III. Die Örtlichkeit im Stifterbild

Um 1460 wurde für das Kölner Benediktinerinnenkloster St. Agatha ein Flügelaltar mit der Legende des hl. Georg angefertigt (Abb. 71). Die linke Außenseite zeigt die Anbetung des Kindes. Vor den großen, schlanken Figuren kniet eine Reihe von Männern, Frauen und Kindern. Allianzwappen ermöglichen die Identifizierung: Wir sehen den Kölner Kaufmann Peter Kannegießer, seine erste Frau Christina Slossgin mit vier Kindern aus erster Ehe, dahinter seine zweite Frau Bela Hawyser und die drei Kinder aus zweiter Ehe. Kannegießer trägt einen schwarzen, bis zum Gürtel geschlitzten Tappert, der am Kragen und an den Ärmeln mit Luchspelz verbrämt ist. An seinem Gürtel hängen ein Dolch und ein Geldbeutel[30].

Das zweite Stifterbild wird dem Nürnberger Maler Wolf Traut zugeschrieben und um 1516 datiert (Abb. 72). Es zeigt einen knienden Ordensgeistlichen, der weder durch Wappen noch Inschrift näher bezeichnet ist. Da die Tafel aus dem fränkischen Zisterzienserkloster Heilsbronn stammt, wurde der Stifter mit dem designierten Abt Johannes Wenck identifiziert. Er kniet recht klein in der linken unteren Ecke. Den Mittelpunkt der Tafel bildet die

Abb. 72. Wolf Traut, Taufe Christi, 1516. Tannenholz, H: 147,5, B: 114,5 cm. Nürnberg, Germanisches Nationalmuseum. – Der Stifter Johannes Wenck kniet auf einem (paradiesischen) Rasenstück.

Taufe Christi, die monumentalen Figuren lassen das Vorbild Dürers erkennen[31].

Beim Vergleich der beiden Stifterbilder fällt zunächst auf, daß die Stifter im Dreiviertelprofil dargestellt sind. Sie blicken also nicht auf die räumlich hinter ihnen stattfindenden Ereignisse, sondern aus dem Bild heraus; sie stellen aber keinen Blickkontakt mit dem Betrachter her. Die Auftraggeber beten also nicht nur, sondern sie wollen auch, daß sie dabei gesehen werden.

Als nächstes ist festzuhalten, daß die Stifterbilder innerhalb des Bildgefüges isoliert werden. Kannegießer und Wenck knien auf schmalen Rasenstücken, die durch wüste, unbewachsene Zonen von den Flächen abgegrenzt sind, auf denen sich die Heiligen befinden. Die Ereignisse auf den Bildern finden entweder unter freiem Himmel statt oder im Innern bzw. am Eingang einer Kirche. Die Stifter knien manchmal auf dem Rasen, zuweilen auf dem

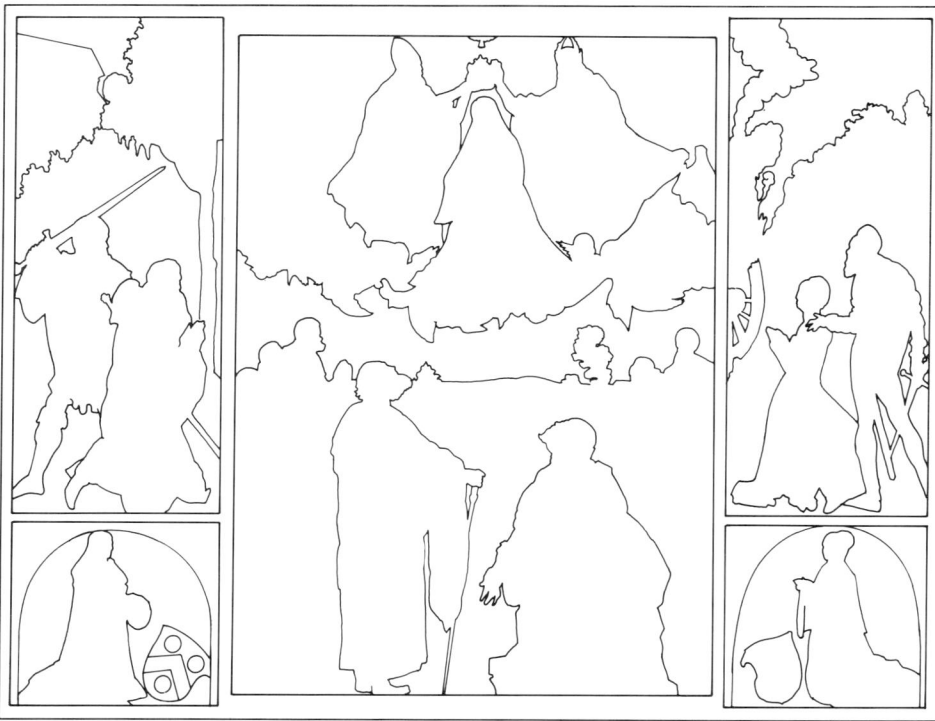

Abb. 73. Albrecht Dürer, Helleraltar, 1509. Lindenholz, H: 189 cm, B: 138 cm. Frankfurt, Historisches Museum. – Der Stifter scheint in einem abgeschlossenen Raum auf seine Auferstehung zu warten.

Paradiesgartens, zum hortus conclusus Mariens oder zum Garten Gethsemane, könnte man von einem *hortus donatoris* sprechen[32]. Die Grasflächen der Stifter wären dann denjenigen vergleichbar, auf denen sich die Heiligen befinden. Wenn die Stifter auf einem Rasenstück knien, das trotz aller Abstufungen ein heiliger Bezirk ist, dann wird damit zumindest ihre Hoffnung zum Ausdruck gebracht, nicht in der Hölle, sondern im Paradies zu enden. Die verstorbenen Familienmitglieder befinden sich bereits dort, und die noch lebenden haben sich schon zu ihnen gesellt – Stifterbilder lassen ein kaum zu unterschätzendes Familienbewußtsein erkennen[33]. Daß es sich bei diesen Rasenstücken nicht um ein beliebiges Stück Wiese handeln kann, zeigt das Stifterbild des Peter Kannegießer: Dieser hat seine Holzschuhe ausgezogen, eine Anspielung an die Aufforderung an Moses vor dem brennenden Dornbusch: Ziehe die Schuhe von den Füßen, denn die Stätte, auf der du stehst, ist heiliges Land (2 Mos. 3,5).

IV. Stifterbilder in verschiedenen Kunstgattungen

Im Jahre 1509 stellte Albrecht Dürer einen Flügelaltar fertig, den der Frankfurter Kaufmann Jakob Heller bestellt hatte (Abb. 73). Heller und seine Frau Katharina hinterließen keine Erben und zählen zu einer Stiftergruppe, die ihr Andenken noch zu Lebzeiten mit aufwendigsten Stiftungen sicherte. Das Zentrum bildete der Düreraltar. Er zeigt in der Mitte die Krönung Mariens, links das Martyrium des hl. Jakobus, darunter den Stifter; rechts sind die Hinrichtung der hl. Katharina und die Stifterin dargestellt[34].

Heller kniet in einer halbrunden, schmucklosen, niedrigen Nische, deren Boden mit Gras bewachsen ist. Er trägt ein pelzgefüttertes Gewand und hält den Hut in seinen Händen. Vor ihm ein großes Wappen. Die Interpretation des Raumes ist schwierig. Er befindet sich unterhalb des Bodens, auf dem die Hinrichtung des Namenspatrons stattfindet. An den Orten der Martyrien wurden später Kirchen errichtet, in denen man Tote begrub. Handelt es sich also um Grabeshöhlen?

Gegen diese Interpretation scheinen zunächst zwei Argumente zu sprechen: Die Nischen sind beleuchtet, und zwar von einem höher gelegenen Punkt vor der Bild-

Fliesenboden der Kirche und oft auch in einer Betbank.

Während die Interpretation der Kirchenräume keine Probleme aufwirft, ist die Deutung der Rasenstücke schwierig: Es erscheint unrealistisch, daß die Auftraggeber in ihrer Kirchgangskleidung auf einer Wiese knien, die sich außerdem in den meisten Fällen keineswegs zwingend aus dem Geschehen der Hauptszene ableiten läßt. Durch ihre mehr oder minder deutliche Abgrenzung durch wüste Flächen oder Mauern können die Rasenzonen als geschlossene Gärten interpretiert werden; in Analogie zu dem in der mittelalterlichen Kunst und Literatur ungeheuer populären Motiv des

mitte. Außerdem wächst auf den Böden Gras. In Grüften ist es jedoch dunkel und Pflanzen wachsen darin auch nicht. Die Rasenzone, auf der der Stifter kniet, läßt sich ebenfalls als paradiesische Wiese deuten. Das Licht, das von oben her auf ihn fällt, ist kein irdisches, sondern himmlisches Licht. Der Auftraggeber befindet sich also in einem Raum, in dem er auf seine Auferstehung wartet[35].

Das nächste Bild, ein Glasfenster, zeigt einen Geistlichen mit Barett und einer Pelzalmucia (Abb. 74). Er kniet an einem Betpult, auf dem sich ein Buch befindet. Er schlägt eine Seite um, schaut aber nicht in das Buch, sondern darüber hinweg. Zwei Säulen begrenzen links und rechts einen Raum, der vom Hintergrund durch einen Brokatteppich abgetrennt wird. Die Bogenarchitektur signalisiert, daß wir einen kirchlichen Raum vor uns haben, in dem der Stifter betet[36]. Seine Identifizierung bereitet keine Schwierigkeiten: Aus der Inschrift ist zu ersehen, daß es sich um Dr. Lorenz Tucher, Propst an St. Lorenz in Nürnberg, handelt. Die Scheibe ist 1485 datiert und wird der Werkstatt Michael Wolgemuts zugeschrieben. Sie war Bestandteil einer Gemeinschaftsstiftung für die Michaelskirche in Fürth. Auf Tuchers weitere Stiftungen, u.a. bedeutende Glasfenster für St. Lorenz und ein prachtvolles, Hans von Kulmbach zugeschriebenes Renaissanceepitaph, kann hier nur verwiesen werden[37].

Die Stiftungen Hellers und Tuchers machen deutlich, daß sich ein Stifter kaum auf eine einzige Kunstgattung beschränkte; die meisten gaben nicht nur Glas-, Tafel- und Buchmalereien, sondern auch Werke der Goldschmiedekunst, der Textilstickerei und der Bildhauerei in Auftrag. Die Stiftungsurkunden zeigen, daß Kunstwerke keine isolierten Einzellegate waren, sondern Bestandteile umfassender Stiftungsprogramme, bei denen der juristischen und ökonomischen Absicherung nicht weniger Aufmerksamkeit geschenkt wurde als den liturgischen Regelungen. Erst die Kenntnis dieser Kontexte ermöglicht eine umfassende Interpretation mittelalterlicher Kunstwerke in ihren religiösen und liturgischen, sozialen und politischen Zusammenhängen[38].

Abb. 74. Werkstatt Michael Wolgemut, Stifterbild des Dr. Lorenz Tucher, 1485. Glasmalerei, H: 81 cm, B: 48 cm. Nürnberg, Germanisches Nationalmuseum.

V. Stifter vor dem Jüngsten Gericht

Das nächste Tafelbild stammt aus der Kölner Pfarrkirche St. Kolumba und entstand um 1470 (Abb. 75). Im Vordergrund rechts ein kniender Kanoniker mit vier Heiligen. Weder Wappen noch Inschrift verraten seinen Namen, aber anhand der dargestellten Heiligen läßt er sich identifizieren: Hinter ihm befindet sich die hl. Kolumba, kenntlich an ihrem Bären, dahinter St. Cäcilia mit Orgel. Auf der linken Seite sehen wir Johannes den Täufer und Johannes den Evangelisten. Es sind die Namenspatrone des Stifters, Johann von Mecheln, der Pfarrer an St. Kolumba und Kanoniker an St. Cäcilia war, zudem einer der maßgeblichen Albertisten seiner Zeit und Stifter eines Flügelaltars für seine Pfarrkirche[39]. In einer das Bild beherrschenden Mandorla erkennt man Gottvater auf seinem Thron, Engel ziehen die Vorhänge zurück. Vor dem Thron stehen Maria und Christus, der seine Seitenwunde und die durchbohrte Hand vorweist. Es lassen sich dabei außerordentlich enge Beziehungen zwischen dem Stifter und den Heiligen erkennen: Kolumba und Johannes empfehlen ihn Christus und Maria, die wiederum seine Fürsprecher auf dieser «Heilstreppe» sind[40].

Ähnliches ist auf dem Epitaph dargestellt, das an den Nürnberger Tuchhändler Kunz Horn und seine Frau erinnert (Abb. 76). Es wurde um 1502 von dem österreichischen Bildhauer Hans Valkenauer aus rotem Salzburger Marmor angefertigt. Das importierte Kunstwerk dürfte in Nürnberg für einiges Aufsehen gesorgt haben[41]. Auch die Größe von 3,3 x 2,4 m erscheint bemerkenswert, ebenso der Preis von 200 Gulden. Die gleiche Summe hatte Heller für seinen Düreraltar bezahlt. Horn ließ sein Epitaph zu Lebzeiten, 15 Jahre vor seinem Tod, errichten. Bei der Aufstellung kam es zu Auseinandersetzungen, war doch der Nürnberger Rat der Auffassung, Horn zähle *nit von den erbaren,* ein so aufwendiges Monument in der Kirche würde ihm deshalb nicht zustehen. Das Grabmal wurde schließlich an der Südseite von St. Lorenz angebracht. Horn war ein Aufsteiger, der mit den etablierten Patrizierfamilien um aufwendigen Nachruhm wetteifern wollte. Auch er hinterließ keine Erben und mußte sein Andenken bereits zu Lebzeiten sichern: Das Epitaph zählte zu einer Reihe von aufwendigen Stiftungen innerhalb und außerhalb Nürnbergs, v.a. eine Kapelle bei St. Lorenz, Glasfenster und ein Flügelaltar Wolf Trauts[42].

Wenn man sich das Horn-Epitaph mit seinen gewaltigen Dimensionen ansieht, dann läßt sich die Mißbilligung der Zeitgenossen nachvollziehen: Zwei Engel öffnen einen Vorhang, unter dem Gottvater majestätisch thront. Der Sessel befindet sich auf einem nach vorne spitz zulaufenden Podest. Dadurch ergibt sich eine geschlossene Anordnung: Gott ist von zwölf Engeln umgeben, zwei von diesen werden durch Kronen hervorgehoben. Sie halten ihm ein Lilien-

Abb. 75. Meister der Heiligen Sippe, Fürbittebild mit Johann von Mecheln, um 1470. Eichenholz, H: 100 cm, B: 101,4 cm. Köln, Wallraf-Richartz-Museum. – Die Fürbitte für den Stifter bei Gottvater erfolgt über eine «Heilstreppe» mit den Stufen Kolumba – Johannes – Maria – Christus.

Abb. 76. Hans Valkenauer, Marmorepitaph für Kunz Horn und Barbara Krell. Nürnberg, um 1502. Roter Marmor, H: 330, B: 240 cm. Nürnberg, St. Lorenz. – Ein überaus kostbares Epitaph für einen Aufsteiger.

szepter und ein Schwert entgegen, zwischen denen er wählen und sein Urteil über das zu seinen Füßen kniende Stifterpaar fällen wird. Wie er sich entscheiden wird, ist auf dem Bild jedoch nicht zu erkennen.

Ein Vergleich der beiden Stifterbilder ergibt, daß beide zwar das gleiche Ereignis aus der Heilsgeschichte zeigen, aber doch in sehr unterschiedlicher Form: Mecheln ist in eine individuell gestaltete Fürbitte seiner Heiligen eingebunden. Er ist zwar in der Proportion etwas kleiner dargestellt als diese, der Unterschied ist aber nicht so eklatant wie bei der winzigen Figur Horns, der seinem Schöpfergott ohne Vermittlung und Fürsprache entgegentritt; sogar Christus und Maria fehlen auf dem Epitaph.

VI. Stifterbilder von Geistlichen

Aus der Kölner Stiftskirche St. Andreas stammt der sog. Thersteegenaltar (Abb. 77). Er erinnert an den Theologen Gerhard Thersteegen de Monte[43] und wurde um 1480 zunächst als einzelne Tafel in Auftrag gegeben, später dann zu einem Altar erweitert. Auf der Mitteltafel ist die Kreuzabnahme dargestellt, unter dem Kreuz stehen Johannes und Maria, vor ihnen halten Nikodemus und Josef von Arimathäa den Leichnam Christi. Als Schutzpatron ist dem Stifter der hl. Andreas beigegeben[44].

Der Stifter befindet sich wiederum in der linken Ecke, er ist etwas kleiner dargestellt als die Heiligen und kniet auf einem Rasenstück, das durch eine unbewachsene Zone von der Beweinungsszene abgegrenzt wird. Das Kreuz des Andreas bildet eine weitere kompositorische Barriere. Außergewöhnlich ist ein anderes Detail: Monte hält die rechte Hand des vom Kreuz abgenommenen Christus. Seine Hände sind verhüllt, sie befinden sich unter seiner schwarzen *cappa choralis*, ein direkter körperlicher Kontakt wird vermieden. Das Bild zeigt eine Beteiligung des Stifters an einem Ereignis der Heilsgeschichte. Er unterstützt Nikodemus und Josef von Arimathäa, die den Leichnam Christi an Schultern und Beinen halten, ihn dem Betrachter des Bildes gleichsam präsentieren[45].

Nicht minder aufsehenerregend erscheint das Epitaph des 1438 gestorbenen Johann Ehenheim in Nürnberg (Abb. 78). Er war Pfarrer von St. Lorenz, eine zu Lebzeiten sehr umstrittene Person, weil ihn der Bischof von Bamberg gegen den Nürnberger Rat durchgesetzt hatte. Der verkleinert dargestellte, links von der Bildmitte kniende Pfarrer wird dem rechts stehenden Schmerzensmann von drei Heiligen empfohlen, von St. Laurentius sowie dem Hl. Kaiserpaar Kunigunde und Heinrich; das Modell des Bamberger Domes ist bei ihnen zum Attribut geworden[46]. Wenn wir die zeitgenössischen Hintergründe nicht kennen würden, wäre eine unverfängliche Interpretation naheliegend: Die Heiligen der Kirchen, zu denen der Stifter zu Lebzeiten Beziehungen besaß, beschützen ihn und empfehlen ihn Christus. Aber auch eine andere Deutung ist möglich: Während Laurentius auf der linken Seite steht, befinden sich Heinrich und Kunigunde – wie auch der vor ihr kniende Stifter – im Zentrum des Bildes. Möglicherweise sollten mit diesem Bildprogramm auch kirchenpolitische Akzente gesetzt werden[47].

Diese Beispiele machen deutlich, daß es beim Aufbau von Bildern gewisse Regeln gab, die wir bei der Lesung und Deutung

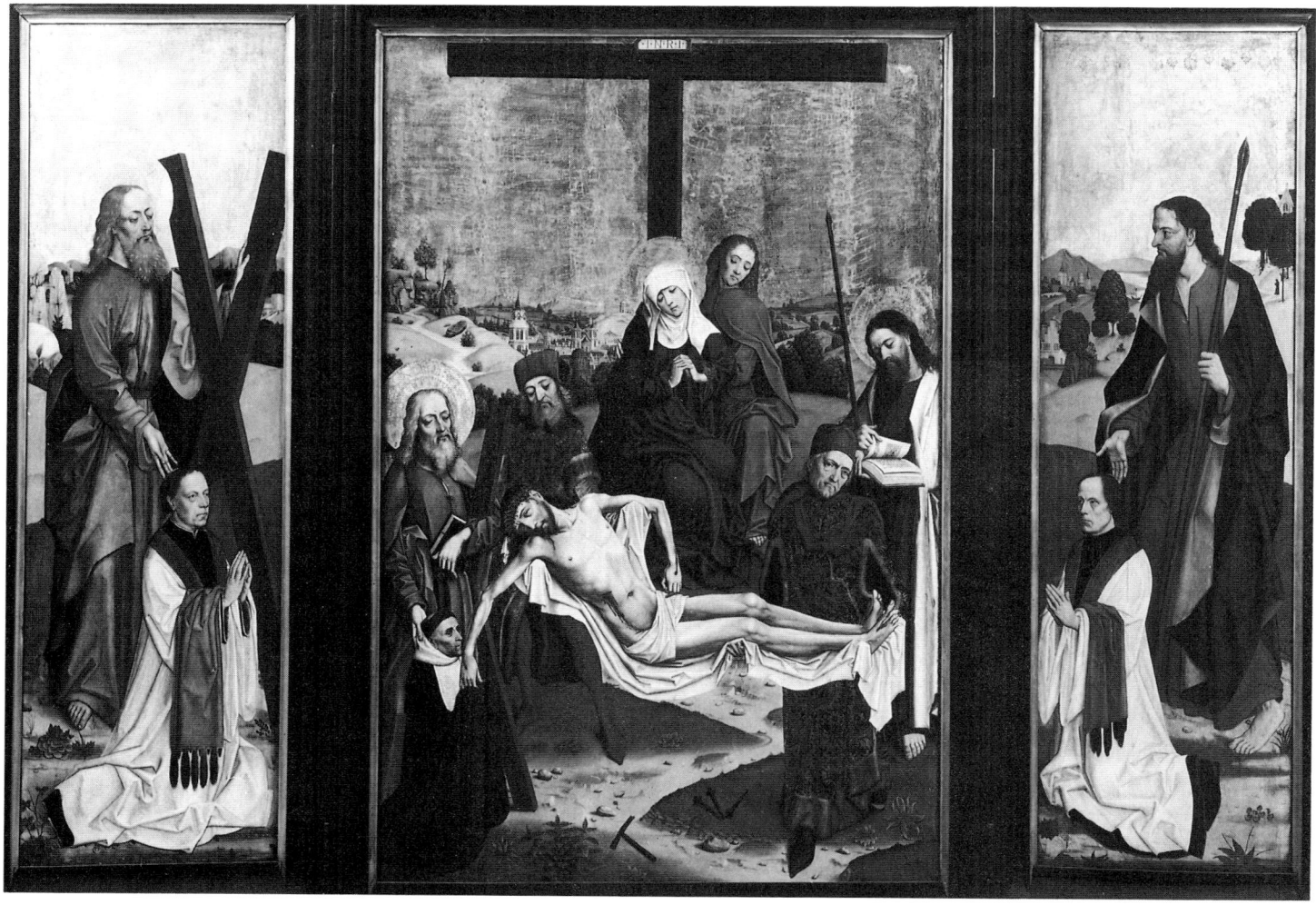

Abb. 77. Meister des Marienlebens / Meister der Georgslegende, Mitteltafel des Thersteegenaltars, um 1480. Eichenholz, H: 144 cm, B: 99 cm. Köln, Wallraf-Richartz-Museum. – Der Stifter macht sich zum Teilnehmer an der Kreuzabnahme und ergreift die Rechte von Christus.

berücksichtigen sollten: Links finden wir in der Regel die Ehemänner, rechts ihre Frauen – jene, die von Christus aus gesehen rechte Seite, ist die wichtigere, ähnlich wie in der Heraldik, wo Schwert- und Spindelseite unterschieden werden. Es ist die Seite des guten Schächers (*Heute wirst du mit mir im Paradies sein,* Lk. 23,43), die der Gesegneten beim Jüngsten Gericht im Gegensatz zur Seite der Verdammten, die der Ecclesia statt der Synagoge, die der klugen und nicht der törichten Jungfrauen[48]. Ähnliche Regeln gibt es für die Zuordnung zum Rand und ins Zentrum, nach oben und unten, nach vorne und hinten – mit der gängigen Beschreibungstechnik nach Vorder-, Mittel- und Hintergrund kann man sich mittelalterlichen Bildern jedenfalls nur begrenzt annähern.

Außergewöhnlich sind am Ehenheim-Epitaph auch die engen Verbindungen zwischen dem Stifter und den Heiligen: Laurentius und Kunigunde berühren schützend sein Haupt, Laurentius mit der linken Hand von unten, Kunigunde mit der rechten von oben. Besonders hervorzuheben ist Kaiser Heinrich, der mit seiner rechten Hand Ehenheim am Handgelenk packt. Die drei Heiligen und der Stifter blicken zu Christus, der seinen Kopf nach vorne neigt und seine Wundmale vorweist. Man erkennt den Griff ans Handgelenk, mit dem Christus Adam aus der Vorhölle zieht[49], eine Geste, die dem zeitgenössischen Betrachter aus der Druckgraphik bestens bekannt war (Abb. 79)[50]. In der Malerei war das Ehenheim-Epitaph bisher ein singulärer Fall, inzwischen läßt sich ein Vergleichsbeispiel anführen: Das Epitaph des Ulrich Reichenecker aus Pürgg im Ennstal (Abb. 80). Es erinnert an einen steirischen Landschreiber und Pfleger in Aussee, der 1410 gestorben ist. Reichenecker befindet sich auf der rechten Seite der Tafel, er wird von dem hl. Ritter Georg, der ihm die Hand auf die Schulter legt, und von St. Bartholomäus begleitet; dieser umfaßt seine gefalteten Hände und zieht ihn Christus entgegen, der ihn segnet[51]. Auch hier spielen sich die Ereignisse vor einem Goldgrund auf einer Wiese ab.

Abb. 78. Epitaph für Johann von Ehenheim († 1438). Nürnberg, St. Lorenz. – Drei Heilige empfehlen den Stifter bei Christus; der hl. Kaiser Heinrich faßt ihn am Handgelenk.

Abb. 79. Stephan Fridolins Schatzbehalter: Christus in der Vorhölle. – Der Griff ans Handgelenk ist ein Motiv, das üblicherweise bei der Rettung Adams aus der Vorhölle gebraucht wird.

Das Reichenecker-Epitaph ist noch aus einem anderen Grund von Interesse: Nicht nur eine gewisse Porträtähnlichkeit charakterisierte das Stifterbild, noch viel wichtiger waren zwei andere Elemente, die jetzt der Vergleich mit einem adeligen Epitaph deutlich hervortreten läßt: die korrekte, d.h. standesspezifische Kleidung und das Wappen. Auch wenn Wappen weder von der Sache noch vom Bildgefüge her unbedingt notwendig waren, stellten sie für die Stifter einen unverzichtbaren Bestandteil dar. Aufwendiger heraldischer Schmuck und unterschiedliche Formen der Wappenpräsentation, z.B. durch Engel oder Wilde Männer, wurden im 15./16. Jahrhundert immer beliebter[52]. Die Kleidung erlaubt bereits auf den ersten Blick eine Aussage, ob der Stifter ein Bürger, Adeliger, Mönch oder Kanoniker war; sie war ein unverzichtbarer Bestandteil seines Selbstverständnisses. Sie ermöglichte es außerdem, Reichtum zur Schau zu stellen, wie der mit Leopardenfell verzierte Tappert Kannegießers oder der Schmuck vieler Ehefrauen erkennen läßt. Stifterbilder besaßen somit auch eine soziale Funktion[53]. Diese Form der Repräsentation stand allein schon aus Kostengründen nicht allen gesellschaftlichen Gruppen gleichermaßen offen. Weniger bemittelte Besucher der Kirche konnten sehen, daß für die Angehörigen der führenden Familien der Stadt Messen gelesen wurden und daß Maria bei Gottvater ihr Wort für sie einlegte.

An Monte und Ehenheim erinnern recht ungewöhnliche Stifterbilder. Da es sich bei beiden um angesehene Geistliche handelt, liegt die Deutung nahe, daß Kleriker ein hohes berufsspezifisches Standesbewußtsein besessen haben, das durch eine enge Einbindung der Stifterbilder in das Bildgeschehen ausgedrückt wurde. Es entsteht sogar der Eindruck, daß Arbeiten für Auftraggeber aus der kaufmännischen Führungsschicht vielfach konventioneller waren, daß es also deutliche Unterschiede zwischen Aufträgen durch Bürger und durch Geistliche gegeben hat[54]. Die Präsenz ranghoher Kleriker konnte im Gegenzug auch als Argument für die theologische Richtigkeit der dargestellten Ereignisse dienen[55].

VII. Stifterbilder auf Legendenzyklen und Bildepitaphien

Die letzten beiden Abbildungen zeigen zwei Bildgattungen, die für Köln und Nürnberg charakteristisch sind: den Legendenzyklus und das Bildepitaph. Zyklen sind eine Kölner Spezialität der Zeit um 1500 (Abb. 81). Es handelt sich um mehrteilige Folgen, die z.B. in Kreuzgängen aufgehängt wurden, wo sie Besuchern die Legende eines Heiligen, der in der Kirche besonders verehrt wurde, vermittelten. Sie waren relativ billig und könnten einen Ersatz für kostenintensivere Gattungen – z.B. Wandteppiche – dargestellt haben[56]. Einer dieser Zyklen wurde für die Stiftskirche St. Severin in Auftrag gegeben[57]. Er wurde in Form einer Gemeinschaftsstiftung der Kanoniker von St. Severin finanziert. Die Stifter dürften auf die Ikonographie kaum Einfluß ausgeübt haben, konnten aber für relativ wenig Geld ein Stifterbild bekommen. Die 20 Tafeln sind identisch aufgebaut; oben eine Szene aus der Legende des Heiligen – hier die Auferweckung eines Toten durch St. Severin. Unten befindet sich eine Stifterzone mit vier charakteristischen Bestandteilen: Dem lateinischen Legendentext, dem Stifterbild, Wappen und Namen – hier handelt es sich um Hermann von Berchem[58]. Die Stifter knien in der Regel vor einer Mauer, die sie mit ihren Köpfen überragen. Sie befinden sich in einer eigenen Bildebene, sozusagen einem Zuschauer- und Betraum zwischen dem Besucher der Kirche und dem Heiligen.

Die Nürnberger Bildepitaphien bilden eine fest umschreibbare Gattung (Abb. 82), während in Köln eine exakte Zuordnung von Tafeln, die nicht zu Flügelaltären gehören, erhebliche Probleme bereitet[59]. Charakteristisch für die Bildepitaphien sind drei Bestandteile: Eine Inschrift, die Namen und Sterbedatum des Stifters nennt, ein Heiligenbild und eine Stifterzone, in der die Familie dargestellt wird, an die das Epitaph erinnert. Als Beispiel sei die Imhoff-Madonna in St. Lorenz angeführt. Das Tafelbild zeigt oben Maria mit Kind und vier Engeln; ein böhmisches Gnadenbild diente als Vorbild. Darunter befindet sich eine Leiste, die die Stifterzone deutlich von dem Marienbild abgrenzt[60]. Links ist Christian Imhoff mit acht Söhnen zu erkennen, rechts seine 1449 gestorbene erste Frau Anna Thürler mit vier Töchtern, von welchen eine als Nonne und eine als verheiratete Frau dargestellt ist. Die Wappen der Eltern sind heraldisch sehr aufwendig gestaltet, mit Helm und Helmkleinod[61]. In Köln waren dagegen bis zum Ende des 15. Jahrhunderts einfache Wappenschilde üblich, wie das Wappen der Kannegießer gezeigt hat[62]. Hinzuweisen ist außerdem auf den Raum, in dem sich die Stifter befinden: Dieser ist zwar durch eine Leiste von der Madonna abgetrennt, aber er besitzt den gleichen Goldgrund[63]. Es handelt sich also auch hier nicht um einen irdischen, sondern um einen himmlischen Raum, einen abgegrenzten Bezirk. Auch hier knien die Stifter auf einer Wiese.

Es gab somit nicht nur zahlreiche Gemeinsamkeiten zwischen der Malerei in Köln und Nürnberg, sondern auch eine Reihe von Unterschieden. Für Köln waren die Heiligenzyklen und die Ursulabüsten[64] charakteristisch, für Nürnberg dagegen die Bildepitaphien und die Totenschilde[65]. Außerdem spielten in Nürnberg die Porträts eine viel größere Rolle, ferner profane Themen, die in der Kölner Malerei kaum nachweisbar sind[66].

1957 hat Lieselotte Zinserling festgestellt, daß die Nürnberger Stifterbilder recht einfallslos, monoton, stereotyp und von ihrer künstlerischen Qualität her gesehen viel schwächer seien als die darüber befindlichen Heiligenbilder oder die Kölner Vergleichsbeispiele[67]. Ob dieses Urteil tatsächlich berechtigt ist, bedürfte einer gründlichen Überprüfung. Auffällig ist jedenfalls, daß die Nürnberger Stifterdarstellungen – in Relation zu den Heiligen – erheblich kleiner sind als die der Kölner Auftraggeber. Am Ende des 15. Jahrhunderts wird auch in Nürnberg häufig auf eine Zweiteilung verzichtet, aber die Stifterbildnisse bleiben klein. Weiterhin ist festzuhalten, daß in Köln die Einbindung der Stifter in das Bildgeschehen und ihre Beziehungen zu den Heiligen in vielen Fällen individueller gestaltet waren als in Nürnberg.

Abb. 80. Epitaph des Ulrich Reichenecker († 1410). Steiermärkisches Landesmuseum Joanneum. – Das Wappen des Stifters prägt auf der Mittelachse die Bildkomposition.

Die Kölner Malerei des 15./16. Jahrhunderts war maßgeblich von den Niederlanden beeinflußt, sie gilt als außerordentlich konservativ. Mit Nürnbergs Rolle als Hauptstadt der deutschen Renaissance ist Köln jedenfalls nicht zu vergleichen. Wir haben somit einen gordischen Knoten vor uns, konservative Darstellungen aus der Heilsgeschichte mit individuellen Stifterbildern in Köln, standardisierte Stifter unter hochwertigen Heiligenbildern dagegen in Nürnberg. Wie ist dieser Befund zu deuten? Gab es einen von Westen nach Osten abnehmenden niederländischen Einfluß auf die Stifterbildgestaltung, die in Nürnberg eher von der lokalen Tradition bestimmt wurde? Oder hatte dies sozialgeschichtliche Ursachen?

Die beiden Reichsstädte lassen sich von ihrer Größe her miteinander vergleichen, doch gab es Unterschiede: Während sich die Nürnberger Gesellschaft im 14./15. Jahrhundert in Richtung eines geschlossenen Patriziats entwickelte, endgültig fixiert dann durch das Tanzstatut von 1521[68], läßt sich Köln dagegen – mit gewissen Einschränkungen – als Stadt mit einer eher offenen Gesellschaft charakterisieren: Nach der Zunftrevolution von 1396 entwickelte sich ein neues Karrieremuster, Neubürgern gelang innerhalb von ein oder zwei Generationen der Sprung in die städtische Führungsschicht[69]. Männer wie Peter Kannegießer versuchten, ihren Zeitgenossen durch aufwendige Stiftungen die neu erworbene Bedeutung vor Augen zu führen[70].

Weder für Köln noch für Nürnberg sind städtische, kirchliche oder zünftische Normen zu Stifterbildern bekannt. Eine Nürnberger Polizeiordnung von 1495 befaßte sich mit Totenschilden. Um die Bürger vor Hoffart und Unkosten zu bewahren, und aus praktischen Gründen – die Schilde versperrten das Licht – wurde ihr Wert auf drei Gulden begrenzt. Sie mußten recht einfach angefertigt werden und durften eine bestimmte Größe nicht überschreiten[71]. Für Stifterbilder gab es keine vergleichbare Vorschrift; es ist aber denkbar, daß die wechselseitige Kontrolle zwischen den führenden Familien der Stadt sehr stark war und zu einer gewissen Normierung geführt hat. In Köln gab es dagegen bis zum Ende des alten Reiches weder eine geschlossene Führungsschicht noch eine rechtlich fixierte ständische Gliederung der Bevölkerung. Luxus- und Kleiderordnungen spielten deshalb nie so eine große Rolle wie in Nürnberg[72].

Abb. 81. Meister der Ursula-Legende und Werkstatt, Auferweckung eines Toten durch den Hl. Severin, um 1500. Leinwand, H: 163,5 cm, B: 103,5 cm. Köln, Wallraf-Richartz-Museum. – In großen Bildzyklen dürften Donatoren für relativ wenig Geld zu einem Stifterbild gekommen sein.

Abb. 82. Imhoff-Madonna, 2. Viertel 15. Jahrhundert. Nürnberg, St. Lorenz. – Durch eine Leiste von der Muttergottes abgetrennt erscheinen in der Stifterzone Christian Imhoff mit elf Söhnen und seine Frau Anna Thürler mit vier Töchtern.

Auch bezüglich der geistlichen Institutionen gab es Unterschiede: Köln war eine der alten Römerstädte, die das ganze Mittelalter hindurch eine gewaltige Ausstattung an kirchlichen Gemeinschaften angesammelt hatten, nämlich 19 Stifts- und Pfarrkirchen, ca. 35 Hospitäler sowie 56 Männer- und Frauenklöster[73]. In Nürnberg spielte sich das kirchliche Leben vor allem in zwei großen Pfarrkirchen ab, hinzu kamen neun Klöster und zwei, allerdings sehr leistungsfähige Hospitäler[74]. Die Konzentration führte auch dazu, daß die Ausstattung der Kirchen viel stärker in den Blickpunkt der Bürger rückte, eine größere «Öffentlichkeit» erreichte, während sich in Köln die Stiftungen viel stärker verteilten[75]. Hier waren deshalb auch mehr Altarstiftungen möglich als in Nürnberg, wo man die Totenschilde übereinander hängte[76]. Auch die Beziehungen zwischen Bürgerschaft und Kirche waren anders strukturiert. Der Nürnberger Rat besaß erheblich größere Einflußmöglichkeiten als der Kölner[77]; hier stellten die Klöster und Stifte in höherem Maße Inseln innerhalb der Stadt dar[78]. Weitere Faktoren könnten eine Rolle gespielt haben: In Köln war der Anteil der Geistlichen an den Auftraggebern erheblich größer, eine Kundengruppe, die an unkonventionellen Stifterbildern eher interessiert war[79]. Verschiedenheiten gab es nicht zuletzt auch im geistigen Klima, wie die unterschiedliche Rezeption von humanistischem[80] und reformatorischem[81] Gedankengut belegt.

Als nächstes stellt sich die Frage, warum die Entwicklung in den beiden Städten in der Übergangsphase zur Renaissance so unterschiedlich verlief. Warum wurde Nürnberg zum kulturellen Mittelpunkt Deutschlands, zu einer Stadt, die nicht nur Albrecht Dürer, sondern auch Adam Kraft und Veit Stoß in ihren Mauern beherbergte? Wenn man Dürers Werk betrachtet, dann läßt sich feststellen, daß ihn Stifterbilder nicht sonderlich interessierten, daß er hier keine neuen Wege versuchte. Auf seinen Gemälden knien die Stifter stark verkleinert zu Füßen der Heiligen[82]. Auch Dürer orientierte sich somit an der Nürnberger Sehtradition. Die Nürnberger Auftraggeber hatten vielleicht erkannt, daß nicht das Stifterbild, sondern die Heiligenbilder das Wichtige an einem Bild waren. Hier ermöglichte die künstlerische Qualität eine Differenzierung, wie sie bei der Stifterzone nicht möglich war. Hier konnten die Auftraggeber ihren Nachruhm sichern, indem sie die besten Künstler verpflichteten, derer sie habhaft werden konnten, und diese zu immer neuen Meisterleistungen anspornten. Aus diesem Grund malte Dürer beim Helleraltar die aufsehenerregende Mitteltafel eigenhändig und mit beträchtlichem Aufwand an Fleiß, Zeit und Material, während er die Stifterbilder seinen Mitarbeitern überließ[83].

VIII. Das Stifterbildnis als religiöses Wunschbild

Bilder sind ernstzunehmende und gleichberechtigte Quellen der Mittelalterforschung und spiegeln die Realität keineswegs nur in gebrochener Form wider[84]. Sie sind durchaus ein Teil der Wirklichkeit[85], sprechen allerdings eine andere Sprache als Testamente oder Stiftungsurkunden; in jedem Fall enthalten sie wesentliche Informationen, die aus den Schriftquellen allein nicht gewonnen werden können.

Es ist theologisch keineswegs selbstverständlich, daß sich sterbliche Menschen auf Bildern befanden, die als Bibel für die Laien dienen sollten. Ist die Ursache für das Eindringen in himmlische Sphären in einer besonderen Frömmigkeit der Stifter oder aber in ihrer Respektlosigkeit und fehlenden Ehrfurcht vor den Heiligen zu suchen? Oder handelt es sich bei dieser schon häufig diskutierten Frage um ein Scheinproblem? Stifterbilder sind ohne eine außerordentlich enge Beziehung zu den dargestellten Heiligen, denen der Auftraggeber sein Seelenheil anvertraute und auf deren Fürbitte er hoffte, kaum denkbar. Es gibt – von der Proportion her gesehen – große und kleine Darstellungen, es gibt Einzelpersonen und Großfamilien, schematische Darstellungen und individuelle Lösungen, Positionen innen oder außen an den Altarflügeln, sie stehen aber nicht unbedingt im Zusammenhang mit der Frömmigkeit des Auftraggebers[86].

Stifterbilder zeigen ein religiöses Wunschbild: Die Auftraggeber knien und beten. Sie warten auf ihre Auferstehung und auf das Jüngste Gericht. Sie tragen Kirchgangskleidung. Betpulte, Rosenkränze und Gebetbücher sind ihre Attribute, Gegenstände, für die sie zu Lebzeiten – nach Ausweis ihrer Testamente[87] – eine besondere Wertschätzung besaßen. Stifterbilder zeigen uns somit bestimmte Glaubensbilder, die Vorstellung der Menschen von ihrem Schicksal zwischen Tod und Auferstehung. Sie weisen viele Parallelen zu Grabdenkmälern auf; auch diese sind typologisch zu deuten und zeigen vielfach einen liegenden Beter, der zum Himmel blickt und auf seine Auferstehung wartet[88]. Auch hier waren Kleidung und Wappen elementare Bestandteile – Stifterbilder und Grabbilder enthielten also durchaus Botschaften, die den Laien vermittelt werden sollten.

Das Stifterbild konnte mehrere Funktionen erfüllen; es stellte einen Kompromiß zwischen den Interessen des Auftraggebers und denen der Kirche dar[89]. Der Stifter dokumentierte seine Urheberschaft an einer Stiftung, die seiner Seelenheilfürsorge diente. Er sorgte dafür, daß das Andenken an seine Person und seine Familie nicht in Vergessenheit geriet. Er demonstrierte aber auch seinen Mitbürgern, daß er sich eine aufwendige Stiftung leisten konnte. Wer z.B. Jakob Heller als reichen Kaufmann und als einflußreichen Bürgermeister gekannt hatte, der sah ihn jetzt in der Rolle eines frommen Beters. Und Heller wollte, daß genau dieses Bild der Nachwelt überliefert blieb.

Auch die Kirche profitierte von den Stifterbildern: Sie erhielt kostbare Kunstwerke, die dem Lob Gottes, der Verehrung der Heiligen und der Vermittlung der Lehre dienten. Stillschweigend akzeptierte sie die Stifterbilder, sorgte aber auch dafür, daß gewisse Normen eingehalten wurden: Mehr oder minder sichtbare Schranken trennen die häufig kleiner dargestellten Auftraggeber von den Heiligen, lassen erkennen, daß es sich nicht um gleichberechtigte Partner handelt; ihre Darstellung als Beter machte dem Betrachter deutlich, daß das Urteil des Jüngsten Gerichts nicht vorweggenommen wird.

Die Kompromißformel des Stifterbildes kam somit den Interessen der Auftraggeber und der Kirche gleichermaßen entgegen. Gemeinsam mit einem neuen Bedürfnis nach Anschaulichkeit des Heiligen, nach Bildern in den Kirchen und Häusern, und einem wachsenden Interesse an religiöser Sicherheit stellte sie eine wesentliche Grundlage für den Stiftungsboom am Ende des Mittelalters dar[90].

---

1 STIRM 1977, S. 229–234.
2 KOLLWITZ 1959. – Mit einem mittelalterlichen «Bild» ist ein Kunstwerk im modernen Sinne nur mit ganz erheblichen Einschränkungen zu vergleichen, BELTING 1981 und 1990. – KRETZENBACHER 1977 und 1980.

3 ROHLS 1984. – GÖTTLER / JEZLER 1987. – RASMUSSEN 1981. – CHRISTENSEN 1970.

4 *Aliud est enim picturam adorare, aliud picturae historia, quid sit adorandum, addiscere. Nam quod legentibus scriptura, hoc idiotis praestat pictura cernentibus, quia in ipsa ignorantes vident quod sequi debeant, in ipsa legunt qui litteras nesciunt*, MGH Ep. 2, S. 270. – CURSCHMANN 1992. – Vgl. auch die kritischen Bemerkungen bei SCHENDA 1987, S. 83–90. – Einen wichtigen Hinweis darauf, daß solche Überlegungen im Nürnberg des ausgehenden 15. Jahrhunderts auch bekannt waren, liefert die Einleitung von Stephan Fridolins *Schatzbehalter*, 1491 bei Anton Koberger gedruckt. Hier heißt es: *Es ist auch ze wissen, das ettlich gegenwürff* [Betrachtungen] *von pildwerck figuren* [Holzschnitte] *haben, umb der layen willen, für die diß büchlein allermaist entworffen ist, auf das, die, die sunst nit geschrifft od pücher haben, sich desterbas behelfen mugen in der verstendnus und behaltung dieser gegenwürff*, zit. nach KUNZE 1975, S. 367; vgl. auch Anm. 35.

5 JEDIN 1963, 1966 und 1975, S. 180–184.

6 RUPPRICH 1956–1969, Bd. 2, S. 131. – ANZELEWSKY 1991, S. 56.

7 BLOCH 1980. – REINLE 1984.

8 BAUCH 1976. – SCHMIDT 1990. – KAHSNITZ 1992.

9 REINLE 1984, S. 51–52.

10 KLOTZ 1976. – KELLER 1984 (Künstlerstolz). – CLAUSSEN 1981. – KLAMT 1981. – HAUSSHERR 1981. – LEGNER 1985. – WINNER 1992.

11 PROCHNO 1929. – CURSCHMANN 1992.

12 BUCHNER 1953. – LÖCHER 1967 und LÖCHNER 1985. – DÜLBERG 1990. – Zahlreiche inhaltliche Parallelen weist die zur gleichen Zeit in Mode kommende Gattung der Porträtmedaille auf, vgl. z.B. GROTEMEYER 1957. – MAUÉ 1985.

13 ZINSERLING 1957. – BECKSMANN 1975. – Lexikon der Kunst 4, S. 690. – VAVRA 1987. – BLOCH 1980, S. 116–119. – REINLE 1984, S. 51–65. – Zu den Arbeiten von Heller und Rooch s. unten Anm. 22 u. 23.

14 SCHMID 1988 (Michaelsaltar), S. 53–57, 86–90.

15 BLOCH 1980, S. 119–120. – Methodisch sehr gewagt POLLEROSS 1988.

16 Vgl. allg. IRSIGLER 1975. – Ders. 1979.

17 Vgl. allg. PFEIFFER 1971. – Beiträge zur Wirtschaftsgeschichte Nürnbergs. (= Beiträge zur Geschichte und Kultur der Stadt Nürnberg 11) 2 Bde, Nürnberg 1967.

18 Über die Kölner Stifter vgl. OIDTMANN 1931. – VOGTS 1954. – IRSIGLER / SCHMID 1992. – HERBORN 1977 (Grundlagen). – SCHMID 1985. – SCHMID 1988 (Hackeney). – SCHMID 1990. – SCHMID 1991 (Bürgerschaft). – SCHMID 1991 (Renaissancekultur). – SCHMID 1993.

19 Zu den Nürnberger Stiftern vgl. HAMPE 1904. – GÜMBEL 1908. – DORMEIER 1985. – SCHRAUT 1987. – VAVRA 1990. – SCHLEIF 1990. – Zu den Stiftungen der Tucher und Imhoff s. u. Anm. 37 u. 61.

20 WOHLFEIL 1985, S. 135.

21 Zur Konzeption der historischen Bildkunde vgl. WOHLFEIL 1986 und 1991; auf die anderen Beiträge in diesem Band kann hier nur am Rande hingewiesen werden. – TALKENBERGER 1990. – Kritisch sei darauf hingewiesen, daß die Bedeutung der kunsthistorischen Forschung als Lieferant für saubere Datierungen und Zuschreibungen durch die meisten Historiker in der Regel überschätzt wird, weil diese sich zumeist nicht darüber im klaren sind, wie sie zustandekommen. Häufig spielen dabei pseudohistorische und uneingestandene Prämissen – Datierungen nach der Bürgermeisterwahl, der Hochzeit oder dem Todesjahr des Stifters – eine ausschlaggebende Rolle, von deren Tragfähigkeit man bei Arbeiten von Kollegen aus der eigenen Zunft keineswegs so schnell und kritiklos überzeugt wäre. – Vgl. die kritischen Stellungnahmen bei GERHARDT 1991, S. 39–40 und 1992. – BOOCKMANN 1990.

22 HELLER 1976. Die Arbeit enthält einen Kurzkatalog von 347 Stifterbildern, von denen eine Auswahl in einem einleitenden Teil analysiert wird; die Rolle der Stifter bleibt unberücksichtigt, das Phänomen der Stiftungen wird zumindest am Rande gestreift, das Motiv der Todesfurcht möglicherweise gegenüber anderen Faktoren zu stark gewichtet. – NEILSEN BLUM 1969.

23 ROOCH 1988. Bereits der Untertitel signalisiert die Stoßrichtung der Arbeit, Stifterbilder werden auf ihre Rolle als Medium bürgerlicher Selbstdarstellung reduziert, die «Säkularisierung des Heilsgeschehens» (S. 33) mit dem Ziel eines «öffentlichkeitsbezogenen Ideologietransfers» (S. 39) gedeutet, was auch immer das im 15. Jahrhundert bedeuten mag. Die Untersuchung basiert auf einer willkürlich erscheinenden Auswahl; zwischen den einzelnen Tafelbildern wird eine Entwicklungslinie konstruiert, eine Methode, die in der Bauforschung oder bei einer Werkanalyse ihre Berechtigung haben mag, bei einer in großen Mengen überlieferten Bildgattung aber fehl am Platz ist. Nach dem Zusammenhängen mit Kirchentypen oder Stiftergruppen wird deshalb erst gar nicht gefragt, zumal für den Verfasser der bürgerliche Charakter der Stifterbilder von Anfang an so festzustehen scheint, daß er auch mit Beispielen belegt wird, die dem Adel oder Klerus zugehören. Den daraus gezogenen Folgerungen wird man nicht immer zustimmen können, die Stifter waren auf den Bildern weder gleichberechtigte Partner der Heiligen noch «Hauptbezugspunkt der Bildkomposition» (S. 108). Auch wenn soziale Repräsentation ein sicherlich nicht unwesentlicher Faktor war, läßt sich damit noch lange nicht alles erklären; wenn Bildhintergründe und Landschaftsszenen für die Stifter der Bilder so wichtig gewesen wären, dann würde man sie öfters in Werkverträgen finden, was aber nicht der Fall ist. – Nicht bestätigt werden können nach dem bisher untersuchten Material die Thesen von BOTVINICK 1992.

24 Bereits um 1300 kritisierte der Mystiker Meister Eckhart: *Willst du erkennen, wie viel Leute ihr eigen Lob und Ehr in den Almosen suchen, so bedenke doch, was sie thun: sie machen Fenster, Chorröcke und Altäre in die Kirchen und zeichnen sie mit ihren Wappen und Namen, nämlich, daß ihre Freigebigkeit von allen Menschen erkannt werde. Aber also haben sie ihren Lohn dahin!* PELTZER 1899, S. 91. – Auch der Straßburger Prediger Johann Geiler von Kaisersberg kritisierte fromme Stiftungen aus weltlichen Motiven. In seinem «Löwengeschrei» predigte er 1507 (fol. 68'): *Niendert in magstu es baß erkennen / denn darinn / das du also stifftest wann du möchtest geleiden das es ein anderer thet und den rum het / dem rumreichen werck / das wer ein zeichen / das du allein gottes eer darin suchest. Es wil aber nit sein / es muß yederman wissen / das du das meßgewand gemachet hast*. – 1522 heißt es in Geilers «Postille» (III fol. 39'): *Hye vermynet etlich / das zum heyligen sacrament zugon / und messen zustifften / und messzgewandt zumachen / und iren schilt doran zuhencken / allein dorumm / dz ir nam blibe / und das man spreche / Das kumt von dem geschlecht här. Aber armen leüten zugeben allmußen / die do verderben, von weetagen und von hunger / und handlungen halben / do will nyemans hand anlegen*. – Den Hinweis auf die Belege verdanke ich Rita Voltmer, M. A., Trier, die eine Dissertation über Geilers Predigten vorbereitet, deren Quellenwert für Fragen der Alltags- und Kulturgeschichte im weitesten Sinne noch weitgehend unbekannt ist.

25 Eine typologische Deutung wird stets auch nach der augustinischen Einteilung der Zeit in die Epochen ante legem (vor Mose) und sub legem (nach Mose) den Zustand sub gratia (nach Christus) einschließen, neben der Zeit des Alten und des Neuen Testaments kann die Zeit nach Christus, das Zeitalter der Kirche, die Gegenwart in die Interpretation einbezogen werden. – «Seit Augustin und Ambrosius nimmt nämlich das für die Typologie konstitutive Grundverhältnis von Altem und Neuem Testament nicht selten eine dreistufige Gestalt an– Die Zeit Christi als Zeit der Erfüllung der alten Zeit rückt in die Mitte und wird zur Wendezeit: Die dritte Zeit ist die nach Christus, die Zeit der Fortexistenz Christi in der Kirche und die Zeit der Eschatologie. Es gibt eine Zeit vor Christus, in Christus und nach Christus nach dem Schema: Tempel in Jerusalem – Kirche in Jerusalem – Himmlisches Jerusalem.» WEDDIGE 1987, S. 82–83. – Stellvertretend für viele können hier nur zwei Titel genannt werden: OHLY 1977. – BRINKMANN 1980. – Zur Bedeutung für Kunst und Literatur vgl. z.B. STORK 1992, S. 1–21. – HOEFER 1971.

26 WECKWERTH 1957, S. 169.

27 SCHMID 1988 (Michaelsaltar), S. 42–43, 46–47. – BELTING 1987, S. 144.

28 KAISER 1987. – DERS. 1989. – ENGEL 1992. – STROMER 1992. – HEINRICH 1992.

29 S. u. Anm. 52.

30 STANGE 1934–1961, Bd. 5, S. 121–122. – DERS. 1967–1978, Bd. 1, Nr. 151. – SCHMIDT 1978, Kat. Nr. 25. – ZEHNDER 1990, S. 250–258. – SCHMID 1993, Kap. III.3.1.

31 LUTZE / WIEGAND 1937, S. 182–183. – Kat. Meister um Dürer 1961, Nr. 367. – Kat. Nürnberg 1986, Nr. 170, vgl. Nr. 96.

32 Vgl. z.B. SCHMIDT 1931. – SCHMIDTKE 1982. – REINITZER 1982. – CHAPEAUROUGE 1964. – Ein Paradiesgärtlein in einem um 1490 in Nürnberg entstandenen Antiphonale zeigt die Stifterinnen – fünf Dominikanerinnen mit ihren Namenspatroninnen vor der geschlossenen Gartenmauer, Abbildung bei SCHRAUT 1987, Tafel 1. – Auf einem Kölner Tafelbild des Meisters des Bonner Diptychons finden wir dagegen die Stifterfamilie vor den hl. Jungfrauen, kniend, auf der gleichen Rasenfläche und ohne trennende Mauer, SCHMIDT 1978, Kat. Nr. 42.

33 HAVERKAMP 1984. – SCHULER 1987. – ULBRICHT 1992. – ARNOLD 1987. – DERS. 1992.

34 WEIZSÄCKER 1923. – DECKER 1985. – LYMANT 1988. – ANZELEWSKY 1991, Kat. Nr. 107–115. – SCHMID 1993, Kap. III.3.4.

35 Die Vorstellung eines Zwischenreiches wie auch der Fürbitte für die Toten durch die Lebenden mag theologisch bedenklich erscheinen, ist aber durch literarische Quellen des ausgehenden Mittelalters hinlänglich gesichert, vgl. z.B. ARIÈS 1980, S. 326–330. – LE GOFF 1984 und 1988. – KRETZENBACHER 1977 und 1980. – MALKE 1976. – HOLBÖCK 1980. – WIEBEL-FANDERL 1984. – Zum Vergleich können ähnliche Frömmigkeitsformen herangezogen werden: In das Buch der 1475 gegründeten Kölner Rosenkranzbruderschaft wurden Lebende wie Verstorbene eingeschrieben; ihre Ablässe waren auch

den «Armen Seelen» im Fegefeuer zugedacht, vgl. Ritz 1975, S. 114–115. – Vgl. allg. Halm 1922. – Das um 1475 entstandene Epitaph der Nürnbergerin Dorothea Schürstab, das die Messe des hl. Gregor zeigt, trägt folgende Inschrift: *Wer diese figur kniend ert mit einem pater noster und ave Maria, der hat von der erscheinung, die sant Gregorius erschain in ainer kirchhen, dy heist portacrucis, den selben ablas der selben kirchen, des ist 30 000 iar ablas*, Stange 1967–1978, Bd. 3, Nr. 93. – Kat. Luther 1983 (Nürnberg), Nr. 53. – Erstaunlich eng sind auch die Parallelen zwischen Stifterbildern und Grabbildern; letztere zeigen ihre Auftraggeber häufig im «idealen Alter» von 33 Jahren, lächelnd und mit geöffneten Augen, wie sie liegend und betend auf ihre Auferstehung warten, Schmidt 1990, S. 23–33, 70–80. – Heller 1976, S. 45–47.
36 Kat. Nürnberg 1986, Nr. 43. – Schleif 1990, S. 172–173. – Scholz 1991, S. 37, 299, 301. Die Inschrift lautet: *Laurencius Tucher decretoru[m] doctor canonicus ratispon[ensis] S[an]cti Laurentii in Nürnberg plebanus 1485.*
37 Zu den Stiftungen der Tucher vgl. Grote 1961. – Schwemmer 1962 und 1976. – Stafski 1986. – Loeffelholz 1986. – Schleif 1987 und 1990, S. 167–178.
38 Kat. Luther 1983 (Nürnberg) Nr. 57–68. – Vgl. als quellenmäßig gut dokumentierte Fallstudien Dormeier 1985. – Schmid 1988 (Michaelsaltar). – Gorissen 1973. – Göttler / Jezler 1990.
39 Stange 1934–1961, Bd. 5, S. 84–85 und Stange 1967–1978, Bd. 1, Nr. 278. – Zehnder 1990, S. 271–275. – Tewes 1990, passim. – Kulenkampff 1987–1988. – Werres 1989. – Zu dem Altar Schmid 1978, Kat. Nr. 34.
40 Anschauliche Beispiele in: Kat. Luther 1983 (Nürnberg), Nr. 445–450.
41 Ähnliches gilt für Köln, wo die Familie Hackeney einen ganzen Lettner aus Mecheln einführen ließ, vgl. Schmid 1988 (Hackeney), S. 46–49.
42 Hirschmann 1978. – Kliemann 1989, Nr. 17. – Schleif 1990, S. 76–129.
43 Leeuwenberg 1972. – Meuthen 1988, S. 92, 97, 109–110, 148, 163, 178, 182. – Tewes 1990.
44 Zum Altar vgl. Stange, 1934–1961, Bd. 5, S. 33 und Stange 1967–1978, Bd. 1, Nr. 176. – Schmid 1978, Kat. Nr. 8, 32. – Zehnder 1990, S. 475–484. – Schmid 1991 (Bürgerschaft), S. 408–412. – Die Inschrift lautet: *ANNO DOMINI MCCCC OCTUAGESIMO NONA DIE MENSIS NOVEMBRIS VENERABILIS DOMINUS MAGISTER GERARDUS DE MONTE ARTIUM MAGISTER AC SACRAE THEOLOGIAE EXIMIUS PROFESSOR [ANIMAM] SUAM CREATORI REDDIDIT. IPSE ANNIS QUADRAGINTA DUOBUS REXIT IN FACULTATE THEOLOGICA INSIGNIS UNIVERSITATIS COLONIENSIS. SIT ANIMA EIUS COMMENDATA PIIS TRANSEUNTIUM ORATIONIBUS. AMEN.* – Die Inschrift konzentriert sich ganz auf seine Rolle als Hochschullehrer; seine Funktion als Kanoniker wird nicht erwähnt.
45 Schmid 1991 (Bürgerschaft), S. 410–411. – Büttner 1983, S. 98–105. – Lankheit 1959, S. 8. – Auf einer Tafel des Kölner Meisters der Georgslegende berührt der Stifter – einer der Grafen von Sayn – mit seinen gefalteten Händen die rechte Hand Christi; gleichzeitig blickt er nicht zu diesem, sondern aus dem Bild heraus, vgl. Schmidt 1978, Kat. Nr. 24b.
46 Stange, 1934–1961, Bd. 9, S. 18, 28, und Stange 1967–1978 Bd. 3, Nr. 56. – Reformation in Nürnberg 1979, Nr. 94.

47 Wohlfeil 1985, S. 166–173. – Schleif 1990, S. 156–158.
48 Wölfflin 1928. – Deitmaring 1969. – Lurker 1980 und 1987, S. 287–288. – Suntrup 1978, S. 206–224. – Chapeaurouge 1984, S. 31–38. – Arnold 1987, S. 259, 272–273. – Elze 1991.
49 Loeschcke 1965. – Chapeaurouge 1984, S. 26–27. – Schleif 1990, S. 156–158.
50 Kat. Zu Dürers Zeiten 1991, Nr. 122 und Nr. 123: Die Darstellung der Höllenfahrt aus Dürers Kupferstich-Passion von 1512. – Ein weiterer «Griff ans Handgelenk» auf einem Kupferstich des Meisters des hl. Erasmus, entstanden um 1450/60 am Niederrhein, Abbildung in: Hernad 1990, Nr. 16. – Vgl. auch die «Geistliche Auslegung», 1485 in Ulm gedruckt, Abbildung des Holzschnitts in: Kat. Das schöne gedruckte Buch 1959, S. 33. – Schleif 1993.
51 Stange 1934–1961, Bd. 11, S. 61, 160. – Biedermann 1982, Nr. 5. – Auf dem Schriftband ist zu lesen: *ORA PRO NOBIS STA …* Auf dem Rahmen steht: *ANNO DOMINI MILESIMO CCCC DECIMO OBIIT ULREICH REICHENEKER FERIA TERTIA POST FESTUM MARGARETE HIC SEPULTUS.*
52 Husband 1980. – Hundsbichler / Jaritz / Vavra 1982.
53 Zander-Seidel 1990. – Für Köln vgl. Wurmbach 1932. – Vgl. allg. Kühnel 1992.
54 Zum «universitären Mäzenatentum» vgl. Graven / Förster 1935. – Kauffmann 1938. – Boockmann 1986 (Universitäten) und 1987.
55 Bähr 1984.
56 Zur Gattung vgl. Zehnder 1989, S. 37–38. – Mader 1991. – Über spätgotische Zyklen ermöglichen die Aufzeichnungen des Hermann Weinsberg eine Reihe wichtiger Aufschlüsse, vgl. Schmid 1991 (Renaissancekultur), S. 41–45, 50–53.
57 Vgl. die ausführliche Beschreibung bei Brockmann 1932, S. 31, 252–260. – Stange 1935–1961, Bd. 5, S. 114–115 und Stange 1967–1978, Bd. 1, Nr. 305. – Zehnder 1990, S. 395–400. – Zum Severinskult vgl. Zender 1985.
58 *Dominus Hermannus de Berchem, artium magister, decretum baccalaureus, pastor ecclesie sancti Johannis baptiste Coloniensis* ist vermutlich identisch mit Hermann Schoin van Thorr (bei Bergheim), der 1462 an der Kölner Universität eingeschrieben wurde und von 1468 bis 1492 an der Artistenfakultät tätig war; 1481 wurde er zum Dekan gewählt. Den Bakkalar im Kirchenrecht erwarb er 1472, 1483/84 amtierte er als Rektor der Universität. Er war Pfarrer von St. Johann Baptist, die Kirche war St. Severin inkorporiert, aber kein Kanoniker. 1489 errichtete er eine große Stiftung: Von einer Erbrente im Wert von 2000 Gulden sollten jährlich 30 für eine Präbende an das Kloster Herrenleichnam fallen. 25 Gulden gingen zur Dotierung einer Zelle an die Kartause Vogelsang bei Jülich und 30 Gulden an den Rektor des Jakobsaltars in St. Maria in Alsdorf, vorausgesetzt, dieser führte einen ehrbaren Lebenswandel – eine entsprechende Bescheinigung mußte vorgelegt werden. Im Juni 1499 errichtete er sein Testament, bereits am 9. Juli wurde sein Nachlaß verzeichnet; er besaß eine umfangreiche Bibliothek mit theologischen und juristischen Werken, vgl. Keussen 1919–1931, Bd. 1, Nr. 295,28. – Weitere Nachweise bei Schmid 1993, Kap. III.2.3.
59 Redslob 1907. – Pilz 1936–1939. – Schoenen 1967. – Bäumler 1987. – LMA 3, Sp. 2072–2074, Bd. 4, Sp. 1621–1630. – Kliemann 1989. – Weckwerth 1957. – Wohlfeil 1985.

60 Stange 1934–1961, Bd. 9, S. 18 und Stange 1967–1978, Bd. 3, Nr. 45. – Schleif 1990, S. 53, 108. – Die Beschriftung ging verloren, sie lautete: *Als man zahlt nach Christi Geburth 1449 jahr, an unserer lieben frauen tag, als sie über das Geburig ging, da verschiedt Anna Im Hoff, die hie begraben liegt.*
61 Zur Familie Imhoff 1975. – Veit 1982. – Scholz / Treeck 1989. – Mende 1991. – Dormeier 1985.
62 Vgl. allg. Ewald 1934.
63 Beer 1983 (Goldgrund). – Wohlfeil 1985, S. 155–158. – Die trennende Leiste findet sich auch in der Nürnberger Graphik, z.B. bei Erhard Schön: Auf einer Darstellung von Verkündigung und Heimsuchung (1514) sind zwei Bildzonen konzipiert, oben eine große, eher quadratische, und unten eine kleinere, rechteckige, Heffels 1981, Nr. 85. – Ebda., Nr. 86 der «große Rosenkranz» Erhard Schöns, entstanden um 1515; vgl. auch Reformation in Nürnberg 1975, Nr. 118: In der bildbeherrschenden oberen Zone das Allerheiligenbild mit Engeln, Patriarchen, Aposteln und Märtyrern, darunter knien Vertreter der kirchlichen und weltlichen Obrigkeit – die Zuordnung nach links und rechts entspricht der in Anm. 48 genannten Regel. Die niedrige untere Zone zeigt die «Armen Seelen», die im Fegefeuer schmoren. Engel ziehen diejenigen heraus, die einen Strafnachlaß erhalten haben. Der Holzschnitt ist nicht nur ein wichtiger Beleg dafür, wie sehr der formale Aufbau der Bildepitaphien die Entstehung einer lokalen Sehkonvention geprägt hat, sondern auch, daß die Interpretation der Stifterzone beim Tucherepitaph wie auch den Nischen beim Helleraltar dem Zeithorizont entspricht. – Inwieweit bei der Zweiteilung der Gemälde auch arbeitsorganisatorische Motive (Herstellung der oberen Zone auf Vorrat) eine Rolle gespielt haben, kann hier nicht geklärt werden, zu Parallelen im Bereich der Glasmalerei vgl. Scholz 1991, S. 242–243.
64 Karpa 1934. – Zehnder 1985. – Bergmann 1989.
65 S. oben Anm. 59.
66 S. oben Anm. 12.
67 Zinserling 1957, S. 67–68, 73, 76. – Wohlfeil 1985, S. 140–142.
68 Hofmann 1966. – Hirschmann 1968. – Endres 1970, 1971 und 1990. – Stromer 1973. – Hauptmeyer 1977. – Zum Tanzstatut von 1521 vgl. Aign 1961, S. 100–118.
69 Herborn 1972 (Selbstverständnis), 1972 (Bürgermeisterliste), 1977, 1980 und 1985. – Irsigler 1974. – Militzer 1980 (Führungsschicht), 1980 (Auseinandersetzungen), 1986 (Collen) und 1986 (Gaffel Windeck).
70 Zur Frage der Stiftertypolgie und zur Bedeutung von Stiftungen als Statussymbolen vgl. Schmid 1990, S. 166–177. – Dirlmeier 1983.
71 Baader 1861, S. 113–114 Nr. 13. – Mattausch 1970, S. 33–34. – Pilz 1936–1939, S. 101. – Wohlfeil 1985, S. 130. – Vavra, 1990, S. 127.
72 Lehner 1984. – Zander-Seidel 1990. – Für Köln vgl. Stein 1893–1895, Bd. 2, Nr. 174 § 16–17 (1439), Nr. 181 § 16–17 (1441), Nr. 309 § 16–17 (ca. 1470).
73 Diederich 1984. – Johag 1977. – Gechter 1983. – Jütte 1984, S. 218–330. – Irsigler / Lassotta 1984. – Lassotta, Formen der Armut.
74 Zu den Nürnberger Kirchen vgl. Lutze 1939. – Hoffmann 1912. – Baier 1979. – Schwemmer 1979. – Bauer / Hirschmann / Stolz 1977. – Schleif 1990. – Knefelkamp 1989 (Nürnberg) und 1989 (Stiftungen). – S. unten Anm. 77.
75 Schmid 1985, S. 28–30. – Zur Frage der Öffentlich-

keit vgl. HUNDSBICHLER / JARITZ / VAVRA 1982, S. 51–52. – WOHLFEIL 1985, S. 176.
76 SCHLEIF 1990, S. 234–236. – Vgl. allg. MICHEL 1976. – ASSUNTO 1982.
77 HÖSS 1971. – PFEIFFER 1971 (Reformation). – SCHLEMMER 1980.
78 GECHTER 1983, passim. – DIEDERICH 1984, S. 68–70.
79 SCHMID 1990, S. 170–173.
80 Zum Nürnberger Humanismus vgl. BENZING 1971. – MACHILEK 1977. – WUTTKE 1985 (Philosphia), 1985 (Nürnberg) und 1987. – Für Köln vgl. CHAIX 1989 und 1992. – MEUTHEN 1988. – Eine neue Milieutheorie würde den Rahmen dieser Studie sprengen. In Köln ist die Erforschung des lange vernachlässigten 16. Jahrhunderts in der letzten Zeit ein gutes Stück vorangeschritten. Wenn erst die grande thèse von Gérald Chaix (Vie religieuse et conscience civique à Cologne au XVI siècle. De la ville sainte à la métropole catholique) und die Dissertation von G.-R. Tewes über die Universität (s. o. Anm. 39) vorliegen, könnte eine weitgehende Revision des Bildes von der «Stadt der Dunkelmänner» erforderlich werden. – Vgl. auch Anm. 81.
81 Zur Reformation in Nürnberg vgl. PFEIFFER 1968. – SEEBASS 1975. – REINHARD 1991. – Reformation in Nürnberg 1975. – Kat. Luther 1983 (Nürnberg). – Die Kölner Reformationsgeschichte ist nicht so gut aufgearbeitet wie die Nürnberger; dies wäre zu wünschen, weil die Städte in der Zeit vor der Reformation durchaus vergleichbare Züge besaßen (Reichsunmittelbarkeit, Frömmigkeit, Stiftungen) und der Sonderweg Kölns im 16. Jahrhundert zum Prüfstein für manches Reformationsmodell werden könnte. Die Ergebnisse der Arbeit von SCRIBNER 1976 lassen sich nach den in Anm. 80 genannten Studien wesentlich erweitern, vgl. auch SCHMID 1991 (Renaissancekultur) S. 184–190 und 1993.
82 Dies gilt für das Holzschuher- und das Glimm-Epitaph, ebenso für den Paumgartner-Altar, ANZELEWSKY 1991, Nr. 50, 55, 70. – In Dürers graphischem Werk fehlen Stifterbilder, allenfalls kann auf Dedikationsdarstellungen hingewiesen werden. – Von den Zeichnungen zeigen nur zwei Stifterdarstellungen, darunter eine Vorzeichnung zum Rosenkranzfest, Winkler 1936–1939, Bd. 2, Nr. 384, Bd. 4, Nr. 924. – Erheblich größeres Interesse hatte Dürer an mehr oder minder versteckten Porträts von Zeitgenossen, vor allem aber seiner eigenen Person, z.B. auf dem Rosenkranzfest, dem Landauer Altar oder als Trommler, ANZELEWSKY 1991, Nr. 73, 93, 118. – KEHRER 1934. – HESS 1990.
83 ANZELEWSKY 1991, Kat. Nr. 114.
84 KÜHNEL 1980. – Jaritz 1990 (Bildquellen).
85 Vgl. z.B. die nicht unumstrittene Ausstellung: Kat. Kunst um 1400, 1975. – Dazu die Besprechung von HILGER 1976.
86 Vgl. z.B. HELLER 1976, S. 93–95. – ZIMMERMANN 1986. – Mehrere wichtige Beiträge in den Sammelbänden ELM 1989 und SCHREINER 1992.
87 KUSKE 1917–1934, S. 189–365.
88 S. oben Anm. 8.
89 Vgl. auch WARNKE 1979.
90 ESCH 1981. – JARITZ 1990 (Stiftungen).

Mittelalterliche Medizin und Probleme der Jenseitsvorsorge

Roger Seiler

Die Medizin, als *Wissenschaft von den Heilverfahren... erdacht zu Ausgeglichenheit und Wohlbefinden des Körpers*[1], scheint kaum mit dem hier vorgegebenen Thema – den Jenseitsvorstellungen im Mittelalter – in Verbindung zu stehen. Es wird im folgenden Aufgabe sein, auf die vielfältigen Berührungspunkte der Sorge um den Körper, der *cura corporalis*, und der Sorge für die Seele, der *cura animae*, die immer auch deren ewiges Heil miteinbezog, hinzuweisen. Denn im unausweichlichen Kontakt mit Tod und Sterben muß(te) sich die Medizin – damals wie heute – mit diesen Fragen auseinandersetzen. Darüber hinaus verbinden sich in einer christlich geprägten Weltschau die Erfahrungen von körperlichem Schmerz und Leiden in der Krankheit in vielfältiger Weise mit Schuld und Sünde, aber auch mit Sühne und Vergebung. Damit werden die Vorstellungen vom Jenseits mit Gericht, ewiger Seligkeit oder Verdammnis nicht nur in der Grenzerfahrung des Sterbens prägend für das Verständnis von Krankheit als dem Zeichen der Endlichkeit und Hinfälligkeit jedes Menschen.

Aus der Eigenart der menschlichen Natur ergeben sich eine Reihe «allgemeiner Defekte» wie Hunger, Durst, Schmerzempfindung oder Sterblichkeit, denen – nach katholischer Dogmatik[2] – auch Christus unterworfen war. Krankheiten des Leibes und der Seele dagegen, die «besonderen Mängel»[3], sind wegen ihrer möglichen Verknüpfung mit der Sünde für Christus auszuschließen. Dieser Aspekt aber ist für die Bedeutung der Krankheit im Zusammenhang mit der Jenseitsvorsorge, die wir hier diskutieren wollen, immer wieder wichtig – sowohl aus der Sicht des Kranken wie aus der des Gesunden. Einige grundsätzliche Überlegungen zur Ursachenlehre der Krankheiten im Mittelalter sollen aber klären, wie weit die kausale Verknüpfung von Sünde und Krankheit als zwingend angesehen wurde. Die Bejahung dieser Frage würde einerseits den Wert der Bemühungen des Arztes entscheidend herabmindern, andererseits jeden Krankheitsfall einbinden in einen letztlich aufs Jenseits zielenden Sinnzusammenhang. Für ein wesentlich christlich geprägtes Kultursystem wie etwa das der Klöster liegt eine positive Beantwortung nahe. So wird die monastische Medizin charakterisiert als *Iatrotheologie*, die *Krankheit und Leiden als göttliche Strafe oder als Weg, etwa in der Nachfolge Christi* verstand[4]. Hier galt *als letzte Ursache der Krankheit... die Sünde, die mit ihr zusammen bekämpft werden muß* (Mt. 9,2). *Bevor man die Ärzte konsultierte, rief man die Heiligen und Gott selbst um Rettung an*[5].

Eine solche Ansicht[6] kann aber differenziert werden. Durch den Sündenfall wurde der Mensch aus dem Paradies vertrieben und verlor damit auch seinen *status angelicus*, in dem er durch die Gnade Gottes vor der dem Geschaffenen eigenen Hinfälligkeit bewahrt worden war[7]. Und von Adam her ist diese Hinfälligkeit, die Tod, Leiden und Krankheit mit sich bringt, den Menschen vererbt worden. Schon wegen seiner Teilhabe an der Kreatürlichkeit, die Leidensfähigkeit miteinschließt, kann der Mensch, auch der heilige, krank werden. Gerade durch Jesus war aber der enge Kausalnexus zwischen Krankheit und Schuld, wie ihn die jüdische Tradition kannte, aufgehoben worden[8]. Vom Blindgeborenen konnte er sagen: *Weder er noch seine Eltern haben gesündigt...* (Joh. 9,3); und *er heilte viele, die an allen möglichen Krankheiten litten* (Mk. 1,34), ohne ein Wort der Ermahnung oder einen Hinweis auf eine Schuld. Der Zusammenhang wurde nicht negiert – Jesus heilte den Gelähmten, nachdem er ihm die Sünden vergeben hatte[9] – aber der starre und gleichmachende Schematismus der alten Überlieferung wurde gebrochen.

Ein aufschlußreicher Text aus dem 8. Jahrhundert, die «Rechtfertigung der Heilkunde», die Einführung des sogenannten Lorscher Arzneibuches, gibt uns Auskunft darüber, was im Bereiche der «Klostermedizin»[10] als Ursprung der Krankheiten gesehen wurde: *Aus drei Ursachen wird der Leib von Krankheiten befallen: aus einer Sünde, aus einer Bewährungsprobe, aus einer Leidensanfälligkeit*[11]. Natürlich kann *nur dieser letzteren menschliche Heilkunde abhelfen, die anderen heilt einzig und allein die Liebe der göttlichen Barmherzigkeit*. Interessant ist die quantitative Verteilung der zitierten Bibelstellen, die diese Heilungsarten illustrieren. Krankheiten aus «Sünde» oder als «Bewährungsprobe» werden mit je einem Beispiel belegt, jene «aus einer Leidensanfälligkeit» dagegen mit deren sechs. Die Folgerung – der Schreiber will ja sein umfassend angelegtes Arzneibuch rechtfertigen – kann daher lauten: *Aus alledem ist klar, daß weder menschliche Hilfen noch die Heilkunst zu verschmähen sind*. Diese naturwissenschaftliche Geisteshaltung, die, altem hippokratischen Denken entsprechend, die Krankheit als eine rein physische Störung ansieht, hat von der Antike über Galen bis ins ganze Mittelalter hineingewirkt[12].

Entsprechend häufig wird in chronikalischen und hagiographischen Quellen des Früh- und Hochmittelalters von Krankheiten und deren Heilung ohne jeden Bezug zu Sünde und Vergebung berichtet[13]. Die überwiegende Mehrzahl der körperlichen Leiden scheint eben in jener natürlichen *Leidensanfälligkeit* des Menschen ihren Grund zu haben und ist deshalb auch durch medizinische Maßnahmen heilbar. Sogar viele Opfer einer schweren Seuche, des klassischen Topos einer Geißel Gottes, können durch Schröpfen und Kräutertränke gerettet werden[14] – so berichtet es Gregor von Tours, auf dessen Geringschätzung der ärztlichen Kunst hingewiesen wird[15]. Nicht einmal im Falle einer Pestepidemie ist ärztliches Wirken überflüssig, auch wenn gerade die Pest immer wieder als ein Strafgericht erfahren und interpretiert wurde. Die Theorie der hierarchisch gestuften Ursachen konnte die verschiedenen ätiologischen Erklärungsmuster in ein übergreifendes System vereinen. Als letzte Ursache hinter den natürlichen Mechanismen der Entstehung der Pest stand unbestritten von Medizinern und Theologen der ewige Ratschluß Gottes. Seine Hilfe anzurufen, war daher das beste Heilmittel, das *summum remedium* gegen die Pest. Auch das berühmte Pariser Pestgutachten von 1348 ermahnt: *Wir wollen nicht vergessen, daß diese Seuche auf jeden Fall durch den Willen Gottes kommt. Daher gibt es keinen anderen Rat, als demütig Gott um Hilfe zu bitten ...*[16]. Das will aber nicht heißen, daß die Ärzte überflüssig wären: Auch deren Rat – so insistiert das Gutachten weiter – muß man beachten, *denn der Schöpfer des Himmels und der Erde, er der alle Krankheiten heilt, hat in seiner großen Güte für unsere Hinfälligkeit die Wissenschaft der Medizin geschaffen ...*[17]. Daß von kirchlicher Seite – mindestens der offiziellen – keine Vorbehalte gegen medizinische Maßnahmen gemacht wurden, belegen die Verordnungen Clemens VI. (1342-1352). Die spektakulärste in der Zeit war wohl die Durchführung von Sektionen an Pesttoten, um der (natürlichen!) Ursache der Pest nachzuforschen[18].

Aufgrund der Annahme natürlicher (oder magischer[19]) Krankheitsursachen wird in den meisten Fällen[20] zuerst die Selbstbehandlung mit Hausmitteln versucht, dann der Arzt oder eine der vielen heilkundigen Personen konsultiert. Das gilt vom Hochmittelalter[21] bis in die frühe Neuzeit[22]. In vielen Schriften zur medizinischen Selbstversorgung der Laien[23], die ab 1300 zunehmend häufiger auftreten, ist die Ätiologie nur innerhalb der Komplexionslehre oder der Diätetik ein Thema.

Eine Ausnahme in diesem Schema bildet die Erkrankung als Strafe und Vergeltung, mit der Heilige tätliche Angriffe auf ihre Reliquien und den Besitz ihrer Kirchen oder die Nichterfüllung von abgegebenen Voten ahnden[24]. Besonders konsequent folgen solche Strafmirakel den Lästerungen oder der Mißachtung der Macht der Heiligen[25]. Charakteristisch ist der Fall des Archidiakon von Bourges, der auf Intervention des hl. Martin sein verlorenes Sehen wiedergewann. *Als er aber wieder heimgekehrt war, rief er einen Juden und ließ sich Schröpfköpfe auf die Schulter setzen, um so die Kraft seiner Augen noch zu mehren. Als ihm das Blut abgezogen wurde, verfiel er jedoch wieder in seine alte Blindheit*[26]. Nach der Wunderheilung noch einen Arzt, dazu einen nicht-christlichen, zu rufen war Sünde, und von der neuen Erkrankung wurde er nicht wieder geheilt. Die Schwere und die Art der Krankheit kann die besondere Verwerflichkeit der Tat noch unterstreichen und, wenn sie tödlich endet, den Beginn der folgenden jenseitigen Bestrafung markieren. So litt Bischof Sidonius von Konstanz, der dem Kloster St. Gallen übel wollte, tagelang an einer akuten Darmerkrankung. Er mußte auf einem Faß nach Hause gekarrt werden, bis endlich unter unausstehlichem Gestank die

Abb. 83. Bestattung der Opfer in Tournai während der Großen Pest 1349, Miniatur aus den Annalen des Gilles le Muisit, Flämisch, 1352. Brüssel, Bibliothèque Royale, Ms. 13076-7, fol. 24v. – Scharenweise werden Särge herbeigetragen und Tote beigesetzt. Andernorts kam man dem Großen Sterben nur noch mit Massengräbern bei. – Seuchen galten im Mittelalter als Strafen Gottes. Dennoch war ärztliche Hilfe nicht überflüssig. Während der Großen Pest 1348/49 wurden sogar Tote seziert, um den natürlichen Ursachen der Krankheit auf die Spur zu kommen.

Seele des Unglücklichen *aus der Kloake des Leibes entwich*[27].

Diese einleitenden Bemerkungen, welche auf die natürliche Genese der Krankheiten hinweisen, sind nötig, um Einseitigkeiten zu vermeiden. Gerade weil wir hier nach der Relevanz des physischen Leidens für das Seelenheil fragen, soll nicht vergessen werden, daß im Mittelalter die Krankheit auch – oder vielleicht in erster Linie – als Störung des physischen Gleichgewichts mit natürlicher Ursache angesehen wurde. Solange Heilung von Seiten der Medizin[28] möglich ist und erwartet wird, kann der Kranke sein Leiden aus der Verbindung zur Sünde herauslösen. Im Folgenden wird auf verschiedene Zusammenhänge von Krankheit, Krankenpflege und Medizin in ihrem Verhältnis zu den Jenseitsvorstellungen eingegangen und zwar jeweils unter zwei Gesichtspunkten: einmal aus der Sicht des Betroffenen, des Kranken und dann des Gesunden in seiner Konfrontation mit der Krankheit.

I. Krankheit und Jenseitsvorsorge aus der Sicht des Kranken

Die schwere Krankheit, die mit Siechtum, Schmerzen und wenig Hoffnung auf Heilung einhergeht, ist für den Menschen des Mittelalters eine tägliche Bedrohung. Zwar wird die physische Gesundheit als der Normalzustand des Menschen für erstrebenswert gehalten. Doch in einem Wertsystem, das vom Jenseits her rechnet, können auch andere Maßstäbe gelten: Gesundheit, die zur Sünde verführt, ist schlecht, Krankheit, die läutert, kann dagegen gut sein: *Wer im Fleisch gelitten hat, für den hat die Sünde ein Ende* (1. Petr. 4,1). So ist es für den Menschen möglich, daß er seiner Krankheit, deren natürliche Ursache er anerkennt, final einen für ihn eigenen Sinn zuschreibt, als positive Möglichkeit zur Bewährung, als Läuterung des immer schuldigen Menschen, als Prüfung des Schuldlosen oder zur *Verherrlichung Gottes* (Joh. 11,4). In diesem Sinne kann dann die Erfahrung des körperlichen

Leidens vielfach eingebunden werden in die Sorge um das jenseitige Heil und darin eine positive Wertung erfahren. So wird die Krankheit Teil einer «pédagogie divine»[29], die den Menschen zu seinem Heil väterlich ermahnt und führt. Gerade in der spätmittelalterlichen Passionsfrömmigkeit als «Strategie zur Leidbewältigung»[30] finden Krankheit und Sterben ihren Sinn im Leiden und Tod Christi. *Die Krankheit soll dein Kreuz sein hier in dieser Zeit, mit dem du dir hier große Gnade erwerben sollest und mannigfachen Lohn im Himmel*[31]. Sie dient der Tilgung der Sünden und bereitet auf das jenseitige Leben vor. *Wie sehr wird der Schmerz des Kranken gemildert, wenn er überlegt, daß diese Trübsal, fromm ertragen, eine Reinigung von Sünden und die Hoffnung auf das ewige Heil gewährt*[32]. In diesem Sinne wird eine der schrecklichen Krankheiten, die das Mittelalter kennt, das Antonius-Feuer (Ergotismus, Mutterkornvergiftung), für die Betroffenen positiv umgedeutet. Die Bezeichnung *ignis infernalis* oder *ignis gehennalis*[33] weist auf das unerträgliche Leiden hin, aber auch auf dessen reinigende Wirkung. Entsprechend werden die Opfer des Ergotismus *martyres*, Märtyrer genannt, die schon im irdischen Leben die Qualen der Hölle erleiden, dann aber – wie die Blutzeugen – in den Himmel aufgenommen werden. Pointiert finden wir diese Vorstellungen wieder im Predigttraktat *De diversis materiis praedicabilibus* des Dominikaners Stephan von Bourbon. Einem Probst, der *weder Gott noch die Menschen*[34] fürchtet, schickt Gott *aus Erbarmen* eine schwere Krankheit. In Verkennung dieser Sinngebung seines Leidens gibt er sein ganzes Vermögen für Arzneien aus. Nach Jahren vergeblicher Bemühungen wird der in Armut und Schmerzen Verzweifelte von einem Engel ermahnt, *daß er, wenn er seine Krankheit noch zwei Jahre ertrage, er reingewaschen sei und ins Paradies eingehen werde*. Das Fegefeuer, dessen Qualen er anstelle seiner irdischen Leiden für zwei Tage auf sich nehmen will, ist dermassen unerträglich, daß er schließlich wieder auf Erden seine Krankheit *ohne murren* zu Ende aussteht. Solche Predigtexempel machten offenbar Schule: *Viele Leute*, so bemerkt der bedeutende Arzt Henri de Mondeville in seiner «Chirurgie», *haben ein so großes Vertrauen und eine solche Ergebenheit, daß es ihnen einerlei ist, krank oder gesund zu sein (...) Sie sagen: Mir gefällt es krank zu sein, weil ich weiß, daß es Gott gefällt, daß ich es bin*[35].

Wie wichtig den Menschen die geistliche Versorgung im Krankheitsfall ist, wie ernst die Sorge um das jenseitige Heil genommen wird, zeigt auch die Organisation des Spitals[36] im Mittelalter, das nach allgemeinem Verständnis ein geistlicher Ort ist. Zu seiner Ausstattung gehört daher immer auch eine Altarstelle, die je nach Größe des Spitals im Krankensaal selbst oder in einer eigenen Kapelle untergebracht sein kann. Die Errichtung eines Altares kann nur mit Zustimmung des Bischofs geschehen, das Spital genießt dann aber die Privilegien einer religiösen Stiftung wie eine Kirche[37]. Gerade für den gesellschaftlich Benachteiligten, die hauptsächliche Zielgruppe der mittelalterlichen Hospitäler, muß der Spitaleintritt den Eingang in ein andere, bessere Welt bedeutet haben. Er wird in eine klösterlich organisierte Gemeinschaft aufgenommen, die seine leibliche und geistige Betreuung übernehmen wird. Er unterstellt sich ihrer Jurisdiktion, wird im Todesfall dem Spital sein Erbe – und sei es noch so bescheiden – überlassen. Dafür kann er auf Beherbergung, Pflege, Nahrung, Kleider und vor allem auf umfassende spirituelle Versorgung hoffen. Diese beginnt schon bei der ritualisierten Aufnahme: *Wenn ein Kranker dorthin kommt, wird er so empfangen: zuerst beichtet er dem Priester seine Sünden, er kommuniziert, danach wird er ins Bett gebracht*[38]. Während seines Aufenthaltes nimmt der Kranke, soweit es ihm möglich ist, teil am religiösen Leben der Spitalgemeinschaft. Dem trägt auch die architektonische Organisation der Gebäude durch eine enge Verbindung der spitaleigenen Kapelle mit dem Krankensaal Rechnung. Das Spital verfügt nach Möglichkeit, wie das reich dotierte Nürnberger Heilig-Geist-Spital, über einen eigenen *Ewigpriester*, dem *die Seelsorge über die Spitalinsassen und -angehörigen und die Verwaltung der Sakramente übertragen werden*. Ihm stehen in Nürnberg noch fünf weitere *Priester auf Zeit* zur Seite, so daß insgesamt *zur Mehrung des Gottesdienstes in der Spitalkapelle und zum Trost der dort zusammenkommenden Armen Christi 6 Priester und 12 Kleriker oder arme Scholaren Unterhalt, Nahrung und Verbleib im Spital und in seiner Kapelle haben sollen. Sie sollen den armen Insassen des Spitals ... die Sakramente der Buße, der hl. Eucharistie und der letzten Ölung spenden ... die kranken Spitalinsassen öfters besuchen und die Spitalangehörigen kostenlos beerdigen*[39]. Gerade die Sterbenden werden besonders intensiv betreut. Neben der sakramentalen Versorgung durch die Priester werden ihnen durch die Scholaren die Passion Christi vorgelesen: *Des passions sol alweg eyn abschrift in der sutten* (im großen Krankensaal) *liegen. Und wenn eins auff dem spital sterben wil, so sol man ym den passion vorlesen*[40] – ganz im Sinne der Sterbebegleitung der *Ars moriendi*. Schon Johannes Gerson hat sein *Opus tripartitum de praeceptis decalogi (von den Geboten) de confessione (von der Beichte) et de arte moriendi (von der Kunst des Sterbens)*[41] unter anderem *denjenigen Personen* zugedacht, *welche Gotteshäuser und Spitäler besuchen und die Kranken pflegen und besorgen ... Daher sollte der Traktat oder Teile davon in Pfarrkirchen, Schulen und eben auch in hospitalibus aufgehängt werden*.

Die Texte der *Ars moriendi* ermahnen den Kranken, er soll *die gegenburtig krankchait vnd dy smerczen des todes geduldichleich leiden* und weisen ihn auf die Geduld Gottes hin, der *dich mit einem gähen tod nicht angegriffen hat, sunder deiner becherung (Bekehrung) gar parmhercziglischen offt vnd lang gewart hat*[42]. Ein solches begleitetes Sterben kann das Spital mit seinem geistlichen Personal den armen, unterprivilegierten Insassen bieten und wird in diesem Sinn zum Ort eines «garantierten» guten Todes.

Die Angst vor diesem *gähen tod*, dem schnellen, unversehenen Tod, ist besonders akut nach der Erfahrung der großen Pestepidemie in der Mitte des 14. Jahrhunderts. Die umfassende Sicherung, welche die (jenseitigen) Probleme der an der Pest Erkrankten lösen mußte, war die Gewährung eines Sterbeablasses. Es handelte sich dabei um einen *in articulo mortis* vorgesehenen apostolischen Segen[43], der einen vollkommenen Ablaß für die Anwesenden nach sich zog[44]: *Zur Zeit der tödlichen Seuche erließ Papst Clemens VI. einen allgemeinen Ablaß von allen Sündenstrafen für alle die, welche bereuten und bei der Beichte ihre Beichtväter darum baten, sofern sie daraufhin starben...*[45]. Diese *benedictio apostolica* machte das Sterben an der Pest so attraktiv, daß, wie Johannes von Sachsen berichtet, die Pestkranken in Montpellier den Tod erhofften, weil sie glaubten, so direkt in den Himmel aufgenommen zu werden und daher ärztliche Hilfe ablehnten[46]. Bemerkenswert scheint uns die ausdrückliche Freisprechung von Schuld und Strafe – *a p[o]enis et a culpis* – die nicht notwendigerweise zusammenfallen und in einem getilgt werden[47].

Das Leiden durch die Pest – wie jenes durch die Lepra oder den Ergotismus – wird wohl als Purgatorium gesehen, in dem die Strafe gebüßt wurde.

Dabei stellten sich dem Klerus die Probleme der Versorgung von Kranken und Sterbenden während einer Pestepidemie in noch schärferer Form als den Ärzten. Die Anwesenheit des Priesters war gerade bei schlechter Prognose dringend, die aber – besonders bei Lungenkomplikationen – häufig auch eine hohe Ansteckungsgefahr bedeutete. Hohe Sterberaten lichteten die Reihen der Kleriker[48], vor allem der Bettelorden, die sich in besonderem Maße der Krankenpflege annahmen[49]: *Die Minderbrüder, Dominikaner und andere Ordensleute, die zu den Häusern dieser Kranken gehen wollten, damit diese ihnen ihre Sünden beichteten und durch Reue der göttlichen Gerechtigkeit teilhaftig werden konnten, raffte selbst der brüske Tod dahin, so daß einige gleich in den Sterbezimmern zurückblieben.*[50] Deshalb – aber auch wegen der Flucht der Priester vor der Pest[51] – war nicht immer eine ausreichende geistliche Versorgung gewährleistet. Um dem Schrecken der Pest entgegentreten zu können, mußten dem Laien Mittel in die Hand gegeben werden, die notfalls unabhängig von der Anwesenheit eines Priesters – oder Arztes[52] – angewendet werden konnten. Dazu gehören etwa die Schriften der *Ars moriendi* oder die Laienbeichte. Sie sah vor, daß der Kranke seine Sünden einem Laien bekennen und damit der göttlichen Vergebung gewiß werden konnte, wenn ein Bekenntnis vor einem Priester und die sakramentale Lossprechung durch ihn nicht möglich war. Am Ende des Mittelalters war die Laienbeichte nicht mehr üblich, da die priesterliche Absolution für die Tilgung des Schuldrestes als notwendig erachtet wurde[53]. Im Sinne einer Selbsthilfe aber sollen die Priester zur *Rettung der Seelen (...) alle Pestkranken und Pestgefährdeten anleiten, wie sie angesichts des Todes ihre Sünden bekennen sollen*[54].

II. Krankheit und Jenseitsvorsorge aus der Sicht des Gesunden

Mit der Bibelstelle *Was ihr für einen meiner geringsten Brüder getan habt, das habt ihr mir getan* (Mt. 25, 40) wird der Grund gelegt für die Verbindung des christlichen Liebeswerkes der Kranken- und Armenpflege mit dem Verdienstgedanken. Solches Denken war der antiken Gesinnung fremd. Da es keine transzendentalen Belohnungsaussichten gab, bezogen sich die Tugenden wie Mitleid, Hilfsbereitschaft, Freigiebigkeit auf Gleichgestellte, niemals aber auf ökonomisch und sozial schlechter gestellte Bedürftige[55]. Dem gegenüber bedeutet das Gebot, seinen Nächsten wie sich selbst zu lieben (Lk. 10,27), eine Revolutionierung des Verhaltens zum Mitmenschen[56]. Im Gleichnis vom barmherzigen Samariter (Lk. 10, 30–37) wird deutlich, daß ohne Einschränkung jeder Leidende dieser Nächste ist. Das Mittelalter hat diesen Gedanken weitergetragen. Gerade dem Fremden, dem Pilger, dem Armen, dem Ausgestoßenen muß im Krankheitsfalle geholfen werden. Denn sie stehen außerhalb des Haushaltes, des «ganzen Hauses», das im Mittelalter die wichtigste Instanz zur medizinischen (Erst-) Versorgung und Pflege seiner Insassen ist. So gehören beide Aspekte zusammen und bedingen einander: Hilfe für den sozial Schwachen und Aussicht auf entsprechenden Verdienst im Jenseits. Denn in einer Gesellschaft, die keine professionelle Krankenpflege und staatliche Fürsorge kennt, muß auf diese immaterielle Vergeltung für jene, die sich diesen Bedürftigen zuwenden, immer wieder hingewiesen werden. Dabei steigert sich der Lohn nach Maßgabe der ertragenen Entbehrungen. Diese Brüder und Schwestern, die in den Spitälern tätig sind, die *Diener Christi, [...] werden, je niedriger sie im Hause des Herrn sind, auf eine um so höhere Stufe im Reiche Gottes steigen.* Die Krankenpflege wird ein *heiliges und köstliches Martyrium vor Gottes Angesicht*, mit dem keine Buße verglichen werden kann: *... es wird ihnen für den Gestank [der Kranken] ein lieblicher Duft werden*[57]. In diesem Sinne kann die Krankenpflege als Askese aufgefaßt werden, die in äußerster Konsequenz zur Heiligkeit führt. Das sprechendste Beispiel ist wohl der Fall der hl. Elisabeth von Thüringen. Nicht ihre Spitalgründung war ungewöhnlich – wie viele ihrer Standesgenossen hat auch ihr Mann, der Landgraf von Thüringen Ludwig IV. ein Spital gestiftet[58] – sondern ihr persönliches Engagement, das auch die körperliche Nähe der Kranken, *wie häßlich, unangenehm diese auch waren und wie entstellt ihr menschliches Angesicht*, nicht scheute: *Des üblen Geruchs ihrer Pfleglinge* – den ihre Mägde zu ertragen nicht gewillt waren – *achtete sie nicht, gerade so, als dufteten sie nach Myrrhe*[59]. Ihr Tod war daher der Tod einer Heiligen und *die herrliche Schar der Engel und der Heiligen mit St. Michael kam dieser zarten Seele entgegen und führte sie hinauf ins Himmelreich vor das Auge Gottes ...*[60].

Aber nicht nur die medizinischen Laien der Krankenpflege, sondern auch das professionelle Personal war aufgerufen, die Kranken für eine Vergeltung im Jenseits zu versorgen: Die *hochgeachteten Brüder, die für das Wohlergehen des menschlichen Leibes tätig sind*, sollen – so der Anonymus des Lorscher Codex – *von dem einen Lohn empfangen, von dem Zeitliches mit Ewigem vergolten* wird. Die Begründung erfolgt auch hier mit dem Hinweis auf Mt. 25,40[61] und der Eingrenzung auf den armen Kranken. Der Arzt darf in seiner Honorarforderung zwischen Arm und Reich unterscheiden – wie es Jesus selbst getan hat[62]: *Ist einer reich, möge es eine rechte Gelegenheit zum Gewinn sein, ist er arm, laß dich mit einer Winzigkeit abfinden*[63]. Die unentgeltliche Behandlung mittelloser Kranker ist nicht mehr ein unverbindliches *officium nobile* des Arztes wie in der Antike, sondern wird moralisch durch den christlichen Caritas-Gedanken vertieft: *... ihr werdet selig sein, wenn ihr denen eure Pflege angedeihen laßt, die es offenkundig euch nicht entgelten können*[64]. Es bleibt allerdings eine offene Frage, wie weit die Ärzte dieser moralischen Forderung, die durchs ganze Mittelalter hindurch[65] und darüber hinaus[66] besteht, im einzelnen Fall nachgekommen sind. Die Medizin hat sich immer wieder des Vorwurfs zu erwehren, vor allem eine *ars lucrativa*[67] zu sein. Auch aus diesem Grund ruft die Kirche ihre Priester aus den weltlichen Geschäften, neben der Gesundheitspflege auch die Rechtsprechung, zurück, denn *diese Leute vernachlässigen die Seelsorge, und ohne Rücksicht auf die Bestimmung ihres Weihegrades versprechen sie Gesundheit für verächtliches Geld*[68].

Das Spital ist eine wichtige Institution des öffentlichen Gesundheitswesens der mittelalterlichen Stadt. Die Bürgerschaft versucht mit seiner Hilfe eine funktionierende Gesundheits- und Altersvorsorge für das eigene Gemeinwesen zu organisieren. Auch wenn die Verwaltung im Zug der Kommunalisierung durch den städtischen Pfleger übernommen wurde, blieb das Spital eine eigenrechtliche Institution, die aus eigenen Mitteln ihre Aufgabe zu erfüllen hatte und deswegen auf Stiftungen von Seiten der Bürgerschaft angewiesen war: weil

wird hier durch die fromme Stiftung an die institutionalisierte Krankenpflege delegiert, der Zweck – *pro remedio animae* – bleibt der gleiche. Gerade die straffere Organisation und Zweckbindung der kommunalisierten Pflegeschaftsspitäler kann das Vertrauen der Bügerschaft für solche fromme Stiftungen vermehrt gewinnen. Es sind vor allem testamentarische Vergabungen in der ganzen Breite der Möglichkeiten, welche die Haupteinnahmequelle der Hospitäler ausmachen. Das geht von den aufwendigsten Stiftungen eines ganzen Spitals bis zu den Zuwendungen in den Testamenten der Vielen, die auch die Armen und Kranken nicht vergessen wollen. Dabei handelt es sich aber oft um stereotyp in die Testamente aufgenommene, kleine Vergabungen mit marginaler Bedeutung[72], die wenig von persönlichem Eifer des Stifters spüren lassen. Um den Anteil der wenigen karitativen Stiftungen bestimmen zu können, die vom echten Engagement des Testators zeugen, muß daher eine gewisse (Geld-)Summe als «une sorte de seuil de sincérité» definiert werden[73]. Für jeden Stifter aber ist der Arme, der Kranke ein Interzessor, der durch entsprechende Gebetsverpflichtungen schon im Diesseits für dessen Seelenheil tätig werden kann.

III. «Cura corporalis» versus «cura animae»

Durch die beschränkten therapeutischen Möglichkeiten der mittelalterlichen Medizin muß vor allem der operativ tätige Heilkundige mit einer hohen Komplikationsrate rechnen. Das Risiko tödlicher Folgen eines chirurgischen Eingriffes ist für den Priesterarzt ein besonderes Problem. Denn ein – auch nur indirektes – Verschulden am Tode eines Menschen bedeutet für den Kleriker die kanonische *Irregularitas ex delicto*, die ihn von der Ausübung seiner Weihen ausschließt[74]. So verbietet Clemens III. (1187–1191) einem Kanoniker, der als Arzt tätig ist, die höheren Weihen zu empfangen, weil *viele*, die er behandelt, *in Todesgefahr geraten*[75]. Eine Ausnahme ist beschrieben in einem Reskript Innozenz III: ein chirurgischer Eingriff mit tödlicher Folge, den ein Priestermönch ausgeführt hat, bleibt ohne Konsequenzen, weil die Behandlung, die als *officium alienum* gerügt wird, aus Barmherzigkeit und nicht aus Geldgier[76] von einem erfahrenen, gut ausge-

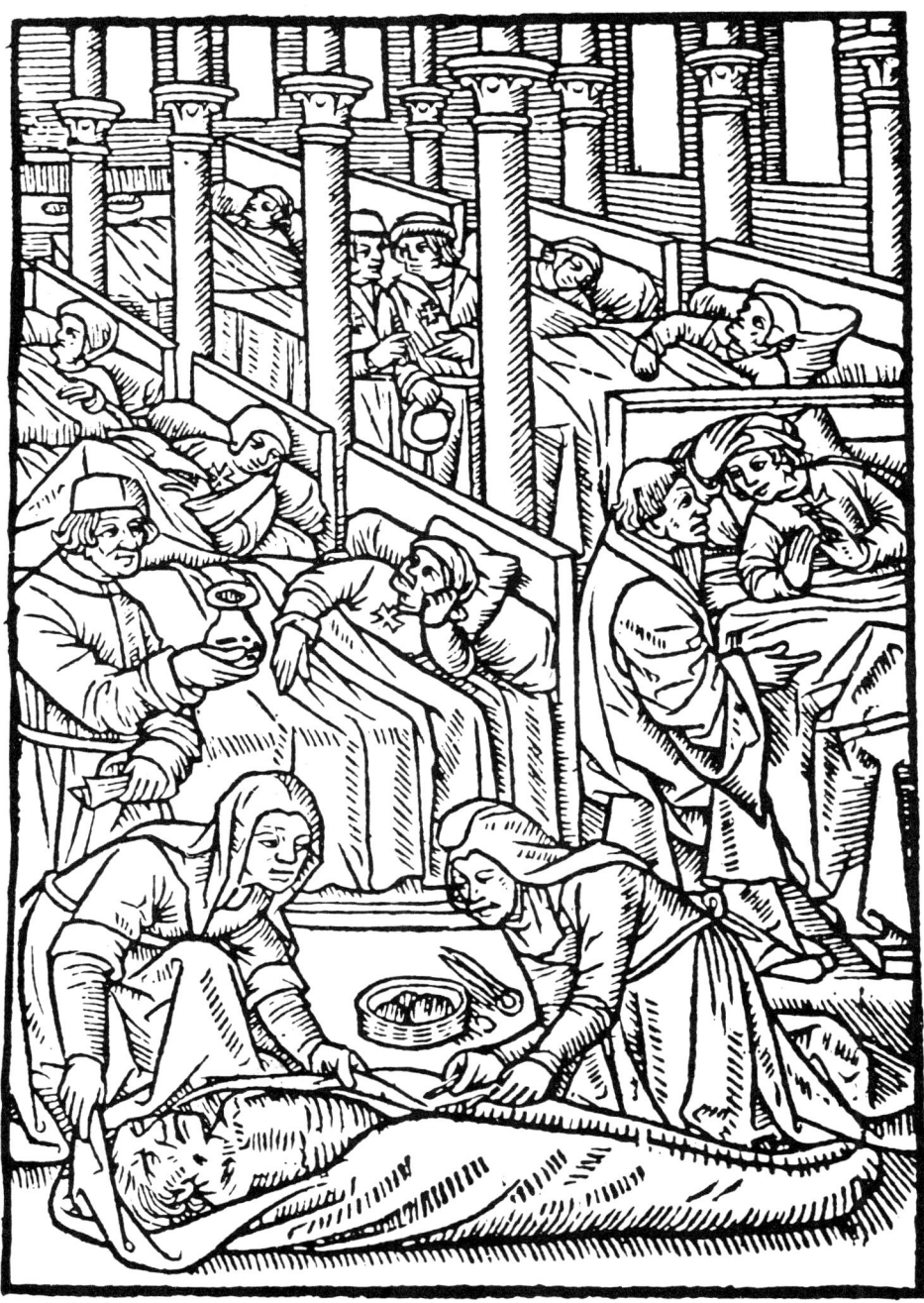

Abb. 84. Leibliche und geistliche Versorgung im Krankensaal. Aus: Mellin de Saint-Gelais, Le Vergier d'honneur, 1. Hälfte 16. Jh. – Links erfolgt die Harnschau durch einen Arzt, rechts erteilt ein Priester Absolution und im Vordergrund wird ein Leichnam eingenäht.

die meisten Armenspitäler der Stadt ... nichts besitzen, sondern von den Almosen leben[69]. So machen Stiftungen in Form von Grundbesitz, Naturalien, Geld usw. den größten Teil der Einnahmen eines Spitals aus[70]. Hauptsächliche Motivation für solche Vergabungen bleibt unter Berufung auf Mt. 25,43ff. die Sorge um das jenseitige Heil. Denn der Stifter *hat bedacht, daß diese so heilsamen Werke der Frömmigkeit und der Barmherzigkeit Christus zu Liebe an den geringsten Armen ... mit frommem Eifer in einem Spital für arme Sieche erfüllt werden können*[71]. Das persönliche Engagement

bildeten Arzt mit der nötigen Sorgfalt vorgenommen worden ist und die Patientin den Tod durch Fehlverhalten selbst verschuldete[77]. Vom gleichen Papst stammt aber das generelle Verbot für die höheren Kleriker[78], *jene chirurgischen Eingriffe durchzuführen, bei denen gebrannt oder geschnitten wird* [79]. Die zunehmende Laisierung der Medizin[80], vor allem der Chirurgie, erfordert Vorschriften zur Sicherstellung der Sorge für das Seelenheil des Kranken: Die (nun mehr und mehr nicht-klerikalen) Ärzte *sollen, wenn sie zu Kranken gerufen werden, sie vor allem ermahnen und dazu anhalten, den Seelenarzt zu rufen* [81]. Daraus kann für den Arzt eine Konfliktsituation entstehen. Henri de Mondeville fragt, ob im Falle einer schweren Verletzung mit starker Blutung zuerst der Priester zur Sicherung des ewigen Heils oder der Arzt zur Versorgung der Wunde tätig werden soll?[82] Doch sind die Zuständigkeiten klar verteilt. Der Arzt ist zur Behandlung verpflichtet, auch gegen den Willen des Patienten, solange Aussicht auf Genesung besteht. Die Heilung soll angestrebt werden, denn eine verlängerte Lebensspanne gibt gerade nach der Erfahrung einer schweren Erkrankung nochmals die Möglichkeit zu Reue und Buße. Ist dagegen die Lebenskraft eines Menschen tödlich getroffen[83], dann soll der Arzt nicht mehr weiter behandeln, sondern den Patienten aufklären und sich zurückziehen. Eine Behandlung gegen Bezahlung ohne Aussicht auf Erfolg würde der ärztlichen Ethik widersprechen[84]. Vielmehr muß der Arzt den Patienten über seinen Zustand orientieren, damit sich jener um sein ewiges Heil sorgen kann. Es gehört zu den Vorschriften – den *observationes* [85] – in Gersons *Ars moriendi* an den Sterbehelfer, daß der Kranke nicht durch trügerische Hoffnung auf Wiedergenesung von der rechten Sterbebereitschaft abgehalten werden soll. Buße und Reue könnten, wenn der Tod plötzlich eintritt, zu spät kommen. Daher ist die exakte Prognose des Krankheitsverlaufes und die Vorhersage des Todes so wichtig. Angaben darüber – *der Kranke überwindet die Krankheit ... der Kranke stirbt* [86] – werden aus den verbreiteten Prognostiken erwartet, etwa aus einem Krankheitslunar, dessen Aussagen sich am Mond-Monat orientieren[87]. In diesem Zusammenhang ist auch die Todesprognostik wichtig, die sich auf die *signa mortis* stützt: *Wenn der Arzt diese Zeichen sieht, soll keine Hilfe mehr gewährt werden*[88]. Diese Zei-

Abb. 85. Rogier van der Weyden, Mitteltafel des mehrteiligen Weltgerichts, zwischen 1443 und 1451. Beaune, Hôtel-Dieu. – Unter dem richtenden Christus wägt der Erzengel Michael die auferstandenen Seelen.

Abb. 86. Hôtel-Dieu de Beaune, 1443 gestiftet. – Am Ende des Krankensaals findet sich die Kapelle, auf deren Altar das große Weltgericht von Rogier van der Weyden stand. Den Insassen wurde das Leben nach dem Tod vor Augen geführt, damit sie sich seelisch auf das Sterben vorbereiteten.

chen des nahenden Todes finden sich in den Texten immer wieder, nicht nur in der medizinischen Literatur, sondern auch in verschiedenen nichtmedizinischen Schriften wie in Predigten, in der Erbauungsliteratur, im Roman, in der Poesie oder in biographischen Zeugnissen. Sie sind nicht nur medizinisches Fachwissen, sondern sollen dem Laien zugängliche Kenntnisse sein, um den entscheidenden Moment (im eigentlichsten Sinn des Wortes) nicht zu verpassen. Daß die Aufklärung des Patienten – zumal gegen dessen Willen – problematisch sein kann, daß sich sogar sein Zustand verschlimmern kann, wenn ihm die Hoffnung auf körperliche Genesung genommen ist, *daß nämlich manche Leute in ihrer schweren Krankheit in äußerste Verzweiflung fallen, wenn ihnen ihre Ärzte anraten, sich um ihr Seelenheil zu kümmern, und daß sie um so eher in Todesgefahr geraten* [89], wird durchaus erkannt, aber um eines höheren Wertes willen in Kauf genommen. Einer solchen paternalistischen Haltung des Arztes, der seinerseits durch kirchliche Vorschriften dazu angehalten ist, sind Begriffe wie Patientenautonomie oder -selbstbestimmung Fremdworte. Dieser Paternalismus, der Entscheidungen im Interesse des Patienten trifft, um dessen Wohl zu optimieren, aber ohne oder gegen die Zustimmung dieser Person, stammt aus antiker Tradition[90]. Der Eid des Hippokrates, in dem sich keine Stelle findet, in der nach dem Willen oder der Ansicht des Patienten gefragt wird[91], blieb einer der grundlegenden deontologischen Texte der mittelalterlichen Medizin[92]. Diese Handlungsweise – heute im Respekt vor dem Selbstbestimmungsrecht des Einzelnen in der medizinischen Ethik auf wenige, bestimmte Situationen eingeschränkt[93] – ist vertretbar in einer Zeit, die eine allgemein gültige Werthierarchie kennt, die der Arzt auch beim Patienten fraglos voraussetzen kann, daß nämlich *die Seele* (und deren Heil) *viel mehr wert ist als der Leib* ⁹⁴.

Wieweit die Problematik der Jenseitsvorsorge in der alltäglichen medizinischen Praxis gegenwärtig ist, zeigt sich in der Geburtshilfe. Im Vordergrund steht die Erhaltung des Lebens der Mutter und des Kindes. Ebenso wichtig ist aber auch das Heil der Seele, das für das Kind erst in der Taufe sichergestellt wird: *... Que Dieu ... sans peril d'ame et de corps / face mon enfant yssir hors / sain et sauf, si que je le voye / baptizé a bien et a joye*⁹⁵. Hier ist ein Konfliktpotential gegeben, weil im Notfall die Mutter problemlos mit den Sakramenten versorgt werden kann, nicht aber das ungeborene Kind. Tritt der Kindstod vor der Geburt ein, kennt die Hebamme, die ja meist die einzige an der Geburt anwesende Medizinalperson ist, die verschiedenen Heilmittel, die das Ausstoßen des toten Kindes unterstützen sollen. Bleiben alle Bemühungen erfolglos, muß als äußerstes Mittel zur Zerstückelung des Kindes, zur Embryotomie, geschritten werden. Dann aber ist die zwar verbotene, aber immer wieder geübte Taufe *post mortem* nicht mehr möglich⁹⁶. Stirbt die Mutter vor oder während der Geburt und ist das Kind noch nicht so weit ausgetrieben, daß es getauft werden könnte⁹⁷, dann ist der Kaiserschnitt, die *sectio caesare*, die operative Entfernung des Kindes aus dem Leib der toten Mutter, vorgeschrieben: *Stirbt eine Frau unter der Geburt, soll sie aufgeschnitten werden, wenn man glaubt, daß das Kind noch lebt. Es muß ihr Tod aber richtig bestimmt werden* – so die wohl früheste kirchliche Empfehlung⁹⁸. Nur mit dieser drastischen Maßnahme kann das Kind am Leben erhalten, zumindest aber getauft werden. Es ist Aufgabe der Hebamme, bei schweren Komplikationen des Geburtsverlaufes den Tod der Mutter und/oder des Kindes festzustellen oder auszuschließen und entsprechend zu handeln. An ihre diagnostischen Fähigkeiten werden hohe Anforderungen gestellt. So wäre einem tot geborenen – oder im Fall des Todes der Mutter durch Kaiserschnitt entbundenen, aber schon gestorbenen – Kind die Bestattung in geweihter Erde verwehrt, nicht aber wenn es ohne Entbindung zusammen mit der verstorbenen Mutter beerdigt wird. Allerdings sind sich in diesen Fragen weder die kirchlichen Autoritäten einig⁹⁹, noch werden die verstorbenen Neugeborenen konsequent außerhalb der Friedhöfe beerdigt, wie die zahlreichen archäologischen Funde belegen¹⁰⁰.

IV. Schluß

Im 12. und zu Beginn des 13. Jahrhunderts hat sich das Verhältnis der Kirche zur Medizin grundlegend geändert. Die enorme Zunahme des theoretischen Wissens infolge der Rezeption der arabisch-griechischen Tradition führt zur Professionalisierung der Medizin. Die vermehrte praktische Tätigkeit der klerikalen Ärzte wird zurückgebunden. Durch die Laisierung, durch die Trennung von Medizin und Kirche entstehen neue Probleme der Jenseitsvorsorge, denen die Kirche durch ein vermehrtes Engagement für die Kranken zu begegnen versucht. Es kommt zu einer neuen Einschätzung der Krankheit, z.B. der Lepra (Kat. 102), aber auch zu neuen Tätigkeiten der Kirche zugunsten der Kranken auf dem Gebiet der Liturgie, der Sakramente, der Institutionen oder im pastoralen Bereich. So werden besondere Messen für die Kranken eingeführt, die Letzte Ölung definiert oder spezielle Orden zur Krankenpflege geschaffen. Durchgehend bleibt dahinter das christliche Weltbild prägend, das der Sorge um das ewige Heil der Seele letztlich den Vorrang läßt. – Es wurde hier versucht, die Konsequenzen dieser Wertung auf das praktische Wirken des Arztes, auf die Stellung von Krankheit und des Kranken in der Gesellschaft oder auf die Krankenfürsorge an einigen Punkten aufzuzeigen.

---

1 *Medicina ... quae ad temperamentum videlicet corporis vel salutem inuenta est*, STOLL 1992, S. 51.
2 OTT 1981, S. 210.
3 *defectus* oder *passiones particulares*.
4 ECKART 1990, S. 83.
5 BERGDOLT 1991, S. 46.
6 Dazu: KROLL / BACHRACH 1986, S. 395.
7 Zur patristischen Literatur zum Thema: siehe LARCHET 1991.
8 SIEBENTHAL 1950, S. 47.
9 Mk. 2,1–12.
10 Dazu: BADER / KEIL 1982, S. 9.
11 STOLL 1992, S. 51.
12 HAAGE 1985, S. 101.
13 KROLL / BACHRACH 1986: in 375 von 464 oder 81% der gefundenen Erwähnungen von Krankheiten findet sich kein Bezug zu einer Schuld des Betroffenen. HIESTAND (1986) fand in Mirakelberichten einen solchen Kausalnexus sogar nur in 5–10% der Fälle.
14 GREGOR VON TOURS, Zehn Bücher Geschichten V, 34.
15 So BERGDOLT 1992, S. 166.
16 Übersetzung nach SIES 1977, S. 34.
17 Ebda.
18 D'IRSAY 1927, S. 171; ALLYN 1925, S. 231.
19 Das Wirken von Dämonen, Hexen und ähnlichen Gestalten ist für das ganze Mittelalter eine feste Größe, auch in der Verursachung von Krankheiten. Für den Erkrankten stellt sich aber, wie bei der natürlichen Ursache, auch hier nicht die Frage nach eigener Sünde und göttlichem Eingriff in sein Leben.
20 Allerdings sieht sich der Arzt Henri de Mondeville veranlaßt, die Kranken zu warnen, sich an Mönche, Eremiten, Reklusen zu wenden, *durch deren Fehler (...) heilbare Krankheiten ganz unheilbar oder schlimmer als vorher werden*, eigene Übersetzung aus: Chirurgie de MAITRE HENRI DE MONDEVILLE, S. 99.
21 HIESTAND 1986, S. 74.
22 JÜTTE 1991, S. 42.
23 Dazu etwa WELKER 1988.
24 KRÖTZL 1992, S. 124.
25 HIESTAND 1986, S. 76.
26 GREGOR VON TOURS, Zehn Bücher Geschichten V, 6.
27 *... de cloaca corporis spiritum exhalavit*. Vita et miraculi S. Galli, S. 81.
28 Natürlich in ihrem ganzen Spektrum der Möglichkeiten von der «Schulmedizin» des Physikus bis zu den magischen Besprechungen der Kräuterfrau.
29 LARCHET 1991, S. 59.
30 HAAS 1989 (Mystik), S. 128.
31 SEUSE, Das Leben des seligen Heinrich Seuse, Kap. 35.
32 Thomas von Kempen, Das Liliental; zit. in: GEERT GROOTE, Devotio moderna 1978, S. 194.
33 SUDHOFF 1913, S. 276.
34 Zit. in: LE GOFF 1990, S. 383f.
35 Eigene Übersetzung aus: Chirurgie de MAITRE HENRI DE MONDEVILLE, S. 101.
36 Ein mittelalterliches Spital kann – nach modernem Verständnis – folgende Einrichtungen unter einem Dach vereinigen: ein Krankenhaus, eine Entbindungsanstalt, eine Fürsorgeanstalt für Kinder, ein Versorgungsheim für wohlhabende Pfründer, eine Speisungsanstalt für Arme, eine Anstalt für Geisteskranke, eine Elendenherberge usw. (ISENMANN 1988, S. 184). Hier und im folgenden interessiert in ersten Linie die Krankenpflege.
37 IMBERT 1947, S. 74: *hospitalia gaudent eodem privilegio quo gaudent ecclesiae;* sie darf nicht wieder profanen Zwecken zugeführt werden, genießt Immunität und den Schutz des Bischofs, Asylrecht, ist exempt von der Pfarrkirche mit Tauf- und Begräbnisrecht, besitzt die äußeren Zeichen eines *locus religiosus:* Glocke, Kapelle, Friedhof und ist befreit von Zehntenabgabe und andern Steuern.
38 Aus der Regel des Johanniterordens, den die meisten regulierten Spitäler und andere Spitalorden übernahmen. PROBST 1982, S. 264.
39 Aus der Gründungsurkunde des Nürnberger Hl.-Geist-Spitals von 1339, LÖHLEIN 1963/64, S. 69f.
40 Mit entsprechender Belohnung – *Dorumb gibt man einem korschuler oder einem armen schuler in der schul alle cattember* (Quatember, vier Termine im Jahr) *eynen guldeyn* – und Bestrafung bei Versäumnis – *... Und als offt eins auf dem spital stürb, dem der passion nicht gelesen wurd, als oft solt ym der pfleger abschlahen sechs denar ...* Zit. nach BOOKMANN 1987, S. 248.
41 PEUNTNER, Heilsames Sterben S. 82.
42 Ebda. S. 26.
43 KLEINHEYER / SEVERUS / KACZYNSKI 1984, S. 214.
44 HAAS 1989, S. 57.
45 MATTEO VILANI, in: Die Pest in Italien, S. 63.
46 *Ein Compendium de Epidemia eines Magister Johannes de Saxonia (in Straßburg)*, zit. in: SUDHOFF 1925, S. 26: *... homines multi mori adoptabant, eo*

47 *quod papa dedit morientibus absolucionem a penis et a culpis et sic sperbant subito ad celestia transuolare, quare medicos pro longiori vita non requirebant.*
47 LThK 1, Sp. 47.
48 Dazu: ZADDACH 1971, S. 23ff.
49 Von den Franziskanern starben zwei Drittel der Mitglieder durch den Schwarzen Tod (LThK 4, Sp. 274).
50 MICHELE DA PIAZZA (OFM), Historia Sicula, 1361, zit. in: Pest in Italien, S. 34.
51 ZADDACH 1971, S. 61.
52 Weil die Ärzte ihren seit der Antike bekannten Grundsatz zu Pestzeiten – *cito longe fugas et tarde redeas* oder deutsch *Fleuch pald, fleuch verr, kum wider spôt: Das sind drey kreuter in der nôt* (KEIL 1987, S. 115) auch auf sich angewendet haben. Innerhalb der reichen Regimen-Literatur entstand das spezialisierte Pestregimen, das als didaktisch einprägsamer Kurztraktat auch dem Nichtmediziner Hilfe bot. Die vier wichtigsten deutschen Pestraktate, die noch im 14. Jahrhundert entstanden, zeigen deutliche Popularisierungstendenzen und richten sich nicht an den Akademikerarzt, sondern an den Laien (BERGMANN / KEIL 1982, S. 325).
53 LThK 6, Sp. 741f.
54 ZADDACH 1971, S. 61; D'IRSAY 1927, S. 175.
55 LINDGREN 1977–78, S. 34.
56 FICHTNER 1982, S. 5.
57 JACQUES DE VITRY, Historia, S. 147f.; übersetzt in: PROBST 1982, S. 268.
58 MORITZ 1981, S. 103.
59 Das Leben der heiligen Elisabeth, S. 153.
60 Ebda. S. 159.
61 STOLL 1992, S. 61: *Denn was immer ihr den Siechen tut, das wendet ihr für Christus den Herrn auf. Er wird am Tage des Gerichtes sagen: Ich war krank und ihr habt mich besucht ...*
62 *... der es nicht ablehnte, dem von Siechtum geplagten Diener des Hauptmanns zu Hilfe zu eilen (Lk. 7,22 ff.), es jedoch ablehnte, dem Sohn des königlichen Beamten durch leibliche Anwesenheit beizustehen* (Joh. 4,46 ff.), so die Begründung des Autors im Lorscher Arzneibuch (STOLL 1992, S. 63).
63 STOLL 1992, S. 65.
64 Ebda. S. 63.
65 DIEPGEN 1922; HIRSCHFELD 1928; MACKINNEY 1952.
66 ELKELES 1990.
67 Dazu gehört auch die Jurisprudenz, wie es Henri d'Andeli in seiner *bataille de sept arts* aus dem 2. Viertel des 13. Jahrhunderts beschreibt.
68 Dekret des 2. Laterankonzils (1139), aus: FOREVILLE 1970, S. 226.
69 *quamplurima hospitalia pauperum ... que nihil habent sed vivunt de helemosinis.* COULET 1978, S. 217.
70 KNEFELKAMP 1989 (Stiftungen), S. 112.
71 LÖHLEIN 1963/64, S. 69.
72 COULET 1978, S. 230; CHIFFOLEAU 1980, S. 304.
73 NOUGARET 1986, S. 197.
74 LThK 5, Sp. 766; dazu die nötige differenzierte Betrachtung in: AMUNDSEN 1978, z.B. zum Problem des vielzitierten *ecclesia abhorret a sanguine*, ein *literary ghost* des 18. Jahrhunderts (S. 41).
75 *... pluries quibus putabas adhibere medelam, medicinis perceptis mortis periculum incurrerunt* (zit. in: AMUNDSEN 1978, n. 59).
76 *causa pietatis, et non cupiditatis.*
77 Reskript Innozenz III., 1212, zit. in: AMUNDSEN 1978, n. 62.
78 Subdiakone, Diakone und Priester.
79 *... illam chirurgiae partem ... quae as ustionem vel incisionem inducit.* 4. Lateran-Konzil, 1215, zit. in: AMUNDSEN 1978, n. 65.
80 CRISCIANI 1983, S. 39.
81 Dekret des 4. Laterankonzils (1215), aus: FOREVILLE 1970, S. 418.
82 Chirugie de MAITRE HENRI DE MONDEVILLE, S. 247.
83 Ebda. S. 366.
84 AMUNDSEN 1977, S. 414.
85 So in JOHANNES GERSONS *Opus tripartitum de praeceptis decalogi, de confessione et de arte moriendi.* RUDOLF 1957, S. 67.
86 *eger euadet (infirmitate)* oder *eger morietur ...*, WEISSER 1982, S. 98.
87 WEISSER 1982, S. 13.
88 Codex Sangallensis 44, 9. Jahrhundert, zit. in: SUDHOFF 1916, S. 86.
89 So in den Dekreten des 4. Laterankonzils, aus: FOREVILLE 1970, S. 418.
90 MANZ 1992, S. 77.
91 RICHTER 1992, S. 29.
92 HIRSCHFELD 1928, S. 354.
93 Dazu SCHÖNE-SEIFFERT 1989.
94 FOREVILLE 1970, S. 418.
95 Gebet zur hl. Margareta, zit. in: BLUMENFELD-KOSINSKI 1991, S. 8.
96 LAURENT 1989, S. 222.
97 Ist der Kopf des Kindes sichtbar, kann es die Hebamme taufen – und da das Geschlecht nicht bestimmbar ist – mit den Worten: *Creatura Dei ego te baptizo etc ...;* Kanon 14, Konzil von Trier 1310, zit in: LAURENT 1989, S. 226.
98 Durch den Erzbischof von Paris Odon von Sully (1196–1208): *Mortuae in partu scindantur, si infans credatur vivere; tamen si bene constiterit de morte earum.* Zit. in: BLUMENFELD-KOSINSKI 1991, S. 26.
99 LAURENT 1989, S. 226f.
100 ILLI 1992, S. 57.

Waldenser und Wiedergänger

Das Fegefeuer im Inquisitionsregister des Bischofs Jacques Fournier von Pamiers (1317–1326)

Kathrin Utz Tremp

Einleitung

Das Inquisitionsregister des Bischofs Jacques Fournier von Pamiers (1317–1326)[1] ist durch das Buch von Emmanuel Le Roy Ladurie über das Pyrenäendorf Montaillou bekannt geworden, welches 1975 erschienen ist[2] und zunächst fast nur begeisterte Zustimmung gefunden hat. Erst in letzter Zeit häufen sich die kritischen Stimmen[3], nicht zuletzt weil das lateinische Inquisitionsregister seit 1978 auch in französischer Übersetzung vorliegt[4] und deshalb zugänglicher geworden ist. Wir greifen direkt auf das Inquisitionsregister zurück[5], ohne uns des längeren mit dem Buch von Le Roy Ladurie auseinanderzusetzen, das wahrscheinlich eines der genialsten und zugleich flüchtigsten und unhaltbarsten Bücher der letzten Jahrzehnte ist.

Schon Le Roy Ladurie hat festgestellt, daß das Fegefeuer im Inquisitionsregister des Jacques Fournier einen kleinen Platz einnimmt und dies – vor dem Erscheinen des grundlegenden Werkes von Jacques Le Goff über das Fegefeuer[6] – darauf zurückgeführt, daß das Purgatorium damals, zu Beginn des 14. Jahrhunderts, eine relativ neue «Erfindung» gewesen sei[7]. Dabei hat Le Roy Ladurie übersehen, daß eine ganze Gruppe von vier Waldensern vom Inquisitor Jacques Fournier nicht zuletzt deshalb zum Tod verurteilt wurde, weil sie das Fegefeuer leugneten. Mehr noch: es sind dies, wenn wir von einem rückfälligen Katharer absehen, die einzigen Todesopfer einer siebenjährigen Inquisitorentätigkeit. Eine so kleine Rolle kann also das Purgatorium in ihrem Fall nicht gespielt haben! Dagegen trifft zu, daß das Fegefeuer für die Katharer – und die Mehrzahl von Fourniers «Kunden» waren Katharer oder zumindest katharisch inspiriert – keine Bedeutung hatte, eröffnete doch ihr wichtigstes Sakrament, das *consolamentum*, ihren Seelen den direkten Zugang zum Paradies[8]. Im Unterschied zu den Waldensern hatten die Katharer es gar nicht nötig, die Existenz des Purgatoriums zu bestreiten und sich dafür von der Inquisition auf den Scheiterhaufen bringen zu lassen.

Wenn wir trotz aller düsteren Prognosen mit der Frage nach dem Fegefeuer an das Inquisitionsregister des Bischofs Jacques Fournier herangehen, dann sehen wir uns automatisch auf die kleine Gruppe der vier Waldenser verwiesen, deren Ablehnung des Purgatoriums alles andere als uniform war, und auf eine weitere kleine Gruppe, die im Unterschied zu Waldensern und Katharern dem Leben nach dem Tod – aber nicht dem Fegefeuer – in ihren Vorstellungen breiten Platz einräumte. Jean-Marie Vidal hat sie zu Ende des 19. Jahrhunderts als «Spiritisten» bezeichnet, aber gleichzeitig klargestellt, daß es sich dabei eher um «Anhänger der Wiedergänger» («dévots aux revenants») als um Spiritisten gehandelt habe[9].

Sowohl die Waldenser als auch die Wiedergänger waren Bewohner der Bischofsstadt Pamiers im westlichen Südfrankreich (Languedoc). Pamiers war erst 1295 zum Zentrum einer eigenen Diözese (im Rahmen der Erzdiözese Toulouse) und, im Hinblick auf die immer noch zu bekämpfende katharische Häresie, zum Sitz eines eigenen Inquisitionsgerichts (Filiale von Carcassonne) geworden (s. Abb. 87). Als der Zisterzienserabt und spätere Papst Benedikt XII., Jacques Fournier, 1317 Bischof von Pamiers wurde, begann er von dieser Doppelfunktion Gebrauch zu machen[10]. Sein Blick fiel dabei zuerst auf die verdächtigen Bewohner seiner Bischofsstadt, die vier Waldenser, die erst kürzlich, auf der Flucht vor der Inquisition im östlichen Südfrankreich, hierher gezogen waren und eine etwas seltsame Hausgemeinschaft bildeten[11], und die Wiedergänger, welche zwar Einheimische waren, aber doch die Stadt nächtlicherweise unsicher machten. All diesen und noch vielen anderen «suspekten» Dingen ging Jacques Fournier in den Jahren seines Bischofsamtes in Pamiers (1317–1326) entschlossen auf den Grund. Es waren seine Doppelfunktion als Bischof und Inquisitor sowie seine rigorose, aber nicht verständnislose Haltung, welche ihn in der Ketzerbekämpfung so «erfolgreich» machten. Sein Inquisitionsregister gewährt uns Einblick in Welten, die sonst für immer verschlossen geblieben wären.

Die Waldenser

Die Gruppe der vier Waldenser, welche in den Jahren 1319/1320 und 1321 vor ihrem strengen Richter stand, hat in der Forschung noch nicht die ihr gebührende Aufmerksamkeit gefunden, obschon man ihre Bedeutung längst erkannt hat[12]. Grado Giovanni Merlo hat sich 1982 mit der Bildung ihres Hauptes und Diakons Raymond de la Côte oder de Sainte-Foy auseinandergesetzt, aber die Beschäftigung mit den übrigen Mitgliedern der Gruppe, Raymonds Amme Agnes Francou sowie dem Ehepaar Jean und Huguette de Vienne, damals noch aufgeschoben[13]. Er hat dieses Vorhaben inzwischen ausgeführt, aber dabei der Einstellung der vier Angeklagten zum Fegefeuer keine besondere Beachtung geschenkt[14].

Als Raymond de la Côte am 9. August 1319 zum ersten Mal vom Bischof Jacques Fournier verhört wurde, verweigerte er den Eid mit der Begründung, daß Schwören eine Todsünde sei. Als er bei gleicher Gelegenheit auch noch die Existenz des Fegefeuers und die Wirksamkeit von Messen, Gebeten und Almosen für die Verstorbenen bestritt, wußte der Inquisitor wahrscheinlich, daß er einen Waldenser vor sich hatte, denn diese beiden Punkte waren konstitutiv für die waldensische Lehre[15]. Raymond de la Côte war aber nicht ein gewöhnlicher Waldenser; als Diakon gehörte er der waldensischen Hierarchie an und wußte, daß sich in der Bibel, die er selber las und meditierte *(legendo scripturam et cogitando)*, keine Belegstelle für das Purgatorium finden ließ *(dicens se nescire scripturam aliquam divinam que loquatur de purgatorio)*[16]. Am 11. August 1319 kam er vorübergehend auf die beiden umstrittenen Punkte zurück[17], dann aber, nachdem ihn der Bischof vier Monate lang im Gefängnis sich selbst überlassen hatte, gab es kein Schwanken mehr: Raymond de la Côte beharrte darauf, daß es keine Schriftstelle gebe, wonach im Jenseits eine fruchtbare Buße möglich sei, er versicherte, daß er für keinen Verstorbenen eine Messe stiften würde, auch nicht für die Seelen seiner Eltern, was er doch täte, wenn er glaubte, daß ihnen dies etwas nützen könnte. Raymond war der festen Ansicht, daß das Sakrament der Messe nur den Lebenden zur Vergebung von Schuld und Strafe dienen könne und daß die Kirche umsonst nach der Wandlung für die Toten bete: *Souviens-toi aussi, Seigneur, de tes serviteurs et de tes servantes, qui nous ont précédés avec le signe de la foi, et qui dorment du sommeil de la paix. A eux, Seigneur, et à tous ceux qui reposent dans le Christ, nous prions pour que tu donnes le lieu de repos, de lumière et de paix*[18]. Für ihn gehörte das Zweite Buch der Makkabäer, wo angeblich das Purgatorium begründet war, nicht zum Kanon, obwohl er zugab, daß der Papst die Macht besitze, diesen zu erweitern. Er berief sich auf Christus, der gesagt hatte, daß man überhaupt nicht schwören solle (Matth. 5, 33–35), und der zum Schächer neben ihm am Kreuz gesagt hatte: *Heute noch wirst du mit mir im Paradies sein* (Luk. 23, 43), und nicht: *Du wirst einige Zeit im Fegfeuer verbringen (Stabis in purgatorio per aliquod spacium temporis)*[19].

Die Liste der Irrtümer Raymonds wurde immer länger. Jacques Fournier unterschied zwischen «Irrtümern gegen die römische Kirche» *(Errores contra Ecclesiam romanam)* und «Irrtümern gegen das Fegfeuer» *(Errores contra purgatorium)*, und las ihm alle Autoritäten (Augustin, Gregor d.Gr.) zugunsten des Purgatoriums *(auctoritates quod purgatorium esset)* vor[20] – vergeblich, Raymond nahm nichts Wesentliches zurück und schwor nicht ab, nicht zuletzt weil sein Gewissen es ihm nicht erlaubte zu schwören, also auch nicht abzuschwören, und obwohl ihn der Bischof zu wiederholten Malen geradezu darum bat[21]. Dem Inquisitor blieb nach den Gesetzen der Inquisition schließlich nichts anderes übrig, als Raymond am 1. Mai 1320 zum Tod zu verurteilen und hinrichten zu lassen. Sein Los teilte seine Amme, die Witwe Agnes Francou[22], die mit ihm zusammen im August 1319 festgenommen worden war. Im Unterschied zu Raymond bestritt sie, auch mehrmals danach gefragt, die Existenz des Fegfeuers nicht, wohl aber verweigerte sie hartnäckig zu wiederholten Malen den Eid, allerdings ohne große theoretische Begründung weder für das eine noch für das andere; sie scheint ihrem Zögling einfach geglaubt zu haben, daß Schwören, auch um die Wahrheit zu sagen, eine Todsünde sei[23]. Ihr Schicksal beweist, daß die Verweigerung des Eides durch die Waldenser damals schwerer wog als die Ablehnung des Fegfeuers.

Erst mehr als ein Jahr später, am 2. August 1321, wurde auch das Ehepaar hingerichtet[24], welches mit Raymond und Agnes zusammen in Pamiers gelebt und zusammen mit ihnen im August 1319 verhaftet worden war. Der Mann, Jean de Vienne, war am 11. August 1319 zum ersten Mal verhört worden und hatte damals wohl den Eid verweigert, nicht aber die Existenz des Fegfeuers bestritten; die Verweigerung des Eides hatte er damit begründet, daß er jedesmal einen Epilepsieanfall erleide, wenn er schwöre[25]. Diese Haltung muß er in der Folge vorübergehend aufgegeben haben, denn als der Bischof ihn sich im März 1321 – also anderthalb Jahre nach der Verhaftung und fast ein Jahr nach Raymonds und Agnes' Tod – erneut vornahm, mußte er mit Entsetzen feststellen, daß Jean nun sowohl den Eid als auch den Glauben an das Fegfeuer verweigerte und davon bis zu seiner Hinrichtung Anfang August 1321 nicht mehr abzubringen war[26].

Der Schlüssel für dieses merkwürdige Verhalten mag bei Jeans Frau Huguette liegen, die laut seiner Aussage der Sekte der Waldenser schon vor ihm angehört hatte[27]. Wie ihr Mann verweigerte auch sie bei ihrer ersten Einvernahme, am 9. August 1319, noch den Eid und verneinte die Existenz des Fegfeuers keineswegs; die Verweigerung des Eides aber begründete sie damit, daß sie schwanger sei und fürchte, das Kind zu verlieren, wenn sie schwöre[28]. Wenn wir annehmen, daß diese Schwangerschaft, anders als die Epilepsie ihres Mannes, mehr als nur ein Vorwand war, dann verstehen wir auch, warum dieses Paar mehr als ein Jahr später hingerichtet wurde als Raymond de la Côte und seine Amme. Wir verstehen weiter, warum Huguette zu Beginn des Jahres 1320 ihren Widerstand aufgab und den vom Bischof unerbittlich verlangten Eid leistete[29], vielleicht zum gleichen Zeitpunkt wie ihr Mann, in dessen Akten das entsprechende Protokoll nicht überliefert ist.

Im März 1321 – nach der Geburt des Kindes? – kam Huguette dann allerdings, ebenso wie ihr Mann, auf ihre anfängliche Haltung zurück und verweigerte den Eid diesmal mit der Begründung, daß sie nur geschworen habe, um zu entkommen, aber immer im Bewußtsein, daß es Sünde sei. Nachdem sie so gewissermaßen zu sich selbst zurückgefunden hatte, scheint sie sich jetzt auch stark genug gefühlt zu haben, um das Fegfeuer in Abrede zu stellen, und auch dies tat sie anders als ihre ehemaligen und kurzfristigen Hausgenossen von Pamiers. Ihr Lehrer, Jean der Lothringer (nicht Raymond de la Côte!), habe sie gelehrt, daß es ein Fegfeuer für die Sünden nur in diesem Leben und nicht im Jenseits gebe *(quod purgatorium de peccatis solum erat in vita presenti et non in alio seculo)*[30]. Ja, sie ging soweit, zu behaupten, daß der Papst in diesem Punkt mehr irre als sie, und forderte damit Jacques Fournier erstmals zu einer positiven Erläuterung dessen, was das Fegfeuer sei, heraus[31]. Nichtsdestoweniger wollte Huguette unter dem Fegfeuer weiterhin das Bußsakrament verstehen *(purgatorium ipsa intelligebat et intelligit sacramentum penitencie)* und verbat sich jegliche Messe nach ihrem Tod[32]. Sie wollte in dem Glauben leben und sterben, den sie mit ihrem Mann, Jean de Vienne, teilte und zu dem sie ihn, wie sie wohl wußte und stolz bekannte, geführt hatte[33]. Es ist also nicht ganz zufällig und falsch, wenn das Protokoll sie als *heretica perfecta* bezeichnet und Jacques Fournier ihr die Frage stellte, ob sie selber Messe gelesen und Beichte gehört habe: ihr Engagement ging über dasjenige einer gewöhnlichen Gläubigen – wie etwa Agnes Francou – weit hinaus, obschon die Zeit der großen «perfectae» bei den Waldensern ebenso Vergangenheit war wie bei den Katharern[34].

Die Hinrichtungen der Waldenser in Pamiers lösten in der näheren und weiteren Umgebung lebhafte Reaktionen aus. Berengar Escoulan kam eigens von Foix, dem nächsten größeren Ort südlich von Pamiers, um die Hinrichtung von Raymond de la Côte und Agnes Francou am 1. Mai 1320 zu sehen. Er kam zu spät, das Schauspiel hatte bereits stattgefunden, und man erzählte ihm, daß Raymond es gewagt hätte, mit dem Bischof zu diskutieren und ihm zu antworten *(quod dictus hereticus disputabat et respondebat cum dicto domino episcopo)*, und daß er auf dem Scheiterhaufen, nachdem die Fesseln, mit welchen seine

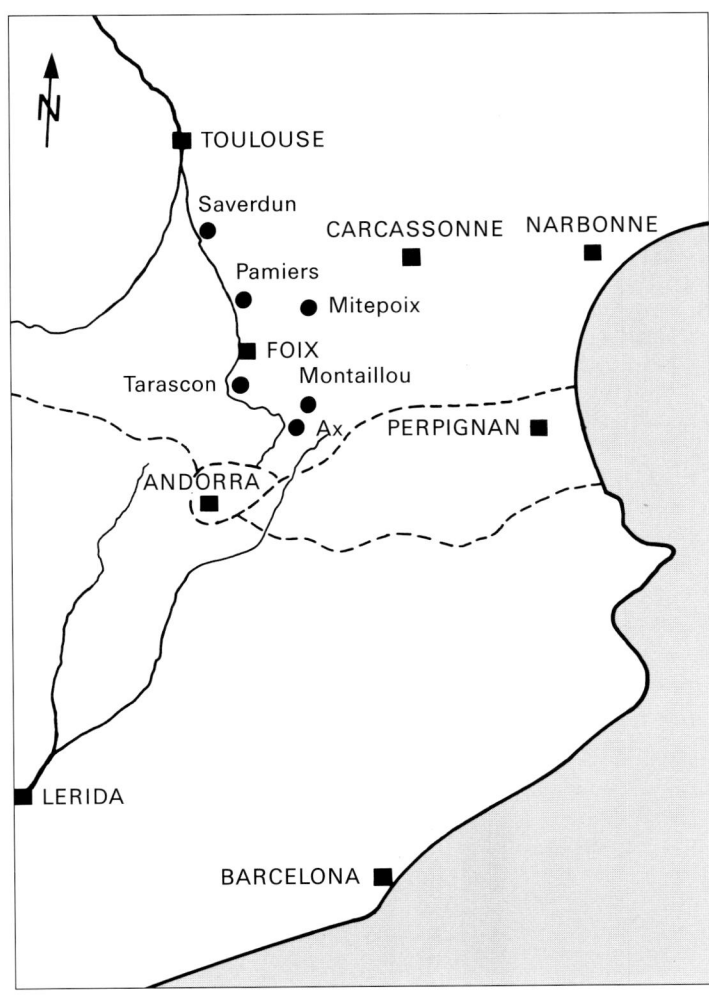

Abb. 87. Karte mit der weiteren Umgebung des Pyrenäendorfes Montaillou und der Bischofsstadt Pamier. In Pamier wurden 1319 und 1321 vier Waldenser, die das Fegefeuer leugneten, durch die Inquisition hingerichtet.

Hände gebunden waren, verbrannt seien, die Hände wie zum Gebet gefaltet habe. Berengar schloß daraus, daß dies kein böser Mann gewesen sein könne und daß Gott sich der ihm solchermaßen empfohlenen Seele angenommen habe. Die Hinrichtung, mit dieser Geste, hatte also auf ihn genau die gegenteilige Wirkung, die sie hätte haben sollen: Anziehung, Interesse statt Abschreckung. Berengar machte aus seiner Meinung keinen Hehl, auch nicht in der Öffentlichkeit einer Taverne, wo ihm entgegengehalten wurde, daß Raymond die Meinung vertreten habe, daß Schwören eine Todsünde sei, daß die Kirche nicht für die Toten beten solle und ein entsprechendes Gebet aus dem Kanon der Messe zu entfernen sei. Das letztere schien Berengar auch bedenklich, dem ersteren stimmte er zu, und die Wirtshausgenossen und Zeugen hatten nichts Eiligeres zu tun, als zum Bischof zu laufen und ihn zu denunzieren, am Sonntag, dem 4. Mai, nachdem die Hinrichtung auf Donnerstag, den 1. Mai, und das Wirtshausgespräch auf Freitag, den 2. Mai, zu datieren sind[35].

Der Bischof scheint noch am gleichen Sonntag Zeit gefunden zu haben, um sich Berengar Escoulan vorzunehmen, der allem Anschein nach ebenfalls ein Waldenser war. Die rasche Reaktion war nicht zufällig, es galt, den Funken im Entstehen auszutreten. Berengar kam und leistete, ohne mit der Wimper zu zucken, den geforderten Eid, erzählte seine Geschichte, welche sich von derjenigen der Zeugen nicht wesentlich unterschied, ließ sich vom Inquisitor willig eines «Besseren» belehren und wies vor allem die Ablehnung des Fegefeuers kategorisch von sich. Obwohl offensichtlich doch kein Waldenser, mußte Berengar Escoulan der Sekte der Waldenser abschwören (was er ohne Anstände tat)[36], vielleicht weil Jacques Fournier, der, wie gesagt, am Anfang seiner Inquisitorentätigkeit stand, noch über kein anderes Abschwörformular verfügte. Berengar bezahlte seine Spontaneität und Unüberlegtheit teuer, wahrscheinlich mit einem Jahr Gefängnis und zwei Jahren Tragen von gelben Tuchkreuzen, womit die Ketzer – ähnlich wie die Juden – bezeichnet wurden[37].

Die Nachricht von der Hinrichtung Raymonds und Agnes' erreichte auch das Städtchen Ornolac noch weiter südlich von Pamiers, dessen Oberhaupt, Guillaume Autast, die Leute wissen ließ, daß man besser den Bischof von Pamiers verbrannt hätte als Raymond, der ein guter Christ und Geistlicher gewesen sei. Autast wußte aber noch mehr, er wußte, daß Raymond hingerichtet worden war, weil er das Fegefeuer geleugnet hatte. Er selber stand allerdings nicht im Ruf, am Fegefeuer zu zweifeln, er hatte vielmehr recht ausgeprägte katharische Neigungen, für welche er ebenso wie für seinen Widerstand gegen die Inquisition am 8. März 1321 zu einer langjährigen Gefängnisstrafe verurteilt wurde[38]. Interessant ist die Parteinahme eines Katharers für den Anhänger einer anderen Sekte, wie wir sie noch im gleichen Jahr auch in Ax-les-Thermes noch weiter südlich finden. Hier machte Raymond Vaissière, eben erst aus dem Gefängnis der Inquisition in Carcassonne entlassen, eifrig Propaganda für die Sekte der Katharer und schimpfte gleichzeitig über den Bischof von Pamiers, der einen Mann mit einem besseren Glauben als sein eigener habe verbrennen lassen[39]. Für die Katharer aber warb er mit dem Argument, daß deren Seelen unverzüglich nach dem Tod in das Paradies gelangten und nicht mit der Hölle oder dem Fegefeuer in Berührung kämen[40].

Im bischöflichen Gefängnis von Pamiers, wo die Waldenser während ihrer Prozesse festgehalten worden waren, erinnerte man sich noch Jahre später an die Gelehrsamkeit von Raymond de la Côte sowie an Jean und Huguette, die hingerichtet worden waren, weil sie nicht hatten schwören wollen[41]. Der Eindruck war umso nachhaltiger, als bei aller Strenge des bischöflichen Inquisitors, die man schon bald nach seinem Amtsantritt zu spüren bekam und auch ausgiebig kritisierte, die Waldenser doch die einzigen blieben, die für ihren Glauben mit dem Leben bezahlen mußten; die einzige Ausnahme von dieser

Regel bildete ein rückfälliger Katharer, Guillaume Fort, der beim gleichen Gerichtstermin wie Jean und Huguette am 2. August 1321 auf den Scheiterhaufen kam[42]. Es macht indessen nicht den Anschein, als ob die Bevölkerung die Logik der Inquisition durchschaut und begriffen hätte, warum allein die Waldenser so hart bestraft wurden und welche unerbittliche Konsequenz hier vom Fegefeuer zum Scheiterhaufen führte.

Die Wiedergänger

Nachdem der Bischof Jacques Fournier sich im Januar 1320 eingehend mit dem Waldenserdiakon Raymond de la Côte auseinandergesetzt hatte, wurde ihm im Februar ein Mann denunziert, der in krassem Unterschied zu Raymond in bezug auf das Leben nach dem Tod zuviel Phantasie entwickelt hatte. Es handelte sich um Arnaud Gélis alias Bouteiller vom Mas Saint-Antonin unweit der Bischofsstadt Pamiers. Arnaud Gélis erschien am 23. Februar 1320 vor dem Inquisitor, schwor den verlangten Eid und erzählte eine lange Geschichte. Vor acht oder neun Jahren sei der Domherr Hugo Durfort, dessen Familiar und Diener er gewesen sei, gestorben. Fünf Tage nach dem Tod, als Arnaud des Nachts in seinem Bett und Haus im Mas Saint-Antonin schlief, habe der Domherr ihn geweckt. Beim Schein des Herdfeuers, das er indessen zugedeckt habe, als er ins Bett ging, habe er Hugo Durfort erkannt, der ihm gesagt habe, daß er sich nicht fürchten und daß er am nächsten Tag zu ihm in den Kreuzgang von St-Antonin kommen solle, weil er mit ihm sprechen wolle. Als Gélis sich am folgenden Tag an den befohlenen Ort begab, fand er Hugo in gleicher Größe und Gestalt wie zu Lebzeiten an seinen Sarg angelehnt, und als er ihm das Paradies wünschte (eine Redensart?), antwortete Hugo, daß er in Kürze dort zu sein hoffe und daß Arnaud seiner Schwester Brunissende, die mit Arnaud de Calmelles von Pamiers verheiratet war, ausrichten solle, daß sie drei Messen für seine Seele lesen lassen solle, damit er schneller zur Ruhe *(in requiem)* gehen könne. Nachdem dies geschehen sei, habe er Hugo tatsächlich nie mehr gesehen[43].

Die Erscheinung des Domherrn Hugo Durfort leitete eine ganze Reihe ähnlicher Erscheinungen ein: diejenige des Domherrn Hugo de Rous (ungefähr zur gleichen Zeit), des Domherrn Athon d'Unzent (vor ungefähr fünf Jahren), des verstorbenen Bischofs von Pamiers Bernard Saisset (vor ungefähr vier Jahren) und diejenige des Domherrn Pierre Durand (im Sommer des vergangenen Jahres). Der Domherr Hugo de Rous erschien Gélis zwei bis drei Mal, ohne etwas Bestimmtes von ihm zu fordern, der Domherr Athon d'Unzent verkündigte ihm auf seinen gewohnten frommen Wunsch, Gott möge ihm das Paradies geben, die frohe Botschaft, daß Gott dieses allen Toten und Lebenden gebe, daß bis zum Jüngsten Gericht keine Seele verdammt würde, und auch nachher nicht, da Christus alle nach seinem Bild geschaffen und mit seinem Blut erkauft habe! Der Bischof Bernard Saisset bedauerte lebhaft, daß er seine Kämmerer und auch Gélis selbst für ihre treuen Dienste nicht genug belohnt habe. Die interessantesten Erfahrungen schien der jüngst verstorbene Domherr, Pierre Durand, gemacht zu haben, denn er antwortete auf Gélis Frage nach seinem Ergehen, daß es ihm jetzt ganz gut gehe, daß er aber durch einen üblen Ort hindurchgegangen sei *(quod transiverat per malum locum)*. Als Gélis wissen wollte, durch welchen Ort, antwortete Pierre: durch das Feuer des Purgatorium, welches übel und rauh sei, daß er aber bloß hindurchgegangen sei *(quod per ignem purgatorii transiverat, qui quidem ignis malus et asper erat, et, ut dixit, solum transiverat per dictum ignem)*[44].

Neben der geistlichen hatte Gélis auch eine weltliche Kundschaft mit teilweise anders gelagerten Sorgen als die erstere. Fünf Tage nach Weihnachten des vergange-

Abb. 88. Wiedergänger sind Verstorbene, die keine Ruhe finden. Oft erscheinen sie auf Erden, um für die eigene Erlösung um Seelmessen zu bitten. – Die Holzschnitt-Illustration zeigt eine Wiedergängerin, die von zwei Teufeln begleitet mit dem Priester über den Nutzen der Messe spricht. Holzschnitt aus: Der Seelen Wurzgarten, Augsburg: Johann Schönsperger, 28. August 1484. (The Illustrated Bartsch 85).

nen Jahres sah er die Seele von Barcelone, der Mutter von Arnaud de Calmelles, der mit der Schwester des verstorbenen Domherrn Hugo Durfort verheiratet war. Barcelone machte sich Vorwürfe, weil sie ihre gleichnamige Tochter, die ihrem Mann davongelaufen war, nicht zu diesem zurückgeführt, sondern aus egoistischen Motiven bei sich behalten hatte. Gélis sah vor zwei Monaten an dem Ort, wo er ermordet worden war, Pons Malet von Ax, der von den Kirchen vom Mercadal und vom Camp kam und das Gesicht voll Schmutz, aber immerhin kurz vor seinem gewaltsamen Tod gebeichtet hatte. Er begegnete Barcelone, der Witwe von Pons Fauré, mit bis zu den Ellbogen entblößten Armen, weil sie an diesen Stellen Seide getragen hatte; sie bat ihn, zu ihrer Mutter zu gehen und ihr zu sagen, daß sie die Seide von ihren Ärmeln entfernen sollte, was er indessen nicht tat. Während der Weinernte des vergangenen Jahres sah er die Seele von Pons Bru von Pamiers, die zusammen mit vielen anderen Seelen – fast hundert – von der Kirche St-Martin von Juillac kam und Gélis den Auftrag gab, seiner Witwe auszurichten, daß sie Öl in die Lampen mehrerer Kirchen stiften, einen Tag lang drei Armen zu essen geben und eine Messe für seine Seele lesen lassen solle, damit diese zur Ruhe gehen könne[45].

An dieser Stelle holte Arnaud Gélis zu einer Art Glaubensbekenntnis aus: er glaube und habe seit der Zeit des Großen Ablasses (des von Papst Bonifaz VIII. für das Jahr 1300 promulgierten Jubiläumsablasses) immer geglaubt, daß alle Menschen, die nach dem Bild Gottes geschaffen und mit der heiligen Taufe getauft seien, gerettet würden. Er glaube und habe geglaubt, daß bis zum Tag des Gerichts keine Seele in die Hölle komme. Andererseits gelange bis zum Jüngsten Gericht auch niemand, wenn er nicht gerade ein Heiliger sei, in das Himmelreich, sondern die Seelen der Verstorbenen gingen nach absolvierter Buße an den Ort der heiligen Ruhe *(vadunt peracta penitencia ad sanctam requiem anime defunctorum)*. Kein Mensch aber, der das Sakrament der Taufe empfangen habe, würde verdammt, denn Christus werde in seiner Barmherzigkeit beim Jüngsten Gericht alle Christen, wie schlecht sie auch gewesen seien, retten. In dieser Meinung (die nicht diejenige Papst Bonifaz VIII. gewesen sein kann!) habe ihn der Domherr Athon d'Unzent nur noch bestärkt[46].

Bei der nächsten Sitzung mit dem Bischof kam Arnaud Gélis auf die Begegnung mit Pons Bru und den vielen Seelen zurück, die von der Kirche St-Martin des Rives gekommen, aber vor kurzem auch im Haus des Thomas Isarn de la Caussade in Pamiers gewesen seien und dort ein Weinfaß fast leer getrunken hätten. Er erzählte weiter von einem Gespräch mit dem verstorbenen Guillaume d'Arignac von Pamiers und seiner ebenfalls verstorbenen Frau. Im Auftrag ihres Sohnes, Raymond d'Arignac, habe er die Frau nach dessen drei Töchtern, ihren Enkelinnen, gefragt, die im Kindesalter verstorben seien. Die Großmutter antwortete, sie habe sie seit ihrer Beerdigung nicht mehr gesehen, da sie wie alle getauften Kinder unter sieben Jahren unverzüglich zur Ruhe gegangen seien. Als er sie fragte, was denn mit den ungetauften Kindern geschehe, erwiderte sie, daß diese an einen dunklen Ort kämen, wo es ihnen weder schlecht noch gut ergehe *(ad quendam locum obscurum in quo non patiuntur malum nec habent bonum)*[47].

Arnaud Gélis berichtete weiter von den Seelen der Verstorbenen, die er seit etwa sieben Jahren häufig sehe, und zwar in wachem Zustand und am Tag. Diese gingen in die Kirchen und wachten dort die ganze Nacht. Am nächsten Morgen verließen sie die Gotteshäuser und gingen, besonders bei schönem Wetter, durch die Wege zu den anderen Kirchen von Pamiers und seiner näheren und weiteren Umgebung, in welchen sie in der folgenden Nacht Wache halten mußten. In der Nacht von Samstag auf Sonntag wachten sie gewöhnlich in der Pfarrkirche St-Antonin, und er habe viele Tote bedauern hören, daß ihre Körper nicht im Friedhof der Pfarrkirche begraben lägen. Die Toten trügen weiße Kleider aus Leinen, mit Ausnahme der Ordensleute, welche ihr Ordensgewand beibehielten. Sie seien von der gleichen Größe, Form und Gestalt wie zu ihren Lebzeiten. Indem sie die verschiedenen Gotteshäuser aufsuchten, täten sie Buße, und zwar so, daß diejenigen, welche mehr zu büßen hatten, schneller gingen, und die anderen langsamer; am schnellsten, nämlich wie der Wind, bewegten sich die Wucherer. Von keinem habe er gehört, daß er außer dieser Bewegung eine andere Strafe erdulden müsse, außer von Pierre Durand, der durch das Feuer des Purgatoriums hindurchgegangen sei. Wenn die Toten aufhörten, die Kirchen zu besuchen, dann gingen sie zum Ort der Ruhe, wo sie bis zum Jüngsten Gericht blieben. Gélis wußte nicht genau, wo dieser Ort zu situieren sei, meinte aber, auf der Erde *(in terra)*[48].

Das Gehen mache allen Toten Mühe, den alten noch mehr als den jungen und kräftigen. Zwischendurch stolperten sie und fielen zur Erde und könnten nicht aufstehen, wenn ihnen nicht ihre Freunde und Bekannten helfen würden. Andere aber, die sie nicht kannten, gingen über sie hinweg und würden ihnen nicht helfen. Den Verstorbenen gefalle es, wenn ihre Verwandten für sie Messen lesen ließen und Öl in die Lampen ihrer Pfarrkirchen stifteten, und es scheine ihnen dann auch besser zu gehen. Dagegen mißfalle ihnen, wenn ihre Legate nicht ausgerichtet würden, und sie zögen kleine bezahlte Legate großen unbezahlten bei weitem vor. Viele verstorbene Frauen fänden Gefallen daran, bisweilen zurückzukehren, um ihre kleinen getauften Enkel zu sehen. Arnaud Gélis habe selber gesehen, wie seine verstorbene Schwiegermutter vor drei oder vier Jahren gekommen sei, um seinen Sohn, der jetzt sechs oder sieben Jahre alt sei, zu sehen, zu umarmen und zu küssen. Häufig sehe er auch tote Juden, von denen einige rückwärts gingen, andere aber vorwärts wie die übrigen Toten; sie beträten indessen die Kirchen nicht, sondern gingen nur durch die Wege, nicht zusammen mit den Christen, sondern für sich, und Gélis wußte nicht, ob ihr Ziel ebenfalls der Ort der Ruhe sei. Gefragt, wie er die Juden von den Christen unterscheiden könne, antwortete er: weil sie stinken und sich von den anderen entfernt halten[49].

Aber auch Arnaud Gélis hatte es nicht immer leicht. Wenn er die Aufträge der Toten an ihre Verwandten nicht ausrichtete, schlugen sie ihn mit ihren Stöcken, so etwa Pons Bru. Im allgemeinen sah er sie am Morgen nach der Messe. Er scheint für seine Aufgabe als Seelenbote prädestiniert gewesen zu sein, denn er hatte eine Cousine zweiten Grades, die ebenfalls mit den Toten gegangen sei und mit ihnen gesprochen habe. Manchmal sei sie drei bis vier Tage mit ihnen gewandert, und wenn sie endlich nach Hause zurückgekehrt sei, sei sie sehr niedergeschlagen und traurig gewesen. Sie habe seine Mutter und seinen Vater gesehen und ihm Aufträge von ihnen gebracht. Gefragt, wozu denn die Hölle gut sei, wenn doch niemand verdammt würde, antwortete Gélis, daß seitdem Christus die Seelen der Heiligen aus der Hölle geholt habe, dort nur mehr die Dämonen hausten, denn kein Mensch, der den christlichen Glauben und die heilige Taufe habe, werde je verdammt werden. Ja, er ging noch weiter und sagte, daß Gott auch den Juden, Sarazenen und Häretikern, wenn sie nur an sein Erbarmen appellierten, das Paradies geben werde. Gefragt, wer ihn dies gelehrt habe, antwortete er, daß er es in den Predigten gehört und aufgrund von Gottes großer Barmherzigkeit geglaubt habe[50].

Am 26. Februar 1320 lieferte Arnaud Gélis noch einige Nachträge:
– daß die Seelen all jener, die zu Lebzeiten

nicht in Santiago de Compostela waren, nach dem Tod dorthin pilgern würden
– daß der Domherr Hugo Durfort und Guillaume d'Arignac ihm dringend geraten hätten, niemandem zu offenbaren, daß die Seelen der Verstorbenen ihm erschienen; ebenso sollten ihre Aufträge im geheimen ausgeführt werden
– daß er für seine Dienste von den Lebenden nie etwas verlangt, wohl aber hie und da ein kleines Geschenk angenommen habe; die Toten aber hätten ihm nie etwas gegeben (außer hie und da Schläge...)
– daß die Verstorbenen lieber in saubere Häuser zurückkehrten als in schmutzige[51].

Der Inquisitor stand vor der schwierigen Aufgabe, aus dem ganzen eine häretische Lehre und eine Sekte zu machen. Er tat dies, indem er Gélis' Irrtümer in einzelne Sätze gliederte und diese dem schlechten Einfluß eines oder mehrerer seiner toten Freunde zuschrieb: die Buße durch den Gang von Kirche zu Kirche (Art. 1) Gélis' Cousine zweiten Grades; den Ort der Ruhe (Art. 2) dem Domherrn Athon d'Unzent; den bis nach dem Jüngsten Gericht verzögerten Himmel für die Gerechten (Art. 3) dem Pons Bru; den «obskuren» Ort der ungetauften Kinder (Art. 4) der Frau von Guillaume d'Arignac; die entleerte Hölle (Art. 5 und 9) Pons Bru und Guillaume d'Arignac; die unendliche Barmherzigkeit Gottes selbst gegenüber Häretikern, Juden und Heiden (Art. 6 und 7) dem Domherrn Pierre Durand und der Barcelone Fauré. Für die Körperlichkeit und die menschlichen Bedürfnisse der Toten, die einen guten Tropfen zu schätzen wußten und sich am Feuer wärmten (Art. 8 und 10), mußte Gélis die Verantwortung selber übernehmen[52].

Was Jacques Fournier vor allem beim ersten Artikel schmerzlich vermißte, war anstelle des unkontrollierten, unkontrollierbaren und diesseitigen Vagierens der Seelen das Fegefeuer als fester und jenseitiger Ort der Buße. Dagegen scheint Fournier im Unterschied zu Gélis (oder zur Frau von Guillaume d'Arignac) den Limbus für die ungetauft verstorbenen Kinder nicht gekannt zu haben, ein Ort, den die zeitgenössische Theologie aus Erbarmen mit diesen Opfern einer durchsakramentalisierten Kirche neu erfand und der etwa gleichzeitig mit dem Purgatorium in der Diskussion auftauchte[53]. Arnaud Gélis hörte sich Anfang April die Belehrungen durch den Bischof willig an und schwor ebenso willig Ende April der Häresie der Waldenser ab, sei es weil der Inquisitor immer noch kein anderes Abschwörformular zur Verfügung hatte oder weil er Gélis wegen seiner Aussparung des Fegefeuers tatsächlich für einen Waldenser hielt[54]. Gegen die zweite – und für die erste – Hypothese spricht, daß dieser ungleich milder bestraft wurde als die Waldenser: während Raymond de la Côte und Agnes Francou am 1. Mai 1320 den Scheiterhaufen besteigen mußten, kam Gélis gleichen Tags wahrscheinlich mit ein paar Bußwallfahrten davon, und ähnlich fast ein Jahr später seine Anhänger und Anhängerinnen[55].

Arnaud Gélis hatte nämlich mit seiner häretischen Lehre – die Inquisitionsakten sprechen tatsächlich mehrmals von «heresis Arnaldi Egidii alias dicti Botelhier»[56] – großen Erfolg, insbesondere bei Frauen und Müttern, welche um ihre vorzeitig verstorbenen Kinder trauerten. Als Mengarde de Pomiès von Pamiers vor etwa zwei Jahren ihre Tochter verlor, war sie sehr besorgt, zu wissen, in welchem Zustand deren Seele sich befand (*erat multum sollicita de sciendo in quo statu erat anima dicte filie sue*) und erinnerte sich deshalb an den Mann vom Mas Saint-Antonin, von welchem sie vor ungefähr vier Jahren gehört hatte, daß er mit den Toten gehe. Sie wandte sich an Gausia de Arignac, die zwar meinte, der Mann kenne nur diejenigen Toten, welche er bereits als Lebende gekannt habe, aber ihr dann doch die Nachricht brachte, daß er die Seele ihrer Tochter gesehen habe, welche ein Hemd mit Löchern trage. Mengarde nahm sich vor, ein neues Hemd zu kaufen und es für die Seele ihrer Tochter zu geben, und machte sich zusammen mit Raymonde Fauré nach dem Mas Saint-Antonin auf. Arnaud Gélis erzählte ihr, daß es ihrer Tochter gut gehe, daß sie die umliegenden Kirchen besuche und daß sie in der Gesellschaft von sechs Frauen von Pamiers sei, die sie schon zu Lebzeiten gekannt habe. Es sei nicht nötig, etwas für ihre Seele zu tun, es genüge, wenn sie ein halbes Pfund Öl in eine bestimmte Lampe in der Kirche St-Antonin stifte. An Allerheiligen sei er zu ihr gekommen und habe ihr angekündigt, daß ihre Tochter am nächsten Tag, an Allerseelen, zur Ruhe eingehen und daß er sie dann nicht mehr sehen würde. Wenn eine Seele zur Ruhe gehe, dann würde sie von den anderen Seelen ebenso beklagt und betrauert, wie die Lebenden klagten und trauerten, wenn ihre Verwandten stürben[57].

Als Mengarde de Pomiès Arnaud Gélis aufsuchte, ließ sie sich von Raymonde Fauré begleiten, die keine Kinder hatte, aber sich bei dieser Gelegenheit nach ihrer verstorbenen Mutter erkundigte. Gélis ließ sich den Namen der Mutter nennen und brachte die Nachricht, daß die Seele der Mutter in gutem Zustand und in der Lage sei, zusammen mit anderen Frauen längere Wallfahrten zu unternehmen. Was ihr fehle, sei lediglich eine Messe, welche die Tochter in der Kirche St-Antonin auf dem Petrusaltar durch den Priester Arnaud de Monesple lesen lassen solle. An Allerheiligen ging die Seele der Mutter dann auch zur Ruhe ein. Arnaud Gélis benützte die Gelegenheit, sich bei Raymonde Fauré darüber zu beklagen, daß der Domherr Hugo Durfort sich bei seinen Bußgängen noch immer auf seinen ehemaligen Diener stütze und daß ein Ende nicht abzusehen sei, weil der Domherr nicht zur Ruhe gehen könne, bis er alle während seines Lebens versäumten Horen nachgeholt haben würde[58].

Eine weniger dankbare «Kundin» von Arnaud Gélis war Navarre, die Witwe jenes Pons Bru, der uns schon unter den Wiedergängern durch sein rüpelhaftes Benehmen aufgefallen ist. Gélis scheint Pons' Auftrag tatsächlich nicht ausgeführt zu haben, es war seine Witwe, die durch Mengarde de Pomiès und Raymonde Fauré von ihm erfuhr und ihn zu sich holen ließ. Als sie ihn fragte, wie es dem «Herrn» gehe, erzählte er ihr, in welchen Kirchen dieser Wache halte, und forderte sie auf, seine Schlafkammer stets sauber geputzt zu halten, da er jeden Samstag dorthin zurückkehre. Navarre wollte nicht glauben, daß ihr Mann, der fast wie ein Mönch gelebt habe, noch Buße tun müsse und noch nicht im Paradies sein sollte. Arnaud versuchte, sie durch die Versicherung zu besänftigen, daß die Seele ihres Sohnes, der ein Franziskaner gewesen war, bereits zur Ruhe gegangen sei, brachte sie aber vollends gegen sich auf, als er ihr erzählte, daß ihr Mann zusammen mit anderen Toten und in seiner, Gélis' Gegenwart, einen Weinkeller in Pamiers geplündert habe[59]. Navarre Bru gehörte genau zu jenen gehobenen Kreisen, welche an einer Stratifikation des Jenseits interessiert waren, weil sie sich eine solche leisten konnten.

Der Nutznießer von Arnaud Gélis' Glaubenssystem war der Priester Arnaud de Monesple, welcher in der Kirche St-Antonin bepfründet war. Vor zwei oder drei Jahren sei Arnaud Gélis zu ihm gekommen und habe ihm anvertraut, daß er mit den Toten von Kirche zu Kirche gehe und mit ihnen spreche, und daß diese keine andere Buße täten, als die Gotteshäuser zu besuchen und in ihnen zu wachen. Am Sonntag ruhten sie sich in der Kirche St-Antonin aus, um dann wieder die ganze Woche die Landkirchen zu besuchen. Bei ihren Bußgängen hielten die Seelen sich an den Händen, sie hatten Hände, Füße, Augen und alle übrigen Glieder wie die lebenden Männer und Frauen. Gélis erzählte, daß er nachts mit den Seelen, die er hier auch «gute Frauen» nannte *(cum bonis dominabus seu animabus defunctorum)*, in die schönsten und saubersten Häuser eindringen und dort guten Wein trinken würde. Einmal habe er, Arnaud de Monesple, auf dem Petrusaltar eine Messe für die Seele der Mutter irgendeiner Frau von Pamiers gelesen, und später habe Arnaud Gélis ihm gesagt, daß er diese Frau (Raymonde Fauré?!) zu ihm geschickt habe. Einmal habe Arnaud ihm 4 Denare von Brunissende de Calmelles gebracht, damit er eine Messe für die Seele ihres verstorbenen Bruders, des Domherrn Hugo Durfort, feiere. Auch Arnaud de Monesple hatte Grund, auf Hugo Durfort böse zu sein, denn dieser hatte die Kleriker von St-Antonin an ihren Einkünften geschädigt, aber er, der Priester, ließ sich von Arnaud Gélis belehren, daß der Domherr trotz allem nicht verdammt werden würde, sondern nur seine Buße absolvieren müsse und dann zur Ruhe gehen könne, und daß beim Jüngsten Gericht überhaupt niemand verdammt würde, weil die Jungfrau Maria für alle bitte, selbst für die Juden, die aus dem gleichen Volk stammten wie sie[60].

Zuletzt noch einmal eine Mutter. Als Guillemette, die Witwe Pierre Battegays, vor mehr als einem Jahr ihre verheiratete Tochter Fabrissa verloren hatte, sei Mengarde de Pomiès zu ihr ins Haus gekommen und habe ihr erzählt, daß ihr ebenfalls eine Tochter gestorben sei, daß aber ein Mann vom Mas Saint-Antonin, der die Toten sehe und mit ihnen gehe und den die Toten manchmal sogar aus seiner Arbeit herausrissen und mit sich führten, ihre Tochter gesehen und ihr erzählt habe, wie es ihr gehe. Guillemette war interessiert, diesen Mann kennenzulernen, Mengarde vermittelte die Bekanntschaft, und bereits wenige Tage später stand Arnaud Gélis vor der Tür, richtete Guillemette Grüße von ihrer Tochter aus und sagte, daß es ihr gut gehe und daß sie ebenso gut und fröhlich *(bene et ilariter)* ausschreite wie die anderen drei Frauen, mit denen sie sich zusammengetan habe. Und als Guillemette fragte, wie denn das möglich sei, da ihre Tochter doch während einer Schwangerschaft gestorben sei, bekräftigte Arnaud, daß ihre Tochter schön und kräftig sei und daß sie so schnell gehe wie die anderen. Nach vierzehn Tagen brachte er ihr wiederum Grüße von ihrer Tochter und die Nachricht, daß diese am nächsten Fest von Allerseelen zur Ruhe gehen würde[61], zusammen, wie wir wissen, mit der Tochter von Mengarde de Pomiès und der Mutter von Raymonde Fauré. So bahnten sich um den Seelenboten Arnaud Gélis herum Bekanntschaften an, auf der Seite der Lebenden und der Toten.

Was haben wir von Arnaud Gélis zu halten? War er ein Phantast, Hochstapler und Betrüger, oder war er ein Faulenzer und Schwätzer, der nicht selten (zusammen mit den Toten!) etwas zu tief ins Glas schaute[62]? Oder war er gar ein Mann von außergewöhnlichem, geradezu pastoralem Einfühlungsvermögen? Die Forschung hat Arnaud Gélis etwas mehr Aufmerksamkeit geschenkt als dem Waldenserdiakon Raymond de la Côte, angefangen mit Jean-Marie Vidal, der Ende des letzten Jahrhunderts die Verhöre von Arnaud Gélis und seinen Anhängern erstmals veröffentlicht hat. Er sah Gélis' Lehre stark vom Katharismus geprägt, insbesondere sah er Ähnlichkeiten zwischen dessen vagierenden Seelen und der katharischen Seelenwanderung. Daneben fand er sehr viel Aberglauben und Unwissen des Volkes («de la superstition et de l'ignorance du vulgaire»), was für ihn praktisch dasselbe war («les habitants du pays de Foix étaient aussi superstitieux qu'ignorants»). Besonders streng – viel strenger als Jacques Fournier! – ging er mit Gélis ins Gericht: er gestand ihm zwar zu, daß er seine «Kunden» nicht ausgenützt habe, wohl aber habe er sich an verschiedenen Leuten, toten und lebenden, rächen wollen, indem er die Toten in unangenehme Situation versetzte oder die Lebenden durch die Toten kritisieren ließ. Für Vidal ist Gélis ein pathologischer Fall: «C'était, je

Abb. 89. Ähnlich wie dem Sakristan Arnaud Gélis die Wiedergänger erscheinen, findet sich der Umgang mit ihnen auch im Berner Allerseelenaltar des Thüring Fricker dargestellt. Der Küster fand die Kirche hell erleuchtet; Tote feierten für andere Tote Messen. Als er fliehen will, hält ihn ein Totengerippe am Fuß zurück. – Holztafel (vgl. Abb. 12), 1505. Bern, Kunstmuseum.

crois, un de ces esprits faibles, à l'imagination vive, au tempérament nerveux, qui sont le jouet, soit de l'esprit malin, soit surtout de leurs propres illusions», und Gélis' Erzählungen taxierte er als «grossiers, ridicules, enfantins, dénués de sens commun, indignes d'un être raisonnable et bien équilibré»[63].

Seit Jean-Marie Vidal hat sich die Einstellung der Forschung zu Aberglauben und Volksglauben grundlegend geändert. Wenn wir im folgenden von Carlo Ginzburg sprechen wollen, so nicht weil er Arnaud Gélis zur Kenntnis genommen hat, aber weil wir meinen, daß er in ihm eine ganz verblüffende und frühe Parallele zu den «benandanti» des Friaul gefunden hätte, die er in seinem Buch «Les Batailles Nocturnes» beschrieben. Da lesen wir (am Anfang des zweiten Kapitels mit dem Titel «Les processions des morts»): «A la fin de l'année 1581, l'Inquisiteur général d'Aquilée et de Concordia, Frère Felice de Montefalco, enregistre une dénonciation contre une femme d'Udine, Anna, dite La Rouge, veuve de Domenico Artichi, qui déclare voir les morts et leur parler.» Wie Arnaud Gélis brachte Anna La Rouge den Hinterbliebenen Nachrichten von den Toten und vermittelte zwischen ihnen zerrissene Hemden und fromme Werke, wie Arnaud Gélis wurde sie von den Toten geschlagen, die freitags und samstags ermüdet in ihre ehemaligen Häuser zurückkehrten und dann die Betten gemacht vorfinden wollten. Anders als bei Gélis ging aber nicht ihr Körper, sondern nur ihr Geist mit ihnen; der Körper blieb wie tot im Bett zurück, und ihrem Mann gelang es in dieser Situation nicht, sie aufzuwecken. Das bedeutete, daß sie über übernatürliche Kräfte verfügte, was darauf zurückzuführen war, daß sie wie alle «benandanti» mit der Fruchtwasserblase über den Kopf gestülpt geboren worden war. Die vagierenden Toten aber interpretiert Ginzburg als zivilisierte und christianisierte Variante der Wilden Jagd, jener Ansammlung von Toten also, die laut einer verbreiteten Tradition des nachts über die Dörfer herfielen und die Weinkeller plünderten[64].

Wäre Gélis demnach ein (von Ginzburg übersehener) «benandante»? Für eine gewisse familiäre Prädisposition könnte sprechen, daß seine Cousine zweiten Grades mit der gleichen Gabe beglückt oder eher belastet gewesen war, viel mehr aber eigentlich nicht. Gewiß gibt es in seinen Erzählungen Elemente von Volksglauben, sogar noch mehr als wir hier wiedergeben konnten, es lassen sich indessen auch ganz starke orthodoxe, heterodoxe und häretische Bestandteile nachweisen; Emmanuel Le Roy Ladurie hat nicht umsonst in Bezug auf die «religiösen und mythischen Wertvorstellungen» (die er allerdings zu Unrecht von der Gruppe um Gélis herum auf das ganze von Jacques Fournier inquirierte Gebiet ausdehnt) von einem «Schaf mit fünf Beinen» gesprochen: «Une brève inspection des valeurs religieuses et mythiques nous a mis, de nouveau, sur la piste de ce mouton à cinq pattes ou à cinq pieds qu'est la culture populaire: un pied dans la foi romaine; un autre dans l'albigéisme; un troisième encore dans une sorte de matérialisme ou de naturalisme paysan, que j'ai qualifié, faute d'un meilleur terme, de spinozisme sauvage; et les deux derniers dans le folklore»[65]. Vielleicht sind es umgekehrt zwei Beine im katholischen und nur eines im Volksglauben?

Einen gangbaren Weg hat unseres Erachtens Jacques Chiffoleau gewiesen, als er in seinem Buch über die «Comptabilité de l'au-delà» im Zusammenhang mit der Domestizierung der Wiedergänger («L'encadrement des revenants») und damit der Jenseitsvorstellungen durch Predigt und Inquisition, wenn auch nur kurz, auf Arnaud Gélis zu sprechen kam. Er sah ihn aufgrund seiner Funktionen als Sakristan (Abb. 89) eher auf der Seite der Geistlichkeit; seine Toten verlangten, ganz im Sinne der Orthodoxie, Messen, fromme Werke und Öl in die Lampen der umliegenden Kirchen[66]. Wenn auch das Fegefeuer noch weitgehend fehlte, so waren doch die Materialien, die es brennen ließen, bei Gélis schon vorhanden, ebenso wie der Austausch zwischen Lebenden und Toten. Freilich situierte sich sein «Jenseits» noch nicht eindeutig in einer anderen Welt und fehlten diesem noch jene Strukturen, die es für ein hierarchisch geordnetes Diesseits akzeptabel erscheinen ließen, insbesondere war sein Paradies allzu offen und zugänglich für jedermann, selbst für Häretiker, Juden und Heiden. Vidal hat hier katharischen Einfluß ausmachen wollen[67], wir denken, daß auch etwas von Gélis' eigenem, großzügigen Charakter eingeflossen ist. Er war nicht kleinlich (und nicht rachsüchtig!), er gab den Müttern, was sie brauchten, nämlich Trost und die Gewißheit, daß es ihren verstorbenen Kindern gut gehe. Dabei glaubte er sich nicht in Gegensatz zu seiner Kirche, deren Pfarrechte er vielmehr auf recht raffinierte Weise verteidigte. Was er erzählte, vermeinte er vielmehr in der Kirche, die sein Arbeitsplatz war, gehört zu haben, von seinen Domherren und in den Predigten. Wenn es dabei zu (gravierenden!) Mißverständnissen gekommen ist, dann sind diese wahrscheinlich nicht darauf zurückzuführen, daß Gélis böswillig etwas verdreht hätte, sondern daß er viel von seinem eigenen gütigen Wesen dazugegeben hat. Vom Fegefeuer aber kann in diesen Predigten (außer beim Domherrn Pierre Durand?) noch nicht viel die Rede gewesen sein, sonst hätte bei Gélis wahrscheinlich doch mehr «durchgeschlagen».

Das Fegefeuer

Wir haben gesehen, daß bei den Wiedergängern von Pamiers mehr Fegefeuer vorhanden war, als auf den ersten Blick schien, und dem hat im Grund auch der Inquisitor Jacques Fournier mit seiner milden Bestrafung von Arnaud Gélis und seinen Anhängerinnen und Anhängern Rechnung getragen. Auch Jacques Le Goff hat in seinem grundlegenden Buch über das Fegefeuer gegenüber Le Roy Ladurie eingewendet, daß das Purgatorium «in all diesen Geschichten» nicht so abwesend sei, wie dieser gemeint habe[68]. Beide haben sich freilich in diesem Punkt auf Arnaud Gélis beschränkt und die hartnäckige Ablehnung des Fegefeuers durch die Waldenser im gleichen Inquisitionsregister nicht beachtet, obwohl Le Goff durchaus klar war, daß die Ablehnung des Purgatoriums durch die Häretiker aller Schattierungen in jenen Jahrhunderten ebensoviel zu dessen definitiver Etablierung beigetragen hat wie seine positive Propagierung. Die Waldenser haben das Fegefeuer bereits abgelehnt, bevor dieses – immer nach Le Goff – durch das Konzil von Lyon 1274 offiziell anerkannt worden war, nämlich an der Wende vom 12. zum 13. Jahrhundert. Dabei haben sie im Grund nicht das Purgatorium abgelehnt, sondern in der Nachfolge ihres Gründers, des Lyoner Kaufmanns Waldes, eben jenen Mechanismus oder Austausch, der es erlaubte, sich oder anderen den Himmel zu kaufen[69]. Je mehr das Fegefeuer sich etablierte, desto schlimmer wog seine Ablehnung: um 1300 figurierte diese, wie wir gesehen haben, noch an zweiter Stelle nach der Verweigerung des Eides, um 1400, als die Waldenser die Verweigerung des Eides aufgegeben hatten, rückte sie in der Liste ihrer «Verbrechen» an die erste Stelle⁷⁰. Die Ablehnung des Purgatoriums durch die Sekte der Waldenser während der ganzen Zeit ihres mittelalterlichen Bestehens war also nicht so stereotyp, wie es zunächst den Anschein macht; sie gewann vielmehr an Konturen und Tiefe durch die Entwicklung des Fegefeuers auf der orthodoxen Seite. Die Waldenser von Pamiers stehen in der Geschichte dieser Ablehnung auf halbem Weg.

Gleichzeitig sehen wir aber schon, wie sich die Netze um sie zusammenziehen, denn es gibt im Inquisitionsregister des Jacques Fournier nicht nur in der Geschichte

Abb. 90. Ein Engel erlöst eine Arme Seele aus dem Fegefeuer. Holzschnitt-Illustration zum Allerseelenfest aus: Jacobus de Voragine, Leben der Heiligen, Winterteil, Nürnberg: Johann Sensenschmidt, 28. Juli 1475 (The Illustrated Bartsch 80).

von Arnaud Gélis mehr Fegefeuer, als man bisher angenommen hat, sondern selbst bei den letzten Katharern. Einer von ihnen, Jean Maury, der sich vor der Inquisition nach Spanien geflüchtet hatte und dort ein Leben als Wanderhirte führte, wurde so krank, daß man um sein Leben fürchtete. Seine Gastgeberin wollte den «Perfekten» Guillaume Bélibaste holen lassen, damit er ihm das «consolamentum» erteilte, so daß seine Seele nach seinem Tod innerhalb von drei Tagen im weltlichen Paradies sein würde und sich nicht auf die mühsame Seelenwanderung begeben müßte⁷¹. Was uns stutzig macht, ist die Frist von drei Tagen, und andernorts in Jean Maurys Verhör finden wir denn auch die Lehre, daß wenn ein katharischer «Papst» jemanden von seinen Sünden absolviere und in seine Sekte aufnehme, dann seine Seele nach dem Tod unverzüglich in das weltliche Paradies gehe und daß sie, wenn sie durch das Feuer des Purgatorium hindurchgehe, dieses, obwohl es neunmal heißer sei als das gewöhnliche Feuer, so wenig spüre, wie wenn sie in saubere Tücher gehüllt würde *(si transibat per ignem purgatorii, ita parum senciebat dictum ignem quamvis esset calidior quam sit ignis noster novies, non senciebat ipsum ita parum sicut si in linteis mundis poneretur)*. Wenn aber ein «gewöhnlicher» Perfekter wie Bélibaste jemanden in seine Sekte aufnahm, dann mußte dessen Seele drei Tage in einem Fegefeuer bleiben, in welchem das Feuer neunmal heißer war als das gewöhnliche *(per tres dies stabant in purgatorio in quo erat ignis ardencior novies quam sit ignis noster)* ⁷². Jean Maurys Bruder Pierre aber glaubte, daß die Seele eines noch nicht «häretisierten» Menschen auf der Wanderung von einem Körper zum anderen während kurzer Zeit im Feuer des schlechten Gottes gebrannt wurde *(per tantum temporis spacium quod erat de egressione ab uno corpore usque ad introitum in aliud corpus; quo tempore cremebantur per ignem mali dei)* ⁷³. So scheinen selbst die letzten Katharer sich in der einen oder anderen Weise die Vorstellung vom Fegefeuer zu eigen gemacht zu haben, ähnlich wie Arnaud Gélis (oder der Domherr Pierre Durand?) und selbst die Waldenserin Huguette de Vienne!

Letztlich scheint indessen das Fegefeuer, auch wenn wir es jetzt überall auftauchen sehen, nicht im Zentrum des persönlichen Interesses des Inquisitorbischofs Jacques Fournier gestanden zu haben, sonst würde er doch häufiger danach gefragt haben. Ihn interessierte vielmehr, wie wir aus anderer Quelle wissen, die «visio beatifica», jener Augenblick also, in welchem die reine (oder gereinigte) Seele Gott schaute⁷⁴. Auch haben ihn die verschiedenen Häresien während seiner Bischofsjahre in Pamiers (1317–1326) noch voll in Atem gehalten. Erst unter seinen Nachfolgern, die von der entspannten Situation profitieren konnten, setzte die Propagierung des Purgatoriums im Languedoc mit allen Mitteln ein: mit der Promulgierung von Synodalstatuten, mit der Veranstaltung von Exempelsammlungen und nicht zuletzt mit der gezielten Förderung eines Kultes für die Seelen im Fegefeuer⁷⁵. Dieser kam aus dem östlichen Südfrankreich und ist zum ersten Mal 1333 in Avignon belegt. Dabei handelte es sich meist nur um ein «bassin», einen Sammelteller oder eine Sammelbüchse zugunsten der Seelen im Fegefeuer, die irgendwo in der Kirche aufgestellt wurde, viel seltener um eine ausgewachsene Bruderschaft. Der Kult, welcher nachweislich nicht von den Bettelorden, sondern von den Weltgeistlichen und insbesondere von den einfachen Pfarrern (Adressaten der Synodalstatuten!) getragen wurde, breitete sich in der zweiten Hälfte des 14. Jahrhunderts rasch aus⁷⁶ und erreichte nach der Jahrhundertwende auch das Gebiet der heutigen Schweiz: kurz vor 1430 wurde in der Stadt Freiburg in der Auseinandersetzung mit den dortigen Waldensern eine «confratria animarum existentium in purgatorio» ins Leben gerufen, die wahrscheinlich ebenfalls nicht eine eigentliche Bruderschaft, sondern vielmehr eine Sammel- und Organisationsstelle für den Glauben an das Fegefeuer war, dessen Existenz die Freiburger Waldenser nach wie vor in Abrede stellten⁷⁷. Die Aufmerksamkeit aber, welche im Rahmen dieses Kultes den Armen Seelen im Fegefeuer entgegengebracht wurde, erinnert uns lebhaft an Gélis' Umgang mit den Wiedergängern.

---

1 Le registre d'inquisition de Jacques Fournier 1965.
2 LE ROY LADURIE 1975.
3 Wir nennen nur BENAD 1990. Inzwischen auch UTZ TREMP 1992.
4 Le registre d'inquisition de Jacques Fournier 1978.
5 Wir zitieren das lateinische Register mit RF I–III (mit römischen Bandzahlen) und die französische Übersetzung mit RF 1–3 (mit arabischen Bandzahlen).
6 LE GOFF 1981.
7 LE ROY LADURIE 1975, S. 597: *Dans toutes ces histoires, il y a un grand oublié, le purgatoire: cet emplacement posthume, vers 1320, est de découverte théologique assez récente, décidée qu'elle fut par ceux qui définirent les dogmes de la foi romaine.*
8 DUVERNOY 1976, S. 101.
9 VIDAL 1899, S. 5.
10 VIDAL 1906 (1), S. 65f., S. 71–75. Jacques Fournier wurde um 1285 in Saverdun (zwischen Toulouse und Pamiers) geboren, trat bei den Zisterziensern ein, promovierte in Paris zum Magister der Theologie und wurde 1311 Abt von Fontfroide (bei Narbonne). 1317–1326 Bischof von Pamiers, 1326–1327 Bischof von Mirepoix, 1327–1334 Kardinal, 1334–1342 Papst Benedikt XII. (mit Sitz in Avignon), vgl. Art. Benedikt XII., in: Lexikon des Mittelalters, Bd. 1, München/Zürich 1980, Sp. 1861–1862 (B. SCHIMMELPFENNIG). Siehe auch PAUL 1991.
11 Siehe nur RF I, S. 40 (9.8.1319).
12 VIDAL 1906 (1), S. 130: *Notre quatre exilés viennois font devant l'Inquisition de Pamiers de curieux exposés des croyances et pratiques de la secte. Je doute qu'il en existe de plus détaillés et de plus vivants;*

GONNET/MOLNAR 1974, S. 160: *un des témoignages les plus intéressants sur le valdéisme dans le Midi de la France pendant la première moitié du XIVe siècle*; MERLO 1982, S. 69: *il documento non ha suscitato quell'interesse che la sua molteplice et corposa ricchezza avrebbe dovuto sollecitare.*
13 MERLO 1982, S. 72, Anm. 10: *Su tali documenti intendo ritornare presto per accertare convergenze e divergenze tra l'esperienza religiosa, tra il valdismo di un 'litteratus' quale Raimondo di Sainte-Foy et degli 'illiterati' che gli erano stati vicini.*
14 MERLO 1984, S. 43–92, wo (S. 45–75) auch der Aufsatz von 1982 über Raymond de la Côte wieder abgedruckt ist.
15 RF I, S. 40f., 42, vgl. AUDISIO 1989, S. 51–53.
16 RF I, S. 42f. (9.8.1319).
17 RF I, S. 43f.
18 RF I, S. 64 (4.1.1320), S. 65 (5.1.1320), S. 94 (14.1.1320); das Gebet für die Toten in der französischen Übersetzung von RF 1, S. 99f. (14.1.1320).
19 RF I, S. 102f. (16.1.1320), vgl. 2. Makk. 12, 43–45: *Er [der edle Judas] veranstaltete eine Sammlung, an der sich alle beteiligten, und schickte etwa zweitausend Silberdrachmen nach Jerusalem, damit man dort ein Sündopfer darbringe. Damit handelte er sehr schön und edel; denn er dachte an die Auferstehung. Hätte er nicht erwartet, daß die Gefallenen auferstehen werden, wäre es nämlich überflüssig und sinnlos gewesen, für die Toten zu beten. Auch hielt er sich den herrlichen Lohn vor Augen, der für die hinterlegt ist, die in Frömmigkeit sterben. Ein heiliger und frommer Gedanke! Darum ließ er die Toten entsühnen, damit sie von der Sünde befreit werden.*
20 RF I, S. 108 und 110 (16.1.1320), S. 113 (19.1.1320).
21 RF I, S. 114 (23.1.1320), S. 116f. (24.4.1320), S. 117f. (27.4.1320).
22 RF I, S. 122, Anm. 76, S. 127, Anm. 7.
23 RF I, S. 123–127 (10.8.1319; 18., 21., 23.1., 25., 30.4., 1.5.1320), insbes. I, S. 126 (25.4.1320).
24 RF 1, S. 139, Anm. 16.
25 RF I, S. 508f.
26 RF I, S. 509–518 (9., 13., 23.3., 7.4., 21.5., 17., 31.7., 1.8.1321), vgl. Liber sententiarum, S. 289.
27 RF I, S. 513 (13.3.1321).
28 RF I, S. 519.
29 RF I, S. 520 (21.1.1320).
30 RF I, S. 521, 522 (13.3.1321).
31 RF I, S. 524, 525 (16.3.1321): *tenet etiam et predicat (sancta romana Ecclesia) quod purgatorium est post hanc vitam in quo peccata venalia remittuntur, satisfacto de eis et pene peccatorum mortalium de quibus non est satisfactum in vita presenti; tenet eciam et predicat quod misse, orationes, elemosine et alia bona opera facta per viventes pro mortuis qui sunt in purgatorio valent mortuis pro quibus fiunt ad ciciorem liberacionem animarum existencium in purgatorio.*
32 RF I, S. 528 (18.3.1321).
33 RF I, S. 527 (18.3.1321), S. 531 (17.7.1321).
34 RF I, S. 519 (9.8.1319), S. 525 (16.3.1321), vgl. GONNET 1981.
35 RF I, S. 169–172 (4., 6.5.1320).
36 RF I, S. 173–176 (5.4.1320), insbes. I, S. 175 (4.5.1320): *Interrogatus si credit purgatorium esse post mortem, et si credit quod orationes Ecclesie prosunt defunctis et alia opera pietatis facta pro eis, respondit quod sic, et quod ipse orat et orare facit et fecit pro animabus parentum suorum defunctorum.*
37 RF 1, S. 157, Anm. 9 (8.3.1321), vgl. auch RF 1, S. 54, Anm. 5 (zur Abschwörformel).
38 RF I, S. 195, 196, 198 (25.7.1320), S. 198f. (28.7.1320), S. 200 (15.7.1320), S. 201 (16.7.1320), S. 208–210 (31.8.1320), vgl. RF 1, S. 253, Anm. 35.
39 RF I, S. 271 (7.10.1320): *Item dixit quod cum hoc anno dictus dominus episcopus et dominus inquisitor Carcassone condempnassent hereticum Raimundum de Costa, dictus Raimundus (Valsiera) dixit ei: 'Videte qualem maliciam fecit episcopus, quia meliorum hominem et meliorum clericum et christianum et melioris fidei quam ipse sit fecit comburi; qui homo combustus erat de alia heresi quam sit nostra'.* Wir zweifeln, ob Raymond de la Côte diese Parteinahmen geschätzt hätte, hat er sich doch zweimal mehr als nur deutlich von den Katharern abgegrenzt, vgl. RF I, S. 75 (8.1.1320), S. 103 (16.1.1320).
40 RF I, S. 268 (7.10.1320): *dictus Raimundus dixit ipsi testi quod faceret se de secta Petri Auterii quondam heretici, quia si hoc faceret, anima eius, quando de corpore egrederetur, incontinenti iret vel intraret paradisum, et non videret infernum, abissum nec purgatorium.*
41 RF II, S. 283, 284 (14.11.1321); RF III, S. 33 (2.6.1323).
42 RF 2, S. 449, Anm. 13.
43 RF I, S. 128f.
44 RF I, S. 129–131, insbes. S. 130 (die zitierte Stelle über das Fegefeuer).
45 RF I, S. 131f.
46 RF I, S. 132f.
47 RF I, S. 133, 134 (24.2.1320).
48 RF I, S. 134f.
49 RF I, S. 135f.
50 RF I, S. 136.
51 RF I, S. 137.
52 RF I, S. 138f. (28.2.1320).
53 RF I, S. 140 (3.4.1320), vgl. LE GOFF 1986 (Limbes) (der Gélis' kinderfreundliche Theologie nicht zur Kenntnis genommen hat), insbes. S. 163.
54 RF I, S. 142 (25.4.1320).
55 RF 1, S. 171, Anm. 29 (1.5.1320), S. 177, Anm. 11 (8.3.1321), S. 181, Anm. 7 (7.3.1321), S. 184, Anm. 5 (7.3.1321), S. 187, Anm. 5 (7.3.1321), S. 189, Anm. 2 (7.3.1321).
56 RF I, S. 533 (11.3.1320), S. 537 (19.3.1320), S. 540 (6.3.1320), S. 546 (10.3.1320).
57 RF I, S. 540f., S. 542 (6.3.1320), S. 544 (13.6.1320).
58 RF I, S. 546f., S. 548 (10.3.1320).
59 RF I, S. 550f. (10.3.1320).
60 RF I, S. 533–535 (11., 13.3.1320).
61 RF I, S. 537f. (19.3.1320).
62 Hochstapler: VIDAL 1899, S. 25; Faulenzer und Trinker: LE ROY LADURIE 1975, S. 595, 601; Schwätzer: CHIFFOLEAU 1980, S. 401.
63 VIDAL 1899, insbes. S. 19–28.
64 GINZBURG 1980, insbes. S. 59–101.
65 LE ROY LADURIE 1975, S. 622. Von diesem Bild vom «Schaf mit den fünf Beinen» geht die Kritik von Giovanni G. Merlo am Buch von Emmanuel Le Roy Ladurie aus, wiederabgedruckt in: MERLO 1984, S. 129–134. Vgl. auch die Überlegungen von André Vauchez, in: La religion populaire en Languedoc 1976, S. 429–444.
66 CHIFFOLEAU 1980, S. 401. Zu den Wiedergängern und ihrer Domestizierung vgl. auch SCHMITT 1982, LECOUTEUX 1987 und ASSION 1991. – Arnaud Gélis erinnert uns in merkwürdiger, aber vielleicht nicht ganz zufälliger Weise an jenen Küster, der, zweihundert Jahre später, auf dem Allerseelenaltar des Stadtschreibers Thüring Fricker im Berner Münster dargestellt ist, vgl. GÖTTLER/JEZLER 1990, insbes. S. 207.
67 VIDAL 1899, S. 20 und 22.
68 LE GOFF 1981, S. 444f.: *Il me semble qu'il faudrait nuancer ici l'opinion d'Emmanuel Le Roy Ladurie: 'Dans toutes ces histoires, il y a un grand oublié, le Purgatoire'.*
69 LE GOFF 1981, S. 229ff., 379/80–386.
70 UTZ TREMP 1990 und 1991 (Waldenserprozeß). Zum 14. Jahrhundert und zu Mittel- und Osteuropa vgl. BYLINA 1986.
71 RF II, S. 484 (18.2.1324): *si reciperetur per dictum hereticum, postquam mortuus esset eius anima in tribus diebus esset in paradiso terrestri, et si ipse loquens moriretur antequam esset receptus per dictum hereticum, anima eius iret de corpore in corpus.*
72 RF II, S. 496f. (18.2.1324).
73 RF III, S. 243f. (25.6.1324). Zu den letzten Katharern vgl. VIDAL 1906 (2) und 1909; LE ROY LADURIE 1975, S. 108–198.
74 Zur *visio beatifica* vgl. zuletzt FOURNIÉ 1991.
75 Vgl. BASTARD-FOURNIÉ 1973 und 1980; FOURNIÉ 1986, 1987 und 1991; POLO DE BEAULIEU 1991. Bildliche Darstellungen des Fegefeuers folgen erst etwas später, vgl. VOVELLE / VOVELLE 1970.
76 CHIFFOLEAU 1980, S. 408ff., insbes. S. 410, Karte XX.
77 UTZ TREMP 1990, insbes. S. 27, Anm. 70.

Renten und Grundbesitz in der Toten Hand

Realwirtschaftliche Probleme der Jenseitsökonomie

Hans-Jörg Gilomen

Daß man den Toten aus Sorge um ihr Wohlergehen materielle Werte ins Jenseits mitgab, ist Teil urreligiöser Vorstellungen. Diese Sorge um jenseitige Bedürfnisse hatte Auswirkungen auf die Ökonomie des Diesseits. Durch Grabbeigaben wurden materielle Ressourcen dem wirtschaftlichen Kreislauf endgültig entzogen: Sie verschwanden im Boden. Zum Bedauern der Archäologen, die dadurch vieler Erkenntnismöglichkeiten beraubt werden, aber zugunsten der überlebenden Zeitgenossen ist diese ökonomisch unsinnige Ressourcenvernichtung von den Christen aufgegeben worden[1].

Seit dem 3. Jahrhundert hat sich im christlichen Bereich aber der Gedanke durchzusetzen begonnen, daß Gebete, Almosen und Messen als Sühneopfer den Seelen der Verstorbenen noch Hilfe oder gar Läuterung bringen könnten[2]. Dieser Gedanke ist die Grundlage für Vergabungen zum Seelenheil nach dem Tode, die seit dem Spätmittelalter Seelgeräte genannt werden. Bei diesen Stiftungen zum Gedenken der Toten verlassen die Güter den wirtschaftlichen Kreislauf jedoch nicht. Die Begünstigung der Toten bleibt immateriell; wirtschaftlich findet ein Transfer unter Lebenden statt. Dieser Transfer wiederholt sich in jedem Einzelfall immer wieder. Es ist ein merkwürdig naives, aber verbreitetes Vorurteil, daß man ökonomische Leistungen in der Gegenwart ansparen und in der Zukunft dann darüber verfügen könne. Tatsächlich müssen Leistungen aber immer in der jeweiligen Gegenwart neu erarbeitet werden. Die Stiftung eines Geldkapitals oder eines fruchttragenden Gutes, aus dessen Erträgen dann eine Jahrzeit für Verstorbene auf alle Zeiten hin finanziert werden soll, kann zwar vom Standpunkt des Stifters her ökonomisch als Tausch von Gegenwartsgütern gegen Zukunftsgüter beschrieben werden. Tatsächlich ist es aber so, daß die jährlichen Erträge jeweils aktuell erwirtschaftet werden müssen und nicht aus einem quasi endlosen Sparstrumpf hervorgezaubert werden können. Nach den verschiedenen Einkommenshypothesen der Ökonomen[3] hängen die Konsumausgaben einer laufenden Periode im Wesentlichen von Einnahmen ebenderselben Periode ab.

Die Zahl der Toten hat nun aber die fatale Neigung, durch ständigen Zuwachs ins geradezu Unendliche zu wachsen, während die Zahl derjenigen, die der Toten gedenken bzw. für ihr Gedenken Leistungen erbringen, demgegenüber immer ins Hintertreffen gerät. Der Ressourcenabfluß zugunsten des Totengedenkens wird für die zu diesen Leistungen verpflichteten Lebenden allmählich unerträglich. Dies ist ganz konkret ökonomisch zu verstehen. Am frühesten zogen aus dieser Situation gerade jene kirchlichen Kreise radikale Folgerungen, die sich in besonders ausgeprägter Form dem Totengedenken verpflichtet hatten: die Cluniazenser. In diesem Orden wurde dem Gedenken der verstorbenen Mönche, Nonnen und Wohltäter ein zentraler Platz eingeräumt. Dabei ging es nicht nur um liturgische Leistungen. Das Totengedenken war vielmehr nachweislich seit dem Anfang des 11. Jahrhunderts auch mit direkten materiellen Folgen verbunden. Zum Gedenken eines jeden verstorbenen Bruders wurde am Todestag und den folgenden 30 Tagen sowie an jedem wiederkehrenden Todestag einem Armen Speise und Trank gereicht. Für einen Abt von Cluny oder einen großen Wohltäter wurden entsprechend sogar jeweils zwölf Armenspeisungen durchgeführt. Man hat errechnet, daß zur Zeit des Abtes Petrus Venerabilis (1122–1156) der damals 300 bis 400 Mönche umfassende Konvent von Cluny jährlich etwa 18'000 Armenspeisungen zum Gedenken seiner Toten aufbringen mußte[4]. Diese materiellen Gedenkleistungen der Cluniazenser für ihre verstorbenen Mitbrüder wurden wirtschaftlich untragbar. Schon durch die Statuten des genannten Petrus Venerabilis wurden sie strikt auf 50 Speisungen pro Tag begrenzt, mit der Begründung, ihre Zahl könnte auf 80 oder 100, ja auf unendlich viele Speisungen täglich ansteigen; die Mittel keines Klosters würden lange ausreichen, wenn der von den früheren Mönchen eingeführte Brauch weiterhin uneingeschränkt beobachtet werde[5]. Mit 50 Speisungen täglich überschritt man die genannte Zahl von 18'000 Speisungen jährlich um ein Geringes. Darüber hinaus sollten die materiellen Gedenkaufwendungen aber künftig nicht mehr ansteigen.

Das cluniazensische Totengedenken bewegte sich – abgesehen von mitbedachten weltlichen Wohltätern – innerhalb einer relativ klar definierten Gruppe. Diejenigen, für welche die Leistungen erbracht wurden, und diejenigen, welche sie erbrachten, bildeten eine klerikale Interessengemeinschaft. Die jeweils Leistenden würden dereinst selbst in den geistlichen Genuß dersel-

Abb. 91. Caritas, Chorkapitell von Cluny III, Ende 11. Jahrhundert. Cluny, Musée de Farinier. – Während die Tugend ihre Geldschatulle offenhält, ist die Freigebigkeit des Klosters Cluny an Grenzen gestoßen. Als die Zahl der Armenspeisungen für das Seelenheil aller verstorbenen Mönche gegen jährlich 18'000 strebte, beschränkte sie Abt Petrus Venerabilis (1122–1156) auf fünfzig Mahlzeiten täglich.

ben Leistungen kommen. Die Leistungen wurden für das Seelenheil der verstorbenen eigenen Kloster- und Ordensangehörigen erbracht, wenn sie auch karitativ Bedürftigen zugewandt wurden. Ganz anders liegen die Dinge bei der Stiftung von Seelgeräten durch Laien. Da die liturgischen Gedenkleistungen zumindest nach den Intentionen der Stifter bis zum jüngsten Tag fortdauern sollten, mußten auch die jährlich dafür auszuschüttenden Zahlungen auf ewig gesichert werden. Dazu eignete sich die Stiftung fruchttragender Güter, aus denen jährlich entsprechende Erträge erwirtschaftet werden konnten. Es genügte aber auch die Errichtung einer ewigen Rente an einer Immobilie. Der Stifter konnte also auf seiner eigenen Liegenschaft eine jährlich zu zahlende Rente konstituieren, die dann von allen folgenden Besitzern als untilgbare Belastung mit übernommen werden mußte. Oder der Stifter konnte eine solche Rente vom Besitzer irgendeiner Liegenschaft kaufen, der gegen den Kaufpreis sich und alle künftigen Besitzer zur jährlichen Zahlung verpflichtete.

Der durch die Stiftung jährlicher Einkünfte initiierte, sich unablässig wiederholende Transfer vollzog sich bei solchen Stiftungen in der Regel über eine der am schärfsten ausgeprägten gesellschaftlichen Grenzlinien des Mittelalters hinweg: über die Abgrenzung zwischen Laien und Klerikern. Aufgrund der einst erfolgten einmaligen Stiftung appropriierten die begünstigten Kleriker theoretisch auf alle Zeiten einen Teil des unablässig neu erwirtschafteten Mehrwerts. Es fand, bezogen auf die genannte gesellschaftliche Abgrenzung, ein unablässiger Abfluß von Ressourcen in bloß einer Richtung statt. Zwischen Klerikern und Laien bestand ein wirtschaftlich einseitiges und deshalb potentiell konfliktgeladenes Verhältnis, denn die von den Klerikern erbrachte Gegenleistung – etwa das Lesen einer Messe zum Gedenken eines Toten – blieb weitgehend immateriell. Sie erfolgte zudem nicht zugunsten desjenigen, der die jährlichen Abgaben dafür aufzubringen hatte und konnte deshalb von diesem auch nicht als echtes Aequivalent seiner eigenen Leistung erfahren werden. Die Belastung von Grundstücken und Häusern mit solchen Verpflichtungen mußte von deren Inhabern erfüllt werden, auch wenn sie mit dem Stifter in keinerlei außerökonomischer Beziehung standen, dessen Seelenheil ihnen von keiner besonderen Bedeutung war und sie selbst keine Gegenleistung zu erwarten hatten. Eine Möglichkeit, sich dieser Verpflichtung zu entledigen, bestand aber für den an der Leistung in keiner Weise mehr interessierten Rentenschuldner auch dann nicht, wenn er über die Mittel zum Rückkauf der bestehenden Renten verfügte. Die Unmöglichkeit für den Rentenschuldner, seine Verpflichtung rückgängig zu machen, war nicht nur bei den Renten aus Stiftungen zugunsten der Geistlichkeit gegeben, sondern bei allen Ewigrenten. Der Verbreitung ablösbarer Renten standen wucherrechtliche Bedenken im Wege. Vom als wucherisch verbotenen Zinsdarlehen unterschied die Rente sich ja vor allem gerade dadurch, daß eine Rückzahlung des Kaufpreises zur Ablösung der eingegangenen Verpflichtung ausgeschlossen war. Der Rentenkäufer hatte dem Rentenverkäufer nicht etwa ein rückzahlbares verzinsliches Darlehen gewährt, sondern er hatte eine Kaufsumme endgültig und ohne ein Recht auf Rückforderung hingegeben gegen das Versprechen einer jährlichen Rentenzahlung.

Die Unmöglichkeit, sich von solchen Zahlungen zu entlasten, war in jenen weit überwiegenden Fällen, in denen Renten von den Verkäufern als Kreditinstrument eingesetzt wurden, ökonomisch unsinnig. Ein einmaliger und vorübergehender Geldbedarf, der durch den Verkauf einer Ewigrente gedeckt worden war, führte zu einer auf ewig unablösbaren Rentenzahlungspflicht. Kreditnachfrager drängten hier begreiflicherweise auf eine Lockerung hin. Wirtschaftliche Entwicklungen im Kreditsektor verstärkten diesen Wunsch der Rentenschuldner, alte Rentenzahlungsverpflichtungen abzulösen. Ausgehend von unterschiedlichem Niveau ist seit dem letzten Viertel des 14. Jahrhunderts überall ein Rückgang des Rentsatzes bei Neurentenverkäufen zu beobachten, der in den ersten Jahrzehnten des 15. Jahrhunderts unvermindert andauerte. In Basel beispielsweise, dessen Kreditmarkt von überregionaler Bedeutung war, sank der Rentfuß für städtische Wiederkaufsrentenverkäufe von $6\frac{2}{3}\%$ und mehr im 14. Jahrhundert auf bescheidene 5% im Rechnungsjahr 1411/12. Im folgenden Jahr wurde diese Marke erstmals sogar vereinzelt unterschritten. Um 1430 ist in Basel diese Rückbildung des Rentsatzes abgeschlossen. Von verschiedenen Ausnahmen abgesehen pendelte der Rentfuß sich nun zwischen 4 und 5% ein[6]. Auch die Renten privater Verkäufer haben den sinkenden Trend mitgemacht. Bei allgemein rückläufiger Entwicklung des Rentfußes konnte der Rentschuldner auf einen Gewinn aus dem Wiederkauf hoffen, da er bei einem neuen Vertrag einen niedrigeren Satz vereinbaren konnte. Der Rentgläubiger konnte umgekehrt nicht erwarten, eine ertragsmäßig gleich gute Rentenanlage für das zurückbezahlte Kapital zu finden. Das völlige Desinteresse des Rentgläubigers am Wiederkauf ergibt sich ohnehin schon daraus, daß er sein Rentenbezugsrecht ohne weiteres an einen Dritten verkaufen konnte, falls er die ursprüngliche Summe flüssig machen wollte. Immer häufiger wurde dem Rentenverkäufer und seinen Rechtsnachfolgern vertraglich erlaubt, die Rente um die ursprüngliche Kaufsumme wieder zurückzukaufen. Dieses sogenannte Wiederkaufsrecht wurde dabei zunächst als eine bloße Gunst des Rentenkäufers formuliert, um nur ja nicht den Verdacht aufkommen zu lassen, es werde das wucherrechtliche Verbot des Zinsdarlehens umgangen.

Einen Schritt weiter gingen die sogenannten Ablösungsgesetze. Es handelte sich dabei um die satzungsrechtliche Ausdehnung des Wiederkaufsrechts auf einen Teil oder auf alle Ewigrenten, die dadurch zu Wiederkaufsrenten wurden. Am frühesten begegnen solche Ablösungsgesetze in einzelnen Stadtrechtssatzungen im Hansebereich[7]. Nach einem Stadtbrand wurden 1240 in Lübeck künftig zu vereinbarende Renten zum ursprünglichen Kaufpreis für ablösbar erklärt[8]. Erstaunlich ist an dieser Stadtrechtssatzung, wenn die hier gegebene Interpretation zutrifft[9], daß nur die auf dem Wege des Kaufes entstandenen Neurenten erfaßt wurden. Die bestehenden und aus künftigen Vergabungen resultierenden Ewigrenten wurden wohl mit Rücksicht auf die Geistlichkeit geschont. Ein Teil der alten Renten war sicher ohnehin mit dem Brand

Abb. 92. Hans Fries, Predigt des hl. Antonius von Padua, 1506. Flügelaußenseiten des Antoniusretabels. Freiburg i.Ue., Franziskanerkirche. – Beim Tod eines Wucherers predigt Antonius über Matthäus 6,21: ... *denn wo dein Schatz ist, wird auch dein Herz sein.* Als der Wucherer stirbt, wird in seinem Schatzgewölbe sein Herz gefunden. Ein Teufel fährt mit dem Wucherer auf dem Buckel zur Hölle. – Im Mittelalter fiel Zinsnahme unter das Wucherverbot.

Gilomen, Grundbesitz und Renten in Toter Hand

137

untergegangen. Der Wiederaufbau der Stadt war nur mittels Kreditfinanzierungen vorstellbar. Die Möglichkeit, die zu erwartende Zinsbelastung wieder abzubauen, sollte mit dem Ablösungsgesetz offen gehalten werden. Die Entstehung der lübischen Satzung ist demnach ganz klar dem Ereignis des Stadtbrandes zuzuordnen. Die Bewältigung der Folgen desselben ließen eine Veränderung der starren Kreditstrukturen ratsam erscheinen. Die bestehenden Renteneinkünfte der Geistlichkeit hat man hier indessen verschont und auch die Möglichkeit neuer Vergabungen offengehalten.

Solche Rücksichtnahme gegenüber der Geistlichkeit begegnet auch in anderen Ablösungsgesetzen. Auch eine Satzung des Hamburger Ordeelbooks von 1270, die aber vermutlich sogar älter ist, behandelt nur die Ablösung gekaufter, nicht auch gestifteter Renten[10]. Nur die Ablösung von Rentenverpflichtungen unter den Bürgern regelt auch das Privileg, das König Rudolf von Habsburg am 2. Juli 1283 der Stadt Goslar erteilte[11]. Rentenbezugsrechte der Geistlichkeit fallen nicht in den Geltungsbereich des Privilegs[12]. Die Schonung der kirchlichen Renteneinkünfte in den frühen Ablösungsgesetzen könnte damit zusammenhängen, daß man die Ewigkeit des Rentenbezugsrechtes funktionell am ehesten noch für die gleichfalls ewig dauernden Gebets- und Liturgieleistungen für gerechtfertigt hielt.

Wenn auch vereinzelt noch später Renten der Geistlichkeit geschont wurden[13], so ist es für den Umschwung des Klimas vielleicht doch bezeichnend, daß umgekehrt im Jahre 1426 der Rat der Stadt Zofingen ausschließlich Renten an den Klerus aus Jahrzeitstiftungen von Gütern innerhalb seiner Gerichtsherrschaft für ablösbar erklärte[14]. Die erste Ablösungssatzung der Stadt Zürich, die erst 1480 erlassen wurde, betraf nur Zinsen und Renten, welche der Geistlichkeit an Pfründen, Jahrzeiten, Vigilien, Brüderschaften und an den Kirchenbau geschenkt worden waren[15]. Sie galt aber nicht für Rentenvergabungen an die Kirche zum Zwecke der Armenpflege. In der Armenfürsorge sah die städtische Obrigkeit offenbar eine Aufgabe, deren Finanzierung einen Schutz verdiente, den man den Stiftungen zugunsten der Geistlichkeit nicht mehr zubilligte. Es zeigte sich darin eine Auffassung, welche in der kirchlichen Liturgieleistung kein echtes Aequivalent für den Rentenbezug mehr zu erblicken vermochte. Hingegen sah man angesichts des ansteigenden städtischen Pauperismus[16] in der über kirchliche Institutionen vermittelten privaten Armenfürsorge noch einen sinnvollen Beitrag zum allgemeinen Nutzen. Es ist indessen nicht zu übersehen, daß schon seit dem 14. Jahrhundert eine zunehmende «Laisierung» der Armenfürsorge eingesetzt hatte. Diese verstärkte sich, weil einerseits die kirchlichen Institutionen immer weniger Mittel für diese Aufgabe aufwandten[17], wodurch sie auch einen Teil ihrer gesellschaftlichen Legitimation preisgaben. Andererseits entsprach eine möglichst direkte Kontrolle und Verwaltung der diesbezüglich einzusetzenden Mittel zunächst über Kirchenpfleger, bevorzugt aber über städtische Institutionen – etwa städtische Spitäler und Almosenverwaltungen[18] – besser dem Selbstverständnis der sich herausbildenden Obrigkeiten[19]. Die Renteneinkünfte der Geistlichkeit wurden in den Ablösungsgesetzen des Spätmittelalters nicht mehr privilegiert, sondern, wie gezeigt, zumindest in Einzelfällen sogar mit besonderer Härte behandelt.

Im Spätmittelalter sind es, abgesehen von einigen Sonderfällen, immer dieselben Motive gewesen, die zur Begründung des Erlasses von Ablösungsgesetzen durch die städtischen Obrigkeiten angeführt wurden: Die Folgen der Überlastung von Liegenschaften mit Rentenkrediten und die Minderung der Steuereinnahmen.

Am häufigsten wurde in den Begründungen über den Zerfall überlasteter Liegenschaften geklagt, den aufzuhalten man mit den Ablösungsgesetzen bezweckte. Daß der grundgesicherte Kredit tatsächlich vielfach überzogen wurde, zeigte schon die sehr häufige Zahlungsunfähigkeit der Schuldner. So waren zum Beispiel in Hamburg allein in den Jahren 1396–1403 insgesamt 149 Zwangsvollstreckungen an Häusern wegen nicht bezahlter Zinsen zu verzeichnen[20]. Zuweilen finden sich Angaben über zu hoch belastete Häuser in Jahrzeitenbüchern, wenn die entsprechenden Rentenzahlungen eingestellt wurden. So wird z.B. im Anniversar des Basler Domstifts bei einigen Jahrzeitgefällen verzeichnet, die entsprechenden Liegenschaften seien durch verschiedene Zinse derart überlastet, daß die geschuldeten Summen uneinbringlich seien[21].

Die Begründung der Ablösungsgesetze, daß vielfach die Überlastung zum Zerfall der Liegenschaften führe, dürfte schon deshalb nicht bloß vorgeschoben gewesen sein, weil diese Folge für jedermann anschaulich und leicht überprüfbar war. Indessen läßt sich diese offenbar sehr verbreitete Erscheinung[22] nur selten beziffern. Es ist jedoch bekannt, daß in Frankfurt die Zahl der wüsten Liegenschaften und baufälligen Häuser von 165 im Jahre 1420 auf 218 um 1428 und auf 403 im Jahre 1463 anstieg[23]. Diese langfristige Erscheinung kann gerade in dieser prosperierenden Messestadt kaum auf spezifische wirtschaftliche Schwierigkeiten zurückgeführt werden. Nicht bloß dieser Einzelfall spricht gegen eine Interpretation der Ablösungsgesetze aufgrund je individueller städtischer Wirtschaftsentwicklungen und -probleme, sondern vor allem die weite zeitliche und räumliche Verbreitung dieses Symptoms zerfallender Häuser, das nicht bloß durch Ablösungsgesetze, sondern auch auf anderem Weg – meist ohne dauernden Erfolg – bekämpft wurde[24]. Andererseits sind Ablösungsgesetze in vielen Städten tatsächlich in Zeiten akuter, jeweils einzeln und spezifisch begründbarer wirtschaftlicher Schwierigkeiten erlassen worden. Dennoch scheint es so, als sei die Überlastung der Liegenschaften ein längerfristiges und strukturelles, nicht ein konjunkturelles Problem gewesen, das – was bereits die Zeitgenossen wohl richtig gesehen haben – von der Kreditstruktur her angegangen werden mußte. Allerdings scheint der Wille, sich mit grundsätzlichen Maßnahmen dem hier zu erwartenden Widerstand zu stellen, oft nur dann aufgebracht worden zu sein, wenn die an sich dauernd mißliche Situation durch besondere, konjunkturelle wirtschaftliche Schwierigkeiten verschärft wurde.

Eine jede Ablösungsgesetzgebung mußte sich schließlich notwendig besonders gegen die Geistlichkeit wenden, bei der sich Zins- und Rentenrechte anhäuften. Zum Teil durch Reliquienkult und Ablässe regelrecht inszenierte religiöse Moden und mehr oder weniger sanfter Druck bis hin zu offenen Drohungen sorgten dafür, daß die Kirche in den Testamenten nicht vergessen wurde[25]. Die zum Teil sicher unter Druck erfolgten letztwilligen Vergabungen – bekanntlich wurde in manchen Gebieten untestiert Verstorbenen aus sehr durchsichtigen Gründen das kirchliche Begräbnis verweigert[26] – hat zweifellos Gegenmaßnahmen geradezu provoziert. Vielfach reagierten die städtischen Behörden auf die Klagen gegen den Klerus wegen Erbschleicherei mit der

Vorschrift, daß Testamente der Beurkundung oder Besiegelung durch die Stadt bedürften[27]. In Zürich machte der Rat durch eine Verordnung von 1424 die Gültigkeit aller letztwilligen Verfügungen, auch jener der Geistlichkeit, von seiner Genehmigung abhängig[28]. Zuweilen wurde die Einflußnahme bestimmter Ordensangehöriger auf die Testatoren verboten. Die Straßburger Franziskaner mußten dem Rat 1283 ausdrücklich geloben, keinerlei Erbschleicherei zu treiben[29]. Dennoch wuchs der kirchliche Immobiliar- und Rentenbesitz in den Städten.

Die Geistlichkeit erwarb Rentenbezugsrechte nicht nur auf dem Wege der Vergabung. Auch über die Ausstattung von Mönchen und Nonnen beim Klostereintritt kamen solche Rechte in den Besitz von Klöstern. Um zu verhindern, daß die Steuerkraft geschmälert wurde und liegende Güter in den Besitz der Kirche übergingen, wurde verschiedentlich eine andere Ausstattung als mit Leibrenten bei Klostereintritten untersagt[30]. Da Leibrenten mit dem Tode der zu ihrem Bezug Berechtigten verfielen, war bei ihnen keine dauerhafte Belastung der Güter zu befürchten. Tatsächlich sind Geistliche und insbesondere Nonnen besonders häufig als Leibrentner nachgewiesen. In Zürich gingen zeitweilig zwei Drittel sämtlicher von der Stadt zu zahlenden Leibrenten an den Klerus[31].

Außerdem trat die Geistlichkeit durch die Anlage umfangreicher Mittel als potenter Käufer auf dem Rentenmarkt in Erscheinung. In kleineren Städten dominierte die Kirche den Rentenmarkt völlig. In Buxtehude brachte sie zwischen 1460 und 1470 einen Viertel des gesamten Rentenkapitals auf, zwischen 1480 und 1490 sogar beinahe zwei Drittel[32]. In Kiel betrug der geistliche Anteil 1455–1457 40%[33], 1488–1530 waren es 45,8%[34]. Im polnischen Poznan gehörten zwischen 1430 und 1433 30% der Rentenkäufer der Geistlichkeit an, in Krakau waren es 1412–1505 beinahe 50%[35]. In dem viel bedeutenderen Lübeck entfielen im Zeitraum 1285 bis 1315 immerhin etwa 12% des auf den Markt gelangenden Kapitals auf die Geistlichkeit[36]. Von den knapp 500'000 Gulden, welche die Stadt Köln zwischen 1480 und 1540 auf dem Rentenmarkt aufnahm, zeichneten geistliche Institutionen 43'008 Gulden; weitere 42'057 Gulden aus diesen städtischen Rentenanleihen wurden ihnen durch Wohltäter gestiftet. Insgesamt wurden sie also allein innerhalb dieses Zeitraums Gläubiger der Stadt im Umfang von über 86'000 Gulden[37]. In Hamburg betrugen die nachweisbaren Renteneinkünfte allein des niederen Klerus zu Beginn des 16. Jahrhunderts gegen 8'000 Mark lübisch. Das entsprechende Rentenvermögen kann bei einer angenommenen Verzinsung zu $6\frac{2}{3}$% auf 120'000 Mark geschätzt werden[38].

Vielfach gelangte die Kirche nicht nur in den Besitz von auf Immobilien radizierten Renten, sondern in den Besitz der Immobilien selbst. In Frankfurt soll die Geistlichkeit bereits 1376 einen Drittel des gesamten städtischen Grund und Bodens besessen haben[39], ganz abgesehen von den vielen Rentenbezugsrechten. In der Altstadt von Freiburg i. Br. besaßen die Klöster und andere geistliche Institutionen um 1450 einen Sechstel (ca. 40 000 m²), um 1500 über einen Fünftel (ca. 53 000 m²) des überbauten Bodens. Der Zuwachs ist nachweislich vielfach auf Frönungen (eine Art gerichtliche Betreibung) wegen Zinssäumnis zurückzuführen, wobei Güter oft unter ihrem Wert in die Hand der Kirche kamen[40].

In Bezug auf die geistlichen Rentenbezugsrechte und den kirchlichen Grundbesitz verband sich die Sorge um den baulichen Zerfall der Städte, der als Symptom des wirtschaftlichen Niedergangs gedeutet wurde, mit jener um die Erhaltung der Steuerkraft. Die kirchliche Steuerfreiheit[41] wurde derart zäh und mittels Bann und Interdikt durch Bischöfe und Papsttum verteidigt, daß der direkte Angriff darauf häufig gescheut wurde. Auch der Weg über gütliche Vereinbarungen mit einzelnen Klöstern, der häufig begangen wurde, weil dabei ein Interessensausgleich durchaus erreichbar schien, war grundsätzlich fragwürdig. Da Papst Bonifaz VIII. 1296 in der Bulle «Clericis laicos» auch jene kirchlichen Personen exkommuniziert hatte, welche ohne Einwilligung des apostolischen Stuhles zu solchen Abmachungen Hand böten oder aufgrund bereits bestehender derartiger Verpflichtungen Zahlung leisteten[42], schien die Einstellung der Steuerzahlungen unter Berufung auf päpstliche Anordnung jederzeit möglich. Dennoch sind im 14. und 15. Jahrhundert solche Vereinbarungen mit einzelnen Klöstern, auch mit dem gesamten Klerus einer Stadt, häufig bloß von Fall zu Fall unter Einwilligung des zuständigen Bischofs, abgeschlossen worden[43].

Das Problem der kirchlichen Steuerfreiheit wurde besonders aktuell, seit die Städte vielfältige Aufgaben selbst übernahmen, die zuvor von den Stadtherren wahrgenommen worden waren. Dazu bedurften sie auch ausreichender Mittel. Da die direkten städtischen Steuern in aller Regel abgesehen von einem geringen Kopfsteuerbetrag allein vom Vermögen erhoben wurden, teilweise in der frühen Zeit sogar als reine Grundsteuern ausgestaltet waren, wurde der Zuwachs des steuerfreien Kirchenvermögens zunächst an Grund und Boden, teilweise auch an Rentenbezugsrechten, durch Einschränkung der Testierfreiheit bzw. städtische Kontrolle der Testamentserrichtung und durch Verkaufsverbote an den Klerus unterbunden. Die Eindämmung des Anwachsens geistlichen Besitzes wurde mit jener obersten Maxime und zugleich ideologisch verfärbten Legitimation der städtischen Obrigkeit begründet: der Förderung des gemeinen Nutzens[44].

Wie dringlich diese Frage verantwortungsbewußten Zeitgenossen erschien, zeigt das Testament des einflußreichen Braunschweiger Ratsherrn Hermann von Vechelde, der sich nach dem Fiskalaufruhr von 1374 am Ende des 14. Jahrhunderts besondere Verdienste um die Sanierung der finanziellen Lage seiner Stadt erworben hat[45]. Hermann führte aus, ihm scheine, Vergabungen, durch die der Stadt viele Einkünfte abgingen, seien keine guten Almosen. Er wies deshalb seine Frau an, ihre frommen Stiftungen dereinst so anzuordnen, daß der Stadt an Steuern und Abgaben nichts abgebrochen werde[46].

Zu den Ablösungsgesetzen und den Erwerbsverboten kamen noch die Amortisierungsgesetze hinzu, die eigentlich «leges de non amortizando» heißen müßten, denn es ging dabei darum zu verhindern, daß steuerpflichtige Güter in die Tote Hand der Kirche kamen und damit der Besteuerung entgingen[47]. Tot nannte man diese Hand, weil Güter, die in die Hand der Kirche gelangten, grundsätzlich jeder weiteren Handänderung entzogen waren aufgrund des kirchenrechtlichen Grundsatzes, daß Kirchengüter nicht mehr verkauft werden dürften. Die Amortisationsgesetze schrieben nun vor, daß die Kirche in ihrem Geltungsbereich erworbene Güter innert Jahresfrist wieder in weltliche, d.h. steuerpflichtige Hände veräußern müsse.

Gegenüber den Amortisationserlassen, die den Verkauf vergabter Güter innerhalb einer gesetzten Frist zwingend vorschrieben, erscheinen die Ablösungsgesetze als eine wesentlich mildere Maßnahme. Während bei Einhaltung der Frist die Amortisation wohl zuweilen unter dem Wert der Güter erfolgen mußte, weil ein besseres Angebot nicht abgewartet werden konnte, während die Amortisation vor allem zwingend durchgeführt werden mußte, blieb die Ablösung eine vage Möglichkeit, die vom Schuldner vielleicht erst nach langer Zeit, vielleicht nie wahrgenommen wurde. Zudem bestand für kirchliche Rentengläubiger immer die Möglichkeit, mit mehr oder weniger sanftem Druck auf den je einzelnen Ablösungswilligen abschreckend einzuwirken. Die Obstruktion der Geistlichkeit selbst gegen das einzelvertraglich zugesicherte Wiederkaufsrecht ging z.B. in Frankfurt so weit, daß sich der Rat 1515 darüber beklagte, viele ursprünglich ablösbare Renten seien vom Klerus durch Vorenthaltung der Urkunden und andere Machenschaften in ewige umgewandelt worden[48]. Dort, wo die Amortisation nur Grund und Boden selbst erfaßte, bedeutete die Ablösungsgesetzgebung eine potentielle Ausweitung auch auf den Rentenbesitz der Kirche. Tatsächlich ist diese Abfolge in manchen Städten auch chronologisch zu beobachten.

Das kirchliche Steuerprivileg wurde durch landesfürstliche Erlasse und städtische Satzungen auf unterschiedliche Weise bekämpft. Ein frühes Beispiel für die Kombination von Besteuerungsregelung, Amortisation und Erwerbsverbot im Vertragswege bietet eine Urkunde vom 28. Juli 1287, welche die Grafen Conrad und Heinrich von Vaihingen dem Dominikanerinnenkonvent von Pforzheim ausstellten[49]. Die Grafen erlaubten dem Kloster, in Vaihingen eine Hofstatt zum Bau eines Stadthofs zu erwerben. Für die Hofstatt selbst wurde Steuerfreiheit gewährt. Sollte das Kloster jedoch andere Güter bebauen, so müsse davon die Steuer entrichtet werden. Jeglicher Güterkauf ohne Einverständnis der Grafen blieb untersagt, und vergabte Güter unterlagen der Amortisationspflicht: sie mußten innert Jahresfrist an einen Bürger verkauft werden. Das Erwerbsverbot für den Klerus wurde vereinzelt schon früh vertraglich auch auf Renten ausgedehnt. So mußten sich z.B. die Nonnen des Predigerinnenklosters von Tulln 1298 dazu verpflichten, ohne Erlaubnis der Bürger keine Renten von Gütern innerhalb der Stadt zu kaufen[50]. Bereits vor 1296 war es in Lübeck verboten, Renten und Grundstücke an die Geistlichkeit aufzulassen[51], und auch die Bremer Statuten von 1303 enthielten ein allgemeines Verbot des Verkaufs und der Vergabung von Renten an den Klerus[52]. Ähnliche Verbote folgten in andern Städten im Verlaufe des 14. Jahrhunderts[53].

Die Erhaltung des bürgerlichen Besitzstandes wurde nicht nur gegen die Geistlichkeit, sondern auch gegen den steuerbefreiten Adel und gegen Auswärtige verteidigt. Der schon den Zeitgenossen durchaus bewußte Zusammenhang zwischen Ablösung und Amortisation drückte sich etwa auch in einem Privileg Karls IV. für Schweinfurt vom 28. Januar 1362 aus, in dem der Verkauf von Gütern und Renten an Auswärtige nicht – wie sonst häufig – verboten, sondern unter der Bedingung gestattet wurde, daß der Wiederkauf vorbehalten sei[54].

An sich konnte man auch versuchen, den Grundsatz *res transit cum onere* durchzusetzen[55], d.h. die Kirche trotz grundsätzlicher Steuerfreiheit dazu zu verpflichten, mit den Gütern bzw. Renten auch deren Steuerlast zu übernehmen. Dieser Grundsatz war ja dem Kirchenrecht durchaus in einem für die Kirche positiven Sinn geläufig. Gerade die Kirche selbst hatte schon seit dem Hochmittelalter darauf insistiert, daß die Juden bei Erwerb zehntpflichtiger Güter den Zehnt an die christliche Kirche weiterhin entrichten oder dafür Entschädigung leisten müßten[56]. Vor dieser Analogie hat die Geistlichkeit indessen die Augen verschlossen.

Es gab in Bezug auf die Renten auch die Möglichkeit, der Stadt die Besteuerung dadurch zu sichern, daß die Steuerpflicht beim weltlichen Rentenschuldner verblieb. So wurde die direkte Steuer von Rentenkapitalien der Kirche in Braunschweig seit den 1380er Jahren in der Regel vom Rentenschuldner entrichtet, der das entsprechende Steuerbetreffnis dann von seiner zu zahlenden Rente in Abzug brachte[57]. Die Steuer wurde hier also doch wieder auf die kirchlichen Rentengläubiger überwälzt. Der Sinn dieser Form der Erhebung lag darin, daß bei formaler Wahrung der kirchlichen Steuerprivilegien die Geistlichkeit auf diesem Umweg doch zur Versteuerung ihres Rentenbesitzes herangezogen werden konnte. 1404 wurde hier dann in einer Übereinkunft mit den kirchlichen Institutionen deren Steuerfreiheit auch formal aufgehoben[58]. In Lübeck erreichte man dasselbe dadurch, daß der kirchliche Rentenerwerb über bürgerliche Treuhänder erfolgen mußte, welche für die Steuerpflicht einstanden[59]. In Olmütz[60], Frankfurt[61] und Köln[62] brachte die Besteuerung der Renten beim Schuldner diesem jedoch eine zusätzliche Belastung, da keine anschließende Überwälzung vorgesehen war. Zumindest ausnahmsweise scheint es auch möglich gewesen zu sein, dort, wo die Pflicht zur Versteuerung stadtrechtlich beim Gläubiger lag, diese vertraglich dem Schuldner zu überbinden.

Von besonderem Interesse ist die Entwicklung der direkten Besteuerung in Hamburg. Dort wurde die Vermögenssteuer ursprünglich vom bürgerlichen Erbbesitz an Liegenschaften und von den Renten (beim Gläubiger) erhoben. Es handelte sich also um eine erweiterte Grundsteuer. Später ging man zur Besteuerung des gesamten Vermögens über. Einzig bei der sogenannten «Collecta clericorum» blieb der alte Charakter erhalten: Bei der Geistlichkeit wurden nur Renten aus bürgerlichen Liegenschaften besteuert, wobei für die Bezahlung die weltlichen Besitzer hafteten[63]. Die «Collecta clericorum» erbrachte 1461–1521 durchschnittlich immerhin knapp unter 7%, 1522–1562 etwas über 9% der gesamten Vermögenssteuereinnahmen[64].

Die Besteuerung des Kirchenvermögens bzw. einzelner Vermögensteile setzte sich in vielen einzelnen Städten bis zum Ende des Mittelalters durch, eine allgemein gültige Lösung hat diese Frage jedoch nicht gefunden.

Zweifellos wurde die Besteuerung der Renten mit ihrer zunehmenden Verbreitung im Spätmittelalter für die Städte immer wichtiger. Je dringlicher die Erschließung neuer Finanzquellen für die Städte wurde, von denen eine beachtliche Anzahl im Spätmittelalter bis zur Zahlungsunfähigkeit verschuldet war, um so unerträglicher erschien die kirchliche Steuerfreiheit insbesondere auch in Bezug auf die Anhäufung von Rentenbezugsrechten in der Toten Hand. Die Geistlichkeit, die in der Folge des spätmittelalterlichen Ausbaues des kirchlichen Abgabewesens zu vielfältigen Zahlungen nach Rom und Avignon, an die Ordinarien bzw. an die Ordenszentralen herangezogen wurde, empfand andererseits diesbezügliche Forderungen der weltlichen Gewalten nicht völlig zu unrecht als eine Art doppelter Besteuerung[65].

Von den Zeitgenossen ist die Kirche wirtschaftlich aber keineswegs nur negativ wahrgenommen worden. Bei den aus Stiftungen anfallenden jährlichen Erträgen ist es jeweils nur der erste Transfer der Werte, der immer in der Richtung von den Laien zum Klerus verläuft. Selbstverständlich sind diese Werte dann dem wirtschaftlichen Verkehr nicht erstorben. Die liturgische Gegenleistung der Kleriker zehrte die dafür ausgeschütteten Einkünfte nicht einfach auf. Vielmehr blieben sie in der wirtschaftlichen Zirkulation: sie flossen für den Unterhalt von Klerus und Kirchen weiter, zurück auch an Laien, die als Handwerker und Lieferanten für klerikale Verbraucherhaushalte tätig wurden[66]. Diese kirchlichen Verbraucherhaushalte traten also zumindest für einen Teil der Laien wirtschaftlich positiv in Erscheinung. Sie wurden zweifellos auch in einem günstigen Licht wahrgenommen.

Über diese ökonomischen Zusammenhänge waren sich die Zeitgenossen völlig im klaren. Es ist bezeichnend, daß die wirtschaftlich dominierenden Städte vereinzelt daraus die Konsequenz zu ziehen versuchten, sich selbst die wirtschaftlichen Vorteile zu bewahren und die Belastung aufs Land abzuschieben. Diese Zielsetzung gibt z.B. ein Privileg des böhmischen Königs und deutschen Kaisers Karl IV. für die Stadt Brüx zu erkennen. Am 10. August 1372 teilte Karl IV. der in Brüx begüterten Geistlichkeit mit, er habe der Bürgerschaft dieser Stadt befohlen, die dem Klerus jährlich geschuldeten Zinse, Renten und Einkünfte von Mühlen, Fleischbänken, Häusern, Gärten und andern Gütern vor und in der Stadt abzulösen. Er befehle dem Klerus deshalb, der Ablösung keinen Widerstand entgegenzusetzen. Zur Begründung führte Karl an, er wolle den Zustand der Stadt verbessern, und es sei sein Bestreben, daß niemand außer ihm selbst und den Bürgern Einkünfte aus den Gütern der Stadt haben sollte[67]. Daß vor allem die Steuerkraft der Stadt verbessert werden sollte, ergibt sich aus dem etwa einen Monat später erteilten Privileg Karls vom 19. September 1372, durch das er den Brüxern gestattete, ihre Güter und Renten frei, aber nur an Laien zu verkaufen, zu verschenken und testamentarisch zu vermachen. Das Privileg erstrecke sich nur auf jene Bürger und Einwohner, welche Steuern und Lasten der Stadt mittrügen[68]. Die strikte Befolgung dieser Anordnungen – es ist zu beachten, daß hier die Ablösung nicht bloß ermöglicht, sondern befohlen wurde – hätte die Kirche aus ihrem gesamten Liegenschafts- und Rentenbesitz innerhalb des städtischen und unmittelbar vorstädtischen Bereiches verdrängt und vermehrte Anlagen kirchlicher Gelder in Landgütern zur Folge gehabt. Die Abschöpfung städtischen Reichtums durch die Geistlichkeit wäre in wohl nicht unbedeutendem Umfang unterbunden worden. Von den Ausgaben kirchlicher Verbraucherhaushalte hätte aber weiterhin die städtische Wirtschaft profitiert. Insgesamt hätte die Maßnahme also zu einem verstärkten Zufluß des ländlichen Reichtums in die Stadt, zur Förderung der Stadt auf Kosten des Landes geführt.

Ein lehrreiches Beispiel für dieselbe Absicht bilden auch die Ablösungsgesetze der Stadt Freiburg i.Ue. Am 16. Dezember 1397 beschloß hier der Rat, daß zum gemeinen Nutzen der Stadt und der Gemeinde alle Renten, welche künftig von liegenden Gütern innerhalb der Stadt und ihres Bannes zum Seelenheil an Geistliche, Kirchen, Priester, Spitäler und Bruderschaften verschenkt würden, durch die Erben der Liegenschaften abgelöst werden dürften und sollten, um die Güter wieder zu entlasten[69]. Die kirchlichen Institutionen wurden angewiesen, die Ablösungssummen auf Zinse aus anderen Gütern anzulegen[70]. Der Hauptzweck dieser Maßnahme lag darin, eine weitere Belastung der städtischen Liegenschaften zugunsten der Geistlichkeit zu verhindern. Das ergibt sich deutlich aus dem obligatorischen Charakter der Ablösung und aus der Intention, neue Lasten von den städtischen auf andere – und das heißt auf ländliche – Liegenschaften abzuwälzen. Der Wille des Testators wurde respektiert, die Integrität des Familienbesitzes durch das Ablösungsrecht insbesondere der Verwandten geschützt, die Zunahme der kirchlichen Einkünfte nicht behindert, die Belastung aber aufs Land abgeschoben. Bereits bestehende Ewigrenten fielen nicht in den Geltungsbereich des Ratsbeschlusses, der also nicht als Ablösungsgesetz im engeren Sinne, sondern als Verbot von Ewigrenten an die Geistlichkeit zu interpretieren ist. Der Fortgang der Freiburger Ablösungsgesetzgebung ist erhellend. Am 29. Dezember 1410 erfolgte eine neue Regelung. Der Geltungsbereich des früheren Erlasses wurde nun auch auf ländliche Liegenschaften ausgedehnt, aber nur soweit, als sie innerhalb der Freiburger Herrschaft lagen, mit der Begründung, es sei vernünftig, diese Güter gleich zu behandeln wie diejenigen innerhalb der Stadt, denn die Einwohner in Stadt und Land müßten gleichermaßen Gutes und Schlechtes mit der Stadt erleiden und die Ehre von Stadt und Herrschaft verteidigen. Erneuert wurde auch die Vorschrift, Ablösungssummen an Zins auf andere Güter zu legen[71].

Die Geistlichkeit hat sich gegen Ablösungs- und Amortisationsgesetze ebenso gewehrt wie gegen die Besteuerung. Wie in der Frage der Übernahme von Steuerlasten (nach dem Grundsatz *res transit cum onere*), so war die Haltung der Kirche auch bezüglich der Ablösungsgesetze wenig konsequent. Die Geistlichkeit setzte sich gegen die Ablösung von ihr geschuldeten Renten zur Wehr, nahm aber umgekehrt dieses Recht als Schuldner selbst in Anspruch. Papst Clemens V. hat 1311 für Rentenverkäufe der Kirche das Wiederkaufsrecht zwingend vorgeschrieben[72].

Ein gutes Beispiel für die Argumentation der Geistlichkeit bietet der «Tractatus de contractibus», den Henricus Langenstein de Hassia in den 1390er Jahren verfaßt hat[73]. Ausgehend von der Frage, ob es den weltlichen Gewalten erlaubt sei, den Sterbenden zu verbieten, Güter dem Klerus und den Kirchen zu vermachen, erwähnte Heinrich zunächst das Argument, daß durch die Vergabungen allmählich sämtliche Güter an die Geistlichkeit fallen müßten, da sie aus kirchlichem Besitz nicht mehr in die Hände von Laien zurückkehren könnten. Die Gemeinschaften würden dadurch derart verarmen, daß sie die Lasten, die ihnen und den Fürsten auferlegt seien, nicht mehr zu tragen vermöchten, da die Kleriker von Steuern und andern notwendigen Lasten für das gemeine Wohl eben befreit seien. Wenn Fürsten und Gemeinschaften es zuließen, daß jeder seine Liegenschaften der Kirche zinsbar machen könne, so würden bald alle Häuser derart belastet, daß sie den Besitzern unnütz wären. Durch hohe Mieten würden die Armen bedrückt und viele Häuser blieben schließlich aufgrund unerträglicher Belastungen leer. Solche Begründungen hätten wohl einige Fürsten dazu bewogen anzuordnen, daß bei allen Renten von Liegenschaften die Ablösung zugelassen werden müsse.

Auch Henricus de Hassia ging also davon aus, daß die Ablösungsgesetze[74] wegen der Steuerfrage und wegen des Problems der Überlastung der Liegenschaften erlassen worden seien. Seine Antwort auf dieses *dubium motum* kleidete er in sechs Conclusiones:

1. Jedermann ist in seinem Leben und Sterben frei, von seinen Gütern einen Teil

den Armen zu geben, einen anderen der Kirche oder den Klerikern anzuweisen zum Gottesdienst und zu seinem und anderer Seelenheil, denn vom Überfluß fromme Werke zu tun, gehört zu den christlichen Geboten.

2. Es ist nicht jedermann erlaubt, Christus zum Erben aller seiner Güter zu machen oder einen beliebigen Teil davon für sein Seelenheil zu verschenken, denn viele sind verpflichtet, einen Teil den Kindern und Erben zu hinterlassen und so für die bedürftigen Verwandten zu sorgen[75]. Dies ist besser für das Seelenheil des Sterbenden, als wenn er unter Vernachlässigung der Verwandten alles der Kirche gäbe, was ja auch Gott nicht will.

3. Es ist der weltlichen Gewalt nicht erlaubt, den Laien zu verbieten, den Kirchen und den Klerikern von ihren Gütern anzuweisen, oder ihnen Art oder Ausmaß der Vergabungen vorzuschreiben. Das erste ergibt sich schon aus der ersten Konklusion. Das Gegenteil würde die göttliche Ehre und das Heil der Gläubigen beeinträchtigen. Das Zweite ist offensichtlich daraus, daß Vorschriften über Art und Ausmaß der geistlichen Gewalt zukommen, welche beim Papst und den Bischöfen steht. An sie müssen sich die Laien wenden, wenn Einzelne zum Schaden der Gemeinschaft oder der Erben und anderer testamentarisch maßlos über ihre Güter verfügen.

4. Weder königliche noch kaiserliche Gewalt vermag einst der Kirche aus Frömmigkeit gewährte Zins- und Gütervergabungen aufzuheben. Dies folgt aus dem Vorausgehenden, denn es ist noch ungerechter, geschenkte und lange besessene Zinsen wegzunehmen als die Vergabung neuer zu verbieten. Eine solche Anordnung eines Fürsten würde den Gottesdienst, das Seelenheil und die Armenfürsorge schmälern, denn wenn Renten und Zinse, mit denen Klöster, Altäre, Kapellen und Spitäler zum Seelenheil der Toten ausgestattet sind, weggenommen würden, dann würde der Totendienst aufhören, dann würden die Kirchen verschwinden, Priester würden zu Bettlern, Mönche zu Herumstreichern, die Nonnen würden zerstreut in die Welt zurückkehren und dort verderben.

5. Es kommt einem Fürsten oder irgendeiner weltlichen Gewalt nicht zu, die Kleriker zu verpflichten, daß sie rechtmäßig besessene Zinsen und Renten um eine vorgeschriebene Summe ablösen lassen. Dies ist offensichtlich deshalb, weil daraus die bereits genannten Übel folgen müßten. Außerdem würden die auf ewig errichteten Ausstattungen von Altären, Kapellen, Klöstern zeitlich beschränkt und unsicher. Es stünde in der Macht der Laien und Unfrommen, alle genannten Institutionen an Gütern zu schwächen und sie völlig zu zerstören. Es könnte keine ewige Stiftung für Gottesdienst und fromme Werke mehr errichtet werden. Der Fürst kann ja auch nicht anordnen, daß jemand z.B. seinen Weinberg zu einem vorgeschriebenen Preis einem andern verkaufen muß, denn von Gesetzes wegen darf niemand zum Verkauf gezwungen werden, selbst wenn der festgesetzte Preis gerecht ist[76]. Wenn gar der Preis ungerecht ist, dann ist es auch völlig ungerecht und verdammenswert, daß jemand seine Güter oder Zinse einem andern, der sie kaufen oder wiederkaufen will, geben muß. Wenn man zum selben Preis gleich gute und sichere Güter und Einkünfte nicht kaufen kann, so ist der vorgeschriebene Preis sicher ungerecht[77]. Wenn die fürstliche Gewalt schon den ihr unterworfenen Laien die Renten nicht wegnehmen kann, so gilt dies, nach dem, was Petrus über die Bindegewalt verheißen worden ist, im vorliegenden Fall noch viel mehr. Es ist völlig sicher, daß ein Fürst keine Gewalt hat, Zinsen und Güter der Kirche für käuflich zu erklären, da Anordnungen darüber der geistlichen Gewalt zukommen, welche beim Papst und bei den Bischöfen steht. Gegen einen derartigen, völlig ungerechten Erlaß stehen Bestimmungen des kaiserlichen und kirchlichen Rechts, die ohne Todsünde kein Fürst übertreten kann. Es folgt daraus, daß der Erlaß nicht aus dem Konsens der Untergebenen hervorgegangen ist, daraus nicht hervorgegangen sein kann, da er ihm offensichtlich zuwiderläuft[78]; auch nicht aus dem Konsens der Laien, weil kein vernünftiger Mensch, der Ewigzinsen besitzt, ohne Zwang einwilligen würde, daß seine alten Renten mobilisiert[79] werden durch den Wiederkauf um eine Summe, für die er keine gleichwertigen Ewigzinsen kaufen kann. Der Zwang ist deshalb völlig ungerecht.

6. Wie die Ratgeber, die für einen solchen Erlaß verantwortlich sind, tödlich gesündigt haben, so begehen diejenigen eine Todsünde, welche ihn aufrechterhalten, und auch alle jene, die, obwohl sie über seine Ungerechtigkeit unterrichtet sind, dennoch aufgrund desselben Zinse zurückkaufen, denn sie tun es gegen die Gerechtigkeit, die Frömmigkeit und die göttliche Ehre. Die Laien brauchen nicht zu befürchten, daß alle Güter in den Besitz der Geistlichkeit übergehen könnten, denn die Ausstattung des Klerus und der Kirche durch die einst eifrig frommen Fürsten und Gläubigen hat längst aufgehört. Wenn nur der weltliche Besitz der Geistlichkeit durch die Unfrömmigkeit der modernen Mächtigen und der Reichen (modernorum potentum et divitum indevotio) nicht verringert und usurpiert würde, so wären Kirche und Klerus mit dem Ihren zufrieden. Selbst wenn aller weltliche Besitz an die Kirche gelangte, so würde und dürfte sie ihn nicht behalten, sondern würde ihn zurückgeben zur Unterstützung der bedürftigen Laien und zur Verteidigung, Erhaltung und Verbesserung der Gemeinschaft. Daß durch Vergabungen alle Güter an den Klerus fallen, ist aber gar nicht zu befürchten. In Wirklichkeit müssen nicht die Laien befürchten, daß alle Güter an den Klerus kommen, sondern der Klerus, daß dereinst durch die gewaltige Habsucht der Laien die Geistlichkeit und die Kirche allen weltlichen Besitz verlieren werden, wie man in einigen Weissagungen findet[80].

Heinrich bestritt demnach ganz einfach, daß überhaupt ein Problem, das einer Lösung bedürfe, vorliege. Zur Hauptsache suchte er die Unerlaubtheit der Ablösungsgesetze aus der Lehre von den zwei Gewalten abzuleiten. In seiner zweiten Konklusion anerkannte er zwar die Beschränkung der Testierfreiheit, soweit dadurch bloß die Verwandtschaft des Erblassers vor Bedürftigkeit geschützt werden sollte. Das Urteil über das zulässige Ausmaß von Vergabungen an die Kirche wollte er aber der geistlichen Gewalt vorbehalten wissen. Die Ablösungsgesetze erschienen ihm vergleichbar einer Beraubung der Kirche, denn aus ihnen folgten die gleichen Übel wie aus der Aufhebung von bestehenden Zins- und Rentenrechten. Die Ewigkeit der geistlichen Institutionen erfordere auch ewige Einkünfte. Anordnungen über die Kirchengüter zu treffen, komme allein der geistlichen Gewalt zu. Da Heinrichs Anliegen vor allem

den kirchlichen Renten galt, wirken die vertragsrechtlichen Einwände als völlig nebensächliche Zutaten. So ergibt sich für ihn der besonders verwerfliche Charakter der Ablösungsgesetze daraus, daß das Erfordernis des gerechten Preises, der für ihn hier mit dem gerade üblichen Kaufpreis zusammenfällt, nicht erfüllt werde. Die Umkehrung dieses Arguments in dem Sinne, die Schuldner müßten angesichts gefallener Rentsätze eine zu hohe, weil nicht mehr marktkonforme, also ungerechte Verzinsung leisten, kam für ihn wohl deshalb gar nicht in Betracht, weil er die Rentenbezugsrechte gemäß dem Kauf- (Vergabungs-) Charakter des Geschäftes völlig vom Kaufpreis trennte, sich diesen nicht als verzinstes Kapital dachte. Mit dem Gedanken, daß zum selben Preis gleich hohe Einkünfte nicht mehr gekauft werden könnten, floß dann aber die Beziehung zwischen Kapital und Zins doch wieder in seine Überlegungen ein.

Schließlich rekurrierte Heinrich auch auf die Konsenstheorie, indem er den ungerechten Zwang der Ablösungsgesetze aus dem aufgrund vernünftiger Annahmen offensichtlich mangelnden Konsens der Untergebenen ableitete[81]. Die sich unter anderem auf den römisch-rechtlichen[82], ins kanonische Recht[83] übernommenen Satz *Quod omnes tangit, ab omnibus debet approbari* stützende[84], aus antiker Philosophie und Patristik[85] gespeiste und durch die Rezeption der aristotelischen Staatslehre verstärkte Gesellschaftsauffassung als Vertrag zwischen Herrscher und Untergebenen hat zunächst vor allem in Bezug auf die Ekklesiologie seit dem ausgehenden 14. Jahrhundert in kirchlichen Kreisen große Aufmerksamkeit gefunden und ist insbesondere in die Thesen des sogenannten

Abb. 93. Hans Fries, Auferstehung der Seligen und Höllensturz der Verdammten, 1501 (?). Außenseiten eines Flügelaltars. Holztafeln, H: 125 cm. München, Alte Pinakothek. – In spätmittelalterlichen Bildern wurden Höllenstrafen in fürchterlicher Weise visualisiert. Fries zeigt Teufel, welche die verworfenen Seelen in die Höllenschlucht hinunter stürzen. Am Grund fällt ein Teufel mit seinen Krallen über einen nackten Wucherer her, aus dessen Geldbeutel die Münzen rollen. – Solche Bilder halfen der Kirche, das Wucherverbot durchzusetzen. Henricus de Hassia drohte auch jenen mit Höllenstrafen, welche Ablösungsgesetze einführten oder Renten ablösen wollten.

Abb. 94. Daniel Hopfer (um 1470–1536), Weltgericht. Kupferstich. Zürich, Graphische Sammlung der ETH. – Die vielen Renteneinkünfte der Kirche steigerten unter den Bauern die Reformationsbereitschaft. Viele empfanden es als Unrecht, für das Seelenheil anderer Abgaben zu leisten, welche dem Klerus zuflossen, ohne daß dieser dafür gearbeitet hätte. – Hopfer zeigt in seinem Kupferstich ein reformatorisch geprägtes Weltgericht. Die Ikonographie ist traditionell, neu ist hingegen die parteiliche Besetzung von Himmel und Hölle. Christus richtet wie ehedem zwischen Maria und Johannes zusammen mit dem Apostelgremium. Zu beiden Seiten sammeln sich die Heiligen in zwei Rängen. Die untere Hälfte ist den übrigen Menschen vorbehalten. Auf der Seite der Guten erkennt man v.a. Vertreter des gemeinen Volkes sowie auffallend viele Säuglinge (vielleicht totgeborene Kinder, denen der Himmel bisher versperrt blieb). Der römische Klerus und der Hochadel findet sich hingegen vor allem im höllischen Flammenmeer.

Konziliarismus eingeflossen[86]. Im weltlichen Recht ist durchgängig seit dem Frühmittelalter bei Anordnungen der Herrscher dem formalen Konsenserfordernis meist in der Form des Konsiliums der Fürsten als Vertreter der Gesamtheit Rechnung getragen worden[87]. Darin spiegelte sich die Auffassung, daß der Herrscher an den gegebenen Rechtszustand gebunden sei und diesen nur mit allgemeiner Zustimmung fortbilden könne. Aus dem Grundsatz, das wohlerworbene Privateigentum auch des einzelnen Untergebenen dürfte durch einseitige administrative Verfügungen nicht beeinträchtigt werden, ergab sich auch die Unzulässigkeit der Enteignung[88].

Formal ist diese Konsens-Bedingung indessen auch in den Ablösungsgesetzen Herzog Rudolfs IV., um die es im Traktat Heinrichs konkret ging, in üblicher Weise beobachtet worden[89]. Dies ließ Heinrich aber offenbar nicht gelten und stellte damit implizit höhere Anforderungen an die Repräsentativität der Konsentierenden.

Daraus, daß die Ablösungsgesetze nach weltlicher und kirchlicher Rechtsauffassung unerlaubt seien, zog Heinrich den vorsichtig persönlich formulierten[90] Schluß, nicht bloß diejenigen, welche zum Erlaß der Ablösungsgesetze geraten hätten (vom gesetzgebenden Herrscher, konkret also von Rudolf IV., ist bezeichnenderweise in diesem Zusammenhang nicht die Rede), sondern auch alle, die zur Durchführung beitrügen, indem sie das ihnen ungerechterweise eingeräumte Wiederkaufsrecht wahrnähmen, verfielen in Todsünde. Damit gab er dem kirchlichen Widerstand gegen die Durchführung der Ablösungsgesetze das brutalste geistliche Abschreckungsmittel in die Hand: die Drohung mit ewiger Verdammis.

Die Kirche hat indessen durch verschiedene Elemente ihrer wirtschaftsethischen Lehren die Auseinandersetzungen um die Renteneinkünfte sogar noch verschärft. Neben die aufgrund des kirchlichen Wucherverbots eigentlich naheliegende Frage, ob nicht doch auch bei den Renten eine wucherische Darlehensverzinsung vorliege[91], trat die Frage nach der Berechtigung arbeitsfreien Einkommens. Schon die Kirchenväter hatten aus dem jüdischen und heidnisch-antiken Erbe eine Verachtung, ja eine Verurteilung jeden Gewinnes übernommen, der nicht in der Produktions-, sondern in der Zirkulationssphäre erzielt wird. Das Wucherverbot, d.h. das Verbot der Darlehensverzinsung mit der aristotelischen Begründung, daß Geld kein Geld gebäre, daß Geld unfruchtbar sei und allein der Vermittlung der Warenzirkulation zu dienen habe, war nur ein besonders zäh festgehaltener Aspekt dieser kirchlichen Lehre. Noch in einem vor 1180 in das kirchenrechtlich verbindliche Decretum Gratiani aufgenommenen Text aus dem 5. Jahrhundert wurde auch jeder Handelsgewinn als schändlich verurteilt[92]. Während Moraltheologen und Kanonisten am Verbot der Darlehensverzinsung ganz grundsätzlich festhielten, konnten sie, wenn auch erst spät und nur sehr zögernd, dem Handel auch positive Seiten abgewinnen und damit die Tätigkeit der Kaufleute vorsichtig von dem alten Makel befreien, es handle sich dabei bloß um Betrug und Übervorteilung. Bezeichnend ist es, daß für diese Rechtfertigung von Handelsgewinnen ein wesentliches Argument darin bestand, der Kaufmann wende bei seiner Tätigkeit Mühe und Arbeit auf. Immer ausgeprägter vertraten die maßgebenden Theologen – so etwa Thomas von Aquin[93] – nämlich die Meinung, nur der Erwerb durch Arbeit sei gerechtfertigt, arbeitsfreies Einkommen sei abzulehnen. Aus der Verfluchung bei der Vertreibung aus dem arbeitsfreien Paradies: «Im Schweiße deines Angesichts sollst du dein Brot essen» (Genesis 3, 19) leiteten Theologen die Verpflichtung aller Menschen ab, sich unter das Joch der Arbeit als wohlverdienter Strafe für den Sündenfall zu beugen[94]. Sie konnten sich dabei auch auf die Kirchenväter berufen. Schon Hieronymus hatte unter Bezugnahme auf das berühmte Wort des Paulus geschrieben: «Täglich erwerben wir uns mit eigener Hand und eigenem Schweiß unsere Nahrung, im Wissen, daß der Apostel geschrieben hat: wer aber nicht arbeitet, soll auch nicht essen.»[95]

Daraus konnte man aber auch die Folgerung ziehen, das zuweilen überaus reichliche arbeitsfreie Einkommen des Klerus aus den vielen Ewigrentenstiftungen bedürfe einer besonderen Rechtfertigung[96]. Dringend wurde diese Rechtfertigung vor allem deshalb, weil die zu den Leistungen verpflichteten Laien die von der Kirche proponierte Arbeitsethik überraschend gegen den Klerus selbst ins Feld führten. Zum sogenannten Armlederaufstand von 1336–1338 berichtet der Zeitgenosse Konrad Derrer, die Bauern hätten alle umbringen wollen, welche müßiges Brot äßen, wie Bischöfe, Kleriker, Mönche, Nonnen und Scholaren[97]. In den Bauernunruhen an der Wende zur frühen Neuzeit tauchten wiederholt Forderungen auf, die auf eine Entlastung von Abgabenzahlungen abzielten. Im Schlettstadter Bundschuh soll nach der 1493 im Prozeß zu Oberehnheim gegen einige der beteiligten Aufständischen vorgebrachten Anklage eines der Ziele der Bauern gewesen sein, allen Priestern ihre Zinseinkünfte bis auf einen geringen Rest wegzunehmen und diese kirchlichen Einkünfte unter sich selbst aufzuteilen[98]. Diese realen Angriffe auf die «arbeitsfreien» kirchlichen Renteneinkommen lösten umso mehr Furcht aus, als seit dem 14. Jahrhundert auch Weissagungen umliefen, die Kirche werde in einer umfassenden Verfolgung des Klerus bald allen weltlichen Besitzes durch die Laien beraubt werden[99].

Lange vor der Reformation und auch in jenen Gebieten, in denen sie sich nicht durchsetzen sollte, war die aus der christlichen Jenseitsökonomie gespeiste Güteranhäufung beim Klerus den Zeitgenossen zu einem dringenden Problem der diesseitigen Ökonomie geworden. Dem weiteren Anwachsen von kirchlichem Besitz suchte man durch verschiedene Eingriffe entgegenzuwirken, durch Beschränkung der testamentarischen Vergabungen, durch das Wiederkaufsrecht, durch Ablösungs- und Amortisationsgesetze. Dies hing gewiß nicht primär mit einseitig negativer Wahrnehmung der realwirtschaftlichen Auswirkungen kirchlichen Besitzes zusammen, sondern vor allem mit allgemeinen Problemen der Adaptation an die sich durchsetzende Kreditwirtschaft, aber auch mit einem tiefgreifenden Legitimationsverlust der Kirche und mit dem Ungenügen ihrer Angebote für die Frömmigkeitsbedürfnisse der Laien im krisenhaften Spätmittelalter[100].

---

1 Zu weiterlebenden abgeschwächten Formen siehe Artikel: *Grabbeigabe*, in: HWDA 3, S. 1082ff.
2 ANGENENDT 1984, S. 157.
3 Sie gehen letztlich alle auf die sogenannte absolute Einkommenshypothese von John Maynard Keynes zurück.
4 WOLLASCH 1988, S. 184–199, insbesondere S. 193ff.
5 Statuts, chapitres généraux et visites de l'ordre de Cluny, t. 1, Paris 1965, 20–40 Nr. 4, Statuten des Petrus Venerabilis, zwischen 1132–1146, insbesondere 29, Abschnitt 32: *Statutum est, ut defunctis fratribus nostris, universis scilicet professis, die anniversarii, quo recitari nomina eorum a lectore, sicuti mos est, in capitulo solent, quinquaginta prebende dentur, tali conditione, ut sive plura sint sive minus, quam quinquaginta, ultra numerum jam dictum nec augeantur prebende, nec minuantur. Causa instituti hujus fuit, mira virtutum discretio, quia difficile visum est et etiam importabile, ut si multiplicitas defunctorum usque ad octogenarium et centenarium, aut forte infinitum numerum, assidue decedentibus fratribus usque ad extenderet, quod pari modo prebendarum numerus. Nullius enim monasterii substantia, si a prioribus institutus mos servaretur, diu ab [sic] hoc sufficere posset. Raris tamen adhuc diebus defunctorum fratrum nomina usque ad quinquegenarium numerum perveniunt.*
6 Siehe dazu GILOMEN 1982, insbesondere S. 11–16.
7 Zu den frühen städtischen Ablösungsgesetzen siehe STEMPELL 1910.
8 Das alte Lübische Recht, 310 Nr. CXXXV: *Van wicbelde weder to copende. Dor ene ghemene nut to handes na deme groten brande wart dat rech ghemaket dat al dat wicbelde ghelt dat vord mer to queme men weder kopen muchte io vmme also vele alse it gekoft wart*. CXXVI, CXXVII, siehe auch 455 Nr. CCXXIX. Bloß Varianten in der Graphie bietet die Neuausgabe: Norddeutsche Stadtrechte 2, S. 140f. Nr. 197–199.
9 Dies hängt von der Bewertung der Formulierung ab, Renten seien ablösbar *vmme also vele alse it gekoft wart*. Danach wären bei strikter Auslegung alle bargeldlos konstituierten Renten, v. a. Vergabungen, vom Gesetz nicht berührt. Meines Erachtens ist dies tatsächlich der Sinn der Bestimmung, und es ist nicht die Ablösbarkeit aller Renten intendiert, wie bisher allgemein angenommen wurde. Im andern Falle hätte die Geistlichkeit zweifellos sofort diese Lücke entdeckt und es wäre eine schärfere Formulierung notwendig geworden. Der Satz ist aber auch in einer wesentlich späteren Redaktion unverändert stehen geblieben, siehe: Das Alte Lübische Recht, S. 455, Nr. CCXXIX. Auf die in derselben Satzung für ablösbar erklärten Grundzinse gehe ich hier nicht ein.
10 Das Alte Lübische Recht, S. 471f., Nr. CCLXIV.
11 Geschichtsquellen der Provinz Sachsen 30, S. 335, Nr. 311: *Placet nostre celsitudine, quod quicunque ex vobis unius marce redditus nomine census in domo sui*

concivis habeat, illos pro decem marcis restituat domino domus ipsius, quandocumque idem facultatem habuerit redimendi.
12 Rudolfs Urkunde ist gerichtet an: *Consulibus et universis civibus Goslariensibus.*
13 Siehe z.B. auch im Stadtrecht von Ofen (Redaktion zwischen 1403 und 1439), nach dem alle gekauften Renten um das Zehnfache abgelöst werden konnten, mit Ausnahme derjenigen im Besitz der Kirche. Das Ofner Stadtrecht, S. 136, Nr. 225: *...So mag der man des puergrechten ap loßenn, als vil vnnd er wil eynen gulden Ir mit czehen gulden, als das dy stat prieff hat...* Dagegen ebda. S. 143, Nr. 249: *Kirchen purg schoel man yn aller weiß zalen vnnd ap lassen, aber nicht ap lossen...*
14 Sammlung Schweizerischer Rechtsquellen, Aargau 1/5, S. 102-103, Nr. 71: *Wer ein jarzit besetzen wil mit korn gelt oder mit pfennig gelt, der mag ein malter korn gelcz abloessen mit xx gl. oder so vil, als er denn verschaffet, er oder wem sin guot wirt, vnd ein pfunt gelcz mit xx pfuinden abzeloessen, ovch als es sich denn trift an der summe. Es sig ab ackren matten huisren oder warab das ist, daz in vnsern gerichten lit.*
15 Die Zürcher Stadtbücher 3, S. 229, Nr. 147, 21. August 1480.
16 Mollat 1978; – Geremek 1974; – Geremek 1976; – Geremek 1980; – Geremek 1988.
17 Siehe dazu Snape 1926, S. 111f., der versucht, die Aufwendungen einiger Klöster für die Armenpflege ins Verhältnis zu deren Gesamteinnahmen zu setzen, und dabei zum Ergebnis kam, daß im allgemeinen für das Spätmittelalter 5% eher zu hoch gegriffen erscheinen. Die große Abtei Saint-Ouen in Rouen brachte es beispielsweise 1338 auf nur 3,7%. Siehe auch Gonthier 1978. Schon im Hochmittelalter sind in den Orden selbst Klagen laut geworden, die Klöster verwendeten die für die Armenpflege bestimmten Mittel zu anderen Zwecken. Siehe: Gilomen 1977, S. 78-81. Das zunehmende Mißtrauen gegenüber der Geistlichkeit zeigt sich an der Zunahme von Devolutionsklauseln für den Fall, daß die Stiftungsbestimmungen nicht erfüllt werden. Daß die Mönche schließlich sich selbst als jene Armen betrachteten, für welche die Mittel bestimmt seien, wird z.B. im Wiener Schottenkloster als Bemerkung zu einer jährlichen Stiftungseinnahme zugunsten der Armen anfangs 16. Jahrhundert formuliert: *Sed nunc sacristanus totum recipit pro conventu, quia etiam et nos monachi pauperes sumus in domino...*, MGH Necr. 5, 307, zitiert bei Jaritz 1990 (Stiftungen), S. 20.
18 Im Reich sind die Spitäler im allgemeinen schon früh in die städtische Verwaltung übergegangen. Auch städtische Gründungen begegnen schon früh (beides schon Ende 12. Jahrhundert). In Frankreich blieb dieser Bereich wesentlich länger privater und kirchlicher Initiative überlassen. Siehe Wolff 1977, S. 299. Häufig ist in den Städten des Reichsgebiets das Spital zur zentralen Verwaltungsstelle für die Armenfürsorge geworden.
19 Ich möchte dies aber nicht «Verstaatlichung» (auch nicht in Anführungszeichen) nennen, wie Bog 1975, S. 985. Die Laisierung drückt sich auch darin aus, daß statt kirchlicher Instanzen laikale Testamentsvollstrecker mit der Ausrichtung von Stiftungen beauftragt wurden und daß statt für liturgische Leistungen vermehrt für Bedürftige gespendet wurde. Dies betont z.B. Klassen 1990, S. 63-81. Er sieht darin geradezu Antiklerikalismus. Seine Befunde lassen sich allerdings kaum verallgemeinern.
20 Siehe Baum 1976, S. 224, Grafik 7.
21 Siehe die Beispiele für Basel bei Bloesch 1975, Bd. 1, S. 34, Anm. 4: *Vacat quia domus Havenbrunn ante contractum presentis census erat aliis censibus onerata plus quam suffere poterat. ...domus... in tantum onerate et obligate censibus, quod nulla est spes nec de censu nec de principali summa.*
22 Diese m.E. von der Kreditstruktur her zu erklärende Erscheinung blieb natürlich nicht auf das hier besonders behandelte Reichsgebiet beschränkt. Ähnliche Probleme lassen sich überall belegen.
23 Lühe 1904, S. 42.
24 So durch den Einzug der betreffenden Liegenschaften bei gleichzeitigem Erlöschen der Belastung, – so vielfach durch städtische Satzungen, die das Aufhören jener nachgeordneten Renten vorsahen, deren Besitzer nicht zur Übernahme der Liegenschaften mit sämtlichen Lasten bereit waren, – so durch städtische Befehle an individuelle Liegenschaftseigner zur Sanierung unter Bußandrohung.
25 Siehe z.B. Sammlung Schweizerischer Rechtsquellen, Aargau 1/5, S. 47, Nr. 23, 31. März 1317: Exekutorenmandat des Bischofs Gerhard von Konstanz an die Pfarrer von Reiden und Altishofen: *...mandamus quatenus accedentes ad oppidum Zovingensem personaliter omnibus incolis et habitatoribus eiusdem loci sub pena excommunicationis arcius iniungatis, vt ad minus quartam partem huiusmodi legatorum reseruent ecclesie parrochiali.*
26 Die Interpretation, daß Untestierte deshalb nicht kirchlich bestattet worden seien, weil das Testament gewöhnlich bei der letzten Beichte aufgesetzt wurde, wie B. Schimmelpfennig meint (LMA 1 s.v. «Begräbnis», Sp. 1808), ist meines Erachtens eine Beschönigung. Man hätte ja dann in der Begründung ohne weiteres direkt auf die fehlende letzte Beichte abstellen können.
27 Beispiele bei Kahl 1879, S. 46-48, Anm. 68.
28 Weibel 1988, S. 64.
29 *So globen wir in ouch, daz wir nieman underwisent sullent noch schaffen underwiset an sinem totbette, daz uns burger oder burgerin zuo Strazburg ir eygen oder ir erbe gebent oder besetztent, also daz die rechten erben damit verderbet und enterbet sint.* Ausgewählte Urkunden zur Deutschen Verfassungsgeschichte 1, S. 474f., Nr. 379, 9. Juli 1283.
30 So z.B. in Nidwalden 1432, siehe Blumer 1850, S. 457f. Noch das Freiburger Stadtrecht von 1520 gebietet, Kinder bei Klostereintritt mit Fahrhabe auszusteuern oder mit *einem gepürlichen und zimblichen lypgeding.* Der oben erwähnte Zweck der Anordnung ist hier klar formuliert, indem weiter eine Verzichtserklärung des Klosters für alle Erbschaftsansprüche bis einschließlich den vierten Verwandtschaftsgrad gefordert wird. Nur wenn jemand keine Verwandten bis zu diesem Grad besitzt, darf das Kloster erben. Siehe Freiburger Stadtrecht von 1520, in: Quellen zur neueren Privatrechtsgeschichte 1, Teil 1, S. 241-323, III/3, 26, S. 284.
31 Frey 1910, S. 157.
32 Schindler 1959, S. 53 (Tabelle).
33 Dazu: Das älteste Kieler Rentenbuch 1300-1487.
34 Lorenzen-Schmidt 1979, S. 44.
35 Lesinski 1968, S. 53.
36 Haberland 1974, S. 44, Tabelle 1.
37 Schmid 1990, insbesondere S. 177-179.
38 Keyser 1951, S. 215. Die Einkünfte von 360 Vikaren und Kommendisten betrugen 7884 Mark, davon 6007 Mark aus städtischen und 1877 Mark aus ländlichen Gütern. Der Zinssatz von $6\frac{2}{3}$ % war schon zu Beginn des 14. Jahrhunderts vom Hamburger Rat als Höchstsatz festgesetzt worden und galt als solcher noch im 16. Jahrhundert, wurde aber auch unterschritten. Siehe Baum 1976, S. 46-50.
39 Lühe 1904, S. 37.
40 Flamm 1905, S. 118-120. Siehe auch: Scott 1986, v.a. S. 120-124.
41 Mack 1916; Feine 1950, S. 325f. (mit Literatur). Von Interesse ist in diesem Zusammenhang, daß selbst Nicolas Oresme, der gewiß die üblen Folgen von Münzveränderungen hellsichtig geschildert hat, dennoch diese Form der Abgabenerhebung unter bestimmten Umständen für günstig hielt, da sie die gerechteste insofern sei, als davon die Reichsten am stärksten betroffen würden und als sie allgemein sei, weil sich ihr auch der Klerus nicht entziehen könne: *car ni le clerc ni le noble ne s'en peuvent exempter par privilège ou autrement, comme beaucoup veulent le faire des autres contributions, ce qui crée de l'envie, des dissensions, des procès, des scandales et maints autres maux qui ne peuvent résulter d'une telle mutation de la monnaie.* Nicolas Oresme, Traité des monnaies, Kapitel 22, S. 81f.
42 Vgl.: Quellen zur Geschichte des Papsttums, 161. Schon am dritten Laterankonzil 1179 war die Besteuerung von Kirche und Klerus grundsätzlich untersagt worden, doch blieben bei echter Notlage außerordentliche Steuern geduldet, *...ubi laicorum non suppetunt facultates...*; siehe: Conciliorum oecumenicorum decreta, 221 can. 19. Eine Verschärfung brachte die 46. Konstitution «De talliis a clericis non exigendis» des 4. Laterankonzils 1215. In jedem Falle mußte bei Einverständnis von Bischof und Klerus zu freiwilliger Beihilfe nun auch die Einwilligung des Papstes eingeholt werden; ibid., 255. Nach dem Höhepunkt der päpstlichen Ablehnung in der Bulle «Clericis laicos» von 1296 trat unter Papst Benedikt XI. eine Milderung ein. Clemens V. hob 1306 die Bulle zwar auf und stellte damit die Rechtslage gemäß Lateranense IV wieder her, dennoch hielt die Kirche aber am Anspruch auf Steuerfreiheit fest.
43 Es wäre z.B. auf die reichen Quellenbestände Zürichs zu dieser Frage hinzuweisen. Vgl.: Die Steuerbücher von Stadt und Landschaft Zürich, S. 4-9, siehe auch Bd. 7: Steuerrödel von 1470 und 1471, Nachträge zu Band 2, Zürich 1952, S. 254, S. 258, S. 261, S. 262f., S. 266-268, S. 273ff., S. 278f., S. 283, S. 289f. Nr. 104, 105; S. 296f.
44 Eberhard 1988, insbesondere S. 282: 1307 schränkte der Rat von Hannover das Vermögen der Toten Hand *in utilitatem omnium burgensium* ein (Ausgewählte Urkunden zur Deutschen Verfassungsgeschichte 1, S. 295, Nr. 215). Auch in ländlichem Gebiet haben Stiftungen für Totenmessen ökonomisch ungünstige Auswirkungen gehabt, siehe Chiffoleau 1981, insbesondere S. 235: «Robert Boutruche, dans un article célèbre, fit de la pieuse prodigalité des seigneurs bordelais l'un des facteurs essentiels de la crise nobiliaire à la fin du Moyen Age», siehe: Boutruche 1939, S. 165.
45 Reimann 1962, S. 80f.
46 Die Chroniken der deutschen Städte 6.1, S. 129.
47 Siehe dazu: Kahl 1879; Lea 1900; Störmann 1916. Die Amortisationsgesetze beginnen schon etwas früher als die Ablösungsgesetze, so in Goslar 1219, Lübeck 1220/1226, Altenburg 1256, Lindau 1270, Boppard 1274, Erfurt 1281, Ulm 1300.
48 Lühe 1904, S. 67. Die Geistlichkeit, welche für ihre Bucheinträge gerichtliche Beweiskraft beanspruchte, konnte bei der Registrierung die Erwähnung des Wiederkaufsrechtes «vergessen», dann im Streitfall den Verlust der Originalurkunden behaupten und ein Urteil nach dem eigenen Register verlangen.

49 Vgl.: Urkundenarchiv des Klosters Herrenalb, hier ZGO 2, S. 237f.
50 Fontes rerum Austriacarum II, 1, S. 282f. Nr. CXVI, 6. Dez. 1298.
51 HABERLAND 1974, S. 49.
52 GÄTJEN 1928, S. 147f.
53 München 1333/34, Mainz 1382, Köln 1385 und 1437.
54 WINTER 1970, S. 65.
55 Schon Rudolf von Habsburg hat das Argument mehrfach in dieser Frage verwendet. Siehe: ZEUMER 1878, S. 81; – MACK 1916, S. 165–170.
56 Dies legte z.B. auch das 4. Laterankonzil von 1215, c. 67: De usuris Iudaeorum, fest, siehe: Conciliorum oecumenicorum decreta, S. 265s. Siehe auch GRAYZEL 1966, S. 36–38: Chapter VI, A. The Jews and The Tithe.
57 FAHLBUSCH 1913, S. 113f.
58 Ebda., S. 115.
59 HARTWIG 1903, S. 114.
60 BISCHOF 1855, Urkundenanhang 18.
61 BÜCHER 1894, S. 126; auch in: BÜCHER 1922, S. 302, Anm. 2.
62 HANSEN 1902, S. XXII.
63 POTTHOFF 1911, S. 28f.
64 Errechnet nach der Tabelle ebda., S. 29.
65 Über die Auswirkung der päpstlichen Steuern in einem einzelnen Bistum siehe z.B. VILLIGER 1939, S. 285–328.
66 Siehe dazu z.B. GILOMEN 1977.
67 Codex juris municipalis regni Bohemiae, 2: Privilegia regalium civitatum provincialium Bohemiae annorum 1225–1419, S. 647f., Nr. 452; siehe auch: Beiträge zur Geschichte Böhmens IV,1, S. 43f., Nr. 101.
68 Ebda., S. 44.
69 Recueil diplomatique du Canton de Fribourg, t. 5, S. 117f., Nr. CCCXXV: *...por lo communel profit et vicessiteiz de noutre ville et communiteiz...*
70 Ebda.: *En telles condition adjestee que in facent lo rachet cil qui recevront largent soent intenuz de affetteir lo dit cens et aumonne autre part sus autre possession.*
71 Recueil diplomatique du Canton de Fribourg, t. 6, S. 175–177, Nr. CCCCXXVI.
72 Corpus iuris canonici, Clementinarum lib. 3, tit. 4, cap. 1.
73 HENRICUS DE HASSIA, Tractatus, fol. 185r-224r, siehe insbesondere II, cap. 14–17, fol. 211r-212v. Heinrich wird hier als Sprecher des Klerus deshalb besonders berücksichtigt, weil er als führender Geist seiner Zeit gefeiert wird und gerade in der Rentenfrage als Autorität über das Mittelalter hinaus galt. Theologen, welche im Gegensatz zur klerikalen Hauptströmung die Erlaubtheit des Wiederkaufs vertraten, beriefen sich gewöhlich auf Leviticus 25, 23–55: *Terra quoque non vendetur in perpetuum, quia mea est, et vos advenae et coloni mei estis. Unde cuncta regio possessionis vestrae sub redemptionis condicione vendetur. Si attenuatus frater tuus vendiderit possessionunculam suam et voluerit propinquus eius, potest redimere quod ille vendiderat... Qui vendiderit domum intra urbis muros, habebit licentiam redimendi donec unus impleatur annus...*
74 Es ging ganz konkret um die Ablösungsgesetze des Herzogs Rudolfs IV. von Österreich.
75 Schon Augustin hatte die Christen gemahnt, Christus ebensoviel zu vermachen, wie jedem einzelnen Sohn, siehe BRUCK 1956, S. 84ff. und S. 217ff. Auf die Frage, ob durch übertriebene Almosen Familie und Kinder gefährdet werden könnten, hatte schon Cyprian die Antwort erteilt, Gott selbst werde der beste Anwalt der Kinder sein. Der heilige Hieronymus hat das kaiserliche Verbot an Geistliche und Mönche, Erbschaften anzunehmen, als leider aufgrund von deren Habsucht nicht unbegründet bezeichnet; siehe SEIPEL 1907 (Neudruck Graz 1972), S. 142f. Das Problem wurde zu einem stehenden Thema der Moraltheologie. Siehe TROELTSCH 1912, S. 119. Auch von weltlicher Seite ist die Frage sozialpolitisch schon früh als Problem empfunden worden. So wandte sich schon Karl d. Gr. im Jahre 811 an die Bischöfe und Äbte in der Frage der kirchlichen Bereicherung, durch welche unter Verheißung himmlischen Lohnes oder Androhung von Höllenpein die rechtmäßigen Erben um ihr Erbe gebracht würden, sie in Not gestürzt und damit zu Diebstahl und Raub veranlaßt würden: *Inquirendum etiam, si ille seculum dimissum habeat, qui cotidie possessiones suas augere quolibet modo, qualibet arte non cessat, suadendo de coelestis regni beatitudine, comminando de aeterno supplicio inferni, et sub nomine Dei aut cuiuslibet sancti tam divitem quam pauperem, qui simpliciores natura sunt et minus docti atque cauti inveniuntur, sic rebus suis exspoliant et legitimos heredes eorum exheredant, ac per hoc plerosque ad flagitia et scelera propter inopiam, ad quam per hoc fuerint devoluti, perpetranda compellunt, ut quasi necessario furta et latrocinia exerceant, cui paternarum hereditas, ne ad eum perveniret, ab alio praerepta est.* MG LL Cap. 1, S. 162, Nr. 72, cap. 5. – GOODY 1986 sieht hier – allerdings m.E. in Überzeichnung – eine kohaerente selbstsüchtige Erwerbspolitik der Kirche, auf die sich die Betonung der christlichen Kernfamilie ebenso zurückführen lasse wie die scharfen und weitreichenden Verbote der Verwandtenheirat. Zum Problem der Enterbung der Kinder zugunsten von Vergabungen an die Kirche hat Erasmus von Rotterdam eine glänzende Satire verfaßt: Zweierlei Totenbett, in: Erasmus, Vertraute Gespräche, S. 152–175.
76 Daß ein Kaufvertrag nur aufgrund freier Willensentscheidung zustandekommen könne, ist ein Grundprinzip der scholastischen Erwägungen zur Wirtschaftsethik. Siehe dazu z.B. MARAZZI 1990, S. 25f.
77 Hier führt Heinrich Matthäus 15 und 17 an. Besonders die zweite Stelle gehört zum Grundbestand der theologischen Argumentation für die kirchliche Steuerfreiheit. In seinem ersten Quodlibet, Quaestio I, von 1282 über diese Frage argumentierte Berthaud de Saint-Denys folgendermaßen: *Praeterea ipsemet Christus, Matth. XVII, sic arguit: 'Ergo filii liberi sunt'; sed filii sunt clerici, qui primogeniti, ut dictum est, quare etc.* Die genannte Quaestio enthält eine Auseinandersetzung mit den meisten für die Diskussion wesentlichen Texten. Siehe LECLERCQ 1965, S. 607–617 (S. 610–617 Edition der beiden ersten Quaestiones des Quodlibet).
78 So verstehe ich den Gedankengang: *Unde apparet quod dicta constitutio non procedit ex consensu subditorum et omnino non poterat procedere ex consensu tali cum manifeste preiudicialis sibi esset.*
79 Der Ausdruck ist quellengerecht. Es heißt hier: *...consentiret nisi coactus quod redditus sui antiqui mobiles fierent...* Das ganze Kapitel steht unter dem Titel: *Inuehitur contra constitutionem omnes redditus pro determinato precio mobiles facientem.*
80 Über das Interesse Heinrichs von Langenstein an Weissagungsliteratur siehe KREUZER 1987, S. 59, S. 63, S. 72–74. Heinrichs Traktat «Epistola de futuris periculis ecclesiae ex dictis Sancte Hildegardis» ist gedruckt bei SOMMERFELDT 1909, hier S. 46–61.
81 Zum Grundsatz, daß keiner sich bewußt selber schade, siehe z.B. Marsilius von Padua, Defensor pacis I, 12, 5–6, hrsg. von SCHOLZ, Hannover 1933, S. 65–67.
82 Corpus iuris civilis, Cod. Iustinianus V, 59, 5, 2.
83 Corpus Iuris Canonici, Sexti Decr. lib. V, tit. 12, in fine: De regulis iuris, regula 29: *Quod omnes tangit, debet ab omnibus approbari.*
84 POST 1964, S. 197–251. CONGAR 1958. MONAHAN 1987, S. 97–111.
85 OEHLER 1961, S. 103–129.
86 TIERNEY 1955; KRÄMER 1980; MEUTHEN 1983.
87 Die alte Interpretation dieses Konsenses als Selbstbindung durch Zustimmung bei Otto Brunner ist neuerdings dahingehend kritisiert worden, es gehe hier vielmehr den Vasallen darum, den Herrn zu binden und festzulegen. HANNIG 1982, S. 24f. und S. 299ff.
88 KERN 1914 (4. Aufl., Darmstadt 1967), insbesondere S. 129 und S. 269–276, mit Angabe der älteren Literatur. Siehe auch: Herrschaftsverträge des Spätmittelalters.
89 Geschichts-Quellen der Stadt Wien 1.1, S. 145, Nr. LXI: *...nach rat unsers rates, mit guter vorbetrachtung, haben wir an statt und in namen unser selbs und unserr liben brueder Friedreichs, Albrechts und Leupolts, herzogen, fuersten und herren mitsampt uns in den egenanten landen...*
90 HENRICUS DE HASSIA, Tractatus, fol. 112r: *Secundum opinionem mihi verisimiliorem...*
91 Diese Frage wurde durch die Bulle «Regimini universalis» Papst Martins V. vom 2.7.1425 von der höchsten Lehrautorität der Kirche in dem Sinne beantwortet, daß an Grundstücken bestellte Renten mit Wiederkaufsrecht des Schuldners zu üblichem Preis nicht wucherisch seien. Corpus iuris canonici, Extravagantes communes, lib. 3, tit. 5, c. 1.
92 Corpus iuris canonici, D 88, c 11 Palea Eiiciens: *Eiiciens Dominus vendentes et ementes de templo, significavit, quia homo mercator vix, aut nunquam potest Deo placere. Et ideo nullus Christianus debet esse mercator, aut si voluerit esse, proiiciatur de ecclesia Dei, dicente propheta: 'quia non cognovi negotiationes, introibo in potentias Domini.' Quemadmodum enim, qui ambulat inter duos inimicos, ambobus placere volens, et se commendare, sine maliloquio esse non potest (necesse est enim, ut isti male loquatur de illo, et illi male de isto), sic qui emit et vendit, sine mendacio et periurio esse non potest.* (Indem der Herr die Verkäufer und Käufer aus dem Tempel vertrieb, zeigte er an, daß der Kaufmann kaum je oder nie Gott gefallen kann. Und deshalb sollte kein Christ Kaufmann sein, oder wenn er es sein will, soll er aus der Kirche Gottes hinausgeworfen werden, wie der Prophet sagt (Ps. 70, 56): 'Weil ich die Geschäfte nicht gekannt habe, werde ich in die Gewalt des Herrn eintreten.' Gleich wie nämlich einer, der zwischen zwei Feinden geht und beiden gefallen und sich empfehlen will ohne Übelrede nicht sein kann (es ist nämlich nötig, daß er diesem von jenem schlecht spricht, und jenem übel von diesem), so kann derjenige, der kauft und verkauft, nicht ohne Lüge und Meineid sein.)
93 Hagenauer 1931; CENACCHI 1977.
94 Besonders ausgeprägt ist diese Argumentation bei HENRICUS LANGENSTEIN DE HASSIA in dessen «Tractatus de contractibus habens duas partes». Siehe dazu GILOMEN 1985 (mit weiterer Literatur); zum Thema des arbeitslosen Einkommens insbesondere S. 55, Anm. 33. In seinem Traktat «De contractibus» von 1420 hat Jean Gerson (1363–1429) in der Consideratio 13, 15 dieses Argument gegen Gläubiger und Schuldner gleichermaßen gewendet: Der Mensch sei gehalten zu arbeiten. Es sei unnatürlich, müßig von Wuchergewinnen zu leben.

Aber auch der Schuldner werde durch die Möglichkeit, Geld borgen zu können, zum Müßiggang verführt. Siehe NOONAN 1957, S. 70.

95 Hieronymus, Ep. 17 ad Marcum presbyterum, 2 = PL 22, S. 360: *Manu quotidie et proprio sudore quaerimus cibum, scientes ab Apostolo scriptum esse: qui autem non operatur, nec manducet.* Karl Marx hat dieses zur Rechtfertigung des Arbeitszwangs für Arme mißbrauchte Wort «Wer nicht arbeitet, braucht auch nicht zu essen» – allerdings ironisch! – gegen die Besitzenden gerichtet. Diese Umkehrung ist implizit bei Jean Gerson bereits vorweggenommen. Siehe die voranstehende Anm.

96 Nach SCHMITT 1978, S. 164–172, ist es auch bezeichnend, daß der Chorherr Felix Hemmerlin (1388/89–ca. 1458/1461) kirchliche Benefizien als Lohn *(stipendium)* für die Arbeit des Klerus verstanden wissen wollte. Siehe dazu indessen jetzt GILOMEN, Der Traktat «De emptione et venditione unius pro viginti» des Magisters Felix Hemmerlin (erscheint 1994).

97 LEIDINGER 1904, hier S. 118f., Nr. 42: *Nota, quod accidit anno domini 1340, quod circa Renum in Alsacia coniurabant 1500 rusticorum, quod vellent occidere omnes comedentes panem otiosum ut episcopos, clericos, monachos, moniales, scolares.*

98 *...allen priestern und der priesterschaft zu nemen ir zins und gulte bicze an ein moße und zale, die geoffenet ist Ulman und dem Ziegeler, und das uberige, das geordnet ist an die cristeliche kirchen, under sich zu teilen.* ROSENKRANZ 1927, Bd. 2: Quellen, S. 32–45, Nr. 31, hier S. 36. Vgl. ebda, S. 1–2, Nr. 1, wo in einer Straßburger Chronik lakonisch mitgeteilt wird, die Bauern hätten *niemant nicht umb ir schulden geben* wollen. Siehe dazu GILOMEN 1992, S. 173–189.

99 Siehe z.B. HEINRICH VON LANGENSTEIN, Tractatus, Sp. 507–564. Auch idem, Epistola, S. 46–61; siehe auch die oben referierte Anspielung in idem, Tractatus. Über Langensteins Interesse an der Weissagungsliteratur siehe auch KREUZER 1987, S. 59, S. 63, S. 72–74.

100 Siehe dazu GRAUS 1987, insbesondere S. 61–153; außerdem die verschiedenen Beiträge zum Spätmittelalter in: DYKEMA / OBERMAN 1993.

«Jede Messe erlöst eine Seele aus dem Fegefeuer»

Der privilegierte Altar und die Anfänge des barocken Fegefeuerbildes in Bologna.

Christine Göttler

Katholischer Sakral- und protestantischer Predigtraum

Zwei nach 1600 entstandene zusammengehörende Kupferstiche setzen die sparsame Ausstattung eines reformierten Gotteshauses in Kontrast zum üppigen Dekor des katholischen Kultes (Abb. 95 und 96)[1]. Zwar vermittelt der dokumentarische Stil des Künstlers den Eindruck, daß es sich hier um exakte Beschreibungen handelt. Doch schon die lateinisch und deutsch verfaßten Überschriften der Darstellungen verraten, welche Partei der Autor vertritt. Der reformatorische Predigtraum wird als *ein wahres Bild der alten apostolischen Kirche* auf die Zeit von Jesu Wirken zurückgeführt, die spätmittelalterliche Ausstattung hingegen als ein *getreues Abbild der päpstlichen Kirche* den Verfallserscheinungen zugeordnet. Diese *römische* Kirche ist denn auch vom Papst dominiert, der, vom Bereich der Laien getrennt, als ferne Erscheinung im Chorhaupt der vielschiffigen Basilika thront. In den Seitenschiffen und vor den Rundpfeilern der Arkaden befinden sich zahlreiche Altäre, deren reiche Aufbauten detailliert wiedergegeben sind. Die Altarvorhänge sind aufgezogen, die Lichter brennen, und die geöffneten Retabel präsentieren ein Bildprogramm, welches den altüberlieferten Heiligenkult als Aberglauben entlarven soll: Unter anderem sind Jakobus als Maurentöter, eine Martyriumsdarstellung, der hl. Nikolaus mit den drei eingepökelten Schülern und die Mantelteilung des hl. Martin erkennbar. Auf einigen Altarmensen sind ein aufgeschlagenes Meßbuch, Kelch und Patene, manchmal auch eine Kasel bereitgelegt. Vor den Altären wie auch in den Räumen dazwischen herrscht ein geschäftiges Treiben: Messen werden gefeiert, ein Bettelmönch predigt, das Altarsakrament wird ausgeteilt und Reliquien zum Kuß gereicht. Auf dem mit einer Kreuzigungsdarstellung geschmückten Altar vor der Kanzel ist die Hostie zur Anbetung ausgesetzt; der Altar rechts vorne wird durch Weihrauch und Besprengen mit Weihwasser gerade konsekriert. Quer durch den Kirchenraum bewegt sich eine Prozession: Im Hintergrund werden eine weibliche und eine männliche Heiligenstatue herumgetragen, und eben wird unter einem Baldachin ein geistlicher Würdenträger in die Kirche geführt, der die Monstranz in den Händen hält. Links vorne findet bei einem Katafalk ein Totengedächtnis statt. In dieses Gewirr von Riten und Zeremonien sind szenische Darstellungen der Sieben Sakramente eingefügt; sie sind durch Inschriften bezeichnet und, wie auch alle anderen Handlungen, mit einer Ziffer versehen. Eine verlorene Bildlegende diente dazu, dem protestantischen Betrachter die ihm fremd gewordenen Gebräuche zu erklären.

Im Kontrast zum Durcheinander im katholischen Kultraum erscheint auf dem anderen Blatt eine für den reformatorischen Gottesdienst hergerichtete Kirche, deren Chorhaupt gekappt ist. Die Altäre sind entfernt und die einzelnen Teile des einheitlich wirkenden hellen Raumes auch für die Laien zugänglich gemacht. Das Zentrum des völlig schmucklosen Raumes bildet die Kanzel, wie sich auch die Aufmerksamkeit der versammelten Gemeinde auf die Predigt des protestantischen Pastors richtet. Von der Vielfalt der Gnaden- und Heilmittel sind zwei Sakramente geblieben: Taufe und Abendmahl, wobei die Abendmahlfeier auf einem durch Treppen erhöhten Podest stattfindet. Es unterstreicht die Würde dieses Bereiches, daß die Gläubigen ausschließlich hier ihre Knie beugen, während der katholische Gottesdienst durch vielfältige Gebärden der Anbetung und Verehrung charakterisiert ist. Die Symbole des reformatorischen Glaubens sind in monumentaler Größe an der hinteren Abschlußwand befestigt: ein aufgeschlagenes Buch, wahrscheinlich die Bibel, und die mosaischen Gesetzestafeln demonstrieren, daß der evangelische Glaube auf dem göttlichen Wort gründet; die Uhr, ein Attribut der Tugend der Temperantia, macht deutlich, daß der Gottesdienst nach sittlichen Regeln abläuft[2].

Die Reformation und das Fegefeuer

Die Ökonomie und Sparsamkeit des reformatorischen Gottesdienstes geht parallel mit einer völligen Umstrukturierung auch der jenseitigen Welt. Die Reformatoren lehnten durchwegs die Existenz des Fegefeuers ab[3], jenes provisorischen Bußortes bis zum Jüngsten Gericht, wohin ein Großteil der Verstorbenen gelangte, um sich vom Makel der läßlichen Sünden zu reinigen. In reformatorischer Sicht gab es für die einzelnen Seelen im Moment des Todes nur die Möglichkeiten, entweder gerettet oder verdammt zu werden; folglich erübrigte sich die Sorge für die Toten. Zwar zögerte Luther bis 1530, den Fegefeuerglauben offiziell abzulehnen; doch bestreitet er schon in den «95 Thesen» (31. Oktober 1517), daß der Ablaß auch für die Seelen im Fegefeuer wirksam sei[4]. In der frühen programmatischen Schrift «De captivitate Babylonica ecclesiae praeludium» (1520) fordert er die Abschaffung der Privatmessen und widerspricht der Meinung, daß die Opfermesse ein Gutes Werk sei, das für Lebende und Verstorbene dargebracht werde[5]. In der «Formula Missae et Communionis» (1523) argumentiert er gegen die traditionelle Meßopferlehre und zeigt auf, wie die Vervielfachung der Messen und die Zunahme kirchlicher Kunst sich gegenseitig bedingen: *Und was soll ich von der Zunahme der Kleider, Geräte, Kerzen, Gewänder, dann der Orgeln, der ganzen Musik und der Bilder erzählen? Es gab kaum eine Kunst, welche nicht zum Großteil die Geschäfte und den Handel der Messe betrieb und aus ihr ernährt wurde*[6].

Sämtliche Reformatoren haben die Annahme verworfen, daß die Praxis der Guten Werke eine erlösende Kraft habe und damit auch den Privatmessen und sämtlichen Stiftungen an die Kirche die Grundlage entzogen. Luther nennt die Messe ein *priesterliches Monopol*, nach Melanchthon hat man aus ihr einen *Jahrmarkt [...] gemacht, indem man sie gekauft und verkauft und in allen Kirchen überwiegend um des Geldes willen gehalten habe*[7].

Abb. 95. «Vera Imago Ecclesiae papisticae. Ware abcontrofeitung der Romissche bapstische Kirchen», nach 1600. Kupferstich, Paris, Bibliothèque Nationale (Coll. Hennin VIII, Nr. 727).

Abb. 96. «Vera Imago veteris Ecclesiae Apostolicae. Ware abcontrofeitung der alter Apostolischer Evangelischer Kirchen», nach 1600. Kupferstich, Paris, Bibliothèque Nationale (Coll. Hennin VIII, Nr. 728).

Die polemische Gegenüberstellung der evangelischen Wort- und der römischen Sakramentkirche war ein beliebtes Motiv der reformatorischen Bildpropaganda. Hier sind dem protestantischen Betrachter die altüberlieferten Riten als fremde Bräuche vorgestellt, welche einer schriftlichen Erklärung bedürfen. Die parteiliche Stellungnahme zeigt sich vor allem in der Bildkomposition: der chaotischen Fülle des katholischen Kultes ist die klare Ordnung der reformatorischen Lehre entgegengesetzt.

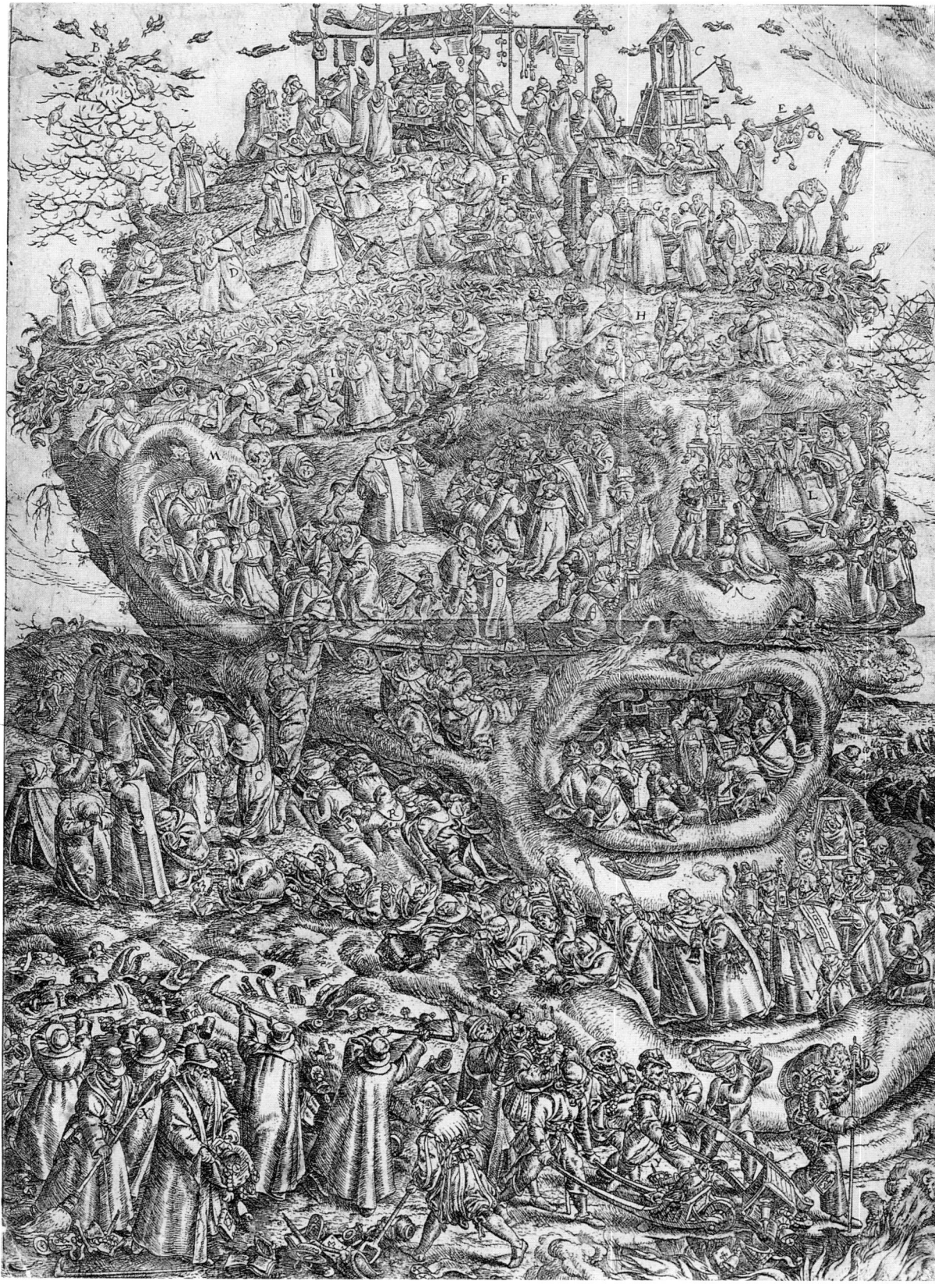

Abb. 97. Marcus Gheeraerts d.Ä., Satire über die Gebräuche der römisch-katholischen Kirche, vor 1568. Kupferstich, H: 20, B: 15 cm. London, British Museum. – Die komplexe Bildallegorie zeigt die Riten und Zeremonien der Papstkirche als vielfigurige Szenen in einer Kopflandschaft, die der Gestalt eines tonsurierten Mönches nachgebildet ist. Im auffälligsten Gesichtsteil des Kolosses, dem aufgerissenen Mund, wird eine Messe gefeiert. Von oben beleuchtet ein Affe mit einer Fackel die Elevation der Hostie, die in der fiktiven Situation des Bildes zum närrischen Teufelsstück wird.

Abb. 99. Pierre Eskrich, Der päpstliche Hof, Detail der Mappe-Monde Nouvelle Papistique, London, British Museum.

Abb. 100. Pierre Eskrich, Der Fegefeuerturm, Detail der Mappe-Monde Nouvelle Papistique, Genf, Bibliothèque Publique et Universitaire.

Der 1566 und 1567 in Genf gedruckten polemischen Schrift 'Histoire de la Mappe-Monde Papistique' war ein Holzschnitt in 16 Blöcken beigegeben (Gesamtmaße, H: 170, B: 135 cm), der die Provinzen und Republiken der vom Papst regierten «Monarchie der Guten Werke» abbildet. Hölle und Fegefeuer sind zwei außerhalb des Landes gelegene Lustorte. Das Fegefeuer ist als Festung in einem feurigen Burggraben dargestellt. Daraus fischen die Heiligen Benedikt, Dominikus, Franziskus und «Verdienst» Arme Seelen, während vor der Festung der «Markt des 2. Novembers» stattfindet. An kompositorisch wichtigem Ort erscheinen Sankt Peter und der Vatikan, wo der Papst inmitten seines Hofstaates an der Brust der «Dame Geld» saugt.

Abb. 98. Marcus Gheeraerts d.Ä., Satire über die Gebräuche der römisch-katholischen Kirche, vor 1568. Detail.

Abb. 99

Abb. 100

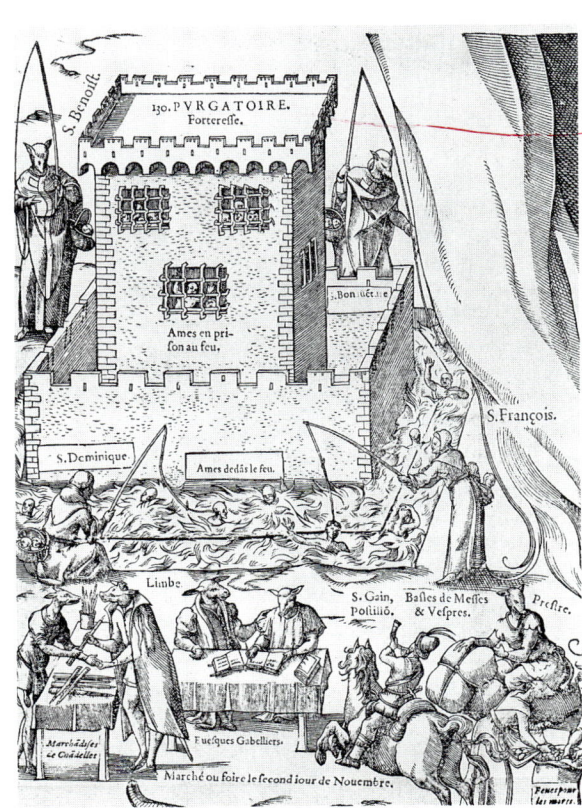

Im Titel einer grotesken reformatorischen Satire von der Krankheit und dem Testament der Messe (1528) bezeichnet der Berner Künstler und Reformator Niklaus Manuel diese als Nährmutter der *gantz[en] Pfaffheyt*[8], während Zwingli das Fegefeuer als *Milchkuh des Papstes* verspottet[9]. Nach dem Berner Reformator Berchtold Haller hatte die Papstkirche den Minderbemittelten den Zugang zum Himmel erschwert, weil *all todtendienst, es sygind [seien] Seelmässen, Vigilien, Kertzen, ampelen [...] viel rychlicher und überflüssiger den rychen weder [als] den armen zukommen*[10]. Die reformatorische Polemik machte die geweihte Hostie zum gefährlichsten Abgott der Altgläubigen. In einem vor 1568 entstandenen Kupferstich des calvinistischen Künstlers Marcus Gheeraerts, der die Zeremonien des Papsttums als vielfigurige Szenen in einem grotesken Mönchskopf darstellt, erscheint die Opfermesse im aufgerissenen Mund des Kolosses und wird so als unheiliges Teufelsmahl deklassiert (Abb. 97 und 98). Die 1566 und 1567 in Genf gedruckte «Histoire de la Mappe-Monde Papistique» beschreibt die althergebrachte Kirche als eine vom Papst regierte *Monarchie der Guten Werke*, deren Reichtum sich auf dem Totenkult, den Messen, Indulgenzen, Zeremonien usw. aufbaue (Abb. 99 und 100)[11].

Der privilegierte Altar

Das theoretische Fundament des für die Toten privilegierten Altars ging aus dem Streit um Fegefeuer, Messe und die Bevorteilung der Reichen hervor. Diesem, von Papst Gregor XIII. (1572–1585) gestifteten Totenaltar ist mein Beitrag gewidmet[12]. Folgt man den zeitgenössischen Quellen, so erscheint er neben dem Sakramentsaltar als der bedeutendste Altartyp nach der Reformation überhaupt[13]: Danach soll Gregor XIII. den an die Meßfeier gebundenen Ablaß für die Toten im römischen Jubeljahr 1575 zuerst seinen Landsleuten gewährt haben; als erster habe ihn Bischof Gabriele Paleotti von Bologna (1522–1597) für den Kreuzaltar der Krypta der Kathedrale San Pietro erwirkt. Gregor XIII. hat das Ablaßprivileg vorrangig den wichtigsten Altären seiner Geburtsstadt Bologna verliehen, es war jedoch bald weltweit verbreitet. Schon 1588 kann Principio Fabricio im Emblembuch «Sopra la vita, opere, et attioni di Gregorio XIII» sagen, daß *es keinen Staat und keine Stadt gibt, wo sich noch kein für die Toten privilegierter Altar befindet*[14].

Solche für die Toten privilegierten Altäre wurden in einer Kartusche oberhalb des Altarblattes als Altare Privilegiatum gekennzeichnet (Abb. 101), oft sind an den Kapellenwänden auch der Name des Papstes oder Auszüge aus dem päpstlichen Breve angebracht. Die Breven legen exakt fest, wie der vollkommene Ablaß zu gewinnen sei. Auch Flugblätter und die Ablaßbüchlein des 16. und 17. Jahrhunderts machten die privilegierten Altäre bekannt (Abb. 102). Danach handelt es sich um ein für alle Tage und auf ewig verliehenes Recht, welches garantiere, daß *jeder, welcher an einem solchen Altar Messe feiert oder feiern läßt, jeweils eine Seele aus dem Fegefeuer befreit*[15]. An einem von Gregor XIII. solcherart privilegierten Altar konnte also durch die Bezahlung einer Messe ein vollkommener Ablaß für einen Verstorbenen eigener Wahl erwirkt werden.

Abb. 101. Bologna, San Giacomo Maggiore, Bolognetti-Kapelle mit dem Altare Privilegiatum. – Gregor XIII. privilegierte den Altar am 10. September 1577; schon am 31. Oktober wurde die Kapelle Ludovico Bianchetti, seinem päpstlichen Kämmerer, übergeben. Dieser stattete sie neu aus und ließ den Altar mit der seltenen Darstellung der Übertragung des Leichnams des hl. Thomas von Aquin schmücken, die er bei Tommaso Laureti in Auftrag gab.

Abb. 102. «Indulgenza per liberare l'anime dal Purgatorio». – Das 1575 bei Alessandro Benacci in Bologna gedruckte Flugblatt verbreitet den Ablaß, den Gregor XIII. 1575 dem Altar in der Krypta (Confessio) der Kathdrale von Bologna verlieh: «Jedesmal, wenn irgendein Priester [...] an diesem Altar für irgendeine gläubige Seele Messe liest [...], kann er auf dem Weg der Fürbitte und, wenn es Gott gefällt, diese Seele von den Qualen des Fegefeuers befreien, und er empfängt dieselben Gnaden, wie wenn er Messe am Altar des hl. Gregor in Rom lesen würde [...]». – Das Pamphlet trägt oben das Papstwappen mit dem Wappentier Gregors XIII., dem Drachen. Es ist von Ludovico Nucci, dem Sekretär Paleottis, unterzeichnet.

Die Wirkung war dieselbe, wie wenn ein Priester eine Messe am Altar des hl. Gregor in Rom hielt.

Gregor XIII. schuf folglich die Voraussetzungen, die Heilkraft der am wichtigsten Totenaltar gelesenen Messen beliebig zu reproduzieren. San Gregorio Magno in Rom war das Zentrum des christlichen Totenkultes und wurde an Allerseelen von Scharen von Gläubigen aufgesucht. Aus der Guidenliteratur konnte man erfahren, daß Papst Gregor I. (vor 540–604) im zweiten Jahr seines Pontifikats die Klosterkirche zu Ehren des hl. Andreas gestiftet und gleich vier Altäre für die Toten privilegiert hatte[16]. Ebenso war bekannt, daß Papst Gregor I. im vierten Buch der «Dialogi» berichtet, wie er an einem dieser Altäre mit dreißig an aufeinanderfolgenden Tagen gelesenen Messen den Mönch Justus aus dem Fegefeuer herausgebetet habe[17]. Diese Erzählung gab den Gregorianischen Messen, die während dreißig Tagen für Verstorbene gelesen wurden, ihren Namen. Berühmt war auch jene andere Messe des Papstes, bei welcher ihm Christus in der Gestalt eines Schmerzensmannes erschien (Abb. 103). Im allgemeinen hielt man den Altar der rechten Abschlußkapelle für denjenigen, an dem der Papst so erfolgreich für die Toten zelebriert hatte. An diesem Altar konnte ein Priester mit einer Messe einen vollkommenen Ablaß für einen Verstorbenen gewinnen[18].

Neben Gebeten, Almosen und anderen Guten Werken hat das «Decretum de purgatorio» des Trienter Konzils (3. Dezember 1563) vor allem das Meßopfer als wirksame Hilfe für die Armen Seelen propagiert[19]. Im für die Toten privilegierten Altar ist der Wert des Meßopfers durch den päpstlichen Ablaß gesteigert, wie auch die Traktatliteratur den Gläubigen als Vorsorge fürs Jenseits empfiehlt, möglichst viele hilfebringende Mittel miteinander zu kombinieren[20].

Mit der Erfindung des für die Toten privilegierten Altars hat Gregor XIII. den Totendienst effektiver gestaltet. Ganz im Gegensatz zum Jubiläumsablaß, der nur in großen Zeitabständen wiederkehrte, handelte es sich beim privilegierten Altar um eine Einrichtung für den täglichen Gebrauch, um ein preiswertes Heilmittel gegen Strafen im Jenseits. Indem er auch unteren und mittleren Schichten die Möglichkeit einer individuellen Totenmemoria bot, stellt der für die Toten privilegierte Altar das gemein-

Abb. 103. Wilm Dedeke, Gregorsmesse, um 1496. Vom Fronleichnamsaltar der Werkstatt des Henning van der Heide, linker Innenflügel des zweiten Flügelpaares, oben, Lübeck, Sankt Annen-Museum. – Die Vision Gregors des Großen wird dem Betrachter als Bildwirklichkeit vorgeführt: Der Papst erhebt die Hostie an einem Altar, der mit einer Darstellung des Schmerzensmannes geschmückt ist. Auch die Seelen im Fegefeuer erscheinen in anbetender Haltung und werden von Engeln durch den Chor in den Himmel getragen.

nützige Gegenmodell zum privaten Familienaltar dar. Er wurde denn auch von zeitgenössischen Stimmen, wie ich unten ausführen werde, aus der Caritas Gregors XIII., seiner barmherzigen und selbstlosen Liebe, erklärt. Mit dem Altare Privilegiatum ergänzte Gregor XIII. die private und familiäre Versorgung der Armen Seelen, wie sie die vorreformatorische Zeit weitgehend bestimmte, durch einen organisierten Hilfe-Betrieb, den breite Bevölkerungskreise nutzten.

Als Ausdruck päpstlicher Caritas und fürstlicher Barmherzigkeit findet der für die Toten privilegierte Altar einen Platz in der um 1600 intensiv geführten Diskussion des öffentlichen Wohls *(bonum publicum, salus communis)*, an der sich unter anderem Thomas Cajetan (1469–1534), Robert Bellarmin (1542–1621), Domingo de Soto (1495–1560) und Francisco de Suárez (1548–1619) beteiligten[21]. Das Gemeinwohl ist hier als geistliches Wohl verstanden, die Wohlfahrtspflege und Jurisdiktion des Pap-

Abb. 104. Jacob Lydius, Spottbild über die Schlüsselgewalt des Papstes, in: Den Roomschen Uylenspiegel. Amsterdam, Dordrecht 1671, S. 562. – Auf einem erhöhten und von einem enormen Baldachin hinterfangenen Thron sitzt der Papst als oberste Autorität der christlichen Welt. Er läßt sich von Fürsten den Fuß küssen und demonstriert mit dem erhobenen Schlüssel, daß auch die Seelen im Fegefeuer, die rechts hinten in einem qualmenden Ofen schmoren, seiner Gewalt unterstellt sind.

stes auch auf das jenseitige Reich ausgedehnt. Genau daran aber entzündete sich die reformatorische Kritik (Abb. 104), wie selbst noch Kardinal Cajetan in einer frühen Schrift die Ansicht mißbilligt, daß der Papst auch über die Seelen im Fegefeuer herrsche[22].

Gregors XIII. Totenaltar – Normen und Vorstellungen

Im folgenden wird versucht, den Totenaltar Gregors XIII. in den Normen und Vorstellungen des späten 16. Jahrhunderts zu interpretieren. In diesem Rahmen kommen folgende miteinander verknüpfte Aspekte zur Sprache:
1. die Voraussetzungen des privilegierten Altars in den Meßlehren und seine Begründung in den zeitgenössischen Quellen;
2. die Topographie des Armeseelenkults in Bologna und der Konflikt zwischen Bischof und Papst, der sich daraus ergab;
3. die Ikonographie des nachreformatorischen Fegefeuerbildes und der Zusammenhang zwischen Bildschmuck und Altarprivileg.

1. Münze oder Licht: arm und reich im Fegefeuer und die Caritas Gregors XIII.
Der Vorwurf der Reformatoren, daß in der römischen Kirche der Reiche beim Erwerb des Paradieses begünstigt sei, berührt ein Problem, mit dem sich schon die Meßlehren seit dem 12. Jahrhundert auseinandersetzten. Nach den überlieferten Worten Jesu war es nämlich Armut, die selig machte. Nach der Bibel waren bekanntlich die Reichen als Anwärter des Paradieses gegenüber den Armen benachteiligt, die das Himmelreich schon besaßen[23]. Durch die Lehre vom Wert der Messe erhielt der Wohlhabende eine Möglichkeit, mit seinem Vermögen einen Ausgleich zu schaffen, ohne gänzlich auf weltliche Reichtümer verzichten zu müssen. Daraus ergab sich jedoch folgendes soziales Problem, das beispielsweise Präpositinus von Cremona (gest. 1210) in einem Traktat über die Letzten Dinge formulierte: *Ein Reicher und ein Armer sind sich in allem gleich. Für den Reichen werden allgemeine und besondere Gebete gemacht, für den Armen jedoch nur die allgemeinen. Wird folglich der Reiche schneller erlöst?*[24]

In der Tat stellen die scholastischen Theologen dem Reichen *einen schnelleren*

Nachlaß der Sündenstrafen in Aussicht, *wenn auch keinen volleren*[25]. In diesem Sinne vergleichen sie den Wert der privaten Messe mit einer Münze, die als Lösegeld nur für einen einzigen Gefangenen ausreicht. Man war nämlich der Meinung, daß das bei einer Meßfeier erwirkte Gut sich auf die einzelnen Teilnehmer verteile. Bei einer für mehrere Personen gelesenen Messe verringerte sich folglich der Anteil, den der einzelne davontrug. Deswegen war es nach dem englischen Dominikaner Robert Holkot (gest. 1349) für einen Gläubigen vorteilhafter, *in einer Pfarrei von drei Seelen zu wohnen als zu einer von tausend zu gehören*[26]. Neben diesen Auffassungen, die den Nutzen des reichen Stifters herausstrichen, gab es nun auch Stimmen, welche die gemeinschaftlichen Aspekte der Messe, der öffentlichen wie der privaten, betonten[27]. So wurde etwa der innere Trost, den die Armen von den für den Reichen verrichteten Fürbitten empfangen, mit dem Licht einer Lampe verglichen, die für den Reichen angezündet wird, jedoch seinen Dienern genauso nützt[28]. Doch blieb das Interesse des privaten Stifters gewahrt und wurde auch von den nachreformatorischen Theologen entschieden verteidigt. Wie schon vor ihm Cajetan bezeichnet es auch Bellarmin in seinem Traktat «De purgatorio» als falsch, die besonderen Gebete *mit dem Lichtschein einer Lampe* zu vergleichen. Sie seien *nur demjenigen von Nutzen, für den man sie leistet*, und somit sei die Münze das passende Bild. Diejenigen, *welche keine Eltern oder Kinder oder irgendwelche Verwandte oder Freunde haben*, verweist Bellarmin auf *die allgemeinen Gedächtnisgebete* der Kirche, *der einen liebevollen gemeinsamen Mutter*[29].

Bellarmin, der die bisherige Fegefeuerlehre systematisierte, zeigt hier genau den Bedarf, den Gregor XIII. mit dem für die Toten privilegierten Altar zu decken versuchte. Marc Antonio Ciappi, päpstlicher Apotheker und frühester Biograph Gregors XIII., erklärt ihn denn auch aus der Caritas des Papstes: Ciappi widmet dem *reichen Almosen, das dieser großherzige Fürst [...] den Armen gab, und seiner wunderbaren Wohltätigkeit gegenüber den Lebenden und den Toten* ein eigenes Kapitel, in welchem er das Mitleid Gregors XIII. mit den verschiedenen Gruppen von Armen, Unglücklichen und Elenden schildert[30]. Der Papst habe sich aber auch als *großzügiger Spender der geistlichen Güter* gezeigt, die *weder geringer werden noch zu Ende gehen, bei vielen Gelegenheiten die Schatzkammern der Kirche aufgetan* und davon *in großen Mengen den Lebenden und Toten gegeben*. Zu diesen Geistlichen Werken der Barmherzigkeit rechnet Ciappi nun auch die für die Toten privilegierten Altäre, die Gregor XIII. *im Überfluß* für diejenigen eingerichtet habe, *welche sich nicht auf die übliche Weise Hilfe von den Lebenden beschaffen konnten*. Gregor XIII. habe dabei insbesondere auch an seine Geburtsstadt Bologna gedacht[31]. Im Schlußkapitel spricht Ciappi von der großen Ähnlichkeit zwischen Gregor XIII. und Gregor dem Großen und erwähnt dabei neben der Sorge für die Pestkranken auch das Gebet für die Toten: *Außerordentlich barmherzig zeigte sich schon der erste Gregor gegen die Seelen der gläubigen Verstorbenen: Er führte ihnen die unerschöpflichen geistlichen Schätze der Heiligen Kirche zu und erlöste sie dadurch von den Qualen des Fegefeuers. Dieser milde Fürst [Gregor XIII.] war jedoch so freigebig gegen sie, daß es kaum zu beschreiben ist. Ein untrügliches Zeugnis geben die zahlreichen privilegierten Altäre, nicht allein in den Kirchen Roms, sondern ganz Italiens und der gesamten Christenheit, welche sämtliche für die Armen Seelen im Fegefeuer gestiftet worden sind*[32].

Wolfgang Reinhard hat gezeigt, daß die Namenswahl eines neuen Papstes oft für ein ganzes Regierungsprogramm stand[33]. Ugo Buoncompagni, der nach einem kurzen Konklave am 13. Mai 1572 zum Papst ernannt worden war, nahm den Namen Gregors des Großen (vor 540–604) an, weil er ihn verehrte und weil er überdies an dessen Todestag (dem 12. März) die Kardinalswürde erlangt hatte[34]. Damit nannte er sich nach einer in den Glaubenskämpfen sehr kontrovers beurteilten Heiligengestalt. Luther beispielsweise beschimpft im «Widerruf vom Fegefeuer» (1530) Gregor den Großen als Erfinder des Fegefeuers und der Opfermessen und spielt dabei auf die Exempel und Legenden im vierten Buch der «Dialogi» an, welche von den Letzten Dingen handeln[35]. Der Kirchenvater weist in diesem häufig gelesenen Buch aufgrund von Geistererscheinungen nach, daß es eine Reinigung der Seelen nach dem Tod gebe und daß Messen und Gebete diesen Prozeß beschleunigen[36]. Wenn nun Ciappi Gregor XIII. als Begründer der für die Toten privilegierten Altäre rühmt, so stellt er ihn ganz in die Nachfolge jenes frühen «Erfinders» des Fegefeuers, nach welchem auch die populäre dreißigfache Seelenmesse, die Gregorianische Messe, genannt wurde. Durch die weltweite Verbreitung eines mit Gregor dem Großen verbundenen Ablasses aber förderte Gregor XIII. den Kult seines Patrons, wie er auch seinen eigenen päpstlichen Namen dem Gedächtnis des christlichen Volkes einprägte.

2. Die Topographie des Armeseelenkultes in Bologna: Papst Gregor XIII. und Bischof Gabriele Paleotti im Streit um die Schutzherrschaft über die Seelen

Als erster erlangte Bischof Gabriele Paleotti, ein Landsmann Papst Gregors XIII. und mit ihm seit langem durch Freundschaft und kirchliche Ämter verbunden, den spektakulären Ablaß für die Kathedrale San Pietro in Bologna. Am 1. Februar des Jubeljahres 1575 erhob Gregor XIII. den Kreuzaltar in der Krypta zum *altare pro mortuis privilegiatum* (Abb. 105). Paleotti würdigt die Privilegierung im «Episcopale» und druckt dort auch das päpstliche Breve ab[37]. Zweifellos vermehrten sich durch das päpstliche Privileg die Einkünfte der Kathedrale, die seit 1570 im Umbau war; die Restaurierungsarbeiten hatte Gregor XIII. seit seiner Wahl im Jahr 1572 mit monatlich je 100 scudi d'oro unterstützt[38].

In den folgenden Jahren stattete Gregor XIII. insgesamt 23 Altäre seiner Geburtsstadt mit den neuen Sonderrechten für die Toten aus, und seine Nachfolger, besonders aber Gregor XV. Ludovisi, ebenfalls ein Bolognese, setzten die Privilegierungen fort. Diese neuen Altäre mit spezieller Funktion sind in den Ablaßbüchlein Bolognas des 16. und 17. Jahrhunderts jeweils einzeln genannt. Nach dem «Thesoro delle indulgenze di Bologna» des Luigi Sarti da Pian (Pseudonym für Filippo de Banchi) gewährte Gregor XIII. bis Ende 1577 den elf bedeutendsten Altären in den ältesten Kirchen und Klöstern Bolognas vollkommene Ablässe[39]: nämlich der Kathedrale San Pietro und ihrem Konkurrenzbau San Petronio als Kirche der Kommune, den bis ins 11. Jahrhundert zurückreichenden Bauten San Giovanni in Monte und San Procolo sowie dem Gebäudekomplex von Santo Stefano, einem Ort besonderer Verehrung, dessen sieben Kirchen die Stätten der Passion darstellen, weiter den Konventen San Francesco und San Domenico, dem Augustinerkloster San Giacomo Maggiore und der Karmeliterkirche San Martino, schließlich den in der zweiten Hälfte des 14. Jahrhunderts entstandenen Klöstern Santa Maria dei

Abb. 105. Kreuzigungsgruppe mit Maria und Johannes, 2. Hälfte 12. Jahrhundert. Holz (Buche), Kruzifix: 230 cm, Maria: 162 cm, Johannes: 160 cm, Bologna, San Pietro. Die Figuren wurden bei der Einpassung in die Altarnische unten beschnitten. Die Skulpturengruppe schmückte den Kreuzaltar in der Krypta von San Pietro, den Gregor XIII. am 1. Februar 1575 mit einem vollkommenen Ablaß für die Toten ausgestattet hatte.

Servi und Santa Maria Annunziata. Es entsprach dabei der Stellung der Kathedrale als dem Haupt aller Kirchen der Diözese, daß Gregor XIII. sie besonders hervorhob.

Nach dem Jahr 1577 nahm die Zahl der gespendeten Plenarablässe jedoch ab. Zwei Privilegierungen sind für das Jahr 1578 nachgewiesen, eine für 1579, vier für 1580, je eine für die Jahre 1581, 1582 und 1583 und zwei für 1584.

In der Auswahl der Altäre und der Reihenfolge der Privilegierungen zeigt sich ein theologisches Konzept. Wir können von einer veranschaulichten Systematik des Ablasses sprechen. Von den insgesamt 23 privilegierten Altären waren neun dem Kreuz und drei weitere der Epiphanie, der Taufe Christi und der Pietà geweiht; nur vier hingegen lauteten auf den Namen Maria; dazu kamen ein legendärer bolognesischer Bischof und Märtyrer (San Procolo) und erfahrene Fürbitter der Armen Seelen, nämlich Augustin, Gregor, Hieronymus, wie auch die Ordensheiligen Dominikus, Franz von Assisi und Franz von Paolo. Das christologische Thema überwiegt. Dieses kritische, von abergläubischen Elementen gereinigte Verständnis des Ablasses, das sich aus der Wahl der Patrozinien ergab, verkörperte beispielhaft der von Gregor XIII. schon an zweiter Stelle privilegierte, auffällige und legendenumwobene Kreuzaltar in San Giovanni in Monte, der *in medio ecclesiae* steht (Abb. 106). Nach Masini hatte der hl. Petronius (gest. um 450), Bischof von Bologna und legendärer Bauherr von Santo Stefano, das Sockel verwendete Kapitell aus dem salomonischen Tempel nach Bologna schiffen lassen[40]. Schon in einer Quelle aus dem 12. Jahrhundert wird die Kreuzessäule ein *signum tante sanctitatis* genannt. Der Altar wurde in der Mitte des 15. Jahrhunderts mit einer Armreliquie des hl. Petronius ausgestattet, und 1450 gewährte der päpstliche Legat Bessarion denjenigen einen hundertjährigen Ablaß, welche die Kirche während der Oktav des hl. Petronius besuchten. Das Kreuz könnte als anschaulicher Beweis gedient haben, daß sich Indulgenzen vom Kreuzestod Christi herleiten. Man mochte mit der auffälligen Kreuzessäule zudem den Kreuzzugsablaß als die älteste Form eines totalen Ablasses assoziiert haben, der zum ersten Mal von Papst Urban II. für den Kampf gegen Ungläubige verkündet wurde.

Nach der Ablaßtheorie ist Maria die zweite Quelle, aus der sich der himmlische Gnadenbrunnen speist. In der Frömmigkeitspraxis war ihre Fürbitte jedoch von hohem Wert, und die Milch, die sie aus ihrer Brust auf die brennenden Seelen tropfen ließ, half ebenso wie das Blut, das aus der Seitenwunde ihres Sohnes floß[41]. Bei Gregor XIII. hingegen ist die Gottesmutter im Vergleich mit Christus deutlich zurückgestellt. Ganz konform mit der Lehre vom unversiegbaren himmlischen und kirchlichen Schatz waren in streng hierarchischer Folge Christus, Maria, die städtischen Patrone und weitere Heilige aufgerufen, das Paradies rasch mit Bolognesen zu bevölkern. Darüber hinaus wurden die Heiligenkörper des Dominikus, Petronius und Proculus, der reiche, «Sancta Sanctorum» genannte Reliquienschatz des Heiligen Grabes in Santo Stefano, die schon vom päpstlichen Legaten Bessarion gewährten Ablässe des Kreuzaltars von San Giovanni in Monte und die wundertätigen Bilder in San Francesco, San Pietro und San Petronio für den Totenkult wirksam gemacht. Die Auszeichnung der besten Altäre der Stadt zugunsten der Toten kann als eine Gebärde der «publica caritas» des Papstes verstanden werden, die sich hier ganz auf seine Landsleute konzentrierte. Die Messen, die an solchen Altären gelesen wurden, gewannen durch den versprochenen totalen Nachlaß der Fegefeuerstrafe einen hohen Wert und wurden in den Meßlehren eindringlich empfohlen. Aus den Bologneser Testamenten, die ich durchgesehen habe, geht hervor, daß man Seelenmessen fortan hauptsächlich an diese Altäre stiftete[42]. Die von Gregor XIII. privilegierten Altäre traten in Konkurrenz zu den bisher berücksichtigten Altären, welche mit reichlichen, jedoch nicht vollkommenen Ablässen ausgestattet waren.

Das Altarprivileg Gregors XIII. gab den Altären Bolognas folglich einen größeren öffentlichen Charakter. Und die einzelnen Patrone wurden, weil sie die Früchte der an ihren Altären gehaltenen Messen freigebig anboten, zu großen Wohltätern der Seelen der Stadt. Ihre Gabe sollte nicht

Abb. 106. Bologna, San Giovanni in Monte, Kreuzaltar. – Die mitten im Kirchenraum aufgestellte Kreuzessäule ist seit dem 12. Jahrhundert überliefert: Ein auf den Kopf gestelltes Kapitell dient als Sockel für einen Säulenschaft, über welchem sich ein steinernes Kreuz erhebt; dieses kann aufgrund der Inschrift zwischen 789 und 814 datiert werden. Die hölzerne Christusfigur von Alfonso Lombardi kam 1533 hinzu.

unerwidert bleiben. Aus den Quellen geht hervor, daß ein Großteil der altarlichen Einkünfte für Bauunternehmungen, zum Beispiel die Neuausstattung der entsprechenden Kapellen, verwendet wurde. Darüber hinaus konnten die Patrone gewiß damit rechnen, daß die durch die Messen erlösten Seelen nun umgekehrt für sie Fürbitte einlegten.

Aus dem Patronat der Kapellen geht nun eindeutig hervor, daß Gregor XIII. das Altarprivileg in erster Linie Freunden und Verwandten gewährte. Gleich an dritter Stelle stattete er den von seinem Vater Cristoforo Buoncompagni errichteten, den heiligen drei Königen geweihten Altar in San Martino mit einem totalen Ablaß aus. Im selben Jahr privilegierte Gregor XIII. den Altar einer Kapelle in San Giacomo Maggiore, die einen Monat später sein Kämmerer Ludovico Bianchetti erwarb (Abb. 101). In einer «Relation über Papst Gregor XIII., seinen Hof und das Kardinalkollegium» vom 20. Februar 1574 wird Bianchetti zusammen mit Giacomo Buoncompagni, dem Sohn Gregors XIII., unter diejenigen Personen des Hofes gezählt, die der Papst *über die Maßen* liebt[43].

Die Familien der Bolognetti, Canobio, Cucchi, Isolani und Malvezzi, die von Gregor XIII. das Altarprivileg ebenfalls erwirkten, förderte der Papst auch anderweitig, wie er denn auch an seinem Hof mit Vorliebe Landsleute und Verwandte um sich versammelte. Die höhere Bewertung von Zuwendungen an Nahestehende geht auf spätmittelalterliche Vorstellungen von Caritas zurück, von denen Gregor XIII. ebenfalls geprägt war. So hat beispielsweise der für seine Armenfürsorge berühmte Bernardin von Siena eine solche Reihe aufgestellt: Demnach soll der Wohltäter sich zunächst um seine Verwandten, dann um die Heiligen, die Ehrbaren, seine Freunde, um alle Christen und die unschuldig in Armut geratenen Adligen kümmern. Erst zum Schluß wird die große Masse der Bedürftigen, die *bisognosi* und *necessitari*, aufgezählt, wobei die Gruppen der Gefangenen, der Alten, Kranken, Lahmen, Blinden und die jungen Frauen bevorzugt behandelt werden konnten[44].

Durch den mit dem Namen Gregors XIII. verbundenen Ablaß wurde die päpstliche Präsenz in Bologna verstärkt. Damit war ein grundlegendes Problem der nachreformatorischen Kirche berührt, das schon in den Trienter Dekreten deutlich wurde:

Abb. 107. Flügelaußenseiten eines Augsburger Pestaltars, um 1520. Tannenholz, H: 160, B: je 72.5 cm. Ehemals Nürnberg, Germanisches Nationalmuseum, im Zweiten Weltkrieg zerstört. – In einer Renaissancekirche zelebriert ein Priester eine Seelmesse; über dem mit einer Kreuzigungsdarstellung geschmückten Altar ist das Wappen der Augsburger Familie von Pimmel angebracht. Links spendet ein Mann Almosen, daneben erkennt man zwei kniende Stifterfiguren. Die täglich sichtbare Seite des Altars zählt die Mittel auf, die den Armen Seelen Linderung bringen: Almosen, Gebet und die hl. Messe. Dichtgedrängt harren die Seelen in den Fegefeuerflammen. Engel überbringen ihnen den Ertrag aus den Guten Werken. In drastischer Weise gießt der Engel am Altar das kühlende Naß aus dem Meßkännchen über den Kopf einer Armen Seele.

die Spannung zwischen päpstlicher Macht und bischöflicher Autorität[45]. Paolo Prodi konnte zeigen, daß dieser Grundkonflikt das städtische Leben Bolognas prägte, wo der amtierende Gouverneur oder päpstliche Vizelegat kraft der geistlichen Weihen fast ständig die Rechte des Bischofs beschnitt. Wiederholt hatte sich Gabriele Paleotti, der sich selbst als Schutzherr der Armen und Verwalter des Kirchenguts verstand, dar-

Abb. 108. Bernardo Baldi, Der hl. Franziskus als Fürbitter der Armen Seelen, vor 1600, Bologna, Santa Maria dei Servi. – Der Franziskusaltar befindet sich beim Eingang in die Servitenkirche gleich rechts. Domenico Landinelli ließ ihn mit einem Gemälde schmücken, das die Wirksamkeit der an seinem Altar gelesenen Messen demonstriert. Es handelt sich um eine der ersten großformatigen Fegefeuerdarstellungen nach dem Trienter Konzil.

über beklagt, daß ihn unter anderem die Stadt, benachbarte Fürsten, der Legat oder Gouverneur bei der Ausführung seines Amtes behinderten, «als ob man nie ein Konzil abgehalten hätte»[46].

Der Ablaß war nun ein zentraler Punkt in der Auseinandersetzung zwischen päpstlichem und bischöflichem Hirtenamt. Nur dem Papst war es rechtlich erlaubt, einen vollkommenen Nachlaß der Sündenstrafen zu gewähren. Doch haben Bischöfe immer wieder versucht, durch die Ausstellung von Sammelablässen einen totalen Ablaß zu suggerieren. In einem unveröffentlichten Traktat mit dem Titel «De indulgentiis» verteidigt auch Paleotti grundsätzlich die päpstliche Vollmacht, totale Ablässe zu gewähren[47]. Auf dem Gebiet der Diözesanregierung beansprucht er jedoch ähnliche Rechte auch für den Bischof. Als im Jubeljahr 1575 die «Abhandlung über Ablässe» des Martin de Azpilcueta erscheint, des berühmten spanischen Kanonisten und engen Freundes Gregors XIII., kritisiert Paleotti gegenüber Carlo Borromeo die Meinung des Autors, daß bischöfliche Ablässe nur einen Wert haben, wenn der Papst sie bestätige: Dies sei ihm neu[48]. Noch zwanzig Jahre später vertritt er in einer grundlegenden Schrift, dem «Archiepiscopale» von 1594, die Auffassung, daß es in erster Linie Sache der Bischöfe sei, Ablässe *zur Fürbitte der Armen Seelen, für den Erlaß der Fegefeuerstrafe und zum Zweck einer allgemeinen Vermehrung der geistlichen Früchte* zu spenden. Nach Paleotti besitzt folglich der Bischof die Schirmherrschaft über die Seelen des Bistums. Unter diesem Gesichtspunkt aber werden die für die Toten privilegierten Altäre Bolognas zur strittigen Angelegenheit zwischen Bischof und Papst. In der Tat findet Paleotti für die weiteren Ablaßverleihungen Gregors XIII. nur gehässige Worte. So etwa in einem am 28. Oktober 1579 (wenige Tage vor Allerseelen) an Carlo Borromeo gerichteten Brief: *Jeden Tag gibt es neue Plenarablässe und in der Zwischenzeit sind so viele privilegierte Altäre eingeführt worden, daß sie wohl nicht mehr lange dieselbe Wertschätzung erfahren werden, die man ihnen einst entgegenbrachte.*

Entsprach die Auszeichnung der Kathedrale den an den Trienter Dekreten entwickelten Idealvorstellungen eines bischöflichen Regiments, so traten bei der Privilegierung der übrigen Altäre bischöfliche und päpstliche Interessen entschieden auseinander.

3. Die Entstehung des nachreformatorischen Fegefeuerbildes in Bologna: ein Programmbild der Wohltätigkeit gegenüber den Armen Seelen

Eine wohl einzigartige Ausstattung ist für die Krypta von San Pietro überliefert. Das Programm, von dem sich handschriftliche, um 1584 datierte Entwürfe erhalten haben, geht auf Bischof Paleotti zurück. Man kann es als praktische Anwendung der Bild- und Kunstlehre bezeichnen, die Paleotti kurz davor im «Discorso intorno alle immagini sacre et profane» (Bologna 1582) veröffentlicht hatte[49]. Die *Confessio* (Märtyrergrab) genannte Krypta barg in der Hauptkapelle die Reliquien der Bologneser Märtyrer Vitalis und Agricola, die Paleotti im Mai 1578 dorthin übertragen hatte; die Altäre des Querhauses waren mit alten und wundertätigen Bildern geschmückt. Als Wanddekoration sah Paleotti Darstellungen von Märtyrern und Bußheiligen vor, die in bräunlichen Farbtönen gemalt werden sollten. Beim Entwurf dieser Bilder hatte er sich an Pomarancios Märtyrerzyklus in Santo Stefano in Rom orientiert (1582), den er, so konnte ich nachweisen, bei einem Besuch dieser Kirche im Januar 1583 nachzeichnen ließ. Ebenso wirkte der gewaltige Eindruck nach, den im Juni 1578 die Entdeckung des «unterirdischen Rom», das heißt der mit christlichen Symbolen bemalten Oratorien der angeblichen Priscillakatakombe, hervorrief[50]. Fast im Detail entspricht die Ausstattung Paleottis dem Programm, das der Mailänder Kunsttheoretiker Lomazzo 1584 für eine *chiesa sotteranea* entwirft. Nach Lomazzo passen *für unterirdische Kirchen, wo sich hauptsächlich Heiligenkörper befinden, nur gemalte Historien, die zum Melancholischen und Traurigen neigen*. Er schlägt als Themen vor allem die Martyrien der Heiligen vor, die hier bestattet wurden. *Die Geheimnisse der Passion*, so fährt er fort, *seien ebenfalls sehr geeignet, in uns Kontemplation wachzurufen, die notwendigerweise mit Melancholie verbunden sei*[51].

Gregor XIII. privilegierte mehrere Altäre, welche mit alten, wundertätigen Bildern geschmückt waren, die angeblich aus der Gründungszeit der jeweiligen Kirchenbauten stammten. Durch die Wunderkraft der Bilder erhöhte sich die Wirksamkeit der Messen für die Toten. Auch zeigte sich in der Wahl alter Bildwerke ein Kunstgeschmack, der dem archäologischen Interesse der Theologen in der zweiten Hälfte des 16. Jahrhunderts entsprach.

In zwei mir bekannten Fällen wurden die von Gregor XIII. privilegierten Altäre in Bologna von ihren Patronen nachträglich mit einem neuen Gemälde geschmückt, das auf die an diesem Altar möglichen Totendienste anspielt und die heilsame Wirkung der Seelenmessen unmittelbar anschaulich macht. Gegenüber spätmittelalterlichen Armeseelenaltären im Norden, die verschiedene Gute Werke als Mittel aufzählen, um den Toten zu helfen (Abb. 107)[52], ist in den Gemälden von Baldi (Abb. 108) und Calvaert (Abb. 109) der Akzent ganz auf das Meßopfer und die Fürbitte gesetzt. Dieser Wandel in der Ikonographie charakterisiert das barocke Fegefeuerbild, das, so sei hier als These formuliert, auf dem Totenaltar Gregors XIII. gründet.

In den letzten Jahrzehnten sind mehrere Beiträge zum Armeseelenaltar und zum Bildthema des Fegefeuers in nachreformatorischer Zeit erschienen[53]. Doch wird weder dort noch in der frömmigkeitsgeschichtlichen Literatur zu Bologna der für die Toten privilegierte Altar Gregors XIII. behandelt. Auch Pierroberto Scaramella, der in seinem wichtigen Buch nachzeichnen konnte, wie die Verbreitung des privilegierten Altars seit den 70er Jahren des 16. Jahrhunderts in den Städten der Campagna die Jenseitsvorsorge in den Testamenten veränderte[54], geht auf die Stiftung Gregors XIII. nicht ein. Ebenso werden die Altarbilder von Baldi und Calvaert, die ich im folgenden bespreche, zum ersten Mal in diesen Zusammenhängen präsentiert.

Gregor XIII. hatte dem Franziskusaltar in Santa Maria dei Servi am 29. Oktober 1577 einen vollkommenen Ablaß gewährt. Domenico Landinelli, der die Rechte der Kapelle seit 1576 besaß, stattete diese nach dem Erwerb des Altarprivilegs neu aus. Er ließ den Text des päpstlichen Breves an der Kapellenwand anbringen und bestellte bei Bernardino Baldi (gest. 1612) ein Bild, welches sich auf das Privileg Gregors XIII. bezog (Abb. 108)[55]: Auf einer Stufe vor einem Altar, der links im Mittelgrund sichtbar wird, kniet der hl. Franziskus in ekstatischer Haltung, den Blick nach oben zu Maria gewendet, die zusammen mit Jesus und Gottvater im Himmel erscheint. Mit seiner Linken weist er auf das feurige Bassin mit büßenden Seelen zu seinen Füßen, während er die rechte Handfläche öffnet und so die Stigmata sichtbar macht. Sein dreimal geknoteter Gürtel hängt auffällig über die Stufe ins Fegefeuer herab. Wie das Skapu-

Abb. 109. Dionys Calvaert, Die hll. Gregor und Augustin als Fürbitter der Armen Seelen, heute Imola, Chiesa del Suffragio. – Das Gemälde schmückte ehemals den für die Toten privilegierten Altar in der Hieronymitenkirche Santa Maria delle Grazie, Bologna. Die schöne Büßerin, die eben von einem Engel aus den Flammen gezogen wird, warb bei den Bolognesen für Meßstiftungen an diesen Altar.

lier der Karmeliter galt auch der franziskanische Gürtel als ein mit magischen Heilkräften ausgestattetes Kleidungsstück, das vor dem ewigen Feuer bewahrte (Abb. 110). Aufgrund der Fürbitten von Franziskus, Jesus und Maria erlaubt Gottvater, daß eine Seele erlöst werde.

Denjs Calvaert (1540? – 1619) inszeniert in einem für die Hieronymitenkirche Santa Maria delle Grazie geschaffenen Altarbild die Rettung einer weiblichen Seele (Abb. 109)[56]. Der im August 1582 privilegierte Altar war den Kirchenvätern Gregor und Augustin geweiht. Links im Bild erbittet Gregor der Große als Meßpriester die Früchte des Opfers für die leidenden Seelen, rechts tritt Augustin als Fürbitter der Toten auf. Maria und der Jesusknabe neigen sich ihnen gnädig zu. Der schattenhaft im Mittelgrund erscheinende gregorianische Altar ist gleichsam ein Bild-Kürzel des tatsächlichen Altars, der nach dem Text des päpstlichen Breves dieselben wohltuenden Wirkungen hervorruft. Das Bild macht die

Abb. 110. Agostino Carracci, Der Gürtel des hl. Franz, 1586. Kupferstich, H: 52.1, B: 34.1 cm. – Die berühmte, 'Cordone di San Francesco' genannte Darstellung entstand im Zusammenhang mit der Errichtung der Gürtelbruderschaft des hl. Franz durch Sixtus V. (1585). Der Franziskaner-Papst gewährte damals allen Mitgliedern der Bruderschaft einen vollkommenen Ablaß. In der Tat sieht man rechts hinten Arme Seelen einem höllischen Maul entsteigen, die sich am Gürtel des hl. Franz wie an einem Seil nach oben ziehen.

Früchte der Messe sichtbar, die der Verstorbenen, für welche der hl. Gregor zelebriert, im Tausch gegen das Almosen zustehen. Möglicherweise ist in der aus dem Bild blickenden Gestalt hinter Gregor dem Großen auf den Patron der Kapelle angespielt.

Die Campagna kennt seit dem Ende des 15. Jahrhunderts Tafeln mit monumentalen Mariengestalten, die als Schutzherrinnen über die Armen Seelen auftreten (Abb. 56)[57]. Durch das Gebet vor diesen Gemälden und Altarbildern konnte man in der Regel Ablässe für die Toten gewinnen. Im Gegensatz zu solchen Darstellungen, in denen Maria eigenmächtig Gnaden zuwendet, schließt bei Baldi und Calvaert die Fürbitte Christus oder den Jesusknaben mit ein und ist auch in späteren Beispielen meist auf Gottvater bezogen[58]. Der Aufwand an Zeigegebärden sagt den Betrachtern, daß die Aufwartungen und Empfehlungen der himmlischen Personen nach festen Regeln geschehen. Die christologische Ausrichtung der Kompositionen entspricht der Kreuzestheologie reformerischer Kreise, wie sie die Topographie des Armeseelenkultes in Bologna insgesamt charakterisiert. Im Entwurf der Altarbilder orientierte man sich möglicherweise an spätmittelalterlichen Sterbe- und Gedächtnisbildern, in denen einzelne Gläubige die Fürsprache der Heiligen genießen, die durch Gesten und Schriftbänder vermittelt wird.

Der Schmuck dieser speziell für die Toten eingerichteten Altäre führt die sündentilgende Wirkung der liturgischen Handlungen anschaulich vor Augen. Es sind Programmbilder der Wohltätigkeit gegenüber den Armen Seelen und einer göttlichen und kirchlichen Heilsökonomie, die auf dem Gabentausch zwischen Diesseits und Jenseits beruht, den schon die Kirchenväter einen heiligen Tauschhandel, «sacrum commercium», nannten[59]: Gegen die reformatorische Abschaffung der Messe ist die Eucharistie hier als ein Opfer und Gutes Werk vorgestellt. Genau hier liegt der enorme Erfolg des für die Toten privilegierten Altars begründet: Er transportiert die aus dem Meßopfer empfangenen Früchte direkt zu den Seelen im Jenseits und setzt so den Austausch zwischen den Gläubigen, den Seelen im Fegefeuer und den Heiligen im Paradies in Gang.

Wie Fabricio und Ciappi schon im 16. Jahrhundert festhielten, und wie es sich auch aus dem Studium von Testamenten ergibt, breitete sich der für die Toten privile-

Abb. 111. Unbekannter Künstler, Gregor XIII. als Schutzherr der Armen Seelen, 2. Hälfte 16. Jahrhundert. Neapel, San Pietro ad Aram. – Das Altarbild, das einen für die Toten privilegierten Altar schmückt, ist zugleich ein Denkmal der Stiftung Gregors XIII. Die kolossale Figur des Papstes, der «aus uneigennütziger Liebe» in zahlreichen Städten Totenaltäre einrichtete, ersetzt hier gleichsam Maria als Mutter der Barmherzigkeit und Schutzpatronin der Armen Seelen.

Abb. 112. Guercino, Gregor der Große als Fürbitter der Seelen im Fegefeuer, 1647. Öl auf Leinwand, H: 374, B: 229 cm. Bologna, San Paolo. – Das Gemälde schmückt den von Gregor XV. 1622 für die Toten privilegierten Altar, der von einer 'Compagnia dell'Anime del Purgatorio' bedient wurde. Papst Gregor I. als Fürsprecher der büßenden Seelen verweist seinerseits auf die Anwaltschaft von Maria und Jesus.

gierte Altar rasch aus und bestimmte bald die städtischen Totendienste[60]. Von Bologna bis Neapel wurden in den 70er und 80er Jahren des 16. Jahrhunderts Seelenmessen fast ausschließlich an privilegierte Altäre gestiftet, und damit einher ging ein neuer Aufschwung der Gregorianischen Messen[61]. Die Anzahl der gelesenen Messen nahm jedoch mit der Einführung des für die Toten privilegierten Altars nicht ab. In den Testamenten finden sich weiterhin Verfügungen über hundert, zweihundert, dreihundert, meist jedoch tausend Messen, die sofort nach dem Tod beziehungsweise bis zum siebten Tag danach an den privilegierten Altären der Stadt zelebriert werden mußten[62], ganz im Sinne der scholastischen Auffassung, daß eine *beschleunigte Vermehrung* der Messen gleich nach dem Tod den raschen Austritt aus dem Fegefeuer begünstige[63].

Ein einzigartiges Dokument der Stiftung Gregors XIII. ist uns in einem Gemälde überliefert, das den 1583 privilegierten Altar in San Pietro ad Aram in Neapel schmückt (Abb. 111)[64]. Vor einer gebirgigen Landschaft kniet ein Papst in kolossaler Gestalt, in dessen weißbärtigem Gesicht wir die Züge Gregors XIII. erkennen. Aus den feurigen Höhlen und Grüften arbeiten sich Arme Seelen empor, die von Engeln zum Himmel geleitet werden, wo Maria und Christus vor Gottvater Fürbitte leisten. Gregor XIII. breitet den Brief mit dem päpstlichen Privileg schützend über dem Strafort aus, während ein Putto ihn gleichzeitig mit der Tiara als dem triumphalen Kopfschmuck krönt, der ihn auch als Herr über das Fegefeuer ausweist.

Das Altarprivileg Gregors XIII. hatten in Bologna der Bischof, die Kanoniker von San Petronio und eine Reihe privater Patrone für ihre Kapellen erwirkt. Ein Wandel trat im 17. Jahrhundert ein, als Bruderschaften die Totenvorsorge übernahmen[65]. Papst Gregor XV. Ludovisi stattete in den Jahren 1621 bis 1623 gleich elf Altäre mit einem vollkommenen Ablaß aus, von denen mindestens zwei Armeseelenbruderschaften bedienten. Der ursprünglich San Carlo Borromeo geweihte rechte Querhausaltar der Barnabitenkirche San Paolo wurde nach der Privilegierung (24. August 1622) den Seelen im Fegefeuer geweiht. Guercino vollendete 1647 ein Altarbild, das Gregor den Großen als Fürsprecher der Armen Seelen zeigt (Abb. 112)[66]. Das Geschehen ist als Vision in den Himmel versetzt. 1621 hatte Gregor XV. den linken Querhausaltar der Theatinerkirche San Bartolomeo privilegiert. Das Gotteshaus steht in einer Stadtgegend, wo man damals Katakomben der ersten Christen vermutete, die Via del Purgatorio, die Via dell' Inferno und die Via San Giobbe führten auf die Kirche zu. Der Gründer der Theatiner, Kajetan von Thiene (1480–1527) wurde als Pesthelfer und Fürbitter der Armen Seelen verehrt. Es bot sich folglich an, daß der Kanoniker Matteo Seguaci 1662 an diesem Altar eine Congregazione del Suffragio gründete. Testamentarisch vermachte er der Bruderschaft ein ovales Madonnenbild von Guido Reni, das als kunstvolles Kultobjekt in ein Hauptbild von Giovanni Paderna eingesetzt wurde, welches die Befreiung der Armen Seelen durch Engel darstellte[67].

Vergleichbar mit dem Sakramentsaltar, der den häufigen Empfang der Kommunion propagierte, förderte der von den Päpsten privilegierte Altar das tägliche Gebet und die Meßfeier für die Toten, wie sie nach dem Trienter Konzil als siebtes Geistliches Werk empfohlen wurden[68]. Im 17. Jahrhundert dienten zunehmend auch prominente Querhausaltäre dem Kult. Ganz im Sinne seiner ursprünglichen Bestimmung wurde der für die Toten privilegierte Altar nun von gemeinnützigen Institutionen verwaltet, die als Ersatz für die Angehörigen die Totenvorsorge übernahmen.

---

1 Die Herkunft der Kupferstiche ist nicht bekannt. Sie waren als Illustrationen in ein Buch eingebunden: Kat. Luther 1983 (Nürnberg), S. 355, Nrn. 223 und 224.
2 MAURICE 1972, Sp. 406–407.
3 Dazu: GÖTTLER / JEZLER 1987.
4 Dazu auch: FLEISCHHACK 1969, S. 112.
5 Dazu zusammenfassend Kat. Luther 1983 (Nürnberg), S. 171, Nr. 209.
6 WA 12, S. 206 ff.(diese und alle folgenden Übersetzungen von der Verfasserin): *Nam additamenta externa vestium, vasorum, cereorum, pallarum, deinde organorum et totius musice, imaginum quid dicam? Nihil pene fuit in toto orbe artificiorum, quod non magna ex parte sua negocia ac suum quaestum haberet et e missa aleretur.*
7 Bekenntnisschriften, S. 93.
8 KAT. N. M. DEUTSCH 1979, S. 508–510, Nrn. 342, 343.
9 Zit. in: GÖTTLER / JEZLER 1987, S. 136.
10 Ebda., S. 134.
11 Zu dieser Schrift neuerdings: WAHRMAN 1991.
12 Mein Beitrag baut zum Teil auf Materialien auf, die ich anderswo ausführlicher und mit breiteren Nachweisen präsentiere: GÖTTLER 1991.
13 Der für die Toten privilegierte Altar ist heute kaum mehr bekannt oder wird in den Bereich des populären Aberglaubens verwiesen. Das meiste Material bietet BERINGER 1922, Bd. 1, S. 529–549. Eine wichtige Quelle ist auch MORONI 1, 1840, S. 280.
14 FABRICIO 1588, S. 48: *[...] nulla sit civitas, ac oppidum in orbe Christiano, in quo Altare privilegiatum pro defunctis non extet.*
15 So heißt es etwa bei MASINI 1666, S. 121: *Ciascuno, che celebra, o fa celebrar Messa a gli Altari Privilegiati delle infrascritte Chiese, ogni volta libera un'Anima dal Purgatorio.*
16 PANCIROLI 1600, S. 397.
17 Dialogi, lib. IV, cap. LV, in: PL 77, Sp. 420.
18 FRANZ 1902, S. 234.
19 Concilium Tridentinum 9, 1924, S. 1077.
20 Eine einzigartige Sammlung von Ratschlägen zur Wertsteigerung der Messe für die Armen Seelen im Fegefeuer vermittelt etwa der Karmelitermönch GRATIANI 1609.
21 HERZOG 1974, Sp. 248.
22 FLEISCHHACK 1969, S. 111ff.
23 Vgl. Mk. 10, 25: *Leichter kommt ein Kamel durch ein Nadelöhr hindurch als ein Reicher ins Gotteshaus hinein.* – Lk. 6, 20: *Selig ihr Armen, denn euer ist das Reich Gottes.*
24 Präpositinus von Cremona: Summa theologica, 4. Buch (De novissimis), zit. in: ISERLOH 1961, S. 47: *Item quaeritur de duobus, uno divite et alio paupere, qui pares sunt in omnibus: pro divite fiunt generales et speciales orationes, pro paupere tantum generales, utrum dives citius absolvatur.* – Zum folgenden vgl. ebenfalls: ISERLOH 1961, S. 44–79.
25 So etwa Petrus Lombardus, IV Sent. d. 45 c. 4, zit. in: ISERLOH 1961, S. 46.
26 Zit. in: ISERLOH 1961, S. 61.
27 BOSSY 1983.
28 Allgemein zu diesem geläufigen Vergleich: ANGENENDT 1983, S. 213.
29 BELLARMINI, Opera omnia Bd. 3, S. 127.
30 Die folgenden Zitate in CIAPPI 1596, S. 51 ff., besonders S. 63–64.
31 CIAPPI 1596, S. 85.
32 CIAPPI 1596, S. 107:
33 REINHARD 1972, S. 277.
34 Zur Biographie vgl. das Standardwerk von PASTOR 1923. Zusammenfassend: ROBERG 1985.
35 WA 30, S. 385.
36 Vgl. dazu etwa: LE GOFF 1984, S. 110–119.
37 Episcopale Bononiensis 1580, S. 142–143.
38 PRODI 1967, S. 57.
39 SARTI DA PIAN 1589, S. 118 ff. Weit ausführlicher ist MASINI 1666, S. 118–124. Ein Katalog der von Gregor XIII. privilegierten Altäre in Bologna, der auch die archivalischen Dokumente zum Patronat, dem Standort, dem Bildschmuck und dem Kult mitteilt, in: GÖTTLER 1991, S. 305–322.
40 MASINI 1666, S. 122–123.
41 Vgl. dazu die Arbeit von MARTI / MONDINI in diesem Katalog.
42 Vgl. etwa: GRATIANI 1609, S. 49–50: *Più giovevole a'morti è la Messa [...] detta in Altare privilegiato, ò in Chiese dove si guadagnano Indulgenze per li morti [...] Quel che dice la Messa in Altare privilegiato, ò dove sono indulgenze per li morti, come in S. Gregorio, etc. oltre al valore della Messa, guadagna il valore del suffragio dell'Indulgenza.* – Zu einigen Bologneser Testamenten: GÖTTLER 1991, S. 72, Anm. 164. – Auch SCARAMELLA 1991, S. 268, stellt für die Testamente der Campagna fest, daß seit den 70er Jahren des 16. Jahrhunderts Seelenmessen hauptsächlich an privilegierten Altären gelesen wurden.
43 Das wichtige Dokument hat PASTOR 1923 veröffentlicht, hier S. 866.
44 Zit. in: BLACK 1989, S. 138–139.
45 WRIGHT 1975, S. 254.
46 PRODI 1982, S. 255 ff.
47 Zit. in: GÖTTLER 1991, S. 88–89.
48 Zu diesem und den folgenden Zitaten: PRODI 1969, S. 132–133.
49 Dazu ausführlich: GÖTTLER 1991, S. 91–117.
50 Vgl. WISCHMEYER 1978 (mit älterer Literatur).
51 LOMAZZO 1974, S. 295.
52 Zur spätmittelalterlichen Ikonographie des Fegefeuers: BRAUNFELS 1970. – KRETZENBACHER 1980.
53 VOVELLE / VOVELLE 1970. – FERRI PICCALUGA 1983. – ZUCCARI 1990. – SCARAMELLA 1991.
54 SCARAMELLA 1991, S. 265 ff.
55 Zur Ausstattung der Kapelle: ROVERSI 1971, der das Gemälde kurz vor 1600 datiert (S. 220); CASADEI 1979, S. 80–81.
56 MONTELLA 1986, S. 686 datiert das Gemälde aus stilistischen Gründen um 1600.
57 Dazu ausführlich: SCARAMELLA 1991, S. 101–146.
58 Zu späteren Darstellungen: GÖTTLER 1991, S. 292–303.
59 Vgl. dazu die vorzügliche Studie von HERZ 1958. Der Begriff des «sacrum commercium» ist u.a. von Augustin aus dem römischen Privatrecht in die Sprache der Liturgie übertragen worden.
60 Vgl. oben, Anm. 42.
61 SCARAMELLA 1991, S. 274.
62 Ebda., S. 268. – Für Bologna: GÖTTLER 1991, S. 72, Anm. 64.
63 So etwa Petrus de Palude (gest. 1342): *Sed ad celeriorem liberationem a purgatorio et citius videndum deum plus valet accelerata multiplicatio [...].*
64 Dazu: SCARAMELLA 1991, S. 220, Abb. 77.
65 SCARAMELLA 1991, S. 279.
66 Kat. Il Guercino 1991, S. 290–291, Nr. 107.
67 Descrizione minuta, S. 36.
68 ROSCIUS 1586, S. 100ff.

Sterben – «früher» und «heute»

Roger Seiler

Die Erfahrung vom Tod und die damit zusammenhängenden Vorstellungen wie auch deren Stellenwert in der Gesellschaft haben sich im Laufe der Zeit gewandelt. In der Gegenüberstellung charakteristischer Züge des Sterbens «früher» und «heute» sollen einige dieser Verschiebungen beschrieben werden.

Häufiger als heute wurde im Mittelalter jeder einzelne mit Tod und Sterben konfrontiert. Das Sterben des Nächsten mußte immer wieder erfahren werden und wurde damit auch eine real wahrgenommene Bedrohung der eigenen Existenz. Die Texte reden von der Kürze des Lebens – *meine Tage sind rascher dahingeflogen als der Pfeil vom Bogen* – und der Unzeit des Todes – *ich bin [...] wie eine im Mai abgerissene Blüte*[1]: die beiden charakteristischen Züge des Sterblichkeitsmusters, wie es Jahrhunderte lang regierte. Die «generell hohe Sterblichkeit» mit den «großen, manchmal extremen Schwankungen»[2] bedeutete für viele ein kurzes Leben und die breite Streuung des Sterbealters führte zu einer «unsicheren, wenig prognostizierbaren Lebensdauer»[3].

Damit standen der Tod und die Bedrohung des Lebens im Zentrum einer «das gesamtgesellschaftliche Leben prägende(n) Grundstimmung»[4]. Dieses Sterblichkeitsmuster hat sich in der jüngsten Geschichte grundlegend geändert. Charakteristisch für unsere Zeit – und für die industrialisierten Länder – ist die Stabilisierung der Sterblichkeit auf niedrigem Niveau mit geringen Variationen von Jahr zu Jahr – mit einer entsprechenden, phasenverschobenen Senkung der Geburtsrate. Diese demographische Transition ist «eines der größten Ereignisse der Geschichte [...] vielleicht die größte Errungenschaft der Menschheit»[5], deren demographische und mentalitätsgeschichtliche Konsequenzen schwer abschätzbar sind. Die Veränderung der Sterblichkeit, die uns hier besonders interessiert, erfolgte in mehreren Phasen[6]. Zuerst glätteten sich bei unvermindert hoher Sterblichkeit[7] die großen Schwankungen[8]. Dann folgte die drastische Verringerung der Sterblichkeit[9] auf ein «niedriges Sterblichkeitsniveau»[10], wesentlich verursacht durch die Verminderung der Kindersterblichkeit[11]. In den letzten Jahren kam es zum vorläufigen Abschluß dieser Entwicklung mit der Stabilisierung der Sterblichkeit auf tiefem Niveau. Faktoren wie Wirtschaftswachstum, Aufklärung und Bildung, bessere Ernährung, innere und äußere Pazifizierung der Staaten, Verbesserung ihrer generellen Infrastruktur (Kanalisation, Transport- und Kommunikationsnetze) und die Fortschritte der medizinischen Versorgung gehören in gegenseitiger Abhängigkeit zu den Faktoren, welche die demographische Transition auslösten.

Das Mittelalter suchte das Sterben durch einen bestimmten Verhaltenscodex zu ritualisieren. Es wurde zu einer festgelegten Zeremonie mit einer Reihe von Stationen, welche der Sterbende von den ersten Anzeichen des Todes bis zur Agonie durchmachte[12]. Das Sterben hatte man als eine ars einzuüben, als die Fähigkeit, nach einem in ein bestimmtes Regelsystem gefaßten Wissen zu handeln[13]. Der Grund war aber nicht die Bewältigung des Sterbens selbst, sondern die Sorge um das ewige Heil. Und das Sterben war nicht in den intimen Bereich des Betroffenen verwiesen, sondern

Tab. 1 Opfer der Lungentuberkulose in der Schweiz 1876 bis 1990[37]

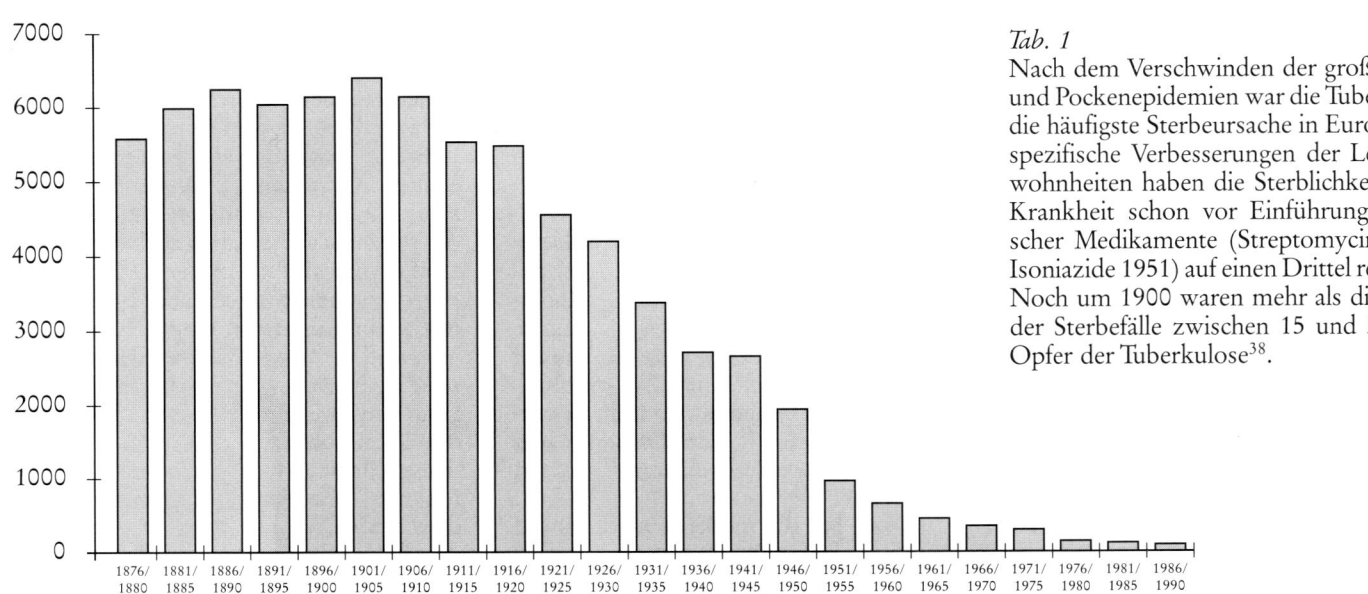

Tab. 1
Nach dem Verschwinden der großen Pest- und Pockenepidemien war die Tuberkulose die häufigste Sterbeursache in Europa. Unspezifische Verbesserungen der Lebensgewohnheiten haben die Sterblichkeit dieser Krankheit schon vor Einführung spezifischer Medikamente (Streptomycin, 1942; Isoniazide 1951) auf einen Drittel reduziert. Noch um 1900 waren mehr als die Hälfte der Sterbefälle zwischen 15 und 29 Jahre Opfer der Tuberkulose[38].

Tab. 2 Säuglingssterblichkeit in der Schweiz

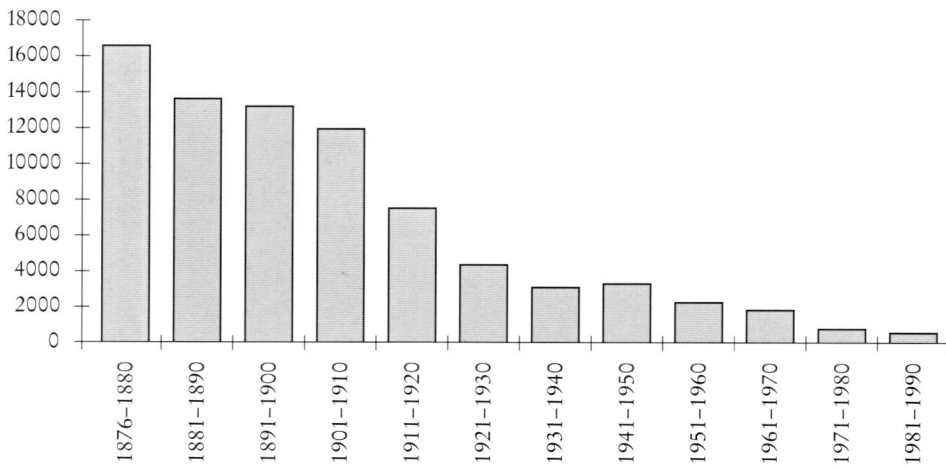

Tab. 2 und 3
Säuglingssterblichkeit und Lebenserwartung der Neugeborenen und der 70-Jährigen in der Schweiz
Einer der wesentlichen Faktoren der enorm gestiegenen Lebenserwartung ist die Senkung der Säuglingssterblichkeit. Die Lebensspanne, mit der ein Neugeborener, aber auch der schon 70-Jährige rechnen kann, hat sich in den letzten hundert Jahren fast verdoppelt.

«öffentlich», es verlangte die Anwesenheit der Ordensbrüder, der Familie, der Kinder, der Nachbarn und Freunde. Dazu entwarf die mittelalterliche Medizin ihre Vorstellungen vom Sterben. Die Zeichen des Todes, die *signa mortis*, beschreiben die fortschreitenden biologischen Veränderungen. Wenn schließlich das Herz, der Sitz des vitalen Zentrums[14], wo sich die Wärme des Körpers bildet, betroffen ist, wenn der Herzschlag aussetzt, dann ist der Tod eingetreten. Die Seele verläßt den Körper und hat sich dem individuellen Gericht zu stellen. Ihre Aufgabe sah die Medizin in einer möglichst genauen Prognose des Momentes, in dem der Tod eintreten wird, den Sterbenden selbst aber überließ sie der Obhut der Kirche. Ihm blieb die Gewißheit, daß *das Leben nicht genommen, sondern verändert wird*[15].

Auch für den heutigen Christen ist im Sterben der «Ort der wahren Geburt des Menschen»[16]. Der Pluralismus der Ideologien hat aber das Spektrum der möglichen Jenseitsvorstellungen bereichert – von der Seelenwanderung[17] bis zur Negation jeglicher individueller Existenz nach dem Tod. Gerade die Meinung vom Tod als dem «Ende eines Menschen», das «keine Tür»[18] öffnet, scheint sich auch in der Einstellung der christlichen Gläubigen niederzuschlagen, denen ihre Religion – so die Antwort einer Allensbacher Umfrage – vor allem helfen soll, «mit dem Sterben fertig zu werden» und erst in untergeordneter Wichtigkeit die «Hoffnung auf ein Weiterleben nach dem Tode» vermittelt[19]. So sind Jenseitsvorstellungen im heutigen Diskurs über das Sterben und den Tod aus dem Blickfeld gerückt, es überwiegen die sozialen, ethischen oder medizinischen Aspekte.

Denn wir sind heute mit einem ganz anderen Sterben konfrontiert: Ein langes und gesichertes Leben, wie wir es heute – statistisch gesehen – erwarten können, ermöglicht mehr und mehr den Verzicht auf die enge Solidargemeinschaft der Familie. Dann wird aber nicht mehr die Primärgruppe, die (Groß-)Familie, dem Alten, Kranken oder Sterbenden beistehen. Fremdhilfen haben diese Aufgaben zu übernehmen. Dazu kommt es zum Ansteigen der «durchschnittlichen Sterbedauer»[20], indem chronische Leiden und weniger die schnell tödlich endenden Krankheiten die häufigere Sterbeursache sind. Auch die dafür nötigen Institutionen, Krankenheime, Spitäler, erhöhen die Gefahr der Isolation und der Desozialisation der Sterbenden. Unter diesen Bedingungen sind uns jegliche «Umgangsnormen» mit dem Tod abhanden gekommen, sowohl auf Seiten des Sterbenden wie auf Seiten der ihn Begleitenden. Die «Sterbesituation» ist im Gegensatz zu früher «weitgehend ungeformt»[21], eine «öffentliche und sozial bedeutsame Sterbekultur»[22] existiert nicht mehr.

Dazu hat die moderne medizinische Forschung unser Wissen um die komplizierten pathophysiologischen Abläufe während des Sterbens erweitert: von der «Agonie» zum «klinischen Tod», definiert durch den Herzstillstand, dann zum «Individualtod», bestimmt durch das irreversible Aussetzen der Funktion des Gehirns, und schließlich zum «biologischen Tod», dem unterschiedlich schnellen Absterben der verschiedenen Organsysteme. Erst hier treten die gerichtsmedizinisch «sicheren Zeichen des Todes»[23] auf. Entsprechend bleibt die genaue Zeitangabe des Eintretens des Todes nicht genau bestimmbar, da es sich um «kein zeitlich genau definiertes Ereignis, sondern um einen Entwicklungsprozeß handelt»[24]. Die neuen Möglichkeiten und Erfordernisse der modernen Medizin drängen zu Entscheidungen, die bisher nicht gekannte ethische Probleme aufwerfen. Da ist etwa das Problem der Definition des Todes, bzw. der Festlegung der Kriterien seines Eintretens zu nennen. Denn durch die Fortschritte der Intensivmedizin kann nicht nur der «vegetabile»[25] sondern auch der irreversibel komatöse Patient[26] am Leben (?) erhalten werden. Wie weit aber lebenserhaltende Maßnahmen in diesen Fällen indiziert sind – oder gefordert werden müssen, oder dürfen, oder zu unterlassen sind –, kann von einer entsprechenden Definition des Todes abhängig gemacht werden: der «klassischen», an Herz-Kreislauf und Atemfunktion orientierten Todesbestimmung oder des «Ganz-» oder sogar «Teilhirntodes»[27]. Da wir aber die genaue Grenze zwischen Leben und Tod nicht kennen[28], kann

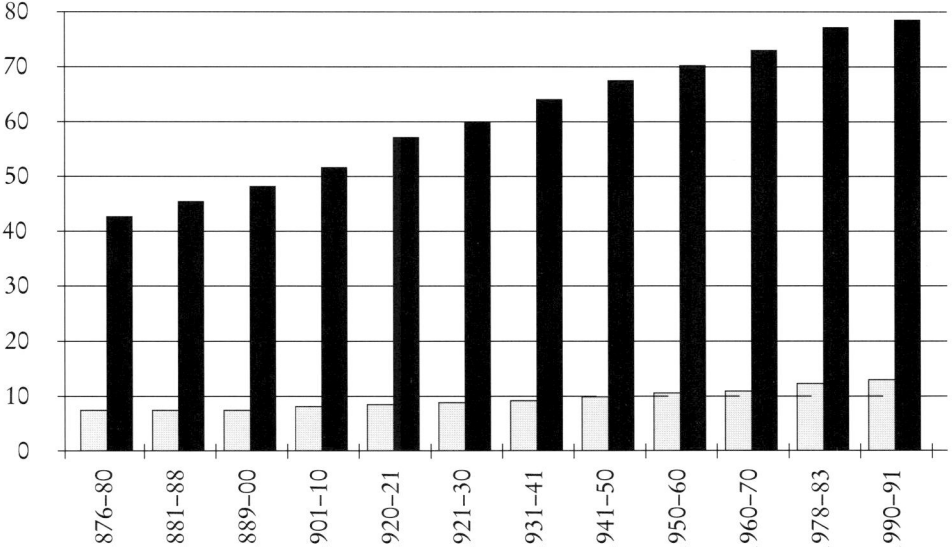

Tab. 3 Lebenserwartung der Neugeborenen und der 70-Jährigen in der Schweiz

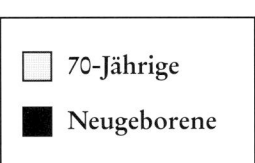
70-Jährige
Neugeborene

die schlichte Freigabe des Sterbens unter solchen Grenzumständen gefordert werden, die eine derartige Umdefinierung des Todes und des Augenblickes seines Eintritts nicht brauchen[29]. Nicht nur dürfen – so Jonas weiter – jene außerordentlichen Mittel eingestellt werden, sie sollen es – um des Patienten willen, dem man zu sterben erlauben soll. Das heute etablierte und weitgehend angewandte Todeskonzept vom Hirntod ist andererseits auch durch ethische Güterabwägungen motiviert: die pragmatische Umdefinierung des Todes[30] ist gut, weil sie gut ist für den irreversibel Bewußtlosen, für seine mitleidenden Angehörigen, aber auch für den Patienten, der das freiwerdende Bett auf der Intensivstation okkupieren kann, für den möglichen Transplantatempfänger, für die Kostendämpfung. Hier geht es dann aber um Kriterien, die zwar für den Betroffenen völlig extern, aber ethisch gut zu bewerten sind, wie die für den Empfänger lebensrettende Organspende.

Durch den sinnvollen Einsatz der neuen Möglichkeiten verliert das «Sterben im Zeitalter der Apparatemedizin»[31] seine negative Wertung. In der «Vorstellung vom Tod als der Endstation eines Naturablaufes» kann «der Gedanke der Unerbittlichkeit der Naturabläufe [...] durch den ihrer Kontrollierbarkeit gemildert»[32] werden, so etwa durch die möglichst weitgehende Beherrschung der physischen Schmerzen. Schmerzfreiheit ist eine wesentliche Voraussetzung dafür, daß der Sterbende seine letzten Wochen und Tage in Würde und – den Umständen entsprechend – in freier Selbstbestimmung verbringt[33]. Gerade diese Autonomie des Patienten ist uns heute so außerordentlich wichtig. Das Mittelalter hat das mit seiner paternalistischen Einstellung anders gesehen. Der Arzt war bei infauster Prognose von der Behandlungspflicht entbunden – auch deshalb, um dem Patienten nicht Hoffnung auf Genesung zu machen und ihn darüber die Sorge für sein Seelenheil vergessen zu lassen. Entsprechend bestand auch für den Priester die unbedingte Pflicht, den Kranken auf sein nahendes Ende hinzuweisen, damit jener das Sterben im Sinne der Kirche vollziehen konnte. Ähnlich kann auch heute die Argumentation für die Aufklärung des unheilbar Kranken lauten: «...mit dem Schwinden begründeter Hoffnung auf irdisches Weiterleben könnte der Weg frei werden für eine andere Hoffnung, die den Patienten mehr und mehr für eine transzendentale Wahrheit öffnen sollte»[34]. Die vorsichtige Formulierung verweist aber auch auf sein Selbstbestimmungsrecht: «Niemals kann es Aufgabe eines Seelsorgers sein, einen Sterbenden anzuleiten. [...] Der Kranke sagt selbst, wann, mit wem und worüber er reden möchte»[35]. Dazu gehört auch das Zugeständnis, daß er sein bevorstehendes Sterben leugnen darf: Zwar ehrt erst «die Würde des Wissens» die Autonomie des Kranken – doch darf die Barmherzigkeit die «Unwürde des Nichtwissens» erlauben[36]. Der Sterbende ist mit all seinen Bedürfnissen in den Mittelpunkt zu stellen – vielleicht selbst bis hin zur Sterbehilfe. Hier verläßt die Medizin ihre therapeutischen Bemühungen um Wiederherstellung der Gesundheit und kann sich an einer neuen *ars moriendi* beteiligen.

---

1 Seuse, Mystische Schriften, S. 287.
2 Imhof 1988 (verlängerte Lebenszeit), S. 24.
3 Ebda. S. 47.
4 Haas 1989, S. 51.
5 Fogel, zit. in: Imhof 1988 (Vom aufgeschobenen Tod), S. 313.
6 Nach Imhof 1988 (Vom aufgeschobenen Tod), S. 29 ff.
7 40 pro 1000 im Jahr.
8 Dazu: Perrenoud 1989, S. 12–29.
9 25 bis 15 pro 1000 im Jahr.
10 Imhof 1988 (Vom aufgeschobenen Tod), S. 31.
11 Dazu: Morel 1989.
12 Der Schrecken des schnellen Todes bestand eben darin, daß dieses Ritual nicht durchgeführt werden konnte.
13 Rolfes 1988, S. 17.
14 Das *nigrum granum, quod est intus in corde etius quo spiritus habitat* (aus der «Hystoria arteriarum» der Münchner Hs Cod. lat. Moncensis 13002, aus: O'Neill 1969, S. 236.
15 *Vita mutatur non tollitur* ... Aus der Totenpräfation. Dazu: Ohler 1990, S. 49 f.
16 Boff 1992, S. 31.
17 Im Abendland u.a. schon bei den Katharern bekannt.
18 Elias 1991, S. 100.
19 Pompey 1989, S. 44 f.
20 Imhof 1988 (Vom aufgeschobenen Tod), S. 95. Protokollarisch festgehalten in: Noll Peter, Diktate über Sterben und Tod, Zürich o.J.
21 Elias 1991, S. 46.
22 Rolfes 1989, S. 15.

23 Prokop / Radam 1987, S. 17 ff.
24 Aus den «Richtlinien für die Definition und die Diagnose des Todes» des Senates der Schweizerischen Akademie der Medizinischen Wissenschaften vom 6.5.1983, in: Condrau 1984, S. 494, Anm. 13.
25 Im sog. persistierend vegetativen Status sind Hirnstammfunktionen, u.a. Atmung, protektive Husten- und Schluckreflexe, erhalten, so daß schon pflegerische Maßnahmen, Sondennahrung, Infektionsbekämpfung u.ä. das Weiterleben ermöglichen.
26 Mit dem irreversiblen Funktionsausfall von Groß- und Stammhirn. Hier muß Herz-Kreislauf- und Atemfunktion künstlich aufrecht erhalten werden.
27 Betrifft den Ausfall von Groß- und Stammhirn, bzw. den Ausfall des Großhirnes allein. Zur Problematik: Kurthlen / Linke / Moskopp 1989.
28 Meran / Poliwoda 1992, S. 166.
29 Jonas 1987, S. 261.
30 Ebda. S. 219.
31 Dazu: Daub 1989.
32 Elias 1991, S. 72.
33 Wittkowski 1990, S. 160.
34 Wörterbuch christlicher Ethik 1975, Stichwort: *Humanmedizin*, S. 145.
35 Schwaiger 1988, S. 11.
36 Jonas 1987, S. 252f.
37 Material: Dr. Iris Ritzmann, unveröffentl. Manuskript.
38 Dazu: Gubéran E., Tendances de la mortalité en Suisse. 2. Maladies infectieuses 1876–1977, in: Schweiz. med. Wochenschrift 110, 1980, S. 574–583.

Katalog der ausgestellten Objekte

Heiden und Synkretisten

1. Keltische Gedanken zur Ewigkeit?

Goldener Halsring aus dem Schatzfund von Erstfeld, Kanton Uri, um 300 v. Chr.

Goldschmiedearbeit, Durchmesser 15.3 cm, Gewicht 128.0 g.
Zürich, Schweizerisches Landesmuseum, Dep. 3193.

Bilder und Symbole, die sich auf ideelle Welten und das Überirdische beziehen, begleiten die Kulturgeschichte der Menschheit seit den Anfängen. Solche Darstellungen treten bereits auf Höhlenmalereien des Paläolithikums auf. Wir wissen mit Sicherheit, daß die Auseinandersetzung mit dem Schicksal im Jenseits seit jeher ein wesentliches Element im diesseitigen Leben gewesen ist. Viele Anzeichen sprechen dafür, daß das Leben nach dem Tode im Alltag wesentlich präsenter gewesen ist, als wir uns dies vorstellen können. Dafür sprechen auch frühe schriftliche Quellen wie etwa die Ausführungen Platos über die menschliche Seele.

Ein Paradebeispiel für die reiche Vorstellungswelt in der Zeit vor dem Christentum ist aus unserem eigenen Boden der Goldschatz von Erstfeld, Kanton Uri. Auf den vier Halsringen aus der Zeit des vierten Jahrhunderts vor Christus erscheinen differenzierte Figurenfriese. Sie gehören zum Besten, was uns die keltische Kunst überliefert hat. Im Rahmen der Landesmuseums-Ausstellung «Gold der Helvetier» 1991 ist im Ausstellungskatalog auf die möglichen inhaltlichen Deutungen eingegangen worden. Diese sind deshalb so schwierig, weil wir im Gegensatz zur späteren Zeit noch kaum über schriftliche Quellen verfügen, die uns die Hintergründe ausleuchten können.

Der hier abgebildete Ring besteht aus einer unteren unverzierten und einer oberen verzierten Zone in Axialsymmetrie. Von unten nach oben entwickeln sich nach der pflanzlichen Ornamentik die figürlichen Verzierungen über einen Drachen, über ein Vogel-Mischwesen zu zwei menschlichen Figuren, die im Gesäßbereich miteinander verwachsen sind. Aus der letzten menschlichen Figur, einer Frau (im Gegensatz zum Mann mit dem Bart) wächst aus dem Kopf ein kolbenförmiges Gebilde. An dieses lehnt sich in der Mitte ein kleiner Vogel an.

Vier Deutungen wurden für diesen Fries vorgeschlagen:

1. Leben im Diesseits, Tod und Leben im Jenseits.
2. Geburt, Jugend, Lebensmitte sowie Alter und Tod.
3. Sternbilder.
4. Der Lauf der Sonne vom Aufgang über den Mittag bis zum Untergang.

Allen Erklärungen liegt die Vermutung zugrunde, daß hier Kreisläufe dargestellt sind. Im Verlauf der Ausstellung wurde weiter an der Erklärung dieser Darstellung gearbeitet, zuletzt in Frankfurt in Zusammenarbeit mit verschiedenen Kolleginnen und Kollegen. Dabei war man sich einig, dass von unten nach oben eine Steigerung vom Pflanzlichen zum Tierischen und schließlich zum Reich der Menschen bis zum coelaren Element (Vogel) dargestellt ist.

Auch die keltische Religion ist, wie das Christentum, vor dem Hintergrund älterer Wurzeln und im Rahmen der umgebenden Kulturen zu verstehen. Die Erfahrung zeigt gerade in der Antike, daß bei genügend breiter und systematisch konzipierter Suche weitere Forschungsresultate möglich sind. In diesem Sinne wird der Versuch gewagt, hier eine Brücke zum griechischen Raum zu schlagen, nämlich zu Platons «Symposion», genauer zu einer Stelle über Schöpfungsvorstellungen. Plato schreibt: *Erstens gab es dreierlei Geschlechter unter den Menschen, nicht nur zwei wie jetzt, das männliche und das weibliche, sondern es gab noch ein drittes dazu, (...) es gab nämlich das mannweibliche Geschlecht, nach Gestalt und Namen eine Einheit von beidem (...). Die*

Kat. 1

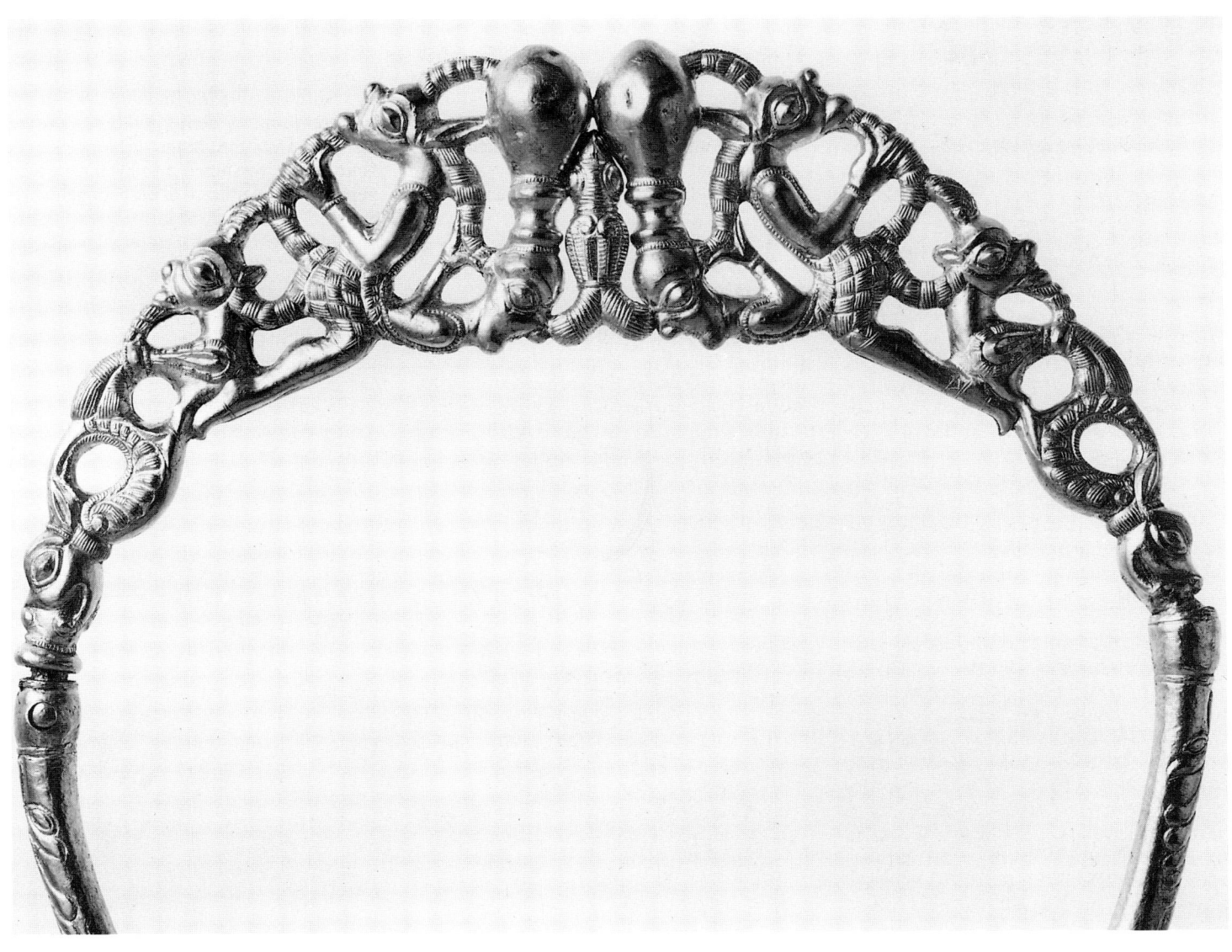

Kat. 1 Detail

Gestalt eines jeden Menschen war in sich geschlossen: sie war rund, Rücken und Seiten liefen rings herum, dazu hatte man vier Arme, und ebensoviele Beine wie Arme (...). Sie waren also gewaltig an Kraft und Stärke und hatten hohe Pläne: da ließen sie sich mit den Göttern ein, (...) sie versuchten, sich einen Aufgang zum Himmel zu schaffen, um die Götter anzugreifen. Zeus nun und die anderen Götter hielten Rat, was man mit ihnen anfangen sollte, und wußten keinen Ausweg; denn weder sahen sie eine Möglichkeit, sie zu töten und das ganze Geschlecht gleich den Giganten mit dem Blitzstrahl zu vernichten – denn dann wären ihnen auch Verehrung und Opfer von den Menschen zunichte geworden – noch sie weiter freveln zu lassen. Da kam Zeus endlich doch auf einen Gedanken und sprach: (...) Denn jetzt will ich jeden von ihnen mitten entzweischneiden, und da werden sie einerseits schwächer sein, andererseits nützlicher für uns, weil sie an Zahl zunehmen; und gehen sollen sie aufrecht auf zwei Beinen. Sprach's und schnitt die Menschen mitten entzwei, gerade so, wie man die Früchte des Erdbeerbaumes zum Einmachen durchschneidet. Und wenn er einen durchgeschnitten hatte, befahl er dem Apollon, ihm das Gesicht und die zugehörige Hälfte des Halses nach dem Schnitt herumzudrehen, damit der Mensch, seine Zerschnittenheit vor Augen, sittsamer werde, und das übrige hieß er ihn heilen.

A. F.

Literatur: – Kat. Gold der Helvetier 1991, S. 124.

2. / 3. Ein gallorömisches Grabmonument von 20 Metern Höhe.

Zwei Blöcke eines römischen Mausoleums von Avenches (ca. 40 n.Chr.): Relief mit Darstellung des tanzenden Attis und Pinienzapfen.

Kalkstein, behauen.
Attis: H: 94, B: 65, T: 44 cm;
Pinienzapfen: H: 155, B: 60 cm.
Avenches, Musée romain.

Die Bestattungsbräuche der begüterten Gallorömer sind uns durch Texte überliefert, insbesondere durch ein bemerkenswertes Dokument, das sogenannte «Lingonentestament»[1], das wohl zwischen 70 und 212 n.Chr. entstanden ist. In diesem Text legt eine Person alle bei ihrem Tod zu treffenden Maßnahmen fest: Fertigstellung und Gestaltung eines bereits errichteten Grabmals, Unterhalt eines Gartens, Name und Bezahlung der Gärtner, Verbot weiterer Grabstätten in der unmittelbaren Umgebung, Organisation der Bestattung und des Trauermahls, Bestimmung der Verantwortlichen, Liste der mit dem Leichnam einzuäschernden Objekte, sowie Organisation der an bestimmten Zeitpunkten durchzuführenden Erinnerungsfeierlichkeiten.

Die Archäologie liefert uns ab und zu konkrete Hinweise auf die Bestattungssitten. Zwischen 25 und 30 n.Chr. wurde nicht weit von Aventicum (Avenches) entfernt, am Rande einer Straße, ein Mausoleum von rund 20 m Höhe errichtet, das in einem mit einer Mauer umgebenen, viereckigen Garten stand. Ungefähr 10 Jahre später ist ein zweites Mausoleum auf einem angrenzenden Landstück gebaut worden. Während zwei oder drei Jahrhunderten prägten die Silhouetten der beiden Grabmäler die Landschaft. Passanten wurden so auf die Macht ihrer Besitzer und ihrer Familie, die wahrscheinlich auch die in der Nähe gelegene große Villa besaß, aufmerksam gemacht. Dann aber zerlegte man die Mausoleen, um die Steinblöcke anderweitig zu verwenden. Jene mit den Inschriften, die uns Name und Laufbahn der Verstorbenen überliefert hätten, wurden dabei leider weggetragen. Gleichzeitig verschwanden auch die Aschenurnen, die zweifellos auf den Monumenten standen. Am Ort verblieben nur noch die gemauerten Fundamente und die Mauern der Umzäunung sowie verschiedene Trümmer: zerbrochene Blöcke, Fragmente von Skulpturen, Reste von Brandbestattungen. Diese Funde wurden 1989 beim Bau einer Autobahn zutage gefördert, die 20 Jahrhunderte später das Trassee der römischen Straße schneidet (Abb. 114).

Die Mausoleen von Avenches stellen einen außerordentlichen archäologischen Fund dar, illustrieren sie doch verschiedene wichtige Aspekte der antiken Bestattungsbräuche. An erster Stelle steht die Zurschaustellung: Weit entfernt davon, den Tod hinter hohen Mauern zu verbergen, verherrlicht man ihn, man zeigt ihn den Lebenden. Mit ihrer Plazierung, ihrer Architektur und ihrer Ausstattung sind die Mausoleen eigentliche Inszenierungen: Sie wurden gebaut, um von den Passanten wahrgenommen zu werden, um sie zu beeindrucken. *Guten Tag, Reisender! Halte einen Augenblick inne, um diese Inschrift zu lesen und an mich zu denken!* sagen einige Grabinschriften und weisen so auf diesen Dialog zwischen Toten und Lebenden hin.

Die römischen Jenseitsvorstellungen sind sehr verschiedenartig: Sahen die einen nach dem Tod nur das Nichts[2], glaubten andere an ein Leben nach dem Tod, sei es in einem unterirdischen Totenreich, auf einer Insel der Glückseligen oder in einem himmlischen Aether, wo die vom Körper befreiten Seelen mit den unsterblichen Göttern zusammenlebten. Begleitet vom Glauben an die «göttlichen Manen», Trank- und Brandopfern, zeigt sich diese Vergöttlichung des Verstorbenen, oder Apotheose, auch in der Bestattungsarchitektur. Ein Mausoleum ist ein Tempel: Die Statue des Toten thront darin wie jene des Gottes in einem Heiligtum. *Mein Körper hat sich aufgelöst, meine Seele lebt, ich bin Gott* steht auf einem Epitaph in Rom[3].

Die beiden ausgestellten Blöcke gehörten zum zweiten Monument von Avenches, das um 40 n.Chr. gebaut worden ist. Das antike Heidentum war tolerant, und zahlreiche «exotische» Gottheiten hatten neben Jupiter und seinen Partnern des klassischen griechisch-römischen Pantheons Platz. Besonders in Mode waren orientalische Kulte: Begleitet von fremdartigen, faszinierenden Liturgien, waren sie mehr als die offizielle Religion auf Spiritualität ausgerichtet und garantierten ihren Eingeweihten das Heil sowohl in der diesseitigen wie in der jenseitigen Welt. Der aus Phrygien (heutige Türkei) stammende Attis war nach dem Mythos ein Hirte von großer Schönheit, den die wegen seiner Liebe zu einer Nymphe eifersüchtige Göttin Kybele mit Wahnsinn bestrafte: Attis entmannte sich, starb, wurde wieder auferweckt und fand Kybele[4] in der Götterwelt wieder. Die Priester des Attis, Eunuchen zu Ehren ihres Gottes, feierten diese Auferstehung jeden Frühling mit Zeremonien, in deren Rahmen die Pinie, ein immergrüner Baum, eine wichtige Rolle spielte. Weil sie das Heil, die Fruchtbarkeit, das ewige Leben symbolisieren, sind Attis und der Pinienzapfen sehr oft auf Grabmonumenten zu finden. Sie zeigen, wie sehr

Kat. 2 Pinienzapfen

Kat. 3 Attis

Abb. 113 Bau des zweiten Grabmals von Avenches (gegen 40 n.Chr.). Das Relief von Attis und der Pinienzapfen stammen von diesem Monument. Aquarell von Brigitte Gubler.

das religiöse Denken mit den Fragen um Tod und Jenseits verbunden ist.

Wie andere Götter aus dem Orient ist Attis ein Gott-Mensch, der auf der Erde gelebt hat, gelitten hat und gestorben ist. Nach seiner Erweckung und Auferstehung hat er die Erde wieder verlassen. Diese Elemente erinnern natürlich an eine andere orientalische Religion, die etwas später auftauchen sollte: das Christentum. Die Ähnlichkeit geht übrigens noch weiter: Attis war der Sohn eines Gottes und einer menschlichen Mutter, und er wurde indirekt gezeugt, indem diese schwanger wurde, als sie einen Granatapfel auf ihren Schoß gelegt hatte; Attis wurde nicht sofort, sondern erst nach 4 Tagen wieder auferweckt; und schließlich befand sich in Rom der Tempel von Attis im Vatikan, an der Stelle, wo später die Peterskirche errichtet wurde ...

Die Arbeiter, die die Steine für das erste Mausoleum von Avenches setzten, wußten nicht, daß zur selben Zeit in Palästina *ein gewisser Chrestos*[5] im Begriffe war, eine Religion zu verkünden, die alle andern verdrängen sollte. Es besteht jedoch kein Zweifel, daß die rasche Verbreitung des Christentums durch die Existenz anderer orientalischer Heilsreligionen in der römischen Antike erleichtert worden ist.

L. F.

Literatur: TOYNBEE 1971. – VERMASEREN 1977. – VERMASEREN 1983. – HATT 1986. – PRIEUR 1986. – TURCAN 1989. – CASTELLA / FLUTSCH 1990. – LE BOHEC 1991. – FLUTSCH 1993. – FLUTSCH / HAUSER 1993.

---

1 So benannt, weil es die Stadt der Lingonen erwähnt, eines Volkes, das im Nord-Osten Galliens lebte. Das «Lingonentestament» ist durch ein Manuskript aus dem 10. Jahrhundert bekannt, das 1863 zum ersten Mal publiziert wurde. Siehe z.B. HATT 1986, S. 66–69. Umfassender in einer kürzlich erschienenen Studie: LE BOHEC 1991.
2 Zahlreiche Grabinschriften bezeugen, daß der Skeptizismus verbreiteter war, als man gemeinhin annimmt: *Ich war nicht, ich bin nicht mehr, ich kümmere mich nicht darum* (CIL V, 1813); *Wir sind nichts und wir sind gewesen. Siehe, Leser, wie wir Sterbliche rasch vom Nichts ins Nichts zurückkehren* (CIL VI, 26003); oder auch *Genieße das Leben solange Du lebst, Mensch, denn nach dem Tode gibt es nichts* (CIL XI, 2547).
3 CIL VI, 30157.
4 Es handelt sich hier um eine Zusammenfassung des Mythos, der je nach Quelle und Epoche viele Varianten aufweist. Die vorliegende Fassung hat für die Kaiserzeit Gültigkeit.
5 SUETON, Claudius, 25, 4.

Abb. 114 Flugaufnahme der Ausgrabung im Bereich der Grabmäler von Avenches – En Chaplix, 1989. In der Mitte die römische Straße. Links im Innern der Umfriedungen die Fundamente der beiden Mausoleen und verstreute Blöcke des Aufbaus.

Frühmittelalterliche Grabbeigaben – eine Vorsorge für das Leben nach dem Tod?

Die Sitte der Grabbeigabe ist ein altes und zu allen Zeiten übliches Phänomen. Oft ist es letztlich nicht möglich, Ursachen, Überlegungen und Bedeutung zu erkennen, die sich mit der Vorstellung verbinden, dem Verstorbenen ein Weiterleben nach dem Tod durch Beigaben zu sichern[1]. Dies gilt auch für den mitteleuropäischen Raum in frühmittelalterlicher Zeit[2]. Schriftliche Quellen geben kaum Auskunft über das Brauchtum der Grabbeigaben, und die archäologischen Erkenntnisse bleiben oft fragmentarisch. Recht häufig, v.a. im frühen Mittelalter, bleibt auch unklar, ob das Grab, aus dem die Funde stammen, heidnisch oder christlich ist. Die Sitte, die Toten in ihrer bisweilen sehr kostbaren Tracht zu bestatten, hält sich bis ins frühe 8. Jahrhundert und nimmt danach deutlich ab[3]. Dieser Wandel, der sich in verschiedenen Gebieten nicht überall gleichzeitig vollzog, ist wohl auf verschiedene Faktoren zurückzuführen: So haben u.a. vielleicht neue gesetzliche Einschränkungen und Metallknappheit seit dem 7. Jahrhundert eine Rolle gespielt, aber auch Einflüsse christlichen Gedankengutes, besonders die Möglichkeit, fortan den persönlichen Besitz als Seelgerät, als Vorrat für das eigene Seelenheil, der Kirche zu vermachen[4]. Es stellt sich die Frage, welche Hilfe man sich vorher von den Grabbeigaben für den Toten im Jenseits bzw. im *refrigerium interim* versprach, und ob nicht auch Repräsentationsgedanken im Begräbniszeremoniell von Wichtigkeit waren. Die drei folgenden Objekte stehen stellvertretend für die vielfältige Gruppe der Grabbeigaben[5].

E. P.

Literatur: – SALIN 1949–1959. – MOOSBRUGGER-LEU 1971. – UFAS Bd. 6, 1979.

---

1 Zu Grabbeigaben vgl. STRITZKY 1983, Sp. 429–445 sowie GEIGER 1987, Sp. 1082–1103.
2 Das Gebiet der heutigen Schweiz war bewohnt von Alamannen, Franken, Burgundern, Langobarden und Resten der gallo-römischen Bevölkerung.
3 In der Folge – nebst Bestattungen in kostbaren Gewändern – vereinzelt Beigaben wie Schmuck, Waffen, aber auch (billige) Kopien von Insignien (so Krone, Bischofsstab), vgl. dazu FEHRING 1979, S. 569.
4 Ebda., S. 568.
5 Grundsätzlich ist zu unterscheiden zwischen Beigaben, die zur damaligen Tracht gehörten, solchen, die mit einiger Wahrscheinlichkeit eigens für den Totenkult gefertigt und verwendet worden waren und solchen, die dem Kreis der Alltagsgeräte entstammen, u.a. mehr.

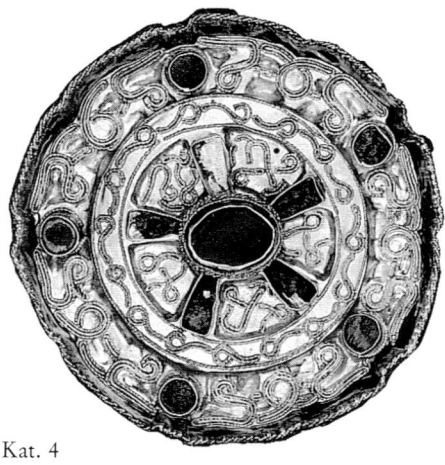

Kat. 4

4. Im Frühmittelalter wurden Adlige mit Goldschmuck begraben.

Scheibenfibel aus Bülach, Kanton Zürich, erstes Drittel 7. Jahrhundert.

Aus dem reichen Frauengrab («Adeligengrab») unter der reformierten Kirche, ehemals St. Laurentius, von Bülach; 1968 entdeckt; die Fibel lag auf Brusthöhe der Verstorbenen. Goldblech, Grundplatte Bronze, Dm: 6 cm. Zürich, Schweizerisches Landesmuseum, PA 58840.

Die fränkische Filigranscheibenfibel ist mit einem Almandin im Zentrum und rundum angeordneten Glaseinsätzen verziert. Sie diente primär als Bestandteil der Tracht zur Gewandschließung. Aus dem Befundzusammenhang läßt sich das Grab als christliche Bestattung erkennen, da seine Zugehörigkeit zur Kirche von Bülach archäologisch nachgewiesen ist. Ob der Schmuck der Verstorbenen ins Jenseits mitgegeben wurde oder ob er nur Teil des Begräbnisprunks war, läßt sich nicht entscheiden.

E. P.

Literatur: – BerZD 1968/69, S. 23–25. – BerZD 1970–74, S. 25–27. – UFAS Bd. 6, 1979, S. 59, S. 63 Abb. 15. – WINDLER 1990, S. 67–79.

5. Ein frühmittelalterliches Grabkreuz trägt die magische Inschrift «Abracadabra».

Brustkreuz mit magischer Inschrift, 6.–7. Jahrhundert.

Aus dem Grab Nr. 128 unter dem Chor der Kathedrale Lausanne, Kanton Waadt, 1910 gefunden. Silberblech, H: 9; B: 8.3 cm.
Lausanne, Musée cantonal d'archéologie et d'histoire (Dép. Musée de la Cathédrale), Inv. Nr. 30 969.

Inschrift (Transkription nach Jörg in CIMAH Bd. 2, 1984): Das Wort Abra nimmt unregelmäßig oder nach einem unbekannten Schema zu und ab: Vorderseite:+ABRA+/ABRAC/+[A]BRACAXO/+ABR[AC?/+/AB]RACA//ABRAO/+ABR/A/BA
Rückseite:[+]ABRA+/ABRAC/+/ABRACAX/O+AB[RA]C/[+/AB]RACA/+ABAR/B/[A?]/A[B]-RAC/AXO+.

Das Silberkreuz aus Lausanne wurde vermutlich schon zu Lebzeiten als Pektoralkreuz getragen – darauf weisen sowohl die Hängeöse, die mehrfachen Beschädigungen als auch die Fundlage des Kreuzes auf Brusthöhe des Verstorbenen hin. Von besonderem Interesse ist die beidseitig sich fortsetzende Inschrift, die wohl Abwandlungen des heidnischen Zauberwortes «abracadabra» zum Ausdruck bringt. Dem Kreuz wurde nicht selten, nebst der im christlichen Sinne geläufigen Symbolik und Schutzfunktion, auch eine zaubervermittelnde Kraft zugeschrieben[1]. Das wird besonders im vorliegenden Fall deutlich, wo das Silberkreuz zum Träger des unheilabwehrenden Wortspiels wird. Kreuze mit Zauberformeln sind bisher kaum gefunden worden. Da es sich beim Lausanner Grab offenbar um eine Kirchenbestattung handelt[2], würde dies von einem Synkretismus heidnischer und christlicher Glaubensvorstellungen zeugen, wie er in der frühen Phase des Christentums oft zu beobachten ist.

E. P.

Literatur: – DEONNA 1944, S. 116–137. – Kat. Cathédrale de Lausanne 1975, S. 127, Kat. Nr. 90. – UFAS Bd. 6, 1979, S. 7f., Abb. 6. – CIMAH Bd. 2, 1984, S. 68f., Nr. 27.

---

1 ECKSTEIN / WASZINK 1950, Sp. 409. Vgl. auch JACOBY 1932/1933, Sp. 478–484.
2 Aufgrund der paläographischen Datierung der Inschrift ist ein zeitlicher Zusammenhang mit einer ersten (?) Kirche auf dem Lausanner Kathedralhügel nicht auszuschließen. Zum Baubefund vgl. Vorromanische Kirchenbauten, Bd. 2, 1968, S. 169–171 und Nachtragsband 1991, S. 241–243.

Heiden und Synkretisten: Frühmittelalter Kat. 4 bis 6

Kat. 5

Kat. 6

6. Auf dem Totengewand aufgenäht ist das Blattkreuz mit apotropäischen(?) Tierköpfen geschmückt.

Langobardisches Goldblattkreuz aus Stabio, Kanton Tessin. Ende 7. Jahrhundert.

1833 in der Flur «Vigna da Cichin» bei Stabio in einem geosteten Kriegergrab auf offenem Feld gefunden. Wahrscheinlich christliches Grab. Das Kreuz lag auf der Brust des Toten. Goldblech, H: 8.6; B: 8.7 cm.
Zürich, Schweizerisches Landesmuseum, Inv. Nr. 17587.

Die von einem Rand begleitete eingepreßte Ornamentik zeigt im zentralen Medaillon ein sich rückwärts wendendes Tier, das sich in den Schwanz beißt; auf den Kreuzbalken Wiederholung des gleichen Motivs mit vegetabilem Muster und vogelähnlichem Wesen.

Goldblattkreuze wie dieses treten in großer Zahl im christianisierten langobardischen Oberitalien, sowie auch nördlich der Alpen, v.a. im Gebiet der Alamannen, auf[1]. Sie wurden aus dünnem Goldblech ausgeschnitten, waren fragil und deshalb kaum Bestandteil der Tagestracht[2]. Kleine Löcher entlang den Kreuzarmrändern und der meist erstaunlich gute Erhaltungszustand deuten vielmehr darauf hin, daß sie speziell für die Bestattung hergestellt und dem Verstorbenen auf das Totengewand oder einen Schleier aufgenäht wurden[3]. Das Kreuz von Stabio hebt sich mit seiner Ornamentik und Qualität der Verarbeitung vom Gängigen ab. Vielleicht haftet den Tierköpfen eine Schutzfunktion an.

E. P.

Literatur: – LEHMANN 1929, S. 50–60. – Festschrift 50 Jahre SLM 1948, S. 38, S. 212, Abb. 23. – HÜBENER 1975, S. 137. – UFAS Bd. 6, 1979, S. 33, Abb. 36.

---

1 Zeitliche Verbreitung: Ende 6. Jahrhundert bis frühes 8. Jahrhundert. Zum Forschungsstand der Goldblattkreuze vgl. HÜBENER 1975 und die dort angeführte Literatur sowie Kat. Spätantike und frühes Mittelalter 1991, S. 49–50. – Nicht immer aber zeugen Grabbeigaben mit scheinbar christlichen Motiven wie beispielsweise einem Kreuz zwingend von einer christlichen Gesinnung des Verstorbenen, da das Kreuzmotiv (u.a. auch als Ornamentform) schon in vorchristlicher Zeit weit verbreitet war. Vgl. dazu auch FEHRING 1979, S. 549–553.
2 Denkbar wäre ein Aufnähen auf eine feste Unterlage, die das Tragen ermöglichen würde.
3 Goldblattkreuze wurden auf Brust, Mund und Nasenbein gefunden.

Memento mori

7. Kröten und Schlangen am modernden Leichnam.

Grabmal des François Ier in La Sarraz, Kanton Waadt, um 1360 bis 1370.

H: 200; B: 72; T: 43 cm.
Original in der Kapelle St. Antoine in La Sarraz, Kanton Waadt.
Ausgestellt: Zementabguß der Grabplatte.
Zürich, Schweizerisches Landesmuseum, Cop. 16.

Am äußeren Mauerring seines Schlosses von La Sarraz erbaute François Ier um 1360 die Kapelle St. Antoine. Sie diente als Grabkapelle und auch als Pfarrkirche der benachbarten Stadt. In ihr wurde zur gleichen Zeit – um 1360 bis 1370[1] – das Dynastengrab der Familie errichtet. Eine spitzbogige Arkosolnische, die mit einer Doppelarkade mit steilen Wimpergen verziert ist, beherbergt das Bildnis des Verstorbenen. Ihn umstehen zwei betende Ritter in voller Rüstung und zwei Frauenfiguren, wohl Mitglieder der Familie. Der Tote in ihrer Mitte liegt unbekleidet, auf dem Rücken ausgestreckt, den Kopf auf ein Kissen gebettet. Vier Kröten auf seinem Gesicht verdecken Augen und Mund und vier hocken auf seiner Scham. Auf den Gliedmassen und dem Rumpf ringeln sich kleine Schlangen, fressen sich ins Fleisch hinein. Wie sehr die Gestaltung des Toten vom Üblichen abweicht, zeigt der Vergleich mit einem etwa gleichzeitigen Beispiel, dem Grabbildnis des Hüglin von Schoenegg[2]. Der 1386 Verstorbene liegt auf der Grabplatte in voller Rüstung, die Augen offen, die Hände vor der Brust zum Gebet gefaltet, zu seinen Füßen ein kleiner Löwe, Sinnbild der Stärke. Wie anders ließ sich der Herr von La Sarraz abbilden: keine Standesinsignien, die Identität des Gesichtes durch Kröten verdeckt, die auch dürftig seine Nacktheit verbergen. Die Arme sind über der Brust verschränkt, die Hände ruhen auf den Schultern. Das ist eine der verschiedenen möglichen Gebetshaltungen[3], die einzige aber, in die ein Toter gebettet werden kann.

Das Bildnis des François Ier gehört zu den nicht eben häufigen *Aas-* oder *transi-*Gräbern, die den Verstorbenen als nackten, auch verwesenden oder mumifizierten Leichnam – *en transi* – zeigen. Wohl das wichtigste Element zur ikonographischen Interpretation sind die Tiere, die im Beispiel

von La Sarraz mit auffallender Präsenz die Oberfläche des Leichnams beleben. Es geht nur vordergründig um die Darstellung der einsetzenden Verwesung[4]. Der eigentliche Bedeutungsgehalt dieser gräßlichen Fauna erschließt sich aus Darstellungen wie der des *Fürsten der Welt* oder der *Frau Welt*, der schönen Verführerin. Unter den kostbaren Gewändern ist der Körper... *in allen enden gar / bestecket und behangen / mit würmern und mit slangen / mit kröten und mit nâtern...*[5], den Symbolen des Teufels also, der Vanitas, der verschiedenen Laster, wie Geiz, Wollust und Stolz[6]. Hier wird die Sterblichkeit der körperlichen Hülle und die Endlichkeit der irdischen Macht thematisiert, insofern er sich als Toten, bar der Kleidung und der traditionellen Attribute des vornehmen Verstorbenen, darstellen läßt. Es ist aber auch ein Bekenntnis der eigenen Sündhaftigkeit, ausgedrückt in der Verteilung der Kröten auf Augen, Mund, Genitale: *Herr ich sihe, daz es hie nit blibens ist – Tuo hin, tuo hin von mir wol ligen, lang schlafen, wol essen und trinken, zerganklich ere, zartheit und wollust*[7]. Diesem öffentlich vorgetragenen Appell eines *Memento mori*[8] schließt sich die Bitte an die Mitglieder der Familie, aber auch an die Vorbeigehenden um Fürbitte für den Toten an. Und schließlich thematisierte der Stifter in der formalen Anlehnung der Gestaltung seines Grabmales an gleichzeitige Heilig-Grab-Anlagen[9] die Hoffnung auf Auferstehung und Rettung seiner Seele.

R. S.

Literatur: – COHEN 1973, S. 77ff. – BAUCH 1976, S. 255. – DIECKHOFF 1978, S. 75. – PANOFSKY 1993, S. 71.

1 Kunstführer 1976, Bd. 2, S. 231.
2 St. Leonhard, Basel, dazu: GANTNER 1947, S. 254 ff., Abb. 219.
3 ILLI 1992, S. 19, Abb. 8.
4 Denn weder Schlangen noch Kröten sind Aasfresser, wenn es auch durchaus Transi-Darstellungen gibt mit Tieren wie Fliegen und Maden, die mit Verwesung assoziiert sind.
5 Aus dem Roman «Der Lohn der Welt» des Konrad von Würzburg, zit. in: HAMANN / WEIGERT 1928, S. 84.
6 Lexikon der christlichen Ikonographie, Bd. 2, Sp. 676f.
7 Heinrich Seuse, Büchlein der ewigen Weisheit, 2. Teil, Kap. 21, zit. in: HAAS 1979, S. 470.
8 Wie es die Inschrift des Grabmals des Kardinals La Grange († 1402, Avignon) explizit sagt: *Spectaculum facti sumus mundo, ut maior(es et) minores, in nobis clare (per)videant, ad quem statum redigentur...*
9 Etwa in Freiburg i. Br.

Kat. 7 Gesamtaufnahme der Rekonstruktion des Grabmals von La Sarraz.

8. In seinem Privatporträt blickt der Kartäuser Hieronymus Tschekkenbürlin dem Tod ins Gesicht.

Unbekannter Maler.
Hieronymus Tschekkenbürlin als Kartäusermönch mit dem Tod, nach 1487 (?).

Diptychon, Lindenholz, H: 42; B 29 cm.
Klappdeckel: Brustbild einer in Verwesung übergegangenen Todesgestalt, die bereits von Würmern zerfressen wird. Rückseiten: Die Rückseiten sind monochrom mit dunkler Farbe (Marmorimitation?) bemalt. Auf der des Klappdeckels ist ein frontaler Totenschädel gemalt, durch dessen rechten Wangenknochen sich eine kleine Schlange windet. Rahmen original (?), auf den beiden Rahmen fortlaufend die spätere Inschrift: *Hieronimus Tsekenbürlin J.U.J. Ward Carthüs/er auff Pfingsten 1487. Ward Der Letste Prior Vor Derr Reformation / Starb im 1536. Jor in Der Kutten im Orden*; unter den Darstellungen, links: *Seines Alters 26 Jor*; rechts: *Dem Gott Genad Seines Alters 75 Jo[r]*.
Basel, Historisches Museum, Inv. Nr. 1882.72.

Kat. 8

Der junge Mönch ist bis auf Gesicht und Hände ganz in die weiße Kartäuserkutte gehüllt. Sein etwas unklar gerichteter Blick schaut einerseits zuversichtlich in die Höhe und ruht andererseits gelassen auf seinem Gegenüber, einem als Halbfigur gegebenen grausigen Totengerippe. Der Gleichmut des jungen Mannes und seine ruhige Haltung kontrastieren mit dem fordernd grinsenden Tod. Unberührt von dieser Ungeheuerlichkeit sieht Hieronymus Tschekkenbürlin – der Name des Dargestellten ist uns durch die später auf den Rahmen hinzugefügte Inschrift bekannt[1] – seiner endlichen Bestimmung als durchwurmtes, zahnlücig grinsendes Skelett gefaßt entgegen. Seine Contenance, die im Hinblick auf das letzte Los immerhin erstaunen könnte, läßt vermuten, daß er die Vergänglichkeit alles irdischen Daseins wohl zu ermessen wußte. So flüchtig und von beschränkter Dauer wie der Duft der Rose[2], die der Kartäuser in seiner Rechten hält, ist auch eines jeden Leben. – Ein weiteres Diptychon zeigt Hieronymus Tschekkenbürlin im weltlichen Stande – ebenfalls als Halbfigur und gleichfalls mit Rose und einem Totengerippe als Gegenüber (Abb. 115). Die beiden Bildnisse stimmen im Bildaufbau und in der Aussage überein; doch steht die Tafel, die den lizenzierten Juristen in weltlicher Kleidung[3] vorführt, durch den biografischen Hergang seinem Porträt als Kartäuser voran: Hieronymus, letzter Sproß der im 14. und 15. Jahrhundert durch Handelstätigkeit zu hohem Ansehen gelangten Basler Familie, studierte in Paris und Orléans die Rechte und trat, 26jährig, 1487 in die Kleinbasler Karthause ein. Als deren letzter Prior führte er sie zu ihrer höchsten äußeren Blüte. Im hohen Alter von 75 Jahren starb er 1536 daselbst. – Die Inschriften der beiden Diptychen nennen das Sterbejahr des Dargestellten; sie wurden somit nach seinem Tode verfaßt. Beide geben vor, die Bildnisse seien 1487 entstanden. Dies läßt vermuten, Tschekkenbürlin habe, um seine Konversion festzuhalten, sich in kurzer Zeit zweimal porträtieren lassen. Hingegen läßt stutzen, daß im Kartäuser-Diptychon Gesicht und Hände des Porträtierten wie auch die Figur des Todes eine sehr genaue Nachbildung des weltlichen Bildnisses sind. Soll man daraus

Abb. 115 Tschekkenbürlin-Diptychon. Basel, Öffentliche Kunstsammlung.

schließen, daß das zweite Diptychon nicht zum ursprünglichen Programm gehörte, sondern zu einem späteren nicht mehr bestimmbaren Zeitpunkt dem ersten beigesellt wurde?

U. S.

Literatur: – HBLS Bd. 7, 1934, S. 685. – BUCHNER 1953, S. 60, Textabb. 9. – STANGE 1970, S. 43, Nr. 124. – DÜLBERG 1990, S. 251, Nr. 215, T. 218, Abb 271 und 272 (mit weiterer Literatur).

---

1 Die Inschrift dieses wie auch des weiter unten erwähnten Diptychons ist posthum, weil sie das Todesjahr des Dargestellten nennt. (DÜLBERG 1990, S. 251). Sie können, so vermutet Bernd Konrad, weder in einem Zug noch in derselben Werkstatt entstanden sein, da sich die Buchstabentypen und die Schreibweisen der Inschriften zu deutlich voneinander unterscheiden.
2 Vgl. LCI, Bd. 3, Sp. 563. DÜLBERG dagegen deutet die weiße Rose als Zeichen der Weltentsagung.
3 Die Umschrift auf dem Rahmen lautet: *BILDTNVS IERONIMUS TSCHECKENBVRLIN KEIS / ERLICHEN RECHTEN LICENTIAT / (C)ARTHEVSER ORDENS SEINES ALTERS / 26 JOR ANNO 1487 STARB LETSTER PRIOR / DER CARTHVS ANNO 1536.*

Kat. 9 Avers

Kat. 9 Revers

9. Die Porträt-Medaille des Malers Hans Asper trägt auf der Rückseite den Totenschädel.

Jakob Stampfer, Bildnismedaille Hans Asper, 1540.

Porträtmedaille, Silber, gegossen, Dm: 43.24 mm; 30.55 g.
Inschriften: IMAGO IOANNIS ASPER PICTORIS ANNO AETATIS SVAE 41. 1540 (Vorderseite); SICH WER DU BIST / DER TOD GWUS IST / VNGWUS DIE STUND / REDT GOTES MVND (Rückseite).
Zürich, Schweizerisches Landesmuseum, GU 2853.

Medaillen dienen der Erinnerung an eine Begebenheit oder eine Person. Die unsere zeigt auf ihrer Vorderseite den Maler Hans Asper, der besonnen aus dem Rund der Medaille nach links blickt. Das Brustbild stellt den Zürcher Künstler im Profil und unbekleidet dar. Eine das Porträt rahmende Inschrift erinnert daran, daß er 1540, als die Medaille gegossen wurde, in seinem 41. Lebensjahr stand. Die Rückseite überrascht mit einem ganz anderen Gesicht: dem Tod. Ungeachtet der geringen Größe ist der Totenschädel anatomisch präzise wiedergegeben. Seinen knöchernen Charakter steigert der sperrig eingefügte Schriftzug in Form eines auf die Spitze gestellten Quadrates. Der Totenkopf findet sich bereits früher auf italienischen Medaillen[1]. Waren dem Zürcher Medailleur Jakob Stampfer, einem Zeitgenossen Aspers, diese Stücke bekannt? – *Sieh, wer du bist,* so beginnt die Inschrift, indem sie jenes antike «Urgreiswort» des *gnothi seauton*[2] übersetzt, das Erasmus in seiner Sprichwörtersammlung als die berühmteste Lebensweisheit schlechthin bezeichnet. Er schreibt darüber (Sprichwörter I, 6, 95): *Erkenne dich selbst. Darin liegt die Mahnung, sich seiner Grenzen bewußt zu sein, und für das Handeln das rechte Maß zu finden, damit wir nicht Ziele verfolgen, die über unsere Kräfte gehen oder vielleicht auch unter unserer Würde sind. Denn das ist ja die Wurzel allen Übels im Leben, daß ein jeder von sich eine hohe Meinung hat und in falscher Eigenliebe sich selber unverdientermaßen alle die Qualitäten zuschreibt, die er den anderen ungerechterweise abspricht. Cicero im 3. Buch der Briefe an seinen Bruder Quintus: Du darfst nicht meinen, daß das Wort 'Erkenne dich selbst' nur gesprochen ist, um unseren Hochmut zu dämpfen; es besagt auch, daß wir uns unserer Vorzüge bewußt sein sollen.*[3] Daß jeder menschlichen Erkenntnis Grenzen gesetzt sind, verdeutlicht just die Fortsetzung der Inschrift: *Gewiß ist der Tod, ungewiß die Stunde* – kein beliebiger Spruch, sondern eine bekannte lateinische Sentenz auch dieser Gedanke.[4]

U. S.

Literatur: – Kat. Asper 1981, Nr. 224, S. 192 (dieselbe Medaille als Bleiguß).

---

1 Das Motiv auf dem Revers bieten etwa Medaillen von Battista Elia da Genova (Porträtmedaille des Cosma Scaglia, um 1480?) und Giovanni Boldù.
2 Lat. *nosce te ipsum.*
3 ERASMUS VON ROTTERDAM, Adagia, S. 417. Ders., Adagia S. 569: *Etwas unbedeckten Hauptes tun heißt, daß man es offen und ohne alle Scham tut (...),* (Sprichwörter III 4, 67, Mit unbedecktem Haupt) – unsere Medaille zeigt Asper barhäuptig.
4 Lat. *mors certa, hora incerta.* Vgl. WALTHER 1964, Nr. 15134: *Mors est certa, tamen nil est incertius ipsa / Hora mortis, et hanc noscere nemo potest.*

10. Weibliche Schönheit verdorrt im Alter.

«Garstige Alte», Statuette, gegen 1500.

Vollrund, ungefaßtes Buchsbaumholz, H: 16 cm.
Oberrhein.
Frankfurt a. M., Liebieghaus, Inv. Nr. 925.

Die Holzstatuette zeigt eine aufrecht stehende, nackte alte Frau. Haltung und Geste stehen in unmittelbarer Tradition der Venusstatuen und erinnern damit an die vielfältigen ikonographischen Bezüge der antiken und zeitgenössischen Darstellungen der Liebesgöttin[1]. Die etwa gleichzeitig entstandenen Venusbilder von Cranach[2] verzichten auf Schamgesten ihrer antiken Vorbilder[3]. In gelöster Haltung, den Oberkörper aufgerichtet, Brust und Scham in der Vorderansicht frei sichtbar tritt Venus dem Betrachter gegenüber, gebildet nach den Schönheitsnormen der Zeit: *le beau tetin droit, separé, rond et dur, qui estoit chose bien plaisant*[4]. Den Verfall eben dieser Schönheit, die Endlichkeit des weiblichen Körpers im Hinblick auf Tod und Verwesung thematisieren auch Motive wie der *Totentanz* oder das daraus isolierte Paar *Tod und Mädchen* oder *Transi*-Darstellungen: *Din Lyb, din Angesicht, din Har und Brüst / mus alles werden ein fuler Mist*[5]. In der vorliegenden Plastik dagegen wird die Spanne des Lebens noch nicht verlassen. Umso eindrücklicher und näher an der Alltagserfahrung zeigt sich der Verfall von Jugend und Schönheit. Gegen den jugendlichen Körper einer Venus, der für die sinnlichen Freuden des Irdischen steht, gegen den mädchenhaften der verführerischen Eva, gegen die Erinnerung an die eigene Jugend wird der welke Leib der Greisin gesetzt: *Gedenk ich, ach, der guten Zeit und schau mich nackt im Spiegel an – wie war ich einst, wie bin ich jetzt!*[6] Realistisch nimmt die Sechzigjährige im Gedicht von François Villon ihren körperlichen Verfall zur Kenntnis. Die *Brüste*, jetzt *sind sie ganz verschrumpelt*, die *Stirn voll Runzeln*, der *Blick stumpf*, die *Schenkel braun gesprenkelt wie zwei braune Würste*[7]! Auch im Tafelbild, etwa im Werk von Baldung Grien, werden die verschiedenen Lebensalter der Frau dargestellt: Die Reihe der *Sieben Lebensalter des Weibes* werden durch den *Weg in den Tod*[8] auf einen Zyklus von zehn Aktfiguren ergänzt[9]. Hier zeigen sich die körperlichen Veränderungen vom kleinen Mädchen über die reife Frau bis schließlich zur Greisin, die ein grinsender Tod ins offene Grab geleitet.

Kat. 10

In der kleinen Skulptur der garstigen Alten sind diese Aspekte zusammenfassend verdichtet. Während die Rückansicht noch einen Körper von makelloser Schönheit erwarten läßt, revidiert die Vorderansicht die Erwartung des Betrachters. Und mehr noch als das Tafelbild ist die Kleinplastik auf Vermittlung des Details angelegt. Die handgerechte Größe und die feine Ausarbeitung des ungefaßten Hartholzes, die kleinen Dimensionen verlangen die Nahsicht, womöglich die Berührung. So lassen die glatten, weich gerundeten Oberflächen der Eva des Hans Wydyz[10] durchaus auch den haptischen Reiz erahnen. Ihr gegenüber wirkt diese garstige Alte geradezu als Karikatur. Vergeblich sucht sie in der gleichen Armhaltung wie die mediceische Venus ihre langen Hängebrüste zu verbergen. Es bleibt ihr nur noch die Pose der Liebesgöttin, nichts mehr von ihren sinnlichen Reizen. Sie sind dem Lauf der Zeit, dem wir alle folgen müssen, zum Opfer gefallen. *Trügerisch ist Anmut, vergänglich die Schönheit*[11] – so lautet die Botschaft. Gerade weil aber die Unzucht in der Morallehre den anderen Lastern gegenüber gewissermaßen ein ontologisches Privileg besitzt – sie steht am Ursprung der Sündenfälle, am schwierigsten und entscheidensten Punkt im Kampf um die Askese[12] –, zeigt sich in der Endlichkeit der leiblichen Schönheit die Vanitas des Diesseitigen überhaupt.

R. S.

Literatur: – Kat. Spätgotik am Oberrhein 1970, Nr. 96 (mit älterer Literatur). – Kat. Natur und Antike 1986, Nr. 305.

---

1 Kat. Natur und Antike, 1985, S. 561f., Kat. Nr. 305, auch Text S. 285f.
2 KOEPPLIN / FALK 1974, Bd. 2, S. 641ff.
3 Etwa der nach 1500 berühmt gewordenen, antikrömischen Venus-Plastik, die in Rom aus den Ruinen zum Vorschein kam und vor 1509 in die Sammlung des Papstes Julius II. (1503-1513) einging. (KOEPPLIN / FALK 1974, Bd. 2, S. 648).
4 Beschreibung der nackten Frauen, die als Sirenen den Einzug Philipp des Guten 1457 in Gent begleiteten, zit. in: HUIZINGA 1952, S. 339.
5 ZINSLI 1979, Kommentar zu Tafel 18.
6 *Quant je passe, lasse! au bon temps, / Que je me regarde toute nue / Quelle fus, quelle devenue!* – VILLON 1988, S. 109.
7 *Petiz tetins... / Mamelles toutes retraictes... / Le front ridé... / Les yeuly estains... / des cuisse [...] grivelees comme saulcisses!* VILLON 1988, S. 111.
8 Wahrscheinlich die barocke Kopie des verschollenen Pendants.
9 GREWENIG 1987, S. 100, Abb. 118 und 119.
10 BAXANDALL 1985, Tafel 57.
11 Spr. 31, 30.
12 FOUCAULT 1984, S. 27.

11. Ein Tödlein als Kabinettstück. Aus Schrecken wird Kunst.

Skelett in der Tumba.
Westschweiz um 1520.

Elfenbein und Ebenholz.
Tumba: H: 12; B: 42; T: 15 cm; Skelett L: 36 cm, untere Holzleiste erneuert.
Köln, Schnütgen-Museum, Leihgabe der Sammlung Ludwig, Aachen.

Der diamantschnittartig gemusterte, aufgeklappte Deckel scheint den Blick in einen Sarkophag freizugeben, in dem ein halb verwester, von Würmern und anderem Getier angefressener Leichnam liegt. Aber dies ist kein Sarkophag, sondern eine offen einsehbare Säulenarchitektur. Die Ecken und die Mitte sind mit elfenbeingeschnitzten, figurengeschmückten Pilastern betont, dazwischen stehen unterschiedlich gedrechselte Ebenholzsäulchen. Die Kleinplastik darin, das Skelett mit den grausigen, mit großer Kunstfertigkeit und Perfektion geschnitzten Details, die das Interesse der Renaissance an der Anatomie erkennen lassen, erinnert eher an die «Transi» monumentaler Fürstengräber des Hochmittelalters. Während die eigentliche Grabplatte die Idealgestalt des Toten repräsentativ und wie lebend oder just verstorben trägt, ist in einem offenen Untergeschoß die «Realität», nämlich ein der Vergänglichkeit und Auflösung anheimgegebener Leichnam zu sehen. Durch die kunstfertige Miniatur soll aber nicht das Andenken an eine bestimmte Person wachgehalten werden wie bei einem Grabmal. Dieser kostbar gestaltete Kasten ohne Wände ist mit seinem erschreckenden Inhalt schon die ganze Botschaft: Tod und Vergänglichkeit werden zum Bild, zum *memento mori*, zu einem höchst kunstvollen Meditationsobjekt. Es war sicher für eine Kunst- und Wunderkammer bestimmt und sollte selbst an diesem Ort des Kunstgenusses und des Studiums an die Unausweichlichkeit des Menschenschicksals erinnern. Die sechs Figürchen, die den Leichnam umstehen, sind zu Paaren geordnet: Kaiser und Papst, Patriarch und Sultan; der Mönch und der Edelmann tragen Schriftbänder, die die Botschaft des *memento mori* noch einmal in Worte fassen: *morir nous faut (wir müssen sterben)* sagt der Mönch, *quand dieu plat (wann es Gott gefällt)* der Edelmann. Auch in den Bilderfolgen und Dichtungen der mittelalterlichen Totentänze, denen das «Tödlein» im Programm gleicht, erscheinen Vertreter der verschiedenen Gesellschaftsschichten, die ohne Unterschied dem Tod begegnen.

H. W.-A.

Literatur: – Kat. Schnütgen-Museum 1968, S. 103f., Nr. 180, Abb. 180. – Kat. Ludwigslust 1992, S. 118, Nr. 91. – Kat. Kunst und Kultur, 1992, S. 204, Nr. 121.

Kat. 11

12. Ein Meditationsbild von der Vergänglichkeit des Lebens.

Lucas Cranach d.Ä. und Werkstatt. Hieronymus in Betrachtung eines Schädels, 1530er/40er Jahre.

Öl auf Holz, H: 50.5; B: 35 cm. Privatsammlung.

Die Ikonographie des Gemäldes gibt einige Rätsel auf. Man könnte an eine Lebensalter- oder Vanitas-Allegorie denken, wovon einzelne Momente – etwa der Schädel oder die Gegenüberstellung von Kind und Greis – im Bild zweifellos enthalten sind. Dennoch ist damit die Aussage als Ganzes nur unzureichend erfaßt. Vergegenwärtigt man sich die Gelassenheit des Greises, so bleibt man irritiert, und dies umso mehr, als die Darstellung sich durch äußerste Ökonomie der Mittel auszeichnet, eine Konzentration auf letztlich nur drei Elemente ohne jedes attributive Beiwerk, das zu einer Deutung weiterhelfen könnte.

Stilistisch ist das Bild recht sicher dem älteren Cranach zuzuweisen. Die Tendenz zur formalen Vereinfachung des Bildaufbaus, der völlig abgeschattete Hintergrund und die flächige Malweise, welche die Binnenformen klar voneinander scheidet, sprechen für eine späte Datierung[1]. Vor allem die etwas ungelenke Durchbildung des Kindes legt dabei eine Werkstattbeteiligung nahe.

Wenn nicht in einzelnen Details, so kann man doch in der Gesamtanlage des Gemäldes einen möglichen Anknüpfungspunkt für eine Deutung finden: als einen halbfigurigen, bärtigen alten Mann in Betrachtung eines Schädels stellt erstmals Dürer seinen während der niederländischen Reise 1520/21 entstandenen «Hieronymus» dar, mit dem er die in Antwerpen vorgefundene Form des halbfigurigen Porträts für das Thema des Heiligenbildes adaptierte[2]. Geht man von dieser Identifizierung aus, so lassen sich in den Hieronymus-Bildern sogar Cranachs physiognomische Ähnlichkeiten mit dem hier dargestellten Alten ausmachen[3]. Es bleibt noch die Anwesenheit des nackten Kindes zu klären. Hier könnten möglicherweise Vanitas-Allegorien als Vorbild gedient haben[4], die ihrerseits eng mit der Hieronymus-Ikonographie verbunden sind[5]. Eine auffallende Parallele findet sich in einer Vanitas-Darstellung in der Staatlichen Kunsthalle von Karlsruhe, bei der auf einer Inschrift das vergängliche Leben mit

Kat. 12

einer welkenden Blume gleichgesetzt wird[6].

Gerade der Totenschädel wird im späten 15. und frühen 16. Jahrhundert zu einem immer wichtigeren Attribut des hl. Hieronymus, wobei er sich zugleich «vom Bild des Schreckens zum Objekt philosophischen Nachdenkens» wandelt[7]. Cranach scheint an diesem Punkt ansetzend offenbar eine Neuformulierung des Themas zu versuchen. Die Reduktion der Bildelemente evoziert dabei eine «Neutralität» der Heiligendarstellung, durch die dem Betrachter eine Identifikationsmöglichkeit geboten wird, die der Lehrhaftigkeit vieler seiner reformatorischen Bilder fremd ist. Spürbar ist ferner ein humanistischer Einfluß, zu dem auch der nach Philosophenart drapierte Mantel des Hieronymus paßt. Trotz allem aber scheint die wohl vom Auftraggeber vorgegebene Thematik noch ihre Herkunft aus Luthers Wittenberg zu verraten, spricht doch aus der kontemplativen Haltung des Heiligen eine Heilsgewißheit, welche die tröstende Geste des Knaben nahezu überflüssig erscheinen läßt[8].

A. K.

---

1 Vgl. zu den späten Heiligenbildern u.a. SCHADE 1974, S. 66f. oder die Bemerkungen Köpplins im Kat. Cranach 1974–76, etwa S. 536 zu Nr. 387.
2 Dürers Gemälde heute im Museu Nacional de Arte Antiga, Lissabon.
3 Vgl. etwa FRIEDLÄNDER/ROSENBERG 1932, Nr. 94 (1979, Nr. 107); Kat. Cranach 1974–76, S. 548, Nr. 408.
4 Putto und Totenkopf werden erstmals auf einer 1458 datierten Medaille des Venezianers Giovanni Boldù zusammengebracht. Die italienischen Prototypen und ihre Nachfolge reich dokumentiert bei JANSON 1937 und SEZNEC 1937–38.
5 Bialostocki 1981, S. 282.
6 Karlsruhe, Staatliche Kunsthalle, Inv. Nr. 126: QUAM CITO MARCESCET FLOS SIC PROPERANTIBUS ANNIS PRECIPITI CURSU VITA CADUCA FUGIT M – XLVII (BRÜCKER 1963, Nr. 012).
7 So der Titel des 4. Kapitels bei WIEBEL 1988.
8 Interessant in diesem Zusammenhang die beiden von DÜLBERG 1990 angeführten Vanitas-Darstellungen auf Rückseiten von Porträts: S. 254f., Nr. 226 mit Abb. 278 und S. 257, Nr. 232 mit Abb. 282.

13. Ein Handtuchhalter erinnert im Alltag an die Vergänglichkeit des Lebens.

Handtuchhalter, 16. Jahrhundert.

Zirbe geschnitzt, Rückseite abgeflacht, polychrom gefaßt.
H: 48; B: 40 cm.
Innsbruck, Tiroler Volkskunstmuseum, Inv. Nr. F 289.

Kat. 13

Der Handtuchhalter ist ein Beispiel jener Gebrauchsgegenstände, welche das *memento mori* immerfort vor Augen führen. Er widerspiegelt Moralvorstellungen, wie sie in der frühen Neuzeit geläufig sind. – Körperpflege gehört zu den diesseitigen Alltäglichkeiten; wer sich reinigt und wäscht, ist nicht zu tadeln. Ermahnung scheint dann nötig, wenn zur Reinigung eitles Bewußtsein hinzutritt, das glauben machen könnte, körperliche Schönheit sei unvergänglich. Sie ist es nicht. Was einen Moment erblüht, wird doch wieder vergehn; und vielleicht ist das Ende gerade dann, wenn die Schönheit ihren Höhepunkt erreicht zu haben scheint, besonders nahe. – Solche Gedanken führt die prächtig geschmückte Figur dem, der sich am Tuch, das sie hält, trocknen will, bildlich vor. Sie vereint Leben und Tod in ergreifender Gleichzeitigkeit: Dem verführerischen Antlitz mit den aufgeworfenen weichen Lippen, dem sanften Blick und dem gepflegt gewellten Haar antwortet ein kahlköpfiger Schädel mit finstrer Augenhöhle und wüstem Grinsen; die Kleidung und der Schmuck des bildschönen Oberkörpers finden ihre Ergänzung im nüchternen Skelett, um das sich, als sei sie die Fortsetzung der Halskette, eng anliegend eine Schlange windet. Halb blühende jugendliche Frau, gekrönt und vornehm gekleidet, halb Gerippe und von Gewürm umschlungen: Unter diesen beiden Aspekten zeigt der Handtuchhalter, wie Leben und Tod als untrennbare Einheit zu denken sind, wie unmittelbar und gegensätzlich doch das eine dem anderen folgt. Die unerwartete Seitenzuweisung – Tod als der Person rechte Hälfte, Leben als ihre linke –, die in ihrer Chronologie der gewohnten Leserichtung widerspricht, verstärkt die Eindringlichkeit des *memento mori*, der mahnenden Aufforderung, ungeachtet aller Schönheit des Daseins schon auch im Diesseits des Todes eingedenk zu leben. Die Datierung des Objektes ist nicht

Memento Mori: Totenkasel Kat. 14

Kat. 14 Vorderseite

einfach. Während die Tracht einer seit dem frühen 16. Jahrhundert faßbaren Mode entspricht[1], verweisen Gesamtform und Gestaltung eher in die Zeit um 1600.

U. S.

Literatur: – BENKER 1976, S. 22. – GSCHNITZER 1983, S. 92. – MENARDI 1992, S. 43.

1 Freundlicher Hinweis von Sigrid Pallmert, Zürich.

14. «Über alle ohne Unterschied habe ich Herrschaft»

Totenkasel, 17. Jahrhundert.

Samt; – Seidenstickerei und -applikation, Augsburg, vor 1630.
H: 118; B: 78 cm.
Kasel in Baßgeigenform aus schwarzem, ungemustertem Samt mit Applikationen kolorierter Seide, Seidenstickerei und einer Einfassung mit Klöppelspitzen aus Silberlahn. Einzelmotive über einer Papierunterlage appliziert und mit Silberschnürchen konturiert, die Binnenzeichnung teilweise gemalt und mit farbiger Seide in Plattstich schraffiert. Der Samt partienweise, vor allem im Schulterbereich, abgerieben. Seidentaftfutter erneuert. Zugehörige Stola und Manipel (nicht ausgestellt) weitgehend erneuert.
Kremsmünster, Kunstsammlungen
Stift Kremsmünster

Die rückwärtige Schauseite der Kasel nimmt eine ganzflächig angelegte Bildkomposition auf. Dargestellt ist das Thema des über irdische Macht, Kriegsruhm, Freuden und Eitelkeiten triumphierenden Todes in Gestalt eines auf eine Sense gestützten Totengerippes. Es steht, hochaufgerichtet, inmitten von Krone, Tiara, Szepter, Pedum, Helm und Lanze sowie Büchern, Gemälden und Musikinstrumenten – Motiven, die, Trümmern ähnlich angehäuft, die Vergänglichkeit irdischen Strebens symbolisieren. Auf dem geöffneten Buch die Inschrift *IN OMNES SINE DISCRIMINE MIHI EST IMPERIUM* (Über alle, ohne Unterschied, habe ich die Herrschaft).

Der harte farbliche Kontrast, die auf Untersicht angelegte Gestalt wie die Überschneidung des Schädels mit der oberen Bordüre prägen den drastisch-theatralischen Gesamteindruck. Auf der Brustseite steht vor gekreuzten Knochen die Darstellung eines Totenkopfes, durch dessen Mund und Augenhöhlen sich Schlangen winden, darüber Stundenglas und Zifferblatt. Als Einfassung dient eine girlandenartige Bordüre mit Todessymbolen wie Knochen, Stundenglas, Bahre, Katafalk u. a., die die Motivik fortführen.

Die Kasel wurde 1630 auf dem Linzer Ostermarkt von dem Augsburger Handelsherrn Michael Pfalzer angeboten, der sich auf den Vertrieb von Paramenten spezialisiert hatte und wahrscheinlich selbst Augsburger Seidensticker für seine Aufträge beschäftigte. Die Erwerbung der Kasel durch den damalige Abt des Benediktinerstiftes, Anton Wolfradt, steht in Zusammenhang mit der von ihm eingeleiteten vollständigen Erneuerung des Paramentenbestandes des

Memento Mori: Totenkasel Kat. 14

Stiftes. Seither wurde die Kasel beim Requiem für den Stifter des Klosters getragen.

Eine graphische Vorlage für die Stickerei kann in der «Anatomie» des Andreas Vesalius nachgewiesen werden, die mit Illustrationen von Jan von Calcar (1499–1546/50) in Augsburg verlegt wurde und sich an Maler und Bildhauer richtete. So bietet die wissenschaftliche Auseinandersetzung zwischen Medizin und Kunst im 16. Jahrhundert einen Ansatzpunkt für die Figuration des Todes als Skelett. Hierin wird zugleich ein durch Humanismus und Reformation getragener Bedeutungswandel offenbar. Die Betonung der Vergänglichkeit aller irdischen Werte und des individuellen Schicksals führen in der Folgezeit zu einem Motivwandel der machtvollen Personifikation des Todes, der sich in der Grabskulptur, in Trauerspiel und Erbauungsliteratur manifestiert.

Die vielfach durch Flugblätter verbreiteten Darstellungen finden auch in der Textilkunst des 17. und 18. Jahrhunderts ihren Niederschlag. In Deutschland, vor allem aber in den südeuropäischen Ländern, entstanden Trauerornate mit gleichartiger Motivik. Eine der Kasel aus Kremsmünster vergleichbare Gestaltung (Stickerei in Sprengtechnik) findet sich auf einer Totenkasel des 18. Jahrhunderts aus der Pfarrkirche St. Heribert in Köln-Deutz (heute im Erzbischöflichen Diözesanmuseum Köln), ferner ein in den Einzelmotiven vereinfachtes Antependium für Seelenmessen des 18. Jahrhunderts in der Pfarrkirche St. Peter zu Oelinghausen.

Obschon in der Gliederung strenger, kann eine Gruppe von Totenkaseln des 17. und 18. Jahrhunderts, meist spanischer Herkunft, hier zugeordnet werden. Sie ist durch eine weitergehende Motivreduktion gekennzeichnet. In gleichartiger Auffassung sind Einzelmotive, wie Totenkopf und Knochen, in ornamental gestaltete Kaselstäbe einfügt. Liturgische Gewänder dieser Art, die auch durch die Technik der Seidenapplikation und Stickerei parallele Züge aufweisen, finden sich u.a. in Köln, Schnütgen-Museum (Inv. Nr. P 235), im Escorial, Madrid (Trauerkasel Philipps II. von Spanien, 1598), in Moguer (Huelva), Museo Diocesano sowie in Wien, Österreichisches Museum für angewandte Kunst (Inv. Nr. T 8937; hier eine deutsche Stickerei des 18. Jh.).

G. S.

Kat. 14 Rückseite

Literatur: – Inventar von Kremsmünster 1697 (Hs.), S. 28, Nr. 16. – VESAL 1706, Taf. A 2. – WERNER (um 1920), S. 39ff. – WITTE 1926, Taf. 38,2. – KELLNER 1951, S. 397. – Kat. Augsburger Barock 1968, Nr. 574. – Kat. Meisterwerke 1972, Nr. 1. – Kat. Raiment 1975, Nr. 81. – Kat. Bilder und Tänze 1982, Nr. 167 u. 168. – ÖKT XLIII, 1. Teil, S. 534. – LOINIG 1991, S. 92.

JENSEITSVORSORGE

15./16. Im mittelalterlichen Zeitverständnis beginnt die Welt mit Gottes Schöpfung und endet mit dem Weltgericht am Jüngsten Tag.

Schedelsche Weltchronik von 1493. Titelholzschnitt mit Gottvater (Bl. 1v); Einzelblatt mit bemalten Besitzerwappen (diese nicht identifiziert).
Weltgericht (Bl. 262r).

Nürnberg: Anton Koberger, 23. Dezember 1493.
Originale Blattgröße, H: 47; B: 32.5 cm.
Rudolstadt, Thüringer Landesmuseum Heidecksburg, Inv. Nr. Gr. 130/65 (Titelholzschnitt).
Zürich, Zentralbibliothek 3.2 (Weltgericht).

Die Weltchronik des Nürnberger Stadtarztes Hartmann Schedel ist ein Gemeinschaftswerk von sieben Personen. Laut des erhaltenen Vertrags von 1491 waren der Kaufmann Sebald Schreyer und sein Schwager Sebastian Kammermeister die Geldgeber dieses mit 1809 Holzschnitten bildreichsten Werkes aus der Frühzeit des abendländischen Buchdrucks[1]. Als Vertragspartner zeichneten die Nürnberger Künstler Michael Wolgemut und Wilhelm Pleydenwurff. Gedruckt wurde die Chronik bei Anton Koberger, dem damals bedeutendsten Drucker Deutschlands. Initiant dieses Unternehmens war vermutlich Hartmann Schedel oder ein Mitglied des Nürnberger Freundeskreises, unter ihnen in erster Linie Sebald Schreyer. Weitere Mitarbeiter waren der Arzt und Kosmograph Hieronymus Münzer, gen. Monetarius, der die letzten Seiten der Chronik und die Deutschlandkarte beisteuerte, sowie der Nürnberger Stadtschreiber Georg Alt, dem die deutsche Übersetzung oblag. Die lateinische und die deutsche Ausgabe erschienen beide 1493. Autor des Textes war Schedel, dessen umfangreichste Bibliothek der Stadt die Voraussetzung für die Weltchronik bildete.

Das vorliegende Werk entstand während der Hochblüte des Nürnberger Geisteslebens zur Zeit des bürgerlichen Frühhumanismus. Es bildete drucktechnisch, organisatorisch und kommerziell[2] eine überragende Leistung, während durch die Technik des Holzschnittes die Illustrationen auf eine neue künstlerische Stufe geho-

Kat. 15 Weltschöpfung

Kat. 16 Weltgericht

ben wurden. Vom inhaltlichen Standpunkt her stellt das Werk eine Kompilation dar, eine «imposante Ab-, Um- und Nachschreibe-Arbeit»[3].

Der Text entspricht im Aufbau der mittelalterlichen Weltchronistik[4]. Heilslehre und Universalhistorie werden miteinander kombiniert. Analog den sieben Schöpfungstagen wird die Geschichte in sieben Weltalter unterteilt. Das Buch beginnt mit der Erschaffung der Welt und endet im ursprünglichen Konzept mit dem Weltgericht. Daß unter den Nürnberger Humanisten die bisher gültige «Sieben-Zeitalter-Weltchronistik» ihre Verbindlichkeit zu verlieren begann, zeigt sich in einem schwerwiegenden Kompromiß, den Schedel eingegangen ist. Mehrere Länderbeschreibungen, die besser im sechsten Zeitalter untergebracht worden wären, trafen erst nach Redaktionsschluß ein. Anstatt darauf zu verzichten, wurden sie kurzerhand hinter dem Weltgericht angefügt[5]. Konrad Celtis, der führende deutsche Humanist seiner Zeit, hätte denn auch für eine nicht realisierte zweite Auflage ohne Wissen von Schedel den Text überarbeiten und das mittelalterliche Weltbild durch ein humanistisches ersetzen sollen. Daß dieses Vorhaben unterblieb, lag an einem erfolgreichen Raubdruck des Augsburger Druckers Johann Schönsperger, den er 1496 als verkleinerte und günstigere Volksausgabe veröffentlichte.

Buchkäufern, die sich der traditionellen Historiographie verpflichtet fühlten, bot Schedel in seiner Chronik die Möglichkeit, sich selbst in den Heilsplan einzubinden. Die Bilderfolge beginnt mit einem kraftvoll gestalteten Holzschnitt, der Gottvater als Weltschöpfer auf dem Thron zeigt. Unterhalb des stilisierten Wolkenkranzes präsentieren zwei bewegte Wilde Männer Wappenschilde, die im Druck leer stehen. Sie konnten vom Buchbesitzerpaar mit der eigenen Heraldik bemalt werden (Kat. 15). Den vorteilhaften Positionen ähnlich, welche die Stifter in Altargemälden einnehmen, standen dann die Familienwappen dem Himmel nahe.

Wer die Chronik nach dem ursprünglichen Plan liest, gelangt am Ende zum Weltgericht und zur Betrachtung der Letzten Dinge (Kat. 16). Auf einer Weltkugel mit Landschaft und dem Regenbogen thronend segnet Christus mit seiner Rechten die Seligen und weist mit der Linken die Verdammten in die Hölle. Maria und Johannes der

Täufer knien als Fürbitter der Menschen zu beiden Seiten. Mit dem Schall ihrer Tuben rufen zwei Engel die Menschen aus ihren Gräbern. Diese liegen als rechteckige Schächte in einer wüsten Landschaft. Zur Linken Christi öffnet sich das Höllenfeuer, in welchem der reiche Prasser prominent auf seine Zunge zeigt und sich vom armen Lazarus wünscht, daß er sie benetzt. Petrus steht mit großem Schlüssel vor dem Wolkentor, durch das die Schar der Seligen in den Himmel zieht. Zwischen den beiden Polen ragen vier Gestalten aus den Gräbern heraus. Während für die Rückenfigur im Hintergrund das Urteil noch offensteht, ist für die (offenbar der Luxuria verfallene) Frau der Fall entschieden; ein Teufel zieht sie am offenen Haar zur Hölle hin. Es bleiben die beiden Gestalten im vordersten Grab. Sie wenden sich dem Zug der Erlösten zu; der Gefährdung durch die Hölle sind sie offenbar entgangen. Bei den Gestalten, die dem Bildbetrachter am nächsten sind, handelt es sich um Identifikationsfiguren, wie sie in Weltgerichtsdarstellungen des späteren 15. Jahrhunderts häufig auftreten. Haben sich hier der Herausgeber Schedel und sein Holzschneider Wolgemut auf der Seite der (fast schon) Geretteten dargestellt oder soll sich darin der Buchkäufer in günstiger Position wähnen dürfen?

R. G. / J. H. / P. J.

Literatur: –RÜCKER 1973. – RÜCKER 1988. – PÖRTNER 1993.

---

1 RÜCKER 1973, S. 7.
2 Ebda., S. 84.
3 PÖRTNER 1993, S. 609.
4 Vgl. den Artikel «Chronik» in: LMA 2, Sp. 1954-2028.
5 Blatt 263r: *Jewol allererst nach beschluß des buchs uns die nachfolgenden beschreybungen [...] zu komen sind, yedoch haben wir dieselben als neben an andern güter gedechtnus wolwirdig im ende diß buchs nit unbegriffen laßen wöllen.*

Der heilige Michael.

Der Name, der sich in der letzten Stunde dem Sterbenden in seiner Verlassenheit anbietet, ist jener des Schutzengels der Hingeschiedenen: des heiligen Michael. Ursprünglich ist sein Name, *Mi-ka-el* auf hebräisch, ein Schrei, eine Frage, ein Geheimnis: «Wer (ist) wie Gott?»[1]. Im Alten Testament ist Michael der große Fürst[2], der Schutzengel und Anführer des hebräischen Volkes[3]. Sehr früh schon wird ihm die wichtige Rolle des Hüters der Pforte des Paradieses übertragen[4]. Im Neuen Testament besitzen die Engel als Vollstrecker der Befehle des Herrn ihren erklärten Platz zwischen Gott und dem Volk. Oft von Raphael und von Gabriel begleitet, gehört Michael zur Gruppe jener Engel, die einen höhern Rang einnehmen. Unter ihnen hat er den ersten Platz inne[5]. Die Bezeichnung «Erzengel», d.h. «Höchster Engel», erscheint zum ersten Mal bei Paulus, der von der «Stimme des Erzengels» als dem Künder der Parusie, der Wiederkunft Christi beim Jüngsten Gericht, spricht[6]. Der Name Michael wird in keinem der vier Evangelien erwähnt, doch ist er im Brief des Judas im Zusammenhang mit dem Tod und als Widerpart des Teufels genannt[7]. Am stärksten hat die Offenbarung des Johannes den Kult des heiligen Michael beeinflußt. Sie weist dem Erzengel seine berühmteste Rolle zu, die des Bezwingers des Drachen oder des Teufels, der Sinnbilder des Bösen[8].

Neben den vorstehend genannten Aufgaben (Engel des Paradieses, Streiter und Verkünder der Parusie) bekleidet der heilige Michael zwei weitere wichtige Rollen im Totenkult, jene des Seelenwägers und jene des Begleiters der Seelen ins Paradies, beide in der mittelalterlichen Ikonographie sehr verbreitet. Als Seelenwäger mit der Waage wird der Engel der Gerechtigkeit sowohl im Welt- als auch im Partikulargericht dargestellt. Meistens wird diese Funktion von einem unbenannten Engel wahrgenommen. Die Ausstattung als Krieger, als Ritter oder auch die reichere Bekleidung des Waageträgers erlauben es aber, in ihm den Erzengel Michael zu erkennen. Das Motiv der Seelenwägung ist in der Menschheitsgeschichte sehr alt[9] und hat mit Sicherheit schon früh Eingang ins Christentum gefunden. Im 4. Jahrhundert erläutert Augustinus in einer Pfingstpredigt die Rolle der Waage beim Jüngsten Gericht[10]. Der «Psychopomp» begleitet die Seelen zur Pforte des Paradieses[11]. In diesem Sinn wird Michael vom Zelebranten im Offertorium der Totenmesse[12] angerufen. Auf gleiche Weise werden bei der Letzten Ölung die Engel generell genannt, in dem Augenblick nämlich, da der Kranke seinen letzten Atem aushaucht[13]. So ist der heilige Michael immer wieder in den liturgischen Texten gegenwärtig. Im Offertorium der Festgottesdienste wird er als Fürbitter bei Gott[14] angerufen und zwar bei der Beweihräucherung des Altars. In den Gebeten nach der stillen Messe ist er der Beschützer der Seelen vor dem Teufel[15].

Eine überaus reiche Ikonographie des heiligen Michael wiederspiegelt die Vielzahl der Rollen, die dem Erzengel im Totenkult zukommen.

L. S.

---

1 *Michael* (hebr.) ist im Lateinischen mit *Quis sicut hel* (mit der Beibehaltung des originalen göttlichen Namens *hel* = Gott) wiedergegeben; es handelt sich um den Beginn der Inschrift auf den beiden Bändern, die ober- und unterhalb des Feldes auf der Vorderansicht des Altars von Basel dargestellt sind, wo der Erzengel anstelle von Christus die Weltkugel trägt. Die am häufigsten verwendete lateinische Übersetzung lautet *Quis ut Deus*. Kat. Cluny 1985, S. 233.
2 Dn. 10, 21: *... und niemand steht mir bei in all diesem, als Michael, euer Fürst.*
3 Dionysius Areopagita erinnert daran, indem er auf das Buch Daniel hinweist: «... la théologie réserve aux anges le soin de notre hiérarchie, appelant Michel l'archonte du peuple juif...», in: GANDILLAC 1980, S. 219; «... la théologie rapporte également que Michel préside au gouvernement du peuple juif.» Ebda., S. 221.
4 Im apokryphen Evangelium des Nikodemus: *Während er so in das Paradies zog, hielt er Adam, den Ahnherrn, an der Hand und übergab ihn sowie alle Gerechten dem Erzengel Michael,* in: WEIDINGER 1990, S. 489.
5 BAUDOT 1971, S. 18.
6 1. Thess. 4, 15: *Denn der Herr selbst wird beim Aufgebot, bei der Stimme des Erzengels, und bei der Posaune Gottes, vom Himmel herabsteigen...*
7 Jud. 9: *Da doch selbst Michael, der Erzengel, als er mit dem Teufel in Streit und Wortwechsel über den Leichnam des Moses geriet...*
8 Apk. 12,7f.: *Und es erhob sich ein großer Streit im Himmel: Michael und seine Engel stritten mit dem Drachen, und der Drache stritt samt seinen Engeln; aber sie siegten nicht, und ihre Stätte ward nicht mehr gefunden im Himmel.*
9 Totenbuch, Ägypten, Neues Reich (1560–1070 v. Chr.). Zitiert bei GONDINET-WALLSTEIN 1990, S. 110.
10 *Appendat me in statera iusta et sciat Deus simplicitatem meam* (Gott möge mich auf gerechter Waage wägen, so wird er meine Einfalt erkennen). *...Erit Tibi sine dubio compensatio bonorum malorumque et velut in statera posita utraque pars...* (Ohne Zweifel wirst Du Deinen Lohn für alles Böse und alles Gute erhalten, und wie auf den Schalen einer Waage wird

jedes von beiden vorliegen...). Zit. nach KRETZEN-
BACHER 1958, S. 59.
11 GREGOR VON TOURS, Zehn Bücher Geschichten, S. 48: *Ecce anima puellae Michahel angelus suscepit, et ipse eam ad caelos evexit.*
12 BOMM 1958, S. 1066f.: *Domine Jesu Christe, Rex gloriae, libera animas omnium fidelium defunctorum de poenis inferni et de profundo lacu: libera eas de ore leonis, ne absorbeat eas tartarus, ne cadant in obscurum: sed signifer sanctus Michael repraesentet eas in lucem sanctam: Quam olim Abrahae promisisti et semini ejus.*
13 Collectio Rituum, S. 85: *Subvenite Sancti dei, occurite Angeli Domini, Suscipientes animam ejus, Offerentes eam in conspectu Altissimi. Suscipiat te Christus, qui vocavit te, et in sinum Abrahae Angeli deducant te.*
14 BOMM 1958, S. 1066f.: *Per intercessionem beati Michaelis archangeli stantis a dextris altaris incensi, et omnium electorum suorum, incensum istud dignetur Dominus benedicere, et in odorem suavitatis accipere.*
15 BOMM 1958, S. 423: *Sancte Michael, Archangele, defende nos in praelio; contra nequitiam et insidias diaboli esto praesidium. Imperet illi Deus, supplices deprecamur. Tuque, princeps militiae caelestis satanam aliosque spiritus malignos, qui ad perditionem animarum pervagantur in mundo, divina virtute in infernum detrude.*

17. Michael der Seelenwäger ist der Schutzengel frommer Menschen.

Seelenwägung und Gebet, 1493.

Inkunabel. H: 20; B: 14.3 cm.
Ein loblich und nutzbar/lich buchelein von dez sterben wie ein itzlich/christen mensch recht yn warem christe(n) glau/be(n) sterbe(n) ßal un(d) d'anfechtu(n)g des boße(n) gey=/stes widder steehn Durch manche nutzbarliche lere der lerer der heyligen schrifft, Leipzig: C. Kachelofen, 1493.
Zwickau, Ratsschulbibliothek, 17.10.11./13.

Kat. 17

In einer felsigen Landschaft wägt Michael mit erhobenem Schwert eine Seele. Ein Teufel beschwert die Gegenschale mit Lasten des irdischen Lebens und versucht das Übergewicht zu gewinnen. Allein die Guten Taten überwiegen. Ein zweiter Engel nimmt am rechten Bildrand die Seele, die sich dem hl. Michael anempfohlen hat, in den Himmel. Unterhalb von Michael öffnet sich eine weite Höllenschlucht. Sie soll in erster Linie zeigen, vor welch großen Gefahren der Erzengel jene Menschen, die bei ihm Zuflucht suchen, bewahren kann. Zwei Teufel torturieren eine Gestalt im Butterfaß, ein weiterer verfolgt mit erhobenem Haken einen Fliehenden und ein gehörntes Teufelsmonster mit Bauchgesicht rührt den Höllentopf, in welchem vier Seelen gesotten werden. Die Köpfe weiterer Verdammter sind zwischen den Flammen auszumachen. – Die Zuversicht, die Michael jenen verleiht, die seinen Schutz suchen, kommt im beigefügten Gebet zum Ausdruck:

*Ein schon gebet von sant michael
Heiliger engel gotes, der du mein huter bist von der ewigen krafft, richt mich auß unnd beschirm mich. Ich bitte dich du engelischer geyst, dem ich armer, unwirdiger entpfolhen bin, tzu vorsehen, unnd der du mich behutest on underlaß vor alles anlauffe des teufels. Und tzu allen stunden schlaffend und wachend, ßo hab mich nun yn deiner hut und pflege. Und volge mir, wo ich gehe unnd stehe unnd vortreib von mir durch dein krafft alle bekerunge. Unnd was ich umb got nicht vordinet habe, das erwirb mir du heyliger engel mit deinem aller barmhertzigisten richter. Und wen du wirst schawen, das ich bin irre gegangen yn untugenden, ßo fleyß du dich, das du mich widder bringest auff den weg der gerechtigkeit, das ich gehe tzu meinem schopffer, das ich umb mein wergk und umb dein huth mit sampt der heyligen muter gottes und allen heyligen ewigklichen auch frewe, Amen.*

P. J.

18. Wer Gute Werke leistet, verkürzt seine Leidenszeit im Fegefeuer und gelangt schneller in den Himmel.

Arme-Seelen-Altar der Stifter Sigmund und Elisabetha Graner, 1488.

Flügelretabel mit Flachreliefs innen und Bemalung außen. H: 124; B: 188 cm.
Auf dem Rahmen: herr Sigmund graner Elizabeta sein hausfraw m cccc lxxxviii.
Regensburg, Museen der Stadt Regensburg, HV 1415.

Das Retabel stammt aus der Stiftskirche zur Alten Kapelle in Regensburg[1] und wurde laut Datierung auf der Sockelleiste 1488 hergestellt. Als Auftraggeber sind der bereits vier Jahre früher verstorbene Ratsherr Sigmund Graner († 1484) und seine Gattin Elisabeth Englmayr († 1491) genannt[2]. Die gemalten Außenflügel tragen die Schutzpatrone der Familie, die Heiligen Simon und Bartholomäus. Die Sonntagsseite zeigt in Flachrelief-Technik eine einzigartige Umsetzung spätmittelalterlicher Jenseitsvorstellungen.

Im Hauptbild, dessen Größe der Fläche von vier Nebenszenen entspricht, erscheint der richtende Christus zwischen den Fürbittern Maria und Johannes d. T. Im blauen Grund erinnern Konturen daran, daß einst noch zwei Engel vorhanden waren, welche die Tuben des Weltgerichts oder Attribute der Passion getragen haben dürften. Unterhalb von Christus wird die Stifterfamilie durch die persönlichen Patrone zum gnädigen Gericht anempfohlen. Vor dem hl. Simon kniet Sigmund Graner und vor dem hl. Bartholomäus Elisabeth Englmayr mit den beiden Töchtern. Vor der Stifterin steht ihr Wappen; jenes des Mannes ist verloren. Beidseits der Stiftergruppe sind zwei eigenständige Motive angefügt. Rechts bietet Maria Vertretern der geistlichen und weltlichen Stände Mantelschutz. Links läßt sich ein *Fons pietatis* rekonstruieren: Auf entsprechenden Holzschnitten entspringen aus der Seitenwunde Christi Hostien, welche im kastenartigen Fegefeuer die Armen Seelen laben.

Die vier nebeneinanderliegenden Bildfelder am unteren Rand dürften als die Bereiche der Unterwelt zu deuten sein. Links ist die Vorhölle in der Form eines aufgebrochenen Kerkers zu sehen, aus welcher Christus Adam und Eva und die Patriarchen befreit hat. Es folgt das Fegefeuer in Form eines Gebäudes für die Armen Seelen, denen Engel Hilfe bringen. Die vier brennenden und mit Ketten verschlossenen Kuppelöfen im nächsten Bild stellen die Hölle dar; ein Teufel und ein Engel sorgen dafür, daß niemand entrinnt. Am Schluß folgt wieder ein Kerker, diesmal aber verschlossen und von einem Engel bewacht. Im Gegensatz zur Hölle scheint es kein Strafort zu sein, denn es fehlen Flammen und Teufel. Naheliegend ist die Deutung als Limbus, in welchem die ungetauft verstorbenen Kinder in einem Neutralzustand verharren.

Die zwei oberen Bilder auf den beiden Flügeln fügen sich zu einem Gute-Werke-Zyklus zusammen. Links oben ist ein Meßopfer abgebildet. Darunter werden den Werken der Barmherzigkeit entsprechend «Nackte bekleidet» (Mt. 25,36). Auf dem rechten Flügel folgen oben «gutes und schlechtes Gebet»: Während die Gedanken der rotgekleideten Gestalt den hinter ihr aufgereihten Geschäften nachhängen, betet der Mann im dunklen Mantel andächtig zu Christus. Ursprünglich dürfte er eine Gebetsschnur in den Händen gehalten haben[3]. Im letzen Bild wird schließlich (wieder mit Bezug auf Matthäus 25) ein Pilger beherbergt. In drei der vier Szenen erscheinen Engel, welche die Hostie, das Gewand und die Pilgertasche in Empfang nehmen. Gleiches ist für das Gebetsbild zu vermuten: ein (heute verlorener Engel) wird die Gebetsschnur ergriffen haben. Diese vier Objekte werden jedenfalls durch vier Engel den Armen Seelen im Fegefeuer überbracht. Daraus ist die Lehre abzuleiten, daß Gute Werke die Leidenszeit im Purgatorium verkürzen. Daß das Meßopfer am wirkungsvollsten ist, zeigt sich daran, daß der Kelch eben eine Seele erlöst; ein Engel öffnet ihr die Tür.

Die Bedeutung des Graner Retabels liegt in der Konsequenz, mit der es die spätmittelalterliche Jenseitslehre verbildlicht. Die Stifter sind in ein umfassendes System von Guten Werken, Unterwelt, Gericht und Erlösung eingebunden. Indem die Auftraggeber ihre Vertrautheit mit den Möglichkeiten der Erlösung zum Ausdruck bringen, wird das Retabel zum Wunschbild, das den Weg ihrer Errettung aufzeigen soll. – Allerdings werden auch die Grenzen spürbar, die der künstlerischen Umsetzung theologischer Konzepte gesetzt sind. Obschon die vier nebeneinanderliegenden Unterweltsszenen im Sockel durchaus plausibel illustriert sind, bleiben sie schwer entschlüsselbar. Bis anhin hat man denn auch die beiden äußeren Kerker fälschlich als Gute Werke, d.h. als Gefangenenbesuch und als Totendienst vor dem Beinhaus, gedeutet. Daß diese Interpretation fehl geht, zeigt sich an den Erlösungsattributen im Fegefeuer: Es sind nur vier vorhanden; Gefangenenbesuch und Totendienst fehlen. Im Umstand, daß Mißverständnisse leicht möglich sind, liegt wohl der Grund, weshalb die Bildkonzeption des Graner Retabels trotz ihrer Raffinesse nicht zu einem ikonographischen Standard geworden ist.

P. J.

Literatur: – HALM 1922. – Kat. Luther 1983 (Nürnberg), Nr. 443. – BOOCKMANN 1986, Nr. 333. – Kat. Evangelische Kirche Regensburg 1992, Nr. 10.

---

[1] Ursprünglicher Aufstellungsort dürfte die nordöstliche Ecke des Querschiffs gewesen sein (Kat. Evangelische Kirche Regensburg 1992, S. 229).
[2] Die historischen Daten nach HALM 1922, S. 14.
[3] Vgl. HALM 1922, Abb. 11.

19. Die Wallfahrt mit totgeborenen Kindern zur Marienkapelle in Oberbüren (Kanton Bern).

Auf einer Hügelkuppe unweit des Städtchens Büren an der Aare liegt der Weiler Oberbüren, der im ausgehenden Mittelalter einer der bekanntesten Wallfahrtsorte der Schweiz war. Zum wundertätigen Marienbild in Oberbürens Kapelle sollen allein bis 1486 gegen 2000 totgeborene Kinder[1] aus der näheren wie weiteren Umgebung und sogar aus dem nahen Ausland gebracht worden sein, da sie an dieser Gnadenstätte angeblich wieder zum Leben erweckt, hernach getauft und damit auch christlich bestattet werden konnten. Heute ist von diesen Geschehnissen oberflächlich nichts mehr zu sehen, doch die Rettungsgrabungen von 1993 im Areal «Chilchmatt», die vom Archäologischen Dienst des Kantons Bern[2] durchgeführt wurden, erhellen anhand der im Boden noch erhaltenen Zeugnisse das damalige Geschehen rund um die Wallfahrt.

Die Schriftquellen[3]: 1302 wird eine «capelle in Oberburon» in den Schriftquellen erstmals ausdrücklich genannt; für das Jahr 1470 ist ein Neubau überliefert. Im letzten Viertel des 15. Jahrhunderts geschahen verschiedene Wunder, worauf bald eine Wallfahrt in großem Umfang einsetzte. Ein wichtiger Auslöser war ein zum Ertränken in die Aare geworfener Kirchendieb, der wohlbehalten wieder aus der Aare auftauchte, in der Hand einen grünen Zweig haltend, den ihm angeblich die Muttergottes von Oberbüren als Zeichen der Errettung gegeben habe. Dieses Ereignis bewirkte einen wahren Sturm auf Oberbüren, wobei die Dankeswallfahrt des Kirchendiebs nach Rom für die rasche Verbreitung der Kunde von den Wundertaten weit über die Grenzen hinaus sorgte. Denn das wundertätige Marienbild half nicht nur gegen «not vom wasser», sondern es verhalf auch zur Wiedererweckung totgeborener oder sonst ungetauft verstorbener Kinder. Die dabei erwirtschafteten Geldsummen widerspiegeln indirekt den Andrang an diese Gnadenstätte: Waren es 534 Pfund im Jahre 1482, soll die Summe 1528 bereits auf über 30'000 Pfund angestiegen sein[4]. Bern, welches ab 1495 das Kollaturrecht für die Kapelle übernahm, förderte die Wallfahrten insbesondere aus wirtschaftlichen Interessen, wohl um die hohen Auslagen des St. Vinzenzenstifts (Münsterbau) zu decken. Der Bischof von Konstanz meldete hingegen Zweifel an den Wundertaten an und wandte sich deshalb mit einem detaillierten Untersuchungsbericht sogar an den Papst in Rom. Der Untergang des Wallfahrtsortes kam jedoch erst mit der Reformation. Ein aus Bern angereister Ratsherr soll das Marienbild eigenhändig verbrannt haben. Die Tatsache, daß Bern 1530 verordnete, die Kapelle sei bis auf die Fundamente zu zerstören, dürfte darauf hindeuten, daß die Kapelle im Volksbewußtsein weiterhin als Gnadenstätte galt und die Wallfahrten andauerten. Erst nach Schleifung des übriggebliebenen Turms (Gebot des Berner Rats von 1532) kam das endgültige Ende der Wallfahrt[5].

Kat. 19

Weshalb man totgeborene oder ungetauft verstorbene Kinder wieder zum Leben erwecken wollte, liegt im katholischen Dogma begründet, wonach ein ungetaufter Mensch kein Christ sei, deshalb auch nicht in geweihter Erde begraben werden dürfe und schließlich auch keine Aussicht auf die Erlösung am Tag der Auferstehung habe. Ohne Taufe blieben Kinder mit der Erbsünde behaftet und daher vom ewigen, seligen Leben ausgeschlossen. Schon Augustinus (354–430, Bischof von Hippo) überantwortete die ungetauften Kinder dem Höllenfeuer[6]. Nach Ansichten anderer großer Theologen würden die ungetauft verstorbenen Kinder in der Finsternis aufbewahrt oder Gott würde ihre Seelen nach dem Gericht im dann verlassenen Läuterungsort oder in der richtigen Hölle verwahren, wo er sie aber vor dem Feuer beschützen könne[7]. Der «Limbus puerorum» – eine Vorhölle für Kinder – wird beschrieben als Ort der Finsternis unter der Erde, aus dem es für alle Zeiten keine Rückkehr gibt[8]. Noch nach der Reformation blieb im bernischen Gebiet wie auch anderswo das alte Gedankengut zum Schicksal ungetauft verstorbener Kinder tiefverwurzelt: Nicht nur glaubte man, ein solches Kind werde nicht selig, käme in den Limbus oder geistere als unerlöste Seele umher. Ein Ungetauftes war auch bedrohlich: Es hätte sich rächen und zum Auslöser von Seuchen (wie z.B. der Pest[9]) werden können. Diese Vorstellungen lassen die Not der geängstigten Eltern nachvollziehen und erklären, weshalb man alle verfügbaren Mittel anwendete, um ein Kind nicht ungetauft begraben zu müssen. Das katholische Kir-

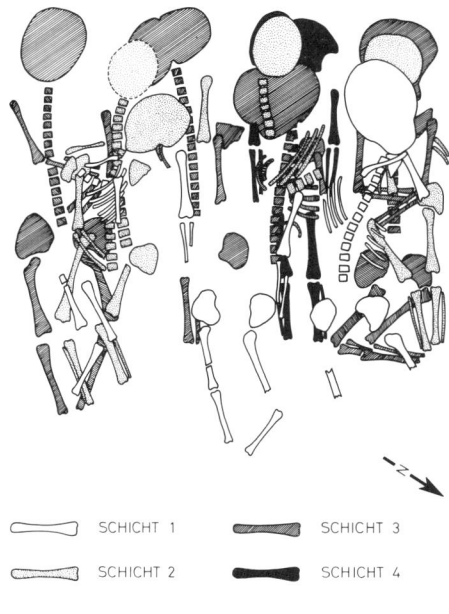

Abb. 116 Rekonstruktion der Grabgrube 17 nach Bergung im Gipsblock: Zwölf über- und nebeneinander bestattete Kinder (fünf Frühgeburten und sieben Neugeborene). Beleg für das gleichzeitg erfolgte Begräbnis dieser «Totgeborenen» (oberste Schicht gestört). Rekonstruktion: Domenic Rüttimann (Historische Anthropologie Bern), Reinzeichnung: Heinz Kellenberger (AAM).

chenrecht erlaubte bei einem gefährdeten Neugeborenen die Nottaufe. Man konnte (und sollte) es sogar noch im Mutterleib taufen, wozu spezielle Taufspritzen entwickelt wurden. Während der Geburt gestorbenen Müttern wurde das Kind (sofern es noch lebte) herausgeschnitten, um es zu taufen (vgl. den Aufsatz von Illi in diesem Katalog). Kam ein Kind aber trotz aller Vorsorge tot zur Welt, so gab es als letzte Möglichkeit die Wallfahrt zu einer Stätte[10], an der tote Kinder für kurze Zeit zum Leben erweckt werden konnten. In Oberbüren sollen es gewisse, von den weltlichen Behörden bestimmte Frauen gewesen sein, die die toten Kinder zwischen glühenden Kohlen und mit ringsum hingestellten brennenden Kerzen und Lichtern erwärmten. Dem Kind wurde dann eine Feder über die Lippen gelegt, und wenn sich diese bewegte, erklärten «die Weiber», daß das Kind atme, also lebe, worauf es unter Glockengeläute und Lobgesängen getauft werden konnte. Nach dem umgehend wieder eingetretenen Tod konnten sie kirchlich beerdigt werden *zum Hohne des orthodoxen christlichen Glaubens und der kirchlichen Sacramente*, wie der Bischof von Konstanz meinte[11]. Soweit die schriftlichen und legendenhaften Überlieferungen.

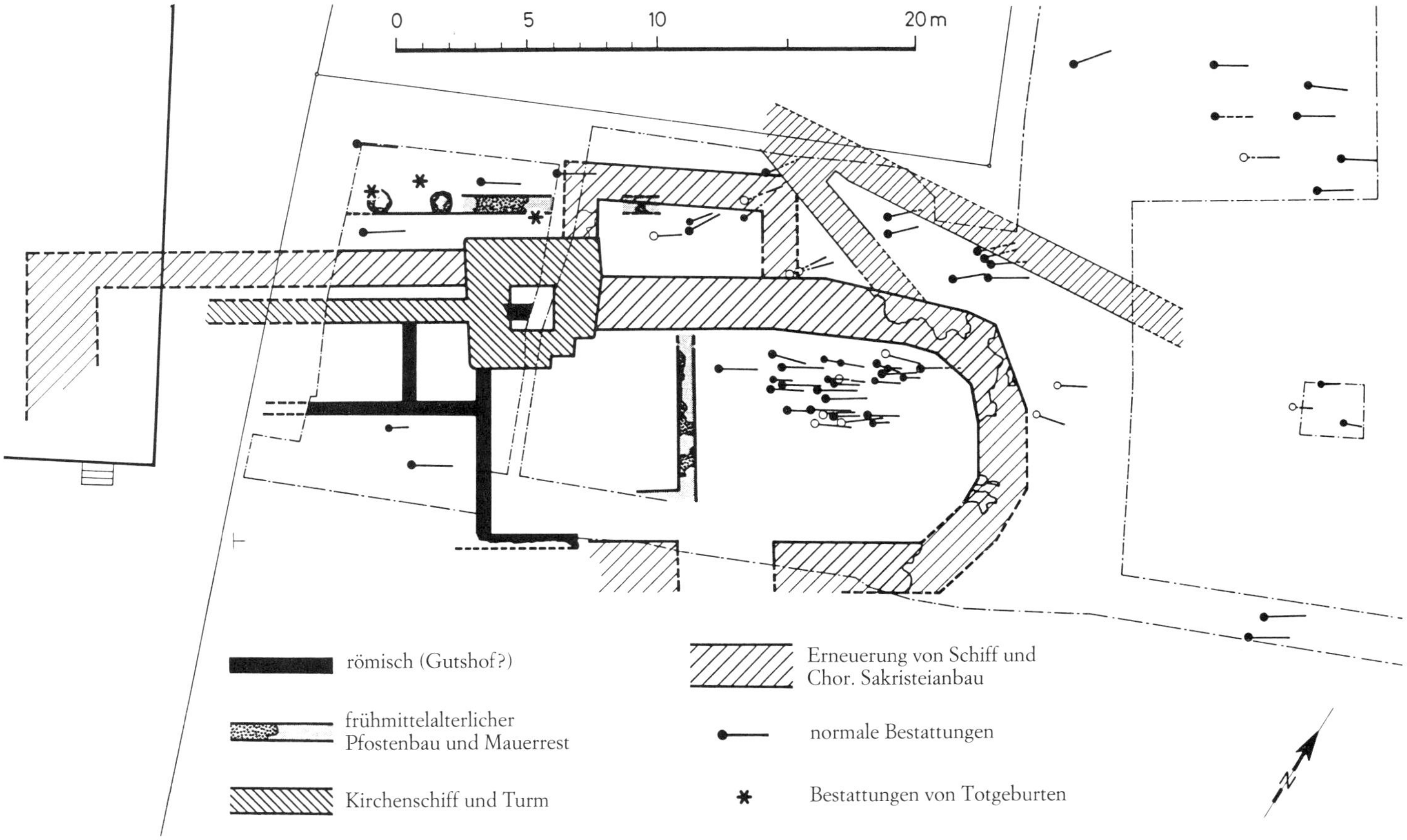

Zum anthropologischen Befund: In einer ersten Grabungsetappe ist es gelungen, einen Teil derjenigen Kindergräber zu finden, die in einem unmittelbaren Zusammenhang mit der Wallfahrt stehen[12]. Sie lagen auf der Nordseite hinter der Kirche in einem Bereich, der vom Fußweg zur Kapelle hin also nicht unmittelbar einsehbar war. Nach den Voruntersuchungen von 49 Skeletten waren fast 60% der Kinder Neugeborene (Körperlänge zwischen 45 und 55 cm), knapp 37% waren Frühgeburten (Körperlänge unter 45 cm). Unter ihnen finden sich auch einige sehr kleine Foeten, von denen der kleinste eine Körperlänge von nur 19 cm hatte (Entwicklungsalter von etwa 4–5 Lunarmonaten). Diese sehr kleinen Frühgeburten belegen die Aussage des Bischofs von Konstanz, der klagte, man brächte sogar Kinder nach Oberbüren, die nicht einmal ausgeformte Glieder hätten. Sie belegen aber auch die Sorge und den persönlichen Einsatz der Eltern wie auch den tiefen, bedingungslosen Glauben dieser Menschen an die durch ihre Sakramente alleinseligmachende Kirche[13].

Die Begräbnisweise dieser Kinder zeigt eine Sozialtopographie im Bestattungsplatz, die wohl abhängig war von den finanziellen Möglichkeiten der Angehörigen[14]. Ein Teil der Kinder wurde in sorgfältig nebeneinandergereihten Erdgruben bestattet, nicht selten zwei oder mehrere zum gleichen Zeitpunkt. Neben solchen Einzelgräbern gab es größere Bestattungsgruben, in denen mehrere Kinder gleichzeitig und gemeinsam über- und nebeneinander gelegt worden waren, möglicherweise in Sammelbegräbnissen bei großem Andrang von Wallfahrern. Es fällt aber auf, daß die Kinder alle relativ sorgfältig in die Gruben gebettet und nach christlichem Brauch geostet waren[15]. Schließlich ist noch eine Grabgrube zu erwähnen, in der ungeordnet durcheinander Knöchelchen von mindestens 50 Säuglingen lagen. Sie stellen wahrscheinlich Umbestattungen dar, vielleicht nach einer Zerstörung älterer Gräber durch Bauarbeiten.

Die in den nächsten Jahren sich fortsetzenden archäologischen und anthropologischen Untersuchungen des Wallfahrtsorts zeugen schon heute von der dunklen wie der hellen Seite des Mittelalters. Sie belegen einerseits die Wallfahrt als von der Obrigkeit begrüßte Einnahmequelle, andererseits die echte Erleichterung der Pilger, die den Gnadenort in der vermeintlichen Gewißheit verließen, daß ihre zu früh verstorbenen Kinder nicht mehr für Unheil verantwortlich gemacht werden können.

S. U.-B. / D. G.

---

1 Diese Zahl erwähnt der Bischof von Konstanz, Otto von Sonnenberg, in seinem Schreiben an den Papst (vgl. Hess 1985).
2 Leiter Abteilung Mittelalter des ADB: Dr. Daniel Gutscher; Grabungsleitung: Dr. Peter Eggenberger (AAM); örtliche Grabungsleitung Heinz Kellenberger (AAM). Im Frühjahr 1994 wird eine zweite Grabungsetappe folgen.
3 In dieser Arbeit nicht erwähnte Quellen finden sich in Hess 1985 und Vasella 1966.
4 Berchtold Haller an den Reformator Zwingli (nach Vasella 1966, S. 16).
5 Die Wallfahrt mit totgeborenen Kindern hielt aber in katholischen Gebieten bis mindestens ins 18. Jh. an. Zwischen 1781 und 1785 wurden in Schruns pro Jahr noch 45 totgeborene Kinder wiederbelebt und getauft (Frick 1981, S. 142. Siehe bei Frick 1982). In reformierten Gebieten widerspiegeln die sogenannten «Traufkinder» eine Fortsetzung des Brauchs, an Ungetauften durch das vom Kirchendach rinnende Regenwasser nachträglich die Taufe zu vollziehen (vgl. dazu z. B. Ulrich-Bochsler/Meyer 1990, Kirche Bürglen in Aegerten (Kanton Bern); Ulrich-Bochsler/Schäublin 1991, Kirche Wangen a. A., Kanton Bern).
6 Vorgrimler 1993, S. 118.
7 Ebda. S. 197ff.
8 Ebda. S. 244.
9 Für das Emmental überliefert (Brüschweiler 1928).
10 Neben dem bernischen Oberbüren gab es laut Vasella (1966) verschiedene weitere (allerdings nicht so gut belegte) Wallfahrtsorte, zu denen Châtillens im Waadtland, Neuenburg, die Kathedrale von Lausanne und die Kapelle der Augustiner Nôtre-Dame-de-Grâce in Genf zählen.
11 Aus dem Brief des Bischofs von Konstanz an den Papst, zit. nach Hess 1985.
12 Neben dem Kinderfriedhof auf der Nordseite der Kapelle wurde auch ein Teil des «normalen» Friedhofs freigelegt, auf dem Männer, Frauen und Kinder der nahen Umgebung begraben wurden. Einige wenige Bestattungen reichen bis ins Frühmittelalter zurück und belegen u.a. die frühe Besiedlung der Region.
13 Heute ist ein totgeborenes Kind unter 30 cm Körperlänge nach Zivilgesetzbuch (Art. 46) nicht einmal meldepflichtig.
14 Den Augustinermönchen in Genf wurde vorgeworfen, den Preis für die Erweckung des totgeborenen Kindes je nach Vermögen der Eltern hinaufgetrieben zu haben. Vgl. dazu Jezler 1991, S. 90.
15 Mittelalterliche Gräber von Frühgeburten und Neugeborenen sind oft anders orientiert, da man glaubte, die Ungetauften würden an der Gottesschau am Jüngsten Tag nicht teilnehmen (z. B. Ulrich-Bochsler/Meyer 1992: Walkringen/BE). Vgl. auch die Säuglingsgräber der Kirchen von Leuzigen (Kanton Bern) und Rohrbach (Kanton Bern) (Ulrich-Bochsler 1989a, 1989b, 1990).

20. Von zwölf Kindern bleiben vier am Leben – Eine Patrizierfamilie bittet um Gottes Gnade.

Bernhard Strigel (zugeschrieben). Epitaph der Familie Funk, um 1513.

Öl auf Holz. H: 58; B: 99 cm.
Fragment eines Epitaphs.
Schaffhausen, Museum Allerheiligen, Peyersche Tobias Stimmer-Stiftung, Inv. Nr. 637.

Beim Tafelgemälde handelt es sich um das Teilstück eines Epitaphs (Gedächtnisbild, welches gelöst vom Grab an eine Familie erinnert). Es zeigt das typische Frömmigkeitsverhalten einer städtisch patrizischen Familie im deutschen Spätmittelalter.

Dargestellt ist die vierzehnköpfige Familie des Memminger Bürgermeisters Johann Funk d.J. (1465-1513) und seiner Gattin Anna Geroldin zu Knittelfeld; die Identifikation beruht auf der Heraldik[1]. Über den Personen steht in zwei Zeilen das folgende Gebet: *das blůt von deiner bittern krönung vergossen laß komen über uns und unsre kinder zů abwäschung sundtlicher mackeln, das wir also gerainiget dich mügen anschauen in ewiger clarhait mit den himmlischen burgern, amen.* Die Wendung *das blůt von deiner bittern krönung vergossen laß komen über uns* macht wahrscheinlich, daß sich ursprünglich eine Passionsszene über der knienden Familie befunden hat, am ehesten eine Dornenkrönung[2]. In der Personenanordnung folgt das Funksche Epitaph einem in Süddeutschland gängigen Kompositionsschema. Der Vater erscheint mit seinen männlichen Nachkommen auf der heraldisch wichtigeren linken Seite (im Weltgericht ist dies die Seite der Seligen), die Mutter mit den Mädchen auf der rechten. Beide Gruppen bilden eine Art Spalier, das parallelperspektivisch nach links hin in die Tiefe weist. Als Folge davon kommt das Bildnis des Familienvaters bedeutungsvoll gegen die Bildmitte hin zu liegen, jenes der Mutter hingegen in die Ecke. Der Vater Hans Funk trägt eine kostbare, mit Pelz gefütterte Schaube aus Samt, den ebenfalls verbrämten Schaubhut hat er vor sich auf den Boden plaziert. Ihm gegenüber auferlegt sich Anna Geroldin züchtige Mäßigung. Ihre Kleidung ist weniger prunkvoll; Haube, Gebende und Radmantel dienen v.a. der Verhüllung des Leibes. Es handelt sich um den Habit, den verheiratete Frauen damals vornehmlich auf dem Kirchgang getragen haben[3]. Auf die Eltern folgen je vier Knaben

Kat. 20

und Mädchen in Totenhemdchen. Dieses ist bei einem der Mädchen rosa gefärbt und als Chorröckchen mit weiten Ärmeln und Kapuze geschneidert. Zusammen mit dem geschorenen Haar dürfte es zeigen, daß das Kind für ein Klosterleben bestimmt war. Weil im Mittelalter frühverstorbene getaufte Kinder als unschuldig und selig galten, zeigen die Nachkommen in Totenhemdchen weder Schmerz noch Trauer. Unter den Mädchen breitet sich ein Anflug von Heiterkeit aus, ihre gleichfalls verstorbenen Brüderchen singen in geradezu fröhlicher Bewegung. Auf die acht verstorbenen Kinder kommen nur vier überlebende. Die beiden Söhne sind in gleicher Weise prunkvoll gekleidet wie ihr Vater. Der jüngere darf sein Barett bei der Andacht aufbehalten; offenbar wird von ihm noch nicht dasselbe Verhalten verlangt wie von seinem älteren Bruder. Die beiden lebenden Töchter tragen im Gegensatz zur Mutter ihr Haar reizvoll offen. Ihre Kleider sind ihnen auf den Leib geschnitten und unterscheiden sich deutlich von der Verhüllung der Mutter. Beide Mädchen schmücken sich mit goldener Halskette und Kopfreif. Bei der älteren Tochter ist er mit Blättern besteckt und zeigt als Jungfernkranz das heiratsfähige Alter an.

In reicher Differenzierung der unterschiedlichen Verhaltensnormen zeigt das Gruppenbild eine imaginäre Versammlung aller Familienmitglieder, die in demütiger Andacht den Erlöser um Gnade bitten und sich gleichzeitig mit ihrer patrizischen Tracht und Rosenkränzen aus Koralle von tiefergestellten Gesellschaftsschichten distanzieren. Der Bestimmungsort und die Entstehungszeit des Epitaphs sind nicht belegt. Hans Funk hat in seinem Todesjahr 1513 die Familienkapelle in der Stadtpfarrkirche St. Martin mit einer ewigen Messe bedacht; gleichfalls hinterließ er 1513 dem Memminger Spital ein größeres Vermächtnis. Am einen wie am andern Ort könnte die Tafel angebracht gewesen sein. Einer Datierung in diese Zeit steht stilistisch nichts im Wege[4]. Möglicherweise wurde während der Reformation die Familientafel von der zugehörigen Passionsszene getrennt und gelangte über spätere Nachkommen nach Zürich, wo sie seit dem 18. Jahrhundert belegt ist[5].

Die Urheberschaft des ebenfalls in Memmingen ansässigen Bernhard Strigel ist seit der ersten Zuschreibung von Paul Ganz 1921/24 nie mehr in Zweifel gezogen worden. Gestalterische Vorzüge zeigen sich namentlich in der lockeren Rhythmisierung der Figurengruppe, dem reich differenzierten Kolorit und der malerischen Pinselführung. Ein weiteres Bildnis von Hans Funk d.J., das ebenfalls Bernhard Strigel zugeschrieben wird, ist in der Form eines Devotionsdiptychons in der Alten Pinakothek in München erhalten.

P. J.

Literatur: - GANZ 1921-1924, S. 307f. - BAUM 1949. - SCHÄDLER 1954. - OTTO 1964, S. 18 und S. 63, Kat. Nr. 51. - STANGE 1970, Nr. 961. - BOOCKMANN 1986, S. 325f. - JEZLER in: Kat. Allerheiligen 1989, Nr. 14, S. 52.

1 Zur Familiengeschichte und Heraldik vgl. SCHÄDLER 1954.
2 Zum möglichen Aufbau vgl. etwa das Prigel-Epitaph von Hans Schäufelein 1517 und 1521, heute Stadtmuseum Nördlingen.
3 Vgl. PFAFF 1981, S. 669.
4 Vgl. hierzu BAUM 1949, S. 10 und SCHÄDLER 1954, S. 141.
5 Zur Provenienz vgl. BAUM 1949.

Maria und die Heiligen als Fürbitter.

Und nim die selaen all gelich / und fuer si in daz himelrich[1].

Am 4. Mai 1321 wurde in Eisenach ein Zehnjungfrauenspiel aufgeführt, welches das biblische Gleichnis von den fünf klugen und fünf törichten Jungfrauen zu einer dramatischen Inszenierung umformt[2]. Vorgeführt wurde eine Szene aus dem Jüngsten Gericht: Die törichten Jungfrauen, welche auf das Kommen Christi nicht genügend vorbereitet gewesen waren, wehklagen jämmerlich nach ihrer Verdammung durch Christus. Maria und alle Heiligen wenden sich mit inständigen Bitten um Gnade an den gestrengen Richter, doch die törichten werden erbarmungslos dem Teufel übergeben. Dieser Aufführung wohnte, wie chronikalisch bezeugt ist, auch der Landgraf von Thüringen, Friedrich der Freidige bei. Angesichts der Erfolglosigkeit von Marias Bitten für die Verdammten geriet er in Wut und rief aus: *Was ist der christliche Glaube, wenn der Sünder nicht Gnade erlangen kann durch die Bitten Marias und aller Heiligen?* Die fünf folgenden Tage verbrachte er in *grosseme unmuthe*, bis er, am Freitag vor dem Besuch der Messe, einen Schlaganfall erlitt, der ihn einseitig lähmte und sprachbehindert machte[3]. Bis zu seinem Tode etwa zweieinhalb Jahre später erholte er sich davon nicht mehr. – Ob der Landgraf, medizinisch betrachtet, wirklich wegen seiner emotionalen Erregung den Schlaganfall erlitt, bleibe dahingestellt[4]. Den Chronisten und damaligen Zeitgenossen erschienen diese Zusammenhänge jedenfalls plausibel – und dies zeigt uns, welch große Hoffnungen die Gläubigen im Mittelalter setzten auf die Hilfe und den Schutz Marias, und wie stark sie emotional von ihrem Eingreifen abhängig waren.

Wie in vielen bildlichen Weltgerichtsdarstellungen des Hoch- und Spätmittelalters erscheint Christus in diesem Spiel als unerbittlich strenger, richtender Gott. Diejenigen, die sich im Leben nicht an die göttlichen Gebote gehalten haben, überantwortet er erbarmungslos dem Teufel. Für Maria hingegen geht Milde vor Recht, mit der ihr zur Verfügung stehenden Macht setzt sie sich für das Heil der Welt und auch der sündigen Menschen ein. Sie tritt als Mater Misericordiae, als Mutter der Barmherzigkeit, vermittelnd und fürsprechend für die Sündigen ein.

Die Idee der Fürbitte, der Bitte für andere, ist seit langem verankert im jüdischen und christlichen Gedankengut[5]. Schon im Alten Testament ist mehrfach die Rede von der Bitte vor Gott für andere; eine Erzählung aus dem Buch der Makkabäer berichtet über den Versuch, jüdische Tote, bei denen man nach ihrem Tod im Kampf heidnische Amulette entdeckt hatte, durch Gebete und rituelle Handlungen von dieser Sünde zu reinigen (2. Macc. 12,41–46). In den Evangelien sind einzelne Gebete von Christus für andere überliefert (Luk. 22,32; Joh. 14,16 u.a.), und in den Apostelbriefen erscheint Christus explizit als Fürsprecher[6] vor Gott für die sündigen Menschen (1. Joh. 2,1). Zunächst war Christus der einzige Vermittler zwischen Gott und den Menschen, schon bald aber übernahmen zusätzlich die Apostel, die ihren Gemeinden die christliche Lehre vermittelten und väterliche Führungsaufgaben wahrnahmen, diese Funktion. In den Paulusbriefen beispielsweise bittet Paulus für seine Gemeinde um den rechten Glauben. Die Apostel als direkte Zeugen des Lebens Christi wurden schon im frühen Christentum verehrt und angerufen. Ähnliche Verehrung wurde den Märtyrern erwiesen, die für das Bekenntnis zum christlichen Glauben ihr Leben lassen mußten. Man nahm an, daß sie unmittelbar nach ihrem Martyrium an der göttlichen Ehre teil hatten, also schon vor dem Weltgericht ins Himmelreich aufgenommen wurden. Ihren Bitten maß man daher besondere Wirkungskraft zu, und man vertraute darauf, daß sie, wie sie auf Erden das christliche Gebet für andere gebetet hatten, sich auch im ewigen Leben für die sündigen Menschen einsetzen würden. In diesen Gedanken liegt der Ursprung der christlichen Heiligenverehrung. Nicht nur Märtyrer, sondern auch andere Heilige wurden, dank ihrer exemplarischen Nachfolge Christi, zu Mittlern zwischen Gott und den Menschen. Sie waren nicht nur Vorbilder für rechtes christliches Leben, sondern sie wurden von der gläubigen Gemeinde auch angerufen und um Fürsprache bei Gott gebetet. Der Heiligenkult entwickelte sich regional unterschiedlich, da man davon ausging, daß die Liebe der Heiligen zu bestimmten Orten und Personen auch im Jenseits fortdauerte. In der Frühzeit war er stark mit dem Grab des betreffenden Heiligen verbunden, später vor allem mit wichtigen Reliquien. Bestimmte Heilige wurden besondere Schutzpatrone einzelner Kirchen, Personen, Stände, Berufe usw. Diese Tendenz zur Spezialisierung verstärkte sich im Hoch- und Spätmittelalter; für unterschiedliche Anliegen waren je andere Heilige «zuständig».

Davon unterscheidet sich die Rolle Marias als Fürsprecherin schon seit der Frühzeit der Marienverehrung. Maria ist nicht nur Zeugin und Nachfolgerin Christi, sondern spielt als Mutter Gottes[7] eine hervorragende Rolle im Heilsgeschehen. Sie hatte als Mensch Gott geboren, durch ihre Zustimmung zum geheimnisvollen göttlichen Plan *(Siehe, ich bin des Herrn Magd; mir geschehe nach deinem Wort! Lk. 1,38)* hatte sie mitgeholfen, die Erlösung der Menschen durch Christi Kreuzestod möglich zu machen. Ihre Fürbitte ist universell, sie wird zur Mutter aller Menschen und setzt sich für alle ein, die sie verehren. Allerdings erhält auch sie, wie die Heiligen, nach kirchlicher Lehre nur durch Christus ihre Gnaden vermittelnde Funktion. Er ist derjenige, der die Erlösung der Menschheit bewirkt.

Aus der Perspektive der Gläubigen gesehen schieben sich die Heiligen und Maria gewissermaßen vor Gott. Sie sind diejenigen, die im Alltag ansprechbar sind für die Nöte und Sorgen der Menschen, sie sollen deren Anliegen an Gott weiterleiten. Durch praktische religiöse Handlungen wie Gebete, Reliquienverehrung, Wallfahrten, Stiftungen usw. versuchte man sich die Fürsprache der Heiligen und Marias zu sichern. An bevorzugter Stelle stand dabei seit dem Hochmittelalter Maria als universelle Schützerin und Helferin, sowohl im Diesseits wie im Jenseits vor dem richtenden Gott. Männer und Frauen aus allen sozialen Schichten und Gruppen konnten einen Zugang zu ihr finden[8]. In Marienlegenden und Mirakelberichten wird erzählt – sicher auch mit der propagandistischen Absicht, Marienwallfahrten zu fördern – wie vielfältig Marias Hilfe sein kann. Am bekanntesten ist die Geschichte von Theophilus, der seine Seele dem Teufel verkaufte, dies dann aber bereute und mit unzähligen Mariengebeten Maria solange um Errettung anflehte, bis sie sich ihm gnädig erwies. Andere Erzählungen berichten, daß sie Tote noch einmal zum Leben erweckte, um ihnen Gelegenheit zur Buße zu geben, sich unter einen Dieb am Galgen stellte, um diesen am Leben zu erhalten oder Tote dem geöffneten Höllenrachen entriß. Auch in schwierigen «diesseitigen» Situationen, so z.B. im Turnier oder wenn eine Nonne ein Kind geboren hatte, griff sie hilfreich ein, wenn der betreffende Mensch es nie an Marienfrömmigkeit hatte fehlen lassen⁹.

Aus dieser besonderen Rolle Marias ergaben sich jedoch von kirchlicher Seite her auch Probleme, da leicht in Vergessenheit geraten konnte, daß Maria nicht eigenmächtig, sondern nur dank und mit Christus wirken durfte. Dies zeigt eine etwas später entstandene, volkssprachliche Version der eingangs erzählten Geschichte. Der spätere Chronist fügte eine interessante Korrektur ein: Er tadelt denjenigen Passus des Zehnjungfrauenspieles, in dem Maria und die Heiligen für die schon Verdammten bitten – *in Wirklichkeit* täten sie das nie, *denn sie wollen nichts anderes, als das, was Gott will*¹⁰. Zudem fügt der Chronist den belehrenden Satz hinzu, am Jüngsten Gericht sei Christus nicht mehr barmherzig, sondern ein gestrenger Richter – wer nicht zu Lebzeiten und im Fegefeuer genug Reue und Buße zeige, der müsse ewigen Schaden leiden. Schlaglichtartig beleuchtet dieser Chronikbericht eine Problematik, die immer wieder aufscheint bei der Auseinandersetzung mit der mittelalterlichen Marienfrömmigkeit. Die Gläubigen suchen einen Halt im alltäglichen Leben, das ihnen soviel Gelegenheit zu Schuld, Sünde und Verstrickung gibt. Sie versuchen deshalb, Maria als gütige Beschützerin für sich zu gewinnen. Ihrer Macht und scheinbar grenzenlosen Güte vertrauen sie – mit welcher Ausschließlichkeit, zeigt die Geschichte von Friedrich dem Freidigen. Die kirchliche Lehre hingegen nimmt eine strengere Haltung ein: Nur Reue, Beichte und Buße des Einzelnen zu seinen Lebzeiten öffnen den Weg zur ewigen Seligkeit.

S. M.

---

1 Aus dem Marienbittruf der Geißler von 1349 (Pestwelle), hrsg. von HAUFE 1989, S. 179.
2 Original (entstanden am Anfang des 14. Jahrhunderts in Thüringen) verloren, zwei jüngere, etwas von einander abweichende Textfassungen erhalten, siehe LINKE 1987, S. 225.
3 Es ist wahrscheinlich, wenn auch im Bericht nicht explizit erwähnt, daß die Zeitgenossen diesen Schlaganfall als Bestrafung für den unchristlichen Wutausbruch Friedrichs auffaßten.
4 Genaueres zum Schicksal des Landgrafen siehe WENCK 1900, S. 69–82.
5 vgl. für das Folgende: NICOLAS 1971, Sp. 1858–1870.
6 gr. parakletos, lat. advocatus, d. h. (richterlicher) Beistand.
7 Der Titel «Theotokos» wurde ihr 431 auf dem Konzil von Ephesos zugesprochen. Dies markiert auch den Beginn der offiziellen kirchlichen Marienverehrung.

Abb. 117 Mit Gebeten zu den Heiligen und Lichtopfern helfen Gläubige den Armen Seelen. Buchillustration, um 1480. Stadtbibliothek Nürnberg, Cent. V, App. 34ᵃ, fol. 128r.

8 Genaueres dazu OPITZ / RÖCKELEIN / SIGNORI 1993 (im Druck), Vorbericht über die Tagung siehe MONDINI 1992, S. 180–183.
9 RICHERT 1965.
10 Zit. nach NEUMANN 1987, S. 306f.

Kat. 21

21. Marias entblößte Brust und die Wunden Christi sollen als «Zeichen der Liebe» Gott gnädig stimmen.

Umkreis des Zürcher Nelkenmeisters. Heilstreppe, Werktagsseite eines Altarretabels aus dem ehemaligen Prämonstratenserkloster Rüti, 1503.

Tempera auf Holz, H: 87, B: 89 cm (geschlossen).
Am unteren Rand Inschrift: *Sanctus Bernhardus: Securum accessum habes ad deum / o homo, ubi mater stat ante filium, filius ante patrem; mater // ostendit filio pectus et ubera, filius ostendit patri / vulnera. Et ideo nulla poterit esse repulsa, ubi // tot sunt amoris insignia. 1503.*
St. Gallen, Bischöfliche Kanzlei.

In geschlossenem Zustand, auf den Werktagsseiten also, zeigt das Retabel aus dem ehemaligen Prämonstratenserkloster in Rüti eine Interzessionsdarstellung: Maria steht, mit entblößter Brust, Christus gegenüber, der seine Wundmale vorweist. Marias Brust und die Wunden Christi sind die Zeichen der Liebe, wie es in der Inschrift am unteren Rand der Tafeln in Anlehnung an eine Textstelle aus den Predigten Bernhards von Clairvaux heißt[1]. Maria hat demütig den Willen Gottes erfüllt, hat ihren Sohn selbst gestillt und aufgezogen, Christus hat aus Liebe zu den Menschen den Kreuzestod auf sich genommen – um dieser Liebestaten willen wird Gottvater, der oberhalb des Kopfes Christi über einem Wolkenband erscheint, sich ihrer Fürbitten gnädig erweisen. Maria und Christus sind gleich groß dargestellt, jeder auf einem Altarflügel vor einer herabhängenden Stoffbahn – nicht, wie bei solchen Fürbittebildern häufig, hintereinander gestaffelt, eine richtige «Heilstreppe» bildend. Christus allerdings bean-

Kat. 21 bei geöffneten Flügeln

sprucht etwas mehr Bildraum als Maria, so daß das Motiv der Fürbitte in Stufen (Maria wendet sich an Christus, dieser an Gott) trotzdem noch mitklingt. Der, dem diese Fürbitten in erster Linie zugute kommen, der Stifter, ist hinter den geschlossenen Flügeln auf der Mitteltafel dargestellt.

Die symmetrisch angelegte Komposition der beiden äußeren Flügel ist in eher gedämpften Farben gehalten, wie es Werktagsseiten entspricht. Rot und Grün sind die bestimmenden Farbtöne, mit denen über die beiden Flügel hinweg fein abgestufte Farbbeziehungen geschaffen werden. In geöffnetem Zustand wird auf der Mitteltafel eine Kreuzigungsdarstellung sichtbar; vor leuchtendem Goldgrund steht das Kreuz, darunter Maria und Johannes, zur Rechten Christi kniet der Stifter[2] in Prämonstratensertracht.

S. M.

Literatur: – FIETZ 1943, S. 240. – POESCHEL 1961, S. 361f. – STANGE 1969, Bd. 7, S. 78/79. – STANGE 1970, S. 82. – Gotik in Rapperswil 1979, S. 187 (mit älterer Literatur). – JEZLER 1988, S. 86f.

1 Inschrift transkribiert bei STANGE 1970, S. 82. Der Text stammt eigentlich von Arnold von Chartres (De laudibus sanctae Mariae), wurde im Mittelalter jedoch Bernhard selbst zugeschrieben.
2 Das ihm beigegebene Wappen konnte bisher noch nicht sicher identifiziert werden, siehe POESCHEL 1961, S. 361.

22. In einer Initiale zu einem Bußpsalm bitten Maria mit entblößter Brust und Christus mit seinen fünf Wunden Gottvater um Gnade.

Chorpsalterium mit Kalender, aus dem Sankt Andreas-Kloster in Engelberg, 2. V. 14. Jahrhundert.
Initiale zu Ps. 101 (Domine exaudi orationem meam), fol. 120v.

24 Vollbilder und mehrere figürliche Initialen. Pergamenthandschrift, H: 26.4, B: 19 cm.
Engelberg, Stiftsbibliothek Cod. 60.

Auf einer ornamental reich verzierten Seite ist in das Binnenfeld des goldenen D eine figürliche Szene eingefügt. *Als unser herre sin vunf wunden zeigte sinem vatter und unse[r] vrowe ir bruste*, wie es in der mittelhochdeutschen Anweisung für den Illuminator heißt, die in Kursivschrift an den unteren Blattrand gesetzt wurde. Es handelt sich um eine Darstellung der Interzession Marias und Christi vor Gottvater – Christus steht links, Maria rechts, Gottvater thront, bedeutend kleiner, auf der Mittelachse über den beiden stehenden Figuren. Diese sind, einander zugewandt, fast spiegelbildlich dargestellt. Ihre Körper biegen sich oben deutlich zurück, was die blutende Seitenwunde Christi und die entblößte Brust Marias optisch mehr hervortreten läßt. Nur in der Handhaltung wird von der Symmetrie abgewichen – Maria stützt mit der einen Hand ihre linke Brust, während Christus beide Handflächen ausbreitet, um die blutenden Wundmale vorzuweisen. Maria und Christus blicken zueinander, während Gottvater – wie aus der Ferne ins Bildgeschehen gerückt – mehr durch kompositionelle Mittel wie die Anordnung auf der Mittelachse und den dunkelblauen, goldgesäumten Hintergrund als durch Gestik und Mimik ins Geschehen miteinbezogen wird. Umso stärker wirkt die Ausrichtung der beiden Fürbittenden auf die Bildbetrachter und Bildbetrachterinnen. Die Fürbitte von Maria und Christus, der durch das Vorweisen der Brust Marias und der Wunden Christi Gott gegenüber mehr Gewicht verliehen wird, erleichtert den Gläubigen den Zugang zum Himmelreich[1].

Die Initiale steht am Beginn des Psalms 101 (*Domine exaudi orationem meam*), der den sieben Bußpsalmen zugeordnet wird. Wenn auch im Psalm, der mit der Bitte eines Elenden um Erhörung seines Gebetes einsetzt, kein Bezug zum Weltgerichtsgesche-

Kat. 22

hen zu finden ist, besteht doch ein loser Zusammenhang zwischen Text und Bild – das Interzessionsbild «unterstützt» gewissermaßen die Bitte des Elenden.

Die Handschrift, die auf Grund stilistischer Vergleiche ins zweite Viertel des 14. Jahrhunderts zu datieren ist[2], wurde, wie die Nekrologeinträge im dem Psalter vorgeschobenen Kalendarium belegen, im Benediktinerinnenkloster St. Andreas in Engelberg (seit 1615 in Sarnen) für das Chorgebet verwendet. Die volkssprachlichen Maleranweisungen sowie die teilweise etwas unbeholfene Gestaltung der Miniaturen lassen eine Entstehung in Engelberg selbst, eventuell in Zusammenarbeit mit dem dortigen Männerkloster, als wahrscheinlich erscheinen.

S. M.

1 Vgl. den Aufsatz von MARTI / MONDINI in diesem Band.
2 BEER 1959, S. 75, SAURMA-JELTSCH 1988, S. 318.

Literatur: – DURRER 1899-1922, S. 217f. – DURRER 1901, S. 171. – BEER 1959, S. 75-77. – BEER 1983 (Graduale), S. 188. – SAURMA-JELTSCH 1988, S. 318.

23. Ein Flugblatt mit der Heilstreppe und zwei Gebeten.

Fürbitte Marias und Christi vor Gottvater zur Errettung der sündigen Menschen. Holzschnitt mit Typendruck, um 1500.

Einblattdruck (?), H: 35, B: 20.6 cm.
Memmingen: Albert Kunne.
Hannover, Kestner-Museum, Wiegendrucke Nr. 169.

Dieser Holzschnitt stellt in einer Nahaufnahme das Geschehen im Himmel beim Gnadengericht dar. Auf einer Wolkenbank ist die um die Muttergottes erweiterte Trinität versammelt. Zwischen dem thronenden Gottvater und dem Gottessohn breitet die Taube des Heiligen Geistes auf dem rechten Pfosten der Thronlehne ihre Flügel aus, als nähme sie an der Urteilsbildung teil. Als den Menschen nächste Instanz ist Maria im Vergleich zu Christus und Gottvater kleiner und in niedrigerer Position dargestellt. Von ihrer Person geht die sogenannte «Treppe des Heils» aus, vermittels derer sie gemeinsam mit Christus den zornigen Gottvater zur Gnade für die Sünder umzustimmen sucht. *Nate per has mammas peccatorum miserere (Mein Sohn, um dieser Brüste Willen erbarme dich der Sünder)* – mit mütterlicher Autorität appelliert Maria an den Sohn und entblößt dabei vor ihm ihre Brust als Zeichen ihrer seinetwegen erbrachten Opfer. Ihre Linke weist nach unten auf die (nicht sichtbaren) Menschen auf Erden, für die sie als Gnadenanwältin Fürbitte einlegt. Daß Christus ihre Worte erhört und weiterleitet, wird durch die Drehbewegung seines Körpers bildnerisch zum Ausdruck gebracht. Der stehende Schmerzensmann wendet sein dornenbekröntes Haupt der Mutter zu, während er den gemarterten Körper mit den Wundmalen bereits Gottvater darbietet mit den Worten: *Vulnera cerne pater, da quod genitrix mea poscit (Sieh meine Wunden an, Vater, und erfülle, um was dich meine Mutter bittet)*.

Der thronende Gottvater in reichem Königsgewand hält in seiner rechten Hand das Richtschwert und in der linken vier Pfeile, eine Geißel und eine Rute. Während Geißel und Rute an die Leiden und das Opfer Christi für die Erlösung der Menschheit erinnern, deuten die nach unten gerichteten Pfeile auf die Strafen des strengen Richters[1]: Krieg, Teuerung, Hunger und Krankheit könnten auf die Menschen fallen, doch Gottes Zorn ist durch die Fürbitte Marias und Christi besänftigt: *Abnuere o tibi nate nihil matrique valemus (Wir können dir, o Sohn, und deiner Mutter nichts abschlagen).*

Als Vorlage diente wohl eine etwas ältere und gröbere Fassung derselben Szene, die um 1495 erschien: Es handelt sich um den Titelholzschnitt zur deutschen Übersetzung einer Schrift des französischen Kirchengelehrten Johannes Gerson († 1429) mit dem Titel: «Von der gnadenreichen fürbit vor Gott dem Vater für die armen Sünder. Appellacion des sünders. Von der strengen gerechtigkeit gots zu der milten barmhertzigkayt»[2]. Die Heilstreppe ist dort erweitert, indem in einem unteren Register rechts der um Gnade flehende Sünder dargestellt ist und ihm gegenüber Johannes der Evangelist, der in Gersons Text namentlich neben Maria und Christus als zusätzlicher Fürbitter beim Gnadengericht (*Tribunal misericordiae*) angerufen wird.

Der Titel «Von der gnadenrichen fürbitt vor got dem vater für die armen sünder» des Einblattdruckes aus dem Kestner-Museum ist aus der Gerson-Übersetzung übernommen. Der auf zwei Spalten gedruckte deutsche Text in gereimten Versen nimmt eng bezug auf die darüber dargestellte Szene[3]: Die Menschen werden aufgefordert, ihre Schuld zu bekennen und auf die Fürbitte Marias und Christi zu trauen. Denn diese vermag den gerechten Richter zu besänftigen und ihn zur Gnade umzustimmen. Wie sehr die Jungfrau als die den sündigen Menschen nächste Appellinstanz verehrt wurde, zeigt das auf den gereimten Text folgende Mariengebet.

Derartige Einblattdrucke wurden als private Andachtsbilder zuhause aufgehängt oder aber auch öffentlich gezeigt und z.B. von einem Bußprediger laut vorgelesen. Die Lebendigkeit der Aufforderungen und die volkstümliche Sprache richten sich an ein Laienpublikum. Möglicherweise ist der letzte Abschnitt eine Aufforderung an die Gläubigen, selbst Barmherzigkeit durch Spenden an die Armen zu beweisen.

Von der gnaderichen furbitt vor got dem
Vater für die armen sünder

All die uff erden leben syndt
Man frawen döter alt unnd kyndt
Illendt hörzů unnd sehend hár
Diser figuren nement war
Vor auß du armer sünder doch
Der auff dir trest ain schwáres joch
Was fürbitt er dir geben hat
O fröen euch jr sünder schwach
Wie wol jr hant ain böse sach
So hant jr doch fürsprechent gůt
Dann miltekait hie reden thůt
Barmherzekayt verhart all stündt
Und senfft des gerechten richters mund
Das er verzich ablas mit gedült
Des armen blöden sünders schuld
Hie braucht man nit verblümpte wort
als man von Ciceroni hórt
Oder Demoschenes erdacht
Uff krieg hoffart man hie nit acht
Sünder din got der schöpfere dein
Verantwürt hie die geschöpfft dein
Fůr esch unnd staub bitt hie mit vleyß
Die iunckfraw aller eren breyß
Hie sicht die můter irem kind
Den sünder vatter hórt geschwind
Wie möcht man hie ain sach verbleren
Da ain fürsprech den stab thůt füren
Der ander statt so nach beym breet
Das man jm ganz versait kain bett
Ja was sy will das mag sy thůn
Was möcht aim so gůt willigem sůn //
Ein milter vatter doch versagen
Was möcht er syner můter doch abschlagen
Der sůn der jr nye nůt versagtt
Hierumb o sünder byß berayt
Du armer wurm und schwache schátt
Ker dich her zů / thů dein gebett
Ler doch dein arbetsálige nott
Erbarmen / und ker dich zů gott
Wain klag dein schuld / barmung beger
Und fleüch zů dißen rednern her
Diß statt mag wol beschirmen dich
Hie bleibstu frey von sünden stich
Tarstu nit bitt an vatter thůn
So opffer jm seinen lieben sůn
Der durch dich arbayt pein unnd not
Gelitten hat marter unnd tod
Bitt den sün můter gnadenrich
Der brüst er gesogen hat durch dich
Das du nit ewig werst verloren
Das er ablaß sein grymen zorn
Der für dein sünd unnd aller welt
hat gelitten gnůg durch schmerzlich gelt
Berůff dich von gerechtigkait
Zeüch dein sarh für barmhertzigkait
So vinstu warlich zweyfel nicht
Eines milten richters angesicht
Der dir entlich wil gnádig sein
Wann du stast von den sünden dein
Der helff unns durch seines sůnes namen
Unnd durch sein liebe můter Amen

Zů der milten junckfrawen Marie ein andechtig gebet.

Jesse junckfraw Maria / ich ermane dich des milten standes / so du stast vor deinem sůn / und zaigest [i]m dein hailigen brüst / da auch der sůn stat vor dem vatter / und zaiget jm sin hailige seytten und wunden / was versagens möcht doch sein da so vil wunzaichen der lieb angezaigt werden.

Darumb erwirb mir súnder / ablas aller meiner súndt Amen.

D. M.

Literatur: – Rosenthal 1900, Nr. 670, Abb. 89. – Escherich Bd. 46, 1916, Taf. 28. – Düfel 1968, S. 236, Taf. 2. – Kraume 1980, S. 257. – Kretzenbacher 1981, S. 79f., Fig. 7. – Köpplin 1983, S. 339, Kat. Nr. 450.

---

1 Vgl. Köpplin 1983, Nr. 450.
2 Rosenthal 1900, Nr. 670, Abb. S. 89. – Düfel 1968, S. 236, Abb. 2; Kretzenbacher 1981, S. 79f. – Nach Kraume 1980, S. 257 befindet sich ein Exemplar dieser aus Memmingen stammenden Inkunabel in Berlin, Inc. 1613. 2, es handelt sich um die deutsche Übersetzung von Gersons Schrift «Appellatio peccatoris ad divinam misericordiam» vgl. Gerson, Œuvres Complètes, Bd. 8, Nr. 420, S. 536-539.
3 Der Text lehnt sich in stark vereinfachter und verkürzter Form frei an Gersons «Appellatio peccatoris ad divinam misericordiam» an.

Kat. 24

24. Bilder führen den Erlösungstod Christi vor Augen und fördern das Gebet für ein gnädiges Jenseits.

Vesperbild (salzburgisch?), gegen 1420.

Steinguß (?), H: 37,5, B: 35,7, T: 19,5 cm.
Sammlung August Carl.

Die Darstellung der Muttergottes mit ihrem toten Sohn auf den Knien gehört zu den populärsten Andachtsbildern des Spätmittelalters. Der Name «Vesperbild» entstammt der Passionsfrömmigkeit, in der die Stundengebete auf das Leiden Christi am Karfreitag bezogen wurden – zur Vesperzeit gedachte man der Kreuzabnahme. Die Textvorlage für diesen Bildtyp ist nicht biblisch, sondern entstammt der mystischen Literatur des 13. und 14. Jahrhunderts. In diesem Umkreis entsteht die Vorstellung, Maria habe vor der Grablegung ihren Sohn noch einmal in die Arme genommen[1].

Vesperbilder eignen sich besonders gut zur meditativen Andacht. Vor diesem Bild betete der gläubige Betrachter und meditierte über die Passion, das für den christlichen Glauben zentrale Geschehen, über das Leiden und die Schmerzen der Gottesmutter und die unfaßbare Größe des Erlösungsopfers Christi. Gleicht der Mensch sich durch Mitleiden dem Leiden Christi an, so gewinnt er Anteil an der Genugtuung Christi[2], – beten und nacherleben der Passion ist deshalb das wichtigste Mittel, schon zu Lebzeiten für das Heil der eigenen Seele im Jenseits zu sorgen. Die Verehrung des Vesperbildes scheint auch mit dem Totenkult verbunden gewesen zu sein – eine Quelle aus der Zeit um 1500 berichtet, daß für Begräbnisfeiern im Stephansdom in Wien jeweils zusätzlich ein Vesperbild auf den Altar gestellt wurde[3]. Das vorliegende Werk, für ein Altarbildwerk zu klein, wurde sicher als privates Andachtsbild verwendet. Es gehört zur Gruppe der «Schönen Vesperbilder»[4], die formal gekennzeichnet sind durch eine leicht geschwungen sitzende Marienfigur mit horizontal gelagertem Christus, dessen Füße meist auf dem seitlich nachschleppenden Gewand Marias aufliegen. Ein verhaltener Ausdruck von stillem Leid prägt die Züge der sehr jugendlich dargestellten Maria. Dieses innig-schmerzliche Betrachten wird zusätzlich noch betont durch die Gestik; Maria hat ihre linke Hand auf die Brust gelegt. Kopftuch und Gewand legen sich in weichen Falten um die Figur und heben deren Geschlossenheit und Idealität hervor.

Eine genaue Zuordnung und Datierung des Werkes ist schwierig, da ca. 200 Werke dieser Gattung erhalten sind, die sich kompositorisch stark ähneln und alle kaum datiert sind. Auf Grund stilistischer Vergleiche ist die Herkunft aus dem Salzburger Gebiet zu erwägen.

S. M.

---

1 Zur Entwicklung der Pietà-Ikonographie siehe MICHLER 1992, S. 38-49.
2 Siehe WEHRLI-JOHNS in diesem Band.
3 CAPRA 1951, S. 14.
4 EMMINGHAUS 1972, Sp. 452-455; GROSSMANN 1970.

25. Wer das Bild des hl. Christophorus erblickt, wird am selben Tag nicht ohne Sakraments-Empfang sterben.

Heiliger Christophorus, Ende 15. Jahrhundert.

Holzskulptur (Pappel), gefaßt,
H: 114,5, B: 47, T: 27 cm.
Zürich, Schweizerisches Landesmuseum, LM 7202c.

Christophorus, der Christus-Träger, gehört seit dem 14. Jahrhundert zu den wichtigsten Heiligen im Zusammenhang mit Tod und Sterben. Er ist einer der 14 Nothelfer, gewährt Beistand in der Sterbestunde und schützt vor jähem Tod. Spätmittelalterliche Christophorusdarstellungen beziehen sich fast ausschließlich auf jenen Teil der Legende, in dem berichtet wird, wie der Riese Christophorus den zwar kleinen, aber sehr schweren Christusknaben unerkannt durch einen reißenden Fluß trug. Sie betonen – verglichen mit den stärker auf die symbolische Deutung des Geschehens ausgerichteten frühen Bildern – vorwiegend die erzählenden Elemente wie das Durchschreiten des Wassers, die gebückte Haltung des Heiligen u.a.[1] Diesem Typus entspricht auch die vorliegende Plastik. Christophorus ist als alter Mann mit hagerem Gesicht und Vollbart dargestellt. Über einem gegürteten, dunkelroten Wams trägt er einen weiten, goldenen Mantel, dessen rechter Zipfel unter dem Gürtel festgeklemmt ist. Mit beiden Händen umfaßt er einen langen, dürren Baumstamm, der ihm als Stütze dient. Die leichte Abdrehung des Oberkörpers, unterstrichen durch den Faltenwurf des Mantels, sowie das hervorstehende rechte Knie betonen die Gehbewegung. Die eng anliegenden Hosenbeine sind bis zum Knie hinaufgerollt, barfuß durchschreitet er das Wasser, angedeutet durch breite Kerben auf der Sockelplatte. Auf seiner rechten Schulter kniet Christus mit aufgerichtetem Oberkörper, in ein langes, goldenes Hemd gekleidet. Seine rechte Hand hält er im Segensgestus dem Betrachter entgegen, die linke umfaßt eine goldene Weltkugel.

Die Plastik kam zusammen mit einem neuen Schrein und zwei weiteren Figurengruppen aus dem Beinhaus von Naters (Kanton Wallis) ins Schweizerische Landesmuseum[2]. Da der Christophorus vollplastisch ausgearbeitet ist und weder vom Material noch von den Größenverhältnissen und dem Stil her zu den beiden anderen Figuren paßt, ist anzunehmen, daß er ursprünglich als Einzelfigur geschaffen wurde oder aus einem anderen Kontext stammt[3]. Gut vorstellbar ist die Aufstellung als Einzelfigur. Die Christophorusdarstellungen waren ja gerade wegen der apotropäischen Kraft, die man diesen Bildern zumaß, sehr beliebt. *Wer sant Cristoffels bild ansicht, des Tags ym kein böser tod beschicht* – so oder ähnlich lauten die Bildbeischriften zu Holzschnitten oder Wandmalereien, die den Heiligen darstellen[4]. Der «böse Tod», die *mors mala* meint den plötzlichen, unvorbereiteten Tod ohne den Empfang der kirchlichen Sterbesakramente. Er drohte jedem Menschen täglich und war äußerst gefürchtet. Da man in der Regel nur einmal jährlich beichtete, war die Möglichkeit groß, daß man sich mit einer Todsünde belud. Damit zu sterben, hätte die ewige Verdammnis bedeutet. Die Verehrung von Christophorus-Bildern bot hier einen begehrten, leicht erreichbaren Schutz. In diesem Zusammenhang ist auch an die riesigen Christophorus-Figuren zu erinnern, die innen und außen an Kirchenwänden angebracht wurden. Diejenigen an Außenwänden, sinnvollerweise oft schon von weither sichtbar, scheinen sich eher auf Christophorus als Beschützer vor dem jähen Tod zu beziehen, diejenigen an Innenwänden zeigen ihn als Schützer in jeder Not und Beistand in der Sterbestunde[5]. Auch in Treppenhäusern von privaten Wohnbauten sind Christophorusdarstellungen nachgewiesen[6]. Wie beliebt und weitverbreitet der Glaube an die Macht solcher Bilder war, zeigt die Kritik dieser Frömmigkeitspraxis in der humanistischen Literatur um 1500. Erasmus von Rotterdam schreibt im «Lob der Torheit» (1509 erschienen): *einer törichten Einbildung überlassen* sich jene, die *überzeugt sind,*

Abb. 118 Verehrung eines Wandbildes des hl. Christophorus. Buchillustration von Hans Holbein d. J. in: Erasmus von Rotterdam, Stultitiae laus [Lob der Torheit], Basel: Johann Froben 1515. Persönliches Exemplar des Oswald Myconius. Basel, Öffentliche Kunstsammlung.

Kat. 25

sie könnten an einem Tag, an dem sie den Blick auf eine Holzstatue oder ein Bild des Polyphem Christophorus geworfen haben, nicht sterben[7]. Im Exemplar des Luzerner Gelehrten Oswald Myconius aus dem Basler Kupferstichkabinett ist diese Textstelle noch durch eine Randzeichnung hervorgehoben (Abb. 118).

S. M.

Literatur: – BAIER-FUTTERER 1936, S. 148f. – ROTHEN 1948, S. 153f. – HAHN-WOERNLE 1972, S. 187.

1 Zur Christophorusikonographie siehe WERNER 1973, HAHN-WOERNLE 1972 und ROSENFELD 1937.
2 Es handelt sich um eine Madonna mit Kind und zwei Engeln (LM 7202a) und eine Anna Selbdritt (LM 7202b), siehe BAIER-FUTTERER 1936, S. 148f. sowie die Angaben auf der Inventarkarte des Museums.
3 Die Werke werden verschiedenen Meistern zugeschrieben (BAIER-FUTTERER 1936, S. 148f.), ihre ursprüngliche Anordnung im Schrein ist unsicher. Möglicherweise ist auch der Altar, wie für die Kapelle selbst bezeugt, eine Stiftung des Walliser Landeshauptmannes Johannes Rymen von Naters, siehe ROTHEN 1948, S. 153f.
4 Zit. in: ROSENFELD 1937, S. 422, Anm. 1, dort auch weitere Beispiele.
5 HAHN-WOERNLE 1972, S. 25.
6 Drei Beispiele aus Zürich bei SCHNEIDER 1991, S. 18.
7 Zit. in: JEZLER / JEZLER / GÖTTLER 1984, S. 84.

26. Seit dem Frühmittelalter verbrüdern sich Klöster und leisten für die Verstorbenen Fürbitten.

Liber Viventium aus dem Benediktinerkloster Pfäfers, 9. Jahrhundert.

Format: H: 20; B: 31 cm, Pergament.
Erste Anlage: 1. Drittel 9. Jahrhundert;
Eintrag der Mönchsliste S.38/39 wohl um 860.
St. Gallen, Stiftsarchiv, Cod. Fab. 1.
Faksimile.

Seit karolingischer Zeit sind in Klöstern verschiedene Bücher mit Namenslisten von geistlichen und weltlichen Personen verschiedenen Standes überliefert, sog. Gedenkbücher (libri memoriales) oder Bücher des Lebens resp. der Lebenden (libri vitae, libri viventium). Alle diese Personen hatten mit Klostergemeinschaften Verträge (sog. Verbrüderungsverträge) abgeschlossen, die die Formen des liturgischen (Toten-) Gedenkens regelten. Dieses klösterliche Gedenken, die Memoria[1], umfaßte verschiedene Formen: Wichtig war vor allem die fürbittende Namensnennung[2] aller in diesem Buch Verzeichneten vor und nach den Wandlungsworten in der Meßfeier. Zusätzlich wurden Sondermessen für die Toten veranstaltet und Psalmen gelesen – mit Meßfeiern sowie Fürbittegebeten konnte die klösterliche Gemeinschaft stellvertretend für die Verbrüderten Buße leisten. Zusätzlich wurden in die Verbrüderungsverträge oft auch karitative Werke aufgenommen, die das Kloster im Namen des Toten und für sein Seelenheil ausführte – so z.B. die Armenspeisung an seinem Todestag, weil die Armen, gemäß dem Jesuswort aus Mt. 25, 40 (*Was ihr einem dieser meiner geringsten Brüder getan habt, das habt ihr mir getan*) beim Jüngsten Gericht als Interzessoren auftreten. Sinn dieses liturgischen Gedenkens war es, die betreffenden Personen dem Gedächtnis Gottes anzuempfehlen; sie sollten von Gott in sein Buch des Lebens, in den biblischen *liber vitae* eingetragen werden[3]. Wer dort genannt ist, entgeht, wie in der Offenbarung des Johannes geschrieben steht, dem Feuersee, d. h. dem ewigen Tod (*et qui non est inventus in libro vitae, missus est in stagnum ignis*; Apk. 20,15). Im Vertrauen auf diese Wirkung des Eintrages in ein klösterliches Gedenkbuch wurden diese Verzeichnisse meist schon Verstorbener «Bücher des Lebens» oder «der Lebenden» genannt. Daraus spricht ein ungeheurer Glaube an die versammelte Gebetskraft eines Konventes und die Gebetsleistung der oft über weite Räume hinweg verbrüderten Gemeinschaften[4].

Die Verbrüderungsverträge wurden in erster Linie mit anderen Klöstern abgeschlossen. Man verpflichtete sich gegenseitig, beim Eintreffen der Todesnachricht von einem Mitglied dieser Klostergemeinschaft zu bestimmten, bis ins Detail festgelegten liturgischen Gedenkhandlungen (= sog. Gebetsverbrüderung)[5]. Die gegenseitige Gebetshilfe wurde zu einer der wichtigsten Aufgaben der Klöster und spannte ein Netz sozialer Fürsorge – allerdings auf das Geschehen nach dem Tod bezogen – über weite Regionen hinweg. Auch weltliche Personen konnten noch zu Lebzeiten auf ihre Bitte hin der Gebetshilfe teilhaftig werden, d.h. im Liber Viventium des Klosters eingetragen werden, wenn sie der Gemeinschaft entsprechende materielle Schenkungen machten – davon zeugen unzählige Einträge weltlicher Personen aus verschiedenen sozialen Schichten in den erhaltenen Büchern. – Daß es sich für die einzelnen Klöster auf die Dauer als unrealisierbar erwies, alle durch die Verträge eingegangenen Verpflichtungen zu erfüllen, wird leicht einsichtig, vergegenwärtigt man sich die große Anzahl der mit einem einzigen Kloster verbrüderten Personen[6], – das Reichenauer Verbrüderungsbuch umfaßte schon im 9. Jahrhundert 7000–8000 Personeneinträge!

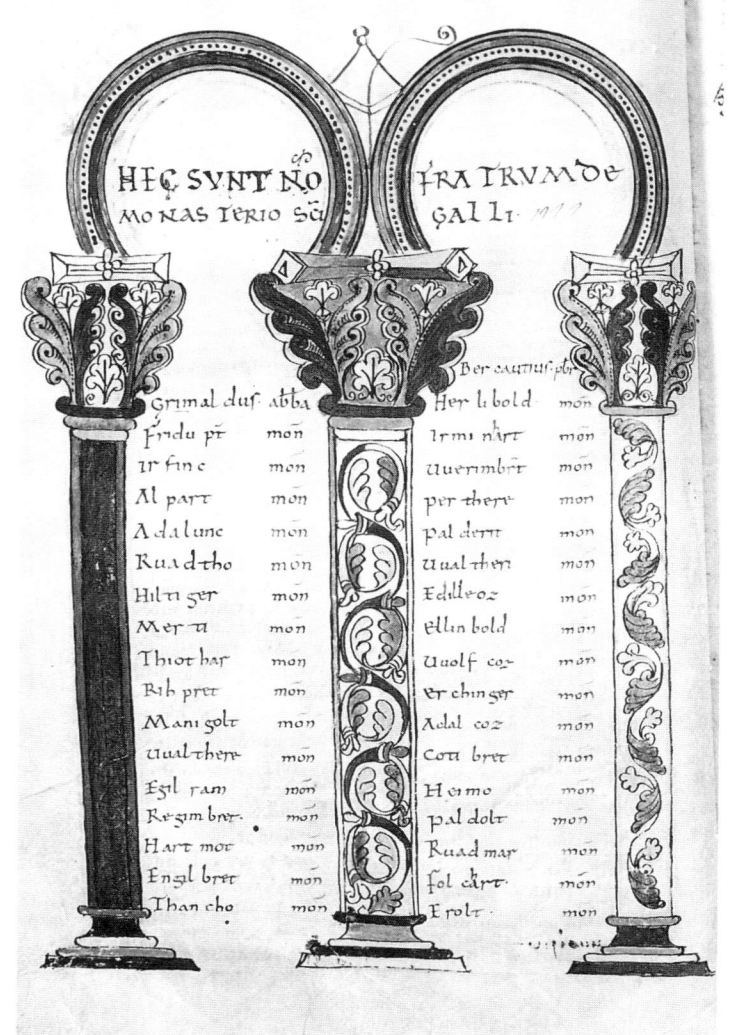

Kat. 26

Der Pfäferser Liber Viventium ist insofern eine Sonderform dieser Gattung, als die Namenslisten hier verbunden sind mit Textauszügen aus den Evangelien. Umstritten ist in der Forschung, ob dies von Anfang an so vorgesehen war oder ob ein geplantes Evangelistar etwas später zu einem Verbrüderungsbuch abgeändert worden ist[7]. Die Anlage des Buches ist um 820/30 anzusetzen, ebenso die ersten Einträge (S. 24f.). Die späteren Einträge insbesondere der verschiedenen Mönchsgemeinschaften sind schwieriger zu datieren, die meisten stammen wohl aus dem zweiten Drittel des 9. Jahrhunderts[8]. Die abgebildete Doppelseite zeigt unter Doppelarkaden die Liste des St. Galler Konventes, angeführt von Abt Grimaldus (841-872). Über drei Seiten hinweg folgen die Namen aller damaligen Mitglieder, wie umgekehrt auch im St. Galler Verbrüderungsbuch, etwa aus der gleichen Zeit, eine Liste der Mönche aus Pfäfers überliefert ist. Der Kreis der im Pfäferser Buch eingetragenen verbrüderten Gemeinschaft ist nicht so weitreichend wie derjenige der Abteien Reichenau oder St. Gallen – er konzentriert sich im 9. Jahrhundert auf die wichtigsten Klöster des Bodensee-Alpenraumes[9].

Kunstgeschichtlich bedeutsam ist der Liber Viventium wegen der Qualität seines Buchschmuckes. Die Evangelientexte sind mit Evangelistenbildern verziert, die Seiten mit Namenseinträgen mit je verschieden gestalteten Doppelarkaden mit Hufeisenbögen. Die Doppelseiten sind durchgehend symmetrisch konzipiert; auffallend ist der große Reichtum an verschiedenen Kapitellformen und Säulendekorationen. Eine eigenwillige Besonderheit der Gestaltung ist, daß die tragenden Teile der Architektur, die Säulen und Kapitelle zu groß und kräftig sind für das, was sie tragen sollen, nämlich die feineren Bogenstellungen. Ein genaues Vorbild für diese Art der Gestaltung konnte noch nicht ausfindig gemacht werden; die Frage nach den Vorbildern führt sowohl in den insularen Bereich wie in den spätantiken Mittelmeerraum. Von Euw nimmt an, der Künstler gehöre zum Pfäferser Konvent und meint, die Doppelarkaden seien eine der kreativ interessantesten künstlerischen Leistungen der Karolingerzeit[10].

S. M.

Literatur: – BRUCKNER / SENNHAUSER 1973 (Faksimile). – GEUENICH 1975. – GEUENICH 1985. – VOGLER 1985, 2. Aufl., S. 125/126. – EGGENBERGER / EGGENBERGER 1989, S. 39-42. – VON EUW 1989 (mit älterer Literatur S. 19f.). – GEUENICH 1990, S. 28.

1 Grundlegend dazu: SCHMID / WOLLASCH 1984 und WEHRLI-JOHNS in diesem Band.
2 Ursprünglich wurde der Name jeder einzelnen verzeichneten Person aufgerufen, mit der Zeit mußte die Namensnennung wegen der großen Anzahl Verbrüderter summarisch erfolgen. GEUENICH 1990, S. 34.
3 Siehe dazu: OHLY 1984, S. 29-32.
4 OHLY 1984, S. 29.
5 Die Bestimmungen des Pfäferser Verbrüderungsvertrages zitiert GEUENICH 1985, S. 35, diejenigen des St. Galler Vertrages GEUENICH 1990, S. 29.
6 Zu den wirtschaftlichen und sozialen Folgen davon sowie den daraus resultierenden Veränderungen im Totengedenken siehe WEHRLI-JOHNS in diesem Band.
7 VON EUW 1989, S. 208; GEUENICH 1985, S. 32f.
8 GEUENICH 1985, S. 36.
9 Eine Übersichtskarte der Verbrüderten der Abtei Pfäfers in: VOGLER 1985, 2. Aufl., S. 165.
10 VON EUW 1989, S. 120.

27. Eine Fülle von Toten im Buch des Lebens.

Das Verbrüderungsbuch der Abtei Reichenau, erste Anlage nach 818.

Pergamenthandschrift mit einzelnen jüngeren Papierlagen, 164 Seiten. Grundstock der Einträge aus dem 9. Jahrhundert, Nachträge bis ins Spätmittelalter.
H: 28.5; B: 20 cm.
Zürich, Zentralbibliothek, Ms. Rh. hist. 27.

Auf 164 Seiten enthält das Reichenauer Verbrüderungsbuch insgesamt 38'232 Namen von Personen, die ins liturgische Totengedenken miteinbezogen werden sollten (vgl. Kat. Nr. 26). Seit der ersten Anlage des Buches, wohl kurz nach 818[1], blieb es bis zur Mitte des 15. Jahrhunderts in Gebrauch. Neben den verschiedensten Klöstern aus ganz Europa, die mit der Abtei Reichenau Verbrüderungsverträge abgeschlossen hatten[2], sind schon von Anfang an auch zahlreiche Einzelpersonen als besondere Wohltäter des Klosters eingeschrieben worden, einige schon zu Lebzeiten, andere erst nach ihrem Tod. Dies zeigt die abgebildete Doppelseite (S. 98/99) mit der Überschrift *nomina amicorum viventium*. Der anfänglich freigelassene Platz wurde schon bald zu knapp; Hunderte von Personen wollten der klösterlichen Gebetshilfe teilhaftig werden, so daß die Seite von Namen überfüllt ist. Für die erhoffte Heilswirkung scheint vor allem der individuelle Name wichtig gewesen zu sein; Amt, Stand, Verwandtschaft oder Herkunft wurden nur selten beigefügt,

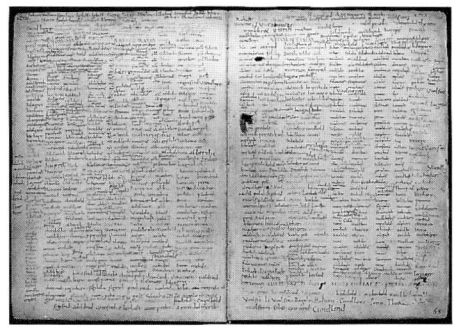

Kat. 27

summarische Nennungen mehrerer Personen treten kaum auf[3]. Eine Ordnung aller Nennungen war kaum mehr aufrecht zu erhalten – dies belegt das unruhige Erscheinungsbild der Seite mit den verschiedenen Kolonnen, Zeilenabständen und Schriftzügen. Auch das Einhalten der mit den Eintragungen eingegangenen Gebetsverpflichtungen wurde für einen Konvent in der Liturgie bald undurchführbar. Die Nennung aller dieser hier aufgezeichneten Namen während der Meßfeier sowie das Abhalten aller ursprünglich abgemachten Gedenkmessen überstieg die Möglichkeiten eines jeden Klosters. Die Abtei Reichenau hätte allein im 9. Jh. regelmäßig für 7000–8000 Personen Gedenkfeiern abhalten müssen! Daß der Glaube an die Heilswirkung der klösterlichen Gebete unvermindert blieb, auch wenn kein individuelles Totengedenken mehr erfolgen konnte, zeigt die Tatsache, daß sogar im Spätmittelalter noch neue Personen im «Buch des Lebens» verzeichnet wurden.

S. M.

Literatur: – SCHMID 1974. – AUTENRIETH / GEUENICH / SCHMID 1979 (mit weiterer Literatur). – VON EUW 1989, S. 208.

1 AUTENRIETH / GEUENICH / SCHMID 1979, S. LXV-LXVIII.
2 Eine Übersichtskarte findet sich ebda., S. LXI.
3 Ebda., S. XLII.

Jenseitsvorsorge: Stundenbücher Kat. 28 und 29

28. Im Spätmittelalter lassen sich vermögende Laien Stundenbücher anlegen, um eine reduzierte Form des klösterlichen Stundengebets zu leisten. Eine Besitzerminiatur zeigt, wer das Stundenbuch in Auftrag gegeben hat.

Umkreis Willem Vrelant.
Stundenbuch für ein Mitglied der Familie Spinola, Brügge, um 1470/75.
Thronende Madonna mit Engeln, in der Bordüre betender Besitzer, fol. 29v.

Format: H: 11.1; B: 8 cm, 190 ff. Pergament. Geschrieben für den Gebrauch von Rom in lateinischer Sprache.
Kalender 17zeilig, Text 16zeilig.
Einband: weinroter Samt auf Holz mit Eckbeschlägen, Mittelornament und Scharnier für Schließe auf jedem Deckel, 18. Jahrhundert.
Privatsammlung.

Bildschmuck: fol. 13v: Kreuzigung; fol. 22v: Pfingsten; fol. 29v: Thronende Madonna mit Engeln, in der Bordüre betender Besitzer, begleitet vom Wappen der Familie Spinola; fol. 44v: Verkündigung; fol. 66v: Heimsuchung; fol. 80v: Geburt; fol. 86v: Hirtenverkündigung; fol. 92v: Königsanbetung; fol. 98v: Darbringung im Tempel; fol. 104v: Kindermord; fol. 114v: Flucht nach Ägypten; fol. 120v: Marienkrönung; fol. 139v: Weltgericht; fol. 164v: Hieronymus im Studio.

Kat. 28

Vom Buchtyp her handelt es sich bei der Handschrift um ein ganz normales kleines Brügger Stundenbuch. Die einzige Anomalie, die das Stück aufweist, besteht im Fehlen eines Totenoffiziums. Allerdings könnte dies ursprünglich vorhanden gewesen sein; die Lagenordnung erlaubte eine Rekonstruktion dieses Textes in seiner üblichen Stellung hinter den Bußpsalmen.

Auffällig ist aber die Qualität des Stückes. Sie ist an der überdurchschnittlichen Feinheit des verwendeten Pergaments ebenso abzulesen wie an den Besonderheiten des Randdekors: Normalerweise undekoriert bleibende untergeordnete Textanfänge wie der Anfang der Litanei (fol. 153) sind hier durch Bordürenstreifen unten und oben hervorgehoben. Aber auch die Malerei ragt qualitativ über die zahllosen stilverwandten Brügger Stundenbücher heraus. Zwar orientiert sich der Illuminator wie die meisten seiner Kollegen noch an den von Willem Vrelant eingeführten Maßstäben, doch sind seine Kompositionen räumlich durchdachter und abwechslungsreicher. Seine Palette ist reicher und verfügt mit auffälligem Gelb, Orange und Grasgrün über seltene Valeurs.

Den Schlüssel zur Erklärung dieser außergewöhnlichen Qualität liefert möglicherweise die aufgeschlagene Seite. Dort kniet in der Bordüre auf einer angedeuteten Erdscholle ein Beter in zeitgenössischem Kostüm, der sich der thronenden Madonna mit Kind in der Miniatur zuwendet. Über ihm ist eine Tartsche italienischer Form mit dem Wappen der Familie Spinola angebracht. Das Auftreten der hl. Monika von Ostia in der Litanei bestätigt eine Bestimmung für Italien.

Der Name Spinola weckt nun bei jedem Handschriftenkenner höchste Erwartungen, befanden sich doch zwei der berühmtesten Bilderhandschriften überhaupt einst im Besitz der Genueser Familie, nämlich die Très Riches Heures des Duc de Berry (Chantilly, Musée Condé, Ms. 65) und das wohl im Umkreis der Margarete von Österreich entstandene Spinola-Stundenbuch (Malibu, J. Paul Getty-Museum, Ms. Ludwig ix, 18). Allerdings wissen wir in beiden Fällen nur, daß die Handschriften im 18. Jahrhundert in Genua waren, nicht aber, wie und wann sie dorthin gelangt sind. Bei dem hier ausgestellten Stück, das man zur Unterscheidung vom Codex in Malibu das «kleine Spinola-Stundenbuch» nennen könnte, steht hingegen fest, daß es von vornherein für ein Mitglied der italienischen Familie in Auftrag gegeben worden ist; denn die Bordüre mit dem Stifterbild ist original, und sie ist ohne jeden Planwechsel ausgeführt worden. Möglicherweise läßt sich der dargestellte Besitzer sogar bestimmen: Von Paolo Battista Spinola ist bekannt, daß er zur mutmaßlichen Entstehungszeit des Stundenbuchs in Flandern gewesen ist.

Auf jeden Fall bezeugt die Handschrift auf eindrückliche Weise das Interesse, auf das flämische Stundenbücher in ganz Europa stießen. Da sie fast ausschließlich für römischen Gebrauch geschrieben wurden, waren sie prinzipiell in der gesamten Christenheit benutzbar.

B. B.

Literatur: – Sotheby's 1986, S. 137–139, lot 104.

29. Der Totenkopf auf der Brust des Auftraggebers gemahnt an den unvermeidlichen Tod.

Niederländisches Stundenbuch, Provinz Holland, um 1480/90.
Beginn des Totenoffiziums: Memento Mori, fol. 208v.

Format: H: 15.3; B: 10.8 cm, 246 ff. Pergament. Kalender 17zeilig, Text 17zeilig.
Einband: braunes Kalbsleder, verziert mit zwei Plattenstempeln und Streicheisenverzierung, niederländisch (oder flämisch?), 15. Jahrhundert.
Zürich, Zentralbibliothek, Ms. C 161.
Provenienz: Auf fol. 244v Besitzeintrag, Ende 15. oder Anfang 16. Jahrhundert: *Von Heltgen Cornelijs an ihre Tochter Geertruyt Dirckx, Ehefrau von Hendrick Gerrijtsen de Vrij.*

Bildschmuck: fol. 85v: Pfingsten; fol. 136v: Stehende Madonna mit Kind; fol. 181v: Kreuzigung; fol. 190v: Weltgericht; fol. 208v: Memento Mori – Junger Mann mit Totenkopf.

Das Vorkommen des Festtags von St. Ieroen am 17. 8. sowie das typische Auberginen-Federwerk im Randdekor deuten darauf hin, daß die Handschrift im Süden der Provinz Holland entstanden ist (freundlicher Hinweis von J. Marrow). Es handelt sich um das Werk eines ansonsten unbekannten, recht schlichten Buchmalers, der mit kräftigen Buntfarben und auffallend deckendem Farbauftrag arbeitet.

Weder stilistisch noch ikonographisch sind die Miniaturen sonderlich bemerkenswert, mit einer Ausnahme: Diese findet sich auf der hier aufgeschlagenen Seite mit dem Eröffnungsbild des Totenoffiziums, das unter den an dieser Stelle üblichen Themen ohne Parallele ist. Vor neutralem, in Grün gehaltenem Fond ist ein junger Mann in Dreiviertelfigur dargestellt; eine breite Brüstung oder ein Tisch verbirgt seinen Körper von der Hüfte ab. Auf der Ablage im Vordergrund sind eine Laute, Blüten, ein Apfel und eine Birne sowie ein Becher und ein Krug drapiert. Das Merkwürdigste aber ist, daß der junge Mann mit der rechten Hand einen Gegenstand in Höhe seines Herzens vor seine Brust hält, dessen Umriß dem eines Totenschädels entspricht, der aber merkwürdig flach wirkt, so daß vermutlich ein Abzeichen oder eine Maske damit gemeint ist. Um die Figur zieht sich ein langes Schriftband, dessen ausführliche Inschrift den Sinn der Szene enthüllt: *Sulck merk[t] dat hi i[n] ghesonth[ijt] leeft / die de doot i[n] sijne[n] boosem heeft (Vergeßt nicht, daß auch der, der in Gesundheit lebt / den Tod in seinem Busen trägt).* Und ein entsprechendes Schriftband antwortet auf der gegenüberliegenden Textseite *Teghe[n]s die doot en[de] is gheen schilt. / daerom leeft alsoe als ghi sterve[n] wilt (Gegen den Tod gibt es keinen Schild / Darum lebe so, wie du sterben willst).*

Die Geste des Mannes ist unmittelbare bildliche Umsetzung dieses Textes: Das Abzeichen des Totenschädels signalisiert, daß er den Tod bereits in der Brust trägt, obwohl er sich bei guter Gesundheit wähnt. Als einen Toren weist ihn auch seine Kleidung aus, die von stutzerhafter Übertreibung gekennzeichnet ist. So hat der junge Mann zwei Kopfbedeckungen aufgesetzt; über einer roten Kappe trägt er ein üppiges schwarzes Federbarett. Seine Schaube ist zwar überreich mit Pelz verbrämt und besitzt modisch weite Ärmel; sie ist aber seitlich so weit aufgeschlitzt, daß sie fast nur noch aus Kragen und Ärmeln zu bestehen scheint und somit als Obergewand unpraktisch ist. In diesem Lichte erscheinen wohl auch die Gegenstände im Vordergrund als Luxusobjekte, deren Nutzen in Anbetracht der Vergänglichkeit verblaßt. Auf innovative Weise verknüpft die singuläre Miniatur den Vanitas-Gedanken mit der Thematik des Memento Mori und kombiniert damit zwei Bildideen, die bis weit in den Barock hinein Gültigkeit behalten, ja dort erst eigentlich zur vollen Entfaltung kommen werden: die einen Totenschädel kontemplierende Figur und das Vanitas-Stilleben.

B. B.

Literatur: – MOHLBERG 1951, S. 72, Nr. 187.

Kat. 29

30. Das Gebet der sieben Verse des hl. Bernhard bewahrt vor einem Tod in Sünde.

Stundenbuch für einen unbekannten Besitzer, der die Devise ET NON SANS CAUSE führte, Lyon, um 1480/90.
Miniatur vor den «Septem versiculi sancti bernardi»: Hl. Bernhard mit Teufelchen, fol. 132.

Format: H: 15.2; B: 9 cm, 157 ff. Pergament.
Geschrieben für den Gebrauch von Rom in lateinischer und französischer Sprache.
Kalender 15 und 17zeilig, Text 21zeilig.
Einband: neuzeitlicher roter Samteinband, Schließen (eine von zweien erhalten) mit Monogramm EMLS.
Privatsammlung.

Bildschmuck: fol. 1-12v: Kalender mit rechteckigen Bildfeldern, in denen auf recto die Monatsarbeiten, auf verso die Tierkreiszeichen dargestellt sind; fol. 14: Johannes auf Patmos; fol. 15v: kleines Bildfeld Lukas; fol. 16v: kleines Bildfeld Matthäus; fol. 18: kleines Bildfeld Markus; fol. 19: kleines Bildfeld halbfigurige Madonna mit Kind; fol. 22v: Besitzer am Betpult, von Johannes d.T. empfohlen; fol. 23: Verkündigung; fol. 39: Heimsuchung; fol. 49: Geburt; fol. 53: Hirtenverkündigung; fol. 56: Königsanbetung; fol. 59: Darbringung im Tempel; fol. 66: Himmelfahrt Mariens; fol. 76: Kreuzigung; fol. 79: Pfingsten; fol. 82: David beobachtet Bathseba; fol. 95v: Hiob auf dem Misthaufen; fol. 124v: kleines Bildfeld Gefangennahme; fol. 132: Bernhard mit dem Teufel; fol. 133v: kleines Bildfeld Sebastian; fol. 134v: kleines Bildfeld Antonius; fol. 135: kleines Bildfeld Claudius; fol. 135v: kleines Bildfeld Anna selbdritt; fol. 136v: kleines Bildfeld Margareta; fol. 137: kleines Bildfeld Barbara; fol. 138: kleines Bildfeld Gottvater als Herrscher mit der Weltkugel; fol. 143v: Besitzerin am Betpult, von Katharina empfohlen; fol. 144: Stephanus; fol. 145: kleines Bildfeld Pietà unter dem Kreuz; fol. 151: kleines Bildfeld Schmerzensmann mit dem Kreuz; fol. 153: Schmerzensmann zwischen Maria und Johannes.

Trotz mehrerer Versuche ist es bislang nicht gelungen, die Besitzer des vorliegenden Stundenbuchs zu identifizieren, obwohl diese großen Wert darauf gelegt haben, in der Handschrift erkennbar zu sein. Jeder der beiden Ehegatten ist auf einem eigenen Vollbild dargestellt, das von demselben Wappen flankiert wird (in Blau ein goldener Balken, begleitet oben von einer silbernen Kugel zwischen zwei sechszackigen goldenen Sternen, unten von einer silbernen Kugel). Beim Porträt des Mannes kommt überdies die Devise ET NON SANS CAUSE vor, die sich ein weiteres Mal in der Bordüre auf fol. 135v findet.

Alle Miniaturen werden von ausgesprochen modernen Tabernakelarchitekturen gerahmt, zu deren Formenrepertoire u.a. Pilaster und Putten zählen. Bei den beiden Besitzerporträts, die gegenüber von der Verkündigungsminiatur bzw. dem Bild des hl. Stephanus angeordnet sind, erzeugen die auf je einer Doppelseite vereinigten Tabernakel geradezu die Wirkung eines prächtigen Diptychons.

Die frühe Aufnahme solcher Renaissanceelemente ist ein Merkmal der Buchmalerei in Lyon. Typisch für sie ist ferner die klare und harte Ausleuchtung der Szenen. Zwar zeigen einige der Kompositionen, z.B. die Verkündigung, die Darbringung und das Hiobsbild, auch den Einfluß von Jean Bourdichon; dennoch wird man das Stundenbuch nach Lyon lokalisieren dürfen.

Kat. 30

Das Bildfeld der aufgeschlagenen Seite stellt den hl. Bernhard von Clairvaux mit einem Teufelchen dar und spielt damit auf eine im Spätmittelalter sehr verbreitete Legende an. In der Legende begegnet der hl. Bernhard dem Teufel, der behauptet, sieben Verse aus dem Psalter zu kennen, deren tägliches Beten einen davor bewahre, in Sünde, also ohne die Sterbesakramente empfangen zu haben, zu sterben. Natürlich ist der Heilige begierig, zu wissen, um welche Verse es sich handele, und um ihn zu ärgern verrät der Teufel sie natürlich nicht. Darauf versetzt Bernhard listig, dann werde er von nun an jeden Abend den ganzen Psalter beten, um sicher sein zu können, daß die fraglichen sieben Verse darunter seien. Erschrocken gibt der Teufel daraufhin sein Geheimnis preis.

Das kleine Bild leitet eben jene kurze Zusammenstellung von Psalmenversen ein, die nach dieser Legende die «Septem versiculi sancti bernardi» genannt werden. Hier sind sie allerdings, wie im Spätmittelalter häufig, auf «Octo versiculi» erweitert. Der Text verdankt seine enorme Beliebtheit offensichtlich der mit ihm verknüpften Verheißung, keines unverhofften Todes zu sterben.

B. B.

Literatur: – KRAUS, Catalogue 95, Nr. 24.

31. Die Miniatur mit der Auferweckung des Lazarus stimmt die Betenden für die eigene Auferstehung zuversichtlich.

Stundenbuch für den Gebrauch von Rom, Brügge, um 1470/80.
Totenoffizium, Lazarus-Erweckung, fol. 114v.

Format: H: 16.4; B: 11.9 cm, 271 fol. Pergament.
Geschrieben in lateinischer Sprache.
Kalender 17zeilig, Text 16zeilig.
Einband: brauner Ledereinband mit reicher Goldprägung, 17. Jahrhundert.
Zürich, Zentralbibliothek, Ms. C 176.
Provenienz: An verschiedenen Stellen Besitzeinträge von Marten Gerfault und Phelippe Gerfault, 16. Jahrhundert.

Bildschmuck: fol. 1-12: Kalender mit je zwei rechteckigen Bildfeldern nebeneinander, Tierkreiszeichen und Monatsarbeiten enthaltend, im unteren Rand auf rectos; fol. 31v: Heimsuchung; fol. 46v: Hirtenverkündigung; fol. 51v: Königsanbetung; fol. 56v: Darbringung im Tempel; fol. 61v: Kindermord; fol. 68v: Flucht nach Ägypten; fol. 74v: Hieronymus im Studio; fol. 95v: König David büßend; fol. 114v: Lazarus-Erweckung; fol. 158v: Kommunion; fol. 169v: Gebet am Ölberg; fol. 176v: Gefangennahme; fol. 181v: Christus vor Pilatus; fol. 185v: Geißelung; fol. 189v: Kreuztragung; fol. 193v: Kreuzigung; fol. 197v: Kreuzabnahme; fol. 202v: Grablegung; fol. 209v: Thronende Madonna mit Engeln; fol. 220v: Maria von Engeln zur Krönung getragen; fol. 229v: Beweinung unter dem Kreuz; fol. 236v: Johannes der Täufer; fol. 238v: Andreas; fol. 241v: Franziskus-Stigmatisierung; fol. 243v: Gregorsmesse; fol. 246v: Christophorus mit dem Christkind; fol. 248v: Stephanus-Steinigung; fol. 250v: Dominikus; fol. 252: Bernardinus von Siena; fol. 254v: Michael besiegt das siebenköpfige Ungeheuer der Apokalypse; fol. 256v: Antonius; fol. 258v: Anna selbdritt; fol. 260v: Ursula mit den 10.000 Jungfrauen; fol. 262v: Margareta entsteigt dem Drachen; fol. 264v: Clara; fol. 266v: Katharina; fol. 268v: Barbara; fol. 270v: Alle Jungfrauen.

Eine von den flämischen Miniaturisten besonders gepflegte Spezialität war die Grisaille-Malerei. Sowohl für den Burgunderhof als auch für den Markt wurden Handschriften in dieser Technik hergestellt. Dabei reicht die Variationsbreite von ausschließlich Bildern, die auf jede Buntfarbe verzichten, bis hin zu «Halb-Grisaillen», wie sie das vorliegende Stundenbuch enthält: Aus einem grauen Grundton sind die

Kat. 31

Kat. 32

schen Bereich mit Abstand am häufigsten das Totenoffizium begleitet, verwundert nicht; handelt es sich doch um diese Episode, in der Christus der Auferstehungsgewißheit mit den Worten Ausdruck verleiht: *Ich bin die Auferstehung und das Leben; wer an mich glaubet, der wird leben, ob er gleich stürbe* (Joh. 1,25).

Der Buchmaler, der dieses Stundenbuch illuminiert hat, stammt aus der von Willem Vrelant begründeten Maltradition. Im Gegensatz zu den meisten seiner Kollegen, die Vrelants Stil recht uniform weiterführen, zeigt er aber bereits Einflüsse jüngerer Künstler, namentlich des Dresdener Gebetbuchmeisters, sowie des Meisters des Schwarzen Gebetbuchs. In stilistischer Hinsicht steht das Zürcher Stück somit einem Stundenbuch in Wien recht nahe (Österreichische Nationalbibliothek, Cod S. n. 13240), das jüngst dem zuletztgenannten Meister zugewiesen worden ist.

B. B.

Literatur: – MOHLBERG 1951, S. 76f., Nr. 199.

32. Ein Weltgerichtsbild kann in Stundenbüchern die sieben Bußpsalmen einleiten.

Einzelblatt aus einem flämischen Stundenbuch, Brügge, um 1450: Weltgerichtsdarstellung.

Blattgröße: H: 9.5; B: 6.8 cm.
Miniatur: H: 5.9; B: 3.4 cm.
Ehemals zu Beginn der Bußpsalmen.
Umkreis des Meisters der Goldranken.
Privatsammlung.

Die Miniatur ist ein überaus typisches Beispiel für Weltgerichtsdarstellungen, die in flämischen Stundenbüchern nach der Darstellung des büßenden Königs David das zweithäufigste Thema zu Beginn der Sieben Bußpsalmen sind. Christus thront auf dem Regenbogen, die zu seinen Füßen liegende Sphaira weist ihn als Weltenrichter aus, die posaunenblasenden Engel der Apokalypse kündigen das Gericht an, die einladende Rechte Christi und seine erhobene Linke verweisen auf die Scheidung in Selige und Verdammte. Der uralten Bildvorstellung der Deesis gemäß knien zu beiden Seiten des Richters Maria und Johannes der Täufer als Fürbitter für die auferstandenen Menschen. Von diesen werden in angedeuteten Gräbern gerade die Köpfe sichtbar.

Das auf das Wesentliche beschränkte und mit seiner strengen Dreieckskomposition die hierarchische Wirkung betonende Schema, dem unsere Miniatur folgt, ist überaus erfolgreich gewesen: Es findet sich in einer Vielzahl von Handschriften, die vor allem aus zwei ungemein produktiven Ateliers stammen, dem des «Maître aux yeux bridés» und dem des «Meisters der Goldranken». Beide Künstler sind nach persönlichen Stileigenarten benannt: Die durch einen einfachen Strich angedeutete Augenspalte seiner Figuren haben dem ersteren seinen Notnamen eingebracht; der Goldrankenmeister heißt hingegen so, weil er in vielen, aber bei weitem nicht in allen seiner Miniaturen den Hintergrund mit goldenen Ranken mustert.

Bei der Beurteilung unserer Miniatur muß man ihre Kleinheit mitbedenken. Zwar gibt der Maler etwa Gewandfalten mit einem einzigen Pinselstrich an; doch geht die Modellierung der Gesichter über das hinaus, was der Maître aux yeux bridés zu leisten vermag. Auch das lebendige Kolorit, das von dem Gegensatz zwischen leuchtendem Orange und sattem Blau bestimmt wird, spricht für eine Zuweisung an den qualitätvolleren der beiden Miniaturisten, den Goldrankenmeister. Eine Besonderheit sind die in Grau gehaltenen Engel.

B. B.

Gewänder der Figuren und der Landschaftsgrund mit sparsamer Weißhöhung und etwas schwarzer Schattierung herausmodelliert. Die Inkarnate der Figuren, ihre Haare und die Pelzbesätze auf ihrer Kleidung erscheinen jedoch, ebenso wie einzelne Landschaftsmotive, vollfarbig. Auf dieselbe Weise sind in der Bordüre die normalerweise buntfarbigen Akanthusranken durch solche in Schwarz und Gold ersetzt, während die Drolerie in Gestalt eines kleinen Männchens im äußeren Bordürenstreifen vollfarbig bleibt.

Ungewöhnlich ist der konkrete Bezug der Drolerie zur Hauptminiatur, den schon die abrupte Kopfwendung des Figürchens zur Mitte hin verrät. In der Miniatur ist die Auferweckung des Lazarus nach Joh. 11,1-45 dargestellt. Zur Bildtradition dieser Szene gehört der Versuch, den Einwand zu illustrieren, den Martha, die Schwester des Verstorbenen, vorbringt, als Christus den Befehl gibt, den Stein von seinem Grab zu heben: *Herr, er stinkt schon; denn er ist vier Tage gelegen* (Joh. 1,39). Meist wird dies dadurch visualisiert, daß sich einer der Jünger ein Tuch vor Nase und Mund hält. Diese Rolle übernimmt hier das Figürchen in der Bordüre, das durch seinen Spaten als jener Mann ausgewiesen ist, der das Grab des Lazarus freigelegt hat.

Daß es sich bei der Lazarus-Erweckung um das Thema handelt, das im flämi-

Kat. 33

33. Im Gebetbuch einer einfachen Begine finden sich keine prunkvollen Miniaturen.

Deutsches Armseelen-Gebetbuch. 15./16. Jahrhundert.

Papierhandschrift, 43 Bl.
H: 14.8; B: 10.3 cm.
Zürich, Zentralbibliothek Ms. C 165.

Die bescheidene Handschrift steht in auffälligem Kontrast zu den prächtigen illuminierten Stundenbüchern des Spätmittelalters. Von einer Hand geschrieben, mit vielen Streichungen, ohne Zierbuchstaben, Miniaturen und Randverzierungen erweist sie sich als eine der zahlreichen Gebrauchshandschriften, die infolge einer selektiven Überlieferung aus dem Blickfeld zu geraten scheinen. Ihre Herkunft ist unbestimmt. Eine jüngere Notiz bezeichnet das schmale Büchlein als «Altvettlisch Kloster, Beginen Bättbuch». Es enthält ausschließlich Texte in deutscher Übersetzung, neben Gebeten und Lobgesängen (Liberator, Gloria, Benedicite, Te Deum) vor allem die sieben Bußpsalmen. Das Credo umschließt auch ein Bekenntnis zur Kirche und zum Ablaßglauben. Bittlitaneien, wie die auf fol. 34, zeugen von der Angst vor Tod und Verdammnis: *des bittend wir dich, erhör uns herre, dz du sy senftentlich und lieplich enphachen wellest, des bitten wir dich, erhör uns herre, dz du inen wellest geben ein stat des liechtes und der erquickunge, des bitten wir dich erhör uns herre, dz du inen wellest verlichen die gnade desz völligen ablas, des bittend wir dich, erhör uns herre, dz du sy lösest an dem iüngsten tag von allen iren ängsten und pinen.* In zahlreichen Gebetsformularen mußte nur noch der Name der Verstorbenen, für die das Gebet bestimmt war, eingetragen werden. Sie deuten daraufhin, daß das Büchlein zur auftragsmäßigen Begehung von Jahrzeiten benützt wurde.

M. W.-J.

Literatur: – MOHLBERG 1951, S. 73 Nr. 189.

34. Im Jahrzeitbuch werden die Jahrzeiten und Seelgeräte einer Kirche verzeichnet.

Stiftungs- und Jahrzeitbuch der Pfarrkirche von Uster (Kanton Zürich), 1469/1473.

Pergamentcodex. 3 + 57 Bl.
H: 47; B: 34 cm.
Zürich, Zentralbibliothek, Ms. C 1.

Liber vitae – Buch des (ewigen) Lebens: So wurden die Jahrzeitbücher oder Anniversarien auch genannt. Jahrzeitbücher verzeichnen in erster Linie die Namen von verstorbenen Personen, kalendarisch geordnet nach dem Todestag oder dem Tag der Begräbnisfeierlichkeiten. Das Todesjahr hingegen ist unerheblich und fehlt deshalb meistens. Das Anniversar ist ein liturgisches Buch. Es schließt die Verstorbenen ins Gebet der Lebenden ein. Zugleich zeigt es den Geistlichen, an welchen Tagen im Kirchenjahr die einzelnen Jahrzeitfeiern zu begehen sind. Überdies dient das Kalendarium nicht allein dem Totengedenken, sondern es weist auch auf die Kirchen- und Heiligenfeste hin.

Ins Jahrzeitbuch aufgenommen wurden nur Gläubige, welche der Kirche ein Seelgerät gestiftet hatten oder es durch die Testamentsvollstrecker stiften ließen. Wer nicht über die nötigen finanziellen Mittel verfügte – und das waren praktisch alle Angehörigen der Mittel- und Unterschichten – dem blieb nur die Möglichkeit einer kollektiven Jahrzeit. So enthält das Jahrzeitbuch von Uster eine Namensliste von ungefähr 400 Dorfgenossen, deren Gedächtnisfeiern an zwei Terminen im Jahr begangen wurden.

Jahrzeitbücher dienten nicht allein als Nekrologien, als wichtige Verwaltungsquelle weisen sie auch den materiellen Umfang einer Stiftung aus. Oftmals wurden Immobilien verschrieben, deren Zinserträge die liturgischen Leistungen (Seelenmesse und Grabvisitation) und die Almosen finanzieren sollten. Im vorliegenden Jahrzeitbuch aus der spätmittelalterlichen Großpfarrei Uster sind zwei Seiten mit den folgenden Eintragungen aufgeschlagen:

Linke Seite:
28. Januar (St. Agnes- und Karlstag): Jahrzeit von Konrad und Mech[th]ild Hofschätti von Oberuster und ihren Vorfahren. Sie stifteten der Kirche etwas Ackerland, das sogleich wieder verkauft und dessen Erlös anderweitig investiert wurde.

Kat. 34

29. Januar (Valeriustag): Jahrzeit von Junker Beringer von Landenberg von Greifensee d. Ä. Hinzu kam noch die Feier für Beringers gleichnamigen Sohn, der eines «gähen» Todes starb: *Ouch in sunderheit Junkher Beringers säligen sin suns, der da in Thur intranck.* Diese Jahrzeit für Vater und Bruder stiftete Hug von Landenberg.
30. und 31. Januar: keine Eintragungen.

Rechte Seite:
1. Februar (St. Brigitta-Tag): Jahrzeit für Ruedi Laubi, der ein halbes, ab dem dritten Jahr noch ein Viertel Pfund Wachs für das ewige Licht der Kirche spendete. Hinzu kam noch das Seelgerät von Ruedi Laubis gleichnamigem Neffen an die Kerze des Heilig-Kreuz-Altares.
2. Februar (Lichtmeß): Ablaß von 600 Tagen für alle Gläubigen, welche die Kirche an Lichtmeß besuchen. Eintragungen mit roter Tinte, mit schwarzer folgen noch zwei Jahrzeitstiftungen.
3. Februar (St. Blasius-Tag): keine Eintragungen.
4. Februar: Jahrzeitstiftung von Frau Ammann von Bonstetten, geborene von Seon, für die Familie der Herren von Bonstetten, die auch in der Kirche von Uster eine Begräbnisstätte besaßen. Wappen der Herren von Bonstetten mit drei silbernen Rauten.

Die beiden aufgeschlagenen Seiten zeigen, daß ungefähr jeden zweiten Tag wenigstens eine Jahrzeitmesse zelebriert wurde. So geht aus den Jahrzeitbüchern ganz deutlich hervor, wie wichtig das Totengedenken in der spätmittelalterlichen Kirche überhaupt war.

Das Anniversarium von Uster ist mit seiner stattlichen Größe und seinen heraldischen Verzierungen das wertvollste dieser Art, das sich in der Zürcher Landschaft erhalten hat. Nekrologien mit reichverzierten Initialen besaßen auch die beiden Zürcher Münster sowie die Stadtkirche St. Laurentius in Winterthur. Nach der Reformation kamen sie völlig aus dem liturgischen Gebrauch. Da sie aber für die Verwaltung der Kirchenvermögen unentbehrlich waren, blieben sie noch vielerorts erhalten. Weil die reformierte Kirche den Totenkult fast völlig verdrängte, wurde die mittelalterliche Tradition nur in völlig schmucklosen Registern, den sogenannten «Verkündigungsbüchern», fortgesetzt.

M. I.

Literatur: – HEGI 1922, S. 200-209. – MOHLBERG 1951, S. 13.

35./36. Andreas Gubelmann, einst Verwalter der Seelgeräte, denkt auch an sein eigenes Heil und schenkt einer Dorfkirche zwei Fenster.

Scheibenpaar mit Donatorenbild des Komturs Andreas Gubelmann und der hl. Agathe.
Lukas Zeiner zugeschrieben, datiert 1498.

Donator, H: 72.8, B: 34.6 cm / hl. Agathe, H: 73.4, B: 33.8 cm (Lichtmaß innerhalb der Randverblendung).
Zürich, Schweizerisches Landesmuseum, Dep. 19 / Dep. 18 (Eigentum der Gottfried Keller-Stiftung).

Im Jahre 1498 wurde der Chorneubau der Pfarrkirche Bubikon im Kanton Zürich vollendet[1]. Damaliger Sitte entsprechend[2] war der Patronatsherr, in diesem Falle das Johanniterhaus zu Bubikon, für die Verglasung der drei Chorfenster besorgt. So schenkte Graf Rudolf von Werdenberg-Albeck, Komtur zu Bubikon, ein Glasgemälde, das ihn als im Gebet verharrenden Ordensritter darstellt. Die beiden anderen Glasgemälde (Kat. 35 und 36) stammen von Andreas Gubelmann, 1496-1519 Komtur der Johanniterkommende von Küsnacht. Seine Beziehung zu Bubikon rührt aus der Zeit, da er dort als Seelgerätmeister amtete (1487 bezeugt)[3].

Das Scheibenpaar zeigt, wie Andreas Gubelmann die Heilige als seine Schutzpatronin um Fürbitte anruft. Gubelmann ist als Priester bartlos mit Tonsur und im Ordensornat – einem schwarzen, mit dem Johanniterkreuz gezierten Mantel – dargestellt, in den Händen hält er das rote Käppchen des Priesterkomturs. Sein Gebet richtet er an die hl. Agathe, worauf das Spruchband mit der Inschrift über ihm hinweist: *O sancta agatha ora p(ro) me andrea gubelman comendatori in Küssnach 1498*. Vor ihm steht eine kleine, in Überfangtechnik ausgeführte Wappentartsche – ein an den Seiten gebuchteter und an den Ecken abgerundeter Schild – mit dem Johanniterkreuz und Gubelmanns Wappen: in Gold das Brustbild des Komturs im roten Ordenskleid. Auffallend ist, daß Gubelmann als Angehörigem des Bürgerstandes das Führen eines Wappens nicht zustand. Nach Antritt seiner neuen Würde als Komtur des Hauses Küsnacht erhielt er jedoch vom kaiserlichen Protonotar im Kloster Einsiedeln, Albrecht von Bonstetten, einen Wappenbrief.

Kat. 35

Kat. 36

Als Seelgerätmeister hatte Andreas Gubelmann im Ordenshaus Bubikon jene Güter zu verwalten, die von frommen Stiftern für ihr Seelenheil gestiftet und geschenkt worden waren. Seine eigene Fensterschenkung zeigt, daß er gleiches auch für sich selbst leisten wollte. Seine beiden Fenster stellen einen beträchtlichen Beitrag an den Neubau des Chores dar. Sie entsprechen einem Almosen, das in Form einer Bauleistung erstattet wird.

J. R.

Literatur: – SCHNEIDER 1970, Bd. 1, S. 37-38; – LEHMANN 1926, S. 38 und 40.

---

1 Jahrzahl im Chor (NÜSCHELER 1873, S. 295) und auf der hier behandelten Scheibe; vom 14. Oktober 1498 datiert der Vertrag über den Neubau des Kirchturms (Bubikon, Kirchgemeinde-Archiv, II A 2).
2 MEYER 1884, S. 27.
3 LEHMANN 1926, S. 38.

37. In der Gemeinde Oberwinterthur stiften Reich und Arm mit einhelligem Willen eine Messe für die Armen Seelen.

Deutschsprachige Stiftungsurkunde für einen neuen Altar in der Kirche von Oberwinterthur, 10. Juni 1476.

Pergament; H: 50.5; B: 76.2 cm;
drei hängende Siegel; angeheftet das bischöfliche Transfix (lateinisch), dieses ebenfalls mit Siegel.
Zürich, Staatsarchiv, C II 16, Nr. 407.

Auf dem ungewöhnlich großen Pergament hielten 1476 Pfleger und Untertanen der Kirche Oberwinterthur zusammen mit drei Rittern[1] ihren Willen fest, in ihrem Gotteshaus gemeinsam einen weiteren Altar zu stiften. Die Bestätigungsurkunde des Bischofs wurde der Gewohnheit entsprechend als sogenanntes Transfix direkt an die Plica (den Umschlag am unteren Rand der Haupturkunde) angeheftet. – Das umfangreiche Dokument macht deutlich, wie komplex die Stiftung einer Altar*pfründe* ist. Verträge über die Herstellung eines Altar*retabels* sind demgegenüber weit kleiner und werden um 1500 oft nur noch auf Papier verfaßt. Der Urkundentext nimmt für sich in Anspruch, dem kollektiven Willen der Oberwinterthurer, «Reich und Arm», zu entsprechen. Ihre Stiftung erfolgt aus der Einsicht, daß den Christen nach dem Tod nichts nützlich sei außer den Guten Werken. Damit ihr gemeinsames *Seelgerät* bis zum jüngsten Tag geschützt und wirksam bleibt, werden die mit der Stiftung entstehenden Rechtsverhältnisse in drei Abschnitten geregelt:

I. *Pfrundverleihung*
1. Patronatsherr ist der Abt von Petershausen.
2. Den Untertanen von Oberwinterthur steht das Recht zu, den Priester vorzuschlagen.
3. Der belehnte Priester schwört vor Abt und Anwälten der Kirchgenossen die Einhaltung der Satzung.
4. Nach dem Eid belehnt ihn der Abt und präsentiert ihn dem Konstanzer Bischof zur Investitur.
5. Versäumen die Kirchgenossen ihre Präsentation innerhalb von 30 Tagen nach Erledigung der Pfründe, so steht dem Abt während der kommenden 30 Tage das Wahlrecht zu.
6. Aus solcher Versäumnis gewinnt der

Kat. 37

Abt für künftige Pfrundverleihungen kein neues Wahlrecht.
7. Falls der Abt einen Vorschlag der Untertanen ablehnt, hat er ebenfalls in den kommenden 30 Tagen die Aufgabe einen eigenen Priester zu präsentieren.

II. *Pflichten des Priesters*
8. Der Priester muß wöchentlich vier Messen lesen.
9. Er darf die Gottesdienste des Leutpriesters (Pfarrers) nicht beeinträchtigen.
10. Er soll kein Opfer weder auf noch neben dem Altar annehmen und auch nicht «im Buch», es sei denn mit Erlaubnis des Leutpriesters.
11. Er muß in Oberwinterthur Wohnsitz haben.
12. Er darf die Pfründe höchstens 14 Tage unversehen lassen.
13. Im Krankheitsfalle ist er nicht verpflichtet, Ersatz zu stellen, es sei denn, die Krankheit währe lange.
14. Er assistiert dem Leutpriester bei den Gottesdiensten und Jahrzeitgängen über die Gräber.
15. Falls er rechtens abwesend ist, darf ihn der Leutpriester für solche Säumnis nicht strafen.
16. Sollten Leutpriester und dessen Helfer einmal abwesend sein, übernimmt er die Seelsorge.
17. Die in solchem Dienst anfallenden Stolgebühren (für Taufe, Beichthören, Sterbesakramente, Begräbnis) gehören ihm.
18. Er darf die Pfründe nicht ohne Erlaubnis der Untertanen vertauschen.
19. Sollte die Kirche Oberwinterthur baufällig werden und das Bauvermögen nicht ausreichen, so soll der Priester für ein oder zwei Jahre andernorts dienen, damit die Untertanen seine Pfrundeinkünfte für den Bau verwenden können.
20. Die Pfrundstiftung beeinträchtigt keine bestehenden Rechte des Patronatsherrn oder des Leutpriesters.

III. *Einkünfte des Priesters*
21. In einer umfangreichen Liste werden 32 Güter benannt, welche dem Priester jährlich folgende Abgaben zu entrichten haben: 1 Gulden, 3 Pfund Haller, 34 Schilling, 130 Eier, 6 Fastnachts- und 6 Herbsthühner, 35 Säcke Kernen (entspelzter Dinkel)[2] und 3 Malter Ha-

fer (nicht entspelzt)³.
22. Von diesen Einkünften hat der Priester die im Jahrzeitbuch verzeichneten Jahrzeiten zu halten.
23. Sollte ein Zins abgelöst werden, müssen die Pfleger das Kapital wieder anlegen.
24. Versäumen sie es, muß der Priester sie und die Untertanen dazu zwingen.

Mit dieser Satzung sichern sich die Kirchgenossen weitgehende Kontrolle über die Pfründe. Sie wählen den Priester aus (2), und ihre Anwälte sind dabei, wenn er die Einhaltung seiner Pflichten schwört. Bei außerordentlichen Unterhaltsarbeiten an der Kirche dürfen sie ihn beurlauben und seine Einkünfte für den Bau verwenden (19). Damit den Kirchgenossen ihre Pfrundstiftung dereinst im Fegefeuer zugute kommt, regeln sie die Pflichten des Priesters genau. Er muß viermal wöchentlich Messe lesen (8) und alle Jahrzeiten halten (22); im Krankheitsfall hat er für Stellvertretung zu sorgen (13). Bei Abwesenheit des Leutpriesters und dessen Helfers muß er als Seelsorger amten (16); die Sterbesakramente werden damit für die Oberwinterthurer sicherer.

P. J.

Literatur: – KLÄUI 1968, S. 259-261.

---

1 Hug von Hegi, Hanns von Goldemberg zu Mörsburg und Jacob von Landenberg; die drei treten zusammen mit dem Patronatsherrn, dem Abt von Petershausen, auch als Siegler auf.
2 28 Mütt Kernen Winterthurer Maß (1 Mütt = 103.5 Liter); 7 Mütt Kernen Zürcher Maß (1 Mütt = 82.8 Liter).
3 1 Malter Winterthurer Maß = 4 Mütt = 414 Liter.

Bruderschaften, eine «Kollektivversicherung» gegen lange Fegefeuerqualen.

Sterben war im Mittelalter, wollte man sich dem Jenseits, d.h. den Fegefeuerqualen nicht hoffnungslos ausliefern, eine teure Angelegenheit. Eine Bruderschaft verteilte den Aufwand der Totenfürsorge solidarisch auf alle Mitglieder. Sie war eine Art Vorsorgeversicherung für das Fegefeuer. Gewöhnlich wurden sowohl Männer als auch Frauen aufgenommen.

Meistens unterhielt die Bruderschaft in der Kirche eine Kerze, bisweilen auch einen eigenen Altar. Kleinere Vereinigungen, welche sich keinen eigenen Priester leisten konnten, beauftragten den örtlichen Leutpriester. In Bremgarten setzte 1460 die St. Michaelsbruderschaft eine Jahrzeit fest. Detailliert wurden die Pflichten sowie die Besoldung für den Leutpriester und die Kapläne, den Frühmeßner und den Mittelmeßner, festgelegt. Die Bremgartener Liebfrauenbruderschaft, welche eine hohe Zahl an Frauen und Auswärtigen aufwies, schrieb vor, daß jeweils eine Person aus jedem Haushalt bei Bestattung und Vigil anwesend sein mußte. Der Schulmeister war zudem verpflichtet, an den Vigilien mit den Schülern mitzusingen. Ihre Auslagen deckten die Bruderschaften durch Mitgliedsbeiträge, oftmals Wachsspenden, Opfergaben und immer mehr auch durch Zinsen von Vergabungen und Stiftungen.

1515 werden den Brüdern und Schwestern der St. Sebastiansbruderschaft in Zug ihre Gewohnheiten bestätigt. Die Bruderschaft begeht alljährlich ein Gedächtnis und läßt für alle lebenden und verstorbenen Mitglieder 30 Messen lesen. Sie kümmert sich um deren Begräbnis, ebenso um den Siebten und Dreißigsten, wobei jeweils drei Vigilien gebetet werden. Sie feiert das erste Jahresgedächtnis des Verstorbenen und sorgt dafür, daß dessen Name mit den üblichen Wochenzetteln verkündet wird. Mitglieder, die an den jeweiligen Gedächtnissen teilnehmen, erhalten einen Ablaß von 7 Jahren und 280 Tagen. Schicken sie einen Vertreter, erhält dieser 40 Tage Ablaß. Die Priester der Bruderschaft dürfen einen tragbaren Altar benutzen. Den Brüdern und Schwestern steht es frei, einen beliebigen Priester zu wählen, der ihnen besondere Gelübde, wie Wallfahrten nach Rom, Santiago de Compostela und Palästina, erlassen und in andere fromme Werke umwandeln kann¹.

Gegenüber den Zünften sind die Bruderschaften nicht immer genau abzugrenzen, da auch diese Totendienste für ihre Mitglieder übernehmen. In Basel war es möglich, daß sich auch Leute, welche kein Handwerk betrieben, in den Zünften einschreiben konnten, um an der Totenfürsorge teilzuhaben. Diese minderen Mitglieder wurden bezeichnenderweise «Seelzünfter» genannt. Der Beitritt zu einer Bruderschaft war nicht nur deshalb interessant, weil diese die Kosten für das Begräbnis und die Totenfürsorge übernahm. Je mehr Leute für die Verstorbenen beteten, desto eher wurden auch die Qualen des Fegefeuers verkürzt. Dabei verdienten sich, wie wir bei der St. Sebastiansbruderschaft aus Zug gesehen haben, die Betenden selbst einen Ablaß, welcher zudem für Mitglieder um einiges höher lag. Trotzdem kam es vor, daß jemand nicht Mitglied einer Bruderschaft war. Für diese Fälle war es gewissen Vereinigungen erlaubt, solche Personen auch noch nach ihrem Tod aufzunehmen. Die Bruderschaftsidee erlangte im Spätmittelalter in Zusammenhang mit der zunehmenden Laienfrömmigkeit eine rasche Verbreitung. Allein für die Innerschweiz zählte Rudolf Henggeler 1100 Körperschaften.

M. B.

Literatur: – HENGGELER 1951 und 1955. – KRAUSE/STUPPERICH, 1981. – DUBLER 1982, S. 65-76. – HERGEMÖLLER/WEIGAND 1983. – TREMP-UTZ 1983. – BÜRGISSER 1987. – ILLI 1992, S. 98-108.

---

1 UB ZUG, Nr. 2056.

38. Ein Christuswappen auf einer Bruderschafts(?)-Fahne.

Erzengel Michael und Gabriel als Schildhalter des Wappen Christi, Kirchenfahne (?), um 1517?

Ölmalerei, Blattvergoldung und Silber auf Seidentaffet, H: 106; B: 120.5 cm, (beschnitten).
Aus der Innerschweiz, Luzern?
Zürich, Schweizerisches Landesmuseum LM 17724.

Das Objekt ist 1931 vom Landesmuseum als Zuger Kirchenfahne angekauft worden. Allerdings läßt sich weder über den Verwendungsort noch über die Verwendung selbst Gesichertes sagen. Das Tuch ist auf allen vier Seiten beschnitten. Ein kleines Fragment eines weiteren Gewandes am linken Rand läßt vermuten, daß neben den beiden Schildhaltern, Erzengel Gabriel rechts und Michael links, noch die Erzengel Raphael und Uriel standen[1]. Das ehemals rote, jetzt bräunliche Seidentuch ist fast vollständig mit äußerst prunkvoller Malerei überdeckt. Der größte Teil davon ist in Blattvergoldung mit schwarzer Schraffierung und in Silber ausgeführt, wobei letzteres heute schwarz oxidiert ist[2]. Die Herkunft der Fahne aus Zug ist unsicher. Das Wissen um die Zuger Malerei des 16. Jahrhunderts ist konturlos, da sich keine Werke sicher damit in Verbindung bringen lassen. Während die Engelsfiguren in Richtung Luzerner Malerei gehen, wie sie von Christoph Bockstorffer maßgeblich mitgebildet wurde[3], möchte man die Köpfe bei den Arma Christi Hans Holbein d.Ä. zuweisen, der zusammen mit seinem gleichnamigen Sohn 1517 in Luzern den Auftrag für die Wandmalerei am und im Hertensteinhaus ausführte. Die feine, dekkende Malerei, sowie die Gesichtstypen an sich lassen sich gut mit anderen Werken des älteren Holbein vergleichen.

Auf dem Tartschenschild sind die *Arma Christi*, die Leidenswerkzeuge der Passion, dargestellt. Die Männerköpfe verweisen auf Personen, die an der Passion beteiligt waren: Die Reihe links der Leiter zeigt von oben nach unten: Herodes (?), Pontius Pilatus (der Typus folgt Pisanellos Porträtmedaille von Johannes VIII. Paläologus), einen speienden Schergen; neben der Geißelsäule: Kaiphas und Hannas sowie Judas (rothaarig, mit den Silberlingen). Dem Schild aufgesetzt ist ein Spangenhelm mit Dornenkrone und der Schwurhand Christi[4].

Maßgeblich für die Zuschreibung als Bruderschaftsfahne aus der Kirche St. Mi-

Kat. 38

chael in Zug war wohl die Darstellung des Erzengels Michael auf der wichtigeren rechten Seite des Schildes[5]. Für einen finanzkräftigen Auftraggeber, wie er eher in größeren Orten zu vermuten ist, spricht die äußerst aufwendige Vergoldung. Die Bruderschaften pflegten gewöhnlich ihre Haupt- oder Titularfeste sehr feierlich mit öffentlichen Prozessionen zu begehen. Dabei wurden Statuen und Fahnen mit den Schutzheiligen mitgetragen.

Als Auftraggeber in Frage kämen neben Bruderschaften mit dem Erzengel Michael als Schutzpatron[6] auch solche zur Verehrung der Leiden Christi[7]. Denkbar ist auch, daß das Objekt in Kirchenbesitz war und den Bruderschaften nur ausgeliehen wurde.

M. B. (Ikonographie)
B. K. (stilistische Zuordnung)

---

1 Sabine Lange, die Restauratorin des Objektes, wirft die Frage auf, ob es sich um ein Antependium handeln könnte, LANGE 1985. Vgl. dazu z.B. ein süddeutsches Antependium mit Vesperbild und Arma Christi, 1. Hälfte des 16. Jahrhunderts, Kat. Dasein und Vision 1989, S. 51 u. Nr. A 136.
2 Solch großflächige Vergoldung war bei Fahnen nicht üblich. NEUBECKER 1973, Sp. 1117.
3 KONRAD 1992.
4 Anspielung auf Ps. 110,4.
5 BIRCHLER 1935, S. 114.
6 Z.B. in Bremgarten (1460), BÜRGISSER 1987; in Schwyz, (ca. 1500), ev. in Arth, (16. Jahrhundert), HENGGELER 1955, S. 34.
7 Z.B. in Willisau (1485), in Schwyz (1497), HBLS, S. 368.

Literatur: – BIRCHLER 1935, S. 114 und Abb. S. 607. – BERLINER 1955, S. 98f., Abb. 33. – MÄDER / MATTERN 1993, S. 25.

Wer die Armen Seelen oder den Gottesdienst mit einem Almosen unterstützt, vollbringt ein Gutes Werk und verkürzt die Zeit im Fegefeuer.

Zu jedem Kirchgang gehörte die Opferhandlung. Davon zeugen die häufigen Münzfunde von archäologischen Ausgrabungen spätmittelalterlicher Kirchen. Man nimmt an, daß ein geringer Prozentsatz des Opfergeldes verlorengegangen und in die Ritzen der Holzriemenböden gefallen ist. Dieser sogenannte Fugenschmutz, neben Kleinmünzen auch Paternoster- und Rosenkranzperlen, Haarnadeln, Broschen usw., kann sich im Laufe der Zeit anhäufen, insbesondere an den Orten, wo die Opferhandlungen stattfanden. Bei der archäologischen Ausgrabung der Stadtkirche St. Laurentius in Winterthur beispielsweise verdichteten sich die Kleinfunde im Umfeld des für die populären bruderschaftlichen Kulte bestimmten Sebastiansaltars[1].

Über den Sinn des Kirchenopfers lassen die Bildquellen keine Zweifel offen. Als Armenspende weitergegeben, erlöst die Opfergabe die Seelen aus dem Fegefeuer[2]. Mit dem Totenopfer als spezieller Form des Kirchenopfers verband sich noch zusätzlich die archaische Vorstellung der Totenspeisung. Noch zu Beginn des 16. Jahrhunderts wurden Brote auf die Gräber gelegt oder Naturalien im Leichenzug mitgeführt[3].

Der Opferstock war nicht die einzige Möglichkeit, um Opfergeld einzuziehen. Er befand sich auch nicht ausschließlich bei der Kirchenpforte wie in den heutigen Gotteshäusern. Dem Priester bei jeder liturgischen Handreichung eine Münze in die Hand zu drücken, war eine verbreitete Form des Opferns[4]. Weiter konnte das Opfergeld auch auf den Altar oder das auf der Mensa ausgebreitete Manipel des Priesters gelegt werden. Zum Einzug des Opfergeldes dienten auch die zirkulierende Opferbüchse sowie kupferne Becken[5]. Ein solches ist beispielsweise in der Konstanzer Konzilschronik neben einer Totenbahre dargestellt[6]. Auch im Zürcher Großmünster gab es Katafalke mit festmontierten Kassen[7]. In kupfernen Becken eingezogen wurden auch Münzen mit großen Nominalen für die Kirchenfabrik[8].

Im Kirchenraum verteilen sich die Orte der Opferhandlung folgendermaßen: Wenn in der Pfarrkirche von Biberach die Exequien hochgestellter Männer zelebriert wurden, führte man jeweils die Witwen zum Opfergang an den Hochaltar[9]. Bei den Exequien im Zürcher Großmünster stellten sich die Geistlichen vor der Chorschranke auf, wenn der Gang des Rituales zur Darreichung des Opfers fortgeschritten war[10]. Dies war jeweils nach dem Offertorium der Totenmesse der Fall. In der Pfarrkirche von Biberach befand sich einer der Opferstöcke in der Mitte des Schiffes – dies war auch der Ort, an dem wie beispielsweise in Zürich die Leichenbahren aufgestellt wurden. Schließlich gab es auch schon im Spätmittelalter Opferstöcke bei den Kirchentüren[11].

Wem, wo und auf welche Weise das Kirchenopfer dargereicht wurde, entschied über die spätere Verwendung des Spendengeldes. So konnten die Gläubigen darauf Einfluß nehmen, ob ihr Obolus der Kirchenfabrik, dem einzelnen Priester oder den Armen zufließen sollte. Streitigkeiten zeugen davon, daß Geistliche versuchten, den Verlauf des Spendenflusses zu lenken[12].

M. I.

---

1 JÄGGI 1994 (im Druck).
2 Vgl. den Aufsatz von ILLI in diesem Band.
3 ILLI 1992, S. 41 und S. 87.
4 Ebda., S. 106f.
5 Vgl. Beitrag von ILLI in JÄGGI 1994 (im Druck).
6 Abb. bei ILLI 1992, S. 83.
7 ILLI 1992, S. 84.
8 Vgl. HENGGELER 1951, S. 41, S. 133 und passim. Als Bildquelle dazu das Stiftungswunder der hl. Kunigunde in der Kunigundenkirche in Rochlitz, abgebildet bei CONRAD 1990, S. 114.
9 SCHILLING 1887, S. 169.
10 ILLI 1992, S. 87, Abb. 56.
11 SCHILLING 1887, S. 49.
12 Zürich, Staatsarchiv C II, 16, Nr. 291.

39. Zwei Schlösser am Opferstock, einerlei Wirkung der Spenden.

Opferstock aus Merenschwand, Kanton Aargau, 16. Jahrhundert.

Holz, mit Eisenbeschlägen armiert, Sockel neu,
H: 88 cm.
Zürich, Schweizerisches Landesmuseum, LM 2838.

Der Stock ist aus einem Stück Holz geschnitten und reich mit Eisenbänder beschlagen, die stilistisch ins 16. Jahrhundert weisen. Die Bänder der zwei Schlösser liegen übereinander, so daß der Zugriff auf den Inhalt des Stocks nur möglich ist, wenn beide Schlösser offen stehen. Der

Kat. 39

Opferstock gehörte somit zwei Parteien. Der Verteilschlüssel für die Opfergaben wurde jeweils urkundlich festgehalten. Eine häufige, aber nicht immer konfliktfreie «Einkommenspartnerschaft» bestand zwischen Kirchgemeinde und Ortspriester. Die Kirchgenossen beanspruchten ihren Teil der Opfergaben für den Unterhalt der Kirche und für Almosen, der Priester den seinen als Aufbesserung seiner Einkünfte. Ob die Opfergaben für den Priester, das Kirchengebäude oder für Almosen verwendet wurde, war für das Seelenheil von gleicher Wirkung, da Kultförderung (*incrementum cultus*) als Almosen angesehen wurde[1].

P. J.

Literatur: – GERMANN 1967, S. 179.

---

1 Dazu GÖTTLER 1991.

40. Lichter beschützen die Seele im Übergang vom Leben zum Tod und helfen im Jenseits.

Leuchter aus Schattdorf, 12./13. Jahrhundert.

Eisen geschmiedet, Messingblech am Fuß und, auf Kupfertüllen gelötet, am Schaft, Nodi aus Bronze.
H: 123 cm.
Zürich, Schweizerisches Landesmuseum
LM 3405.287.

Der geschmiedete vierkantige Eisenschaft ist mit dem kalottenartig gewölbten, geschmiedeten Dreifuß vernietet. An einem Fuß ist die übergestülpte, gegossene Löwenmaske aus Bronze erhalten. Messingblechüberzug an Fuß und Schaft. Am Schaft ist das Messingblech in Streifen geschnitten, und diese sind auf die vier Seiten der vierkantigen Kupfertüllen gelötet, welche über den Eisenschaft gestülpt sind und mit gegossenen Nodi aus Bronze abwechseln. Die zur Verkleidung des Eisenschaftes dienenden Nodi und Kupfertüllen können abgenommen werden. Ein weiterer Nodus und eine Tülle sind wohl verloren; wenn wir von dieser Annahme ausgehen, entspricht die Höhe vom Mitteldorn derjenigen der 4 zusätzlichen Kerzendornen, welche aus einer oben aufgesetzten Eisenplatte wachsen. Die Verkleidung mit Kupfer und Messing hatte wohl praktische Gründe, da das Kupfer leicht zur vierkantigen Tülle gebogen werden konnte, während das Messing sich seiner Härte wegen besser in Streifen verarbeiten ließ. Das Kupfer bildete einen planen Untergrund und verstärkte die Dicke des Schaftes. Auf der Messingoberfläche mit dem Tremolierstichel graviertes, von einem ebenfalls tremolierten Rand eingefaßtes Zickzackband. Aufgrund der Löwenmaske, mithin auch des Zickzackbandes ist eine Entstehung im 12. bzw. 13. Jahrhundert anzunehmen. Vergleichsbeispiele sind keine bekannt. Die Herkunftsangabe «Pfarrkirche Schattdorf, Kanton Uri» darf als gesichert gelten. Die Pfarrkirche stammt aus dem 18. Jahrhundert, ersetzt aber eine mittelalterliche Vorgängerkirche[1]. Die Pfarrkirche war allerdings eine Filialkirche von Bürgeln, womit auch eine Möglichkeit besteht, daß der Kerzenstock ursprünglich in Bürgeln gestanden hat.

Aus romanischer Zeit sind Leuchter bekannt, welche ein heilsgeschichtliches Programm tragen, das im Licht der Kerze zum Abschluß kommt[2]. Abgesehen von den, wie immer zu interpretierenden Zahlenrelationen 3 und 4 (bei Ergänzung von Nodi und Tüllen) konzentriert sich die Aussage hier auf den Gegensatz von Licht oben und Dunkel unten, welches durch die Löwenmasken symbolisiert wird. Der Löwe ist zugleich aber auch das Symbol der Stärke und kann als Träger des Lichtes ebensogut eine positive Ausdeutung erfahren.

Als Bodenleuchter konnte der Kerzenstock bei einem Altar stehen oder auch bei einem Grabmal, je nach Anlaß und Gebrauch.

Hp. L.

---

1 250 Jahre Pfarrkirche Schattdorf 1983, S. 5-6.
2 Kat. Kerzenleuchter 1987/1988, S. 14-19.

Kat. 40 Detail

Kat. 40

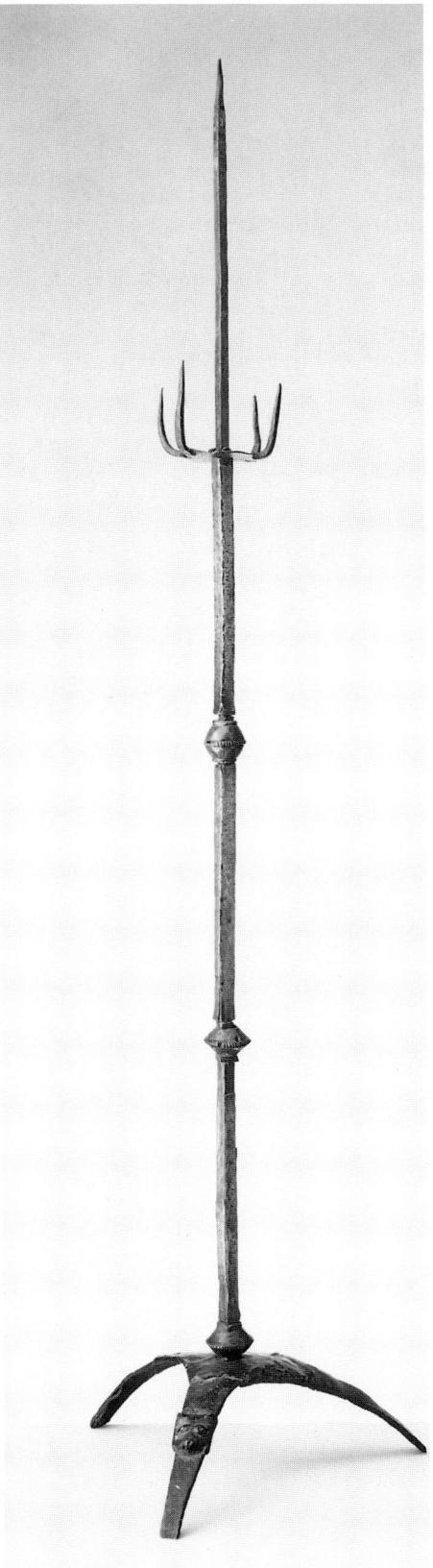

Kat. 41

41. Am Seelgerät eines Klostergründers haben auch dessen Nachkommen teil.

Memorialtafel der Herren von Eschenbach aus dem Zisterzienserkloster Kappel am Albis, 1438.

Tempera auf Holz. H: 79; B: 249.5 cm (mit Rahmen).
Figurentafel, 1438 datiert. H: 67; B: 249.5 cm.
Rahmung und Inschriftenleiste nachreformatorisch.

Lateinische Inschriften geben Auskunft über die oben dargestellte Person und deren Familie.
Bei der deutschen Inschrift handelt es sich um eine kurze Reimchronik zur Geschichte der Eschenbacher und des Klosters Kappel, die über die Zeit der Dargestellten hinausgeht und auch den Königsmord in Windisch (1308) und die Reformation einschließt.
Zürich, Schweizerisches Landesmuseum, AG 11.

1185 schenkten die Freiherren von Eschenbach eine dem hl. Markus geweihte Kapelle samt Zubehör dem Abt Wilhelm zur Gründung eines Zisterzienserklosters[1]. Die Kapelle gab später dem Kloster den Namen. In der Bestätigungsurkunde, die Bischof Herrmann II. im Juni 1185 ausstellt, sind folgende Stifter genannt:
a) Abt Konrad von Murbach
b) Propst Ulrich von Luzern
c) Ritter Walther von Schnabelburg mit Gattin und Kindern.

Auf dem erst 250 Jahre später entstandenen Memorialbild fehlen die beiden geistlichen Stifter und Walthers Frau; sie werden nur im angefügten Text erwähnt. Es handelt sich somit nicht um ein Stifterbild, das generell die Gründung von Kappel zum Thema hat. Vielmehr liegt ein Memorialbild vor, in welchem ein Ast der Familie sich auf den Stammvater beruft, dessen Verdienst es war, an der Stiftung maßgeblich beteiligt gewesen zu sein und ein Erbbegräbnis begrün-

Kat. 41 Detail. Ritter Walther von Schnabelburg, Mitstifter des Klosters Kappel am Albis.

det zu haben. Dargestellt sind von links nach rechts:

1. Walther I. (nachweisbar 1153-1187) mit Kirchenmodell und vor der von ihm erbauten Schnabelburg.
2. Walther II. (nachweisbar 1185-1226), Sohn von 1.
3. Berchtold I. (nachweisbar 1225-1236), Sohn von 1 und Bruder von 2.
4. Berchtold II., Sohn von 2.
5. Ulrich, Sohn von 3.
6. Walther III. (1236–1299), Sohn von 3 und Bruder von 5.
7. Berchtold III. (1263–1298), Sohn von 6.

Während die Bildtafel 1438 datiert ist, stammen Rahmung und die Inschriftleiste unterhalb der Figuren aus nachreformatorischer Zeit. Am linken Rand wurde die Tafel (wohl in reformatorischer Absicht) beschnitten. Sichtbar bleiben noch die Flügelspitze eines Engels und eine Gewanddraperie. Es dürfte sich um den Rest einer thronenden Muttergottes handeln, der Patronin aller Zisterzienserklöster. In der ursprünglichen Bildkomposition trat somit Walther I. aus seiner Burg, kniete vor Maria nieder und brachte ihr das Kirchenmodell dar. Sein weißes Haar und die Bartlänge charakterisieren ihn als Stammvater. Zusammen mit seinen beiden Söhnen, die als Mitstifter gelten, trägt er einen kostbaren Mantel mit Fehfutter. Vor allen dreien steckt das Schwert mit angebundenem Schild im Boden, vielleicht ein Verweis auf den dem Kloster übertragenen Fundus. Hinter ihnen setzt die Datierung der Bildtafel eine schwache Zäsur. Es folgt die Vierergruppe mit den Nachkommen aus der dritten und vierten Generation. Ihre Gesichter tragen deutlich jüngere Züge; anstelle des Mantels sind sie mit kurzem Wams bekleidet. Die zwischen den Generationen verronnene Zeit wird im Kontrast zwischen würdigem Alter und Jugend sichtbar gemacht. Indem sich die ganze Schar der Nachkommen in eine Reihe hinter den Stammvater stellt, wird zum Ausdruck gebracht, daß alle an dem vom Stifter geschaffenen Seelgerät teilhaben. Genau so verzeichnen es zeitgenössische Testamente und Stiftungsbriefe.

Die ursprüngliche Anbringung der Tafel ist nicht überliefert; ebensowenig der Grund, weshalb sie posthum 1438 geschaffen wurde. Daß das Memorialbild den reformatorischen Bildersturm überlebte, obschon in Kappel die Kirchenzierden und Heiligenbilder konsequent vernichtet wurden, ist ein Phänomen, das in Zürich verschiedentlich zu beobachten ist. Die Zürcher Reformation respektierte adlige Repräsentationsformen in Kirchen, solange sie nicht die Hoffnung auf Erlösung durch Gute Werke zum Ausdruck brachten. Deshalb war auf der Kappeler Memorialtafel die Muttergottes, auf welche die Stifterreihe ursprünglich ausgerichtet gewesen war, obsolet geworden und mußte weg. Damit ist die Memorialtafel nicht nur ein historisches Zeugnis für das Stiftungswesen sondern auch für dessen Gegnerschaft in der Reformation.

P. J.

Abb. 119 Ehemaliges Zisterzienserkloster Kappel am Albis, Kanton Zürich.

Literatur: – FIETZ 1938, S. 36f. – STANGE 1970, S. 74, Nr. 310. – WÜTHRICH 1994, Nr. 189 (mit transskribierten Inschriften).

---

1 Dazu: BLESS-GRABHER 1982.

Kat. 42 Detail

42. Eine Kelchdonation kann die Seele vor der Hölle retten.

Wolf Traut (zugeschrieben).
Die Legende der hl. Kaiserin Kunigunde,
1509.

Holzschnitt, H: 37,7; B: 51,2 cm.
Datiert im Mittelbild, Ecke unten links.
Nürnberg, Germanisches Nationalmuseum, Inv. Nr.
Ms. 1764, Kapsel 1435.

Der Einblattdruck erzählt die Vita der heiligen Kaiserin Kunigunde, der Gattin Heinrichs II. Hier interessiert die folgende Episode: Kaiser Heinrich hat aufgrund einer Intrige Kunigunde des Ehebruchs verdächtigt und setzt eine Probe an. Die Kaiserin soll zum Beweis ihrer Unschuld barfuß über glühende Pflugscharen gehen (im Holzschnitt das Mittelbild). Kunigunde besteht die Probe, aber Heinrich hat damit Schuld auf sich geladen. Als er stirbt, machen sich die Teufel daran, seine Seele zu holen – vergeblich! Unverrichteter Dinge kehren die Teufel zurück, und einer klagt einem Einsiedler:
'Denn da der falsche Verdacht um sein Gemahl mit anderen Sünden auf die eine Schale der Waage ward gelegt und die guten Werke auf die andere, da trat dieser gebrannte Laurentius hinzu und tat einen schweren goldenen Krug auf die Waagschale, daß sie sank; da wir schon gemeint hatten, wir würden den Kaiser haben. Da brach ich in großem Zorn von dem Krug ein Ohr ab.' Was aber der Teufel einen Krug nannte, das war ein Kelch, den der Kaiser der Kirche von Eichstädt Sanct Laurenzio zu Ehren hatte lassen machen, da er den Heiligen in sonderlicher Andacht hielt, und hatte der Kelch von großer Schwere wegen zwei Ohren[1].

Im Einblattdruck wird der Tod Heinrichs II. in zwei Halbszenen rechts oben dargestellt. Der Blick öffnet sich auf das Sterbelager, wo ein Priester dem Kaiser die Sterbekerze überreicht. Kunigunde steht mit einer Begleiterin betend daneben. Rechts davon schließt die (in der Ecke zerstörte) Szene von Heinrichs Seelenwägung an[2]. An die Schale der schlechten Taten hängt sich ein Teufel, ein zweiter sitzt in der Schale und ein dritter wird mit dem nächsten Schritt ebenfalls hineinsteigen. Damit würden die Teufel das Übergewicht über Heinrichs Seele gewinnen, die sich in der Gegenschale befindet. Da tritt von vorn Laurentius hinzu, um den Eichstätter Kelch in Heinrichs Waagschale zu legen, womit der Kaiser gerettet wird.

Die (nicht sehr häufig dargestellte) Legende von Heinrichs Seelenwägung[3] ist kulturgeschichtlich ebenso interessant wie theologisch bedenklich. Man stelle sich vor! Da entrinnt ein später heiliggesprochener Kaiser ganz knapp der Hölle, und das nur, weil er einer Kirche einen Kelch geschenkt hat. Die Frage, ob er seine Sünden bereut habe, wird nicht gestellt. Auch keine Rede davon, daß ein Gutes Werk (wie die Mehrung der Kirchenzierden) nur die Leidenszeit im Fegefeuer verkürzen, nicht aber vor der Hölle bewahren kann.

Die Legende zählt zu jenen Geschichten, die fern von offizieller Kirchenlehre Wege der Rettung vor Jenseitsstrafen zeigen (vgl. auch die Geschichte der hl. Ottilie, Kat. 94 und 95). Erstmals ist die Seelenwägung Heinrichs II. in der dritten Redaktion der Chronik von Montecassino nachweisbar, die der Klosterbibliothekar Leo Marsicanius um 1099 verfaßt hat[4]. Die Lehre vom Buß-Sakrament, welches in der Privatbeichte sofortige Absolution verleiht, wurde erst unter Petrus Cantor († 1197) ausformuliert. Gleiches gilt für die Fegefeuer-Lehre, die sich seit dem 11. Jahrhundert zu festigen beginnt, aber erst auf dem Konzil von Lyon zur offiziellen Kirchenlehre wurde. Somit ragt die Seelenwägung Heinrichs II. als Relikt einer schwach definierten Jenseitsordnung in das hochdifferenzierte System des Hoch- und Spätmittelalters hinein. Der Umstand, daß sie im Widerspruch zur Orthodoxie steht, dürfte indessen wenig Kopfzerbrechen verursacht haben. Vielmehr kann man annehmen, daß die Rettung Heinrichs II. durch seine Kelchdonation genau der Vorstellung entsprach, die sich viele Laien von der Förderung des kirchlichen Schmuckes machten. Sie war ein Gutes Werk und ebnete (auf welche Weise auch immer) den Zugang zum Himmel.

P. J./P. S.

---

1 Legenda aurea (Ed. Benz), S. 572.
2 Zur Legende vgl. DE GAIFFIER 1951/52. – KLAUSER 1956. – GUTH 1986. – VÉGH 1986. – ROTH 1988.
3 Unter den überlieferten Darstellungen seien erwähnt: Vanilingbo, Gotland: Kirche (um 1240); – Rom: Atrium von S. Lorenzo fuori le Mura (13. Jahrhundert); – Basel, Historisches Museum, Kaiserpaar-Monstranz (nach 1347); – Florenz, S. M. Novella: Strozzi-Retabel von Andrea Orcagna (Mitte 14. Jahrhundert); – Bamberg, Dom: Tumba Heinrichs II. von Tilman Riemenschneider (1499–1513).
4 LEO MARSICANIUS, Chronica II. 47, S. 255f.

43. / 44. Ritter Konrad von Wolfurt stellt für sich, seine Vorfahren und all jene, die er verletzt oder getötet hat, ein Seelgerät bereit. Dazu gehört auch ein Kelch. Alles wird in einer Urkunde verzeichnet.

Meßkelch aus Pfäfers, vor 1364.

Silber getrieben, gegossen, ziseliert, graviert, vergoldet, teilweise emailliert. H. 20 cm.
Zürich, Schweizerisches Landesmuseum, IN 7011.

Stiftungsurkunde des Ritters Konrad von Wolfurt vom 20. Sept. 1364.

Pergament-Urkunde, Siegel des Pfäferser Abts und Konvents, sowie von Konrad von Wolfurt.
H: 53.5; B: 26.5 cm.
St. Gallen, Stiftsarchiv, 1364.2.

Die Bedeutung dieser hochgotischen Goldschmiedearbeit liegt in ihrer künstlerischen Qualität und in der Verbindung zur Urkunde, welche auf anschauliche Weise Motiv und Umfang einer Stiftung zeigt. *Unum calicem argenteum*, ein silberner Kelch, der Inschrift und der Überlieferung nach eindeutig unserem Kelch entsprechend, erscheint erstgenannt unter den Ausstattungsgegenständen, welche Ritter Konrad von Wolfurt gemäß Stiftungsurkunde der unweit des Klosters Pfäfers gelegenen Maria Magdalena-Kapelle zukommen läßt. Weiter genannt werden ein Missale sowie zwei vollständige Meßgewänder. Es folgt eine Aufzählung von Gütern in der Umgebung von Pfäfers und von Anrechten auf Einkünfte und Zehnten, welche Konrad von Wolfurt stiftet für den Unterhalt der Kapelle und des Kapellans, der in Pfäfers auch ein Haus samt Umschwung erhält.

Dies alles *für das Heil seiner Seele, für das Seelenheil seiner Vorfahren und für das Seelenheil aller derjenigen, die von ihm in Leib und Gut, tödlich oder auf irgendeine andere Weise verletzt worden sind*. Der aus der Gegend von Bregenz stammende, dem niederen Adel angehörende Ritter, der durch Besitz und familiäre Beziehungen mit dem Kloster Pfäfers verbunden ist, scheint gegen Ende seines Lebens mit dieser Vergabung Buße leisten zu wollen. Im Verlauf einer für seinen Stand typischen Karriere als Söldnerführer hatte er im Dienst des Königs von Ungarn gestanden und über Jahre ungarische Truppen auf Kriegszügen in Süditalien kommandiert[1]. Mit der Stiftung sorgt er für sein Seelenheil, für das Seelenheil seiner Vorfahren und für das Seelenheil von ihm Geschädigter oder Getöteter, denen diese

Kat. 43

Vorsorge eben nicht mehr möglich ist. Dies gutzumachen ist laut Formulierung in der Urkunde eine Absicht des Stifters.

Der Kelch ist aufgrund des zweimal am Nodus erscheinenden Wolfurter Wappens und der am Fußrand umlaufenden Inschrift: «= + CVNRADVS + DE + WOLFVRT + MILES + VIRGINI + MARIE + HVNC + CALICEM + DONAVIT» eindeutig mit der Stiftung von 1364 zu verbinden. Die Stiftung an die Jungfrau Maria nimmt Bezug auf Maria als Patronin des Klosters Pfäfers. Verschiedentlich wurde darauf hingewiesen, daß der Kelch für 1364 altmodisch erscheint. Er ist zusammen mit dem schlechter erhaltenen Kelch von Walenstadt das bedeutendste Beispiel aus einer Gruppe ähnlicher Kelche, welche im Gebiet der Kantone Graubünden und St. Gallen erhalten sind. Der Kelch der Pfarrkirche von Walenstadt, dessen Nodus ehemals emaillierte Medaillons mit den Kirchenpatronen Lucius und Florianus zeigt, wird überzeugend mit der Weihe des Hauptaltares der Pfarrkirche St. Lucius und Florianus 1306 in Verbindung gebracht. Der Walenstädter und der Wolfurter Kelch lassen sich von der Form her, was die Fuß- und Noduspartie betrifft, unmittelbar vergleichen. Die Cuppa des Wolfurter Kelches ist etwas steiler im Umriß, was auf eine spätere Entstehung deutet. Die emaillierten Evangelistensymbole am Nodus entsprechen ikonographisch einem Typus, welcher vom ausgehenden 13. Jahrhundert an vorkommt[2]. Die übrigen beiden Emails mit dem Wolfurter Wappenschild sind gleichzeitig damit in derselben Werkstatt entstanden. Als Fazit all dieser Beobachtungen scheint eine Datierung des Wolfurter Kelches in die erste Hälfte des 14. Jahrhunderts angezeigt.

Damit wäre gesagt, daß Konrad von Wolfurt 1364 dem Kloster Pfäfers einen einige Zeit vorher für ihn oder für ein anderes Familienmitglied angefertigten Kelch stiftet, den er zum Zeitpunkt der Übergabe mit der am Fuß gravierten Inschrift versehen läßt.

Hp. L.

Kat. 44

Literatur: – SCHUBIGER 1983 (mit weiterer Literatur). – Kat. Manesse 1991, Nr. 78. – Zur Urkunde: VOGLER 1985, 2. Aufl., Nr. 109.

---

1 BURMEISTER 1982.
2 Medaillons auf späterem Kreuz im Museum für Kunst und Gewerbe Hamburg (Inv. Nr. 1886-65). Vgl. Abbildungen in HEUSER 1974, Abb. 138-141. In dieser Publikation findet sich viel Vergleichsmaterial gut, teilweise auch im Detail abgebildet; der Walenstädter und der Wolfurter Kelch sind einander auf Abb. 612-625 gegenübergestellt mit den jeweiligen Medaillons am Nodus. Die Zuweisungen der Goldschmiedearbeiten an bestimmte Orte gelten heute als überholt. Man wird sich für den Wolfurter Kelch beim heutigen Stand der Kenntnisse mit der allgemeinen Einordnung in den Raum Oberrhein-Bodensee begnügen müssen.

Jenseitsvorsorge: Stiftung und Memoria Kat. 45

Kat. 45

45. Der Bischof von Cambrai schenkt dem Kölner Dom ein kostbares Kunstwerk, auf welchem sich seine Seelmeßstiftung verzeichnet findet.

Epitaph des Bischofs Jakob von Croy, Brüssel, um 1518.
Anbetung der Heiligen Drei Könige.

Bronze vergoldet und ziseliert.
H: 112.5; B: 90.5 (hinten) und 62.5 (vorne);
T: 32.5 cm.
Köln, Domschatz.

Obwohl Jakob von Croy, der als Bischof von Cambrai gestorben ist, in der dortigen Kathedrale ein prächtiges Grab hatte, das an ihn erinnern sollte, hat er sich mit diesem kostbaren bronzenen Gedächtnisbild auch im Kölner Dom, wo er vor 1502 Domherr war, ein Denkmal setzen lassen. Die Inschrift erklärt den Zweck des Kunstwerks für die Jenseitsfürsorge. Sie lautet in deutscher Übersetzung: *Der Hochwürdigste und in Christus erlauchte Fürst, Herr Jacobus von Croy, Bischof und oberster Herr von Cambrai, Propst des Bonner Münsters, stiftete in dieser heiligen Kölner Kirche eine heilige Messe, die täglich nach dem Hochamt gefeiert werden soll, in Verbindung mit einer Kerze, die zu den einzelnen Stunden des kanonischen Chorgebetes entzündet werden soll vor den Bildern der göttlichen Jungfrau und der drei Könige. Diese Stiftung von 1500 Goldgulden wurde den Herren, dem Dekan und dem Kapitel mit einem schriftlichen und deren Siegel bekräftigenden Testament ausgehändigt. Dieser würdige Vorsteher verstarb am Tage Mariae Himmelfahrt in seinem Schloß Dilbeke im Jahr 1516 nach Christi Geburt. Sein Leib wurde in der Kirche des heiligen Gaugericus zu Cambrai in einem prachtvollen Grabe beigesetzt.*

Würdevoll kniet der Kirchenfürst in der prachtvollen offenen Säulenhalle, die fast bühnenartigen Charakter hat. Feine Rippengewölbe überspannen einen Raum mit trapezförmigem Grundriß. Maria thront darin mit dem Kind unter einem Stoffbaldachin, hinter dem erstaunlicherweise auch noch Wand und Dach des Stalles von Bethlehem zum Vorschein kommen. Die Architektur mit den zierlich verspielten Balustersäulen trägt über dem reich verzierten Gesims mit Balustern und Putten an zwei Stellen das Croy'sche Wappen. Von rechts nähern sich die drei Könige mit ihren Geschenken, links steht hinter dem Stifter sein Namenspatron, der Apostel Jakobus d.Ä. Verdeckt hinter der linken Balustersäule hält ein Chorknabe die Kerze, die in der Stiftungsinschrift erwähnt wird. Der Stifter, die Empfängerin der Stiftung, nämlich die Patronin des Kölner Domes, Maria, und die Stiftung selbst sind so in einer Huldigungsszene zusammengefaßt. Die Handlung spielt einerseits in einer «himmlischen» Architektur von gleichwohl zeitgenössisch-moderner Prächtigkeit und andererseits auch im Stall von Bethlehem, zugleich in der Zeit des Stifters wie auch in der Zeit der heiligen Geschichte. Das immer weiter zu denkende Geschehen der Huldigung und Stiftung ist auf diese Weise aus Zeit und Vergänglichkeit herausgehoben und auf ewig festgehalten zur Vergewisserung des Seelenheiles von Jakob von Croy.

Das Werk wurde wahrscheinlich bald nach dem Tod des Bischofs in einer Brüsseler Messinggießerei in Auftrag gegeben. Es erinnert im Stil an Brüsseler Holzskulpturen von der Qualität des Jan Borreman und seiner Schüler. Vergleichbar ist unter anderem ein kleines Altarretabel im Bonner Landesmuseum und ein größeres in der Liebfrauenkirche in Lombeek/Roosdal.

H. W.-A.

Literatur: – RADEMACHER 1939. – COLLON-GEVAERT 1951, Nr. 378. – SCHULTEN 1980, S. 106 f., Kat. Nr. 45. – Kat. Hl. drei Könige 1982, S. 170, Nr. 42.

46. Die Grafenfamilie von Neuenahr schmückt ihre Kapelle mit einem prächtigen Altarbild.

Meister der Heiligen Sippe, um 1484.
Altarretabel der Grafen von Neuenahr: Maria auf der Mondsichel mit der Stifterfamilie.

Eichenholz. H: 84.2 (in der Mitte 128.7); B: 179.5 (Mittelaufbau 47.4 cm).
Köln, Wallraf-Richartz-Museum, WRM 853.

Die Grafen von Neuenahr sind in der 2. Hälfte des 15. und zu Beginn des 16. Jahrhunderts ein in der kurkölnischen Politik einflußreiches und sehr begütertes Adelsgeschlecht. Gumpert II., Graf von Neuenahr und Kölner Erbvogt, der mit seiner Frau Margaretha, Gräfin zu Limburg, und seinen dreizehn Kindern[1] auf diesem Retabel in prominenter Weise dargestellt ist, hatte seinen Wohnsitz in der Nähe des Zisterzienserinnenklosters Mariengarten in Köln. Für die Grablege der Familie auf der linken Seite des Chores dieses Klosters sind umfangreiche Stiftungen bezeugt. Gumpert II. stiftete 1459 nach dem Tod seiner Gemahlin in Erfüllung ihrer Verfügung ein Jahrzeitgedächtnis mit detaillierten Bestimmungen, das nicht nur dem Seelenheil der Verstorbenen, sondern ebenso der gesamten gräflichen Familie, den Lebenden wie den Toten und allen gläubigen Seelen zu Gute kommen sollte[2]. Die Grablege wurde sicher noch vor dem Tod Gumperts II. 1484 reich ausgestattet; erhalten geblieben sind eine Priesterkasel (Kat. 47) sowie ein Bahrtuch (Kat. 48), die beide durch die Wappen der Herrschaft Neuenahr (ein schwarzer Adler in goldenem Schild) und der Herrschaft Limburg (ein roter steigender Löwe in silbernem Schild) gekennzeichnet sind. Eine Grabtumba mit den Liegefiguren des Stifterpaares ist nur schriftlich bezeugt[3]. Kurz nach dem Tode Gumperts II., am 9. 8. 1484, wurde von dessen Sohn, Tochter und Enkel eine Ergänzung der Stiftung festgelegt, die vor allem die Besoldung des mit den liturgischen Aufgaben betrauten Priesters regelte[4]. In der Kirche wurde neben dem Altar eine Inschrifttafel angebracht, die die Verpflichtungen des Klosters auflistete. Die Klosterfrauen mußten viermal jährlich das Gedächtnis der Stifterfamilie und ihrer Nachkommen mit Messen, Gebeten, Vigilien, Kommendationen, Beleuchtung und Grabbesuch feiern. Auf dem Altar vor der Grablege sollten viermal wöchentlich Gedächtnismessen gelesen werden[5]. Als Gegenleistung hatten die Stifter bei der Stadt Köln ein Kapital angelegt, das dem Kloster jährlich 21 Gulden Einkünfte ergab, 18 sollten dem Priester ausgehändigt werden, die übrigen 3 Gulden mußten für die Beleuchtung und den Schmuck des Altares verwendet werden.

Vermutlich wurde das vorliegende breite Altarretabel ohne bewegliche Flügel im Zusammenhang mit dieser Stiftungsergänzung beim Meister der Heiligen Sippe in Auftrag gegeben. Es wird erstmals 1645 erwähnt und stand auf dem von Gumpert II. vor der Grablege gestifteten Altar[6]. Das symmetrisch komponierte Bild mit klaren vertikalen und horizontalen Ordnungen vermittelt einen ruhigen, feierlichen Eindruck. Auf der Mittelachse thront Maria mit dem Kind auf einer Mondsichel, zwei Engel halten die Krone über ihrem Haupt. Darüber erscheinen der Heilige Geist und Gottvater, von Engeln begleitet. Unterhalb der Mondsichel öffnet sich der Bildraum in eine weite, farbperspektivisch gestaffelte Landschaft. Am Horizont sind die Kreuze auf Golgatha zu erkennen, davor Szenen aus der Passion Christi, zuvorderst die Beweinung und die Grablegung. Mit dieser durch das Bildformat unterstrichenen vertikalen Achse werden die zwei horizontalen Figurenreihen kombiniert. Sechs männliche Heilige – Georg in aufwendiger Ritterrüstung, Thomas, Jakobus, Andreas mit dem Kreuz, Hieronymus und Laurentius – sitzen im Chorgestühl, das mit baldachinartigen Maßwerkarkaden bekrönt ist. Durch Gestik und Plazierung sind Jakobus und Andreas als bevorzugte Familienpatrone hervorgehoben. Vor den Heiligen erscheint auf einem Fliesenboden die Stifterfamilie, rechts, auf der heraldisch wichtigeren Seite, Graf Gumpert II., gefolgt von seinen sieben Söhnen, links seine Frau mit den sechs Töchtern. Graf und Gräfin knien vor einem Betpult, auf dem je ihre Wappen angebracht sind. Gumpert trägt wie zwei seiner Söhne über der Rüstung einen goldenen Turnierrock mit dem großen Familienwappen, ein stolzes Zeichen der adligen Herkunft und der Turnierfähigkeit. Zwei Söhne in geistlicher Gewandung lassen sich als Kanoniker des Kölner Domstiftes nachweisen. Auch die Frauen sind vornehm gekleidet, Margaretha trägt unter dem schwarzen Mantel ein Gewand aus kostbarem Brokat, die Töchter tragen Schmuck und den Hennin mit herabfallendem Schleier als Kopfputz. Eine von ihnen ist durch ihre Tracht und das Gebetbuch als Augustinerin erkennbar. Auffällig ist, daß zur Zeit der Entstehung des Retabels kurz nach 1484 nurmehr drei Mitglieder der großen Familie am Leben waren[7]. Auf dem Bild werden die noch Lebenden nicht von den Verstorbenen unterschieden, es wird ein Idealbild der Familie außerhalb der historischen Zeitdimension entworfen. Ebenso sind die räumlichen Grenzen zwischen der Familie und den Heiligen aufgehoben. Jakobus hat in liebevoll schützender Weise seine rechte Hand auf den Kopf Gumperts gelegt, mit einer emporweisenden Geste der linken empfiehlt er ihn der Gottesmutter. Dasselbe spielt sich auf der gegenüberliegenden Seite ab, allerdings etwas verhaltener – Andreas berührt kaum den Schleier Margarethas. Die Heiligen sind die Fürbitter der Stifter, von ihnen entwickelt sich über die Maria lactans hinauf zu Gottvater eine eigentliche Heilstreppe. So zeigt die Tafel die Hoffnung der Stifterfamilie, dank der steten Gebete und Messen für ihr Seelenheil ein gnädiges Jenseits zu erleben.

S. M.

Literatur: – BOOCKMANN 1986, S. 308. – KULENKAMPFF 1987. – ZEHNDER 1990, S. 275–280 (mit älterer Literatur).

---

1 Die meisten von ihnen sind historisch bezeugt, s. ZEHNDER 1990, S. 277.
2 Für die genaueren Bestimmungen des Gedächtnisses s. KULENKAMPFF 1987, S. 32.
3 KULENKAMPFF 1987, S. 32f.
4 Zusammenfassung des Urkundentextes bei KULENKAMPFF 1987, S. 38.
5 Text der Tafel in Übersetzung bei KULENPAMPFF 1987, S. 42.
6 ZEHNDER 1990, S. 275.
7 KULENKAMPFF 1987, S. 41.

47. Die Grafen von Neuenahr statten ihren Priester mit kostbaren Paramenten aus.

Kasel für die Grablege der Grafen von Neuenahr, 15. Jahrhundert.

Atlas mit Samtdekor, broschiert, Italien, 1. Viertel 15. Jh.; – Kaselkreuz und Stab, Köln, 3. Viertel 15. Jh.
H: 101; B: 61 cm.

Kasel in Baßgeigenform aus rotem Seidenatlas mit geschnittenem Samtdekor und Goldbroschierungen: in waagerechter Reihung schräg aufsteigende Äste, überfangen von nach rechts und links abzweigenden gefiederten Blättern und Knospen. In den Zwickeln Kleeblattmotive. Die Kasel aus mehreren Stofffragmenten, dem Verlauf des Musters entsprechend, zusammengesetzt. Randeinfassung mit schmalem, hellem Seidenripsband.
Die Rückseite dekoriert mit einem von einer gewebten Goldbordüre eingefaßten Kaselkreuz, aus fünf Abschnitten zusammengesetzt. Auf goldenem Grund spitzovale Medaillons aus kreuzenden, grünen Blütenranken mit rot-weißen und blau-weißen Blüten und Knospen. Darin im Wechsel eingetragen Wappenschilde mit Adler und steigendem Löwen, näher bezeichnet mit den Inschriften *gumprecht* und *margreta*.
Auf der Brustseite ein Stab mit angelegtem goldenem Flechtmustergrund. Darauf drei applizierte seidene Wappenschilde mit gestickten Darstellungen der Arma Christi.
Köln, Schnütgen-Museum, Inv. Nr. P 220.

Die Kasel steht im Kontext der Stiftungen für die Grablege der Grafen von Neuenahr im ehemaligen Zisterzienserinnenkloster Mariengarten zu Köln. Die Memorienstiftungen der Familie an das Kloster lassen sich bis an den Anfang des 14. Jahrhunderts zurückverfolgen. Als Margaretha von Limburg, die Gemahlin des Grafen Gumprecht II. von Neuenahr am 15. März 1459 starb, stiftete Gumprecht nach ihrer Verfügung ein umfangreiches Jahresgedächtnis. Hierbei wurden sowohl die kirchlichen Festtage, an denen eine Seelenmesse für die Gräfin zelebriert werden sollte als auch die Ausstattung der Meßfeier und die Art des Gebets genau festgelegt, wobei die Familie des Grafen in diese Memoria miteinbezogen werden sollte.
Die Eintragung der Wappen und Inschriften auf dem Kaselkreuz lassen vermuten, daß Gumprecht II. die Anfertigung der Borte und der Kasel für die Seelenmessen des Klosters Mariengarten in Auftrag gab. Die starke Stückelung des Gewandstoffes könnte darauf hindeuten, daß es sich ursprünglich um den als wertvoll geachteten Stoff eines Kleidungsstückes handelte, das ebenso für diese Zwecke gestiftet wurde.

Kat. 47

Da Gumprecht II. 1484 starb, ist eine Datierung der Kasel nach 1459 und vor 1484 anzunehmen. Im Zuge der Säkularisation gelangte die Kasel um 1802 in den Kölner Kunsthandel und gegen Ende des Jahrhunderts in die Sammlung Alexander Schnütgens.

G. S.

Literatur: – WITTE 1926, Taf. 9,1. – SCHEYER 1932, S. 67. – Kat. Schnütgen-Museum 1968, S. 89, Nr. 150. – Kat. Raiment 1975, Nr. 41. – NELLESSEN 1980, S. 13f. – KULENKAMPFF 1987, S. 36f.

48. An den Jahrtagfeiern der Grafen von Neuenahr wird das Grab oder der Katafalk mit einem Bahrtuch geschmückt.

Rheinland.
Grabteppich der Familie der Grafen von Neuenahr, Ende 15. Jahrhundert.

Wirkteppich, Leinenkette, Schußfäden aus farbiger Wolle.
H: 260; B: 175 cm.
Das Mittelfeld umrahmt von einer angesetzten Einfassung mit 16 Wappenschilden der ursprünglichen Umrandung. An den Schnittkanten der einzelnen Felder Reste von Blattmotiven auf dunkelviolettem Grund, die darauf schließen lassen, daß die Wappen ehemals einem umlaufenden Rankengeflecht eingestellt waren.
Nachweisbar sind zwei Restaurierungen vor und nach 1913 mit Ergänzungen von Fehlstellen der Umrandung, zuletzt durch einen neutralen Leinengrund zwischen den Wappenschilden.
Köln, Schnütgen-Museum, Inv. Nr. P 374.

Vor offenem Horizont ist ein weitgespanntes, T-förmiges Kreuz mit dem Corpus Christi aufgerichtet. Der Blick des Gekreuzigten weist über das Geschehen hinaus in die Ferne, den Kopf leicht Maria zu seiner Rechten zugeneigt. Aus seinen Wundmalen rinnt in quellenden Tropfen das Blut an seinem geschundenen Körper und an dem Kreuzbalken herab. Zuseiten des Kreuzes stehend, wenden sich ihm Maria und Johannes betend zu. Ihre Köpfe sind wie das Haupt Christi von einem weiß-golden strahlenden Nimbus hinterfangen. Sie sind in blaue und rote Gewänder gehüllt, die bis auf den Boden reichen und deren Farbigkeit und Schattenspiel eine plastische Faltengebung suggerieren, die den Figuren Monumentalität verleiht. Die Gruppe steht auf einem Rasenstück, auf dem Stiefmütterchen, Erdbeere, Wicke, Wegerich und Disteln wachsen. Am Fuß des aus einem Steinhügel ragenden Kreuzes liegt der Schädel Adams.

Die Frage nach der zeitgenössischen Vorlage dieser Wirkerei ist bislang nicht geklärt. Zwar weist der von Ernst Nellessen angeführte Holzschnitt des Meisters der Kölner Bibel aus einem Missale von 1481 einige Motivparallelen auf, doch scheint vor allem die Auffassung der Gestalt Christi auf andere Quellen zu verweisen.
Die umlaufenden Wappen der Randeinfassung des Teppichs ergeben, rechts oben beginnend, in richtiger Reihung die Ahnenfolge der Grafen von Neuenahr und Limburg. Daraus ließe sich folgern, daß dieser Teppich zum Komplex der Stiftungen

Jenseitsvorsorge: Stiftung und Memoria — Kat. 47 und 48

für die Grablege der Familie im Kloster Mariengarten in Köln gehörte und während einer Beisetzungszeremonie und bei Anniversarfeiern als Grabteppich diente.

Im späten Mittelalter verbreitete sich in adligen Kreisen der vom Klerus übernommene Brauch, den Leichnam eines Angehörigen vor der Beisetzung während einer Messe in der Kirche aufzubahren. Der auf ein schlichtes Holzgerüst gestellte Sarg wurde durch einen Grabteppich verhüllt und zugleich szenarisch erhöht. Philippe Ariès deutet dieses Phänomen im Zusammenhang mit einem Wandel der Bestattungsbräuche, der im 13. Jahrhundert einsetzt und mentalitätsgeschichtlich eine zunehmende Abneigung vor der Sichbarkeit des Leichnams zur Voraussetzung hat. Die anfängliche Verhüllung des Antlitzes, das Verbergen des Körpers wird im weiteren Verlauf auf den Sarg übertragen, der mit Kerzen, Wappenschilden und auch Grabteppichen immer prunkvoller ausgestattet wird.

In der Regel waren die Bahrtücher aus farbigen oder schwarzen, wollenen, seidenen oder samtenen Stoffen gefertigt und mit goldenen Borten oder Stickereien verziert. Daneben finden sich in Kircheninventaren, wie dem der St. Lorenzkirche in Nürnberg, Hinweise auf gewirkte Grabteppiche mit Darstellungen der Geburt, Kreuzigung und Auferstehung Christi. Zu den wenigen erhaltenen Teppichen dieser Art zählt der aus der Sebalduskirche in Nürnberg stammende Grabteppich mit einer Darstellung des Jüngsten Gerichts von 1460, der sich heute im Germanischen Nationalmuseum in Nürnberg befindet.

G. S.

Literatur: – Kdm Rheinprovinz 5/IV 1907, S. 789f. – NELLESSEN 1980. – VON WILCKENS 1980, Sp. 1349f. – Kat. Nürnberg 1986, Nr. 56, S. 198. – KULENKAMPFF 1987, S. 29–52, bes. S. 33–36. – ARIÈS 1989, S. 216–222.

Kat. 48

49. Magister Eberhart, die treibende Kraft hinter dem Zuger Kirchenbau (Kat. 50), läßt von sich ein Devotionsbild malen.

Unbekannter Maler.
Bildnis des Magister Johannes Eberhart mit Anna Selbdritt und dem hl. Oswald, 1492.

Fichtenholz, Bildfläche H: 43; B: 56 cm;
mit Rahmen H: 55.5; B: 67.5 cm.
Zug, Museum in der Burg
(Leihgabe der katholischen Kirchgemeinde Zug).

Zur Entstehung des 1492 datierten Gemäldes (Jahrzahl am Torbau) sind keine Quellen überliefert; Ikonographie und die bekannten Umstände zum Bau der St. Oswaldskirche (vgl. Kat. Nr. 50) lassen aber eine weitgehende Interpretation zu[1]. Magister Eberhart hat als Bauherr und Rechnungsführer Stiftung und Bau der St. Oswaldskirche in Zug geleitet. Zudem stellte seine Familie den Baugrund und einen wesentlichen Geldbetrag zur Verfügung. Damit erlangte Magister Eberhart ein Patronat an der Kirche, was sich unter anderem in der Ehre des *ius sepulturae* niederschlug, dem Recht auf eine besondere Begräbnisstätte im Kircheninnern[2]. Magister Eberharts Grab lag ursprünglich in der Mitte der Kirche.

Die hier beschriebene Bildtafel dürfte ihres kleinen Formats und der asymmetrischen Kompositon wegen kaum als Altarretabel gedient haben. Vielmehr läßt die besondere Hervorhebung des Stifters durch Größe und Situierung auf eine Memorialtafel schließen, die an dessen Leistungen beim Kirchenbau von St. Oswald erinnern sollte. Vielleicht stand die Tafel im Zusammenhang mit dem Stiftergrab.

Auf einer Rasenbank thront die hl. Anna mit Maria und dem Jesuskind auf dem Schoß. Neben ihr steht in zeitgenössischer Rüstung der Kirchenpatron St. Oswald. Beide tragen in ihren Nimben die Formel *ora pro nobis (bitte für uns)* und wenden ihren Blick zum Stifter am Bildrand hin. Selbst das Jesuskindlein auf dem Schoß Marias dreht seinen Kopf zu ihm. Der Stifter, es dürfte sich mit großer Wahrscheinlichkeit um Magister Eberhart handeln, kniet in vornehm verbrämtem Mantel am Boden. Das vor ihm aufgeschlagene Brevier weist ihn als eifrigen Beter aus.

Der umfriedete Garten, in dem sich Heilige und Stifter aufhalten, ist als Anlehnung an den *Hortus conclusus* zu deuten, ein Sinnbild für das Paradies[3]. Am linken Bildrand tummeln sich die Kinder der heiligen Sippe. Die Stadt im Hintergrund ist vielleicht ein Verweis auf (das himmlische) Jerusalem. Magister Eberhart ließ somit das erhoffte Ziel seiner Bemühungen um den Kirchenbau darstellen. Er wird dereinst Aufnahme im Himmel finden, wo ihn sein Kirchenpatron St. Oswald der hl. Anna, Maria und Christus anempfehlen wird.

Mit der Ausführung seiner ungewöhnlichen Bildidee hat Magister Eberhart einen Maler von hervorragender Qualität betraut. Unter den überlieferten Kunstwerken von St. Oswald nimmt die Stiftertafel den ersten Rang ein. Bisher ist es nicht gelungen, das Gemälde stilistisch einem bekannten Œuvre zuzuweisen. Mit der zeitgleichen Malerei der weiteren Umgebung hat es nichts zu tun. Während etwa die Ausführung der Bauskulptur an Ulrich Rosenstain im nahen Dorf Lachen vergeben wurde, war Magister Eberhart für sein Stifterbild nur ein fremder Maler gut genug. Wo dieser seine Werkstatt hatte, bleibt einstweilen unbekannt[4].

P. J. (Ikonographie)
B. K. (stilistische Einordnung)

Literatur: – HUGELSHOFER 1928 (Luzerner Maler), S. 306; – STANGE 1970, S. 59f., Nr. 224 (mit älterer Literatur); – KELLER 1989, S. 81-95.

---

1 Bis 1974 hat die 1492 datierte Bildtafel über der Turmtüre im Chor der St. Oswaldskirche gehangen. Ihre ursprüngliche Aufstellung ist nicht überliefert. Die Stifterfigur wird traditionsgemäß mit Magister Johannes Eberhart identifiziert. Zu den historischen Fakten KELLER 1989 (mit weiterer Literatur).
2 Zu den aus dem Patronat erwachsenden Ehrenrechten: HINSCHIUS 1869-95, Bd. 3, S. 64-67.
3 Zum Motiv vgl. den Aufsatz von WOLFGANG SCHMID in diesem Band.
4 Das von Alfred Stange aufgestellte Œuvre einer «Werkstatt der Vergänglichkeitsallegorie» (STANGE 1970, II/221 bis 224) ist unhaltbar, worauf schon KELLER 1989 hinweist. Verbindlich ist sie nur dahingehend, daß alle dort aufgeführten Werke sich einer konkreten Lokalisierung entziehen. Zu keinem der dort aufgeführten Gemälden lassen sich bis jetzt stilgleiche Werke nennen. Auch Walter Hugelshofers Vorschlag, im Maler einen Vorläufer des wohl Luzerner Meisters der «Pietà» (Kunsthaus Luzern) zu sehen (HUGELSHOFER 1928 (Luzerner Maler), S. 306), hat bestenfalls hypothetischen Wert. KELLER 1989 schlägt auch eine direkte niederländische Schulung des unbekannten Künstlers vor und betont dabei die eher niederländisch anmutende Stadtansicht im Hintergrund des Bildes.

Kat. 49

50. Eine Kleinstadt investiert in das Seelenheil. Mit Frondiensten und Geschenken beteiligen sich rund 600 Personen am Kirchenneubau von St. Oswald in Zug.

Hans Felder d.Ä. (Werkmeister) / Magister Johannes Eberhart (Bauherr und Rechnungsführung).
Erster Bau der Kirche St. Oswald in Zug (1478-1483/84).

Modell von Hans Peyer, Zug, um 1975.
Zug, Museum in der Burg, Inv. Nr. 3237.

Beim Bau der St. Oswaldskirche in Zug von 1478 bis 1483/84 beteiligten sich rund 600 Personen mit Frondiensten und Geschenken am Kirchenneubau und leisteten damit etwas für ihr Seelenheil. Wie diese große Aufgabe angegangen und wie die Stadt Zug, die Geistlichkeit und nicht zuletzt auch das gemeine Volk zu Spenden und Stiftungen an den Bau von St. Oswald bewegt werden konnte, erfahren wir detailliert aus zwei Baurödeln und einem speziellen Bau-Jahrzeitbuch[1].

Baumeister der ursprünglich einschiffigen Kirche war Hans Felder[2], der zur selben Zeit auch den Bau der neuen Zuger Stadtmauer leitete. Die Bauausführung wurde mehrheitlich dem in Zug tätigen Handwerksmeister Hans Frank übertragen. Am 18. Mai 1478 erfolgte die Grundsteinlegung, 1480 wurde das Schiff mit zwei Altären geweiht und 1483, mit der Weihe des Chores, war der erste Bau der St. Oswaldskirche abgeschlossen[3]. Die plastischen Arbeiten übernahm zur Hauptsache der Bildhauer Ulrich Rosenstain von Lachen[4].

Treibende Kraft und Initiator des neuen Kirchenbaus war Stadtpfarrer Magister Johannes Eberhart (1435-1497). Er stammte aus einem angesehenen Zuger Burgergeschlecht und hatte von 1456 bis 1461 in Erfurt studiert. Zu Beginn der Bauarbeiten 1478 war er Leutpriester im nahegelegenen Weggis; im November 1480 wurde er auch als Pfarrer an die Zuger Stadtkirche St. Michael gewählt. Das Devotionsbild von 1492, welches Magister Eberhart in die St. Oswalds-Kirche schenkte (Kat. Nr. 49), zeigt ihn in typischer Stifterhaltung; seine Initiative und Tatkraft sind darauf nicht erkenntlich. In geschickter Weise wählte Eberhart als Patron der Kirche den Heiligen Oswald[5], welcher der Zuger Bevölkerung durch seinen Altar in der Pfarrkirche St. Michael bereits bekannt war.

Am 15. Mai 1478 halfen *vil erber* [ehrbare] *lüt, jung und alt* gemeinsam das Fundament für Schiff und Kirchhofmauer auszuheben, und Frauen und Kinder trugen anschließend den *härd ab der matten*[6]. Wohl aus Kostengründen wurde zuerst mit dem Bau des Kirchenschiffes begonnen und nicht wie sonst üblich mit dem teuren Chor. Dank großzügiger Unterstützung durch die Familie Eberharts, die auch den Baugrund der Kirche zur Verfügung stellte, konnte ein großer Teil des Schiffes finanziert werden. Es erstaunt deshalb nicht, daß die nähere Verwandtschaft Magister Eberharts mit rund 600 fl. zu den größten Wohltätern der Kirche gehörte. Zur Fortführung des Kirchenbaus benötigte Pfarrer Eberhart nun aber möglichst zahlreiche Spenden und Stiftungen von außen. Gerade in der Anfangszeit des Baus, als die Spendengelder noch unregelmäßig flossen, war Johannes Eberhart besonders auf die finanzielle Unterstützung der Stadt Zug in Form großzügiger Spenden und kurzfristiger Darlehen angewiesen. Dabei war ihm sein enger Freund, Stadtschreiber Hans Seiler, im Zuger Rat eine wertvolle Hilfe.

Kat. 50

Magister Eberhart wußte auch in geschickter Weise seine ausgezeichneten Beziehungen zu geistlichen und politischen Würdenträgern im Gebiete der damaligen Eidgenossenschaft und darüber hinaus zu nutzen. Herzog Reinhard von Lothringen und Erzherzog Sigismund von Österreich gehörten ebenso zu den Stiftern von St. Oswald wie alle Landammänner der Innerschweiz und Bruder Klaus. Sogar die Tagsatzung in Stans von 1481 überwies 12 Gulden an den Bau von St. Oswald[7]. Mit der Beschaffung der ersten Ablaßbriefe und heilskräftigen Reliquien für St. Oswald gegen Ende 1479[8] konnte auch das gemeine Volk für den neuen Kirchenbau gewonnen werden, und die Spenden begannen nun in reichlicherem Maße zu fließen. Kein Wunder also, daß Magister Eberhart weder Mittel noch Wege scheute, um in den Besitz von Ablaßbriefen und Reliquien zu gelangen. Er sandte gar einen Boten nach Peterborough in England, von wo dieser mit einem *teyl deß tůchß gesamt [getränkt] mit dem köstlichen blůt des vorgenempten erwyrdigen küngs vnd merrtrerß Sant Oswaldß*[9] zurückkehrte.

Wie erfolgreich Johannes Eberharts Sammeltätigkeit war, widerspiegelt eindrücklich die große Zahl von Einzelstiftern. Nicht weniger als 600 Personen werden in Baurodel und Jahrzeitbuch als Stifter genannt. Eine enorm hohe Zahl, wenn man bedenkt, daß die Stadt Zug zu dieser Zeit höchstens 750 Einwohner zählte. Als Spende war Magister Eberhart jede auch noch so geringe Gabe in Naturalien oder Geld willkommen. *Got lon i[h]m und sant Oswald*[10] notierte Johannes Eberhart jeweils hinter den Stiftungseinträgen. Ob nun Peter Kurwalens Hausfrau *2 wůschli flachs*, Hensli Weibel *1 grůne hos* oder der «Fry im Sack» zwei Käselaibe beisteuerte, alles konnte für den Bau der Kirche verwendet werden: Der Flachs wurde verkauft, aus den grünen Hosen wurden Kreuze auf ein Meßgewand geschnitten und der Käse dem Baumeister Hans Felder als Lohn ausbezahlt[11].

Beachtlich ist im weiteren, daß Pfarrer Eberhart viele der am Kirchenbau beteiligten Handwerksleute dazu bewegen konnte, einen Teil ihrer Lohnarbeit für den hl. Oswald, also unentgeltlich, zu leisten: Zimmermann Widmer schenkte zwei *Tagwen* (Tagwerke), und der Bildhauer Ulrich Rosenstain *het gemachet sant Oswalds houpt, hend, und arm und het das gabet sant Oswald an sin buw*[12]. Nur gerade 20% der privaten Schenkungen überstiegen den Wert von 5 fl. Deshalb erstaunt es außerordentlich, daß rund zwei Drittel der gesamten Bausumme von 3934 fl. durch diese doch meist kleinen Vergabungen zusammengetragen wurden[13].

Vereinfacht läßt sich der Zusammenhang zwischen Baufinanzierung und gebauter Architektur folgendermaßen aufzeigen: Eberharts nähere Verwandtschaft kam für den Baugrund und das Kirchenschiff auf. Den Chor und die teure Innenausstattung verdanken wir den zahlreichen Spenden der Bevölkerung, ebenso die späteren An- und Ausbauten der Kirche zur heute dreischiffigen Basilika. Magister Johannes Eberhart aber hatte mit seiner Vision und Tatkraft den Kirchenneubau überhaupt erst möglich gemacht.

Chr. G.

Literatur: – REHFUSS 1922. – BIRCHLER 1935, S. 126-294. – HENGGELER 1951. – LARGIADÈR 1959. – SPECK 1972. – WYSS 1973. – GERMANN 1978. – Kat. Kirche St. Oswald 1980. – Kat. Alltag zur Sempacherzeit, 1986, Nr. 211. – KELLER 1984 (Rosenstain). – GERBER 1992.

1 Transkription beider Texte durch HENGGELER 1951.
2 Zum Baumeister Hans Felder: REHFUSS 1922. BIRCHLER 1935.
3 Zur Baugeschichte der Kirche und den weiteren Um- und Ausbauphasen: BIRCHLER 1935, S. 126-294; SPECK 1972; GERMANN 1978; WYSS 1973.
4 Zu Ulrich Rosenstain von Lachen: BIRCHLER 1935; KELLER 1984 (Rosenstain).
5 St. Oswald (605-641), König von Northumbrien, England. St. Oswald wurde in Zug seit 1433 verehrt. BIRCHLER 1935, S. 127; Kat. Kirche St. Oswald, 1980.
6 HENGGELER 1951, S. 101.
7 Ebda., S. 13, 15 und 10f.
8 Ablaßbriefe: UB Zug, Nr. 1241, 1262, 1524. Bürgerarchiv Zug, Urkunde Nr. 303. Reliquien, siehe: HENGGELER 1951, S. 9f, 83 und 155. LARGIADÈR 1959, S. 185f.
9 Bürgerarchiv Zug, Urkunde Nr. 328.
10 HENGGELER 1951, S. 32.
11 Ebda., S. 70 und 42.
12 Ebda., S. 114.
13 Zur Auswertung der Einnahmen und Ausgaben der Kirchenfabrik, siehe: GERBER 1992.

51. Mit einem Bettelbrief sammeln die Bauern von Schlieren Almosen für die Reparatur ihrer Dorfkirche und die Stiftung einer Altarpfründe.

Bettelbrief für die Gemeinde von Schlieren, Kanton Zürich, 16. Oktober 1486.

Pergamenturkunde, stark beschmutzt und abgegriffen,
H: 21.5; B: 36.5 cm, Siegel beschädigt.
Zürich, Staatsarchiv, C II 18, Nr. 954.

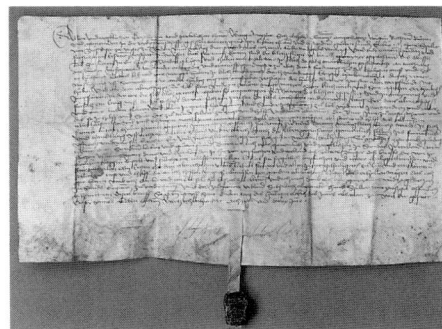

Kat. 51

In den letzten fünfzig Jahren vor der Reformation herrschte in vielen süddeutschen und schweizerischen Dörfern ein eigentlicher Kirchenbauboom[1]. In der Regel wurde der Neubau der Dorfkirche demokratisch durch die Mehrheit der Bauern in der Kirchgemeindeversammlung beschlossen. Gleiches gilt auch für die Bauern von Schlieren im Kanton Zürich. In den 80er Jahren des 15. Jahrhunderts setzten sie zu umfangreichen Baumaßnahmen an ihrer Kapelle an. Weil sie noch nicht den Status einer selbständigen Pfarrei besaßen, wünschten sie sich einen eigenen Priester im Dorf. Ihr Ziel verfolgten sie *got dem almechtigen und unnser lieben fröwen und allen in gots geheiligetten und sunder ir patronen zů lob und erre, iren vordren und aller der, so ir hilff und stür dar zů tůnd, sellen zů trost und hilff (Gott und den Heiligen zur Ehre sowie den Vorfahren und an Bau und Pfrundstiftung Beteiligten zum Trost der Seele).* Der Gemeinde fehlten aber bald die Mittel, um das begonnene Werk zu vollenden.

All dies erfahren wir aus einer kleinen Pergamenturkunde. Es handelt sich um einen Bettelbrief, den Hans Spiller, der Vogt von Baden im Aargau, am 16. Oktober 1486 den Kirchenpflegern von Schlieren ausgestellt hat. Das Schriftstück beglaubigt die fromme Absicht der Bauern. Allen *geistlichen und weltlichen herren, burgermeyster, schultheissen, amann, amptlüten, vǒgten, richtern, råten und gemeinden in der Eydt gno[sse]nschafft* wird der Träger des Dokuments (der *zǒuger diß brieffs*) mit der Bitte anempfohlen, ihm das Sammeln von Almosen für den Kirchenbau und die Altarstiftung zu ermöglichen. Die ungewöhnlich starke Verschmutzung des Pergaments läßt vermuten, daß der Bettelbrief an vielen Orten gezeigt wurde und durch viele Hände lief.

P. J.

1 Dazu: JEZLER 1988.

Ablaß

Ablaß (*indulgentia, absolutio, remissio, relaxatio*) bedeutet generell Nachlaß, Verzeihung. Im engeren Sinne ist damit das Erlassen der zeitlichen Strafe für bereits vergebene Sünden gemeint. Der Nachlaß wird von kirchlicher Autorität aus dem Kirchenschatz unter der Bedingung gewährt, daß bestimmte Gebete, Wallfahrten, Beiträge an den Kirchenbau oder andere fromme Leistungen erbracht worden sind. Um diese Vergebung zu erlangen, muß man zuerst beichten, und zwar mit echter Reue über alle begangenen Sünden. Durch die Beichte wird man von der ewigen Verdammnis losgesprochen, nicht aber von der Fegefeuerstrafe. Diese wird erst erlassen oder gekürzt durch einen entsprechenden Ablaß[1]. Man könnte den Ablaß als spezielle Form des Seelgeräts ansprechen. Sein Vorteil liegt darin, daß eine fromme Leistung mit einem genau bezifferten Nachlaß der Strafe vergolten wird.

Der Ablaß ist eine gewachsene Neubildung in der abendländischen Kirche des Mittelalters; in der morgenländischen Kirche existiert er nicht. Obwohl seit dem 11. Jahrhundert kirchliche Praxis, folgte die theologische Begründung erst später. Grundsätzliche Voraussetzung für die Entstehung des Ablasses war die hohe Stellung der Kirche im Mittelalter, deren Alleinzuständigkeit für höhere Lebensorientierung und die von ihr in Anspruch genommene Erzieherfunktion. Innerhalb der kirchlichen Verkündigung ergab sich als Folge davon eine sehr starke Gewichtung von Gesetz, Buße und Endgericht mit weitreichenden Folgen: Die Angst vor Jenseitsstrafen wurde zu einem Grundzug in der Mentalität des Mittelalters. – In der Ablaßgewährung versteht sich die Kirche als Helferin der bedrängten Seelen. Die Grundlagen dazu erkennt sie in ihrer Stellvertretung Gottes und Christi auf Erden, im Glauben an Sünde und Sündenvergebung, in der Notwendigkeit von Beichte und Buße und in der Möglichkeit ewigen Lebens (resp. ewiger Verdammnis) für jede und jeden.

Mehrere Momente tragen zum Entstehen des Ablasses bei. Nachdem seit dem 8. Jahrhundert die private Buße die öffentliche mehr und mehr verdrängte, wurde die Gewissenserforschung optimiert, das Schuldbewußtsein der Gläubigen vertieft und zur Bewältigung der Schuld ein System von Bußleistungen erstellt. Es entstanden Bußbücher (*libri poenitentiales*). Mit der Ablösung der öffentlichen durch die private Buße wurde die Bußleistung zeitlich hinter die Lossprechung (*absolutio*) gelegt. Die Sündenvergebung erfolgte über drei Stufen:
1. Beichte: Bekennen der Schuld aus Reue.
2. Absolution: Lossprechung (urspr. vom kirchlichen Bann) und Zulassung zur Kommunion. Die durch Sünde verursachte Trennung von Gott wird mit der Absolution beseitigt.
3. Buße: Erfüllung der kirchlich auferlegten Bußleistung als Zeichen der Wiedergutmachung und der inneren Umkehr.

Mit der genauen Taxierung der Schuld wuchsen die Bußleistungen. Um sie zu verringern, ging man dazu über, sie umzuwandeln, nämlich:
1. In kürzere, dafür umso härtere Strafen (*commutatio*).
2. In bequemere oder geringere Strafen (*redemptio*). Der Loskauf von der Schuld wurde kirchlich gebilligt und moralisch dahin legitimiert, daß damit Mittel für gute Zwecke bereitstünden.

Dabei werden dreierlei (zeitliche) Strafen unterschieden, welche die Betroffenen geduldig zu tragen haben:
1. Die von der Kirche auferlegte Strafe (Kirchenstrafe, kanonische Buße). Sie ist sozusagen eine *Genugtuung*, die an die Stelle der ewigen Höllenstrafe tritt.
2. Die Bestrafung durch Gott selber – denn vor Gott bleibt nichts verborgen; nur er kennt das Strafmaß.
3. Strafe als Folge des Fehlverhaltens (z.B. Armut, Krankheit, Schande).

Nachdem im 9. Jahrhundert Rompilger hin und wieder in den Genuß von Bußerlassen kamen, erhielten im 11. Jahrhundert auch einzelne Klöster das Privileg, Bußerlasse zu gewähren. Sie bestanden darin, exkommunizierte Büßer an gewissen Tagen am Gottesdienst teilnehmen zu lassen.

Auch für spezielle Ereignisse wie eine Kirchweihe wurde vermehrt ein Straferlaß genehmigt (z.B. eine Verringerung der Buße um ein Drittel). So entstanden auf dem Boden der Redemptionen und Absolutionen, die in Form eines Flehgebets an die Barmherzigkeit Gottes am Ende eines Gottesdienstes ausgesprochen wurden, im 11. Jahrhundert die (von Bischöfen und Päpsten noch spärlich erteilten) Ablässe. Voraussetzung für deren Wirksamkeit sollte stets die Bußgesinnung der Empfänger bleiben, und die begleitende Bußleistung sollte dem Umfang des Ablasses verhältnismäßig entsprechen (*causa proportionata*). Mit Hugo von St. Cher setzt sich seit 1263 die Meinung durch, daß Christus und die Heiligen für alle Menschen ausreichend gelitten hätten, so daß ein Gnadenschatz entstanden sei, aus welchem die Straferlässe bezahlt werden können. Mit der Bulle «Unigenitus» vom 27. Januar 1343 wird diese Theorie zur offiziellen Kirchenlehre erklärt.

Die erste abgeschlossene Ablaßtheorie formulierte Thomas von Aquin (1225-74). Im 14. Jahrhundert wurde sie ausgebaut. Der Sinn des Ablasses war demnach ein zweifacher: Einerseits appellierte er an die christliche Nächstenliebe, indem er Möglichkeiten zur Leistung karitativer Werke oder zur Förderung des christlichen Kultes bot. Andererseits forderte er reuige Beichte und innere Umkehr. «Belohnung» hierfür war der meist recht hohe Sündennachlaß oder Bußerlaß. – Die zum Auslöser der Reformation gewordene Kritik am Ablaßwesen darf nicht darüber hinwegtäuschen, daß der Ablaß im Volk hohes Ansehen und große Akzeptanz genoß. Zur Förderung des kommunalen Kirchenbaus kam der Wunsch nach einem Ablaß durchaus aus der Gemeinde. Für besondere Kampagnen wurden gewandte Prediger (oft von weither) verpflichtet, welche unter der Zuhörerschaft eine erstaunliche moralische Aufrüstung erreichten.

Die Höhe des zu gewinnenden Ablasses war Pergament-Urkunden zu entnehmen. Sie gaben Auskunft über die dazu erforderlichen Bedingungen und enthielten das Erstellungsdatum, Adressat und Absender. Vor Ort wurde der Ablaßbrief, nach entsprechender Werbung, meist während einiger Tage eingeführt. Sorgfältig ausgewählte Prediger lasen den Brief vor und erklärten ihn. Dazu gab es eigens eine stattliche Eröffnungsfeier mit Glockengeläut und einer Prozession, bei welcher der Brief oder die Bulle gezeigt wurde. Das erklärt die aufwendige Ausfertigung solcher Urkunden. Während dieser Gnadentage wurden ein bis zwei Gottesdienste abgehalten. Die Prediger erklärten, wie man den Ablaß erwerben konnte. Es galt: Wer öffentlich gesündigt hatte, mußte auch öffentlich dafür büßen – Männer barhäuptig, Frauen barfuß mit gelöstem Haar. So mußten sie bei allen anwesenden Beichtvätern niederknien, um die Absolution zu empfangen. Während dieser Tage, oder auch nur während der Predigten, durfte nicht gearbeitet werden.

Im Anschluß an die Predigt, den Gottesdienst und die Beichte konnte man sich den Ablaß lösen. Für einen partiellen Ablaß war keine bestimmte Leistung vorgeschrieben. Bei vollkommenen Ablässen bestand die Aufgabe z.B. darin, den Betrag zu bezahlen, den man für eine Romreise ausgegeben hätte, oder einen bestimmten Teil davon. Die Höhe dieser Summe konnte jeder nach eigenem Ermessen bestimmen, nach Absprache mit dem Kollektor. Sie richtete sich nach dem Einkommen und der sozialen Stellung des Ablaßempfängers. Die Reichen hatten oft eine Arbeit von 30 Tagen, die weniger Bemittelten den halben Monatslohn zu bezahlen. Es konnte auch persönliche Arbeit gefordert werden; die Armen sollten die Geldspende durch Gebet ersetzen. Als arm galt, wer bettelte oder sich von seiner Arbeit nichts für die Zukunft ersparen konnte. Dennoch sollten auch die Armen erst versuchen, sich bei frommen Personen Geld zu verschaffen. Die Beträge wurden vom Spender selbst in eine mehrfach verschlossene Kiste gelegt; die Schlüssel dazu hatten verschiedene Personen. Erst in Anwesenheit aller Schlüsselinhaber und eines öffentlichen Notars, der ein Protokoll verfaßte, durfte die Truhe geöffnet werden, womit Unterschlagungen erschwert werden sollten. Nach Abzug aller Kosten (Entlöhnung aller Mitwirkenden, auch der Beichtväter, Taxen und Zusatzabgaben an die kirchliche oder/und weltliche Obrigkeit) verblieb der Rest für den eigentlichen Bestimmungszweck des Ablasses. Am Ende der Ablaßzeit schließlich wurde der Ablaß feierlich ausgeläutet.

Das Ablaßwesen bot für Mißbräuche und Betrügereien einen fruchtbaren Boden. Dazu zählen die eigennützige Erschließung neuer Geldquellen, Unterschlagung des Erlöses, Beteiligung am Ertrag, Zweckentfremdung der Gelder, grobe Übertreibung der Ablaßwirkung durch ungeschulte, selbsternannte oder übereifrige Ablaßsammler. Als Martin Luther Ende Oktober 1517 seine Thesen gegen den Ablaß anschlug, brachte er nur zur öffentlichen Diskussion, was schon länger ein Thema der Kritik war. In der Leipziger Disputation, die vom 27. Juni bis 16. Juli 1519 dauerte, trat dann die Ablaßfrage neben dem Streit um den päpstlichen Primat zurück. Der theologische Kampf um die Reformation, die Umbildung der Kirche, entbrannte an neuen und größeren Themen. Das Konzil von Trient erklärte 1563 den Ablaß zwar als überaus heilsamen Brauch, verbot aber, um Entartungen zu beseitigen, die berufsmäßigen, spezialisierten Ablaßprediger.

S. R.

Abb. 120 Reformatorische Polemik gegen Ablaßpropaganda. Titelholzschnitt in einer Flugschrift von J. Schwebelin, Straßburg: Prüß 1522, 4°. Zürich, Zentralbibliothek, 18.84b

Literatur: – Codex Iuris Canonicis Buch IV, Kap. IV: Ablässe, Can. 992ff. – Beringer 1900. – Paulus 1922. – Schmitt 1937. – Paulus 1957. – Steck 1957. – Iserloh / Glasik / Jedin 1967. – Rahner 1972. – Gruber 1974. – Benrath 1977. – Moeller 1991.

1 Vgl. Paulus 1922, Bd. 3, S. 412 (Reisebericht des G. Rucellai von 1450).

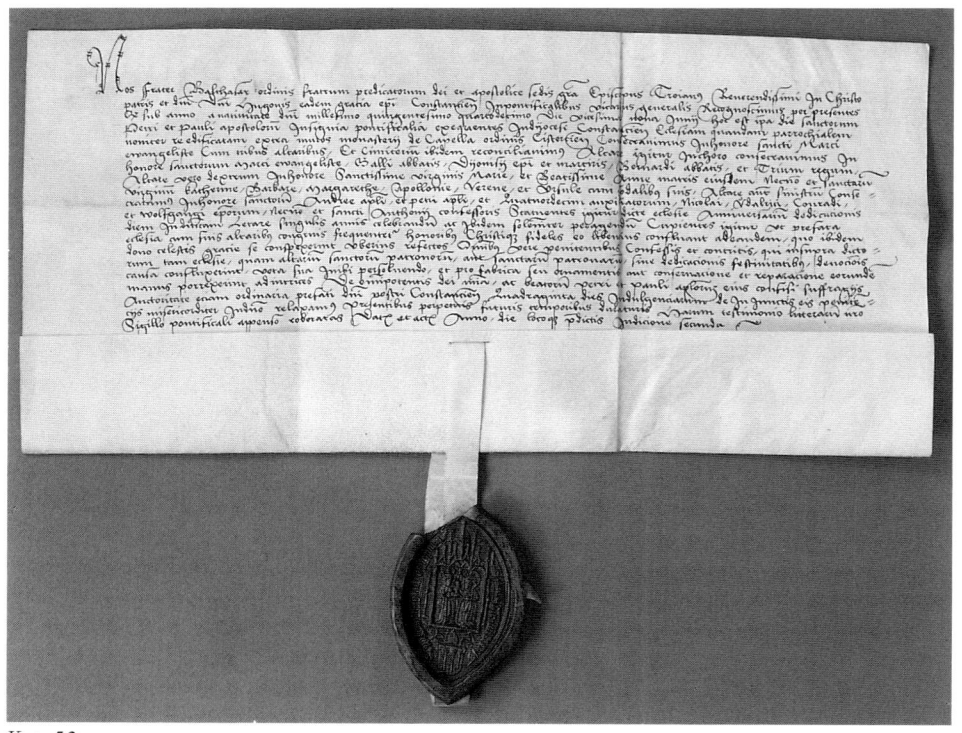

Kat. 52

52. Ein Ablaß wie tausend andere: Der Konstanzer Weihbischof gewährt der Markuskirche von Kappel einen Ablaß von 40 Tagen für alle Reuigen, die den Kirchenbau fördern oder am Kirchweihgottesdienst teilnehmen.

Weiheurkunde der St. Markuskirche in Kappel a.A., Kanton Zürich, 29. Juni 1514.

Pergament, lateinisch,
H: 17,1, B: 36,5 cm, Siegel hängt.
Zürich, Staatsarchiv, C II 4, Nr. 574.

Nachdem die Pfarrei Kappel a.A. am 25. September 1511 vom Bischofssitz in Konstanz für ihre alte Dorfkirche eine Abbruchbewilligung erlangt hatte[1], machte sich die Gemeinde an den Neubau. Bereits am 29. Juni 1514 war der Bau soweit gediehen, daß der Generalvikar Balthasar, Titularbischof von Troja, die Weihe der Kirche, dreier Altäre und des Friedhofs vornehmen konnte. Dabei legte er das Kirchweihfest auf den Sonntag Letare (4. Sonntag in der Fastenzeit) fest und gewährte der Kirche einen Ablaß. Der entsprechende Passus lautet: *Im Wunsche, daß besagte Kirche mit ihren Altären mit gebührenden Ehren besucht wird und die an Christus Glaubenden umso lieber bei derselben sich einfinden, je reichlicher sie sich durch das Geschenk der himmlischen Gnade erquickt sehen, gewähren wir allen, die bereuen, gebeichtet haben und zerknirscht sind, die zur Verehrung der hl. Patrone und hl. Patroninnen, sowohl der Kirche als auch der Altäre oder zum Kirchweihfest sich eingefunden haben, um dort ihre Gelübde zu erfüllen, und für Bau oder Ausstattung oder deren Erhaltung und Wiederherstellung ihren Beitrag geleistet haben, vierzig Tage Ablaß auf die ihnen auferlegte Buße.*

Ein solcher Ablaß wurde im Spätmittelalter regelmäßig anläßlich der Kirchweihe gewährt. Die vierzig Tage entsprechen der Kompetenz des Bischofs. Laut Urkundentext bezieht sich der Straferlaß zwar noch auf die Tilgung einer irdischen Bußleistung. Das allgemeine Bewußtsein bezog ihn aber schon längst auf die Verkürzung der Fegefeuerstrafe[2]. – Ablässe in dieser Form erregten wenig Anstoß. Vielmehr bildeten sie für die Gemeinden eine sehr willkommene Einnahmequelle für den kostspieligen Unterhalt der Dorfkirche. Den Ablaßempfängern brachten sie angesichts der drohenden Jenseitsstrafen seelische Erleichterung.

W. F. / P. J. / S. R.

1 Zürich, Staatsarchiv, C II 4, Nr. 558.
2 Vgl. G.A. Bensch in TRE 1, 1974, S. 348.

53. In deutscher Übersetzung und schmuckvoll aufgemacht wird der vierzigtägige Ablaß der Schloßkapelle von Wyher den Laien erklärt.

Memorialtafel für die Schloßkapelle Wyher in Ettiswil, 1593.

Pergament auf Holz, alter schwarzer Holzrahmen mit Aufhängebügel, beschädigt. Tafel ohne Bügel:
H: 42,5, B: 34 cm, schwarzbraune und rote Tinte.
Zürich, Schweizerisches Landesmuseum, LM 21219.

Ludwig Pfyffer, der Schweizerkönig, und seine Ehefrau Elisabeth von Sonnenberg ließen beim Wasserschloß Ettiswil eine Kapelle erbauen, die gemäß dem Datum auf dem Türgewände 1592 fertiggestellt war. Ihr Sohn, Ludwig Pfyffer, Herr zu Wyher, erhielt am 20. Oktober 1593 anläßlich der Weihe der Kapelle vom Administrator des Konstanzer Bischofs, Kardinal Andreas von Österreich, einen Ablaßbrief. Bei dieser Gelegenheit wurde auch eine einfache Tafel, als Memorialtafel, angefertigt und für alle lesbar an der Kapellenwand befestigt. Es war die übliche Art, vorbeiziehende Pilger über den zu gewinnenden Ablaß am Ort zu informieren.

Der deutsche Text der Tafel, in schwarzbrauner Tinte mit roten Anfangsbuchstaben geschrieben, zeigt eine kalligraphisch ausgeführte Kanzleifrakturschrift. Unregelmäßigkeiten, sowohl in der Höhe der Buchstaben als auch in den Wortabständen, und die abwechslungsreiche Schreibweise einzelner sich wiederholender Worte oder Buchstaben, bereichern das Erscheinungsbild und sollen die Aufmerksamkeit der Besucher auf die Tafel lenken. Eine große rote Flechtwerkinitiale schmückt das Eröffnungswort des Briefes, dessen erste Zeile betont größer und dunkler gehalten ist. Innerhalb des Textes wurden einige Wortanfangsbuchstaben in roter Farbe ausgeführt, dabei lassen sich im oberen Drittel des Briefes einige mit dunkelbrauner Tinte übermalte Initialen feststellen. Unterhalb des Textblocks befinden sich die beiden durch Aufschriften gekennzeichneten Namenspatrone der Stifter der Kapelle: die hll. Ludwig und Elisabeth, welche die Wappen der Eheleute Ludwig Pfyffer und Elisabeth von Sonnenberg flankieren. Zu beiden Seiten der Patrone stehen ganz am Rand je ein reichverzierter Ohrenkrug mit langem Hals, aus welchem schwungvolles Rankenwerk emporwächst, wobei der hl. Ludwig neben seinem rechten Fuß nochmals ein

Pfyfferwappen hütet. Das Rankenwerk ist mit Blüten besetzt und endet in der oberen Mitte im Christusmonogramm. Die starke Betonung der in die Zierleiste eingebetteten Stifter soll diese den Lesern zur Fürbitte anempfehlen.

Transskription:
Ich, Balthasar bischoff zů Ascalon, des hochwürdigisten vnnd durchlüchtigisten fürsten vnnd herren herren Andresen, kardinals von österrÿch vnnd bÿschoffen zů Konstantz, inn geistlichen vnnd bÿschofflichen geschefften oberster verwëser, hab dise kappel gewücht zů eeren vnnd glorij gottes des allmechtigen vnnd in der ehr sanct Ludwigen deß bichtigers, hab ouch allda ÿnbeschlossen heiligthůmb von den gebein der heiligen sanct Beaten deß bÿchtigers, sanct Annen der můtter der allerglorwürdigisten junckfrowen Mariae, sanct Barblen der junckfrowen vnd marterin und anderer heiligen, hiemit verlüchende allen christgloübigen, so dise kappel vff dem järlichen tag der wÿchung, der da sin würdt allwegen am anderen sontag nach osteren, gottselig vnd andechtigklich besůchen werdent, viertzig tag tödtlicher vnd hůndert tag läßlicher sünden warhaftigs vnd ordenlichs gwonlichs ablaßes, beschechen am 20. tag deß monats octobris nach Christi geburt gezalt ein thusent fünffhundert nüntzig vnd drü jar, als der zÿt der hochgeacht, edel, streng, noth, vest, wÿß hern Ludwig pfÿffer, ritter, schultheiß vnd pannerherr der statt Lucern diß huß widerumb geuffnet vnd dise kappel nüw erbuwen vnnd gestifftett.

S. R.

Literatur: – Jahresbericht SLM 1938-1943, S. 89. – SCHMIED 1954, S. 92. – REINLE 1959, S. 98. – Kat. Renaissancemalerei 1986, Nr. 19.

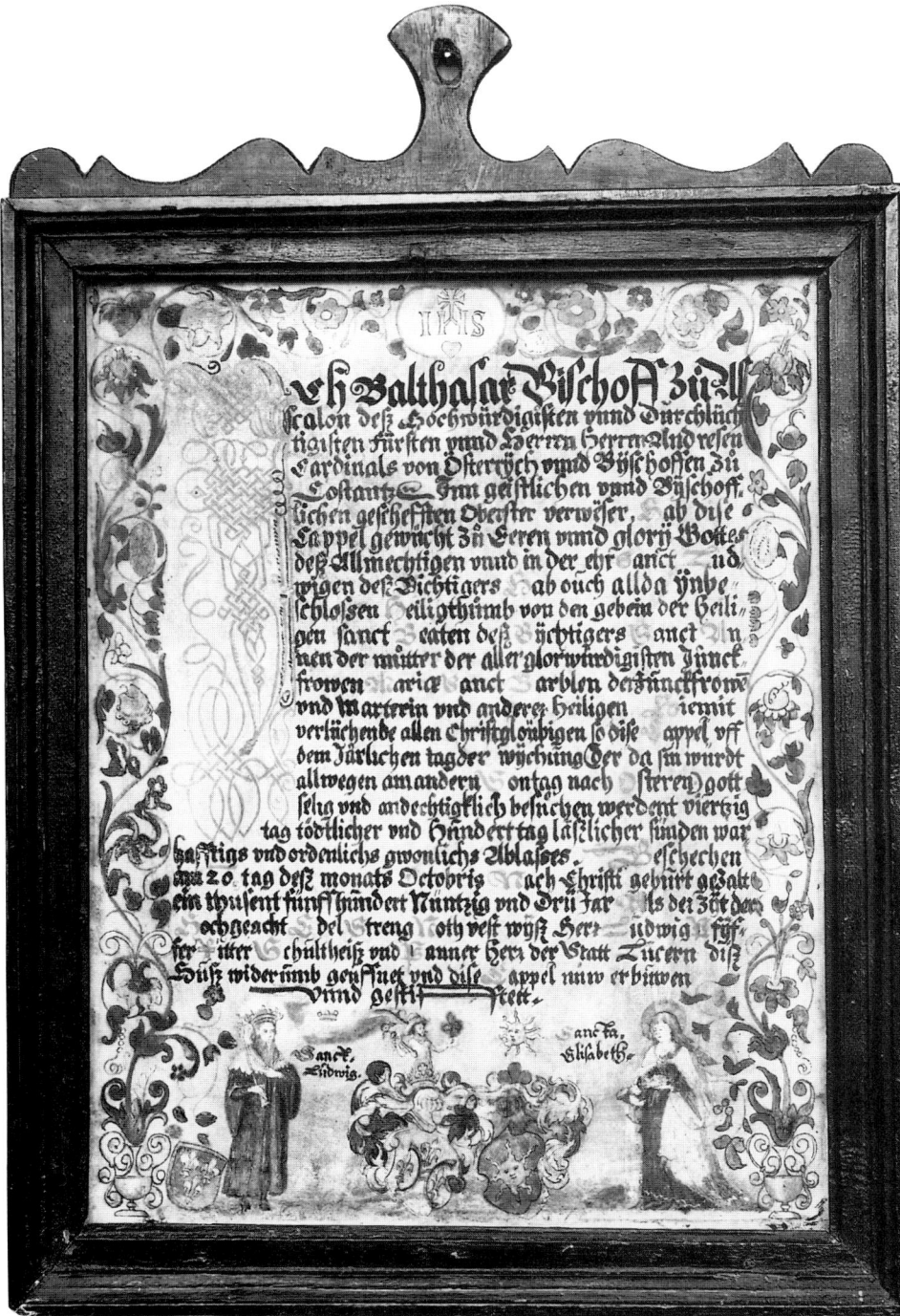

Kat. 53

54. In einer prunkvollen Urkunde gewähren 28 Bischöfe in Avignon 1120 Tage Ablaß für die Förderung der Dorfkirche von Baar.

Ablaßurkunde für die Pfarrkirche St. Martin in Baar, 1361.

Ausgestellt am 10. Juni 1361 in Avignon und von 28 Bischöfen besiegelt, bestätigt am 8. Mai 1362 vom Konstanzer Bischof Heinrich III. von Brandes (1357-83).
Pergamentblatt, H: 45.5; B: 69.5 cm, Schriftspiegel H: 25.9; B: 46.3 cm, Initiale H: 18.8; B: 13.7 cm.
Blindriß, schwarzbraune Tinte,
Hanfschnüre mit 28 Siegeln an der Plica.
Baar, Römisch-Katholische Kirchenpflege,
Inv. Nr. PfA 1361 Juni 10.

Der Brief ist auf ein festes und helles Pergament geschrieben, das gegen den Außenrand des Blattes hin etwas dunkler wird. Durch die Faltung (3 x horizontal, 3 x vertikal) erlitt die Schrift an den beiden oberen horizontalen Bruchkanten leichte Farbausbrüche.

Die an abwechselnd roten und blauen Schnüren befestigten 28 Siegel der Bischöfe hängen am umgeklappten unteren Rand des Pergaments, an der Plica. In diese wurden 2 x 15 Löcher gestochen, um die Fäden von hinten her einzufädeln und sie durch das folgende Loch wieder zurückzuführen. Die lose über das Blatt fallende Fadenschlaufe wurde überkreuzt und durch diese die hinten herabhängenden Fadenenden gezogen. Die so zustande gekommene Schlaufe liegt unmittelbar am unteren Rand des Blattes. Der Oberfaden der Kreuzschlaufe liegt immer in Leserichtung und die gestochenen Löcher sind, bis auf die äußersten vier, alle zweifach besetzt. Die so sich bildenden zwei Zickzackornamente mit den hängenden Siegeln geben dem Dokument auch optisch die nötige Aussagekraft. Eindruckheischend unterstreichen sie den gesamten Textblock.

Die ovalen, rostroten Siegel der 28 Bischöfe sind alle beschädigt, zum Teil sind nur noch kleine Fragmente erhalten, drei fehlen ganz. Auch an der mit drei feinen Fäden an den Siegelschnüren befestigten Bestätigungsurkunde von 1362 fehlt das Siegel. Ein Loch in dem Transfix zeugt noch davon.

Der lateinische Text in schwarzbrauner Tinte umfaßt 22 Zeilen à 6mm Schrifthöhe mit ebensogroßem Zeilenabstand. Die erste Zeile ist durch ihre Höhe und eine kunstvoll ausgeführte U-Initiale hervorge-

Kat. 54 Detail

hoben. Diese ist oben geschlossen und in das Rechteck des Schriftblocks eingebunden. Sie ist blattvergoldet, rot umrahmt, blau gebettet und schwarz umfaßt. Die Binnenfläche der Initiale zeigt ein rotes, pflanzliches Spiralenmotiv aus drei übereinanderstehenden, verschieden gedrehten Schnekken mit roten und blauen Blättern.

Links neben der Initiale, und mit 17 cm gleich groß wie diese, steht ein heiliger Bischof. Er wird durch die darüberliegende Aufschrift auf goldenem Balken als *S. Martinnus* gekennzeichnet. Die frontale Figur mit leicht ausgestelltem Fuß trägt eine bodenlange farblose Albe, unter deren Knickfalten nur die Schuhspitzen hervorschauen, darüber eine dunkelgrüne Tunicella mit Goldbrokatrand, welche wiederum fast überdeckt wird von dem knielangen roten Meßgewand, das nur an den Armen des Bischofs eine Raffung erfährt. Während er die rechte Hand zum Segen vor seine Brust erhebt, trägt er in der linken ein kleines goldenes Buch. Der Heilige ist dargestellt mit wallend gelocktem Haar, Doppelspitzbart, geröteten Wangen und gleichfarbigem Mund. Die sehr spitze Mitra, die sein Haupt krönt, ist mit roten und blauen Edelsteinen besetzt. Den Kopf rahmt ein goldener Heiligenschein. Durch den Blick des Bi-

schofs zum Text hin und die Bauchung der Initiale zum Bischof entsteht eine enge Beziehung zwischen Text und Figur. Der Textinhalt erscheint so gleichsam als die Sprechblase des Bischofs.

Der in der Mitte des Pergamentes angelegte Text wird von einem breiten Leerrahmen umfaßt, was dem Dokument einen leichten, lichterfüllten Ausdruck verleiht, gleichzeitig mit den reich bemessenen Siegelschnüren und der Zahl der bestätigenden Bischöfe aber auch Großzügigkeit und Majestät suggeriert.

Der Ablaßbrief von Baar ist ein Kollektiv-Ablaß. Kollektive Ablaßbriefe tragen mehrere Signatarnamen (im Gegensatz zu einfachen Ablaßbriefen), d.h. sie wurden von mehreren Prälaten ausgestellt, die sich an der Kurie aufhielten. Die kollektiven Ablaßbriefe stammen nach Homburger / Steiger nicht aus der päpstlichen Kanzlei[1]. Tatsächlich wurden sie auch nicht gutgeheißen, sondern von der Kurie nur geduldet.

Die offizielle Lehrmeinung lautete, daß für jeden bischöflichen Ablaßbrief eine Limite von 40 Tagen Ablaß gelte, gleichgültig wieviele Signatarnamen der Brief trage. Die populäre Vorstellung hingegen war, daß jeder der unterschreibenden Bischöfe 40 Tage Ablaß gewähren könne. Dies macht die Baarer Urkunde mit 28 siegelnden Bischöfen besonders interessant. Üblich war nämlich eine Zahl von zehn bis zwölf Ausstellern. Mehr als zwanzig waren selten. Im Übrigen unterscheidet sich diese Urkunde von anderen Ablaßbriefen kaum. In der Gliederung entspricht der Text durchaus der Regel[2]. Ebenso dem äußeren Erscheinungsbild nach: unbeschrifteter Rand, Textblock mit Initiale und Kopfzeile, Siegelreihung an der Plica. Der neben dem Textblock dargestellte Bischof ist ebenfalls ein oft wiederkehrendes Motiv. Als Stellvertreter der unterzeichnenden Bischöfe präsentiert und bekräftigt er deren Text. Das Besondere an der Baarer Urkunde ist, daß der Kirchenpatron, der heilige Bischof Martin, sich für diese Stelle direkt anbietet. Als Heiliger und im Speziellen als Kirchenpatron steht er auch im Himmel für die Anliegen der Baarer ein und ist somit ein besonders vertrauenerweckender Verkünder des Ablasses.

Neben stilistischen Gründen läßt dieser individuelle Aspekt an eine nachträgliche Ausführung der Miniatur am Bestimmungsort denken, zumal der Titulus eine andere Handschrift verrät. Der unbeschriftete Rand ist auch bei anderen Urkunden

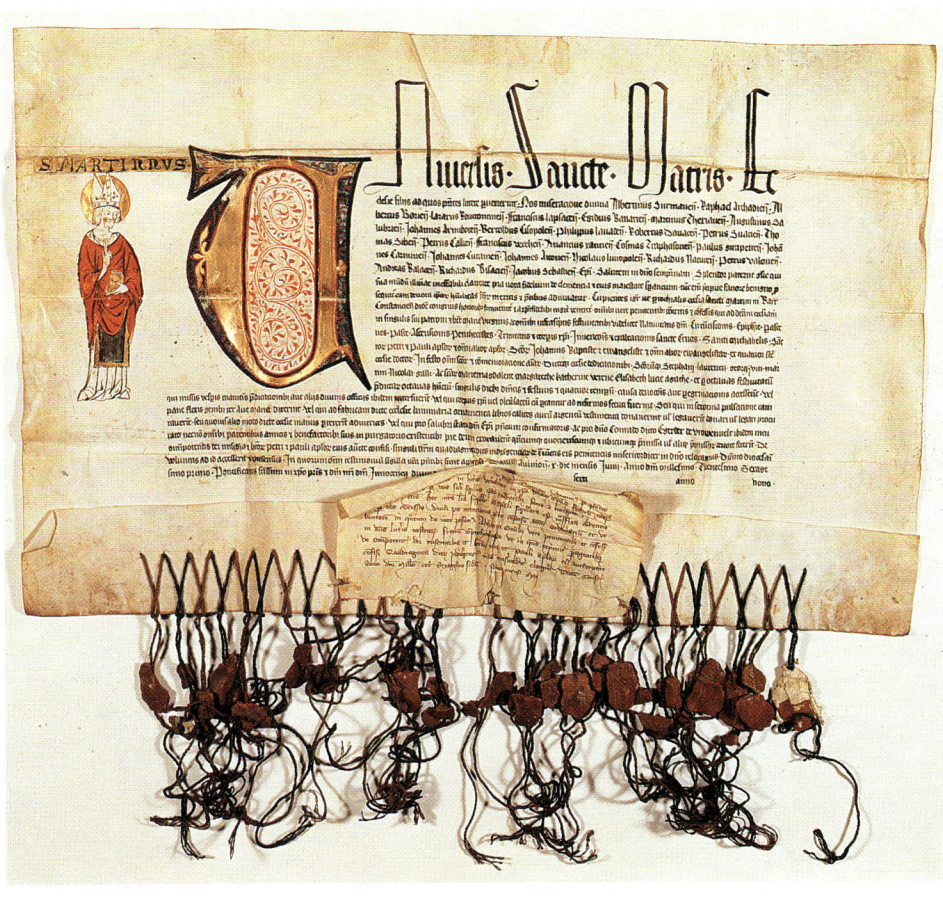

Kat. 54

vom Empfänger oft zur weiteren Ausstattung benützt worden³.

Ein Ablaß wurde meist von der kirchlichen Obrigkeit eines Ortes an höherer Stelle angefordert⁴. Das begründete Bittgesuch wurde an den Bischof oder direkt an den Papst gestellt. Für Baar dürfte es Pfarrer Egerder oder allenfalls das Kloster Kappel am Albis gewesen sein, die mit der Bitte an Avignon gelangten, wo die Kurie von 1305 bis 1376 im Exil weilte. Das Gesuch wird mit Umbauarbeiten an der Martinskirche in Zusammenhang gebracht, für welche die Geldmittel nicht zuletzt deshalb knapp gewesen sein dürften, weil das Kloster Kappel, zu welchem St. Martin gehörte, durch Kriege schwer mitgenommen war⁵. Bei Genehmigung des Gesuchs wurde an entsprechender Stelle ein Ablaßbrief ausgestellt. Dabei fiel eine Ablaßgebühr an, die sich aus vier verschiedenen Taxen zusammensetzte:

a) Taxe für die Reinschrift (*taxa scriptorum*),
b) Taxe für das Konzept (*taxa abbreviatorum*),
c) Taxe für die Registrierung (*taxa registri*),
d) Taxe für die Bullierung (*taxa plumbi*).

Die Taxen a) und b) waren ganz für die Kollegien der Scriptoren und Abbreviatoren bestimmt. Die anderen beiden Taxen, die nicht bei allen Ablässen verlangt wurden, fielen der päpstlichen Kammer zu, die damit Beamte mit festem Gehalt bezahlte.

Die Gebühren wurden festgelegt nach der Art des Ablasses. Ein gegen Almosen erhältlicher Ablaß war billiger als einer, der einen Kirchenbesuch voraussetzte. Später richtete sich die Gebühr nach der Höhe des Ablasses, d.h. nach der Dauer der in Aussicht gestellten Erlassung der zeitlichen Strafe. Zum Vergleich: 1331 beliefen sich die Kosten der Scriptoren für einen Ablaß, der erteilt wurde für Kirchenbesuch und milde Beiträge, auf eine Summe zwischen 12 und 16 grossi Turonenses; 1479 (mit neuer Berechnung nach der Dauer) für drei Jahre Ablaß auf den Betrag von 24 grossi⁶. Dieser Betrag muß mal vier gerechnet werden wegen der vierfachen Taxgebühr. Der Baarer Ablaß (1120 Tage) wird den Bittsteller also zwischen 5 und 8 Gulden gekostet haben, noch ohne eventuelle Zusatzabgaben, das übliche Trinkgeld und die Reisekosten für die Gesandtschaft.

Gültig war der Ablaßbrief allerdings erst, nachdem der amtierende Bischof der Diözese diesen bestätigt hatte. Diese kleine Urkunde – in unserem Fall vom Konstanzer Bischof Heinrich III. von Brandes – wurde an den Ablaßbrief geheftet. Da der Baarer Ablaßbrief keine Nagellöcher aufweist, dürfte er allerdings nicht an der Kirchentüre, dem üblichen Anschlagsort für Urkunden, aufgehängt gewesen sein.

Ablaßbrief für die Pfarrkirche in Baar, Avignon, 10. Juni 1361;
wortgetreue Übersetzung aus dem Lateinischen⁷:
Allen Kindern der heiligen Mutter Kirche, zu denen vorliegender Brief gelangt, wünschen wir Bischöfe nach göttlichem Erbarmen ewiges Heil im Herrn [Es folgen die 28 Namen der Bischöfe mit ihren Wohnsitzen]. Der Glanz väterlichen Ruhms, der mit seiner unaussprechlichen Helligkeit die Welt erleuchtet, begleitet die frommen Gebete der Gläubigen, die auf seine Gnade und Erhabenheit bauen, dann vor allem mit seiner gütigen Huld, wenn ihre hingebungsvolle Demut von den Verdiensten und Fürbitten der Heiligen unterstützt wird.

Demnach im Wunsche, daß die Pfarrkirche St. Martin in Baar in der Diözese Konstanz mit angemessener Ehrerbietung besucht und von denen, die an Christus glauben, immerwährend verehrt wird, gewähren wir allen, wenn sie wahrhaft bereuen, zerknirscht sind und bekannt haben, die besagte Kirche an den jeweiligen Festtagen ihres Patrons und der seligen Jungfrau Maria und an allen unten angeführten Festen, nämlich Weihnachen, Beschneidung, Epiphanias, Karfreitag, Ostern, Auffahrt, Pfingsten, Trinitatis, Fronleichnam, Auffindung und Erhöhung des Kreuzes, des Heiligen Michael, der Heiligen Apostel Petrus und Paulus und aller anderen Apostel, des Heiligen Johannes des Täufers und des Heiligen Johannes des Evangelisten und aller anderen Evangelisten, der 4 Kirchenlehrer, am Feste Allerheiligen und Allerseelen, an den Kirchweihtagen besagter Kirche, und an den Festen der Heiligen Stefan, Laurentius, Georg, Vitus, Martin, Nikolaus, Gallus, und der Heiligen Maria Magdalena, Margareta, Katharina, Verena, Elisabeth, Lucia, Agatha und während der

Oktav genannter Feste, sofern sie eine Oktav haben, dann an jedem Sonn- und Feiertag und an den Quatembertagen eines Opfergangs oder Pilgergangs wegen aufgesucht haben oder an Messe, Vesper, Matutin, Predigt oder an anderen Arten des Gottesdienstes da teilgenommen haben, oder die die Hostie und das heilige Öl, wenn sie zu Kranken getragen werden, begleitet haben, oder die zum Feierabendgeläute kniend 3 Ave Maria gesprochen haben, oder die zur Ausstattung besagter Kirche Beleuchtung, Schmuckstücke, Bücher, Kelche, Gold, Silber, Kleider [Meßgewänder] geschenkt oder vermacht haben oder eine Schenkung oder Vermächtnis veranlaßt haben oder auf irgendeine andere Weise besagter Kirche ihre helfenden Hände angeboten haben, oder die für das Wohlsein des Bischofs, der vorliegendes bestätigt, oder für Herrn Konrad Egerder von Frauenfeld, ebendort Pfarrer, und auch für alle ihre Verwandten, Freunde und Wohltäter im Fegefeuer an Gott ihr frommes Gebet verrichtet haben, wann auch immer, wie oft auch immer und wo auch immer sie das Vorstehende oder etwas vom Vorstehenden in Demut verrichtet haben, gnädig im Herrn, gestützt auf das Mitleid des allmächtigen Gottes und auf die Autorität seiner Apostel, der seligen Peter und Paul, jeder von uns 40 Tage Ablaß der ihnen auferlegten Buße, sofern Wille und Einverständnis des Diözesanbischofs dazukommt.

Zur Bezeugung von dem allen sind unsere Siegel gegenwärtigem Schreiben beigefügt. Gegeben zu Avignon, 10. Juni 1361, im 9. Jahr unseres Papstes nach göttlicher Fürsorge des Herrn Innozenz, seines Namens des VI.

S. R. / W. F. (Übersetzung)

Literatur: – BIRCHLER 1934, S. 25-65. – WILHELM 1938. – GRUBER 1974, S. 3-13. – PFAFF 1990, S. 263f.

1 HOMBURGER / STEIGER 1957, S. 135.
2 Ebda. S. 136.
3 Vgl. z.B. den Ablaßbrief für das Kloster St. Gallen vom 20. Mai 1333 mit einer nachträglichen Miniatur über den ganzen oberen Rand (HOMBURGER / STEIGER 1957, S. 152, Taf. 44).
4 Die folgenden Ausführungen zur Verkündigung eines Ablasses sind PAULUS 1922, Bd. 3, S. 450-552 entnommen.
5 GRUBER 1974, S. 8, nach einer Urkunde von 1357.
6 Im 14. Jahrhundert galten 12-13 grossi Turonenses = 1 florentinischer Goldgulden. Vgl. PAULUS 1922, Bd. 3, S. 451f.
7 Der lateinische Text ist publiziert in UKB ZUG, Bd. 1, Nr. 52, eine Übersetzung findet sich auch bei WILHELM 1938, Nr. 23.

55. Jeder reuige Mensch, der vor diesem Bild fünf Vaterunser und fünf Avemaria betet, erlangt 77'000 Jahre Ablaß.

Christus als Schmerzensmann, umgeben von den Arma Christi.
Umbrisch, letztes Viertel 15. Jahrhundert.

Pappelholz, H: 79; B: 47.5 cm.
Köln, Wallraf-Richartz-Museum, WRM 744.

Der Schmerzensmann steht als Halbfigur mit überkreuzten Händen, die als Hinweis auf den Kreuzestod zu verstehen sind, im offenen Sarkophag; dieser Darstellungstypus Christi wird auch als *Imago pietatis* bezeichnet und hat im mittelalterlichen Europa weite Verbreitung gefunden. Der Gnadenbildcharakter dieses Christusbildes war wohl allen Gläubigen geläufig. Um Christus und das Kreuz sind die *Arma Christi* angeordnet, die als Abkürzungsformen die verschiedenen Stationen seines Leidenswegs benennen und ins Gedächtnis rufen. Die Schilderung beginnt mit dem Verrat des Judas oben rechts, der durch den Verräterlohn, durch Fackel, Messer und Ohr des Malchus dargestellt wird. Links oben folgt die Verleugnung durch Petrus (Köpfe Petri und der Magd), dazu gehört auch der Hahn auf dem Kreuzbalken. Dann schließen sich die Leidensstationen Christi an (Hand mit dem Rohr, speiender Kopf, Hand mit ausgerissenem Haarbüschel, Geißeln und Geißelsäule unter dem Kreuzbalken links, Handwaschung des Pilatus rechts neben Christus). Die Kreuzigung wird durch das Kreuz mit der Inschrift *INRI* durch Hammer, Nägel, Zange, Lanze, Essigeimer (links von Christus), durch Schwammstab, Würfel und die verfinsterten Gestirne (rechte Seite) symbolisiert. Für die Grablegung steht der Sarkophag. Ganz rechts steht die Leiter mit dem erhängten Judas. Zuschreibung und Datierung stützen sich unter anderem auf eine «sehr ähnliche, dem Benedetto Bonfigli nahestehende Tafel der Galleria Nazionale dell'Umbria in Perugia».

Das Werk ist eine sogenannte Indulgenztafel, d.h. ein Ablaßbild. Unter der Darstellung des Schmerzensmannes mit den Symbolen der Passion ist ein Ablaßgebet mit einer angeschlossenen Erklärung verzeichnet. «Die italo-lateinische Inschrift besagt, außer dem Gebetstext, daß jeder reuige Mensch, der vor diesem Andachtsbild fünf Vaterunser und fünf Avemaria bete, des von Papst Gregor verliehenen Ablasses von 14'000 Jahren teilhaftig würde, der sich durch die Hinzufügung der vielen späteren Päpste jedoch inzwischen auf eine Ablaßverheißung von insgesamt 77'000 Jahren und 36 Tagen belaufe»[1].

Die Ikonographie der Tafel steht in einem engen Zusammenhang mit dem angeblich von Papst Gregor (um 540 bis 604) gestifteten Ablaß. Die Überlieferung geht zurück auf die Legende der Vision Gregors, nach der ihm während der hl. Messe in S. Croce in Gerusalemme zu Rom Christus als Schmerzensmann erschien und sein Blut in den Meßkelch fließen ließ (vgl. Kat. 98). In S. Croce werden auch die Leidenswerkzeuge Christi als Reliquien aufbewahrt. Als Ausgangspunkt dieses für das Mittelalter sehr bedeutenden Bildtyps wird eine Mosaik-Ikone des 13./14. Jahrhunderts in S. Croce angenommen, die uns in einem Stich des Israhel van Meckenem (1495) überliefert ist.

Der übliche Altarzusammenhang mit dem zelebrierenden Papst Gregor d. Gr. ist hier weggelassen worden, so daß sich Blick und Gebet ganz auf Christus und sein Leiden konzentrieren.

F. G. Z.

Literatur: – PANOFSKY 1927, S. 261ff. – BERLINER 1955, S. 84. – Kat. WRM VI, 1973, S. 138f. – Kat. Messe Gregors d. Gr., 1982, S. 77, Kat. Nr. 16.

1 Kat. WRM VI, S. 139.

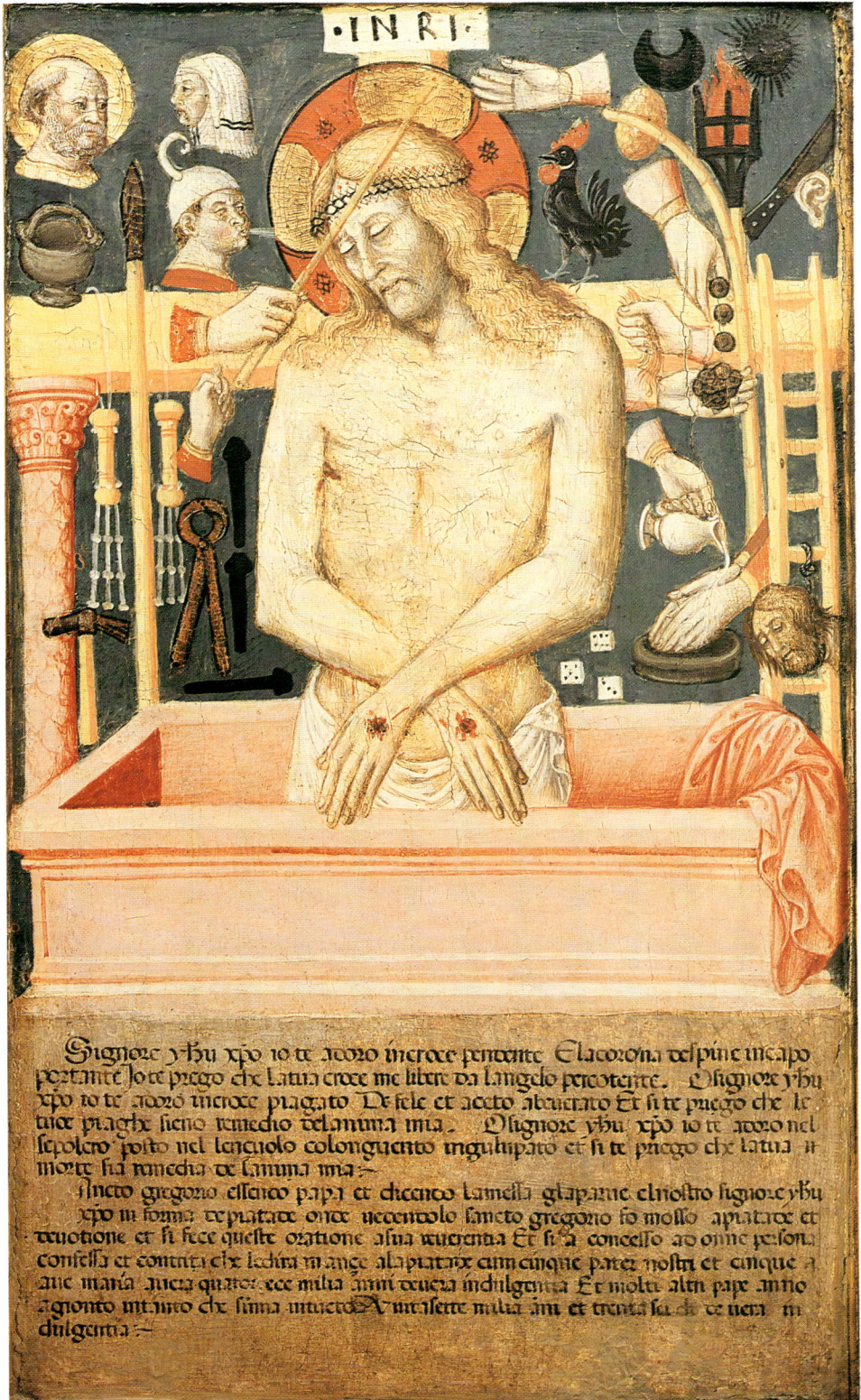

Kat. 55

56. Ein Pilger berechnet die in Rom erhältlichen Ablässe.

Sammelband von Römer Drucken um 1495/1510, vielleicht aus dem Besitz eines süddeutschen Rompilgers.

Ein Sammelband in Oktavformat, wohl aus dem Besitz eines süddeutschen Rompilgers, enthaltend 9 Inkunabeln und Frühdrucke aus der Druckerei des Eucharius Silber in Rom aus der Zeit 1495 bis um 1510, gebunden in einer süddeutschen Buchbinderwerkstatt um 1510/1520 (Werkstatt Kyriß Nr. 145 mit dem Notnamen «der Buchbinder mit dem Eichelstrauß I»): heller Lederband auf dünne Holzdeckel, mit Streicheisen und Stempeln blind verziert; Mittelschließe aus Messing; Einbandmaße: H: 14.7; B: 10.8; Dicke: 3.5 cm.
Zürich, Zentralbibliothek, 4.353.

1. [Indulgentiae ecclesiarum urbis Romæ. (Lateinisch)]. Druck laut Kolophon: Rom: Eucharius Silber, 1509. – Sign.: A–G^8 = [56] Bll. Gotische Type. Mit 9 ganzseitigen und 1 kleineren Holzschnitten sowie Holzschnitt-Initialen geschmückt.
2. [Mirabilia Romæ. (Lateinisch)]. Kopftitel f. [1]^r: «Mirabilia Rome». Druck: s.l., s.n. et a. [Rom: Eucharius Silber, um 1495/1510]. – Sign.: [1^8] = [8] Bll. Antiquatype. Mit Titelholzschnitt und 1 Holzschnitt-Initiale. Bibliogr.: Reichling Suppl. Nr. 130: dieses Exemplar.
3. Andreas de Escobar: [Modus confitendi. (Lateinisch)]. – Kopftitel f. [1]^r: «Modus confitendi.» Druck: s.l., s.n. et a. [Rom: Eucharius Silber, um 1500]. – Sign.: [a^8], b^4 = [12] Bll. Antiquatype. Mit Titelholzschnitt und 2 Holzschnitt-Initialen. Bibliogr.: Reichling Suppl. Nr. 18; GW 1812: nur 2 Exemplare bekannt: dieses und eines 1926 in Privatbesitz.
4. [Interrogationes et doctrinæ quibus quilibet sacerdos debet interrogare suum confitentem. (Lateinisch)]. Druck: s.l., s.n. et a. [Rom : Eucharius Silber, um 1495]. – Sign.: [a^{10}] = 10 Bll. Antiquatype. Mit 1 Holzschnittinitiale. Bibliogr.: Reichling Nr. 3306; GW 7328: nur 4 Expl. bekannt.
5. [Conjuratio dæmonum. (Lateinisch)]. Druck: s.l., s.n. et a. [Rom: Eucharius Silber, um 1500]. – Sign.: [1^8] = [8] Bll. Antiquatype. Mit 1 Holzschnitt-Initiale. Bibliogr.: Reichling Suppl. Nr. 51; GW 7406: Unikat der Zentralbibliothek Zürich.
6. Brigitta, heilige. [Orationes. (Lateinisch)]. Beigedruckt: Oratio pro afflictione et tribulatione/Pseudo-Augustinus. Druck: s.l., s.n. et a. [Rom: Eucharius Silber, um 1500]. – Sign.: [1^8] = [8] Bll. Gotische Type. Mit Titelholzschnitt und Holzschnitt f. [6]^r, sowie Holzschnitt-Initialen. Bibliogr.: GW 4376 kennt nur 1 Exemplar (jenes der Bibl. nationale in Paris), ohne dieses der ZBZ.

7. [Divisiones decem nationum totius Christianitatis. (Lateinisch)]. Druck: s.l., s.n. et a. [Rom: Eucharius Silber, um 1497/1500]. – Sign.: [1⁴] = [4] Bll. Gotische Type. Mit Holzschnittinitiale. Bibliogr.: Hain-Reichling 6307; GW 8580: 5 Exemplare, inklusive dieses.

8. [Translatio miraculosa ecclesiæ beatæ Mariæ de Loreto. (Lateinisch)]. Druck: s.l., s.n. et a. [Rom: Eucharius Silber, um 1495/nach 1500]. – Sign.: [1⁴] = [4] Bll. Gotische Type. Mit Titelholzschnitt und Holzschnittinitiale. Reichling 1905–1914, Suppl. 198.

9. [Tabula christianæ religionis valde utilis. (Lateinisch)]. Druck: s.l., s.n. et a. [Rom: Eucharius Silber, nach 1500]. (Gedrucktes Explicit f. [16]r getilgt). – Sign.: a⁸, b¹⁰ = [18] Bll. Antiquatype. Mit Holzschnittinitiale. Bibliogr.: Reichling 342 (mit Varianten; 1 Expl. in Privatbesitz).

Die überlieferte Form dieses Romführers zeigt zusammen mit den Randnotizen des Benutzers sehr schön die Verbindung von Wallfahrt und Ablaß. Die Drucke dieser Sammlung richteten sich an die Pilger aller Herren Länder, die sich in der Großstadt Rom zurechtfinden und über ihre Sehenswürdigkeiten und über die Kirchen und ihre Ablässe Auskunft erhalten wollten. Darum wurde für solche Drucke die lateinische Sprache gewählt. Der Käufer und Annotator der vorliegenden Sammlung stammte aus Süddeutschland, wie wir aus seinen Notizen erschließen (er braucht Wörter in hochdeutscher Umlautung, z.B. «weib», nicht das alemannische «wib»). Die Broschüren waren damals noch nicht definitiv zusammengebunden, d.h. sie sind, wie damals üblich, noch ohne den Einband gekauft worden.

Die neun Drucke beschlagen folgende Themen: 1. eine Ablaßbeschreibung der Hauptkirchen Roms; 2. eine Beschreibung der Sehenswürdigkeiten Roms (worin auch römische Altertümer erwähnt werden); 3. eine Beichtanleitung des spanischen Bischofs Andreas de Escobar; 4. ein Beichtspiegel für Beichtväter; 5. eine Anleitung für den Exorzismus (Beschwörung böser Geister); 6. Gebete der heiligen Birgitta (Brigitta) von Schweden; 7. die Aufzählung und Einteilung der christlichen Kirchen des Morgen- und Abendlandes und Beschreibung ihrer Eigenheiten und Dogmen (am Rand notiert ein Leser 1537 eine Klage über die Zersplitterung des Christentums); 8. die wunderbare Übertragung der Kirche der hl. Maria von Loreto; 9. eine Kurzfas-

Kat. 56

sung der wichtigsten Glaubenspunkte der christlichen Religion, z.T. in Versen (zur leichteren Einprägsamkeit).

Wie aus dem Inhalt hervorgeht, richteten sich die Texte wohl an reisende Geistliche, und auch unser deutschsprachiger und lateinverstehender zeitgenössischer Besitzer könnte von geistlichem Stand gewesen sein. Er hat verschiedene Notizen über Ablässe an den Rand des gedruckten Textes geschrieben. Diesen Notizen entnehmen wir, daß er sich besonders auch um die quantitative Seite des Ablasses gekümmert hat. Wo im gedruckten Text über die einzelnen Kirchen die täglich verteilten Ablaßjahre erwähnt sind, rechnet er jeweils am Rand aus, wieviele Ablaßjahre in einem Jahr zusammenkämen, wenn man ein Jahr lang täglich die Kirche besuchen würde. Er kommt mehrmals auf die Zahl von 17'472 Jahre (er vervielfacht die pro Tag gewährten 48 Ablaßjahre auffallenderweise mit 364 Tagen, nicht mit 365), und zeigt sich damit als einer, der schon recht früh das Multiplizieren mit arabischen Zahlen gelernt hat; die Kunst des Rechnens mit arabischen Zahlen war nämlich erst zu Ende des 15. Jahrhunderts nördlich der Alpen populär geworden.

Als Beispiel sei Blatt C4v/5r von Druck Nr. 1 erklärt: Gegenüber dem Bild des hl. Petrus findet sich im Text in der Beschreibung der Peterskirche im Vatikan die Angabe, daß pro Tag je 48 Ablaßjahre gewährt werden, und der Buchbesitzer notiert am Rand: *tut ein Jahr 17472 [Ablaßjahre]*; einige Zeilen weiter berechnet er auch deren 9 Altäre zu je 18 Ablaßjahren täglich und trägt ein: *diese 9 Altäre tun 58'968 jar* (wiederum gerechnet mal 364 Tage). Nochmals einige Zeilen tiefer wird im Text erwähnt, daß am Fest Mariae Verkündigung (25. März) zusätzlich 1000 Ablaßjahre verteilt werden, und er notiert auch diese am Rand: *1000 anni*.

Ähnlich verhält es sich mit der Kirche der hl. Märtyrer Cosmas und Damian, wo jeden Tag 1000 Jahre Ablaß gewährt werden, d.h., daß in einem Jahr, wiederum zu 364 Tagen gerechnet, 364'000 Ablaßjahre erworben werden können (Druck Nr. 1 f. E7ᵛ).

Wie erwähnt, wurden die Drucke noch in ungebundenem Zustand annotiert und nach Hause gebracht. Hier, in einer noch nicht lokalisierten Buchbinderwerkstatt in Süddeutschland, gab der Besitzer den Band dem Buchbinder zum Binden, wohl nicht nach 1520, wie aus dem Stil des Einbandes zu erschließen ist. Auf unbekanntem Weg kam das Bändchen im 17. oder 18. Jahrhundert in die Stadtbibliothek Zürich (es enthält Notizen von Bibliothekarenhand des

18./19. Jahrhundert), und mit dieser 1914 in die Zentralbibliothek Zürich.

Die Texte dieser Sammlung sind in Dutzenden von Ausgaben des 15. und 16. Jahrhunderts in den Bibliotheken vorhanden, aber jeweils nur in einzelnen überlieferten Exemplaren. Da bei solchen Gelegenheitsdrucken oft die Druckvermerke weggelassen worden sind, sind sie recht schwierig zu identifizieren; oft hilft nur das klassische Mittel des Messens und Vergleichens der typographischen Eigenheiten von Typen und Buchschmuck.

Immerhin ist auffallend, daß ganz ähnliche Sammelbände wie dieser auch in anderen Bibliotheken überliefert sind. So beschreibt der National Union Catalogue zwei solche Sammelbände, der eine in der Library of Congress in Washington, der andere in der New York Public Library, die aus den gleichen Texten, z.T. in anderen Auflagen, aber aus dem gleichen Zeitraum, zusammengesetzt sind; nur die Drucke Nr. 1 und 2 sowie 8 und 9 sind miteinander vertauscht eingebunden. Da die Bücher in jener Zeit im allgemeinen ungebunden verkauft worden sind, müssen wir daraus schließen, daß wir es hier mit Rompilgerschriften zu tun haben, die in laufend neuen Auflagen gedruckt und in einer Standard-Sammlung an die Pilger verkauft worden sind. Die Druckerei des Eucharius Silber genannt Frank aus Würzburg, in Rom tätig seit 1480, hatte sich auf Ausgaben von klassisch-humanistischen Texten und solchen zur Zeitgeschichte sowie einigen Liturgica, daneben auf solches Kleinschrifttum spezialisiert und benutzte oft Antiquatypen (hier in den Drucken Nr. 2 bis 5 und 9). Auch der Sohn Marcello Silber führte die Druckerei von 1511 bis 1527 mit ähnlichem Verlagsspektrum weiter.

M. G.

Literatur: – REICHLING 1905–1914. – Gesamtkat. der Wiegendrucke 1925ff. – KYRISS 1951–1958. – GELDNER 1968–1970, Bd. 2, S. 53ff. – NUC 1968–1981, Bd. 386, S. 595.

57. In Rom sind auch deutschsprachige Wallfahrtsführer käuflich.

Ein deutschsprachiger Wallfahrtsführer zu den Römer Kirchen, in Rom 1525 gedruckt.

[Die Kirchen und der Ablaß zu Rom. (Deutsch)]. Titel f. [1]^r: «Dis seyn dei [!] kirchen vnd der ablas zu Rom.» Gotische Type. Druck laut Kolophon f. [60]^r: Rom: Antonius Bladus de Asula, 1525 (vor Nov. 26.). – 8°.
Sign. A–G^8, H^4 = [60] Bll. Druck: mit Holzschnitten im Text: Titeleinfassung und zehn mit 1 Ausnahme ganzseitigen Holzschnitten; Holzschnitt-Initialen. Einband: Papierumschlag [17. Jahrhundert], der Buchblock stark beschnitten, H: 12.8; B: 9.5; Dicke: 1 cm. Besitzer: Erster bekannter Besitzer mit Initialen bezeichnet: H. I. W. 1670 (mit Tinte in Kartusche auf Titelblatt unten); von seiner Hand mit Tinte der Titel «ROMA» auf den vorderen Umschlag gesetzt, das Blatt [B1]$^{r-v}$ handschriftlich ergänzt und die Foliierung auf jedem Blatt je recto oben rechts angebracht. – Stadtbibliothek Zürich (achteckiger Stempel, blau, auf Titelblatt verso, 18. Jahrhundert; Rundstempel auf Umschlag, 19. Jahrhundert). – Zentralbibliothek Zürich seit 1914 (kleiner Rundstempel, schwarz, auf Titelblatt verso).
Zürich, Zentralbibliothek, Gal Tz 1291.

Die Broschüre von 60 Blättern, in deutscher Sprache im Jahre 1525 in Rom gedruckt (man beachte den Setzerfehler im Titel «dei» statt «die»; auch im Text wimmelt es von Setzerfehlern), enthält eine Beschreibung der römischen Hauptkirchen und ihrer Ablässe für deutschsprachige Besucher der heiligen Stadt. Auf welchem Weg und wann das Büchlein den Weg über die Alpen gefunden hat, wissen wir nicht; der erste Besitzer, den wir feststellen können, nennt sich 1670 nur mit seinen Initialen.

Seit 1518 sind diverse Ausgaben dieses Textes nachweisbar, besonders auch aus der Druckerei des Marcellus Silber.

M. G.

Kat. 57

58. Papst Sixtus IV. gewährt auf Bitten des Zürcher Rates der Stadt einen Jubel-Ablaß.

Ablaßurkunde mit dem für Päpste reservierten Bleisiegel (Bulle).

Pergament, H: 43.1; B: 68.5 cm.
Zürich, Staatsarchiv, Propsteiurkunden C II 1, 716.

Im Vergleich zu süddeutschen Reichsstädten geriet Zürich im 15. Jahrhundert in einen baulichen Rückstand. Während anderswo ehrgeizige Kirchenbauten in Angriff genommen wurden, tat sich in dieser Hinsicht in der Limmatstadt wenig. Doch nach dem Ende der politischen Wirren um den Alten Zürichkrieg und in der Zeit danach bemühte sich der Rat, den Rückstand wettzumachen. 1484 beispielsweise besteuerte er die Geistlichkeit seines Herrschaftsgebietes, um die Aufstockung der beiden Münstertürme zu finanzieren. Sein wichtigstes Projekt war aber zweifellos der Neubau der Wasserkirche auf der Limmatinsel zwischen den beiden Münstern. Für die Beschaffung der Geldmittel bewarben sich Bürgermeister, Rat und Zunftmeister in Rom um eine Ablaßbulle, die ihnen Papst Sixtus IV. auch prompt am 12. Juni 1479 ausstellte. Die Urkunde verhieß allen Gläubigen denselben Ablaß, der im Jubeljahr 1475 in Rom gewährt worden war[1], und zwar unter nachstehenden Bedingungen. Die Gläubigen müssen die Bußsakramente empfangen haben und in der Woche des Felix- und Regulafestes (11. September) das Zürcher Großmünster, das Fraumünster oder die Wasserkirche aufsuchen und dort ihren Beitrag für den Kirchenbau leisten.

In ihrer Einleitung erläutert die Papstbulle die Vorstellung vom «Gnadenschatz», aus dem die Kirche schöpfen kann, um den Gläubigen die Sündenstrafen zu erlassen. Sie bezeichnet die weltliche zürcherische Obrigkeit als Bittstellerin der Bulle. In Genuß der Ablaßgelder sollten das Großmünster und das Fraumünster als unvollendete Kirchen kommen sowie die als reparaturbedürftig geschilderte Wasserkirche. Die Spendengelder durften nur für Bauzwecke und für die Ausstattung der drei Kirchen mit Glocken, Kelchen, Büchern und Kirchenzierden ausgegeben werden. Der Straferlaß galt für alle gläubigen Frauen und Männer, die gebeichtet und Buße geleistet und die drei Kirchen zwischen dem 10. und 19. September, das heißt von der Vorabendfeier des Felix- und Regulatages bis zum

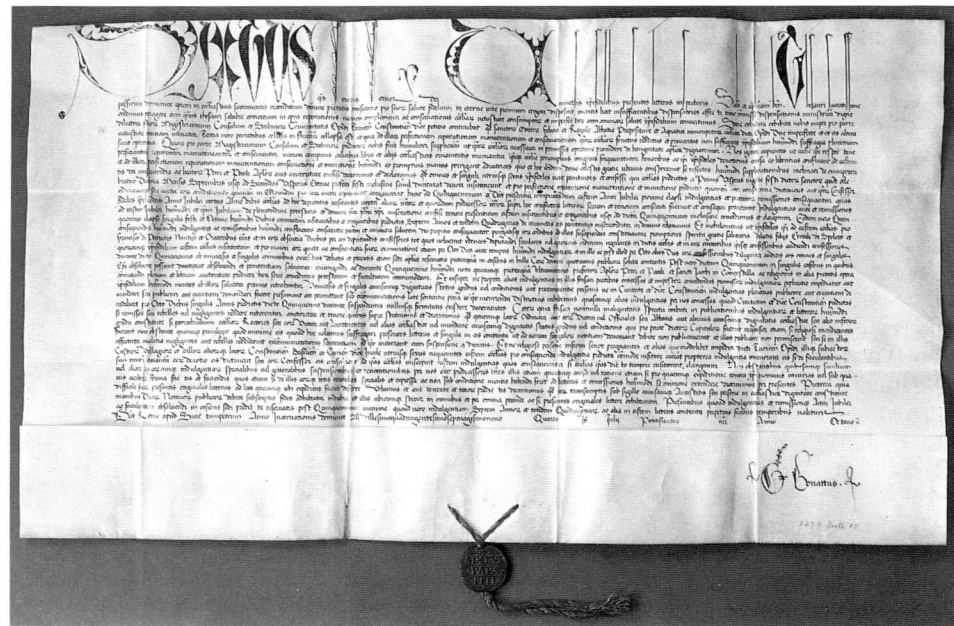

Kat. 58

Oktavtag, aufgesucht und obendrein auch noch gespendet hatten. Die Höhe der Spende konnten die Gläubigen ganz nach ihrem Gewissen selbst bestimmen, sofern der Beichtvater nicht von sich aus einen festen Betrag festlegte. Als angemessen erachtete der päpstliche Stuhl einen Obolus in der Höhe der wöchentlichen Auslage für den Lebensunterhalt.

Der Umfang des Straferlasses entsprach demjenigen, den die Gläubigen bekommen hätten, wenn sie im Jubeljahr 1475 eine Pilgerfahrt nach Rom unternommen hätten. Jedoch wurde diese weitreichende Ablaßgewährung während der Felix- und Regulawoche nur auf fünf Jahre befristet. Hernach wurde das generelle Ablaßprivileg in einen leistungsstarken Kirchweihablaß umgewandelt[2]; d.h. den Gläubigen, die während der Felix-und-Regula-Woche Buße geleistet und geopfert hatten, sollten jeweils sieben Jahre Fegefeuerstrafe und sieben «Quadragenen» vergeben werden. Eine Quadragene entsprach dem Strafmaß, das jeweils mit einer vierzigtägigen Bußleistung abgegolten werden konnte.

Als Gesandte des Papstes, in deren Kompetenz es lag, die Ablaßkommissäre und Beichtväter zu bestimmen, wurden Gentilis von Spoleto[3] und Francesco von Petrucia bestimmt. Ersterer hielt sich nach 1478 in Luzern auf, um die Eidgenossen von einem Angriff auf das Herzogtum Mailand abzuhalten. Ausgestattet mit weitreichenden Vollmachten, erteilte er zahlreichen Kirchen der Innerschweiz Ablaßbriefe.

Die Papstbulle verbot, während der fünf Jahre im ganzen Bistum Konstanz weitere vollkommene Ablässe zu erteilen und hob für die Felix-und-Regula-Woche alle bestehenden Ablässe auf. Wer gegen die Bestimmungen der Bulle verstieß, dem drohte die Exkommunikation. Sofern Mönche, Greise, schwangere Frauen sowie Behinderte gebeichtet, Reue bekundet und geopfert hatten, wurden sie für die Ablaßgewährung vom Gang in eine der drei Zürcher Kirchen dispensiert.

Da es jeweils üblich war, Ablaßbriefe öffentlich anzuschlagen oder den Gläubigen vorzuweisen, erlaubte der Papst auch, Kopien der Bulle zu erstellen, sofern sie von einem Bischof oder einer anderen kirchlichen Standesperson besiegelt und von zwei Notaren öffentlich beglaubigt werden. – Die Schluß- und Datierungsformel legte nochmals die zeitliche Befristung des vollkommenen Ablasses auf fünf Jahre fest – im Gegensatz zum zeitlich unbeschränkten Kirchweihablaß.

M. I. (mit Unterstützung von W. F.)

Literatur: – VÖGELIN 1842–1848, S. 35–37 (Edition). – PAULUS 1899.

1 Zum Jubeljahr vgl. SCHIMMELPFENNIG 1989 und MOELLER 1991.
2 Die Verlängerung von 1495: Zürich, Staatsarchiv, C II 1, 755.
3 Zur Gesandtentätigkeit Spoletos in der Schweiz siehe HBLS Bd. 6, S. 479.

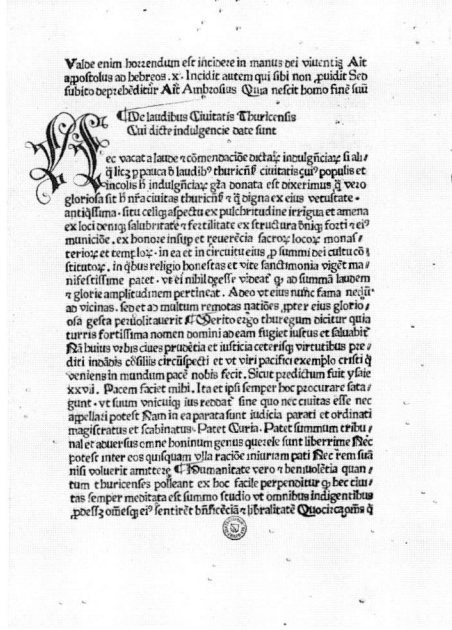

Kat. 59

59. Um den Jubelablaß zu propagieren, wird ein Ablaßspezialist nach Zürich geholt und die erste Druckerei in der Limmatstadt eingerichtet.

Albert von Weißenstein.
Propagandaschrift für den Zürcher Jubiläumsablaß, um 1479.

Albertus de Albo Lapide [De indulgentiis ecclesiarum Turicensium]. Laus commendatio et exhortatio – Zürich: Sigmund Rot, o.J. [um 1479]. 2°.
Zürich, Zentralbibliothek, RP 104.

Mit der Beschaffung des päpstlichen Ablaßbriefes 1479 (Kat. 58) war für Zürich die Sache noch nicht getan. Die erfolgreiche Ablaßerteilung brauchte in der Bußpredigt geschulte Priester. Mit dem Dominikanermönch Albert von Weißenstein reiste ein im Ablaßwesen erfahrener Spezialist nach Zürich, der schon 1455 als Subkommissar des Ablasses in Zypern tätig gewesen war und sich dabei mit dem damals neuartigen Massenkommunikationsmittel des Buchdruckes vertraut gemacht hatte. Auch im Zürcher Predigerkloster ließ er eine Druckerpresse in Gang setzen, um die Bulle Sixtus' IV. und eine dazu passende theologische Abhandlung zu vervielfältigen. Es war das erste Mal, daß in Zürich mit beweglichen Lettern gedruckt wurde.

M. I.

Literatur: – PAULUS 1899. – Gesamtkat. der Wiegendrucke, 1925ff., Nr. 807 (10 Exemplare bekannt, davon zwei in der Zentralbibliothek Zürich). – WEHRLI-JOHNS 1980, S. 206–209. – GERMANN 1993, S. 81 und 86, Druck-Nr. 1.

60. Verfaßte Martin von Bartenstein seine neue Felix-und-Regula-Legende, um die Zürcher Jubelablaß-Kampagne zu unterstützen?

Papierhandschrift in Pergamentfragment geheftet, 54 Bll.
Für eine Frau *von Arms* geschrieben (Bl. 54r).
Zürich, Zentralbibliothek, Ms. A 118.

Das Büchlein enthält eine ausführliche deutsche Fassung der Felix-und-Regula-Legende. Zusätzlich schildert Martin von Bartenstein die ersten Maßnahmen am Neubau der Wasserkirche, die von Wundern begleitet werden. Während der Fundierungsarbeiten entspringt auf der Kircheninsel eine Quelle, deren Wasser Steinleiden heilt, und auf der Enthauptungsstätte von Felix und Regula wird das noch frische Blut der Märtyrer gefunden.

Merkwürdigerweise spendet Bartenstein dem baufällig gewordenen Vorgängerbau mehr Lob als der neuen, 1484 vollendeten Kirche. Hier interessieren nur die umständlichen Fundierungsarbeiten in der Flußströmung, Baumaßnahmen, die 1480 abgeschlossen waren. Das komplexe Netzgewölbe, damals das größte in der südlichen Bodenseeregion, wird hingegen mit keinem Wort gewürdigt. All das deutet darauf hin, daß Bartenstein seine Legende zu Beginn der Bauarbeiten verfaßte, dies wohl mit der Absicht, damit die Jubelablaß-Kampagne zu unterstützen. – Das ausgestellte Manuskript erwähnt allerdings Papst Sixtus IV. als bereits verstorben, muß also nach dessen Todesjahr (1484) geschrieben worden sein. Es handelt sich wohl um eine Abschrift des (verlorenen) Urtextes.

P. J.

Literatur: – RIBI 1942. – GAGLIARDI/FORRER 1982, Sp. 92. – GAMPER 1984, S. 160–162.

61. Wer vor dem Bild der Gregorsmesse fünf Vaterunser und fünf Avemaria betet, erhält Ablaß.

Stundenbuch für den Gebrauch von Mans, Le Mans (?), um 1460.
Gregorsmesse, fol. 105.

Format: H: 20.3; B: 14.4 cm, 125 ff. Pergament.
Geschrieben in lateinischer Sprache.
Kalender nicht erhalten, Text 14zeilig.
Einband: braunes Kalbsleder mit Streicheisenverzierung und Goldprägung, 18. Jahrhundert.
Zürich, Zentralbibliothek, Ms. Rh. 170.

Bildschmuck: fol. 9: Verkündigung; fol. 17v: Heimsuchung; fol. 26: Gefangennahme; fol. 27: Pfingsten; fol. 28: Geburt; fol. 32v: Hirtenverkündigung; fol. 33: Christus vor Pilatus; fol. 34: Königsanbetung; fol. 37: Christus vor Herodes; fol. 38: Pfingsten; fol. 39: Flucht nach Ägypten; fol. 41v: Kreuzigung; fol. 43: Darbringung im Tempel; fol. 45v: Christi Himmelfahrt; fol. 46v: Christus predigend; fol. 51: Kreuzabnahme; fol. 52: Marientod; fol. 53: Marienkrönung; fol. 56v: Grablegung; fol. 57v: Auferstehung; fol. 64: König David büßend; fol. 77v: Begräbnis; fol. 105: Gregorsmesse; fol. 106: Christophorus mit dem Christkind; fol. 113v: Sebastians-Martyrium; fol. 116: Stephanus-Steinigung; fol. 124v: Antonius.

Kat. 61

Das Stundenbuch ist ein interessantes Beispiel für die in Frankreich häufige Praxis, die einzelnen Stundengebete der Kreuz- und Geist-Horen in das Marienoffiz einzuordnen, so daß alle zu einer bestimmten Stunde zu betenden Texte auch im Buch unmittelbar aufeinanderfolgen, also etwa auf die Marien-Prim (fol. 28) die Kreuz-Prim (fol. 32v) und die Geist-Prim (fol. 33). Dabei sind den Miniaturisten in unserer Handschrift allerdings entweder Mißverständnisse unterlaufen; oder ihr Vorlagenmaterial reichte schlicht nicht aus. Denn an der genannten Stelle wird die Kreuz-Prim von der Darstellung der Hirtenverkündigung eingeleitet, die eigentlich zur Marien-Terz gehört. Infolgedessen verschiebt sich der gesamte Zyklus zum Marienoffiz. Die normalerweise am Beginn der Kreuz-Prim zu erwartende Passionsszene ist hingegen an das Ende dieser Stunde gerutscht. Die Themenwahl bei den Miniaturen zu den Geist-Horen ist ohnehin recht willkürlich erfolgt; das Pfingstwunder ist dort sogar zweimal dargestellt. Dies hängt mit der Schwierigkeit zusammen, den besonders abstrakten Text der Geist-Horen überhaupt zu bebildern. Zusammenfassend kann man sagen, daß im vorliegenden Stundenbuch der seltene Versuch unternommen wird, das Marienoffiz mitsamt den begleitenden Horen möglichst vollständig mit Miniaturen auszustatten, daß dieser Versuch aber nicht ganz geglückt ist.

Zwei Hände waren an der Illuminierung beteiligt. Die modernere von beiden hat Verkündigung, Königsanbetung und Flucht im Marienoffizium ebenso übernommen wie die Einleitungsminiaturen zu den Bußpsalmen und zum Totenoffizium, ferner hat sie die ersten zwei Suffragien illustriert. Man darf daher in dieser Hand den Hauptmaler sehen. Stilistisch erinnert er ein wenig an Pariser Buchmalerei der Jahrhundertmitte in der weiteren Nachfolge des Bedford-Meisters, arbeitet aber großformiger. Der schwächere und altertümliche zweite Maler schreibt die Tradition des Boucicaut-Meisters fort; seine Heimsuchungsminiatur erweist sich in der Figurenanordnung und der den kleinteilig gegliederten Hintergrund überstrahlenden Sonne als ein Nachklang der entsprechenden Darstellung des Boucicaut-Stundenbuchs.

Von dieser zweiten Hand stammt auch die Miniatur der Gregorsmesse auf der aufgeschlagenen Seite, die ein ausführlicher Kommentar erläutert. Der erst im 14. Jahrhundert aufkommenden Legende nach feiert Papst Gregor d. Gr. persönlich eine Messe, bei der einer der Anwesenden das Wunder der Transsubstantiation bezweifelt. Daraufhin erscheint Christus als Schmerzensmann auf dem Altar, in der Bildtradition häufig von Motiven aus der Passionsgeschichte, den *Arma Christi*, begleitet.

An unserer bescheidenen Miniatur fällt besonders die Bildaufteilung auf. Das legendarische Geschehen wird mit minimalem Personal und in einem winzigen, zur Seite hin geöffneten Kirchenraum in die rechte untere Bildecke verbannt, während der Schmerzensmann und die Arma Christi den Großteil der Bildfläche einnehmen. Dadurch wird nicht nur der visionäre Charakter der Darstellung betont, sondern auch der Kontakt zum Betrachter verstärkt. Aus der ausführlichen Beischrift unterhalb der Miniatur geht hervor, warum dies in der Tat wichtig und erwünscht war: *Du temps que saint gregore pape de rom[m]e celebroit messe en leglise de pentheon n[ot]re signour sapparut a luy en tel figure et don[n]a a tous ceulx qui devotement diront devant ceste d[i]cte figure cincq foys la patre nostre et cincq fois lave marie au tant de p[er]don quil ya en leglise de rom[m]e* (Zu der Zeit, als der heilige Papst Gregor in der Kirche des Pantheons die Messe feierte, erschien ihm unser Herr in solcher Figur und verlieh an alle, die vor diesem genannten Bild kniend fünf Pater Noster und fünf Ave Maria sagen, soviel Ablaß, wie es in der Kirche in Rom hat.) Der Ablaß, mit dem ursprünglich der Rompilger für den Besuch des als christliche Kirche geweihten Pantheons belohnt wurde, wird hier auf die ortsunabhängige Andacht vor einem Bild des Schmerzensmannes, etwa dem in der Handschrift selbst vorhandenen, übertragen. Dieses häufig bei Darstellungen der Gregorsmesse zu beobachtende Phänomen hat zur enormen Popularität des Themas im späten Mittelalter entscheidend beigetragen.

In der häufigsten Fassung der Legende findet die Gregorsmesse allerdings in Sta. Croce in Gerusalemme statt; selten wird sie nach Sta. Maria ad Martyres, also in das konsekrierte Pantheon, oder noch in andere römische Kirchen verlegt. Diese Variante der Gregorslegende wird aber angesichts der Beliebtheit des Kults vielleicht der Grund dafür sein, daß die Kirchweih des Pantheons gelegentlich in Stundenbuchkalendern auftaucht, die ansonsten überhaupt keinen Hinweis auf Rom oder Italien bieten.

B. B.

Literatur: – MOHLBERG 1951, S. 245f., Nr. 542.

62. Das Bild von einer außergewöhnlichen Ablaßkampagne.

On Aplas von Rom kan man wol selig werden, durch anzaigung der götlichen hailigen geschryfft.
Augsburg: Melchior Ramminger, 1520

Flugschrift, Papier, 4°.
Titelholzschnitt, H: 11.8; B: 9.7 cm.
Einsiedeln, Stiftsbibliothek, Q 64.8.

Die frühreformatorische Flugschrift ist ein Pamphlet gegen jenen Ablaßhandel, welcher die Reformation ausgelöst hat[1]. Albrecht von Brandenburg, Erzbischof von Magdeburg und Administrator des Bistums Halberstadt, ließ sich 1514 zum Erzbischof von Mainz wählen. Eine solche Akkumulation von Bischofsämtern war widerrechtlich. Der Medici-Papst Leo X. erteilte den nötigen Dispens gegen 23'379 Dukaten. Albrecht konnte die Summe nur mit einem Fuggerschen Kredit beibringen. Zur Schuldentilgung bot ihm der Papst eine besondere Ablaßkampagne an: Die Hälfte des Erlöses sollte zur Fertigstellung des Petersdomes nach Rom fließen, die andere Hälfte durfte Albrecht für die Rückzahlung seines Kredits verwenden. – Dagegen erhob Luther 1517 mit seinen 95 Thesen Einspruch; gleiches tut die hier abgebildete Flugschrift. Ihr Titel verspricht, aus der Heiligen Schrift herzuleiten, daß man ohne Rom-Ablaß selig werden könne.

Der Titelholzschnitt ist über seine reformationsgeschichtliche Bedeutung hinaus ein wichtiges Bildzeugnis für das Ablaßwesen. Was er darstellt, ist weitgehend authentisch[2]. In der Mitte einer Kirche steht das T-förmige *Ablaßkreuz*, das nur während der Ablaßkampagne aufgerichtet wurde. Normalerweise schmückte man es mit den Arma Christi. Unterhalb des Kreuzes steht die verschlossene Ablaßkasse für die Spenden bereit. Zu beiden Seiten hängen Fahnen mit dem Papst- und dem Medici-Wappen. – Auf der linken Bildhälfte findet die *Ablaßverkündigung* statt. Auf einer Kanzel erläutert der Ablaßkommissar die fünffach gesiegelte Ablaßurkunde. Normalerweise wurden diese Urkunden zu ihrer Schonung aufgehängt; daß man sie von der Kanzel herab übersetzte, ist denkbar. Der Ablaßkommissar trägt den Dominikanerhabit. Gemeint ist wohl Johannes Tetzel, der 1517 den Romablaß propagierte. Neben ihm steht das traditionelle Stundenglas, welches den Predigern zur Dosierung ihrer

Kat. 62

Redezeit dient. Unterhalb der Kanzel sitzen vier Frauen (drei davon mit Kopfbedeckung, ein Hinweis auf ihren Ehestand). Weil die Kirchen vor der Reformation noch keine festmontierte Gemeinde-Bestuhlung aufweisen, bedienen sie sich mobiler Hokker. Die Männer auf der anderen Kanzelseite stehen. – Die rechte Bildhälfte zeigt die zeitlich erst nach der Verkündigung erfolgende *Ablaß-Lösung*. Drei Männer und eine Frau stehen am Zahltisch an. Der Subkommissar stellt gegen Bezahlung die Beichtbriefe aus, mit denen die Gläubigen ihren Beichtvater aufsuchen können. Ob der Verkauf tatsächlich wie geschildert im Kircheninnern stattgefunden hat, bleibt ungewiß, ist aber denkbar. – Reformatorisch gefärbt ist nur die Szene rechts vom Kreuz. Ein reichgekleideter Mann will eben seine Münze in den Kassenschlitz stecken, als er von hinten durch zwei Männer angesprochen wird. Beim Bauern handelt es sich um Karsthans, den «Gemeinen Mann», der auf Befreiung von kirchlicher Unterdrückung hofft und mit seinem Dreschflegel zur Revolte bereit wäre. Im Mönch daneben hat man bisher einen Ablaß-Subkommissar sehen wollen. Naheliegender wäre die Deutung als Luther, der noch das Mönchsgewand der Augustinereremiten trägt. Er tritt als Gegenspieler zu Tetzel auf und versucht den Ablaßzahler davon zu überzeugen, daß sein Tun nutzlos sei. Mit argumentierend ausgebreiteten Armen stellt er gleichsam eine Verbindung zwischen Edelmann und Bauernstand her.

P. J. / S. R.

Literatur: – Kat. Luther 1983 (Nürnberg), Nr. 200. – Kat. Luther 1983 (Hamburg), Nr. 61.

---
1 Das folgende nach JUNGHANS 1973, S. 50.
2 Vgl. etwa die Schilderungen von Friedrich Myconius (ebda., S. 43ff).

Urso und Fridolin: Die Geschichte eines besonderen Wiedergängers.

Die folgende Geschichte spielt im 6. oder 7. Jahrhundert. Damals gehörte das Land Glarus zwei adligen und reichen Brüdern namens Landolf und Urso. Letzterer vermachte seinen Teil mit dem Einverständnis des Bruders dem Kloster Säckingen. Als jedoch Urso starb, nahm Landolf wider alles Recht und Gesetz das Land an sich. Fridolin klagte vor Gericht, wo man ihn aufforderte, den Stifter Urso als Zeugen zu präsentieren. Er akzeptierte den Vorschlag und machte sich nach Glarus auf. Über dem Grab stehend, im Vertrauen auf die Macht Christi, rief er Urso beim Namen, worauf sich dieser erhob. Fridolin nahm den Toten bei der Hand und führte ihn nach Rankweil zum Gericht, wo ihn der Widersacher Landolf und eine große Schar von Feinden erwartete. Urso sprach in Anwesenheit aller zu seinem Bruder: *Ach bruder mine, warum hast du min sele beroubet des gutes so mich anhorte?* Die Menge erbleichte. Landolf war dermaßen überrascht, daß er nicht nur den Teil Ursos zurückgab, sondern darüber hinaus auch seinen eigenen Besitz dem Kloster Säckingen vermachte. Damit war der Rechtsstreit beendet. Fridolin führte Urso wieder in das Grab zurück[1].

Überliefert sind diese Ereignisse in der Vita des hl. Fridolin. Der St. Galler Mönch Balther hat die Vita gemäß seinen eigenen Aussagen nach einer schriftlichen Vorlage und mündlichen Überlieferungen aufgezeichnet. Die Legende von Urso stammt jedoch nicht aus der Feder Balthers. Sie ist erst später im Verlauf des 13. Jahrhunderts in die Vita eingefügt worden[2].

Der Glaube an Wiedergänger, d.h. Tote, die aus irgendeinem Grund nochmals zurück ins Diesseits kommen, war sowohl in der römischen wie auch in der germanischen Kultur stark verbreitet. Die offizielle Kirche sah darin ursprünglich einen Widerspruch zur Heiligen Schrift und versuchte deshalb die Wiedergänger zu diabolisieren. Diesen Anstrengungen war jedoch auf lange Zeit kein Erfolg beschieden. Der Grund dafür liegt einerseits in der großen Bedeutung, welche die Wiedergänger im germanischen Ahnenkult einnahmen; andererseits in den verschiedenen Jenseitsvorstellungen, die in der Heiligen Schrift enthalten sind. Letzeres dürfte dazu geführt haben, daß gerade Augustinus, der sich in verschiedenen Abhandlungen gegen den Kontakt der Toten zum Diesseits ausgesprochen hat, zum Vater der im christlichen Geist verstandenen Wiedergänger wurde. In seiner Schrift über die Fürsorge der Toten schrieb er: «Die göttliche Barmherzigkeit gibt den Lebenden durch die Vermittlung der Toten Instruktion»[3].

Mit der Ausgestaltung des Fegefeuergedankens im 11. und 12. Jahrhundert erhielten dann die Wiedergänger ihren gesicherten Platz in der christlichen Jenseitsvorstellung. Die Toten standen während dieser Zeit im Mittelpunkt eines ideologischen Kampfes, der darauf abzielte, den heidnischen Toten- und Ahnenkult durch die Heiligenverehrung zu ersetzen. Zwischen Himmel und Hölle wurde nun das Fegefeuer zum Aufenthaltsort der Verstorbenen. Diesen Ort durften die Toten für kurze Zeit verlassen, falls ihre Grabesruhe aus irgend einem Grunde gestört war[4].

Für die Entstehung der Urso-Legende kommen verschiedene Motive in Frage. Möglicherweise hat Urso seine Stiftung nur mündlich getätigt. Im Verlauf des Wandels von der Mündlichkeit zur Schriftlichkeit wäre dann das Fehlen der Urkunde durch die Legende kompensiert worden. Ein weiteres Motiv liegt in der Verdrängung des germanischen durch das römisch-christliche Erbrecht. Nach germanischem Recht standen dem Toten nur die Grabbeigaben zu, welche ihm ein standesgemäßes Weiterleben im Jenseits ermöglichen sollten. Sein übriges Eigentum fiel an die Familie. Ursos großzügige Stiftung mußte daher den Widerstand seines Bruders Landolf hervorrufen. Andererseits spielten Wiedergängerglaube und gestörte Seelenruhe im Ahnenkult der Germanen eine bedeutende Rolle. Der germanische Wiedergänger wurde als Kämpfer für die Sache der Kirche also gleichsam selbst christianisiert. Aus dem vorchristlichen germanischen Rechtsdenken stammt auch die Vorstellung, daß der Tote als Rechtspersönlichkeit im Grab weiterlebt. In der Seelgerätstiftung lebt dieser germanische Rechtsgedanke fort[5].

Als Wiedergänger mußten grundsätzlich alle Toten gefürchtet werden, vor allem dann, wenn sie nicht mit den üblichen Riten beerdigt worden waren. Die Angst der Hinterbliebenen vor allfälligen Wiedergängern kommt im Begräbniszeremoniell zum Ausdruck. *Requiem eternam dona eis domine*, die Bitte um ewige Ruhe, mit der das letzte Responsorium vor den Totenkollekten beginnt, gibt wohl nicht zuletzt auch dem Wunsch der Lebenden Ausdruck, von den Toten unbehelligt zu bleiben[6]. Besonders gefürchtet waren Tote, die durch Selbsttötung aus dem Leben gegangen waren. Verschiedentlich sehen Gesetze eine besondere Behandlung ihrer Leichen vor (Pfählen, Beschweren mit Steinen, Fortschwemmen), um ihre Rückkehr zu verunmöglichen[7].

Aber längst nicht alle Wiedergänger waren bösartig. Viele kehrten nur zurück, um die Hinterbliebenen zu Seelendiensten aufzufordern oder um von den Qualen des Fegefeuers Zeugnis abzulegen. Jakob von Paradis verfaßte im 15. Jahrhundert einen Traktat über die Erscheinung der Seelen[8]. Unter anderem beschrieb er auch die entsprechenden Techniken und Riten, um Wiedergänger herbeizurufen. Dabei ging es darum, den Toten zu befragen, welche Dienste ihm die Qualen des Fegefeuers verringern könnten: Messen, Almosen, Bildstiftungen, Fastenübungen, Beten etc.

Mit der Reformation erlosch in Zürich auch das Fegefeuer. Die Diskussion um die Wiedergänger kam damit jedoch nicht zum Erliegen. Ludwig Lavater hat sich beispielsweise 1569 in seinem «Gespensterbuch» ausgiebig mit der Thematik beschäftigt. Die Schrift wurde bis ins 20. Jahrhundert nicht weniger als einundzwanzig Mal aufgelegt. Seiner Meinung nach sind die Wiedergänger Sinnestäuschungen und die Katholiken, die an sie glauben, Opfer von Einflüsterungen Satans. Im Volk ließ sich jedoch der Glaube an die Wiedergänger nie ganz ausmerzen[9].

M. B.

---

1 IRTENKAUF 1983.
2 WIDMER 1974. – KOCH 1959. – MONE 1848. – Zur Geschichte des Klosters Säckingen JEHLE 1968 und 1984.
3 HAAS 1989, S. 5-25. – LANG / MCDANELL 1990, S. 17-73. – LECOUTEUX 1987, S. 18-65. – LE GOFF 1984, 84-108. – GEIGER 1941.
4 LE GOFF 1984. – SCHMITT 1982.
5 LIERMANN I, 1963, S. 106-109.
6 ILLI 1992, S. 88. – OHLER 1990, S. 152.
7 LECOUTEUX 1987, S. 30f. – Vgl. den Aufsatz von ILLI in diesem Band.
8 GÖTTLER / JEZLER 1987, S. 123.
9 LANDWEHR 1984, LAVATER 1569.

Kat. 63

63. Urso als Totengerippe im Zeugenstand.

St. Fridolin mit Urso vor Gericht, 1503?

Holztafelgemälde mit Goldgrund,
H: 69; B: 82.5 cm.
Am Pult, kaum lesbar, 1503.
Weitere, noch nicht klärbare Bezeichnungen auf der Urkunde in der Hand von Ursus: *mfem* oder *infm*.
Auf dem Hemd des Gerichtsschreibers: *ADNO*, darunter drei Federkiele, wohl nochmals eine Datierungsangabe für das Jahr (150)3.
Privatbesitz, Zürich.

St. Fridolin klagt zusammen mit Urso vor Gericht. Die Szene ist anschaulich ins Bild gebracht. Aufmerksam hört sich das Gericht die Klage Fridolins an. Rechts, im Rücken der Richter, steht der Gerichtsschreiber neben seinem Schreibpult, bereit, die Geschehnisse festzuhalten. Hinter der Schranke sehen wir den angeklagten Bruder Landolf, mit einer schweren Goldkette um den Hals wohl als besitzgierig gekennzeichnet. Zwei weitere Personen begleiten ihn. Alle Anwesenden verfolgen die Ereignisse gebannt und mit ernster Miene. Ist es wahr, was sich da vor ihren Augen abspielt? Ein Wiedergänger sagt als Zeuge vor Gericht aus: *Ach bruder mine, warum hast du min sele beroubet des gutes so mich anhorte*[1]. Als Beweismittel bringt Urso eine besiegelte Urkunde mit. Der Bruder Landolf ist von den Ereignissen solchermaßen beeindruckt, daß er nicht nur den gestohlenen Teil zurückgibt, sondern auch seine Hälfte des Landes Glarus dem Kloster Säckingen vermacht.

Abb. 121 Fridolin holt Urso aus dem Grab. Zugehörig zu Kat. 63. Standort unbekannt.

Die Tafel gehörte offenkundig in einen größeren Altarzusammenhang, von dem eine zweite, maßgleiche Darstellung bekannt ist. Sie zeigt Fridolin im Mönchsgewand im Begriff, dem als Skelett dargestellten Ursus aus seinem Grabe zu verhelfen[2]. Dem Erscheinungsbild ihres Stils nach sind beide Gemälde nach Bern zu lokalisieren und in ein neu zu definierendes Œuvre eines unbekannten Malers in der Nähe des Berner Nelkenmeister-Stils einzuordnen[3].

M. B. (Ikonographie)
B. K. (stilistische Zuordnung)

Literatur: – HUGELSHOFER 1982. – Sotheby 1982, Nr. 43. – CLAUSDIETER SCHOTT: *Sankt Fridolin vor dem Landgericht Rankweil,* in: Forschungen zur Rechtsarchäologie und Rechtlichen Volkskunde Bd. 15 (Festgabe für Nikolaus Graß zum 80. Geburtstag), Zürich 1993, S. 297–326. Zur Tafel: S. 297ff., Abb. 8.

1 Zit. nach einem deutschen Druck von ca. 1482. IRTENKAUF 1983.
2 Das Gemälde befand sich 1932 bei Dr. G. F. Reber, Lausanne (Kat. Exhibition French Art 1932, S. 39, Nr. 71). Das die Sammlung Reber beherbergende Château Béthusy ging 1947 in schweizerischen Staatsbesitz über. Über den Verbleib der Kunstwerke ist bislang nichts bekannt.
3 Dazu gehören weiter die Tafeln des «Totenseelen-Altars», Bern, Kunstmuseum und zwei Altarflügel in New York, Metropolitan Museum of Art (Inv. Nr. 71, 33a,b). Sie stellen zwei Begebenheiten aus der Remigius-Legende dar, bzw. auf ihren Rückseiten zwei Szenen aus dem Martyrium des hl. Veit, s. KONRAD 1989.

Kat. 64

64. Ein Klosterstifter, dessen Wille nicht zur Ausführung kommt, wird zum Wiedergänger.

St. Fridolin mit dem Gerippe des Urso, 16. Jahrhundert

Holzskulptur, wahrscheinlich auf einer Prozessionsstange, unbezeichnet, H: 37.5 cm.
Herkunft unbekannt, 1909 bei Marie Leiten in Uznach gekauft.
Zürich, Schweizerisches Landesmuseum LM 10833.

Die vorliegende Skulptur wurde wohl jeweils bei Fridolinsprozessionen mitgetragen. Der Fridolinskult genoß vor allem in den breiten Volksschichten großes Ansehen. Die Szene mit Urso war dabei, soweit sich dies zurückverfolgen läßt, besonders beliebt. St. Fridolin galt als Volksheiliger. Nachdem die Glarner 1388 unter dem Schutz des hl. Fridolin in der Schlacht bei Näfels ihre eidgenössische Selbständigkeit errungen hatten, beschlossen sie an einer Landsgemeinde, fortan jedes Jahr am ersten Donnerstag im April eine Prozession über die Schlachtstätte durchzuführen. Historische Selbstdarstellung und religiöser Volksglaube vermischen sich hier in eindrücklicher dramatischer Gestaltung. Dieser Tag gilt bis heute als offizieller Glarner Staatsfeiertag[1].

M. B.

---

1 Reinle 1952 und Reinle 1990.

65. Das Gespenst an der Hand des Glarner Landespatrons.

Die hll. Hilarius und Fridolin in Begleitung von Urso, 1547.

Glasmalerei, linker Teil einer Doppelscheibe mit dem Wappen Tschudi.
H: 75.6; B: 54.7 cm.
Zürich, Schweizerisches Landesmuseum IN 67/71.

Dargestellt sind die beiden Standesheiligen von Glarus, Bischof Hilarius mit Buch und Pedum und Fridolin als Pilger im schwarzen Mantel. Mit der linken Hand führt Fridolin das Gerippe von Urso, der eine Urkunde mit sich trägt, welche die Ansprüche des Klosters Säckingen auf das Glarnerland belegen soll. Das Kloster Säckingen förderte im 12. und 13. Jahrhundert verschiedentlich den Fridolinskult, indem es zahlreiche Pfarreien nebst dem bestehenden Kirchenpatron dem Schutz des Heiligen unterstellte[1]. Als Schutzheiliger zierte Fridolin dann nicht nur die Landessiegel von Glarus, sondern er unterstützte die Glarner auch in ihren Kriegen, was sich etwa im Näfelserlied (verfaßt um 1433 bis 1438) niederschlug.

Unsere Darstellung aus dem Jahre 1547 enthält unverkennbar eine protestantische Note. Die Mönchskutte gleicht mehr einem Predigertalar. Das bärtige – und damit nicht mehr mönchisch-benediktinische – Haupt ist von einer profanen Mütze bedeckt. Eine ähnliche Darstellung Fridolins befand sich auch auf dem damaligen Glarner Siegel. Petrus Canisius beklagte in seiner 1590 erschienenen Fridolinslegende, daß *die newe Historischreiber, so nicht katholisch sein*, den hl. Fridolin *in jhren Schriften nit für ein Catholischen Priester, Abbt unnd Ordensmann erkennenn*, sondern *aus jhm gern machen wollten einen Prediger, der den jetzigen secktischen Predikanten gleich sey gewesen*[2]. Ob die protestantischen Züge auf der Scheibe beabsichtigt waren, ist eher fraglich. Aegidius Tschudi – die Tschudis waren die Donatoren dieser Scheibe – war ein eifriger Verfechter der alten Lehre. Dafür zeugt beispielsweise seine Schrift «Vom Fegfür»[3], in der er ausführlich dessen Existenz zu belegen versucht. Die Gegner der Reformation benützten Fridolin und Urso gar erneut, um ihren Anliegen zum Durchbruch zu verhelfen. Die alte, vor Zeiten gemachte Schenkung an das Kloster Säckingen, die schon einmal durch Urso verteidigt worden war, wird zum Anlaß genommen, den katholi-

Kat. 65

schen Anspruch über Glarus als einen rechtlich nie erloschenen darzustellen[4].

M. B.

Literatur: – Schneider 1970, S. 90f., Abb. Nr. 240.

---

1 Barth 1955, S. 134.
2 Zit. nach Reinle 1952, S. 243f.
3 Tschudi 1925.
4 Grunder 1988, S. 194-199.

Tod und Begräbnis

66.–70. Der Tod macht alle gleich.

Hans Holbein d.J. (1497/98–1543).
Bilder des Todes: Der Cardinal,
Der Predicant, Der Münch, Der Groff,
Der Rych man, bis 1526.

Bis 1526 von Hans Lützelburger († 1526) gestochen.
Holzschnitte, aufgezogen; je H: 6.5; B: 5 cm.
Hamburger Kunsthalle, Kupferstichkabinett, Inv. Nr. 3216, 3217, 3218, 3220, 3221.

Die vorliegenden fünf Holzschnitte sind nach Vorzeichnungen Hans Holbeins d.J. von Hans Lützelburger in Basel in Holz geschnitten worden. Die Graphiken stellen einseitig bedruckte Probeabzüge mit deutschen Überschriften dar. Entworfen hat sie Holbein wohl zwischen 1523 und 1526, auf den Druckstock übertragen wurden sie bis spätestens 1526, dem Todesjahr von Lützelburger.

Die erste Ausgabe mit 41 Blättern erschien erst 1538 unter dem Titel «Les simulachres & historiees faces de la mort, autant elegamment pourtraictes, que artificiellement imaginées» bei Melchior und Gaspar Trechsel in Lyon. Bis 1562 wurden in derselben Stadt 15 weitere Ausgaben veröffentlicht; zusammen mit den 16 Raub- und Nachdrucken aus Venedig, Köln und Lübeck sind bis zum Anfang des 17. Jahrhunderts 32 Originalausgaben und deutsche oder italienische Nachschnitte nachweisbar[1]. Richard Gassen erwähnt 88 Auflagen, die bis 1844 von dieser Holzschnittfolge ediert wurden[2].

Zu den Probedrucken ist kein Text überliefert, dafür weisen allein sie Ständebezeichnungen über dem Bild auf. Sie waren von Anfang an für eine Publikation in Lyon vorgesehen. Dies beweist die Tatsache, daß die Gebrüder Trechsel nach dem Tod Lützelburgers in Basel gerichtlich die Übergabe der Druckstöcke erreichten, die sie unter Leistung eines Vorschusses bei diesem bestellt hatten. Wahrscheinlich wollten die Gebrüder Trechsel ein Konkurrenzprodukt zu der erfolgreichen Buchausgabe des Totentanzes von Guyot Marchant herausgeben, die seit 1485 in mehreren Auflagen erschienen war.

Von den Probedrucken sind zwei verschiedene Versionen überliefert. Von der er-

Abb. 122 und 123 Hans Holbein d.J., Totentanz: Vertreibung aus dem Paradies (drittes Bild) und Weltgericht (letztes Bild). – Mit dem Sündenfall tritt der Tod in die Welt, mit dem Weltgericht endet er.

sten Fassung sind fünf komplette und vier unvollständige Exemplare erhalten. Die fünf vorliegenden Blätter entstammen dieser Ausgabe. Die zweite Fassung ist nur in einem unvollständigen Exemplar auf uns gekommen[3]. Der Name Holbeins wird in der Erstausgabe von 1538 nicht erwähnt. Die Urheberschaft Holbeins wurde erst im darauffolgenden Jahr von Nicolas Bourbon in der zweiten Auflage von Holbeins Bildern des Alten Testaments angesprochen, die 1539 ebenfalls bei den Gebrüdern Trechsel erschienen ist, und ist seither nicht angezweifelt worden.

Die Holzschnittfolge trug in der ersten Ausgabe den Titel «Bilder des Todes». Als gebräuchlichere, wenn auch ungenauere Bezeichnung findet der Begriff «Der Große Totentanz» Verwendung, um die Drucke vom Totentanz-Entwurf für eine Dolchscheide und vom «Totentanzalphabet» zu unterscheiden. Der Begriff «Totentanz» geht vermutlich auf die erste deutschsprachige Ausgabe zurück, die 1557 bei Arnold Birckmanns Erben in Köln unter dem Titel «Der Todtendantz durch alle Stende unnd Geschlecht der Menschen...» erschienen ist.

Vom künstlerischen Standpunkt her gesehen, stellen die «Bilder des Todes» den Höhepunkt der Entwicklung der Totentanz-Thematik dar. Die Bilder stehen zum erstenmal im Mittelpunkt. Der Text der Erstausgabe ist nachträglich hinzugefügt worden, während im Mittelalter die Bilder der Textillustration dienten. Rosenfeld spricht deshalb für die Renaissance auch vom «Typ des Bilderbuches» im Gegensatz zum illustrierten Volksbuch des Mittelalters. Holbein habe den stereotypen Ablauf des mittelalterlichen Totentanzes durch «Meisterstücke der Psychologie und Charakteristik, Kabinettstücke szenischer Darstellung und Realistik»[4] ersetzt. Die Darstellungen beeindrucken denn auch durch die Vielfalt ihrer Schauplätze und durch den Reichtum an künstlerischen Einfällen. Es sind Bilder, die mitten aus dem Leben gegriffen sind und in denen der Tod in die Gegenwart herübergenommen wurde. Statt einen Reigen darzustellen, hat Holbein Ereignisbilder geschaffen. Mit diesen Werken hob Holbein die Qualität der gedruckten Totentanz-Darstellungen über die der Wandbilder.

Die Rahmenhandlung und ihren heilsgeschichtlichen Charakter hat Holbein von den traditionellen Totentänzen übernommen. Eingefaßt werden die Ständedarstellungen einerseits von vier Genesisbildern, die mit dem Sündenfall von Adam und Eva den Eintritt des Todes in die Welt als der Sünde Sold erklären, und andererseits vom Jüngsten Gericht als der Überwindung des Todes. Die dazwischenliegenden Szenen mahnen in ihrer mitunter dramatischen Zuspitzung an die Hinfälligkeit des diesseiti-

Abb. 124 Ehemaliger Totentanz im Predigerkirchhof in Basel. Kopie von Rudolf Feyerabend. – Eine Predigt eröffnet die Szenenfolge. Das Beinhaus ist mit einem Weltgerichtsbild geschmückt. Der Totentanz ist mit dem christlichen Heilsplan verwoben. Basel, Historisches Museum.

gen Lebens. Durch die Vielfalt der Bildgegenstände wird in manchen Szenen das Hauptmotiv des Todes in den Hintergrund gedrängt. Der Tod ist nicht mehr nur Führer des Menschen ins Jenseits, sondern nimmt zuerst in vielen Bildern am Leben der einzelnen Szenen teil. Es sind Genreszenen, in denen der Tod personifiziert ist und sich in Kleidung oder Attributen den entsprechenden Ständen anpaßt. Er tritt überraschend auf, bisweilen unbemerkt von seinen Opfern. Aus dieser «rein innerweltlichen Angst vor dem Tode» wurde der Schluß gezogen, daß «der Tod... vom Leben her begriffen und als dessen Ende vorgestellt [ist], ohne daß eine auf den Tod folgende jenseitige Wirklichkeit reflektiert wird»[5]. Ihren jenseitsbezogenen Gehalt haben die Bilder jedoch nicht verloren. Vielmehr wurde die abstrakte Vorstellung vom Leben beendenden, anonymen Tod aufgegeben zugunsten einer Figur, die dem einzelnen Menschen sein individuelles Verhängnis bedeutet. Den Grundgedanken des herkömmlichen Totentanzes – die Gleichheit der Menschen aller Stände vor dem Tod – hat Holbein beibehalten.

In den Buchholzschnitten wurde der Tanzverband in Paare aufgelöst. Das Motiv des Tanzes, der im «doten dantz mit figuren» (um 1485–1486) und in den beiden Basler Totentänzen (um 1440, bzw. um 1450) seine größte Dynamik erreichte, ist fast ganz verschwunden. Bei Holbein ist die Bewegung der Figuren nicht mehr aus dem Tanz motiviert, sondern aus dem Zusammenhang der jeweiligen Szene. Diese hat ihr eigenes Zentrum und ordnet sich nicht mehr einem «choreographischen Grundmuster»[6] unter. Anklänge an den traditionellen Totentanz sind noch in einzelnen Instrumenten und in der Handnahme der Personen durch den Tod in einigen Bildern zu erkennen.

Der personifizierte Tod tritt mit seinem Attribut des Stundenglases in mumienhafter Gestalt oder als Skelett auf. Die Gerippe sind jedoch anatomisch nicht richtig wiedergeben. Einzelpartien wie Hände und Füße sind nie skelettartig behandelt. Holbein erinnert nur an Gerippe, die dem Betrachter den Tod kenntlich machen sollten, gleicht aber dessen Gestalt den Lebensformen der einzelnen Stände an.

Beeinflußt wurde Holbein in seinen Bildern des Todes in erster Linie vom Großbasler Totentanz. Von ihm und von den älteren Buchtotentänzen konnte er die Idee der Auflösung des Reigens in Einzelbilder übernehmen. Auf dieser Grundlage erst konnten die einzelnen Ständedarstellungen individualisiert werden. In einzelnen Bildideen und -anlagen dienten ihm neben dem Großbasler auch der Kientzheimer (um 1517) und der Berner Totentanz des Niklaus Manuel (um 1516–1519) als Vorbilder. Wie in Holbeins Probedrucken sind auch in letzterem die geistlichen, die weltlichen und die weiblichen Stände getrennt aufgeführt. Desgleichen darf man vermuten, daß der kritische und satirische Geist sowie die groteske Gewalttätigkeit mancher Berner Szenen Holbein beeinflußten. Unter den Inspirationsquellen sei schließlich auch Holbeins eigenes «Totentanzalphabet» erwähnt, das 1524 veröffentlicht wurde. Einzelne Szenen wie der Tod und «Der Rych man» sind hier bereits vorgebildet.

Abb. 125 «doten dantz mit figuren», um 1485–1486.

Anstelle einer Ständerevue, die vor dem Auge des Betrachters abläuft, spricht in den Bildern des Todes aus drei der fünf Einzelszenen Sozial- und Sittenkritik sowie Kritik am Mendikantentum. Die dargestellten Betroffenen akzeptieren nicht mehr passiv klagend ihr Schicksal. In den meisten Bildern, in denen sie das Gerippe als Tod erkannt haben, stellen sie sich ihm entgegen oder versuchen, sich ihm zu entziehen.

Tod und Kardinal
«Der Cardinal» sitzt auf einem volutengeschmückten Thron in einem Weinberg und hält einem niederknienden Laien eine Urkunde mit fünf Siegeln entgegen. Man kann die Szene als Erwerb eines Ablaßprivilegs verstehen, das durch einen Gesandten am Sitz des Kardinals erworben wird. Sein Gegenüber hat die rechte Hand ausgestreckt, um das Schriftstück in Empfang zu nehmen. Er ist mit einer Schaube bekleidet und trägt Schwert und Sporen. Sein pelzbesetztes Barett hat er zurückgeschoben. Der Mann kniet auf einer Geldkassette, aus der er die Urkunde bezahlen wird. Während dieses Vorgangs ist der Tod unbemerkt zum Kardinal hingetreten, um ihm den Hut zu rauben[7].

Kat. 66

Tod und Münch

Kat. 67

Im Bild «Der Münch» versucht ein Bettelmönch dem Tod zu entfliehen, der ihn an der Kapuze seines Mantels festhält. Sein Körper drängt mit aller Kraft zum Säulenportal. Der nach hinten gewandte Blick und der geöffnete Mund drücken Entsetzen aus. Der geschulterte Bettelsack, die Sammelbüchse in seiner Hand und das Beutelbuch, das am Gürtel befestigt ist, weisen ihn als Minoriten aus. Im Bildhintergrund ist eine verfallene Mauer und ein gewaltiges Wolkengebilde zu erkennen. Ein Hund, der dem Mönch voraneilt, ist vom linken Bildrand überschnitten. Die Gestik des Mönchs zeigt deutlich, daß er nicht in erster Linie sich selbst, sondern die erbettelten Güter retten will. Seine Büchse streckt er weit nach vorne, gleichzeitig hält er seinen Bettelsack umfaßt.

Auf diese Weise ist in der Szene die Habsucht der Bettelmönche zum Ausdruck gebracht. Die ursprüngliche Forderung nach Bedürfnislosigkeit steht im Gegensatz zu Gebärde und gefülltem Bettelsack. Solche Kritik war damals nicht singulär. Schon in vorlutherischer Zeit wurde in Sebastian Brants «Narrenschiff» (1494) und im «Lob der Torheit» (1511) von Erasmus von Rotterdam die Geldgier der Mendikanten gegeißelt. Im Heidelberger Blockbuch von 1485 wird zwischen *gude* und *bose monich* unterschieden, und im Berner Totentanz bezeichnet Niklaus Manuel die Mönche als *ryszend Wölff in eim Schaffskleid*.

Tod und Predikant
«Der Predicant» bleibt im Gegensatz zum Bettelmönchtum von Kritik verschont. Im vorliegenden Bild bleibt der Tod dem Betroffenen gegenüber unsichtbar und erscheint dem Betrachter daher wie eine Vision. Angeregt zur Darstellung wurde Holbein durch die entsprechende Szene im Kientzheimer Totentanz. Im Grundmotiv nimmt der Holzschnitt das Bild des Kanzelredners auf, der als Einführungsfigur dem traditionellen Totentanz vorangestellt ist.

Wiedergegeben ist ein Prediger, der im Innern einer Kirche von der Kanzel herab zur Gemeinde spricht. Männer und Frauen stehen oder sitzen im Halbkreis und folgen andächtig den Worten, die er mit Gebärden untermalt. Nur die Gestalt am linken Bildrand lehnt sich an die Kanzel und ist eingeschlafen. Hinter dem Prediger erscheint das Totengerippe, das eine Stola um den Hals trägt und mit der linken Hand einen Gegenstand in die Höhe hält, dessen Identifikation bislang nicht gelungen ist.

Kat. 68

Tod und Graf

Kat. 69

Sozialkritik kommt im Holzschnitt «Der Groff» zum Ausdruck. Hier erscheint der Tod in Gestalt eines Bauern mit Kittel und Wetzmesser am Gürtel. Er hält den gräflichen Wappenschild mit beiden Händen empor, um ihn dem Grafen an den Kopf zu schleudern. Seinen Dreschflegel hat er zu Boden geworfen. Hier liegen bereits der Rosthelm, die Helmdecke und ein Flügel als Teil der Helmzier des Grafen. Sie weisen Spuren der Zerstörung auf, die möglicherweise vom Dreschflegel herrühren. Der Adelige flieht mit zurückgewendetem Kopf und gefalteten Händen, ohne sich mit dem Schwert zu verteidigen. Seine aufgerissenen Augen und der geöffnete Mund verraten Entsetzen. Am Fuß des Gebirges im Hintergrund erhebt sich eine befestigte Burganlage, wohl der Sitz des Grafen. Die Szene ist als geschichtlicher Verweis auf den Bauernkrieg von 1524–1526 zu verstehen[8].

Tod und reicher Mann

Moralische Kritik spricht aus dem mit «Der Rych man» überschriebenen Holzschnitt, der die Habsucht versinnbildlicht. Holbein hat in diesem Werk die Darstellung des Wucherers im «Totentanzalphabet» (Buchstabe N) umgebildet. Die ursprüngliche Bildidee dürfte aus dem Basler Totentanz stammen. Dort geht aus den Versen hervor, daß mit dem Wucherer die Juden gemeint sind. Im vorliegenden Bild kann jedoch – über eine allgemeine Kritik am Reichtum hinaus – ein derartiger religiös gefärbter Antisemitismus nicht nachgewiesen werden. Ein Mann sitzt inmitten seiner Schätze in einem Gewölbe mit doppelt vergittertem Fenster auf einem Lehnstuhl. Im Zentrum des Raums steht ein Wangentisch mit Münzen und Geldbeuteln. Weiteres Geld liegt in Säcken, in einer Schüssel oder frei auf der nebenstehenden Truhe herum. Zwei Kisten und zusätzliche Geldsäcke stehen am Boden.

Der Tod ist nicht mehr dargestellt, wie er einen Menschen zum Sterben abholt. So trachtet er dem Geizigen nicht nach dem Leben, sondern greift nach dessen Geld. Die Geste der ausgebreiteten Arme zeigt denn auch, daß der Reiche nicht über die Erscheinung des Todes erschrocken ist, sondern darüber, daß dieser, auf einem Hocker sitzend, sein Geld in eine Schüssel schöpft[9]. Zusammen mit dem Bild des Mönchs und des Grafen ist dieses Werk eine der wenigen Darstellungen, in denen der Lebende eine unmittelbare Reaktion auf die Anwesenheit des Todes zeigt.

J. H.

Kat. 70

Literatur: – WOLTMANN 1874–1876, Bd. 1, S. 258–283; Bd. 2, S. 174–175, Nrn. 97, 102, 103, 110, 114. – GOETTE 1897, S. 240–276. – FRANZ 1973, S. 130–144. – ROSENFELD 1974, S. 283–293. – HAMMERSTEIN 1980, S. 218–219. – Kat. Luther 1983 (Hamburg), S. 180. – PETERSMANN 1983, S. 96–132, 172–274 (mit weiterer Lit.) – Kat. Totentanz 1986, S. 20–22.

---

1 FRANZ 1973, S. 130–144.
2 GASSEN 1986, S. 22.
3 Von der ersten unterscheidet es sich durch einzelne abweichende Überschriften und durch eine andere Schriftart. Die erste Variante enthält 40, die zweite 41 Blätter. Die Hamburger Blätter sind bei Woltmann nicht erwähnt (vgl. WOLTMANN 1874–1876, Bd. 1, S. 264; Bd. 2, S. 174–177).
4 ROSENFELD 1974, S. 293, 283.
5 HAMMERSTEIN 1980, S. 136, 117.
6 Ebda., S. 92.
7 Die Weinranken interpretiert Petersmann als Hinweis auf das Gleichnis der bösen Weingärtner. Dieses war in zahlreichen reformatorischen Flugblättern polemisch gegen die römische Kirche verwendet worden. In diesen Drucken wie auch in den Schriften Luthers und im «Lob der Torheit» (1505) des Erasmus von Rotterdam sind die Kardinäle neben dem Papst der schärfsten Kritik ausgesetzt. Überträgt man diese Beurteilung auf die vorliegende Darstellung, so wird der Kardinal «als schlechter Verwalter des Glaubens und der Kirche entlarvt» (PETERSMANN 1983, S. 192).
8 Wie im Bild des Kardinals ist auch hier am rechten Rand eine Weinranke zu erkennen. Sie ist als Symbol Christi zu lesen und auf den Bauern in Gestalt des Gerippes bezogen. Nach Ansicht von Petersmann «verkörpert die Weinranke offenbar die Vorstellung vom 'göttlichen Recht des Bauern'», ein Recht also, das einem gottgewollten Zustand Rechnung trägt (PETERSMANN 1983, S. 261).
9 Schuster möchte in der Kopfbedeckung des Mannes eine Anspielung auf die Augsburger Bank- und Handelsfamilie der Fugger erkennen (Kat. Luther 1983 (Hamburg), S. 180).

71. Der Tod greift mit der Lanze ein Liebespaar an.

Maler aus dem Umkreis des Jacques de Besançon[1].
Brevier des Jost von Silenen, 1493.
Miniatur zum Totenoffizium, Bd. 1, fol. 359r.

Pergament-Blätter. 1. Bd.: 373 Bl., 2. Bd.: 438 Bl. H: 21.2 bis 22 cm; B: 15 bis 15.3 cm.
Zürich, Schweizerisches Landesmuseum, LM 4624.

Der erste Band des Breviers des Jost von Silenen (vgl. Kat. Nr. 140), derjenige für das Winterhalbjahr, zeigt als halbseitige Miniatur zum Beginn des Totenoffiziums ein Liebespaar, welches unerwartet dem Tod begegnet. Das Motiv ist den damals weit verbreiteten Totentänzen entnommen (vgl. Kat. Nr. 66) und mahnt den Betrachter, stets an die Vergänglichkeit der Welt zu denken. Der halbverweste, von Würmern zerfressene Tod bricht hinter einer Mauer hervor, um eine ahnungslose junge Frau mit seinem Pfeil zu treffen. Der Mann, ihr Liebhaber, bleibt verschont. Die beiden sind reich und modisch gekleidet – ihre bis ins Detail realistisch wiedergegebenen Gewänder bilden die auffallendsten Farbakzente in der sonst von gebrochenen Farbtönen beherrschten Miniatur. Doch die Wucht der Lanze macht weder vor Farben noch vor Schönheit oder Jugend halt, erbarmungslos bohrt sie sich in den Hals der jungen Frau. Das lineare Kompositionsgerüst des Bildes unterstreicht diese Wirkung, denn die schräge Linie durchkreuzt alle vertikal aufsteigenden und wird als einzige unterbruchslos von einem Bildrand bis fast ganz zum anderen geführt. Die an den Bildrand gesetzten Motive deuten den Horizont an, in dem das Ereignis bedacht werden soll. Ein hoch aufgerichtetes Kruzifix erinnert an den Erlösungstod Christi, die andächtig betende Halbfigur im Vordergrund meditiert über den Tod und die Vergänglichkeit der Welt.

S. M.

Literatur: – JÖRGER 1980 (mit weiterer Literatur).

---

1 Freundliche Mitteilung von Bodo Brinkmann.

Kat. 71

72. Abt Heinrich von Mandach begegnet in seinem Gebetbuch dem Tod.

Gebetbuch des Abtes von Rheinau, Heinrich von Mandach, Oberrhein, um 1510. Der Buchbesitzer mit dem Tod am offenen Grab, fol. 104.

H: 13.7; B: 9.6 cm, 194ff. Pergament.
Geschrieben für den Gebrauch von Rom in lateinischer Sprache.
Kalender 16zeilig auf recto, 15zeilig auf verso, Text 17zeilig.
Einband: schwarzgefärbte Holzdeckel mit Lederrücken und Lederriemchen als Schließen.
Zürich, Zentralbibliothek, Ms. Rh. 141.

Bildschmuck: fol. 15: historisierte Initiale: Verkündigung, am unteren Seitenrand die Wappen des Abtes; fol. 73v: rechteckiges kleines Bildfeld unten Gregorsmesse; fol. 84v: historisierte Initiale: König David büßend; fol. 104: historisierte Initiale: Der Buchbesitzer mit dem Tod am offenen Grab.

Heinrich von Mandach (1498–1529) war Abt der auf einer Rheininsel unterhalb von Schaffhausen gelegenen, wohl zu Beginn des 9. Jahrhunderts gegründeten Benediktinerabtei Rheinau. Sein Gebetbuch ist ein interessantes Beispiel für die im Spätmittelalter zunehmend zu beobachtende Praxis von Klerikern, sich neben dem Brevier ein persönliches Gebetbuch zuzulegen. Dabei konnte es sich durchaus auch um ein eigentlich für Laien bestimmtes Stundenbuch handeln. Heinrichs Codex enthält wesentliche Elemente eines solchen, nämlich Marienoffiz, Bußpsalmen und Totenoffiz, darüber hinaus aber auch eine Vielzahl von Gebeten, die auf den monastischen Gebrauch und speziell das Amt des Abtes abgestellt sind, wie z.B. Formeln für die im Refektorium zu sprechende Segnung der Speisen (fol. 140v–148v).

Außerdem sind zwei Gebetstypen in besonderem Maße vertreten, die für das Spätmittelalter höchst charakteristisch sind: zum einen Gebete, die von verschiedenen Päpsten in geradezu inflationärer Steigerung mit immer höheren Ablässen dotiert worden sind, zum anderen vor und nach der Kommunion zu sprechende Gebete, welche die weitverbreitete Furcht lindern halfen, den Leib des Herrn mit unwürdigen Gedanken zu empfangen.

Aus der spezifischen Textzusammenstellung des Gebetbuchs geht schon hervor, daß es dem Typus des zum täglichen frommen Gebrauch geschriebenen Codex entspricht, bei dem die Dekoration eine untergeordnete Rolle spielt. Einträge auf dem Vorsatz und ein sorgfältig geführtes Obitua-

Kat. 72

rium im Kalender belegen, daß es über den Tod des Abtes hinaus im klösterlichen Milieu weiter benutzt worden ist (s. o. S. 98 und Abb. 67).

Die sparsame Illuminierung steht damit durchaus im Einklang. Weniger künstlerisch als vielmehr ikonographisch ist denn auch jene historisierte Initiale höchst bemerkenswert, welche das Totenoffiz einleitet: An einem offenen Grab steht der als Skelett dargestellte Tod in leichter Schrittstellung, einen Spaten in der Rechten haltend. Seinen linken Arm hat er auf die Schulter des im Gebet knienden Abtes rechts gelegt, der durch die Beigabe von Wappen als der Buchbesitzer identifiziert ist. Offensichtlich fordert der Tod Heinrich von Mandach auf, ihm zu folgen. Verschiedene Traditionsstränge laufen hier zusammen: Aus der weitverbreiteten Begräbnis-Szene (vgl. die Kat. Nr. 80) stammt nicht nur das Grab, sondern auch das Motiv des Totengräbers. Es wird freilich thematisch entscheidend abgewandelt, indem der Tod selber als Totengräber fungiert. Daß er andererseits gekommen ist, um einen Sterblichen abzuholen, ist ein Moment, das gewiß dem Themenkreis des Totentanzes entstammt.

B. B.

Literatur: – MOHLBERG 1951, S. 230f., Nr. 511.

73. Der Tod lauert Reisläufern und der Felddirne auf.

Urs Graf (um 1485–1427/28)
Zwei Landsknechte, Dirne und Tod, 1524

Holzschnitt. H: 20.3, B: 11.7 cm.
Signiert und datiert.
Zürich, Graphische Sammlung der ETH, Depositum der Gottfried Keller-Stiftung, Inv. Nr. 959.

Der Holzschnitt zeigt zwei Krieger und eine Marketenderin, denen der Tod in einer Astgabel auflauert. Die Szene spielt am Rand einer Geländestufe, von wo aus der Blick über eine gebirgige Seenlandschaft mit einer Phantasiestadt am Ufer geführt wird. Der rechte der beiden Krieger wird durch die geschlitzten Schweizerkreuze auf Brust, Oberarm und Schienbein als eidgenössischer Reisläufer charakterisiert. Er trägt einen wallenden Federhut, der ebenfalls als eidgenössisches Abzeichen diente[1], einen Langspieß, ein Schwert und einen Schweizerdolch. Der schnauzbärtige Krieger vor dem Baum gibt sich durch das geschlitzte Andreaskreuz auf den Beinkleidern als deutscher Landsknecht zu erkennen. Er trägt eine lederne Kopfbedeckung, ein kurzes, breites Schwert und stützt sich auf seinen Zweihänder. Die am Boden sitzende Marketenderin hält ein Hündchen im Schoß, ein «attribut traditionnel des filles légères»[2]. Auf dem Kopf trägt sie ein Federbarett, während Beutel und Besteckköcher, beide am Hüftband befestigt, neben ihr im Gras liegen. Ihr Blick ist dem Betrachter zugewendet.

Unbemerkt von den drei Gestalten sitzt der Tod in einer Astgabel. Das teils zerfetzt hängende, teils hochgebauschte Leichentuch enthüllt eine ausgemergelte Gestalt, deren spärlich behaarter Totenschädel die schwarzen Augenhöhlen auf die Gruppe unter dem Baum richtet. Mit hämischem Grinsen weist der Tod auf das Stundenglas in seiner Linken, auf dem ein Rabe sitzt, Symbol für den «schlechten» Tod[3]. Dort, wo der Stamm den Unterleib des Todes verdeckt, ist Urs Grafs Dolchmonogramm in die Rinde geschnitzt, darüber die Jahrzahl 1524.

Die beiden Männer stehen einander nicht als Angehörige feindlicher Truppen gegenüber. Vielmehr rivalisieren sie in augenfälliger Kumpanei um die Gunst der Frau. Beider Schwerter weisen auf die mit aufreizend angehobenem Schenkel Sitzende, wobei sich die Griffbügel um die Schamkapsel der Waffenträger legen und damit die Symbolisierung des anvisierten Geschlechtsaktes unübersehbar machen. Die bei Graf häufig zu beobachtende Satire auf den deutschen Landsknecht ist im unterschiedlichen Auftreten beider Männer zu sehen: Die stolze Defilierhaltung des Schweizers hebt sich wirkungsvoll ab von der haltungslosen Grobheit des mit bereits geöffneten Hosen am Baum lehnenden Deutschen.

Das Thema von Landsknecht und Tod entstammt dem herkömmlichen Totentanzprogramm. Anders als bei jenem kommt es jedoch in Grafs Blatt nicht zur Konfrontation zwischen Lebenden und dem Tod, sondern vielmehr zu einer unheimlichen Verständigung zwischen Betrachter und Tod über die Köpfe der Betroffenen hinweg. Ihre Ahnungslosigkeit entlarvt die drei in ihrem Vorhaben vollends als kokett, dümmlich, eitel. Graf selber zog zwischen 1510 und 1521 mehrmals als Reisläufer nach Italien und Frankreich. In vielen Zeichnungen befaßt er sich mit den Felddirnen, die diese Heerzüge begleiteten. Das Blatt zeichnet also ein Bild von der Welt, die durchaus die des Künstlers war: Die Männer sind Konkurrenten im Soldwesen, die Frau käufliches Objekt gemeinsamer Begierde und der Tod mit dem Raben Symbol für das «schlechte» Sterben auf dem Schlachtfeld.

Es bleibt die Frage, ob Graf in diesem Werk moralische und soziale Kritik am Söldnerwesen formuliert. Wirth sieht in Grafs Themenwahl einen Vorwand zur Befriedigung eines ganz allgemeinen Interesses an makabren, sexuell anzüglichen und oft von Gewalt geprägten Bildinhalten[4]. Bätschmann[5] will in der schonungslosen Aufdeckung von Kriegsgreueln in Anlehnung an Franz Bächtiger[6] Sozialkritik erkennen. Dem steht die Tatsache entgegen, daß Graf die Teilnahme an Kriegszügen gesucht hat, sogar noch, als die Tagsatzung dies verboten hatte[7]. Zudem vermitteln uns die Gerichtsakten das Bild eines scharfzüngigen, abenteuerlustigen, in Liebeshändel verstrickten und zu Gewalt neigenden Menschen, der sich der Basler Obrigkeit widersetzte, nicht aber sich gegen gesellschaftliche Übel der Zeit wandte. Graf macht das um die Gestalten lauernde Grauen sichtbar und stellt mit dieser allegorisierenden Form das anekdotische Erlebnis auf die Stufe existentieller Erfahrung. Daß dabei Liebe und Tod nur in den Kategorien von Sexualität und Krieg anschaulich werden, daß soziale Interaktion auf Formen von Konkurrenz und Käuflichkeit reduziert wird, ist jedenfalls eine bittere Analyse der von Graf erlebten Wirklichkeit.

J. H. / E. J.

Literatur: – PASSAVANT Bd. 3, 1862, S. 429, Nr. 117. – HIS 1873, S. 280. – LÜTHI 1928, S. 49. – HOLLSTEIN Bd. 11, 1977, S. 54, Nr. 28. – ANDERSSON 1978, S. 21. – The Illustrated Bartsch, Bd. 13, 1981, S. 105, Nr. 16 (465).

1 ANDERSSON 1978, S. 21.
2 WIRTH 1979, S. 132.
3 Ebda.
4 WIRTH 1979, S. 133.
5 BÄTSCHMANN 1989, S. 23–29.
6 BÄCHTIGER 1974, S. 31–54.
7 ANDERSSON 1978, S. 27.

Kat. 73

74. Der Tod tanzt auch auf einem Schweizerdolch.

Scheide eines Schweizer Prunkdolches mit Totentanz, um 1570.

Messing, vergoldet.
Dolchlänge 38.1 cm, Klingenlänge 24.8 cm,
Scheidenlänge 28.4 cm.
Zürich, Schweizerisches Landesmuseum, IN 6969.

Der Ausdruck «Schwyzerdolch» ist ein zeitgenössischer Begriff, der bereits in der zweiten Hälfte des 15. Jahrhunderts nachzuweisen ist. Er bezeichnet eine Stichwaffe, die aus Dolch, Scheide und Besteck besteht.

Auftraggeber und Entstehungsort des vorliegenden Exemplars sind nicht überliefert. Es stammt aus dem Besitz von Heinrich Angst, dem Gründungsdirektor des Schweizerischen Landesmuseums, der es dem Hause laut Inventarbuch 1921 schenkte. Die Scheide, das Ortstück und die Spange sind aus Messing gegossen und vergoldet. Das Ortstück ist mit Zickzackzierat versehen und besteht aus einer Maske, Voluten, seitlichen Knäufen und Hängezapfen. Die Spange zeigt Ranken- und Rautendekor mit zentralem männlichem Medaillonbildnis. Das Besteck, das Futter und das Mundblech fehlen. Das Gefäß ist aus Messing gegossen, der Griff besteht aus Lorbeerholz[1].

Der Totentanz auf der Mittelplatte der Scheide erhält durch die Gedrängtheit der Figuren und die rhythmische Verflechtung der einzelnen Gruppen eine geschlossene dekorative Wirkung. Er bewegt sich in zwei Gruppen von der Mitte weg. Rechts sind Kaiser, Fürstin und Krieger dargestellt, links Marketenderin, Bettelmönch und Kind. Die Figuren im linken Bildteil ordnen sich in ihrer gebückten Haltung der sich verjüngenden Fläche unter. Die Figur des Todes hat sich in ihrer äußeren Erscheinung dem Rang der rechten drei Standespersonen angepaßt.

Dem Kaiser erscheint der Tod als Gerippe mit Tiara, das seinen Fuß auf den am Boden liegenden Reichsapfel gestellt hat. Der Kaiser hat sein Zepter zu Boden gesenkt und wendet sich vom Tod ab. Ein zweites Gerippe läuft auf ihn zu und zieht die Fürstin mit ihrem Hündchen hinter sich her. Die Skelettgestalt hat sich einen Schleier haubenförmig übergezogen und lockt die Fürstin mit einem emporgehaltenen Kleinod hinweg. Mit klarer Abwehrgeste wendet sich der Bannerträger im Harnisch zum Tod zurück, der eine Art Mitra trägt und den Krieger mit Trommel und Zinke zum Geleit ermahnt. Hinter dem Landsknecht liegt ein Felleisen am Boden. Die benachbarte Marketenderin wird widerstrebend in die entgegengesetzte Richtung zum Ortstück weggezerrt. Die beiden letzten Gerippe sind in einer Todesgestalt vereinigt worden, die einen Bettelmönch mit Sammelbüchse in die Knie zwingt und gleichzeitig ein Kleinkind umfaßt.

Die in Abb. 126 wiedergegebene Federzeichnung ist eine Kopie nach Hans Holbein d. J., auf den die Grundkonzeption des Totentanzes auf Dolchscheiden zurückgeht[2]. Die Aufschlüsselung des Monogramms *HB* ist ungeklärt. Als Künstler in Frage kommen Hans Bock d. Ä. (um 1550/52–1624) oder Hans Brand (1552–1577/78 ?)[3].

Unterschiede zwischen der Basler Handzeichnung und dem Totentanz auf der Scheide zeigen, daß sich die Handwerker nicht sklavisch an Vorbilder gehalten haben[4]. Detailabweichungen existieren in der Anzahl der Gerippe, in den Kleidungen und einzelnen Gegenständen sowie in den fehlenden Mittelwülsten. Mit Sicherheit existierte demnach ein motivbildender Riß nach der Entwurfzeichnung von Holbein, der von diesem selbst oder von anderer Hand ausgeführt worden ist. Diese These wird unterstützt durch die Tatsache, daß alle aus dem 16. Jahrhundert überlieferten Scheiden mit Totentänzen in Motiv und Bewegungsrichtung identisch sind.

J. H.

Literatur: – GESSLER 1930, S. 86–87. – GANZ 1937, S. 174. – SCHNEIDER 1977, S. 102–103, Nr. 127.

---

1 SCHNEIDER 1977, S. 102–103, Nr. 127.
2 Vgl. GANZ 1937, S. 74.
3 Vgl. THÖNE 1965, S. 78–104, und Kat. Stimmer 1984, S. 465–470.
4 GESSLER 1930, S. 94–95.

Kat. 74 Dolch

Kat. 74 Scheide

Abb. 126 Hans Holbein d.J., Kopie Hans Brand (?), Entwurf für eine Dolchscheide mit Totentanz. Basel, Öffentliche Kunstsammlung.

75. Ars moriendi. Die Kunst, zwischen den Versuchungen der Teufel und den Ermahnungen der Heiligen heilsam zu sterben.

Hans Sporer (1471–1526 nachweisbar). Ars moriendi.

Blockbuch, deutsch gedruckt bei Hans Sporer in Nürnberg 1473.
23 Holzschnitte.
H: 22; B: 17 cm
(Einfassungsleiste der Schriftseiten),
H: 22.1; B: 15.2 cm
(Einfassungsleiste der Bildseiten).
Zwickau, Rathausschulbibliothek, 24.5.15.

Das vorliegende Blockbuch ist ein Kompendium der im Mittelalter weit verbreiteten Sterbeliteratur und wird wegen seiner Holzschnitt-Illustrationen als «Bilder-Ars (moriendi)» bezeichnet. Der Begriff der *ars moriendi* ist die Bezeichnung für eine Literaturgattung, die eine Anleitung darstellt zum christlichen Bestreben, selig zu sterben. *Ars* bedeutet demnach das frühzeitige Einüben des richtigen Verhaltens in der Todesstunde.

Der Aufbau eines Blockbuches der «Bilder-Ars» gliedert sich in 11 Bilder und 13 Seiten Text, elf Seiten zu den einzelnen Bildern und zwei als Vorrede. Es enthält fünf Anfechtungen durch stets variierte, mit List und Bedrängung arbeitende Teufel, die den Sterbenden in die Verzweiflung oder Selbstherrlichkeit zu führen versuchen. Diesen Versuchungen stehen fünf Tröstungen, Ermahnungen und gute Einsprechungen durch die Dreieinigkeit und Engel gegenüber. Heilige werden angeführt, die Anfechtungen widerstanden haben, Engel halten Zuspruch. Objekt der Auseinandersetzung ist der Sterbende. Hilflos ausgeliefert, scheint er der passive Spielball im Kampf der guten und bösen Mächte zu sein. Und doch ist es seine Entscheidung, die dazu führt, daß im Schlußbild, das die Sterbestunde wiedergibt, seine Seele sich gegen den Himmel erhebt.

Der Grundstein zum Erfolg der «Bilder-Ars» gegenüber den andern *ars-moriendi*-Schriften liegt in der anschaulichen Bildwerdung der Versuchungen und Stärkungen im Todeskampf, ihrer dramatischen Gegenüberstellung und ihrer prägnanten Formulierung begründet. Aus dieser Dramatisierung des Todesgeschehens leitet die Bilder-Ars die notwendige Sorge um das Heil ab.

Ursprünglich bildete die *ars moriendi* eine praktische Anleitung für den Kleriker am Sterbebett und war demnach ein pastoraltheologisches Hilfsmittel. Als im Spätmittelalter während der Pestzeit die Zahl der Kleriker zur Versorgung der Sterbenden nicht mehr ausreichte, wurde der Text in die Volkssprachen übertragen und somit Laien zugänglich gemacht. In der «Bilder-Ars» ist der Entscheid über ewiges Heil oder ewige Verdammnis ganz auf die letzten Lebensmomente konzentriert, weil der Mensch dort am stärksten den Anfechtungen ausgesetzt ist. Sie stellt deshalb eine Sterbehilfe dar und ruft nicht primär zu einem «heilsamen» Leben auf wie etwa die Totentänze. Es wird auch nicht mehr das ganze Leben einer Prüfung unterzogen wie in der Vorstellung vom Jüngsten Gericht. Aus der «Bilder-Ars» spricht wie aus den Totentänzen eine individualistische Todesauffassung, im Unterschied zum «Triumph des Todes», wo das Schicksal blind und ohne zu unterscheiden zuschlägt[1]. Die elf Holzschnitte versinnbildlichen gleichsam den Kampf abstrakter Gedanken bzw. die Emotionen des Sterbenden. Sie geben ein Drama wieder, auf das sich der Mensch zu Lebzeiten vorbereiten sollte, um in ihm triumphieren zu können. Entscheidend ist in diesem Kontext der rettende Glaube an die Barmherzigkeit Gottes.

Das 1473 in Nürnberg entstandene Blockbuch ist ein Werk des Druckers und Holzschneiders Hans Sporer, der in Nürnberg von 1471–1474 als Hersteller von Blockbüchern nachgewiesen ist. Auf dem letzten Blatt hat sich Sporer mit Datum 1473 und der Berufsangabe *prüff moler* (Briefmaler) verewigt[2]. Die Seiten des Buches sind mit dem Reiber einseitig gedruckt[3] und jeweils paarweise rückseitig zusammengeklebt. Das Buch stellt eine Kopie der Ausgabe des Ludwig von Ulm dar, die um 1470 entstanden ist. Es sind die beiden einzigen erhaltenen Blockbücher der *ars moriendi* mit deutschen Textseiten und Schriftbändern. Beide Werke gehen auf die sogenannte «Editio princeps» zurück[4], deren zeitliche Priorität innerhalb der bebilderten *ars moriendi* in Blockbuchform heute in Frage gestellt ist[5]. Exemplare dieser illustrierten *ars moriendi* sind aber nicht nur in 13 verschiedenen Ausgaben in Blockbuchform überliefert, die mit bekanntem Standort in 79 Drucken nachgewiesen werden können[6], sondern auch in vier Kupferstichfolgen, worunter die Drucke des Meisters E S die bekanntesten sind[7], sowie in mindestens 31 typographischen Ausgaben[8]. Die Holztafeldrucke gehen wie die Kupferstiche auf ein gemeinsames Urbild zurück, das in einer Kopie aus der Zeit um 1430 im sog. «Wellcome-Manuskript» überliefert ist[9].

Text und Bild sind nicht gleichzeitig entstanden, da die Holzschnitte keine wörtliche, sondern eine sinngemäße Bebilderung des Textes darstellen und als Illustrationen für leseunkundige Laien durchaus eigenständigen Charakter besitzen. Der kurze Text mit den fünf Anfechtungen und den entsprechenden Tröstungen entspricht dem zweiten Teil eines langen Textes, des «Speculum artis bene moriendi» aus der Zeit nach 1410. Zerner vermutet, daß die Bilder zuerst als Glosse des langen Textes auftraten[10]. Der Urtext ist lateinisch, spätere Übersetzungen existieren in Deutsch und Französisch, aber auch in Holländisch, Englisch und Italienisch. Verfaßt worden sein dürfte der Text in klösterlicher Umgebung zwischen 1412 und 1419, da er im Vorwort auf Johann Gerson als Kanzler bezugnimmt, der diese Stellung nur innerhalb dieser Zeit innehatte. Er war es auch, der mit dem Werk «De arte moriendi» aus seinem «Opusculum tripartitum» von 1408 eine ganze Flut von Sterbeliteratur auslöste und so das 15. Jahrhundert zur hohen Zeit der *ars moriendi* machte.

Literatur: – FALK 1890, S. 8. – SCHREIBER 1902, Bd. 8. – SAXL 1942, S. 124–126. – RUDOLF 1957, S. 69–74. – O'CONNOR 1966. – OLDS 1966. – ZERNER 1971, S. 7–30. – Kat. Reformationszeit 1983, S. 46. – NEHER 1989 (mit ausführlicher Lit.). – Kat. Blockbücher 1991.

1 ARIÈS 1980, S. 153.
2 Vgl. FALK 1890, S. 8.
3 NAGLER 1835–1852, Bd. 19, S. 246.
4 London, British Library, IB 18.
5 ZERNER 1971, S. 14. Das derzeit gültige Schema der Abhängigkeiten der «Bilder-Ars» in ihren verschiedenen Drucktechniken findet sich dort S. 13.
6 Kat. Blockbücher 1991, S. 400–401.
7 Oxford, The Ashmolean Museum.
8 OLDS 1966, S. 150–166.
9 The Wellcome Medical Museum, London. Ms. 1000. Vgl. SAXL 1942, S. 124–126, Abb. d.
10 ZERNER 1971, S. 15.

Tod und Begräbnis: Ars moriendi Kat. 75

1. Bildpaar. Anfechtung im Glauben und Ermutigung im Glauben:
In der Anfechtung im Glauben, der Grundlage des Heils also, wird der Sterbende von vier Dämonen bedrängt. Die Teufelin am Kopfende des Bettes deutet auf drei Männer, die durch ihre Hüte als Heiden gekennzeichnet sind und hält das Spruchband *die han den glöben recht*. Ein zweiter schwebender Teufel zeigt mit der Inschrift *O es ist kain hell* auf ein kniendes Königspaar am Fußende des Bettes, das eine Götzenstatue anbetet. Der Dämon am oberen rechten Bettende legt dem Sterbenden vertraulich die Hand auf die Schulter und verweist mit dem Text *Tote dich selber* auf die Selbstpein in Gestalt einer halbentblößten Frau mit Rute und Geißel sowie auf den personifizierten Selbstmord neben ihr, der im Begriffe ist, sich mit einem Messer die Kehle durchzuschneiden. Der vierte Teufel oben in der Mitte zieht das Bettlaken in die Höhe, um dem Sterbenden die Anwesenheit von Maria, Christus und Gottvater zu verbergen.

In der Ermutigung im Glauben liegt der Sterbende in einem Bett mit hölzernem Baldachin. Der Erzengel Michael als Vertei-

diger der Seele ist mit den Worten *Bis vest in dem globen* an die Bettstatt getreten. An deren Breitseite stehen segnend in der ersten Reihe Maria, Christus und Gottvater. In der zweiten Reihe ist Moses an seinen Hörnern zu erkennen, begleitet von rund zwanzig

weiteren Heiligen. Auf dem Baldachin sitzt mit erhobenen Flügeln die Taube des heiligen Geistes, während im Vordergrund drei Teufel mit den Worten *wir sollen fliehen*, *wir sind überwunden* und *wir arbaiten vergeben* von dannen ziehen.

2. Bildpaar. Versuchung durch Verzweiflung und Trost gegen Verzweiflung:
In der Versuchung durch Verzweiflung erinnern sechs Teufel den Sterbenden an seine Sünden. Der Dämon oben rechts flüstert ihm *du bist ain ebrecher* ins Ohr, während er auf die Frau neben sich zeigt. Ein zweiter Teufel weist mit zum Schwur erhobenen Händen und den Worten *du bist mainaid* auf einen Mann hinter sich, an dem der Sterbende durch Falschaussage schuldig geworden ist. Die dritte Gestalt deutet auf das erhobene Sündenregister. *Sich din sünde* ist ihr Kommentar. Der Dämon am Fußende besitzt kein Spruchband, hält aber in seiner Linken das Kleidungsstück und den Geldbeutel des sitzenden Mannes, den der Sterbende einst bis auf die Haut ausgeraubt hat. Ein Teufel mit Bauchgesicht zeigt dem Bettlägerigen mit den Worten *du bist man slecht*[?] den Dolch, mit dem er den auf dem Boden liegenden Toten erstochen hat. Ein Dämon mit Hundegesicht erklärt mit der Inschrift *du bist gitig gwese* die Bedeutung der Gestalt vor ihm, eines spärlich bekleideten Bedürftigen, der mit Bettelstab am Weg sitzt.

In der Szene mit dem Trost gegen Verzweiflung führt der Erzengel Michael dem Sterbenden die größten Sünder des Neuen Testaments vor Augen, die durch Gottes Barmherzigkeit gerettet wurden. *du solt nit*

verzwifeln, sagt er zum Liegenden, indem er auf Saulus verweist, der vom himmlischen Licht geblendet mit seinem Pferd zu Boden gestürzt ist. Aus Wolken regnet es Feuer und Steine auf ihn herab. Links hängt der reuige Schächer Dismas am Kreuz. Neben ihm stehen Maria Magdalena mit dem Salbgefäß und Petrus mit Schlüssel und Bibel. Der Hahn, der auf die Verleugnung Christi durch Petrus verweist, ist auf der hinteren Bettkante zu erkennen. Von den zwei Teufeln im Vordergrund kriecht der hintere unters Bett, während sich der vordere mit den Worten *Ich hab kainen syg* davonschleicht.

---

3. Bildpaar. Anfechtung zur Ungeduld und Trost durch Geduld:
In der Anfechtung zur Ungeduld versuchen die Dämonen dem Sterbenden einzureden, daß sein Leiden zu groß und ungerecht sei. In aktiver Rolle dargestellt, läßt der Sterbende durch einen Fußtritt seine Ungeduld an der Gestalt mit der Kapuze aus. Am Kopfende steht seine Ehefrau, deren Schriftrolle die Worte *was erlidet er* enthält. Am Bettende ist eine Bedienstete wiedergegeben, die auf dem Tisch, den der Sterbende umgestoßen hat, hätte anrichten sollen. Hinter dem Tisch erscheint triumphierend ein geflügelter Teufel mit den Worten *Ich hatt in gelaicht*.

Im Trost durch Geduld erscheint der Erzengel Michael zur Linken des Sterbenden und weist auf die Vorbilder in der Geduld. Ihre Attribute erinnern an die Qualen, die sie mit Geduld ertragen haben: Es sind am Kopfende des Bettes Christus mit Dornenkrone, Geißel und Rutenbündel, die hl. Barbara mit dem Turm und die hl. Katharina von Alexandria mit Rad und Schwert. Im Hintergrund hält der hl. Laurentius sein Marterinstrument, den Rost, in die Höhe, während der hl. Stephanus am Bettende als

Zeugnis seiner Steinigung drei Steine in der Dalmatika hält. Rechts des Sterbenden erscheint Gottvater, mit Pfeil und Geißel als Urheber (heilsamer) Geduldsproben gekennzeichnet. Der eine Teufel im Vordergrund verschwindet mit dem Satz *ich bin gefangen* unter das Bett, während der andere sich auf den Rücken geworfen hat und mit den Worten *verlorn arbait* seine Niederlage eingesteht.

---

4. Bildpaar. Versuchung durch Hochmut und Eingebung der Demut:
In der Versuchung durch Hochmut umringen fünf Teufel den Sterbenden und drängen ihm Kronen auf. Ihre Preisungen und Täuschungen lauten: *du bist stät in gedult, Erhöhend In, Du hast kron verdient, fröwe dich, du bist stät im globen*. Im Hintergrund stehen mahnend Gottvater, der betende Christus und die segnende Maria. Gottvater hat sein Gewand emporgehoben und gibt den Blick frei auf drei betende Seelen. Sie sind gerettet worden, weil sie sich nicht in überheblicher Weise das zugutehalten, was sie allein Gott zu verdanken haben.

In der Eingebung der Demut umstehen drei Engel das Bett des Sterbenden. Der vorderste zeigt mit den Worten *hochfart wirt gepi[n]get* warnend auf den Höllenrachen rechts unten, in dem drei Gestalten schmachten, unter ihnen ein an seiner Tonsur

sur erkennbarer Mönch. *Bis demòttig* ermahnt ihn der Engel am Kopfende. Ein zweiter weist auf Maria und die göttliche Dreifaltigkeit in den Wolken sowie auf den nebenstehenden hl. Antonius mit Glocke und Kreuzstab, der in der Wüste von Teufeln versucht worden war und den Anfechtungen widerstanden hatte. Im Vordergrund sind zwei besiegte Teufel zu erkennen: Der schwarze mit dem Bauchgesicht ist unters Bett gekrochen, der andere ist umgestürzt und trägt eine Rolle mit der Aufschrift *Ich bin überwunden*.

5. Bildpaar. Sorge um den vergänglichen Besitz und Absage an das Weltliche:
Die letzte Anfechtung stellt die Sorge um vergänglichen Besitz dar. Der Sterbende ist von drei Teufeln umringt, die ihm die zeitlichen Güter in Erinnerung rufen. Der vorderste Dämon ruft ihm zu: *betracht dinen schatz* und zeigt auf dessen Haus. Durch eine offene Tür blickt der Betrachter in einen Weinkeller, während ein Knecht ein Pferd in den angrenzenden Stall führt. Der Teufel am Kopfende weist mit den Worten *versich dein frainde* auf die fünf Personen im Hintergrund. Es sind die Frau des Sterbenden mit ihrem Kind und drei Freunden oder Verwandten, Erben von Haus und Hof.

Ein letztes Mal unterstützen Engel und Heilige den Sterbenden in der Absage vom Weltlichen. Der rechte Engel spricht mit warnendem Finger *Bis nit gytig* zum Kranken, während er mit der linken Hand auf Hiob, das große Vorbild der Standhaftigkeit im Glauben zeigt, der von seiner Familie und seiner Herde umgeben ist. Hinter der Bettstatt trauert Maria um Christus am Kreuz, der als Vorbild der Opferbereitschaft Mutter und Jünger zurückgestellt hat und in Armut gestorben ist. Am Bettende entzieht ein zweiter Engel mit den Worten *veracht die fründ* zwei Gestalten dem Blick des Sterbenden, indem er ein großes Tuch hinter ihnen hochgezogen hat. Je nach Interpretation werden die Figuren als Gattin und Arzt oder Erben des Sterbenden angesehen

oder als dessen Eltern oder Sohn und Tochter betrachtet. Der Teufel in der rechten unteren Bildecke hat zürnend seine Faust gegen den Engel erhoben und ruft ihm zu *Ich kan nit mer*.

Letztes Einzelbild:
Das elfte und letzte Bild gibt die Agonie wieder. Ein Mönch gibt dem Sterbenden die geweihte Todeskerze in die Hand, während die betende Seele in Gestalt eines kleinen Mannes von den Engeln in Empfang genommen wird. Rechts im Hintergrund ist der Gekreuzigte zu sehen, unter dem Kreuz stehen Maria, hinter ihr Maria Magdalena mit dem Salbgefäß, Paulus mit dem Schwert und Johannes sowie eine Schar von Heiligen. Im Vordergrund winden sich sechs Teufel aus Enttäuschung über den Verlust der Seele in verschiedensten Verrenkungen. Der schwarze Teufel ruft mit erhobenen Händen *Uns ist kain trost*, die andern schreien *wir haben die sel verloren*, *Ich bin unsinig*, *wir sien geschent* und *Ich wüte*.

J. H.

76. Mit den Sakramenten unterwegs zu einem Sterbenden.

Hans Herbst (1470–1552), zugeschrieben.
Herkinbaldscheibe, 1514.

Oberstück einer Basler Standesscheibe
mit Darstellung der Herkinbald-Legende.
Schwarzlot- und Silbergelbmalerei auf Glas;
die nachträglichen Bruchstellen verbleit.
H: 25, B: 53.5 cm.

Spruchband: *vo.dem.recht.nit.wich.*
Herkunft: 1514 als Teil eines Zyklus von vier
Standesscheiben für das Rathaus in Basel geschaffen,
anläßlich eines Fensterumbaus 1822/24 verkauft.
Aus Privatbesitz in Beauvais 1924 vom Bernischen
Historischen Museum erworben und 1925 dem
Konservator des Historischen Museums Basel überlassen, welcher die Scheibe dem Museum schenkte.
Historisches Museum Basel, Inv. Nr. 1925.179.
Ausgestellt: Diapositiv in Originalgröße.

Die Herkinbaldscheibe ist das Oberstück eines Glasgemäldes, dessen Hauptfeld oben bogenförmig abschloß, was die Form des Oberstückes erklärt. Dargestellt ist die Legende von Herkinbald, wie sie Caesarius von Heisterbach 1219–1222 in seinem «Dialogus miraculorum» niederschrieb[1]: Links liegt der kranke Herkinbald (*Erkenbaldus de Burban*) nur mit einer Mütze bekleidet in einem hölzernen Baldachinbett. Er reißt mit Gewalt seinen Neffen an den Haaren zu sich und ist daran, ihm mit einem großen Messer den Kopf abzutrennen. Grund dafür ist die Vergewaltigung eines Mädchens durch den Neffen, was Herkinbald vom Bett aus mitgehört hat. Da sein Befehl, den Neffen sofort zu erhängen, nicht ausgeführt wurde, schreitet er nun vor seinem Tod selbst zur Vergeltungstat, der die Mutter des Neffen am Bildrand beiwohnt. In der Bildmitte schließt ein Spruchband die Szene ab. Es ist so kunstvoll verschlungen, daß der niedergestreckte Neffe seine Beine darin verheddert und rücklings über den Rahmen aus dem Bild hinaus zu stürzen droht. Darauf steht *vo.dem.recht.-nit.wich*, was sich auf Herkinbald bezieht, wie es die Position des Spruchbands in der Verlängerung seines richtenden Armes zeigt. Der zweite Teil der Legende ist rechts nur angedeutet mit einer Prozession, die den sterbenden Herkinbald mit der letzten Kommunion versehen sollte, dem Viatikum («Wegzehrung»). Zuvorderst schwingt ein Meßdiener im Chorhemd eine Schelle, welche die Vorübergehenden auf den Versehgang aufmerksam machen soll und sie zur ehrbezeugenden Kniebeuge vor dem Sakrament des Leibes Christi auffordert, die auch arger Straßenschmutz nicht verhindern durfte[2]. In der anderen Hand trägt der Ministrant ein Windlicht. Ein bärtiger Mann in bürgerlicher Tracht mit einem prallen Geldbeutel am Gurt leuchtet mit einer Stablaterne dem Geistlichen hinter ihm den Weg. Dieser hält in seiner Rechten die Hostie, und zwar nicht wie in der Messe auf einem Kelch, sondern zu ihrem Schutz, und damit sie den Blicken vorschriftsgemäß entzogen ist[3], in einer geschlossenen Hostienbüchse (Pyxis), die hier als kostbares Ziborium gestaltet ist. An seiner Kleidung mit Birett und Almucia, einem Schultermäntelchen aus kostbarem Pelz mit Tierschwänzen am unteren Rand, ist der Priester als Kanoniker zu erkennen. Ein weiterer Bürger beschließt den Zug. Nicht dargestellt, im

Kat. 76

Schriftband nur angedeutet, ist der Ausgang der Legende. Der Geistliche verweigerte dem Sterbenden die Kommunion, da Herkinbald in der Beichte die ihm gerecht scheinende Tötung seines Neffen verschwiegen hatte. Sobald der Priester sich dann entfernt hatte, ließ ihn der Sterbende zurückrufen und hieß ihn nachsehen, ob das Viatikum sich noch im mitgebrachten Gefäß befinde. Das Gefäß war leer, die Hostie lag im Mund Herkinbalds. Als Wunder göttlicher Gerechtigkeit erzählte dann der Geistliche überall davon – Cæsarius schrieb, er habe die Legende von ihm selbst erfahren.

Die Herkinbaldscheibe gehörte mit ihrem teilweise erhaltenen Hauptstück[4] – darauf das Basler Wappen, gehalten von zwei Engeln – zu einem Zyklus von ehemals vier Basler Standesscheiben aus dem Rathaus Basel. Datiert sind sie 1514 auf dem Fragment eines weiteren Oberstückes. Auftraggeber war nach dem Wochenausgabenbuch der Rat[5]. Als Künstler wird der Basler Maler Hans Herbst (1470–1552) angenommen[6]. Vor allem in der Zeichnung der Personen weist die Herkinbaldscheibe große Ähnlichkeit zum einzigen signierten Werk Herbsts auf, dem sogenannten Holbein-Tisch von 1515[7], zudem ist Herbst mehrfach in Auftragsverhältnis zum Basler Rat nachweisbar[8].

Die Scheiben können dank einer Aufzeichnung noch am Ort[9] als Zyklus von Gerechtigkeitsbildern rekonstruiert werden. Solche Gerechtigkeitsbilder – etwa auch das Jüngste Gericht, das Urteil Salomonis, die Gerechtigkeit Trajans u.a. – waren ein beliebtes Thema für die Ausschmückung von Rathaussälen als den Orten der Rechtssprechung. Die auch in Brüssel, Köln, Nürnberg und auf einem Teppich aus dem Besitz des Bischofs von Lausanne[10] dargestellte Herkinbaldslegende steht dabei für die unerbittlich gerechte Gesetzestreue, welche vor Gott mehr wiegt als damit verbundene eigene Blutschuld, mehr auch als das traditionelle kirchliche Gesetz. Auf diese göttliche Legitimierung weltlichen Rechts könnten auch die beiden schildhaltenden Engel auf dem Hauptstück der Scheibe verwiesen haben.

Ein seltenes bildliches Zeugnis für die mittelalterliche Sterbeliturgie ist die rechte Bildhälfte mit der Darstellung des Versehgangs. Ikonographisch vergleichbar ist allenfalls die nachmittelalterliche Szene, in der Graf Rudolf von Habsburg einem Priester mit dem Viatikum sein Pferd anbietet[11].

Die Form des Versehganges hat sich aus klösterlichem Bestattungsbrauch im 13. Jahrhundert zur auf der Scheibe gezeigten theophorischen («Gott tragenden») Prozession entwickelt, die feierliche Ausgestaltung des Versehganges sollte nicht zuletzt auch die Volksfrömmigkeit fördern. Um die Gläubigen zur Teilnahme zu ermuntern und so diesem Gang größere Bedeutung zu verschaffen, wurden den Begleitern Ablässe gewährt, welche seit dem 13. Jahrhundert meist 40 Tage als Kollektivablaß umfaßten, wobei die Mitführung von Licht zusätzliche Erleichterung bot[12]. Im Spätmittelalter institutionalisierte sich die Begleitung des Versehgangs: waren es vor allem in Deutschland Schüler, die mit Lichtern und Gesängen am Versehgang teilnahmen und dafür die Schule besuchen durften, bildeten sich besonders in Italien Fronleichnamsbruderschaften, die sich des Versehganges annahmen, so daß manchenorts das Viatikum von mehreren hundert Kerzenträgern begleitet wurde. Bruderschaftslaternen glichen meist der dargestellten Stablaterne. Das Licht spielte eine zentrale Rolle im Versehgang: es wurde auch bei hellem Tage brennend dem Allerheiligsten vorangetragen, da es als ewiges Licht, als Symbol für die Anwesenheit Christi in der seinen Leib verkörpernden Hostie verstanden wurde. Voraussetzung für den Genuß des Viatikums war das vollständige Sündenbekenntnis in einer privaten Beichte, worauf der Priester dem Sterbenden die Absolution erteilte. Bei der daraufhin folgenden Kommunion achtete man darauf, daß die Hostie gerade im Augenblick des Abscheidens in den Mund gelegt wurde. Dies deshalb, weil man glaubte, mit der Eucharistie in Mund und Herz auf der letzten Reise gegen der Seele auflauernde Dämonen geschützt zu sein[13]. Wohl auch deshalb war das Viatikum dem mittelalterlichen Menschen wichtiger als das trotz mehrfacher Gebote meist vernachlässigte[14] Sakrament der Krankensalbung, wovon bezeichnenderweise auch die Herkinbaldlegende nicht spricht.

Wundergeschichten mit solcher *communio miraculosa*[15] sind recht zahlreich überliefert. Erklärbar ist diese Häufigkeit dadurch, daß diese Legenden den nicht mehr kommunizierfähigen – etwa an Brechreiz leidenden – Sterbenden, deren Sehnsucht nach der Eucharistie gerade im Spätmittelalter groß war, Trost geben sollte. Wie Herkinbald hoffte der gerechte Sterbende die verweigerte Kommunion auf himmlische Weise dennoch zu erlangen.

M. W.

Literatur: – Jahresbericht 1926, S. 14-16. – CETTO 1966, S. 148-149. – BAER 1971, S. 479-491, 761. – WÜTHRICH 1976, masch. S. 221-225.

1 Wichtigste gedruckte Ausgabe: Köln 1594. Der Legendentext ist vollständig im Originalwortlaut bei CETTO 1966, S. 10-14 wiedergegeben. Zur Ikonographie CETTO 1966, S. 144-151 und 192f.
2 BROWE 1936, S. 142.
3 Ebda., S. 36-37.
4 Basel Historisches Museum, Inv. Nr. 1915.62.
5 BAER 1971, S. 479.
6 Wüthrich 1976, masch., S. 223, für Einsichtnahme und freundliche Unterstützung sei dem Autor gedankt.
7 Siehe Wüthrich 1990.
8 Wüthrich 1978.
9 Zeichnung 1767 von Emanuel Büchel, BAER 1971, S. 480.
10 Trajan- und Herkinbaldteppich (aus Schloß Ouchy), Bernisches Historisches Museum, vgl. CETTO 1966.
11 Freundlicher Hinweis von Herrn Thomas Egloff, Liturgisches Institut Zürich. Ein Beispiel ist eine Illustration in der Schweizer Chronik des Christoph Silberisen von 1576, siehe MUSCHG / GESSLER 1941, S. 192 und Abb. 189.
12 BROWE 1936, S. 48.
13 Ebda., S. 16.
14 STÜBER 1976, S. 68-71.
15 Ebda., S. 95-97.

77. Ein Gefäß, in dem das Krankenöl zu den Sterbenden getragen wird.

Olearium, um 1500 und 19. Jahrhundert.

Kupfer getrieben, gegossen, ziseliert, vergoldet.
H: 23.5 cm.
Zürich, Schweizerisches Landesmuseum, LM 1909.

Das Gefäß dient zur Aufnahme des alljährlich am Gründonnerstag geweihten Öls, das in drei Formen verwendet wurde: als Salböl bei Taufen sowie bei Krankheit und, unter Beimischung von Balsam, als Chrisam bei Firmung und Priesterweihe oder bei feierlichen Weihehandlungen (Altarweihe, Kirchweihe u.a.)[1]. Für die verschiedenen Formen der Verwendung wurden drei Behältnisse gebraucht, die bisweilen auch zusammengefaßt werden konnten. Ein Beispiel dafür ist das aus dem 15. Jahrhundert stammende Ölgefäß aus St. Maria Lyskirchen in Köln[2]. Dessen Aufbau, drei zum Kleeblatt zusammengesetzte Türme auf einer von einem sechspassigen Fuß und Schaft getragenen Plattform, läßt sich vergleichen mit unserem, aus einem Turm bestehenden Beispiel. Oft wurden auch die

Kat. 77

Behältnisse für Tauföl und Chrisam in einem Gefäß vereinigt und das Behältnis für das Krankenöl separat gestaltet[3]. Das erklärt sich aus dem Bedürfnis, das Krankenölgefäß auf den Versehgang mitzunehmen. Wir können deshalb davon ausgehen, daß unser Olearium für die Krankenölung diente, welche meistens die letzte Ölung bedeutete. Allerdings dürfte bloß der kapellenartige Fensterkranz, in dessen Turmaufsatz sich das Ölbehältnis befindet, und der sechseckige Schaft mit Nodus dem 15. Jahrhundert entstammen, während der gebuckelte Fuß und die Plattform sowie die Schaftringe im 19. Jahrhundert gearbeitet wurden, möglicherweise in Anlehnung an die frühere Form oder als Versuch einer historisierenden Rekonstruktion.

Hp. L.

1 Vgl. Zinngefäße für das heilige Öl im Basler Münsterschatz: BURCKHARDT 1933, S. 175-178.
2 FRITZ 1982, Nr. 619, S. 273, Abb. 619.
3 Beispiele von 1580/1600 in Rapperswil, Pfarrkirche St. Johann, in: ANDERES 1966, S. 297f., Abb. 332f.

78. Beim Requiem erscheint das Bild vom Tod eines Franziskaners.

Valkenburg-Graduale, Köln, 1299.
Begräbnis eines Franziskaners, fol. 292r.

Pergament, 323 Blätter, H: 44; B: 30.5 cm.
Köln, Diözesanbibliothek, Cod. 1001b.

Der Schreiber und Illuminator Johannes von Valkenburg ist in seinem Stil von der Kunst des Maasgebietes geprägt, seine Arbeiten stehen am Anfang einer größeren Gruppe hochgotischer Chorbücher, die in der ersten Hälfte des 14. Jahrhunderts in Köln entstanden. Johannes ist vor allem durch zwei Gradualbücher bekannt, das hier ausgestellte der Kölner Diözesanbibliothek, und ein im Text gleiches, aber weniger reich illustriertes Exemplar in der Bonner Universitätsbibliothek. Beide waren wohl für den Kölner Franziskanerkonvent bestimmt und wurden gleichzeitig, je eines auf jeder Seite des Chores, für die liturgischen Meßgesänge benutzt.

Im Kölner Graduale hat sich Johannes im Habit eines Franziskaners, umgeben von den hll. Franziskus, Antonius und Clara vor dem Thron des richtenden Christus kniend dargestellt, und sich so am Anfang des Buches verewigt. Nach Ausweis der Inschrift hat er es geschrieben, mit Noten versehen und ausgemalt und, wie auch die Bonner Schwesterhandschrift, im Jahr 1299 vollendet. Die Miniaturen stellen sich als historisierte Initialen mit Spiegelrahmung am Anfang einzelner Meßformulare dar. Die Szenenfolge aus dem Leben Christi nach dem Festtagszyklus ist um Miniaturen mit der Darstellung von Heiligen zu den entsprechenden Festen erweitert. So erscheint z.B. das Bild des hl. Antonius von Padua beim Introitus zu dessen Fest (fol. 215v), oder das Martyrium des hl. Laurentius auf fol. 225v. Ebenso sind Marienfeste mit Initialen ausgezeichnet, etwa der Tod Mariens fol. 225v oder die Marienkrönung fol. 236r.

Am Ende der Handschrift enthält die R(equiem)-Initiale des Eingangsgebetes für die Totenmesse sinnentsprechend die Darstellung eines Totengottesdienstes. Aus dem Himmel schwingt ein Engel ein Weihrauchfaß in die Szene hinein. Auf einem geflochtenen Bahrtuch liegt ein Verstorbener im Franziskanerhabit mit über das Gesicht gezogener Kapuze, zusammengelegten, verhüllten Händen und bloßen Füßen, umstanden von den singenden und betenden Mönchen mit Kerzen und Weihwasserwe-

Kat. 78

del. Die Chorsänger hatten also ihr eigenes Tun beim Totengottesdienst, aber auch den eigenen Tod beim Singen vor Augen.

H. W.-A.

Literatur: – Knaus 1961. – Kat. Vor Stefan Lochner 1974, Nr. 69, vgl. auch Plotzek-Wederhake 1974, S. 59. – Oliver 1978.

79. Tote zu bestatten ist ein Gutes Werk.

Köln, Ende 14. Jahrhundert.
Fragment eines Triptychons: Bestattung mit heiligem Priester.

Öl auf Tannenholz, punzierter Goldhintergrund.
H: 55.3; B: 47.5 cm. Zahlreiche Fehlstellen, ringsum beschnitten. Hinter dem Dreipaß war ursprünglich eine Gewölbearchitektur zu sehen.
Köln, Wallraf-Richartz-Museum, WRM 37.

Das Fragment «Bestattung mit heiligem Priester» gehört zusammen mit den Teilen «Kreuzabnahme»[1] und «Die heilige Elisabeth kleidet Arme und pflegt Kranke»[2] sowie «Die heilige Elisabeth beherbergt Fremde»[3] in Ludwigshafen in einen Altarzusammenhang. Die Rekonstruktion des ursprünglichen Kontextes zeigt die Elisabethszenen und die Kreuzabnahme auf dem rechten Flügel; auf dem linken Gegenflügel könnten oben die Ludwigshafener Beherbergungsszene und unten die «Bestattung mit heiligem Priester» gewesen sein. Als Mitteltafel des Altares ist wahrscheinlich eine Darstellung des Weltgerichtes zu ergänzen, da das Bildprogramm in engem inhaltlichen Zusammenhang mit dem Weltgericht nach Matthäus steht.

So werden nach der Ankündigung des Weltgerichtes sechs Werke der Barmherzigkeit genannt, die die Gesegneten auszeichnen (Mt. 25,35). Von diesen sind die Speisung der Hungrigen und Bekleidung der Nackten sowie die Beherbergung der Fremden auf einem Teil des Kölner Altares abgebildet. Seit dem 1165 vom Johannes Beleth verfaßten «Rationale divinorum officiorum» gehört die Bestattung der Toten als siebtes Werk der Barmherzigkeit dazu.

Die Ikonographie des Misericordia-Altares und die gesicherten Provenienzen von Altären mit ähnlichen Bildprogrammen lassen eine ehemalige Bestimmung für ein Kölner Hospital vermuten.

Das Bild «Bestattung mit heiligem Priester» zeigt im Vordergrund zwei Sargträger, die mit Seilen den Leichnam ins Grab senken. Der Priester begleitet das Begräbnis zeremoniell, indem er aus einem Rituale vorliest, assistiert von einem Mann im Chorrock, der das Vortragekreuz und ein Weihwassergefäß trägt. Die Holztafel gibt einen Einblick in das mittelalterliche Begräbniswesen, dessen liturgischen Teil Leutpriester, niedrige Kleriker und Bettelmönche übernehmen. Ein Begräbnis brachte die

Kat. 79

weniger bemittelten Familienangehörigen oft in finanzielle Bedrängnis.[4] Eine Quelle aus Nürnberg etwa belegt, daß der Sigrist für Arme zu einem billigeren Tarif die Glokken läuten sollte.[5] So stiftete als Akt der Caritas auch ein Kölner Ratsmitglied für die Totenfeiern einen Altar und eine Priesterpfründe für die Kapelle des dortigen Armen- und Fremdenfriedhofes.

M. Ba.

Literatur: – ZEHNDER 1990, S. 121–124, Nr. 37.

1 Köln, WRM 35.
2 Köln, WRM 36.
3 Ludwigshafen, Wilhelm-Hack-Museum, Inv. Nr. 457/35.
4 Vgl. den Aufsatz von Illi in diesem Katalog.
5 ILLI 1992, S. 68.

Kat. 80

80. Die Totengräber bereiten das Grab vor.

Stundenbuch für den Gebrauch von Besançon, Provence, um 1430/40. Begräbnisszene, fol. 137.

H: 23,4; B: 17 cm, 176ff. Pergament. Geschrieben in lateinischer Sprache, Rubriken lateinisch und französisch, Kalender französisch. Kalender 17zeilig, Text 14zeilig.
Einband: Pappband mit dunkelbraunem Leder überzogen, unter Verwendung von Resten eines alten Einbands aus dem 16. Jahrhundert.
Zürich, Zentralbibliothek, Ms. Rh. 169.

Bildschmuck: fol. 14: Johannes auf Patmos; fol. 16: Lukas im Studio; fol. 18: Matthäus im Studio; fol. 20: Markus im Studio; fol. 22: Besitzerin betend vor der Madonna; fol. 33: Verkündigung; fol. 46: Heimsuchung; fol. 61: Geburt; fol. 67: Hirtenverkündigung; fol. 72: Königsanbetung; fol. 76v: Darbringung im Tempel; fol. 81: Flucht nach Ägypten; fol. 87: Marienkrönung; fol. 93: Kreuzigung; fol. 103: Pfingsten; fol. 111: König David büssend; fol. 137: Begräbnis.

Zwei sehr unterschiedliche Hände haben dieses Stundenbuch illuminiert. Von einem überaus qualitätvollen Maler stammen die Bilder der vier Evangelisten, die Verkündigung und die Begräbnis-Szene zum Totenoffiz. Alle übrigen Miniaturen hat ein recht primitiver, hart konturierender und flächig arbeitender Maler ausgeführt, der sich an altertümlichem Vorlagenmaterial orientiert, im Falle des büssenden Davids beispielsweise an einer Komposition des zu Beginn des 15. Jahrhunderts tätigen Boucicaut-Malers.

Da der erste Maler die wichtigeren Miniaturen, u.a. mit der Verkündigung das Eröffnungsbild zum Marienoffizium, erhalten hat, muss man in ihm den Leiter des Ateliers sehen. Seinen Stil kennzeichnen kräftige, gleichermassen ausgefallene wie aparte Farbkombinationen mit einer Vorliebe für leuchtendes Orange und gedecktes Mauve, komplizierte Raumvorstellungen bei häufig bühnenartigem Aufbau und plastische Figurenbildung mit schweren, teigigen Gewandfalten. Sein bestes Bild ist die Darstellung des Evangelisten Lukas. Persönliche Eigenarten sind neben der extravaganten Farbigkeit die zu grossen und zu weit vorne ansetzenden Ohren seiner Gesichter und die fächerartig unterteilten Nimben, die hier die Köpfe des Lukas und des Matthäus hinterfangen.

Anhand dieser und anderer Charakteristika konnte der Hauptmaler der Zürcher Handschrift jüngst in einem Stundenbuch in Wien (Österreichische Nationalbibliothek, Cod. S. n. 2615) wiedererkannt werden, das als ein Hauptwerk der provençalischen Buchmalerei um 1430 gilt. Darauf gründet sich die Lokalisierung von Rh. 169 in die Provence, vielleicht nach Aix. Ein konkreterer Hinweis hätte sich einst aus der Tatsache ergeben können, dass es sich bei der Handschrift um ein Auftragswerk handelt. Darauf deutet die in der Miniatur zum Mariengebet *Obsecro Te* dargestellte Besitzerin hin, deren Wappen unterhalb der Begräbnis-Szene in der Bordüre angebracht war, von einem späteren Besitzer aber unkenntlich gemacht worden ist. Die aufgeschlagene Miniaturseite zeigt ein Begräbnis, das auf einem durch Grabkreuze und Einfriedung angedeuteten Friedhof stattfindet. Der nackte Leichnam liegt auf einer Bahre im Vordergrund, während der Totengräber mit der Spitzhacke die Grube anlegt. Die Mönche sind derweil mit dem Gebet beschäftigt. Die Stadtsilhouette im Hintergrund ist kennzeichnend für die aparte Farbgestaltung unseres Malers, zugleich auch für seine Tendenz zu räumlicher Verschachtelung.

B. B.

Literatur: – MOHLBERG 1951, S. 245, Nr. 541. – BRÄM 1993, S. 165–178. – AVRIL / REYNAUD 1993, S. 194.

Kat. 80 Ganze Seite

81. Der eingehüllte Leichnam wird ins Grab gelegt.

Stundenbuch für den Gebrauch von Rom, Tours, um 1480/85.
Formular für eine Totenmesse, Begräbnisszene, fol. 60.

H: 14.3; B: 9.8 cm, 227ff. Pergament.
Geschrieben in lateinischer Sprache.
Kalender 17zeilig, Text 18zeilig.
Einband: braunes Kalbsleder mit Streicheisenverzierung, 15. Jahrhundert.
Zürich, Zentralbibliothek, Ms. C 168.

Bildschmuck: fol. 1–12: Kalender mit zwei Medaillons auf jedem recto, unten Monatsarbeiten, außen Tierkreiszeichen; fol. 13: Moses empfängt die Gesetzestafeln und Tanz um das Goldene Kalb; fol. 17: Johannes auf Patmos; fol. 21: Buchbesitzer in Anbetung vor der Madonna; fol. 36: David und Goliath; fol. 60: Begräbnis; fol. 64: Kreuzigung; fol. 127: Verkündigung; fol. 182: König David büßend; fol. 208: Pfingsten; fol. 213: Maria als Assunta; fol. 217: Gregor; fol. 218: Hieronymus; fol. 219: Nikolaus; fol. 220: Katharina; fol. 222: Felix, Regula und Exuperantius.

Auf den ersten Blick gibt sich das Stundenbuch anhand der typischen Kompartimentbordüren als französisches Werk aus der zweiten Hälfte des 15. Jahrhunderts zu erkennen. In vielen Miniaturen sind Nachklänge von Kompositionen Jean Fouquets zu spüren, so in der Kreuzigung oder im Kampf zwischen David und dem schwer gerüsteten Goliath. Die Darstellung des bürgerlichen Besitzers der Handschrift, der in einem mit Buntmarmorplatten getäfelten Raum vor der Madonna kniet, folgt letztlich jenem Schema, das Fouquet mit seinem berühmten Melun-Diptychon für Etienne Chevalier (heute verteilt auf die Berliner Gemäldegalerie und das Museum von Antwerpen) geprägt hat. Doch sind die Miniaturen später als Fouquets Werke anzusetzen. In der Verkündigung etwa weist der Engel mit vor der Brust verschränkten Armen bereits auf Kompositionen Jean Bourdichons hin. Auch stilistisch besteht eine gewisse Nähe zu diesem Buchmaler, so daß eine Lokalisierung nach Tours gerechtfertigt scheint.

Eine inhaltliche Besonderheit bildet der auf den Kalender folgende Textabschnitt in Goldschrift (fol. 13–15v), der die Zehn Gebote und verschiedene Gebete umfaßt. Außerdem kommt in einem französischen Stundenbuch die Darstellung der drei Zürcher Stadtpatrone Felix, Regula und Exuperantius sehr unerwartet. Dennoch ist der erste Besitzer nicht in Zürich, sondern in Luzern zu suchen: Unter dem Datum des 2.10. ist im Kalender in Goldschrift, d.h. als

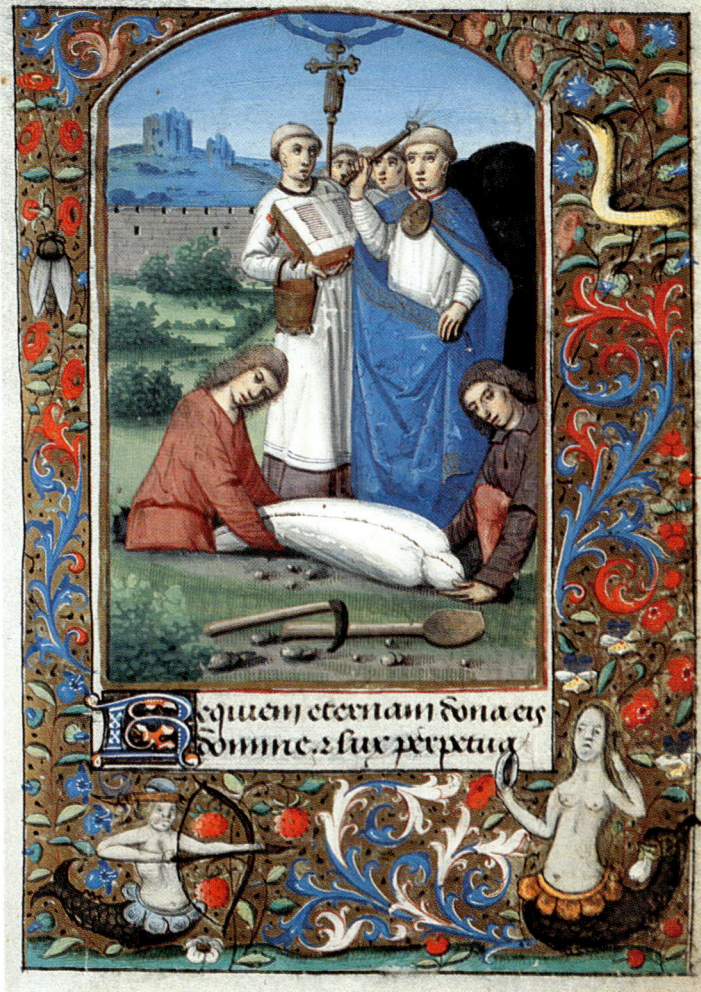

Kat. 81

Festtag, die Kirchweih einer Luzerner Kirche vermerkt: *Dedica[ti]o. ecc[lesi]e. luc[er]ne[n]sis.*

Schon im 15. Jahrhundert muß die Handschrift jedoch in Unordnung geraten sein, denn die Textenden von Johannes-Passion (fol. 35) und Bußpsalmen (fol. 52) fehlen im originalen Bestand und sind in einer späteren, aber noch dem 15. Jahrhundert zuzurechnenden Schrift ergänzt worden. Derselbe Schreiber hat auch die Lage mit dem Bild der Zürcher Stadtpatrone geschrieben und noch einige Gebete hinzugefügt, darunter eines für einen Studenten. Ihren Abschluß fand die Umgestaltung des Kodex mit der Neubindung in den erhaltenen Einband, auf die vermutlich auch die Fehlbindung einiger Seiten, z.B. der Verkündigung (gehört vor fol. 72) zurückzuführen ist. Ein ungelöstes Rätsel bleibt jedoch, wie die zusätzliche Lage von demselben französischen Atelier illuminiert werden konnte wie der Rest des Stundenbuchs.

Die hier aufgeschlagene Miniaturseite leitet nicht das Totenoffiz, sondern ein Formular für eine Totenmesse ein und stellt den Moment der Beisetzung dar: Zwei Totengräber heben den in ein Leichentuch eingenähten Leichnam in das frisch ausgehobene Grab – Schaufel und Hacke liegen noch im Vordergrund. Der Priester besprengt den Toten mit Weihwasser, das ein Akolyth in einem kleinen Messingkessel bereithält. Den Henkel des Gefäßes hat er über seinen Unterarm geschoben, um mit beiden Händen das Rituale mit den zur Einsegnung des Toten zu sprechenden Texten halten zu können.

B. B.

Literatur: – MOHLBERG 1951, S. 73, Nr. 191. – KOTRBA 1991, S. 34–37 und S. 156–158.

82. Die Seele verläßt den Leichnam und wird von Engeln und Teufeln umkämpft.

Stundenbuch für eine unbekannte Dame, Rouen, um 1480.
Begräbnisszene mit Kampf um die Seele des Verstorbenen, p. 189.

H: 18,4; B: 13,5 cm, 122ff. Pergament
Geschrieben für den Gebrauch von Rouen in lateinischer und französischer Sprache, der Kalender französisch.
Kalender 16zeilig, Text 16zeilig.
Einband: dunkelbraunes Kalbsleder auf Pappdeckel mit Goldprägung, auf dem Vorderdeckel Inschrift: *Herr Christoffel Falck Caplan zuo Bader. M.D.X.C.*, Rücken erneuert, Goldschnitt.
Einsiedeln, Stiftsbibliothek, Ms. 94 (970).
Provenienz: Laut ausführlichem Schenkungseintrag und Wappen im vorderen Einbanddeckel 1591 von Georg Stoll dem Christoph Falk, Kanoniker in Zurzach, geschenkt.

Bildschmuck: p. 30: Verkündigung, in der Bordüre die im Gebet kniende Buchbesitzerin; p. 74: Geburt; p. 108: Kreuzigung; p. 115: Pfingsten; p. 137: David büßend; p. 189: Begräbnis.

Die auf die Illustration der wichtigsten Texte beschränkte und selbst im Marienoffiz auf zwei Miniaturen reduzierte Bildausstattung dieses Stundenbuchs ist durchaus üblich in den Ateliers von Rouen, die zwischen 1470 und 1520 eine massenhafte Handschriftenproduktion entfalteten. Stilistisch wirken die dort entstandenen Miniaturen so einheitlich, daß man für diese Produktion den Begriff der Schule von Rouen geprägt hat. Unser Stundenbuch gehört zu den relativ frühen Erzeugnissen dieser Schule. Es schreibt den Stil des Boucquechardière-Meisters, auch Meister der Echevinage genannt, in verwilderter Form fort.

Angefertigt worden ist das Stundenbuch für die in der Bordüre der Verkündigungsminiatur kniende Besitzerin. Die konsequente Verwendung weiblicher Formeln in den Gebeten *Obsecro te* (p. 125) und *O intemerata* (p. 133) beweist, daß das Buch trotz der standardisierten Bebilderung doch immerhin ordentlich redigiert worden ist.

Die Begräbnisszene unterscheidet sich vom üblichen Schema dieser Darstellung (vgl. Kat. Nr. 80 und 81) durch die Hinzufügung eines wichtigen Details: Ein Engel und ein Teufel kämpfen um die Seele des Verstorbenen. Diese fliegt dem Engel in die Arme, der sie gleichzeitig empfängt und das nach ihr greifende Teufelchen mit einer Lanze in Schach hält.

B. B.

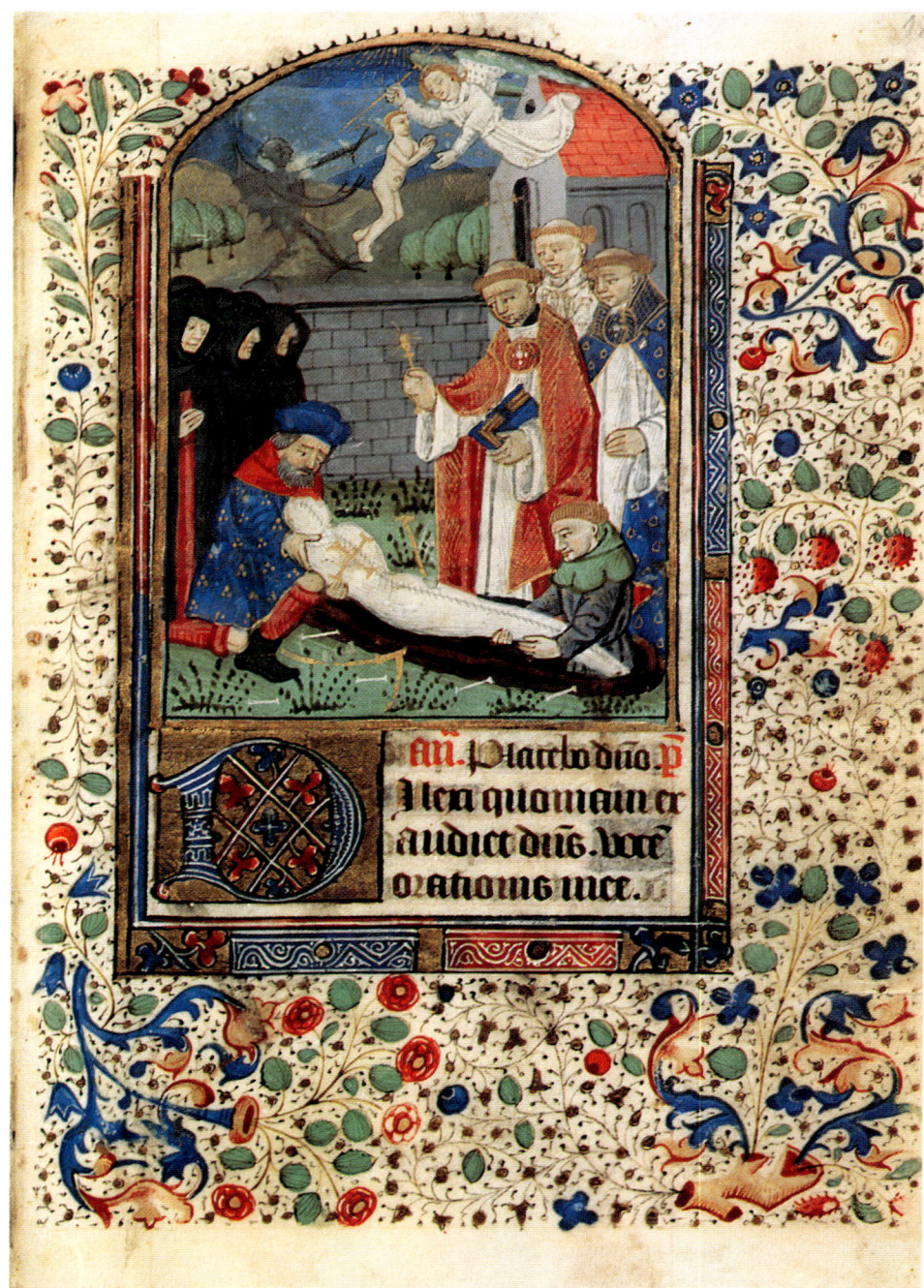

Kat. 82

Literatur: – MEIER 1899, S. 82, Nr. 94. – Kat. Alltag zur Sempacherzeit, 1986, Nr. 86.

83. Nach der Begräbnismesse wägt der hl. Michael die Seele einer verstorbenen Klosterfrau.

Konstanz (Werkstatt der Murer). Lateinisches Prozessionale mit deutschen Rubriken und Anmerkungen aus dem Augustinerinnenkloster Münsterlingen, Kanton Thurgau, 1487.
N-Initiale mit Michael als Seelenwäger, fol. 54r.

Seitenformat: H: 18.8; B: 12.5 cm; 74 Blätter; Pergament; gepreßter dunkelbrauner Lederdeckel; drei Bünde; zwei fragmentarisch erhaltene Schliessen aus Kupfer vorn, hinten Reste beider Nägel. Datiert fol. 72v: *1 4 8 7 vicesima die men//sis february*; Besitzereintrag spätes 16. Jh.: *Maria Xaveria zugehörig.*
Herkunftsverweis fol. 74v: *Minstirlingen 1553.*

Inhalt: Prozessionsgesänge und Orationen (74 Blätter): Palmsonntag (1r), Mandatum (14r), Karfreitag (23v), Auffahrt (26v), Fronleichnam (30v), Lichtmeß (37v), Mariae Himmelfahrt (42v), Verkündigung (47v), Commendatio animae (48v), Beerdigung (54v), Erläuterungen zum Begräbnis von anderer Hand (fol. 72v–74v).

Bildschmuck: fol. 30v: Hostienmonstranz auf Altarmensa (Randmalerei zur Fronleichnamsprozession); fol. 43r: Marientod (Initiale zu Mariae Himmelfahrt); fol. 54v: Michael als Seelenwäger (Initiale zu *De officio sepulture*).
Zürich, Schweizerisches Landesmuseum, LM 2799.

Kat. 83

Während die Texte des gewöhnlichen Stundengebets in großformatigen Handschriften aufgezeichnet wurden und damit im Chorgestühl mehreren Mönchen oder Nonnen zugleich dienten, bedurfte es für die Prozessionen eines kleineren Formats. So enthält das handliche Prozessionale von Münsterlingen jene Gebete und Gesänge, welche die Klosterfrauen auf ihren Prozessionen im Kreuzgang rezitierten. Es dürfte das Exemplar der Vorsängerin gewesen sein, die damit die Orationen der Priester verfolgen und den Chor der Mitschwestern leiten konnte. Bezeichnenderweise sind die Rubriken (Regieanweisungen) zum Teil deutsch verfaßt, ebenso die vielen Anmerkungen und Erläuterungen.

Auf die Christus- und Marienfeste folgt der Begräbnisritus für eine Klosterfrau, der mit 26 Blättern mehr als ein Drittel der Handschrift füllt. Nach der *Commendatio animae*, der Besprengung des Leichnams, der Bestattung und der Begräbnismesse erscheint die Miniatur des hl. Michael. Sie steht am Beginn des Begräbnisoffizium (*officium sepulturae*) und entspricht der Vorstellung, daß nun die Seele der Verstorbenen im Partikulargericht gewogen werde und der Fürbitte der betenden Mitschwestern bedürfe. Anders als etwa im Weltgericht des Zürcher Nelkenmeisters (Kat. Nr. 127) behält die Seele nicht das Übergewicht. Damit dürfte aber kaum der Teufel die Überhand gewonnen haben. Vielmehr handelt es sich um ein verbreitetes Mißverständnis in der Bildfindung[1]. Die Seele soll näher an den Himmel gerückt und der Teufel der Unterwelt zugewiesen werden. Der hl. Michael verhält sich nicht neutral, sondern scheint als Schutzengel der Seele mit dem Richtschwert den Teufel niederringen zu wollen.

Die Miniaturen dürften in Konstanz entstanden sein, wie Vergleiche mit der Tafelmalerei ergeben. So erinnert der Marientod durch den lesenden Jünger vorne rechts am Bett mit Kopfbedeckung an die gleichnamigen Darstellungen von Hans Murer d. Ä. in Frauenfeld-Oberkirch und am Mässlin-Altar[2]. Der Kopftypus des Erzengels Michael ist denen der Malereien des Konstanzer Peter Murer um die Werdenberg-Verkündigung (Fürstlich Fürstenbergische Sammlungen zu Donaueschingen) nahestehend, wenngleich sie diesem Maler selbst nicht zugeschrieben werden können. Hiergegen sprechen sowohl die mindere Qualität als auch die Lebensdaten; Peter Murer ist bereits 1469 verstorben[3]. Auch einige der naiveren Miniaturen in einem Evangelistar der Stiftsbibliothek St. Gallen, Cod. Sang. 368 sind als Vergleich zu nennen. Die darin von drei verschiedenen Händen gefertigten Malereien sind ebenfalls als konstanzisch anzusprechen[4].

Th. E. / P. J. / B. K.

Literatur: – MOHLBERG 1951, S. 298, Nr. 633 mit falscher Datierung (1484).

1 Darauf hat schon Panofsky 1953, Bd. 1, S. 270f. hingewiesen.
2 Heute Staatliche Kunsthalle Karlsruhe, Inv. Nr. 31 (vgl. STANGE 1970, S. 63, Nr. 247 und 246). Das Bett erscheint hier seitenverkehrt aufgestellt, ist aber ebenfalls recht ähnlich in der Konstruktion.
3 Zu dieser vielköpfigen Malerfamilie, die in der zweiten Hälfte des 15. Jahrhunderts die Konstanzer Malerei prägte, siehe: Bernd Konrad in: GRIMM / KONRAD 1990, S. 39ff. und Kat. 8 und 9, S. 109ff.
4 KONRAD 1989, S. 73f.

84. Im Totenoffizium betrauern Pleurants den Verstorbenen und leisten Fürbitte für ihn.

Meister der Privilegien von Gent und Flandern.
Französisches Stundenbuch, Gent, um 1450.
Miniatur zum Totenoffiz, fol. 128.

H: 23.5; B: 16.1 cm, 207 fol. Pergament.
Stundenbuch für den Gebrauch von Rom in lateinischer Sprache, Kalender französisch, Rubriken lateinisch und französisch.
Kalender 17zeilig, Text 17zeilig.
Einband: olivgrünes Leder mit Goldprägung im Dentelle-Stil, Goldschnitt mit Grotesken-Ornament, Paris(?), 17. Jahrhundert.
Privatsammlung.

Bildschmuck: fol. 33: Kreuzigung; fol. 41: Pfingsten; fol. 49: Verkündigung; fol. 69: Geburt; fol. 74: Hirtenverkündigung; fol. 79: Königsanbetung; fol. 84: Darbringung im Tempel; fol. 89: Flucht nach Ägypten; fol. 98: Kindermord; fol. 104: König David büßend; fol. 128: Chapelle ardente; fol. 173: Fronleichnamsprozession; fol. 184: Gnadenstuhl; fol. 190: Nikolaus mit den drei Jünglingen; fol. 193: Christophorus trägt das Christkind; fol. 194: Georg erlegt den Drachen; fol. 195: Katharina; fol. 197: Barbara.

Das Stundenbuch ist ein schönes und bemerkenswert gut erhaltenes Beispiel für die Kunst eines Illuminators, dessen namengebendes Hauptwerk eine heute in Wien (Österreichische Nationalbibliothek, Cod. 2583) aufbewahrte Prachthandschrift für den Burgunderherzog Philipp den Guten ist, mit der es eine ganz eigene Bewandtnis hat: Nachdem Philipp der Gute einen Aufstand der Genter 1453 in der Schlacht bei Gavere niedergeschlagen hatte, ließ er sich eine prächtig geschmückte und auf den letzten Stand gebrachte Abschrift der Privilegien und Statuten für Gent und Flandern anfertigen. In Anbetracht der Illustrationen, welche die Abhängigkeit der Stadt vom Herzog immer wieder betonen und sogar die wenige Monate zurückliegende Niederlage der Genter und ihre anschließende Unterwerfung darstellen, muß man darin wohl eine Art Reparationsleistung sehen. Demnach ist die Handschrift vermutlich in der besiegten Stadt selbst hergestellt worden.

Die Zuweisung unseres Stundenbuchs an den Meister der Wiener Handschrift steht außer Zweifel. Unverkennbar ist der Stil dieses Buchmalers, der durch seine sensible Farbgestaltung ebenso überzeugt wie durch die Kühnheit, mit der er Figuren in ungewöhnlichen Ansichten gibt, dabei jedoch auf so altertümlich anmutende Weise der Fläche verhaftet bleibt, daß man ihm fast ein bewußtes Archaisieren unterstellen möchte. Wie ein Leitfossil sind die breiten Gesichter mit den großen runden Pupillen der Augen in seinem Werk allgegenwärtig. Kompositionelle Übereinstimmungen mit unserem Codex bis hin zu wörtlichen Wiederholungen lassen sich in mehreren seiner Handschriften nachweisen; als besonders fruchtbar erweist sich in dieser Hinsicht ein Stundenbuch in Warschau (Nationalbibliothek, Ms. II. 8005; freundlicher Hinweis von Gregory Clark).

Unser Stundenbuch zeichnet sich dadurch aus, daß seine Bestimmung mit ziemlicher Sicherheit festzustellen ist. Schon die Benutzung des Französischen für Kalender und einige Rubriken erstaunt bei einer vermutlich in Gent entstandenen Handschrift. Den entscheidenden Hinweis liefert der Kalender, der am 3. 2. und 9. 4. *Ste. Waudru* in Goldschrift, also als Fest vermerkt. Auch in der Litanei taucht die hl. Waltraud nach Maria Magdalena als zweite Frau auf. Eine so nachdrückliche Betonung der Patronin der Kollegiatskirche in Mons im belgischen Hennegau läßt nur den Schluß zu, daß unser Codex für Mons bestimmt gewesen ist. Vielleicht hat ihn sogar eine der Stiftsdamen eben dieser Collégiale Ste. Waudru in Auftrag gegeben; denn eine weibliche Gebetsformel auf fol. 173–173v beweist zumindest, daß das Stundenbuch für eine Frau geschrieben ist.

Die Miniatur zum Totenoffiz zeigt den Blick auf die durchfensterte Längswand einer kleinen Kirche oder eines Kirchenchores. Am linken Bildrand steht der Altar, rechts wird eine Tür sichtbar. In der Längsachse des Raumes ist der mit blauem Bahrtuch bedeckte Sarg auf hölzernen Böcken aufgestellt, umgeben von wenigen brennenden Kerzen. Dahinter sitzen drei Pleurants im Chorgestühl, während rechts vorne zwei Geistliche das Totenoffiz beten. Es fällt auf, daß der Maler die Totenfeier nicht als pompöse Zeremonie darstellt, wie das in vielen anderen Handschriften geschieht, sondern ein eher schlichtes, man möchte fast sagen bürgerliches Begräbnis schildert. Dies äußert sich in der zurückhaltenden Dekoration des Sarges und dem relativ geringen Aufgebot an Trauernden.

B. B.

Literatur: – KRAUS, Catalogue 117, S. 31–37, Nr. 10.

85. Am Jahrtag besuchen Klerus und Angehörige das Ringoltinger-Grabmal, in welchem der Leichnam modert.

Basler Wirkerei, um 1460.
Jahrzeitbehang der Schultheißen-Familie Ringoltingen, aus dem Berner Münster.

Wolle, H: 101; B: 243 cm.
Darstellung des Grabbesuchs im Anschluß an die Jahrzeitfeier.
Zürich, Schweizerisches Landesmuseum. LM 19688.

Kat. 85 Detail. Priester

Die ursprüngliche Funktion des Teppichs ist nicht überliefert. Sein Bildinhalt läßt darauf schließen, daß er innerhalb einer Jahrzeitfeier gebraucht worden ist. Naheliegend wäre seine Verwendung als Bahrtuch (vgl. Kat. 48) oder Grabbehang; er könnte aber auch als Antependium die Altarmensa geschmückt haben[1].

Der Teppich zeigt den (selten dargestellten) «Gang über das Grab». Dieser Grabbesuch schließt bei reicheren Jahrzeitfeiern jeweils an das Totenoffizium an. Nach gesungener Vigil begeben sich Klerus und Angehörige mit dem Vortragekreuz zum betreffenden Grab, um es mit Weihwasser zu besprengen und für den Toten Fürbitte zu halten. Zu diesem Zweck verzeichnen Testamente oft Textilien, mit denen das Grab oder dessen Umgebung geschmückt wird.

Den größten Teil des Bildes nimmt ein überdimensioniertes Tischgrab ein, durch dessen vergitterte Seiten ein verwesender Leichnam *(Transi)* zu sehen ist. Ausgemergelt und von Würmern zerfressen liegt er da. Hinter der Tumba stehen neun Priester, durch das Kreuz auf den weißen Mänteln und die bunten Kapuzen als Deutschordensritter erkennbar. Sie beten, lesen oder singen, einer hält das Vortragekreuz, andere besprengen das Grab mit Weihwasser. Rechts von diesen, zu Füßen des Leichnams, stehen acht Frauen der Familie in langen Mänteln und weißen Hauben. Sie trauern und falten die Hände zum Gebet; eine von ihnen hält eine edelsteinbesetzte Gebetsschnur. Gegenüber sind acht Männer der Trauerfamilie dargestellt. Sie tragen elegante Kleider nach burgundischer Mode und halten Paternoster in den Händen. Einer weist mit der Linken auf den Mahnspruch, der groß über den Grabdeckel geschrieben steht: *an dise figur sónd ir sechen: ich wirt óch allen also beschehen* (an dieser Figur sollt ihr erkennen: euch wird auch allen dasselbe geschehen).

Dieser «Memento mori»-Spruch und der Anblick der modernden Leiche sind geeignet, bei den Betrachtern des Teppichs Mitgefühl zu wecken. Die eigene Vergänglichkeit wird in Erinnerung gerufen, gleichzeitig aber auch die Situation des Verstorbenen. Sein Körper ist vergänglich, seine Seele bedarf im Jenseits des Beistandes der Lebenden. Die Drastik der Darstellung soll diejenigen, die zu der Gedenkfeier kommen, zu größerem Mitleid und innigerer Fürbitte anspornen.

Durch die Wappen in den oberen Ecken kennen wir sowohl die Auftraggeber als auch die nachfolgenden Besitzer. Die sichtbaren (aufgestickten) Wappen der Schaffhauser Familie Konrad Heggenzi von Wasserstelz und Anna von Breitenlandenberg überdecken die ursprünglichen (gewirkten) der Berner von Ringoltingen und der Luzerner Familie von Hunwil. Als Auftraggeber angenommen wird Thüring von Ringoltingen (um 1410–1484), Berner Schultheiß, der den Teppich als Jahrzeitschmuck für seinen Vater Rudolf († 1456) bestellt haben dürfte. Beide, Vater und Sohn, waren verheiratet mit einer Frau von Hunwil, Rudolf mit Paula, Thüring mit Verena.

Rudolf von Ringoltingen galt zu seiner Zeit als zweitreichster Mann in Bern, er amtete als Schultheiß und Diplomat. Seine Familie, die bescheiden Zigerli geheißen hatte, ist wahrscheinlich durch Handel, vielleicht auch durch Geldgeschäfte reich geworden. Den Neubau des Berner Münsters unterstützte Rudolf als Rechnungsführer und durch die Stiftung einer Privatkapelle, die den Drei Königen geweiht wurde. Im Jahre 1450 schenkte er das Dreikönigsfenster in den Chor[2].

Das Berner Testament-Buch verzeichnet mehrere Urkunden, die das Seelgerät der Familie betreffen, darunter Rudolfs Dotation für die tägliche Messe in seiner Kapelle sowie sein Testament[3]. Die Messe stiftet er *zu Trost und Hilfe meiner Seele, meines Vaters und Mutters seligen Seelen, auch meiner lieben Hausfrauen Seelen und aller meiner Ahnen Seelen, auch aller meiner Erben und Nachkommen Seelen, und allen gläubigen Seelen.* Der auf dem Teppich dargestellte Grabbesuch entspricht den Anordnungen, welche der Altschultheiß in seinem Testament für seine Jahrzeitfeier getroffen hat[4]:

Kat. 85 Detail. Transi

Item ordnen ich den tüttschen herren zů Bern nach minem tode zwen můt dingkelgeltz jerlicher und ewiger gült, so ich zů Büttingen hab, und ein pfund pfennig geltz ouch ewiger gult, so ich hab uff dem bomgarten an der Engihalten, den nun inne hat Cůno Kuppferschmid, also daz si und ir nachkomen ouch jerlichen und ewelich, so man min und frouw Paulen von Hunwil, miner lieben gemachel seligen, [Jahrzeit] eins mit dem andern began sol alle jar, am abent vor der vesper ein gantze vigile

Kat. 85

singen und ouch an dem abent und an dem morgent mit dem crútz über unser beider greber gan söllent. Dieselben tútschen herren süllent ouch einem jeglichen priester, so in der lúttkilchen gepfrendet[!] sind und zů der vigile koument, zů rechter presentz geben zwen schilling pfennigen in sin hand, und waz an der egenanten gúlte vorstends belipt, daz sol alldenn dem gemeinen con[v]ent deß túttschen husses zů Bern zů irem tisch dennen [dienen] und volgen. Es ist ouch mein meinung daz man minen lichnam nach minem tod begrabe und der erd emphelhe in min nuwen cappellen in der lúttkilchen, da die heiligen drÿ kúnig genedig sind und darin ich die obgeschriben meß gewidmet hab. Dartzů so sullent min erben besorgen, daz alle nacht eweclich und nechtlichen uff minem grab ein ewig liecht entprônt und gehalten werde. Dasselb ewig nachtliecht ich angendes setzen und legen uff min seßhus zů Bern, darinn ich wonhafft bin, davon eweclich zů geben ane abgang und ablosung.

Rudolf von Ringoltingen vermachte also den Deutschordensherren in Bern zwei Zinsen, damit sie und ihre Nachfolger jährlich und ewig für ihn und Frau Paula am Abend des Sterbejahrtages vor der Vesper eine Vigil singen, sowie am Abend und am Morgen mit dem Kreuz «über beide Gräber» gehen. Weiter ordnet er den Unterhalt eines Ewigen Lichtes in seiner Kapelle an. Weitere finanzielle Mittel fließen den Klöstern der Barfüßer und Prediger zu, damit sie die Jahrzeit halten.

Auffällig ist die Vielfalt der Anordnungen, die Rudolf trifft. Er ist darauf bedacht, die Seeldienste für seine rasche Erlösung aus dem Fegefeuer auf viele Träger zu verteilen. Das Testament illustriert außerdem die wechselvolle familiäre Situation Rudolfs: Seine erste Frau Jonata ist mitsamt ihren sechs Kindern verstorben. Paula, die Mutter Thürings, war die zweite Gattin. Inzwischen ist er jedoch schon mit einer dritten verheiratet, die er aber bei den Anordnungen für die Jahrzeit nicht berücksichtigt, vielleicht, weil er mit ihr keine weiteren Nachkommen hat. Dazu kommen zwei uneheliche Kinder und deren Mutter, die auch ihren kleinen Teil am Erbe erhalten.

Th. S./P. J.

Literatur: – TOBLER 1896, S. 172–192. – MOJON 1960, S. 414–416. – COHEN 1973. – SCHNEIDER 1975, S. 20. – RAPP BURI/STUCKY-SCHÜRER 1990, S. 92f. und S. 153–156 (mit Literatur).

---

1 Die Verwendung als Bahrtuch oder Wandbehang ist naheliegend. Als Antependium vgl. die verwandte Ikonographie am Fuß von Masaccios Trinitäts-Fresko in Sta. Maria Novella in Florenz, dort allerdings nur ein Transi ohne Trauerfiguren.
2 Zur Lebensgeschichte Rudolfs und Thürings: RAPP BURI/STUCKY-SCHÜRER 1990, S. 92f. und TOBLER 1896, S. 172–192.
3 Staatsarchiv Bern A I. 835 (Testamenten-Buch der Stadt Bern Nr. 1) fol. 77v–82v.
4 Staatsarchiv Bern, A I. 835 (Testamenten-Buch der Stadt Bern Nr. 1) 1456, fol. 78r/v.

86. Abt Bilgeri überführt mehrere Wagenladungen Ritterleichen in das Kloster Rüti.

Chronik des Wettinger Abtes Christoph Silberysen, 1576.
Illustration zum Jahr 1389, S. 432.

Aargauische Kantonsbibliothek, MsWettF 16:1.

Kat. 86

Die rund zweihundert Jahre nach dem dargestellten Ereignis entstandene Illustration zeigt, wie Abt Bilgeri von Wagenberg, Abt des Prämonstratenserklosters Rüti (Kanton Zürich), die Leichname der bei der Schlacht von Näfels (1388) gefallenen Ritter exhumiert. Diese hatten erfolglos auf österreichischer Seite gekämpft und waren nach ihrer Tötung auf der Walstatt verscharrt worden. Abt Bilgeri ließ sie ins Kloster Rüti überführen und dort christlich beerdigen. Diese Begebenheit wurde erstmals rund fünfzig Jahre nach ihrem Geschehen in einer Chronik aufgezeichnet. Zeitgenössische Schilderungen der Schlacht bei Näfels berichten hingegen nur von der Niederlage des Ritterheeres gegen die vorwiegend schwyzerischen und glarnerischen Bauernkrieger und bedauern, daß es nicht einmal gelang, die Opfer aus dem Feindesland zu bergen. Der Wahrheitsgehalt des späteren Berichtes von der Exhumierung der Gefallenen läßt sich heute nicht mehr überprüfen. Bei archäologischen Ausgrabungen in der ehemaligen Klosterkirche Rüti von 1981 kamen in der Gruft des nachweislich 1388 getöteten Heinrich von Klingenberg rund 20 Schädel und eine große Anzahl von menschlichen Langknochen zum Vorschein. Es dürfte sich dabei um eine sekundäre Auffüllung der Grabgrube mit Material aus einem Beinhaus handeln und nicht um die sterblichen Opfer von Näfels, wie bei der Entdeckung des Fundes angenommen wurde[1].

Zweifellos steht aber fest, daß das Kloster Rüti im 14. und 15. Jahrhundert eine bedeutende Grablege des ostschweizerischen Adels war und hier auch die Grafen von Toggenburg eine «alte» und eine «neue» Grabkapelle besaßen. Insofern ist es auch wahrscheinlich, daß in Rüti Jahrzeitfeiern für die Opfer von Näfels begangen wurden, ganz unabhängig davon, ob die Leichname im Kloster begraben wurden. Bei Begräbnissen und Jahrzeitfeiern *absente corpore* (ohne Leichnam) war es üblich, mit einem Kreuz oder Tuch die Präsenz des Verstorbenen herbeizuführen. Der Bericht von der Exhumierung der Gefallenen zeigt jedoch, wie wichtig das Begräbnis in geweihter Erde war. Aus interkulturellen Vergleichen geht hervor, daß unbegrabene Tote den Wiedergängern zuzurechnen sind. Dies gilt im christlichen Umfeld besonders auch dann, wenn der Vollzug der kirchlichen Riten nicht möglich war oder versagt wurde.

Für die Toten zu sorgen, wurde als wesentliche Leistung der Kirchen und Klöster betrachtet. Über eine Grablege einer adeligen oder sonst wohlhabenden Schicht verfügen zu können, war wesentlicher Bestandteil der Kirchenfinanzierung. Von daher erscheint das Verhalten von Abt Bilgeri durchaus rational. Ob er die Gebeine als ganzes oder ähnlich wie Reliquien überführte, ist unerheblich.

Im sogenannten Alten Zürichkrieg (1443/44), einem Streit zwischen Zürich und Schwyz um die Toggenburgische Erbfolge, brachen die alten Konflikte zwischen den Eidgenossen und dem österreichischen Adel wieder neu auf. In scheinbar grenzenloser Wut plünderten die Innerschweizer das Kloster Rüti und schändeten die Adelsgräber. Mit den Freveln im einzelnen befaßt sich die den Eidgenossen nicht wohlgesinnte Klingenberger Chronik[2]. Dieser Bericht liest sich heute als spannendes Zeugnis von «positiven» und «negativen» Grabkulten. Zuerst zerschlugen die Eidgenossen dem Kloster *alle helm und schilt und wurffent sie hinus, als die herren und die edlen ir begrebt in dem selben münster hand*. Es gehörte zum höfischen Grabkult, Helm und Schild mit heraldischen Motiven über den Gräbern aufzuhängen. Diese Zierden warfen die Eidgenossen als erstes zur Kirche hinaus. Hierauf bemächtigten sich die Krieger *der panner im münster, die man den herren zuo hengkt, so man ir begrebt begat, und fuorten die mit inen enweg, als ob man si in ainem strit gewunnen hatt*. Bei den erwähnten *panner* handelte es sich um die Totenfahnen, die jeweils, um die Präsenz der Verstorbenen herbeizuführen, am Jahrestag der Begräbnisfeier aufgehängt wurden. Diese Fahnen trugen die Eidgenossen also zur Kirche hinaus, wie wenn sie sie im Kampf erbeutet hätten. Das bedeutet nichts anderes, als daß sie rund fünfzig Jahre nach der Schlacht von Näfels nochmals Rache am Adel übten. Darauf begaben sie sich zu den Gräbern der Toggenburger, die sie als Hauptverursacher des Krieges mit Zürich betrachteten. Graf Friedrich von Toggenburg, der gegenüber Zürich und Schwyz eine Doppelstrategie verfolgt hatte, stopften sie einen Stein in den Mund. Die sterblichen Überreste des Grafen Walraff von Thierstein, eines in der weiblichen Linie Verwandten der Toggenburger, kippten sie aus dem Sarg. Mit seinen herumliegenden Knochen bewarfen sie sich gegenseitig. Soweit der Bericht aus der Klingenberger Chronik, der auf seine Weise von der Weiterexistenz der Verstorbenen zeugt. In «positiven» Kulten zeigt sich dies in den Jahrzeitfeiern als eine Form von Fürsorge für die Seelen, in den «negativen» an Beispielen von postmortalen Rachehandlungen.

M. I.

Literatur: – FELLER / BONJOUR 1979. – GAMPER 1988, S. 69.

1 ILLI 1993, S. 174 f.
2 Klingenberger Chronik, hrsg. HENNE 1861, S. 312 f.

Kloster Rüti, Radierung von David Herrliberger (1697–1777).

Schlacht bei Näfels 1388
Illustration aus Diebold Schillings Spiezer Bilderchronik, 1484.

Totenschilde und Totenfahnen.

Bereits in den beigabenführenden, frühmittelalterlichen Gräbern finden sich manchmal neben anderen Waffen auch sogenannte Schildbuckel, die metallenen Überreste von Schilden. Im 8. Jahrhundert ging die Beigabensitte allgemein zurück, starb aber nicht völlig aus. Gewissermaßen lebte sie in einigen spätmittelalterlichen Totenbräuchen der Oberschichten weiter. Zwar wurden im höfischen Grabkult den Toten selten ganze Waffen- und Rüstungsgarnituren beigelegt, jedoch häufig auf Epitaphen abgebildet. Bekannt ist auch der Brauch, Rüstungen im Leichenzug mitzuführen und bei der Aufbahrung zu präsentieren. Nach der Beerdigung kauften sie die Erben wieder von der Kirche zurück[1].

Eine symbolische höfische Grabbeigabe sind auch heraldisch geschmückte Zierschilde, sogenannte Totenschilde, eine Form adeligen Grabschmuckes. Sie wurden für das Begräbnis hergerichtet und mit der Bahre mitgetragen[2]. Nachher wurden sie über den Gräbern aufgehängt. Totenfahnen wurden ebenfalls bei Bestattungen von Adeligen gezeigt oder aber über den Gräbern aufgehängt. Heraldische Verzierungen wiesen manchmal auch die Bahrtücher[3] sowie die Grabtücher auf, welche jeweils bei den Jahrzeitfeiern über den Epitaphen ausgebreitet wurden. Man darf vermuten, daß die Wappenverzierungen im Jahrzeitbuch von Uster (vgl. Kat. 34) helfen sollten, für die Jahrzeitfeiern die Grabstätten mit richtigen Schilden und Tüchern vorzubereiten. Offenbar war dies keine Selbstverständlichkeit. Umsichtige Stifter beauftragten nämlich Beginenkonvente testamentarisch, ihre eigenen, künftigen Begräbnisstätten jeweils auf den Jahrtag hin mit Tüchern, Kerzen und Grünzeug zu schmücken und zudem den Klerikern bei der Grabvisitation den Weg zu weisen[4].

Totenschilde und Totenfahnen dienten der Repräsentation von Adelsgeschlechtern. Für die Kirchen und Klöster waren sie zudem sichtbarer Ausweis für die von ihnen geleistete Fürbitte für die Verstorbenen und die Grabpflege.

M. I.

---

1 ILLI 1992, S. 27f.
2 Vgl. Begräbnis des Kardinals Landulf von Bari, verstorben während des Konzils von Konstanz. Auf der Bahre liegen Wappenschild, Kardinalsuhr und Krummstab. Ulrich Richental, Konzilschronik, abgebildet bei ILLI 1992, S. 82.
3 Nordfranzösisches Stundenbuch, Abb. 58 bei ILLI 1992, S. 89.
4 ILLI 1992, S. 72.

Kat. 87

87. Im Hochmittelalter wurde über dem Grabmal eines Ritters sein Kampfschild aufgehängt.

Schild von Seedorf, 1180 bis 1. Viertel 13. Jahrhundert.

Erlenholz mit Tierhaut bespannt, bemalt. Blattversilberung auf Gipsmodellierung. H: 87 cm.
Aus dem Kloster Seedorf, Kanton Uri.
Zürich, Schweizerisches Landesmuseum, LM 3405.178.

Der prachtvolle Schild zählt zu den ältesten erhaltenen Stücken seiner Art. Er hing wohl bis 1598 als Totenschild in der Kirche des Klosters St. Lazarus zu Seedorf, Kanton Uri. Seiner Zuweisung an den Klosterstifter Arnold von Brienz († 1225) durch Rahn 1883 wurde bisher nicht widersprochen. – Der Schild meldet in Blau einen aufrechten grimmenden silbernen Löwen (auf einem Stein?[1]). Die Beschädigungen auf der Vorderseite des Ritterschildes weisen darauf hin, daß er im Kampf getragen wurde. Erst nach dem Tod seines Trägers wurde er zum Zeichen, das die Erinnerung an ihn wachhalten sollte.

U. S.

Literatur: – GASSER 1986, S. 176–180. – Kat. Manesse 1991, S. 278. – SENN/MOSER 1991.

---

1 Zur Frage, ob die Stufe als heraldische Figur (Berg, Stein) anzusprechen sei, vgl. GASSER 1986, Anm. 220, S. 179. Das Testament Johannes Schwabers von 1429 erwähnt, Klosterstifter sei ein *Herr Löw ze dem Stein, Ritter*, ebda., S. 176.

88. Im Spätmittelalter stellte man Totenschilde eigens als Grabschmuck her.

Totenschild von Gottfried von Zimmern, um 1508 oder später.

Öltempera auf Holz, stark übermalt. H: 121; B: 66 cm.
Inschrift auf dem Rahmen: *Anno domini M cccc viii/ Uff mitwoch vor pangraty starb der wolgeborn her/ Gotfridt Freijher zuo Zimbern/dem Got gnedig sey.*
Zürich, Schweizerisches Landesmuseum, LM 2706.

Der Totenschild erinnert an Gottfried von Zimmern. Blasonierung: in Blau ein rotbewehrter goldener Löwe, der eine rotgestielte silberne Halbarte hält. Auf dem Spangenhelm mit Helmdecke wachsend ein roter Hirsch (Sechsender mit goldenem Geweih und markantem Lechzer).

Gottfried (Herr) von Zimmern war der Vater von Gottfried Werner (seit 1538 Graf) von Zimmern, dem bekannten Stifter des Wildenstein-Altars (1536) und der Altäre in der St. Martins-Kirche zu Meßkirch (um 1535–1538) aus der Werkstatt des Meisters von Meßkirch. – Die Darstellung ist durchaus kunstvoll und steht Zimmernschen Wappendarstellungen auf den Tafelmalereien aus der Zeit um 1517/18 nicht nach.

B. K./U. S.

Tod und Begräbnis: Totenschild und Totenfahne   Kat. 87 bis 90

Kat. 88

Der Schild des Grafen Wallraf von Tierstein[1] ist, anders als derjenige aus Seedorf (Kat. 87), kein Kampfschild, der nachträglich über das Grab des toten Ritters gehängt worden ist, sondern eine heraldische Tafel, die der Memoria des Verstorbenen diente. Sie hing zusammen mit der Totenfahne in der Kirche des Prämonstratenserklosters Rüti. Sein Grab wurde im Alten Zürichkrieg geschändet, als die Eidgenossen 1443 das Kloster plünderten. Der prohabsburgische Autor der Klingenberger Chronik beschreibt um 1460 die Freveltat so:

Die Eidgenossen *nament ze Rüti in dem closter all ir gloggen und alles das si funden; – Si zerschluogent inen in dem münster alle helm und schilt und wurffent si hinus, als die herren und die edlen ir begrebt in dem selben münster hand; sie nament die paner im münster, die man den herren zuo hengkt, so man ir begrebt begat, und fuorten die mit inen enweg, als ob man si in ainem strit gewunnen hatt. Si brachen die greber in dem münster uff und truogent die todten lichnam heruss, graf Fridrich von Toggenburg und schluogent im ain stain in den mund, graf Waldraffen von Tierstein schutten si uss dem bom [sarg] und wurffen ainander mit sinen gabainen[2].*

Falls der Bericht der Klingenberger Chronik der Wahrheit entspricht, so haben die Eidgenossen mit ihrer Leichenfledderei bewußt die Ehre und Totenruhe von Adligen stören wollen. Indem sie Fahnen und Totenschilde wegtrugen oder zerstörten, vollzogen sie eine *Damnatio memoriae*. Es erstaunt daher nicht, daß das Kloster Rüti Fahne und Wappen des Tiersteiners zusam-

Kat. 89

men mit drei weiteren Schilden um 1500 neu erstellen ließ. – Das Wappen der Grafen von Tierstein ist ein redendes, da es den dynastischen Namen bildlich darstellt: Es zeigt in Gold auf einem grünen Dreiberg ein rotes Tier (Tier bedeutet in der Jägersprache das weibliche Stück der Hirsch-Arten). Allerdings zeigt die Totenfahne keine Hirschkuh, sondern einen jungen Hirsch nach (heraldisch) links. – Der Schild steht stilistisch den Michaelstafeln des Zürcher Nelkenmeisters nahe. Jedoch liegen diesem wie auch den anderen Totenschilden, die für das Kloster Rüti neugefertigt wurden, ältere Vorlagen zugrunde.

M. B./P. J./B. K./U. S.

Literatur: – BRUCKNER/BRUCKNER 1942, Bd. 1, S. 24. – FIETZ 1943, S. 235–239. – MÄDER/MATTERN 1993, S. 13.

1 Ob die Umschrift Wallraf IV. († 1386) oder Wallraf V. († 1427) meint, bleibt offen.
2 Klingenberger Chronik, S. 312f.

89./90. Nach den Grabschändungen im Alten Zürichkrieg werden für Graf Wallraf von Tierstein Totenschild und Totenfahne neu hergestellt.

Art des Zürcher Meisters der Michaelstafeln (Hans Leu d.Ä. ?), Totenschild Graf Wallrafs von Tierstein, um 1500.

Bemalte Holztafel, Dm: 90 cm.
Umschrift: *Der wolgeboren her graf waldraf von tierstein lit hie begraben.*
Aus dem ehemaligen Prämonstratenserkloster Rüti, Kanton Zürich.
Zürich, Schweizerisches Landesmuseum, AG 6.

Totenfahne, um 1500.

Seidentaft, H: 94; B: 84 cm.
Zürich, Schweizerisches Landesmuseum, KZ 5721.

Kat. 90

Partikulargericht

91. Nach dem Tod entscheidet das Partikulargericht über Verdammnis oder Erlösung.

Epitaph der Dinkelsbühler Familie Scholl. Schwäbisch, kurz nach 1500.

Nadelholz, H: 186; B: 80 cm.
Erkelenz, St. Lambertuskirche.

In einzigartiger Ausführlichkeit und bedeutungsvoller Komposition der einzelnen Szenen zeigt diese schmale, hochrechteckige Tafel das individuelle Gericht über einen eben Verstorbenen. Irdisches und himmlisches Geschehen sind übereinander ins Bild gesetzt, wobei die markante, bildparallel verlaufende Mauer im untersten Viertel der Tafel den Vordergrund abtrennt und die Grenze zwischen Diesseits und Jenseits symbolisiert. Zuvorderst kniet das Stifterpaar mit einer großen Kinderschar, links die männlichen, rechts die weiblichen Familienangehörigen, der Größe nach hintereinander gestaffelt, alle andächtig betend. Hinter ihnen steht der mit einem schwarzen Tuch bedeckte Sarg des Verstorbenen. Darüber, genau auf der Mittelachse des Bildes, schwebt die kleine, nackte Seele des Toten empor. Der schmale Streifen einer paradiesisch anmutenden Landschaft mit Bäumen, Wasser und Hügeln bildet den Übergang vom diesseitigen Raum, der bestimmt ist von klaren, meist rechteckigen Formen und schwarz-roten Farbtönen, zum jenseitigen Reich mit wärmeren Farben und goldenem Hintergrund.

Die nackte Seele des eben erst Verstorbenen muß gerichtet werden. Unmittelbar nach dem Tod wird im Partikulargericht ihr Geschick entschieden und damit das Gesamtgericht nach dem Kommen des Antichrist am Ende aller Zeiten vorweggenommen. Schon während die Angehörigen am Sarg des Toten ihre Fürbittegebete verrichten, beginnt für den Verstorbenen die Ewigkeit, und es wird über ihn Gericht gehalten. Noch ist die Entscheidung nicht gefallen, die Seele hat die Waagschale des Erzengels Michael, des Seelenwägers, noch nicht erreicht. Von rechts her dringen Teufel ins Bild, die sich ihrer bemächtigen wollen. In diesem äußerst kritischen, letztlich einzigen entscheidenden Moment, in dem es um

Kat. 91 Detail. Seelenwägung

ewiges Leben oder ewigen Tod geht, bedarf der Verstorbene nicht nur der Fürbitte seiner Angehörigen, sondern auch der Fürsprache und Unterstützung der himmlischen Mächte, besonders Marias. Diese Fürbitte im Himmel ist großfigurig in der oberen Bildhälfte dargestellt. Maria und Christus knien vor dem thronenden Gottvater und wollen ihn gnädig stimmen mit dem Hinweis auf ihre Mühen und Leiden, die mit dazu beigetragen haben, die Erlösung der Menschen möglich zu machen. Deshalb zeigt Maria Christus ihre entblößte Brust; dieser, auf einem schwebenden Kreuz kniend, weist auf seine Wundmale.

Kat. 91 Detail. Angehörige beim Totengedächtnis

Der streng symmetrische Bildaufbau, der im breiten, von einem Baldachin bekrönten Thron Gottes seinen Abschluß findet, wird ergänzt durch diagonal durchs Bild laufende Bezugslinien, die auf das Schicksal des Verstorbenen hindeuten, dessen Weg im Jenseits der Bildbetrachter gewissermaßen der Mittelsenkrechten entlang aufwärts verfolgen kann. Maria, die ihren Blick zu Gottvater gerichtet hat, weist mit ihrer linken Hand und dem ausgestreckten Finger abwärts auf die nackte kleine Seele und über diese hinaus zu derjenigen Figur auf der Seite der männlichen Familienangehörigen, die in der dritthintersten Reihe kniet. Diese fällt dadurch auf, daß ihr Gesicht als einziges im Profil dargestellt ist und zu Maria hinaufschaut, während die übrigen Personen nicht aus dem irdischen Bereich hinausblicken. Diese Verbindung vom dritten Stiftersohn über die Seele zu Maria legt nahe, daß es sich bei dieser Figur um den Verstorbenen handelt, dessen Tod der Anlaß für diese Tafel war[1].

Die dargestellte Familie läßt sich anhand des Wappens mit reicher Helmzier identifizieren. Dieses paßt genau auf die Beschreibung, die in einem Wappenbrief vom 20. August 1500 an die schwäbische Familie Scholl überliefert ist[2]. Die Familie stammte aus Dinkelsbühl, im Grenzgebiet zwischen Schwaben und Franken. Der Vater der drei im Wappenbrief genannten Brüder war dort als Goldschmied tätig gewesen. Wahrscheinlich ist deshalb die vorliegende Tafel von der Familie Scholl als Bildepitaph (vgl. Kat. Nr. 20), zu dem vermutlich einst eine Inschrifttafel mit Name und Todesdatum

Partikulargericht:

des Verstorbenen gehörte, in die Stadtpfarrkirche von Dinkelsbühl gestiftet worden. Die Zuweisung der Tafel in den schwäbischen Raum läßt sich stützen durch stilnahe Gemälde eines ehemaligen Altarzusammenhanges, die ebenfalls als schwäbisch anzunehmen sind[3].

Bildliche Darstellungen eines Partikulargerichtes sind selten in der mittelalterlichen Kunst[4]. Manchmal wird der Kampf von Engeln und Teufeln um die Seele des eben Verstorbenen dargestellt (vgl. Kat. Nr. 82 und 83); auch auf Interzessionsbildern ist häufig der Verstorbene mitabgebildet. Die Besonderheit dieser Tafel ist, daß hier das Partikulargericht ikonographisch in enger Anlehnung an Weltgerichtsdarstellungen gestaltet worden ist; es erscheint auch vom Bildtyp her als Vorwegnahme des Letzten Gerichts. Darauf deuten aus Weltgerichtsbildern übernommene Motive wie die Engel mit den Leidenswerkzeugen, die den Thron Gottes umgeben oder auch der Erzengel mit der Waage. In einer klaren Bildsprache wird hier der Weg eines Individuums zu Gott dargestellt; da Christus und Maria als Fürbitter auftreten und ein Engel die herannahenden Dämonen zurückstößt, dürfte die Seele ihrer Errettung gewiß sein.

S. M.

Literatur: – ACHTER 1962. – Kat. Große Kunst 1968, Nr. 125.

---

1 ACHTER 1962, S. 163.
2 Ebda. 1962, S. 166.
3 Es handelt sich um vier Tafeln aus verschiedenen Sammlungen mit Szenen aus dem Leben Jesu, s. dazu HECK / MOENCH-SCHERER 1990, Nr. 519.
4 MARKOW 1984, S. 57–84. – VÉGH 1986.

Kat. 91

Fegefeuer

92. Eine Ritterfamilie läßt sich vor dem Fegefeuer abbilden und hofft auf eigene Erlösung.

Meister des Palant-Altars[1], Aachen oder Köln um 1425.
Innen(?)seite eines Altarflügels mit der Familie des Ritters Werner von Palant vor dem Fegefeuer[2].

Tempera auf Eichenholz. H: 82; B: 45.5 cm.
Inschriften: *Adiuva nos d[ominu]s salutaris n[oste]r. // Et p[ro]pt[er] gl[or]iam no[min]is tui d[omin]e lib[er]a nos.*
Aachen, Suermondt-Ludwig-Museum, Inv. Nr. GK 0308.

Die Tafel ist Teil eines verstreuten Flügelretabels. Es wurde für einen Altar der Pfarrkirche in Linnich geschaffen, anläßlich deren Neubau 1481 in die Pfarrkirche Rurdorf überführt, gelangte 1852 in die Sammlung Nelles in Köln und wurde bei deren Auflösung in mehrere Teile zerlegt.
Die zweite Flügelaußenseite stellt eine Szene aus dem Leben des hl. Ägidius dar (Nürnberg, Germanisches Nationalmuseum, Inv. Nr. Gm 12). Innen befanden sich jeweils drei Bildchen übereinander (Berlin-Dahlem, Staatliche Museen, Inv. Nr. 1676/77; vgl. STANGE, 1934–1961, Bd. 3, Abb.109). Das Madonnenrelief aus dem Mittelschrein findet sich neuestens als Dauerleihgabe im Kölner Diözesanmuseum.

Obschon die Fegefeuer-Lehre seit dem 12. Jahrhundert theologisch umrissen war, entwickelte sich die entsprechende Ikonographie nur zögernd. Die ältesten bekannten Bildzeugnisse reichen kaum hinter das 14. Jahrhundert zurück. Aus den Handschriften, in denen sich das Thema zuerst entfaltete, findet es nur zögernd den Weg in die Tafelmalerei. In der deutschen Kunstgeschichte ist das Palantsche Gemälde das älteste bisher bekannte Tafelbild mit einer Fegefeuer-Darstellung.

Am 12. Juli 1429 erhöhten Ritter Werner II., Herr zu Palant und Breitenbend († 1456) und seine Frau Alveradt von Engelsdorff das Stiftungsgut eines bereits bestehenden und konsekrierten Familienaltares in der Pfarrkirche von Linnich[3]. Für den Jahreszins von 18 Malter Roggen hatte der Altarist täglich außer dienstags und donnerstags Messe zu lesen. Insbesondere mußte er wöchentlich eine Messe zu Ehren des hl. Kreuzes und eine zu Ehren der Altarpatronin Maria feiern. Hinzu kamen jährlich sechs Messen besonderer Heiliger[4].

Kat. 92

Wann der Altar gestiftet worden war, ist nicht bekannt. Jedenfalls muß das hier besprochene Retabel aufgrund der Zusammensetzung der Stiftergruppe schon zwischen 1419 und 1425 entstanden sein.

In den Ecken des unteren Bildrandes knien die Stifter: heraldisch rechts Ritter Werner von Palant mit 12 Söhnen[5], ihm gegenüber seine Mutter Margarethe von Bergerhausen, die Gattin Alveradt und die einzige Tochter[6]. Von Werner und seiner Mutter gehen Spruchbänder mit einem Psalmvers aus (Ps. 78,9): *Hilf Du uns, Gott, unser Helfer–* //
... um Deines Namens Ehre willen; errette uns... Diese Bitten nach Erlösung erfüllen sich im Hintergrund. Wir blicken in eine Landschaft, deren Horizont die Bildfläche etwa hälftig teilt. Zwischen den Stiftergruppen öffnet sich eine Feuergrube, in der die Armen Seelen dicht gedrängt mit flehenden Gesten verharren. Ihnen kommen vier Engel zu Hilfe, von denen jeder ein Attribut aus den sechs Werken der Barmherzigkeit (Mt. 25.35ff.) trägt: Brot für den Hungernden, ein Kleid für den Nackten, Tranksame für den Dürstenden und ein schwer identifizierbares Becken für den Fremden, Gefangenen oder Kranken. Mit diesen barmherzigen Werken haben die Armen Seelen oder ihre Verwandten im Leben ein Seelgerät angelegt, das ihnen nun die Leidenszeit verkürzt. Zwei Engel tragen denn auch zwei erlöste Seelen in einem Tuch in den Himmel Christus entgegen.

P. J. / B. K.

Literatur: – QUADFLIEG 1962/63. – GRIMME 1963, Nr. 119. – Kat. Vor Stefan Lochner 1974, Nr. 49. – Kat. Von der Erde zum Himmel 1993, Nr. 79.

1 Die Tafel stammt von einem unbekannten Aachener oder Kölner «Meister des Palant-Altars», benannt nach der Stifterperson Werner II. von Palant. Die stilistische Einordnung bereitet Schwierigkeiten. Am ehesten rückt der Maler in die Nähe des Meisters des Wasservaß-Altars, dürfte aber zeitlich nach diesem anzusetzen sein (vgl. Kat. Vor Stefan Lochner 1974, Nr. 49).
2 Die Angabe von STANGE 1967, wonach die zweite ehemalige Flügelaußenseite nun mit der Fegefeuer-Tafel in Aachen zusammengeklebt sei, ist irrig (briefliche Mitteilung von Michael Rief, Aachen, 18. 11. 1993).
3 Zum folgenden QUADFLIEG 1962/63.
4 Ebda. S. 214: Messen zu Ehren der hll. Petrus, Johannes Ev., Johannes Bapt., Cornelius, Nikolaus, der hll. Drei Könige, Katharina und Barbara und der hll. Jungfrauen.
5 Acht davon sind urkundlich faßbar; die übrigen sind vielleicht schon im Kindesalter gestorben.
6 Identifikation von Werner, Alveradt und Margarethe aufgrund der Wappen.

93. Im Fegefeuer bleiben die leidenden Seelen trotz der Marter hoffnungsfroh. Wenn die Qual vorüber ist, wartet auf sie der Himmel.

Niederländisches Stundenbuch, Utrecht, um 1430.
Beginn des Totenoffiziums: Zwei Seelen im Fegefeuer, fol. 205r.

Format: H: 17; B: 12 cm, 242 ff. Pergament.
Kalender 17zeilig, Text 17zeilig.
Meister des Zweder van Culemborg, ein zweiter Maler niederrheinischer (?) Herkunft.
Einband: braunes Kalbsleder, verziert mit Blindstempeln und mit dem Streicheisen gezogenem Rautennetz, 15. Jahrhundert.
Zürich, Zentralbibliothek, Ms. C 142.
Provenienz: Auf dem Vorsatz: Schwester Margareta, 16. Jahrhundert, durchgestrichen. Maria de Koningh, 16. Jahrhundert, von derselben Hand, die fol. 235f. ein Gebet nachgetragen hat.

Bildschmuck: fol. 13: historisierte Initiale Verkündigung; fol. 108: historisierte Initiale Taube des Hl. Geists; fol. 156: historisierte Initiale Gefangennahme Christi; fol. 158: historisierte Initiale Schmerzensmann, von Maria gehalten; fol. 159: historisierte Initiale Kreuzigung; fol. 162: historisierte Initiale Grablegung; fol. 164: historisierte Initiale Haupt Christi; fol. 205: historisierte Initiale Zwei Seelen im Fegefeuer.

Deutlich sind an diesem Stundenbuch die Anteile zweier beteiligter Werkstätten zu trennen. Der Textblock von fol. 156 bis fol. 186v, der die Horen vom Mitleiden Mariä und die Bußpsalmen umfaßt, ist in anderer Schrift geschrieben und anders dekoriert als der Rest der Handschrift. Die historisierten Initialen in diesem Abschnitt hat ein schwacher Buchmaler ausgeführt, dessen stilistische Voraussetzungen eher im Rheinland als in den Niederlanden zu suchen sind.

Den verbleibenden größeren Teil hat indessen ein wohlbekanntes Utrechter Atelier illuminiert, das des Meisters des Zweder van Culemborg. Dieser Buchmaler wird nach einem Missale in Brixen (Bressanone, Biblioteca del Seminario Maggiore, Ms. C. 20) benannt, das für den in seinem Amt nie recht anerkannten Utrechter Bischof Zweder van Culemborg bestimmt war.

Charakteristisch für das Atelier des Zweder-Meisters ist schon der Randdekor. An dichtem Federwerk sitzen Dreiblätter sowie grüne Einzelblätter von auffälliger Tropfenform. Am oberen und unteren Rand windet sich das Federwerk um einen dünnen Blattgoldstab. Die Darstellung in der Initiale ist, etwa in der Gesichtstypik und in der leicht puppenhaften Proportio-

Kat. 93

nierung der Leiber, noch dem weichen Stil verhaftet. In seinem Bemühen, selbst die imaginäre Welt des Fegefeuers überzeugend darzustellen, geht der Zweder-Meister jedoch darüber hinaus. Mit den unruhig züngelnden Flammen und dem einfarbig schwarzen Hintergrund gelingt ihm unter Beschränkung auf sparsamste Mittel eine eindrucksvolle Inszenierung dieser Jenseitsvorstellung.

In mehreren Handschriften (z.B. Den Haag, Koninklijke Bibliotheek, Hs. 133. M. 131, fol. 197) greift der Zweder-Meister zur Illustration des Totenoffiziums auf das Thema zweier Seelen im Fegefeuer zurück. Die Bildinitialen erinnerten den Beter auf sehr direkte Weise an den Zweck, den er mit dem Lesen des hier beginnenden Textes verfolgte, nämlich den Seelen der Verstorbenen durch Fürbitte Hilfe zu bringen.

B. B.

Literatur: – MOHLBERG 1951, S. 66, Nr. 169. – MARROW (im Druck).

94. Ein Verstoß gegen die Jenseitsregeln? – Die hl. Ottilia betet ihren Vater aus der Hölle los.

Holzschnitt, um 1450.

H: 26.2, B: 18.3 cm. Elsässisch.
München, Staatliche Graphische Sammlung, Inv. Nr. 10667.

Der Legende nach wurde die elsässische Heilige Ottilia um 660 blind geboren. Ihr Vater, der Herzog Attich, wollte sie deshalb töten lassen. Aber ihre Mutter rettete sie, indem sie sie in ein Kloster bringen ließ; als sie dort von einem Bischof getauft wurde, erhielt sie durch ein Wunder das Augenlicht. Ottilias Bruder wollte darauf seine verstoßene Schwester nach Hause holen. Attich geriet jedoch über dieses Vorhaben dermaßen in Zorn, daß er seinen Sohn zu Tode prügelte. Nun packte den sündigen Vater doch noch die Reue, und er zog sich bis an sein Lebensende in ein Kloster zurück. Seiner Tochter übergab er seinen Besitz Hohenburg, wo sie das Kloster Odilienberg erbaute und als Äbtissin wirkte. Als Attich starb, erfuhr Ottilia, daß er im Jenseits zu leiden habe. Sie betete und weinte so lange für seine Seele, bis eine Stimme vom Himmel ihr verkündete, daß er erlöst sei.

Diese Episode ist auf dem vorliegenden Holzschnitt dargestellt. Links im Vordergrund kniet die hl. Ottilia betend, gekennzeichnet durch Nonnenkleidung, Äbtissinnenstab und Heiligenschein. Weiter hinten stehen drei Nonnen, die sie bei ihrem Gebet unterstützen. Die Gewölbearchitektur deutet einen gotischen Raum an, in dem sich außer den Protagonisten ein Altar mit einer dreiteiligen Tafel befindet. Auf diesem Triptychon ist der Gekreuzigte zu erkennen, flankiert von Maria und Johannes. Auf den Flügeln ist je ein – nicht näher identifizierbarer – Heiliger abgebildet. Über dem Altar hängt, am Schlußstein des Gewölbes befestigt, ein Ewiges Licht. Von rechts schwebt ein Engel herab. Er zieht einen nackten, bärtigen, gekrönten Mann, nämlich Herzog Attich an beiden Handgelenken aus dem aufgerissenen Schlund eines flammenumzüngelten Drachenkopfes.

Vor der Heiligen liegt ein Buch. Auffällig sind die drei schwarzen Punkte unterhalb des Altares. Es könnte sich dabei um die Vertiefungen handeln, die – so die Legende – die Tränen Ottilias um ihren Vater in den Steinboden gegraben haben sollen. Bemerkenswert ist, daß sich der Höllenra-

Kat. 94

chen mitten im Kirchenraum zu befinden scheint. Die drei Nonnen und insbesondere Ottilia neigen sich zu ihm hin; die Hände der Heiligen zeigen direkt in ihn hinein. Diese Bewegung wird durch die Schräge ihres Stabes zusätzlich betont.

Widersprüchlich an der dargestellten Szene ist, daß der flammende Drachen-schlund der Tradition gemäß zunächst als Höllenrachen zu verstehen ist, daß aber eine Erlösung aus der Hölle seit dem Hochmittelalter theologisch unmöglich ist. Hätte Attich bloß im Fegefeuer gelitten, wäre das Problem gelöst, denn Lebende können durch ihre Fürbitte die endlichen Reinigungsqualen der Verstorbenen verkürzen.

Die älteste erhaltene Ottilienlegende stammt vermutlich aus dem frühen 10. Jahrhundert, ist also älter als die Lehre vom Fegefeuer. Zu jener Zeit galt noch die Meinung, daß eine Erlösung aus der Hölle möglich sei. So spricht diese Vita denn auch ohne Bedenken davon, daß Attich *ab inferno liberatus*, also «aus der Hölle befreit» worden sei[1].

Mit der Festigung der Jenseitsvorstellungen ergab sich ein Zwiespalt zwischen der kirchlichen Lehre und der überlieferten Legendenversion, die vor allem auch im Volksglauben verbreitet war. Dieser Konflikt zeigte sich vom Hochmittelalter bis in die Neuzeit immer wieder in Text und Bild. Der Legenda aurea wurde die Ottilienvita spätestens im 14. Jahrhundert zugefügt. Dort leidet der Vater der Heiligen jedoch *in purgatorio*, also «im Fegefeuer» und nicht in der Hölle[2]. Als der vorliegende Holzschnitt entstand, waren beide Legendenfassungen geläufig. In der Kunst halten sich Darstellungen der Ottilienlegende mit Höllenrachen und solche, auf denen nur Flammen zu sehen sind (vgl. Kat. Nr. 95), in etwa die Waage. In den frühesten Holzschnitten überwiegt eher die Hölle, in der Malerei allgemein eher das Feuer, womit wohl eher das Fegefeuer als die Hölle gemeint ist. Besonders anschaulich wird das Nebeneinander der zwei Versionen in einer Legendensammlung von 1488, dem «Prosa-Passional»: Obwohl hier der Text von *der hell* spricht, ist in der zugehörigen Illustration nichts von einem Höllenrachen zu sehen[3]. Während in der Textüberlieferung der Sachverhalt durch Austauschen des Begriffs an die herrschende Lehrmeinung angeglichen werden konnte, hat offenbar in der Ikonographie der Widerspruch zwischen tradiertem Stoff und gewandeltem Dogma zu Überschneidungen geführt, die die Deutung erschweren. Während Flammen eher für das Fegefeuer als für die Hölle stehen, tritt der Drachenschlund in beiderlei Bedeutung auf (vgl. Kat. Nr. 96). Generell wird mit dem Eingreifen von Engeln die Szene als Fegefeuer identifiziert. Doch ist nicht auszuschließen – der vorliegende Holzschnitt beweist es – daß unter Umständen eine fließende ikonographische Tradition über ein kirchliches Dogma triumphiert und die Errettung auch aus der Hölle möglich erscheinen läßt.

Es gab im Mittelalter noch einzelne andere Legenden mit einem ähnlichen Konfliktpotential. Die bekannteste davon ist die Erzählung von Papst Gregor dem Großen (540-604), der Trajan aus der Hölle losbetete. Der heidnische Kaiser Trajan (98-117) galt als Musterbeispiel richterlicher Gerechtigkeit. Auf Gregors Fürbitte hin wurde er von seinen Jenseitsqualen erlöst. Der Unterschied zur Ottilienlegende besteht darin, daß Trajan zwar gerecht, aber Heide gewesen war, Attich jedoch ein ungerechter Christ. Damit taucht bei Trajan ein weiterer Widerspruch zur Kirchenlehre auf, denn Heiden sind schon von vornherein vom ewigen Leben im Paradies ausgeschlossen. Wie bei Ottilia existierten verschiedene Textfassungen der kritischen Stelle nebeneinander. Die Legenda aurea gibt in der Gregors-Vita sogar acht verschiedene Versionen der Erlösung Trajans zur Auswahl und macht deutlich, daß es sich dabei um einen absoluten Ausnahmefall handelt. Die bildende Kunst verzichtete darauf, bei dieser Szene den Höllenrachen darzustellen. Sie begnügte sich jeweils mit dem weniger verfänglichen Feuer (vgl. Abb. 127).

M. Bi.

Literatur: – SCHREIBER 1926-1930, Nr. 1645. – Vita S. Otiliae. – Legenda aurea (Ed. Graesse), S. 876f. – Legenda aurea (Ed. Benz). – KÜNSTLE 1926, S. 475-478. – CLAUSS 1935, S. 100-106. – BARTH 1938. – RÉAU 1958, S. 999-1003. – SCHMAUS 1959. – BIELER 1962. – CETTO 1966, S. 94-134. – VAN DOREN / RAGGI 1967. – BRAUNFELS 1970. – BRENK / BRUHLHART 1970. – SCHÜTZ 1976, Sp. 439f. – KOSCHWITZ 1976. – SCHREIBER / MUSPER 1976, S. 26f. – KRETZENBACHER 1980. – KELLER 1987, S. 453.

---

1 Vita S. Otiliae.
2 Legenda aurea: Graesse zitiert nach der 1474 in Basel erschienenen Inkunabel. In der Ausgabe von Benz, der auf ältere Handschriften zurückgreift, ist die Ottilia-Legende nicht enthalten.
3 Prosa-Passional, Druck des Anton Koberger zu Nürnberg, 1488, Bl. CCCLVIIIV.

Abb. 127 Michael Pacher, Kirchenväter-Altar. Gregor der Große erlöst Trajan aus dem Feuerjenseits. München, Alte Pinakothek.

95. Aus der Hölle wird das Fegefeuer. Ottilia rettet ihren Vater nach den Regeln der Kirchenlehre.

Innerschweiz, um 1500.
Altarflügel aus der Pfarrkirche zu Kerns mit dem Wunder der hl. Ottilia.

Tempera auf Holz, H: 94, B: 97 cm.
Sarnen, Heimatmuseum.

Auf der Innenseite des Altarflügels ist der hl. Martin dargestellt, der seinen Mantel mit einem Bettler teilt. Die Außenseite zeigt die Erlösungsszene aus dem Leben der hl. Ottilia (vgl. Kat. Nr. 94): Die Heilige in Nonnentracht kniet in einem Kirchenraum beim Altar. In der Mitte des Bildes und rechts öffnen sich gegen hinten weitere Räume. Auf den Altarstufen liegt ein geöffnetes Buch und ein Augenpaar, das Attribut Ottilias. Ihr Gesicht ist von Tränen überströmt, die sie um ihren verloren geglaubten Vater weint. Vor ihr steigt aus einem quadratischen Loch im Kirchenboden der nackte Attich. Er streckt einem neben dem Altar stehenden Engel seine Hände entgegen. Aus dem Loch züngeln rote und gelbe Flammen, die die Beine des sonst blassen Körpers gerötet haben. In diesem Beispiel wurde also auf die Darstellung eines Höllenrachens verzichtet (vgl. Kat. Nr. 94), der Künstler wählte die weniger problematische Feuervariante.

Die Tafel hat leider viel von ihrer Originalsubstanz verloren. In der letzten Restaurierung (1972-74) wurden die Fehlstellen in tratteggio-ähnlicher Technik retuschiert. Über diese Ergänzungen hinaus kann man in Ansätzen noch erkennen, daß sich über dem Altar ursprünglich ein Kruzifix befand und daß Herzog Attich vermutlich eine Krone trug, deren Farbreste fälschlicherweise als Haupthaar interpretiert und entsprechend ergänzt worden sind. Den Kopf muß man sich wohl ursprünglich ein wenig kürzer vorstellen. Auch in Ottilias Heiligenschein sind noch Spuren einer Krone vorhanden, die sie als Herzogstochter auszeichnete.

Die künstlerische Qualität der Tafeln ist als provinziell einzustufen. Die ungelenke Perspektive der Innenraumdarstellungen lassen die Gemälde älter einschätzen als sie es in Wirklichkeit sind. Alfred Stanges Gleichsetzung mit dem Meister des Marienaltars in der Stiftsbibliothek Engelberg[1], Malerei von deutlich höherer Qualität, wird nur verständlich, wenn hier eine

Kat. 95

Gehilfenarbeit angenommen wird. Zu akzeptieren ist hingegen die Anbindung an den sogenannten Sachselner Altar[2], welcher sich zu Teilen ebenfalls im Heimatmuseum Sarnen befindet, bzw. wegen der Bruder-Klaus-Darstellung auf einem der Flügel noch in der Pfarrkirche von Sachseln.

M. Bi. (Ikonographie)
B. K. (stilistische Zuordnung)

Literatur: – OMLIN 1946, S. 170. – STANGE 1969, S. 87. – STANGE 1970, S. 86, Nr. 377 (mit älterer Literatur). – DURRER 1971, S. 355.

---

1 STANGE 1970, Nr. 376.
2 Ebda., Nr. 375.

96. Zwei Feuerrachen und der entscheidende Unterschied: Das Fegefeuer wird von Engeln besucht – Teufel halten die Hölle unter Verschluß.

«Compendium theologicae veritatis» (deutsch) des Hugo Ripelin von Straßburg, Papierhandschrift aus dem Dominikanerinnenkloster Medingen, nach 1469.
D-Initiale mit Adam, Fegefeuer und Hölle zum dritten Buch, fol. 64va.

Seitenformat: H: 40.5; B: 27.5 cm; 201 Blätter; Papier; Wasserzeichen = Briquet Nr. 3387 (Augsburg 1469).
Bildinitialen: fol. 2vb: Trinität;
fol. 28rb: Erschaffung Evas;
fol. 64va: Adam, Fegefeuer und Hölle;
fol. 89rb: Verkündigung;
fol. 113ra: Ecclesia, Gläubige und Christus;
fol. 150rb: Sündenvergebung;
fol. 180va: Weltgericht.
Würzburg, Universitätsbibliothek,
Cod. M. ch. f. 690.

Der Dominikaner Hugo Ripelin von Straßburg (seit 1232 als Prior in Zürich und seit 1261 als solcher in Straßburg nachweisbar) verfaßte mit dem «Compendium theologicae veritatis» einen theologischen Lehrgang, der bis ins 16. Jahrhundert in annähernd tausend Handschriften überliefert ist[1]. Er umfaßt sieben Bücher mit folgenden Inhalten: 1. Gotteslehre, 2. Schöpfung, 3. Sünde, 4. Inkarnationslehre, 5. Gnaden- und Tugendlehre, 6. Sakramentslehre und 7. Eschatologie (Fegefeuer, Antichrist, Auferstehung der Toten, Weltgericht, Hölle, Himmel). Bei der hier präsentierten Handschrift handelt es sich um eine deutsche Übersetzung, die aus dem Kloster Medingen stammt. Zur optischen Gliederung enthält sie am Anfang eines jeden Buches eine Bildinitiale, welche den nachfolgenden Text illustriert.

Die abgebildete Miniatur steht am Anfang des dritten Buches, welches von Ursprung und Art der Sünden handelt. Das Binnenfeld der D-Initiale wird durch eine T-förmige Leiste in drei Teile geschieden. Im oberen gräbt ein Bauer mit einer Hacke den Boden um. Es dürfte sich um Adam handeln, der zur Arbeit verurteilt ist. Weil sein Ungehorsam nach Augustin die Erbsünde in die Welt gebracht hat, leitet er, sozusagen als Ursünder, mit seinem Bild das entsprechende Buch ein. In der Folge davon stehen sich unterhalb von Adam ein Fegefeuer- und ein Höllenrachen achsensymmetrisch gegenüber. Sie unterscheiden sich nur darin, daß das Fegefeuer durchlässig ist und

Kat. 96

einem Engel erlaubt, eine Seele in den Himmel zu heben, wogegen die Hölle durch die Teufel auf ewig verschlossen bleibt. In dieser exemplarischen Klarheit darf die Miniatur als eines der Schlüsselbilder für das Verständnis der Fegefeuerikonographie gelten.

P. J.

Literatur: – STEER 1981, S. 422-425 (mit Handschriftenbeschreibung). – STEER 1983.

---

1 STEER 1983, Sp. 256.

97. Kopfüber schweben Engel ins Fegefeuer hinab, um mit Almosen und Hostien Arme Seelen zu retten.

Unbekannter Maler.
Gute Werke und Arme Seelen auf der Werktagsseite eines Retabels aus der Michaelskapelle von Niederolang, Pustertal, um 1525.

Flügelpaar mit je zwei übereinanderliegenden Bildtafeln.
Malerei auf Zirbelholz. H: 81; B: 73 cm (Maß einer Bildtafel); Rahmung neueren Datums.
Im ursprünglichen Zustand umfaßte die Sonntagsseite: Abendmahl, Himmelfahrt Christi, Herabkunft des Heiligen Geistes und den Abschied von den Aposteln.
Die Werktagsseite zeigte oben: Almosenvergabe und Seelmesse; unten: die entsprechenden Fegefeuerbilder.
Zu einem nicht bekannten Zeitpunkt wurden die Tafeln geteilt. Almosenvergabe und Himmelfahrt werden heute in Kloster Neustift (Brixen) aufbewahrt. – Die übrigen Tafeln befinden sich in Innsbruck.
Innsbruck, Tiroler Landesmuseum, Inv. Nr. 81-84.

Die folgende Beschreibung rekonstruiert die ursprüngliche Anordnung der Werktagsseite: Auf der oberen Hälfte der Flügel sind Almosenvergabe und Seelmesse einander als Gute Werke gegenübergestellt. Einige Bettler haben sich in einer überwölbten Halle versammelt. Zwei Männer reichen ihnen Getränk und Brote. Rechts davon öffnet sich der Blick in die Seitenkapelle einer dreischiffigen Kirche. Ein Priester zelebriert vor einem geöffneten Marienretabel die Seelmesse. Eben ist er im Begriff, die gebrochene Hostie zu sich zu nehmen. Zu seiner Rechten kniet ein Meßdiener mit dem Meßkännchen in der Hand. Links drängt sich eine kleine Schar von Leuten, die an der Seelmesse teilnehmen. Aus der Gruppe hebt sich im Vordergrund ein Mann mit kostbar gefüttertem Mantel ab; es könnte sich um den Initiant der Stiftung handeln.

In der unteren Hälfte weitet sich über die volle Breite eine phantastische Fegefeuerlandschaft mit durchgehendem Horizont. Achsensymmetrisch wiederholen sich auf beiden Flügeln die Grundzüge der Szenerie. Am Rand einer Feuergrube hockt jeweils eine nackte Gestalt, gleichsam als wollte sie den Bildbetrachtern die Härte der Strafe beziehungsweise den Weg der Erlösung erläutern. In den Gruben schmachten dichtgedrängt die Seelen, zum Teil mit heraushängender Zunge, zum Teil mit flehenden Gesten. Zwischen Fegefeuer und Himmel herrscht reger Verkehr. Engel kommen und gehen. Sie bringen aus den darüberliegenden Szenen die als Almosen verteilten Brote und die Hostien aus dem Meßopfer hinunter und holen erlöste Seelen ab.

Der Altar stand in der Michaelskapelle am Friedhof von Niederolang. Diese war 1484 erbaut worden, erhielt 1500 einen Ablaßbrief und wurde 1514 mit einer Glocke ausgestattet. Zusammen mit der Kapelle ist der Altar Ausdruck einer intensiven Auseinandersetzung der Gemeinde mit dem Jenseits, wobei bisher nicht klar geworden ist, wer als Initiant der Stiftung agiert.

Das klare Bildprogramm zeugt von einer allmählich sich festigenden ikonographischen Tradition (vgl. im Gegensatz dazu die eher experimentelle Bildfindung in Kat. Nr. 92). Dem Künstler bot das Fegefeuer-Thema Gelegenheit, Engel in gewagten Sturzflugperspektiven darzustellen und extreme Tonwerte zu suchen. Eine beinahe magische Farbigkeit und Beleuchtung breitet sich aus. Hingegen wirken manche der dargestellten Personen und Engel eher puppenhaft mit einem Zug zum Derben. – Bisher ist es trotz intensiver Bemühung der Forschung nicht gelungen, den Maler zu benennen. Deutlich gemacht wurde aber die Abhängigkeit von der Druckgraphik Albrecht Altdorfers und Hans Hubers[1]. Die Art der Figurenbeleuchtung steht dagegen der Malerei von Marx Reichlich nahe. Der derbe Typus der knapp ins Bildformat gesetzten Figuren scheint aus dem Fundus von Friedrich Pacher zu stammen[2].

P. J. (Ikonographie)
B. K. (stilistische Einordnung)

Literatur: – Kat. Gotik in Tirol 1950, Nr. 179; – Egg 1985, S. 217-219, Abb. 158.

---
1 Egg 1985, S. 218.
2 Vgl. die Enthauptung der hll. Cosmas und Damian, Innsbruck, Tiroler Landesmuseum. Siehe Abb. 20 und Umschlag bei Kat. Spätgotik in Tirol 1973.

Die Gregorsmesse

Als 'Gregorsmesse' werden bildliche Darstellungen bezeichnet, welche die Erscheinung Christi als Schmerzensmann vor Papst Gregor I. beim Aufheben der Hostie während der Eucharistiefeier wiedergeben. Dieses Bildthema, welches in der Kunst des 15. Jahrhunderts nördlich der Alpen sehr beliebt war, geht auf verschiedene, teils miteinander kombinierte legendarische Überlieferungen zurück. Das Gebet vor solchen Altarbildern oder graphischen Blättern war in der Regel mit einem Ablaß verknüpft. Oft ist dabei auch die heilsame Wirkung der Opfermesse für die Armen Seelen im Fegefeuer mitdargestellt.

Gregor I. der Große (504-604), als Sohn einer alten Senatorenfamilie in Rom geboren, wurde 572 Stadtpräfekt von Rom, zog sich jedoch bereits ein Jahr später von den weltlichen Geschäften zurück, um fortan in einem kleinen Kloster als Mönch zu leben. Doch auch dort wurden ihm zunehmend verantwortungsvolle Aufgaben übertragen, und bereits 579 wurde er als ständiger Gesandter von Papst Pelagius II. (579-590) an den oströmischen Kaiserhof gesandt. Nach dessen Tod wurde Gregor trotz starkem eigenem Widerstand zum Papst gewählt[1]. Zu seinen hauptsächlichen Verdiensten zählen die großen sozialen Verbesserungen in den kircheneigenen Gebieten, dem Patrimonium Petri, sowie die Reform der Messe. Im 14. Jahrhundert, in der Zeit der vollen Entfaltung des Ablaßwesens, beruft man sich auf ihn als Begründer zahlreicher Ablässe, obwohl die theologische Begründung für den Ablaß erst im 12. Jahrhundert erfolgte.

Verschiedene Texte, die teils bis ins 6. Jahrhundert zurückgehen, schildern Gregors intensive Beschäftigung mit dem Schicksal der Seelen nach dem Tod. So soll er in einem Meinungsstreit mit Eustychios, dem Patriarchen von Konstantinopel, die These geäußert haben, daß der menschliche Leib nach der Auferstehung demjenigen des auferstandenen Christus gleichzusetzen sei (Phil. 3,20f.)[2]. Er zitierte dazu Lukas 24,39, wo Christus nach der Auferstehung zu den Jüngern kommt und sagt: *Sehet doch hier meine Hände und Füße ! Ihr werdet mich doch noch kennen ? Betrachtet mich nur und macht die Augen auf, Ihr wißt ja, daß ein Geist nicht Fleisch und Bein hat, wie Ihr an mir wahrnehmt.* An diesem Sieg Christi über den Tod soll der Gläubige durch den Empfang der Eucharistie teilhaben können. Dies verdeutlicht auch eines der zahlreichen überlieferten Meßwunder Gregors. Es handelt von einer Witwe, die zu einer Messe Gregors selbst gebackenes Brot für die Kommunion mitbrachte und nicht daran glaubte, daß dieses sich in den Leib Christi verwandeln könnte. Gregor betete um ein Wunder, das sie von ihrem Unglauben abbringen sollte. Auf der Hostie erschien darauf ein blutiger Finger, wodurch die Wirklichkeit der Transsubstantiation, der Wandlung der Hostie in den Leib Christi, für alle sichtbar gemacht und die Witwe zum Glauben bekehrt wurde[3]. Über ein anderes Meßwunder berichtet Gregor selbst in seinen Dialogen (IV, 55). In seinem Kloster S. Andrea am Monte Celio war ein Mönch namens Justus als Arzt tätig, der dadurch gegen die Amtsgelübde verstieß, daß er sich durch seinen Beruf zu bereichern versuchte. Nach Justus' Tod untersagte Gregor jegliche Fürbitte für seine Seele, empfand jedoch nach 30 Tagen Mitleid mit dem im Fegefeuer Leidenden und ließ deshalb für ihn 30 Tage lang eine Seelenmesse lesen, bis jener, von seinen Qualen erlöst, in den Himmel aufgenommen wurde. Einem anderen Bericht[4] zufolge soll Gregor auf dem Trajansforum zur Überzeugung gelangt sein, daß der Kaiser nicht mehr länger in der Hölle gepeinigt werden dürfe, obwohl er nach christlicher Überzeugung als Heide und Christenverfolger dazu verdammt war. Gregor begann daraufhin ohne Unterlaß für die Seele Trajans zu beten und erreichte dessen Erlösung aus der Hölle. Dieselbe Legende findet sich in der Legenda aurea, wonach Papst Gregor auf dem Weg zur Peterskirche in Rom über das Trajansforum ging und dabei über die Milde und Gerechtigkeit des heidnischen Kaisers nachdachte. In der Legenda aurea heißt es danach: *Da ging er in die Kirche Sanct Peter und weinte bitterlich über des Kaisers Irrglauben. Und siehe da, eine Stimme vom Himmel herab sprach: Dein Gebet ist erhöret, ich habe Trajano die ewige Pein erlassen. Aber hüte dich, daß du hinfort für keinen anderen Verdammten bittest.*

Die Legenden[5] haben dazu beigetragen, daß in den Darstellungen der Gregorsmesse häufig Arme Seelen zu sehen sind, die aus dem Feuerrachen erlöst werden. Die ungläubige Hostienbäckerin wird auf den uns bekannten Bildern nicht dargestellt, hingegen erscheint Christus als Schmerzensmann vor Gregor. Diese Erscheinung entspringt einer Vision des Papstes, die er

während einer Messe in der Kirche Sta. Croce in Gerusalemme in Rom erfährt. Als Urbild dieser Erscheinung wird eine Mosaikikone angesehen, die Raimondo Orsini um 1385/86 den Kartäusern in Rom für diese ihre Kirche geschenkt hatte, wo sie noch heute den zentralen Teil eines Reliquienretabels bildet[6]. Durch die zunehmende Bedeutung der Wallfahrten und des Ablaßwesens – nicht zuletzt auch durch die Einführung der Jubeljahre – und die immer zahlreicher werdenden Pilger dürfte es für die Kartäuser interessant gewesen sein, mit der Geschichte des hl. Gregors die neu in die Kirche gelangte Ikone als besonders ablaßwirksam anzupreisen, nicht zuletzt um gegenüber den für Pilger «attraktiveren» Kirchen St. Peter, S. Paulo fuori le mura und Sta. Maria Maggiore «konkurrenzfähig» zu bleiben[7]. Papst Urban IV. hat den durch die Verehrung der Mosaikikone gewährten Ablaß Gregors auf alle Nachbildungen, welche die Gregorsmesse darstellen, ausgedehnt. Es entstanden so auch unzählige Pilgerzettel, welche das Wunder zeigten und den Pilgern in ihrer Heimat als privates Andachtsbild dienten. Sie wurden in Meß- und Gebetbücher eingeklebt und auch in größere Bilder umgesetzt. Immer stand dahinter auch die Absicht, die Transsubstantiationslehre und die Kraft des Ablasses zu propagieren[8].

F. K.

---

1 Croquison 1962, S. 249-260. – Kühner 1956, S. 34f.
2 Ortsmayr 1941, S. 107. – Kelberg 1983, S. 3.
3 Lorenz 1956, S. 12. – Kat. Messe Gregors d. Gr. 1982, S. 17f.
4 Gregorsvita, abgefaßt zwischen 675 und 713, s. Lorenz 1956, S. 15f. und Kelberg 1983, S. 8.
5 Thomas 1933, S. 58f. weist auf weitere Legenden hin.
6 Bertelli 1967, S. 44f., Abb. 1-3.
7 Appuhn 1979, S. 78.
8 Kelberg 1983, S. 10. – Osten 1935, S. 28. – Kat. Messe Gregors d. Gr. 1982, S. 22.

Abb. 128 (S. 292) Gregorsmesse, Flügelaußenseite des Schlutuper Altars, um 1500. Lübeck, Museum für Kunst und Kulturgeschichte der Hansestadt Lübeck.

Kat. 98 Detail. Fegefeuerrachen.

98. In der Gregorsmesse fließt das Blut Christi über den Altar und öffnet den Armen Seelen den Weg in den Himmel.

Meister des Lebensbrunnens.
Messe des Heiligen Gregors, um 1510.

Eiche, H: 90.5; B: 77 cm.
Provenienz: 1903-1942 Wallraf-Richartz-Museum Köln.
Privatsammlung.

Wann die im 14. Jahrhundert aufkommene Legende der Gregorsmesse erstmals bildlich umgesetzt wurde, d.h. wann zum dargestellten Schmerzensmann die Gestalt des betenden Papstes hinzugekommen ist, läßt sich heute kaum mehr feststellen. Zum Bildtyp gehört auch die Darstellung der *Arma Christi*; über die Leidenswerkzeuge, von denen jedes für sich eine Leidensstation symbolisiert, konnte die Passion noch konzentrierter dargestellt werden. Thomas von Aquin spricht dabei von den *signa demonstrativa et remorativa (beweisenden und wiedererzählenden Zeichen)*[1].

Christus wird hier, gemäß der Vision Gregors, als Erlöser dargestellt; dies wird deutlich im Abbild einer Armen Seele links unter dem Altar, die, durch einen Blutstrahl Christi getroffen, erlöst aus dem Feuerrachen steigt. Das übrige Blut leitet Christus zur Verdeutlichung der Transsubstantiationslehre in den Kelch der Wandlung. Im Gegensatz zum Schlutuper Altar (s. Abb. 128) fehlt die Engelsfigur, welche die Arme Seele aus dem Rachen hochzieht.

Gregor kniet gebannten Blickes vor dem Schmerzensmann. Seine Kasel ist mit einem schrägarmigen Kreuz besetzt, welches mit einer Kreuzigungsdarstellung verziert wurde. Rechts hinter ihm knien und stehen drei Kardinäle, von denen der eine die Tiara und das Papstkreuz, der andere die Kasel und der dritte ein Buch und einen Kreuzstab hält. Statt der Tiara, dem *signum imperii*, die nur als Kopfschmuck in der Prozession getragen wurde, müßte eigentlich die in den Bereich der Liturgie gehörende Mitra, das *signum pontificii*, dargestellt sein[2]. Der Papst sollte hier offenbar in seiner Funktion als geistliches und weltliches Oberhaupt gezeigt werden.

Im Vordergrund wird die Szene durch zwei Diakone abgeschlossen, von denen der linke ein Weihrauchgefäß, der rechte das Meßglöckchen und die Wandlungskerze in den Händen hält. Diese auf einem langen Stab steckende Kerze ist ein direkter Hinweis auf das Meßgeschehen und wurde erstmals im 13. Jahrhundert bei den Kartäusern verwendet, um bei den Frühmessen während der Wandlung die Hostie zu beleuchten. Auf dem Altar stehen zwei Leuchter und die beiden Meßkännchen; die Patene fehlt.

Christus steht in seitlich gebückter Haltung bis zu den Knien hin sichtbar im Sarkophag und weist mit seiner Rechten auf seine blutspritzende Wunde. Überragt wird er von einem T-förmigen Kreuz, welches zusammen mit der Leiter, der Laterne, dem Spieß des Longinus und den beiden Mänteln einem Ablaßkreuz gleicht (vgl. Kat. Nr. 62).

Sowohl Christus wie Gregor sind ohne Heiligenschein wiedergegeben, wodurch die ganze Wunderszene wie ein reales Geschehen in wirklicher Architektur wirkt. An der nach hinten abschließenden Wand sind drei übereinanderliegende Reihen Rundbogenfenster eingelassen, in denen – von links oben beginnend – Herodes und Pilatus, Hannas und Kaiphas, Petrus und die Magd, darunter Maria und Johannes, der Judaskuß sowie möglicherweise ein Ausblick auf den Garten Gethsemane am Fuße des Ölbergs zu sehen sind. Aus dem untersten Rundbogen speiht der Folterknecht, einen Schilfkolben in der Hand haltend, Christus förmlich ins Gesicht. Vor ihm auf dem Fensterbrett stehen die Salbgefäße der drei Marien, das rechte mit *SALUS* (Heil) beschriftet. Weiter rechts an der Wand hängt das Schweißtuch der hl. Veronika, gleich daneben steht die Geißelsäule mit dem Hahn, an welche mit den Fesseln Christi Geißel und Rute gebunden sind, schließlich findet sich die vorbereitete Dornenkrone mit dem Bohrer links und dem Hammer rechts, darunter eine zweite Laterne, wohl diejenige des Malchus. Über dem Rundfenster mit Maria und Johannes hängen links der Essigeimer und rechts das Schwert des Petrus mit dem Ohr von Malchus, darunter die dreißig Silberlinge; die Nägel und Würfel fehlen.

Im Vordergrund kniet zu beiden Seiten eine Stiftergruppe, die jeweils aus einem Mann, links ein Geistlicher, und zwei Frauen besteht. Dahinter öffnet sich eine Türe mit Blick ins Freie, die wahrscheinlich die *porta crucis* oder *porta aurea* versinnbildlichen soll, von welcher in zahlreichen Inschrifttafeln auf Darstellungen der Gregorsmesse die Rede ist: *Unser herre ihesus cristus erschein ssd gregorio zu rom in dere borg die man da nennet porta auria vor dem altar iherusalem...*[3]. Es handelt sich dabei um Tore, die nur zu bestimmten Jubiläumsfeiern zeremoniell geöffnet wurden[4].

Da das Bild von zwei Säulen gerahmt wird, wirkt die Szene stark in den architektonischen Raum eingebunden. Der hohe Innenraum der Kirche mit seinen zeitgemäßen Renaissanceformen verdeutlicht, daß sich Gregors Vision während einer Eucharistiefeier abspielte. Dieser Moment der Messe verkörpert gewissermaßen das stets erneuerte «Geheimnis des Glaubens», wie Gregor selbst in seinen «Dialogen» (IV, 58) schreibt: *Welcher Gläubige könnte nämlich Zweifel haben, das sich in gerade jener Stunde des Opfers auf die Stimme des Priesters hin die Himmel öffnen, in jenem Mysterium Jesu Christi die Chöre der Engel anwesend sind, das Unterste sich mit dem Höchsten verbindet, das Irdische sich mit dem Himmlischen vereinigt und aus dem Sichtbaren und dem Unsichtbaren eine Einheit entsteht*[5].

F. K.

Literatur: – Kat. Wallraf-Richartz-Museum 1941, Bd. 2, S. 97, Nr. 479. – KELBERG 1983, S. 176, Nr. 79.

---

1 SUCKALE 1977, S. 191.
2 LCI Bd. 3, S. 274 und Bd. 4, S. 314.
3 Aufschrift auf dem Relief in der Pfarrkirche zu Münnerstadt, ENDRES 1917, Abb. 2.
4 Kat. Messe Gregors d. Gr., 1982, S. 27.
5 Ebda., S. 17; Übersetzung nach SCHRADE 1930, S. 177.

Fegefeuer: Gregorsmesse Kat. 98

Kat. 98

99. Das Rosenkranzgebet erlöst Seelen aus dem Fegefeuer.

Erhard Schön (1491-1542).
Der große Rosenkranz, um 1515.

Holzschnitt, H: 45.5; B: 29.9 cm.
Monogrammiert mit ES.
Rudolstadt, Thüringer Landesmuseum Heidecksburg, Inv. Nr. Gr. 64/65.

Das großformatige, figurenreiche Blatt zeigt einen über der Erde schwebenden Rosenkranz, dessen vertikale Achse durch eine Gnadenstuhldarstellung betont wird. Diese wird dominiert von dem gekreuzigten Christus. Sein Gesicht ist von den Schmerzen des gequälten Leibes gezeichnet. Über dem zur Seite geneigten Haupt, das eine Dornenkrone trägt, schwebt die Taube als das Symbol des Heiligen Geistes. Der Kreuzesstamm reicht bis zu dem in einer Wolkengloriole thronenden Gottvater, der - von den Strahlen des himmlischen Lichtes und Engeln umgeben - in der ganzen Herrlichkeit seiner Macht erscheint. Dieser die heilige Dreifaltigkeit (*sanctam Trinitatem*) und die Annahme des Opfers Christi durch Gottvater verdeutlichende Bildtypus[1] ist der Mittelpunkt des von Erhard Schön geschaffenen Rosenkranzes. Er ermuntert die Gläubigen, sich im Gebet ganz der Gnade des allmächtigen Gottes anzuvertrauen, ihm ihr Innerstes zu offenbaren und die Armen Seelen im Fegefeuer in ihr Gebet einzubeziehen, damit auch sie der Gnade des Herren teilhaftig und erlöst werden.

Wolkenbänder grenzen die neun Engelschöre, die die Innenfläche des Rosenkranzes rahmen, voneinander ab und dienen - schmaler gehalten - als horizontale Gliederungselemente, die unter dem Gottvater vorbehaltenen Feld und den Kreuzesarmen drei unterschiedliche Ebenen der Hierarchie entstehen lassen. In ihnen sind - durch den Corpus Christi in der Vertikalen getrennt - Gestalten des Alten und des Neuen Testamentes, aber auch heilige Männer und Frauen abgebildet. Von der Heilsbotschaft Zeugnis ablegend, treten hier unter anderen König David, Moses, Johannes der Täufer, Evangelisten und Apostel, der hl. Christophorus, der hl. Georg, Kirchenväter, die hl. Katharina und die hl. Barbara als Halbfiguren in Erscheinung. Über dem linken Kreuzesarm ist die Mondsichelmadonna und über dem rechten eine Engelsgruppe dargestellt.

Die Bilder in den Flächen der oberen Ecken sind dem beliebten Thema der Messe Gregors des Großen und der Stigmatisation des hl. Franz von Assisi gewidmet. Zwischen ihnen breiten zwei Engel das Schweißtuch der hl. Veronika aus. In den unteren Ecken finden sich zwei Figurengruppen, die jeweils den geistlichen und den weltlichen Stand verkörpern.

Die Errettung der Armen Seelen aus dem Fegefeuer ist kompositorisch am unteren Bildrand vom übrigen Geschehen durch einen schmalen Steg getrennt. Felsen fassen ein züngelndes Flammenmeer ein, in dem wehklagende nackte Gestalten, die für begangene Sünden büßen müssen, auf ihre Erlösung hoffen. Fünf Engel schweben über ihnen. Den geläuterten Seelen strecken sie hilfreich die Arme entgegen, um sie aus dem Fegefeuer in den Himmel zu holen.

Der Text der oberen und unteren Schriftleiste ist in lateinischer Sprache abgefaßt. In ihm werden die Ablässe von namentlich erwähnten Päpsten und Bischöfen aufgeführt und dabei wird vermerkt, daß noch mehrere andere nicht genannt sind, durch die dieses Bild des Rosenkranzes in seiner Lebenskraft erstrahlt, und daß es einen größeren Rosenkranz (*Rosarium Maius*) und einen kleineren Rosenkranz (*Rosarium Minus*) gibt. Das herrliche Bild des reich gestalteten himmlischen Rosenkranzes (*preclarum speculum celestis Rosary lati*) weist insgesamt 50 Rosen als Zeichen der zu betenden Pater noster und Ave maria auf. Immer je zehn von ihnen werden durch das dazwischengefügte apostolische Symbol (*inserto apostolico simbolo*) und eine ins Auge fallende - größer gehaltene - Kreuzesrose (*Rosa cruce insignita*) zu einer Einheit zusammengefaßt. Bemerkenswert ist auch, wie sorgfältig in der unteren Schriftleiste der Sinngehalt der einzelnen Bilder erläutert wird. Der von Erhard Schön um 1515 geschaffene Holzschnitt ist ein Ablaßdruck. Er gehört zu den eindrucksvollen Zeugnissen der Volksfrömmigkeit des 16. Jahrhunderts - einer Zeit, in der das Rosenkranzgebet mit zu den wichtigsten Andachtsformen spätmittelalterlicher Religiosität wurde. Die bildliche Verbindung von Rosenkranz und Fegefeuer weist auf die Macht des Gebetes hin, das für die Erlösung der Armen Seelen gesprochen wird und bei dem Heilige die Funktion von Fürbittern übernehmen.

Schon 1475 hatte in Köln der Dominikaner Jakob Sprenger die erste Rosenkranzbruderschaft gegründet, die im Jahre 1481 bereits an die 100'000 Mitglieder besaß[2], und in der Bulle «Ea quae ex fidelium devitione» vom 12. Mai 1479 bezeichnet Papst Sixtus IV. den Rosenkranz als eine Gebetsart, in der die Gläubigen *zu Ehren Gottes und der seligsten Jungfrau Maria und gegen die drohenden Übel der Welt* beten[3].

L. U.

Literatur: – OUDENDIJK 1939. – GEISBERG / STRAUSS 1974, Nr. 1133. – RITZ 1975.

---

1 BRAUNFELS 1954.
2 RITZ 1975. S. 51f.
3 BEISSEL 1900, Sp. 33-42.

Kat. 99

Kat. 100

100. Eine Rosenkranz-Abbildung macht das lateinisch verfaßte Flugblatt auch für Laien verständlich.

Hans Süß von Kulmbach (um 1480-1522).
Der große Rosenkranz, 1515.

Holzschnitt, H: 16.9; B: 14.3 cm.
Rudolstadt, Thüringer Landesmuseum
Heidecksburg, Inv. Nr. Gr. 65/65.

Hans Süß von Kulmbach hat 1515 ein Holzschnittblatt geschaffen, das einen unmittelbar über dem Fegefeuer schwebenden Rosenkranz in fünf Gesätzen zeigt. Sein Zentrum wird von einer Gnadenstuhldarstellung beherrscht.

Über dem gekreuzigten Christus, Gottes Sohn, erscheinen die Taube, die den Heiligen Geist symbolisiert, und, umgeben von einem Strahlenkranz, Gottvater. Zu seinen Seiten sind im oberen Halbrund des Rosenkranzes eine Mondsichelmadonna und ihn anbetende Engel angeordnet.

Unter den durch Wolkenbänder verlängerten Kreuzesarmen als horizontalem Gliederungselement werden in drei Ebenen Gestalten des Alten und des Neuen Testamentes sowie heilige Frauen dargestellt.

In den oberen Blattecken sind die Messe Gregors des Großen, die Stigmatisation des hl. Franziskus und zwischen ihnen das Schweißtuch der hl. Veronika, gehalten von zwei Engeln, abgebildet. In der von den unteren Ecken begrenzten Fläche lodern die Flammen des Fegefeuers. Aus ihnen heraus strecken nackte Sünder, die «Armen Seelen», den beiden links und rechts herabschwebenden, Erlösung verheißenden Engeln die Arme entgegen.

Der im Vergleich zu dem Rosenkranzblatt des Erhard Schön weniger aufwendig gestaltete und im Format kleinere Druck dürfte eine weite Verbreitung gefunden haben. Ein ihm ursprünglich beigefügter lateinischer Text ist bei dem vorliegenden Blatt abgetrennt worden.

L. U.

Literatur: – OUDENDIJK 1939. – WINKLER 1941. – GEISBERG / STRAUSS 1974, Nr. 759. – RITZ 1975.

101. Marias Milch und das Blut Christi laben die Seelen im Fegefeuer.

Hans Holbein d.J.
Titelholzschnitt Missale Speciale, Basel: Thomas Wolff, März 1521.

Holzschnitt in Frühdruck,
H: 26.9; B: 18.2 cm.
Porrentruy, Bibliothèque Cantonale Jurassienne, Inc. 224.

Wie eine Inschrifttafel ist das Titelfeld des Meßbuches einer antikisierenden Triumphbogen-Architektur vorgehängt. Unmittelbar darunter, ebenfalls von einem kassettierten Bogen eingerahmt, halten zwei gerüstete Männer das Basler Wappen und das Schild mit den Initialen des Druckers Thomas Wolff. Seitlich an den Bildrand gedrängt stehen Maria und Christus wie zwei lebendig gewordene Skulpturen und blicken zum von Wolken umgebenen Gottvater empor. Als Gnadenanwälte leiten sie die Gebete der unter ihnen in den Flammen des Fegefeuers mit gefalteten Händen flehenden Seelen zum strengen Richter hinauf. Ihre Fürbitte ist erfolgreich, denn als Geste der Versöhnung ist der Richter im Begriff, das Richtschwert wieder einzustecken[1].

Die Darstellung der doppelten Fürbitte von Maria und Christus durch das Vorweisen der Brust und der Wunden (vgl. Kat. 23) erscheint hier in ihrer Aussage erweitert. Denn die von Gott gewährte Gnade wird dadurch symbolisiert, daß Christus Blut aus seiner Seitenwunde und Maria einen Milchstrahl aus ihrer Brust preßt. Beide Gnadenflüssigkeiten fallen als Labung auf die in den Flammen gepeinigten nackten Leiber und erleichtern den sühnenden Seelen somit die Qualen. Die Wahl dieses ikonographischen Motivs für die Titelseite eines Meßbuchs zeigt die Bedeutung, die der Wirkung von Seelmessen zugeschrieben wurde. Jede Fegefeuerdarstellung ist auch eine dringliche Aufforderung für die Nachkommen, ihre Pflichten gegenüber den Toten zu erfüllen: Durch die Stiftung einer Seelmesse würde den Verstorbenen die Pein im Fegefeuer – dank der Fürbitte Marias und Christi – verringert; zugleich war eine solche Meßstiftung als Werk der Barmherzigkeit gegenüber den Armen Seelen im Fegefeuer auch dem Seelenheil des Stifters förderlich[2].

Dem in der Eucharistie geopferten Blut Christi gesellt sich Marias Milch bei, deren wundertätige Kraft schon im Hochmittelalter verehrt wurde. Die milchspendende Mutter Christi und Mutter aller Menschen verkörpert Nächstenliebe (*Caritas*) und Barmherzigkeit. Vom theologischen Gesichtspunkt aus ist die Angleichung von Marias Milch an das Opferblut Christi äußerst brisant, denn die Muttergottes wird dadurch – entgegen allen dogmatischen Lehrsätzen – als eine Christus gleichwertige Heilsinstanz aufgefaßt. Solche zuversichtlichen Bilder, die stark von der Doktrin abwichen, kamen sicher dem Bedürfnis der Gläubigen nach einer Aufweichung des strengen Heilsplanes entgegen. Die Muttergottes tritt dabei in der Rolle der Miterlöserin (*Corredemptrix*) auf. In ganz seltenen Votivbildern in Süd-Italien (Ende 16./Anfangs 17. Jahrhundert) erscheint sogar eine autonome Maria, die ohne die Anwesenheit Christi als alleinige Gnadenspenderin Tropfen ihrer Milch auf die Seelen im Fegefeuer fallen läßt (vgl. Abb. 56)[3].

D. M.

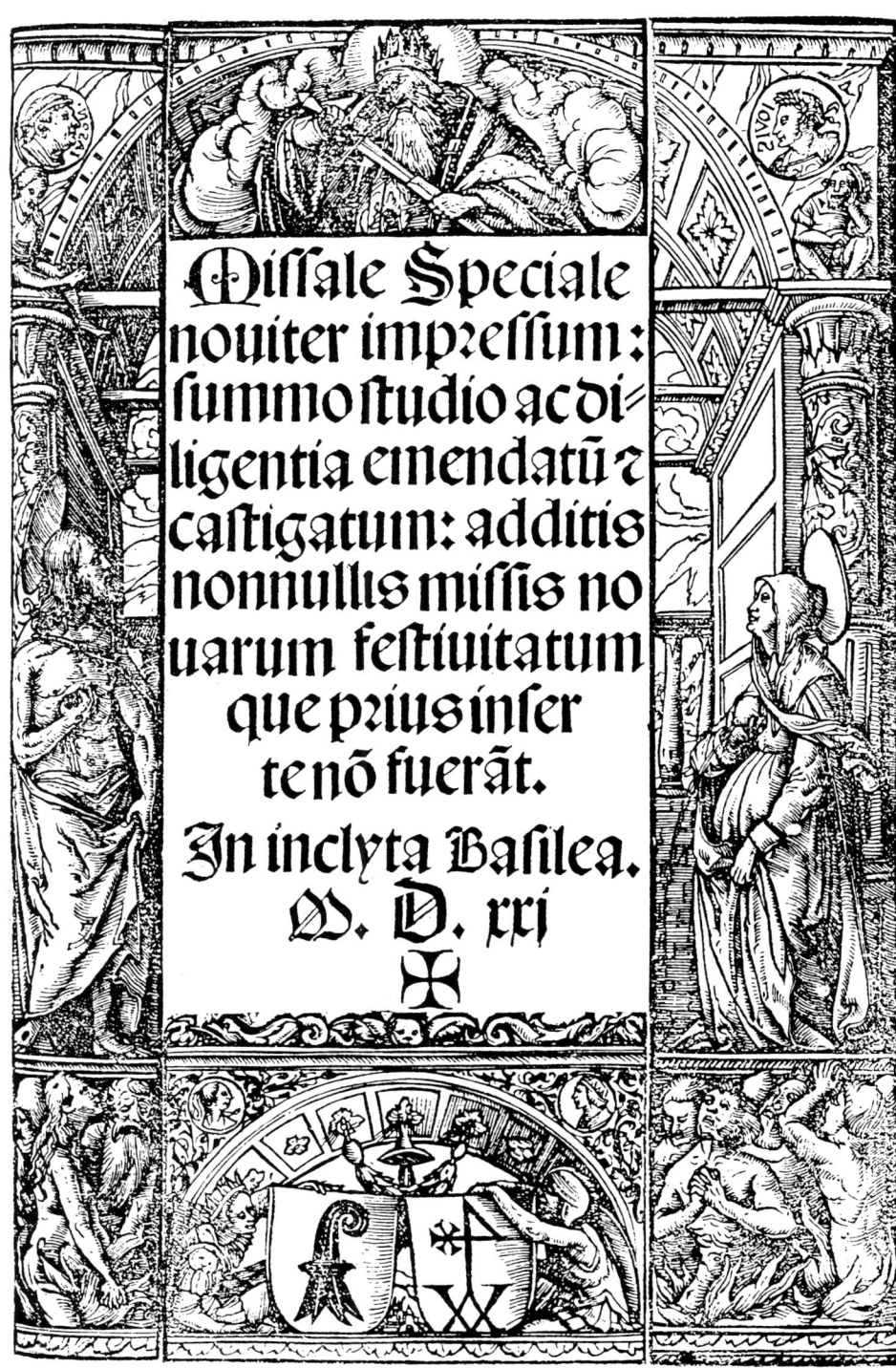

Kat. 101

Literatur: – Kat. Holbein 1960, Nr. 8, Abb. 2. – KÖPPLIN 1983, S. 340, Nr. 453. – Kat. Buchillustration 1984, S. 375, Nr. 365. – ROWLANDS 1985, S. 51f. – ROSENFELD 1989, S. 226f. – SCARAMELLA 1991.

1 KÖPPLIN 1983, Kat. 453. Dieses Motiv übernahm Holbein vom Epitaph des Ulrich Schwarz, das sein Vater Hans Holbein d. Ä. 1508 in Augsburg gemalt hatte. Vgl. Kat. Holbein 1960, Nr. 8, Abb. 2. Farbtaf. in: BUSHART 1987, S. 102-105.
2 SCARAMELLA 1991, S. 151f.
3 Ebda. S. 58, Taf. 59 und 69.

Das Antoniusfeuer: Höllenqualen schon im Diesseits.

Es war ein Seuchenjahr... wo viele, deren Inneres das Heilige Feuer verzehrte, an ihren zerfressenden Gliedern verfaulten, die schwarz wie Kohle wurden. Sie starben entweder elendig, oder sie setzten ein noch elenderes Leben fort, nachdem die verfaulten Hände und Füsse abgetrennt waren. Viele wurden von nervösen Krämpfen gequält[1].

So beschreibt der Chronist Sigbert de Gembloux im 11. Jahrhundert prägnant das Krankheitsbild des Antoniusfeuers[2]. Der Name dieser Krankheit verweist auf die entsetzlichen Qualen, die die Opfer zu leiden hatten. Die waren so schlimm, daß nur das höllische Feuer selbst ein Maßstab dafür sein konnte: *ignis infernalis* oder *ignis gehennalis*[3] wurden zu Bezeichungen dieser gefürchteten Krankheit. *Antoniusfeuer* nennt aber auch jenen Heiligen, den diese Kranken anriefen und der Patron des Ordens war, der sich ihrer Pflege widmete, den hl. Antonius Abt.

Die Ikonographie griff das Bild des Feuers, das die Glieder verzehrt, auf: Flammen schlagen aus dem Armstumpf des Kranken, der zu Füßen des hl. Antonius um Hilfe fleht. Auch steht der Heilige selbst in einem Flammenkranz, der ihm aber nicht versehren kann – ihn, den Herrn über dieses Feuer, der es nicht nur bändigt, sondern in seinem gerechten Zorn als *St. Antonien Rache* oder *Buß*[4] auch schickte. Wie muß jener Knabe wider Antonius gesündigt haben, dem *Hend und Füß durch angriff des lieben Heiligen abgeschnitten*[5] wurden. Denn niemand konnte sich ungestraft verschuldigen, niemand aber wandte sich in seinem Elend vergeblich an ihn:
*Nemo impune pecca in Antonium
Nemo invanum currit ad Antonium*[6].

R. S.

---

1 *Annus pestilens – ubi multi sacro igne interiora consumente computrescentes, exesis membris instar carbonum nigrescentibus, aut miserabiliter moriuntur, aut manibus ac pedibus putrefactis truncati, miserabiliori, vitae reservantur, multi vero nervorum contractione distorti tormentantur...* Chronica, Sigbert de Gembloux, zit. in: MISCHLEWSKI 1976, S. 22.
2 Seit dem 18. Jahrhundert ist bekannt, daß es sich dabei nicht um eine Infektionskrankheit, sondern um eine Vergiftung durch den Mutterkornpilz *(Claviceps purpurea)* handelte, der zu massenhaft auftretendem Mutterkornbrand *(Ergotismus gangraenosus)* führte. Dazu: MISCHLEWSKI 1976, S. 23.
3 SUDHOFF 1913, S. 276.

Abb. 128a Bildhafte Umsetzung des Antoniusfeuers. Stifterdarstellung auf dem Antonius-Altar des Veilchenmeisters, um 1510. Donaueschingen, Fürstlich Fürstenbergische Sammlungen.

4 MARTIN 1922, S. 1184; dazu auch Vita des heiligen Avallon, zit. in: BAUER 1973, S. 67.
5 MARTIN 1922, S. 1183.
6 BAUER 1973, S. 65.

Die Lepra als irdisches Fegefeuer.

Die Lepra – der Aussatz – spielt im Mittelalter eine bedeutsame Rolle im Rahmen der Jenseitsvorsorge. Verantwortlich dafür sind eine ganze Reihe von Charakteristika und Vorstellungen, die sie gegenüber anderen Krankheiten auszeichnen. *Die Lepra wird von allen als eine sehr schwere Erkrankung beurteilt, sie ist vererbbar und ansteckend und fast nicht heilbar* - so beschreibt Guy de Chauliac in seiner *Grossen Chirurgie* die wesentlichen Eigenschaften dieser Krankheit[1]. Die Lepra ist – in heutiger Sicht – eine chronische Infektionskrankheit mit verschiedenen Verlaufsformen, die sich sehr langsam entwickelt. Das ursächliche Mykobakterium Leprae Hansen befällt vor allem Haut und Nerven und führt in diesen Geweben zu charakteristischen Primärsymptomen[2], dann bei schlechtem Verlauf und Generalisierung der Infektion sekundär zu bestimmten Organveränderungen, Erblindung und Verstümmelungen der Extremitäten. Aufgrund dieser Vielzahl von Veränderungen bietet der Aussatz schließlich ein diagnostisch sicher faßbares Krankheitsbild, dessen sichtbare, aber auch abstoßende und entstellende Symptome den Leprösen stigmatisieren. Die mittelalterliche Medizin mit ihrem humoralpathologischen Konzept führt diese Organveränderungen auf die Entartung der schwarzen Galle zurück. Ursächlich dafür sind eine ganze Reihe von Faktoren, wie falsche Ernährung oder verschiedene Gifte, aber auch der Kontakt mit Leprösen[3]. Dabei spielt nach Meinung der medizinischen Autoritäten die sexuelle Übertragung eine besondere Rolle: die Lepra ist die Geschlechtskrankheit des Mittelalters[4]. Die vermeintlich hohe Kontagiosität führte seit der Antike zum Ausschluß der Leprösen aus der Gesellschaft. Erst das Mittelalter aber hat sich auch um deren leibliche und geistige Versorgung gekümmert.

So ist der Aussatz eine schwere Krankheit, jedermann bekannt durch ihr Erscheinungsbild und aufgrund der endemischen Durchseuchung der mittelalterlichen Gesellschaft. Sie eignet sich im Sinne der Signaturenlehre dazu, die unsichtbaren Schäden, welche die Sünde der Seele beifügt, bildhaft umzusetzen. Wie der Körper durch die Lepra zersetzt, der Befallene aus der Gemeinschaft ausgestoßen wird, so wird die Seele des Sünders faulig und von der Gemeinschaft mit Gott und der Kirche getrennt. Die Lepra als Metapher der Sünde hat in der theologischen Literatur seit den Vätern eine lange Tradition[5].

Wichtiger in unserem Zusammenhang ist aber die positive Umdeutung der Lepra, wie sie seit dem 11. und 12. Jahrhundert zu beobachten ist. Zunehmend ist sie nicht mehr nur das Zeichen der Sünde, das Stigma des Bösen, sondern auch der Weg des Heils – für den Kranken selbst wie für die Gesunden[6]. Das körperliche Leiden, die Verstümmelungen, die moralischen Implikationen, das Ausgestoßenwerden machen aus dem Leprösen den Ärmsten der Armen, der ein schweres Schicksal zu tragen hat. Gerade das kann er aber zu seinem Heil nutzen. Guy de Chauliac ermahnt in seiner Anleitung zur Lepraschau den ausführenden Untersucher, er solle den Kranken zuerst mit der Hilfe Gottes trösten, *daß dieses Leiden die Rettung der Seele ist und daß sie [in der folgenden Befragung] nicht zögern sollen, die Wahrheit zu sagen. Denn wenn sie als leprös befunden werden, wird das für ihre Seele das Fegefeuer sein. Wenn auch die Welt sie hasse, nicht so Gott, der den aussätzigen Lazarus mehr als die anderen liebt.*[7]

Damit ist die zentrale Figur für die Interpretation der Lepra als Weg des Heils genannt: es ist jener Lazarus aus dem biblischen Gleichnis, *dessen Leib voller Geschwüre* ist, der aber nach seinem Tod *von den Engeln in den Schoß Abrahams getragen*[8] wird. Wie der gerechte Hiob ist er nicht das Bild der Sünde, sondern der Auserwählte Gottes. Eine kurze Reimpredigt ermahnt die Sondersiechen, ihre Krankheit mit Geduld zu tragen, so wie Christus sein Kreuz getragen hat, denn nach ihrem Tod werden sie einen gnädigen Richter finden[9]. Dieser Gedanke, der für jede Krankheit gelten kann[10], gewinnt durch die besondere Schwere des Aussatzes an Bedeutung. Die Tilgung der Sündenschuld ermöglicht die Aufnahme des Leprösen in den Himmel, denn er hat sein Fegefeuer auf Erden durchlitten. So halten es die Ordines «Ad separandum leprosorum» von Bourges/Sens und Chalons-sur-Saône (wahrscheinlich im 15. Jahrhundert entstanden) explizit fest: *...vous accomplirez votre purgatoire en ce monde, au partement duquel irez en paradis sans passer en purgatoire...*

Daher kann für die Messe des Einweisungsritus' ins Leprosenhaus das Formular *Os justi* der Bekennermesse benutzt werden[11]. Der Aussätzige hat hier schon den besonderen Status eines Bekenners, eines Heiligen. Er gehört vor allen anderen zu jenen *Armen, die wir uns durch unsere guten Werke zu Freunden und Fürsprechern machen*[12]. Das *Gib den Armen, wenn du nicht im Höllenfeuer vergehen willst*[13] muß besonders auf jenen Lazarus zutreffen, den der verdammte Reiche anruft: *kühle meine Zunge, denn ich leide in dieser Flamme.*

Wie für den Erkrankten das Ertragen gerade dieses Leidens besonders verdienstvoll ist, so muß die Pflege der Leprösen besonderen Lohn einbringen. Diese Kranken zu versorgen wird zum hagiographischen Topos in den Viten sozial hochstehender Frauen[14]. Etwa für Elisabeth von Thüringen, eine dieser großen Gestalten der tätigen Caritas, hatte die *Unreinlichkeit [der Aussätzigen] nichts abstoßendes; die erhabene Frau wusch ihnen Hände und Füße und küßte voller Barmherzigkeit ihre Schwären.* Für diese Heilige waren die Widerwärtigkeiten dieser Krankheit eine *vorweggenommene Höllenstrafe*[15]. Es findet über die praktische Pflege hinaus eine intensive körperliche Zuwendung zum Aussätzigen statt, die nicht mehr mit dessen Bedürfnissen erklärt werden kann. Sie werden geküßt, ins eigene Bett gelegt, das Waschwasser ihrer Wunden getrunken – und das in einer Zeit, die mit einer hohen Ansteckungsgefahr rechnet. Es geht um das Teilnehmen am Leiden, ähnlich wie es in der Passionsfrömmigkeit um die *compassio,* das Mitleiden mit Christus selbst geht. Dem Siechen kommt im Heilsplan eine besondere Stellung zu. Wie Christus am Kreuz die Schuld der Welt trägt, hat der Aussätzige durch seine schwere Krankheit sich mehr verdient, als der Gesunde es je kann: *so ich sach veltsiechú menschen, daz ich gedahte: owe, herre, wie ist dem menschen so wol wider mir*[16].

R. S.

Abb. 128b Ein Aussätziger bittet um Almosen. Ausschnitt aus der Onophrius- und Martins-Tafel von Hans Leu d.J., um 1510.

---

1 Guy de Chauliac, Chirurgia S. 254.
2 Depigmentierungen, Knoten und Auftreibungen in der Haut (Leprome), bwz. Sensibilitätsstörungen, Muskelatrophien und -kontrakturen beim Befall der Nerven.
3 Keil 1986.
4 Dazu: Jacquart / Thomasset 1985, S. 251ff.
5 Dazu: Brody 1974, S. 107ff.
6 Bériac 1988, S. 123.
7 Guy de Chauliac, Chirurgia S. 253.
8 Lk. 16,19-31.
9 *Lieben pruder seyt gedultig / Jhesus, der was gantz unschultig / Noch led er willigklich den dot / derselben grossen angst und not / Danckt nu alle Tag von hertzen / und opffert ewen grossen schmertzen / Got in sein grosse marter und pein / So wird er euch genedig seyn...* Einblattdruck 1493, Nürnberg, *Die Leistungen der Nürnberger «Sondersiechen»-Spitäler*, zit. nach Kuder 1986, S. 256.
10 *Die Krankheit soll dein Kreuz sein hier in dieser Zeit;* Seuse, Mystische Schriften, S. 11.
11 Hörger 1982, S. 58.
12 *Discamus... de bonis nobis commissis pauperes nobis amicos et intercessores facere...,* Radulphus Ardens, Homilia in Epistolas et Evangelia Dominicalia pars 2, Homilia 5, in: PL 155, col. 1956 D.
13 *Tribue pauperi, si non vis flammis exuri,* Augustinus(?), Sermones ad populum, semor 367, c. III, in: PL 39, Sp. 1652.
14 Verena von Zurzach, Mathilde, die Gemahlin König Heinrichs I. von England, Hedwig von Schlesien, Sybilla von Flandern... Die Liste ließe sich verlängern.
15 Das Leben der heiligen Elisabeth, S. 53f.
16 In einem Brief an E. Stagl schreibt Seuse, er habe noch nicht so gelitten, daß, *wenn er einen Leprösen sehe [...], er denke: Oh Herr, wie ist dieser glücklich verglichen mit mir;* in: Seuse, Ed. Bihlmeyer, S. 442 (Großes Briefbuch, XII. Brief).

Kat. 102

102. Der hl. Antonius ist Schutzpatron der Armen und Kranken im Diesseits und der Armen Seelen im Jenseits.

Antonius mit Schwein im Feuer, um 1500.

Steinskulptur, H: 56; B: 32; T: 26 cm.
Zürich, Schweizerisches Landesmuseum, LM 2083.

Der Kult des Heiligen Antonius, des ägyptischen Eremiten († 356), blühte erst im späteren Mittelalter auf[1]. Die Heilung eines Kranken durch seine Reliquien um 1095 soll zur Gründung des Antoniterordens geführt haben. Antonius wurde zum Krankenpatron, insbesondere gegen Mutterkornbrand, der damals bezeichnenderweise Antoniusfeuer genannt wurde (vgl. S. 300). Die Annahme, daß Antonius das Feuer bekämpfen könne, wurde zu einem beliebten Attribut. Die ausgestellte Skulptur zeigt, daß die Flammen ihm nichts anhaben können. Gleichzeitig war der hl. Antonius Schutzpatron gegen die Qualen im Fegefeuer[2], eine Vorstellung, die sowohl auf die Feuer-Analogie zum Mutterkornbrand wie auch auf seine Standhaftigkeit vor den peinigenden Dämonen zurückgehen dürfte. – Den Antonitern war es erlaubt, ihre für die Armen bestimmten Schweine frei herumlaufen zu lassen (daher das Attribut). Oft wurde von den Kirchgemeinden auch ein sogenanntes Antoniusschwein gehalten. Dieses Schwein war mit einem Glöcklein gekennzeichnet. Am 17. Januar, dem Antoniustag, wurde es geschlachtet und unter die Armen verteilt.

M. B.

---

1 Sauser 1978.
2 Sellner 1993, S. 32.

103. Bilder des hl. Martin zeigen, daß man den Aussätzigen beistehen muß.

Die Mantelspende des hl. Martin, um 1506.

Glasgemälde des Standes Uri für die Kirche von Maschwanden, H: 95; B: 51.5 cm.
Zürich, Schweizerisches Landesmuseum Dep. 581b.

Die sakrale Ikonographie kennt eine ganze Reihe von Themen, welche die Darstellung von Leprösen beinhalten. Die beiden wichtigsten Gestalten – Lazarus und Hiob – stammen aus der Bibel. Aber auch aus hagiographischen Zeugnissen schöpft die Ikonographie. Ein frühes Beispiel ist die Prosavita des Martin, verfaßt im frühen 5. Jahrhundert durch Sulpicius Severus. Sie ist die Vorlage für eine Versform, die Richer im 12. Jahrhundert verfaßte. Eine Illustration dieser Vita in einer Sammelhandschrift[1] zeigt: Martin *heilt durch einen Kuß den mit Geschwüren bedeckten Aussätzigen, und er gab ihm unter den Augen des Volkes eine bessere Hautfarbe*[2]. Dieser Kranke unterscheidet sich von den anderen Figuren auf dem Bild nur durch die Leprome (s.o.), die seinen Leib bedecken und die schematisch als kleine Kreise markiert sind. Sonst ist er weder durch eine charakteristische Bekleidung noch durch Warnwerkzeuge gekennzeichnet.

Abb. 103 Detail

Kat. 103

Kat. 104

Die andere im vorliegenden Zusammenhang zu erwähnende Szene der Martinsvita ist die *Mantelspende*. Es ist die wichtigste Szene aus dem Leben des Heiligen und leitet darum als Titelbild[3] den Richterteil der Sammelhandschrift ein: Als Katechumene[4] begegnet Martin an einem Wintertag vor dem Stadttor von Amiens einem frierenden Bettler. Sofort zerteilt er seinen Mantel, in der Miniatur mit Schließe und Pelzfutter kostbar ausgestattet. In der folgenden Nacht – in der oberen Hälfte des Bildfeldes – sieht er im Traum Christus, mit seinem Mantel bedeckt. Er hält ein Spruchband mit der Inschrift: *Der noch ungetaufte Martin hat mir sein (Tauf)gelöbnis erfüllt, indem er den Armen bekleidete*[5]. Damit wird die Szene unmittelbar zur Illustration des Bibelwortes: *Was ihr dem Geringsten meiner Brüder tut, das habt ihr mir getan*. Doch weder im Text noch in der Miniatur ist der Arme als Lepröser gekennzeichnet. Erst später wird dieser *Geringste* als Aussätziger gestaltet und damit als der Letzte auf der sozialen Stufenleiter charakterisiert. Es wird ein immer wieder erscheinender Topos der Hagiographie, daß Christus selbst die Gestalt eines Aussätzigen annimmt: *In Christus ist eine solche Demut, daß der uns bisweilen unter der Gestalt von Kranken, bisweilen – was noch darüber hinausgeht – sogar in der Gestalt von Aussätzigen erscheint*[6].

Die Darstellung aus Maschwanden zeigt den Armen als Aussätzigen. Der Schädel ist kahl und wie die Arme von Lepromen gezeichnet, die verstümmelten Beine sind verbunden. Eine der beiden Krücken und den Eßnapf hat er vor sich hingelegt, um die Mantelhälfte in Empfang zu nehmen. Der Vergleich mit der Darstellung des Leprösen aus dem 12. Jahrhundert zeigt die Zunahme der Realistik in den spätmittelalterlichen Abbildungen.

R. S.

Literatur: – BÜHLER 1902-1905, Bd. 1, Titelbild. – SCHNEIDER 1970, Bd. 1, S. 52 (mit älterer Literatur).

1 Sammelhandschrift mit der Vita des hl. Martin, 3. Viertel 12. Jahrhundert, Trier Stadtbibliothek, Cod. 1378/1039 4o, fol. 136r.
2 *Hic leprosum maculosum / suo sanat osculo // Et colorem meliorem / teste dedit populo*. Richer, Vita Sancti Martini, zit. und übers. in: KUDER 1986, S. 172.
3 Sammelhandschrift mit der Vita des hl. Martin, 3. Viertel 12. Jahrhundert, Trier Stadtbibliothek, Cod. 1378/1039 4o, fol. 132v.
4 Noch nicht getaufter Christ.
5 Inschrift auf dem Spruchband: *Hac me deuotum / complens in paupere uotum // Texit Martinus / ueste cathecuminus*. Zit. und übers. in: Kat. Staufer 1977, Bd. 1, Kat. Nr. 750, S. 579.
6 Caesarius von Heisterbach, zit. und übers. in KROOS 1981, S. 185: *Tanta est humilitas in Christo, ut aliquando sub figuris infirmorum, aliquando quod amplius est, species leprosorum assumens, nobis apparet*.

104. Aussätzige bitten mit dem Opferkasten um ein Almosen. Wer ihnen eine Gabe reicht, erwirbt sich einen Schatz im Himmel.

Almosen-Sammelgefäß, 15. Jahrhundert.

Kasten mit Griff und einem Deckel zum Hochklappen, darauf die Heiligen Nikolaus, Antonius und Laurentius reliefiert. Holz, farbig gefaßt, H: 5.5; B: 16.5; T: 21.4 cm.
Bamberg, Historisches Museum, Pl. 1/103.

Der Handopferkasten diente dem Leprosenhaus St. Antonius auf dem Kaulberg bei Bamberg zum Sammeln von Kollekten. Das Relief auf dem Deckel zeigt den Titelpatron des Siechenhauses, Antonius Abt, zwischen den Nothelfern und Krankheitspatronen Nikolaus und Laurentius. Der Deckel trägt die Inschrift: *Gib, gebt, so lange Ihr lebt, wenn Ihr nimmer lebt, könnt Ihr nimmer, gib, gebt*. Hier wird in populärer Form auf die Lehre der Kirche hingewiesen, nach welcher der Tod *die Nacht ist, da niemand wirken kann* (Joh. 9,4), mit dem Eintritt des Todes also *die Zeit des Verdienens und des Mißverdienens*[1] aufhört. Gerade die Leprösen durften sich besonderer Zuwendung sicher sein. Sie wurden meist so gut versorgt, daß die Asylierung vor allem für Angehörige der Unterschichten kein schweres Schicksal bedeuten mußte. Dabei erfolgte die Finanzierung der Leprosorien durch Stiftungen, aber auch durch Bettel, der eine der Haupttätigkeiten der Insassen ausmachte und der durch die Plazierung der Siechenhäuser an wichtigen Verkehrswegen erleichtert wurde.

R. S.

Literatur: – Aussatz 1986, Bd. 1, Nr. 5.40. – BOOKMANN 1987, S. 248.

1 Eine *sententia certa*. OTT 1981, S. 564.

Die heilige Ursula, Schutzpatronin für eine sichere Fahrt ins Jenseits.

In der Legende der hl. Ursula wird berichtet, wie die britannische Königstochter sich weigerte, den heidnischen Königssohn Ätherius zu heiraten. Als sie sich dennoch mit 11'000 Gefährtinnen zu Schiff auf die Reise machte, geriet sie in einen großen Sturm, der das Schiff in die Waalmündung trieb. Einer Vision der Ursula zufolge segelten sie deshalb rheinaufwärts und pilgerten zu Fuß von Basel nach Rom, wo sie von Papst Cyriakus begrüßt wurden. Er geleitete sie zurück, doch vor Köln gerieten sie alle in die Hände heidnischer Hunnen, die eben die Stadt belagerten. Alle Jungfrauen hatten unter dem Einfluß Ursulas den christlichen Glauben angenommen und erlitten zusammen mit ihr den Märtyrertod. Die Hunnen, erschreckt über ihre eigene Freveltat, brachen daraufhin die Belagerung Kölns ab.

Die Verehrung der hl. Ursula, der Stadtpatronin von Köln, verbreitete sich seit dem Hochmittelalter stark, sie galt als umfassende Patronin, gerade auch im Zusammenhang mit dem Tod. Neben Maria ist sie die bedeutendste Heilige, unter deren Mantel Bedrängte Schutz finden; sie behütet auch vor einem unvorbereiteten Tod. Wesentlich zur Verbreitung ihre Kultes trugen die Ursula-Bruderschaften bei, die seit dem 13. Jahrhundert nachweisbar sind – die erste davon vermutlich in Köln. Sie nannten sich, mit Bezug auf die Legende, meist Ursulaschifflein. Die Mitglieder dieser Bruderschaften mußten bei der Aufnahme als Fahrpreis Gebete, Messen oder Gute Werke bezahlen und erhofften sich damit, unter dem Schutz der Heiligen sicher ins Paradies zu reisen. Ein Holzschnitt mit der Darstellung eines Ursulaschiffleins (Kat. 107) versinnbildlicht diese Zuversicht. Im Schiff sind symbolisch die christlichen Mittel zur Erlangung des Seelenheiles dargestellt und in der linken oberen Ecke die erwünschte Wirkung: Ein Engel erlöst eine leidende Seele aus dem Fegefeuer. Dies erhofften sich die Mitglieder der Bruderschaften, so daß Ursula auch als Patronin gegen Qualen im Fegefeuer galt. Wie begehrt ihr Schutz war, zeigt die Tatsache, daß bereits 1517 das Kölner Ursula-Schifflein 14 Millionen Eintragungen verzeichnete[1].

S. M.

---

1 Kat. Heilige Ursula, 1978, S. 12.

Kat. 105

105. Die hl. Ursula erleidet in Köln das Martyrium.

Schüssel mit Szenen aus der Ursulalegende. Rheinland, 12. Jahrhundert.

Messing, H: 8; Durchmesser: 28 cm.
Aachen, Suermondt-Ludwig-Museum (KK 1010).

Unter schmalem, umgebogenem Rand zeigt die Innenseite der Wandung einen 8 cm hohen Bildstreifen, der durch Säulen in sechs gleich große Felder unterteilt ist, die sich nach oben erweitern. Darüber liegt umlaufend ein Inschriftenband in leoninischen Versen, die sich jeweils auf die darunter befindlichen Szenen beziehen. Dargestellt sind sechs Szenen aus der Ursulalegende:

1. In drei Kähnen nähern sich die Märtyrerinnen dem mauerbewehrten Köln. Inschrift: *vtentes voto redevnt dvm flymine noto*.
2. Köln wird belagert. Inschrift: *indole defessa gemit hoste colonia pressa*.
3. Die hl. Ursula und ihre Begleiterinnen werden auf Befehl des Hunnenkönigs von Pfeilschützen ermordet. Inschrift: *sanctis mactatis xpo cadit hostia pacis*.
4. Die Belagerer Kölns werden durch ein in den Wolken erscheinendes himmlisches Heer vertrieben.
5. Die Ermordeten werden feierlich bestattet und über ihrer Grabstätte wird eine Kirche errichtet. Doppelinschrift über der vierten und fünften Szene: *qvo precio freta celesti vindice laeta vrbs stvdet exeqviis templvm jvvat advena votis*.
6. Die hl. Cordula, eine Gefährtin der hl. Ursula, erscheint der frommen Helentrudis im Kloster Herse. Inschrift: *hec se consorti docet accessisse cohorti*.

Auf dem leicht erhöhten Boden der Schüssel ein Kreisbild mit der Darstellung der heiligen Jungfrauen vor dem Himmelstor. Umlaufend die Inschrift: *virgiunei cetvs stvpvit tot millia petrvs*.

Die Schüssel stellt eines der frühesten Bilddokumente der Ursulalegende dar[1]. Die Bildauswahl folgt offensichtlich der im letzten Viertel des 11. Jahrhunderts entstandenen Passio «Regnante Domino» (so benannt nach ihren Anfangsworten), die weit verbreitet war. Einige Szenen, wie etwa die Befreiung Kölns von den Hunnen, finden sich nur hier und ein Teil der Inschriften scheinen Zitate aus dieser Schrift zu sein[2]. Die Schrift endet mit einem Lobpreis des

Kat. 105 Die hl. Ursula wird von Pfeilschützen ermordet. Umzeichnung: Beat Scheffold.

himmlischen Jerusalem, der in die Darstellung auf dem Schüsselboden eingeflossen zu sein scheint. Die Auswahl weist darauf hin, daß die heilsgeschichtliche Bedeutung der Legende gegenüber einer detaillierten Schilderung des Martyriums und seiner Vorgeschichte hier den Vorrang hatte. Das irdische Martyrium wird gewissermaßen als Vorleistung auf ewige himmlische Freuden interpretiert. Die hl. Ursula wird weder genannt noch herausgehoben, der Schwerpunkt liegt auf der Schar aller Märtyrerinnen. Wahrscheinlich diente die Schüssel liturgischen Zwecken.

F. G. Z.

Literatur: – DELPY 1901, S. 21ff. – TERVARENT 1931, S. 51ff., Pl. 7–10. – SOLZBACHER/HOPMANN 1964, S. 73. – GRIMME 1978, Nr. 78 m. Abb. – ZEHNDER 1985, S. 122ff.

Kat. 106

---

1 DELPY 1901 und TERVARENT 1931 datierten sie ins 11./12. Jahrhundert und sahen hier und in einer vergleichbaren Schale in Paris die frühesten Darstellungen der Ursulalegende. SOLZBACHER/HOPMANN 1964 verweisen jedoch auf eine Handschrift des 12. Jahrhunderts aus dem Kloster Zwiefalten (Württembergische Landesbibliothek, Stuttgart, cod. hist. fol. 415), die das älteste Bilddokument darstellte. ZEHNDER 1985 datierte ins 12. Jahrhundert.
2 DELPY 1901.

106. Weil die hl. Ursula mit dem Schiff nach Köln gelangte, wurde ihr Gefährt zum namengebenden Zeichen der Ursula-Bruderschaften.

Kölnischer Meister von 1456, Werkstatt. Ankunft in Köln und Martyrium, zwischen 1455 und 1460.

Öl auf Tannenholz, H: 55; B: 150 cm.
Köln, Wallraf-Richartz-Museum, WMR 721.

Die Holztafel zeigt die hl. Ursula mit ihren Begleiterinnen, wie sie bei ihrer Rückkehr von einer Pilgerfahrt aus Rom in Köln den Märtyrertod durch hunnische Pfeilschützen, die die Stadt belagern, erleidet. Ursula ist als britannische Königstochter mit offenem Haar, Krone und Hermelinmantel im Kreise ihrer Jungfrauen, ihres Bräutigams Ätherius, des Papstes Cyriacus, eines Kardinals und eines Bischofs dargestellt. Es entspricht der mittelalterlichen Erzählstruktur, daß die Heilige auf der gleichen Tafel in einer weiteren Szene zu sehen ist: Der Hunnenfürst Julius mit goldverziertem Krummsäbel, der sie zu seiner Gemahlin machen wollte, richtet seinen Pfeilbogen auf sie, um sie ihrer Verweigerung wegen zu töten. Die Schilderung entspricht der «Legenda aurea» und zeigt die neben dem Schutzmantelmotiv gebräuchlichste Darstellung der Ursula-Ikonographie, das Ursulaschiff.

Die Ansicht der Stadt Köln ist präzise wiedergegeben, was von einer guten Ortskenntnis des Malers zeugt. Das Kölner Wappen mit den drei Kronen im roten Feld über einem weißen Feld ist deutlich auf einem der Türme angebracht. Die über den Türmen der Stadt schwebenden zwei Engel tragen die Seelen der Märtyrer in den Himmel. Im Gegensatz zur Stadtdarstellung sind Landschaft und Figuren stilisiert und durch eine volkstümliche gestenreiche Sprache charakterisiert.

Köln ist seit dem neunten Jahrhundert das Zentrum der Ursulaverehrung. Zur Verbreitung der Legende und des Kultes wurde die Heilige in Einzeldarstellungen und großen Bildzyklen verewigt. Diese Holztafel eines Kölner Meisters gehört zu einer der ausführlichsten und frühesten Schilderungen der Ursulalegende. Wahrscheinlich dienten die dreiundzwanzig Tafeln des Zyklus als Deckel von Reliquientruhen, da keine Aufhängespuren auf den Rückseiten zu sehen sind. Im Zusammenhang mit dem Kölner Reliquienkult kommt als Aufstellungsort am ehesten ein Nonnenchor oder Emporen des Benediktinerinnenklosters zu den Heiligen Makkabäern oder des Ursula-Stiftes in Köln in Frage.

G. C./M. Ba.

Literatur: – Kat. Heilige Ursula, 1978, S. 19, S. 26, Abb. 33. – ZEHNDER 1990, S. 201–208 (mit älterer Literatur).

107. Wer das Fahrgeld für das Ursulaschifflein bezahlt hat, wird im Fegefeuer an den Seelmessen der Bruderschaft teilhaben.

Die Bruderschaft sancte Ursule.
Nürnberg 1513, gedruckt bei Ulrich Pinder.

Holzschnitt, H: 16,4 cm; B: 11 cm.
Das Titelblatt auf Blatt a I datiert, 1512.
Köln, Privatbesitz.

Dargestellt ist zwischen Rahmenpersonen im Vordergrund das Ursulaschiff mit einem Altartisch darin, um den sich die Gefährten der hl. Ursula scharen. Hinter dem Altar steht in der Mitte die Muttergottes mit dem Christuskind, rechts daneben offensichtlich König David mit der Harfe. Im rechten Teil des Schiffes ist der Lebensbrunnen mit der Taube des Hl. Geistes darüber zu erkennen, ganz rechts am Bildrand ein Stundenglas. Der Schiffsmast ist zugleich senkrechter Balken des Kreuzes Christi. Der Körper Christi befindet sich vor dem Schiffssegel, umgeben von Engeln mit den *Arma Christi*. Rechts daneben zelebriert ein Priester am Altar, was die dahinter im oberen Bildwinkel sichtbare Errettung einer Armen Seele bewirkt. Vor dem Schiff stehende Männer und Frauen werden aufgefordert, das Schiff über eine Leiter zu betreten, um an der Fahrt in das himmlische Paradies teilzunehmen. Der beigegebene Text *Der Segelbaum dieses Schiffleins ist das bittere Leiden Jesu Christi mit seinen heiligen fünf Wunden; unter dem Segelbaum Maria eine Mutter aller Gnaden, bei ihr die Hl. Sankt Ursula...* macht den Zusammenhang zwischen dem Ziel der Ursulabruderschaft, die Erlangung des Seelenheils durch Meßstiftungen, und dem Erlösungswerk Christi als Voraussetzung dazu deutlich.

Dieses Blatt wurde Wolf Traut zugeschrieben. Der Drucker war der schwäbische Arzt Ulrich Pinder, der 1493 als Stadtarzt und Verleger in Nürnberg ansässig wurde. Der Druck wurde ausgeführt von seinem Schwiegersohn Friedrich Peypus.

F. G. Z.

Literatur: – BENZING 1955, S. 1ff., 10ff. – Kat. Das schöne gedruckte Buch 1959, S. 80f. – ZEHNDER 1985, S. 74, S. 139f.

Kat. 107

108. Die hl. Ursula bietet ihren Gefährtinnen Mantelschutz und hilft den Menschen als Sterbepatronin.

Werkstatt des Tilman von der Burch, Köln, 1480–1490.
Schutzmantel-Ursula.

Eiche, umfangreiche Fassungsreste, Krone erneuert.
H: 103 cm.
Rösrath, Katholische Pfarrkirche Sankt Nikolaus de Tolentino.

Die mächtig aufgerichtete Gestalt der heiligen Ursula hielt ehemals wohl als Hinweis auf den Märtyrertod einen Pfeil in der rechten Hand. Der Mantel fällt von den Schultern über die leicht abgespreizten Ellbogen so weit, daß er die schlanke Gestalt ganz freigibt und noch Raum bietet für jeweils zwei kleine Figuren, die sich zu Seiten der Heiligen mit anmutiger Neigung aus dem Schutz des Mantels nach vorn wagen. Diese jungen Mädchen in vornehmer Tracht stehen für die große Zahl der Gefährtinnen, die nach der Legende mit der britannischen Königstochter vor den Toren Kölns durch die Hunnen gemartert wurden. Als wolle sie auf den Betrachter zugehen, rafft die Heilige mit der linken Hand das weite Gewand über dem vorgesetzten Bein, so daß sich der Stoff vor dem Leib in schüsselartigen Faltenstufen zusammenschiebt. Bei der kleinen Jungfrau zu ihrer Rechten wiederholen sich Faltenmotiv und Körperneigung der zentralen Gestalt spiegelbildlich, die Jungfrau zur Linken der Heiligen beugt sich vorsichtig zwischen den großen Gewandfalten nach vorn.

Seit dem 13. Jahrhundert nimmt der alte Rechtsbrauch des Mantelschutzes, durch den ein Mächtiger Schwächere in seine Obhut nehmen kann, in Kunst und Dichtung Gestalt an. Vor allem die Muttergottes wurde oft als Schutzmantelfigur dargestellt, später aber auch andere Heilige, und besonders oft die heilige Ursula, die ja auch als Patronin für einen guten Tod angerufen wurde. Die Rösrather Schutzmantelursula ähnelt im wesentlichen einer insgesamt ruhiger wirkenden monumentalen Steinfigur aus der Kölner Ursulakirche, der jeweils drei Jungfrauen zur Seite stehn. Beide kommen aus der Werkstatt des bekanntesten Kölner Bildhauers der späten Gotik, Tilman von der Burch, dessen Arbeiten zwischen 1487 und 1512 weit über Köln hinaus gefragt waren.

H. W.-A.

Literatur: – SUSSMANN 1929. – Kat. Farbige Bildwerke 1967, Nr. 28, S. 120–122. – HILGER 1969. – Kat. Herbst des Mittelalters 1970, Nr. 149, S. 90f. – Kat. Heilige Ursula 1978, S. 56, Abb. 63. – SCHÄFER 1991, Bd. 1, S. 40–63, Bd. 2, Nr. 48, S. 117–119.

Kat. 109

Kat. 108

109. Die hl. Ursula und ihre Gefährtinnen schützen auch im Diesseits.

Johannes Koelhoff (Sohn), 23. Aug. 1499. Cronica van der hilliger Stat Coellen. Heilige auf den Mauern der Stadt Köln, fol. CCXXIII r.

Holzschnitt, H: 11.1; B: 14.3 cm.
Köln, Kunst- und Museumsbibliothek.

Das Vertrauen der Kölner auf die Fürbitte und den Schutz der Lokalheiligen veranschaulicht dieser Holzschnitt aus der Koelhoffschen Chronik. Den Truppen der Hunnen, die die Stadt Köln belagert haben, stehen auf der Stadtmauer u.a. die Heiligen Drei Könige und die hl. Ursula mit ihren Gefährtinnen gegenüber, bereit, die Belagerer zu vertreiben. Ihre Märtyrerattribute tragen sie wie Waffen. Die Heiligen selber, deren Reliquien die Stadt als kostbare Schätze verwahrte, setzen sich hier für das Heil der Bürger dieser Pilgerstadt ein. Die Darstellung begnügt sich in sehr knapper Form mit einer Andeutung des Kölner Stadtbildes durch den Dombau.

Die 1499 erschienene Chronik ist die erste umfassende Stadtgeschichte Kölns. Eine Anzahl der Abschnitte aus der Kölner Geschichte bis 1461 hat sie aus den Handschriften der «Agrippina» des Heinrich von Beeck übernommen und in die Holzschnitt-Technik umgesetzt. Erst dann setzte eine selbständige eigene Darstellung der Ereignisse ein. Zahlreiche Holzschnitte schmücken den Band.

Johann Koelhoff d.J. war Sohn des Johann Koelhoff aus Lübeck, der 1472 in Köln eine eigene Offizin begründete, die sein Sohn nach dessen Tode übernahm. Die Verbreitung des Buches wurde nach dem Erscheinen vom Rat der Stadt Köln verboten, da es diesem unangenehme Äußerungen enthielt.

F. G. Z.

Literatur: – Kat. 500 Jahre Buch, 1965, S. 88, Nr. 7, S. 128, Nr. 164. – Kat. Erscheinungsbild Köln, 1977, S. 8f., S. 22, Nr. 4. – ZEHNDER 1985, S. 81.

Unter den Reformatoren erlischt das Fegefeuer

Die Reformatoren bestritten den Nutzen der Guten Werke für das Jenseits und vertraten die Meinung, daß der Mensch allein durch den Glauben selig werde. Zudem fanden sie das Fegefeuer in der Bibel nicht hinlänglich begründet. Es sei eine Erfindung des Papsttums, wurde gefolgert, und nur dazu ersonnen, den Gläubigen das Geld aus der Tasche zu ziehen. – Die neue Lehre hatte kulturrevolutionäre Folgen. Wenn die Guten Werke den Armen Seelen nichts nützten, konnte man auf viele kostspielige Investitionen verzichten. Der kirchliche Prunk entfiel, Seelmessen waren keine mehr nötig, auf Nonnen und Mönche konnte man verzichten, viele Altarstellen einsparen, und die Bildhauer, Maler und Goldschmiede brauchten keine Altarretabel und Kirchenzierden mehr herzustellen.

P. J.

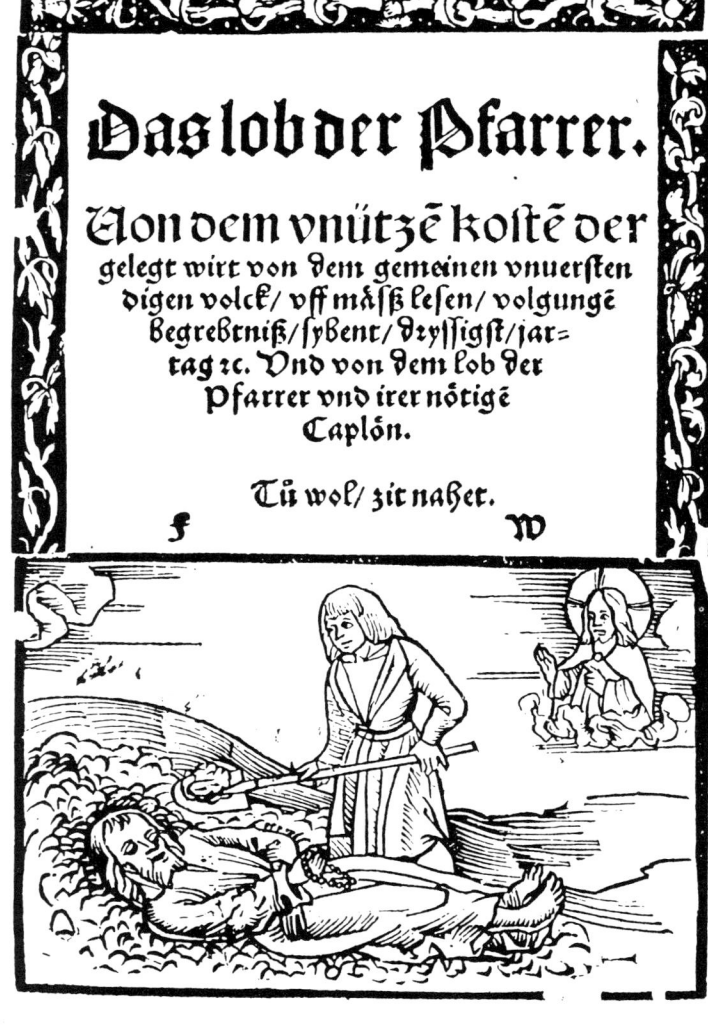

Kat. 110

110. Keine unnützen Kosten mehr! – Anhänger der Reformation fordern das Billig-Begräbnis.

Johann Eberlin von Günzburg.
Das lob der Pfarrer. Von dem unnützen kosten, der gelegt wirt von dem gemeinen unverstendigen volck uff måsß lesen, volgungen, begrebtniß, sybent, dryssigst, jartag etc. Und von dem lob der Pfarrer und irer nötigen Caplön. [O. Dr., 1521].

Flugschrift, Papier, 4°.
Titelholzschnitt, H: 6.4; B: 10 cm.
Zürich, Zentralbibliothek, 18.84b (2).

Die Frühreformation fiel in eine Zeit, in welcher der Buchdruck einen gewaltigen Aufschwung erfuhr. In Tausenden von Flugschriften (kleine Büchlein, die oft eine Titelillustration tragen) versuchten Anhänger und Gegner der Reformation für ihre Sache Aufklärungsarbeit zu leisten. Die Drucke spielten eine nicht unwesentliche Rolle in der Verbreitung reformatorischer Lehren. Sie konnten von den wenigen Lesekundigen einem Kreis von Zuhörern vorgelesen und gezeigt werden; nicht selten stellt das Titelbild den Inhalt leicht faßbar dar.

Johann Eberlin von Günzburgs *Lob der Pfarrer* ist das klassische Beispiel einer solchen Propagandaschrift. Mit den Seelmessen werde der *arm baur geschaben und geschunden, daß im so vyl kosten dar uff gadt, biß er sein todten fründ auß den drysigst bringt, er und all sein gesind läbten ein monat davon*[1]. Im Titel werden die einzelnen Riten von Begräbnis und Totengedächtnis der Reihe nach als Kosten ohne Nutzen erklärt:
– *måsß lesen* (Sterbe- oder Begräbnismesse)
– *volgungen* (Totengeleit, zu dem Bruderschaften und Zünfte aufrufen und welches Arbeitsausfall verursacht)
– *begrebtniß* (die Beisetzung oder das Grabmal)
– *sybent* (Seelmesse am siebten Tag nach dem Tod)
– *dryssigst* (Seelmesse am dreißigsten Tag nach dem Tod)
– *iartag* (Seelmesse ein Jahr nach dem Tod).

Die Alternative ist im Holzschnitt ersichtlich. Ein Laie begräbt mit Gottes Segen seinen Freund gänzlich ohne rituelle Formen. Weder Priester noch Kerzen noch eine Trauergemeinde sind zugegen.

P. J.

Literatur: – KÖHLER / HEBENSTREIT-WILFERT / WEISMANN 1978, S. 7 (Fiche 7 / Nr. 32); – GÖTTLER / JEZLER 1987, S. 133f.

---

1 EBERLIN VON GÜNZBURG, Ausgewählte Schriften, S. 74.

111. Eine makabre Tischgesellschaft: Der Klerus frißt die Toten auf.

Pamphilus Gengenbach.
Diß ist ein iemerliche clag uber die Todten fresser: [O. Dr., um 1520].

Flugschrift, Papier, 4°.
Titelholzschnitt, H: 12.8; B. 10.8 cm.
Zürich, Zentralbibliothek, 25.1396 (4).

Die Flugschrift gehört zu den originellsten Äußerungen reformatorischer Polemik gegen die traditionellen Totendienste. Sie enthält ein Fastnachtsspiel, in welchem die kirchlichen Stände eine bunte Tischgesellschaft bilden und sich auf den nächsten Todesfall freuen. Alle werden als Profiteure des kostspieligen Begräbniszeremoniells hingestellt; einer um den andern lobt das Fegefeuer als willkommene Einnahmequelle. Der Bettelmönch meint unverblümt:

Weren die Selen nit im Fägfür
Thät man uns weder Hilf noch Stür
Wir müsten uns mit Arbeit neren
Auch oft und dick den Schweiss vereren.

Die zugehörige Titelillustration zeigt die Tischgesellschaft in einer Stube versammelt; ein fiedelnder Teufel bietet den musikalischen Rahmen. Als Gastgeber zerlegt der Papst den aufgetischten Leichnam. Seine Tischgenossen sind (im Uhrzeigersinn) ein Bettelmönch, die Pfarrmagd, der Pfarrherr (in Rückenansicht), eine Nonne und ein Bischof. – Am rechten Bildrand tritt unversehens eine Arme Seele in Gestalt eines Wiedergängers aus dem Grab und beklagt, daß die Seelgeräte nicht den Armen sondern den Seelmessen zugeflossen seien:

O got wir waren auch so blind
und stiften Jarzyt mit vil Mässen
Theten der Armen ganzt vergessen.

Folgerichtig klagt am linken Bildrand ein Bettler sein Recht ein. Dazwischen disputieren ein Bauer mit Federhut, ein Edelmann mit kostbarer Kette und ein reformwilliger Prädikant darüber, wie der bisherige «Irrglaube» abgeschafft werden könne.

P. J.

Kat. 111

Literatur: – GENGENBACH, Totenfresser (Textausgabe 1969); – SCRIBNER 1981, S. 91f. – GÖTTLER / JEZLER 1987, S. 135–137; – JEZLER 1991, S. 93–95. – KÖHLER 1991, Nr. 1266 (Bibliographie).

Kat. 112

112. Die Anhänger der Reformation bestritten die Existenz des Fegefeuers.

Andreas Bodenstein von Karlstadt (Text) / Hans Schäufelin (Illustration).
Ein Sermon vom stand der Christglaubigen seelen von Abrahams schoß und fegfeuer der abgeschidnen seelen.
Augsburg: Sigmund Grimm 1523.

Flugschrift, Papier, 4°.
Titelholzschnitt, H: 9.7; B: 5.8 cm.
Zürich, Zentralbibliothek 18.271 (8).

Die Flugschrift ist eines der frühen Zeugnisse für die reformatorische Ablehnung des Fegefeuers. Sie wird von einem sehr kunstvollen, bisher wenig beachteten Holzschnitt geziert. Inmitten lodernder Flammen leiden fünf Arme Seelen; eine sechste wird im nächsten Augenblick von einem Engel in wilder Bewegung gerettet werden. Die Illustration enthält keinerlei Zeichen einer Polemik. Vielmehr stellt sie die bisherige Fegefeuerlehre sehr effektvoll dar. Möglicherweise stammt der Druckstock aus einem anderen Zusammenhang und kam in Ermangelung einer geeigneteren Illustration auf Karlstadts Streitschrift. Möglich wäre auch, daß sich die Gegnerschaft gegen das Fegefeuer noch nicht genügend artikuliert hatte, um eine karikierende Ikonographie hervorzubringen.

Stilistisch ist der Holzschnitt Hans Schäufelin zuzuweisen, wie ein Vergleich mit den im selben Jahr erschienenen Holzschnitten zum «Buch des Newen Testaments Teutsch mit schönen Figuren» von Martin Luther ergibt[1]. Die feinere Ausarbeitung der Holzschnitte im Neuen Testament erklärt sich durch das weit größere Format (ca. 240 x 160 mm). Dennoch ist das Figurenbild diesen sehr ähnlich und typisch für den Stil Schäufelins.

P. J. / B. K.

Literatur: – GÖTTLER / JEZLER 1987, S. 127f. – KÖHLER 1992, S. 191, Nr. 1910 (Mikrofiche-Edition: Fiche 332/ Nr. 938).

---

1 Vgl. SCHREYL 1989, Bd. 1, S. 147, Nr. 870–879, Bd. 2 mit Abbildungen, insbes. Nr. 876–879.

113. «Hätte das Fegfeuer länger gewährt, es hätte uns Hab und Gut verzehrt».

Andreas Flamm.
Des Fegfewers Valete und letzter Quadrant.
Nürnberg: Johann vom Berg und Ulrich Neuber, 1560.

Flugschrift, Papier, 8°.
Titelholzschnitt, H: 6.2; B: 5.5 cm.
Zürich, Zentralbibliothek, Gal. XVII 182.5.

Kat. 113

Das Titelblatt der spätreformatorischen Flugschrift trägt die Karikatur einer Fegefeuerdarstellung. In den Flammen befinden sich neben fünf unbekleideten Seelen der Papst, ein Kardinal und ein Bischof. Ein Engel stürzt herab, ohne daß klar würde, ob er Hilfe bringt. Er wird von einem Drachen begleitet, der darauf aus ist, die Qual noch zu vergrößern. Die wenig schlüssige Bildregie macht das Fegefeuer zu einem allgemeinen Strafort, der für die katholische Geistlichkeit bestimmt ist. Unzweideutig ist dagegen der nachstehende Spottvers formuliert:

O du wildes und elends fegfewr
Du bist lang gewesen ungeheur.
Unnd wo du lenger hetst geweret,
Du hest uns Hab und gut verzeret.

P. J.

114. Gesetz und Gnade: Wie ein Katholik den Protestanten den Ausweg aus der Hölle veranschaulichte.

Franz Timmermann, zugeschrieben.
Gesetz und Gnade, um 1540.

Öl auf Fichtenholz, H: 55; B: 59.2 cm.
Köln, Wallraf-Richartz-Museum,
WRM 3475 (vormals Dep. 288).

Das Thema von «Gesetz und Gnade» – auch als «Sündenfall (bzw. Tod) und Erlösung» bezeichnet – gehört ungeachtet seiner Komplexität zu den populärsten Bildfindungen reformatorischer Ikonographie. Auf graphischen Blättern und Gemälden entwickelt, fand es Eingang in die unterschiedlichsten Gattungen, vom Altarbild und geschnitzten wie gemalten Epitaph bis hin zu Bucheinbänden, Glasgemälden, Truhenreliefs und Ofenplatten[1].

Die traditionelle Zuschreibung des Kölner Bildes an Lucas Cranach d.J. kann nicht aufrechterhalten werden, doch ist es sicher im weiteren Kreis der Cranach-Werkstatt entstanden. So erhielt der hier vorgeschlagene Franz Timmermann, bevor er ab 1543 Ratsmaler in Hamburg wurde, zwischen 1538 und 1541 vom Hamburger Senat eine Art Stipendiumszahlung, die eigens zu seiner Weiterbildung in Wittenberg ausgesetzt war[2]. Als Maler zeichnet er sich gegenüber vielen heute nurmehr schwer faßbaren Cranach-Schülern durch einen weitgehend eigenen und daher wiedererkennbaren Stil aus. Auffallend ist ferner seine Vorliebe für einige wenige, oft wiederholte Bildthemen, zu denen auch das hier gezeigte gehört[3].

Vor einem die Darstellung in zwei Hälften teilenden Baum steht links im Vordergrund unter dürren Ästen Moses mit den Gesetzestafeln, neben ihm die Propheten Jesaja und Jeremias. Vor ihnen wird ein nackter Mensch von Tod und Teufel ins Höllenfeuer getrieben. Es ist dies die Welt des Alten Testaments, über der in weiter Ferne in einer Wolkengloriole Christus als Richter thront. Im Hintergrund ist der Sündenfall dargestellt, der den Menschen aus dem Paradies vertrieb und seit dem er dem mosaischen Gesetz zufolge für seine Taten büßen muß. Die Inschrift auf dem Steinblock am unteren Bildrand belegt diesen unentrinnbaren Kreislauf. *Durchs gesetz kompt erkentnis der sunden Ro. 3,20 / Das gesetz richt zorn an Ro. 4, 15 / Die sunde ist des todis spies aber das gesetz / ist der sunden krafft 1 cor. 15, 56* – erst das Gesetz bringt die Erkenntnis der Sünde, damit aber zugleich Gottes Zorn und Gericht.

Dem steht auf der rechten Bildseite unter grünenden Ästen als zentrale Figur Johannes der Täufer gegenüber. Er verkörpert den Übergang vom Gesetz zur Gnade und weist dem nochmals dargestellten nackten Sünder den Weg zum Glauben im Gekreuzigten, von dem es rechts oben heißt: *io. 1, 29. Sihe das ist Gottis lam das der welt Sunde tregt*. Zum Zeichen der Erlösung fällt aus der Seitenwunde Christi der Blutstrahl der Gnade auf das Haupt des Gläubigen. Gleich neben dem Kreuz triumphiert Christus aus dem Grab auferstanden über den Drachen des Teufels und das Skelett des Todes. Die alttestamentliche Szene der Erhöhung der Ehernen Schlange schließt den Bildraum im Hintergrund ab, während ganz am rechten Rand auf dem Berg *Sion* Maria kniet, auch sie von einer, nunmehr teilweise erhaltenen, Inschrift begleitet: *Sihe eine (Jun)gfrawe wird (sch)wanger vn(d einen) son geberen* (Esr. 7, 14).

Am Beginn der langen, bis ins 18. Jahrhundert zu verfolgenden Reihe mit Bildwerken dieses Themas stehen zwei Gemälde des älteren Cranach, die heute in Gotha und Prag aufbewahrt werden[4]. Anders als beim Gothaer Typ, dem Timmermanns Bild zuzuordnen ist, wird in Prag der Mensch nur einmal abgebildet, in der Mitte sitzend mit Moses zur einen, Johannes zur anderen Seite. Nicht zwei aufeinander folgende Zeitalter – «sub lege» und «sub gratia» – sind folglich dort dargestellt, sondern der Mensch als der, der die Wahl hat, sich zwischen Gesetz und Gnade zu entscheiden.

Doch gibt es eine Fassung des Themas, deren Verhältnis zu diesen beiden Bildern Cranachs in der Literatur nach wie vor umstritten ist[5]. Es handelt sich um den in nur einem Exemplar bekannten und leider undatierten Holzschnitt, dessen Entwurf traditionell dem französischen Humanisten und Verleger Geofroy Tory (um 1480-1533) zugeschrieben wird[6]. Der gängigen Schematik zufolge gehört er zur Gruppe des Prager Typs, doch geht er nicht zuletzt aufgrund der Vielzahl der in ihm zusätzlich angegebenen Details weit über diesen hinaus. Ungeklärt ist vor allem die Frage, ob der französische Holzschnitt von Cranach abhängig ist oder aber ihm vorausgeht. Der meist postulierte erste Fall hätte zwar den seltenen Umstand zur Folge, daß der Kopist die Vorlage sinnvoll in zahlreichen De-

Kat. 114

Abb. 129 Anonymer Holzschnitt, vor 1525. Erlangen, Graphische Sammlung der Universität.

tails ergänze, doch war die zweite Möglichkeit[7] stets der geschichtlichen Ironie ausgesetzt, daß dieses Bild, das, wie Thulin schreibt, «in volkstümlicher Weise das reformatorische Menschenbild und die reformatorische Sicht der Bibel darzustellen sucht», auf einen italienisch beeinflußten Bildentwurf aus dem katholischen Paris zurückgreift – das durfte nicht sein!

Der bislang noch unpublizierte anonyme, deutsche Holzschnitt (Abb. 129) soll hier als Argument für die Priorität der französischen Bildfindung angeführt werden. Das großformatige Blatt[8] schließt sich eng an Torys Entwurf an, doch wurden vom Kopisten bereits erste Vereinfachungen vorgenommen. Die Tieferlegung des Horizonts und die Monumentalisierung der Vordergrundfiguren stellen das Blatt in deutliche Nähe zu Cranachs Prager Gemälde. Es gibt aber eine Reihe von Einzelheiten, die nur auf dem französischen Holzschnitt zu finden sind. Dazu gehört die dramatische, von Strahlen umgebene Wolkenformation der linken Bildhälfte oder die Küstenlandschaft ganz rechts am Horizont. Schließlich noch ein Detail, das sich nicht aus dem Bildzusammenhang erschließt und einzig als Übernahme erklärt werden kann: es ist dies der am Ansatz des kahlen Astes eingesetzte Stern, der, in seiner Bedeutung nicht geklärt, in der Tat auch im Baumstamm auf Torys Blatt zu erkennen ist! Leider fehlt die in der Überschrift genannte *deütlich verfasset vnd erkleret Schrifft*.

Abhängig von diesem Holzschnitt erweist sich nun nicht nur eine kleine Zwickauer Titeleinfassung, deren Verwendung erstmals 1528 nachgewiesen werden kann[9] – also immerhin bereits ein Jahr vor den frühesten datierten «Prototypen» Cranachs –, sondern auch eine schon 1525 erschienene Darstellung, welche die rechte Bildhälfte in enger Anlehnung an das Erlanger Blatt wiedergibt[10].

Das bedeutet für den Erlanger und demzufolge auch den französischen Holzschnitt eine Datierung vor 1525. Wenn diese Überlegungen zutreffen, so scheint Cranach die Berührungsängste späterer Kirchen- und Kunsthistoriker nicht geteilt zu haben, als er – sicher in Zusammenarbeit mit Luther – von Torys Bildfindung ausgehend über die 1529 entstandenen Gemälde in Prag und Gotha schließlich in seinem großformatigen Holzschnitt[11] eine Lösung fand, mit der er den Grundstein zu einer langen, protestantischen Bildtradition legte.

A. K.

1 Einen repräsentativen, die verschiedenen Techniken berücksichtigenden Überblick gibt Thulin 1955, S. 134-148. Eine auch nur annähernde Vollständigkeit anstrebende Zusammenschau würde eine umfangreiche Monographie füllen. Ansätze etwa für einzelne Gattungen oder die Verbreitung des Themas in einer bestimmten Kunstlandschaft liegen mit den Arbeiten von Grohne 1936 und Poscharsky 1963, S. 153-165, bzw. Steinböck 1975 vor.
2 Die hier erstmals publizierte Zuschreibung geht auf Dieter Koepplin zurück, der sie gegenüber dem Wallraf-Richartz-Museum 1987 brieflich äußerte, und wird von Frank Günther Zehnder geteilt. Ihm sei an dieser Stelle für die freundlich gewährte Einsicht in die Bildakte gedankt.
3 Zu weiteren Gemälden Timmermanns vgl. Thieme / Becker 33, 1939, S. 179 und ergänzend Kat. Cranach 1974/76, S. 520f. bei Nr. 370: Von den insgesamt neun genannten Gemälden sind nicht weniger als vier Darstellungen der Sündenfall-Erlösungs-Allegorie, das Kölner Bild nicht mitgerechnet. Diesem engstens verwandt ist ferner die Tafel in der Kunstsammlung der Universität Lüttich, die im Kat. Luther 1983 (Hamburg), S. 214, Abb. 87a, ebenfalls Timmermann zugeschrieben wird.
4 Friedländer / Rosenberg 1932, Nr. 183 und 183c (1979, Nr. 221 und 221c).
5 Umfangreiche Literaturüberblicke geben Ohly 1985, S. 94-99, Anm. 52, und Urbach 1989, S. 59f., Anm. 24. Vgl. zuletzt die eingehende, allerdings keine neuen Einsichten zur Einordnung des französischen Holzschnitts bringende Analyse bei Koerner 1993, S. 365-410.
6 Beste Abbildung bei Hirth / Muther 1893, Taf. 163; gute auch im Kat. Luther 1983 (Hamburg), S. 213, Abb. 86. Der Stil des Holzschnitts weicht erheblich von den Illustrationen in durch Tory verlegten Büchern ab. Myra Orth bezweifelt sogar, daß Tory sich überhaupt als Entwerfer betätigt hat. Die beste Erörterung des ganzen Problems blieb bislang allerdings unpubliziert: Orth 1964; die Hauptthesen zusammengefaßt bei Orth 1980. Da hier auf diese Frage nicht eingegangen werden kann, wurde die traditionelle Benennung der Einfachheit halber beibehalten.
7 Trotz wichtiger Einsichten schon bei Meier 1909, S. 420f., wird die Priorität Torys erstmals explizit vertreten von Göransson 1957, zusammenfassend S. 81f.; ferner: Harbison 1976, S. 96; Busch 1982, S. 115f.; Haussherr 1984, S. 423 und Konrad von Rabenau in: Kat. Dasein und Vision 1989, S. 133f., Nr. C 67.
8 Auf zwei Bögen gedruckt, 34.2 x 53.7 cm; Erlangen, Graphische Sammlung der Universität, Inv. Nr. BH 33. – Einzig von Schuchardt 1871, Bd. 3, S. 44f., wurde dieses Blatt unter genauer Angabe aller Inschriften, jedoch nicht des Aufbewahrungsortes, beschrieben als «wahrscheinlich nach dem jüngeren Cranach, oder doch nach den Cranach'schen Darstellungen».
9 Claus 1985, S. 65, Nr. 12: Titelrahmen des Gabriel Kantz, Zwickau 1528, Abb. S. 166, Nr. 6.
10 Steinböck 1975, S. 431f. mit Taf. 43, Abb. 13. Es handelt sich um eine Holzschnitt-Illustration zu einer Flugschrift des Urbanus Regius von 1525.
11 Hollstein Bd. 6, 1959, S. 124, Nr. 14; Geisberg / Strauss 1974, Bd. 2, S. 582, Nr. 615; Kat. Cranach 1974/76, S. 505, Nr. 353 mit Abb. 275a.

115. Die Erlösung allein durch den Glauben macht das Weltgericht überflüssig.

Daniel Hopfer (um 1470-1536).
Flugblatt: Der triumphierende Christus, um 1530.

Radierung, H: 23.9; B: 34.5 cm.
Signiert unten Mitte: DH.
Zürich, Graphische Sammlung ETH SvM 68.

Bildteile und Textblöcke sind ohne Rahmen über das querrechteckige Blatt verstreut. In der Bildmitte steht Christus, in der rechten Hand den Kreuzstab mit der Fahne. Er steht auf einer Schlange (dem Satan), die einen Kreis bildet, in welchem sich der Tod als Skelett mit einem Speer (der Sünde, nach 1. Kor. 15,56) befindet. Oben wird Christus von zwei Engeln mit den Leidenswerkzeugen flankiert. Auf der linken Bildseite der Himmel mit den nackten Seligen in einem Wolkenkreis. Es sind männliche und weibliche, alte und junge Seelen zu erkennen, eine Differenzierung nach Ständen ist nicht möglich. Die Begrenzung der Hölle ist eine perfide Kette: sie bindet die Verdammten nicht nur an den Teufel, sondern bildet auch noch eine Würgeschlinge. Dazu kontrastiert sehr gut das wirklichkeitsfremde Anketten eines Wolkenkranzes auf der Seite der Seligen. Rund um den Himmel und Christus sind Engel, bei der Hölle insektenartige Dämonen verteilt.

Die beigefügten Texte erläutern das Geschehen. Die oberste Zeile ist als Titel zu lesen: *Der wunderbarlich triumph jhesu christi der ain herr ist des lebens und tods.* Im Textblock am unteren Blattrand wird der Sündenfall mit Christus in Verbindung gebracht. Die Worte Gottes an die Schlange (Gen. 3,15) werden auf Christus gedeutet, der dem Teufel den Kopf zertritt und damit Sünde, Tod und Hölle überwindet. Die dargestellte Szene wird damit zur Erfüllung einer alttestamentarischen Prophezeiung, was ihre Wahrheit unterstreichen soll. Die Schlußfolgerung ist, daß Christus *mit seinem haylsamen todt* die Menschheit von diesen drei «Feinden» befreit hat, weshalb die Kette zum *glaubigen hauffen ab prochen* ist. Die Ungläubigen aber bleiben in ewiger Gefangenschaft mit Teufel und Tod verbunden. Links und rechts von Christus wird nochmals das ewige Leben der Gläubigen und der Zorn Gottes über die Ungläubigen erwähnt. Die Texte links und rechts außen schließlich sind Worte der Erlösten und Verdammten; links betonen sie ihren Glauben an Christus und danken Gott für ihre Errettung, rechts beklagen sie ihr Schicksal.

Die Trennung der Menschheit in Erlöste und Verdammte ist üblicherweise das Thema des Jüngsten Gerichts[1]. Christus ist hier aber nicht in der Richterpose dargestellt, sondern – durch den Kreuzstab gekennzeichnet – als der Auferstandene[2]. Mit seiner Gestik und seiner leichten Drehung zum Himmel hin scheint er dem Betrachter (den er anblickt) den Weg zu den Seligen zu weisen. Durch die Auferstehung von den Toten hat er für alle, die an ihn glauben, den Tod überwunden: der Kreuzstab hat die Kette zum Skelett durchbrochen. Wundmale, Leidenswerkzeuge und das Lamm auf der Fahne weisen darauf hin, daß Christus diesen Sieg für die Menschheit mit seinem Leiden und seinem Tod erfochten hat. Die Auferstehung ist nicht als biblisches Geschichtsbild zu begreifen, sie steht für die zeitlos gültige Gnade Gottes. Diese und der im Text vielfach zitierte Glaube an Christus sind die Kriterien für die Erlösung der Menschen. Das tritt besonders deutlich in dem Johanneswort rechts von Christus zutage: *Wer nit glaubt in christum ist schon jetzt verdampt* (Joh. 3,36). Eine derartige Aufhebung des traditionellen Weltgerichts, in dem die «guten Taten» wichtig sind, spricht für eine Herkunft des Blattes aus dem Umkreis Luthers. Luther folgte dem Apostel Paulus in der Auffassung, daß die Rechtfertigung des sündigen Menschen allein durch den Glauben an Christus erfolgen könne: *Das Gericht ist aufgehoben, es betrifft die Gläubigen sowenig wie die Engel [...], alle Gläubigen kommen von diesem Leben ohne irgendein Gericht direkt in den Himmel*[3].

Diese Aussage erscheint auf vielen Bildern der Reformation, z.B. auf den Gesetz- und Evangelium-Bildern aus dem Umkreis Cranachs, wo auch etliche Einzelheiten aus unserem Stich wieder auftauchen (Kat. 114). Auf dem Holzschnitt von 1530 setzt rechts unten der auferstehende Christus seine Füße auf die am Boden liegenden Personifikationen von Tod und Teufel als Skelett und Drachen. Auf der linken Bildseite jagt ein mit einem Spieß bewaffneter Tod einen Sünder ins Höllenfeuer. Ein Spieß als Stachel des Todes erscheint auch schon auf Dürers Höllenfahrt von 1512 (Abb. 130). Adam und Eva werden von einem rattenartigen Teufel mit diesem Spieß in die Hölle getrieben und im gleichen Bild aber von Christus mit dem als Gegenstück zum Spieß zu verstehenden Kreuzstab wieder erlöst.

Als Einblattdruck war unser Blatt wohl dazu bestimmt, als Flugblatt verkauft zu werden. Diese Art der Propaganda hatte in den zwanziger Jahren des 16. Jahrhunderts Höchstauflagen erreicht. Die Bildelemente dürften nach dem ausführlichen Text entworfen sein. Sie dienen als Blickfang und Illustration zu den Schriftblöcken, welche gemäß Luthers Forderung nach *viel Exempel aus der Schrift*[4] zahlreiche Bibeltexte enthalten. Vermutlich sind die meisten Figuren versatzstückhaft aus anderen Bildern übernommen worden. Die Dämonen erinnern an Schongauers Antonius-Versuchung[5]; und auch die Christusfigur könnte aus einem anderen Zusammenhang stammen. Daniel Hopfer († 1536), der sich seit 1523 zur Reformation bekannte, benutzte für seine Werke häufig fremde Kompositionen; seine Figuren sind allgemein steif und haben einen gewöhnlichen Gesichtsausdruck. Als Waffenätzer, Kupferstecher und einer der frühesten Radierer war er in Augsburg mehr seiner technischen, denn seiner künstlerischen Begabung wegen bekannt[6].

Abb. 130 Albrecht Dürer, Höllenfahrt. Kupferstich, 1512. Basel, Öffentliche Kunstsammlung

Kat. 115

Obwohl viele ikonographische Elemente aus dem traditionellen Weltgericht übernommen sind, wird ebengerade dieses demontiert durch die vor allem im Text dargelegte reformatorische Aussage: «Wer glaubt, wird selig!»

M. F.

Literatur: – BARTSCH 1803-1821, Bd. 8, S. 480, NR. 29. – EYSSEN 1904. – BUCHHOLZ 1928. – WEGNER 1957. – HARBISON 1976, S. 92-94. – STIRM 1977, S. 81-89. – Kat. Luther 1983 (Hamburg), S. 210-216. – Kat. Illustrierte Flugblätter 1983, S. VII-XI. – ULLMANN 1984. – OHLY 1985, S. 74-79. – HOLLSTEIN Bd. 15, 1986, S. 71.

1 Auch die Engel mit den Leidenswerkzeugen erscheinen häufig im Jüngsten Gericht.
2 Vgl. Abb. 130.
3 Predigt vom 7. September 1538 über Joh. 3,17 (zit. nach HARBISON 1976, S. 93). Vgl. auch die Bildunterschrift unter Cranachs «Gesetz und Evangelium» 1530, wo u.a. Röm. 3,28 zitiert wird.
4 Zit. in ULLMANN 1984, S. 124.
5 Martin Schongauer: Die Versuchung des hl. Antonius, Kupferstich 1470, München, Graphische Sammlung.
6 Die Angaben zu Daniel Hopfer sind EYSSEN 1904 entnommen.

116. Auf katholischer Seite überdauert das Fegefeuer die Reformation.

Speculum Rationis, 1677.

Leinwand auf Holz, H: 112; B: 86 cm.
Stifterinschrift: *R. D. Ioannes Yth Tuginus de Ægerin / Plebanus in Sarmenstorf Argovia suis / Impensis hanc Aram fieri fecit. M.D.C.LXXVII.*
Unzugänglich.

Speculum rationis – Spiegel der Vernunft – steht auf dem breiten Spruchband, das wie ein Emblemtitel zuoberst quer über die Tafel gespannt ist. Im hochovalen Feld darunter, das die Form eines ovalen Spiegels mit breitem Rand hat, wird dem Betrachter in Bildszenen und Textbändern vor Augen geführt, woran er denken muß, wenn er sein Leben «vernünftig» führen will. Vernünftig ist, wer so lebt, daß er in Ewigkeit leben wird (*vive ut aeternum vivas*), wie die Titelbeischrift erklärt. In Text und Bild wird vor dem Betrachter ein Gesamtbild katholischer Lebensgesinnung entfaltet. Eindringlich wird er ermahnt, sich die Vergänglichkeit der Welt und die Unausweichlichkeit des Todes vor Augen zu halten. *Considera ad quem finem / creatus sis serva mandata* (Bedenke, zu welchem Ende du geschaffen bist, halte die Gebote) und *Considera beneficia Dei et Vide ne / per ingratitudinem Deum offendas* (Betrachte die Wohltaten Gottes und achte drauf, daß du nicht durch Undankbarkeit Gott beleidigst) lauten zwei der mahnenden Sprüche.

Die Bildtafel ist klar strukturiert, so daß auch das Gemälde in seiner Gesamtheit die Ordnung der rechtgläubigen Welt widerspiegelt und – im Zeitalter der Gegenreformation – betont an der Fegefeuerlehre festhält. Das Hochoval mit den Bildszenen ist so in die rechteckige Gesamtform eingefügt, daß oben Platz bleibt für das Spruchband mit dem Bildtitel und unten für das Band mit der Stifterinschrift des Leutpriesters Johannes Iten, der diesen Altar 1677 einrichten ließ. Dieser ist in der linken unteren Ecke als Halbfigur im Priesterornat mit Chorhemd, Stola und Buch dargestellt, rechts gegenüber sein Wappen. Das breite Bildband um das ebenfalls hochovale Mittelfeld besteht aus acht Feldern. In den Diagonalen sind Engel dargestellt, die mit ihrer Gestik und den begleitenden Textbändern das Geschehen kommentieren. Die figürlichen Szenen umfassen – von zuoberst ausgehend – die ewige Seeligkeit (*Aeterna felicitas*), das Jüngste Gericht (*Extremum iudicium*), die Hölle und das Fegefeuer (*Aeterna damnatio, Purgatorium*) sowie das Leben in der Welt (*Vita mundi*). Im Mittelfeld, in der unheimlichen Region des Todes, schreitet ein Pilger über einen schmalen Steg, der vom Feld mit der Darstellung des menschlichen Lebens hinauf zu einer Säule mit Gesetzestafeln führt und hinunter direkt ins Bildfeld mit der Weltgerichtsdarstellung mündet. Die Säule mit den Gesetzestafeln, auf denen das zentrale christliche Gebot der Nächstenliebe eingraviert ist (*Diliges Dominum Deum et Proximum tuum sicut te ipsum*), steht genau auf der Mittelachse des Bildes; sie ist von einem Kruzifixus bekrönt und zeigt, daß der Aufstieg von der Region des Todes zur Glückseligkeit nur über die christlichen Gebote gelingt. Es ist ein schwieriger Weg, den der Pilger zu gehen hat. Von hinten hat ihn ein Teufel gepackt, von rechts kommt ihm der Tod als ein von einem Leichentuch umhülltes Skelett entgegen, welches schon den Bogen gespannt hat. *Mors nescia flecti*, der Tod kann nicht besiegt werden, lautet hier die Botschaft. Dies zeigen auch die drei Totenschädel und der Leichnam, die unter dem Steg liegen und in denen je ein Pfeil steckt. Jeder muß über diesen schmalen Steg, jedem steht das Gericht bevor.

Auffällig ist die Anordnung der Szenen im äußeren Bildstreifen. Das Jüngste Gericht mit dem richtenden Christus und den Auferstehenden ist nicht als wichtigstes Thema dominierend in der Mitte dargestellt, sondern gleichwertig wie der Himmel, die Hölle und das Fegefeuer in einem seitlichen Feld wiedergegeben. Die Hölle und das Fegefeuer befinden sich zuunterst. Der Höllenrachen, in der untersten Ecke des Weltgerichtsbildes von der Seite dargestellt, zeigt sich hier frontal von vorne. Diejenigen, die beim Weltgericht in den Rachen getrieben werden, sieht man hier zwischen den Zähnen des Ungeheuers in den lodernden Flammen sitzen, ausweglos eingeschlossen. Darüber befindet sich das von Steinmauern umfaßte Purgatorium. Auch hier sitzen Seelen in den Flammen, sie erleiden dieselbe Pein wie diejenigen in der Hölle, mit einem entscheidenden Unterschied: Ihre Strafe ist nicht endlos, sie haben Aussicht auf ein Ende, denn sie werden erlöst werden, wenn sie genug gebüßt haben. Dementsprechend sind sie auch optisch nicht so eingefangen wie diejenigen unter ihnen, die hoffnungslos und für immer verdammt sind.

In der Bildtafel aus Oberägeri sind verschiedene spätmittelalterliche und barocke Traditionsstränge miteinander kombiniert. Das im Barock häufig dargestellte Thema der Vier Letzten Dinge und der Gedanke des *Memento mori* (vgl. Kat. Nr. 118) sind dabei ebenso wichtig wie der durch den Bildtitel gegebene Hinweis auf die «Speculum»-Literatur, eine im Spätmittelalter sehr beliebte Gattung moralisch-erzieherischen Schrifttums. Bei der Tafel handelt es sich jedoch nicht um ein illustriertes Erbauungsbuch, sondern wohl um ein Altarbild, das wie ein Meditationsbild die Grundlagen katholischer Weltauffassung darlegt. Ihr klares Bildsystem macht sie auch für Laien verständlich, die lateinischen Beischriften bezeugen die Gelehrsamkeit des Stifters und können in Predigten ausführlich erläutert werden[1].

S. M.

Literatur: – ODERMATT-BÜRGI 1984.

---

[1] Die Vorlage für die Bildkomposition ist ein Einblattdruck aus dem ausgehenden 15. Jahrhundert, s. ODERMATT-BÜRGI 1984.

Kat. 116

117. Bernardinos Seele gelangt in jenem Moment ins Paradies, als ein von der hl. Teresa bestellter Priester im neuen Kloster die erste Messe liest.

Schelte à Bolswert (nach Peter Paul Rubens).
Die hl. Teresa von Avila als Fürbitterin der Armen Seelen im Fegefeuer, um 1635.

Kupferstich, H: 46.8; B: 34.7 cm.
Bezeichnet unten links: *Pet. Paul Rubenius pinxit. S. a Bolswert sculpsit*; unten rechts: *Gillis Hendricx excud. Antwerpiae C.[um] P.[rivilegio]*
Aufschrift: *Extimulat Christus Deus S. M. Teresiam ut opem ferat animae D. Bernardini Mendozii ignibus purgatorii detentae, quae postea ope S. Teresiae liberata fuit. Lib. fund. S. Ter. cap. 10. Sancta ergo et salubris est cogitatio pro defunctis exorare, ut a peccatis solvantur. 2. Machabeorum. cap. 12.*
2. Zustand, Hamburger Kunsthalle, Kupferstichkabinett, Inv. Nr. 5121.

Schelte à Bolswert (Bolswert um 1586-1650 Antwerpen) schuf diesen Kupferstich nach einem um 1630 entstandenen Altarbild von Peter Paul Rubens, das die Privatkapelle der adligen Portugiesin Felipa Mendes Borges (gest. 26. Januar 1629) in der Kirche der Unbeschuhten Karmeliter in Antwerpen schmückte. In Rubens' Gemälde tritt die 1622 heiliggesprochene Ordensgründerin zum ersten Mal in der seltenen Rolle einer Anwältin der Armen Seelen auf. Das Zwiegespräch zwischen der knienden Teresa und Christus, der als Auferstandener mit den Wundmalen vor ihr erscheint, ist dem bekannten Bildthema der Interzession der Maria vor ihrem Sohn nachgebildet. Die Szene spielt vor einer sanft hügeligen Flußlandschaft. Im unteren Teil der Darstellung öffnet sich die Erde, und in den Flammen und dem Rauch des Fegefeuers werden die Halbfiguren von vier büßenden Seelen sichtbar. Deutlicher als im Altarbild sind im Stich zwei Paare zueinander in Kontrast gesetzt: Dem Mann und der Frau am rechten Bildrand, die eben von zwei Putten befreit werden, stehen zwei dunkle Schattengestalten gegenüber, die noch im Fegefeuer verharren müssen. Kardinal Federico Borromeo rät in seinem Traktat «Über die sakrale Malerei» (1624) dem Künstler, die Darstellung des Fegefeuers auf kontrastreichen Affekten aufzubauen und *gleichzeitig größten Schmerz wie größte Wonne der Seelen auszudrücken, welche dort zwar gemartert werden, jedoch auch wissen, daß sie daraus befreit werden*. Vor allem die zwei mittleren Figuren sind nach gegensätzlichen Ausdruckstypen gestaltet. Die Frau mit dem selig nach oben gerichteten Blick, die mit ihren langen Haaren ihre Brüste bedeckt, ist einer büßenden Magdalena angeglichen, während umgekehrt der händeringende Mann mit den verdrehten Augen und dem sprechend geöffneten Mund der Ikonographie der Hölle entstammt. Solche mimischen und gestischen Formeln der Eschatologie konnte Rubens gedruckten Folgen der Vier Letzten Dinge entnehmen, welche gerade auch in Antwerpen um 1600 verbreitet waren (vgl. Kat. Nr. 118).

Dem Druck wurde eine lateinische Inschrift beigefügt. Der erste Teil bezieht sich auf eine Erzählung im 10. Kapitel von Teresas «Buch der Klosterstiftungen», aus der Rubens, wahrscheinlich auf Wunsch des Ordens oder der Stifterfamilie, den Bildentwurf entwickelte: *Christus treibt die hl. Mutter Theresia an, der Seele des Herrn Bernardino de Mendoza beizustehen, die in den Flammen zurückgehalten wird; diese ist mit Hilfe der hl. Theresia befreit worden.* Der zweite Teil leitet aus diesem beispielhaften Fall eine allgemeine Verhaltensregel her: *Ein heiliger und frommer Gedanke ist es folglich, für die Toten zu beten, damit sie von ihren Sünden befreit werden* (2. Makk. 12, 45). Diese Stelle aus dem zweiten Makkabäerbuch, die sich auf das Geldopfer und den Bittgottesdienst von Judas Makkabäus für die gefallenen Soldaten bezieht, interpretierten die katholischen Theologen als Beweis, daß das Fegefeuer existiere und daß Almosen und Gebete den Toten helfen. Die Reformatoren hingegen verwarfen die Makkabäerbücher als apokryph.

Teresa von Avila berichtet im 10. Kapitel der «Klosterstiftungen», daß Christus nur deswegen ihre Fürbitte für Bernardino de Mendoza erhörte, weil der *tief in die Eitelkeiten der Welt versunkene* Adlige ihr und ihren Begleiterinnen ein Gut für die Gründung eines Klosters in Valladolid geschenkt hatte. Bernardinos Seele gelangte genau in jenem Moment ins Paradies, als der von Teresa in Eile bestellte Priester die erste Messe im erst provisorisch hergerichteten Kloster las. Mit der Bildunterschrift läßt sich der junge bärtige Mann rechts als Bernardino de Mendoza identifizieren. Es handelt sich jedoch bei Rubens' Bildentwurf nicht um eine exakte Illustration von Teresas Erzählung. Die ungewöhnliche Ikonographie wird erst im Kontext der Kapelle verständlich, für die das Gemälde bestimmt war.

Der Neubau der Kirche der Unbeschuhten Karmeliter war von einem engen Kreis wohlhabender portugiesischer Kaufleute unterstützt worden, zu denen auch Felipa Mendes gehörte. Die mit einem reichen Diamantenhändler verheiratete adlige Portugiesin hatte laut der Stifterinschrift nicht nur *diese Kapelle errichtet, geschmückt und mit dem Zins für eine tägliche Messe ausgestattet*, sondern *auch an den Bau der ganzen Kirche freigebig gespendet*. Mit ihrem Tod begann sie, so fährt der Text fort, *das bessere Leben zu genießen*. Wie Bernardino de Mendoza war folglich auch Felipa Mendes Borges eine große Wohltäterin des Ordens. Man kann deswegen Rubens' selig zum Himmel blickende weibliche Seele, die zusammen mit Bernardino gerettet wird, als ein allusives Stifterporträt verstehen. Das Altargemälde, das an die Stiftung der Felipa Mendes erinnert und gleichzeitig beim Besucher der Kapelle für weitere Schenkungen wirbt, erhält so einen epitaphähnlichen Charakter.

Dem Betrachter des Stiches allerdings wird vor allem die hl. Teresa als Fürbitterin für die Seelen im Fegefeuer empfohlen. Teresa drängt sich hier in ein Amt, das bei den Karmelitern bisher ausschließlich dem Ordensheiligen Simon Stock vorbehalten war. Nach einer legendären Erzählung hatte jenem Maria am 16. Juli 1251 das Skapulier (einen Teil des Ordenskleides der Karmeliter) mit dem Versprechen übergeben, daß, *wer immer darin sterbe, das ewige Feuer nicht erleide*. Skapulierbruderschaften waren im späten Mittelalter enorm verbreitet und erfuhren am Ende des 16. Jahrhunderts durch päpstliche Privilegien einen neuen Aufschwung; besonders in Spanien, Portugal und Neapel trug man das Skapulier als Schutzmittel gegen die Gefahren des Todes. Möglicherweise zielte das Blatt auf Mitglieder dieser ausländischen Kolonien in Antwerpen; mit Sicherheit diente es der Propaganda für die Heil- und Gnadenmittel der Unbeschuhten Karmeliter, die mit den andern Orden, besonders aber den Beschuhten Karmelitern, um die Gunst des Publikums rivalisierten. 1631 hatten diese in der Liebfrauenkirche die erste Antwerpener Skapulierbruderschaft gegründet und seitdem, auf Kosten des neuen Ordenszweiges, einen großen Zulauf erfahren.

Im Stich von Schelte à Bolswert findet sich gegenüber Rubens' Gemälde eine kleine, jedoch auffällige Ergänzung: Es war wohl der Stecher selbst, der den vier büßenden Gestalten links am Rand den Kopf einer fünften Seele hinzufügte, die er aus dem

Exstimulat CHRVS DN̄S S. M. TERESIAM vt opem ferat animæ D. BERNARDINI MENDOZY, ignibus purgatorij detentæ, quæ postea ope S. TERESIÆ liberata fuit. Lib. fund S Ter. cap. 10.
Sancta ergo et salubris est cogitatio pro Defunctis exorare, vt à peccatis soluantur. 2. Machabeorum. cap. 12.

Pet. Paul Rubenius pinxit   S. à Bolsuert sculpsit.   Gillis Hendricx excud Antuerpiæ Cum privilegio

Bild blicken läßt. Das dunkel schraffierte Gesicht ist in der Wendung zum Betrachter einem Künstlerselbstporträt vergleichbar und läßt sich als geistreiche und witzige Aufforderung deuten, den Autor in das Fürbittgebet mit einzuschließen.

C. G.

Literatur mit sämtlichen Nachweisen: GÖTTLER 1991, S. 182-291.

118. In den Vier letzten Dingen finden Barockkünstler ein Experimentierfeld für die Darstellung psychischer Bewegung.

Raphael Sadeler I.
Die Vier Letzten Dinge: Tod, Seele im Fegefeuer, Seele in der Hölle, Seele im Himmel.

4 Kupferstiche. Tod: H: 16.9; B: 11 cm,
Seele im Fegefeuer: H: 16.8; B: 11.4 cm,
Seele in der Hölle: H: 16.8; B: 11.4 cm,
Seele im Himmel: H: 16.5; B: 11 cm.
Bezeichnet auf dem Blatt mit der Darstellung des Todes unten Mitte: *Raphael Sadeler excudit Monaci.*
München, Staatliche Graphische Sammlung,
Inv. Nrn. 42034, 42036-42038.

Die Ikonographie der Vier Letzten Dinge geht auf das um 1430 wahrscheinlich von Gerard de Vliederhoven verfaßte «Cordiale quatuor novissimorum» zurück. Das Sterbebüchlein, das auch Predigern als Nachschlagewerk empfohlen wurde, war im 15. und 16. Jahrhundert in zahlreichen Handschriften und Drucken verbreitet. Es behandelt in vier Kapiteln den Tod (1), das Jüngste Gericht (2), Hölle und Fegefeuer (3) und das himmlische Paradies (4). In den meisten Ausgaben sind den vier Kapiteln Titelillustrationen mit szenischen Darstellungen der Novissima vorangestellt, und spätestens im 16. Jahrhundert wurden vierteilige Folgen oder Einblattdrucke auch unabhängig vom «Cordiale» gedruckt. Um 1600 kommen neben vielfigurigen eschatologischen Ereignisbildern auch Serien mit einzelnen Affektfiguren auf, welche die Orte des Jenseits als Seelenzustände veranschaulichen.

Für diesen Wandel der Ikonographie bildet die von Raphael Sadeler I. (Antwerpen 1560/61-1632 München) gestochene Folge der Vier Letzten Dinge ein wichtiges Beispiel. Die vier Blatt zählende Serie fand in der Fachliteratur bisher keine Erwähnung. Die Blätter zeigen den Tod und drei personifizierte Seelen im Fegefeuer, in der Hölle und im Himmel. Die extremen Empfindungen, welche die Vorstellung dieser Orte hervorruft, sind in der Mimik der Figuren gespiegelt. Am schärfsten ist der Kontrast in den Büsten der Seligen und des Verdammten akzentuiert, deren Ausdruck nach der rhetorischen Unterscheidung von sanften und heftigen Affekten, Ethos und Pathos, gestaltet ist: Der Verdammte schreit, von Flammen umzüngelt, mit aufgesperrtem Mund frontal zum Betrachter gewendet, während die als geistlicher Ritter gekleidete weibliche Erlöste vor einem strahlenden Hintergrund die ewige Anschauung Gottes genießt. Die büßende Seele im Fegefeuer mit den Tränen in den Augen veranschaulicht hingegen den gemischten Affekt zwischen dem *größten Schmerz (dolor)* und der *größten Wonne (suavitas)*, wie ihn Federico Borromeo in der Schrift «De pictura sacra» (1624) für die Darstellung der Armen Seelen empfiehlt. Auch der Schmuck der ovalen Rahmen ist sprechend: Stundengläser und Totenköpfe dekorieren den Rahmen des Skeletts; geflügelte Engelsköpfe und das strahlende Antlitz Gottes kennzeichnen den Himmel, Dämonen mit Fledermausflügeln und der siebenköpfige Drachen dagegen die Hölle; Fegefeuer und Hölle sind voneinander durch die Motive des Aufstiegs bzw. des Sturzes unterschieden.

Der appellative Charakter der Bilder wird durch die Bibelzitate in den Rollwerkkartuschen, vor allem aber durch die Epigramme verstärkt. Diese finden sich ebenfalls, so konnte ich nachweisen, in den 1620 erstmals publizierten «Epigrammatum Libri Tres» des jesuitischen Gelehrten Jacob

Kat. 118 Tod

Kat. 118 Hölle

Kat. 118 Fegefeuer

Kat. 118. Himmel

Bidermann (Ehingen/Schwaben 1578-1639 Rom), des berühmten Autors des «Cenodoxus». Bidermann verwendete, wie er selbst im Vorwort sagt, für seine Auswahl an Epigrammen auch Bildunterschriften zu Stichen der Künstlerfamilie Sadeler, die damals am Münchener Hof eine bedeutende Stellung hatte. In den kunstvoll gebauten Epigrammen ist die suggestive Wirkung der Bilder selbst thematisiert: So wird etwa der Betrachter angeleitet, auf die *reißenden Feuerströme* im Fegefeuer zu schauen, und dem Feuer, um es zu dämpfen, *deine Tränenfluten* hinzuzufügen, wobei die dargestellte Seele ihm das Weinen vormacht. Vor dem Blick des meditierenden Betrachters beginnt *das stumme Bild* der Hölle zu schreien: *Es schreit sich selbst zu, WEHE; dir jedoch, HÜTE DICH DAVOR.*

In einem engen Zusammenhang mit Sadelers Serie steht die 1605 datierte sechsteilige Folge der Letzten Dinge, die der Augsburger Kupferstecher und Zeichner Alexander Mair für Johann Conrad Freiherr von Gemmingen (1561-1612), seit 1595 Bischof von Eichstätt, ausführte, allerdings im Vergleich mit Raphael Sadeler in einem fast nur halb so großen Format[1]. Zwei ergänzende Darstellungen zeigen einen Sterbenden, dessen Seele gerade zum Himmel getragen wird, sowie das Wappen des Bischofs, über dem als Motto die Aufforderung *Respice finem – Betrachte das Ende* erscheint.

Daß die komplexe Ikonographie von Jesuiten erdacht sei, legt auch das Christus-Monogramm nahe, welches in beiden Serien die Selige als Brustschmuck trägt; es war zugleich das Emblem der Gesellschaft Jesu. Man hat schon vermutet, daß solche Drucke zuerst im Antwerpen des späten 16. Jahrhunderts vertrieben wurden, das ein Zentrum der gemeinsam von Jesuiten, Zeichnern und Stechern geschaffenen neuen religiösen Bildersprache war[2]. Antwerpen war nun auf vielfältige Weise mit München als dem wichtigsten deutschen Verlagsort verknüpft, wo um 1600 so bedeutende jesuitische Theologen wie Bidermann, Jeremias Drexel und Matthäus Rader lehrten. Das Thema der Letzten Dinge eignete sich in besonderer Weise für ein kathartisches Erleben, wie es die Jesuiten im Hinblick auf moralische Wirkungen propagierten. Schon Ignatius von Loyola hatte in den «Geistlichen Übungen» durch das bekannte Verfahren der *Zurichtung des Schauplatzes* in der Vorstellung eine Hölle simuliert und die damit verknüpften Flammen, brennenden Leiber, das Geheul und Geschrei, den Rauch und Schwefel usw. für die Sinne erfahrbar gemacht. Ebenso wurden die Vier Letzten Dinge im Katechismus des Petrus Canisius behandelt. Auch Sadelers Bilder waren mit Hilfe solcher Techniken der Imagination konstruiert. Vor allem die Seelen im Fegefeuer und in der Hölle zielten auf Schauder und Mitleid der Betrachter; die Furcht, es könne ihnen ähnlich ergehen, sollte sie in ihrem Vorsatz, sittlich zu leben, bestärken.

Neben graphischen Serien sind auch Ausführungen der Letzten Dinge in koloriertem Wachs bekannt, wobei das wandelbare Material in besonderer Weise den Bewegungen der Seele entsprach. In der Sammlung von Kardinal Federico Borromeo befanden sich seit 1607 drei entsprechend ausgekleidete Elfenbeinschächtelchen mit wächsernen Büsten, in deren affizierter Mimik sich die Schau der Hölle, des Fegefeuers und des Himmels spiegelt. Nur literarisch überliefert sind die Wachsplastiken der Letzten Dinge, welche der neapolitanische Maler und Wachsbildner Giovanni Bernardino Azzolino (1556-1645) um 1610 für die Sammlung des genuesischen Aristokraten Marcantonio Doria schuf. Während gedruckte Folgen der Letzten Dinge wohl wie andere Andachtsbilder relativ preiswert erworben werden konnten, fanden die bunten Wachsfiguren verstorbener Seelen Eingang in prominente Sammlungen und Studioli.

C. G.

Literatur: – GÖTTLER 1991, S. 260-273. – HESS 1990 (Bidermann), S. 186-187 (zu den Epigrammen).

---

1 HOLLSTEIN 1954ff., Bd. 23, 1979, S. 147-149, Nrn. 82-89.
2 WIRTH 1967, Sp. 1461-1462.

Kat. 119

119. Auch mit wissenschaftlichen Instrumenten läßt sich das Fegefeuer sichtbar machen.

Athanasius Kircher.
Romani Collegii Societatus Jesu Musaeum celeberrimum [...], 1678.
Laterna magica mit projizierter Seele im Fegefeuer, S. 125.

Radierung, H: 13.4; B: 17 cm.
Zürich, Zentralbibliothek, Y 26.

Die Radierung, die erstmals in Kirchers «ars magna lucis et umbrae» (zweite Ausgabe 1671) publiziert worden ist, zeigt annähernd das Funktionsprinzip der Laterna magica. Kircher hatte nicht, wie oft in der Literatur fälschlicherweise behauptet wird, dieses frühe Projektionsverfahren erfunden, sondern ihm gebührt das Verdienst, es als einer der ersten beschrieben und einer breiteren Öffentlichkeit zugänglich gemacht zu haben. Dies geht aus einem Brief des Lyoner Arztes Guisony aus dem Jahre 1660 an den berühmten Physiker Christian Huygens hervor: *Der gute Kirkher macht hier in der Galerie des Kollegium Romanum immer tausend Zauberkunststücke mit dem Magneten; wenn er die Erfindung der Laterne hätte, würde er die Kardinäle gehörig durch Geister erschrecken*[1]. Aus Kirchers Vorwort zu seiner «Neuen Hall- und Thonkunst» wird ersichtlich, daß Guisonys Behauptung nicht allzu fern lag, denn Kircher spricht dort von seinem *mit Neu-Erfindungen und ungemeinen wunder Sach stehts schwangerem Gemühte*[2].

Kirchers Motivwahl, eine Fegefeuerseele, ist vermutlich weniger willkürlich, als es im ersten Augenblick erscheinen mag. Die Jesuiten, welche die Naturwissenschaften zur Verbreitung ihres Glaubens gefördert hatten – die Erkenntnis der Perspektive setzten sie in virtuose, die Seele des Betrachters ergreifende Deckenmalereien um –, hatten die Laterna magica auch als Hilfsmittel auf ihren Missionsreisen eingesetzt, um den neuen Glauben den Heiden plastisch vor Augen zu führen[3]. Die Projektion einer Fegefeuerseele könnte somit ebenfalls der Missionierung gedient haben. Der unbekannte Apparat alleine übte damals schon magische Faszination aus; welch ungeheure Wirkung mußte erst die Vorführung der Fegefeuerqualen im dunklen Zimmer auf die Betrachter gemacht haben!

R. P.

Literatur: – Baier 1980, S. 12f., S. 221. – Kat. Universale Bildung 1981, S. 81–84.

---
1 Zit. in: Baier 1980, S. 222.
2 Kircher 1684, Vorrede.
3 Kat. Universale Bildung 1981, S. 83.

Ende der Zeit

120. Im siebten Zeitalter, vor dem Weltgericht, hat das irdische Leben ein Ende.

Michael Wolgemut (1433/34–1519).
Tanz der Skelette, um 1493.
Weltchronik von Hartmann Schedel,
Bl. 264 der lateinischen Ausgabe.

Holzschnitt, aufgezogen; H: 19.4; B: 22.5 cm.
Zürich, Kunsthaus, E 17.68.

«Der Tanz der Gerippe» stammt aus der Weltchronik des Hartmann Schedel (vgl. Kat. Nr. 15) und ist am Ende des Abschnittes «Von dem todt und endschaft der ding» vor den Haupttitel «Von dem jungsten gericht unnd ende der werlt» eingeschoben. Das Motiv der tanzenden Gerippe wird im Text mit keinem Wort erwähnt. Seine Einfügung in die Textabfolge läßt jedoch den Schluß zu, daß es den *erschrecklichen tod* und die *ymmerwerend schreck und graw des gegenwertigen oder nahenden tods* versinnbildlichen soll, von dem auf der vorangehenden Textseite die Rede ist.

Anregung zum Bildmotiv fand Wolgemut wahrscheinlich im sog. «Doten dantz mit figuren» von Heinrich Knoblochtzer (um 1485–1486), wo zwischen Beinhausszene und Ständefolge ein Totentanz eingefügt ist (Abb. 125). Zum «Tanz der Gerippe» selbst hat sich in Braunschweig eine Entwurfszeichnung eines früheren Entwicklungsstadiums der Bildfindung erhalten[1]. Möglicherweise wurde die Darstellung von Michael Wolgemut persönlich auf den Druckstock übertragen, da vor der Wende zum 16. Jahrhundert in der Regel Zeichner und Holzschneider eine Person waren.

Wiedergegeben sind fünf Totengestalten. Die beiden mittleren sind als Gerippe aufgefaßt, die drei übrigen befinden sich im Zustand der Verwesung. Die Figur rechts außen stellt eine weibliche Tote dar, der die Gedärme aus dem Körper herausquellen. Die Szene spielt auf einem Friedhof, auf einer Wiese am Rande eines geöffneten Grabes. Im Hintergrund sind ein Weg und leicht hügeliges Gelände zu erkennen. Drei der Toten tanzen zu den Klängen einer Schalmei, auf welcher der linke Leichnam spielt. Die im Grab liegende Gestalt erhebt sich aus ihrer Ruhestätte. Hautfetzen be-

Kat. 120

decken Teile ihres Oberkörpers, dem sich zwei Schlangen entwinden.

Die ganze Gruppe ist von einer ellipsenförmigen Dynamik erfaßt. Die Bewegung geht von der Figur des Bläsers aus. Sein Leichentuch, das er wie einen Mantel trägt, führt zur Gestalt im Grabe. Wie eine Kutte bedeckt es den Oberkörper des sich Aufrichtenden. «Träger der Bewegung werden jetzt die Glieder.»[2] Mit seiner Armbewegung weist der Leichnam zur weiblichen Toten hinauf. Wie eine Schleppe hat diese sich ihr Leichentuch umgeworfen, während die Gedärme salopp über das linke Handgelenk geworfen sind. Sie führt das rechte Skelett zum Tanze. Dieses hält seinen Partner an der linken Hand und vollführt mit ihm einen ekstatischen Tanz. Das Zentrum des Bildes ist somit zugleich rhythmischer Höhepunkt.

J. H.

Literatur: – Stadler 1913, S. 45. – Helm 1928, S. 70–76. – Schmidt 1955, S. 23–25.

---

1 Herzog Anton Ulrich-Museum, Braunschweig, Feder auf geröteltem Papier, H: 13.1; B: 18.4 cm (Wolgemut Z. 52 Rs., KK 101). Vgl. Schmidt 1955, S. 25.
2 Helm 1928, S. 73.

Kat. 121 Hirtenverkündigung. Bordüre 2. bis 5. Zeichen: Das Meer verschwindet. Das Meer bringt schreiende Fische und Ungeheuer hervor. Gewässer brennen. Pflanzen schwitzen Blut.

121. Fünfzehn kosmische Zeichen künden das Weltgericht an.

Stundenbuch für den Gebrauch von Rom, Brügge, um 1500.
Marienoffizium, in den Bordüren 2. bis 5. kosmisches Zeichen, fol. 59v / 60r.

Format: H: 14.2; B: 10.4 cm, 229 ff. Pergament.
Geschrieben in lateinischer, französischer und flämischer Sprache.
Kalender und Text 16zeilig.
Hauptmitarbeiter des Meisters der Davidsszenen im Breviarium Grimani, Maler von Add. 15677.
Einband: schwarzes Leder, modern.
Neuchâtel, Bibliothèque publique et universitaire, Ms. A. F. A 28.

Bildschmuck: fol. 3–14: Kalender mit einem Medaillon mit Tierkreiszeichen oben und einem Bildfeld mit Monatsarbeit unten in jeder Bordüre auf recto; fol. 15: kleines Bildfeld Johannes im Studio; fol. 16: kleines Bildfeld Lukas; fol. 17v: kleines Bildfeld Matthäus; fol. 19: kleines Bildfeld Markus; fol. 21v: Verkündigung ; fol. 41v: Heimsuchung; fol. 53v: Geburt; fol. 59v: Hirtenverkündigung; fol. 64v: Königsanbetung; fol. 69v: Darbringung im Tempel; fol. 74v: Kindermord; fol. 82v: Flucht nach Ägypten; fol. 88v: Abendmahl; fol. 89: Kopfminiatur Ölberg; fol. 90v: Kopfminiatur Gefangennahme; fol. 91v: Kopfminiatur Christus vor Pilatus; fol. 93: Kopfminiatur Kreuzanheftung; fol. 95: Kopfminiatur Kreuzigung; fol. 96: Kopfminiatur Kreuzabnahme; fol. 96v: Kopfminiatur Grablegung; fol. 99: in der Bordüre Christkind; fol. 103: in der Bordüre Christus im Elend; fol. 111: in der Bordüre Arma Christi; fol. 113v: in der Bordüre Taube des Hl. Geists; fol. 115v: Anna selbdritt; fol. 126v: in der Bordüre Begegnung an der Goldenen Pforte; fol. 128v: in der Bordüre Frau empfängt die Kommunion; fol. 131: in der Bordüre Sterbende empfängt von einem Priester die Sterbekerze; fol. 144v: Kopfminiatur Martyrium der hl. Godelieve; fol. 146v: König David büßend; fol. 168v: Kopfminiatur Beweinung unter dem Kreuz; fol. 172v: in der Bordüre Madonna lactans; fol. 176: Kopfminiatur Marianisches Gnadenbild; fol. 179: in der Bordüre Auferstehung; fol. 182v: Kopfminiatur Gregorsmesse; fol. 188: Kopfminiatur Bernhard; fol. 195: Kopfminiatur Michael; fol. 196: Kopfminiatur Johannes der Täufer; fol. 197: Kopfminiatur Jakobus d. Ä.; fol. 199: Kopfminiatur Stephanus; fol. 200: Kopfminiatur Laurentius; fol. 201: Kopfminiatur Philippus; fol. 202: Kopfminiatur Christophorus; fol. 203: Kopfminiatur Hiob auf dem Misthaufen; fol. 204: Kopfminiatur Margareta; fol. 205v: Kopfminiatur Katharina; fol. 206v: Kopfminiatur Barbara; fol. 208: Kopfminiatur Apollonia; fol. 209: Kopfminiatur Georg; fol. 210v: Kopfminiatur Sebastian; fol. 213: Kopfminiatur Maria Magdalena; fol. 214: kleines Bildfeld Alle Heiligen; fol. 220: in der Bordüre Veronika mit dem Schweißtuch.

Die Handschrift fällt in vielerlei Hinsicht aus dem von flämischen Stundenbüchern Gewohnten heraus. Ungewöhnlich ist schon die Dreisprachigkeit in Text und Rubriken; man würde entweder nur flämische oder nur französische Zusätze zum Lateinischen erwarten. Der Bildzyklus ist nicht nur wegen seines Umfangs, sondern auch wegen der Vielfalt an z.T. sehr ausgefallenen Themen bemerkenswert. Schließlich ist auch die Bandbreite an Bildformaten erstaunlich: Neben den üblichen Vollbildern und Kopfminiaturen treten Bildfelder unterschiedlicher Form und Größe in den Bordüren auf.

Am markantesten zeigen sich diese Eigentümlichkeiten bei der Illustration des Marienoffiziums. Während die Miniaturen den üblichen Themen gewidmet sind und größtenteils auf Vorlagenmaterial zurückgreifen, das die Werkstatt auch für andere Stundenbücher benutzt hat, stehen die Bildfelder in den Bordüren völlig vereinzelt da. Mit diesen Randillustrationen begleitet ein Bildzyklus das Marienoffiz, der Schöpfungsszenen und «apokalyptische» Szenen umfaßt. Die letzteren orientieren sich jedoch nur vage an Motiven der Offenbarung Johannis; es handelt sich vielmehr um den Zyklus der 15 kosmischen Zeichen, die das Weltgericht ankünden: So vereinigt die hier aufgeschlagene Doppelseite das 2. bis 5. Zeichen: Das Meer verschwindet in der Tiefe der Erde – Das Meer bringt schreiende Fische und Ungeheuer hervor – Alle Gewässer brennen und die Fische sterben – Bäume und Pflanzen schwitzen Blut. Die Randillustrationen zur Vesper schließen mit dem 15. und letzten Zeichen, der Auferstehung der Toten, den Zyklus ab. Zur Complet folgt dann ein ausführlich geschildertes, sich über alle Bordürenfelder erstreckendes Weltgericht. Die französischen Beischriften der Szenen in roter Tinte könnten darauf hindeuten, daß ein entsprechender Zyklus in der berühmten, von Antoine Vérard vielfach aufgelegten «L'art de bien vivre et de bien mourir» Pate gestanden hat. Schwer zu erklären ist die Übertragung in ein Stundenbuch; vielleicht sollte dem Besitzer ein von den ersten bis zu den letzten Tagen der Menschheit reichendes Programm zur Kontemplation beim täglichen Beten des Offiziums angeboten werden.

Zwei Hände haben sich in die Illuminierung dieses bemerkenswerten Codex geteilt. Den Kalender und sämtliche Bilder am Schluß der Handschrift (von fol. 88v an) hat ein etwas hölzerner Maler ausgeführt, der besonders durch die stumpfe Oberflächenwirkung seiner Miniaturen auffällt. Nach seinem Hauptwerk in der British Library hat er jüngst den Notnamen « Maler von Add. 15677» bekommen. Federführend ist jedoch ein zweiter Maler, der alle übrigen Partien, also auch das Marienoffiz, illustriert hat. Er tritt häufig – wenn auch nicht in unserer Handschrift – in Verbindung mit einem der wichtigsten flämischen Miniaturisten zu Beginn des 16. Jahrhunderts auf, dem Meister der Davidsszenen im Breviarium Grimani, und ist deswegen als dessen Hauptmitarbeiter bezeichnet worden.

Die Merkwürdigkeiten des Neuchâteler Stundenbuchs sind gewiß auch auf die spezifischen Wünsche eines Auftraggebers zurückzuführen. Auf fol. 2v prangt ein Wappen, das wohl zeitgleich mit der Malerei entstanden ist und daher auf den Erstbesitzer hinweist: In Rot ein mit einer blauen Lilie belegter silberner Sparren, begleitet oben rechts und links und unten von einem goldenen Turm mit drei Zinnen und einem blauen Tor.

B. B.

Kat. 121. Betlehemitischer Kindermord, in der Bordüre: 13. bis 15. Zeichen: Sterben der Lebenden, Himmel und Erde in Flammen, Auferstehung der Toten (fol. 74v/75r).

Kat. 121. Flucht nach Ägypten, in der Bordüre: Weltgericht (fol. 82v/83r).

Literatur: – Brinkmann 1992 (Offizium), S. 98–101. – Brinkmann 1992 (Fitzwilliam), S. 208f.

122. Die vier apokalyptischen Reiter bringen Pest, Krieg, Teuerung und Tod über die Welt.

Albrecht Dürer (1471–1528).
Die vier apokalyptischen Reiter aus: «Apocalipsis cum figuris», Nürnberg 1511.

Holzschnitt, H: 39.4; B: 28.1 cm.
Monogrammiert mit AD.
Rudolstadt, Thüringer Landesmuseum Heidecksburg, Inv. Nr. Gr. 123/64.

Nach seiner ersten italienischen Reise (1494/95) eröffnete Albrecht Dürer eine eigene Werkstatt in Nürnberg. Bereits drei Jahre später legte er 15 großformatige Holzschnitte zum Buch der Offenbarung des Johannes in einer deutschen und einer lateinischen Ausgabe vor. Neu an dieser Bildfolge war, daß sich auf der Vorderseite des jeweiligen Blattes der Bilddruck und auf der Rückseite der Textdruck befand.

Die Apokalypse, die von den Schrecken der Endzeit der Menschheit und vom kommenden Gottesreich kündet sowie dazu aufruft, an den Sieg des Guten über das Böse zu glauben, hatte seit der Romanik Künstler dazu bewogen, die Klarheit und Ausdruckskraft der Worte in Bilder umzusetzen.

Für Albrecht Dürer dürften die Holzschnitte aus der «Biblio teutsch» – sie erschien 1483 bei Anton Koberger – vorbildlich gewesen sein. Ihre Bilddruckstöcke waren vordem für die 1478/79 von Heinrich Quentell verlegte «Kölner Bibel» geschaffen und später von Koberger erworben worden. Mit der 1498 vorliegenden monumentalen Holzschnittfolge – eine weitere Ausgabe mit lateinischem Text erschien 1511 – gelang es Dürer, die Vision des Johannes in eine allgemeinverständliche Bildsprache umzusetzen, «die in ihrem wortnahen Realismus der Gewalt der Sprache gleichkommt»[1].

Zu den ausdrucksstärksten Blättern der Holzschnittfolge gehören zweifellos «Die vier apokalyptischen Reiter». Dieses Blatt nimmt auf die Öffnung der ersten vier Siegel der Offenbarung des Johannes Bezug. Die vier Reiter – bildkompositorisch angeordnet in einer Diagonalen, die einerseits jeden einzelnen dem Auge des Betrachters erschließt, andererseits den Eindruck der Geschlossenheit einer Gruppe bewirkt – fegen alles sich ihnen Entgegenstellende hinweg. Von aufreißendem Gewölk umgeben und unter den segnenden Händen eines das Reich Gottes verkündenden Engels rasen sie über die Erde. Mit symbolhaften Attributen wie Bogen und Krone, Schwert, Waage und dreizackiger Gabel verkörpern die Reiter Pest, Krieg, durch Teuerungen verursachte Not und auf einem dürren Klepper den Tod. Am linken unteren Bildrand öffnet sich weit und mit spitzen Zähnen drohend ein Höllenrachen, der die am Boden Liegenden – welchen Standes sie auch sein mögen – verschlingt. Eindringlich wird so die Endzeitstimmung heraufbeschworen. Die Dramatik des Geschehens erhöht Dürer noch dadurch, daß er die vier apokalyptischen Reiter gemeinsam mit ihren Opfern (Aktion und Reaktion) in einem Bildraum darstellt. Vor allem beeindruckt das Blatt durch die Wucht der Bewegung, die von der heransprengenden Reitergruppe ausgeht. Hier wird spürbar, wie es Dürer gelang, die noch spätgotische Gestaltungsweise mit solchen Kompositionsprinzipien zu verbinden, die er sich durch intensives Naturstudium aneignete.

Darüber hinaus vermuten Panofsky und Warburg[2] bei dem Reiter mit der Waage, bei der am Boden liegenden Frau und der sich umwendenden Gestalt am rechten Bildrand stilistische Parallelen zu dem Triumphalrelief des Konstantinbogens, das Dürer möglicherweise von Zeichnungen her kannte. Problematisch erscheint Chadrabas[3] Interpretation, die die Reiter mit historisch konkreten Persönlichkeiten in Verbindung bringt. Wenn Perrig[4] hier auch eine Kritik an gesellschaftlichen Verhältnissen sieht, muß in erster Linie doch davon ausgegangen werden, daß Albrecht Dürer mit diesem Blatt den apokalyptischen Erwartungen in der von tiefgehenden religiösen und sozialen Konflikten geprägten Zeit des ausgehenden 15. Jahrhunderts ein Denkmal setzte.

L. U.

Literatur: – BARTSCH 1803-1821, Nr. 64. – MEDER 1932, Nr. 167. – Kat. Dürer 1971. – The Illustrated Bartsch 10, 1980, S. 159 (Abb.) und Bd. 10 (Kommentar), S. 332. – Kat. Zu Dürers Zeiten 1991.

---

1 STIEDER 1981, S. 262.
2 PANOFSKY 1926, S. 144.
3 CHADRABA 1964, S. 78ff.
4 PERRIG 1987, S. 7f.

Kat. 122

Ende der Zeit: Apokalypse

123. Am Ende der Zeit überwindet Michael den Drachen.

Hl. Michael mit dem besiegten Drachen. Meister HA, zugeschrieben, Ende 15. Jahrhundert.

Vollrunde Lindenholzfigur. Original mit neuen Ergänzungen, Rüstung in Silber angelegt.
Ergänzt: Lanze, Drachenzunge, Sockel.
H: 99.5 cm.
Herkunft: Spiringen im Schächental, Kanton Uri.
Zürich, Schweizerisches Landesmuseum, LM 19731.

Der geflügelte Jüngling mit dem von Lokken umrahmten Antlitz trägt eine Ritterrüstung. Ein weiter Mantel in dunkelblau und rot, eingefaßt mit Gold, bedeckt seine Schultern. Sein weicher, träumerischer Ausdruck steht im Gegensatz zur Tat, die er vollbringt: Mit dem linken vorgeschobenen Bein tritt er den attributhaft kleinen Drachen zu Boden; die beidhändig geführte Lanze durchsticht dessen Kopf. Ein Schwert hat bereits den Körper des Untiers durchbohrt.

Der Drachenkampf ist ein bedeutendes Motiv innerhalb der Ikonographie des hl. Michael. Mit Sicherheit ist es von einem der Texte herzuleiten, der die mittelalterliche Welt am meisten geprägt hat, von der Apokalypse des Johannes: *Und es erhob sich ein großer Streit im Himmel: Michael und seine Engel stritten mit dem Drachen, und der Drache stritt samt seinen Engeln, aber sie siegten nicht, und ihre Stätte ward nicht mehr gefunden im Himmel.* (Apk. 12,7f.) Dieser Text gab Anlaß zu den verschiedensten Interpretationen[1], und wir halten hier nur die wichtigste ikonographische Konsequenz fest: Michael ist ein Streiter. Mit einer Tunika oder einer kriegerischen Ausrüstung bekleidet und von einem Schild geschützt, kämpft er bewaffnet mit einer Lanze, einer von einem Kreuz bekrönten Stange oder einem Schwert gegen den Drachen, den Teufel oder die Dämonen. Diese Figuren symbolisieren die Kräfte des Bösen, die die Kirche bedrohen und deren Beschützer *(custos Ecclesiae romanae)* der hl. Michael ist.

L. S.

Literatur: – BAIER-FUTTERER 1936, S. 139.

---

1 BAUDOT 1971, S. 39-52.

Kat. 123

124. Ein «Bilderstürmer» hilft dem hl. Michael und zerkratzt dem Teufel die Fratze.

Bernhard Strigel (1460–1528), zugeschrieben, Michaels Drachenkampf, um 1490.

Altartafel, Außenansicht der linken Seite.
Tempera auf Holz, H: 187; B: 95 cm.
Herkunft: Splügen, Kanton Graubünden.
Zürich, Schweizerisches Landesmuseum, LM 16693.

Die Tafel zeigt den Kampf des Erzengels Michael mit dem Drachen. Der Engel trägt eine weiße Tunika und einen weiten dunkelroten Mantel, den eine Schnalle zusammenhält. Das Gewand bläht sich in der Bewegung des Kampfes hoch auf. Die weichen Züge des jugendlichen Antlitzes sind voll Ruhe, aber die Haltung verrät einen entschlossenen Charakter. Mit sicherer Bewegung stößt er den Kreuzstab mit der Lanzenspitze durch den Leib des Krallentieres. Von der Waffe des Erzengels auf den Boden gedrückt, reckt sich das Ungeheuer wieder auf und bedroht ihn mit einem Knüppel. Der (wohl willentlich) bis tief ins Holz zerkratzte Kopf ist unkenntlich, doch scheint er ein menschliches Gesicht gehabt zu haben. Die zwei Figuren beanspruchen den ganzen Bildraum und lassen nur wenig Platz für die Andeutung einer Landschaft.

Das Bild zierte die Außenseite eines linken Altarflügels, also die Werktagsseite, die bei geschlossenem Zustand des Altars sichtbar war. Der Erzengel Michael, mit einem Heiligenschein versehen, erscheint so als heiliger Beschützer der Kirche, zusammen mit dem hl. Vinzenz, dem Kirchenpatron, den die Innenseite des Flügels zeigt. Der Engel ist Streiter, Sieger über die Kräfte des Bösen, aber der Maler stattet ihn nicht als Krieger aus. Kein Schild, keine eiserne Rüstung schützt ihn. Jeder Gedanke brutaler Gewalt fehlt auf dem zarten Antlitz. Die lange weiße Tunika ist die Kleidung der Engel im Dienste des Allerhöchsten, und das Band mit dem Kreuz, das seine Stirn umwindet, bekräftigt diesen göttlichen Auftrag.

L. S.

Literatur: – POESCHEL 1943, S. 266f. – OTTO 1964, S. 15f., NR. 1. – WÜTHRICH 1969, S.11f., NR. 1. – STANGE 1970, S. 195, NR. 862.

Kat. 124

WELTGERICHT

125. Am Jüngsten Tag werden die Toten auferstehen.

Glasmalerei-Medaillon mit Auferstehendem, um oder kurz nach 1200.

Glasgemälde aus Soissons (?).
Durchmesser: 53 cm.
Romont, Schweizerisches Museum für Glasmalerei.

Das runde Medaillon mit leuchtend blauem Grund zeigt einen Auferstehenden am Jüngsten Tag. Er kniet in einem offenen, grünen Sarkophag, der in die Erde eingelassen ist. Sein Oberkörper ist schon aufgerichtet, das linke Bein angewinkelt – er ist im Begriffe, aufzustehen. Dies betonen auch die Arme: Mit der rechten Hand stützt sich der Tote auf den hinteren Sarkophagrand, die linke weist empor. Das schwungvoll über Schultern und Körper gelegte violette Leichentuch unterstreicht die Bewegung im Geschehen. Das Kompositionsschema der Scheibe ist auf den Hauptgedanken der Szene ausgerichtet: aus der Waagerechten, aus der Erde und dem Reich des Todes, steigen die Toten, wieder zum Leben erweckt und mit einem Körper versehen, empor und orientieren sich hin auf das Zentrum des Geschehens, den richtenden Christus. Der Auferstehende ist nackt und ohne erkennbare Geschlechtsmerkmale dargestellt, ein auferstehender Mensch, weder nach Alter, nach Stand noch nach Geschlecht differenziert.

Dieses als Einzelstück erhalten gebliebene Glasgemälde stammt mit großer Wahrscheinlichkeit aus der Westrose einer Kirche, denn das Weltgericht war im 13. Jahrhundert besonders in Frankreich das beliebteste Bildprogramm gotischer Westfassaden. Die Verbindung der Weltgerichtsthematik mit den Westteilen der Kirche ist seit karolingischer Zeit ausgeprägt und spiegelt sich sowohl in Wand- und Glasmalereien wie in der Bauskulptur. Im Westen, dort, wo die Sonne unterging, erwartete man das Erscheinen des göttlichen Richters, dort sollte das Weltgericht stattfinden[1]. Durch diese bildlichen Darstellungen wurde dem Kirchenbesucher ständig das letzte Gericht im Jenseits vor Augen geführt. Auch die Behandlung irdischer Rechtsangelegenheiten verlegte man mit Vorliebe vor Westfassaden oder in Westvorhallen, so daß die Verbindung zwischen Gericht und Westteilen des Kirchengebäudes fest verankert war im Bewußtsein der Gläubigen[2].

Die Westrose von Chartres aus der Zeit um 1200 kann eine Vorstellung davon geben, in was für einem Zusammenhang die Scheibe aus Romont einmal gehörte. Bei den Rosenfenstern, die weit oben angebracht waren und erst durch Lichteinfall zum Leuchten kamen, wurden andere inhaltliche Schwerpunkte gesetzt als bei den in Stein gebildeten, mehr auf Details und Nahsicht hin angelegten Programmen der Portalanlagen. Das Geschehen am Jüngsten Tag wird in den frühen Rosen, die dieses Thema bevorzugen, nicht erzählt, sondern als ein theozentrisches Bildsystem entfaltet – von Christus im Zentrum des Kreises geht alles aus, zu ihm führt alles hin[3]. Die Bedeutung der Radform dieser Fenster war nicht von Anfang an einheitlich festgelegt, gegen Ende des 12. Jahrhunderts setzte sich die Deutung des Rades als Bild des Kosmos in der Ile-de-France fast ausschließlich durch[4]. Die noch erhaltenen oder aus Fragmenten rekonstruierbaren Weltgerichtsrosen aus dem Gebiet der Ile-de-France zeigen, daß die ikonographische Tradition im einzelnen recht offen und vielfältig war – es ist kein allgemein verbindliches Schema vorhanden, so daß das Weltgerichtsprogramm, zu dem die vorliegende Scheibe gehörte, nur ansatzweise rekonstruiert werden kann[5]. Im Mittelpunkt befand sich Christus als Richter. Die Auferstehenden sind jeweils in den äußeren Reihen der unteren Hälfte dargestellt und richten sich nach oben auf. Den Bildrichtungen unten, oben, rechts und links kommt symbolische Bedeutung zu – die Geretteten befinden sich zur Rechten Christi, die Hölle meist links oder unter ihm. Daß das vorliegende Medaillon von Christus aus rechts unterhalb des Zentrums angebracht gewesen war, zeigt die Haltung des Auferstehenden – er wendet sich der Mitte zu. In Chartres sind, neben Christus und den Auferstehenden, verschiedene Engel, die Apostel als Beisitzer des Gerichtes, die Seelenwägung sowie das Paradies, personifiziert durch Abrahams Schoß, und der Sturz der Verdammten dargestellt.

Die Scheibe aus dem Schweizerischen Museum für Glasmalerei ist sehr gut erhalten, die wenigen Ergänzungen bestehen alle aus altem Glas, Vorder- wie Rückseite weisen nur wenige Kratzspuren und kaum Lochfraß auf. Der Kopf der Figur gehörte ursprünglich nicht zu diesem Stück, das zeigt die Einpassung wie auch Farbe und Malart des Inkarnates, er ist aber ebenso alt wie dieses. Über die ursprüngliche Herkunft des Medaillons ist aus den Quellen nichts bekannt. Der Stil, etwa die Art der Gesichtszeichnung oder der Faltenwurf des Leichentuches, belegen die Verwandschaft mit Glasfenstern aus dem Gebiet von Laon und Soissons aus der Zeit um 1200. Das erhaltene Stück paßt jedoch nicht nahtlos zu weiteren bekannten Fragmenten eines Jüngsten Gerichtes, die in der Forschung mit der Kirche Saint-Yved in Braine in Verbindung gebracht werden[6]. Da allerdings nur noch ein kleiner Bruchteil der in dieser Region einst vorhandenen farbigen Glasfenster erhalten geblieben ist, vieles mehrfach versetzt wurde und es zudem wohl recht viele Bauten mit Weltgerichtswestrosen gab, ist eine genaue Lokalisierung schwierig.

S. M. (Ikonographie)
St. T. (Stilistische Zuordnung)

---

1 SAUER 1924, S. 292.
2 Westvorhallen als Orte des Gerichtsplatzes sind beispielsweise nachgewiesen für Amiens und Bourges.
3 SUCKALE 1981, S. 261.
4 Ebda., S. 264.
5 Ebda., S. 265.
6 Zur Frage der Verglasung von Saint-Yved in Braine siehe GRODECKI / BRISAC 1984, S. 88. – GRODEKKI / PERROT / TARALON 1978, S. 169-172. – HAYWARD / CAHN 1982, S. 132-134. – CAVINESS 1985. – CAVINESS / HUSBAND 1985. – CAVINESS 1987, S. 115. – CAVINESS 1990, v.a. S. 91. Die Kathedrale von Soissons selbst besaß zu dieser Zeit noch keine Westrose.

Weltgericht: Auferstehung der Toten Kat. 125

Kat. 125

Kat. 126

126. Der Erzengel richtet Selige und Verdammte.

Der heilige Michael, Streiter und Seelenwäger, um 1490, Kirche St. Michael in Zug.

Vollrunde Lindenholzfigur,
originale Fassung, z.T. vergoldet.
H: 119 cm.
Zürich, Schweizerisches Landesmuseum, LM 17680.

Die Darstellung des Erzengels folgt der Tradition: Wir sehen einen jungen Mann mit feinem, von Locken gerahmtem Antlitz. Sein graziler Körper trägt eine Rüstung. Schmale, weitausgreifende Flügel verschaffen dem zarten Kämpfer Raum und Geltung und setzen farbige Akzente in Grün und Rot. Die über den Kopf erhobene Rechte schwingt mit entschlossener Bewegung das gezückte Schwert. Der linke Arm hängt leicht angewinkelt herab, die Hand folgt der Körperachse. Dies sowie die Stellung der Finger erlaubt die Annahme, daß die Hand des Heiligen ursprünglich die Seelenwaage hielt[1]. Die Vorstellung der tief vor dem Körper gehaltenen Waagschalen mildert nicht nur den labilen Stand der Figur, sie deutet die leicht ins Knie geknickte Stellung beider Beine geradezu als Ausdruck subtilen Ausbalancierens.

Wie in diesem Fall können die Attribute des hl. Michael, Waffe des Streiters und Waage des Seelenwägers, in einem Bild vereinigt sein. Damit werden zwei Aspekte ein und derselben Mission im Dienste der göttlichen Gerechtigkeit gezeigt.

L. S.

Literatur: – BIRCHLER 1935, S. 84 und 114. – BAIER-FUTTERER 1936, S. 139f.

---

1 Im Beinhaus der Kirche St. Michael in Zug zeigt ein geschnitztes Medaillon an der Decke den Erzengel mit einer Waage in einer ähnlichen Position wie jener der Statue (Abb. BIRCHLER 1935, S. 123).

127. Eine Stifterin hofft auf ein gnädiges Weltgericht.

Zürcher Nelkenmeister.
Weltgericht mit Michael als Seelenwäger, um 1500.

Öl auf mit Kreide grundierter Leinwand auf Tanne.
H: 115; B: 169.5 cm.
Zürich, Kunsthaus, Inv. Nr. 1917.

Die Bildtafel mit der Seelenwägung im Kunsthaus Zürich stammt vom sogenannten Zürcher Nelkenmeister, der um 1500 in Zürich tätig war und vielleicht mit dem namentlich bekannten Hans Leu d.Ä. identisch ist. Er gehörte zu einer Gruppe von Malern, die ihre Bilder mit roter und weißer Nelke zu signieren pflegten (daher der Meistername). Der Sinn der geheimnisvollen Blumensignatur bleibt bis heute unentschlüsselt. Die Tafel ist der linke Außenflügel eines Michaelsaltars. Auf dem rechten Flügel ist ein Höllensturz dargestellt (vgl. Kat. Nr. 141). Die zwei Tafeln veranschaulichen in geschlossenem Zustand des Altars die zwei göttlichen Gerichtstage am Anfang und Ende der Heilsgeschichte. Auf der Innenseite entsprechen ihnen Anfang und Erfüllung des Wirkens Christi in der Anbetung der Könige und im Pfingstbild[1].

Die Tafel des Jüngsten Gerichts scheint auf den ersten Blick der traditionellen Ikonographie zu folgen. Auf zwei kunstvoll drapierten Schriftbändern steht der Richtspruch geschrieben: *kommend har ir userwelten – gand hin ir verflüchten* (Mt. 25,34 und 41). Michael wägt eine Frauenseele, die sich nach dem Gewicht ihrer guten Taten bei den Seligen einreihen wird. Auf den zweiten Blick fällt jedoch ein relativ freier Umgang mit dem Thema auf. Da es sich um das Endgericht und damit um das Ende der Welt handeln muß, steht das alltägliche Treiben im Hintergrund in krassem Gegensatz dazu. Den Pilger am Fuß des Berges, welcher der Stadt zustrebt, oder den Fährmann auf dem Fluß scheint das Gericht nicht zu berühren. Auch der Handelsverkehr auf dem See geht weiter, und der Fuchs bei den Bäumen am linken Rand verhält sich nach seiner Natur. Wählte der Maler diese Versatzstücke einem schönen Hintergrund zuliebe oder zieht der Pilger als frommes Vorbild von der Seite der Schlechten zu jener der Guten, ist sein Ziel die Stadt Jerusalem?

Wie ein Blitzableiter des göttlichen Richtspruches verbindet das Schwert Him-

Kat. 127/141 Werktagsseiten des Michaelsaltars: Seelenwägung (Kat. 127) und Engelssturz (Kat. 141). Zürich, Kunsthaus.

Kat. 127/141 Feiertagsseiten des Michaelsaltars. Zürich, Kunsthaus.

mel und Erde. Die Seligen, die bis auf die Frau in der Waagschale im himmlischen Goldgrund schweben, lobpreisen Christus in gemessener Andacht. Durch das Fehlen der Deësis, der zum Gericht blasenden Engel und der Auferstehenden sowie durch die auf eine zweite Ebene zurückversetzten Richter und Gerichtete ist alles auf den dominierenden Erzengel konzentriert. Michael ist der einzige der Himmelsbewohner, der agiert.

Die Komposition ist trotz der realistischen Details sehr abstrakt und konstruiert. Der Seelenwäger steht auf einem bühnenhaften Kreissegment, wie es auch bei Rogier van der Weyden als Vordergrundzone zu finden ist[2]. Optisches Zentrum des Segments ist die Waagschale mit der Stifterin, die sich besonders gut vor dem weißen, langen Kleid des Engels abhebt. Das göttliche Weiß und der schützende Mantel bieten der Seele der Frau, die trotz des gewaltigen Zerrens der Teufelsknechte ruhig verharrt, einen sicheren Weg in den Himmel. Eine ausgeklügelte Komposition unterstützt das Resultat der Seelenwägung. Die Neigung des Waagebalkens wiederholt sich in der Schräge der Gruppe der Verdammten, der Flügel des Engels und des Schwertes. Dem antworten Bezugslinien zwischen den Händen Christi sowie der Gruppe der Verdammten und Gerechten. Viel Kraft wenden die Teufel auf, die Wägung doch noch zu ihren Gunsten zu entscheiden. Derjenige mit dem Ringelschwanz hat sein ganzes Gewicht kopfüber an die Waagschale gehängt. Ein Teufel mit weiblichen Geschlechtsmerkmalen versucht mit aller Wucht, am Boden festgekrallt, den Waagebalken an seinem äußersten Ende herabzudrücken. Der flink Herbeigehüpfte, dessen Klauen, Nase und Hörner sich in seiner Gabel formal fortsetzen, macht sich ebenfalls an der Schale zu schaffen. Der labile Mühlstein, der schon rein optisch gegen die Hölle wegzurollen droht, würde bei erfolgreicher Beeinflussung den dünngliedrigen Verursacher ironischerweise sofort überrollen und mit in die Tiefe stoßen. Sowohl die formale Dynamik als auch diejenige der Handlung zielt in die rechte untere Ecke, dem Ort der Hölle.

Auf der Seite der Verdammten ist in einem etwas anderen Maßstab die Raumtiefe nach eher älterer Manier geschichtet. Neben dem flatternden Gewand Michaels öffnet sich aber eine Landschaft mit angedeuteter Luftperspektive. Gegenüber der zivilisierten Stadt mit ihren Kirch- und Wehrtürmen am Gestade des friedlichen Gewässers durchstößt ein idealisiertes, nadelspitzes Gebirge die Wiese. Alles ist fest in göttlicher Ordnung gefügt. Das Beschweren mit Gewicht und Mühlstein, das Ziehen und Zerren mit Krallen und Haken der von Schongauer und andern inspirierten Teufelsgestalten bleibt vergebliches Bemühen. Entsprechend ist die verlorene Masse der Verdammten von Hoffnungslosigkeit und Desorientierung bewegt. Von unsichtbarer Macht bedrängt, manche verzweifelt gestikulierend, streben die Verstoßenen aus dem rechten Bildrahmen heraus.

Beiden Tafeln ist die gleiche zeitliche Divergenz im Vorder- und Hintergrund eigen. Durch die Kompilation des Engelsturzes mit dem Endkampf Michaels mit dem Drachen sowie des fortschreitenden Alltagslebens und des Endgerichts versuchte der Maler beide Momente zu vereinigen. Vielleicht ist gerade damit ein Hoffnungsmoment dargestellt. Als mächtiger Schutzpatron begleitet Erzengel Michael den Menschen im Alltag und steht ihm schließlich am Jüngsten Tag als gerecht Richtender zur Seite.

R. P.

Literatur: – STANGE 1970, S. 81, Nr. 346 (mit älterer Literatur). – GUTSCHER-SCHMID 1987. – EGGENBERGER / EGGENBERGER 1989, S. 274–278.

---

1 WARTMANN 1929, S. 19 und 32.
2 Rogier van der Weyden, Christus am Kreuz; heilige Maria Magdalena; heilige Veronika, Wien.

Kat. 127

128. Der Gekreuzigte wird zum Richter über die Menschheit.

Fragment einer liturgischen Handschrift, 1. Hälfte 12. Jahrhundert.
Jüngstes Gericht, fol. 8r.

8 Pergamentbl., H: 21,1; B: 16,1 cm.
14 Miniaturen, Gebetstexte auf 1r und 8v.
Sarnen, Bibliothek des Kollegium, Cod. 83.

Als Fragment einer liturgischen Handschrift ist ein christologischer Zyklus mit 14 Miniaturen überliefert; auf der ersten und letzten Seite sind, vermutlich später[1], Gebetstexte eingetragen worden. Die Handschrift stammt aus der Bibliothek des Klosters Muri und wird von der bisherigen Forschung in die erste Hälfte des 12. Jahrhunderts datiert. Die Szenenfolge umfaßt die Geburtsgeschichte mit mehreren Bildern, Taufe, Passion, Auferstehung, Pfingsten und ein Jüngstes Gericht. Für welchen liturgischen Text diese Bilderfolge vorgesehen war, ist unklar. Die möglicherweise jüngeren Gebetstexte sind jedenfalls nicht zufällig eingetragen worden – sie stehen in einem Bezug zu den Bildern: Ein *Credo*, gefolgt vom *Gloria in excelsis*, das zur Geburtsszene paßt, leitet die Bildfolge ein. An die Darstellung des Jüngsten Gerichts schließen sechs Gebete für Verstorbene[2]. Die Weltgerichtsminiatur ist in zwei Register aufgeteilt, die kompositorisch eng miteinander verknüpft sind. Im oberen ist der thronende Christus mit Kreuznimbus und Wundmalen dargestellt, flankiert von zwei vierflügligen Engeln. Die Wundmale sind dadurch betont, daß in den erhobenen Handflächen die Nägel stecken, die Füße sind auf die Querarme des Kreuzes genagelt. Dieses bildet die Mittelachse der Miniatur und verklammert die beiden Register; im unteren Teil ist es zugleich die Grenze zwischen den Gerechten und Verdammten. Von einem knienden Engel wird es getragen. Diese außergewöhnliche Art der Darstellung versucht den Umstand direkt ins Bild zu setzen, daß erst der Gekreuzigte zum Richter über die Menschheit werden konnte. Ein Teufel, dem ein späterer Betrachter durch das Zerkratzen des Gesichtes seine Macht nehmen wollte, schleppt unten rechts Verdammte weg. Er ist als ziegenartiges Untier dargestellt und hält einen Strick in der Hand, in dessen Schlinge der Kopf des vordersten Verdammten steckt. Links davon – zur Rechten Christi – werden die Seligen von einem Engel empfangen. Ihr

Kat. 128

glückliches Los zeigt sich auch in ihrer aufrechten Haltung, sie dürfen dem Himmel entgegenschreiten, während die Verworfenen in gebückter Haltung weggezogen werden.

Die einzelnen Motive sind frei nebeneinander auf den purpurfarbenen Grund gesetzt. Dieses Weltgericht beeindruckt die heutigen Betrachter gerade durch seine einfache, fast primitive Formensprache und die Beschränkung auf wenige Farbklänge.

S. M. (mit Unterstützung von J. Ra.)

Literatur: – BRUCKNER 1955, S. 68 und Tf. 12–14. – GERMANN 1967, S. 429. – EGGENBERGER/EGGENBERGER 1989, S. 179–182. – RAEBER 1993.

1 BRUCKNER 1955, S. 68.
2 a) *Inclina domine aurum tuam;* – b) *Quaerimus domine pro tua pietate;* – c) *Deus cui proprium est misereri et exaudire;* – d) *Deus indulgentiarum domine da famulo tuo cuius anniversarium depositionis die commemoramus;* – e) *Deus veniae largitor et humanae salutis amator quaesimus clementiam tuam ut nostre congregationis fratres et sorores qui ex hoc saeculo transierunt beata maria semperque vigine intercedente cum omnibus sanctis tuis a perpetua[m] beatitudinis consortium per venire concedas;* – f) *Fidelium domine omnium es auctor et redemptror animarum famulorum famularumque tuarum.*

129. Unter dem Weltenrichter erscheint die weißgekleidete Gruppe der Erwählten neben den im Höllenofen Gefangenen.

Graduale aus dem Dominikanerinnenkloster St. Katharinenthal, kurz vor 1312. Weltgerichtsminiatur, Initiale P[salle Christo], fol. 153v.

Pergamenthandschrift mit 314 Blättern (2 fehlend). H: 48; B: 34 cm, Miniatur: H: 15.1; B: 10 cm. Zürich, Schweizerisches Landesmuseum, LM 26117.

Das Bildfeld wird von der P-Initiale zur Sequenz «De sanctis apostolis» in zwei Felder aufgeteilt: Im Binnenfeld des P ist der auf einem Wolkenthron sitzende Richter mit betonten Wundmalen dargestellt, zwei Schwerter als Symbol für seine Richtergewalt gehen von seinem Haupt aus, neben ihm die Apostel als Gerichtsbeisitzer, zur Rechten der Lieblingsjünger Johannes, gefolgt von Petrus mit dem Himmelschlüssel, gegenüber Paulus mit dem Schwert. Darunter blasen zwei Engel mit gelben Trompeten zum Gericht. Unterhalb des P-Bogens erscheinen die Gruppen der Seligen und Verdammten, durch florale Ziermotive klar voneinander abgegrenzt. Die Geretteten stehen dicht hintereinander; sie alle sind, mit Ausnahme eines Dominikanermönchs mit schwarzer Kutte, weiß gekleidet. Die weiße Farbe auf dem leuchtenden Goldgrund steht für die Reinheit der Auserwählten, demgegenüber ist die Hölle von roten Flammen umzüngelt. Nicht der Gang zur Hölle wie bei der älteren Handschrift aus Sarnen, sondern der Ort der Verdammnis selbst ist dargestellt. Im Feuerofen schmoren die Verurteilten; ihre Köpfe sind hinter den Flammen in rundbogigen Öffnungen sichtbar. Daneben kauert Satan an eine Säule gefesselt – ein Bildmotiv, das häufiger bei Höllenfahrten verwendet wurde.

Die Verbindung von Text und Bild ist nicht ganz geklärt, die Sequenz «De sanctis apostolis» gehört nicht zum päpstlich approbierten Standardrepertoire des Humbertus de Romanis, sondern ist eine der 20 Ergänzungen, die das Graduale insgesamt aufweist[1]. Sie ist zwischen das *Proprium de Tempore* und das *Proprium de Sanctis* eingeschoben. Wahrscheinlich bezieht sich das gewählte Bildmotiv mehr auf die Abfolge der Miniaturen als auf den Text der Sequenz. Die Illustrationen der Meßgesänge für die Sonn- und Festtage des Kirchenjahres (*Proprium de Tempore*) vom ersten Adventsbild

Kat. 129

bis zu Pfingsten bilden eine heilsgeschichtliche Folge, die offenbar inhaltlich sinnvoll nur durch ein Weltgerichtsbild abgeschlossen werden konnte.

S. M.

Literatur: – Graduale, Kommentarband 1983, v.a. S. 124f. – KNOEPFLI 1989, S. 170–178 (mit älterer Literatur). – Kat. Manesse 1991, S. 249.

1 Graduale, Kommentarband 1983, S. 261.

130. Christus richtet, Engel sammeln die Gebeine der Toten und eine Jenseitsbrücke führt über den Feuersee. – Auf einer Doppelseite werden die Weltgerichtsbilder von drei Künstlern vereint.

Stundenbuch für den Gebrauch von Rom, Valenciennes und Brügge, um 1480. Beginn des Totenoffiziums, Weltgericht von Simon Marmion (fol. 152v), Bordüre vom Meister des Dresdener Gebetbuchs (fol. 152v), Paradies- und Höllenlandschaft vom Maler von Fitzwilliam 268 (fol. 153r).

Format: H: 11; B: 7,7 cm, 252 ff. Pergament.
Geschrieben in lateinischer Sprache.
Kalender 17zeilig, Text 16zeilig.
Maler aus dem Umkreis Willem Vrelants, Simon Marmion, Meister des Dresdener Gebetbuchs, Maler von Fitzwilliam 268.
Einband: roter Samt mit vergoldeten und emaillierten Beschlägen, 19. Jahrhundert.
London, Victoria-and-Albert-Museum, Ms. Salting 1221.

Bildschmuck: fol. 15v: Martyrium der hl. Katharina; fol. 18v: Kreuzigung; fol. 79v: Geburt; fol. 85v: Hirtenverkündigung; fol. 91v: Königsanbetung; fol. 97v: Darbringung im Tempel; fol. 103v: Kindermord; fol. 118v: Marienkrönung; fol. 129v: König David büssend; fol. 152v: Weltgericht; fol. 153: Paradies- und Höllenlandschaft; fol. 153v: Lazarus-Erweckung; 213v: Hieronymus im Studio.

Kat. 130

Das unter dem Namen Salting-Stundenbuch bekannte Stück vertritt von Textauswahl, Aufbau, Format und Schrift her den Typus des kleinen Brügger Stundenbuchs, der sich als Ergebnis weitgehender Standardisierung in einer offenbar nahezu manufakturhaft organisierten Herstellungsweise herausgebildet hat. Höchst ungewöhnlich ist jedoch die Kombination von Buchmalern, die an der Illuminierung des Stückes beteiligt waren. Die erste der noch erhaltenen Miniaturen stammt von einem Brügger Buchmaler aus dem Umkreis Willem Vrelants. Der in Valenciennes ansässige Simon Marmion hat die Mehrzahl der übrigen Bilder geschaffen, deren Bordüren jedoch wiederum zwei in Brügge tätigen Illuminatoren zugeschrieben werden können, dem Meister des Dresdener Gebetbuchs und dem nach einer Handschrift in Cambridge benannten Maler von Fitzwilliam 268. Der zuletztgenannte Künstler hat auch die Miniaturen der Hirtenverkündigung und der Darbringung, sowie die hier gezeigte ganzseitige Landschaft ausgeführt. Zur Erklärung der komplexen Verhältnisse ist jüngst vermutet worden, Marmion, der zur Entstehungszeit des Salting-Stundenbuchs Valenciennes anscheinend nie verlassen hat, habe möglicherweise von dort aus eine Serie von Miniaturen auf losen Einzelblättern zur Weiterverarbeitung nach Brügge geliefert, die dort mit Bordüren versehen und in den Codex eingebunden worden seien.

Diese Annahme erklärt die ausgesprochene Merkwürdigkeit, daß an der hier aufgeschlagenen Stelle des Buches, dem Beginn des Totenoffiziums, drei Bilder unmittelbar aufeinanderfolgen. Marmions Lieferung umfaßte demnach eine überzählige Miniatur, nämlich das Weltgericht, auf deren Verwendung man in Brügge aber nicht verzichten wollte und die man daher der zum Totenoffiz üblichen Lazarus-Erweckung vorschaltete. Um die leere Seite zwischen den beiden auf verso liegenden Bildern zu füllen, ergänzte der Maler von Fitzwilliam 268 die thematisch passende Paradies- und Höllenlandschaft.

Infolgedessen zeigt die aufgeschlagene Doppelseite des Salting-Stundenbuchs die Stile dreier Buchmaler nebeneinander. In Marmions Weltgerichtsminiatur kontrastieren auf für ihn charakteristische Weise pastellhaft zarte Töne mit dem kräftigen Blau des Himmels. Mit ungewöhnlich delikater Malerei erweitert der Dresdener Gebetbuchmeister das Thema in der Bordüre um das seltene Motiv der Engel, die Schädel und Gebeine von Verstorbenen auflesen (ein Vorbild dafür im Dunois-Stundenbuch des Bedford-Malers: London, British Library, Yates Thompson Ms. 3, fol. 32v). Beachtliches Können zeigt der Maler von Fitzwilliam 268 in der Gestaltung seines Landschaftsraums, dem er durch Luftperspektive und einen von niedrigen Wolken bedeckten Himmel eine erstaunliche Tiefenerstreckung verleiht.

Ist es an sich schon erstaunlich, in einem Stundenbuch des 15. Jahrhunderts ein ganzseitiges Landschaftsbild anzutreffen, so nutzt der Maler das Thema dazu, ein ganz ungewöhnliches Panorama von Himmel und Hölle zu entfalten. Den Vordergrund nimmt dabei eine dunkle Zone ein, die aus Felsbuckeln besteht, zwischen denen Flammen emporzüngeln, und in der

Seelen von grotesken Teufeln gequält werden. Ein feuriger Höllenrachen saugt Seelen in sich hinein und speiht sie aus. Durch einen mächtigen Strom von dieser Ebene getrennt, breitet sich dahinter eine weite und lichte, locker mit Bäumen bestandene Senke aus. Der goldene Lebensbrunnen im Hintergrund, von dem die vier Paradiesesflüsse ausgehen, kennzeichnet sie als Paradies.

Das auffälligste Motiv aber ist der schmale goldene Steg, der von den Felsen des Fegefeuers über den breiten Fluß zum Paradies führt. Mehrere Seelen versuchen über diesen Steg zu balancieren, ein Engel erwartet sie am jenseitigen Ufer, einige von ihnen werden jedoch von im Wasser schwimmenden Teufeln mit langen Kanthaken zu Fall gebracht. Die Vorstellung, daß Seelen lange und extrem schmale Stege überwinden müssen, stammt aus der Visionsliteratur; allein zwei solche Überquerungen werden in der im Spätmittelalter außerordentlich verbreiteten «Visio Tundali» beschrieben, die möglicherweise die vorliegende Darstellung beeinflußt hat.

B. B.

Literatur: – HARTHAN 1982, S. 146–149. – KREN 1992, S. 134, 184–186, 196–200 u. passim.

Kat. 130 Detail

131. Vor einer lyrischen Landschaftsszenerie ziehen die Seligen in den Himmel ein und versinken die Verdammten im Höllenschlund.

Meister der Verherrlichung Mariae (tätig in Köln um 1460–1479/80 oder 1493), zugeschrieben.
Weltgericht.

Öl auf Holz. H: 57; B: 40.5 cm (am oberen Rand wahrscheinlich beschnitten).
Fondation Rau.

Die hochrechteckige Tafel ist zweizonig aufgebaut. In der oberen, höheren Zone erscheint der richtende Christus in einer Lichtaureole, flankiert von männlichen und weiblichen Heiligen, auf der Erde darunter, etwas kleiner dargestellt, findet die Scheidung der Gerechten von den Verdammten statt – die Gerechten werden dem Himmel zugeführt, die Verfluchten versinken in der Hölle. Durch die in warmem Gold leutende Aureole wird Christus hervorgehoben. Er thront auf einem Regenbogen, dem Sinnbild für den Bund Gottes mit den Menschen, und hat die Arme weit ausgebreitet. Mit leicht gesenktem Kopf blickt er auf die Erde hinunter, wo die Auferstehung der Toten stattfindet. Zur Rechten seines Hauptes erscheint eine Lilie als Zeichen für die Erlösung, das Schwert auf der gegenüberliegenden Seite symbolisiert den Zorn über die Verfluchten (Apk. 19,15). Christus erscheint als himmlischer Herrscher, er trägt eine Krone und ist in einen weiten roten Mantel gehüllt, seine Wundmale sind nur fein erkennbar. Die Lichtaureole ist von einem graublauen Wolkenband eingefaßt, das im ganzen Bild die himmlische Sphäre von der irdischen trennt. In den Wolken schweben blaue Engel, die mit ihren langen Trompeten zum Gericht blasen. Rechts und links davon sitzt der himmlische Hofstaat – zur Rechten Christi eine große Schar weiblicher Heiliger, in dichter Reihung übereinandergestaffelt, gegenüber eine ebenso angeordnete Gruppe von Männern. Fast alle sind mit Attributen gekennzeichnet, Maria sitzt zwischen der hl. Barbara (mit dem Turm) und der hl. Katharina (mit Buch und Schwert), ihnen gegenüber in der vordersten Reihe Petrus, Johannes der Täufer, Johannes der Evangelist und Paulus. Sie alle übernehmen gemeinsam die Aufgabe, für die Menschen, die gerichtet werden, Fürbitte zu leisten.

Wie der obere Bildteil ist auch der Vordergrund dreigeteilt, rechts die Seligen, links die Verdammten, dazwischen zwei Auferstehende. In der äußersten Bildecke öffnet sich ein großes Loch in der Erde, zwei teuflische Wesen mit fratzenhaften Köpfen stoßen die Verdammten durch diesen Eingang in die Hölle hinunter. Diese winden sich gequält, verwerfen die Arme über ihren Köpfen und haben von Schmerz und Angst verzerrte Gesichter, Flammen züngeln ihren nackten Körpern entlang empor. Die Seligen hingegen dürfen aufrechten Ganges, frohgemut und von weißgekleideten Engeln geleitet dem himmlischen Licht zuschreiten. Petrus empfängt sie mit den Himmelsschlüsseln in der Hand. Ein Auferstehender, der in der einen Hand noch das Totentuch hält, wird eben von einem Engel an der Hand genommen. Das Schicksal eines Toten etwas weiter hinten scheint noch nicht entschieden, angstvoll hat dieser die Arme über seinem Kopf erhoben.

Zwischen die himmlische Zone und den von braunen Erdtönen dominierten Vordergrund schiebt sich in der Mitte des Bildes eine in subtiler Farbperspektive gestaltete, liebliche Landschaft mit Bäumen, Hügeln und einer Stadtsilhouette am Horizont. Kirchenbauten, Stadtmauern und ein großes Tor sind zu erkennen, ein Bach windet sich durch die Landschaft – eine Welt, die den damaligen Betrachtern vertraut vorgekommen sein wird. Auf der grünen Wiese vor der Stadt ist in skizzenhafter Zeichnung ein Friedhof zu erkennen mit einem Friedhofskruzifix und kleinen Gräbern, eines davon mit einem Grabkreuz. Braune Teufel und weiße Engel weisen den auferstehenden Toten ihren Weg. Schon in dieser bekannten, alltäglichen Welt des Hintergrundes ist das Thema der gesamten Tafel vorweggenommen.

Das endzeitliche Gericht – ein Bildthema, bei dem der Künstler mit der Darstellung von Himmel und Hölle extreme Gegensätze auf einem einzigen Bildfeld vereinen muß – ist hier in Bildaufbau, Figurengestaltung und Farbigkeit sehr differenziert und mit klaren Akzenten gestaltet. Die irdische Welt ist in verhaltenen, braunen bis grün-blauen Tönen gehalten, erst im Himmel entfalten sich kräftige, leuchtende Farben, dominiert vom Gold der Aureole Christi. Die Gruppe der Seligen gehört schon zu dieser oberen Welt, auch wenn sie sich in der unteren Bildhälfte befindet – sie ist vom selben Wolkenband umfaßt, dasselbe Gold leuchtet ihr entgegen. Dementsprechend befindet sich die eigentliche Hölle, der Ort des Vollzuges der ewigen Verdammnis, außerhalb des Bildes, die Verfluchten werden aus dem Bildraum gestoßen, sie haben künftig keinen Anteil mehr an der Gegenwart Gottes. Nicht die Qualen der Hölle oder Kämpfe zwischen Teufeln und Engeln sind für diese Auffassung des Gerichtsgeschehens zentral, sondern der Eindruck der unantastbaren Würde und Majestät des Richters überwiegt – die Entscheidungen sind schon gefallen, da die Engel und Teufel die Auferstehenden direkt aus den Gräbern herausholen. Christus erscheint, um die gerechte Ordnung der Welt zu vollenden; es scheint sich hier also um die Illustration des Weltgerichtsgeschehens nach Johannes 5, 24–29 zu handeln.

Die Zuschreibung der Tafel ist in der Forschung umstritten, unsicher ist auch die Datierung. Neuerdings wird das Bild aus stilistischen und ikonographischen Gründen dem Werk des Meisters der Verherrlichung Mariae, einem Nachfolger Stefan Lochners zugeordnet[1]. Wegen der geringen Größe der Tafel ist eine Verwendung als Altarretabel wenig wahrscheinlich, möglicherweise handelte es sich um ein privates Andachtsbild.

S. M.

Literatur: – Kat. Lochner 1993, Nr. 70, S. 380 (mit älterer Literatur).

---

1 Kat. Lochner 1993, S. 380.

Kat. 131

Kat. 132

132. Engel und Teufel präsentieren die Bücher des Lebens, nach denen die Auferstehenden gerichtet werden.

Weltgerichtsaltärchen.
Mittelrhein?, um 1475.

Öl auf Eichenholz.
Mitteltafel: H: 51; B: 39.5 cm.
Seitentafeln: je H: 51; B: 17.5 cm (o.R.).
Auf den Flügelaußenseiten, beklebt mit Kölner Holzschnitten, um 1480.
Sammlung Heinz Kisters.

Der Altar zeigt in geöffnetem Zustand die Auferstehung der Toten zum Weltgericht in der Mitte und auf den Seitenflügeln die Erlösten bzw. die Verdammten. Die Gesamtkomposition zeichnet sich durch eine weitgehende Symmetrie der einander gegenübergestellten Gruppen bis hin zu den Requisiten aus. Umso wirkungsvoller ist die Zerstörung dieser Symmetrie durch das Chaos der Hölle im Gegensatz zur harmonischen Bewegung der Seligen.

Auf der Mitteltafel ist der himmlische Hofstaat in einem geschlossenen Kreis um den richtenden Christus versammelt. Dieser thront, mit Maria und Johannes zu einer Deësis vereint, vor leuchtendem Hintergrund auf einem doppelten Regenbogen. Mit Posaunen rufen die Engel die Toten vor den Richter. In vier Stufen ist der Vorgang des Sich-Erhebens in einer progressiven Schlaufe gegen das Paradies hin veranschaulicht. Die zwei Unglücklichen auf der Seite der Hölle halten, vom Schicksal getroffen, ihr Gesicht weinend verborgen oder vor Schreck erstarrt und verzerrt von Christus abgewendet. Die im Gewand vergrabene Figur im Vordergrund krümmt sich dem schwarzen Loch ihrer Grube zu, wohingegen ihr Gegenüber auf der Seite der Seligen mit freudestrahlendem Gesicht zum Himmel emporschaut. Von der schalenförmigen Krümmung des Horizonts geleitet wird der Blick durch die Seligen im Paradies und den goldenen Fluß in die Höhe geführt; auf der Höllentafel hingegen durch den Strudel des Feuers und der gepeinigten, fallenden Körper in die Tiefe gesogen. Dem Betrachter am nächsten ist auf beiden Seitenflügeln eine Frau mit einem identisch um die Scham und die linke Schulter gewundenen Tuch dargestellt. Sie kann als Identifikationsfigur betrachtet werden, welche die beiden Möglichkeiten eines guten und schlechten Lebens vor Augen führt. Noch hat der Betrachter die Wahl, sich – etwa durch Gute Werke – einen Platz auf der Seite der Seligen zu sichern.

In die obere Zone der Flügel ist das Motiv der Lebensbücher aufgenommen: ... *und Bücher wurden aufgeschlagen. Und noch ein Buch wurde aufgeschlagen, das ist das Buch des Lebens; und die Toten wurden gerichtet nach dem, was in den Büchern geschrieben stand, nach ihren Werken* (Apk. 20,11-15). Engel einerseits, die hinteren mit den Arma Christi, und zähnefletschende Teufel andererseits präsentieren dem Weltenrichter ihre Bücher und gerollten Urkunden. Die lieblichen, in weichfallende Gewänder gehüllten Engel stehen in starkem Kontrast zu den stachelig-grotesken Teufeln. Das Knäuel letzterer mit ihren spitzen Geweihen, geschmiedeten Ringelschwänzen und stählernen Krallen könnte sein Vorbild etwa in den knorrigen Phantasmen Schongauers haben.

Die geringe Größe des Altärchens läßt vermuten, daß es für die private Andacht hergestellt worden war. Die Seitentafeln sind auf der Außenseite mit Holzschnitten bezogen, die einem Zyklus von Bibelillustrationen aus dem Kölner Raum entnommen sind. Eine überzeugende Zuweisung ist noch nicht gelungen. Die in der Literatur angegebene Holzart des Bildträgers, Eiche, sowie die Herkunft von Burg Eltz an der Mosel, können Alfred Stanges Zuschreibung an einen mittelrheinischen Meister nicht stützen, da der Altar auch aus dem Kunsthandel auf die Burg Eltz gekommen sein kann. Allerdings scheiden wohl auch andere Gebiete wie Oberrhein und Köln aus. Daher soll vorerst die bisherige Zuweisung frageweise bestehen bleiben, wenngleich sich in stilistischer Hinsicht Werke vom Mittelrhein zu einem Vergleich nicht anbieten[1].

R. P. (Ikonographie)
B. K. (stilistische Zuordnung)

Literatur: – STANGE 1970, S.116f., Nr. 530.

---

1 Freundliche Mitteilung von Daniel Hess. STANGES 1970 unter Nr. 531 vorgenommene Werkzusammenstellung ist nicht haltbar.

Kat. 132 Detail

133. Der Weltenrichter erscheint den Bildbetrachterinnen und -betrachtern in bedrohlicher Nähe.

Meister von St. Severin und Werkstatt. Weltgericht, Köln, um 1488.

Öl auf Eichenholz, H: 147,7; B: 166,5 cm.
Köln, Wallraf-Richartz-Museum, WRM 183.

Die querformatige Tafel steht in der ikonographischen Tradition der Kölner Weltgerichtsbilder. Die Deësis-Gruppe – der auf einem Regenbogen thronende Christus als Richter, vor ihm kniend die Fürbitter Maria und Johannes der Täufer – verbindet sich mit der Darstellung der Auferstehenden, der Himmelspforte und des Höllenabgrundes. Die Fürbitter und über ihnen Christus sind in den Vordergrund gerückt, ihre großen, im Dreieck angeordneten Figuren mit den hellen Gesichtern gliedern die Bildfläche, die Horizontlinie ist bis hinter das wallende Gewand Christi hinaufgeschoben. Dadurch entsteht eine fast bedrängende Wirkung, das Gerichtsgeschehen wird unmittelbar auf die Erde projiziert – Christus ist nicht in die himmlische Sphäre entrückt, wie es beispielsweise im hochformatigen Bild des Meisters der Verherrlichung Mariae der Fall ist (s. Kat. 131). Der Bildbetrachter ist direkt mit dem Richtenden konfrontiert, er scheint zum Kreis der Auferstehenden zu gehören, die als Halbfiguren zu Füßen Christi sichtbar sind und sich betend zu ihm aufrichten. Auch das Fehlen des Goldgrundes trägt dazu bei, den transzendentalen Charakter des Geschehens zurückzustufen zugunsten einer fast realistischen Präsenz der Figuren. Dahinter spielt sich die Scheidung der Guten von den Verdammten ab. Zur Rechten Christi erhebt sich die Himmelspforte, die wie die Fassade einer gotischen Kathedrale gestaltet ist. Gegenüber sind öde Felsen zu einem Gebirge aufgetürmt, was dem Künstler gestattet, trotz des Querformates darzustellen, wie die Verdammten zur Hölle hinunterstürzen.

Zahlreiche raumschaffende Überschneidungen, eine reiche Variation in der Anordnung der Figuren und perspektivisch interessante Verkürzungen, so z.B. bei dem bäuchlings in die Hölle stürzenden Verdammten am Bildrand kennzeichnen das Werk. Die Zuschreibung und Datierung der Tafel, deren Bildtypus, Ikonographie und Format auf die Verwendung als Gerichtsbild hinweisen, ist umstritten. Nach Zehn-

Kat. 133

der sind Plan und Entwurf dem Severinsmeisters zuzuschreiben, die Ausführung seiner Werkstatt[1].

S. M.

Literatur: – TROESCHER 1939, S. 183. – ZEHNDER 1990, S. 537–540 (mit älterer Literatur).

---

1 ZEHNDER 1990, S. 539.

134. In Rauch und Feuer kämpfen die Verdammten mit den Teufeln vor dem Höllentor.

Offiziums-Antiphonar (Winterteil), Köln, um 1520.
Weltgericht, fol. 1r.

Pergament, 337 Blätter, H: 47; B: 34 cm.
Köln, Dombibliothek, Cod. 221.

Die Handschrift stammt aus dem Skriptorium der Kölner Kreuzherren, die wie die Fraterherren am Weidenbach mit der Herstellung qualitätvoller Handschriften für den Gottesdienst ihren Unterhalt bestritten. Auf dem Vorderspiegel steht angegeben, für welche Seite des Chores das Buch bestimmt war. Aus einer umfangreichen Eintragung auf vorgehefteten Blättern geht hervor, daß diese Handschrift sowie ihr Gegenstück für die andere Chorseite und drei weitere Bücher eine Stiftung des Kanonikus Brictius Eberauer an den Kölner Dom sind. Eberauer hat auch Pulte für die Bücher, einen Kelch, Meßgewänder und Geld für das Abhalten von Messen und besonders feierlichen Chordiensten gestiftet.

Auf fol. 1r steht die aus goldenem Astwerk gebildete, edelsteingeschmückte Initiale des E(cce dies veniunt) zum ersten Advent auf einem fast quadratischen roten Feld. Dem Buchstabenkörper selbst ist ein Weltgerichtsbild eingefügt. In der oberen Buchstabenhälfte thront Christus mit weit ausgebreiteten Armen auf dem Regenbogen, die Füße auf die Weltkugel gestützt, Lilie und Schwert gehen aus seinem Mund hervor. Ihm zur Seite knien etwas nach unten versetzt Maria und Johannes der Täufer als Fürbitter. Unter der im Himmel schwebenden Deësis weitet sich eine große grüne Ebene bis zum Horizont. Aus Erdspalten steigen betend und nach oben gewendet nackte Menschengestalten hervor. Die stille, gleichmäßig und ruhig komponierte Szene kontrastiert mit einem Streifen, der unter dem eigentlichen Buchstabenfeld angefügt ist. Dort kämpfen in Rauch und Feuer die Verdammten mit Teufeln vor dem Höllentor. Diese Höllenszene ist stark zerstört und erscheint bewußt abgegriffen. Der Maler der Initiale kannte wohl das Weltgericht des Meisters von Sankt Severin, ein Beweis dafür, daß die Kreuzherren sich ihre Vorbilder in der gleichzeitigen Kölner Tafelmalerei suchten.

H. W.-A.

Kat. 134

Literatur: – HEUSGEN 1933, S. 3. – KIRSCHBAUM 1972, S. 234 und 273.

135. Die jährliche Beichte wird mancherorts hinter dem Altar geleistet. Liegt darin der Grund für ein Weltgericht auf der Rückseite des Retabels?

Jörg Kändel[1] aus Biberach.
Rückseitige Bemalung des Schreinaltars aus Seewis, Kanton Graubünden, bei Ilanz, um oder vor 1525.

Malerei auf Holz.
H: 149,5; B: 130 cm (Schrein).
Signiert: *[iörg?] Kendel maller zu bibrach.*
Zürich, Schweizerisches Landesmuseum, LM 7211.

Auf der Rückseite des Altarretabels aus Seewis befindet sich das signierte Weltgericht von Jörg Kändel[2]. In der dunklen Farbgebung erinnert Kändel an die Donauschule; in der Komposition hält er sich eng an die Vorlagen Dürers[3] und im Falle des Altars aus Seewis an Hans Baldung. Wie die Altäre aus Disentis[4] und Quinto[5], die das gleiche Motiv der Fürbittenden haben, ist derjenige aus Seewis ein Zeugnis der engen Verbindung Graubündens zu Künstlern aus der Bodenseegegend[6].

Die Qualität der Malerei spricht für eine routinemäßige, in einigen Tagen zu bewältigende Auftragsarbeit. Inhaltlich handelt es sich bis auf wenige Details um eine getreue Wiedergabe von Hans Baldungs Holzschnitt (Abb. 131)[7]. Die Unterzeichnung des Altars von Seewis, durch die Ausbleichung des Farbpigmentes nun sichtbar, verrät aber das Können einer professionellen Werkstatt.

Die bemalte Tafel des Schreines ist wie beim Strigel-Altar aus Disentis in der Mitte mit einer erhabenen Verbindungsleiste gefügt, was auf den sekundären Rang der rückseitigen Malerei hinweist. Strigel malte Christi Gesicht genau auf die Verbindungsleiste; Kändel rückte Christus, um dessen Gesicht nicht zu verunstalten, etwas zur Seite der Seligen.

Mit richtender Gebärde thront Christus, mit den Fürbittern Maria und Johannes zu einer Deësis vereint, auf einem Regenbogen. Zwei über Maria und Johannes schwebende Engel tragen die Arma Christi. Bis auf den Engel, der einem Auferstehenden aus dem Grab hilft, ist das himmlische Personal in bauschigen Quellwolken dargestellt. Um Christus haben sich die Wolken vor einem blauen Himmel gelichtet. Die Deësis, die in späten Gerichtsdarstellungen gerne in vielen Wolken als Vordergrundsfolie gestaltet wurde, nimmt fast die ganze Bildfläche für sich in Anspruch, so daß sich die Szene der Auferweckung der Toten auf kleinem Raum abspielt. Zwischen Maria und Johannes fällt der Blick durch das Wolkentor auf die aus den Gräber steigenden nackten Figuren.

Abb. 131 Hans Baldung, Weltgericht. Holzschnitt 1505.

Besondere Beachtung verdient die auf dem Rücken liegende und dem Betrachter entgegengebeugte Figur. Auffallenderweise fehlt sie auf der Bildvorlage von Hans Baldung. Durch die Nähe und das noch unbestimmte Schicksal des Mannes ist dem Betrachter eine Identifikationsfigur gegeben. Der Teufel daneben, der gerade einen Mönch in die Krallen genommen hat und der Engel, welcher gerade einen Seligen empfängt sowie die zwei Figuren, die ausgetauscht werden, zeigen die klare Scheidung, die beim Weltgericht stattfindet.

Was Böhling zum Altar von Tinizong, Kanton Graubünden, über die beinahe sklavische, bis zur Faltengebung reichende Treue zur Vorlage und die inhaltliche Abweichung ausführte[8], trifft auch hier zu. Die gotische Faktur der Falten und Haartracht ist einer weicheren und volleren gewichen. Lilie und Schwert fehlen und der Strahlenkranz ist bei Christus mit einem Nimbus, der nun auch Maria und Johannes zusteht, ersetzt. Am meisten hat sich bei den Auferstehenden geändert. Das Gedränge und Chaos, das sich in Baldungs Stich gegen Maria hin im Kampf Michaels mit einem Teufel um den auferstehenden Mönch verdichtet, hat sich gelichtet und geordnet. Das Individuum steht isolierter vor dem Richter. Das Drama des Schicksals ist auf den Moment des Erwachens verkürzt. Wie die reife Saat werden die Toten bereits auf der entsprechenden Seite von den Engeln und Teufeln aus der Erde gezogen und ihrer Bestimmung zugeführt. Einzig bei der auf dem Rücken liegenden Figur ist das Schicksal noch unentschieden. Durch diese Figur verdient der Altar, trotz seiner nicht überragenden malerischen Qualität, zweifellos Beachtung. Angst und Bewegung der Seele drückt sich vor allem in den Gebärden der Gliedmaßen aus. Den Betrachter erwartet kein Schreckensszenario, keine danteske Maschinerie, und die vorwiegend verdeckten Teufelsgestalten finden keinen Raum zu fantastischen Entfaltungen. Schemenhaft ist das Wichtigste formuliert. Himmel und Hölle sind durch die aufgetürmten Wolken verdeckt, so daß sich der Betrachter selbst ein Bild davon machen muß. Vielleicht liegt gerade darin eine kathartische Wirkung.

Weltgerichtsdarstellungen sind auf der Rückseite von Retabeln besonders effektvoll, weil häufig hinter dem Altar die Beichte abgenommen wurde[9]. Da man in der Regel nur einmal pro Jahr beichtete, hatte das selten sichtbare Bild mit dem letzten Gericht eine besondere Wirkung auf denjenigen, der vor dem Priester über seine Taten Rechenschaft ablegen mußte.

R. P.

Kat. 135

Literatur: – Baum 1923 (Kunst), S. 102–109. – Böhling 1932. – Wüthrich 1969. – Wüthrich 1994.

---

1 Auch Känder, Kender, Kendel oder Kaendel.
2 Die Figuren im Schrein – eine Verkündigung, flankiert von Lucius und Eremita – sind nicht von Kändel. Von den Flachrelief-Figuren der Flügel sind noch Johannes d.T., Papst Gregor d. Gr.(?), Katharina und ein Abt (Benedikt?) erhalten, vgl. Baier-Futterer 1936, S. 45f.
3 Böhling 1932, S. 34.
4 Strigel-Altar (1489) aus St. Johann Baptist, Disentis, Kanton Graubünden.
5 Flügelaltar aus Santi Pietro e Paolo in Quinto, Kanton Tessin (um 1500).
6 Eggenberger / Eggenberger 1989, S. 30.
7 Hans Baldung Grien, Jüngstes Gericht, Holzschnitt 1505.
8 Böhling 1932, S. 34f.
9 Setzler 1993, S. 346.

136. Während der Seelmesse wird auf dem Rücken des Priesters das Weltgericht sichtbar.

Kasel mit Weltgerichtsdarstellung, 15. Jahrhundert.

Samt, Italien, 3. Viertel 15. Jahrhundert; – Kaselkreuz, Köln, um 1450; – Stab, Köln 15. Jahrhundert.
H: 138.5; B: 122 cm.
Kasel in gotischer Form aus weinrotem, geschnittenem Samt. Das in Ausspartechnik gegebene Muster zeigt Horizontalreihen fünffach geschweifter Rosetten mit Granatapfelfüllung, von Kielbogen aus zierlichem Astwerk mit bekrönendem Granatapfelmotiv überfangen. Als Zwickelfüllung zwischen den Bogen gleichartige, in der Form ergänzte Granatäpfel. Kaselkreuz und Stab mit figuraler Stickerei und Applikationen in farbiger Seide und Gold vor angelegtem goldenem Flechtmusterhintergrund. An den ausgefallenen Partien der weißen und hellblauen Seidenstickerei des Kreuzes sind Vorzeichnungen erkennbar.
Zuschnitt und Montage von Stoff und Stickereien wahrscheinlich im 19. Jahrhundert.
Köln, Schnütgen-Museum, Inv. Nr. P 165.

Auf dem Rückenkreuz der Kasel finden sich Szenen des Weltgerichts. Im Zentrum die Deësis, Christus thront auf doppeltem Regenbogen über der Weltkugel, mit erhobenen Händen die Wundmale zeigend. Neben ihm knien fürbittend Maria und Johannes der Täufer, über ihm zwei Engel mit Posaunen, die die Fanfare zum Jüngsten Gericht blasen. Darunter die Auferstehung der Toten. Im unteren Kreuzbalken, durch Wolkenbänder geschieden, geleitet Petrus die Seligen über Stufen zur Himmelspforte, während die Verdammten, dicht gedrängt, von einem Teufel in die Hölle mit personifiziertem Höllenrachen geführt werden. Die großen Qualen, denen sie dort ausgesetzt sein werden, sind im Hintergrund der Höllenburg durch einen Kessel mit Verdammten über loderndem Feuer angedeutet.

Auf dem unteren Abschluß des Kreuzbalkens sitzt ein appliziertes Wappen in bekrönter Blattrankenkartusche mit 13 rot umrandeten quadratischen Feldern auf hellem Grund. Auf dem Stab der Vorderseite finden sich Heiligendarstellungen in applizierter Stickerei. Vor goldenem Flechtmustergrund, auf gefliesten Standflächen, steht in der Mitte die hl. Katharina, darunter die hl. Barbara. Die obere Applikation ist verloren. Der untere Abschluß des Kaselkreuzes mit Wappen war ursprünglich diesem Stab zugehörig.

In der kölnischen und niederrheinischen Stickerei des 15. Jahrhunderts ist kein paralleles Kaselkreuz erhalten, das das The-

Kat. 136

ma des Weltgerichts in dieser detailreichen Schilderung aufgreift. Es findet sich ein weiteres Mal lediglich auf einem gewebten Chormantelschild (Schnütgen-Museum, Inv. Nr. P 71).

Erstmalig von Fritz Witte um 1450 datiert, ordnet Liselotte Reichert die Stickerei einer Gruppe kölnischer Arbeiten zu, die Anregungen der Werke Stephan Lochners aufgreift. Sie benennt einen unmittelbaren Bezug zu dem um 1435 entstandenen Tafelgemälde mit der Darstellung des Weltgerichts von Lochner. Der Kreuzform der Stickerei entsprechend, sind die Hauptszenen der Bildkomposition separiert und untereinander geordnet. Trotz starker Vereinfachung sind zwei klar begrenzte Zonen gewahrt, die sowohl den im Bedeutungsmaßstab repräsentativen Charakter der Deësis wie die erzählerische Dichte der Szenen im unteren Bereich vermitteln.

Über die Herkunft und den Stifter dieser vermutlich aus einem Chormantel gefertigten Kasel ist nichts bekannt. Das bislang nicht identifizierte Wappen ermöglicht durch die spätere Montage ebenso keine nähere Einordnung der Kasel. Gleichwohl wird es sich bei der Stickerei um einen Teil eines Ornates handeln, der für die Feier der Beisetzung und Seelenmessen des Auftraggebers angefertigt wurde und seiner Jenseitshoffnung Ausdruck verlieh.

G. S.

Literatur: – WITTE 1926, Taf. 3. – REICHERT 1938, S. 13f. – Kat. Lochner 1993, S. 454f.

137. Die Weltgerichtsdarstellung auf dem Handschutz eines Säbels erinnert daran, daß für alle Taten am Jüngsten Tag Rechenschaft gefordert wird.

Schweizersäbel des Hans Jauch von Altdorf, deutsche Arbeit, zwischen 1555 und 1558.

Gefäß eisengeschnitten und graviert.
Gesamtlänge 118 cm.
Inschrift auf zwei silbernen Ringen oben und unten am Griff: *CALAIS, BOURGES, ROUAN, DREUX //HANS JOUCH LANTSFENDRICH.*
Auf der Klinge Marke von Christoph I. Ständler von Passau.
Zürich, Schweizerisches Landesmuseum, LM 15679.

Als «Schweizersäbel» bezeichnet man einen Säbeltyp des 16. Jahrhunderts mit leicht gebogener Klinge, der häufig einen Löwenkopfknauf trägt und über ein stark verziertes Gefäß verfügt.

Auftraggeber des Stücks ist Hans (III.) Jauch. Er leistete im Range eines Hauptmanns für die französische Krone mehrmals Kriegsdienst gegen die Hugenotten. So nahm er unter König Heinrich II. 1558 an der Eroberung von Calais teil, belagerte vier Jahre später mit dem Regiment Fröhlich die Stadt Bourges, war im selben Jahr beim Fall Rouens zugegen und kämpfte noch 1562 im Regiment Tammann-Luzern bei Dreux. Diese kriegerischen Einsätze nennt in knappster Form die Umschrift auf

Kat. 137

den beiden Silberbändern, die den Griff nach oben und unten abschließen. Sie bezeichnet Hans Jauch als *Lantsfendrich* und kann daher erst 1573 verfaßt worden sein. Auf dem Faustschutzmantel zeigt der Säbel ein Jüngstes Gericht mit einer Deësis. Die Darstellung dürfte den Besitzer, den nachmaligen Vogt des Thurgaus und Gesandten der Tagsatzung[1], zu einem gerechten Führen der Waffen angehalten haben.

U. S.

Literatur: – GESSLER 1923.

---

1 HBLS, Bd. 4, 1927, Sp. 389.

Kat. 138

138. In Ratsstuben ermahnen Weltgerichtsbilder die Richter zur Gerechtigkeit.

Supraporte mit Darstellung des Weltgerichts, wohl aus der Gerichtsstube des Rathauses von Zug, datiert 1506.

Holzrelief, H: 76.5; B: 90.5 cm.
Zug, Museum in der Burg, Inv. Nr. 2239.

Alles spricht dafür, daß die mit *1506* datierte Weltgerichts-Supraporte aus dem Besitz der Zuger Historisch-Antiquarischen Sammlung ursprünglich die Tür der Gerichtsstube des Zuger Rathauses schmückte. Diese Stube wurde 1724–26 vollständig erneuert. In der großen, ein Stockwerk höher gelegenen Ratsstube hat sich die spätgotische Ausstattung hingegen erhalten. Die dortige Supraporte ist 1507 datiert, entstand also im Jahr nach dem Weltgericht; stilistisch sind sich beide Werke nicht fern.

Weltgerichtsdarstellungen gehören zur Ikonographie von Rat- und Gerichtshäusern. Ihr Sinn liegt darin, die Richter zur Gerechtigkeit zu ermahnen. Eine zwischen 1330 und 1386 entstandene Glosse zum sächsischen Weichbildrecht fordert in erstaunlicher Klarheit: *Wo der Richter mit Urteilen richtet, an derselben Stätte und in derselben Stunde sitzet Gott in seinem göttlichen Gerichte über dem Richter und über den Schöffen, und darum sollte ein jeglicher Richter in dem Rathause malen lassen das strenge Gericht unseres Herrn*[1].

In verschiedenen Rats-Bildern wird das himmlische Gericht direkt über dem irdischen angeordnet. Der Bildinhalt der Zuger Supraporte ist demgegenüber weniger dramatisch. In den oberen Ecken posaunt je ein Engel, auf der Mittelachse thront Christus zwischen Maria und Johannes, und unter ihnen sitzen die Apostel als Beirat auf einer Bank, die dem Bogen der Türöffnung folgt. Spektakulär wird die Supraporte erst, wenn wir sie uns im Gebrauch vorstellen. Unter ihr betraten und verließen die Richter den Saal. Das irdische Gericht wurde also nicht nur bildlich unter dem himmlischen dargestellt; vielmehr mußte jeder Richter mit seiner ganzen Person unter den richtenden Christus treten.

P. J.

Literatur: – BIRCHLER 1935, S. 385f. – TROESCHER 1939, Nr. 107. – Kat. Zuger Kunst 1977, Nr. 10.

---

1 Zit. in: SCHILD 1988, S. 71.

HÖLLE

139. Die Erschaffung der Welt und die Entstehung der Hölle.

Wiblingen / Kaufbeuren, Schreiber: Simon Rösch, Konventuale von Wiblingen. Gebetbuch für den Abt Ulrich Rösch, 1472. Erschaffung der Welt, S. 81.

Pergament, H: 16; B: 11.5 cm. 69 meist ganzseitige Illustrationen, mehrfarbig gerahmt. Kalbsledereinband mit Streicheisenverzierungen. Reste der Buchschließen vorn und hinten.
Einsiedeln, Stiftsbibliothek, Cod. 285.

Das für den St. Galler Abt Ulrich Rösch (1463-1491) geschaffene Gebetbuch stellt der Besitzerminiatur eine seltene Illustration zur Erschaffung der Welt gegenüber. Gottvater thront in den Wolken inmitten des Schöpfungswerkes der ersten fünf Tage. Am Himmel prangen Sonne und Mond, und auf Erden herrscht unter den Tieren paradiesischer Friede. Noch bevor die Menschen erschaffen werden – so folgert das Bild –, müssen Hölle und Teufel entstanden sein; denn sonst würde es nicht zum Sündenfall kommen. Daher stürzt hinter Gottvater der aufrührerische Engel Luzifer als Teufelsgestalt in den Höllenrachen. Neben der klassischen Quelle für die Geschichte vom Erzengel, der seinen Thron zu Gott erhöhen wollte (2 Hennoch 29,4), kommt hier als Anregung auch jene merkwürdige Genesis-Stelle in Frage, gemäß der sich die Söhne Gottes mit irdischen Frauen verbanden und in der Folge als Teufel gedeutet wurden (Gen. 6,2 und 4).

Da der Maler der Miniaturen namentlich nicht genannt wird, hat die bisherige Forschung die Ansicht vertreten, daß der Schreiber Frater Simon Rösch von Marchdorff (Markdorf), Konventuale der Abtei von Wiblingen, auch die Illustrationen gefertigt hat. Abgesehen von dieser an sich schon unzulässigen Verkürzung zeigt der Stil auch keine Parallele zum Dedikationsbild in einer ebenfalls von Simon Rösch geschriebenen Kapitel-Handschrift für Abt Kaspar Schiegg im Kloster Weingarten[1]. Das Kloster des Schreibers, Wiblingen, lenkte zudem den vergleichenden Blick ins benachbarte Ulm, eines der Zentren der spätgotischen Malerei in Süddeutschland. Da nach übereinstimmender Ansicht dort

Kat. 139

nichts Vergleichbares nachzuweisen ist, bestärkte dies die Befürworter einer Personalunion von Schreiber und Buchmaler. Schließlich wurde auch der Illustrator des Waldburg-Gebetbuches[2] in Anspruch genommen. Dem widersprach Ochsenbein zu recht[3]. Jenes dürfte aus der Werkstatt von Hans Huber stammen, teilweise vielleicht sogar aus dessen eigener Hand.

Zweifellos ist das Weingartner Dedikationsbild stark dilettantisch, die Bilder des Gebetbuches hingegen sind von überdurchschnittlichem künstlerischen Rang. Sie wurden eher von zweien als von einem Maler geschaffen. Beide besitzen ein sicheres Gefühl für die ins Format zu setzenden Darstellungen. Darüber hinaus wenden sie die Technik der Unterzeichnung, hier mit Bleistift, an, wie sie in der Tafelmalerei nachgewiesen werden kann. Somit sind die Illustratoren, von denen sich einer auch durch treffsichere Initialfüllungen, überwiegend monochrom gehalten, auszeichnet, als professionelle Künstler zu charakterisieren.

Die Figuren mit langen, fast zu großen Köpfen, wehenden Bärten und gedrungenen Körpern (Hand A) finden sich schließlich vergleichbar auf den Gemälden zu den Heiligenzyklen in der St. Blasiuskapelle zu Kaufbeuren. Das dort 64(!) Einzeltafeln umfassende Werk, bei Alfred Stange unter einen Namen gefaßt[4], ist aber ebenfalls von zwei oder drei Händen gemalt. Die Illustrationen des Rösch-Gebetbuches (Hand A) stehen dabei den Tafeln vom Leben des hl. Antonius am nächsten. Man vergleiche hier die aufgeschlagenen Tierdarstellungen und die Landschaftsauffassung der «Erschaffung der Welt» (glatte Hügelkulissen mit einzelnen buschartigen Bäumen).

Auch das Verhältnis von Figur zur Architektur ist sehr ähnlich, wie das Blatt «Christus erlöst die Voreltern» zeigt. Hier ist zum Vergleich die Tafel, auf der Antonius sein Gut den Armen gibt, zu nennen. Dort finden sich auch ähnliche stockartige Beine. In Einzelheiten sind die Figuren des Gebetbuches aber auch den Apostelmartyrien, ebenfalls aus dem Zyklus der St. Blasiuskapelle, vergleichbar. So ist das Gesicht Adams dem des Orientalen auf dem Martyrium des hl. Bartholomäus sehr ähnlich. Der Frauentyp des Illustrators B mit den kleinen Köpfen kommt ebenfalls in der St. Blasiuskapelle (St. Blasiuszyklus) und in weiterer Kaufbeurer Tafelmalerei vor[5]. Namentlich ist der die Werkstatt führende Meister der Kaufbeurer Heiligenzyklen nicht bekannt.

P. J. (Ikonographie)
B. K. (Zuschreibung)

Literatur: – OCHSENBEIN 1987 (mit älterer Literatur); – EGGENBERGER / EGGENBERGER 1989, S. 159-162.

---

1 Fulda, Hessische Landesbibliothek, Cod. Aa 101a, fol. 53v.
2 Stuttgart, Württembergische Landesbibliothek, Cod. brev. 12.
3 OCHSENBEIN 1987, S. 57.
4 STANGE 1970, Nr. 827.
5 So die Nr. 841 bei STANGE 1970, mit weiteren bisher nicht genannten Tafeln in verschiedenem Besitz.

140. Die aufrührerischen Engel werden von Michael in die Hölle geworfen.

Maler aus dem Umkreis des Jacques de Besançon[1].
Brevier des Jost von Silenen, 1493.
Engelssturz, Bd. 2, fol. 360r.

Pergament-Blätter.
H: 21.2 bis 22 cm; B: 15 bis 15.3 cm.
Zürich, Schweizerisches Landesmuseum, LM 4624.

Jost von Silenen (um 1435/45-1498) entsproß einem urnerischen Landleutegeschlecht aus dem gleichnamigen Ort am Gotthard und wurde als Nachgeborener früh zum geistlichen Stand erzogen[2]. Er wirkte erfolgreich als Vermittler während der Burgunderkriege und hat sich als Propst des Chorherrenstiftes Beromünster vermutlich um die Einrichtung der ersten eidgenössischen Druckerei im Jahre 1470 verdient gemacht[3]. Im Sommer 1482 wurde er zum Bischof von Sitten geweiht. Nach abenteuerlichen, expansionsdurstigen und unrühmlichen Kriegsunternehmungen wurde er 1497 durch Intrigen seiner Gegner abgesetzt.

Jost von Silenen gab das Brevier 1493 einem Maler aus dem Umkreis des Jacques de Besançon in Auftrag. Es enthält, dem Kalender des Kirchenjahres folgend, die täglichen Gebete für die Kleriker der Diözese Sitten und ist für das Winter- und Sommerhalbjahr zweigeteilt. Mit 62 Miniaturen, 5 Historieninitialen und 81 Zierinitialen ist der Codex reichlich ausgestattet. Nach Jörger sind derselben Hand Werke aus den Jahren 1488 bis um 1510 in Bern, Freiburg i. Ü., Sitten und im Piemont zuzuschreiben[4].

Die Miniatur ist von einem Rundbogen mit Zwickelmedaillons gerahmt. Der zugehörige Text beginnt in einer Art Sockelfeld, dessen untere Rahmenleiste mit der Inschrift *S. MICHAEL ORA* auf den Inhalt der Miniatur verweist.

Dargestellt ist der Kampf Michaels mit dem Satan und der Sturz der abtrünnigen Engel. Das Bildfeld ist deutlich und spannungsreich in drei Zonen gegliedert: die himmlische Sphäre, den Bereich des Fallens und die sich öffnende Flammenhölle, in die der Sturz mündet. Die dominierende Gestalt ist der Erzengel Michael, bekrönt mit Kreuz und Strahlenkranz, in einer rotflammenden Mandorla, mit der seine grünen Flügel zu verschmelzen scheinen. Er ist von schlanker Statur und trägt eine goldene Rüstung nach zeitgenössischer norditalienischer Mode[5]. Mit tänzelndem Schritt und scheinbar leichter Hand hat er Satan und einen weiteren Teufel an zwei langen Lanzen aufgespießt. Seine graziös aufgerichtete Gestalt steht in krassem Gegensatz zur plumpen Figur seines senkrecht herabstürzenden Gegners. Etwa in der Bildmitte durchstößt die Lanze in präziser Fortsetzung von Michaels Standbein das Rückgrat des Verführers. Mit glühenden Augen starrt dieser hilflos auf den Betrachter. Am blauen Wolkenrand des Himmelsgewölbes werden die bösen Engel von den himmlischen Heerscharen ausgesondert und den entflammten Felsen entgegengetrieben. Sobald sie die Himmelssphäre verlassen haben, stürzen sie der Tiefe zu. Lodernde Felszacken formen einen Trichter, der das Ungeziefer aufnimmt. Der ganze Erdkreis ist vom Chaos erfüllt, und einem Sprühnebel gleich senkt sich das Böse nieder. Die schlacken- oder fäkalienartigen Brocken zwischen den Abstürzenden betonen noch die eruptive Wucht.

Kat. 140

Im Gegensatz zum Chaos der Stürzenden flankieren die himmlischen Heerscharen in horizontaler Formation den kämpfenden Erzengel. Auch die Farbgebung – Blau und Rot der Seraphim und Cherubim auf goldenem Grund – entspricht der göttlichen Ordnung. Die Scheidung des Guten vom Bösen zeigt sich auch am Farbwechsel der Ausgestoßenen. Tragen sie innerhalb der Himmelssphäre noch göttliches Blau, wandelt sich ihre Farbe außerhalb des göttlichen Lichts zu rußigem Schwarz, das bei einigen im weiteren Fall verglühendem Rot weicht.

Das Mittelfeld, von fahlblauem Farbklang schimmernd, erscheint wie ein Nebelmeer, vor dem sich die knorrigen Silhouetten des Bösen abheben.

Trotz des dramatischen Geschehens entsteht dank der vornehmen Farbigkeit ein harmonischer Gesamteindruck. Die Genugtuung über den Sieg Michaels findet darin ihre ästhetische Umsetzung.

R. P.

Literatur: – MÜLLER 1948. – JÖRGER 1980.

1 Freundliche Mitteilung von Bodo Brinkmann.
2 Die folgenden Angaben zur Biographie stützen sich auf: MÜLLER 1948, S. 1–30 und JÖRGER 1980, S. 9–13.
3 MÜLLER 1948, S. 11.
4 JÖRGER 1980, S. 21–27.
5 Ebda., S. 17.

141. Im Himmel herrscht Ordnung, in der Hölle das Chaos.

Zürcher Nelkenmeister.
Engelsturz und Michaels Drachenkampf, um 1500.

Öl auf mit Kreide grundierter Leinwand auf Tanne, H: 169.5; B: 115 cm.
Zürich, Kunsthaus, Leihgabe der Gottfried Keller Stiftung, Inv. Nr. 1952.

Der Engelsturz ist ein Höllenbild, das mit seinen monströsen Gestalten ebenso faszinierend wie schwierig zu erklären ist, da die Bibel nur beiläufig auf die Frage nach dem Ursprung der Hölle Antwort gibt. Es ist die Rede davon, daß Luzifer im Himmel den höchsten Thron ersteigen wollte und für seinen Hochmut zusammen mit den sündigen Engeln in die Höhlen der Unterwelt verstoßen wurde[1]. In der Apokalypse ist zu lesen, daß vor dem Ende der Welt zwischen Michael und dem drachengestaltigen Satan ein Krieg ausbreche: *Und es entstand Krieg im Himmel, so daß Michael und seine Engel Krieg führten mit dem Drachen*, und daß der Drache mit seinen Engeln unterliege und aus dem Himmel auf die Erde geworfen werde[2]. In einem letzten Ansturm versuche Satan mit seinen Scharen die Oberhand zu gewinnen, doch falle Feuer vom Himmel und verzehre sie alle[3]. All diese Motive sind in unserem Bild vereint.

Michael posiert in modernster Kriegsmontur, bewehrt mit einem Tartschenschild mit feuerrotem Kreuz auf weißem Grund, dem Zeichen des Templerordens[4]. Er bleibt aber etwas blutleer und im Handwerklichen verhaftet, auch wenn er Gottvater in noch stärkerem Maße als vergleichsweise in den Gerichtsbildern von Rogier van der Weyden (um 1450, Beaune) und Memling (1461, Danzig) an Größe übertrifft[5]. Der Erzengel ist zentrales und die Komposition beherrschendes Thema. Durch die in beiden Zürcher Michaels-Tafeln (vgl. Kat. Nr. 127) widersprüchliche und routinemäßig behandelte Hintergrundsfolie tritt das Hauptmotiv umso mehr in Erscheinung. Die Handlung und Dynamik jedoch konzentriert sich ganz auf die Teufelsgestalten.

Die unterschiedliche Bezeichnung des Motivs der rechten Tafel ist vermutlich auf die zwiespältige Behandlung des Themas zurückzuführen. Die beiden Motive der Apokalypse, der Engelsturz, bei dem Satan und den rebellischen Engeln das ewige Feuer bereitet wird (Apk. 12,7-12) und Michaels Kampf mit dem Drachen (Apk. 20,1-15) sind vereint dargestellt.

Aus dem Flammenmeer ragt Michael statisch in nüchterner, kühler Schönheit[6] empor. Mit den Flügeln und dem erhobenen Schwert schließt er die Hölle gegen oben ab. Der Mantel, der in der Seelenwägung als Schutzmantel der Seelen dient, beschirmt hier Michael selbst. Auch wenn im Himmel zwei symmetrisch angeordnete Engel mit ihrem Zweizack je einen Teufel herabstoßen, ist dort wenig Bewegung. Mit beinahe gleicher Haltung wie sein Doppelgänger auf der Nebentafel blickt Michael frontal dem Betrachter entgegen. Sein Fuß ruht, für alle Zeiten unumstößlich, auf der sich noch verzweifelt windenden und an seinem Mantel festgekrallten *alten Schlange* (Apk. 12,9). Satan, der sein mit Hauern bewehrtes, zorniges Wildschweingesicht in einer kunstvoll hoffnungslosen Verdrehung seinem Bezwinger zuwendet, schwebt horizontal über dem fatalen Feuerschlund. In Dürers «Michaels Kampf mit dem Drachen» aus dem Apokalypse-Zyklus (um 1497/98) hat sich ein stilistisch vergleichbares Wesen an Michaels Gewand festgehakt. Neben und über Michael ist die Tafel mit ekelhaften teuflischen Kreaturen schematisch aufgefüllt. Einige der Dämonen wie der Skorpion sind in der Bibel erwähnt: ... *und aus dem Rauch kamen Heuschrecken auf die Erde, und ihnen ward Macht gegeben, wie die Skorpione auf Erden Macht haben* (Apk. 9,3). Der Nelkenmeister bringt viel Interesse für das Detail auf und bemüht sich um einfallsreiche Erfindungen. Der um Michaels Bein gewundene Reptilienschwanz Satans liegt wie die spiralförmigen Gliedmassen anderer Teufel platt in der Bildebene. Das Drama spielt sich vor einer Flammenwand ab, die aus der Tiefe schlägt. Einzig die geschweiften Felszähne im Vordergrund schaffen zusammen mit dem Astwerk-Rahmen eine guckkastenartige Raumtiefe. Die Felszacken, formaler Reflex der Hauer Satans und vielleicht eines abstrahierten Höllenrachens, deuten den Rand des Höllentrichters an. Die kunstvoll züngelnden Flammen, die Haarfedern der Teufel fortsetzend, glätten durch ihre Eleganz das Erschreckende der da und dort hervorblinkenden Augen. Der Vergleich der beiden Michaelstafeln zeigt, wo das bildnerische Interesse des Nelkenmeisters lag.

R. P.

Literatur: – STANGE 1970, S. 81, Nr. 346 (mit älterer Literatur). – GUTSCHER-SCHMID 1987. – EGGENBERGER / EGGENBERGER 1989, S. 274-278.

---

1 2. Henoch 29, 4.
2 Apk. 12,7.
3 Apk. 20,7-10.
4 Die Templer bemühten sich, das Ideal des *miles christianus*, des christlichen Ritters zu verwirklichen. Siehe auch BLANKE 1964, S. 10.
5 WARTMANN 1929, S. 33.
6 Villeneuve vergleicht die klassische Schönheit mit Rogier van der Weydens Michael. VILLENEUVE 1957, S. 97.

142. Hades-Fahrt Christi: Der Auferstandene befreit Adam und Eva mit den Patriarchen aus der Vorhölle.

Meister von St. Laurenz.
Teil eines Passionsaltares, Christus in der Vorhölle, 1425–30.

Öl auf Holz, Goldgrund mit Randpunzierung.
H: 90; B: 56 cm.
Zahlreiche Retouchen.
Inschrift im punzierten Nimbus: *ihs. ihs.*
Köln, Wallraf-Richartz-Museum, WRM 27.

Das Bild «Christus in der Vorhölle» ist ein Teil eines vielteiligen Passionsaltares und gehört zusammen mit den Tafeln Kreuzabnahme und Grablegung in die untere Reihe des rechten Flügels.

Gemäß der apokryphen Überlieferung in den Acta Pilati hat Christus nach seiner Auferstehung als erstes die vor ihm verstorbenen Gerechten aus der Herrschaft des Todes befreit. Diese außerbiblische Überlieferung wurde detailliert ausgemalt und ist auf der Holztafel dargestellt: Christus hat das Tor zur Hölle aufgebrochen und steht vor dem Goldhintergrund als Sieger auf dem Höllentor, unter dem ein Teufel hilflos eingeklemmt ist. In der rechten Hand die Fahne der Auferstehung haltend, reicht Christus seine linke Hand Adam, um ihn zu erretten. Aus dem schwarzen Höllenschlund treten auch Eva und Johannes der Täufer; dahinter ist König David mit der Leier zu erkennen. Am unteren Bildrand rettet sich ein Teufel vor dem Erlöser.

Die Zuschreibung des Altares ist kontrovers. Stilistische Kriterien wie Kompositionsschemata, Farbgebung, die Darstellung der Figuren und deren Kleider, sowie der sich in Gesten ausdrückende Erzählstil weisen auf die Autorschaft des Meisters von St. Laurenz hin. Der Künstler wurde benannt nach einem seiner Werke aus der Kölner Pfarrkirche St. Laurenz. Sein Oeuvre umfaßt kleine Andachtsbilder und große Altäre wie den Altar, zu dem die Tafel «Christus in der Vorhölle» gehört.

M. Ba.

Literatur: – ZEHNDER 1990, S. 503 (mit älterer Literatur).

Kat. 142

143. Nachdem Adam und Eva durch die Auferstehung Christi aus der Vorhölle befreit worden sind, füllen die Teufel die Hölle von neuem mit sündhaften Menschen.

Westdeutsch.
Fünf Szenen von der Auferstehung Christi, Ende 14. Jahrhundert.

Eichenholz, H: 62.5; B: 44.5, Malfläche H: 57; B: 38.5 cm.
Köln, Wallraf-Richartz-Museum, WRM 333.

Die kleine Tafel trägt in zwei Registern einen Zyklus von fünf Auferstehungsbildern. Er beginnt mit der Darstellung des Grabes Christi mit den schlafenden Wächtern, an welchem Maria und Johannes trauern. Über der Tumba erscheint, wie bei weltlichen Grabmälern oft zu sehen, der Gnadenstuhl (Gottvater mit dem gekreuzigten Christus). In simultaner Darstellung liegt Christus gleichzeitig im Grab und entsteigt ihm als Auferstandener, um in der folgenden Szene Adam und Eva aus dem Rachen der Vorhölle zu befreien. Im unteren Register folgen Christus und Maria Magdalena im Garten, der ungläubige Thomas und Christus als Schmerzensmann.

Besondere Aufmerksamkeit verdient die zweite Szene, die Höllenfahrt. Der Höllenrachen ist an der Vertikalen gespiegelt und öffnet sich auf zwei Seiten. Während Christus auf der Vorderseite das erste Menschenpaar befreit und ein Teufel, der auf der Schnauze des Höllenrachens kniet, sehr verstimmt seinen Verlust beklagt, schicken sich auf der Rückseite zwei andere Teufel an, die Hölle von neuem zu füllen. Ähnlich wird der Sachverhalt im Innsbrucker Osterspiel vor Augen geführt[1]. Zusammen mit dem Schmerzensmann verfolgt der «zweite Höllenrachen» moraldidaktische Absicht. Wer das Bild meditiert, soll daran erinnert werden, daß Christus den Teufel zwar überwunden hat, den Menschen aber die Verantwortung für ein frommes Leben bleibt. Wer trotzdem sündigt, kann sich in Reue an den Schmerzensmann wenden, der mit seinem Erlösungstod die Rettung ermöglicht hat.

P. J.

Literatur: – HILLER/VEY 1969, S. 138f. Nr. 333.

Kat. 143

---

1 Innsbrucker Osterspiel, Verse 342ff.

144. Die Teufel agieren auf Erden: Versuchung des hl. Antonius.

Oberrheinisch.
Der Heilige Antonius, von Dämonen gepeinigt, um 1520.

Tannenholz, auf eine Eichenplatte geleimt, H: 89; B: 78 cm.
Köln, Wallraf-Richartz-Museum, WRM 367.

Die anonyme oberrheinische Darstellung des Antonius gehört zu den seit dem 15. Jahrhundert weitverbreiteten Darstellungen des Heiligen, der von Dämonen gepeinigt wird. Antonius mit gespaltenem Bart, dem Antonius-Kreuz[1] auf der schwarzen Kutte, rotem Umhang und goldenem Heiligenschein schwebt über der Wüste und richtet seine Augen nach oben gegen den Himmel. Aus der Schwärze des dunklen Hintergrundes sind abstruse Mischwesen aufgetaucht, die den Heiligen am Bart rupfen, mit Stöcken schlagen, sich in seine Brust krallen oder ihn mit ihren Fratzen und Geschrei zu erschrecken versuchen. Diese Szene geht auf die «Vita Antonii» des Athanasius und eine Episode in der «Legenda Aurea» von Jacobus de Voragine zurück, wo die Dämonen zu verhindern versuchen, daß Engel den Heiligen in den Himmel tragen.

Im Gegensatz zu der Antoniusdarstellung von Jan Mandyn (vgl. Kat. 145) werden die Geister der Versuchung hier nicht in allegorischer Form dargestellt. Die Dämonen und Teufel sind phantasievolle und farbenreiche hybride Wesen, die zwischen Echse, Fisch, Vogel und Drache oszillieren.

Als prägender Vorläufer der oberrheinischen Holztafel ist die Antoniusdarstellung von Martin Schongauer zu nennen[2]. Auf ihn geht die Ikonographie des in der Luft schwebenden und von Dämonen gequälten Heiligen zurück. Der Stich um 1470 gehört zum Frühwerk Schongauers und war schon kurz nach seinem Entstehen berühmt und verbreitet. In beiden Darstellungen ist der Gesichtsausdruck des Heiligen durch stilles Dulden charakterisiert, und der Stich und das Gemälde weisen Ähnlichkeiten in der zoomorphen Ausführung und Komposition der Dämonen auf. Der Oberrheinische Meister weicht jedoch von der ornamentalen, flächigen Gestaltung Schongauers ab und zeigt den Heiligen in einer dynamischen Untersicht.

Die Ikonographie des Heiligen Antonius zeigt als einzige ein Individuum, das in dieser Form den Teufeln auf Erden ausgesetzt ist. Als Schutzheiliger der Seelen im Fegefeuer[3] wird er so zum christlichen Exemplum für alle zu dieser Strafe Verurteilten: Der Gottesmann Antonius bleibt im Dämonenkampf dank seiner Frömmigkeit immer siegreich; seine Himmelfahrt kann durch die Attacke der Dämonen nicht verhindert werden.

G. C.

Literatur: – HILLER/VEY 1969, S. 120f.

---

1 Das T-förmige Kreuz auf schwarzem Grund ist das Attribut des Heiligen seit der Gründung des Antoniterordens.
2 LEHRS 1925, S. 234–247.
3 SELLNER 1993, S. 32.

145. Von Teufeln gesandt: Der hl. Antonius wird von einer Frauengestalt versucht, die Stolz, Vergänglichkeit und Tod in sich vereint.

Jan Mandyn (1502–1559), zugeschrieben.
Die Versuchung des Heiligen Antonius, um 1540/1550.

Öl auf Leinwand, H: 40, B: 59 cm.
Fondation Rau.

Die Versuchung des Heiligen Antonius war ein beliebtes Thema der spätmittelalterlichen Kunst, das zu häufig kopierten Bilderfindungen führte – bestes Beispiel dafür sind die niederländischen Bilder in der Nachfolge von Hieronymus Boschs Antonius-Altartafeln (Nationalmuseum Lissabon). Zu dieser Nachfolge gehört im weiteren Sinne auch die vorliegende Tafel.

Antonius[1], der im 2. Jahrhundert n. Chr. als Einsiedler in der Wüste durch Askese und Gebet den verschiedensten Anfechtungen von Dämonen und Teufeln widerstanden hatte, war den Gläubigen ein Vorbild. Er bewies, daß Gebet und Askese zur Erlösung führen, denn sie verleihen die Kraft, den Versuchungen standzuhalten, die ewige Verdammung nach sich ziehen[2]. Teufel und Dämonen waren, jedenfalls für die ungebildeteren Gläubigen, reale Wesen, deren Treiben man überall und jederzeit ausgesetzt war. Die bildlichen Darstellungen dieser Wesen, bei Antoniusversuchungen in großer Vielfalt und Eindringlichkeit zu sehen, haben die Vorstellungen der Gläubigen von Teufeln und Dämonen stark geprägt. Im 16. Jahrhundert scheint zur Angst das Vergnügen an den fantasievoll gestalteten Wesen hinzugekommen zu sein. So nannte man Jan Mandyn, der mehrere Antoniusversuchungen geschaffen hat[3], einen Künstler, *der schöne Spukbilder und spaßhafte Sachen ganz in der Art des Hieronymus Bosch malte*[4]. Ihm, der in Haarlem, später in Antwerpen tätig gewesen war, wird die vorliegende Tafel zugeschrieben[5].

Dem dunkel gekleideten Antonius am linken Bildrand, der mit geschlossenen Augen halb in, halb vor einem ausgehöhlten Baumstamm – seiner Behausung – sitzt, ist die durch Licht- und Farbeffekte hervorgehobene weibliche, «Transi»-ähnliche[6] Gestalt rechts gegenübergestellt. Diese beiden Figuren sind durch ihre parallele Haltung, die beiden diagonal durchs Bild führenden, ausgehöhlten Bäume und durch die Wendung des Kopfes zueinander in Beziehung gesetzt. Auf sie konzentriert sich die Spannung im Bild, die bereichert wird durch Spukbildungen, welche aus der recht dunklen Landschaft hervorleuchten. Aus dem geöffneten Rachen eines rattenähnlichen Tierkopfes wird ein großer Wagen mit einem Rammbock geschoben, hinter dem Baumstamm erscheint, an eine goldumrandete Platte gelehnt, ein abgeschlagener Kopf, von einem Pfeil durchbohrt. Im Hintergrund sind kleine Heerscharen kämpfender Mischwesen, Zelte und Schiffe erkennbar, am Horizont rechts hinten eine brennende Stadt, die an die Hölle und das Antoniusfeuer[7] denken läßt. Die Größe der Motive steht in groteskem Mißverhältnis zueinander; ihre symbolische Bedeutung ist nicht sicher aufzuschlüsseln, formal jedoch haben sie ihre Wurzeln im Werk von Bosch[8]. Da sich alle diese Fantasiegebilde auf den Einsiedler zubewegen und von aggressivem, teilweise kriegerischem Charakter sind, versinnbildlichen sie die Bedrohungen, die der Legende nach der Teufel ausschickt, um den Asketen von seinem Glauben abzubringen. Während für die boscheschen Bildungen unmerkliche Übergänge von Belebtem zu Unbelebtem, von Tierischem zu Menschlichem charakteristisch sind und die einzelnen Attribute keine zusammenhängende Deutung ermöglichen, liegen der weiblichen Gestalt andere Gestaltungsprinzipien zugrunde. Sie wirkt wie eine Zusammensetzung und Überlagerung verschiedener allegorischer Figuren mit je deutbaren Attributen. Dargestellt ist ein weiblicher Körper, der in seiner Erscheinungsweise Jugend, Alter und Tod vereint. Die Körperhaltung und die Gestik mit dem Spiegel lassen an eine junge, verführerische Frau denken, ihr ausgemergelter Oberkörper mit den großen, faltigen Hängebrüsten ist der einer alten Frau. Der Kopf ist als Totenschädel gestaltet. Ein schlangenartiges Ungetier kriecht über ihren aufgeschlitzten Bauch, zwei weitere winden sich um die Arme, wie es von den Transi auf spätmittelalterlichen Grabmälern bekannt ist. Das Stundenglas, welches die Figur auf ihrem Kopf hält, und der Bogen, den sie samt einem Köcher voller Pfeile umgehängt hat, sind bekannte Attribute des Todes und weisen auf die Vergänglichkeit der Welt hin[9]. Der Spiegel schließlich, in dem sich hier nicht wie üblich die Schönheit einer jungen Frau, sondern ein Schädel spiegelt, ist das Attribut der Superbia, der Todsünde des Stolzes. Diese Figur nimmt den Platz ein, der in anderen Darstellungen der Antoniusversuchung der jungen, schönen Verführerin zukommt, die der Teufel dem Heiligen entgegenschickt. In ihr vermischen sich die Allegorien des Todes, der Zeit und Vergänglichkeit, des Stolzes und der Liebe oder der Verführung[10]. Auf Antonius bezogen zeigt sie sich, wie die Spukwesen, als eine Verführung, die es zu überwinden gilt. Dazu verhelfen Meditation, Gebet und Askese, sichtbar gemacht durch das Buch, das der Heilige vor sich und den Kruzifixus, den er neben sich hat. Für den Bildbetrachter ist sie die weibliche Verführerin und zugleich Abbild der Konsequenzen der Sünde, des ewigen Todes. Die Themenbereiche Frau, Sünde und Tod überlagern sich, kombiniert mit Hinweisen auf die Vergänglichkeit der Welt. In dieser komplexen Verbindung verschiedener Allegorien, deren einzelne Elemente in der ikonographischen Tradition[11] zurückverfolgt werden können, besteht die Eigentümlichkeit dieses Gemäldes; bei den zahlreichen anderen Antoniusversuchungen in der Bosch-Nachfolge ist dafür kein Vergleichsbeispiel zu finden. Die Illustrierung einer Szene aus der Vita des Heiligen ist in diesem Bild verbunden mit dem moralisierenden Appell, die Vergänglichkeit des irdischen Lebens zu beachten und sich um ein gutes, christliches Leben zu bemühen – getreu dem Vorbild des Heiligen.

S. M.

Literatur: – C.I.N.O.A. 1970, S. 258. – Unverfehrt 1980, S. 283. – Zeder o. J.

---

1 Zu Leben und Verehrung Frank 1980, Sp. 731f.
2 Explizit so formuliert bei Machiel van Hoochstraten, um 1520, zit. nach Marijnissen 1972, S. 92.
3 Werkangaben bei Glück 1935, S. 152, Anm. 2 und Kat. Bruegel 1963, S. 123.
4 So Van Mander (1548-1604), zit. nach Unverfehrt 1980, S. 72, siehe auch S. 186.
5 Biographische Angaben bei Puyvelde 1963, S. 71ff. und Unverfehrt 1980, S. 280.
6 Zur Deutung und Herleitung des Begriffes Cohen 1973, S. 10.
7 Eine Krankheit (Mutterkornbrand), deren Heilung man sich speziell von Antonius erhoffte.
8 Auch die Bedeutung der Inschrift auf dem Säbel ist unklar, vgl. Zeder.
9 Rosenfeld 1972, Sp. 329 und 331.
10 Siehe auch Zeder.
11 Die Kunst der romanischen Länder kennt die Gestaltung des Todes als alte Frau, auch Werke von Hans Baldung Grien oder Dürer-Stiche können Anregungen geliefert haben. Das Straßburger Polyptychon von Memling schildert die Vanitas-Thematik in einzelnen Bildern, die als Summe eine Figur wie diejenige von Mandyn ergeben.

Kat. 145

146. «Hier wohnt Verwünschung, Zwietracht, Trauer und Zorn».

Höllenszene, kurz nach 1100.

Sandstein, H: 55; B: 51 cm.
Aus der Vredener Stiftskirche.
Vreden, Hamaland-Museum.

Das rätselhafte Fragment stammt aus der auf eine karolingische Gründung zurückgehenden Stiftskirche zu Vreden. Es ist sicher im Zusammenhang mit Bauarbeiten in der Michaelskapelle im Westen der Kirche und einem dort installierten, nur fragmentarisch erhaltenen Monument für den Bremer Bischof Liemar zu sehen. Er starb 1101 und hat den Neubau der Vredener Kirche nach einem Brand im späteren 11. Jahrhundert wesentlich bestimmt.

Sicherlich war der schmale Block ursprünglich höher und trug vielleicht über der Höllenszene noch weiteres Bildwerk. Die seitlichen Abschlüsse lassen keinen Schluß auf die ursprüngliche Anbringung zu. Das eigentliche Bildfeld liegt vertieft innerhalb einer breiten, sauber gearbeiteten Hohlkehle und wird wiederum von einer gebogenen Inschriftleiste gesäumt. Durch angedeutete Kapitelle und auf ungleicher Höhe angegebene Basen erscheint das Inschriftband wie ein Torbogen. Der Text kann trotz der Fehlstelle im Bogenscheitel so ergänzt werden: *Hic habitat dira discordia luctus et ira* (Hier wohnt Verwünschung, Zwietracht, Trauer und Zorn).

Es ist also eindeutig das Höllentor, das so «umschrieben» wird und durch das man in die Hölle selbst hineinblickt. Verschiedene Zonen sind durch schmale Stege abgegrenzt, in denen Gestalten ganz unterschiedlicher Größe agieren. Oben in einem Halbkreis, in dem sonst himmlische Erscheinungen abgebildet werden, sieht man den Höllenfürsten Luzifer, dem Schlangen ums Haupt züngeln, und der von zwei faunsköpfigen Teufelsgesichtern begleitet wird. Darunter packt ein geschwänzter Teufel mit «phrygischer» Mütze eine nur zur Hälfte sichtbare, offenbar im Fliehen begriffene Menschengestalt bei den Füßen. In einem Viertelkreis-Segment darunter erscheinen neun Köpfe von Verdammten, und ganz unten liegt die nackte, fratzenhafte Gestalt des riesigen Hades, der mit einer Schlinge um den Hals gefesselt erscheint. Dieser Blick in die Hölle, losgelöst von der Darstellung des Jüngsten Gerichtes, vermittelt im Bereich der monumentalen Skulptur

Kat. 146

eine sehr frühe und ungewöhnlich vielschichtige Vorstellung der Unterwelt, die wohl auf karolingische Bildvorstellungen zurückgehen muß und nur bedingt mit den frühen Höllendarstellungen in den Weltgerichtsszenen französischer Kirchenportale verglichen werden kann. Im näheren Umkreis bietet sich der Freckenhorster Taufstein mit einem ähnlich gefesselten Hades in der Szene mit Christi Höllenfahrt und dem Grabesengel der Auferstehung an.

H. W.-A.

Literatur: – ÜFFING 1966. – Kat. Vreden 1979, Abb. 142. – WESTERMANN-ANGERHAUSEN 1987.

147. In der Hölle herrscht unaufhörliche Qual.

Colijn de Coter.
Fragment eines Jüngsten Gerichts: Die Verdammten, 1485–1490.

Eichenholz.
H: 107; B: 58 cm (einschließlich 1.5 cm übermalter Anstückung am rechten Rand).
Köln, Wallraf-Richartz-Museum, WRM 524.

Die Holztafel «Die Verdammten» stammt aus der Pfarrei St. Alban in Köln und ist eines von vier erhaltenen Fragmenten einer großformatigen Darstellung des Jüngsten Gerichtes, das der geläufigen Ikonographie des Themas folgt[1]. Dieses wurde im Zuge der Säkularisierung von seinem ursprünglichen Standort entfernt und vermutlich in sechs Teile zerlegt, wobei man heute nur vier dieser Tafeln kennt. Neben den hier abgebildeten «Verdammten» sind die Darstellungen des hl. Michael als Seelenwäger, des hl. Petrus mit den Seligen und des hl. Johannes mit sechs Aposteln erhalten. Der Verbleib der Darstellungen von Maria mit den sechs übrigen Aposteln und der Gestalt des Weltenrichters ist unbekannt.[2]

Die hier abgebildete Tafel von Colijn de Coter, der im letzten Drittel des 15. Jahrhunderts und in den ersten Jahren des 16. Jahrhunderts als einer der Nachfolger Rogier van der Weydens arbeitete, zeigt eine eindrückliche Darstellung der Hölle. Am Tag des Letzten Gerichtes erscheinen die Menschen vor dem Richtstuhl Gottes, um über ihre im Leben vollbrachten Taten Rechenschaft abzulegen. *Schrecklich ist es, in die Hände Gottes zu fallen* (Hebr 10,31), wenn man sich seinen Zorn zugezogen hat. Die im Kampf gegen die Engel siegreichen Teufel und Drachen, dämonische Mischwesen, stoßen die Verdammten in die Hölle, schlagen ihre spitzen Krallen in ihr Fleisch und reißen ihre Rachen zu gräßlichem Brüllen und Fauchen auf. Sie treiben die verurteilten Seelen in einen Höllenschlund, der als steinige, kraterähnliche Erdspalte wiedergegeben ist, aus der Flammen züngeln.

Zwei Figuren ragen aus diesem dramatischen Durcheinander von menschlichen Körpern, schmerzverzerrten Gesichtern und geflügelten und behaarten Unwesen heraus: eine nackte Frau, deren Schoß eben in den Höllenflammen versinkt und hinter ihr ein Priester, auf dessen bittend-betend gefaltene Hände erbarmungslos ein spitzer Zweizack gerichtet ist. Durch die Komposi-

Kat. 147

tion dieser diagonal gestaffelten Körper und ihr ähnlich helles Kolorit sind die beiden Figuren verbunden. Man möchte annehmen, daß sie eines gemeinsamen Lasters wegen zu ewigen Höllenqualen verurteilt sind: der Wollust. So erinnert der weibliche Akt mit der Kröte auf der nackten Brust und dem pathetischen Gestus der an die geblendeten Augen geführten Hand an Vanitasdarstellungen oder an die Figur der Frau Welt, die als moralisierende Allegorie eine verwerfliche Verführerin und Betrügerin symbolisiert.

G. C.

Literatur: – FRIEDLÄNDER 1910, S. 245–246. – FIRMENICH-RICHARTZ 1916. – HILLER/VEY 1969, S. 40–42.

---

1 Die Herkunft des Gemäldes ist durch die Brüder Boisserée belegt, die von vier Tafeln aus dem Pastorat St. Alban in Köln sprachen. Unwahrscheinlich mutet hingegen die These an, daß das Werk des Brüsseler Malers Coter Teil der Ausschmückung des Kölner Rathauses war.
2 Vgl. dazu: HILLER/VEY 1969, S. 40f.

Kat. 148

148. Ketzer werden durch das Feuer vernichtet und gelangen auf direktem Weg in die Hölle.

Titelholzschnitt: Die vier «Ketzer» werden verbrannt und in die Hölle verdammt.

Blattgröße, H: 20.5; B: 15.2 cm.
Quattuor hereticorum ex predicatorum ordine Berne combustorum apud Inferos ad superstites fratres Querimonia, In nova civitate Hispanie [Leipzig: o.Dr., 1509].
Zwickau, Ratsschulbibliothek, 12.6.18/31.

In den Jahren 1507–1509 kam es in Bern zu einem «Ketzerprozeß», der weiterum großes Aufsehen erregte[1]. Johannes Jetzer, ein Schneidergeselle aus Zurzach, war in Bern bei den Dominikanern Laienbruder geworden. Hier fingierte er Wunder, welche entgegen der franziskanischen Lehre von der unbefleckten Empfängnis der Muttergottes beweisen sollten, daß Maria von ihrer Mutter mit Erbsünde empfangen worden sei. Der Schwindel flog auf. Während Jetzer der Bestrafung entkam, wurden Prior, Subprior, Lesemeister und Schaffner des Berner Dominikanerklosters als Anstifter verbrannt.

Mit den Ketzerverbrennungen beabsichtigte die Kirche die vollkommene «Auflösung» der Anhänger von Irrlehren. Im vorliegenden Titelholzschnitt wird das Verfahren in zwei übereinanderliegenden Bildern illustriert. Oben erkennt man die vier Dominikanermönche, die, an Pfähle gebunden, lebendigen Leibes verbrannt werden. Der mit dem Strafvollzug beauftragte Vertreter der weltlichen Gerichtsbarkeit schürt das Feuer. – Die untere Illustration zeigt die Folgen «ketzerischer Verstocktheit». Für die Verurteilten gibt es keine Rettung. Sie enden von mehreren Teufeln bewacht im Höllenrachen, wo sie mit Gesten der Verzweiflung ihr Schicksal beklagen.

P. J.

---

1 Zum Prozeß vergleiche jüngst: UTZ TREMP 1993.

149. Jede der sieben Todsünden wird auf ihre Weise bestraft.

Conrad Dinckmut, Der Seelen Wurzgarten, Ulm, 26. Juli 1483.

Holzschnitt, H: 19.5; B: 12.7 cm.
Zürich, Kunsthaus, E. 16.46.

Im lodernden Feuer der Hölle erleiden sieben personifizierte Seelen für ihre Laster große Pein. Nach dem Buch Prediger ist der Hochmut (*superbia*) der Ursprung aller Laster (Prediger 15,10); er wird verkörpert durch eine Frau, der ein giftgrün kolorierter Teufel ihr Spiegelbild vorhält. Darüber füttert ein hämisch grinsender Dämon den Geiz (*avaritia*) mit einem Sack voll Goldes. Flehend hat dieser die Hände zusammengeschlagen, doch ist er seiner Qual ebenso hilflos ausgeliefert wie der Neid (*invidia*), den ein bissiger Hund peinigt. Wird vor ihm die Untätigkeit (*acedia*) auf den Rost gezerrt? Die gekreuzte Armstellung des Gemarterten scheint jedenfalls auf einen müßigen Charakter hinzuweisen. Weiter umzüngeln die zehrenden Flammen die verwerfliche Eigenschaft des Zornes (*ira*), den ein Teufel mit einer Machete zu erschlagen droht. Die Unkeuschheit (*luxuria*) und auch die Völlerei (*gula*) haben die Folgen ihrer lästerlichen Unmäßigkeit gleichfalls am eigenen Leib zu erdulden. – Der Seelen Wurzgarten, jene deutsche Exempelsammlung des 15. Jahrhunderts, aus der dieser Holzschnitt stammt, behandelt nebst der Hölle auch das Fegefeuer und das Paradies anhand zahlreicher Mirakelgeschichten.

U. S.

Literatur: – The Illustrated Bartsch 84, 1983, S. 43–52. – Verfasserlexikon 8, 1992, Sp. 1027–1029.

Kat. 149

150. Eine Geschichte aus der Hölle: Der Teufel Belial holt Christus vor den Kadi.

Jacobus (de Theramo) [Palladini]: Belial (deutsch), [Augsburg:] Günter Zainer, Freitag nach St. Johannestag [26.2.] 1472. 2°.

Hie hebt sich an eyn gůtt nǔczlich bůch von der rechtlichen ūberwūndung cristi wider sathan den fūrsten der helle / vnd des sūnders betrōstung.
90 Blatt (a-i 10), rubriziert, 35 Holzschnitte; mitgebunden: Petrarca, Historie von [...] Griseldis (Zainer, 1471); Rodericus, Speculum vitae humanae (Zainer, 1471); Historia Apollonii regis Tyri (Zainer, 1471).
Sarnen, Benediktinerpriorat, Inc 36.

J. R. / U. S.

Literatur: – DAHM 1985 (bibliographischer Nachweis). – The Illustrated Bartsch 80, 1981, S. 94-100 (Wiedergabe der Illustrationen).

Abb. 132 Die Teufel diskutieren den Schiedsspruch (München, Staatsbibliothek, Cod. germ. 48).

Kat. 150 Belial bringt den Schiedsspruch der Hölle (Sarnen, Inc 36, fol. 80v).

151. Handschriften und Inkunabeln erzählen die Geschichte von Belial in vielen Bildern.

Fünf Illustrationen aus dem Belial von Jacobus de Theramo, identisch[1] mit dem Druck von Heinrich Knoblochtzer, Straßburg, 10. August 1477.

Fünf Holzschnitte, koloriert, H: 6; B: 7.5 cm.
1. Belial vor Gottvater (Bartsch Nr. 1477/271); – 2. Der Bote überbringt Christus die Gerichtsvorladung (Bartsch Nr. 1477/273); – 3. Belial klagt vor Salomon gegen den durch Moses vertretenen Christus (Bartsch Nr. 1477/286); – 4. Belial übergibt Joseph von Ägypten den Rekurs gegen das erstinstanzliche Urteil (Bartsch Nr. 1477/291); – 5. Belial bringt den Schiedsspruch in die Hölle (Bartsch Nr. 1477/293). Zürich, Kunsthaus, Graphische Sammlung, E 16.

Der «Belial», ein weitgehend in Vergessenheit geratener Text des späten Mittelalters, führt anhand eines wahrhaft spektakulären Falles das Verfahren und die Formalitäten des kanonischen Prozeßrechtes vor[2]. Der deutsche «Belial» ist eine anonyme Übersetzung der 1382 lateinisch verfaßten «Litigatio Christi cum Belial sive Consolatio Peccatorum» des italienischen Kanonikers und Bischofs Jacobus de Theramo (1350-1417)[3]. Der hier vorliegende Zainersche Wiegendruck von 1472 gehört mit seinen Holzschnitten zum ersten Dutzend illustrierter Inkunabeln überhaupt[4]. Der Funktion nach ist der «Belial» ein juristisches Lehrbuch mit heilsgeschichtlichem Gehalt[5]. Das Buch sei gemacht worden, so schreibt der unbekannte Übersetzer in seiner Vorrede, *durch des willen..., daß man dar an lerne, wie man ein geistlich recht soll anfahen, folfieren und enden und daß man kund erkennen unrecht und gefärig eynwürff und sich mit recht weren.* Der juristische Prozeß zieht sich über 170 Seiten hin, mit dem Resultat, daß am Schluß die Erlösung des Menschen de jure bestätigt wird. Die im 15. Jahrhundert andauernde Rezeption des römischen und kanonischen Rechts sorgte zusammen mit dem rasch sich ausbreitenden Buchdruck für eine Fülle rechtswissenschaftlicher Texte[6], zu denen auch der «Belial» zählt. Er wurde in den letzten drei Jahrzehnten des 15. Jahrhunderts fast jährlich neu aufgelegt. Die Inkunabelforschung nennt an die 20 Ausgaben des Werkes[7]. Das ergibt bei einer Auflagenhöhe von 300-400 Exemplaren eine ansehnliche Verbreitung des Textes. Indes, er ist bloß Erfindung. So betont das Vorwort nachdrücklich: *Auch sol niemant das nachgeschreben büch also einfeltiglich verstan das er geloub das das nachgeschriben recht und krieg also sichticlich geschehen sey.* Papst Paul IV. (1555-1559) setzte das Buch dennoch auf den kirchlichen Index[8].

Die Geschichte von Belial
1. Christus befreit die Vorväter aus der Hölle:
Jesus steigt in die Vorhölle, entreißt der Teufelsgemeinde die alttestamentlichen Vorväter und führt sie ins Paradies. Die Teufel entdecken den Einbruch Jesu in die Hölle und sind darob empört. Sie fühlen sich beraubt und ratschlagen, wie sie wieder zu ihrem Besitz kämen. Nach einer fieberhaften Beratung strengen sie gegen Jesus kurzerhand einen Prozeß wegen Diebstahls an (Abb. 133).

Abb. 133 Höllenfahrt Christi (Sarnen, Inc 36, fol. 5r).

Und da unser herr Iesus vernam das die fürsten der hell im wider hielten / da tet er als eyn greiff die egenanten fürsten der hell an und mit eynem grossen sturm czerbrach er die hell und die tor und die eyßnin rigel die im freißlich widerstünden die czerbrach er [...]. Und da unser lieber herr czoch von hell und nach im patriarchen küng und weissagen und alle die da volbracht hetten sein gebot und nach seyner ee gedacht hetten tag und nacht / die frölich sungen / du bist uns kummen unser erlediger nach dem wir uns lang gesänt habent. Da was fröd und kein trauren / da was ewiges liecht / da hört man stim süß englisch gesang / da ward in rechter liebe vor fröden geczähert / da was süsser geschmack / da w[a]z rotten harpfen allerley seitenspils und frölich stîmen die mit einander singent / also lobten sy got wann er ist güt und ewig mit seiner barmherczikeit [...]. Nach dem kamen die teufel da sy sahen was der obgenant iesus in der hell getan het / und da sy die altväter / patriarchen und weissagen nit funden / und sahen das ir küng sathan on underläß so gar mit schwären eysnin banden in die tieffe grüb der hell gebunden und gefangen gelegt was / darumb gabent sy gros klag und schlügen ir hend zusammen und schrient als die löwen und als die wilden beren. In grossem leyd vergussent sye ir bitter czäher / wann sy mochten nit erdencken wie sy irs schadens möchten wyder eynkummen [...]. Da stünd auff enmitten under in ein schalckhaftiger teufel und sprach / o lieben brüder wie gar wenig haben geholfen all unser list und kundikeit / lassent von euwerm clagen wann es hilfft nit / tüen wir als die weysen und die fürsichtigen tünd und gedencken was uns nun das nächst sey und betrachtent und habent rat wie wir kümen möchten zü dem gwalt den wir verlorn haben.

Abb. 134 Belial tritt vor Gott, um gegen Christus den Prozess wegen Diebstahls anzustrengen (Zürich, Kunsthaus, E 16).

2. Belial klagt gegen Christus:
Belial steigt zu Gott in den Himmel und beklagt das Unrecht, das Jesus der Hölle angetan habe (Abb. 134). Gottvater setzt, da er aus Gründen der *freuntschaft* zum Angeklagten dem Prozeß nicht selbst vorsitzt, Salomon als Richter in dem Streitfall ein. Für die Hölle tritt der rechtskundige Teufel Belial als Kläger auf. Jesus, der Beklagte, be-

Abb. 135 Christus bekommt die Vorladung vor Gericht (Zürich, Kunsthaus, E 16).

365

stimmt Moses zu seinem Fürsprecher; er selber habe nämlich gerade ein nötigeres Geschäft, die Aussendung der Jünger in alle Welt (Abb. 135). Belial ist damit einverstanden.

Got der saß in seynem rathauß / und umb in sassen xxiiij. alten und patriarchen und bey im stůnden tausentmalen tausent / und tzů zehen malen hundert tausent. Da trat für der egenant verweser freißmůtticlich und mit lauter stimm / und mit gar süssen worten und sprach [...] daß euwer gütikeit höre was ich euwer almechtikeiyt und wirdikeit mein cleglich zu clagen das der sathan und annder tewfel armůtt leydent inn der helle [...]. Nun ist einer geheissen Jesus Ioseps und Marie sun den umb sein missetat sein eigen landslewt habent gemartert und darnach getöt / der ist ab gen hell kummen mit sölicher mechtikeit und kraft das er all tewfel beguud krencken [...]. Da von höchster herr bit ich in verwesers weiß / das mir das recht widerfar zů dem egenanten iesu.

Abb. 136 Belial trägt vor Salomon seine Klage in Anwesenheit von Moses vor (Zürich, Kunsthaus E 16).

3. Moses versäumt den Gerichtstermin: Moses versäumt nun allerdings den ersten Gerichtstermin, woraufhin Belial den Richter Salomon sofort auffordert, ihm die von Christus aus der Unterwelt entführten Toten als Besitz zuzusprechen. Salomon aber sieht Moses das Versäumnis nach und setzt einen neuen Termin an. Nun erscheinen beide Parteien vor Gericht (Abb. 136). Belial trägt seine Anklage vor. Moses verteidigt darauf seine Partei mit folgender Argumentation: Gott sei der eigentliche Besitzer von Erde und Hölle und all dessen, was sich darin befindet. Die Teufel hätten nur in seinem Auftrag darüber verfügt. Rechtmäßiger Erbe aber sei sein Sohn Jesus. Dieser habe nun, da die Teufel ihm den Zugang zur Hölle verwehrt hatten, zur Selbsthilfe gegriffen

und die Erzväter gewaltsam befreit. Mit Hilfe der Bibel beweist Moses, daß Jesus durch seinen schuldlosen Kreuzestod den Sündenfall des ersten Menschenpaares und damit dessen Übergabe an die Hölle aufgehoben habe. Es kommt zum Urteil: Die Teufel haben kein Herrschaftsrecht mehr über den Menschen, Jesus ist nunmehr der rechtliche Herr der Welt. Die Klage Belials wird somit abgewiesen, und die Hölle als Klägerin hat auch die Kosten zu tragen.

[Belial beschuldigt Jesus, nicht der Messias zu sein:] von (des Messias) gerechtikeit wirt es so fridsam auf ertreich das ein lam fridlich lebt bey einem wolff und ein leo und ein lamb essent fridlich mit ein ander / und ein cleines kind mag sy ein treiben. / Nun mag man wol erkennen das Ihesus nit messias ist als er sich dann genant hat wann er hat nit frid geben noch gerechtikeyt getan / besunder er hatt alle zeyt krieg gehabt gegen den Iuden die haben in ouch zů letscht getöt [...]. Ouch hatt der selbig Ihesus selber gesprochen das er nit eyn fridtrager sey / wann er hatt in der zeyt seynes menschlichen lebens offenbar gesprochen ich bin nit kommen zů senden frid auff ertreich / sunder das schwert ich bin kômen zů scheyden den menschen wider seinen vatter ut mathäus xj. c. [Salomon verliest das Urteil: Freispruch!] Wir [...] urteilen daß recht und billich gewesen ist / das Ihesus gebunden und gefangen hat den sathan das houbt aller übel täter / und erteylen das der selb sathan in dem kerker und in der hell darein in iesus geseczt hat umb sein übel tat ymer und ewigclich soll beleiben / Auch sprechen wir und urteilen iesum ledig und loß von aller anspruch die bel und die hellisch gemein zů im getan hat.

4. Belials Rekurs:
Belial gibt sich jedoch nicht geschlagen. Er appelliert gegen das Urteil (Abb. 137): Salomon habe wegen seiner Verwandtschaft mit

Abb. 137 Belial ficht das Urteil vor Salomon an (Sarnen, Inc 36, fol. 50r).

Jesus kein gerechtes Urteil gefällt; es sei ein neutraler Berufungsrichter einzusetzen. Gott akzeptiert diesen Einwand und delegiert Joseph von Ägypten. Belial ist mit der Wahl einverstanden und bringt seine Einwände gegen das erstinstanzliche Urteil vor: Jesus habe den Sündenfall Adams durch seinen Kreuzestod nicht ausgleichen

Abb. 138 Belial vor Joseph (Zürich, Kunsthaus E 16).

können, weil ein Schuldiger seiner Strafe nicht dadurch entgehen könne, daß ein anderer für ihn büße. Zudem könne das Urteil Gottes, das er über diesen Sündenfall sprach und in welchem die Übergabe des Menschen an die Hölle beschlossen wurde, nicht rückgängig gemacht werden, weil Gottes Worte ewige Gültigkeit hätten. Moses jedoch weiß Belials Einwürfe wiederum zu parieren. Er erwidert ihm, daß Jesus als Mensch ein Nachkomme Adams sei und deshalb von Rechts wegen für die Schuld seines Vorvaters einstehen müsse. Auch sei Adams Strafe, Verdammung zum Tod und zur Hölle, keine ewige, da sie von Gott wegen Ungehorsams und nicht wegen eines Verbrechens ausgesprochen worden sei. Belial sieht ein, daß der Prozeß auch vor dieser zweiten Instanz nicht zugunsten der Hölle enden werde und versucht deshalb, ein Schiedsverfahren herbeizuführen – was ihm auch gelingt (Abb. 138).

5. Ein Schiedsspruch entscheidet die Sache:
Die vier Schiedsleute, Octavian und Jeremia auf der Seite von Moses, Aristoteles und Jesaia für die Partei der Teufel gelangen zu folgendem Urteil: Am Tage des Jüngsten Gerichtes sollen die Gerechten in den Himmel aufgenommen, die Ungerechten aber in die Hölle verstoßen werden. Belial überbringt den Schiedsspruch stracks der Hölle, wo

die Teufel den Entscheid befriedigt zur Kenntnis nehmen (Kat. 150, Abb. 139 und 140). Sie bereiten sich alsbald vor, die Menschen mit List und Bosheit zu verführen. Kleriker, weltliche Herrscher und die ganze Christenheit werden ihre Opfer sein.

Und da belial mit seinem brieff gen hell kam und der gelesen ward und da die teufel horten das in erloupt was das sy die leut mochten reyssen / und wer in nach volget irer boßheyt und also mit dem tod würd erfunnden on rew der solt ir seyn. / Da beguntent sy sich gar vast freuwen.

[Am Tag des Jüngsten Gerichts wird der zornige Richter über die ganze Christenheit richten] Nach dem wirt der zornig richter erst red hafft mit den geystlichen leutten der cristenheiyt / [...] warumb habend ir mein cristenheit schwach gemacht und mein zarten weingarten verderbt. / O ir hirten meins volcks wie ungetreulich habent ir gefaren [...] wie habent ir der kirchen güt eyngenomen / habent ir mich mit der selben tagzeit täglich gelobt oder nit / verrechnent mir ouch wa ir der kirchen güt haben hin getan / ob ir armen leuten da mit habt geholfen oder euwer freund reich da mit gemacht. / O ir schaucher und vertüer meins gücz das durch mein willen dar zü geben ist worden ze loben und z eren mich da mit / da haben ir der kirchen güt vertan mit weiben und verhofieret und habent nach geuolget der unkeuschyn als eyn roß und eyn maul und seynd erstuncken in der unkeuscheit als ein visch in dem mischt / und haben also meinen heyligen leychnam und mein blüt in ewern vermaligotten mund genomen [...] Gand an die lincken seitten. Darnach werden fürgefordert all cristen und wirt der czornig richter sprechen und den bösen cristen fürwerffen und offnen ir sünd [...]. Wie feuler und schwärer allir czeyt verczert habent / und seynd bey dem weyn gesessen von frü / morgens bis auf den aubent und haben gesprochen / lassen wir uns wol seyn die weyl wir leben / wir haben noch genüg ceit das wir unsern lust laussen / wann wir nit mer mügent wann so uns der tod hyn nympt / trag her wein so werden wir wolgemüt / uns hat niemant die mer herwider gesagt wie es dört gestalt [...] so wirt der richter die urteyl geben / wann als die ungerechten all kummen an die lincken seitten und wirt sprechen zü den ungerechten. Gand ir verflüchten inn das ewig feur / das bereit ist dem teufel und seinen gesellen / und tzü den gerechten wirt er sprechen. Kummet her ir gesegneten meines vaters und nement ein das ewig reych das euch bereyt ist von angend der welt.

J. R. / U. S.

Abb. 139 Belial bringt den Schiedsspruch der Hölle (Zürich, Kunsthaus, E 16)

Literatur: – The Illustrated Bartsch 81, 1981, S. 267-269.

1 Die Montur der Einzelblätter erlaubt die genaue Druckbestimmung nicht.
2 Ausführliche Inhaltsangabe mit konzisem Kommentar bei HAGEMANN 1960, S. 55-83. OTT 1983 verfaßte die umfangreichste Untersuchung zum Thema; seine Ergebnisse sind zusammengefaßt in OTT 1983 (Jacobus de Theramo), Sp. 442-47.
3 Jacobus richtete die Schrift an Papst Urban VI.; zur Person und zum Werk des Autors siehe OTT 1983 (Jacobus de Theramo), Sp. 442-47.
4 Die vor der Belial-Ausgabe Zainers illustrierten Inkunabeln sind (in chronologischer Reihenfolge, ohne Einblattdrucke): Canon Missae (Schöffer und Fust 1457), Ackermann von Böhmen (Pfister 1460), Boners Edelstein (Pfister 1461, 1466), Die vier Historien (Pfister 1462, 1463, 1464), Leben der Heiligen (Zainer 1471, 1472), Summa confessorum (Bämler 1472), Die vierundzwanzig goldenen Harfen (Bämler 1472). (Nach The Illustrated Bartsch 80, 1981).
5 OTT 1983 (Jacobus de Theramo), Sp. 446 nennt als Benutzer «iuristische Laienpraktiker».
6 10% der 11'800 in Deutschland hergestellten Inkunabeln waren juristische Texte. VIDAL-NAQUET 1989, S. 157. – An Prozeßdarstellungen deutscher Juristen sind zu nennen: Guilelmus Durantis, Speculum iudicale (um 1270); Johannes Urbach, Processus iudicii (um 1405); Der Richterlich Clagspiegel (um 1425?); am bedeutendsten Ulrich Tenglers Laienspiegel (Brant, 1509), der 1516, mit dem Clagspiegel als Anhang, von Sebastian Brant herausgegeben wurde und für lange Zeit das verbreitetste Handbuch der Gerichtspraxis blieb (KROESCHELL 1989, S. 57f.).
7 Verzeichnet bei WEINMAYER 1982, S. 52. Zum Vergleich: Cicero, Schriften (333 Ausgaben), Legenda Aurea (150-200), Aesops Fabeln (über 100), Biblia latina (rund 80), Justinians Institutionen (47), Decretum Gratiani (44), Dekretalen Gregors IX. (39), Ackermann von Böhmen (11), Otto von Passau, Die vierundzwanzig Alten (8).
8 HAGEMANN 1971, Sp. 361f.

Abb. 140 Die Teufel freuen sich hämisch darauf, die Menschen zu verführen (Sarnen, Inc 36, fol. 86v).

152. Eine zweite Geschichte aus der Hölle: Die Sonntagsruhe des auf ewig verdammten Judas.

Von sant Branden, eyn hübsch lieblich lesen, was wunderß er uff dem moer erfaren hat.
Gedruckt bei Konrad Hist in Speyer, 1496.

Blatt: H: 13.9; B: 18.4 cm;
Holzschnitt: H: 7.1; B: 7.5 cm.
Stadtbibliothek Rudolstadt, Inc. 27.

Der kolorierte Holzschnitt zeigt eine der zahlreichen Stationen der abenteuerlichen Seefahrt des irischen Heiligen Brandan auf der Suche nach einer paradiesischen Jenseitsinsel: die Begegnung mit der Seele des Judas. Der bärtige Judas sitzt nackt auf einem Stein im Meer, *und war ihm der Leib so schwarz und gefroren von dem Harz und dem Pech, die in der Hölle an ihn flossen, von den Beinen bis auf die Schultern. Und an beiden Seiten brannte er so stark, daß ihm große Löcher in seinen Leib gingen, da schlugen die Flammen heraus*[1]. Doch ein wenig Linderung wird dem Gepeinigten verschafft durch ein Tüchlein[2] vor den Augen, das die Hitze vertreiben soll, und durch *Hagel, der kräftigte ihn auch ein wenig.* Diese Erleichterungen sind Judas *durch Gottes Erbarmen* von Samstagnacht bis Sonntagmittag vergönnt.

Auf Brandans Frage, wer er sei, antwortet der Gepeinigte: *Ich bin der arme Judas, der Gott verriet, und aus rechter Verzweiflung erhing ich mich selbst. Und hätte ich wahre Reue gehabt, so hätte mir Gott Gnade gewährt.* Brandanus versichert, *ernstlich und mit allem Eifer* für Judas beten zu wollen. Er bleibt bei ihm, und als um die Mittagszeit Judas jämmerlich zu klagen beginnt, weil die Teufel ihn in die Hölle zurückholen wollen, läßt er den gesamten Reliquienschatz auf die Bordkante setzen, und Brandan und seine Mönche fallen auf die Knie. *Und da fuhren die Teufel um das Schiff hin und her und schossen aus ihren Mäulern Rauch, Pech, Feuer und Schwefel [...], ließen große Schwefelstücke fallen, und das brannte in dem Meer, als ob es mit Feuern entzündet wäre.* Als die Teufel Judas ergreifen, bittet Brandanus Gott, er solle Judas um seinetwillen noch eine Nacht Aufschub gewähren, und tatsächlich, seine Bitte wird erhört. Die Teufel drohen Judas, ihn am nächsten Tag um so schlimmer zuzurichten. *Und des Morgens kamen sie mit großem Schall und mit feurigen Keulen und schlugen die an Judas entzwei. Und zogen ihn zwischen sich und taten ihm so große Pein an, daß es kaum zu schreiben ist.* Und auch St. Brandan verfluchen die Teufel und wiederholen ihre Drohung, Judas von nun an schlimmerer Pein auszusetzen als je zuvor. Aber Brandan gebietet ihnen *bei dem lebendigen Gott,* Judas nicht übler zu behandeln als vorher, und die Teufel fahren *mit großem Ungestüm in die bittere Hölle.*

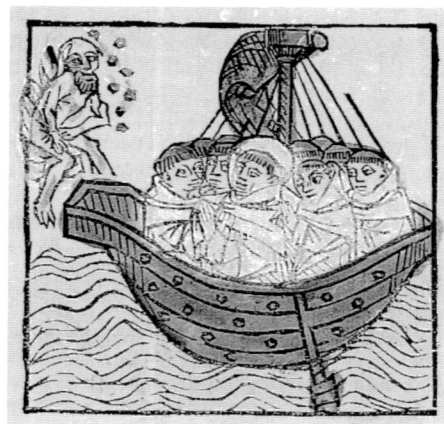

Kat. 152

Am Beispiel von Judas wird in der im Hoch- und Spätmittelalter weit verbreiteten legendären Reisebeschreibung St. Brandans die «Sonntagsruhe» geschildert, die den zu ewigen Höllenqualen Verdammten einmal in der Woche und an hohen Festtagen ein wenig Linderung verschafft. Dadurch erhält der mittelalterliche Gläubige, den die Sorge um sein Jenseitsheil, die Angst vor der ewigen Verdammnis, vor den unendlichen Höllenqualen peinigt, die Gewißheit, daß auch der größte Sünder, wenigstens für kurze Zeit, von seinen Höllenqualen ausruhen kann.

Andererseits ermöglichen Begegnungen wie die zwischen Brandan und Judas authentische Erfahrungsberichte zuhanden der Lebenden. Die Vorstellung einer ewigen Pein, die noch die Wochentage zählt, das Wissen um die unweigerlich folgende Rückkehr in den Höllenalltag in endloser Wiederholung, sind sicher auch dazu angetan, die Angst vor einem solchen Los lebendig zu halten.

I. W.-S.

Literatur zur Brandanlegende: LEVI 1892. – MERKLE 1895. – BAUM 1923. – CABASSUT 1927. – SELMER 1959. – KRETZENBACHER 1971, S. 150-172. – DINZELBACHER 1977, S. 53. – SOLLBACH 1987.

1 Dies und die folgenden Zitate nach SOLLBACH 1987, S. 155-158.
2 Das Tüchlein, das Judas ein wenig vor der Hitze schützt, hatte er Christus gestohlen, es aber bald *einem armen Menschen gegeben, weil ihn sein Diebstahl reute, und daher kommt es mir auch sehr zu guter Hilfe, so habe ich auch Pein darum, daß ich es stahl.*

Himmel

153. Der mittelalterliche Kosmos.

Hartmann Schedels Weltchronik, 1493.

Nürnberg: Anton Koberger,
23. Dezember 1493 (dt.).
H: 47; B: 32.5 cm, Bl. 5v.
Zürich, Zentralbibliothek, 3.2.

Das dem Mittelalter geläufige Weltbild vermittelt anschaulich die Darstellung zum siebten Schöpfungstag in der Schedelschen Weltchronik. Fast die ganze Bildfläche ausfüllend, entfaltet sich der Kosmos in konzentrischen Kreisen. In den Bildecken blasen die vier Hauptwinde Subsolanus (Ostwind), Auster (Südwind), Zephyrus (Westwind) und Aparnas (Nordwind). Am linken Bildrand sind in einem ausgesparten Band die neun Chöre der Engel bezeichnet[1].

Nach dem artistotelisch-ptolemäischen geozentrischen Weltsystem ruht die Erde unbeweglich in der Mitte, umgeben von den als konzentrischen Kugeln aufgefaßten Sphären[2]. Zur sublunaren Welt gehören nebst der Erde die drei Elemente Wasser, Luft und Feuer entsprechend der auf Empedokles (490-430 v. Chr.) zurückgehenden Lehre, nach der die Welt aus den vier genannten Elementen aufgebaut ist[3]. Die Flammen des Feuers markieren optisch die Grenze zur anschließend beginnenden Himmelswelt, die aristotelisch aus Aether, der *quinta essentia*, besteht. Ihrer Unveränderlichkeit und Unvergänglichkeit entspricht die gleichmäßige Kreisbewegung[4]. Es folgen aufeinander die Sphären der sieben Planeten Mond, Merkur, Venus, Sonne, Mars, Jupiter und Saturn. Sie werden umschlossen und zusammengehalten vom Firmament, dem Fixsternhimmel, mit den zwölf Tierkreiszeichen. Die darüber liegenden Himmel entstammen christlicher Vorstellung. Das *caelum cristallinum*, hergeleitet von der Interpretation der *Wasser über der Feste* in Gen. 1,7, ist ganz durchsichtig und enthält weder Sterne noch Planeten[5]. Das *primum mobile*, das *erste Bewegende*, reguliert die Bewegung aller Himmelssphären. Wird dieser Himmel sonst mit dem Kristall- oder Wasserhimmel gleichgesetzt, sind sie hier unterschieden – Schedel hat sie jedoch im erläuternden Text (Bl. 6r) unter dem *cristallinischem himel* zusammengefaßt. Der höchste, alles umfassende Him-

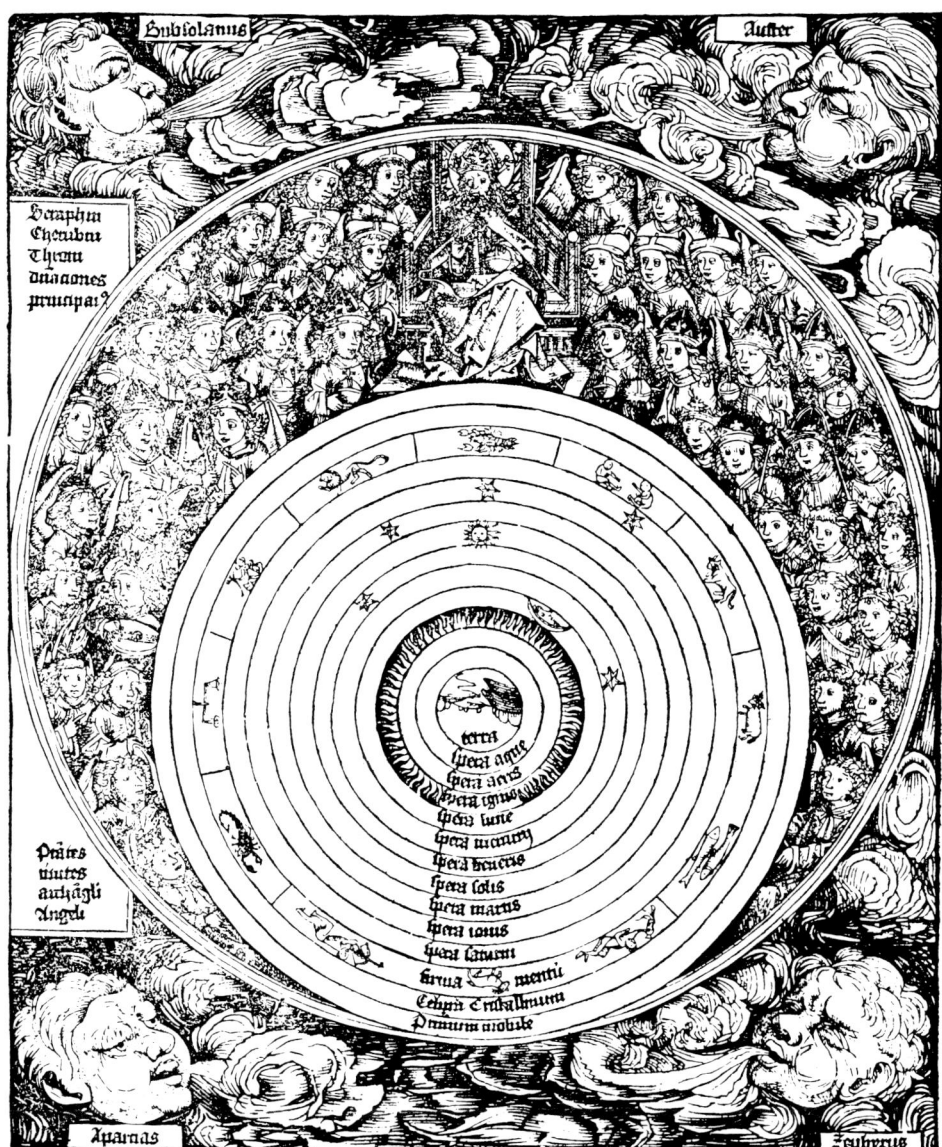

Kat. 153

mel ist das *Empyreum*, der Himmel des reinen Lichtes. Wegen des Glanzes und des Leuchtens seiner Lichtfülle wurde er – wie beispielsweise von Schedel – auch Feuerhimmel genannt. Als einziger Himmel ruht er unbeweglich[6]. Er ist Wohnstatt Gottes und der Engel und wird der Aufenthaltsort der Auserwählten sein, die dort der Seligkeit teilhaftig werden. Insofern erhält dieser Himmel für den Menschen innerhalb des christlichen Glaubens als Ziel seiner Sehnsucht besondere Bedeutung. Wohl nicht zuletzt deshalb ist das Empyreum auf dem Holzschnitt der Weltchronik größer als die anderen Sphären dargestellt. Dort thront Gott als Beherrscher des Kosmos genau in der mittleren vertikalen Bildachse, in der linken Hand den Reichsapfel haltend. Zu seinen beiden Seiten versammeln sich die Engel. Die Schrift am linken Bildrand bezeichnet ihre Chöre in der gregorianischen Reihenfolge: *seraphim, cherubim, throni, dominationes, principatus, potestates, virtutes, archangeli und angeli*[7]. Obwohl es schwerfällt, die Hierarchie der Engel auf der Darstellung wiederzufinden (zur Linken Gottes sind beispielsweise nur acht Reihen zu zählen), kann letztlich wegen ihrer expliziten Benennung und der Tatsache, daß alle geflügelt sind, nicht an dieser Identifizierung gezweifelt werden.

C. O.

---

1 Zu Blatt 5v und für weiterführende Literatur vgl. RÜCKER 1988, S. 26f.; ebda. 1973, S. 20; ZAHN 1973, S. 3-6, 25; SLADECZEK 1965, S. 32-44, 75f. Zu den Winden und ihrem Verhältnis zu Sphärenschichten und Planeten: MAURMANN 1976, S. 27-30, 38-57.
2 Übersicht mit Literaturangaben bei LANG/MCDANNELL 1990, S. 117-120; FLEISCHMANN-KESSLER 1983, S. 1-17; HUGHES 1968, S. 111-115; WICKI 1991; POHL 1961.
3 MAURMANN 1976, S. 18; SLADECZEK 1965, S. 75.
4 Im Gegensatz zu der den irdischen vier Elementen eigenen geradlinigen Bewegung. FLEISCHMANN-KESSLER 1983, S. 6f.; WICKI 1991, Sp. 22.
5 FLEISCHMANN-KESSLER 1983, S. 12, bes. 140f., Anm. 32.
6 LANG/MCDANNELL 1990, S. 117-120; MAURACH 1968.
7 Nach der 34. Homilie Gregors des Großen (PL 76, 1249D). Schedel hat diese Reihenfolge im Text (Bl. 6r) ausdrücklich von der pseudo-dionysischen unterschieden.

154. Eine Himmelsvision des Alten Testaments.

Antiphonar Sommerteil, Rhein-Maas-Gebiet (?), 1. Hälfte 14. Jahrhundert.
Zierleiste: Jakobs Traum von der Himmelsleiter, fol. 169v.

Pergament, 393 Blätter, H: 43; B: 31 cm (Buch).
Köln, Diözesan- und Dombibliothek, Cod. 263.

Die blaue Zierleiste auf rotem Grund mit Ornamentmuster und floralen Motiven zeigt den Traum Jakobs. Hinter dem Schlafenden führt eine Leiter diagonal mit drei Engeln zu den himmlischen Gefilden, wo Gottvater aus einem Wolkenkranz erscheint. Während der erste Himmelsbote im Aufsteigen zu Jakob hinunterblickt, neigt sich der mittlere im Abstieg über seine Schulter; der dritte Engel wendet sich im Stehen nach oben der frontal aus der Bildfläche blickenden Figur Gottes zu. Mit einem segnenden Gestus erhebt dieser seine rechte Hand.

Der Traum von der Jakobsleiter findet sich in der Genesis 28,10–22. Nachdem sich Jakob durch eine List den Segen seines Vaters erschlichen hatte, floh er auf Anraten seiner Mutter Rebekka zu deren Bruder Laban. Unterwegs legte er sich hin und

Kat. 154

lehnte sich auf einen Stein: *Da träumte ihm, eine Leiter sei auf die Erde gestellt, die mit der Spitze an den Himmel rührte, und die Engel Gottes stiegen daran auf und nieder. Und siehe, der Herr stand vor ihm und sprach: Ich bin der Herr, der Gott deines Vaters Abraham und der Gott Isaaks; das Land, auf dem du ruhst, will ich dir und deinen Nachkommen geben.* Den Stein, auf dem Jakob während seines Traumes ruhte, nannte er «Betel» (Gottes Haus).

Gott bedient sich in dieser Erzählung der auserwählten Person Jakobs, um seinen Heilsplan durchzuführen. Auf Jakob gehen die zwölf Stämme des Volkes Israel zurück, das auch seinen zweiten Namen Israel trägt. Jakob ist der dritte Patriarch des alten Testamentes, der, zusammen mit seinem Großvater Abraham und seinem Vater Isaak, die Seelen der Seligen im Schoß haltend (Abrahams Schoß), das Paradies verkörpert.

G. C./M. Ba.

Literatur: – HEUSGEN 1933, S. 24.

155. Gott hilft aus dem Himmel den Bedrängten auf Erden.

Liuthard-Gruppe.
Buchdeckel vom Gebetbuch Karls des Kahlen, gegen 865.

Elfenbein, H: 11,3; B: 8,5 cm.
Herkunft: 1333 im Kirchenschatz des Großmünsters Zürich bezeugt, seit 1565 im Kloster Rheinau, nach 1863 von der Antiquarischen Gesellschaft Zürich aufgekauft.
Zürich, Schweizerisches Landesmuseum, AG 1311.

Die beiden Elfenbeinplatten, die vermutlich einst das Gebetbuch Karls des Kahlen geschmückt hatten[1], sind mit Illustrationen zu Psalmstellen geschmückt. Die vorliegende Tafel bezieht sich auf den Psalm 24: *Ad te, Domine, levavi animam mean (Zu dir, o Herr, erhebe ich meine Seele).* Sie zeigt, wie der Psalmist, der im mittleren Register auf einem bewegten Wolkenband steht, von Gott ein Schriftband erhält, während von links her bewaffnete Männer herandringen und ihn verhöhnen. Er allerdings beachtet sie nicht, sondern ist ganz nach oben hin orientiert und bittet darum, die Wege Gottes und sein Gesetz zu erkennen. Die Hände hebt er empor und schaut in den Himmel hinauf. Dort erscheint, wieder über einem mehrfach gedrehten Wolkenband, Gottvater; Engel mit wallenden Gewändern und großen Flügeln verneigen sich vor ihm. Vorbild für die beiden Elfenbeintafeln sind die Illustrationen des Utrechter Psalters (Abb. 141)². Dort, auf der querformatigen Randillustration, sind die Szenen weniger eng zusammengerückt als auf dem Täfelchen; jede der Gruppen entfaltet sich frei vor dem neutralen Grund des Pergaments. Der zeichnerische Schwung der Darstellung, der die überirdischen Erscheinungen in den Wolken treffend erfaßt, ist auch vom plastisch gestalteten Elfenbein abzulesen. Die Engel im Himmel bewegen sich schwungvoll und frei, manche Körperpartien lösen sich gänzlich vom Grund. Gottvater neigt sich wohlwollend den Gerechten auf der Erde zu, die himmlische Gesetzesrolle wird bis ins unterste Register weitergereicht und dort unter Klein und Groß verteilt. Dagegen können auch die schwer bewaffneten Feinde Davids nichts ausrichten. Von dieser Zuversicht auf das gnädige Eingreifen Gottes spricht auch der Schluß des Psalmes: *Custodi animam meam et eripe me, ne confundar quod confugi ad te* (Bewahre

Abb. 141 Utrechter Psalter

Kat. 155

Literatur: – Rahn 1910. – Fietz 1938, S. 333. – Kat. Schatzkammer 1980, Nr. 28. – Hegemann 1988, S. 64, Abb. 37. – Preiswerk-Lösel 1991, S. 224–226, Abb. 203a.

---

meine Seele und errette mich; laß mich nicht zuschanden werden, denn dir vertraue ich, Ps. 24,20). So gesehen eignet sich das gewählte Bildthema gut als Buchdeckel eines Gebetbuches.

S. M.

1 Die Handschrift befindet sich heute in der Bayrischen Staatsbibliothek München, die beiden Elfenbeinplatten im Schweizerischen Landesmuseum.
2 Rahn 1910, S. 41–45.

156. Auf Patmos öffnet eine Vision dem hl. Johannes den Einblick in den Himmel.

Hans Fries (um 1465– um 1518). Flügelinnenseiten des «kleinen Johannesaltars» mit zwei Visionen aus der Apokalypse; links das Weib über der Mondsichel, rechts das Erscheinen des Menschensohnes zum Gericht; um 1505.

Malerei auf Holz. H: 130; B: je 32 cm.
Seitlich evt. leicht beschnitten, die Mitteltafel ist verloren; auf den Rückseiten das Giftwunder des Johannes.
Inschriften: Unterhalb von Maria: *Non erit ultra tempus // gracie sed iusticie*; im Buch von Johannes: *In dem anfang war das wort...*; im Buch von Christus: *In dem anfang war das wort...*
Zürich, Schweizerisches Landesmuseum, LM 1893&a.

Das überlieferte Werk des in Freiburg im Uechtland tätigen Hans Fries weist eine auffällige Massierung von Themen auf, die das Jenseits betreffen. Der Maler scheint sich damit einen Namen geschaffen und eine entsprechende Kundschaft herangezogen zu haben. Typisch für Fries sind extrem hochformatige Bildkompositionen. Während er das moderate Rechteck der Bugnon-Flügel[1] allein mit kompositorischen Mitteln streckt, scheint er im Falle des Münchner Weltgerichts[2] und der hier behandelten Zürcher Apokalypse das enge aber hohe Format selbst bestimmt zu haben.

In den beiden Zürcher Apokalypse-Tafeln wird die Insel Patmos, auf der Johannes seine Visionen erlebt, als überaus detailreiche, naturalistische Landschaft geschildert. Eine vielfältige Flora sprießt auf Rasenstücken und aus Felsritzen, und akribisch beobachtete Insekten beleben die Natur. Die Szenerie scheint von der Seenlandschaft am Alpenrand, d.h. der weitern Umgebung des Uechtländers, inspiriert. Über dem scharf gezogenen Horizont öffnet sich der Blick in den Himmel. Er ist als Goldgrund mit gravierten Strahlenkränzen angelegt und trägt die gemalten Gestalten von Maria und Christus.

Die linke Johannes-Tafel zeigt die Erscheinung des apokalyptischen Weibes: *Und ein großes Zeichen erschien im Himmel, ein Weib, angetan mit der Sonne, und der Mond unter ihren Füßen, und auf ihrem Haupt ein Kranz von zwölf Sternen* (Apk. 12,1). Das «Weib» wurde im Mittelalter als Maria gedeutet; daher erscheint im Bild die Muttergottes mit dem Jesusknäblein auf dem Arm. Während Maria als Himmelskönigin kaum Regung zeigt und mit gesenktem Blick in sich verharrt, streckt das Jesuskind regsam seine Ärmchen zu Johannes hinab, ein Zeichen für die besondere Affektion zwischen Christus und seinem Lieblingsjünger.

In der unteren Bildhälfte kniet Johannes mit himmelwärts gerichtetem Blick über einer jäh abfallenden Steilküste. Vor ihm liegt auf einer Rasenbank neben Tintenfaß und Futteral das aufgeschlagene Buch der Offenbarung, in welches er seine Visionen niederschreiben wird. Der bereits stehende Text in gut lesbarer spätmittelalterlicher Kursive gibt den Anfang des Johannesevangeliums wieder: *In dem anfang war das wort....* Er bezieht sich also noch nicht auf die Apokalypse, sondern auf den von Gott gesandten Johannes, *der kam zum Zeugnis, um von dem Licht zu zeugen, damit alle gläubig würden* (Joh. 1,6f.).

Auf dem rechten Flügel liegt der Horizont tiefer. Als Zeichen irdischer Geschäftigkeit rudert ein Schiff von beträchtlicher Größe über den See. Johannes ist von all dem entrückt. Er schwebt zwischen Himmel und Erde und schaut in der Gestik völliger Ergriffenheit das Erscheinen des Menschensohnes: *Und als ich mich umwandte, sah ich sieben goldene Leuchter und inmitten der sieben Leuchter einen, der einem Menschensohn ähnlich war, bekleidet mit einem Gewand, das bis auf die Füße reichte, und die Brust umgürtet mit einem goldenen Gürtel; sein Haupt aber und seine Haare waren weiß wie Wolle, wie Schnee, und seine Augen wie eine Feuerflamme und seine Füße gleich schimmerndem Erz wie aus einem feurigen Ofen, und seine Stimme wie das Rauschen vieler Wasser. Und er hatte in seiner rechten Hand sieben Sterne, und aus seinem Munde ging ein zweischneidiges scharfes Schwert hervor* (Apk. 1,12–16).

P. J.

Literatur: - STRUB 1959, S. 434f. - WÜTHRICH 1969, Nr. 14. - Kat. N. M. Deutsch 1979, Nr. 47; - SCHMID ALFRED A. 1993.

---

1 Freiburg i. Ue., Museum für Kunst und Geschichte.
2 München, Alte Pinakothek.

Kat. 156 Werktagsseite. Giftwunder des Johannes.

Himmel: Visionen des Johannes Kat. 156

Kat. 156

Kat. 157

157. Die himmlischen Personen werden im Mittelalter nach Vorlagen gestaltet.

Musterblätter, Rituale und Liber officialis, Einsiedeln, 1. Hälfte 12. Jahrhundert.

Pergamenthandschrift, H: 26.5; B: 18.8 cm.
Einsiedeln, Stiftsbibliothek, Cod. 112 (465).

Darstellungen des Himmels und der himmlischen Herrscher verändern sich im Mittelalter auch über größere Zeiträume im Typus nur sehr wenig (vgl. auch Kat. 158), anders als Höllendarstellungen, die meist eine größere Variationsbreite und mehr freie Erfindungen aufweisen. Daß Vorlagen für so traditionelle Bildschemata wie Christus als Weltenherrscher auch in Musterbüchern überliefert wurden, belegen die Blätter aus dem Einsiedler Codex 112. Hier sind auf vier Seiten willkürlich zusammengestellte Zeichnungen ohne Bindung an einen Text[1] überliefert – Heilige, Vögel, Blatt- und Ornamentformen auf den ersten beiden Seiten, Christus in der Mandorla, ein Erzengel, ein Brustbild von Johannes dem Täufer und eine Spaltleisteninitiale (E) auf der folgenden Doppelseite. Diese Federzeichnungen in brauner Tinte wurden sicher von verschiedenen Vorlagen abkopiert, allerdings wohl alle etwa im selben Zeitraum[2]. Sie konnten nun von verschiedenen Künstlern wiederum als Vorlagen verwendet werden für andere Werke, in denen Szenen aus dem Themenbereich «Himmel» dargestellt werden mußten.

Christus, umgeben von einer mandelförmigen Mandorla, thront auf einem Regenbogensegment, die Füße ruhen auf einer Weltkugel, wie im Alten Testament beschrieben: *So spricht der Herr: Der Himmel ist mein Thron und die Erde der Schemel meiner Füße* (Jes. 66,1). Die Rechte hat er im Segensgestus erhoben, in der Linken hält er ein Kreuzszepter. Er blickt gerade aus, die langen Haare fallen ihm weich bis auf die Schultern hinunter. Der Nimbus trägt ein Gemmenkreuz, dessen Arme sich an den Enden verbreitern. Dieser Typus einer Christus-Darstellung ist ikonographisch nicht eindeutig zu bestimmen[3] – normalerweise zeigt eine Majestas-Darstellung Christus mit einem Buch in der Hand anstelle des Kreuzszepters. Auch die vier apokalyptischen Tiere, die Symbole der Evangelisten, fehlen. Das dürfte darauf zurückzuführen sein, daß der Kopist auf diesem Musterblatt nur den Ausschnitt aus einem

Abb. 142 Sant' Angelo in Formis, Apsis. Erzengel. – Im Typus mit dem Einsiedler Musterbuch verwandt.

größeren Werk abzeichnete, der ihn am meisten interessierte. Die Vorlage für diese Christusfigur konnte bis jetzt noch nicht bestimmt werden, möglicherweise handelte es sich um ein kleinplastisches Werk, eine Goldschmiedearbeit oder eine Elfenbeinschnitzerei. Dadurch ließe sich die dreidimensional wirkende Faltenzeichnung um die runde, helle Bauchpartie oder die verkürzte Armdarstellung erklären. Der Segensgestus der linken Hand kommt hier nicht sehr deutlich zur Wirkung, weil unmittelbar dahinter der Mantel ansetzt[4]. Christus trägt ein langes Untergewand, darüber einen Mantel mit Borte. Wie dieser Mantel über die linke Schulter und den Bauch gelegt sind, ist unklar – ein breiter Stoffbausch unter der Brust führt über statt unter dem linken Oberarm hindurch. Mantel und Tunika fallen in spitzen, gestaffelten Falten, die durch feine Lasuren betont werden, über die Beine hinunter. Die Zeichnung beeindruckt durch ihre klare Linienführung, die feinen Abschattierungen und die Plastizität der Körperdarstellung. Christus ist als strenger Weltenherrscher dargestellt in einer durch klare geometrische Formen gegliederten und an sich leuchtenden himmlischen Sphäre – die Mandorla ist als Lichtaureole aufzufassen, eine schmale hellbraune Lasur deutet die Farben des Regenbogens an.

Auf der gegenüberliegenden Seite steht ein schlanker, geflügelter Engel auf einem halbrunden Suppedaneum[5]. Er trägt eine aus dem byzantinischen Kaiserzeremoniell übernommene Tracht mit einem edelsteinbesetzten Loros, d.h. einer breiten Stoffschärpe, die um den Körper herum gelegt wird und vorne über den linken Arm herunterfällt. In den Händen hält er eine mit einem Kreuz bekrönte Weltkugel und einen langen Stab – das Kennzeichen eines Boten – mit einem Christusmonogramm als Abschluß. Kleidung und Attribute charakterisieren den Engel als Erzengel, dargestellt als Himmelsfürst – ein Bildtyp, der aus dem kaiserlichen byzantinischen Repräsentationsbild entstanden ist. Ob der Erzengel Michael gemeint ist, läßt sich nicht mit Sicherheit sagen, denn in Byzanz wurden die Erzengel nicht durch Attribute, sondern durch Beischriften identifiziert, und eine solche fehlt hier. Die Darstellung geht sicher auf eine östliche Vorlage zurück, wenn wohl auch nur mittelbar[6]. Der leicht vorgeschobene linke Fuß und die viel bewegtere Faltengebung über dem linken Bein lassen darauf schließen, daß das Vorbild Stand- und Spielbein unterschied, dies aber vom Kopisten nicht mehr verstanden wurde. Wie auf dem gegenüberliegenden Bild wird auch hier das Strenge, Majestätische und Ruhende des Himmelreiches hervorgehoben.

Eine stilistische Einordnung und Datierung der Musterblätter ist schwierig, da nicht klar ist, ob sie zum ursprünglichen Bestand der Einsiedler Handschrift gehören; enge stilistische Beziehungen zur dortigen Buchmalerei des 12. Jahrhunderts bestehen nicht; die Musterblätter sind differenzierter und qualitätvoller als andere zeitgenössische Einsiedler Werke. Dies kann allerdings auch auf die Vorbilder der Zeichnungen zurückzuführen sein. Diese müssen für die Christus- und Erzengel-Darstellungen wohl in byzantinisch beeinflußten Teilen Italiens zu suchen sein[7]. Allerdings ist nicht klar, ob der Kopist die byzantinischen Vorbilder direkt oder über weitere Zwischenstufen kennengelernt hat[8].

S. M.

Literatur: – MEIER 1899, S. 91-93. – DE WALD 1925/1926, S. 117, Fig. 8. – BIRCHLER 1927, S. 886, Fig. 174f. – BRUCKNER 1943, S. 172, Taf. 30. – DEGENHART 1950, S. 100. – SCHELLER 1963, S. 64-68. – MATTHIAE 1966, Fig. 43. – CAMES 1966, S. 62 und 288. – EGGENBERGER/EGGENBERGER 1989, S. 173-175.

---

1 Die weiteren 334 Seiten der Handschrift enthalten liturgische Texte, ein Rituale, ein Liber officialis sowie verschiedene kürzere Texte, siehe MEIER 1899, S. 91-93.
2 Die Heiligen stammen aus einem anderen stilistischen Kontext als Christus und der Erzengel.
3 Am nächsten kommt ikonographisch der Christus des Triumphbogenmosaiks in San Lorenzo fuori le mure in Rom, allerdings fehlt hier die Mandorla; Abb. MATTHIE 1966, Fig. 43.
4 Auf Miniaturen hält Christus den Arm üblicherweise etwas weiter ausgestreckt; vgl. z.B. zwei ungefähr gleichzeitige Majestasdarstellungen aus der Kölner (?) Buchmalerei, heute Darmstadt, Hessisches Landesmuseum, Abb. siehe RADEMACHER 1964, S. 168f.
5 Die Form dieses Suppedaneums mit dem edelsteinbesetzten Gestell ist außergewöhnlich, es wurde deshalb auch als Kissen (SCHELLER 1963, S. 68, Anm. 4) oder Weltkugel (BIRCHLER 1927, S. 186) interpretiert.
6 Im Typus eng verwandt sind die Erzengel in der Apsis von Sant' Angelo in Formis, siehe CAMES 1966, S. 62 und 288 (vgl. Abb. 142) und diejenigen des Jüngsten Gerichtes von der Westwand der Kirche von Torcello.
7 Die Heiligenzeichnungen auf fol. 2 haben ihre nächsten Verwandten in der Salzburger Wand- und Buchmalerei, vgl. CAMES 1966, S. 288, Anm. 435 und 436.
8 CAMES 1966, S. 288 nennt San Lorenzo in Rom und Sant' Angelo in Formis; EGGENBERGER/EGGENBERGER 1989, S. 173 Venedig, SCHELLER 1963, S. 68 Santa Croce in Rom.

158. Der wiederkehrende Christus erscheint zwischen Evangelistensymbolen und Edelsteinen, welche die zwölf Apostel symbolisieren.

Buchdeckel aus dem Kloster Rheinau, Ende 12. Jahrhundert.

Kupfer graviert, ziseliert, emailliert, vergoldet. Holzkern. H: 35; B: 22.5 cm.
Depositum der Zentralbibliothek Zürich im Schweizerischen Landesmuseum Zürich, Dep. 497.

Der aus dem Kloster Rheinau, Kanton Zürich stammende Limoges-Buchdeckel dient als Vorderdeckel des Einbandes eines St. Gallischen Evangelistars des 10. Jahrhunderts. Dem Preßlederbezug des Rückdeckels nach zu schließen, geht diese Verbindung ins 16. Jahrhundert zurück. Den Höhenunterschied zwischen dem höheren Buchdeckel und der Handschrift gleicht im Innern eine Lade fürs Buchzeichen aus. Als Folge der durch die Buchschließen bewirkten Spannung ist der Eichenkern, auf dem das kupfervergoldete Blech, die Fassungen der Steine und die Emails montiert sind, der linken Randleiste entlang vertikal gesprungen. Der ursprüngliche Besatz des Buchdeckels ist rekonstruierbar anhand der zum großen Teil noch vorhandenen originalen Steinfassungen und anhand der Nagellöcher, wo die Steine fehlen. Inwiefern noch originale Steine überdauert haben, ist nicht abgeklärt. Auf der Rahmenleiste lösten sich Emailmedaillons, doppelt angeordnete ovale Steine und quadratischer Stein in der Abfolge ab, wie es beim unteren vertikalen Abschnitt noch zu sehen ist. Vier Emailmedaillons und zwei quadratische Steinfassungen sind verlorengegangen, zwei weitere quadratische Steinfassungen wurden von der Rahmenleiste entfernt und links und rechts der Mandorla mit Christus, als Ersatz für ehemals vorhandene ovale bzw. runde Steine plaziert. Anstelle der acht verlorenen oder versetzten Medaillons bzw. Steine traten Steine in grober rechteckiger Fassung. Die Zwickel mit den Evangelistensymbolen und die Mandorla umgaben und umgeben immer noch ovale und runde Steine. Diese fanden sich auch innerhalb der Mandorla nebst zwei Steinen in Rautenfassung, der eine, unterhalb der Linken Christi, noch vorhanden, der andere ersetzt.

Wenn wir den ursprünglich vorhandenen Steinbesatz zählen, ergeben sich die Zahlen 12 für die quadratischen und 96 für die runden bzw. ovalen Formen. Es ist anzunehmen, daß mit diesen Zahlen auf die Apostel angespielt werden sollte[1]. Der Hinweis auf die Apostel kann in Zusammenhang mit dem auf einem Buchdeckel selten anzutreffenden Typus der Gotteserscheinung gesehen werden, bei dem der wiederkehrende Christus stehend in der Mandorla zwischen den Evangelistensymbolen auftritt. Diese Darstellung geht unter anderem auf das Bild des aus dem Kreis der Apostel zum Himmel auffahrenden Christus zurück und auf das Bild Christi als Gesetzesgeber, flankiert von Paulus und Petrus[2]. Letztere Deutung ließe sich eventuell aus den beiden rautenförmig gefaßten Steinen zu Seiten Christi ableiten.

Die Emails entstammen einer oder zweier Werkstätten, die im ausgehenden 12. Jahrhundert in Limoges tätig waren[3]. Die Frage bleibt offen, ob der seltene Typus der Gotteserscheinung in Form des stehenden Wiederkehrenden auf Wunsch des Auftraggebers in Limoges gefertigt wurde oder ob der Buchdeckel mit aus Limoges bestellten Emails im Umkreis von Rheinau, eventuell auch St. Gallen entstand. In diesem Zusammenhang wäre es interessant, der Herkunft der geprägten originalen Fassungen der quadratischen Steine nachzugehen.

Wenn das Evangelistar und der Buchdeckel auch erst nachträglich zusammenkamen, so kann doch angenommen werden, daß der Buchdeckel immer zum Einband einer liturgischen Handschrift gehört hat und auf dem Altar wie bei der Prozession seinen Platz hatte[4]. Seine Pracht ist Ausdruck der Verehrung, die das Wort und mit ihm Gott genießt. Durch das Wort ist Gott präsent, was im Bild der Gotteserscheinung sinnfällig wird.

Hp. L.

Literatur: – Fietz 1938, S. 348f., Tf. 10.

---

1 Meyer 1975, S. 146-148 und 175.
2 Vgl. Steenbock 1965, Nr. 76 und Nr. 83, S. 168f., 176f., Abb. 104 und 115.
3 Gauthier 1987: Zum Vergleich die Medaillons des Rahmens vom Buchdeckel Cat. 162, S. 155f., Abb. 553, oder die Evangelistensymbole der Kreuze Cat. 265f., S. 215f., Abb. 739-742.
4 Steenbock 1965, S. 51-56.

Kat. 158

159. Die Macht des Namens Jesu reicht vom Himmel über die Erde bis hinab in die Hölle, aber nur wer im Himmel ist, hat Teil an der Gottesschau.

Niederrheinisch.
Die Verehrung des Namens Jesu, um 1520.

Holz, H: 37; B: 27.3 cm; auf allen Seiten beschnitten, Ecken abgeschrägt.
Sammlung Heinz Kisters.

In der unteren Mitte der Tafel sitzt das unbekleidete Jesuskind auf einem Kissen auf einer Altarmensa. In der linken Hand hält es einen Apfel als Symbol für die Weltkugel, seine Rechte weist im Segensgestus auf die große goldene Rundscheibe, die hinter seinem Oberkörper ansetzt. Im Zentrum dieser Scheibe erscheinen in gotischen Minuskeln die ornamental umrankten Buchstaben *jhs* – das Monogramm des «Namens Jesu».

Vom Buchstabenmedaillon gehen feine Strahlen über regenbogenartig abgestufte Farbkreise zu einem goldenen Kranz mit umrißhaft gezeichneten Engeln, die ihre Hände in Bethaltung gefaltet oder vor der Brust gekreuzt haben. Ein schwarzes Schriftband schließt die Scheibe ab, ihr Text weist auf die umfassende Macht des Namens Jesu hin: *IN NOMINE IHESU OMNE GENU FLECTATUR CELEST(I)UM TERRESTRIUM ET INFERNORUM (Im Namen Jesu beugt sich jedes Knie sowohl derer im Himmel als auch jener auf Erden und selbst derjenigen in der Hölle).* Darauf bezieht sich die Gruppierung der Anbetenden um das beherrschende Monogramm-Medaillon. Am unteren Bildrand öffnet sich in der Mitte der Boden und gibt Einblick in die Hölle, wo sich nackte Verdammte schmerzerfüllt vom Anblick des Jesuskindes und dem Glanz der Erscheinung seines Namens abwenden; ihnen ist die Gottesschau versagt. Seitlich des Altares knien betend irdische Repräsentanten: zur Rechten Christi Vertreter der kirchlichen Stände – darunter Papst, Kardinal, wohl Erzbischof und Bischöfe – und zu seiner Linken entsprechende weltliche – unter anderen Kaiser, König, Fürst, Ritter und vornehme Damen. Über diesen Gruppen schweben ebenfalls mit gebeugten Knien Engel in langen Alben.

Am oberen Bildrand ist abgegrenzt durch ein Wolkenband der Himmel dargestellt. Links erscheinen Maria, mit dem Salbgefäß Magdalena und eine weitere Person. Maria blickt zum Jesuskind hinunter und amtet so auch in diesem Zusammenhang als Fürbitterin. Rechts sind nebst nicht mehr identifizierbaren Heiligen König David mit der Harfe, Johannes der Täufer und zwischen ihnen Franziskus von Assisi mit den Wundmalen seiner Stigmatisation angeordnet. Sie wenden sich der Mitte zu, wo in einer Strahlenglorie Gottvater mit der päpstlichen Tiara und einer kristallenen Weltkugel mit Kreuz zu seinen kirchlichen Vertretern auf Erden blickt und die rechte Hand zum Segen erhoben hat. Zu ihm hinauf schwebt – zur Vervollständigung der Trinität Gottes – aus dem Medaillon mit dem Namen Christi die Taube des Heiligen Geistes.

Das Monogramm des Namens Jesu basiert auf dessen griechischer Form IHCOYC und wurde im Mittelalter als Abkürzung von Ihesus mißverstanden[1]; zudem sah man in der Buchstabenkombination auch die Bedeutungen «in hoc signo», «in hoc salus» und «Jesu Hominum Salvator»[2]. Die glorienhafte Erscheinung des Monogramms geht auf den Franziskanermönch Bernhardin von Siena (1380–1444) zurück, der in einer Vision den Namen Jesu in der Sonne erblickte und dann ein Abbild davon nach seinen Predigten dem Volk zur Verehrung vorzeigte. Auf die franziskanische Herkunft des Motivs wird auf unserer Tafel mit der prominenten Stellung des Franziskus von Assisi hingewiesen.

Aus zwei anderen Zusammenhängen stammt die Darstellung des Jesuskindes, das auf einem Altar sitzt. In spätmittelalterlichen Stundenbüchern sind Gebete zum Namen Jesu überliefert – vor allem das Gebet «O BONE JESU, O DULCISSIME (oder PIISSIME) JESU» –, welche häufig von einer Miniatur des sitzenden Christuskindes begleitet sind[3]. Eingeleitet werden diese Gebete mitunter von einer Seite mit dem IHS-Monogramm[4]. Mit der Darstellung des Jesuskindes auf einem Altar wird zudem die Eucharistie versinnbildlicht ebenso wie durch das Lamm Gottes etwa in der Darstellung auf dem Genter Altar der Gebrüder van Eyck. Auch das goldene Medaillon mit dem Namen Christi deutet auf die Eucharistie hin, erinnert es doch an eine riesenhafte Hostie in einer Monstranz. Die Anordnung des Medaillons zwischen Altar und Himmel verweist auf seine Bedeutung: Wie die Eucharistie als Symbol für den Opfertod Christi führt es in abstrakter Verkörperung himmlischen Glanzes als Wegzeichen zur Erlösung. Seine mystische Macht ist ähnlich der geweihten Hostie derart groß, daß nicht nur die Wesen des Himmels, sondern selbst die höllischen Verdammten davor die Knie beugen.

M. W./B. B./B. K.

Literatur: – STRIEDER 1963, S. 10, Nr. 43, Taf. 49.

---

1 DOMBART 1914/15, S. 257.
2 Ebda., S. 259–260.
3 Vgl. z.B.: Münster, Diözesanbibliothek, BM 1754, fol. 26v.
4 Vgl. z.B.: London, British Library, Harley MS 1662, fol. 184v.

Himmel: Erscheinungen Gottes

Kat. 159

160. Der Himmel als Ort der Symmetrie und Ordnung.

Marienkrönung, Zürich um 1508/09.

Tempera und Gold auf gipsgrundiertem Tannenholz, H: 102.5; B: 117 cm.
Depositum der Zentralbibliothek Zürich im Schweizerischen Landesmuseum Zürich, Dep. 836.

Die Marienkrönung gehört zu vermutlich[1] zwei Altarflügeln, die auf der Außenseite je eine Passionsszene, Dornenkrönung und Kreuztragung, und auf der goldgrundierten Innenseite die erwähnte Marienkrönung sowie das Martyrium der Zehntausend Ritter zeigen. Sie sollen aus dem Zürcher Klosterhof der Zisterzienser von Kappel stammen; unter dem zweitletzten Abt Ulrich Wüst wurde dort 1508 eine Kappelle erstellt und 1509 geweiht[2]. Ihre Herkunft ist damit nicht sicher belegt. Vorder- und Rückseite wurden erst im frühen 19. Jahrhundert auseinandergesägt[3].

Der Maler steht dem Meister des Felix und Regula-Stadtpanoramas aus dem Großmünster in Zürich von der Figurenerfindung sehr nahe, ist aber feiner in der Ausführung. In der Unterzeichnung finden sich dichte, sorgfältige Strichlagen. Vergleicht man den gesenkten Kopf des gefesselten Märtyrers am linken Bildrand der Märtyrertafel mit dem des Erzengels Michael auf einem Wandgemälde in der Kirche von Muttenz bei Basel, so liegt es nahe, bei beiden Werken denselben Meister zu vermuten. Auch die engen Schraffuren kehren dort wieder. Mit Urs Graf, wie Murbach versuchsweise vorgeschlagen hat[4], haben diese Wandmalereien nichts zu tun.

Auf einer steinernen Thronbank in Dreiviertelansicht sitzend krönen Gottvater und Christus, selbst bekrönt, die zwischen ihnen kniende Maria. Alle drei tragen einen Nimbus. Über ihnen schwebt die Taube des Heiligen Geistes. Gottvater im dunkelroten Mantel zur Linken Marias hält in seiner linken Hand die Weltkugel, Christus im hochroten Mantel zu Marias Rechten umfaßt mit seiner linken Hand das Szepter. Maria, in Frontalansicht, kniet andächtig mit gefalteten Händen genau in der Bildmitte. Ihr gelöstes welliges Haar fällt über ihre rechte Schulter auf den blauen Mantel, der ihr traditionell als *Regina coeli*, als Himmelskönigin, zukommt, über die linke Schulter auf das darunter getragene Brokatkleid. An den beiden Bildrändern stehen farbig gekleidete Engel – links musizieren drei auf Harfe und Flöten, rechts singen vier aus einem Spruchband das *Gloria in excelsis*. Die auf den Thronpfosten sitzenden Putten spielen auf der Laute und auf dem Trumscheit. Der Ort der feierlichen Handlung ist nicht näher bestimmt. Der Fliesenboden läßt auf einen Innenraum, beispielsweise einer Kirche, schließen, obwohl weitere konkretisierende Architekturelemente fehlen. Der nur noch teilweise erhaltene, damaszierte Goldgrund suggeriert aber den überirdischen Raum der himmlischen Herrlichkeit.

Die Krönung ist Ausdruck der Marienverherrlichung. Sie geht aus der *Assumptio Mariae* hervor und bildet den Höhepunkt der seelischen und körperlichen Aufnahme Mariens in den Himmel. Ihre Krönung ist zwar nicht direkt biblisch belegt, beziehen lassen sich aber die mariologisch gedeuteten Psalme 21,4 und 45,10 sowie Hohelied 4,8. Voraussetzung dafür waren die seit dem späten 12. Jahrhundert häufige Gleichsetzung Marias mit der Kirche (Ecclesia) als der Braut Christi sowie die Übertragung der Brautsymbolik des Hoheliedes auf Maria. Dies widerspiegelt sich auch in den von den älteren Darstellungen der Inthronisation der Braut Christi abgeleiteten frühen Marienkrönungen, wie wir sie ab dem 13. Jahrhundert vor allem in der Bauplastik an den Tympana der gotischen Kathedralen kennen, wo Christus allein die neben ihm sitzende Maria krönt. In der Krone Mariens vereinen sich die heilsgeschichtliche Krone des Lebens (des himmlischen Lohnes) und die Krone der Brautschaft[5].

Schriftliche Quellen für den Krönungsakt finden sich in den Homilien und in der Liturgie, ab dem 12. Jahrhundert auch in Predigten, Hymnen und in der geistlichen Literatur. Für den deutschen Sprachraum ist beispielsweise das «Marienleben» von Philipp dem Kartäuser (1. Viertel 14. Jahrhundert) zu erwähnen, in dem Maria wie auf der Kappeler-Tafel durch die Trinität gekrönt wird. Gottvater spricht: *willekomen rosa von Jerichô / vriundîn mîn von Lybanô. / du solt tragen eine krône, / die wil ich geben dir ze lône* (V. 9980-9983). Später heißt es von Christus: *er satze ir ûf eine krône / geziert mit manger slahte lône* (V. 10004f.). Die Szene gipfelt in der Versicherung des Heiligen Geistes: *gern wil ich erbarmen mich / über al die liute die dich / an ruofent, lobent und ouch êrent, / und zu dînem dienste ouch kêrent. / ir sünde wil in vergeben / und geben in daz êwege leben, / ouch wil ich geben dir ze lône / aller mîner vreuden krône / und du solt in dem himel mîn / vrouwe sîn und küneginn* (V. 10056-10065)[6]. Hier wird deutlich neben der Verherrlichung Marias als *Regina coeli* auch deren Fürbittefunktion als *Mediatrix*, als *Regina nostrae salutis* betont. Diese Rolle wird besonders in typologischen Darstellungen hervorgehoben, wenn der Marienkrönung die beiden Krönungen Bathsebas (1. Kön. 2,19f.) und Esthers (Est. 2,15-23) gegenübergestellt werden[7], denn die beiden alttestamentlichen Frauen haben sich mit Fürbitte beim König um ihr Volk verdient gemacht.

Seit etwa 1400 ist die Krönung durch die Dreifaltigkeit auch in der Tafelmalerei nachzuweisen. Auf der Kappeler Tafel wird durch die symmetrische Bildkomposition und die feierliche Statik der Krönungs-Gruppe der Himmel als Raum der idealen Ordnung geschildert – im Kontrast zum Durcheinander des höllischen Chaos. Selbst die leichte Bewegtheit der singenden und musizierenden Engel stiftet keine Unruhe, sondern unterstreicht die herrschende Harmonie. Ihr Lobgesang versinnbildlicht einerseits die Ewigkeit der jenseitigen Welt, andererseits kann in der Meßliturgie gerade im Gloria, das die Engel ursprünglich bei der Geburt Christi anstimmten (Lk. 2,14), die Distanz zwischen Himmel und Erde überwunden werden[8].

C. O. (Ikonographie)
B. K. (stilistische Zuordnung)

Literatur: – WÜTHRICH 1969, S. 15f., Nr. 8. – STANGE 1970, S. 80, Nr. 344 (mit älterer Lit.).

---

1 Alle vier Tafeln befinden sich im Schweizerischen Landesmuseum.
2 MOULLET 1943, S. 58; ESCHER 1939, S. 374; WARTMANN 1929, S. 7.
3 WÜTHRICH 1969, S. 15f.; MOULLET 1943, S. 69; WARTMANN 1929, S. 7.
4 MURBACH 1977, S. 171-176.
5 Zur Ikonographie und den theologischen Grundlagen vgl. SCHMIDT 1981, S. 221-223; SCHILLER 1980, v.a. S. 114-118 und 147-154; VERDIER 1980; VAN OS 1970.
6 Zit. in RÜCKERT 1853, S. 270-273.
7 Z.B. in der Biblia pauperum, Schreiber Edition I, Bl. 19r, von 1460, s. AVRIL 1987, S. 117, 119.
8 HAMMERSTEIN 1990, S. 30f.; GREGOR DER GROSSE, PL 76, Sp. 1104.

Himmel: Ordnung und Klarheit Kat. 160

Kat. 160

Kat. 161

161. Die Vierundzwanzig Ältesten und die Evangelistensymbole umgeben den Gottesthron.

Niederrheinischer Meister.
Marienkrönung und Thron der Apokalypse, 3. Viertel des 15. Jahrhunderts.

Eichenholz, H: 104; B: 147 cm.
Inschriften: 24 Älteste links: *Dignus es, Domine Deus noster, accipere gloriam, et honorem et virtutem, quia tu creasti omnia.* – Rechts: *Dignus es, Domine, accipere librum, et aperire signacula eius.* – Adler: *Sanctus Johannes secundo qui es qui eras qui venturus es.* – Engel: *Sanctus Matheus sanctus dominus deus opus.* – Löwe: *Sanctus Marcus sanctus secundo qui es qui eras qui venturus es.* – Stier: *Sanctus Lucas sanctus dominus deus omnipotens.*
Köln, Wallraf-Richartz-Museum, WRM 112.

Das Bild kombiniert zwei Himmelsvisionen: den Thron der Apokalypse (Apk. 4 und 5) und die Krönung Mariae. Unter einem Baldachin thronen die gekrönte Gottesmutter und und der sie segnende Gottvater. Das apokalyptische Lamm, welches Christus verkörpert, streckt sich nach dem Buch mit den sieben Siegeln auf seinem Schoß. Um sie sind der Adler, der Engel, der Löwe und der Stier gruppiert, die in der Offenbarung den Thron Gottes umgeben (Apk. 4,8) und die vier Evangelisten symbolisieren. Ihre Spruchbänder enthalten Lobpreisungen Gottes. Um sie herum zieht sich der Regenbogen. Außerhalb sitzen die Vierundzwanzig Ältesten; sie halten goldene Gefäße, Harfen, Violinen oder Zepter. Zwei weitere Spruchbänder ziehen sich von dieser äußeren Schale in den vom Regenbogen abgegrenzten Mittelkreis. Sie enthalten den Text der Lobgesänge der Ältesten: *Würdig bist du, unser Herr und Gott, zu empfangen den Preis und die Ehre und die Macht; denn du hast alle Dinge geschaffen* (Apk. 4,11), und *Würdig bist du, das Buch zu nehmen und seine Siegel zu öffnen* (Apk. 5,9).

Das Bildprogramm steht mit der Darstellung der Vierundzwanzig Ältesten in der Tradition hochmittelalterlicher Kirchenportale. Gleichzeitig schließt es die im Spätmittelalter gängigste Himmelsdarstellung, die Krönung Mariae, mit ein. Vor dem weiten Goldgrund, der göttliches Licht verkörpert, will das Gemälde ein umfassendes

Kat. 162

Bild von dem Glanz und der Macht des Himmels vermitteln.

M. Bi.

Literatur: – Hiller/Vey 1969, S. 109f. – Van Os 1970. – Stange 1967–1978, Bd. 1, S. 115. – Zehnder 1990, S. 330–334.

162. Im Himmel ertönt die Musik der Engel.

Fragment einer Kölner Borte, 3. Viertel 15. Jahrhundert.

Samit. Kette: Leinen; Bindekette: Seide; Schuß: Seide, Häutchengold (stark oxydiert). Partiell bestickt mit Seide, Häutchengold und -silber in Stiel- und Kettstich sowie Anlegetechnik. Vereinzelte Pinselschattierungen.
H: 14,5; B: 40,5 cm (aus zwei Teilen zusammengesetzt: 20,6 und 19,9 cm breit).
Privatbesitz.

Wie für die sogenannten Kölner Borten charakteristisch, gibt das Herausheben bestimmter Partien durch Verwendung von Stickerei diesem Gewebe ein ganz eigenes Gepräge. Zwei sich kreuzende Ranken, denen der Passionsblume ähnliche, stilisierte Blüten entwachsen, bilden vor einem ursprünglich goldenen Hintergrund zwei liegende, spitzovale Felder. Jedes Feld nimmt die Halbfigur eines musizierenden Engels auf, wobei einer eine Portativorgel bedient, während der andere die Saiten einer Cister anschlägt. Die einander zugewandten, in Seide gestickten Köpfchen mit den feinen Gesichtszügen und dem entrückten Blick unterstreichen das engelhafte Aussehen. Die rot-grünen bzw. rot-blauen Flügel passen sich in die medaillonartig wirkenden Felder ein.

Bereits im 13. und 14. Jahrhundert war Köln das Zentrum der deutschen Bortenfabrikation. Am Ende des 14. Jahrhunderts begannen die Kölner Wappensticker mangels Aufträgen mit dem Weben von Borten. Gegen die Mitte des 15. Jahrhunderts formten sie auf den gewebten Borten das Inkarnat, die Haare, den Saumschmuck der Gewandung sowie einzelne Konturierungen vermehrt in Stickerei aus. Die Kombination von zwei textilen Techniken hatte nicht alleine ästhetische Gründe; sie war auch kostengünstiger als die ausschließlich gewebte Borte, die erst mittels aufwendiger Broschierschüsse ein vergleichbares Ergebnis zeitigen konnte. Textilien der vorliegenden Art werden unter dem Begriff «Kölner Borten» zusammengefaßt.

Über die ursprüngliche Funktion des Fragmentes läßt sich nur spekulieren. Kölner Borten mit dieser ausgeprägten horizontalen Ausrichtung und der Höhe von ca. 14 cm werden in der Literatur als Praetextae bezeichnet[1]. Diese waren an der Frontseite der Altarmensa befestigt und hatten die Funktion, die Befestigung des Antependiums zu verdecken und als schmückende Überleitung vom Altartuch zum Antependium zu dienen.

Der Goldgrund gab der Borte eine äußerst kostbare Ausstrahlung, ganz der eventuellen prominenten Plazierung an der Mensa entsprechend. In ihren weißen Kleidern werden die beiden Engel als Angehörige des himmlischen Hofstaates gekennzeichnet. Sie repräsentieren Gottes Herrlichkeit im Himmel und nehmen an der Liturgie, vor allem der Eucharistie und der Taufe, teil. Hier stellen sie nun die Verbindung zum himmlischen Altar her.

S. P.

---

1 Als Standardwerk zur Kölner Bortenweberei gilt auch heute noch Scheyer 1932. Eine andere Möglichkeit wäre, daß die beiden Teile ursprünglich die Querbalken eines Kaselkreuzes gebildet hätten.

163. Maria wird als Himmelskönigin verehrt.

Seeoner Meister, zugeschrieben.
Thronende Madonna mit Kind, um 1420.

Holzskulptur (vermutlich Linde), gefaßt.
H: 94.5; B: 55; T: 32.5 cm.
Sammlung August Carl.

Die Skulptur zeigt Maria mit dem nackten Jesuskind auf den Knien als Mutter des Erlösers und als Himmelskönigin zugleich. Auf ihre Rolle als Himmelskönigin weist ihre Kleidung, die mit einem roten Kissen belegte Thronbank, die Reifkrone mit niedrigen Zacken und das Szepter in ihrer Hand, dessen oberer Teil heute abgebrochen ist. Würdevoll und ruhig präsentiert sie das göttliche Kind auf ihrem linken Knie. Maria und Christus sind beide mehr auf den Betrachter als aufeinander hin orientiert, doch subtil eingesetzte gestalterische Mittel verbinden sie zu einer harmonischen Gruppe: So entspricht beispielsweise die Schräge von Marias linkem Arm der ebenso verlaufenden breiten blauen Stoffbahn des Mantels, die quer über ihren Oberkörper gelegt ist. Marias Körperhaltung ist S-förmig geschwungen, die Haltung ihres Kopfes mit derjenigen des Christuskopfes parallelisiert. Christus ist als Kleinkind gestaltet mit prallen Ärmchen und Beinchen, eher breitem, runden Gesicht und stark gekraustem braunen Haar. In seiner Linken hält er eine runde, rote Kugel – wohl Apfel und Weltkugel zugleich. Maria ist als sehr junge Frau dargestellt, das ebenmäßige Oval ihres Gesichtes wird von hellen Haarwellen gerahmt, ihr Gesichtsausdruck ist lieblich und verhalten. Die Formvorstellungen der «Schönen Madonnen» wirken deutlich nach in diesem Werk. Die Schönheit von Marias Äußerem soll ihre innere Schönheit widerspiegeln, die ihr die Mitbeteiligung am göttlichen Heilsplan ermöglichte.

Die Schönheit Marias ist ein wichtiges Thema der zeitgenössischen Theologie und der religiösen Dichtung. Marias Schönheit ist überirdisch, größer, strahlender und beeindruckender als jegliche menschliche Schönheit – unerschöpflich sind die Formulierungen, mit denen sie gepriesen wird. *Schön, ob aller schön gemessen, / got hat nichts an dir vergessen / seind du zu im pist gesessen, / bei dem küng, du künigin*, schreibt im ausgehenden 14. Jahrhundert der «Salzburger Mönch», ein Dichter am Hof des Salzburger Erzbischofs, in einem seiner Ma-

rienlieder. Maria, die Königin, ist schöner als alle Schönheit – und diese überirdische Schönheit wird zum Kennzeichen ihrer besonderen Nähe zu Gott. Sie hat Zugang zu ihm, sie kann deshalb als Fürbitterin die menschlichen Anliegen vor Gott bringen. Indirekt bestätigt Marias Schönheit ihre erlösende Rolle[1]. *Trost, zu ganczer freud geschiket, / da der tievel ab erschriket, / so dein parmig aug erbliket / sünder und die sünderinn*, lautet der zweite Teil der oben zitierten Strophe. Marias Schönheit erschreckt den Teufel, verjagt die bösen Geister und Dämonen, *die an dem end*, wie das Jüngste Gericht hier einfach genannt wird, den Sündern ihre Schuld zu Lasten legen wollen[2]. Um diese beiden zentralen Themen – der Anteil Marias am Erlösungswerk und ihre körperliche wie seelische Schönheit – kreisen auch die wichtigsten mariologischen Traktate aus diesem Zeitraum[3]. Die Wahrnehmung von Marias Schönheit verbindet sich mit dem Wissen um ihr barmherziges Eingreifen zugunsten der Sünder. Es ist anzunehmen, daß diese Gedanken nicht nur in literarischen und theologischen Texten zusammen auftraten, sondern auch im Wahrnehmen von Bildern und dem Umgang mit ihnen gegenwärtig waren. Vor Marienstatuen wie dieser sind die Gläubigen niedergekniet, wenn sie, meist täglich, eine Kirche betreten haben, um Maria im Gebet zu verehren. Ein recht anschauliches Bild dieser Frömmigkeitspraxis vermitteln Marienlegenden, die erzählen, wie Gläubige vor Marienbildern gebetet und Maria ihre Nöte geklagt haben[4]. Eine große Marienverehrung, und dies schließt regelmäßige Gebete mit ein, ist die Voraussetzung dafür, daß Maria sich beim Jüngsten Gericht für die Erlösung eines Sünders einsetzt.

S. M.

Literatur: – DEMMLER 1913, S. 15. – WILM 1923, S. 165. – HALM / LILL 1924, S. 40. – MÜLLER 1935, S. 132. – Kat. Unsere Liebe Frau 1958, S. 64. – BRAUNFELS 1958, S. 235. – GRIMME 1958, S. 255. – GROSSMANN 1974, S. 104-106 (mit weiterer älterer Literatur).

---

1 Kat. Kunst um 1400, 1975, S. 6.
2 *An dem end solt du verjagen / pös gaist, das wir nicht verzagen, / die all unser schuld dann sagen*. Alle Zitate nach Kat. Spätgotik in Salzburg 1976, S. 53.
3 HOLBÖCK 1965, S. 48. Bei Richard von Saint-Laurent beispielsweise wird ein ganzes Buch der Schönheit Marias gewidmet; sechs Seiten handeln über ihre seelische Schönheit, vierzig über ihre körperliche!
4 Beispielsweise die Legende Nr. V (Der Jesusknabe als Geisel) aus dem Alten Passional, hrsg. von RICHERT 1965, S. 30-35.

Kat. 164

164. Engel krönen die Muttergottes.

Thronende Madonna, von Engeln gekrönt. Österreich? um 1480.

Holz, H: 74.5; B: 55.5 cm, unten 3 cm ergänzt.
Später aufgesetzter Pinselzug auf der Rückseite: F. Stuttk (?), wohl ein Vorbesitzer.
Sammlung August Carl.

Die jugendliche, schöne Muttergottes mit Kind, ausgestattet mit königlichen Attributen wie einer Krone und einem Thron, war, den erhaltenen Kunstwerken nach zu urteilen, ein wichtiges Element innerhalb der mittelalterlichen Vorstellungen vom Himmel. Kostbare Stoffe, Goldglanz, Edelsteine und Perlen gehörten offenbar wie die kostbare Architektur und die Gegenwart von Engeln mit zum Bild, das man sich von der ewigen Glückseligkeit machte. – Diese Motive sind auf der vorliegenden Tafel noch zu erkennen, wenn auch das sicher einst prächtige Bild heute stark verputzt ist. Die plastischen Höhungen in den Hautpartien sind verloren gegangen, und die Unterzeichnung scheint hindurch. Maria, den Betrachter anblickend, hält, anatomisch leicht ungelenk, das unbekleidete Jesuskind auf ihren Oberschenkeln. Dieses blättert mit seiner Rechten in einem Buch und hält mit der anderen Hand seiner Mutter einen (Granat-)Apfel entgegen. Zwei Engel bekrönen die Gottesmutter mit einem von Perlen und Edelsteinen geschmückten Kranz.

Die Herkunft der Malerei ist schwer zu bestimmen. Eine gewisse Nähe besteht zu Werken aus dem Salzburger Gebiet.

B. K. / S. M.

165. Vor den Türmen des himmlischen Jerusalem bietet Maria ihren Sohn als Unterpfand der Erlösung dar.

Niederrheinisch.
Maria mit dem Kind vor der Himmelspforte, Mitte 15. Jahrhundert.

Eichenholz, H: 57,5; B: 33,3 cm.
Ursprünglicher mit schablonierten Blüten gemusterter Rahmen.
Köln, Wallraf-Richartz-Museum, WRM 338.

Zusammen mit einer gleichgroßen Tafel im Besitz des Kölner Diözesanmuseums, die den gekreuzigten Christus ebenfalls vor einer siebentürmigen Kirche darstellt, bildete das Bild mit der Muttergottes vor der Himmelspforte früher wohl ein Diptychon. Durch die Krone und den kostbaren Mantel ist Maria als Königin, als Herrscherin des Himmels dargestellt, die ihren Sohn als Unterpfand der Erlösung dem Beter und Betrachter darbietet. Sie hat den weiten Mantel unter den Ellbogen und vor dem Leib gerafft, so daß seine Falten für das Kind in ihren Händen gleichsam einen Sockel bilden. Maria steht auf einem Stufenpodest vor einem zinnenbewehrten Torturm, dessen Portalöffnung ihre Gestalt einrahmt und überhöht. Hinter dem Eingangstor erhebt sich ein prächtiger Palast mit sieben Türmen und großen Fenstern – eine «überirdische» Architektur, die auf die Herrlichkeit des himmlischen Jerusalem verweisen soll. Die Gestalt der Maria erscheint davor fast klein, gleichzeitig wird aber auch deutlich, daß sie es ist, die als Mutter des Erlösers den Weg in den Himmel öffnet.

Das Motiv der Maria in der Kirche oder vor der Himmelspforte, die eben wie ein Kirchenportal gebildet ist, findet sich in der niederländischen Malerei der Generation der van Eyck und Rogiers van der Weyden in vielen Variationen vorgebildet. Aus dieser Tradition ist das kleine Bild mit seinem Gegenstück zu verstehen; Maria als Mutter des menschgewordenen, dem Leiden unterworfenen Erlösers ist die Mittlerin zum Jenseits.

H. W.-A.

Literatur: – STANGE 1934–1961, Bd. 6 (1954), S. 44. – Christus und Maria, 1956, Nr. 26. – ZEHNDER 1990, S. 108–109.

Kat. 165

166. Die Hostie wird von himmlischer Architektur umschlossen.

Hostienmonstranz aus Spiringen, Kanton Uri, 2. Hälfte 15. Jahrhundert.

Silber getrieben, gegossen, ziseliert, graviert.
H: 66.5 cm.
Zürich, Schweizerisches Landesmuseum, LM 21200.

Die Monstranz ist eine klassische Ausführung dieser vom 14. Jahrhundert an verbreiteten Gefäßform mit Kristall- oder Glaszylinder zum Sichtbarmachen *(monstrare)* einer Reliquie oder, wie in unserm Falle, der konsekrierten Hostie[1]. Die Gestaltung des Gefäßes als Turmarchitektur verleiht ihm Monumentalität. Zudem ist mit dem Turm der markanteste Teil des Kirchenbaues aufgenommen, was der theologischen Bedeutung entspricht; umschließt doch dieser Turm in der konsekrierten Hostie den Leib Christi. Diese Aussage, in die von weitem sichtbare Turmform gebracht, ist auch für den ungebildeten Gläubigen nachvollziehbar, wenn er am Ende der Messe den sakramentalen Segen mit der Hostienmonstranz erhält oder diese bei der Prozession sieht.

Von nah betrachtet, läßt sich noch zusätzlich ein eigentliches «Programm» ausmachen: die Buchstaben am Nodus ergeben «Maria» – wie Christus aus Maria wächst das Hostienbehältnis aus Schaft und Nodus. In der sechseckigen Kapelle mit Maßwerkfenstern oberhalb des Hostienbehältnisses erscheint der Erzengel Michael. Das gegossene Figürchen, welches ihn als geflügelten Ritter über dem teufelähnlichen Drachen zeigt, erinnert in diesem Zusammenhang nicht nur an den Kirchenpatron der Pfarrkirche Spiringen, sondern auch an den Überwinder von Lucifer und Verteidiger der Kirche. Als solchem ist Michael oft die Turmkapelle geweiht, womit wiederum der Bezug zur realen Architektur gegeben ist. Als Bezwinger des Teufels ist der Erzengel auch mit Christus verbunden, der im Bild des Gekreuzigten die Monstranz bekrönt. Die Hostienmonstranz von Spiringen ist ein prägnantes Beispiel für die enge Verbindung von Glauben, Abbild und Sinnbild, eine Verbindung, die letzlich nicht aufteilbar und für die Zeit vor der Renaissance gültig ist.

Vom Aufbau her erinnert unsere Monstranz an die, allerdings reichere, Hostienmonstranz von Sarnen, die um 1460 entstanden ist[2]. Eine Verwandschaft besteht auch zu niederrheinischen Monstranzen des 15. Jahrhunderts; zu nennen sind die Monstranz im Kirchenschatz Rapperswil und eine Gruppe von Gelbgußmonstranzen, von denen auch Beispiele in Schweizer Kirchen bekannt sind[3]. Auch die einfache silberne Monstranz, möglicherweise in Anlehnung an ein verbreitetes Gelbgußmodell, bedeutete für eine kleine Gemeinde wie diejenige von Spiringen einen enormen Aufwand. Vielleicht kann er in Zusammenhang mit dem Behauptungswillen gegenüber der Mutterkirche in Bürglen gesehen werden. Die Phasen der Ablösung der Bergkirche von der Kirche im Tal können von ihrer Gründung 1290 an bis zur definitiven Trennung 1591 dank einer hervorragenden Aktenlage nachvollzogen werden. 1462 erfolgt mit der Ablösung des Lämmerzehnten ein wichtiger Schritt. Möglicherweise kann die weiter nicht dokumentierte Bestellung der Silbermonstranz, die in die 2. Hälfte des 15. Jahrhunderts zu datieren ist, in zeitliche Nähe zu diesem Ereignis gerückt werden[4].

Hp. L.

---

1 Zur Geschichte und Bedeutung der Monstranz vgl. Kat. Eucharistic Vessels 1975, S. 97-103.
2 Kat. Spätgotik am Oberrhein 1970, Nr. 192, S. 238f., Abb 171.
3 Gotik in Rapperswil 1979, Nr. 42-44, S. 156, 162f., 210f., Abb. 124, 134f.
4 SABLONIER 1990, S. 99-103.

Kat. 166

167. Reliquienkästchen bieten den Gläubigen einen Widerschein vom Himmel.

Reliquienkästchen, Anfang 13. Jahrhundert.

Holzkern, Kupfer vergoldet, graviert, gegossen, Grubenschmelz.
H: 17.2 cm.
Zürich, Schweizerisches Landesmuseum LM 70546.

Rechteckiger Kasten mit Satteldach auf vier kubischen Füßchen. Auf der Vorderseite Darstellung des Gekreuzigten zwischen Maria und Johannes Evangelist sowie zwei seitlich anschließenden Heiligen, welche je unter einer Arkade stehen. Auf der Dachschräge vier Heilige, je zu einem Paar gruppiert. Die Köpfe der Figuren der Vorderseite und der Dachschräge sind gegossen und aufgesetzt. Zwei weitere stehende Heilige befinden sich auf den Seitenwangen. Ihre Köpfe sind graviert. Die insgesamt 8 Heiligen entsprechen einander in Tracht, Gesichtstypus und Attribut, dem Buch oder der Rolle, lassen sich also nicht bestimmen. Es können auch Apostel sein. Die Dachschräge der Rückseite ist mit Rosetten besetzt, die Rückwand mit Glaseinsatz und kupfervergoldeter, rautenverzierter Rahmung entspricht einer Restaurierung der 20er Jahre des 20. Jahrhunderts. Ehemals war auch die Rückwand mit einer Emailplatte verkleidet, welche wohl, analog zur Dachschräge, mit Rosetten bestückt war. Unser Schrein ist ein Beispiel aus der großen Emailproduktion von Limoges, deren Erzeugnisse zwischen 1150 und 1250 in den ganzen damaligen christlichen Raum kamen und im 13. Jahrhundert mit zur Verbreitung der Gotik beigetragen haben. Verschiedene Werkstätten haben zu dieser Zeit im Raum Limoges existiert und haben, den Produkten nach zu schließen, eine Art industrielle Fertigung betrieben. Mehrere vergleichbare Reliquienkästchen sind erhalten[1]. Das ähnliche Programm mit Gottesdarstellung und weiter nicht identifizierbaren Heiligen weist auf Exportproduktion ohne Kenntnis des Bestimmungsortes, da die Eingrenzung der Heiligen und die Verwendung als Reliquiar oder als Hostienbehältnis offenblieben und somit den jeweilig lokalen Gegebenheiten angepaßt werden konnten.

Die ehemals vergoldeten Figuren, der blaue Emailgrund mit türkisfarbenen Streifen und mehrfarbigen Rosetten sowie die Rahmung der Platten und somit Heraushebung der Schreinkanten vermitteln einen kostbaren und zugleich überirdischen Eindruck. Das Behältnis, das in gewissem Sinne den Sarg für die Reliquien des oder der Heiligen bildet, oder, wenn es als Hostienbehältnis gebraucht wird, das Grab Christi darstellt, weist in seiner Pracht auf die Überwindung des Todes. Die Platten, welche den Schrein verkleiden, geben ein Abbild der himmlischen Herrlichkeit, welche nicht nur dem Heiligen in der Nachfolge Christi zuteil wird sondern auch den Menschen, die in ihrem Leben den Heiligen und Christus nacheifern.

Hp. L.

Kat. 167

Literatur: – Jahresbericht SLM 1990, S. 28 und S. 56, Abb. 59.

1 FILLITZ / PIPPAL 1987, Nr. 95-98, S. 348-357.

168. Gotische Zierarchitektur kann den Himmel bedeuten.

Verkündigungsaltärchen mit zwei Flügeln aus dem Kloster Rheinau, um 1490.
Konstanz (Malerei aus der Werkstatt von Matthäus Gutrecht d. Ä.).

Holz, vergoldet und polychrom gefaßt.
H: 40.7; B: 28; T: 9 cm.
Herkunft: 1822 vom Kloster Rheinau aus dem Münchner Kunsthandel angekauft, 1863 in den Besitz der Antiquarischen Gesellschaft Zürich übergegangen, seit 1892 im Schweizerischen Landesmuseum.
Zürich, Schweizerisches Landesmuseum, AG 1.

Das kleine Haus- oder Reisealtärchen zeigt bei geöffnetem Zustand auf den Flügeln Malereien aus dem Leben Marias (links die Verlobung Marias, darunter Christi Geburt, rechts die Heimsuchung und die Anbetung der drei Könige), im Schrein ist die Verkündigung an Maria plastisch dargestellt. Sie kniet betend vor einem Pult und wendet sich dem von rechts her eintretenden Engel

Kat. 168

zu. Mit der Verkündigung an Maria öffnet sich der Himmel, um durch die Geburt Christi die Erlösung der Menschheit möglich zu machen. So erscheint die Halbfigur Gottes darüber, begleitet von zwei musizierenden Engeln. Alle Figuren werden von einem damaszierten Goldgrund hinterfangen und von einer zierlichen, fein geschnitzten Baldachinarchitektur bekrönt. Gold und blau sind die Farben des Himmels, so sind auch die Engel und Gottvater gekleidet. Auch die Zierarchitektur ist golden, blau und rot gefaßt. Die feingliedrigen Formen des symmetrisch gestalteten Maßwerks mit reichen Krabben und Fialen versinnbildlichen die jenseitige Klarheit, Ruhe und Ordnung des Himmels.

Hausaltärchen wie dieses sind stark verkleinerte Retabel, die zur Verrichtung der privaten Andacht verwendet wurden. Sie konnten in Zellen von Ordensleuten oder in kleinen Hauskapellen stehen, vielleicht wurden sie sogar auf Reisen mitgenommen.

Auf den Erstbesitzer oder Besteller gibt das Altärchen keinen Hinweis. Die Herkunft aus dem Kloster Rheinau ist für die Beantwortung der Frage nach der Werkstatt bedeutungslos, da das Altärchen aus dem Kunsthandel kam. So ist auch die Hinzuziehung der Skulptur im Schrein für die Zuweisung nicht zwingend, wurden doch im 19. Jahrhundert oftmals Flügelaltäre vom Kunsthandel neu zusammengestellt. Der Figurenstil auf den bemalten Flügeln läßt sich gut mit der Malerei des Konstanzers Matthäus Gutrecht d. Ä. vergleichen, dem unlängst auch das Œuvre um den Notnamenmeister der «Feisten Handrücken» zugewiesen wurde, mit dessen Tafeln diese Malerei die größte Ähnlichkeit besitzt[1].

S. M. (Ikonographie)
B. K. (stilistische Zuordnung)

Literatur: – FIETZ 1938, S. 337, Abb. 280. – STANGE 1970, S. 223, Nr. 979. – Kat. Schatzkammer 1980, Nr. 47.

---

[1] Konrad 1992, noch ohne Anführung dieses Werkes.

169. Ein Engel nimmt die Seele des Gerechten auf.

«Tod des Gerechten», Romanische Lünette aus dem Kloster Allerheiligen, Schaffhausen, 12. Jahrhundert.

Grauer Sandstein, H: 30; B: 56; T: 22 cm.
Ursprünglich mit Inschrift versehen.
Bruchstellen: Nase des Toten, Mund-Kinnpartie und Hände des Engels, Leichentuch (geklebt), Kanten.
Schaffhausen, Museum Allerheiligen, Inv. Nr. 6962.

Die als «Tod des Gerechten» bezeichnete Lünette gehört zu einer Reihe von 15 halbkreisförmigen, durchschnittlich 3–3,5 cm tief gearbeiteten Reliefs, die 1921/22 bei der Renovierung des Kreuzsaales des Klosters Allerheiligen in Schaffhausen im Mauerverbund der Südwand entdeckt wurden. Zusammen mit Fragmenten von Inschriftenbögen und Kragsteinen gehören sie zu den sensationellen Funden romanischer Bausubstanz auf dem Klosterareal[1].

Übereinstimmend mit den anderen teils aus rotem, teils aus grauem Sandstein gearbeiteten Darstellungen setzt sich auch die Todesszene aus 2–3 Bildfiguren zusammen:

Der Tote liegt entlang der abgefasten unteren Längskante der Lünette, den Kopf erhöht auf einen Stein gelagert. Sein Leib ist in Aufsicht wiedergegeben, so daß Füße, Beine, linker Oberarm, Schulterpartie und Antlitz gut erkennbar sind. Ein schräg abfallendes Leintuch bedeckt Rumpf und Hände. Es wird von einem halbfigurigen Engel dargereicht, der hinter dem Liegenden steht und sich ihm zugewendet hat. Mit beiden Händen umfängt er die in Form eines haarlosen Köpfchens aus dem Mund des Sterbenden austretende Seele. Die ausgebreiteten Flügel des Engels betonen dessen symmetrische Position längs der Mittelsenkrechten.

Die Darstellung der aus dem Mund austretenden Seele beruht auf der Vorstellung der Trennung von Leib und Seele im Augenblick des Todes[2]. In Form eines Vogels, eines Schmetterlings oder einer Schlange, meist aber in Gestalt eines nackten Kindes entweicht die Seele mit dem letzten Atemzug aus dem Körper[3]. Im Augenblick des Austritts ist sie besonders großen Gefahren ausgesetzt, denn am Sterbebett kämpfen Teufel und Dämonen zum letzten Mal um ihre Inbesitznahme. Im Partikulargericht entscheidet sich das weitere Schicksal der Menschenseele: ob sie von Engeln emporgehoben und in himmlischen Gefilden ein friedvolles Dasein führen wird oder ob sie qualvoll in den Höllenfeuern schmachten muß.

Im Idealfall – als solcher gilt der «Tod der Gnade» oder der «Tod der Heiligen» – nimmt ein Engel, meistens Michael, die ausfahrende Seele in Empfang und geleitet sie in den Chor der Märtyrer oder in den Schoß Abrahams[4]. Bezeugt ist diese bevorzugte Art der Seelenreise für Märtyrer, für vorbildliche Herrscher, den reuigen Schächer und den armen Lazarus.

In Spoleto ist an der Portalfront der Fassade von S. Pietro in erzählerisch ausgeschmückter Form der «Tod des Sünders» als Pendant unter den «Tod des Gerechten»

Abb. 143 Tod des Sünders. Fragment einer Steinlünette, um 1170–1180. York, The Yorkshire Museum. – Dämonen fallen über die Seele des Sünders her. Ähnlich könnte ein Gegenstück zum Schaffhauser »Tod des Gerechten» gestaltet gewesen sein.

gesetzt. Mit Hilfe des hl. Petrus, der dem Teufel zuvorkommt, erlangt der Sterbende sein Heil, während der Sünder von den fürchterlichen Höllenbewohnern in Besitz genommen wird.

Sollte auch in Schaffhausen ein Gegenstück – der «Tod des Sünders» – bestanden haben, so vermittelt ein Lünettenfragment aus York die Vorstellung einer solchen Szene: Statt des Engels nehmen mehrere Dämonen die Seele in Empfang (Abb. 143).

Aus der Betrachtung des gesamten Lünetten-Zyklus von Schaffhausen ergibt sich eine übergreifende Anordnung von mindestens drei Darstellungen in fortlaufender Richtung und Handlung[5]. Der «Tod des Gerechten» im Sinne eines exemplarischen Märtyrertodes fügt sich thematisch gut in die Reihe der Lünetten ein, welche vermutlich um einen doppelt so hohen und heute gänzlich abgeschlagenen, rundbogigen Stein mit der Abbildung des Salvators gruppiert waren.

Auf einen erhöhten Anbringungsort des Zyklus deuten die auf Fernsicht konzipierten Körperteile (Köpfe, Augen) sowie die Zusammengehörigkeit der Lünetten mit den Kragsteinen und den darauf ruhenden Inschriftenbögen[6]. Leider sind nur einzelne Bruchstücke der romanischen Majuskelschrift erhalten, wodurch die Rekonstruktion der Tituli erschwert wird. Das Schriftbild erlaubt jedoch eine Datierung in die zweite Hälfte des 12. Jahrhunderts[7].

Der im 12. Jahrhundert aktuellen Thematik von Tod und Auferstehung der Heiligen[8] entspricht auch die auf das Jenseits bezogene Lünette als Teil eines Märtyrerzyklus. Ihre Aussage paßt im Einzelnen sehr wohl in die Umgebung eines Reformklosters, wie es Allerheiligen in Schaffhausen war:

– Nacktheit wird in der Darstellung vermieden, indem die Seele als Kopf dargestellt ist;
– Annäherung an das Himmlische wird durch Übereinstimmung der Bekleidung von Engel und Totem sichtbar gemacht;
– Humilitas wird durch die ebenerdige Lage des Toten gepredigt.

U. B. S.

Literatur: – SULZBERGER 1926, S. 139–146. – HECHT 1928, S. 289–308. – FRAUENFELDER 1951, S. 134–143. – KNÖPFLI 1961, S. 310–311. – FRAUENFELDER 1967, S. 125–128.

---

1 SULZBERGER 1926, S. 139.
2 HAAS 1989, S. 137.
3 Der Atem ist u.a. Organen Sitz der Seele; zu *animam expiravit* vgl. FRAUENFELDER 1967, S. 126. In der Antike wurden die Seelen Abgeschiedener *Eidolon* bezeichnet, vgl. hierzu PAULY, Bd. 10, Sp. 2084.

Kat. 169

4 STÜBER 1976, S. 82 und S. 122.
5 Gesichert ist diese Folge für die Lünetten des Stephanus-Martyriums, zu welchem es auch eine vollständige Inschrift gibt.
6 Vergleichsbeispiele: Brenz (Württ.), Königslutter, Schwerzloch.
7 Demnächst erscheint in CIMAH, Bd. 4 eine systematische und vollständige Bearbeitung der Inschriften.
8 HAAS 1989, S. 93.

170. Die Seelen der Märtyrer gelangen direkt in den Himmel.

Szene aus der Legende der hl. Katharina: Die Verbrennung der Philosophen vor Kaiser Maxentius.
Konstanz? um 1440.

Holz, H: 53; B: 44 cm.
Sammlung Heinz Kisters.

Diese Tafel gehört vermutlich zu einem Schrein mit verschiedenen Szenen aus der Legende der hl. Katharina. Insgesamt sind in verschiedenen Sammlungen noch vier weitere dazugehörige kleine Tafeln erhalten[1]. Sie stammen aus stilistischen Gründen nicht aus dem mittelrheinischen Gebiet, wie Stange vermutet hat, sondern gehören zu Werken aus dem Umkreis von Konstanz aus der ersten Hälfte des 15. Jahrhunderts[2].

Auf diesem Bild ist die Heilige selbst nicht dargestellt, sondern das Martyrium der Weisen, die von ihr zum christlichen Glauben bekehrt worden waren. Auf Befehl des Kaisers Maxentius wurden diese deshalb verbrannt. Eng zusammengedrängt kauern die Philosophen in einem ummauerten Bezirk. Schergen des Kaisers entzünden das Feuer, einer preßt seine Fackel direkt auf das Gesicht eines Weisen. Flammen umzüngeln die Sitzenden, einer verbirgt seinen Kopf im Schoß und versucht, sich so zu schützen, die anderen haben ihre Augen geschlossen. Außerhalb der Umgrenzung stehen der Kaiser mit dem Szepter und zwei seiner Räte, die kommentierend das Geschehen mitverfolgen. Mit der großen Pein und Qual, die die Märtyrer auf Erden zu erleiden haben, kontrastiert das Geschehen im schmalen obersten Bildstreifen. Dort öffnet sich der Himmel, Gottvater oder Christus (beide können den Kreuznimbus tragen) erscheint, und zwei Engel schweben heran. Sie halten zwischen ihren Händen ein ausgespanntes Tuch, in dem die halbfigurigen Seelen der zu Tode gequälten Weisen getragen werden. Sie werden direkt in den Himmel aufgenommen. Weil sie für Christus das Martyrium auf sich genommen haben, brauchen sie keinerlei Fegefeuerqualen zu erdulden, sondern können unmittelbar nach dem Tod der Anschauung Gottes teilhaftig werden. Der detailreich und ausführlich gestalteten quälerischen Bosheit der Menschen auf Erden wird im Motiv der Engel mit dem Tuch die himmlische Geborgenheit gegenübergestellt, auf

Kat. 170

die die gemarterten Christen zuversichtlich vertrauen dürfen.

B. K. / S. M.

Literatur: – STANGE 1970, S. 97. – GMELIN 1987 (mit älterer Literatur). – Kat. Lochner 1993, Nr. 3.

---

1 STANGE 1970, S. 97 hat die Werke erstmals zusammengestellt.
2 Vgl. GMELIN 1987, S. 63–66.

171. Die Seele des hl. Dominikus wird auf der Himmelsleiter empor getragen.

Graduale Sommerteil, Köln, Anfang 14. Jahrhundert.
Himmelsleiter, fol. 124r (CXr).

Pergament, 276 Blätter, H: 47.4; B: 35.5 cm.
Köln, Diözesanbibliothek, Cod. 173.

Unter den sechzehn Initialminiaturen, die alle vor einem roten oder blauen schachbrettartigen Hintergrund neben dem Textspiegel stehen, fallen der Tod und die Himmelfahrt des heiligen Dominikus auf. Auch die Anordnung der Heiligen im Proprium de sanctis weisen darauf hin, daß dieses Gradualbuch für einen Dominikanerkonvent geschrieben und gemalt wurde. Die Miniatur der Kreuzauffindung (fol. 92v) spricht für das Dominikanerkloster Heiligkreuz. Die Malerei des Graduales ist der Kunst des Johannes von Valkenburg (Kat. Nr. 154) verwandt und geht auf sehr ähnliche Vorlagen zurück. Nach der Darstellung des Todes des heiligen Dominikus (110v, XCVIv) ist auf fol. 124r (CXr) der Aufstieg seiner Seele zum Himmel geschildert: Der hohe schmale Streifen der *I(n medio ecclesiae)*-Initiale wird fast vollständig von einer Leiter durchmessen, die oben in den Wolken endet und von Christus und Maria herabgelassen wird. Etwa auf der Mitte der Leiter steht oder schwebt der heilige Dominikus, an jeder Seite von einem Engel begleitet. Das Gesicht des Heiligen scheint durch die Kapuze verhüllt, jedenfalls ist es nicht erkennbar. Auch der rechte Engel hat keine Gesichtszüge, wobei dies eine Beschädigung der Malerei zu sein scheint. Die Szene entspricht wörtlich der Vision, die der Dominikanerbruder Ewalis aus Brescia in der Todesstunde des Dominikus hatte und die Jakobus von Voragine in seiner Legenda aurea überliefert. Dort ist vom verhüllten Gesicht des Dominikus beim Aufstieg in die Himmel die Rede.

H. W.-A.

Literatur: – Kat. Vor Stefan Lochner, 1974, Nr. 70. – PLOTZEK-WEDERHAKE 1974, S. 61. – JESSBURGER 1986.

Kat. 171

172. Petrus öffnet am Jüngsten Tag den Seligen die Himmelspforte.

Retabelfragment aus Ritzingen, Kanton Wallis, 2. Viertel 14. Jahrhundert.

Tempera auf Leinwand auf Holzunterlage, H: 85.5; B: 28.5 cm (beschnitten).
Zürich, Schweizerisches Landesmuseum, LM 7192.2.

Das hochrechteckige Fragment einer Altartafel zeigt Petrus, der einer Gruppe von Seligen die Himmelspforte aufschließt. Er ist die zentrale Figur in diesem Bildausschnitt: Mit seiner rechten Hand umfaßt er den Himmelsschlüssel, der schon im Schloß der Türe steckt, um den Seligen das Paradies zu öffnen. In der Bibel sind die Worte Jesu überliefert, daß er auf Petrus seine Kirche gründen wolle und ihm die Schlüssel des Himmelreiches geben werde (*Et tibi dabo claves regni caelorum*, Mt.16,19). Ein Schlüssel mit großem Bart ist deshalb das häufigste Attribut von Petrus und symbolisiert die Macht, zu lösen und zu binden, die ihm – und in seiner Nachfolge den Päpsten – übertragen wurde. Väterlich führt Petrus eine neben ihm stehende, jungfräuliche Seele an der Hand, die demnächst die himmlischen Gefilde betreten darf. Hinter ihr sind die Köpfe einiger anderer Geretteter zu sehen, darunter ein Mönch mit Tonsur und eine Königin. Sowohl Männer wie Frauen, Vertreter des geistlichen wie des weltlichen Standes gehören also zu den Auserwählten. Auffällig ist die Jugendlichkeit der dargestellten Personen – Petrus selbst entspricht zwar, was die Gestaltung seines Kopfes betrifft, der traditionellen Petrus-Ikonographie, sein Körper jedoch ist außerordentlich schlank und wirkt ähnlich jugendlich wie derjenige der Jungfrau neben ihm. Diese jugendliche Schönheit ist ein Widerschein der Schönheit der himmlischen Welt, die hinter der Pforte beginnt. Ihr Glanz kann nicht direkt wiedergegeben sondern nur in Andeutungen spürbar gemacht werden. Von dieser himmlischen Welt künden auch die beiden Engel, die aus den Fenstern unter den Mauerzinnen, die den Himmel umschließen, hervorschauen.

Ihre Ausrichtung nach rechts sowie die Blickrichtung von Petrus und den hinteren Seligen deuten übrigens darauf hin, daß das Fragment Teil einer Weltgerichtstafel ist, die in der Mitte den richtenden Christus, und rechts außen, als Pendant zum Himmel, die Verdammten in oder vor der Hölle darstellte[1]. Die Tafel wurde 1902 unter dem barokken Hochaltar der Ritzinger Feldkapelle (Kanton Wallis) gefunden. Ob sie ursprünglich für diese oder eine benachbarte Kirche bestimmt war oder erst später ins Wallis kam, ist ebenso unsicher wie ihre Herkunft. Die Mutmaßungen darüber gehen in der Literatur auseinander[2]. In den neueren Arbeiten wird die Tafel aus stilistischen Gründen ins Bodenseegebiet (Raum Konstanz-Zürich) lokalisiert[3].

S. M.

Literatur: – RUPPEN 1975, S.236–242 (mit Angabe der älteren Lit.). – RUPPEN 1976, S. 378–380. – FRITZSCHE 1981, S. 189–201. – Kat. Manesse 1991, S. 250.

1 Überlegungen zum ursprünglichen Aussehen und Programm des Altares, zu dem auch die Tafel mit dem Marientod und der Apostelkommunion (Schweizerisches Landesmuseum Zürich, LM 7192.1) gehören, siehe FRITZSCHE 1981, S. 191f.
2 Vgl. zusammenfassend RUPPEN 1975 und FRITZSCHE 1981.
3 FRITZSCHE 1981, S. 197. – Kat. Manesse 1991, S. 250.

Kat. 172

Jenseitsglossar, Raumgestaltung, Abbildungsnachweis und Bibliographie

Jenseitsglossar

Urs Amacher / Peter Jezler / Susan Marti

mit Beiträgen von Christine Göttler (C. G.), Ueli Suter (U. S.) und Markus Brühlmeier (M. B.)

Die nachstehenden Worterklärungen wollen den einzelnen Begriff nicht umfassend erläutern, sondern die Bedeutung hervorheben, die er im Zusammenhang mit den mittelalterlichen Jenseitsvorstellungen trägt. – Der Pfeil «→» verweist auf andere Begriffe im Glossar, «Kat.» auf Katalognummern und «S.» auf Seitenzahlen im vorliegenden Band.

Ablaß

Bestimmte fromme Leistungen werden von der Kirche mit einem Ablaß honoriert. Wer den Ablaß erwirbt, erspart sich einen bestimmten Teil seiner Bußzeit auf Erden oder im Fegefeuer. Voraussetzung für den Erwerb eines Ablasses ist die Reue (*contritio*) über die begangenen Sünden und die Absolution durch das Sakrament der Beichte. Als Zeichen der Wiedergutmachung (*satisfactio*) wurden von der Kirche Bußleistungen auferlegt, die mit dem Erwerb des Ablasses erfüllt werden konnten. Man kann den Ablaß als eine spezielle Form des → Seelgeräts verstehen; sein Vorteil liegt darin, daß die Verkürzung der Zeit im Fegefeuer genau taxiert wird (S. 50 und 234f., Kat. 52–62).

Absolutio ad feretrum oder super tumulum

(lat. *feretrum* = Bahre, lat. *tumulus* = Grabhügel). Ein feierlicher Ritus als Abschluß des Begräbnisamtes vor der Bahre oder über dem Grabhügel, bei welchem der Priester Gott bat, dem Verstorbenen die abzubüßenden Sündenstrafen nachzulassen.

Absolution

(lat. *absolvere* = loslösen, freisprechen). Im Bußsakrament der Beichte werden die Gläubigen von ihrer Sündenschuld losgesprochen.

Abt

(lat. *abbas* = Vater). Der Abt steht an der Spitze einer Mönchsgemeinschaft; er ist der geistliche Vater seiner Mönche und Herr der Abtei. Er unterrichtet die Mönche in den Geboten Gottes und zeigt ihnen, wie sie unter Führung des Evangeliums zum ewigen Seelenheil gelangen. Nur ältere Mönchsorden (Benediktiner und ihre Reformorden) und manche Chorherrengemeinschaften (beispielsweise Prämonstratenser) geben ihrem Vorsteher den Titel eines Abts. Das gleiche gilt für die entsprechenden Frauenklöster, denen eine Äbtissin vorsteht.

Akolyth

(griech. *Akolyth* = Begleiter). Die Akolythen sind diejenigen Begleiter des Bischofs, welche Leuchter, Wein und Wasser zum Altar oder beim Totengedächtnis zum Grab tragen.

Allerärmste Seele

Unter den → Armen Seelen wird die Allerärmste oft mit besonderen Stiftungen der Lebenden bedacht.

Allerseelen (2. November)

Weil sich nur die Reichen Privatmessen leisten können, führte Abt Odilo von Cluny (994–1048) für den 2. November das Allerseelenfest ein. Die Früchte der an diesem Tag gefeierten Messen kommen allen Armen Seelen gleichermaßen zugute.

Altar

Mit «Altar» sind im engeren Wortsinne nur der Altartisch (Mensa) und die daran gebundenen Rechte gemeint, nicht aber das → Retabel. Jeder Altar ist einem oder mehreren Heiligen geweiht. Im Frühchristentum wurden die Altäre möglichst über den Gräbern der Märtyrer errichtet; daraus entwickelte sich die Sitte, in jeden Altartisch Heiligenreliquien (vor allem des Kirchenpatrons) einzumauern. An den Altar gebunden ist ein bestimmtes Vermögen (Altarpfründe), aus dessen Ertrag der amtierende Priester entlöhnt werden kann (vgl. S. 24f.). An öffentlichen Altären (Hochaltar, Pfarraltar oder häufig der Kreuzaltar) werden Messen für die ganze Gemeinde gelesen. Bei → Privataltären kommt der Nutzen der gelesenen Messen vor allem dem Seelenheil des betreffenden Stifters zugute.

Altarretabel

→ Retabel.

Amortisation

In erster Linie Abzahlung (Tilgung) einer Geldschuld. Im Zusammenhang mit dem Seelenheil erhält der Begriff eine besondere Bedeutung. Die Stifter wollten, daß das Totengedenken bis zum Jüngsten Tag fortdauert, folglich mußten sie auch die Zahlungen dafür auf ewig sichern, meist in Form einer ewigen (unbefristeten) Rente auf Immobilien. Weil dadurch zu viele Güter in der Hand der geistlichen Institutionen (→ Tote Hand) konzentriert wurden, verlangten manche Stadtregierungen, daß die gestifteten Güter wieder verkauft, d.h. amortisiert wurden (vgl. S. 136).

Anniversarium

→ Jahrzeitbuch.

Antoniusfeuer

Mutterkornbrand, eine Krankheit, die auch als *ignis infernalis* (Höllenfeuer) bezeichnet wurde (vgl. S. 300).

Apokalypse

(griech. *apokalyptein* = enthüllen). Die Apokalypse ist die um 95 nach Christus entstandene prophetische Schrift über das Weltende am Schluß des Neuen Testaments. In dieser Geheimen Offenbarung enthüllt ein Autor, der sich den Namen «Johannes» gibt, die kommende Schreckenszeit, die Herrschaft des Antichrist sowie dessen Überwindung durch die Herrschaft Gottes. Die vier Apokalyptischen Reiter in der Geheimen Offenbarung bringen Pest, Krieg, Hungersnot und Tod über die Welt (Kat. 122). Wichtige apokalyptische Motive der bildenden Kunst sind auch Michaels Drachenkampf (Kat. 123f., 141) und der von den 24 Ältesten und den Vier Apokalyptischen Wesen umgebene Thron Gottes (Kat. 161).

apotropäisch

(griech. *apotropaios* = abwendend). Böse Geister, wiederkehrende Tote oder Unheil versuchte man mit einem Gegenzauber abzuwehren; man setzte den bösen Mächten eine gleichartige Kraft (etwa Lärm, häßliche Figuren, Tierköpfe, Fratzen u.ä.) entgegen und hoffte, sie dadurch abschrecken zu können.

Arkosolium

Mit einem Bogen überwölbtes Nischengrab.

Arma Christi

(lat. *arma* = Gerät, Werkzeug). Diejenigen Gegenstände – Leidens- oder Passionswerkzeuge genannt –, die mit der Passion Christi zusammenhängen. Dazu gehören unter anderem Kreuz, Nägel, Dornenkrone, Silberlinge des Judas etc. (Kat. 55 und 98).

Arme Seelen

Die Seelen jener Verstorbenen, die noch im Fegefeuer ausharren müssen.

Ars moriendi

(lat. = die Kunst des Sterbens). Im Spätmittelalter sind Handbüchlein mit dem Titel «Ars moriendi» verbreitet, die Anweisungen enthalten, wie den Versuchungen der letzten Lebensstunde standgehalten werden kann (Kat. 75).

Askese

Durch Bußübungen und strenge Enthaltsamkeit (Verzicht auf Speise und Trank, Wohnung, Kleidung, Sexualität und Besitz) übte man sich in Selbstüberwindung, um im Hinblick auf himmlischen Lohn die weltlichen Begierden abzutöten.

Attis

Im Kult der kleinasiatischen Göttin Kybele wird der sterbende und wiederauferstehende Gott Attis genannt (Kat. 3).

Bahrtuch

Ein textiles Gewebe, welches während des Begräbnisses über den Sarg und während der besonderen Gedächtnisgottesdienste über das Grab- oder ein Trauergerüst gelegt wurde. Bahrtücher tragen oft auch Bilder, welche Erlösungs- oder Auferstehungshoffnung zum Ausdruck geben und sind mit heraldischen Motiven geschmückt (Kat. 48, 85).

Barfüßer

Franziskaner → Bettelorden.

Barmherzigkeit

→ Werke der Barmherzigkeit.

Begarden

Männliches Pendant zu den → Beginen. Die Begarden gingen wie die Beginen aus der mittelalterlichen Armutsbewegung hervor. Sie werden meist als Brüder (Waldbrüder) bezeichnet.

Beginen

Unverheiratete Frauen schlossen sich aus religiösen und auch wirtschaftlichen Gründen zu klosterähnlichen Gemeinschaften (Sammlungen) zusammen. Sie lebten in Armut und Keuschheit wie die Nonnen, legten aber kein bindendes Ordensgelübde ab. Die Beginen stehen damit zwischen den Klosterfrauen eines anerkannten Ordens und den Laien. Den Lebensunterhalt bestritten die Beginen durch Spinnen, Weben, Kerzenmachen, Krankenpflege, Betteln und Totenklage; gerade als → Seelfrauen erfüllten sie eine bedeutende Funktion im Totenkult. Sie lehnten sich an anerkannte Orden wie Dominikaner, Franziskaner oder Augustiner an, da Beginen ohne Bindungen an solche Orden als häresieverdächtig angesehen und von der Kirche unterdrückt wurden.

Begräbnisverweigerung

Im Mittelalter war die Bestattung von Ungetauften und Selbstmördern in der geweihten Erde des Friedhofs nicht erlaubt. Die Begräbnisverweigerung konnte auch als Zusatzstrafe für Hingerichtete verhängt werden (Abb. 34f.).

Benediktiner

Mönche, die nach der Regel des hl. Benedikt von Nursia († um 560) leben. Karl der Große hat die Benediktsregel für alle Klöster für verbindlich erklärt. Mit den → Cluniazensern bildete sich erstmals ein Reformorden, der sich von den übrigen Klöstern abgrenzte.

Bettelorden

Zu den Bettelorden zählen unter anderen die Dominikaner (Approbation 1216), Franziskaner (Approbation 1209/10 und 1223) und Augustiner-Eremiten (Approbation 1256). Im Gegensatz zu den zurückgezogen lebenden, kontemplativen Orden (Benediktiner, Zisterzienser, Kartäuser) sind sie vor allem in der städtischen Seelsorge aktiv und verdienen ihren Lebensunterhalt ursprünglich mit Betteln (lat. *mendicare*, daher *Mendikanten*). Die Bettelorden sind wesentliche Träger der mittelalterlichen Armutsbewegung, welche als Gegenströmung zum wirtschaftlichen Aufschwung und zum Aufkommen der Geldwirtschaft im 12. und 13. Jahrhundert entstanden ist. Durch päpstliches Privileg war es ihnen erlaubt, Beichte zu hören, Absolution zu erteilen und Tote zu bestatten, Rechte, die sonst der Pfarrei vorbehalten waren (→ Pfarrzwang). So wurden die Bettelorden zu bevorzugten Sterbebegleitern und ihre Kirchen und Friedhöfe zu begehrten Begräbnisplätzen. Verschiedenorts stellten sie die Notare, welche die → Testamente aufzeichneten, was sich wiederum auf die Menge der ihnen testierten → Seelgeräte auswirkte.

Bilder

Einerseits visualisieren Bilder die mittelalterlichen Jenseitsvorstellungen, andererseits spielen sie eine wichtige Rolle in der Jenseitsvorsorge. Sie wurden als → Donation der Kirche überreicht oder begleiteten z.B. als → Altarretabel die → Stiftung einer → Pri-

Abb. 144 Die Verehrung der Bilder war dieser Illustration gemäß ein Gutes Werk, durch welches Arme Seelen aus dem Fegefeuer erlöst wurden. Buchillustration um 1480, Stadtbibliothek Nürnberg, Cent. V, App. 34ᵃ fol. 130.

vatkapelle oder eines → Privataltars.

Breviarium
(lat. *brevis* = kurz), auch Brevier genannt. Ursprünglich ein kurzes Verzeichnis aller Teile des → Stundengebets. Später wurden die entsprechenden Texte (Gebete, Gesänge und Psalmen) aus den verstreuten Schriften zusammenfügt und im Wortlaut in das Brevier selber aufgenommen. Alle Geistlichen mußten täglich das Stundengebet verrichten, «das Brevier lesen». Laien übernahmen die Sitte in gekürzter Form.

Bruderschaft (confraternitas)
Die Bruderschaften entstanden aus Gebetsverbrüderungen. Geistliche Gemeinschaften vereinbarten untereinander, sich gegenseitig über den Tod hinaus durch Gebete, Meßopfer und Gute Werke zu helfen (Kat. 26 und 27). Eine Blüte erlebten im Hoch- und Spätmittelalter die Priesterbruderschaften, in denen sich Geistliche zusammenschlossen. Sie trafen sich regelmäßig zum gemeinsamen Gottesdienst und Gebet, um der verstorbenen Mitbrüder zu gedenken. Gleichzeitig formierten sich Laienbruderschaften, die Jahrzeitmessen stifteten oder für ein ehrenvolles Leichenbegräbnis ihrer Mitglieder aufkamen (S. 214f. und Kat. 107).

Bulle
Die Bulle ist ein Siegel aus Metall. Der Papst oder die weltlichen Herrscher siegelten ihre Urkunden mit Bullen aus Blei oder Edelmetall. Daher wurden Papst- oder Kaiserurkunden selber als Bullen bezeichnet.

Bußbücher (libri poenitentiales)
In den Bußbüchern sind die häufig auftretenden Sünden katalogartig aufgelistet. Zu jeder Sünde ist die entsprechende Bußleistung angegeben.

Bußpsalm, die sieben Bußpsalmen
Die sieben Bußpsalmen (Ps. 6, 31, 37, 50, 101, 129, 142) sind eine Auswahl aus der alttestamentlichen Psalmensammlung und haben Leitmotive wie Schuldbekenntnis, Buße und Bitte um Vergebung.

Causae piae
Hinter einer Schenkung oder einem Vermächtnis steckt oft ein religiöser oder wohltätiger Vorsatz; diese religiösen oder wohltätigen Absichten werden *Causae Piae* genannt.

Christus
Religionsstifter und nach christlichem Glauben Gottessohn. Christus hat durch seinen Opfertod die Erlösung der Menschen ermöglicht. Am Jüngsten Tag scheidet er im → Weltgericht die Guten von den Bösen.

Cluniazenser
Ein 910 gegründeter Reformorden, benannt nach dem Mutterkloster Cluny im Burgund. Abt Odilo von Cluny (994–1048) schuf das → Allerseelenfest (2. November).

Abb. 145 Engelpaar, das ursprünglich wohl auf Prozessionsstangen montiert war und Rauchfässer oder Lichter trug. Um 1460. Zürich, Schweizerisches Landesmuseum.

Commendatio animae
(lat. = Anvertrauung, Übergabe, Empfehlung der Seele). Es galt als wichtiger Liebesdienst, sich am Lager des Sterbenden zu versammeln, ihn im letzten Lebensabschnitt zu begleiten und seine Seele dem Chor der Engel und Heiligen zu empfehlen. Die christliche Kirche gestaltete die Commendatio animae als gottesdienstlichen Akt mit Anzünden der Sterbekerze, Verehrung des Sterbekreuzes, Beten von Litanei und Psalmen sowie Lesung der Passion.

Deësis
(griech. *Deësis* = Fürbitte). Darstellung des thronenden Christus mit der Gottesmutter Maria und Johannes dem Täufer als Fürbitter für die Menschen.

Devolution
Wenn ein Oberer ein vakantes Kirchenamt nicht innerhalb nützlicher Frist wieder besetzt, oder wenn er die Stelle einem unfähigen Priester anvertraut, kann die nächsthöhere Instanz das Besetzungsrecht an sich ziehen (lat. *devolvere* = abwälzen) und selbst ausüben. Die in die Stiftungsbestimmungen eingesetzten entsprechenden Regelungen nennt man Devolutionsklauseln.

Diptychon
Ursprünglich eine aus zwei Teilen bestehende und zusammenklappbare Schreibunterlage, häufig aus Elfenbein. Später ein zweiflügeliges Tafelbild.

Donatio pro anima
→ Seelgerät.

Donation
Im Zusammenhang mit der Jenseitsvorsorge: ein Geschenk an die Kirche in frommer Absicht (→ Causae piae). Man schenkte liturgisches Gerät, Bilder, Glocken, Glasfenster etc., welche mit der Aufnahme in die Kirche zur *res sacra* wurden. Ihre Schädigung oder Zerstörung galt fortan als Sakrileg. Wie viele Inschriften zeigen, erhofften sich die Donatoren mit ihrem Geschenk eine positive Wirkung im Jenseits (→ Gute Werke, → Maria Magdalena). Die Donation wird oft fälschlich als → Stiftung bezeichnet. Sie begründet aber im Gegensatz zu dieser keine Rechtsperson, sondern entspricht einem einmaligen Rechtsakt.

Dos
(lat. = Gabe). Vermögen einer Kirche zur Bestreitung der laufenden Kosten (→ Patronat, Widum, Pfründe).

Dreißigster
Am dreißigsten Tag nach dem Begräbnis wird für die Verstorbenen nochmals ein Gottesdienst gefeiert. Mit dieser Seelmesse endet auch die Zeitspanne, während der

ein Priester das Grab täglich besucht und darüber betet.

Engel
Himmelsboten. Engel sind Geistwesen, die ihre Wohnstätte in der Nähe Gottes haben. Dionysios Areopagita unterscheidet neun Engelshierarchien.

Epitaph
(zu griech. *taphos* = Grab). Gedenktafel für einen Verstorbenen, die eine Inschrift und oft bildnerischen Schmuck trägt. Angebracht wurden die Epitaphien an Säulen oder an Wänden der Kirche (Kat. 20, 45, 91).

Erzengel
Zu den Erzengeln, den Fürsten unter den Engeln, zählte man Michael, Gabriel, Raphael, teilweise auch Uriel.

Eschatologie
(griech. *eschaton* = das Äußerste, das Letzte). Eschatologie ist die Lehre von den letzten Dingen. Sie umfaßt Glaubensvorstellungen, die sowohl das Endschicksal des einzelnen Menschen wie auch die endzeitliche Entwicklung der ganzen Welt betreffen. In einem zyklischen Geschichtsdenken folgt auf den jeweiligen Weltuntergang die Welterneuerung, analog dem Jahreskreislauf. Im linearen Geschichtsdenken ist die Zeit auf ein einmaliges Eschaton gerichtet und mit dem Gedanken an ein Weltgericht verbunden. Auf dieses Jüngste Gericht folgt die Auferstehung und die transzendente Schöpfung einer neuen, göttlichen Welt.

Eucharistie
Die Messe besteht aus einem vorbereitenden Wortgottesdienst mit Gebeten und Bibellesungen sowie dem Hauptteil, der Eucharistiefeier. In der Eucharistie, dem Altarsakrament, vollzieht sich die Wandlung von Brot und Wein in den Leib und das Blut Christi. Als Eucharistie wird auch die geweihte Hostie bezeichnet. Für Sterbende war der Empfang der Eucharistie das letzte Ziel.

Evangelistensymbole
Die Vier Lebenden Wesen der Visionen des Ezechiel (Ez. 1,1–28) und der → Apokalypse (Apk. 4,1–11) werden auf die vier Evangelisten bezogen; der Mensch/Engel auf Matthäus, der Löwe auf Markus, der Stier auf Lukas und der Adler auf Johannes. In der bildenden Kunst umgeben die Evangelistensymbole den Thron Gottes (Kat. 161).

Ewiges Licht
Vermögende Familien stifteten in ihrer Privatkapelle oder vor ihrem Altar für das eigene Seelenheil ein Ewiges Licht, das sie durch einen Grundzins oder eine Ewigrente sicherten. Es konnte eine Öllampe oder eine Wachskerze sein (Kat. 40).

Ewigrente
→ Rente.

Fastnachtshuhn
Auf einem Leihegut lastete außer einer wertmäßigen Abgabe auf dem Ertrag (Bodenzins) eine weitere Abgabe, welche der alljährlichen Bestätigung der Rechtsverhältnisse diente und meist in Hühnern geleistet werden mußte. Mit den Fastnachts- und Herbsthühnern (entsprechend den Abgabeterminen) anerkannte der Bauer seinen Herrn als Eigentümer des Bodens oder Inhaber der Vogteirechte. Das Recht auf diese Abgabe konnte veräußert werden und als Teil von Seelgerätstiftungen in den Besitz der Pfründner gelangen.

Fegefeuer
Das Fegefeuer (*purgatorium ignis*) ist der Ort, wo die Seelen der Verstorbenen vor dem Eintritt in den Himmel geläutert werden. Die Bezeichnung leitet sich vom mittelhochdeutschen *fegen* (reinigen) ab. Der Unterschied zur Hölle bestand darin, daß das Fegefeuer nicht ewig dauerte, sondern nur so lange, bis durch die erlittenen Qualen die Sündenschuld getilgt war. Durch Buße und Gute Werke konnte der Aufenthalt im Fegefeuer verkürzt werden (vgl. die Aufsätze von Wehrli-Johns und Göttler, sowie Kat. 92–119).

Feiertagsseite
→ Retabel.

Flugschrift
Propagandistische Gelegenheitsdruckschrift von geringem Umfang und handlichem Format, die bald nach der Erfindung der Buchdruckerkunst aufkam. In der Reformationszeit wurden Fragen wie der Nutzen der Guten Werke oder etwa die Existenz des Fegefeuers in den Flugschriften behandelt. Die darin enthaltene Kritik ist, weil auf größere Massen berechnet, derbpopulär, drastisch und voll grobem Spott, hierin unterstützt durch Titelholzschnitte (Kat. 62, 110–114).

Frühdruck
Wissenschaftliche Bezeichnung für Bücher, die auf die → Inkunabeln folgen, d.h. zwischen dem 1.1.1501 und dem 31.12.1800 gedruckt worden sind.

Gabriel
Der Erzengel Gabriel (hebräisch *Starker Gottes*) verkündete Maria die Geburt Jesu; er gilt auch als Herr des Paradieses.

Gäher Tod
Der plötzliche, jähe (gähe) Tod ließ den Menschen keine Zeit mehr, die Sterbesakramente zu empfangen. War der Verstorbene mit einer Todsünde beladen, kam er in die Hölle. Die Angehörigen mußten fürchten, daß der jäh Verstorbene als Wiedergänger zurückkehrte. Christophorus galt als Schützer vor dem gähen Tod (Kat. 25).

Gedenkbücher (liber memorialis, liber viventium)
In der Messe und im Stundengebet gedachte man der Verstorbenen. Zu diesem Zweck trug man deren Namen in Memorial- oder Gedenkbücher ein (Kat. 26 und 27).

Geldeinheiten
Die gängigen Zahlungsmittel waren die Pfennige. 240 Pfennige ergaben 1 Pfund. Das Pfund und auch die Schillinge (1 Pfund = 20 Schillinge) stellten bloß Rechnungseinheiten dar und wurden nicht als Münzen ausgeprägt. Gebräuchliche Münze war daneben der Gulden, der meist 2 Pfund galt. Der Haller war ursprünglich eine Ein-Pfennig-Silbermünze aus Schwäbisch Hall, ihr Wert sank jedoch durch die Münzverschlechterung auf einen halben Pfennig.

Gregor der Große
Für die Reformatoren, die selbst nur Himmel und Hölle als Orte im Jenseits gelten ließen, war Papst Gregor der Große (vor 540–604) der Erfinder des Fegefeuers. In der Tat weist Gregor I. im vierten Buch der «Dialogi» aufgrund von Geistererscheinungen nach, daß es Aufenthaltsorte für Verstorbene gebe, wo diese sich von ihren läßlichen Sünden durch Feuer oder Wasser reinigen. Ebenso wurde ihm in Visionen zuteil, daß vor allem das Meßopfer diese Bußzeit verkürze. Wenn auch die Theologen nach dem Trienter Konzil nicht alle Er-

zählungen von Gregor d. Gr. vorbehaltlos akzeptierten, hoben sie doch seine barmherzige Liebe gegenüber den Armen Seelen hervor. *C. G.*

Gregorianische Messen

Von → Gregor d. Gr. erhielt der weit verbreitete Brauch den Namen, für einen oder mehrere Verstorbene dreißig Votivmessen an unmittelbar aufeinander folgenden Tagen zu lesen. Gregor hatte nach eigenem Bericht mit dreißig auf diese Weise gelesenen Messen die Seele des Mönches Justus aus dem Fegefeuer befreit. *C. G.*

Gregorsmesse

Nach einem legendären Bericht erschien Christus in Gestalt eines Schmerzensmanns über dem Altar, als → Gregor der Große bei einer Messe die konsekrierte Hostie emporhob. Den Teilnehmern wurde dadurch anschaulich bewiesen, daß sich das Brot durch die Worte des Priesters tatsächlich in den Leib Christi verwandelt. Darstellungen der Gregorsmesse waren im 15. und frühen 16. Jahrhundert vor allem nördlich der Alpen verbreitet, wobei das Gebet vor diesen Altarbildern oder graphischen Blättern in der Regel mit einem Ablaß verknüpft war. Oft ist dabei auch die heilsame Wirkung der Opfermesse für die Armen Seelen im Fegefeuer bildlich dokumentiert (Kat. 98). *C. G.*

Gulden
→ Geldeinheiten.

Gute Werke

Oberbegriff für fromme Leistungen, die den Gläubigen die Leidenszeit im Fegefeuer verkürzen. Zu den Guten Werken zählen die sechs → Werke der Barmherzigkeit, das Bestatten der Toten, Gebete, Lichtopfer, Wallfahrten, Förderung des kirchlichen Kultes und Schmuckes (→ Maria Magdalena) etc. Von den Reformatoren wurde der Nutzen der Guten Werke für das Seelenheil bestritten.

Haller
→ Geldeinheiten.

Heilstreppe

Fürbitte über mehrere Stufen. Gläubige empfehlen sich dem besonderen Schutz der Maria, welche die Bitte um Gnade an Christus weiterleitet, der sie wiederum an Gottvater weitergibt (S. 80, Kat. 21, 22, 91, 101).

Herbsthuhn
→ Fastnachtshuhn.

Heulen und Zähneklappern
→ Hölle.

Himmel

Der Himmel ist der Wohnsitz Gottes samt seines Hofstaats von Engeln und Heiligen (und in der Zukunft der Gläubigen), zugleich die Gemeinschaft der Heiligen im Himmel (*communio sanctorum*). Der Himmel meint weniger ein räumliches Jenseits als einen Zustand übernatürlicher und ewig fortdauernder Beglückung durch die unmittelbare Anschauung Gottes (Seligkeit). Diese umfaßt die trennungslose Unmittelbarkeit von Gott und den Menschen und zugleich das endgültige Einssein mit der ewigen Liebe.

Hölle

Die Höllenstrafe setzt sich aus dem Entzug der Anschauung Gottes und den Höllenqualen zusammen. Ewiges Feuer oder Eis, Finsternis, Pech und Schwefel sind die vorherrschenden Elemente in den Höllenschilderungen. Dem Gleichnis vom armen Lazarus und dem reichen Prasser gemäß herrscht Heulen und Zähneklappern (Lk. 16,19–31). Die christliche Eschatologie nennt die Hölle den Ort, an dem die abgefallenen Engel (→ Teufel) und die als «Todsünder» gestorbenen Menschen (→ Sünde) ihre ewige Strafe (Verdammnis) erleiden.

Höllenfahrt

Sie bezeichnet Jesu Aufenthalt in der Unterwelt während der Zeit zwischen seinem Tod und seiner Auferstehung. Die Höllenfahrt wird im Neuen Testament angedeutet (Mt. 12,40, Apg. 2,31, Röm. 10,7) und im apokryphen Nikodemus-Evangelium ausführlich beschrieben (Kat. 142, 143).

Homilie

Eine Form der Predigt, die im Unterschied zur thematischen Predigt einen Bibeltext Satz für Satz erklärt.

Horen
→ Stundengebet.

Hostie

Bei der Meßfeier und Kommunion (Abendmahl) wird eine dünne, weiße Scheibe aus ungesäuertem Brot in den Leib Christi gewandelt und in der Kommunion als Hostie den Gläubigen gereicht.

Individualgericht
→ Partikulargericht.

Inkunabel

Unter Inkunabeln (oder Wiegendrucken) versteht man die seit der Erfindung Gutenbergs mit beweglichen Metalltypen hergestellten Drucke bis zum 31.12.1500. Gedruckt wurde im 15. Jahrhundert in 255 Orten (im dt. Sprachgebiet in 62 Orten); dabei wurden etwa 27'000 Inkunabeln hergestellt (wovon 11'800 im deutschen Sprachgebiet). Von diesen erschienen 10–20%, also 1500–2500 Ausgaben, in deutscher Sprache. Man rechnet mit 13 1/2 Mio. Einzelexemplaren; erhalten sind rund 500'000 Exemplare. *U. S.*

Interzession

(lat. *intercedere* = für jemanden eintreten, sich einsetzen). Christus, Maria und die Heiligen wurden als Fürbitter angerufen und gebetet, am Jüngsten Gericht vor dem Richter ein gutes Wort für die Sünder einzulegen.

Jahrzeit

Am jährlich wiederkehrenden Todes- oder Begräbnistag (Jahrtag) ließen die Hinterbliebenen für das Seelenheil des Verstorbenen eine oder mehrere Messen lesen. Vermögende Leute spendeten ein gesungenes Seelamt anstelle der stillen Jahrzeitmesse. Daneben gab es auch gestiftete Jahrzeiten; sie beruhten auf einer letztwilligen Verfügung des Verstorbenen oder seiner Nachkommen, wurden aus dem jährlichen Ertrag des vermachten Vermögens finanziert und waren auf ewige Zeiten angelegt.

Jahrzeitbuch

Das Jahrzeitbuch, auch Anniversar (von lat. *anniversarium* = Jahrestag) oder Seelbuch (*liber animarum*), ist eine Art immerwährender Kalender, in welchen die Todestage von Verstorbenen eingetragen werden. Es dient den Pfarreien, Stiften, Klöstern oder Bruderschaften und den Gemeinden als Agenda, da sie anhand des Anniversars die Jahresgedächtnisse feierten. Neben dem Datum und dem Namen der Stifter enthielt das Jahrzeitbuch meist weitere Angaben, beispielsweise liturgische Einzelheiten, wie die Jahrzeit zu begehen sei, oder Einträge über die Spende und Finanzierung des Totengedächtnisses (Kat. 34).

Jenseitsglossar: Illustration zu «Hölle»

Abb. 146 Bartolomeo di Fruosino, Illustration von Dantes Inferno, um 1420. Paris, Bibliothèque Nationale, it. 74, fol. 1v. – Dante hat die Hölle in der Göttlichen Komödie als Trichter mit neun Strafkreisen beschrieben. Bildliche Darstellungen davon sind relativ selten. Die vorliegende Illustration geht auf das Wandbild von Nardo di Cione in Sta. Maria Novella in Florenz zurück. In der linken oberen Ecke tritt Dante unter Vergils Führung in die Unterwelt ein.

Jahrzeitstiftungen

Eine Person vermachte einer Kirche einen Kapitalstock; aus den Zinsen dieser Kapitalanlage wurde bis in alle Ewigkeit ein Priester besoldet, damit er am jährlich wiederkehrenden Todestag der Stifterin oder des Stifters eine Messe lese. Je nach Größe des Kapitals waren die Jahrzeitfeiern einfach oder umfangreich, schlossen demgemäß Almosen für Arme, Glockengeläute und anderes ein. Die gestiftete Jahrzeit konnte eine stille Seelmesse sein, die nicht laut gesprochen wurde und sich in einer Viertelstunde erledigen ließ. Der Gottesdienst konnte aber auch anwachsen zu prunkvollen Totenoffizien, in denen mehrere Kleriker vom Vorabend an Psalmen sangen, um dann am Morgen ein gesungenes Seelamt mit Prozession über das Grab des Verstorbenen anzuschließen (Kat. 85).

Jenseitsvorsorge

Moderner Sammelbegriff für alle Maßnahmen, die während des Lebens für ein günstiges Jenseits getroffen werden.

Jüngster Tag

Tag des → Weltgerichts.

Jüngstes Gericht

→ Weltgericht.

Kanoniker

Die Kanoniker oder Chorherren sind Weltgeistliche, die nach einer mönchsähnlichen Regel (*canon* bedeutet hier Richtschnur) in einer mehr oder weniger losen Gemeinschaft leben. Sie besorgen den liturgischen Gottesdienst in einer Dom- oder Stiftskirche. Im Gegensatz zu Mönchen verfügen sie über Privatbesitz und eigene Wohnung. Die Pfründen von Kanonikern waren hochdotiert und in der mittelalterlichen Gesellschaft sehr begehrt. *U. S.*

Kanonisches Recht

Den Kern des kanonischen Rechts bildet das «Decretum Gratiani» (um 1140). Ihm wurden später verschiedene weitere päpstliche Rechtssprüche angefügt. Auf die so entstandene Rechtssammlung, das «Corpus Iuris Canonici», beziehen sich die unzähligen juristischen Verweise im «Belial»-Prozeß (Kat. 150 und 151).

Kaplan

(lat. *capellanus* = Kapellengeistlicher). Der Priester, der eine der häufigen an Kapellen oder (Neben-) Altären gestifteten Meßpfründen innehat, wird Kaplan genannt. Im Unterschied zum Pfarrer hat der Kaplan keine eigene Pfarrei. Im Mittelalter las er vornehmlich Seelmessen und leistete das Chorgebet.

Karmeliter, Unbeschuhte Karmeliter

Die Unbeschuhten Karmeliter gehören dem strengeren Zweig des Karmeliter-Bettelordens an. Wer das → Skapulier der Karmeliter trägt, wird nach seinem Tod noch in der selben Woche aus dem Fegefeuer erlöst.

Kasel

Ärmelloses Meßgewand mit Kopfdurchlaß. Die für Seelmessen verwendeten Kaseln tragen oft Bilder mit Erlösungsmotiven (Kat. 47), Schutzheiligen oder Darstellungen des Weltgerichts (Kat. 136).

Kirchenbau und Kirchenschmuck

Die theologische Literatur des Mittelalters und der Frühen Neuzeit rechnete das Bauen und Schmücken von Kirchen ebenfalls zu den → Guten Werken: Es galt als Almosen der Wohlhabenden und Reichen. Die Sorge für den Kirchenbau war der Armenpflege gleichgestellt, ja höher als diese bewertet, da den reichen Bauherrn in erster Linie die Liebe zu Gott und nicht das Mitleid mit den Armen bewegte. Das Bauen und Ausstatten von Kirchen wurde jedoch gleichzeitig auch als Dienst an den Armen gerechtfertigt: In den öffentlichen Kirchen hatten auch die Minderbemittelten die Möglichkeit, durch Gebete oder bescheidene materielle Aufwendungen für ihr eigenes Seelenheil Vorsorge zu leisten; außerdem stellten die Edelmetalle der liturgischen Geräte einen materiellen Schatz dar, der in Krisenzeiten veräußert werden konnte, um soziale Not zu mildern.

C. G.

Kirchenfabrik

Zur Kirchenfabrik (*fabrica ecclesiae*) gehörten ursprünglich nur die kirchlichen Gebäude, dann die zum Gebäudeunterhalt bestimmten Einnahmen, und schließlich umfaßte die Kirchenfabrik die ganze Kasse, aus welcher der Bau und Unterhalt sowie die Ausgaben für den Gottesdienst (Kerzen usw.) bestritten wurden. In der Regel war ein Viertel der kirchlichen Einkünfte für die Fabrik bestimmt. Gewöhnlich verwaltete ein umsichtiger und gut beleumundeter Laie (der Kirchenpfleger oder Kirchmeier) das Vermögen.

Kirchenpflegschaft

→ Kirchenfabrik.

Kirchenvogt

Adeliger Laie, der die weltlichen Angelegenheiten für eine Kirche oder ein Kloster erledigte.

Kloster

Das Kloster bezeichnet einen abgeschlossenen Raum (lat. *claustrum*), der für Laien nicht zugänglich ist. Im Kloster lösen sich die Mönche und Klosterfrauen von der «Welt» und ihren Gütern, um sich restlos Gott hinzugeben. Sie unterwerfen sich der strengen Ordensregel. Damit die Mönche sich dem Gottesdienst widmen können, werden sie von Wohltätern unterstützt. Diese erhoffen im Gegenzug für ihr Seelenheil die fürbittende Hilfe der Mönche.

Kollator

→ Patronat.

Legenda aurea

Die Goldene Legende (*Legenda aurea*) war die beliebteste mittelalterliche Sammlung von Heiligenlegenden. Der genuesische Dominikaner Jacobus a Voragine hatte sie um 1270 in mittellateinischer Sprache verfaßt; nach den fünf Abschnitten des Kirchenjahres stellte er aus zahlreichen Quellen 243 Legenden zusammen, in denen er das Leben der Heiligen in volkstümlicher Weise – geschmückt mit Wundertaten und Abenteuern – erzählt.

Leibrente

→ Rente.

Letzte Dinge

Die Vier Letzten Dinge, auch *Novissima* (von lat. *novissimus* = letzter, den Abschluß bildend). Die vier Letzten Dinge sind Tod, Gericht, Himmel und Hölle. Sie wurden seit dem Spätmittelalter in einem vierteiligen Bildzyklus dargestellt (Kat. 118).

Letzte Ölung

Ursprünglich Sakrament der Krankensalbung. Wurde im Mittelalter kurz vor dem Tod gereicht und daher als → Sterbesakrament verstanden. Das Salböl überbrachte man zusammen mit der → Eucharistie in einer kleinen Prozession ans Sterbelager. Als

Gefäß konnte eine Pyxis oder ein Olearium (Kat. 77) dienen.

Leutpriester

Der Inhaber einer Pfarrpfründe übte in vielen Kirchen sein Kirchenamt nicht selber aus; er bezog nur die Einnahmen aus dem Benefizium (→ Pfründe) und ließ sich durch einen anderen Geistlichen vertreten. Die eigentliche Seelsorge für alle Leute seiner Kirchgemeinde oblag dann dem Leutpriester. Daneben gab es Kapläne, welche in erster Linie Privatmessen für das Seelenheil bestimmter Personen und Personengruppen zelebrierten.

Leviathan

Seeungeheuer in mehrköpfiger Drachengestalt (Ps. 74,14; Jes. 27,1; Hiob 3,8). Synonym für den → Teufel. Oft wird der drachenartige Höllenrachen als Leviathan bezeichnet.

Limbus

(lat. *limbus* = Saum, Rand). Im Limbus halten sich jene Verstorbenen auf, die weder im Himmel noch im Fegefeuer noch in der Hölle sind. Sie werden dort nicht gepeinigt. Im «Limbus der Väter» warteten die Gerechten des Alten Testaments, die vor der Auferstehung Christi nicht in die ewige Seligkeit eingehen konnten. Im «Limbus der Kinder» verweilen die Kinder, die ohne Taufe gestorben sind (Kat. 19 und 142).

Links und Rechts

sind in mittelalterlichen Bildern bedeutungstragende Plazierungen. Dabei ist nicht der Betrachterstandpunkt maßgebend, sondern Christus in der Bildmitte. Zu seiner Rechten (vom Betrachterstandpunkt links) erscheinen der Gute Schächer (Lk. 23,43), die klugen Jungfrauen (Mt. 25,1) und die Auserwählten des Weltgerichts (Mt. 25,32f.), zur Linken hingegen die Verdammten. Ebenso reservierte die Auffassung, dem Mann gebühre gegenüber der Frau der Vorrang, die rechte Seite in Stifterbild oder Heraldik den männlichen Familienmitgliedern und überließ die linke den weiblichen. Die Aufteilung spielt selbst dann, wenn Christus nicht im Bild dargestellt ist (s. S. 108).

Liturgie

Sammelbegriff für alle gottesdienstlichen Handlungen: → Messe, → Stundengebet und Benediktionen (Sakramentalien).

Luzifer

Lichtbringer. Synonym für → Satan und den → Teufel.

Malter

Hohlmaß für Hafer. Entspricht 4 → Mütt.

Manen, «göttliche Manen»

Bei den Römern faßte man die Totenseelen als in der Unterwelt waltende Gottheiten (lat. *Di Manes*) auf.

Maria

Mutter von Jesus (→ Christus) und wichtigste Fürbitterin der Menschen im Weltgericht.

Maria Magdalena

Nach den biblischen Berichten verschwendete die schöne, reiche und adlige Sünderin Maria Magdalena ein Alabastergefäß voll kostbaren Salböls, um Jesu Haupt und Füße zu benetzen, zu salben und mit ihren Haaren zu trocknen, obwohl die Jünger und hauptsächlich Judas, der die Kasse der Apostel führte, das Öl lieber verkauft und aus dem Erlös die Scharen der hungrigen Armen ernährt hätten. Christus hingegen rechtfertige diesen Aufwand mit den Worten: *Sie hat ein Gutes Werk an mir getan* (Mk. 14,6). In der exegetischen Literatur diente die Stelle als Beweis, daß es Gott wohlgefälliger sei, wenn der Reiche sein Geld für das Bauen und Schmücken von Kirchen ausgebe als wenn er damit die Not der Armen lindere. Vor allem die nachreformatorischen katholischen Theologen betonten den Vorrang des Kirchenschmucks vor der Armenpflege. Zwingli und Calvin wurden «Judasse» genannt, weil diese die Altäre entfernt, die liturgischen Geräte eingeschmolzen und den Erlös aus dem Verkauf der kirchlichen Güter in die Staats- oder Armenkasse gegeben hatten.

C. G.

Mausoleum

Ein monumentaler Grabbau, so bezeichnet nach dem Grab des Königs Mausolos.

Memento mori

lat. = Gedenke des Todes! Denke daran, daß du sterben mußt! (Kat. 7–14).

Memoria

Der Brauch des Totengedächtnisses. Die Memoria hält einerseits das irdische Wirken der Verstorbenen in Erinnerung und dient gleichzeitig der Fürbitte, um deren Leidenszeit im Fegefeuer zu verkürzen (vgl. Kat. 41, 46–48 und 87–90).

Memorialtafel

Erinnerungstafel, häufig mit Verweisen auf eine fromme Stiftung.

Mendikanten

Franziskaner → Bettelorden.

Messe

Die Messe wird als Gedächtnisfeier von Tod und Auferstehung Christi begangen. Sie umfaßt einen Wortgottesdienst und die Eucharistiefeier. Nur geweihte Priester dürfen das Messopfer darbringen. Viel zahlreicher als die öffentlichen Messen (Gemeindegottesdienste) waren im Mittelalter die Privatmessen, welche dem Seelenheil der Stifterin oder des Stifters nützen sollen.

Michael

Michael galt als das Haupt aller Engel, als der Vorsteher des Paradieses und als der gewaltigste Bekämpfer des Teufels und seiner Scharen (Kat. 141). Der Erzengel wägt die Seelen der Verstorbenen, um festzustellen, ob sie den Eintritt ins Paradies verdienen (Kat. 127; vgl. auch S. 188f.).

Missale

Meßbuch mit den Gebeten, Lesungen und Gesängen für die Meßfeier.

Mitra

Hohe Bischofsmütze.

Mönch

(griech. *monachos* = Einsiedler). Im Mittelalter werden die Angehörigen bestimmter Orden als Mönche bezeichnet. Sie leben in einer klösterlichen Gemeinschaft, entweder abgeschlossen in der Klausur oder betätigen sich als Prediger, Bettelmönche, Missionare oder Seelsorger in der Welt. Das Gebet der Mönche betraf nicht nur das eigene Seelenheil und das der Klostergemeinschaft, sondern schloß auch die Fürbitte für die verstorbenen Ordensbrüder, für die Stifter und weitere Wohltäter des Klosters mit ein (Totengedenken).

Mütt

Im Mittelalter wurde das Getreide nicht nach Gewicht, sondern nach Volumen abgemessen. Für das Korn gebrauchte man dazu den Mütt (von lat. *modium* = Scheffel). Je nach Gegend hatte dieses Hohlmaß ei-

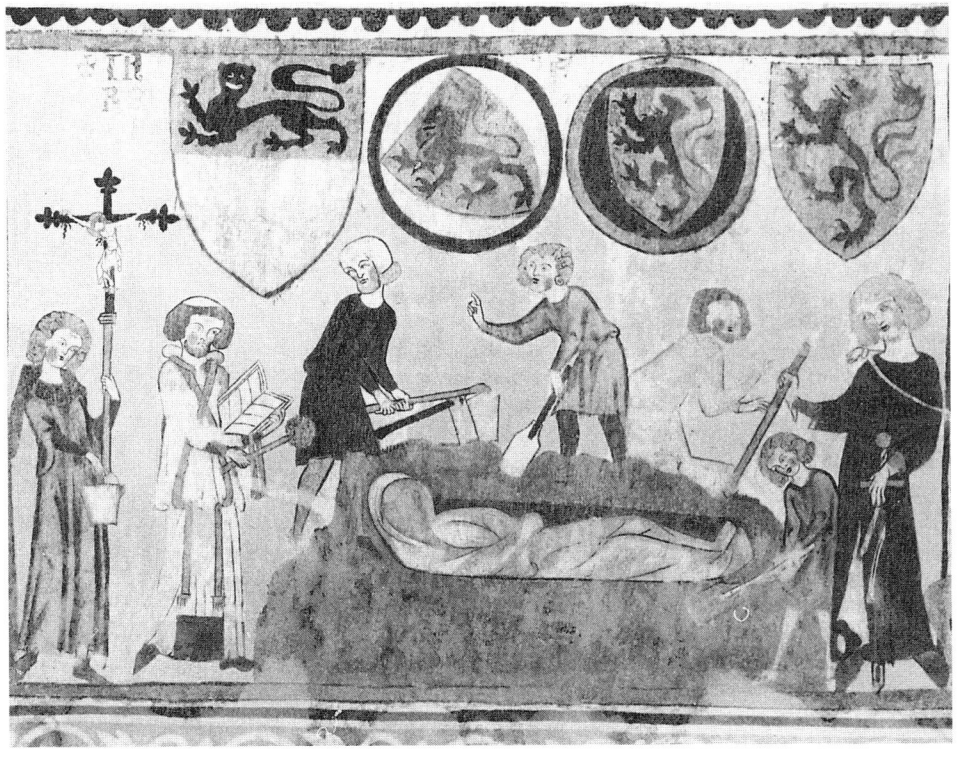

Abb. 147 Zur Memoria gehörte die repräsentative Anbringung von Totenschilden über dem Grabmal des Verstorbenen. Wandgemälde aus St. Arbogast, Oberwinterthur, 14. Jahrhundert.

nen unterschiedlichen Inhalt. 1 Mütt faßte in Zürich 83 Liter, was zirka 54 kg ergibt. Vor allem den Hafer maß man in Malter (= 4 Mütt).

Nekrolog

Nachruf auf einen Verstorbenen. Das Nekrologium ist wie das Jahrzeitbuch ein Totenverzeichnis in den Klöstern und Kirchen.

Offizium

→ Stundengebet.

Oktave

Nachfeier eines Festes, entweder durch Fortsetzung des Festes während einer ganzen Woche (v.a. bei den hohen kirchlichen Festen wie Ostern, Pfingsten und Weihnachten) oder durch eine Feier am achten (lat. *octava*) darauffolgenden Tag.

Partikulargericht

Das Partikulargericht ereignet sich nach mittelalterlicher Vorstellung direkt nach dem Tod und entscheidet darüber, ob eine Seele (evt. durch das Fegefeuer) in den Himmel oder in die Hölle kommt (Kat. 82, 83 und 91). Im Gegensatz zum Weltgericht am Jüngsten Tag ist mit dem Partikulargericht keine Auferstehung des Fleisches verbunden. Während im Weltgericht immer Christus als Richter agiert, ist es im Partikulargericht häufig ein Engel, insbesondere → Michael. Dem Partikulargericht fehlt eine biblische Grundlage; seine theologischen Ursprünge findet es bei Augustinus und Hieronymus. Thomas von Aquin lehrte als erster explizit ein doppeltes Gericht (s.c. gent. IV, c. 96).

Partikularrecht

Viele Bestimmungen, welche die Jenseitsvorsorge und die Privilegien der Stifter betrafen, waren partikularrechtlich (ergänzend zum Kanonischen Recht) festgelegt. Darunter fallen zum Beispiel die Ehrenrechte, welche der Inhaber eines → Patronats für sich in Anspruch nehmen konnte (Recht auf besondere Beweihräucherung im Gottesdienst, auf einen besonderen Begräbnisplatz in der Kirche, auf besondere Erwähnung in der Fürbitte für die Verstorbenen etc).

Paternoster

Gebetsschnur (vgl. Kat. 85), Vorläufer des → Rosenkranzes.

Patronat

Das Patronat umfaßt alle Rechte und Pflichten, welche dem Stifter und seinem Rechtsnachfolger (Patronatsherrn) einer Kirche, einer Kapelle oder eines Altars zustehen. Kirchenrechtlich begründet wird das Patronat durch Schenkung des Bodens, auf dem die Kirche steht (*fundus*), durch den Kirchenbau (*aedificatio*) sowie die Ausstattung mit einem zinstragenden Vermögen (*Dos*) zur Entlöhnung des Priesters und Begleichung der wiederkehrenden aus dem Kult erstehenden Kosten. Der Patronatsherr erhielt dafür das Vorschlagsrecht bei der Besetzung der Pfründe; die Bestätigung erfolgt durch den Bischof. Die aus dem Patronat erwachsenden Ehrenrechte (besonderer Sitz und Begräbnisplatz in der Kirche, Vorzugsbehandlung im Kult etc.) sind partikularrechtlich geregelt und spielen in der rituellen Repräsentation eine große Rolle.

Patronatsherr

→ Patronat.

Patrozinium

Fest des Kirchenpatrons (d.h. des Heiligen, dem die Kirche geweiht ist). Gleichzeitig bezeichnet Patrozinium diesen Heiligen selbst – eine dem hl. Martin geweihte Kirche steht also unter dem Patrozinium St. Martins.

Pfarrei

Die Pfarrei (griech. *parochia*, von *okein* = wohnen und *para* = bei) umfaßt ein Gebiet, das zu einer Pfarrkirche gehört, sowie die Menschen, welche dort wohnen. Der Pfarrer war verpflichtet, seinen Gemeindemitgliedern die Sakramente (vor allem → Taufe, → Eucharistie, → Letzte Ölung) zu spenden; zu seinen Aufgaben gehörten auch die Predigt, die Armenfürsorge und das Begräbnis. Die Angehörigen der Pfarrgemeinde waren verpflichtet, sich mit ihren kirchlichen Angelegenheiten einzig an ihre Pfarrkirche zu halten, dorthin den Zehnt zu entrichten und dem Pfarrer für seine geistlichen Amtshandlungen die Stolgebühren zu bezahlen (Pfarrbann). Seit dem 13. Jahrhundert erwuchs den Pfarreien in den Städten Konkurrenz durch die → Bettelorden, welche über Beicht- und Begräbnisprivileg verfügten.

Pfarrzwang

Durch den Pfarrzwang waren die Untertanen einer Gemeinde verpflichtet, sich durch den Pfarrer ihrer örtlichen Kirche mit den Sakramenten versorgen zu lassen. Ein anderer Geistlicher, beispielsweise ein Mönch, der in einer Pfarrei feierliche kirchliche Amtshandlungen vornehmen wollte, mußte dafür beim Pfarrer dieses Kirchsprengels die Zustimmung einholen.

Pfennig

→ Geldeinheiten.

Pfleger

→ Kirchenpflegschaft.

Pfründe

Die Pfründe ist ein Kirchenamt, das mit einer Vermögensmasse ausgestattet ist. Der Amtsinhaber ist berechtigt, die Erträge dieser Vermögensmasse zu nutzen. Die Erträge des Ausstattungsvermögens sollen genügend groß sein, um dem Amtsinhaber (Pfarrer, Kaplan) einen standesgemäßen Lebensunterhalt sicherzustellen (→ Altar).

Plica

Der untere, umgefaltete Rand einer Urkunde; durch das dadurch verdoppelte (verstärkte) Pergament zog man die Schnüre der Siegel.

Prediger, Predigermönche

Dominikaner → Bettelorden.

Prior

Das lateinische Wort *prior* bedeutet eigentlich «der Vorderste, der Erste». Es ist in manchen Klöstern die Bezeichnung für das Amt des Vorstehers oder des Oberen. Bei den alten Orden wie den Benediktinern ist der Prior lediglich der Stellvertreter des Abtes, bei neueren Mönchsorden wie den Dominikanern (Predigerorden) steht der Prior an der Spitze des Klosters. Bei Chorherrenstiften hat der Propst (*präpositus* = der Vorgesetzte), bei Franziskanern der Guardian die Leitung der Mönchsgemeinschaft inne.

Privataltar

Im Gegensatz zum Gemeindealtar ist der Privataltar einer einzelnen Familie oder einer Körperschaft vorbehalten. Die Privataltäre finden sich in → Privatkapellen oder an Seitenwänden und Pfeilern größerer Kirchen.

Privatkapellen

Zu den Privatkapellen zählen Haus-, Schloß- und Burgkapellen sowie freistehende Kapellen, die nicht öffentlich zugänglich sind. Große Bedeutung gewinnen im Spätmittelalter Privatkapellen, die an öffentliche Kirchen angegliedert sind (Nebenchorkapellen, Seitenkapellen). Sie können als eigenständiges Gebäude an eine bestehende Kirche angebaut sein oder (seit dem ausgehenden 13. Jahrhundert) auch planmäßig von der Bauherrschaft in den Neubau einer Kirche einbezogen und als Rohbau an vermögende Familien verkauft werden. Für die künstlerische Ausstattung ist in der Regel die Besitzerfamilie verantwortlich, wobei zuweilen das → Patrozinium und das ikonographische Programm vorgegeben sind (z.B. in den Nebenchorkapellen italienischer Bettelordenskirchen). Durch Übernahme der Baukosten und Stiftung der Altarpfründe erwirbt sich die Besitzerfamilie an ihrer Privatkapelle das → Patronat mit den zugehörigen Ehrenrechten. Zur Grundausstattung zählen neben dem Altar in der Regel eine Grabstelle und ein Gestühl, in welchem sich die Familie zu den Jahrzeitfeiern ihrer Ahnen versammelt.

Privilegierter Altar

Ein Altar, an dem durch Zelebration ein vollkommener Ablaß für diejenigen Toten gewonnen werden kann, denen man die Früchte der Messe zuwendet. Das Altarprivileg kann nur von einem Papst verliehen werden und gilt in der Regel täglich und für ewige Zeiten. Die für die Toten privilegierten Altäre kamen im Pontifikat Gregors XIII. (1572–1585) auf, verbreiteten sich jedoch rasch und bestimmten bald die städtischen Totendienste hauptsächlich in Italien.

C. G.

Propst

Propst (von *praepositus*, mittellateinisch *propostus* = der Vorgesetzte) ist der Titel des Vorstehers einer Chorherrengemeinschaft, besonders bei den Augustinerchorherren und den Prämonstratensern.

Psalmen

Die Psalmen (griech. *psalmos* = Saitenspiel, Lobgesang) sind die alttestamentlichen religiösen Lieder; sie bildeten den Grundstock des → Stundengebetes.

Psalter

Im Psalterium sind die 150 (resp. 151) Psalmen zu einem Buch vereinigt.

Quatember, Quatembertage

Alle Vierteljahre, nämlich in den Wochen nach Invocavit (dem ersten Sonntag in der Fastenzeit), nach Pfingsten, nach Kreuzerhöhung (14. September) und nach Lucie (13. Dezember), also nach dem 3. Adventssonntag) wurden Mittwoch, Freitag und Samstag als Buß- und Fasttage begangen. Diese vier sogenannten Fronfasten oder Quatember (verschliffen aus lat. *quattuor tempora* = vier Zeiten) waren bevorzugte Weihe- und Zinstermine.

Raphael

Der Erzengel Raphael ist der Schutzherr der Pilger und wird deshalb oft mit Stab und Kürbisflasche dargestellt.

Rechtfertigung aus dem Glauben

Infolge der Erbsünde und der persönlichen Sünden des Menschen wurde das Verhältnis zwischen dem Menschen und Gott gestört. Durch die Rechtfertigung, die «Gerecht»-Erklärung des Menschen im Gericht und Urteil Gottes, wird das Verhältnis wieder hergestellt. Gemäß Luther wird diese Rechtfertigung allein aus dem Glauben erreicht, und nicht durch → Gute Werke.

Refrigerium Interim

(lat. *refrigerium* = Stätte der Abkühlung, Erholung und Ruhe; *interim* = zwischenzeitlich). Frühchristliche Vorstellung von einem schlafähnlichen Zustand zwischen Tod und Weltgericht (vgl. S. 33–40).

Rente

Die Verpflichtung, eine periodisch wiederkehrende Leistung zu erbringen, beispielsweise einen Teil des Ertrags von einem Acker oder einen Prozentsatz eines Geldkapitals abzuliefern. Die Rente kann unbefristet sein (Ewig-Rente) oder auf eine bestimmte Dauer beschränkt werden. Von den zeitlichen Renten ist die Leib-Rente die häufigste: Sie ist nur auf die Lebensdauer des Rentenbezügers ausgelegt. Demgegenüber dauern «Ewige» Renten unendlich lange fort; sie können aber nur unter bestimmten Umständen beendet werden, indem der Schuldner einen im voraus festgelegten Rückkaufpreis bezahlt, oder indem er sich durch einen einmaligen Betrag, der ein Vielfaches des jährlichen Rentenbetrags ausmacht, auslöst. Mit Rentenkäufen wurden im Mittelalter häufig Seelgeräte bestellt, Pfründen geschaffen und karitative Einrichtungen finanziell gesichert.

Restitution
→ Wucher.

Retabel
Hinter dem Altartisch (→ Altar) wird seit dem 13. Jahrhundert eine gemalte Tafel oder ein Schrein mit Schnitzfiguren angebracht. Spätmittelalterliche Flügelretabel bestehen aus vier Teilen: 1. Corpus (Mittelbild oder Schrein), 2. Predella oder *Sarch* (bemalter oder geschnitzter Sockel, welcher das Corpus über das Niveau des Altartisches hebt), 3. Flügel (zwei türähnliche Tafeln), 4. das Gesprenge oder der Auszug (meist geschnitzte Bekrönung über dem Corpus). An Werktagen bleiben die Flügel geschlossen, an Feiertagen werden sie geöffnet. Die Werktagsseite trägt meist eine weniger kostbare Gestaltung als die Feiertagsseite.

Rosenkranz
Eine Kette mit einer Reihe von Perlen oder Kügelchen (Rosen) zum Zählen der geleisteten Gebete. Das klassische Rosenkranzgebet besteht aus 15 *Vaterunser* mit 15 x 10 *Avemaria* und 15 *Ehre sei dem Vater*, verbunden mit der Betrachtung der 15 Geheimnisse (Gesätze) der Erlösung. Aufbauend auf älteren Traditionen (→ Paternoster) wurde das Rosenkranzgebet 1475 in Köln durch den Dominikaner Jakob Sprenger festgelegt. Das Rosenkranzgebet ist in besonderer Weise dazu geeignet, Arme Seelen aus dem Fegefeuer zu erlösen (Kat. 99).

Sacrum commercium
(lat. = heiliger Handel). Der Begriff wurde von den Kirchenvätern aus dem römischen Privatrecht in die Sprache der Liturgie übertragen. Im engeren Sinn bezieht er sich auf das Heilswerk der Erlösung und die Eucharistie. Doch wurde auch die Vorsorge für das Seelenheil durch → Gute Werke als Teil der göttlichen und kirchlichen Heilsökonomie begriffen, die auf dem Austausch von irdischen und himmlischen, zeitlichen und ewigen Gütern baut.

Sakrament
Heilige Handlung, in welcher Gnade und Heil vermittelt werden. Die sieben Sakramente waren: Taufe, Firmung, Eucharistie, Bußsakrament, Krankensalbung, Priesterweihe und Ehe. Zuweilen meint «Sakrament» die geweihte Hostie (Eucharistie) allein.

Sammlung
In den zeitgenössischen Texten erscheint die Sammlung meist unter der Bezeichnung «Sammnung» oder Konvent (Zusammenkunft). Die Angehörigen der Sammlung, die → Beginen (Schwestern), lebten nicht in einem geschlossenen Kloster wie die Nonnen eines Ordens, sondern wohnten ohne strenge Klausur in einem Haus oder in mehreren Häusern im gleichen Quartier. Sie führten ein gemeinsames Leben und standen unter der Leitung ihrer Oberin (oft Priorin genannt).

Satan
(hebr. *Satan* = Widersacher). Biblische Bezeichnung für den → Teufel. Er versucht Jesus in der Wüste (Mk. 1,13) und verführt Judas zum Verrat (Lk. 22,3).

Schilling
→ Geldeinheiten.

Abb. 148 Das Sakrament der Beichte löste die Menschen von der Sündenschuld. Der Holzschnitt zeigt das «Beichtkind» zwischen Versuchung durch den Teufel und dem Zuspruch zur Reue durch den Engel vor dem Beichtvater. Modus confitendi. Zürich, Zentralbibliothek.

Seelfrauen
Die Seelfrauen oder Seelschwestern waren fromme Frauen, meist Beginen, welche die Sterbenden betreuten und Totendienste leisteten. Sie pflegten die Schwerkranken und wachten am Sterbebett. Sie sprachen den Sterbenden gut zu und hielten sie zur Reue an. Sie schützten deren Seele sowohl im Todeskampf als auch in der Zeit kurz nach dem Tod vor dem Zugriff der Dämonen und beteten für die Erlösung der Armen Seelen aus dem Fegefeuer. Im Anschluß daran vollführten sie archaische Rituale wie Totenklage und Totenspeisung. Sie namen am Leichenzug teil, wachten und beteten am Grabe der frisch Verstorbenen, zum Teil mit lautem rituellen Klagegeschrei. Daneben erfüllten sie rein praktische Aufgaben wie Herrichten der Leiche, Einsargen oder Einladen der Trauergäste zum Begräbnis.

Seelgerät
(von *rat* = Vorrat, lat. = *testamentum*). Vorrat an Guten Werken für die Seele. Das Seelgerät ist schon in der griechischen und römischen Antike verbreitet. Im Christentum entwickelt es sich aus dem sozialen Erbrecht der Kirchenväter. Die Reichen sollen in ihren Testamenten Christus als Miterbe einsetzen, d.h. einen Teil ihres hinterlassenen Vermögens für soziale Werke oder die Kirche bestimmen. Im engeren Sinne sind die mittelalterlichen Seelgeräte die testamentarisch festgelegten Vermächtnisse an die Kirche. Der Terminus wird aber auch als Sammelbegriff für alle frommen Leistungen, mit denen man sich einen Schatz im Himmel erwirbt, gebraucht (→ Gute Werke). Ein Seelgerät kann somit durch die Stiftung einer → Jahrzeit, eines → Altars oder durch Vermächtnisse an soziale Einrichtungen entstehen. Zusammen mit dem → Ablaß ist es das klassische Mittel zur Verkürzung der Fegefeuerqualen.

Seelgerätmeister
Der Seelgerätmeister einer Kirche oder eines Klosters ist zuständig für die Verwaltung der Güter aus den Seelgerätstiftungen.

Seelmesse
→ Messe, die für eine verstorbene Person gelesen wird und helfen soll, diese aus dem Fegefeuer zu befreien.

Seelzünfter
In gewissen Städten war es möglich, sich in eine Zunft einschreiben zu lassen, ohne

ein Handwerk zu betreiben. Diese Mitglieder traten der Zunft nur bei, um an der bruderschaftlich organisierten Totenfürsorge teilzuhaben und wurden deshalb Seelzünfter genannt.

Siebter
Eine Woche nach dem Begräbnis wurde für den Verstorbenen eine Messe zelebriert. Der Siebte gehört zu den Gedächtnistagen (→ Dreissigster; → Jahrzeit).

Skapulier
Das Skapulier (*scapulare*: Schulterkleid) wird von manchen Orden und (in verkleinerter Form) auch Bruderschaften getragen. Mit besonderen Heilkräften ausgestattet ist das Skapulier der → Karmeliter. Maria soll dieses am 16. Juli 1251 dem hl. Einsiedler und späteren Ordensgeneral Simon Stock übergeben haben mit dem Versprechen, daß, «wer immer darin stirbt, das ewige Feuer nicht erleidet». Die um 1430 in Sizilien gefälschte sogenannte 'Sabbatbulle' bestätigt darüber hinaus, daß Maria jeden Samstag ins Fegefeuer steige, um die Träger und Trägerinnen des Skapuliers (d.h. die Mitglieder des Karmeliterordens und der Bruderschaft) daraus zu befreien. In nachtridentinischer Zeit rivalisierte die Skapulierbruderschaft der Karmeliter besonders mit der von Sixtus V. 1585 gegründeten Gürtelbruderschaft, die für den Gürtel des hl. Franz von Assisi ähnliche Wirkungen beanspruchte. *C. G.*

Sterbesakramente
Die Sakramente der Buße, der Krankensalbung (→ Letzte Ölung) und der → Eucharistie, mit welchen die Kranken und Sterbenden versehen werden sollen. Zur Begleitung des Sterbenden gehören auch der «Segen in der Sterbestunde», das Anzünden der Sterbekerze und das Gebet der → Commendatio animae (Anempfehlung der Seele).

Stift
Das Stift ist ein Kollegium von kanonisch lebenden Geistlichen (→ Kanonikern), die gemeinsam den Chordienst, das heißt die Verrichtung des → Stundengebets im Chor einer Kirche (der Kollegiatskirche) versehen. Ihr Vorsteher ist der → Propst, die verfassungsmäßige Versammlung ist das Kapitel. Die einzelnen Kanonikerstellen sind mit Stiftungen ausgestattet – daher der Name Stift. Aus dem Ertrag des Stiftungsvermögens (→ Pfründen) bestreiten die Kanoniker ihren Lebensunterhalt.

Stiftsherr
Chorherr an einer Stiftskirche (→ Kanoniker).

Stiftung
In der Jenseitsvorsorge: eine mit Kapital ausgestattete juristica Person, welche aus den Zinserträgen bis zum Jüngsten Tag (→ Weltgericht) eine wiederkehrende fromme Leistung unterhält. Zu den verbreitetsten Stiftungen zählen die Gründung eines → Klosters, einer → Privatkapelle, eines → Altars, eines → Ewigen Lichtes oder einer → Jahrzeit. Im modernen Sprachgebrauch werden oft → Donationen fälschlicherweise als Stiftungen bezeichnet.

Stolgebühren
Die Stola ist das schärpenartige Amtsabzeichen, das sich der Priester beim Spenden der → Sakramente um den Nacken legt. Für diese Amtshandlungen erhebt er von seinen Pfarrkindern eine Gebühr (daher der Name). Die häufigsten Stolgebühren sind die Tauf-, Trauungs- und Begräbnisgebühren. Ursprünglich war die Stolgebühr eine freiwillige Gabe; der Pfarrer durfte die geistliche Handlung nicht von der Bezahlung abhängig machen. Die Stoltaxen wurden aber schließlich gewohnheitsrechtliche Pflichtabgaben und eine wichtige Einnahmequelle für die Geistlichen.

Stundenbuch
Gebetbuch für Laien, welches sich an das monastische → Stundengebet anlehnt, aber ein geringeres Pensum enthält. Stundenbücher gehören zu den meistverbreiteten spätmittelalterlichen Handschriften. Sie wurden v.a. in Frankreich und in den Niederlanden produziert (vgl. S. 91–100).

Stundengebet
Das Stundengebet (*Hora*) wird auch Officium oder Chorgebet genannt. Der Klerus war verpflichtet, während der Nacht eine Gebetszeit (Vigil) und während des Tages sieben Gebetszeiten (Tagzeiten) zu leisten. Diese regelmäßigen Gebetszeiten (Horen) tragen die Bezeichnung Matutin, Laudes (Morgenlob), Prim, Terz, Sext, Non, Vesper und Komplet.

Suffragien
(lat. *suffragari* = empfehlen, unterstützen) Fürbittgebete, die im Brevier an bestimmten Tagen zusätzlich zu beten waren und die Fürsprache aller Heiligen anriefen.

Sünde
Verletzt ein Mensch ein Gebot Gottes in einer wichtigen Sache mit klarer Erkenntnis seines Fehltritts und mit freiem Willen, so daß er sich von Gott als dem Endziel abwendet, begeht er ein schwere Sünde oder Todsünde. Sie führt zur Hölle, wenn sie nicht durch die Beichte getilgt wird. Seit Gregor dem Großen († 604) unterscheidet man sieben Todsünden: Hoffart, Neid, Zorn, Geiz, Unkeuschheit, Unmäßigkeit und Trägheit (Kat. 149). Eine Übertretung in einer geringfügigen Sache hat nicht die ewige Verdammnis in der Hölle zur Folge, sondern bewirkt nur eine zeitliche Sündenstrafe, die im Fegefeuer oder noch auf Erden abbüßbar ist.

Synkretismus
Verschmelzung mehrerer Religionen, Übernahme einer Glaubensvorstellung in eine andere Religion.

Taufe
→ Sakrament und Aufnahmeakt in die christliche Gemeinde. Nur wer getauft war, konnte in den Himmel eingehen. Ungetauft verstorbene Kinder kamen in den → Limbus.

Testament
Die Menschen im Mittelalter legten vor dem Sterben die Beichte ab und setzten gewöhnlich erst auf dem Totenbett ihr Testament auf. Vor allem die → Bettelorden, die als Beichtväter populär und beliebt für die Totendienste waren, nahmen als Notare die Testamente auf.

Teufel
(griech. *diabolos* = Verleumder; ahd. *tiufal*). Im Christentum ist der Teufel der personifizierte Widersacher Gottes, der die Menschen zum Bösen (→ Sünde) verführt. Sein Reich ist die Hölle. Als Plural werden auch die gefallenen Engel genannt (Kat. 139–141). Andere Namen sind → Leviathan, → Luzifer und → Satan.

Tote Hand
Güter (Grundstücke, Häuser usw.), die durch Schenkung, Vermächtnis oder Kauf in den Besitz der Kirche kamen, durften nicht mehr veräußert oder vererbt werden;

Abb. 149 Maître des Anges rebelles, Sturz der aufrührerischen Engel, 14. Jahrhundert. Paris, Musée du Louvre. – Ein Teil der Engel wollte sich unter Luzifers Leitung auf gleiche Stufe mit Gott stellen. Sie wurden deshalb aus dem Himmel verjagt und verwandelten sich in die Teufel.

dadurch waren sie jeder weiteren Handänderung entzogen und damit für das Wirtschaftsleben praktisch tot. Institutionen wie Kirchen, Klöster oder Spitäler, die solche Vermögenswerte besaßen (in der Hand hatten) nennt man deshalb Tote Hand. Da die Kirche von den Steuern befreit war und nicht der örtlichen Rechtsprechung unterstand, erlitten die Städte einen Einnahmen- und Machtverlust, wenn zu viele Güter in die Tote Hand kamen. Viele Städte erließen deshalb Amortisationsgesetze, die das «Gütersterben» verhindern sollten: Sie unterstellten Zuwendungen an die Tote Hand einer Genehmigungspflicht, verboten sie ganz oder schrieben vor, daß die Güter innert einer Frist, z.B. innert Jahr und Tag, an einen Laien veräußert werden mußten.

Totengedächtnis

In einem weiteren Sinn bedeutet das Totengedächtnis das Fürbittegebet für die Verstorbenen allgemein. Zum Totengedächtnis schlossen sich Fromme zu Gebetsverbrüderungen zusammen. In der christlichen Liturgie wurde das Totengedächtnis zur kultischen Erinnerung an die Verstorbenen, bei der beispielsweise am → siebten und → dreißigsten Tag sowie an den Jahrestagen (→ Jahrzeit) die Eucharistie für die Toten gefeiert wurde.

Totenoffiz, -offizium

(lat. *officium* = Pflicht, Dienst). Für die Begräbnisfeier wurde in den mittelalterlichen Klöstern ein Totengebet entwickelt, das sich am Stundengebet orientierte. Es wurde vor der Totenmesse verrichtet.

Totentanz

Der Totentanz ist Bild- und Textmotiv, in welchem der personifizierte Tod mit jedem der verschiedenen Standesvertreter tanzt und ihn in den Tod reißt (Kat. 66–70).

Transi

(lat. *transire* = vorübergehen). Spätmittelalterliche Darstellungsart des vergänglichen Leichnams, oft mit Kröten und Schlangen besetzt (Kat. 7, 11 und 85).

Tugenden und Laster

Die mittelalterliche christliche Sittenlehre formalisierte die Tugend auf das menschliche gute Gehabe, das sich am Wirken der Tätigkeiten orientierte. Zu den drei theologischen Tugenden (Glaube, Liebe, Hoffnung) kommen die vier Kardinaltugenden (Weisheit, Tapferkeit, Besonnenheit, Gerechtigkeit). Die Laster bezeichnen die zur Gewohnheit gewordenen ausschweifenden Lebensweisen (→ Sünde). In der bildenden Kunst wurde oft der Kampf zwischen Tugend und Laster dargestellt, teilweise als Triumph der Tugend über das Laster.

Tunika

Das liturgische Gewand der Priester.

Vanitas

(lat.), die Nichtigkeit, der leere Schein, die Eitelkeit, die Vergänglichkeit.

Vesper

Eines der sieben → Stundengebete. Die Vesper wird am späten Nachmittag oder frühen Abend (lat. *vesper* = Abend) gehalten und leitet den neuen liturgischen Tag ein.

Vesperbild

(ital. *Pietà*). Bildliche Darstellung von Maria mit ihrem toten Sohn auf dem Schoß. Vesperbilder gehören im Spätmittelalter zu den beliebtesten Andachtsbildern. Die Betrachtung des Leidens Jesu und der Schmerzen Marias vermittelte Trost in eigener Bedrängnis und Not und stärkte die Hoffnung auf die Auferstehung nach dem Tod (Kat. 24).

Vigil

(lat. *vigilia* = Wache). Die Vigil oder Vigilie ist die Nacht des Wachens vor hohen Festtagen. Auch vor der Beerdigung versammelten sich die Angehörigen am Vortag an der Bahre des Verstorbenen und beteten für sein Seelenheil.

Vorhölle

→ Limbus.

Weltgericht

(Jüngstes Gericht). Nach christlicher Vorstellung werden am Jüngsten Tag (d.h. am Ende der Zeit) die Toten auferstehen. Christus wird als Weltenrichter die Guten mit dem Himmel belohnen und die Bösen in die Hölle verdammen (vgl. S. 13–22 und Kat. 125–138).

Werke der Barmherzigkeit

Die sechs Werke der Barmherzigkeit bilden nach Matthäus (25,35) im → Weltgericht die Voraussetzung für die Aufnahme der Seligen in den Himmel. Die barmherzigen Werke sind: Hungrige speisen, Durstigen zu trinken geben, Fremde beherbergen, Nackte bekleiden, Kranke pflegen und Gefangene besuchen. Im Mittelalter zählt man auch das Begraben der Toten hinzu. Die oben genannten Werke der Barmherzigkeit bilden den Grundstock der → Guten Werke.

Werkfrömmigkeit

→ Gute Werke; → Rechtfertigung aus dem Glauben.

Werktagsseite

→ Retabel.

Widum

Bei der Stiftung einer Pfarrstelle oder einer Kirche müssen die Entlöhnung des Pfarrers und der bauliche Unterhalt gesichert werden. Dies geschieht, indem die Stifterinnen oder Stifter die Kirche mit einem Widum (Widem, lat. *dos*) ausstatten, das heißt ihr ein genügend großes Vermögen schenken oder vermachen. Aus dem Ertrag des Widums werden der Pfarrer entlöhnt (→ Pfründe) beziehungsweise die Kirchengebäude instand gehalten (→ Kirchenfabrik). Das Ausstattungsvermögen ist meist ein Grundstück.

Wiedergänger

Tote, die aus irgendeinem Grund für kurze Zeit zurück ins Diesseits kommen. Der Glaube an die Wiedergänger war schon in der germanischen Kultur verbreitet. Dieser hat dann auch die christlichen Jenseitsvorstellungen beeinflußt. Tote, deren Grabesruhe gestört wurde oder deren → Seelgeräte nicht zur Ausführung kamen, waren besonders gefährdet, als Wiedergänger auf die Erde zurückkehren zu müssen.

M. B.

Wucher

Aufgrund des alttestamentlichen Zinsverbots galt im Spätmittelalter jede Verzinsung von Geldkrediten als Wucher. Wucherer wurden von den Sakramenten ausgeschlossen und waren damit in die Hölle verdammt. Die Kirche forderte vollständige Restitution der erwucherten Erträge. Wo die geschädigten Gläubiger nicht mehr auszumachen waren, mußten die Gelder (*incerta*) der Kirche übergeben werden.

Zeche

→ Bruderschaft.

Zehnt

Der Zehnt ist die «Kirchensteuer» des Mittelalters. Die Gläubigen mußten ihrer Pfarrkirche den zehnten Teil des Ertrages abliefern, den sie aus dem im Kirchsprengel liegenden Boden erwirtschafteten. Der Großzehnt wurde auf Getreide, Wein, der Kleinzehnt auf Gartenfrüchten, Kleinvieh und tierischen Produkten erhoben. Ursprünglich kamen die Zehnterträge zu je einem Viertel dem Bischof, den Pfarrgeistlichen, der → Kirchenfabrik und den Bedürftigen zu. Wie andere Rechtsansprüche konnten auch Zehnten veräußert werden, so daß im Spätmittelalter die ursprüngliche Aufteilung in Zehntquarten oft nicht mehr erkennbar ist.

Zur Raumgestaltung der Zürcher Ausstellung

Lukas Dietschy, Gestalter der Ausstellungsarchitektur

Weltgericht

Die Grundidee des vorliegenden Ausstellungskonzeptes ist es, die räumliche Organisation bzw. die verschiedenen Jenseitsbereiche sichtbar zu machen. Die jeweils einem Themenkreis wie Fegefeuer, Jüngstes Gericht etc. zugeordneten Kunstwerke sollen, in Gruppen zusammengefaßt, so untereinander verbunden werden, daß das dargestellte Jenseits-System erkennbar wird:

Die Jenseitsbereiche sind – voneinander losgelöst – als hermetische Räume erlebbar. Die bestehende Museumsarchitektur ist «weggepackt» und bleibt nur soweit sichtbar, als sie die angestrebte Raumillusion ergänzt – diese wird mit Mitteln des Theaters erzeugt.

Besucherinnen und Besucher sollen innerhalb des Museums in Jenseitswelten entführt werden. Sie selbst sind die Akteure, indem sie eine «Bühne» nach der andern durchschreiten und diese dadurch zu einem zusammenhängenden Ganzen vernetzen: Ein Raum erklärt sich aus dem andern heraus, ebenso wie die mittelalterliche Hölle den Himmel definiert und umgekehrt.

Wir wollen aber mit den Illusions-Räumen explizit keinen Himmel, keine Hölle «nachempfinden», sondern mit modernen Mitteln eine Plattform bauen, auf der sich die Visionen und Darstellungen der mittelalterlichen Jenseitssicht besser entfalten. Wir versuchen eine Brücke zu schlagen zwischen unserer heutigen und jener, auch in ihrer Ausdrucksweise so fernen, mittelalterlichen Welt. Die Räume sind so konzipiert, daß sie eine Licht- (und Schatten-!) Führung ermöglichen, die ein Gefühl von Enge – Schwere oder Weite – Licht etc. evoziert. Was wir von den Bereichen Himmel und Hölle zeigen, sind «Räume», die neugierig machen auf das, was dahinter liegt – wir schaffen eine Atmosphäre, die Assoziationen zuläßt –, die eigentlichen Himmel und die eigentlichen Höllen bleiben im Verborgenen.

Frei in den Raum gestellt, losgelöst von den Wänden, sprechen die Kunstwerke für sich – der Erlebnisraum bleibt Umraum.

Abb. 150–162 Aufbau der Jenseitsräume der «Himmel, Hölle, Fegefeuer»-Ausstellung im Schweizerischen Landesmuseum in Zürich, Januar 1994. Raumgestaltung: Lukas Dietschy. Fotos: René Perret.

Zur Raumgestaltung

Himmel	Hölle	Fegefeuer

Abbildungsnachweis

Katalognummern

Aachen, Suermondt-Ludwig-Museum (Foto: Anne Gold, Aachen): Kat. 92.
Aarau, Aargauische Kantonsbibliothek: Kat. 86.
Baar, Archiv der römisch-katholischen Kirchgemeinde (Foto: S. Schweiger, Zürich): Kat. 54.
Bamberg, Historisches Museum: Kat. 104.
Basel, Historisches Museum (Foto: M. Babey): Kat. 8, 76.
Bern, Archäologischer Dienst des Kantons Bern und Historische Anthropologie Bern: Kat. 19.
Einsiedeln, Stiftsbibliothek : Kat. 62, 82, 139, 157.
Engelberg, Stiftsbibliothek (Foto: Max Hermann AG, Stansstad): Kat. 22.
Frankfurt, Liebieghaus – Museum alter Plastik (Foto: Ursula Edelmann): Kat. 10.
Fribourg, Yves Eigenmann: Kat. 125.
Grandson, Fibbi-Aeppli: Kat. 2, 3.
Hamburg, Hamburger Kunsthalle (Foto: Elke Walford): Kat. 66–70, 117.
Hannover, Kestner-Museum: Kat. 23.
Innsbruck, Photoarchiv Tiroler Volkskunstmuseum: Kat. 13.
Köln, Rheinisches Bildarchiv: Kat. 11, 45–48, 55, 78, 79, 91, 105, 106–109, 114, 133, 134, 142–144, 147, 154, 161, 162, 165, 171.
Köln, Rheinisches Bildarchiv (Foto: H. Buchen): Kat. 136.
Kremsmünster, Stift Kremsmünster (Foto: P. Amand Kraml): Kat. 14.
Lausanne, Musée de la Cathédrale: Kat. 5.
London, Victoria & Albert-Museum: Kat. 130.
München, Staatliche Graphische Sammlung: Kat. 94, 118.
Neuchâtel, Bibliothèque Publique et Universitaire (Foto: Francesco Hässig, Thalwil): Kat. 121.
Nürnberg, Germanisches Nationalmuseum: Kat. 42.
Porrentruy, Bibliothèque Cantonale Jurassienne: Kat. 101.
Privatsammlung: Kat. 12, 32, 170.
Regensburg, Museen der Stadt Regensburg: Kat. 18.
Rudolstadt, Stadtbibliothek: Kat. 152.
Rudolstadt, Thüringisches Landesmuseum Heidecksburg: Kat. 99, 100, 122.
Sammlung Heinz Kisters: Kat. 98, 132, 159.
Sarnen, Heimatmuseum: Kat. 95.
Schaffhausen, Museum Allerheiligen: Kat. 169.
Schaffhausen, Museum Allerheiligen; Peyersche Tobias Stimmer-Stiftung: Kat. 20.
Schweizer Privatbesitz (Foto: Schweiz. Landesmuseum, Zürich): Kat. 28, 30, 84.
St. Gallen, Stiftsarchiv: Kat. 26, 44.
Stansstad, Max Hermann AG: Kat. 128, 150.
Vreden, Heimatverein (Foto: Ant. Esseling, Vreden): Kat. 146.
Würzburg, Universitätsbibliothek Würzburg: Kat. 96.
Zug, Alois Ottiger: Kat. 116.
Zug, Museum in der Burg: Kat. 49.
Zug, Museum in der Burg (Foto: Alois Ottiger): Kat. 50.
Zürich, Fondation Rau (Foto: Peter Schälchli): Kat. 131, 145.
Zürich, Graphische Sammlung der Eidgenössischen Technischen Hochschule Zürich: Kat. 73, 115.
Zürich, Kunsthaus: Kat. 120, 127, 141, 149, 151.
Zürich, Schweizerisches Institut für Kunstwissenschaft: Kat. 20, 21, 63.
Zürich, Schweizerisches Landesmuseum: Kat. 1, 4, 6, 7, 9, 15, 24, 25, 35, 36, 38, 39, 40, 41, 43, 53, 64, 65, 71, 74, 77, 83, 85, 87, 88, 89, 90, 97, 102, 103, 123, 124, 126, 129, 135, 137, 140, 155, 156, 158, 160, 163, 164, 166, 167, 168, 172.
Zürich, Staatsarchiv: Kat. 37, 51, 52, 58.
Zürich, Zentralbibliothek: Kat. 16, 27, 29, 31, 33, 34, 56, 57, 59, 60, 61, 72, 80, 81, 93, 110, 111, 112, 113, 119, 153.
Zwickau, Ratsschulbibliothek: Kat. 17, 75, 148.

Abbildungen

Aarau, Aargauische Denkmalpflege: Abb. 54.
Archeodunum: Abb. 114.
Baltimore, Walters Art Gallery: Abb. 39.
Bamberg, B. Haaf: Abb. 1.
Basel, Historisches Museum: Abb. 124.
Basel, Öffentliche Kunstsammlung : Abb. 21, 46, 52, 118, 126, 130.
Basel, Öffentliche Kunstsammlung (Foto: Martin Bühler): Abb. 79, 115.
Beaune, Hostel Dieu: Abb. 85, 86.
Bern, Kunstmuseum (Gottfried Keller-Stiftung): Abb. 12, 89.
Bologna, Archivo Isolani: Abb. 102.
Bologna, Fantini: Abb. 112.
Bologna, Fotofast: Abb. 108.
Bologna, Soprintendenza Beni Artistici e Storici: Abb. 101.
Brüssel, Bibliothèque Royale Albert Ier: Abb. 83.
Buch-Kunstverlag Ettal: Abb. 24.
Den Haag, Koninklijke Bibliotheek: Abb. 32, 104.
Einsiedeln, Stiftsbibliothek: Abb. 31.
Erlangen, Graphische Sammlung: Abb. 129.
Florenz, Archivi Alinari: Abb. 15, 56, 105, 106, 142.
Frankfurt a.M., Bodo Brinkmann: Abb. 59–61, 69.
Frankfurt, Städelsches Kunstinstitut (Foto: U. Edelmann): Abb. 70.
Freiburg i. Br., Corpus Vitrearum Medii Aevi: Abb. 49.
Fribourg, Couvent des Cordeliers (Foto: Mülhauser): Abb. 92.
Fribourg, Musée d'art et d'histoire; Couvent des Cordeliers: Abb. 11.
Genf, Bibliothèque Publique et Universitaire (Foto: François Martin, Genf): Abb. 100.
Giraudoy: Abb. 4.
Göteborg, Konstmuseum (Foto: Ebbe Carlsson): Abb. 55.
Graz, Steiermärkisches Landesmuseum Joanneum: Abb. 80.
Hermatswil, Clemens Jezler: Abb. 162.
Hermatswil, Peter Jezler: Abb. 27, 29, 40, 41.
Hildesheim, Dom- und Diözesanbibliothek Hildesheim: Abb. 7.
Karlsruhe, Staatliche Kunsthalle: Abb. 53.
Köln, Rheinisches Bildarchiv: Abb. 6, 22, 25, 26, 64–66, 71, 75, 77, 81.
Konstanz, Bernd Konrad: Abb. 121.
Krems, Institut für mittelalterliche Realienkunde: Abb. 13.
Kremsmünster, Stift Kremsmünster (Foto: P. Amand Kraml): Abb. 48.
London, British Library: Abb. 47, 62, 63, 97–99.
London, National Gallery: Abb. 57.
Lübeck, Museum für Kunst und Kulturgeschichte der Hansestadt Lübeck: Abb. 103, 128.
Luzern, Kunstmuseum: Abb. 33.
Marburg, Bildarchiv Foto Marburg: Abb. 23, 132.
München, Bayer. Staatsgemäldesammlungen: Abb. 93, 127.
Neapel, Soprintendenza ai Beni Artistici e Storici di Napoli: Abb. 109, 111.
New York, The Metropolitan Museum of Art: Abb. 42.
Nürnberg, Germanisches Nationalmuseum: Abb. 72, 74, 76, 78, 82, 107.
Nürnberg, Stadtbibliothek: Abb. 117, 144.
Paris, Bibliothèque Nationale: Abb. 38, 50, 51, 95, 96, 146.
Paris, Musée du Louvre: Abb. 149.
Rom, Istituto Suore Benedettine di Priscilla: Abb. 16, 18, 20.
Rom, Museo Francescano: Abb. 110.
Rom, Prof. P. Styger: Abb. 17.
Stadt Regensburg (Foto: Peter Ferstl): Abb. 30.
Stansstad, Max Hermann AG: Abb. 133, 137, 140.
York, Reproduced by Courtesy of the Yorkshire Museum: Abb. 143.
Zürich, Beat Scheffold: Abb. 2, 3, 9, 10, 19, 73, 87, 105.
Zürich, Graphische Sammlung der Eidgenössischen Technischen Hochschule: Abb. 94.
Zürich, Hochbauamt des Kantons Zürich (Foto Gygax): Abb. 21, 119, 147, 279.
Zürich, Kantonsarchäologie: Abb. 36.
Zürich, Kunstgeschichtliches Seminar: Abb. 13.
Zürich, Kunsthaus, Graphische Sammlung: Abb. 134–136, 138, 139.
Zürich, René Perret: Abb. 150–162.
Zürich, Schweizerisches Landesmuseum: Abb. 28, 34, 35, 37, 58, 67, 68, 113, 120, 128, 141, 145, 148, 279.
Zwickau, Ratsschulbibliothek: Abb. 45.

Bibliographie

Achter 1962
IRMINGARD ACHTER: *Ein schwäbisches Fürbittebild in der Lambertuskirche zu Erkelenz*, in: Jahrbuch der Rheinischen Denkmalpflege 24, 1962, S. 161–168.

Adgar, Marienlegenden
ADGAR: *Marienlegenden*, hrsg. von Carl Neuhaus (Altfranzösische Bibliothek 9), Heilbronn 1886.

Adnès 1974
PIERRE ADNÈS: *Le jugement particulier*, in: Dictionnaire de spiritualité 8, 1974, Sp. 1581–1585.

Adolf 1937
HELENE ADOLF: *Wortgeschichtliche Studien zum Leib/Seele-Problem. Mhd. lîp 'Leib' und die Bezeichnungen für corpus*, Wien 1937.

AGNM
Anzeiger des Germanischen Nationalmuseums, Nürnberg 1884ff.

AHVN
Annalen des Historischen Vereins für den Niederrhein, Düsseldorf 1855ff.

Aign 1961
THEODOR AIGN: *Die Ketzel. Ein Nürnberger Handelsherren- und Jerusalempilgergeschlecht* (Freie Schriftenfolge der Gesellschaft für Familienforschung in Franken 12), Neustadt 1961.

Alexander 1989
JONATHAN JAMES G. ALEXANDER: *Katherine Bray's Flemish Book of Hours*, in: The Ricardian. Journal of the Richard III Society 8 (Nr. 107), 1989, S. 308–317.

Allyn 1925
HERMAN B. ALLYN: *The black death. Its social and economic results*, in: Annals of Medical History 7, 1925, S. 226–236.

Amundsen 1977
DARREL W. AMUNDSEN: *Medical Deontology and Pestilential Disease in the Late Middle Ages*, in: Journal of the History of Medicine and allied sciences 32, 1977, S. 403–421.

Amundsen 1978
DARREL W. AMUNDSEN: *Medieval canon law on medical and surgical practice by the clergy*, in: Bulletin of History of Medicine 52, 1978, S. 22–44.

Anderes 1966
BERNHARD ANDERES: *Die Kunstdenkmäler des Kantons St. Gallen, Bd. 4: Der Seebezirk* (Die Kunstdenkmäler der Schweiz), Basel 1966.

Anderes/Högger 1988
BERNHARD ANDERES/PETER HÖGGER: *Die Glasgemälde im Kloster Wettingen*, Baden 1988.

Andersson 1978
CHRISTIANE ANDERSSON: *Dirnen – Krieger – Narren. Ausgewählte Zeichnungen von Urs Graf*, Basel 1978.

Angenendt 1983
ARNOLD ANGENENDT: *Missa specialis. Zugleich ein Beitrag zur Entstehung der Privatmessen*, in: Frühmittelalterliche Studien 17, 1983, S. 153–221.

Angenendt 1984
ARNOLD ANGENENDT: *Theologie und Liturgie der mittelalterlichen Toten-Memoria*, in: Schmid/Wollasch 1984, S. 79–199.

Angenendt 1986
ARNOLD ANGENENDT: *Besprechung von J. Le Goff, Die Geburt des Fegefeuers*, in: Theologische Revue 82, 1986, S. 38–41.

Anzelewsky 1971
FEDJA ANZELEWSKY: *Albrecht Dürer. Das malerische Werk*, Berlin 1971.

Anzelewsky 1991
FEDJA ANZELEWSKY: *Albrecht Dürer. Das malerische Werk*, Textband, Berlin 1991, 2. Aufl.

Appuhn 1979
HORST APPUHN: *Einführung in die Ikonographie der mittelalterlichen Kunst*, Darmstadt 1979.

Appuhn 1989
HORST APPUHN: *Heilsspiegel. Die Bilder des mittelalterlichen Erbauungsbuches Speculum Humanae Salvationis* (Die bibliophilen Taschenbücher 267), Dortmund 1989, 2. überarb. Aufl.

Arentzen 1984
JÖRG-GEERD ARENTZEN: *Imago mundi cartographica. Studien zur Bildlichkeit mittelalterlicher Welt- und Oekumenenkarten unter besonderer Berücksichtigung des Zusammenwirkens von Text und Bild*, München 1984.

Ariès 1977
PHILIPPE ARIÈS: *L'homme devant la mort* (Edition Seul, Histoire 82/83), Paris 1977.

Ariès 1980
PHILIPPE ARIÈS: *Geschichte des Todes*, München/Wien 1980, 2. Aufl.

Ariès 1983
PHILIPPE ARIÈS: *Geschichte des Todes*, München 1983.

Ariès 1984
PHILIPPE ARIÈS: *Bilder zur Geschichte des Todes*, München 1984.

Ariès 1987
PHILIPPE ARIÈS: *Geschichte des Todes*, Aus dem Französischen von Hans-Horst Henschen und Una Pfau, München 1987, 3. Aufl. (Titel der Originalausgabe: L'homme devant la mort, Paris 1977).

Arnold 1987
KLAUS ARNOLD: *Mentalität und Erziehung – Geschlechtsspezifische Arbeitsteilung und Geschlechtersphären als Gegenstand der Sozialisation im Mittelalter*, in: Frantisek Graus (Hrsg.): Mentalitäten im Mittelalter. Methodische und inhaltliche Probleme (Vorträge und Forschungen 35), Sigmaringen 1987, S. 257–288.

Arnold 1992
KLAUS ARNOLD: *Der Wandel der Mutter-Kind-Darstellung am Beispiel der Kölner bildenden Kunst des späteren Mittelalters*, in: Klaus Schreiner/Norbert Schnitzler (Hrsg.): Gepeinigt, begehrt, vergessen. Symbolik und Sozialbezug des Körpers im späten Mittelalter und in der frühen Neuzeit, München 1992, S. 243–261.

Arnold von Chartres, De laudibus
ARNOLD VON CHARTRES: *De laudibus Beatae Mariae Virginis*, in: PL 189, Sp. 1726.

Assion 1991
PETER ASSION: *Von den abgeschiedenen Seelen. Kirchenlehre und Volksglaube in der spätmittelalterlichen Fegefeuer- und Geisterliteratur*, in: Geist und Zeit. Wirkungen des Mittelalters in Literatur und Sprache, Festschrift für Roswitha Wisniewski zu ihrem 65. Geburtstag, Frankfurt a.M./Bern/New York/Paris 1991, S. 225–275.

Assunto 1982
ROSARIO ASSUNTO: *Die Theorie des Schönen im Mittelalter*, Köln 1982.

Audisio 1989
GABRIEL AUDISIO: *Les «Vaudois». Naissance, vie et mort d'une dissidence (XIIe–XVIe siècle)*, Turin 1989.

Augustin, Bekenntnisse
AUGUSTIN: *Bekenntnisse*, übertragen und eingeleitet von Hermann Hefele, Düsseldorf/Köln 1958.

Augustin, Briefe
AUGUSTIN: *Des Heiligen Kirchenvaters Aurelius Augustinus ausgewählte Briefe*, übersetzt von Alfred Hoffmann (Bibliothek der Kirchenväter II 29), Kempten/München 1917.

Ausgewählte Urkunden zur Deutschen Verfassungsgeschichte 1
Ausgewählte Urkunden zur Deutschen Verfassungsgeschichte 1: Urkunden zur städtischen Verfassungsgeschichte, hrsg. von F. Keutgen, Berlin 1901.

Aussatz 1986
Aussatz, Lepra, Hansen-Krankheit. Ein Menschheitsproblem im Wandel, 2 Bde. (Kataloge des Deutschen Medizinhistorischen Museums, Beihefte 1), Würzburg 1986.

Autenrieth/Geuenich/Schmid 1979
JOHANNES AUTENRIETH/DIETER GEUENICH/KARL SCHMID (Hrsg.): *Das Verbrüderungsbuch der Abtei Reichenau (Einleitung, Register, Faksimile)* (Monumenta Germaniae historica, Libri memoriales et necrologia, Nova series 1), Hannover 1979.

Avril 1987
HENRY AVRIL: *Biblia Pauperum, A Facsimile and Edition*, Aldershot/Hampshire 1987.

Avril/Reynaud 1993
François Avril/Nicole Reynaud: *Les Manuscrits à Peinture en France 1440–1520* (Ausstellungskatalog), Paris 1993.

Baader 1861
Joseph Baader: *Nürnberger Polizeiordnungen aus dem XIII bis XV Jahrhundert* (Bibliothek des Litterarischen Vereins in Stuttgart 63), Stuttgart 1861, Neudruck Amsterdam 1966.

Bader/Keil 1982
Gerhard Bader/Gundolf Keil: *Einleitung*, in: Medizin im mittelalterlichen Abendland, hrsg. von Gerhard Bader und Keil Gundolf, Darmstadt 1982, S. 1–44.

Bächtiger 1974
Franz Bächtiger: *Marignano. Zum Schlachtfeld von Urs Graf*, in: Zeitschrift für Schweizerische Archäologie und Kunstgeschichte 31, 1974, S. 31–54.

Bähr 1984
Ingeborg Bähr: *Aussagen zur Funktion und zum Stellenwert von Kunstwerken in einem Pariser Reliquienprozeß des Jahres 1410*, in: Wallraf-Richartz-Jahrbuch 45, 1984, S. 41–57.

Baer 1971
H. C. Baer u.a.: *Die Kunstdenkmäler des Kantons Basel-Stadt, Bd.1* (Die Kunstdenkmäler der Schweiz), Basel 1971, (Nachdruck der Ausgabe Basel 1932, mit Nachträgen von François Maurer).

Bätschmann 1989
Oskar Bätschmann: *Malerei der Neuzeit* (Ars Helvetica), Disentis 1989.

Bäumler 1987
Susanne Bäumler: *Der Mensch in seiner Frömmigkeit. Epitaph – Wandgrabmal – Stifterbild*, in: Reichsstädte in Franken. Aufsatzband 2, München 1987, S. 231–243.

Baier 1979
Helmut Baier (Hrsg.): *600 Jahre Ostchor St. Sebald-Nürnberg. 1379–1979*, Neustadt 1979.

Baier 1980
Wolfgang Baier: *Quellendarstellungen zur Geschichte der Fotografie*, München 1980, 2. Aufl.

Baier-Futterer 1936
Ilse Baier-Futterer: *Die Bildwerke der Romanik und Gotik* (Kataloge des Schweizerischen Landesmuseums), Zürich 1936.

Baldwin 1970
John W. Baldwin: *Masters, Princes and Merchants. The social views of Peter the Chanter and his Cercle*, Bd. 1–2, Princeton/New Jersey 1970.

Bandmann 1962
Günther Bandmann: *Früh- und hochmittelalterliche Altaranordnung als Darstellung*, in: Das erste Jahrtausend, hrsg. von Viktor H. Elbern, 3 Bde., Düsseldorf 1962, Bd. 1, S. 371–411.

Barbieri 1976
Gino Barbieri: *La funzione economica degli umiliati*, in: Produzione, commercio e consumo dei panni di lana, a cura di Marco Spallanzani (Istituto Internazionale di storia economica «F. Datini» Prato 2), Firenze 1976, S. 145–149.

Bartels 1989
Margarete Bartels: *Totentänze – kunsthistorische Betrachtung*, in: Hans Helmut Jansen (Hrsg.): Der Tod in Dichtung, Philosophie und Kunst, Darmstadt 1989.

Barth 1938
Medard Barth: *Die Heilige Odilia, Schutzherrin des Elsass. Ihr Kult in Volk und Kirche*, 2 Bde., Strassburg 1938.

Barth 1955
Medard Barth: *St. Fridolin und sein Kult im alemannischen Raum*, in: Freiburger Diözesanarchiv 75, 1955, S. 112–202.

Bartsch 1803–1821
A. v. Bartsch: *Le Peintre-Graveur*, 21 Bde., Wien 1803–1821.

Bartz/König 1987
Gabriele Bartz/Eberhard König: *Die Illustration des Totenoffiziums in Stundenbüchern*, in: Hansjakob Becker/Bernhard Einig/Peter-Otto Ullrich (Hrsg.): Im Angesicht des Todes, Bd. 1 (Pietas Liturgica 3), St. Ottilien 1987, S. 487–528.

Baschet 1993
Jérôme Baschet: *Les justice de l'au-delà. Les représentations de l'enfer en France et en Italie (XIIe-XVe siècle)* (Bibliothèque des écoles françaises d'Athènes et de Rome 279), Rome 1993.

Bastard-Fournié 1973
Michelle Bastard-Fournié: *Mentalités religieuses aux confins du Toulousain et de l'Albigeois à la fin du moyen âge*, in: Annales du Midi 85, 1973, S. 267–287.

Bastard-Fournié 1980
Michelle Bastard-Fournié: *Le purgatoire dans la région toulousaine au XIVe et au début du XVe siècle*, in: Annales du Midi 92, 1980, S. 5–34.

Bauch 1975
Kurt Bauch: *Das mittelalterliche Grabbild. Figürliche Grabmäler des 11. bis 15. Jahrhunderts in Europa*, Berlin/New York 1975.

Bauch 1976
Kurt Bauch: *Das mittelalterliche Grabbild. Figürliche Grabmäler des 11. bis 15. Jahrhunderts in Europa*, Berlin/New York 1976.

Bauckham 1990
Richard Bauckham: *Early Jewish visions of Hell*, in: Journal of Theological Studies, NS 41, 1990, S. 355–386.

Baudot 1971
Marcel Baudot: *Millénaire monastique du Mont Saint-Michel* (Bibliothèque d'histoire et d'archéologie chrétienne), Paris 1971.

Bauer 1973
Veit Harold Bauer: *Das Antonius-Feuer in Kunst und Medizin* (Historische Schriftenreihe Sandoz AG 2), Berlin/Heidelberg/New York 1973.

Bauer/Hirschmann/Stolz 1977
Herbert Bauer/Gerhard Hirschmann/Georg Stolz (Hrsg.): *500 Jahre Hallenchor St. Lorenz zu Nürnberg. 1477–1977* (Nürnberger Forschungen 20), Nürnberg 1977.

Baum 1923
Paul Franklin Baum: *Judas' Sunday Rest*, in: The Modern Language Review 18, 1923, S. 168–182.

Baum 1923 (Kunst)
Julius Baum: *Altschwäbische Kunst*, Augsburg 1923.

Baum 1949
Julius Baum: *Die Funkische Tafel*, in: Jahresbericht des Museumsvereins Schaffhausen, 1949, S. 7–12.

Baum 1976
Hans-Peter Baum: *Hochkonjunktur und Wirtschaftskrise im spätmittelalterlichen Hamburg. Hamburger Rentengeschäfte 1371–1410* (Beiträge zur Geschichte Hamburgs 11), Hamburg 1976.

Baxandall 1985
Michael Baxandall: *The limewood sculptors of Renaissance Germany*, New Haven/London 1985, 3. Aufl.

Becker/Einig/Ullrich 1987
P. Becker/B. Einig/P.-O. Ullrich: *Im Angesicht des Todes*, Bd. 1 (Pietas Liturgica 3), St. Ottilien 1987.

Becksmann 1975
Rüdiger Becksmann: *Fensterstiftungen und Stifterbilder in der deutschen Glasmalerei des Mittelalters*, in: Vitrea Dedicata. Das Stifterbild in der deutschen Glasmalerei des Mittelalters, Berlin 1975, S. 65–85.

Beer 1959
Ellen J. Beer: *Beiträge zur oberrheinischen Buchmalerei in der ersten Hälfte des 14. Jahrhunderts unter besonderer Berücksichtigung der Initialornamentik* (Schriftenreihe der Stiftung Schnyder von Wartensee 43), Basel/Stuttgart 1959.

Beer 1983 (Goldgrund)
Ellen J. Beer: *Marginalien zum Thema Goldgrund*, in: Zeitschrift für Kunstgeschichte 46, 1983, S. 271–286.

Beer 1983 (Graduale)
Ellen J. Beer: *Die Buchkunst des Graduale von St.Katharinenthal*, in: Das Graduale von Sankt Katharinenthal. Kommentar zur Faksimile-Ausgabe, Luzern 1983, S. 103–224.

Beissel 1900
Stephan Beissel: *Rosenkranzbilder aus der Zeit um 1500*, in: Zeitschrift für Christliche Kunst 13, 1900, Sp. 33–42.

Beiträge zur Geschichte Böhmens IV, 1
Beiträge zur Geschichte Böhmens, Abt. IV: Städte-Bücher, Bd. 1: Stadtbuch von Brüx bis zum Jahre 1526, bearbeitet von Ludwig Schlesinger, Prag/Leipzig/Wien 1876.

Bekenntnisschriften
Die Bekenntnisschriften der evangelisch-lutherischen Kirche, Göttingen 1952, 2. Aufl.

Bellarmini, Opera omnia
Robert Bellarmini: *Opera omnia*, hrsg. von Justinus Fèvre, Bde. 1–12, Paris 1870–1876, (Nachdruck Frankfurt am Main 1965).

Belting 1981
Hans Belting: *Das Bild und sein Publikum im Mittelalter. Form und Funktion früher Bildtafeln der Passion*, Berlin 1981.

Belting 1987
Hans Belting: *Vom Altarbild zur autonomen Tafelmalerei*, in: Werner Busch/Peter Schmoock (Hrsg.): Kunst. Die Geschichte ihrer Funktionen, Weinheim/Berlin 1987, S. 128–149.

Belting 1990
Hans Belting: *Bild und Kult. Eine Geschichte des Bildes vor dem Zeitalter der Kunst*, München 1990.

Benad 1990
Matthias Benad: *Domus und Religion in Montaillou* (Spätmittelalter und Reformation, Neue Reihe 1), Tübingen 1990.

Benker 1976
Gertrud Benker: *Altes bäuerliches Holzgerät*, München 1976.

Benrath 1977
Gustav Adolf Benrath: *Ablass*, in: Theologische Realenzyklopädie 1, 1977, S. 347–364.

Benvenuti Papi 1990
Anna Benvenuti Papi: *«In castro poenitentiae». Santità e società femminile nell'Italia medievale* (Italia Sacra 45), Roma 1990.

Benzing 1955
J. Benzing: *Wer war der Drucker für die Sodalitas Celtica in Nürnberg?* in: Mitteilungen aus der Stadtbibliothek Nürnberg 4/2, 1955, S. 1ff.

Benzing 1971
Josef Benzing: *Humanismus in Nürnberg 1500–1540. Eine Liste der Druckschriften*, in: Albrecht Dürers Umwelt. Festschrift zum 500. Geburtstag Albrecht Dürers am 21. Mai 1971 (Nürnberger Forschungen 15), Nürnberg 1971, S. 255–300.

Bergdolt 1991
Klaus Bergdolt: *Die Kritik am Arzt im Mittelalter – Beispiele und Tendenzen vom 6. bis zum 12. Jahrhundert*, in: Gesnerus 48, 1991, S. 43–62.

Bergdolt 1992
Klaus Bergdolt: *Arzt, Krankheit und Therapie bei Petrarca. Die Kritik an Medizin und Naturwissenschaft im italienischen Frühhumanismus*, Weinheim 1992.

Bergmann 1989
Ulrike Bergmann: *Kölner Bildschnitzerwerkstätten vom 11. bis zum ausgehenden 14. Jahrhundert. Zum Forschungsstand*, in: Dies. (Bearb.): Schnütgen-Museum. Die Holzskulpturen des Mittelalters (1000–1400), Köln 1989, S. 19–63.

Bergmann/Keil 1982
Heinz Bergmann/Gundolf Keil: *Das Münchner Pest-Lassmännchen. Standardisierungstendenzen in der spätmittelalterlichen deutschen Pesttherapie*, in: Gundolf Keil (Hrsg.), Fachprosa-Studien. Beiträge zur mittelalterlichen Wissenschafts-und Geistesgeschichte, Berlin 1982, S. 318–330.

Bériac 1988
Françoise Bériac: *Histoire des lépreux au moyen âge, une société d'exclus*, Paris 1988.

Beringer 1900
Franz Beringer: *Die Ablässe, ihr Wesen und ihr Gebrauch*, Paderborn 1900.

Beringer 1922
Franz Beringer: *Die Ablässe, ihr Wesen und Gebrauch*, 15., von der Hl. Pönitentiarie gutgeheißene Aufl., nach den neuesten Entscheidungen und Bewilligungen bearbeitet von Peter Aloys Steinen, Bde. 1–2, Paderborn 1922.

Berliner 1955
Rudolf Berliner: *Arma Christi*, in: Münchner Jahrbuch der bildenden Kunst, 3. Folge 4, 1955, S. 35–153.

Berner Weltgerichtspiel
Berner Weltgerichtspiel, hrsg. von Wolfgang Stammler (Texte des späten Mittelalters 15), Berlin 1962.

Bernhard von Clairvaux, Sermo in dominica
Bernhard von Clairvaux: *Sermo in dominica infra octavam assumptionis B. V. Mariae*, in: PL 83, Sp. 430c.

Bertelli 1967
Carlo Bertelli: *The image of Pity in Santa Croce in Gerusalemme*, in: Essays presented to Rudolf Wittkower, vol 2, London 1967, S. 40–55.

Berthold von Regensburg, Predigten
Berthold von Regensburg: *Vollständige Ausgabe seiner Predigten*, hrsg. von Franz Pfeiffer, Bd. 1, (Deutsche Neudrucke. Texte des Mittelalters), Berlin 1965.

BerZD 1968/1969
Zürcher Denkmalpflege, 6. Bericht 1968/1969, Zürich 1973.

BerZD 1970–1974
Zürcher Denkmalpflege, 7. Bericht 1970–1974, 2. Teil, Zürich 1978.

Beterous 1975
P. V. Beterous: *A propos d'une des légendes mariales les plus répandus: Le lait de la Vierge*, in: Bulletin de l'association Guillaume Budé 4, 1975, S. 403–411.

Beumer 1959
Johannes Beumer: *Die Mariologie Richards von Saint-Laurent*, in: Franziskanische Studien 41, 1959, S. 19–40.

Bialostocki 1981
Jan Bialostocki: *Kunst und Vanitas*, in: Jan Bialostocki: Stil und Ikonographie, Köln 1981, S. 269–316.

Biedermann 1982
Gottfried Biedermann: *Katalog der mittelalterlichen Kunst. Alte Galerie am Landesmuseum Joanneum*, Graz 1982.

Bieler 1962
Ludwig Bieler: *Odilia*, in: LThK 7, 1962.

Bietenhard 1951
Hans Bietenhard: *Die himmlische Welt im Urchristentum und Spätjudentum* (Wissenschaftliche Untersuchungen zum Neuen Testament 2), Tübingen 1951.

Bill/Manser 1988
Jakob Bill/Jürg Manser: *Die ehemalige Richtstätte des Standes Luzern in Emmen 1562–1798 und der dazugehörende Wasenplatz*, in: Nachrichten des Schweizerischen Burgenvereins 15, 1988, S. 90–97.

Binz 1987
Louis Binz: *Les confréries dans le diocèse de Genève à la fin du Moyen Age*, in: Le mouvement confraternel au moyen âge. France, Italie, Suisse, Actes de la table ronde 1985 (Collection de l'école française de Rome 97), Rome 1987, S. 233–261.

Birchler 1927
Linus Birchler: *Die Kunstdenkmäler des Kantons Schwyz, Bd. 1: Einsiedeln, Höfe und March* (Die Kunstdenkmäler der Schweiz), Basel 1927.

Birchler 1934
Linus Birchler: *Die Kunstdenkmäler des Kantons Zug, Bd. 1: Zug-Land* (Die Kunstdenkmäler der Schweiz), Basel 1934.

Birchler 1935
Linus Birchler: *Die Kunstdenkmäler des Kantons Zug, 2. Halbband: Zug-Stadt* (Die Kunstdenkmäler der Schweiz), Basel 1935.

Bischof 1855
E. Bischof: *Deutsches Recht in Olmütz*, Wien 1855.

Black 1989
Christopher F. Black: *Italian Confraternities in the Sixteenth Century*, Cambridge 1989.

Blanke 1964
Fritz Blanke: *Bildinhalte christlicher Kunst des Mittelalters erläutert an Beispielen aus dem Zürcher Kunsthaus und dem Schweizerischen Landesmuseum Zürich* (Neujahrsblatt der Zürcher Kunstgesellschaft), Zürich 1964.

Bless-Grabher 1982
Magdalen Bless-Grabher: *Zisterzienserkloster Kappel*, in: Helvetia Sacra, Abt. III, Bd. 3, 1. Teil, Bern 1982, S. 246–298.

Bloch 1980
Peter Bloch: *Das Bild des Menschen im Mittelalter: Herrscherbild – Grabbild – Stifterbild*, in: Bilder vom Menschen in der Kunst des Abendlandes (Katalog), Berlin 1980, S. 107–120.

Bloesch 1975
Paul Bloesch: *Das Anniversarbuch des Basler Domstifts (Liber vite ecclesie Basiliensis) 1334/38 – 1610*, 2 Bde. (Quellen und Forschungen zur Basler Geschichte 7), Basel 1975.

Blumenfeld-Kosinski 1991
Renate Blumenfeld-Kosinski: *Not of women born. Representations of Caesarean birth in medieval and renaissance culture*, Ithaca/London 1991.

Blumer 1850
J. J. Blumer: *Staats- und Rechtsgeschichte der schweizerischen Demokratien oder der Kantone Uri, Schwyz, Unterwalden, Glarus, Zug und Appenzell, Bd. 1: Das Mittelalter*, St. Gallen 1850.

Böhling 1932
Luise Böhling: *Jörg Kändel von Biberach und die Altäre des Parallelfaltenstils in der Schweiz*, in: Anzeiger für Schweizerische Altertumskunde, NF 34, 1932, S. 28–38.

Boff 1992
Leonardo Boff: *Was kommt nachher? Das Leben nach dem Tode*, München 1992.

Bog 1975
Ingomar Bog: *Ueber Arme und Armenfürsorge in Oberdeutschland und in der Eidgenossenschaft im 15. und 16. Jahrhundert*, in: Jahrbuch für fränkische Landesforschung 34/35, Festschrift für Gerhard Pfeiffer, Neustadt (Aisch) 1975, S. 983–1001.

Bomm 1958
Urbanus Bomm: *Das lateinisch-deutsche Sonntagsmeßbuch*, Einsiedeln/Köln 1958.

Bonaventura, Meditationes
Bonaventura: *Meditations on the life of Christ*, hrsg. von Isa Ragusa (Princeton Monographs in Art and Archaeology 35), Princeton 1977.

Boockmann 1986
Hartmut Boockmann: *Die Stadt im späten Mittelalter*, München 1986.

Boockmann 1986 (Universitäten)
Hartmut Boockmann: *Ikonographie der Universitäten. Bemerkungen über bildliche und gegenständliche Zeugnisse der spätmittelalterlichen deutschen Universitäten-Geschichte*, in: Johannes Fried (Hrsg.): Schulen und Studium im sozialen

Boockmann 1987
Hartmut Boockmann: *Die Lebenswelt eines spätmittelalterlichen Juristen. Das Testament des doctor legum Johannes Seeburg*, in: Philologie als Kulturwissenschaft. Studien zur Literatur und Geschichte des Mittelalters. Festschrift für Karl Stackmann, Göttingen 1987, S. 287–305.

Boockmann 1987 (Stadt)
Hartmut Boockmann: *Die Stadt im späten Mittelalter*, München 1987, 2. Aufl.

Boockmann 1990
Hartmut Boockmann: *Wissenschaftliche Annexionen?* in: Zeitschrift für Kunstgeschichte 53, 1990, S. 145–149.

Borgolte 1984
Michael Borgolte: *Gedenkstiftungen in St. Galler Urkunden*, in: Schmid/Wollasch 1984, S. 578–602.

Borsook 1980
Eve Borsook: *The Mural Painters of Tuscany. From Cimabue to Andrea del Sarto*, 2nd edition revised and enlarged, Oxford 1980.

Borst 1993
Arno Borst u.a. (Hrsg.): *Tod im Mittelalter* (Konstanzer Bibliothek 20), Konstanz 1993.

Bosque 1975
Andrée de Bosque: *Quentin Metsys*, Brüssel 1975.

Bossy 1983
John Bossy: *The Mass as a Social Institution 1200–1700*, in: Past and Present 100, 1983, S. 29–61.

Botvinick 1992
Matthew Botvinick: *The painting as pilgrimage: Traces of a subtext in the work of Campin and his contemporaries*, in: Art History 15, 1992, S. 1–18.

Boutruche 1939
Robert Boutruche: *Aux origines d'une crise nobiliaire: donations pieuses et pratiques successorales en Bordelais du XIIIème au XVIème siècle*, in: Annales d'histoire sociale 1, 1939, S. 165.

Bräm 1993
Andreas Bräm: *Das Stundenbuch Rheinau 169 in der Zentralbibliothek Zürich – eine bedeutende provenzalische Bilderhandschrift um 1430*, in: Zeitschrift für Schweizerische Archäologie und Kunstgeschichte 50, 1993, S. 165–178.

Brandis/Fingernagel 1985
Tilo Brandis/Andreas Fingernagel: *Die Stundenbuchhandschrift des Nicolas von Firmian*, in: Jahrbuch Preußischer Kulturbesitz 22, 1985, S. 233–241.

Brandson 1967
S. G. F. Brandson: *The Judgment of the Dead. An Historical and Comparative Study of the Idea of Post-Mortem Judgment in the Major Religions*, London/Edinburgh 1967.

Braun 1922
Joseph S. J. Braun: *Liturgisches Handlexikon*, Regensburg 1922.

Braunfels 1954
Wolfgang Braunfels: *Die Heilige Dreifaltigkeit*, Düsseldorf 1954.

Braunfels 1958
Wolfgang Braunfels: *Meisterwerke europäischer Plastik*, Zürich 1958.

Braunfels 1970
Wolfgang Braunfels: *Fegfeuer*, in: LCI 2, 1970, Sp. 16–20.

Bredero 1983
Adriaan H. Bredero: *Le Moyen Age et le Purgatoire*, in: Revue d'histoire ecclésiastique 78, 1983, S. 429–451.

Brenk 1966
Beat Brenk: *Tradition und Neuerung in der christlichen Kunst des ersten Jahrtausends. Studien zur Geschichte des Weltgerichtsbildes* (Wiener byzantinische Studien 3), Wien 1966.

Brenk/Brulhart 1970
Beat Brenk/Armand Brulhart: *Hölle*, in: LCI 2, 1970, Sp. 313–321.

Brinkmann 1980
Hennig Brinkmann: *Mittelalterliche Hermeneutik*, Tübingen 1980.

Brinkmann 1988
Bodo Brinkmann: *The Hastings Hours and the Master of 1499*, in: The British Library Journal 14, 1988, S. 90–106.

Brinkmann 1992 (Fitzwilliam)
Bodo Brinkmann: *Fitzwilliam 1058–1975 and the 'Capriccio' in Flemish book illumination*, in: Fifteenth-Century Flemish Manuscripts in Cambridge Collections (Transactions of the Cambridge Bibliographical Society 10), Cambridge 1992, S. 203–214.

Brinkmann 1992 (Offizium)
Bodo Brinkmann: *Offizium der Madonna. Der Codex Vat. lat. 10293 und verwandte kleine Stundenbücher mit Architekturbordüren*, Kommentarband zur Faksimileausgabe des Cod. Vat. lat. 10293 (Codices e Vaticanis Selecti… 72), Stuttgart/Zürich 1992.

Brockmann 1932
Harald Brockmann: *Die Spätzeit der Kölner Malerschule. Der Meister von St. Severin und der Meister der Ursulalegende*, Bonn 1932.

Brody 1974
Samuel N. Brody: *The disease of the soul, leprosy in medieval literature*, Ithaca/London 1974.

Browe 1936
Peter Browe: *Die Sterbekommunion im Altertum und Mittelalter*, in: Zeitschrift für katholische Theologie 60, 1936, S. 1–54 und 211–240.

Bruck 1956
Eberhard Friedrich Bruck: *Kirchenväter und soziales Erbrecht. Wanderungen religiöser Ideen durch die Rechte der östlichen und westlichen Welt*, Berlin/Göttingen/Heidelberg 1956.

Brücker 1963
Wolfgang Brücker: *Conrad Faber von Creuznach*, Frankfurt a.M. 1963.

Bruckner 1943
Albert Bruckner: *Schreibschulen der Diözese Konstanz, Stift Einsiedeln, Kirchen und Klöster der Kantone Uri, Schwyz, Glarus, Zug* (Scriptoria medii aevi helvetica. Denkmäler schweizerischer Schreibkunst des Mittelalters 5), Genf 1943.

Bruckner 1955
Albert Bruckner: *Schreibschulen der Diözese Konstanz, Aargauische Gotteshäuser* (Sciptoria medii aevi. Denkmäler schweizerischer Schreibkunst des Mittelalters 7), Genf 1955.

Bruckner/Bruckner 1942
Albert Bruckner/Berty Bruckner: *Schweizer Fahnenbuch*, 2 Bde., St. Gallen 1942.

Bruckner/Sennhauser 1973
Albert Bruckner/Hans Rudolf Sennhauser (Hrsg.): *Liber Viventium Fabariensis. Stiftsarchiv St. Gallen Fonds Pfäfers Codex 1. Faksimile-Edition*, Basel 1973.

Brüschweiler 1928
Albert Brüschweiler: *Jeremias Gotthelfs Darstellung des Berner Taufwesens, volkskundlich und historisch untersucht und ergänzt*, Bern 1928.

Bücher 1894
Karl Bücher: *Zwei mittelalterliche Steuerordnungen*, in: Festschrift zum deutschen Historikertage in Leipzig, Leipzig 1894, (auch in: ders.: Beiträge zur Wirtschaftsgeschichte, Tübingen 1922, S. 300–328).

Bücher 1922
Karl Bücher: *Beiträge zur Wirtschaftsgeschichte*, Tübingen 1922.

Buchholz 1928
Friedrich Buchholz: *Protestantismus und Kunst im sechzehnten Jahrhundert* (Studien über christliche Denkmäler NF 17), Leipzig 1928.

Buchner 1953
Rudolf Buchner: *Das deutsche Bildnis der Spätgotik und der frühen Dürerzeit* (Denkmäler deutscher Kunst), Berlin 1953.

Bühler 1902–1905
Friederich Bühler: *Der Aussatz in der Schweiz. Medicinisch-historische Studien*, 3 Bde., Luzern 1902–1905.

Burckhardt 1933
Rudolf F. Burckhardt: *Die Kunstdenkmäler des Kantons Basel-Stadt, Bd. 2: Der Basler Münsterschatz* (Die Kunstdenkmäler der Schweiz), Basel 1933.

Bürgisser 1987
Eugen Bürgisser: *Vom alten Bruderschaftswesen in Bremgarten* (Veröffentlichungen aus dem Stadtarchiv Bremgarten 4), Bremgarten 1987.

Burkert 1977
Walter Burkert: *Griechische Religion der archaischen und klassischen Epoche* (Die Religionen der Menschheit 15), Stuttgart u. a. 1977.

Burkert 1990
Walter Burkert: *Antike Mysterien*, München 1990.

Burmeister 1982
Karl Heinz Burmeister: *Ritter Konrad von Wolfurt, der Stifter des Wolfurter Kelchs*, in: Jahrbuch Vorarlberger Landesmuseums-Verein, 1982, S. 61–75.

Busch 1982
Werner Busch: *Lucas van Leydens «Grosse Hagar» und die augustinische Theologieauffassung der Vorreformation*, in: Zeitschrift für Kunstgeschichte 45, 1982, S. 97–129.

Bushart 1987
Bruno Bushart: *Holbein der Ältere*, Augsburg 1987.

Büttner 1983
F. O. Büttner: *Imitatio Pietatis. Motive der*

christlichen Ikonographie als Modelle zur Verähnlichung, Berlin 1983.

Bylina 1986
Stanislaw Bylina: *Les vaudois et l'au-delà au XIVe siècle en Europe centrale-orientale*, in: Heresis 6, 1986, S. 35-43.

Bynum 1987
Caroline Bynum Walker: *Holy Feast and Holy Fast. The Religiouse Significance of Food to Medieval Women*, Berkeley 1987.

Bynum 1991
Caroline Bynum Walker: *The Body of Christ in the Late Middle Ages. A Reply to Leo Steinberg (1986)*, in: Fragmentation and Redemption. Essays on Gender and the Human Body in Medieval Religion, hrsg. von Caroline Walker Bynum, New York 1991, S. 79-117.

Byrn 1980
Richard Byrn: *Gerard van Vliederhoven*, in: Verfasserlexikon 2, 1980, Sp. 1217-1221.

C.I.N.O.A. 1970
C.I.N.O.A. 1970, in: The Connoisseur, 1970, Aprilheft, S. 258.

Cabassut 1927
A. Cabassut: *La mitigation des peines de l'enfer d'après les livres liturgiques*, in: Revue d'Histoire Ecclésiastique 23, 1927, S. 65-70.

Cahiers de Fanjeaux 26
Marie-Anne Polo de Beaulieu: *Recueils d'exempla méridionaux et culte des âmes du Purgatoire*, in: Cahiers de Fanjeaux 26, 1991, S. 257-278.

Caillet 1985
Jean-Pierre Caillet: *L'Antiquité classique, le haut Moyen age et Byzance au Musée de Cluny*, Paris 1985.

Cames 1966
Gérard Cames: *Byzance et la peinture romane de Germanie*, Paris 1966.

Camille 1989
Michael Camille: *The Gothic Idol. Ideology and Image-making in Medieval Art*, Cambridge 1989.

Camporesi 1990
Piero Camporesi: *The Fear of Hell. Images of Damnation and salvation in Early Modern Europe*, 1990.

Capra 1951
Maria Capra: *Das Vesperbild und seine Bedeutung im Totenkult*, in: Mitteilungen der Gesellschaft für vergleichende Kunstforschung 4, 1951, S. 12-14.

Casadei 1979
Marina Casadei: *Bernardino Baldi e la pittura di controriforma a Bologna*, in: Il Carrobbio 5, 1979, S. 71-82.

Castella/Flutsch 1990
Daniel Castella/Laurent Flutsch: *Sanctuaires et monuments funéraires à Avenches – en Chaplix VD*, in: Archäologie der Schweiz 13, Heft 1, 1990, S. 2-30.

Caviness 1985
Madeline Harrison Caviness: *Rediscovered Glass of About 1200 from the Abbey of Saint-Yved at Braine*, in: Studies on Medieval Stained Glass. Selected Papers from the XIth International Colloquium of the Corpus Vitrearum, New York 1-6 June 1982, hrsg. von Madeline H. Caviness und Timothy Husband (Corpus Vitrearum Medii Aevi, United States: Occasional Papers 1), New York 1985, S. 34-48.

Caviness 1987
Madeline Harrison Caviness u.a.: *Stained Glass before 1700 in American Collections: Mid-Atlantic and Southeastern Seabord States*, (Corpus Vitrearum Checklist II) (Studies in the History of Art, Monograph Series I, 23), Washington 1987.

Caviness 1990
Madeline Harrison Caviness: *Sumptuous Arts at the Royal Abbeys in Reims and Braine. Ornatus elegantiae, varietate stupendes*, Princeton 1990.

Caviness/Husband 1985
Madeline Harrison Caviness/Timothy Husband (Hrsg.): *Studies on Medieval Stained Glass. Selected Papers from the XIth International Colloquium of the Corpus Vitrearum, New York 1-6 June 1982* (Corpus Vitrearum Medii Aevi, United States: Occasional Papers 1), New York 1985.

Cenacchi 1977
Giuseppe Cenacchi: *Il lavoro nel pensiero di Tommaso d'Aquino* (Pontificia Accademia di S. Tommaso. Studi Tomistici 5), Roma 1977.

Cessario 1982
Romanus O.P. Cessario: *Christian Satisfaction in Aquinas. Towards a Personalist Understanding*, Diss. Freiburg i. Ue., Washington 1982.

Cetto 1966
Anna Maria Cetto: *Der Berner Trajan- und Herkinbald-Teppich*, Bern 1966.

Chadraba 1964
Rudolf Chadraba: *Dürers Apokalypse. Eine ikonologische Deutung*, Prag 1964.

Chaix 1989
Gérald Chaix: *Humanisme et élites urbaines à Cologne au XVIe siècle*, in: Klaus Malettke/Jürgen Voss (Hrsg.): Humanismus und höfischstädtische Eliten im 16. Jahrhundert (Pariser Historische Studien 27), Bonn 1989, S. 195-210.

Chaix 1992
Gérald Chaix: *Von der Christlichkeit zur Katholizität. Köln zwischen Traditionen und Modernität (1500-1648)*, in: Rudolf Vierhaus (Hrsg.): Frühe Neuzeit – Frühe Moderne? Forschungen zur Vielschichtigkeit von Übergangsprozessen (Veröffentlichungen des Max-Planck-Instituts für Geschichte 104), Göttingen 1992, S. 233-244.

Chapeaurouge 1964
Donat de Chapeaurouge: *Zur Symbolik des Erdbodens in der Kunst des Spätmittelalters*, in: Das Münster 17, 1964, S. 38-58.

Chapeaurouge 1984
Donat de Chapeaurouge: *Einführung in die Geschichte der christlichen Symbole* (Die Kunstwissenschaft), Darmstadt 1984.

Chiffoleau 1980
Jacques Chiffoleau: *La comptabilité de l'au-delà. Les hommes, la mort et la religion dans la région d'Avignon à la fin du moyen âge, (vers 1320 – vers 1480)* (Collection de l'Ecole française de Rome 47), Rome 1980.

Chiffoleau 1981
Jacques Chiffoleau: *Sur l'usage obsessionnel de la Messe pour les morts à la fin du moyen age*, in: Faire croire. Modalités de la diffusion et de la réception des messages religieux du XIIIème au XVème siècle. Actes de la Table ronde de Rome, 22.-23.6.1979, Rome 1981.

Chiffoleau 1984
Jacques Chiffoleau: *Pour une économie de l'institution ecclésiale à la fin du Moyen Age*, in: Mélanges de l'École française de Rome, Moyen Age, Temps modernes 96, 1984, S. 247-279.

Chiffoleau 1987
Jacques Chiffoleau: *Entre le religieux et le politique: les confréries du Saint-Esprit en Provence et en Comtat Venaissin à la fin du Moyen Age*, in: Le mouvement confraternel au moyen âge. France, Italie, Suisse, Actes de la table ronde 1985 (Collection de l'école française de Rome 97), Rom 1987, S. 9-40.

Christensen 1970
Carl C. Christensen: *Iconoclasm and the Preservation of Ecclesiastical Art in Reformation Nuernberg*, in: Archiv für Reformationsgeschichte 61, 1970, S. 205-221.

Christus und Maria 1956
Christus und Maria. Westdeutsche Kunstwerke der Gotik, Köln 1956.

Ciappi 1596
Marc'Antonio Ciappi: *Compendio delle heroiche, et gloriose attioni, et sancta vita di papa Gregorio XIII.*, Roma: Accolti, 1596.

CIL
Corpus inscriptionum Latinarum 1973ff.

CIMAH Bd. 2, 1984
Corpus Inscriptionum Medii Aevi Helvetiae, Die frühchristlichen und mittelalterlichen Inschriften der Schweiz, hrsg. von Carl Pfaff, Bd. 2: Die Inschriften der Kantone Freiburg, Genf, Jura, Neuenburg und Waadt, bearbeitet von Christoph Jörg (Scrinium Friburgense, Sonderband 2), Freiburg/Schweiz 1984.

Claus 1985
Helmut Claus: *Die Zwickauer Drucke des 16. Jahrhunderts, Teil 1: Johann Schönsperger 1523-1528. Gabriel Kantz 1527-1529* (Veröffentlichungen der Forschungsbibliothek Gotha 23), Gotha 1985.

Clauss 1935
Joseph M. B. Clauss: *Die Heiligen des Elsass in ihrem Leben, ihrer Verehrung und ihrer Darstellung in der Kunst*, Düsseldorf 1935.

Claussen 1981
Peter Cornelius Claussen: *Früher Künstlerstolz. Mittelalterliche Signaturen als Quelle der Kunstsoziologie*, in: Karl Clausberg u.a. (Hrsg.): Bauwerk und Bildwerk im Hochmittelalter. Anschauliche Beiträge zur Kultur- und Sozialgeschichte, Gießen 1981, S. 7-34.

Clavadetscher 1988
Otto P. Clavadetscher: *Das Totengedächtnis und sein Wandel im Raume St. Gallen*, in: Person und Gemeinschaft, Karl Schmid zum 65. Geburtstag, hrsg. von Gerd Althoff u.a., Sigmaringen 1988, S. 393-404.

Codex juris municipalis regni Bohemiae
Codex juris municipalis regni Bohemiae, hrsg. von Jaromir Celakovsky, 2 Bde., Prag 1886.

Cohen 1973
Kathleen Cohen: *Metamorphosis of a Death Symbol. The Transi Tomb in the Late Middle Ages and the Renaissance*, Berkeley/Los Angeles/London 1973.

Collectio Rituum
Collectio Rituum ad instar Appendicis ritualis romani pro omnibus germaniae dioecesibus, Regensburg 1960.

Colli 1983
Agostino Colli: *La tradizione figurativa della Gerusalemme celeste: linee di sviluppo dal sec. III al sec. XIV*, in: La dimora di Dio con gli uomini. Immagini della Gerusalemme celeste dal III al XIV secolo. Catalogo de la mostra, Milano, Università cattolica del S. Cruore, hrsg. von Maria Luisa Gatti Perer, Milano 1983, S. 119–144.

Collon-Gevaert 1951
Suzanne Collon-Gevaert: *Histoire des Arts du Métal en Belgique*, Brüssel 1951.

Colpe 1991
Carsten Colpe: *Höllenfahrt*, in: RAC 15, 1991, Sp. 1015–1023.

Conciliorum oecumenicorum decreta
Conciliorum oecumenicorum decreta, curantibus Josepho Alberigo etc., editio tertia, Bologna 1973.

Concilium Tridentinum
Concilium Tridentinum. Diariorum, actorum, epistularum, tractatuum nova collectio, Bde. 1–13, Freiburg i. Br. 1901–1938.

Condrau 1984
Gion Condrau: *Der Mensch und sein Tod, certa moriendi condicio*, Zürich/Einsiedeln 1984.

Congar 1958
Yves Congar: *Quod omnes tangit*, in: Revue d'histoire de droit français et étranger 35, 1958, S. 210–259, (jetzt auch in: Wege der Forschung 196, Darmstadt 1980, 115–182).

Conrad 1990
Dietrich Conrad: *Kirchenbau im Mittelalter. Bauplanung und Bauausführung*, Leipzig 1990.

Corpus iuris canonici
Corpus iuris canonici, hrsg. von A. Friedberg, 2 Bde., Leipzig 1879–1891.

Corpus iuris civilis
Corpus iuris civilis, Corps de droit Civil romain en latin et en français, réimpression de l'édition de Metz 1803–1811, 14 Bde. und 3 Suppl.bde., Aalen 1979.

Coulet 1978
Noel Coulet: *Hôpitaux et oeuvres d'assistance dans le diocese et la ville D'Aix-en-Provence. XIIe-mi-XIVe-siecle*, in: Assistance et charité (Cahiers de Fanjeaux 13), Toulouse 1978, S. 213–237.

Coupe 1966–1967
William Coupe: *The German Illustrated Broadsheet in the Seventeenth Century. Historical and Iconographical Studies*, 2 Bde. (Bibliotheca Bibliographica Aureliana 17/20), Baden-Baden 1966–1967.

Crisciani 1983
Chiara Crisciani: *Valeurs éthiques et savoir médicale entre le XIIe et le XIVe siècle*, in: History and Philosophy of the Life Science 5, 1983, S. 33–52.

Croquison 1962
J. Croquison: *Les origines de l'iconographie grégorienne*, in: Cahiers archéologiques 12, 1962, S. 249–260.

Cumont 1949
Franz Cumont: *Lux Perpetua*, Paris 1949.

Curschmann 1992
Michael Curschmann: *Pictura laicorum litteratura? Überlegungen zum Verhältnis von Bild und volkssprachlicher Schriftlichkeit im Hoch- und Spätmittelalter bis zum Codex Manesse*, in: Hagen Keller u.a. (Hrsg.): Pragmatische Schriftlichkeit im Mittelalter. Erscheinungsformen und Entwicklungsstufen (Münstersche Mittelalter-Schriften 65), München 1992, S. 211–229.

D'Irsay 1927
Stephen D'Irsay: *Defense Reactions during the Black Death, 1348–1349*, in: Annals of medical history 9, 1927, S. 169–179.

DACL
Dictionnaire d'archéologie chrétienne et de liturgie, hrsg. von F. Cabrol und H. Leclercq, 15 Bde., Paris 1907–1953.

Dahm 1985
Inge Dahm: *Aargauer Inkunabelkatalog*, unter Mitarbeit von Kurt Meyer, Aarau 1985.

Dalarun 1991
Jacques Dalarun: *Regards des clercs*, in: Histoire des femmes: Bd. 2: Le Moyen Age, hrsg. von Christiane Klapisch-Zuber, Paris 1991, S. 31–54.

Das älteste Kieler Rentenbuch 1300–1487
Das älteste Kieler Rentenbuch 1300–1487, hrsg. von Christian Reuter (Mitteilungen der Gesellschaft für Kieler Stadtgeschichte 9–11), Kiel 1891–1893.

Das alte Lübische Recht
Das alte Lübische Recht, hrsg. von Johann Friedrich Hach, Lübeck 1839.

Das Leben der heiligen Elisabeth
Das Leben der heiligen Elisabeth, aus dem Mittelhochdeutschen übersetzt und hrsg. von Manfred Lemmer, Berlin 1982, 2. Aufl.

Das Ofner Stadtrecht
Das Ofner Stadtrecht. Eine deutschsprachige Rechtssammlung des 15. Jahrhunderts aus Ungarn, hrsg. von Karl Mollay (Monumenta Historica Budapestinensia 1), Budapest 1959.

Daub 1989
D. Daub: *Sterben im Zeitalter der Apparatemedizin*, in: E. Matouschek (Hrsg.), Arzt und Tod. Verantwortung, Freiheiten und Zwänge, Stuttgart/New York 1989, S. 37–145.

De Gaiffier 1951/52
B. De Gaiffier: *A propos de la mort de l'empereur saint Henri*, in: Mélanges de science religieuse 39–40, 1951/52.

De Hamel 1986
Christopher De Hamel: *A History of Illuminated Manuscripts*, Oxford 1986.

De Wald 1925/1926
Ernest T. De Wald: *The Golden Book of Pfävers*, in: The Art Bulletin 8, 1925/1926, S. 112–177.

De Winter 1981
Patrick De Winter: *A Book of Hours of Queen Isabel la Católica*, in: The Bulletin of the Cleveland Museum of Art 67, 1981, S. 342–427.

Decker 1985
Bernhard Decker: *Notizen zum Heller-Altar*, in: Städel-Jahrbuch, NF 10, 1985, S. 179–192.

Degenhart 1950
Bernhard Degenhart: *Autonome Zeichnungen bei mittelalterlichen Künstlern*, in: Münchner Jahrbuch der bildenden Kunst, 3. Folge 1, 1950, S. 93–158.

Deichmann 1967
Friedrich Wilhelm Deichmann (Hrsg.): *Repetitorium der christlich-antiken Sarkophage*, bearbeitet von Giuseppe Bovini und Hugo Brandenburg, Wiesbaden 1967.

Deitmaring 1969
Ursula Deitmaring: *Die Bedeutung von rechts und links in theologischen und literarischen Texten bis um 1200*, in: Zeitschrift für deutsches Altertum und deutsche Literatur 98, 1969, S. 265–292.

Delaissé 1974
L. M. J. Delaissé: *The Importance of Books of Hours for the History of the Medieval Book*, in: Gatherings in Honour of Dorothy Miner, Baltimore 1974, S. 205–225.

Delpy 1901
E. Delpy: *Die Legende von der heiligen Ursula in der Kölner Malerschule*, Köln 1901.

Demmler 1913
Theodor Demmler: *Sammlung Dr. Oertel. Bildwerke der Gotik und Renaissance in Holz, Stein und Ton*, Lepke-Auktionshaus, Berlin 1913.

Denny 1963
Don Denny: *The Trinitiy in Enguerrand Quarton's Coronation of the Virgin*, in: The Art Bulletin 45, 1963, S. 48–52.

Deonna 1944
Waldemar Deonna: *Abra, Abraca: La croix-talisman de Lausanne*, in: Genava 22, 1944, S. 116–137.

Deschler 1977
Jean Paul Deschler: *Die astronomische Terminologie Konrads von Megenberg* (Europäische Hochschulschriften, Reihe 1 171), Bern/Frankfurt 1977.

Descrizione minuta
Descrizione minuta della Chiesa di S. Bartolomeo di Piazza Ravegnana, sue cappelle, pitture, ornamenti e sepolcri, di Anonimo Teatino, sec. XVIII, hrsg. von Luciano Gherardi, Bologna 1967.

Die Chroniken der deutschen Städte 6.1
Die Chroniken der deutschen Städte vom 14. bis ins 16. Jahrhundert, 6: Die Chroniken der niedersächsischen Städte, Braunschweig, Bd. 1, Leipzig 1868.

Die Pest in Italien
Die Pest in Italien. Fünfzig zeitgenössische Quellen, hrsg. und übers. von Klaus Bergdolt, Heidelberg o.J.

Die Steuerbücher von Stadt und Landschaft Zürich
Die Steuerbücher von Stadt und Landschaft Zürich des XIV. und XV. Jahrhunderts, Bd. 2/1: Steuergesetzgebung von 1401–1470, Steuerrödel von 1401–1450, bearb. von Hans Nabholz und Edwin Hauser, Zürich 1939; Bd. 7: Steuerrödel von 1470 und 1471, Nachträge zu Band 2, bearb. von Edwin Hauser und Werner Schnyder, Zürich 1952.

Die Zürcher Stadtbücher
Die Zürcher Stadtbücher des XIV. und XV. Jahrhunderts, Bd. 3, hrsg. von Hans Nabholz, Leipzig 1906.

Dieckhoff 1978
Reiner Dieckhoff: *Antiqui – Moderni. Zeitbewusstsein und Naturerfahrung im 14. Jahrhundert*, in: Die Parler und der Schöne Stil 1350–1400. Europäische Kunst unter den Luxemburgern, hrsg. von Anton Legner, Bd. 2 (Ausstellungskatalog: Köln, Schnütgenmuseum, in der Kunsthalle Köln), Köln 1978, S. 67–93.

Diederich 1984
Toni Diederich: *Stift – Kloster – Pfarrei. Zur Bedeutung der kirchlichen Gemeinschaften im Heiligen Köln*, in: Hiltrud Kier/Ulrich Krings (Hrsg.): Köln: Die romanischen Kirchen. Von den Anfängen bis zum Zweiten Weltkrieg (Stadtspuren 1), Köln 1984, S. 17–78.

Diepgen 1922
Paul Diepgen: *Die Theologie und der ärztliche Stand* (Studien zur Geschichte der Beziehungen zwischen Theologie und Medizin im Mittelalter 1), Berlin 1922.

Dinzelbacher 1977
Peter Dinzelbacher: *Judastraditionen* (Raabser Märchen-Reihe 2), Wien 1977.

Dinzelbacher 1981
Peter Dinzelbacher: *Vision und Visionsliteratur im Mittelalter* (Monographien zur Geschichte des Mittelalters 23), Stuttgart 1981.

Dinzelbacher 1989
Peter Dinzelbacher: *Mittelalterliche Visionsliteratur. Eine Anthologie*, ausgewählt, übersetzt, eingeleitet und kommentiert von P.D., Darmstadt 1989.

Dinzelbacher/Bauer 1990
Peter Dinzelbacher/Dieter R. Bauer (Hrsg.): *Volksreligion im hohen und späten Mittelalter* (Quellen und Forschungen aus dem Gebiet der Geschichte, NF 13), Paderborn u.a. 1990.

Dirlmeier 1983
Ulf Dirlmeier: *Merkmale des sozialen Aufstiegs und der Zuordnung zur Führungsschicht in süddeutschen Städten des Spätmittelalters*, in: Hans-Peter Becht (Hrsg.): Pforzheim im Mittelalter. Studien zur Geschichte einer landesherrlichen Stadt (Pforzheimer Geschichtsblätter 6), Sigmaringen 1983, S. 77–106.

Dixon 1985
Laurinda S. Dixon: *Giovanni di Paolo's Cosmology*, in: The Art Bulletin 67, 1985, S. 604–613.

Dodds 1965
Eric Robertson Dodds: *Pagan and Christian in an Age of Anxiety. Some aspects of religious experience from Marcus to Constantine* (Wiles lectures given at the Queen's University Belfast. 1963), Cambridge 1965.

Döring-Hirsch 1927
E. Döring-Hirsch: *Tod und Jenseits im Spätmittelalter. Zugleich ein Beitrag zur Kulturgeschichte des deutschen Bürgertums*, Berlin 1927.

Dombart 1914/15
Theodor Dombart: *Das Monogramm IHS*, in: Die christliche Kunst 11, 1914/15, S. 257–269.

Dormeier 1985
Heinrich Dormeier: *St. Rochus, die Pest und die Imhoffs in Nürnberg vor und während der Reformation. Ein spätgotischer Altar in seinem religiös-liturgischen, wirtschaftlich-rechtlichen und sozialen Umfeld*, in: AGNM 1985, S. 7–72.

Dresel 1992
Ines Dresel/Dietmar Lüdke/Horst Vey: *Christus und Maria. Auslegungen christlicher Gemälde der Spätgotik und Frührenaissance aus der Karlsruher Kunsthalle* (Ausstellungskatalog: Karlsruhe, Staatliche Kunsthalle), Karlsruhe 1992.

Dubler 1982
Anne-Marie Dubler: *Handwerk, Gewerbe und Zunft in Stadt und Landschaft Luzern* (Luzerner Historische Schriften 14), Luzern 1982.

Duby 1986
Georges Duby: *Die drei Ordnungen. Das Weltbild des Feudalismus* (Suhrkamp Taschenbuch Wissenschaft 596), Frankfurt am Main 1986, (franz. Orig. 1978).

Düfel 1968
H. Düfel: *Luthers Stellung zur Marienverehrung* (Kirche und Konfession 13), Göttingen 1968.

Dülberg 1990
Angelica Dülberg: *Privatporträts. Geschichte und Ikonologie einer Gattung im 15. und 16. Jahrhundert*, Berlin 1990.

Dupeux 1991
Cécile Dupeux: *La lactation de Saint Bernard de Clairvaux. Genèse et évolution d'une image*, in: L'image et la production du sacré. Actes du colloque de Strasbourg. 20.-21.1.88, hrsg. von François Dunand, Jean-Michel Spieser und Jean Wirth, Paris 1991, S. 165–193.

Durandus, Rationale
Durandus' Rationale in spätmittelhochdeutscher Übersetzung, ed. von G. H. Buijissen, Bd. 4 (Studia theodisca 16), Assen 1983.

Durrer 1899–1922
Robert Durrer: *Die Kunst- und Architekturdenkmäler Unterwaldens*, 2 Bde., Zürich 1899–1922.

Durrer 1901
Robert Durrer: *Die Maler- und Schreiberschule von Engelberg*, in: Anzeiger für Schweizerische Altertumskunde, NF 3, 1901, S. 42–52 und 122–176.

Durrer 1971
Robert Durrer: *Die Kunstdenkmäler des Kantons Unterwalden*, Basel 1971, (unveränderter Nachdruck der Ausgabe Zürich 1899–1928).

Duvernoy 1976
Jean Duvernoy: *Le catharisme: la religion des cathares*, Toulouse 1976.

Dykema/Oberman 1993
Peter A. Dykema/Heiko A. Oberman: *Anticlericalism in Late Medieval and Early Modern Europe* (Studies in Medieval and Reformation Thought 51), Leiden 1993.

Eberhard 1988
Winfried Eberhard: *Kommunalismus und Gemeinnutz im 13. Jahrhundert. Zur Ausbildung einer Stadträson und ihrer Bedeutung in der Konfrontation mit der Geistlichkeit*, in: Gesellschaftsgeschichte. Festschrift für Karl Bosl zum 80. Geburtstag, hrsg. von Ferdinand Seibt, Bd.1, München 1988, S. 271–294.

Eberlin von Günzburg, Ausgewählte Schriften
Johann Eberlin von Günzburg: *Ausgewählte Schriften*, Bd. 1, hrsg. von Ludwig Enders (Flugschriften aus der Reformationszeit 11), Halle a.S. 1896.

Eckart 1990
Wolfgang Eckart: *Geschichte der Medizin*, Berlin/Heidelberg/New York 1990.

Eckstein 1934/1935
F. Eckstein: *Milch*, in: HWDA 6, 1934/1935, Sp. 243–293.

Eckstein/Waszink 1950
F. Eckstein/J. H. Waszink: *Amulett*, in: RAC 1, 1950, Sp. 409.

Egg 1985
Erich Egg: *Gotik in Tirol. Die Flügelaltäre*, Innsbruck 1985.

Eggenberger/Eggenberger 1989
Christoph Eggenberger/Dorothee Eggenberger: *Die Malerei des Mittelalters* (Ars Helvetica 5), Disentis 1989.

Egloff/Zangger 1991
Rainer Egloff/Andreas Zangger: *Jenseits des Kirchhofes. Soziale Differenzierung im Bestattungswesen und Begräbnisverweigerung in spätmittelalterlichen Schweizerstädten*, ungedruckte Seminararbeit Historisches Seminar der Universität Zürich 1991 (Seminar Prof. Dr. H. J. Gilomen, Randgruppen im Spätmittelalter) 1991.

Eich 1953
Paul Eich: *Maria lactans. Eine Studie über die Entwicklung bis in das 13. Jahrhundert und ein Versuch ihrer Deutung aus der mittelalterlichen Frömmigkeit*, masch. Frankfurt a. M. 1953.

Eikelmann 1987
Manfred Eikelmann: *Denkformen im Minnesang. Untersuchungen zu Aufbau, Erkenntnisleistung und Anwendungsgeschichte konditionaler Strukturmuster des Minnesangs bis um 1300*, Tübingen 1987.

Eisenhofer 1957
L. Eisenhofer: *Altarprivileg*, in: LThK 1, 1957, S. 975–976.

Eliade 1976
Mircea Eliade: *Die Religionen und das Heilige. Elemente der Religionsgeschichte*, Darmstadt 1976.

Elias 1976
Norbert Elias: *Über den Prozeß der Zivilisation. Soziogenetische und psychogenetische Untersuchungen*, Bd. 2 (Suhrkamp Taschenbuch Wissenschaft 159), Frankfurt a. M. 1976.

Elias 1991
Norbert Elias: *Über die Einsamkeit der Sterbenden*, Frankfurt a. M. 1991, 7. Aufl.

Elkeles 1990
Barbara Elkeles: *Das Ende des Mythos? Die Frage der unentgeltlichen Behandlung armer Kranker in deontologischen Texten vornehmlich des 17. Jahrhunderts*, in: Sudhoffs Archiv 74, 1990, S. 129–147.

Elm 1989
Kaspar Elm (Hrsg.): *Reformbemühungen und Observanzbestrebungen im spätmittelalterlichen*

Ordenswesen (Berliner Historische Studien 14, Ordensstudien 6), Berlin 1989.

Elsener 1975
Ferdinand Elsener: *Vom Seelgerät zum Geldgeschäft*, in: Festschrift für Johannes Bärmann, hrsg. von M. Lutter/H. Kollhoser/W. Trusen, München 1975, S. 85–97.

Elze 1991
Reinhard Elze: *Rechts und Links. Bemerkungen zu einem banalen Problem*, in: Das andere Wahrnehmen. Beiträge zur europäischen Geschichte. Festschrift für August Nitschke, Köln/Weimar/Wien 1991, S. 75–82.

Emminghaus 1972
J. H. Emminghaus: *Vesperbild*, in: LCI 4, 1972, Sp. 450–456.

Endres 1906
Joseph Anton Endres: *Honorius Augustodunensis. Beitrag zur Geschichte des geistigen Lebens im 12. Jahrhundert*, Kempten/München 1906.

Endres 1917
J. A. Endres: *Die Darstellung der Gregoriusmesse im Mittelalter*, in: Zeitschrift für christliche Kunst 30, Heft 1, 1917, S. 146–156.

Endres 1970
Rudolf Endres: *Zur Einwohnerzahl und Bevölkerungsstruktur Nürnbergs im 15./16. Jahrhundert*, in: MVGN 57, 1970, S. 242–271.

Endres 1971
Rudolf Endres: *Sozialstruktur Nürnbergs*, in: Gerhard Pfeiffer (Hrsg.): Nürnberg – Geschichte einer europäischen Stadt, München 1971, S. 194–199.

Endres 1990
Rudolf Endres: *Das Handwerk in Nürnberg im ausgehenden Mittelalter*, in: Ders. (Hrsg.): Nürnberg und Bern. Zwei Reichsstädte und ihre Landgebiete (Erlanger Forschungen A 46), Erlangen 1990, S. 49–79.

Engel 1992
Evamaria Engel: *Signum mercatoris – Signum societatis. Zeichen und Marke im Wirtschaftsleben deutscher Städte des Spätmittelalters*, in: Symbole des Alltags. Alltag der Symbole. Festschrift für Harry Kühnel, Graz 1992, S. 209–231.

Engemann 1967
Joseph Engemann: *Rezension zu H. Sichtermann, Spätantike Endymionsarkophage*, in: Jahrbuch für Antike und Christentum 10, 1967, S. 247ff.

Engemann 1973
Joseph Engemann: *Untersuchungen zur Sepulkralsymbolik der spätantiken Kaiserzeit* (Jahrbuch für Antike und Christentum, Ergänzungsband 2), Münster/Westfalen 1973.

Episcopale Bononiensis
Episcopale Bononiensis civitatis et diocesis, Bologna: Alessandro Benacci, 1580.

Erasmus, Vertraute Gespräche
Erasmus von Rotterdam, *Vertraute Gespräche (Colloquia familiaria)*, übertragen von Hubert Schiel, Köln 1947, (Nachdruck Wien o.J.).

Erasmus von Rotterdam, Adagia
Erasmus von Rotterdam: *Ausgewählte Schriften, Bd. 7: Dialogus [...], Adagiorum Chiliades*, hrsg. von Werner Welzig, Darmstadt 1990, 2. unv. Aufl.

Esch 1981
Arnold Esch: *Über den Zusammenhang von Kunst und Wirtschaft in der italienischen Renaissance. Ein Forschungsbericht*, in: ZHF 8, 1981, S. 179–222.

Escher 1939
Konrad Escher: *Die Kunstdenkmäler des Kantons Zürich, Bd. 4: Die Stadt Zürich, 1. Teil* (Die Kunstdenkmäler der Schweiz), Basel 1939.

Escherich 1916
Mela Escherich: *Einzelformschnitte und Einblattdrucke des Kestner-Museums zu Hannover* (Einblattdrucke des 15. Jahrhunderts 46), Hannover 1916.

Ettlinger 1978
L.D. Ettlinger: *The Liturgical Functions of Michelangelo's Medici Chapel*, in: Mitteilungen des kunsthistorischen Instituts in Florenz 22, 1978, S. 287–304.

Ewald 1934
Wilhelm Ewald: *Rheinische Heraldik* (Rheinischer Verein für Denkmalpflege und Heimatschutz 27,2), Düsseldorf 1934.

Eyssen 1904
Ed[uard] Eyssen: *Daniel Hopfer von Kaufbeuren. Meister zu Augsburg 1493 bis 1536*, Diss. Heidelberg 1904.

Fabricio 1588
Principio Fabricio: *Delle allusioni, imprese, et emblemi [...] sopra la vita, opere, et attioni di Gregorio XIII [...], libri VI*, Roma: Bartolomeo Grassi, 1588.

Fahlbusch 1913
Otto Fahlbusch: *Die Finanzverwaltung der Stadt Braunschweig seit dem grossen Aufstand im Jahre 1374 bis zum Jahre 1425* (Untersuchungen zur Deutschen Staats- und Rechtsgeschichte 116), Breslau 1913.

Falk 1890
Franz Falk: *Die Deutschen Sterbebüchlein von der ältesten Zeit des Buchdrucks bis zum Jahre 1520*, Köln 1890.

Falk 1969
Franz Falk: *Die Sterbebüchlein von der ältesten Zeit des Buchdrucks bis zum Jahr 1520*, Amsterdam 1969, 2. Aufl.

Fehring 1979
Günter P. Fehring: *Missions- und Kirchenwesen in archäologischer Sicht*, in: Geschichtswissenschaft und Archäologie, hrsg. von Herbert Jankuhn und Reinhard Wenskus (Vorträge und Forschungen 22), Sigmaringen 1979, S. 547–591.

Feine 1950
Hans Erich Feine: *Kirchliche Rechtsgeschichte, Bd. 1: Die katholische Kirche*, Weimar 1950.

Feller/Bonjour 1979
Richard Feller/Edgar Bonjour: *Geschichtsschreibung der Schweiz vom Spätmittelalter zur Neuzeit*, 2 Bde., Basel 1979, 2. durchgesehene Aufl.

Ferri Piccaluga/Signorotto 1983
Gabriella Ferri Piccaluga/Gianvittorio Signorotto: *L'immagine del suffragio*, in: Storia dell'arte 49, 1983, S. 235–248.

Ferrua 1962
Antonio Ferrua: *Paralipomena di Giona*, in: Rivista di Archeologia Cristiana 38, 1962, S. 769.

Festschrift 50 Jahre SLM 1948
Das Schweizerische Landesmuseum 1898–1948. Kunst, Handwerk und Geschichte. Festbuch zum 50. Jahrestag der Eröffnung, Zürich 1948.

Fichtner 1982
Gerhard Fichtner: *Christus als Arzt. Ursprünge und Wirkung eines Motivs* (Frühmittelalterliche Studien 16) 1982, S. 1–15.

Fietz 1938
Hermann Fietz: *Die Kunstdenkmäler des Kantons Zürich, Bd. 1: Die Bezirke Affoltern und Andelfingen* (Die Kunstdenkmäler der Schweiz), Basel 1938.

Fietz 1943
Hermann Fietz: *Die Kunstdenkmäler des Kantons Zürich, Bd. 2: Die Bezirke Bülach, Dielsdorf, Hinwil, Horgen und Meilen* (Die Kunstdenkmäler der Schweiz), Basel 1943.

Fildes 1980
Valerie Fildes: *Wet Nursing. A History from Antiquity to the Present*, New York 1980.

Fillitz/Pippal 1987
Hermann Fillitz/Martina Pippal: *Schatzkunst aus Österreich*, Salzburg/Wien 1987.

Finé 1958
Heinz Finé S.J.: *Die Terminologie der Jenseitsvorstellungen bei Tertullian. Ein semasiologischer Beitrag zur Dogmengeschichte des Zwischenzustandes* (Theophaneia 12), Bonn 1958.

Firmenich-Richartz 1916
E. Firmenich-Richartz: *Sulpiz und Melchior Boisserée als Kunstsammler*, Jena 1916.

Flamm 1905
Hermann Flamm: *Der wirtschaftliche Niedergang Freiburgs i. Br. und die Lage des städtischen Grundeigentums im 14. und 15. Jahrhundert* (Volkswirtschaftliche Abhandlungen der Badischen Hochschulen 8, Ergänzungsbd. 3), Karlsruhe 1905.

Fleischhack 1969
Erich Fleischhack: *Fegfeuer*, Tübingen 1969.

Fleischmann-Kessler 1983
Eva Fleischmann-Kessler: *Funktion und Bedeutung der Himmelskörper in der Summa Theologica des Thomas von Aquin*, Diss. phil.I Zürich 1983.

Flutsch 1993
Laurent Flutsch: *Deux monuments funéraires récemment mis au jour à Avenches (Suisse)*, in: M. Struck (Hrsg.): Römerzeitliche Gräber als Quellen zu Religion, Bevölkerungsstruktur und Sozialgeschichte, Mainz 1993, S. 213–228.

Flutsch/Hauser 1993
Laurent Flutsch/P. Hauser: *L'ensemble funéraire d'Avenches «en Chaplix» (Vaud, Suisse)*, in: Alain Ferdière (Hrsg.): Monde des morts, monde des vivants en Gaule rurale, Tours 1993, S. 99–103.

Focillon 1950
Henri Focillon: *Le peintre des miracles de Notre Dame*, Paris 1950.

Fontes rerum Austriacarum II.1
Fontes rerum Austriacarum II: Diplomataria et acta, Bd. 1: Diplomatarium miscellum seculi XIII, hrsg. von Joseph Chmel, Wien 1849.

Foreville 1970
Raymond Foreville: *Lateran I-IV* (Geschichte der ökumenischen Konzilien 6), Mainz 1970.

Foucault 1984
MICHEL FOUCAULT: *Der Kampf um die Keuschheit*, in: Philippe Ariès/André Béjin/Michel Foucault: Die Masken des Begehrens und die Metamorphosen der Sinnlichkeit. Zur Geschichte der Sexualität im Abendland, Frankfurt a. M. 1984, S. 25–40.

Fournié 1986
MICHELLE FOURNIÉ: *Deux représentations méridionales du purgatoire: Flavin en Rouergue et Martignac en Quercy*, in: Annales du Midi 98, 1986, S. 363–385.

Fournié 1987
MICHELLE FOURNIÉ: *Les prêtres du purgatoire (XIVe–XVe siècles)*, in: Etudes rurales 105/106, 1987, S. 93–121.

Fournié 1991
MICHELLE FOURNIÉ: *Les réceptacles des âmes d'après les statuts synodaux de Mirepoix*, in: Cahiers de Fanjeaux 26, 1991, S. 279–305.

Frank 1980
K. S. FRANK: *Antonius der Eremit*, in: LMA 1, 1980, Sp. 731–732.

Franz 1902
ADOLPH FRANZ: *Die Messe im deutschen Mittelalter. Beiträge zur Geschichte der Liturgie und des deutschen Volkslebens*, Freiburg i. Br. 1902 (Unveränderter fotomechanischer Nachdruck der 1. Aufl.: Darmstadt 1963).

Franz 1973
GUNTHER FRANZ: *Huberinus – Regius – Holbein*, Nieuwkoop 1973.

Frauenfelder 1951
REINHARD FRAUENFELDER: *Die Kunstdenkmäler des Kantons Schaffhausen, Bd. 1: Das Kloster Allerheiligen* (Die Kunstdenkmäler der Schweiz), Basel 1951.

Frauenfelder 1967
REINHARD FRAUENFELDER: *Der Tod des Gerechten. Ikonographische Miszelle*, in: Schaffhauser Beiträge zur vaterländischen Geschichte 44, 1967, S. 125–128.

Freedberg 1989
DAVID FREEDBERG: *The Power of Images. Studies in the History and the Theory of Response*, Chicago/London 1989.

Frenzen 1937
WILHELM FRENZEN: *Klagebilder und Klagegebärden in der deutschen Dichtung des höfischen Mittelalters*, Diss. Würzburg 1937.

Frey 1910
WALTER FREY: *Beiträge zur Finanzgeschichte Zürichs im Mittelalter*, Zürich 1910.

Frey 1946
DAGOBERT FREY: *Kunstwissenschaftliche Grundfragen. Prolegomena einer Kunstphilosophie*, Wien 1946.

Frick 1981
ALEXANDER FRICK: *Über die Wallfahrten unserer Vorfahren mit totgeborenen Kindern*, in: Jahrbuch des Historischen Vereins für das Fürstentum Liechtenstein 81, 1981, S. 133–154.

Frick 1982
ALEXANDER FRICK: *Taufe totgeborener Kinder. Ein Beispiel aus dem Fürstenhaus*, in: Jahrbuch des Historischen Vereins für das Fürstentum Liechtenstein 82, 1982, S. 255–259.

Fried 1993
JOHANNES FRIED: *Kunst und Kommerz. Über das Zusammenwirken von Wissenschaft und Wirtschaft im Mittelalter vornehmlich am Beispiel der Kaufleute und Handelsmessen* (Schriften des Historischen Kollegs. Vorträge 32), München 1993.

Friedländer 1910
MAX J. FRIEDLÄNDER: *Das Jüngste Gericht Colyn de Coters*, in: Jahrbuch der Preussischen Kunstsammlungen 31, 1910, S. 245f.

Friedländer/Rosenberg 1932
MAX J. FRIEDLÄNDER/JAKOB ROSENBERG: *Die Gemälde von Lucas Cranach*, Berlin 1932 (Neuausgabe mit neuer Numerierung Basel/Stuttgart 1979).

Friedrichs 1988
HANNS JOACHIM FRIEDRICHS (Hrsg.): *Weltgeschichte – eine Chronik*, München/Köln 1988.

Fritz 1982
JOHANN MICHAEL FRITZ: *Goldschmiedekunst der Gotik in Mitteleuropa*, München 1982.

Fritzsche 1981
GABRIELA FRITZSCHE: *Ein Retabelfragment des 14. Jahrhunderts im schweizerischen Landesmuseum in Zürich. Versuch einer Einordnung der sogenannten «Bieler Tafeln»*, in: Zeitschrift für Schweizerische Archäologie und Kunstgeschichte 38, 1981, S. 189–201.

Gäbler 1983
ULRICH GÄBLER: *Huldrych Zwingli. Eine Einführung in sein Leben und sein Werk*, München 1983.

Gätjen 1928
BERNHARD GÄTJEN: *Der Rentenkauf in Bremen* (Veröffentlichungen aus dem Staatsarchiv der Freien und Hansestadt Bremen 1), Bremen 1928.

Gagliardi/Forrer 1982
ERNST GAGLIARDI/LUDWIG FORRER: *Neuere Handschriften seit 1500 (ältere schweizergeschichtliche inbegriffen)* (Katalog der Handschriften der Zentralbibliothek Zürich 2), Zürich 1982.

Gamper 1984
RUDOLF GAMPER: *Die Zürcher Stadtchroniken und ihre Ausbreitung in die Ostschweiz. Forschungsgeschichte, Überlieferung, Analyse der Chroniktexte*, Diss. phil. (Mitteilungen der Antiquarischen Gesellschaft in Zürich 52.2), Zürich 1984.

Gamper 1988
RUDOLF GAMPER: *Chronikberichte zur Näfelser Schlacht*, in: NZZ, Nr. 88, 9./10. April 1988, S. 69.

Gandillac 1980
GANDILLAC (Hrsg.): *Oeuvres complètes du Pseudo-Denys l'Aréopagite*, Paris 1980, 2. Aufl.

Gantner 1947
JOSEPH GANTNER: *Kunstgeschichte der Schweiz*, Bd. 2, Frauenfeld 1947.

Ganz 1921–1924
PAUL GANZ: *Zwei private Kunstsammlungen aus dem alten Zürich*, in: Jahrbuch für Kunst und Kunstpflege in der Schweiz 3, 1921–1924, S. 306–314.

Ganz 1937
PAUL GANZ: *Die Handzeichnungen Hans Holbeins d. J.*, Kritischer Katalog, Berlin 1937.

Gassen 1986
RICHARD W. GASSEN: *Pest, Endzeit und Revolution. Totentanzdarstellungen zwischen 1348 und 1848*, in: Thema Totentanz. Kontinuität und Wandel einer Bildidee vom Mittelalter bis heute (Ausstellungskatalog: Mannheim, Kunsthalle), 1986, S. 11–26.

Gasser 1986
HELMI GASSER: *Die Kunstdenkmäler des Kantons Uri, Bd. 2: Die Seegemeinden* (Die Kunstdenkmäler der Schweiz), Basel 1986.

Gatti Perer 1983
MARIA LUISA GATTI PERER (Hrsg.): *La Gerusalemme celeste. 'La dimora di Dio con gli uomini' (Ap 21,3). Immagini della Gerusalemme celeste dal III al XIV secolo*, Milano 1983.

Gauthier 1987
MARIE-MADELEINE GAUTHIER: *Emaux méridionaux – Catalogue international de l'oeuvre de Limoges, Bd. 1: L'époque romane*, Paris 1987.

Gautier de Coinci, Miracles
GAUTIER DE COINCI: *Les miracles de Nostre Dame*, hrsg. von Frederic König (Textes litteraires français 64, 95, 131, 176), Genf, Bd. 1 1966, 2. Aufl., Bd. 2 1961, Bd. 3 1966, Bd. 4 1970.

Gechter 1983
MARIANNE GECHTER: *Kirche und Klerus in der stadtkölnischen Wirtschaft im Spätmittelalter* (Beiträge zur Wirtschafts- und Sozialgeschichte 28), Wiesbaden 1983.

Geert Groote, Devotio moderna
Geert Groote, Thomas von Kempen und die Devotio moderna, hrsg. und eingeleitet von Norbert Janowski, Olten/Freiburg i. Br. 1978.

Geiger 1941
GEIGER: *Wiedergänger*, in: HWDA 9, 1941, Sp. 570–578.

Geiger 1987
GEIGER: *Grabbeigabe*, in: HWDA 3, 1987, Sp. 1082–1103 (unveränderte Neuaufl. von 1930/31).

Geiler von Kaysersberg, Sämtliche Werke
GEILER VON KAYSERSBERG: *Sämtliche Werke*, hrsg. von Gerhard Bauer. Erster Teil: Die deutschen Schriften. Erste Abteilung: Die zu Geilers Lebzeiten erschienenen Schriften (Ausgaben deutscher Literatur des XV. bis XVIII. Jahrhunderts, hrsg. von Gert Roloff), Berlin/New York 1989.

Geisberg/Strauss 1974
MAX GEISBERG: *The German Single-Leaf Woodcut 1500–1550*, revised and edited by Walter L. Strauss, 4 Bde., New York 1974.

Geldner 1968–1970
FERDINAND GELDNER: *Die deutschen Inkunabeldrucker*, 2 Bde., Stuttgart 1968–1970.

Gengenbach, Totenfresser
PAMPHILUS GENGENBACH: *Die Totenfresser*, hrsg. von Josef Schmidt (Reclams Universal-Bibliothek 8304), Stuttgart 1969.

Gerber 1992
ROLAND GERBER: *Finanzierung und Bauaufwand der ersten St. Oswaldskirche in Zug (1478–1486)*, in: Unsere Kunstdenkmäler. Mitteilungsblatt für die Mitglieder der Gesellschaft für Schweizerische Kunstgeschichte 43, 1992, Sp. 51–66.

Geremek 1974
BRONISLAW GEREMEK: *Il pauperismo nell'età pre-*

industriale (secoli XIV – XVII), in: Storia d'Italia Einaudi, Bd. 5/1, Torino 1974, S. 669–698.

Geremek 1976
Bronislaw Geremek: *Les Marginaux parisiens aux XIVe et XVe siècles*, Paris 1976.

Geremek 1980
Bronislaw Geremek: *Truands et misérables dans l'Europe modern (1350–1600)* (Collection archives), Paris 1980.

Geremek 1988
Bronislaw Geremek: *Geschichte der Armut. Elend und Barmherzigkeit in Europa*, München/Zürich 1988.

Gerhard von Vliederhoven 1975
Gerhard von Vliederhoven: *De veer utersten. Das Cordiale de quatuor novissimis von Gerhard von Vliederhoven in mittelniederdeutscher Überlieferung*, hrsg. von Marieluise Dusch (Niederdeutsche Studien 20), Köln/Wien 1975.

Gerhardt 1991
Christoph Gerhardt: *Der tierreiche Kalvarienberg. Ikonographische Untersuchungen zu den bemalten Kreuzigungsreliefs in Schwerin, Anklam, Ratzeburg und Lübeck*, in: «Waltende Spur». Festschrift für Ludwig Denecke (Schriften der Brüder Grimm-Gesellschaft 25), Kassel 1991, S. 34–100.

Gerhardt 1992
Christoph Gerhardt: *Die tumba gygantis auf dem Wormeler Tafelbild «Maria als Thron Salomons»*, in: Westfälische Zeitschrift 142, 1992, S. 247–275.

Gerke 1940
Friedrich Gerke: *Die christlichen Sarkophage der vorkonstantinischen Zeit*, Berlin 1940.

Germann 1967
Georg Germann: *Die Kunstdenkmäler des Kantons Aargau, Bd. 5: Der Bezirk Muri* (Die Kunstdenkmäler der Schweiz), Basel 1967.

Germann 1978
Georg Germann: *Baubetrieb an St. Oswald in Zug 1478–1483*, in: Zeitschrift für Schweizerische Archäologie und Kunstgeschichte 35, 1978, Sp. 25–29.

Germann 1993
Martin Germann: *Fundort Bucheinband: ein Zürcher Kalender auf das Jahr 1482: mit einem Überblick über die Zürcher Offizin und ihre Drucke 1479 bis um 1481*, in: Gutenberg-Jahrbuch 1993, S. 66–87.

Gernentz 1970
Hans-Joachim Gernentz (Hrsg.): *Kleine deutsche Gedichte des 11. und 12. Jahrhunderts*, Leipzig 1970.

Gerson, Oeuvres complètes
Jean Gerson: *Œuvres complètes*, Introduction, texte et notes par Mgr. Glorieux, 10 Bde., Paris/Tournai 1960–1973.

Gesamtkatalog der Wiegendrucke 1925ff.
Gesamtkatalog der Wiegendrucke (GW), Leipzig 1925ff., (bisher erschienen Bd. 1–10, Lieferung 1, enthält Lit. A – Gresemundus).

Geschichts-Quellen der Stadt Wien 1.1
Geschichts-Quellen der Stadt Wien, hrsg. von Karl Weiss, 1. Abt.: Die Rechte und Freiheiten der Stadt Wien, bearb. von J. A. Tomaschek, Bd. 1, Wien 1877.

Geschichtsquellen der Provinz Sachsen 30
Geschichtsquellen der Provinz Sachsen und der angrenzenden Gebiete, Bd. 30: Urkundenbuch der Stadt Goslar und der in und bei Goslar gelegenen geistlichen Stiftungen, bearbeitet von Georg Bode, Halle 1896.

Gessler 1923
E. A. Gessler: *Der Schweizersäbel des Hans Jauch*, in: Anzeiger für Schweizerische Altertumskunde, NFB 25, 1923, S. 50–52.

Gessler 1930
Eduard Achilles Gessler: *Eine Schweizerdolchscheide mit der Darstellung des Totentanzes*, in: Schweizerisches Landesmuseum in Zürich, Jahresbericht 39, 1930, S. 82–96.

Geuenich 1975
Dieter Geuenich: *Die ältere Geschichte von Pfäfers im Spiegel der Mönchslisten des Liber Viventium Fabarensis*, in: Frühmittelalterliche Studien 9, 1975, S. 226–252.

Geuenich 1985
Dieter Geuenich: *Der Liber Viventium von Pfäfers als geschichtliches Dokument*, in: Werner Vogler (Hrsg.), Die Abtei Pfäfers. Geschichte und Kultur (Ausstellungskatalog: St. Gallen, Stiftsarchiv), St. Gallen 1985, S. 32–37 (2. Aufl.).

Geuenich 1990
Dieter Geuenich: *Die St. Galler Gebetsverbrüderungen*, in: Werner Vogler (Hrsg.): Die Kultur der Abtei St. Gallen, Zürich 1990, S. 29–38.

Gilomen 1977
Hans-Jörg Gilomen: *Die Grundherrschaft des Basler Cluniazenser-Priorates St. Alban im Mittelalter. Ein Beitrag zur Wirtschaftsgeschichte am Oberrhein* (Quellen und Forschungen zur Basler Geschichte 9), Basel 1977.

Gilomen 1982
Hans-Jörg Gilomen: *Die städtische Schuld Berns und der Basler Rentenmarkt im 15. Jahrhundert*, in: Basler Zeitschrift für Geschichte und Altertumskunde 82, 1982, S. 5–64.

Gilomen 1985
Hans-Jörg Gilomen: *Kirchliche Theorie und Wirtschaftspraxis. Der Streit um die Basler Wucherpredigt des Johannes Mulberg*, in: Kirchengeschichte und allgemeine Geschichte in der Schweiz, Itinera 4, hrsg. von der Allgemeinen geschichtsforschenden Gesellschaft der Schweiz, Basel 1985, S. 34–62.

Gilomen 1992
Hans-Jörg Gilomen: *Das Motiv der bäuerlichen Verschuldung in den Bauernunruhen an der Wende zur Neuzeit*, in: Spannungen und Widersprüche. Gedenkschrift für Frantisek Graus, hrsg. von Susanna Burgharts, Hans-Jörg Gilomen, Guy Marchal, Rainer Christoph Schwinges, Kathrin Simon-Muscheid, Sigmaringen 1992, S. 173–189.

Ginzburg 1980
Carlo Ginzburg: *Les Batailles Nocturnes. Sorcellerie et rituels agraires en Frioul, XVI-XVIIIe siècle*, traduit de l'italien par Giordana Charuty, Paris 1980, (it. Originalausgabe: I Benandanti. Stregoneria e culti agrari tra Cinquecento e Seicento, Torino 1966).

Glück 1935
Gustav Glück: *Über einige Landschaftsgemälde Peter Bruegels des Älteren*, in: Jahrbuch der kunsthistorischen Sammlungen in Wien, NF. 9, 1935, S. 151–165.

Gmelin 1987
Hans Georg Gmelin: *Ein Katharinenschrein des späten weichen Stils aus dem Bodenseeraum*, in: Städel-Jahrbuch, NF 11, 1987, S. 55–68.

Göransson 1957
Anna Maria Göransson: *Livsträdet och Geofroy Tory*, in: Tidskrift för Konstvetenskap 30, 1957, S. 57–85.

Goette 1897
Alexander Goette: *Holbeins Totentanz und seine Vorbilder*, Strassburg 1897.

Göttler 1991
Christine Göttler: *Gabe und Gegengabe: Zur Kunstgeschichte des Fegefeuers. Drei Untersuchungen zum Zusammenhang von Bild und Ablaß im späten 16. und frühen 17. Jahrhundert* (Typoskript), Diss. phil I. Zürich 1991.

Göttler/Jezler 1987
Christine Göttler/Peter Jezler: *Das Erlöschen des Fegefeuers und der Zusammenbruch der Auftraggeberschaft für sakrale Kunst*, in: Christoph Dohmen/Thomas Sternberg (Hrsg.): ... kein Bildnis machen. Kunst und Theologie im Gespräch, Würzburg 1987, S. 119–148.

Göttler/Jezler 1990
Christine Göttler/Peter Jezler: *Doktor Thüring Frickers «Geistermesse». Die Seelgerätskomposition eines spätmittelalterlichen Juristen*, in: Materielle Kultur 1990, S. 187–231.

Gondinet-Wallstein 1990
Eliane Gondinet-Wallstein: *Un retable pour l'Au-delà* (Collection Un certain regard), Belgique 1990.

Gonnet 1981
Giovanni Gonnet: *La donna presso i movimenti pauperistico-evangelici*, in: Movimento religioso femminile e Francescanesimo nel secolo XIII. Atti del VII convegno internazionale, Assisi, 11–13 ottobre 1979, Rimini 1981, S. 101–129.

Gonnet/Molnar 1974
Jean Gonnet/Amedeo Molnar: *Les vaudois au moyen-âge* (Studi storici), Turin 1974.

Gonthier 1978
Nicole Gonthier: *Lyon et ses pauvres au moyen âge (1350–1500)*, Lyon 1978.

Goody 1986
Jack Goody: *Die Entwicklung von Ehe und Familie in Europa*, Berlin 1986.

Gorissen 1973
Friedrich Gorissen: *Meister Matheus und die Flügel des Kalkarer Hochaltars. Ein Schlüsselproblem der niederrheinländischen Malerei*, in: Wallraf-Richartz-Jahrbuch 35, 1973, Sp. 149–206.

Gotik in Rapperswil 1979
Gotik in Rapperswil. Geschichte und Kunst am oberen Zürichsee. Jubiläumsschrift und Ausstellung: 750 Jahre Stadt Rapperswil 1229–1979, Rapperswil 1979.

Gottfried von Strassburg, Tristan
Gottfried von Strassburg: *Tristan*, hrsg. von Rüdiger Krohn, 3 Bde., Stuttgart 1980.

Gottschall 1992
Dagmar Gottschall: *Das 'Elucidarium' des Honorius Augustodunensis. Untersuchungen zu sei-*

ner Überlieferungs- und Rezeptionsgeschichte im deutschsprachigen Raum mit Ausgabe der niederdeutschen Übersetzung (Texte und Textgeschichte 33), Tübingen 1992.

Graduale, Kommentarband 1983
Das Graduale von Sankt Katharinenthal. Kommentar zur Faksimile-Ausgabe des Graduale von Sankt Katharinenthal, mit einer Einführung von A. A. Schmid und Beiträgen von E. J. Beer, A. Knoepfli, P. Ladner, M. Lütolf, D. Schwarz und L. Wüthrich, Luzern 1983.

Gratiani O. Carm. 1609
Girolamo Gratiani O. Carm.: *Il suffragio dell'anime del purgatorio*, Tradotta in lingua Toscana da Francesco Serdonati Fiorentino, Venezia: Domenico Maldura, 1609.

Grau 1973
Gustav Grau: *Quellen und Verwandtschaften der ältesten germanischen Darstellungen des Jüngsten Gerichts*, Wiesbaden 1973, 2. Aufl.

Graus 1987
Frantisek Graus: *Pest – Geissler – Judenmorde. Das 14. Jahrhundert als Krisenzeit* (Veröffentlichungen des Max-Planck-Instituts für Geschichte 86), Göttingen 1987.

Graven/Förster 1935
Hubert Graven/Otto H. Förster: *Die alte Kölner Universität und die Kunst*, Köln 1935.

Grayzel 1966
Solomon Grayzel: *The Church and the Jews in the XIIIth Century*, Revised Edition, New York 1966.

Gregor von Nyssa, Vita Macrinae
Gregor von Nyssa: *Vita Macrinae*, in: Episcopi Nysseni opera quae reperiri potuerunt omnia (Patrologia graeca 46), Sp. 960–1000.

Gregor von Nyssa, Vita Macrinae (dt. Übersetzung 1927)
Gregor von Nyssa: *Des heiligen Kirchenlehrers Gregor von Nyssa Lebensbeschreibung seiner Schwester Makrina*, übersetzt von Eugen Stolz, in: Des Heiligen Bischofs Gregor von Nyssa Schriften (Bibliothek der Kirchenväter II 56), München 1927, S. 335–368.

Gregor von Tours, Zehn Bücher Geschichten
Gregor von Tours: *Zehn Bücher Geschichten*, auf Grund der Übersetzung W. Giesebrechts neubearbeitet von Rudolf Buchner, hrsg. von Rudolf Buchner (Ausgewählte Quellen zur Deutschen Geschichte des Mittelalters. Freiherr von Stein-Gedächtnisausgabe 3), Darmstadt 1974.

Gregorsmesse 1991
Gregorsmesse, in: Lexikon der Kunst 3, 1991, S. 1–3.

Grewenig 1987
Meinrad Maria Grewenig: *Der Akt in der deutschen Renaissance. Die Einheit von Nacktheit und Leib in der bildenden Kunst* (Wissenschaft und Forschung 1), Freren 1987.

Grimm 1977
Reinhold R. Grimm: *Paradisus coelestis, paradisus terrestris. Zur Auslegungsgeschichte des Paradieses im Abendland bis 1200* (Medium Aevum 33), München 1977.

Grimm/Konrad 1990
Klaus Grimm/Bernd Konrad: *Die Fürstenbergsammlungen Donaueschingen – Altdeutsche und schweizerische Malerei des 15. und 16. Jahrhunderts*, München 1990.

Grimme 1958
Ernst Günther Grimme: *Unsere Liebe Frau. Eine Ausstellung des Rathauses zu Aachen Juni-September 1958*, in: Das Münster 11, 1958, S. 253–255.

Grimme 1963
Ernst Günther Grimme: *Das Suermondt-Museum* (Aachener Kunstblätter 28), Aachen 1963.

Grimme 1978
Ernst Günther Grimme: *Führer durch das Suermondt-Museum Aachen* (Aachener Kunstblätter des Museumsvereins), Aachen 1978.

Grodecki/Brisac 1984
Louis Grodecki/Catherine Brisac: *Le vitrail gothique au XIIIe siécle*, Freiburg (CH) 1984.

Grodecki/Perrot/Taralon 1978
Louis Grodecki/Françoise Perrot/Jean Taralon: *Les vitraux de Paris, de la région parisienne, de la Picardie et du Nord-pas-de-Calais* (Corpus Vitrearum Medii Aevi, France, Série complémentaire: Recensement des vitraux anciens de la France 1), Paris 1978.

Grohne 1936
Ernst Grohne: *Die bremischen Truhen mit reformatorischen Darstellungen und der Ursprung ihrer Motive* (Abhandlungen und Vorträge der Bremer Wissenschaftlichen Gesellschaft 10/2), Bremen 1936.

Groschke 1974
Robert Groschke: *Fünf Thesen zur Mariologie*, in: Die Gottesmutter. Marienbild in Rheinland und Westfalen, hrsg. von Leonhard Küppers, Bd.1, Recklinghausen 1974, S. 1–12.

Grossmann 1970
Dieter Grossmann: *Imago Pietatis*, in: Stabat Mater. Maria unter dem Kreuz in der Kunst um 1400, Ausstellung im Salzburger Dom, Salzburg 1970, S. 34–48 (2. Aufl.).

Grossmann 1974
Dieter Grossmann: *Der Meister von Seeon*, in: Marburger Jahrbuch für Kunstwissenschaft 19, 1974, S. 85–138.

Grote 1961
Ludwig Grote: *Die Tucher. Bildnis einer Patrizierfamilie* (Bibliothek des Germanischen National-Museums Nürnberg zur deutschen Kunst- und Kulturgeschichte 15/16), München 1961.

Grotemeyer 1957
Paul Grotemeyer: *«Da ich het die gestalt». Deutsche Bildnismedaillen des 16. Jahrhunderts* (Bibliothek des Germanischen National-Museums Nürnberg zur deutschen Kunst- und Kulturgeschichte 7), München 1957.

Gruber 1974
Eugen Gruber: *Die Geschichte der Kirche St. Martin*, in: Kirche St. Martin, hrsg. von der Heimatbuchkommission Baar, Baar 1974, S. 3–13.

Grunder 1988
Karl Grunder: *Simon Bachmann Bildhauer uss dem Dorff Mury in freyen Embtern des Ergöws 1600/10 bis 1666*, Basel/Boston/Berlin 1988.

Gschnitzer/Menardi 1983
Hans Gschnitzer/Herlinde Menardi: *Essen und Trinken, Feuer und Licht, Katalog I des Tiroler Volkskunstmuseums*, Innsbruck 1983.

Gümbel 1908
Albert Gümbel: *Kirchliche Stiftungen Sebald Schreyers 1477–1517*, in: MVGN 18, 1908, S. 99–133.

Günter 1949
Heinrich Günter: *Psychologie der Legende. Studien zu einer wissenschaftlichen Heiligenlegende*, Freiburg i. Br. 1949.

Gurjewitsch 1986
Aaron Gurjewitsch: *Mittelalterliche Volkskultur. Probleme zur Foschung*, Dresden 1986.

Guth 1986
Klaus Guth: *Die Heiligen Heinrich und Kunigunde*, Bamberg 1986.

Gutscher-Schmid 1987
Charlotte Gutscher-Schmid: *Die Kunstforschung auf den Spuren der Nelkenmeister*, in: Turicum. Vierteljahresschrift für Kultur, Wissenschaft und Wirtschaft, 1987, Sommer-Heft, S. 11–20.

Guy de Chauliac, Chirurgia
Guy de Chauliac: *Chirurgia magna*, mit einem Vorwort zum Neudruck von G. Keil, Darmstadt 1976.

Haage 1985
Bernhard Haage: *Prolegomena zu Anfortas' Leiden im «Parzival» Wolframs von Eschenbach*, in: Würzburger medizinhistorische Mitteilungen 3, 1985, S. 101–126.

Haas 1973
Hieronymus Haas P. OSB: *Wallfahrtsgeschichte von Mariastein*, Mariastein 1973.

Haas 1979
Alois M. Haas: *Sermo mysticus. Studien zu Theologie und Sprache der deutschen Mystik* (Dokimion 4), Freiburg i. Ü. 1979.

Haas 1984
Alois M. Haas: *Geistliches Mittelalter* (Dokimion 8), Freiburg/Schweiz 1984.

Haas 1989
Alois M. Haas: *Todesbilder im Mittelalter. Fakten und Hinweise in der deutschen Literatur*, Darmstadt 1989.

Haas 1989 (Mystik)
Alois Maria Haas: *Gott leiden, Gott lieben. Zur volkssprachlichen Mystik im Mittelalter*, Frankfurt a. M. 1989.

Haas 1993
Alois M. Haas: *Der geistliche Heldentod*, in: Arno Borst u. a. (Hrsg.): Tod im Mittelalter (Konstanzer Bibliothek 20), Konstanz 1993, S. 169–190.

Haberland 1974
Helga Haberland: *Der Lübecker Renten- und Immobilienmarkt in der Zeit von 1285–1313* (Veröffentlichungen zur Geschichte der Hansestadt Lübeck, Reihe B 1), Lübeck 1974.

Härtel/Ekowski 1989
Helmar Härtel/Felix Ekowski: *Handschriften der Niedersächsischen Landesbibliothek Hannover. Erster Teil: Ms. I 1–Ms.I 174*, Wiesbaden 1989, S. 147–151.

Hagemann 1960
Hans-Rudolf Hagemann: *Der Prozessus Beli-*

al, in: Festgabe Max Gerwig (Basler Studien zur Rechtswissenschaft 55), Basel 1960, S. 55–83.

Hagemann 1971
Hans-Rudolf Hagemann: *Belial*, in: Handwörterbuch zur deutschen Rechtsgeschichte 1, 1971, Sp. 361f.

Hagenauer 1931
Selma Hagenauer: *Das «justum pretium» bei Thomas von Aquino. Ein Beitrag zur Geschichte der objektiven Werttheorie* (Vierteljahrschrift für Sozial- und Wirtschaftsgeschichte, Beiheft 24), Stuttgart 1931.

Hahn-Woernle 1972
Birgit Hahn-Woernle: *Christophorus in der Schweiz. Seine Verehrung in bildlichen und kultischen Zeugnissen*, Diss. Universität Zürich, Basel 1972.

Halm 1922
Ph. M. Halm: *Ikonographische Studien zum Arme-Seelen-Kultus*, in: Münchner Jahrbuch der bildenden Kunst 12, 1922, S. 124.

Halm/Lill 1924
Philipp Maria Halm/Georg Lill: *Die Bildwerke des Bayrischen Nationalmuseums, 1. Abteilung: Die Bildwerke in Holz und Stein vom 12. Jahrhundert bis 1450* (Kataloge des Bayrischen Nationalmuseums 13), Augsburg 1924.

Hamann/Weigert 1928
Richard Hamann/Hans Weigert: *Das Strassburger Münster und seine Bildwerke*, Berlin 1928.

Hammerstein 1980
Reinhold Hammerstein: *Tanz und Musik des Todes. Die mittelalterlichen Totentänze und ihr Nachleben*, Bern 1980.

Hammerstein 1990
Reinhold Hammerstein: *Die Musik der Engel. Untersuchungen zur Musikanschauung des Mittelalters*, Bern 1990, 2. Aufl.

Hampe 1904
Theodor Hampe: *Kunstfreunde im alten Nürnberg und ihre Sammlungen*, in: MVGN 16, 1904, S. 57–124.

Hannig 1982
S. J. Hannig: *Consensus fidelium. Frühfeudale Interpretationen des Verhältnisses von Königtum und Adel am Beispiel des Frankenreiches*, Stuttgart 1982.

Hansen 1902
Jos. Hansen: *Steuerlisten des Kirchspiels St. Columba in Köln vom 13. bis 16. Jahrhundert* (Mitteilungen aus dem Stadtarchiv von Köln 12), Köln 1902.

Harbison 1976
Craig Harbison: *The Last Judgement in Sixteenth Century Northern Europe. A Study of the Relation Between Art and the Reformation*, Diss. New York/London 1976.

Harnack 1909
Adolf Harnack: *Lehrbuch der Dogmengeschichte*, 3 Bde., Tübingen 1909, (nachgedruckt).

Harthan 1982
Jan Harthan: *Stundenbücher und ihre Eigentümer*, Freiburg/Basel/Wien 1982, 2. Aufl.

Hartmann von Aue, Erec
Hartmann von Aue: *Erec*, hrsg. von Thomas Cramer, Frankfurt a. M. 1972.

Hartmann von Aue, Iwein
Hartmann von Aue: *Iwein*, hrsg. von Thomas Cramer, Berlin 1974.

Hartwig 1903
J. Hartwig: *Der Lübecker Schoss bis zur Reformationszeit*, Lübeck 1903.

Hatt 1986
Jean-Jacques Hatt: *La tombe gallo-romaine*, Paris 1986, 2. Aufl.

Haufe 1989
Eberhard Haufe (Hrsg.): *Deutsche Mariendichtung aus neun Jahrhunderten* (Insel Taschenbuch 1168), Frankfurt a. M. 1989.

Haug/Vollmann 1991
Walter Haug/Benedikt Konrad Vollmann (Hrsg.): *Frühe deutsche Literatur und lateinische Literatur in Deutschland 800–1150* (Bibliothek des Mittelalters 1), Frankfurt a. M. 1991.

Hauptmeyer 1977
Carl-Hans Hauptmeyer: *Probleme des Patriziats oberdeutscher Städte vom 14. bis zum 16. Jahrhundert*, in: Zeitschrift für bayerische Landesgeschichte 40, 1977, S. 39–58.

Haussherr 1981
Reiner Haussherr: *Arte nulli secundus. Eine Notiz zum Künstlerlob im Mittelalter*, in: Ars auro prior. Studia Ioanni Bialostocki sexagenario dicata, Warschau 1981, S. 43–47.

Haussherr 1984
Reiner Haussherr: *Jubiläumsmaßnahmen. Rückblick auf einige Ausstellungen des Luther-Jahres 1983*, in: Kunstchronik 37, 1984, S. 421–437.

Haverkamp 1984
Alfred Haverkamp (Hrsg.): *Haus und Familie in der spätmittelalterlichen Stadt* (Städteforschung A 18), Köln/Wien 1984.

Hayward/Cahn 1982
Jane Hayward/Walter Cahn u.a.: *Radiance and Reflection. Medieval Art from the Raymond Pitcairn Collection* (Ausstellungskatalog: New York, Metropolitan Museum of Art), New York 1982.

HBLS
Historisch-Biographisches Lexikon der Schweiz, 8 Bde. & Suppl., Neuenburg 1921–1934.

Hecht 1928
Josef Hecht: *Der romanische Kirchenbau des Bodenseegebiets*, Bd. 1, Basel 1928.

Heck/Moench-Scherer 1990
Christian Heck/Esther Moench-Scherer: *Catalogue général des peintures du musée d'Unterlinden*, Colmar 1990.

Heffels 1981
Monika Heffels: *Meister um Dürer. Nürnberger Holzschnitte aus der Zeit um 1500–1540*, Ramerding 1981.

Hegemann 1988
Hans-Werner Hegemann: *Das Elfenbein in Kunst und Kultur Europas. Ein Überblick von der Antike bis zur Gegenwart*, Mainz 1988.

Hegi 1922
Friedrich Hegi: *Die Jahrzeitenbücher der zürcherischen Landschaft*, Zürich 1922.

Heiler 1971
Friedrich Heiler: *Die Ostkirchen*, München/Basel 1971.

Heinrich 1992
Wolfgang Heinrich: *Das Wappen als öffentliches Zeichen*, in: Symbole des Alltags. Alltag der Symbole. Festschrift für Harry Kühnel, Graz 1992, S. 295–307.

Heinrich von Langenstein, Epistola
Heinrich von Langenstein: *Epistola de futuris periculis ex dictis Sancte Hildegardis*, gedruckt bei Gustav Sommerfeldt, Die Prophetien der hl. Hildegard von Bingen in einem Schreiben des Magisters Heinrich von Langenstein (1383) und Langensteins Trostbrief über den Tod eines Bruders des Wormser Bischofs Eckard von Ders (um 1384), in: Historisches Jahrbuch der Görresgesellschaft 30, 1909, S. 43–61 und 297–307.

Heinrich von Langenstein, Tractatus
Heinrich von Langenstein: *Tractatus contra quendam eremitam de ultimis temporibus vaticinantem nomine Theolophorum*, in: Bernhard Pez (Hrsg.): Thesaurus Anecdotorum novissimus 1, 2, Augsburg 1721, Sp. 507–564.

Heinrich von Morungen, Lieder
Heinrich von Morungen: *Lieder*, hrsg. von Helmut Tervooren, Stuttgart 1978.

Heinrich von St. Gallen, Passionstraktat
Heinrich von St. Gallen: *Passionstraktat*, hrsg. von Kurt Ruh, Diss. 1. Teil, Thayngen 1940.

Held 1987
Jutta Held: *Marienbild und Volksfrömmigkeit. Zur Funktion der Marienverehrung im Hoch- und Spätmittelalter*, in: Frauen – Bilder – Männer – Mythen. Kunsthistorische Beiträge, hrsg. von Ilsebill Barta u.a., Berlin 1987, S. 35–68.

Heller 1976
Elisabeth Heller: *Das altniederländische Stifterbild* (tuduv-Studien, Reihe Kulturwissenschaften 6), München 1976.

Helm 1928
Rudolf Helm: *Skelett- und Todesdarstellungen bis zum Auftreten der Totentänze*, Diss. Strassburg 1928.

Henggeler 1951
Rudolf P. Henggeler (Hrsg.): *Baurodel und Jahrzeitbuch der St. Oswalds-Kirche in Zug* (Quellen zur Schweizer Geschichte, NF 4, 2. Abt., Akten), Basel 1951.

Henggeler [1955]
Rudolf Henggeler: *Die kirchlichen Bruderschaften und Zünfte der Innerschweiz*, Einsiedeln [1955].

Hengstl 1936
Maria Hereswitha Hengstl: *Totenklage und Nachruf in der mittellateinischen Literatur seit dem Ausgang der Antike*, Diss. Würzburg 1936.

Henne 1861
Anton Henne (Hrsg.): *Die Klingenberger Chronik*, Gotha 1861.

Hennecke/Schneemelcher 1968
Edgar Hennecke/Wilhelm Schneemelcher: *Neutestamentliche Apokryphen in deutscher Übersetzung*, 4. Aufl.; 1. Bd. Evangelien, Tübingen 1968.

Henoch (Ed. Riessler 1975)
Henochbuch, in: Altjüdisches Schrifttum ausserhalb der Bibel, hrsg. von Paul Riessler, Heidelberg 1975, 355–451, 3. Aufl.

Henoch (Ed. Uhlig 1984)
Das äthiopische Henochbuch, hrsg. von Siegbert Uhlig (Jüdische Schriften aus hellenistisch-römischer Zeit 5, Lieferung 6), Gütersloh 1984.

Henricus [von Langenstein] de Hassia, Tractatus
HENRICUS [VON LANGENSTEIN] DE HASSIA, *Tractatus de contractibus habens duas partes*, gedruckt in den Opera Johannis Gersonis, hrsg. von Johann Koelhoff, Bd. 4, Colonia 1484, fol. 185r-224r.

Herborn 1972 (Bürgermeisterliste)
WOLFGANG HERBORN: *Zur Rekonstruktion und Edition der Kölner Bürgermeisterliste bis zum Ende des Ancien Régime (Zugleich ein Verzeichnis der Verdienten Amtleute der Richerzeche bis 1391)*, in: RVB 36, 1972, S. 89-183.

Herborn 1972 (Selbstverständnis)
WOLFGANG HERBORN: *Bürgerliches Selbstverständnis im spätmittelalterlichen Köln. Bemerkungen zu zwei Hausbüchern aus der ersten Hälfte des 15. Jahrhunderts*, in: Die Stadt in der europäischen Geschichte. Festschrift Edith Ennen, Bonn 1972, S. 490-520.

Herborn 1977 (Führungschicht)
WOLFGANG HERBORN: *Die politische Führungsschicht der Stadt Köln im Spätmittelalter* (Rheinisches Archiv 100), Bonn 1977.

Herborn 1977 (Grundlagen)
WOLFGANG HERBORN: *Wirtschaftliche und soziale Grundlagen des Kölner Mäzenatentums im 13. und 14. Jahrhundert am Beispiel der Familien vom Hirtze und Hardevust*, in: Vor Stefan Lochner. Die Kölner Maler von 1300-1430. Ergebnisse der Ausstellung und des Colloquiums. Köln 1974 (Kölner Berichte zur Kunstgeschichte 1), Köln 1977, S. 164-178.

Herborn 1980
WOLFGANG HERBORN: *Verfassungsideal und Verfassungswirklichkeit in Köln während der ersten zwei Jahrhunderte nach Inkrafttreten des Verbundbriefes von 1396 dargestellt am Beispiel des Bürgermeisteramtes*, in: Wilfried Ehbrecht (Hrsg.): Städtische Führungsgruppen und Gemeinde in der werdenden Neuzeit (Städteforschung A 9), Köln/Wien 1980, S. 25-52.

Herborn 1985
WOLFGANG HERBORN: *Der graduierte Ratsherr. Zur Entwicklung einer neuen Elite im Kölner Rat der frühen Neuzeit*, in: Heinz Schilling/Hermann Diederiks (Hrsg.): Bürgerliche Eliten in den Niederlanden und in Nordwestdeutschland. Studien zur Sozialgeschichte des europäischen Bürgertums im Mittelalter und in der Neuzeit (Städteforschung A 23), Köln/Wien 1985, S. 337-400.

Hergemöller/Weigand 1983
B. U. HERGEMÖLLER/R. WEIGAND: *Bruderschaft*, in: LMA 2, 1983, Sp. 738-741.

Hernad 1990
BÉATRICE HERNAD (Bearb.): *Die Graphiksammlung des Humanisten Hartmann Schedel* (Ausstellungskatalog: München, Bayerische Staatsbibliothek), München 1990.

Hernad/Worstbrock 1991
BÉATRICE HERNAD/F.J. WORSTBROCK: *Schedel, Hermann*, in: Verfasserlexikon 8, 2. Lieferung, 1991, S. 609-621.

Hernad 1990
Die Graphiksammlung des Humanisten Hartmann Schedel, bearb. von Béatrice Hernad, München 1990.

Herrschaftsverträge des Spätmittelalters
Herrschaftsverträge des Spätmittelalters, bearb. von Werner Näf (Quellen zur Neueren Geschichte 17), Bern 1951.

Herz 1958
M. HERZ: *«Sacrum commercium». Eine begriffsgeschichtliche Studie zur Theologie der römischen Liturgiesprache* (Münchener Theologische Studien 2/15), München 1958.

Herzog 1974
R. HERZOG: *Gemeinwohl*, in: Historisches Wörterbuch der Philosophie 3, 1974, Sp. 248-258.

Hess 1985
ANDREAS HESS: *Die Wallfahrtskapelle zu Oberbüren*, Kirchengeschichtliche Seminararbeit, Bern 1985, (unveröff. Ms.).

Hess 1990
DANIEL HESS: *Dürers Selbstbildnis von 1500. «Alter Deus» oder Neuer Apelles?* in: MVGN 77, 1990, S. 63-90.

Hess 1990 (Bidermann)
GÜNTER HESS: *Die Kunst der Imagination. Jacob Bidermanns Epigramme im ikonographischen System der Gegenreformation*, in: Text und Bild, Bild und Text. DFG-Symposion 1988, hrsg. von Wolfgang Harms (Germanistische Symposien, Berichtsbände 11), Stuttgart 1990, S. 183-196.

Hesse/Schlagenhaufer 1986
CHRISTIAN HESSE/MARTINA SCHLAGENHAUFER: *Wallraf-Richartz-Museum Köln. Vollständiges Verzeichnis der Gemäldesammlung*, Mailand 1986.

Heuser 1974
HANS-JÖRGEN HEUSER: *Oberrheinische Goldschmiedekunst im Hochmittelalter*, Berlin 1974.

Heusgen 1933
PAUL HEUSGEN: *Der Gesamtkatalog der Handschriften der Kölner Dombibliothek*, in: Jahrbuch des kölnischen Geschichtsvereins 15, 1933.

Hieronymus, Ep. 17
HIERONYMUS, Ep. 17 ad Marcum presbyterum, 2, in: PL 22, Sp. 360.

Hiestand 1986 RUDOLF HIESTAND: *Kranker König – Kranker Bauer*, in: Der kranke Mensch in Mittelalter und Renaissance, hrsg. von P. Wunderli (Studia humaniora 5), Düsseldorf 1986, S. 61-78.

Hilger 1969
HANS PETER HILGER: *Zum Werk des Kölner Bildhauers Tilman von der Burch*, in: Zeitschrift des deutschen Vereins für Kunstwissenschaft 23, 1969, S. 61-78.

Hilger 1973
WOLFGANG HILGER: *Das ältere Gebetbuch Maximilians I. Vollständige Faksimile-Ausgabe im Originalformat des Codex Vindobonensis 1907 der Österreichischen Nationalbibliothek* (Codices Selecti 39), Graz 1973.

Hilger 1976
HANS PETER HILGER: *Kunst in Hessen und am Mittelrhein (Rezension)*, in: Kunstchronik 29, 1976, S. 182-198.

Hiller/Vey 1969
IRMGARD HILLER/HORST VEY: *Katalog der deutschen und niederländischen Gemälde bis 1550 (mit Ausnahme der Kölner Malerei) im Wallraf-Richartz-Museum und im Kunstgewerbemuseum der Stadt Köln* (Kataloge des Wallraf-Richartz-Museums 5), Köln 1969.

Hinschius 1869-1895
PAUL HINSCHIUS: *System des katholischen Kirchenrechts mit besonderer Rücksicht auf Deutschland*, 5 Bde. (6 Teile), Berlin 1869-1895.

Hirschfeld 1928
ERNST HIRSCHFELD: *Deontologische Texte des frühen Mittelalters*, in: Archiv für Geschichte der Medizin 20, 1928, S. 353-371.

Hirschmann 1968
GERHARD HIRSCHMANN: *Das Nürnberger Patriziat*, in: Helmuth Rössler (Hrsg.): Deutsches Patriziat (1430-1740) (Schriften zur Problematik der deutschen Führungsschichten in der Neuzeit 3), Limburg 1968, S. 257-276.

Hirschmann 1978
GERHARD HIRSCHMANN: *Kunz Horn (–1517), ein Nürnberger Großhändler und Frühkapitalist*, in: Wirtschaftskräfte und Wirtschaftswege. Festschrift für Hermann Kellenbenz, Bd. 1 (Beiträge zur Wirtschaftsgeschichte 4), Stuttgart 1978, S. 557-580.

Hirth/Muther 1893
GEORG HIRTH/RICHARD MUTHER: *Meisterholzschnitte aus vier Jahrhunderten*, München/Leipzig 1893.

His 1873
EDUARD HIS: *Beschreibendes Verzeichniss des Werks von Urs Graf*, Leipzig 1873.

Hödl 1960
LUDWIG HÖDL: *Die Geschichte der scholastischen Literatur und der Theologie der Schlüsselgewalt, 1. Teil* (Beiträge zur Geschichte der Philosophie und Theologie des Mittelalters 38, 4), Münster 1960.

Hödl 1980
LUDWIG HÖDL: *Ablaß*, in: LMA 1, 1980, Sp. 43-46.

Hoefer 1971
HARTMUT HOEFER: *Typologie im Mittelalter. Zur Übertragbarkeit typologischer Interpretation auf weltliche Dichtung* (Göppinger Arbeiten zur Germanistik 54), Göppingen 1971.

Hörger 1982
HERMANN HÖRGER: *Krankheit und religiöses Tabu – die Lepra in der mittelalterlichen-frühneuzeitlichen Gesellschaft*, in: Gesnerus 39, 1982, S. 53ff.

Höss 1971
IRMGARD HÖSS: *Das religiöse Leben vor der Reformation*, in: Gerhard Pfeiffer (Hrsg.): Nürnberg – Geschichte einer europäischen Stadt, München 1971, S. 137-146.

Hoffmann 1912
FRIEDRICH WILHELM HOFFMANN: *Die Sebalduskirche in Nürnberg. Ihre Baugeschichte und Kunstdenkmale*, Wien 1912.

Hofmann 1966
HANNS HUBERT HOFMANN: *Nobiles Norimbergenses. Beobachtungen zur Struktur der reichsstädtischen Oberschicht*, in: Theodor Mayer (Hrsg.):

Untersuchungen zur gesellschaftlichen Struktur der mittelalterlichen Städte in Europa (Vorträge und Forschungen 11), Konstanz/Stuttgart 1966, S. 53–92.

Hofmann 1985
Friedhelm Hofmann: *Mittelalterliche Apokalypsedarstellungen*, in: Apokalypse. Ein Prinzip Hoffnung? Ernst Bloch zum 100. Geburtstag, hrsg. von Richard W. Gassen und Bernhard Holeczek (Ausstellungskatalog: Ludwigshafen a. Rh., Wilhelm-Hack-Museum), Ludwigshafen a. Rh. 1985, S. 21–39.

Holböck 1965
Ferdinand Holböck: *Theologischer Hintergrund und theologische Aussage der «Schönen Madonnen»*, in: Schöne Madonnen 1350–1450 (Ausstellungskatalog: Salzburg, Domoratorien), Salzburg 1965, 4. verb. Aufl., S. 45–56.

Holböck 1980
Ferdinand Holböck: *Fegfeuer. Leiden, Freuden und Freunde der armen Seelen*, Salzburg 1980, 3. Aufl.

Holl 1928
Karl Holl: *Augustins innere Entwicklung*, in: Ders.: Gesammelte Aufsätze zur Kirchengeschichte, Bd. 3, Tübingen 1928, S. 54–116.

Holländer 1972
H. Holländer: *Weltall, Weltbild*, in: LCI, 4, 1972, Sp. 498–509.

Hollstein 1954ff.
Friedrich Wilhelm Heinrich Hollstein (Begründer): *German Engravings, Etchings and Woodcuts ca. 1400–1700*, Amsterdam 1954ff.

Hollstein Bd. 6, 1959
Hollstein's German Engravings, Etchings and Woodcuts, Bd. 6: Cranach – Drusse, hrsg. von K. G. Boon/R. W. Scheller, Amsterdam 1959.

Hollstein Bd. 11, 1977
Hollstein's German Engravings, Etchings and Woodcuts, Bd. 11: Urs Graf, hrsg. von Fedja Anzelewsky u.a., Amsterdam 1977.

Hollstein Bd. 15, 1986
Hollstein's German Engravings, Etchings and Woodcuts 1400–1700, Bd. 15: Elias Holl to Hieronymus Hopfer, hrsg. von Tilman Falk, Amsterdam 1986.

Homburger/Steiger 1957
Otto Homburger/Christoph von Steiger: *Zwei illuminierte Avignoneser Ablassbriefe in Bern*, in: Zeitschrift für Schweizerische Archäologie und Kunstgeschichte 17, 1957, Sp. 134–158.

Horst/Klamt 1991
K. van der Horst/J.-C. Klamt: *Masters and Miniatures. Proceedings of the Congress on Medieval Manuscript Illumination in the Northern Netherlands, Utrecht, 10.-13. December 1989* (Studies and Facsimiles of Netherlandish Illuminated Manuscripts 3), Doornspijk 1991.

Hotz 1988
Brigitte Hotz: *Beginen und willige Arme im spätmittelalterlichen Hildesheim* (Schriftenreihe des Stadtarchivs und der Stadtbibliothek Hildesheim 17), Hildesheim 1988.

Huber 1989
Paul Huber: *Apokalypse. Bilderzyklen zur Johannesoffenbarung in Trier, auf dem Athos und von Caillaud d'Angers*, Düsseldorf 1989.

Hübener 1975
Wolfgang Hübener (Hrsg.): *Die Goldblattkreuze des frühen Mittelalters* (Veröffentlichung des Alemannischen Instituts Freiburg i. Br. 37), Bühl/Baden 1975.

Hugelshofer 1925/26
Walter Hugelshofer: *Eine verlorene Marienkrönung Schongauers?* in: Oberrheinische Kunst 1, 1925/26, S. 216–220.

Hugelshofer 1928
Walter Hugelshofer: *Die Zürcher Malerei bis zum Ausgang der Spätgotik* (Mitteilungen der Antiquarischen Gesellschaft in Zürich 40, Heft 4), Zürich 1928.

Hugelshofer 1928 (Luzerner Maler)
Walter Hugelshofer: *Einige Luzerner Maler im 1. Viertel des 16. Jahrhunderts. Ein Beitrag zur Geschichte der spätgotischen Malerei in der Innerschweiz*, in: Aus Geschichte und Kunst. Robert Durrer zur Vollendung seines sechzigsten Lebensjahres, Stans 1928, S. 298–325.

Hugelshofer 1982
Walter Hugelshofer: *Der Heilige Fridolin mit Urso vor Gericht*, in: Zeitschrift für Schweizerische Archäologie und Kunstgeschichte 39, 1982, S. 291–293.

Hughes 1968
Robert Hughes: *Heaven and Hell in Western Art*, London 1968.

Huizinga 1924
Johan Huizinga: *Herbst des Mittelalters. Studien über Lebens- und Geistesformen des 14. und 15. Jahrhunderts in Frankreich und in den Niederlanden*, München 1924.

Huizinga 1952
Johann Huizinga: *Herbst des Mittelalters*, Stuttgart 1952.

Huizinga 1987
Johann Huizinga: *Herbst des Mittelalters (1923)*, hrsg. von Kurt Köster, Stuttgart 1987.

Hundsbichler/Jaritz/Vavra 1982
Helmut Hundsbichler/Gerhard Jaritz/Elisabeth Vavra: *Tradition? Stagnation? Innovation? Die Bedeutung des Adels für die spätmittelalterliche Sachkultur*, in: Adelige Sachkultur des späten Mittelalters (Österreichische Akademie der Wissenschaften, phil.-hist. Kl., Sbb. 400), Wien 1982, S. 35–72.

Husband 1980
Timothy Husband: *The wild man. Medieval myth and symbolism*, New York 1980.

Huyghebaert 1972
N. Huyghebaert: *Les documents nécrologiques* (Typologie des sources du moyen âge occidental 4), Turnhout 1972.

HWDA
Handwörterbuch des deutschen Aberglaubens, 10 Bde., Leipzig 1927–1942.

Illi 1992
Martin Illi: *Wohin die Toten gingen. Begräbnis und Kirchhof in der vorindustriellen Stadt*, Zürich 1992.

Illi 1993
Martin Illi: *Das Kloster Rüti-eine Begräbnisstätte des ostschweizerischen Adels*, in: Eine Ahnung von den Ahnen. Archäologische Entdeckungsreise ins Zürcher Oberland, Wetzikon 1993, S. 174–177.

Imbert 1947
Jean Imbert: *Les hôpitaux en droit canonique (du décret de Gratien à la sécularisation de l'administration de l'Hôtel-Dieu de Paris en 1505)*, Paris 1947.

Imhof 1988 (Verlängerte Lebenszeit)
Arthur Imhof: *Die verlängerte Lebenszeit. Auswirkungen auf unser Zusammenleben*, in: Arthur Imhof (Hrsg.), Von der unsicheren zur sicheren Lebenszeit, Darmstadt 1988, S. 19–51 (auch in: Saeculum 36, 1985, S. 49–69).

Imhof 1988 (Vom aufgeschobenen Tod)
Arthur E. Imhof: *Die Lebenszeit. Vom aufgeschobenen Tod und von der Kunst des Lebens*, München 1988.

Imhoff 1975
Christoph von Imhoff: *Die Imhoff – Handelsherren und Kunstliebhaber. Überblick über eine 750 Jahre alte Nürnberger Ratsfamilie*, in: MVGN 62, 1975, S. 1–42.

Imkamp 1983
Wilhelm Imkamp: *Das Kirchenbild Innocenz' III. (1198–1216)* (Päpste und Papsttum 22), Stuttgart 1983.

Innerschweiz und frühe Eidgenossenschaft
Innerschweiz und frühe Eidgenossenschaft, Jubiläumsschrift 700 Jahre Eidgenossenschaft, 2 Bde., Olten 1990.

Innsbrucker Osterspiel
Das Innsbrucker Osterspiel. Das Osterspiel von Muri, mittelhochdeutsch und neuhochdeutsch hrsg., übersetzt, mit Anmerkungen und einem Nachwort versehen von Rudolf Meier (Reclams Universal-Bibliothek 8660/61), Stuttgart 1962.

Irsigler 1974
Franz Irsigler: *Soziale Wandlungen in der Kölner Kaufmannschaft im 14. und 15. Jahrhundert*, in: Hansische Geschichtsblätter 92, 1974, S. 59–78.

Irsigler 1975
Franz Irsigler: *Kölner Wirtschaft im Spätmittelalter*, in: Hermann Kellenbenz (Hrsg.): Zwei Jahrtausende Kölner Wirtschaft, Bd. 1, Köln 1975, S. 217–319.

Irsigler 1979
Franz Irsigler: *Die wirtschaftliche Stellung der Stadt Köln im 14. und 15. Jahrhundert. Strukturanalyse einer spätmittelalterlichen Exportgewerbe- und Fernhandelsstadt* (VSWG Beihefte 65), Wiesbaden 1979.

Irsigler/Lassotta 1984
Franz Irsigler/Arnold Lassotta: *Bettler und Gaukler, Dirnen und Henker. Randgruppen und Außenseiter in Köln 1300–1600* (Aus der Kölner Stadtgeschichte), Köln 1984.

Irsigler/Schmid 1992
Franz Irsigler/Wolfgang Schmid: *Kunsthandwerker, Künstler, Auftraggeber und Mäzene im spätmittelalterlichen Köln*, in: JbKGV 63, 1992, S. 1–54.

Irtenkauf 1983
Wolfgang Irtenkauf (Hrsg.): *Fridolin – der heilige Mann zwischen Alpen und Rhein. Ein deutsches Fridolinsleben, gedruckt in Basel um 1480*, Sigmaringen 1983.

Isenmann 1988
EBERHARD ISENMANN: *Die deutsche Stadt im Spätmittelalter*, Stuttgart 1988.

Iserloh 1961
ERWIN ISERLOH: *Der Wert der Messe in der Diskussion der Theologen vom Mittelalter bis zum 16. Jahrhundert*, in: Zeitschrift für katholische Theologie 83, 1961, S. 44–79.

Iserloh/Glasik/Jedin 1967
ERWIN ISERLOH/JOSEF GLASIK/HUBERT JEDIN: *Reformation, Katholische Reform und Gegenreformation, 3. Kap.: Der Ablaßstreit*, in: Handbuch der Kirchengeschichte, hrsg. von Hubert Jedin, Bd. 4, Freiburg i. Br. 1967, S. 44–53.

Jacoby 1932/1933
JACOBY: *Kreuz*, in: HWDA 5, 1932/1933, Sp. 478–484.

Jacquart/Thomasset 1985
DANIELLE JACQUART/CLAUDE THOMASSET: *Sexualité et savoir médical au Moyen Age*, Paris 1985.

Jacques de Vitry, Historia
JACQUES DE VITRY: *Historia occidentalis*, critical edition of John Frederick Hinnebusch (Spicilegium Friburgense 17), Freiburg i. Ü. 1972.

Jäggi 1994
CAROLA JÄGGI u.a.: *Die Stadtkirche St. Laurentius Winterthur. Ergebnisse der archäologischen und historischen Forschungen* (Zürcher Denkmalpflege, Monographien), Zürich 1994 (im Druck).

Jahresbericht 1926
Jahresbericht des Historischen Museums Basel 1925, Basel 1926, S. 14–16.

Jahresbericht SLM 1938–1943
Jahresbericht des Schweizerischen Landesmuseums Zürich, Zürich 1938–1943.

Jahresbericht SLM 1990
99. Jahresbericht des Schweizerischen Landesmuseums, Zürich 1990.

Jansen 1989
HANS HELMUT JANSEN: *Der Tod in der Dichtung, Philosophie und Kunst*, Darmstadt 1989, 2. Aufl.

Janson 1937
HORST WOLDEMAR JANSON: *The Putto with the Death's Head*, in: The Art Bulletin 19, 1937, S. 423–449.

Jantzen 1987
HANS JANTZEN: *Kunst der Gotik*, erweitert und kommentiert von Hans-Joachim Kunst, Berlin 1987.

Jaritz 1990 (Bildquellen)
GERHARD JARITZ: *Bildquellen zur mittelalterlichen Volksfrömmigkeit*, in: Peter Dinzelbacher/Dieter R. Bauer (Hrsg.): Volksreligion im hohen und späten Mittelalter (Quellen und Forschungen aus dem Gebiet der Geschichte, NF 13), Paderborn u.a. 1990, S. 195–242.

Jaritz 1990 (Stiftungen)
GERHARD JARITZ: *Religiöse Stiftungen als Indikator der Entwicklung materieller Kultur im Mittelalter*, in: Materielle Kultur 1990, S. 13–35.

JbKGV
Jahrbuch des Kölnischen Geschichtsvereins, Köln 1912ff.

Jedin 1935
HUBERT JEDIN: *Entstehung und Tragweite des Trienter Dekrets über die Bilderverehrung*, in: Theologische Quartalsschrift 116, 1935, S. 143–188, 404–429.

Jedin 1963
HUBERT JEDIN: *Das Tridentinum und die Bildende Kunst. Bemerkungen zu Paolo Prodi, Richerche sulla teorica delle arti figurative nella Riforma Cattolica (1962)*, in: Zeitschrift für Kirchengeschichte 74, 1963, S. 321–339.

Jedin 1966
HUBERT JEDIN: *Entstehung und Tragweite des Trienter Dekrets über die Bilderverehrung (1935)*, in: Ders.: Kirche des Glaubens. Kirche der Geschichte. Ausgewählte Aufsätze und Vorträge. Bd. 2, Basel/Wien 1966, S. 460–498.

Jedin 1975
HUBERT JEDIN: *Geschichte des Konzils von Trient*, Bd. 4,2, Freiburg/Basel/Wien 1975.

Jehle 1968
FRIDOLIN JEHLE: *Geschichte der Stadt Säckingen. St. Fridolin, sein Werk und seine Verehrung*, Archivausgabe, Säckingen 1968.

Jehle 1984
FRIDOLIN JEHLE: *Die Geschichte des Stiftes Säckingen*, aus dem Nachlaß hrsg. von Adelheid Enderle-Jehle, Archivausgabe, Säckingen 1984.

Jeßburger 1986
B. JESSBURGER: *Ein dominikanisches Graduale aus dem Anfang des 14. Jahrhunderts. Cod. 173 der Diözesanbibliothek Köln* (Beiträge zur rheinischen Musikgeschichte 139), Berlin 1986.

Jessen 1883
P. JESSEN: *Die Darstellung des Weltgerichts bis auf Michelangelo. Eine kunsthistorische Untersuchung*, Berlin 1883.

Jezler 1988
PETER JEZLER: *Der spätgotische Kirchenbau in der Zürcher Landschaft. Die Geschichte eines «Baubooms» am Ende des Mittelalters*, Festschrift zum Jubiläum «500 Jahre Kirche Pfäffikon», Wetzikon 1988.

Jezler 1991
PETER JEZLER: *Spätmittelalterliche Frömmigkeit und reformatorischer Bildersturm*, in: Bernhard Schneider (Hrsg.), Alltag in der Schweiz seit 1300, Zürich 1991, S. 86–99.

Jezler/Jezler/Göttler 1984
PETER JEZLER/ELKE JEZLER/CHRISTINE GÖTTLER: *Warum ein Bilderstreit? Der Kampf gegen die «Götzen» in Zürich als Beispiel*, in: Bilderstreit: Kulturwandel in Zwinglis Reformation, hrsg. von Hans-Dietrich Altendorf und Peter Jezler, Zürich 1984, S. 83–102.

Jörger 1980
Bréviaire de Josse de Silenen (1493), Evèque de Sion, Etude, commentaires et choix de Albert Jörger, version français de Gaëtan Cassina, Sion 1980.

Johag 1977
HELGA JOHAG: *Die Beziehungen zwischen Klerus und Bürgerschaft in Köln zwischen 1250 und 1350* (Rheinisches Archiv 103), Bonn 1977.

Johannes von Saaz, Ackermann
JOHANNES VON SAAZ: *Der Ackermann aus Böhmen*, hrsg. von Günther Jungblut, 2 Bde., Heidelberg 1969.

Jonas 1987
H. JONAS: *Technik, Medizin und Ethik. Zur Praxis des Prinzips Verantwortung*, Frankfurt a. M. 1987.

Jütte 1984
ROBERT JÜTTE: *Obrigkeitliche Armenfürsorge in deutschen Reichsstädten der frühen Neuzeit. Städtisches Armenwesen in Frankfurt am Main und Köln* (Kölner Historische Abhandlungen 31), Köln/Wien 1984.

Jütte 1991
ROBERT JÜTTE: *Ärzte, Heiler und Patienten. Medizinischer Alltag in der frühen Neuzeit*, München/Zürich 1991.

Junghans 1973
HELMAR JUNGHANS (Hrsg.): *Die Reformation in Augenzeugenberichten*, München 1973.

Kahl 1879
WILHELM KAHL: *Die deutschen Amortisationsgesetze*, Tübingen 1879.

Kahsnitz 1970
RAINER KAHSNITZ: *Gerechtigkeitsbilder*, in: LCI 1, 1970, Sp. 134–140.

Kahsnitz 1992
RAINER KAHSNITZ: *Die Gründer von Laach und Sayn. Fürstenbildnisse des 13. Jahrhunderts* (Ausstellungskatalog: Nürnberg, Gemanisches Nationalmuseum), Nürnberg 1992.

Kaiser 1982
GERT KAISER: *Der tanzende Tod. Mittelalterliche Totentänze* (Insel Taschenbuch 647), Frankfurt a. M. 1982.

Kaiser 1983
GERT KAISER (Hrsg.): *Der tanzende Tod*, Frankfurt a. M. 1983.

Kaiser 1987
REINHOLD KAISER: *Imitationen von Beschau- und Warenzeichen im späten Mittelalter. Ein Mittel im Kampf um Absatz und Märkte*, in: VSWG 74, 1987, S. 457–478.

Kaiser 1989
REINHOLD KAISER: *Wirtschaftsdelikte als Zeichen wirtschaftlichen und sozialen Wandels im Mittelalter*, in: Geschichte in Wissenschaft und Unterricht 40, 1989, S. 278–293.

Kampers 1897
FRANZ KAMPERS: *Mittelalterliche Sagen vom Paradiese und vom Holze des Kreuzes Christi in ihren vornehmsten Quellen und in ihren hervorstehendsten Typen*, Köln 1897.

Karpa 1934
OSKAR KARPA: *Kölnische Reliquienbüsten der gotischen Zeit aus dem Ursulakreis (von ca. 1300 bis ca. 1450)* (Rheinischer Verein für Denkmalpflege und Heimatschutz 27), Düsseldorf 1934.

Kat. 500 Jahre Buch 1965
500 Jahre Buch und Zeitung in Köln (Ausstellungkatalog), Köln 1965.

Kat. Allerheiligen 1989:
Museum zu Allerheiligen Schaffhausen, Kunstabteilung, Katalog der Gemälde und Skulpturen (Schweizerisches Institut für Kunstwissenschaft, Katalog Schweizer Museen und Sammlungen 13), Schaffhausen 1989.

Kat. Alltag zur Sempacherzeit 1986
Alltag zur Sempacherzeit. Innerschweizer Kultur und Sachkultur im Spätmittelalter (Ausstellungs-

katalog: Luzern, Historisches Museum), Luzern 1986.

Kat. Asper 1981
Zürcher Kunst nach der Reformation. Hans Asper und seine Zeit (Ausstellungskatalog: Zürich, Helmhaus), Zürich 1981.

Kat. Augsburger Barock 1968
Augsburger Barock, bearb. von Karl Arndt u.a. (Ausstellungskatalog: Augsburg, Rathaus und Holbeinhaus), Augsburg 1968, 2. Aufl.

Kat. Bernward von Hildesheim 1993
Bernward von Hildesheim und das Zeitalter der Ottonen, 2 Bde., hrsg. von Michael Brandt und Arne Eggebrecht (Ausstellungskatalog: Hildesheim, Diözesanmuseum/Roemer- und Pelizaeus-Museum), Hildesheim 1993.

Kat. Bilder und Tänze 1982
Bilder und Tänze des Todes. Gestalten des Todes in der europäischen Kunst seit dem Mittelalter, hrsg. v. Kreis Unna, bearb. v. Karl Bernd Heppe/Helmut Knirim (Ausstellungskatalog: Unna, Evangelische Stiftskirche), Paderborn 1982.

Kat. Blockbücher 1991
Blockbücher des Mittelalters. Bilderfolgen als Lektüre (Ausstellungskatalog: Mainz, Gutenberg-Museum), Mainz 1991.

Kat. Bruegel 1963
Le siècle de Bruegel. La peinture en Belgique au XVIe siècle (Ausstellungskatalog: Brüssel, Musées Royaux des Beaux-Arts de Belgique), Brüssel 1963.

Kat. Buchillustration 1984
FRANK HIERONYMUS: *Basler Buchillustration 1500-1540, Oberrheinische Buchillustration 2* (Ausstellungskatalog: Basel, Universitäts-Bibliothek, Publikationen der Universitätsbibliothek Basel 5), Basel 1984.

Kat. Cathédrale de Lausanne 1975
Cathédrale de Lausanne. 700e Anniversaire de la consécration solennelle (Ausstellungskatalog: Lausanne, Musée Historique de l'ancien-évêché), Lausanne 1975.

Kat. Cranach 1972
Lucas Cranach d.Ä. 1472-1553. Graphik aus dem Kupferstichkabinett der Veste Coburg, von Heino Maedebach und Minni Gebhardt (Ausstellungskatalog: Coburg, Kunstsammlungen der Veste, Kataloge der Kunstsammlungen der Veste Coburg 4), Coburg 1972.

Kat. Cranach 1974-1976
Lucas Cranach. Gemälde, Zeichnungen, Druckgraphik, von Dieter Köpplin und Tilman Falk, 2 Bde. (Ausstellungskatalog: Basel, Kunstmuseum), Basel/Stuttgart 1974-1976.

Kat. Das schöne gedruckte Buch 1959
Das schöne gedruckte Buch im ersten Jahrhundert nach Gutenberg, bearb. von Rolf Wallrath (Ausstellungskatalog), Köln 1959.

Kat. Dasein und Vision 1989
Dasein und Vision. Bürger und Bauern um 1500 (Thomas-Müntzer-Ehrung der DDR) (Ausstellungskatalog: Berlin, Altes Museum), Berlin 1989.

Kat. Die letzte Reise 1984
Die letzte Reise - Sterben, Tod und Trauersitten in Oberbayern, hrsg. von Sigrid Metken (Ausstellungskatalog: München, Stadtmuseum), München 1984.

Kat. Dürer 1971
Albrecht Dürer, 1471-1971 (Ausstellungskatalog: Nürnberg, Germanisches Nationalmuseum), München 1971.

Kat. Erscheinungsbild Köln 1977
Das Erscheinungsbild der Stadt Köln (Ausstellungskatalog), Köln 1977.

Kat. Eucharistic Vessels 1975
Eucharistic Vessels of the Middle Ages (Ausstellungskatalog: Cambridge Mass., Busch Reisinger Museum), Cambridge Mass. 1975.

Kat. Evangelische Kirche Regensburg 1992
1542-1992. 450 Jahre evangelische Kirche in Regensburg (Ausstellungskatalog: Regensburg, Museen der Stadt), Regensburg 1992.

Kat. Exhibition French Art 1932
Exhibition French Art (1200 - 1500) (Ausstellungskatalog: London, Royal Akademie of Arts), London 1932.

Kat. Farbige Bildwerke 1967
Farbige Bildwerke des Mittelalters im Rheinland (Ausstellungskatalog: Bonn, Rheinisches Landesmuseum; Die Kunstdenkmäler des Rheinlandes, Beiheft 11), Düsseldorf 1967.

Kat. Gold der Helvetier 1991
Gold der Helvetier. Keltische Kostbarkeiten aus der Schweiz, von Andres Furger, Felix Müller u.a. (Ausstellungskatalog: Zürich, Schweizerisches Landesmuseum), Zürich 1991.

Kat. Gotik in Tirol 1950
Gotik in Tirol. Malerei und Plastik des Mittelalters (Ausstellungskatalog: Innsbruck, Tiroler Landesmuseum) 1950.

Kat. Große Kunst 1968
Große Kunst aus Tausend Jahren. Kirchenschätze aus dem Bistum Aachen (Ausstellungskatalog: Aachen, Rathaus; Aachener Kunstblätter 36) 1968.

Kat. Heilige Ursula 1978
Die heilige Ursula und ihre elftausend Jungfrauen, hrsg. von Gerhard Bott (Ausstellungskatalog: Köln, Wallraf-Richartz-Museum), Köln 1978.

Kat. Herbst des Mittelalters 1970
Herbst des Mittelalters (Ausstellungskatalog: Köln, Kunsthalle), Köln 1970.

Kat. Hl. drei Könige 1982
Die heiligen drei Könige. Darstellung und Verehrung (Ausstellungskatalog: Köln, Josef Haubrich Kunsthalle), Köln 1982.

Kat. Holbein 1960
Die Malerfamilie Holbein in Basel (Ausstellungskatalog: Basel, Kunstmuseum), Basel 1960.

Kat. Il Guercino 1991
Il Guercino, 1591-1666, hrsg. von Sir Denis Mahon (Ausstellungskatalog: Bologna, Museo Civico Archeologico und Cento, Pinacoteca Civica e Chiesa del Rosario), Bologna 1991.

Kat. Illustrierte Flugblätter 1983
Illustrierte Flugblätter aus den Jahrhunderten der Reformation und der Glaubenskämpfe, hrsg. von Wolfgang Harms (Ausstellungskatalog: Veste Coburg), Coburg 1983.

Kat. Kerzenleuchter 1987/1988
Kerzenleuchter aus acht Jahrhunderten (Ausstellungskatalog: Frankfurt a. M., Museum für Kunsthandwerk), Frankfurt a. M. 1987/1988.

Kat. Kirche St. Oswald 1980
500 Jahre Kirche St. Oswald (Ausstellungskatalog), Zug 1980.

Kat. Kunst um 1400, 1975
Kunst um 1400 am Mittelrhein. Ein Teil der Wirklichkeit, hrsg. von Herbert Beck, Wolfgang Beeh und Horst Bredekamp (Ausstellungskatalog: Frankfurt, Liebieghaus Museum alter Plastik), Frankfurt a. M. 1975.

Kat. Kunst und Kultur 1992
Kunst und Kultur um 1492. Weltausstellung (Ausstellungskatalog: Sevilla), Sevilla 1992.

Kat. Lochner 1993
Stefan Lochner. Meister zu Köln. Herkunft – Werke – Wirkung (Ausstellungskatalog: Köln, Wallraf-Richartz-Museum), Köln 1993.

Kat. Ludwigs Lust 1992
Ludwigs Lust. Die Sammlung Peter und Irene Ludwig (Ausstellungskatalog: Nürnberg, Germanisches Nationalmuseum), Nürnberg 1992.

Kat. Luther 1983 (Hamburg)
Luther und die Folgen für die Kunst, hrsg. von Werner Hofmann (Ausstellungskatalog: Hamburg, Kunsthalle), München 1983.

Kat. Luther 1983 (Nürnberg)
Martin Luther und die Reformation in Deutschland (Ausstellungskatalog: Nürnberg, Germanisches Nationalmuseum), Frankfurt a. M. 1983.

Kat. Manesse 1991
edele frouwen – schoene man. Die Manessische Liederhandschrift, hrsg. von Claudia Brinker und Dione Flühler-Kreis (Ausstellungskatalog: Zürich, Schweizerisches Landesmuseum), Zürich 1991, S. 250.

Kat. Meister um Dürer 1961
Meister um Albrecht Dürer (AGNM 1960-61, Katalog), Nürnberg 1961.

Kat. Meisterwerke 1972
Meisterwerke barocker Textilkunst (Ausstellungskatalog), Wien 1972.

Kat. Messe Gregors d. Gr. 1982
Die Messe Gregors des Grossen. Vision, Kunst, Realität, bearbeitet von Uwe Westfehling (Ausstellungskatalog: Köln, Schnütgenmuseum), Köln 1982.

Kat. Mighty Fortress 1981/82
From a Mighty Fortress. Prints, Drawings and Books in the Age of Luther. 1483-1546, von Christiane Andersson und Charles Talbot (Ausstellungskatalog: Detroit/Ottawa/Coburg 1981-82), Detroit 1983.

Kat. N. M. Deutsch 1979
Niklaus Manuel Deutsch. Maler, Dichter, Staatsmann (Ausstellungskatalog: Bern, Kunstmuseum), Bern 1979.

Kat. Natur und Antike 1985
Natur und Antike in der Renaissance (Ausstellungskatalog: Frankfurt, Liebieghaus, Museum alter Plastik), Frankfurt 1985.

Kat. Nürnberg 1986
Nürnberg 1300-1550. Kunst der Gotik und der Renaissance (Ausstellungskatalog: Nürnberg, Germanisches Nationalmuseum), Nürnberg 1986.

Kat. Raiment 1975
Raiment for the Lord's Service. A Thousand Years

of Western Vestments, hrsg. von Christa Mayer Thurmann (Ausstellungskatalog: Chicago), Chicago 1975.

Kat. Reformationszeit 1983
Kunst der Reformationszeit (Ausstellungskatalog: Berlin, Staatl. Museen, Altes Museum), Berlin 1983.

Kat. Renaissancemalerei 1986
Renaissancemalerei in Luzern 1560–1650, hrsg. von Heinz Horat (Ausstellungskatalog: Ettiswil, Schloss Wyher), Luzern 1986.

Kat. Rosenkranz 1975
500 Jahre Rosenkranz. 1475 Köln 1975. Kunst und Frömmigkeit im Spätmittelalter und ihr Weiterleben (Ausstellungskatalog: Köln, Diözesanmuseum), Köln 1975.

Kat. Schatzkammer 1980
Schatzkammer der Schweiz. Kostbarkeiten des Schweizerischen Landesmuseums, Zürich 1980.

Kat. Schnütgen-Museum 1968
Das Schnütgen-Museum. Eine Auswahl, hrsg. vom Schnütgen-Museum der Stadt Köln, 4. erweiterte Aufl., Köln 1968.

Kat. Spätantike und frühes Mittelalter 1991
Spätantike und frühes Mittelalter. Ausgewählte Denkmäler im Rheinischen Landesmuseum Bonn, hrsg. von Josef Engemann/Christoph B. Rüger (Führer des Rheinischen Landesmuseums Bonn und des Rheinischen Amtes für Bodendenkmalpflege 134), Bonn/Köln 1991.

Kat. Spätgotik am Oberrhein 1970
Spätgotik am Oberrhein. Meisterwerke der Plastik und des Kunsthandwerkes 1450-1530 (Ausstellungskatalog: Karlsruhe, Badisches Landesmuseum), Karlsruhe 1970.

Kat. Spätgotik in Salzburg 1976
Spätgotik in Salzburg. Skulptur und Kunstgewerbe 1400 – 1530 (Ausstellungskatalog Salzburg, Museum Carolino Augusteum; Salzburger Museum Carolino Augusteum Jahresschrift 21), Salzburg 1976.

Kat. Spätgotik in Tirol 1973
Spätgotik in Tirol (Ausstellungskatalog: Wien, Oberes Belvedere), Wien 1973.

Kat. Staufer 1977
Die Zeit der Staufer. Geschichte – Kunst – Kultur, hrsg. von Reiner Hausherr, 5 Bde. (Ausstellungskatalog: Stuttgart, Württembergisches Landesmuseum), Stuttgart 1977.

Kat. Stimmer 1984
Spätrenaissance am Oberrhein. Tobias Stimmer 1539-1584 (Ausstellungskatalog: Basel, Kunstmuseum), Basel 1984.

Kat. Totentanz 1986
Thema Totentanz. Kontinuität und Wandel einer Bildidee vom Mittelalter bis heute (Ausstellungskatalog: Mannheim, Kunsthalle) 1986.

Kat. Treasures 1976
Medieval and Early Renaissance Treasures in the North West, Manchester 1976.

Kat. Universale Bildung 1981
Universale Bildung im Barock. Der Gelehrte Athanasius Kircher (Ausstellungskatalog: Stadt Rastatt), Rastatt 1981.

Kat. Unsere Liebe Frau 1958
Unsere Liebe Frau. Eine Ausstellung im Krönungssaal des Rathauses zu Aachen (Ausstellungskatalog: Aachen, Rathaus), Aachen 1958.

Kat. Von der Erde zum Himmel 1993
Von der Erde zum Himmel. Heiligendarstellungen des Spätmittelalters aus dem Suermondt-Ludwig-Museum (Ausstellungskatalog: Aachen, Krönungssaal des Rathauses), Aachen 1993.

Kat. Vor Stefan Lochner 1974
Vor Stefan Lochner. Die Kölner Malerei von 1300 bis 1430 (Ausstellungkatalog: Köln, Wallraf-Richartz-Museum), Köln 1974.

Kat. Vreden 1979
Hamaland-Museum Vreden, Kreismuseum Borken, Vreden 1979.

Kat. Wallraf-Richartz-Museum 1941
Katalog Wallraf-Richartz-Museum, Köln 1941.

Kat. WRM VI, 1973
Katalog der italienischen, französischen und spanischen Gemälde bis 1800 im Wallraf-Richartz-Museum, bearbeitet von B. Klesse, Köln 1973.

Kat. Zu Dürers Zeiten 1991
Zu Dürers Zeiten. Druckgraphik des 15. und 16. Jahrhunderts aus dem Augustinermuseum Freiburg, hrsg. von Sybille Bock (Ausstellungskatalog: Freiburg, Augustinermuseum), Freiburg i. Br. 1991.

Kat. Zuger Kunst 1977
Ausstellung Zuger Kunst. Von der Romanik bis zur Gegenwart, Zug 1977.

Kauffman 1976
CHRISTOPHER J. KAUFFMAN: *Tamers of Death. Vol. I: The History of the Alexian Brothers from 1300 to 1789*, New York 1976.

Kauffmann 1938
HANS KAUFFMANN: *Ausstrahlungen der Universität auf die Kölner Kunst*, in: Hubert Graven (Hrsg.): Festschrift zur Erinnerung an die Gründung der alten Universität Köln im Jahre 1388, Köln 1938, S. 460-472.

Kdm Rheinprovinz 5/IV 1907
Kunstdenkmäler der Rheinprovinz, Bd. 5/IV. Siegkreis, hrsg. v. Paul Clemen, Düsseldorf 1907.

Kehrer 1934
HUGO KEHRER: *Dürers Selbstbildnisse und die Dürer-Bildnisse*, Berlin 1934.

Keil 1986
GUNDOLF KEIL: *Der Aussatz im Mittelalter*, in: Aussatz, Lepra, Hansen-Krankheit. Ein Menschheitsproblem im Wandel, 1. Bd. (Kataloge des Deutschen Medizinhistorischen Museums, Beihefte 1), Würzburg 1986, S. 85-102.

Keil 1987
GUNDOLF KEIL: *Seuchenzüge des Mittelalters*, in: Bernd Herrmann (Hrsg.), Mensch und Umwelt im Mittelalter, Stuttgart 1987, S. 109-128, 3. Aufl.

Kelberg 1983
KARSTEN KELBERG: *Die Darstellung der Gregoriusmesse in Deutschland*, Diss. masch. Münster/Westf. 1983.

Keller 1984 (Künstlerstolz)
HARALD KELLER: *Künstlerstolz und Künstlerdemut im Mittelalter (1981)*, in: Ders.: Blick vom Monte Cavo. Kleine Schriften, Frankfurt a. M. 1984, S. 439-464.

Keller 1984 (Rosenstain)
ROLF KELLER: *Der Bildhauer Ulrich Rosenstain von Lachen*, in: Unsere Kunstdenkmäler. Mitteilungsblatt für die Mitglieder der Gesellschaft für Schweizerische Kunstgeschichte 35, 1984, S. 143–152.

Keller 1987
HILTGART L. KELLER: *Reclams Lexikon der Heiligen und der biblischen Gestalten*, Stuttgart 1987, 6. Aufl.

Keller 1989
ROLF KELLER: *Bildnis des Stifters Magister Johannes Eberhard mit hl. Anna Selbdritt und hl. Oswald*, in: Tugium 5, 1989, S. 81–95.

Kellner 1951
A. KELLNER: *Inventar der im Stift Kremsmünster zur Feier des Gottesdienstes nötigen Geräte* (Hs.) 1951.

Kern 1914
FRITZ KERN: *Gottesgnadentum und Widerstandsrecht im früheren Mittelalter. Zur Entwicklungsgeschichte der Monarchie*, Leipzig 1914, 4. Aufl. Darmstadt 1967.

Kettler 1977
W. KETTLER: *Das Jüngste Gericht. Philologische Studien zu den Eschatologie-Vorstellungen in den alt- und frühmittelhochdeutschen Denkmälern*, Berlin 1977.

Keussen 1919–1931
HERMANN KEUSSEN (Bearb.): *Die Matrikel der Universität Köln*, Bd. 1-3 (PGRG 8), Bonn 1919–1931.

Keyser 1951
ERICH KEYSER: *Die Einkünfte der niederen Geistlichkeit an den Hamburger Kirchen am Anfang des 16. Jahrhunderts*, in: Festschrift Heinrich Reincke, Zeitschrift des Vereins für Hamburgische Geschichte 41, 1951, S. 214–226.

Kimpel/Suckale 1985
DIETER KIMPEL/ROBERT SUCKALE: *Die gotische Architektur in Frankreich 1130 – 1270*, München 1985.

Kircher 1684
ATHANASIUS KIRCHER: *Neue Hall- und Thonkunst*, Nördlingen 1684, (Reprint Hannover 1983).

Kirschbaum 1972
JULIANE KIRSCHBAUM: *Liturgische Handschriften aus dem Kölner Fraterhaus St. Michael am Weidenbach und ihre Stellung in der Kölner Buchmalerei des 16. Jahrhunderts*, Diss. Bonn 1972.

Kläui 1968
HANS KLÄUI: *Geschichte von Oberwinterthur*, Bd. 1, Winterthur 1968.

Klamt 1981
JOHANN-CHRISTIAN KLAMT: *Die Künstlerinschrift des Johannes Gallicus im Braunschweiger Dom*, in: Karl Clausberg u.a. (Hrsg.): Bauwerk und Bildwerk im Hochmittelalter. Anschauliche Beiträge zur Kultur- und Sozialgeschichte, Gießen 1981, S. 35–53.

Klassen 1990
JOHN KLASSEN: *Gifts for the Soul and Social Charity in Late Medieval Bohemia*, in: Materielle Kultur 1990, S. 63–81.

Klauser 1927
THEODOR KLAUSER: *Die Kathedra im Totenkult der heidnischen und christlichen Antike*, Diss. Münster 1927.

Klauser 1956
RENATE KLAUSER: *Der Heinrichs- und Kunigun-*

Klauser 1966
THEODOR KLAUSER: *Frühchristliche Sarkophage in Bild und Wort* (3. Beiheft zur Halbjahresschrift Antike Kunst), Olten 1966.

Klauser 1974
THEODOR KLAUSER: *Das altchristliche Totenmahl nach dem heutigen Stande der Forschung*, in: Ders.: Gesammelte Arbeiten (Jahrbuch für Antike und Christentum, Ergänzungsband 3), Münster/Westfalen 1974, S. 114–120.

Klein 1979
PETER K. KLEIN: *Les cycles de l'Apokalypse du haut Moyen Age (IX-XIIIe s.)*, in: AA. VV. L'Apokalypse de Jean. Traditions exégétiques et iconographiques. IIIe–XIIIe siècles. Actes du colloque de la Fondation Hardt, 29 février–3 mars 1976 (Etudes et documents publiés par la section d'histoire de la Faculté des Lettres de l'Université de Genève), Genève 1979, S. 135–186.

Kleinhans 1993
MARTHA KLEINHANS: *'Lucidere vault tant a dire comme donnant lumiere'. Untersuchung und Edition der Prosaversionen 2, 4 und 5 des Elucidarium* (Beihefte zur Zeitschrift für Romanische Philologie 248), Tübingen 1993.

Kleinheyer/Severus/Kaczynski 1984
BRUNO KLEINHEYER/EMMANUEL VON SEVERUS/REINER KACZYNSKI: *Sakramentale Feiern II* (Gottesdienst der Kirche. Handbuch der Liturgiewissenschaft, Teil 8), Regensburg 1984.

Klesse 1973
BRIGITTE KLESSE: *Katalog der italienischen, französischen und spanischen Gemälde bis 1800 im Wallraf-Richartz-Museum* (Kataloge des Wallraf-Richartz-Museums 5), Köln 1973.

Kliemann 1989
THOMAS KLIEMANN: *Plastische Andachtsepitaphien in Nürnberg 1450–1520. Mit Katalog*, in: MVGN 76, 1989, S. 175–239.

Klinck 1970
ROSWITHA KLINCK: *Lateinische Etymologien* (Medium Aevum 17), München 1970.

Klingenberger Chronik
Die Klingenberger Chronik, hrsg. von Anton Henne, Gotha 1861.

Klotz 1976
HEINRICH KLOTZ: *Formen der Anonymität und des Individualismus in der Kunst des Mittelalters und der Renaissance*, in: Gesta 15, 1976, S. 303–312.

Knaus 1961
HERMANN KNAUS: *Johann von Valkenburg und seine Nachfolger*, in: Archiv für Geschichte des Buchwesens 3, 1961, Sp. 57–76.

Knefelkamp 1989 (Nürnberg)
ULRICH KNEFELKAMP: *Das Heilig-Geist-Spital in Nürnberg vom 14.-17. Jahrhundert. Geschichte, Struktur, Alltag* (Nürnberger Forschungen 26), Nürnberg 1989.

Knefelkamp 1989 (Stiftungen)
ULRICH KNEFELKAMP: *Stiftungen und Haushaltsführung im Heilig-Geist-Spital in Nürnberg. 14.-17. Jahrhundert*, Bamberg 1989.

Knipping 1974
JOHN B. KNIPPING: *Iconography of the Counter-Reformation in the Netherlands*, 2 Bde., Leyden 1974.

Knöpfli 1961
ALBERT KNÖPFLI: *Kunstgeschichte des Bodenseeraumes*, Bd. 1, Konstanz 1961.

Knoepfli 1989
ALBERT KNOEPFLI: *Die Kunstdenkmäler des Kantons Thurgau, Bd. 4: Das Kloster St. Katharinenthal* (Die Kunstdenkmäler der Schweiz), Basel 1989.

Kobel
ERWIN KOBEL: *Untersuchungen zum gelebten Raum in der mittelhochdeutschen Dichtung*, Zürich o.J.

Koch 1959
MARGERIT KOCH: *Sankt Fridolin und sein Biograph Balther*, Diss. Zürich 1959.

Köhler 1991
HANS-JOACHIM KÖHLER: *Bibliographie der Flugschriften des 16. Jahrhunderts. Teil I, Das frühe 16. Jahrhundert (1501-1530). Band 1, Druckbeschreibungen A-G*, Tübingen 1991.

Köhler 1992
HANS-JOACHIM KÖHLER: *Bibliographie der Flugschriften des 16. Jahrhunderts. Teil I, Das frühe 16. Jahrhundert (1501-1530). Band 2, Druckbeschreibungen H-L*, Tübingen 1992.

Köhler/Hebenstreit-Wilfert/Weismann 1978
HANS-JOACHIM KÖHLER/HILDEGARD HEBENSTREIT-WILFERT/CHRISTOPH WEISMANN: *Flugschriften des frühen 16. Jahrhunderts*, Microfiche Serie 1978, Stuttgart 1978.

König 1984
EBERHARD KÖNIG: *Das vatikanische Stundenbuch Jean Bourdichons. Einführungsband zur Faksimileausgabe des Cod. Vat. lat. 3781* (Codices e Vaticanis Selecti 67), Stuttgart/Zürich 1984.

König 1992
EBERHARD KÖNIG: *Die Très Belles Heures de Notre-Dame des Herzogs von Berry. Handschrift Nouv. acq. lat. 3093. Bibliothèque Nationale, Paris. Kommentar zur Faksimileausgabe*, Luzern 1992.

Köpplin 1970
DIETER KÖPPLIN: *Interzession*, in: LCI 2, 1970, Sp. 346–352.

Köpplin 1983
DIETER KÖPPLIN: *Reformation und Glaubensbilder: Das Erlösungswerk Christi auf Bildern des Spätmittelalters und der Reformationszeit*, in: Martin Luther und die Reformation in Deutschland. (Ausstellungskatalog: Nürnberg, Germanisches Nationalmuseum), Frankfurt a. M. 1983, S. 333–359.

Koepplin/Falk 1974
DIETER KOEPPLIN/TILMAN FALK: *Lukas Cranach. Gemälde, Zeichnungen, Druckgraphik*, 2 Bde., Basel/Stuttgart 1974, 2. Aufl.

Koerner 1993
JOSEPH LEO KOERNER: *The Moment of Self-Portraiture in German Renaissance Art*, Chicago/London 1993.

Kötzsche 1986
LIESELOTTE KÖTZSCHE: *Die Seelenreinigung durch das Feuer. Zu einer Jenseitsvorstellung in der römischen Katakombenmalerei*, in: Berliner Theologische Zeitschrift 3, Heft 1, 1986, S. 61–76.

Kollwitz 1959
JOHANNES KOLLWITZ: *Bild und Bildertheologie im Mittelalter*, in: G. Howe (Hrsg.): Das Gottesbild im Abendland (Glaube und Forschung 15), Witten/Berlin 1959, S. 109–138, 2. Aufl.

Konrad 1989
BERND KONRAD: *Rudolf Stahel und seine Werkstatt*, in: Jahrbuch der Staatlichen Kunstsammlungen in Baden-Württemberg 26, 1989, S. 57–92.

Konrad 1992
BERND KONRAD: *Matthäus Gutrecht d. J. und seine Werkstatt*, in: Jahrbuch der Staatlichen Kunstsammlungen in Baden-Württemberg 29, 1992, S. 77–104.

Konrad von Megenberg, Buch der Natur
KONRAD VON MEGENBERG: *Das Buch der Natur*, hrsg. von Franz Pfeiffer, Stuttgart 1861.

Konrad von Megenberg, Sphaera
KONRAD VON MEGENBERG: *Deutsche Sphaera aus einer Münchener Handschrift*, hrsg. von Otto Matthaei (Deutsche Texte des Mittelalters 23), Berlin 1912.

Konrad von Würzburg, Kleinere Dichtungen
KONRAD VON WÜRZBURG: *Kleinere Dichtungen III*, hrsg. von Ewald Schroeder, Dublin/Zürich 1970, 4. Aufl.

Korn 1930
KARL KORN: *Studien über 'Freude und Truren' bei mittelhochdeutschen Dichtern. Beiträge zu einer Problemgeschichte* (Von deutscher Poeterey 12), Leipzig 1930.

Koschwitz 1976
GISELA KOSCHWITZ: *Odilia (Ottilia) von Hohenburg*, in: LCI 8, 1976, Sp. 76–79.

Kotrba 1991
MICHAEL KOTRBA: *Französisches Stundenbuch um 1480/90*, in: A. Cattani/H. J. Haag (Hrsg.): Zentralbibliothek Zürich. Schätze aus vierzehn Jahrhunderten, Zürich 1991, S. 34–37 und 156–158.

Krämer 1980
WERNER KRÄMER: *Konsens und Rezeption. Verfassungsprinzipien der Kirche im Basler Konziliarismus* (Beiträge zur Geschichte der Philosophie und Theologie des Mittelalters, NF 19), Münster i. W. 1980.

Kraume 1980
H. KRAUME: *Die Gerson-Übersetzungen Geilers von Kaysersberg. Studien zur deutschsprachigen Gerson-Rezeption*, München 1980.

Kraus, Catalogue 117
H. P. KRAUS: *Catalogue 117. Mediaeval and Renaissance Manuscripts*, New York o.J.

Kraus, Catalogue 95
H. P. KRAUS: *Catalogue 95*, New York o.J.

Krause/Stupperich 1981
GERHARD KRAUSE/ROBERT STUPPERICH u.a.: *Bruderschaften, Schwesternschaften/Kommunitäten*, in: Theologische Realenzyklopädie 7, 1981, S. 195–212.

Kren 1992
TH. KREN (Hrsg.): *Margaret of York, Simon Marmion, and The Visions of Tondal*, Papers Delivered at a Symposium Organized by the Department

Kretzenbacher 1958
LEOPOLD KRETZENBACHER: *Die Seelenwaage*, Klagenfurt 1958.

Kretzenbacher 1971
LEOPOLD KRETZENBACHER: *Bilder und Legenden*, Klagenfurt 1971.

Kretzenbacher 1977
LEOPOLD KRETZENBACHER: *Das verletzte Kultbild. Voraussetzungen, Zeitschichten und Aussagewandel eines abendländischen Legendentypus* (Bayerische Akademie der Wissenschaften, phil.-hist. Kl., Sbb. 1977, 1), München 1977.

Kretzenbacher 1980
LEOPOLD KRETZENBACHER: *Legendenbilder aus dem Feuerjenseits. Zum Motiv des «Losbetens» zwischen Kirchenlehre und erzählendem Volksglauben* (Österreichische Akademie der Wissenschaften, phil.-hist. Kl., Sbb. 370), Wien 1980.

Kretzenbacher 1981
LEOPOLD KRETZENBACHER: *Schutz- und Bittgebärden der Gottesmutter. Zu Vorbedingungen, Auftreten und Nachleben mittelalterlicher Fürbitte-Gesten zwischen Hochkunst, Legende und Volksglauben* (Bayrische Akademie der Wissenschaften, Sitzungsberichte 1981, H. 3), München 1981.

Kreuzer 1987
GEORG KREUZER: *Heinrich von Langenstein. Studien zur Biographie und zu den Schismatraktaten unter besonderer Berücksichtigung der Epistola pacis* (Quellen und Forschungen auf dem Gebiet der Geschichte, NF 6), Paderborn 1987.

Kroeschell 1980
KARL KROESCHELL: *Deutsche Rechtsgeschichte 2 (1250-1650)*, Opladen 1980, 7. Aufl.

Krötzl 1992
CHRISTIAN KRÖTZL: *«Crudeliter afflicta». Zur Darstellung von Gewalt und Grausamkeit in mittelalterlichen Mirakelberichten*, in: Crudelitas. The politics of Cruelty in the Ancient and Medieval World. Proceedings of the International Conference Turku (Finland), May 1991 (Medium aevum quotidianum, Sonderband 2), Krems 1992, S. 121–138.

Kroll/Bachrach 1986
JEROME KROLL/BERNARD BACHRACH: *Sin and the etiology of disease in precrusade Europe*, in: Journal of History of Medicine and allied Sciences 41, 1986, S. 395–414.

Kroos 1981
RENATE KROOS: *Zu frühen Schrift- und Bildzeugnissen über die heilige Elisabeth als Quellen zur Kunst- und Kulturgeschichte*, in: Sankt Elisabeth. Fürstin, Dienerin, Heilige (Ausstellungskatalog: Marburg, Landgrafenschloss), Sigmaringen 1981, S. 180–239.

Kuder 1986
ULRICH KUDER: *Der Aussätzige als Thema bildkünstlerischer Gestaltung*, in: Aussatz, Lepra, Hansen-Krankheit. Ein Menschheitsproblem im Wandel, Bd.1 (Kataloge des Deutschen Medizinhistorischen Museums, Beihefte 1), Würzburg 1986, S. 169–173.

Kühnel 1980
HARRY KÜHNEL: *Abbild und Sinnbild in der Malerei des Spätmittelalters*, in: Europäische Sachkultur des Mittelalters (Österreichische Akademie der Wissenschaften, phil.-hist. Kl., Sbb. 374), Wien 1980, S. 83–100.

Kühnel 1986
HARRY KÜHNEL (Hrsg.): *Alltag im Spätmittelalter*, 2. verbesserte Auflage, Darmstadt 1986.

Kühnel 1992
HARRY KÜHNEL (Hrsg.): *Bildwörterbuch der Kleidung und Rüstung. Vom alten Orient bis zum ausgehenden Mittelalter*, Stuttgart 1992.

Kühner 1956
HANS KÜHNER: *Neues Papstlexikon*, Zürich 1956.

Kulenkampff 1987
ANGELA KULENKAMPFF: *Zur Ausstattung der Grablege der Grafen von Neuenahr im ehemaligen Zisterzienserinnenkloster Mariengarten in Köln zwischen 1459 und 1530 – zugleich ein Beitrag zum Werk des Meisters der Heiligen Sippe*, in: Festschrift für Gerhard Bott zum 60. Geburtstag, hrsg. v. Ulrich Schneider, Darmstadt 1987, S. 29–52.

Kulenkampff 1987–1988
ANGELA KULENKAMPFF: *Stifter und Stiftungen in der Pfarre St. Kolumba in Köln in der Zeit von 1464-1487*, in: Wallraf-Richartz-Jahrbuch 48/49, 1987-1988, S. 443–452.

Künstle 1926
KARL KÜNSTLE: *Ikonographie der Heiligen*, Freiburg i. Br. 1926.

Kunze 1975
HORST KUNZE: *Geschichte der Buchillustration in Deutschland. Das 15. Jahrhundert*, Textband, Frankfurt a. M. 1975.

Kurthlen/Linke/Moskopp 1989
MARTIN KURTHLEN/DETLEF B. LINKE/DAG MOSKOPP: *Teilhirntod und Ethik*, in: Ethik in der Medizin 1, 1989, S. 134–142.

Kuske 1917–1934
BRUNO KUSKE: *Quellen zur Geschichte des Kölner Handels und Verkehrs im Mittelalter*, 4 Bde. (PGRG 33), Bonn 1917-1934, Nachdruck Düsseldorf 1978.

Kyriß 1951–1958
ERNST KYRISS: *Verzierte gotische Einbände im alten deutschen Sprachgebiet*, Textband und 3 Tafelbde., Stuttgart 1951-1958.

Landsberg 1973
P. L. LANDSBERG: *Die Erfahrung des Todes*, Frankfurt a.M. 1973.

Landwehr 1984
DOMINIK LANDWEHR: *Gute und böse Engel contra Arme Seelen*, in: Bilderstreit. Kulturwandel in Zwinglis Reformation, hrsg. von Hans-Dietrich Altendorf und Peter Jezler, Zürich 1984, S. 125–134.

Lane 1973
BARBARA G. LANE: *The Symbolic Crucifixion in the Hours of Catherine of Cleves*, in: Oud Holland 87, 1973, S. 4–26.

Lang/McDannell 1990
BERNHARD LANG/COLLEEN MCDANNELL: *Der Himmel. Eine Kulturgeschichte des ewigen Lebens*, Frankfurt a. M. 1990.

Lange 1985
SABINE LANGE: *Restaurationsbericht zu LM 17 724 (Kirchenfahne Zug)*, Typoskript im Schweizerischen Landesmusum, Zürich 1985.

Languedoc
La religion populaire en Languedoc du XIIIe siècle à la moitié du XIVe siècle (Cahiers de Fanjeaux 11), Toulouse 1976.

Lankheit 1959
KLAUS LANKHEIT: *Das Triptychon als Pathosformel* (Abhandlungen der Heidelberger Akademie der Wissenschaften, phil.-hist. Kl. 1959, 4), Heidelberg 1959.

Larchet 1991
JEAN-CLAUDE LARCHET: *Théologie de la maladie*, Paris 1991.

Largiadèr 1959
ANTON LARGIADÈR: *Baurodel und Jahrzeitbuch der St.-Oswalds-Kirche in Zug*, in: Zeitschrift für Schweizerische Archäologie und Kunstgeschichte 19, 1959, S. 178–189.

Lassotta, Formen der Armut
ARNOLD LASSOTTA: *Formen der Armut im späten Mittelalter und zu Beginn der Neuzeit. Untersuchungen vornehmlich an Kölner Quellen des 14. bis 17. Jahrhunderts*, Köln 1993.

Latte 1960
KURT LATTE: *Römische Religionsgeschichte* (Handbuch der Altertumswissenschaft 5, 4), München 1960.

Laurent 1989
SYLVIE LAURENT: *Naître au moyen âge. De la conception à la naissance: grossesse et l'accouchement (XIIe – XVe siècle)*, Paris 1989.

Lavater 1569
LUDWIG LAVATER: *Von Gespänsten/unghüren/fällen und anderen dingen/ [...]*, Zürich: Christoffel Froschower, 1569.

LCI
Lexikon der christlichen Ikonographie, hrsg. von E. Kirschbaum, 8 Bde., Rom/Freiburg u.a. 1968ff.

Le Bohec 1991
YANN LE BOHEC (Hrsg.): *Le Testament du Lingon*, Lyon 1991.

Le Goff 1981
JACQUES LE GOFF: *La naissance du purgatoire* (Bibliothèque des histoires), Paris 1981, (dt. Übersetzung: Die Geburt des Fegefeuers, Stuttgart 1984).

Le Goff 1983
LE GOFF: *Pour une étude du travail dans les idéologies et les mentalités du Moyen Age*, in: Lavorare nel medio evo (Convegni del Centro di Studi sulla Spiritualità Medievale 21), Todi 1983, S. 11–33.

Le Goff 1984
JACQUES LE GOFF: *Die Geburt des Fegefeuers*, aus dem Französischen übersetzt von Ariane Forkel, Stuttgart 1984.

Le Goff 1986 (Economie)
LE GOFF: *La bourse et la vie. Economie et religion au Moyen âge* (Textes du XXe Siècle), Paris 1986, (dt. Übersetzung: Wucherzins und Höllenqualen. Ökonomie und Religion im Mittelalter, Stuttgart 1988).

Le Goff 1986 (Limbes)
Jacques Le Goff: *Les limbes*, in: Nouvelle Revue de Psychoanalyse 24, 1986, S. 151–173.

Le Goff 1988
Jacques Le Goff: *Wucherzins und Höllenqualen. Ökonomie und Religion im Mittelalter*, Stuttgart 1988.

Le Goff 1990
Jacques Le Goff: *Geburt des Fegefeuers. Vom Wandel des Weltbildes im Mittelalter*, München 1990.

Le Roy Ladurie 1975
Emmanuel Le Roy Ladurie: *Montaillou, village occitan de 1294 à 1324* (Bibliothèque des histoires), Paris 1975.

Lea 1900
Henry Charles Lea: *The Dead Hand*, Philadelphia 1900.

Leclercq 1965
Jean Leclercq: *Deux questions de Berthaud de Saint-Denys sur l'exemption fiscale du clergé*, in: Etudes d'histoire du droit canonique dédiées a Gabriel Le Bras, Bd. 1, Paris 1965, S. 607–617.

Leclerq 1927
Henri Leclerq: *Jonas*, in: DACL 7/2 1927, Sp. 2572–2631.

Lecouteux 1986
Claude Lecouteux: *Fantômes et revenants au moyen âge*, Paris 1986, (dt. Übersetzung 1987).

Lecouteux 1987
Claude Lecouteux: *Geschichte der Gespenster und Wiedergänger im Mittelalter*, Köln/Wien 1987.

Leeuwenberg 1972
H. L. Ph. Leeuwenberg: *Lambertus van 's-Heerenberg (de Monte Domini) (–1499), een nederlands geleerde aan de universiteit van Keulen*, in: Tijdschrift voor Geschiedenis 85, 1972, S. 325–349.

Lefèvre 1954
Yves Lefèvre: *L'Elucidarium et les Lucidaires. Contribution, par l'histoire d'un texte, a l'histoire des croyances religieuses en France au moyen âge*, Paris 1954.

Legenda aurea (Ed. Benz)
Jacobus de Voragine: *Legenda aurea*, übersetzt von Richard Benz, Darmstadt 1984, 10. Aufl.

Legenda aurea (Ed. Graesse)
Jacobus de Voragine: *Legenda Aurea, Vulgo Historia Lombardica Dicta*, hrsg. von Theodor Graesse, Bratislava 1890, 3. Aufl.

Legner 1985
Anton Legner: *Illustres manus*, in: Ders. (Hrsg.): Ornamenta Ecclesiae. Kunst und Künstler der Romanik, Bd. 1 (Ausstellungskatalog: Köln, Schnütgenmuseum, in der Kunsthalle Köln), Köln 1985, S. 187–230.

Lehmann 1926
Hans Lehmann: *Lukas Zeiner und die spätgotische Glasmalerei in Zürich* (Mitteilungen der Antiquarischen Gesellschaft in Zürich 30), Zürich 1926.

Lehmann 1929
H. Lehmann: *Frühmittelalterlicher Goldschmuck*, in: 38. Jahresbericht des Schweizerischen Landesmuseums, 1929, S. 50–60.

Lehner 1984
Julia Lehner: *Die Mode im alten Nürnberg* (Nürnberger Werkstücke zur Stadt- und Landesgeschichte 36), Nürnberg 1984.

Lehrs 1925
Max Lehrs: *Katalog der Kupferstiche Martin Schongauers*, Wien 1925.

Leicher 1977
Richard Leicher: *Die Totenklage in der deutschen Epik von der ältesten Zeit bis zur Nibelungenklage* (Germanistische Abhandlungen 58), Hildesheim 1977, 2. Aufl.

Leidinger 1904
Georg Leidinger: *Aus dem Geschichtenbuch des Magisters Konrad Derrer von Augsburg*, in: Zeitschrift des Historischen Vereins für Schwaben 31, 1904, S. 95–121.

Lentze 1958
Hans Lentze: *Das Seelgerät im mittelalterlichen Wien*, in: Zeitschrift der Savigny-Stiftung für Rechtsgeschichte, Kanonistische Abteilung 54, 1958, S. 35–103.

Leo Marsicanius, Chronica
Leo Marsicanius: *Chronica Monasterii Cassinensis*, hrsg. von Hartum Hoffmann (MGH SS 34), Hannover 1980.

Leppin 1980
Eberhard Leppin: *Die Elisabethkirche in Marburg an der Lahn*, Königstein im Taunus 1980.

Leroquais 1927
Victor Leroquais: *Les Livres d'heures manuscrits de la Bibliothèque Nationale*, Paris 1927.

Lesinski 1968
Bogdan Lesinski: *Les rentes comme instrument de crédit dans la Pologne médiéval*, in: Studia Historiae oeconomicae 3, 1968, S. 47–61.

Lévi 1892
Israel Lévi: *Le repos sabbatique des âmes damnés*, in: Revue des Études Juives 25, 1892, S. 1–13 und ebda., 26, 1893, S. 131–135.

Levin 1983
William Robert Levin: *Studies on the Imagery of Mercy in the Late Medieval Italian Art*, Diss. University of Michigan 1983.

Levison 1948
Wilhelm Levison: *Die Politik in den Jenseitsvisionen des frühen Mittelalters*, in: Ders.: Aus Rheinischer und Fränkischer Frühzeit, Düsseldorf 1948, S. 229–246.

Lexikon der Kunst
Lexikon der Kunst, Leipzig 1987ff.

Liber sententiarum
Liber sententiarum inquisitionis Tholosanae ab anno Christi 1307 usque ad annum 1323, in: Philippus a Limborch: Historia Inquisitionis, Amsterdam 1672.

Liebe 1903
Georg Liebe: *Das Beginenwesen der sächsisch-thüringischen Lande in seiner sozialen Bedeutung*, in: Archiv für Kulturgeschichte, 1, 1903, S. 35–49.

Liermann 1963
Hans Liermann: *Handbuch des Stiftungsrechts, Bd.1: Geschichte des Stiftungsrechts*, Tübingen 1963.

Lindgren 1977–1978
Uta Lindgren: *Frühformen abendländischer Hospitäler im Lichte einiger Bedingungen ihrer Entstehung*, in: Historia Hospitalium 12, 1977–1978, S. 32–61.

Link 1993
Frank Link (Hrsg.): *Tanz und Tod in Literatur und Kunst* (Schriften zur Literaturwissenschaft 8), Berlin 1993.

Linke 1987
Hansjürgen Linke: *Drama und Theater*, in: Geschichte der deutschen Literatur von den Anfängen bis zur Gegenwart, begr. von Helmut de Boor und Richard Newald, Bd. 3/2: Die deutsche Literatur im späten Mittelalter, hrsg. von Ingeborg Glier, München 1987, S. 153–233.

Little 1978
Lester K. Little: *Religious Poverty and the Profit Economy in Medieval Europe*, London 1978.

LMA
Lexikon des Mittelalters, München/Zürich 1980ff.

Löcher 1967
Kurt Löcher: *Studien zur oberdeutschen Bildnismalerei des 16. Jahrhunderts*, in: Jahrbuch der Staatlichen Kunstsammlungen in Baden-Württemberg 4, 1967, S. 31–84.

Löchner 1985
Kurt Löchner: *Bildnismalerei des späten Mittelalters und der Renaissance in Deutschland*, in: Altdeutsche Bilder der Sammlung Georg Schäfer Schweinfurt, Schweinfurt 1985, S. 31–56.

Loeffelholz 1986
Wilhelm von Loeffelholz: *Sixtus Tucher und der reitende Tod als Bogenschütze. Ein Beitrag zu einem Objekt der Ausstellung des Germanischen Nationalmuseums «Nürnberg 1300–1550»*, in: MVGN 73, 1986, S. 45–53.

Löhlein 1963/64
Georg Löhlein: *Die Gründungsurkunde des Nürnberger Heilig-Geist-Spitals von 1339*, in: MVGN 52, 1963–1964, S. 65–79.

Loeschcke 1965
Walter Loeschcke: *Der Griff ans Handgelenk. Skizze einer motivgeschichtlichen Untersuchung*, in: Festschrift für Peter Metz, Berlin 1965, S. 46–73.

Loinig 1991
Hans Loinig: *Die Schatzkammer des Stiftes Kremsmünster*, in: Kirchenschätze in Deutschland und Österreich, hrsg. von Werner Schnell, Augsburg 1991, S. 88–92.

Lomazzo 1974
Gian Paolo Lomazzo: *Trattato dell'arte della pittura, scoltura et architettura (1584)*, in: Ders.: Scritti sulle arti, hrsg. von Roberto Paolo Ciardi, Bd. 2, Firenze 1974.

Longère 1975
Jean Longère: *Oeuvres oratoires de maîtres parisiennes au XIIe siècle. Étude historique et doctrinale, t. I-II* (Etudes Augustiniennes), Paris 1975.

Longère 1986
Jean Longère: *Un sermon inédit de Jacques de Vitry: «Si annis multis vixerit homo»*, in: L'Église et la mort dans la France médiévale, Communications présentés à la table Ronde du C.N.R.S. 1982, réunies par Jean-Loup Lemaitre (Etudes Augustiniennes), Paris 1986, S. 31–51.

Longère 1991
Jean Longère: *La fonction pastorale de Saint-*

Victor à la fin du XIIe et au début du XIIe siècle, in: L'Abbaye parisienne de Saint-Victor au Moyen Age, Communications présentées au XIIIe Colloque d'Humanisme médiéval de Paris (1986–1988) et réunies par Jean Longère (Bibliotheca Victorina 1), Paris/Turnhout 1991, S. 291–313.

Lorenz 1956
Marianne Lorenz: *Die Gregoriusmesse. Entstehung und Ikonographie*, Diss. masch. Innsbruck 1956.

Lorenzen-Schmidt 1979
Klaus-J. Lorenzen-Schmidt: *Umfang und Dynamik des Hamburger Rentenmarktes zwischen 1471 und 1570*, in: Zeitschrift des Vereins für Hamburgische Geschichte 65, 1979, S. 21–52.

LThK
Lexikon für Theologie und Kirche, 10 Bde., 2. Aufl., Freiburg i.B. 1957–1965.

Lucidarius
Lucidarius aus der Berliner Handschrift, hrsg. von Felix Heidlauf (Deutsche Texte des Mittelalters 28), Berlin 1915.

Lüdke 1983
Dietmar Lüdke: *Die Statuetten der gotischen Silberschmiede. Studien zu den «autonomen» und den vollrunden Bildwerken der Goldschmiedeplastik und den Statuettenreliquiaren in Europa zwischen 1230 und 1530*, 2 Bde. (tuduv-Studien, Reihe Kunstgeschichte 4), München 1983.

Lühe 1904
Wilhelm Lühe: *Die Ablösung der ewigen Zinsen in Frankfurt a.M. in den Jahren 1522–1562*, in: Westdeutsche Zeitschrift für Geschichte und Kunst 23, 1904, S. 36–72 und 229–272.

Lukatis 1993
Christiane Lukatis: *Zur Höllengestaltung im Weltgericht Stefan Lochners*, in: Kat. Lochner 1993, S. 191–199.

Lurker 1980
Manfred Lurker: *Die Symbolbedeutung von Rechts und Links und ihr Niederschlag in der abendländisch-christlichen Kunst*, in: Symbolon, NF 5, 1980, S. 95–128.

Lurker 1987
Manfred Lurker: *Wörterbuch biblischer Bilder und Symbole*, München 1987, 3. Aufl.

Lüthi 1928
Walter Lüthi: *Urs Graf und die Kunst der alten Schweizer*, Zürich 1928.

Lutz 1983
Eckhart Conrad Lutz: *«In niun schar insunder geordent gar.» Gregorianische Angelologie, Dionysius-Rezeption und volkssprachliche Dichtungen des Mittelalters*, in: Zeitschrift für deutsche Philologie 102, 1983, S. 335–376.

Lutz/Perdrizet 1907-1909
Jean Lutz/Paul Perdrizet: *Speculum Humanae Salvationis. Texte critique; traduction inédite de Jean Mielot (1448). Les sources et l'influence iconographique principalement sur l'art alsacien du 14 siècle*, 2 Bde., Mulhouse 1907–1909.

Lutze 1939
Eberhard Lutze: *Die Nürnberger Pfarrkirchen Sankt Sebald und Sankt Lorenz*, Berlin 1939.

Lutze/Wiegand 1937
Eberhard Lutze/Eberhard Wiegand (Bearb.): *Kataloge des Germanischen Nationalmuseums zu Nürnberg. Die Gemälde des 13. bis 16. Jahrhunderts*, Beschreibender Text, Leipzig 1937.

Luzerner Osterspiel
Das Luzerner Osterspiel, hrsg. von Heinz Wyss, 3 Bde. (Schriften hrsg. unter dem Patronat der Schweizerischen geisteswissenschaftlichen Gesellschaft 7), Bern 1967.

Lymant 1988
Brigitte Lymant: *Das Heller-Fenster in St. Maria im Kapitol*, in: Colonia Romanica 3, 1988, S. 89–95.

Machilek 1977
Franz Machilek: *Klosterhumanismus in Nürnberg um 1500*, in: MVGN 64, 1977, S. 10–45.

Mack 1916
Eugen Mack: *Die kirchliche Steuerfreiheit in Deutschland seit der Dekretalengesetzgebung* (Kirchenrechtliche Abhandlungen 88), Stuttgart 1916.

Mackinney 1952
Loren Mackinney: *Medical ethics and etiquette in the early middle ages: the persistence of Hippocratic ideals*, in: Bulletin of history of Medicine 26, 1952, S. 1–31.

Mader 1991
Ulrike Mader: *Heiligenverehrung als Ordenspropaganda. Zur Interpretation eines Bilderzyklus aus der Kölner Kartause*, in: Die Kölner Kartause um 1500, hrsg. von Werner Schäfke, Köln 1991, S. 275–290.

Mäder/Mattern 1993
Peter M. Mäder/Günter Mattern: *Fahnen und ihre Symbole* (Schweizerisches Landesmuseum, Bildband 4), Zürich 1993.

Maitre Henri de Mondeville
Chirugie de Maitre Henri de Mondeville, Traduction française avec notes, une introduction et une biographie par E. Nicaise, Paris 1893.

Malke 1976
Lutz Malke: *Zur Ikonographie der «Vier letzten Dinge» vom ausgehenden Mittelalter bis zum Rokoko*, in: Zeitschrift des deutschen Vereins für Kunstwissenschaft 30, 1976, S. 44–66.

Manselli 1976
Raoul Manselli: *Gli Umiliati, lavoratori di lana*, in: Produzione commercio e consumo dei panni di lana, a cura di Marco Spallanzani (Istituto internazionale di storia economica «F. Datini» Prato 2), Firenze 1976, S. 231–236.

Manser 1992
Jürg Manser u.a.: *Richtstätte und Wasenplatz in Emmenbrück (16.-19. Jh.). Archäologische und historische Untersuchungen zur Geschichte von Strafrechtspflege und Tierhaltung in Luzern* (Schweizer Beiträge zur Kulturgeschichte und Archäologie des Mittelalters), Basel 1992.

Manz 1992
Hans Georg Manz: *Typen medizinischer Ethik*, in: Eberhard Amelung (Hrsg.): Ethisches Denken in der Medizin, Berlin/Heidelberg/New York 1992, S. 76–91.

Marazzi 1990
Luca Marazzi: *Das iustum pretium im Tractatus de emptionibus et venditionibus des Petrus Ioannis Olivi* (Zürcher Studien zur Rechtsgeschichte 20), Zürich 1990.

Marijnissen 1972
R.-H. Marijnissen u.a.: *Jheronimus Bosch*, Genf 1972.

Markow 1984
Deborah Markow: *The Iconography of the Soul in Medieval Art*, Ph. D. New York 1984, (UMI-Diss. Ann Arbor 1991).

Marrow
James Marrow: *Descriptive and Analytical Catalogue of Dutch Illustrated Manuscripts*, Doornspijk, (im Druck).

Marrow 1979
James H. Marrow: *Passion Iconography in Northern European Art of the Late Middle Ages and Early Renaissance. A Study of the Transformation of Sacred Metaphor into Descriptive Narrative* (Ars Neerlandica 1), Kortrijk 1979.

Marsilius von Padua, Defensor pacis
Marsilius von Padua: *Defensor pacis*, hrsg. von Richard Scholz, Hannover 1933.

Martin 1922
Alfred Martin: *Das Antoniusfeuer und seine Behandlung in der deutschen Schweiz und im benachbarten Elsass*, in: Schweizerische medizinische Wochenschrift, 1922, S. 1183.

Masini 1666
Antonio di Paolo Masini: *Bologna perlustrata*, Seconda edizione accresciuta, Bologna 1666.

Materielle Kultur 1990
Materielle Kultur und religiöse Stiftung im Spätmittelalter. Internationales Round-Table-Gespräch Krems an der Donau 26. September 1988 (Veröffentlichungen des Instituts für mittelalterliche Realienkunde Österreichs 12, Österreichische Akademie der Wissenschaften. Philosophisch-historische Klasse. Sitzungsberichte 554), Wien 1990.

Mattausch 1970
Hubert Mattausch: *Das Beerdigungswesen der freien Reichsstadt Nürnberg (1219 bis 1806). Eine rechtsgeschichtliche Untersuchung an Hand der Ratsverlässe und der vom Rat erlassenen Leichenordnungen*, Diss. iur. Würzburg, München 1970.

Matthiae 1966
Guglielmo Matthiae: *San Lorenzo fuori le mura*, (Le chiese di Roma illustrate 89), Rom 1966.

Maué 1985
Hermann Maué: *Nürnberger Medaillen, 1500–1700*, in: Wenzel Jamnitzer und die Nürnberger Goldschmiedekunst 1500–1700. Goldschmiedearbeiten – Entwürfe, Modelle, Medaillen, Ornamentstiche, Schmuck, Porträts (Ausstellungskatalog: Nürnberg, Germanisches Nationalmuseum), Nürnberg 1985, S. 151–159.

Maurach 1968
Gregor Maurach: *Coelum Empyreum. Versuch einer Begriffsgeschichte* (Boethius. Texte und Abhandlungen zur Geschichte der exakten Wissenschaften 8), Wiesbaden 1968.

Maurer 1966
François Maurer: *Die Kunstdenkmäler des Kantons Basel-Stadt, Bd. 5: Die Kirchen, Klöster und Kapellen* (Die Kunstdenkmäler der Schweiz), Basel 1966.

Maurer 1970
Friedrich Maurer (Hrsg.): *Die religiösen*

Dichtungen des 11. und 12. Jahrhunderts nach ihren Formen, Bd. 3, Tübingen 1970.

Maurice 1972
K. MAURICE: *Uhr*, in: LCI 4, 1972, Sp. 406–407.

Maurmann 1976
BARBARA MAURMANN: *Die Himmelsrichtungen im Weltbild des Mittelalters. Hildegard von Bingen, Honorius Augustodunensis und andere Autoren* (Münstersche Mittelalter-Schriften 33), München 1976.

Mechthild von Magdeburg, Fliessendes Licht
MECHTHILD VON MAGDEBURG: *«Das fliessende Licht der Gottheit»*, nach der Einsiedler Handschrift in kritischem Vergleich mit der gesamten Überlieferung hrsg. von Hans Neumann. Bd. 1: Text von Gisela Vollmann-Profe (Münchner Texte und Untersuchungen 100), München/Zürich 1990.

Meder 1932
J. MEDER: *Dürer Katalog. Ein Handbuch über Dürers Stiche, Radierungen, Holzschnitte, deren Zustände, Ausgaben und Wasserzeichen*, Wien 1932.

Meersseman 1977
GILLES GERARD MEERSSEMAN: *Ordo Fraternitatis. Confraternite e pietà dei laici del medioevo*, in collaborazione con Gian Piero Pacini, Vol. I-III (Italia Sacra 24–26), Roma 1977.

Meersseman 1982
GILLES GERARD MEERSSEMAN: *Dossier de l'Ordre de la Pénitence* (Spicilegium Friburgense 7), Fribourg/Suisse 1982, 2. Aufl.

Meier 1899
GABRIEL MEIER OSB: *Catalogus codicum manu scriptorum qui in biliotheca Monasterii Einsidlensis servantur*, Einsiedeln/Leipzig 1899.

Meier 1909
KARL ERNST MEIER: *Fortleben der religiös-dogmatischen Kompositionen Cranachs in der Kunst des Protestantismus*, in: Repertorium für Kunstwissenschaft 32, 1909, S. 415–435.

Meier 1959
THEO MEIER: *Die Gestalt Mariens im geistlichen Schauspiel des deutschen Mittelalters* (Philologische Studien und Quellen 4), Berlin 1959.

Meinhardt 1986
H. MEINHARDT: *Empyreum*, in: LMA 3, 1986, Sp. 1898.

Meiss 1951
MILARD MEISS: *The Madonna of Humility (1936)*, in: Painting in Florence after the Black Death, hrsg. von Milard Meiss, New York 1951, S. 132–156.

Menardi 1992
HERLINDE MENARDI: *Schätze des Tiroler Volkskunstmuseums*, Bd. 2, Innsbruck 1992.

Mende 1991
MATTHIAS MENDE: *Zu zwei verschollenen Bildniszeichnungen Albrecht Dürers: Hans V. Imhoff und Conrad IV. Imhoff*, in: MVGN 78, 1991, S. 89–102.

Meran/Poliwoda 1992
JOHANNES MERAN/SEBASTIAN POLIWODA: *Der Hirntod und das Ende des menschlichen Lebens*, in: Ethik in der Medizin 4, 1992, S. 165–171.

Merkle 1895
SEBASTIAN MERKLE: *Die Sabbatruhe in der Hölle*, in: Römische Quartalsschrift 9, 1895, S. 489–505.

Merlo 1982
GRADO GIOVANNI MERLO: *Sul Valdismo «colto» tra il XIII e il XIV secolo*, in: I Valdesi e l'Europa (Collana della società di studi valdesi 9), Torre Pellice 1982, S. 67–98, (wiederabgedruckt in Merlo 1984, S. 45–75).

Merlo 1984
GRADO GIOVANNI MERLO: *Valdesi e valdismi medievali. Itinerari e proposte di ricerca* (Studi storici), Torino 1984, S. 43–92: Le forme evangeliche di un dissenso religioso (nel Mezzogiorno di Francia tra XIII e XIV secolo); S. 129–134: Intellettuali rustici e religiosità critica (in Occitania).

Mettke 1979
HEINZ METTKE (Hrsg.): *Älteste deutsche Dichtung und Prosa*, Leipzig 1979.

Meuthen 1983
ERICH MEUTHEN: *Konsens bei Nikolaus von Kues und im Kirchenverständnis des 15. Jahrhunderts*, in: Politik und Konfession, Festschrift Konrad Repgen, Berlin 1983, S. 11–29.

Meuthen 1988
ERICH MEUTHEN: *Die alte Universität* (Kölner Universitätsgeschichte 1), Köln/Wien 1988.

Meyer 1884
HERMANN MEYER: *Die schweizerische Sitte der Fenster- und Wappenschenkungen vom 15. bis 18. Jahrhundert*, Frauenfeld 1884.

Meyer 1975
HEINZ MEYER: *Die Zahlenallegorese im Mittelalter. Methode und Gebrauch* (Münstersche Mittelalter-Schriften 25), München 1975.

MGNM
Mitteilungen aus dem Germanischen Nationalmuseum, Nürnberg 1884ff.

Michel 1902
KARL MICHEL: *Gebet und Bild in frühchristlicher Zeit*, Leipzig 1902.

Michel 1935
A. MICHEL: *Purgatoire*, in: Dictionnaire de Théologie Catholique 13/1, 1935, Sp. 1163–1326.

Michel 1976
PAUL MICHEL: *Formosa deformitas. Bewältigungsformen des Häßlichen in der mittelalterlichen Literatur* (Studien zur Germanistik, Anglistik und Komparatistik 57), Bonn 1976.

Michler 1992
JÜRGEN MICHLER: *Neue Funde und Beiträge zur Entstehung der Pietà am Bodensee*, in: Jahrbuch der Staatlichen Kunstsammlungen in Baden-Württemberg 29, 1992, S. 29–49.

Miles 1986
MARGARET R. MILES: *The Virgin's one bare breast: female nudity and religious meaning in Tuscan early Renaissance culture*, in: The female body in western culture. Contemporary perspectives, hrsg. von Susan Rubin Suleiman, Cambridge Mass./London 1986, S. 193–209.

Militzer 1980 (Auseinandersetzungen)
KLAUS MILITZER: *Ursachen und Folgen der innerstädtischen Auseinandersetzungen in Köln in der zweiten Hälfte des 14. Jahrhunderts* (VÖKGV 36), Köln 1980.

Militzer 1980 (Führungsschicht)
KLAUS MILITZER: *Führungsschicht und Gemeinde in Köln im 14. Jahrhundert*, in: Wilfried Ehbrecht (Hrsg.): Städtische Führungsgruppen und Gemeinde in der werdenden Neuzeit (Städteforschung A 9), Köln/Wien 1980, S. 1–24.

Militzer 1986 (Collen)
KLAUS MILITZER: *Collen eyn kroyn boven allen steden schoyn. Zum Selbstverständnis einer Stadt*, in: Colonia Romanica 1, 1986, S. 15–32.

Militzer 1986 (Gaffel Windeck)
KLAUS MILITZER: *Die Gaffel Windeck im 14. und 15. Jahrhundert*, in: JbKGV 57, 1986, S. 17–74.

Mischlewski 1976
ADALBERT MISCHLEWSKI: *Grundzüge der Geschichte des Antoniterordens bis zum Ausgang des 15. Jahrhunderts* (Bonner Beiträge zur Kirchengeschichte 8), Köln/Wien 1976.

Modalsli 1983
OLE MODALSLI: *Luther über die Letzten Dinge*, in: Helmar Junghans (Hrsg.): Leben und Werk Martin Luthers von 1526–1546, Bd. 1, Göttingen 1983, S. 331–345.

Möbius 1991
HELGA MÖBIUS: *«Schöne Madonna» und Weiblichkeitsdiskurs im Spätmittelalter*, in: Frauen Kunst Wissenschaft, Rundbrief Heft 12, 1991, S. 7–16.

Moeller 1991
BERND MOELLER: *Die letzten Ablaßkampagnen. Luthers Widerspruch gegen den Ablaß in seinem geschichtlichen Zusammenhang*, in: Ders.: Die Reformation und das Mittelalter, Kirchenhistorische Aufsätze, hrsg. von Johannes Schilling, Göttingen 1991, S. 53–72.

Mohlberg 1951
LEO CUNIBERT MOHLBERG: *Katalog der Handschriften der Zentralbibliothek Zürich I: Mittelalterliche Handschriften*, Zürich 1951.

Mojon 1960
LUC MOJON: *Die Kunstdenkmäler des Kantons Bern, Bd. 4: Das Berner Münster* (Die Kunstdenkmäler der Schweiz), Basel 1960.

Molanus, De picturis
JOHANNES MOLANUS: *De picturis et imaginibus sacris liber unus: tractatus de vitandis circa eas abusibus et de earundem significationibus*, Louvain 1570.

Mollat 1974
MICHEL MOLLAT: *Il pauperismo nell'età preindustriale (secoli XIV-XVII)*, in: Storia d'Italia Einaudi, Bd. 5/1, Torino 1974, S. 669–698.

Mollat 1978
MICHEL MOLLAT: *Les pauvres au Moyen Age*, Paris 1978.

Mollat 1980
MICHEL MOLLAT: *Truands et misérables dans l'Europe modern (1350–1600)* (Collection archives), Paris 1980.

Mollat 1984
MICHEL MOLLAT: *Die Armen im Mittelalter*, München 1984.

Mollat 1988
MICHEL MOLLAT: *Geschichte der Armut. Elend und Barmherzigkeit in Europa*, München/Zürich 1988.

Monahan 1987
ARTHUR P. MONAHAN: *Consent, Coercion and Limit. The Medieval Origins of Parliamentary De-

mocracy (Mc Gill Queen's Studies in the History of Ideas 10), Kingston/Montreal 1987.

Mondini 1992
DANIELA MONDINI: *Maria in der Welt. Marienverehrung in sozialhistorischem Kontext. Interdisziplinäre Tagung Luzern, 27.-29. März 1992*, in: Frauen Kunst Wissenschaft. Rundbrief Heft 14, 1992, S. 180–183.

Mone 1848
FRANZ JOSEF MONE: *Einleitung zur Ausgabe der Vita S. Fridolini*, in: Quellensammlung zur badischen Landesgeschichte, Bd. 1, Karlsruhe 1848, S. 1–17.

Montella 1986
TERESA MONTELLA: *Dionisio Calvart (Anversa, 1540? - Bologna, 1619)*, in: Vera Fortunati Pietrantonio, Pittura bolognese del '500, Bd. 2, Bologna 1986, S. 683–699.

Moorman 1968
JOHN MOORMAN: *A History of the Franciscan Order. From its origins to the year 1517*, Oxford 1968.

Moosbrugger-Leu 1971
RUDOLF MOOSBRUGGER-LEU: *Die Schweiz zur Merowingerzeit. Die Archäologische Hinterlassenschaft der Romanen, Burgunder und Alamannen*, 2 Bde., Bern 1971.

Morard 1987
NICOLAS MORARD: *La Confrérie du Saint-Esprit à Fribourg à la fin du Moyen Age (XIVe–XVe siècles)*, in: Le mouvement confraternel au moyen âge. France, Italie, Suisse, Actes de la table ronde 1985 (Collection de l'école française de Rome 97), Rome 1987, S. 275–296.

Morel 1989
MARIE-FRANCE MOREL: *Les soins prodigués aux enfants: influence des innovations médicales et des institutions médicalisées (1750-1914). Médecine et déclin de la mortalité infantile*, in: Annales de démographie historique 1989, Paris 1989, S. 157–181.

Morgan 1988
NIGEL MORGAN: *Early Gothic Manuscripts II, 1250-1285* (A Survey of Manuscripts Illuminated in the British Isles 4), London 1988.

Morgan 1990
ALISON MORGAN: *Dante and the Medieval Other World* (Cambridge studies in medieval literature 8), Cambridge 1990.

Moritz 1981
WERNER MORITZ: *Das Hospital der heiligen Elisabeth in seinem Verhältnis zum Hospitalwesen des frühen 13. Jahrhunderts*, in: Sankt Elisabeth, Fürstin, Dienerin, Heilige (Ausstellungskatalog: Marburg, Landgrafenschloß), Sigmaringen 1981, S. 101–116.

Moroni 1840–1879
GAETANO MORONI: *Dizionario di erudizione storico-ecclesiastica*, Bde. 1–109, Venezia 1840–1879.

Moullet 1943
MAURICE MOULLET: *Les maîtres à l'oeillet*, Basel 1943.

Müller 1935
CARL THEODOR MÜLLER: *Mittelalterliche Plastik Tirols. Von der Frühzeit bis zur Zeit Michael Pachers* (Forschungen zur deutschen Kunstgeschichte 6), Berlin 1935.

Müller 1948
KUNO MÜLLER: *Jost von Silenen* (Festvorträge der Gesellschaft ehemaliger Studierender der Eidgenössischen Technischen Hochschule, 4. Heft), Zürich 1948.

Müller/Baumann 1988
WERNER MÜLLER/GÜNTHER E. H. BAUMANN: *Kreuzsteine und Steinkreuze in Niedersachsen, Bremen und Hamburg* (Forschungen der Denkmalpflege in Niedersachsen 5), Hameln 1988.

Murbach 1977
ERNST MURBACH: *Der Meister der Wandbilder von Muttenz: Urs Graf?* in: Unsere Kunstdenkmäler. Mitteilungsblatt für die Mitglieder der Gesellschaft für Schweizerische Kunstgeschichte 28, 1977, S. 171–176.

Muschg/Gessler 1941
WALTER MUSCHG/E. A. GESSLER: *Die Schweizer Bilderchroniken des 15./16. Jahrhunderts*, Zürich 1941.

MVGN
Mitteilungen des Vereins für Geschichte der Stadt Nürnberg, Nürnberg 1879ff.

Nagler 1835–1852
Neues allgemeines Künstler-Lexikon, bearbeitet von Georg Kaspar Nagler, Leipzig 1835–1852.

Neher 1989
PETER NEHER: *Ars moriendi – Sterbebeistand durch Laien. Eine historisch-pastoraltheologische Analyse*, Diss. St. Ottilien 1989.

Neidiger 1981
BERNHARD NEIDIGER: *Mendikanten zwischen Ordensideal und städtischer Realität. Untersuchungen zum wirtschaftlichen Verhalten der Bettelorden in Basel* (Berliner Historische Studien 5, Ordensstudien 3), Berlin 1981.

Neilsen Blum 1969
SHIRLEY NEILSEN BLUM: *Early Netherlandish Triptychs. A Study in Patronage*, Berkeley/Los Angeles 1969.

Nellessen 1980
ERNST NELLESSEN: *Das Honnefer Kreuzigungstuch. Eine Kölner Stiftung des Grafen von Neuenahr*, Bad Honnef 1980.

Neubecker 1973
OTTFRIED NEUBECKER: *Fahne*, in: RDK 6, 1973, Sp. 1060–1168.

Neumann 1960
EVA GERTRUD NEUMANN: *Rheinisches Beginen- und Begardenwesen. Ein Beitrag zur religiösen Bewegung am Rhein* (Mainzer Abhandlungen zur mittleren und neueren Geschichte 4), Mainz 1960.

Neumann 1987
BERND NEUMANN: *Geistliches Schauspiel im Zeugnis der Zeit. Zur Aufführung mittelalterlicher religiöser Dramen im deutschen Sprachgebiet*, 2 Bde. (Münchner Texte und Untersuchungen 84/85), München/Zürich 1987.

Neumüller 1972
W. NEUMÜLLER (Hrsg.): *Speculum Humanae Salvationis*, Vollständige Faksimile-Ausgabe des Codex Cremifanensis 243 des Benediktinerstiftes Kremsmünster, 2 Bde., Graz 1972.

Nibelungenlied
Nibelungenlied, nach der Ausgabe von Karl Bartsch hrsg. von Helmut de Boor, Wiesbaden 1961, 6. Aufl.

Nicolas 1971
MARIE-JOSEPH NICOLAS: *Intercession*, in: Dictionnaire de Spiritualité 7/2, 1971, Sp. 1858–1870.

Nicolas Oresme, Traité des monnaies
NICOLAS ORESME: *Traité des monnaies et autres écreits monétaires du XIVe siècle (Jean Buridan, Bartole de Sassoferrato)*, Textes réunis par Claude Dupuy, traduits par Frédéric Chartrain, Lyon 1989.

Nilsson 1955
MARTIN P. NILSSON: *Geschichte der griechischen Religion*, 2 Bde. (Handbuch der Altertumswissenschaft 5, 1-2), München 1955, 2. Aufl.

Noonan 1957
JOHN T. NOONAN: *The Scholastic Analysis of Usury*, Cambridge 1957.

Norddeutsche Stadtrechte 2
Norddeutsche Stadtrechte 2: Das mittelniederdeutsche Stadtrecht von Lübeck nach seinen ältesten Formen, hrsg. von Gustav Korlén (Lunder Germanistische Forschungen 23), Lund/Kopenhagen 1951.

Nougaret 1986
ROGER NOUGARET: *Hôpitaux, Leproseries et bodomies de Rodez de la grande peste à l'hôpital général (vers 1340-1676)*, Rodez 1986.

NUC 1968–1981
The National Union Catalogue (NUC): pre-1956 imprints, 685 Bde., London 1968–1981.

Nüscheler 1873
ARNOLD NÜSCHELER: *Die Gotteshäuser der Schweiz. Drittes Heft. Bisthum Constanz. Zweite Abtheilung. Archidiaconat Zürichgau*, Zürich 1873.

O'Connor 1966
MARY CATHERINE O'CONNOR: *The Art of Dying Well: The Development of the Ars moriendi*, New York 1966.

O'Neill 1969
YNEZ VIOLÉ O'NEILL: *The Fünfbilderserie reconsidered*, in: Bulletin of History of Medicine 43, 1969, S. 236–245.

Ochsenbein 1987
PETER OCHSENBEIN: *Das persönliche Gebetbuch von Abt Ulrich Rösch*, in: Ulrich Rösch, St. Galler Fürstabt und Landesherr, Beiträge zu seinem Wirken und zu seiner Zeit (hrsg. von Werner Vogler), St. Gallen 1987, S. 31–61.

Odermatt-Bürgi 1984
REGULA ODERMATT-BÜRGI: *Das «Speculum Rationis» aus dem Beinhaus von Oberägeri*, in: Unterwegs. Religion in Kunst und Brauchtum (Ausstellungskatalog: Zug, Kunsthaus), Zug 1984.

Oehler 1961
K. OEHLER: *Der consensus omnium als Kriterium der Wahrheit in der antiken Philosophie und Patristik*, in: Antike und Abendland 10, 1961, S. 103–129, (auch in: derselbe, Antike Philosophie und byzantinisches Mittelalter, München 1969, 235–271).

ÖKT
Österreichische Kunsttopographie, Wien, Neue Folge 1907ff.

Oexle 1976
OTTO GERHARD OEXLE: *Memoria und Memori-*

alüberlieferung im früheren Mittelalter, in: Frühmittelalterliche Studien 10, 1976, S. 70–95.

Oexle 1983
OTTO GERHARD OEXLE: *Die Gegenwart der Toten*, in: Death in the Middle Ages, hrsg. von Herman Braet und Werner Verbeke (Mediaevalia Lovaniensia Series I, Studia 9), Leuven 1983, S. 19–77.

Oexle 1984
OTTO GERHARD OEXLE: *Tria genera hominum. Zur Geschichte eines Deutungsschemas der sozialen Wirklichkeit in Antike und Mittelalter*, in: Institutionen, Kultur und Gesellschaft im Mittelalter, Festschrift für Josef Fleckenstein, hrsg. von Lutz Fenske u.a., Sigmaringen 1984, S. 483–500.

Ohler 1990
NORBERT OHLER: *Sterben und Tod im Mittelalter*, München/Zürich 1990.

Ohly 1977
FRIEDRICH OHLY: *Schriften zur mittelalterlichen Bedeutungsforschung*, Darmstadt 1977.

Ohly 1984
FRIEDRICH OHLY: *Bemerkungen eines Philologen zur Memoria*, in: Schmid/Wollasch 1984, S. 10–68.

Ohly 1985
FRIEDRICH OHLY: *Gesetz und Evangelium. Zur Typologie bei Luther und Lucas Cranach. Zum Blutstrahl der Gnade in der Kunst* (Schriftenreihe der Westfälischen Wilhelms-Universität, NF 1), München 1985.

Oidtmann 1931
ERNST VON OIDTMANN: *Stifterbilder auf rheinischen Kunstwerken*, in: AHVN 119, 1931, S. 86–120.

Olds 1966
CLIFTON OLDS: *Ars moriendi: A Study of the Form and Content of Fifteenth-Century Illustrations of the Art of Dying*, Diss. Philadelphia 1966.

Oliver 1978
JUDITH OLIVER: *The Mosan Origins of Johannes von Valke*, in: Wallraf-Richartz-Jahrbuch 40, 1978, S. 23–37.

Omlin 1946
P. EPHREM OMLIN: *Das neuentdeckte älteste Bruder-Klausen-Bild und der Hochaltar von Sachseln aus dem Jahre 1492*, in: Zeitschrift für Schweizerische Archäologie und Kunstgeschichte 8, 1946, Sp. 129–173.

Opitz 1990
CLAUDIA OPITZ: *Evatöchter und Bräute Christi. Weiblicher Lebenszusammenhang und Frauenkultur im Mittelalter*, Wernheim 1990.

Opitz / Röckelein / Signori 1993
CLAUDIA OPITZ/HEDWIG RÖCKELEIN/GABRIELA SIGNORI (Hrsg.): *Maria in der Welt. Marienverehrung im Kontext der Sozialgeschichte, 10.–18. Jh.* (Clio Lucernensis 2), Zürich 1993.

Orth 1964
MYRA DICKMAN ORTH: *Geofroy Tory. The Illustrations and Decorations in His Printed Books of Hours*, M. A. Thesis, masch. New York 1964.

Orth 1980
MYRA DICKMAN ORTH: *Geofroy Tory et l'enluminure. Deux livres d'heures de la collection Doheny*, in: Revue de l'art 50, 1980, S. 40–47.

Ortsmayr 1941
P. ORTSMAYR: *Papst Gregor d. Gr. und das Schmerzensmannbild in S. Croce zu Rom*, in: Rivista della Archeologia Cristiana 18, 1941, S. 97–111.

Osten 1935
GERT VAN DER OSTEN: *Der Schmerzensmann*, Diss. Berlin 1935.

Ott 1981
LUDWIG OTT: *Grundriss der Dogmatik*, Freiburg/Basel/Wien 1981, 10. Aufl.

Ott 1983
NORBERT H. OTT: *Rechtspraxis und Heilsgeschichte. Zu Überlieferung, Ikonographie und Gebrauchssituation des deutschen «Belial»* (Münchener Texte und Untersuchungen zur deutschen Literatur des Mittelalters 80), München/Zürich 1983.

Ott 1983 (Jacobus de Theramo)
NORBERT H. OTT: *Jacobus de Theramo*, in: Verfasserlexikon 4, 1983, Sp. 442–447.

Ott 1990
LUDWIG OTT: *Eschatologie. In der Scholastik*, bearbeitet von Erich Haab (Handbuch der Dogmengeschichte 4, Faszikel 7b), Freiburg/Basel/Wien 1990.

Otto 1964
GERTRUD OTTO: *Bernhard Strigel* (Kunstwissenschaftliche Studien 33), München/Berlin 1964.

Ottosen 1993
KNUD OTTOSEN: *The Responsories and Versicles of the Latin Office of the Dead*, Århus 1993.

Oudendijk 1939
F. H. A. PIETERSE VAN DEN OUDENDIJK: *Dürers Rosenkranzfest en de Ikonografie der Duitse Rosenkranzgroeppen van de XVe en het begin der XVIe eeuw*, Amsterdam 1939.

Pächt 1973
OTTO PÄCHT: *René d'Anjou-Studien. 1. Teil*, in: Jahrbuch der kunsthistorischen Sammlungen in Wien 69 (NF 33), 1973, S. 85–126.

Palmer 1975
NIGEL PALMER: *Die Letzten Dinge in Versdichtung und Prosa des späten Mittelalters*, in: Deutsche Literatur des späten Mittelalters. Hamburger Colloquium 1973, hrsg. von Wolfgang Harms und Peter Johnson, Berlin 1975, S. 225–239.

Palmer 1993
NIGEL F. PALMER: *Ars moriendi und Totentanz: Zur Verbildlichung des Todes im Spätmittelalter*, in: Arno Borst u.a. (Hrsg.): Tod im Mittelalter (Konstanzer Bibliothek 20), Konstanz 1993, S. 313–334.

Panciroli 1600
OTTAVIO PANCIROLI: *I tesori nascosti nell'alma città di Roma*, Roma 1600.

Panofsky 1926
ERWIN PANOFSKY: *Albrecht Dürers rhythmische Kunst*, in: Jahrbuch für Kunstwissenschaft, 1926, S. 146–192.

Panofsky 1927
ERWIN PANOFSKY: *Imago pietatis. Ein Beitrag zur Typengeschichte des «Schmerzensmanns» und der «Maria Mediatrix»*, in: Festschrift für Max Friedländer, Leipzig 1927, S. 259–308.

Panofsky 1943
ERWIN PANOFSKY: *Albrecht Dürer*, 2 Bde., Princeton 1943.

Panofsky 1953
ERWIN PANOFSKY: *Early Netherlandish Painting. Its Origins and Character*, Cambridge (Mass.) 1953.

Panofsky 1993
ERWIN PANOFSKY: *Grabplastik vom alten Ägypten bis Bernini*, Köln 1993.

Pasche 1989
VERONIQUE PASCHE: *«Pour le salut de mon âme». Les Lausannois face à la mort (XIVe siècle)*, Lausanne 1989.

Passavant Bd. 3, 1862
J. D. PASSAVANT: *Le Peintre-Graveur*, 6 Bde., Leipzig 1860–1864.

Passio Perpetuae
Passio sanctarum Perpetuae et Felicitatis, Bd. 1, hrsg. von Cornelius J. M. J. van Beek, Nijmegen 1936.

Pastor 1923
LUDWIG FREIHERR VON PASTOR: *Gregor XIII. (1572–1585)* (Geschichte der Päpste im Zeitalter der katholischen Reformation und Restauration 9), Freiburg i. Br. 1923.

Patch 1950
HOWARD ROLLIN PATCH: *The Other World*, New York 1950.

Paul 1991
JACQUES PAUL: *Jacques Fournier inquisiteur*, in: Cahiers de Fanjeaux 26, 1991, S. 39–67.

Paulus 1899
NICOLAUS PAULUS: *Das Züricher Jubiläum vom Jahre 1479 und die Ablaßschrift Albrechts von Weißenstein*, in: Zeitschrift für katholische Theologie 23, 1899, S. 423–437.

Paulus 1922
NIKOLAUS PAULUS: *Geschichte des Ablasses im Mittelalter*, 3 Bde., Paderborn 1922.

Paulus 1957
NIKOLAUS PAULUS: *Ablaß*, in: LThK 1, 1957, Sp. 33–35.

Pauly
Paulys Realencyclopädie der classischen Altertumswissenschaft, Neue Bearbeitung, hrsg. von Georg Wissowa, Stuttgart 1893ff. (unveränderter Reprint 1958).

Peltzer 1899
ALFRED PELTZER: *Deutsche Mystik und deutsche Kunst* (Studien zur deutschen Kunstgeschichte 21), Straßburg 1899, (Neudruck Nendeln 1979).

Perpetua (dt. Übersetzung Rauschen 1913)
Die Akten der HH. Perpetua und Felizitas, übersetzt von Gerhard Rauschen, in: Frühchristliche Apologeten und Märtyrerakten aus dem Griechischen und Lateinischen, Bd. 2 (Bibliothek der Kirchenväter 2 14), Kempten/München 1913, S. 40–56.

Perrenoud 1989
ALFRED PERRENOUD: *Atténuation des crises et déclin de la mortalité*, in: Annales de démographie historique 1989, Paris 1989, S. 12–29.

Perrig 1987
ALEXANDER PERRIG: *Albrecht Dürer oder die*

Peters 1977
ELISABETH PETERS: *Paradiesvorstellungen in der deutschen Dichtung vom 9. bis 12. Jahrhundert*, Hildesheim/Berlin 1977, 2. Aufl.

Petersmann 1983
FRANK PETERSMANN: *Kirchen- und Sozialkritik in den Bildern des Todes von Hans Holbein d.J.*, Bielefeld 1983.

Peterson 1935
ERIK PETERSON: *Das Buch von den Engeln. Stellung und Bedeutung der heiligen Engel im Kultus*, Leipzig 1935.

Petrus Pictaviensis, Summa
PETRUS PICTAVIENSIS: «*Summa de confessione», compilatio praesens*, hrsg. von Jean Longère (Corpus Christianorum Continuatio Medievalis LI), Turnholt 1980.

Peuntner, Heilsames Sterben
Thomas Peuntners «Kunst des heilsamen Sterbens» nach Handschriften der Österreichischen Nationalbibliothek, untersucht und hrsg. von Rainer Rudolf (Texte des späten Mittelalters 2), München 1956.

Pfaff 1981
HANS PFAFF: *Umgang und Lebensformen*, in: Schweizer Bilderchronik des Luzerners Diebold Schilling, 1513, Kommentarband zum Faksimile der Handschrift S. 23 fol. in der Zentralbibliothek Luzern, hrsg. von Alfred A. Schmid, Luzern 1981, S. 661–669.

Pfaff 1990
CARL PFAFF: *Pfarrei und Pfarreileben. Ein Beitrag zur spätmittelalterlichen Kirchengeschichte*, in: Innerschweiz und frühe Eidgenossenschaft, Jubiläumsschrift 700 Jahre Eidgenossenschaft, Bd. 1: Verfassung, Kirche, Kunst, Olten 1990, S. 205–282.

Pfeiffer 1968
GERHARD PFEIFFER: *Quellen zur Nürnberger Reformationsgeschichte. Von der Duldung liturgischer Änderungen bis zur Ausübung des Kirchenregiments durch den Rat (Juni 1524 – Juni 1525)* (Einzelarbeiten aus der Kirchengeschichte Bayerns 45), Nürnberg 1968.

Pfeiffer 1971 (Nürnberg)
GERHARD PFEIFFER (Hrsg.): *Nürnberg – Geschichte einer europäischen Stadt*, München 1971.

Pfeiffer 1971 (Reformation)
GERHARD PFEIFFER: *Entscheidung zur Reformation*, in: Gerhard Pfeiffer (Hrsg.): Nürnberg – Geschichte einer europäischen Stadt, München 1971, S. 146–154.

PGRG
Publikation der Gesellschaft für Rheinische Geschichtskunde.

Pieper 1953
PAUL PIEPER: *Miniaturen des Bartholomäus-Meisters*, in: Wallraf-Richartz-Jahrbuch 15, 1953, S. 135–156.

Pieper 1959
PAUL PIEPER: *Das Stundenbuch des Bartholomäus-Meisters*, in: Wallraf-Richartz-Jahrbuch 21, 1959, S. 97–158.

Pieper 1991
PAUL PIEPER: *Das Stundenbuch der Sophia van Bylant im Werk des Bartholomäusmeisters*, in: K.van der Horst/J.-C.Klamt (Hrsg.): Masters and Miniatures. Proceedings of the Congress on Medieval Manuscript Illumination in the Northern Netherlands, Utrecht, 10.-13.December 1989 (Studies and Facsimiles of Netherlandish Illuminated Manuscripts 3), Doornspijk 1991, S. 265–274.

Pilz 1936–1939
KURT PILZ: *Der Totenschild in Nürnberg und seine deutschen Vorstufen. Das 14.-15. Jahrhundert*, in: AGNM, 1936-1939, S. 57–112.

Pinomaa/Dierse 1974
L. PINOMAA/U. DIERSE: *Gericht (Gottes)*, in: Historisches Wörterbuch der Philosophie 3, 1974, S. 338–343.

PL
JACQUES-PAUL MIGNE (Hrsg.): *Patrologiae cursus completus. Series Latina*, Paris 1841-1864.

Pleister/Schild 1988
WOLFGANG PLEISTER/WOLFGANG SCHILD: *Recht und Gerechtigkeit im Spiegel der Kunst*, Köln 1988.

Plotzek-Wederhake 1974
GISELA PLOTZEK-WEDERHAKE: *Zur Buchmalerei*, in: Vor Stefan Lochner. Die Kölner Malerei von 1300 bis 1430 (Ausstellungskatalog: Köln, Wallraf-Richartz-Museum), Köln 1974, S. 59–63.

Pörtner 1993
Die Schedelsche Weltchronik, kommentiert von Rudolf Pörtner, Dortmund 1993.

Poeschel 1943
ERWIN POESCHEL: *Die Kunstdenkmäler des Kantons Graubünden, Bd. 5: Die Täler am Vorderrhein, 2. Teil* (Die Kunstdenkmäler der Schweiz), Basel 1943.

Poeschel 1961
ERWIN POESCHEL: *Die Kunstdenkmäler des Kantons St. Gallen, Bd. 3: Die Stadt St. Gallen, Zweiter Teil. Das Stift* (Die Kunstdenkmäler der Schweiz), Basel 1961.

Pohl 1961
H. POHL: *Kosmogonie, Kosmologie*, in: LThK 6, 1961, Sp. 569–571.

Polleross 1988
FRIEDRICH B. POLLEROSS: *Das sakrale Identifikationsporträt. Ein höfischer Bildtypus vom 13. bis zum 20. Jahrhundert*, 2 Bde. (Manuskripte zur Kunstwissenschaft 18), Worms 1988.

Polo de Beaulieu 1991
MARIE-ANNE POLO DE BEAULIEU: *Recueils d'exempla méridionaux et culte des âmes du Purgatoire*, in: Cahiers de Fanjeaux 26, 1991, S. 257–278.

Pompey 1989
H. POMPEY: *Fragen zur Einstellung «moderner Menschen» zum Tod*, in: E. Matouschek (Hrsg.), Arzt und Tod. Verantwortung, Freiheiten und Zwänge, Stuttgart/New York 1989, S. 33–52.

Poscharsky 1963
PETER POSCHARSKY: *Die Kanzel. Erscheinungsform im Protestantismus bis zum Ende des Barocks* (Schriftenreihe des Institutes für Kirchenbau und kirchliche Kunst der Gegenwart 1), Gütersloh 1963.

Post 1964
GAINES POST: *A Romano-Canonical Maxime «Quod omnes tangit»*, in: Traditio 4, 1964, S. 197–251.

Potthoff 1911
HEINZ POTTHOFF: *Der öffentliche Haushalt Hamburgs im 15. und 16. Jahrhundert*, in: Zeitschrift des Vereins für Hamburgische Geschichte 16, 1911, S. 1–85.

Preiswerk-Lösel 1991
EVA-MARIA PREISWERK-LÖSEL: *Kunsthandwerk* (Ars Helvetica 8), Disentis 1991.

Prieur 1986
JEAN PRIEUR: *La mort dans l'Antiquité romaine*, Ouest-France 1986.

Probst 1982
CHRISTIAN PROBST: *Das Hospitalwesen im hohen und späten Mittelalter und die geistliche und gesellschaftliche Stellung des Kranken*, in: Medizin im mittelalterlichen Abendland, hrsg. von Gerhard Bader und Gundolf Keil, Darmstadt 1982, S. 260–274.

Prochno 1929
JOACHIM PROCHNO: *Das Schreiber- und Dedikationsbild in der deutschen Buchmalerei* (Die Entwicklung des menschlichen Bildnisses 2), Leipzig/Berlin 1929.

Prodi 1959–1967
PAOLO PRODI: *Il Cardinale Gabriele Paleotti (1522-1597)*, Bde. 1-2 (Uomini e dottrine 7, 12), Rom 1959-1967.

Prodi 1982
PAOLO PRODI: *Il sovrano pontefice*, Bologna 1982.

Prokop/Radam 1987
OTTO PROKOP/GEORG RADAM (Hrsg.): *Atlas der gerichtlichen Medizin*, Berlin 1987, 2. Aufl.

Pseudo-Dionysius Areopagita: Himmlische Hierarchie
PSEUDO-DIONYSIUS AREOPAGITA: *Über die himmlische Hierarchie. Über die kirchliche Hierarchie*, eingeleitet, übersetzt und mit Anmerkungen versehen von Günter Heil (Bibliothek der griechischen Literatur Bd. 22: Abt. Patristik), Stuttgart 1986.

Puyvelde 1963
LEO VAN PUYVELDE: *Die Welt von Bosch und Breughel. Flämische Malerei im 16. Jahrhundert*, München 1963.

Quadflieg 1962/63
EBERHARD QUADFLIEG: *Der Palanter Altar und sein Meister*, in: Aachener Kunstblätter 24/25, 1962/63, S. 246–252.

Quellen zur Geschichte des Papsttums
Quellen zur Geschichte des Papsttums und des römischen Katholizismus, hrsg. von Carl Mirbt, Tübingen 1911, 3. Aufl.

Quellen zur neueren Privatrechtsgeschichte 1
Quellen zur neueren Privatrechtsgeschichte, hrsg. von Wolfgang Kunkel und Hans Thieme, Bd. 1, bearb. von Franz Beyerle, Weimar 1936-1938.

RAC
Reallexikon für Antike und Christentum. Sachwörterbuch zur Auseinandersetzung des Christentums mit der antiken Welt, begr. v. F. J. Dölger u.a., hrsg. von Th. Klauser, Stuttgart 1950ff.

Rademacher 1939
FRANZ RADEMACHER: *Das Croy-Epitaph des*

Kölner Domes und ein Brüsseler Schnitzaltar, in: Pantheon 23, 1939, S. 81–88.

Rademacher 1964
Franz Rademacher: *Der thronende Christus der Chorschranken aus Gustorf* (Beihefte der Bonner Jahrbücher 12), Köln/Graz 1964.

Raeber 1993
Judith Raeber: *Codex Sarnen 19 und Codex Sarnen 83 aus dem Kloster Muri*, Lizentiatsarbeit Universität Lausanne, masch. 1993.

Rahn 1910
J. R. Rahn: *Nachbildungen des Utrecht-Psalters auf zwei karolingischen Elfenbeintafeln*, in: Anzeiger für Schweizerische Altertumskunde, NF 12, 1910, S. 40–45.

Rahner 1972
Karl Rahner: *Ablaß*, in: Herders Theologisches Taschenlexikon, 1972, S. 26–35.

Rapp Buri/Stucky-Schürer 1990
Anna Rapp Buri/Monica Stucky-Schürer: *Zahm und Wild. Basler und Straßburger Bildteppiche des 15. Jahrhunderts*, Mainz 1990.

Rasmussen 1981
Jörg Rasmussen: *Bildersturm und Restauratio*, in: Welt im Umbruch. Augsburg zwischen Renaissance und Barock, 3 Bde. (Ausstellungskatalog: Augsburg, Rathaus und Zeughaus), 3. Bd., Augsburg 1981, S. 95–114.

Rasmussen 1986
Tarald Rasmussen: *Hölle*, in: Theologische Realenzyklopädie 15, 1986, S. 449–451, 454f.

RDK
Reallexikon zur deutschen Kunstgeschichte, Stuttgart 1937ff.

Réau 1958
Louis Réau: *Iconographie de l'art chrétienne*, Bd. 3, Paris 1958.

REC
Regesta Episcoporum Constantiensium 517–1480, 5 Bde., Innsbruck 1895–1931.

Recueil diplomatique du Canton de Fribourg 5 und 6
Recueil diplomatique du Canton de Fribourg, Bd. 5 und 6, Fribourg 1853 und 1860.

Redslob 1907
Erwin Redslob: *Die fränkischen Epitaphien im vierzehnten und fünfzehnten Jahrhundert*, in: MGNM, 1907, S. 3–30 und 53–76.

Reformation in Nürnberg 1979
Reformation in Nürnberg. Umbruch und Bewahrung (Katalog, Schriften des Kunstpädagogischen Zentrums im Germanischen Nationalmuseum Nürnberg 9), Nürnberg 1979.

Rehfuss 1922
Erwin Rehfuss: *Hans Felder, ein spätgotischer Baumeister*, Diss. Innsbruck 1922.

Rehm 1967
Walter Rehm: *Der Todesgedanke in der deutschen Dichtung vom Mittelalter bis zur Romantik*, Darmstadt 1967, 2. Aufl.

Reichert 1938
Liselotte Reichert: *Spätgotische Stickereien am Niederrhein* (Kunstgeschichtliche Forschungen des Rheinischen Vereins für Denkmalpflege und Heimatschutz 2), Bonn 1938.

Reichling 1905–1914
Dietrich Reichling (Hrsg.): *Appendices ad Hainii-Copingeri Repertorium bibliographicum: additiones et emendationes*, 6 Fasz., Indices und Supplementum, München 1905–1914.

Reimann 1962
H. L. Reimann: *Unruhe und Aufruhr im mittelalterlichen Braunschweig* (Braunschweiger Werkstücke 28), Braunschweig 1962.

Reinhard 1972
Wolfgang Reinhard: *«Papa Pius». Prolegomena zu einer Geschichte des Papsttums*, in: Von Konstanz nach Trient. Beiträge zur Geschichte der Kirche von den Reformkonzilien bis zum Tridentinum. Festgabe für August Franzen, hrsg. von Remigius Bäumer, München/Paderborn/Wien 1972, S. 262–299.

Reinhard 1991
Wolfgang Reinhard: *Die Anfänge der Reformation in Nürnberg*, in: Volker Kapp/Frank-Rutger Hausmann (Hrsg.): Nürnberg und Italien. Begegnungen, Einflüsse und Ideen (Erlanger Romanistische Dokumente und Arbeiten 6), Tübingen 1991, S. 9–23.

Reinitzer 1982
Heimo Reinitzer: *Der verschlossene Garten. Der Garten Marias im Mittelalter* (Wolfenbütteler Hefte 12), Wolfenbüttel 1982.

Reinle 1952
Adolf Reinle: *Zur Ikonographie des hl. Fridolin*, in: Jahrbuch des historischen Vereins des Kantons Glarus 55, 1952, S. 222–245.

Reinle 1959
Adolf Reinle: *Die Kunstdenkmäler des Kantons Luzern, Bd. 5: Das Amt Willisau* (Die Kunstdenkmäler der Schweiz), Basel 1959.

Reinle 1984
Adolf Reinle: *Das stellvertretende Bildnis. Plastiken und Gemälde von der Antike bis ins 19. Jahrhundert*, Zürich/München 1984.

Reinle 1988
Adolf Reinle: *Ausstattung deutscher Kirchen im Mittelalter*, Darmstadt 1988.

Reinle 1990
Adolf Reinle: *Die Säckinger Fridolinsprozession und ihre lebenden Bilder von 1730 bis 1783*, in: Zeitschrift für Schweizerische Archäologie und Kunstgeschichte 47, 1990, S. 305–326.

Reske 1973
Hans Friedrich Reske: *Jerusalem caelestis – Bildformeln und Gestaltungsmuster. Darbietungsformen eines christlichen Zentralgedankens in der deutschen geistlichen Dichtung des 11. und 12. Jahrhunderts* (Göppinger Arbeiten zur Germanistik 95), Göppingen 1973.

RF 1-3
Le registre d'inquisition de Jacques Fournier (Evêque de Pamiers) 1318–1325, traduit et annoté par Jean Duvernoy, 3 vols. (Civilisations et sociétés 43), Paris/La Haye/New York 1978.

RF I-III
Le registre d'inquisition de Jacques Fournier, évêque de Pamiers 1318–1325 (Manuscrit Vat. Latin no 4030 de la Bibliothèque Vaticane), publ. avec introduction et notes par Jean Duvernoy, 3 vols. (Bibliothèque méridionale 2e sér. 41, 1–3), Toulouse 1965.

Ribi 1942
Otto Ribi: *Ein zeitgenössisches Zeugnis zum Umbau der Zürcher Wasserkirche von 1479–1484*, in: ZAK, N.F. 2, 1942, S. 97–107.

Richert 1965
Hans-Georg Richert (Hrsg.): *Marienlegenden aus dem alten Passional* (Altdeutsche Textbibliothek 64), Tübingen 1965.

Richter 1992
Gerd Richter: *Autonomie und Paternalismus. Zur Verantwortung des medizinischen Handelns*, in: Ethik in der Medizin 4, 1992, S. 27–36.

Riebeling 1977
Heinrich Riebeling: *Steinkreuze und Kreuzsteine in Hessen*, Dossenheim/Heidelberg 1977.

Riggenbach 1929
Christoph Riggenbach: *Die Tötung und ihre Folgen. Ein Beitrag zur alamannisch-schweizerischen Rechtsgeschichte im Mittelalter*, in: Zeitschrift der Savigny-Stiftung für Rechtsgeschichte, Germanistische Abteilung 49, 1929, S. 57–166.

Rippmann 1988
Dorothee Rippmann: *Archäologie und Frauengeschichte? Beginenverfolgung und Franziskaner im 14. Jahrhundert – Historische Aspekte eines archäologischen Befundes in Basel*, in: Auf den Spuren weiblicher Vergangenheit: Beiträge der 4. Schweizerischen Historikerinnentagung, hrsg. von der Arbeitsgruppe Frauengeschichte Basel, Zürich 1988, S. 95–106.

Ritz 1975
Gislind Ritz: *Der Rosenkranz*, in: 500 Jahre Rosenkranz. 1475 Köln 1975. Kunst und Frömmigkeit im Spätmittelalter und ihr Weiterleben (Ausstellungskatalog: Köln, Diözesanmuseum), Köln 1975, S. 51–101.

Roberg 1985
Burkhard Roberg: *Gregor XIII., Papst (1572–1585)*, in: Theologische Realenzyklopädie 14, 1985, S. 155–158.

Rohde 1910
Erwin Rohde: *Psyche. Seelencult und Unsterblichkeitsglaube der Griechen*, 2 Bde., Tübingen 1910, 6. Aufl.

Rohls 1984
Jan Rohls: *«…unsere Knie beugen wir doch nicht mehr». Bilderverbot und bildende Kunst im Zeitalter der Reformation*, in: Zeitschrift für Theologie und Kirche 81, 1984, S. 322–351.

Rolandslied
Pfaffe Konrad: *Das Rolandslied*, hrsg. von Carl Wesle, dritte Aufl. von Peter Wapnewski, Tübingen 1985.

Rolfes 1989
Helmuth Rolfes: *Ars moriendi. Eine Sterbekunst aus Sorge um das ewige Heil*, in: Harald Wagner (Hrsg.): Ars moriendi. Erwägungen zu einer Kunst des Sterbens (Quaestiones disputatae 118), Freiburg i. Br. 1989, S. 15–44.

Rooch 1988
Alarich Rooch: *Stifterbilder in Flandern und Brabant. Stadtbürgerliche Selbstdarstellungen in der sakralen Malerei des 15. Jahrhunderts* (Kunst. Geschichte und Theorie 9), Essen 1988.

Roscius 1586
Iulius Roscius Hortinus: *Icones Operum Misericordiae*, Roma: Bartholomaeus Grassius, 1586.

Rosenfeld 1937
Hans-Friedrich Rosenfeld: *Der Heilige Christophorus. Seine Verehrung und seine Legende. Eine Untersuchung zur Kultgeographie und Legendenbildung des Mittelalters* (Acta Academiae Aboensis humaniora 10: 3), Turku 1937.

Rosenfeld 1972
H. Rosenfeld: *Tod*, in: LCI 4, 1972, Sp. 327–332.

Rosenfeld 1974
Hellmut Rosenfeld: *Der mittelalterliche Totentanz. Entstehung – Entwicklung – Bedeutung*, Köln 1974.

Rosenfeld 1989
Hellmut Rosenfeld: *Der Tod in der christlichen Kunst und im christlichen Glauben – Der sterbende Mensch in Furcht und Hoffnung vor dem göttlichen Gericht*, in: Hans Helmut Jansen (Hrsg.): Der Tod in der Dichtung, Philosophie und Kunst, Darmstadt 1989, 2. neu bearb. u. erw. Aufl., S. 201–230.

Rosenkranz 1927
Albert Rosenkranz: *Der Bundschuh. Die Erhebungen der südwestdeutschen Bauernstandes in den Jahren 1493–1517*, 2 Bde. (Schriften des Wissenschaftlichen Instituts der Elsass-Lothringer im Reich), Heidelberg 1927.

Rosenthal 1900
Jacques Rosenthal: *Incunabula Typographica, Catalogue d'une collection d'incunables*, München 1900.

Roth 1988
Elisabeth Roth: *Sankt Kunigunde. Legende und Bildaussage*, in: Berichte des Historischen Vereins Bamberg, Bamberg 1988, S. 5–68.

Rothen 1948
H. A. von Rothen: *Die Landeshauptmänner von Wallis*, 2. Teil, in: Blätter aus der Walliser Geschichte 10, 1948, S. 99–286.

Roversi 1971
Giancarlo Roversi: *Le pale del Franceschini e del Baldi nella prima cappella di destra ai Servi*, in: Strenna storica bolognese 21, 1971, S. 217–236.

Rowlands 1985
John Rowlands: *Holbein. The Paintings of Hans Holbein the Younger, Complete Edition*, Oxford 1985.

Rücker 1973
Elisabeth Rücker: *Die Schedelsche Weltchronik. Das größte Buchunternehmen der Dürer-Zeit. Mit einem Katalog der Städteansichten* (Bibliothek des Germanischen Nationalmuseums Nürnberg zur deutschen Kunst- und Kulturgeschichte 33), München 1973.

Rücker 1988
Elisabeth Rücker: *Hartmann Schedels Weltchronik. Das größte Unternehmen der Dürer-Zeit. Mit einem Katalog der Städteansichten*, München 1988.

Rückert 1853
Heinrich Rückert: *Bruder Philipps des Cartäusers Marienleben* (Bibliothek der deutschen National-Literatur 34), Quedlinburg/Leipzig 1853.

Rudolf 1957
Rainer Rudolf: *Ars moriendi. Von der Kunst des heilsamen Lebens und Sterbens* (Forschungen zur Volkskunde 39), Köln/Graz 1957.

Ruh 1940
Kurt Ruh: *Der Passionstraktat des Heinrich von St. Gallen*, Diss. 1. Teil Thayngen 1940, 2. Teil masch. Zürich.

Ruhe 1991
Ernstpeter Ruhe: *Himmel und Hölle – Heilswissen für Zisterzienser. Der Lucidaire en vers des Gillebert de Cambres* (Wissensliteratur im Mittelalter 6), Wiesbaden 1991.

Ruppen 1975
Walter Ruppen: *Die Bieler Altartafel-Fragmente im Schweizerischen Landesmuseum in Zürich. Versuch einer stilistischen Einordnung*, in: Unsere Kunstdenkmäler. Mitteilungsblatt für die Mitglieder der Gesellschaft für Schweizerische Kunstgeschichte 26, 1975, S. 236–242.

Ruppen 1976
Walter Ruppen: *Die Kunstdenkmäler des Kantons Wallis, Bd. 1: Das Obergoms*, (Die Kunstdenkmäler der Schweiz), Basel 1976.

Rupprich 1956–1969
Hans Rupprich (Hrsg.): *Dürer. Schriftlicher Nachlaß*, 3 Bde., Berlin 1956–1969.

Rusche 1986
Helga Rusche: *«Abrahams Schoss». Auf den Spuren einer alten Vorstellung*, in: Wissenschaft und Weisheit 49, 1986, S. 71–74.

RVB
Rheinische Vierteljahrsblätter, Bonn 1931ff.

Sablonier 1990
Roger Sablonier: *Innerschweizer Gesellschaft im 14. Jahrhundert*, in: Innerschweiz und frühe Eidgenossenschaft, Bd. 2: Gesellschaft, Alltag, Geschichtsbild, Olten 1990, S. 11–233.

Saggi 1990
Ludovico Saggi: *Scapulaire*, in: Dictionnaire de Spiritualité 14, 1990, Sp. 390–396.

Salin 1949–1959
Edouard Salin: *La civilisation mérovingienne d'après les sépultures, les textes et le laboratoire*, 4 Teile, Paris 1949–1959.

Sammlung Schweizerischer Rechtsquellen, Aargau 1/5
Sammlung Schweizerischer Rechtsquellen, Aargau 1/5: Das Stadtrecht von Zofingen, bearb. von Walther Merz, Aarau 1914.

Sander 1993
Jochen Sander: *Niederländische Gemälde im Städel 1400–1550* (Kataloge der Gemälde im Städelschen Kunstinstitut Frankfurt a. M. 2), Mainz 1993.

Sarti da Pian 1589
Luigi Sarti da Pian: *Thesoro delle indulgenze di Bologna*, Bologna: Giovanni Rossi, 1589.

Sauer 1924
Joseph Sauer: *Symbolik des Kirchengebäudes und seiner Ausstattung in der Auffassung des Mittelalters*, Freiburg i. Br. 1924, 2. Aufl. (Reprint Münster 1964).

Saurma-Jeltsch 1988
Lieselotte Saurma-Jeltsch: *Das stilistische Umfeld der Miniaturen*, in: Codex Manesse, hrsg. von Elmar Mittler und Wilfried Werner (Ausstellungskatalog: Heidelberg, Universität), Heidelberg 1988, S. 302–323.

Sauser 1973
E. Sauser: *Antonius, Abbas (der Grosse), Stern der Wüste, Vater der Mönche, Einsiedler*, in: LCI 5, 1973, Sp. 205–217.

Saxer 1988
Huldrich Zwingli: *Ausgewählte Schriften*, In neuhochdeutscher Wiedergabe mit einer Einführung von Ernst Saxer (Grundtexte zur Kirchen- und Theologiegeschichte 1), Neukirchen-Vluyn 1988.

Saxl 1942
Fritz Saxl: *A Spiritual Encyclopaedia of the later Middle Ages*, in: Journal of the Warburg and Courtauld Institutes 6, 1942, S. 124–126.

Scaramella 1991
Pierroberto Scaramella: *Le Madonne del Purgatorio. Iconografia e religione in Campania tra rinascimento e controriforma* ('Dabar' Saggi di storia religiosa 42), Genova 1991.

Schade 1974
Werner Schade: *Die Malerfamilie Cranach*, Dresden 1974.

Schädler 1954
Alfred Schädler: *Bernhard Strigels Devotionsdyptichon in der alten Pinakothek*, in: Münchner Jahrbuch der Bildenden Kunst, 3. F. 5, 1954, S. 120–123.

Schäfer 1991
Ulrich Schäfer: *Kunst in Zeiten der Hochkonjunktur. Spätgotische Bildwerke vom Niederrhein*, 2 Bde., Münster/New York 1991.

Schaller 1993
Hans Martin Schaller: *Der Kaiser stirbt*, in: Arno Borst u.a. (Hrsg.): Tod im Mittelalter (Konstanzer Bibliothek 20), Konstanz 1993, S. 59–75.

Schauspiel vom sterbenden Menschen
Drei Schauspiele vom sterbenden Menschen, hrsg. von Johannes Bolte (Bibliothek des literarischen Vereins 269/270), Stuttgart/Leipzig 1927, (Nachdruck Hildesheim/Zürich 1986).

Scheller 1963
R. W. Scheller: *A Survey of Medieval Model Books*, Haarlem 1963.

Schenda 1987
Rudolf Schenda: *Bilder vom Lesen – Lesen von Bildern*, in: Internationales Archiv für Sozialgeschichte der deutschen Literatur 12, 1987, S. 82–106.

Scheyer 1932
Ernst Scheyer: *Die Kölner Bortenweberei des Mittelalters*, Augsburg 1932.

Schild 1988
Wolfgang Schild: *Gott als Richter*, in: Recht und Gerechtigkeit im Spiegel der Europäischen Kunst, hrsg. von Wolfgang Pleister/Wolfgang Schild, Köln 1988, S. 44–85.

Schiller 1980
Gertrud Schiller: *Ikonographie der christlichen Kunst, Bd. 4, 2: Maria*, Gütersloh 1980.

Schiller 1990
Gertrud Schiller: *Ikonographie der christlichen Kunst, Bd. 5, 1: Die Apokalypse des Johannes*, Gütersloh 1990.

Schilling 1887
A. Schilling (Hrsg.): *Die religiösen und kirchlichen Zustände der ehemaligen Reichsstadt Bibe-*

rach unmittelbar vor der Einführung der Reformation. Geschildert von einem Zeitgenossen (Freiburger Diözesanarchiv 19) 1887.

Schimmelpfennig 1989
B. Schimmelpfennig: *Heiliges Jahr*, in: LMA 4, 1989, Sp. 2024f.

Schindler 1959
Margarete Schindler: *Buxtehude. Studien zur mittelalterlichen Geschichte einer Gründungsstadt* (VSWG Beiheft 42), Wiesbaden 1959.

Schleif 1987
Corine Schleif: *The proper attitude toward death: Windowpanes designed from the house of Canon Sixtus Tucher*, in: The Art Bulletin 69, 1987, S. 587–603.

Schleif 1990
Corine Schleif: *Donatio et Memoria. Stifter, Stiftungen und Motivationen an Beispielen aus der Lorenzkirche in Nürnberg* (Kunstwissenschaftliche Studien 58), München 1990.

Schleif 1993
Corine Schleif: *Hands that appoint, anoint, and ally: late-medieval donor strategies for appropriating approbation through painting*, in: Art History 16, 1993, S. 1–32.

Schlemmer 1980
Karl Schlemmer: *Gottesdienst und Frömmigkeit in der Reichsstadt Nürnberg am Vorabend der Reformation* (Forschungen zur Fränkischen Kirchen- und Theologiegeschichte), Würzburg 1980.

Schlosser 1989
Horst Dieter Schlosser: *Althochdeutsche Literatur. Mit Proben aus dem Altniederdeutschen*, Frankfurt a. M. 1989, 2. Aufl.

Schmaus 1959
Michael Schmaus: *Katholische Dogmatik, Bd. 4: Von den letzten Dingen*, München 1959, 5. Aufl.

Schmid 1974
Karl Schmid: *Probleme einer Neuedition des Reichenauer Verbrüderungsbuches*, in: Die Abtei Reichenau. Neue Beiträge zur Geschichte und Kultur des Inselklosters, hrsg. von Helmut Maurer, Sigmaringen 1974, S. 35–68.

Schmid 1985
Wolfgang Schmid: *Altäre der Hoch- und Spätgotik* (Geschichtlicher Atlas der Rheinlande 12.1, PGRG 12 1b NF), Köln 1985.

Schmid 1988 (Hackeney)
Wolfgang Schmid: *Nicasius Hackeney (–1518)*, in: Wilhelm Janssen (Hrsg.): Rheinische Lebensbilder, Bd. 11, Köln 1988, S. 37–58.

Schmid 1988 (Michaelsaltar)
Wolfgang Schmid: *Der Michaelsaltar in der Trierer Pfarrkirche St. Gangolf. Ein spätgotisches Kunstwerk in seinem historischen Zusammenhang*, in: Kurtrierisches Jahrbuch 28, 1988, S. 23–98.

Schmid 1989
Karl Schmid: *Mönchtum und Verbrüderung*, in: Monastische Reformen im 9. und 10. Jahrhundert, hrsg. von Raymund Kottje und Helmut Maurer (Vorträge und Forschungen 38), Sigmaringen 1989, S. 117–146.

Schmid 1990
Wolfgang Schmid: *Kunststiftungen im spätmittelalterlichen Köln*, in: Materielle Kultur 1990, S. 157–185.

Schmid 1991 (Bürgerschaft)
Bürgerschaft, Kirche und Kunst. Stiftungen an die Kölner Kartause (1450-1550), in: Werner Schäfke (Hrsg.): Die Kölner Kartause um 1500, Aufsatzband, Köln 1991, S. 390–425.

Schmid 1991 (Renaissancekultur)
Kölner Renaissancekultur im Spiegel der Aufzeichnungen des Hermann Weinsberg (1518–1597) (Veröffentlichungen des Kölnischen Stadtmuseums 8), Köln 1991.

Schmid 1993
Wolfgang Schmid: *Stifter und Auftraggeber im spätmittelalterlichen Köln* (Veröffentlichungen des Kölnischen Stadtmuseums), Köln 1993, (im Druck).

Schmid, Alfred A. 1993
Alfred A. Schmid: *Gericht und Gnade. Bemerkungen zu einigen Bildern von Hans Fries*, in: Unsere Kunstdenkmäler. Mitteilungsblatt für die Mitglieder der Gesellschaft für Schweizerische Kunstgeschichte 44, 1993, S. 343–355.

Schmid/Wollasch 1984
Karl Schmid/Joachim Wollasch: *Memoria. Der geschichtliche Zeugniswert des liturgischen Gedenkens im Mittelalter* (Münstersche Mittelalter-Schriften 48), München 1984.

Schmidt 1931
Kurt Schmidt: *Der Lüstliche Würtzgarte. Ein Beitrag zur Geschichte der deutschen Mystik im Spätmittelalter*, Diss. phil. Greifswald 1931.

Schmidt 1955
Hans Werner Schmidt: *Die deutschen Handzeichnungen bis zur Mitte des 16. Jahrhunderts*, Braunschweig 1955.

Schmidt 1978
Hans-Martin Schmidt: *Der Meister des Marienlebens und sein Kreis. Studien zur spätgotischen Malerei in Köln* (Beiträge zu den Bau- und Kunstdenkmälern im Rheinland 22), Düsseldorf 1978.

Schmidt 1981
Heinrich und Margarethe Schmidt: *Die vergessene Bildersprache christlicher Kunst: Ein Führer zum Verständnis der Tier-, Engel- und Mariensymbolik*, München 1981.

Schmidt 1990
Gerhard Schmidt: *Typen und Bildmotive des spätmittelalterlichen Monumentalgrabes*, in: Jörg Garms/Angiola Maria Romanini (Hrsg.): Skulptur und Grabmal des Spätmittelalters in Rom und Italien, Wien 1990, S. 13–82.

Schmidtke 1982
Dietrich Schmidtke: *Studien zur dingallegorischen Erbauungsliteratur des Spätmittelalters. Am Beispiel der Gartenallegorie* (Hermaea. Germanistische Forschungen, NF 43), Tübingen 1982.

Schmied 1954
A. Schmied: *Die Buchmalerei in der Schweiz*, Olten 1954.

Schmitt 1937
Otto Schmitt: *Ablaß*, in: RDK 1, 1937, Sp. 78–81.

Schmitt 1978
Jean-Claude Schmitt: *Mort d'une hérésie. L'Église et les clercs face aux béguines et aux beghards du Rhin supérieur du XIVe au XVe siècle* (Civilisations et Sociétés 56), Paris 1978.

Schmitt 1982
Jean-Claude Schmitt: *Les revenants dans la société féodale*, in: Le temps de la réflexion 3, 1982, S. 285–306.

Schmitz 1982
Rolf H. Schmitz: *Entstehung und Entwicklung der Gestalt des Todes und ihrer Symbolik bis zu den heutigen Totentänzen*, in: Bilder und Tänze des Todes. Gestalten des Todes in der europäischen Kunst seit dem Mittelalter, hrsg. v. Kreis Unna, bearb. v. Karl Bernd Heppe/Helmut Knirim (Ausstellungskatalog: Unna, Evangelische Stiftskirche), Unna 1982, S. 9–27.

Schneemelcher 1989
Wilhelm Schneemelcher: *Neutestamentliche Apokryphen in deutscher Übersetzung, Bd. 2: Apostolisches, Apokalypsen und Verwandtes*, Tübingen 1989.

Schneider 1928
Alfons Maria Schneider: *Refrigerium. 1. Nach literarischen Quellen und Inschriften*, Diss. Freiburg i. Br. 1928.

Schneider 1970
Jenny Schneider: *Glasgemälde* (Katalog der Sammlungen des Schweizerischen Landesmuseums 1), Zürich [1970].

Schneider 1975
Jenny Schneider: *Textilien. Katalog der Sammlung des Schweizerischen Landesmuseums Zürich. Ausgewählte Stücke*, Zürich 1975.

Schneider 1977
Hugo Schneider: *Der Schweizerdolch. Waffen- und kulturgeschichtliche Entwicklung mit vollständiger Dokumentation der bekannten Originale und Kopien*, Zürich 1977.

Schneider 1991
Jürg E. Schneider: *Zürich um 1300. Die bauliche Entwicklung*, in: edele frouwen – schoene man. Die Manessische Liederhandschrift, hrsg. von Claudia Brinker/Dione Flühler-Kreis (Ausstellungskatalog: Zürich, Schweizerisches Landesmuseum), Zürich 1991, S. 3–20.

Schöne-Seifert 1989
Bettina Schöne-Seifert: *Verzicht auf Lebenserhalt: offene Fragen*, in: Ethik in der Medizin 1, 1989, S. 143–161.

Schoenen 1967
Paul Schoenen: *Epitaph*, in: RDK 5, 1967, Sp. 872–921.

Scholz 1991
Hartmut Scholz: *Entwurf und Ausführung. Werkstattpraxis in der Nürnberger Glasmalerei der Dürerzeit* (Corpus vitrearum medii aevi Deutschland, Studien 1), Berlin 1991.

Scholz/Treeck 1989
Hartmut Scholz/Peter van Treeck: *Die Glasmalereien in der Imhoffschen Grabkapelle St. Rochus in Nürnberg*, in: MVGN 76, 1989, S. 265–266.

Scholz Williams 1983
Gerhild Scholz Williams: *Der Tod als Text und Zeichen in der mittelalterlichen Literatur*, in: Death in the Middle Ages, ed. by Herman Braet and Werner Verbeke (Mediaevalia Lovaniensia Series I/Studia IX), Leuven 1983.

Schrade 1930
Hubert Schrade: *Beiträge zur Erklärung des*

Schmerzensmannbildes, in: Festschrift Friedrich Panzer, Heidelberg 1930, S. 164f.

Schraut 1987
ELISABETH SCHRAUT: *Stifterinnen und Künstlerinnen im mittelalterlichen Nürnberg* (Ausstellungskatalog: Nürnberg), Nürnberg 1987.

Schreiber 1902
WILHELM LUDWIG SCHREIBER: *Manuel de l'amateur de la gravure sur bois et sur métal au XVe siècle*, Bd. 4, Berlin 1902.

Schreiber 1926–1930
WILHELM LUDWIG SCHREIBER: *Handbuch der Holz- und Metallschnitte des 15. Jahrhunderts*, stark vermehrte und bis zu den neuesten Funden ergänzte Umarbeitung des «Manuel de l'amateur de la gravure sur bois et sur métal au 15e siècle», 8 Bde., Leipzig 1926–1930.

Schreiber/Musper 1976
WILHELM LUDWIG SCHREIBER/HEINRICH THEODOR MUSPER: *Handbuch der Holz- und Metallschnitte des XV. Jahrhunderts*, Stuttgart 1976.

Schreiner 1983
RUPERT SCHREINER: *Das Weltgerichtsfresko in Santa Maria Donnaregina zu Neapel. Materialien zur Weltgerichtsikonographie*, Diss., München 1983.

Schreiner 1992
KLAUS SCHREINER (Hrsg.): *Laienfrömmigkeit im späten Mittelalter. Formen, Funktionen, politisch-soziale Zusammenhänge* (Schriften des Historischen Kollegs, Kolloquien 20), München 1992.

Schreyl 1989
KARL HEINZ SCHREYL: *Hans Schäufelein. Das druckgraphische Werk*, Nördlingen 1989.

Schubiger 1983
BENNO SCHUBIGER: *Hauptwerke kirchlicher Goldschmiedekunst in Pfäfers*, in: Werner Vogler (Hrsg.): Die Abtei Pfäfers. Geschichte und Kultur, St. Gallen 1983, S. 90–103.

Schuchardt 1851–1871
CHRISTIAN SCHUCHARDT: *Lucas Cranach des Älteren Leben und Werke*, 3 Bde., Leipzig 1851–1871.

Schuler 1987
PETER-JOHANNES SCHULER (Hrsg.): *Die Familie als sozialer und historischer Verband. Untersuchungen zum Spätmittelalter und zur frühen Neuzeit*, Sigmaringen 1987.

Schulte 1990
BRIGITTE SCHULTE: *Die deutschsprachigen spätmittelalterlichen Totentänze. Unter besonderer Berücksichtigung des Inkunabel 'Des dodes dantz' Lübeck 1489* (Niederdeutsche Studien 36), Köln/Wien 1990.

Schulten 1980
WALTER SCHULTEN: *Der Kölner Domschatz*, Köln 1980.

Schuster 1983
PETER-KLAUS SCHUSTER: *Bilderkult und Bildersturm*, in: Luther und die Folgen für die Kunst, hrsg. von Werner Hofmann (Ausstellungskatalog: Hamburg, Kunsthalle), München 1983, S. 126–151.

Schuster 1993
EVA SCHUSTER (Hrsg.): *Das Bild vom Tod. Graphiksammlung der Heinrich-Heine Universität Düsseldorf*, Recklinghausen 1993.

Schütz 1976
LIESELOTTE SCHÜTZ: *Gregor I. der Grosse*, in: LCI 6, 1976, Sp. 432–441.

Schwaiger 1988
TH. SCHWAIGER: *Seelsorgerische Aspekte. Impulse zu einer pastoralen Orientierung der Seelsorge mit AIDS-Kranken und HIV-Infizierten*, in: Hans Jäger (Hrsg.): AIDS und HIV-Infektionen. Diagnostik, Klinik, Behandlung. Handbuch und Atlas für Klinik und Praxis, Bd. 2, Landsberg a. L./München/Zürich 1988, S. 1–11.

Schwarz 1938
RICHARD SCHWARZ: *Leib und Seele in der Geistesgeschichte des Mittelalters*, in: Deutsche Vierteljahresschrift für Literaturwissenschaft und Geistesgeschichte 16, 1938, S. 293–323.

Schwemmer 1962
WILHELM SCHWEMMER: *Das Mäzenatentum der Nürnberger Patrizierfamilie Tucher vom 14.-18. Jahrhundert*, in: MVGN 51, 1962, S. 18–59.

Schwemmer 1976
WILHELM SCHWEMMER: *Dr. Lorenz Tucher (†1503) und seine Familienstiftung*, in: MVGN 63, 1976, S. 131–144.

Schwemmer 1979
WILHELM SCHWEMMER: *Die Sebalduskirche zu Nürnberg*, Nürnberg 1979.

Scott 1986
TOM SCOTT: *Freiburg and the Breisgau. Town-Country Relations in the Age of Reformation and Peasants' War*, Oxford 1986.

Scribner 1976
R. W. SCRIBNER: *Why was there no Reformation in Cologne?* in: Bulletin of the Institute of Historical Research 49, 1976, S. 217–241.

Scribner 1981
R. W. SCRIBNER: *For the Sake of Simple Folk. Popular Propaganda for the German Reformation*, Cambridge 1981.

Sedlmayer 1988
HANS SEDLMAYER: *Die Entstehung der Kathedrale*, mit einem Vorwort von Bernhard Rupprecht, Nachdruck, Graz 1988.

Seebaß 1975
GOTTFRIED SEEBASS: *Der Nürnberger Rat und das Religionsgespräch vom März 1525 (mit den Akten Christoph Scheurls und anderen unbekannten Quellen)*, in: Festschrift für Gerhard Pfeiffer (Jahrbuch für Fränkische Landesforschung 34/35), Neustadt 1975, S. 467–499.

Seebaß 1985
GOTTFRIED SEEBASS: *Die Himmelsleiter des hl. Bonaventura von Lukas Cranach d.Ä. Zur Reformation eines Holzschnitts* (Sitzungsberichte der Heidelberger Akademie der Wissenschaften, Philosophisch-historische Klasse 1985, Bericht 4), Heidelberg 1985.

Seelmann 1893
WILHELM SEELMANN: *Die Totentänze des Mittelalters*, Norden 1893.

Seelmann 1988
KURT SEELMANN: *Relativierung von Recht und Gerechtigkeit*, in: Recht und Gerechtigkeit im Spiegel der Europäischen Kunst, hrsg. von Wolfgang Pleister/Wolfgang Schild, Köln 1988, S. 195–213.

Seidel 1977
MAX SEIDEL: *Ubera Matris. Die vielschichtige Bedeutung eines Symbols in der mittelalterlichen Kunst*, in: Städel-Jahrbuch, NF. 6, 1977, S. 41–98.

Seipel 1907
IGNAZ SEIPEL: *Die wirtschaftsethischen Lehren der Kirchenväter* (Theologische Studien der Leo-Gesellschaft 18), Wien 1907, Neudruck Graz 1972.

Sellner 1993
ALBERT CHRISTIAN SELLNER: *Immerwährender Heiligen-Kalender* (Die andere Bibliothek, hrsg. von Hans Magnus Enzensberger), Frankfurt a.M. 1993.

Selmer 1959
CARL SELMER: *Navigatio Sancti Brendani Abbatis from Early Latin Manuscripts* (Publications in Mediaeval Studies. The University of Notre Dame 16), Notre Dame/Indiana 1959.

Senn/Moser 1991
MATTHIAS SENN/FRANZ MOSER: *Der Reiterschild von Seedorf UR. Ein Untersuchungs- und Restaurierungsbericht*, in: Schweizerisches Landesmuseum. 100. Jahresbericht, 1991.

Setzler 1993
SIBYLLE SETZLER: *Bildprogramme schwäbischer Retabel der Spätgotik*, in: Meisterwerke massenhaft. Die Bildhauerwerkstatt des Niklaus Weckmann und die Malerei in Ulm um 1500 (Ausstellungskatalog: Stuttgart, Württembergisches Landesmuseum), Stuttgart 1993, S. 346–356.

Seuse, ed. Biehlmeyer
HEINRICH SEUSE: *Deutsche Schriften*, hrsg. von Karl Biehlmeyer, Stuttgart 1907 (Nachdruck Frankfurt a. M. 1961).

Seuse, Mystische Schriften
HEINRICH SEUSE: *Deutsche mystische Schriften*, aus dem Mittelhochdeutschen übertragen und herausgegeben von Georg Hofmann, mit einer Hinführung von Emmanuel Jungclaussen, Düsseldorf 1986.

Seznec 1937–38
JEAN SEZNEC: *Youth, Innocence and Death. Some Notes on a Medaillon on the Certosa of Pavia*, in: Journal of the Warburg Institute 1, 1937–38, S. 298–303.

Sichtermann 1976
HELMUT SICHTERMANN: *Der schlafende Ganymed*, in: Gymnasium 83, 1976, S. 534–550.

Sichtermann 1984
HELMUT SICHTERMANN: *Der Jonaszyklus*, in: Spätantike und frühes Christentum (Ausstellungskatalog: Frankfurt, Liebieghaus, Museum alter Plastik), Frankfurt a. M. 1984, S. 241–248.

Siebenthal 1950
WOLF VON SIEBENTHAL: *Krankheit als Folge der Sünde* (Heilkunde und Geisteswelt 2), Hannover 1950.

Sies 1977
RUDOLF SIES: *Das «Pariser Pestgutachten» von 1348 in altfranzösischer Fassung* (Würzburger medizinhistorische Forschungen 7), Pattensen 1977.

Simon 1948
KARL SIMON: *Abendländische Gerechtigkeitsbilder*, Frankfurt a.M. 1948.

Siraisi 1990
Nancy G. Siraisi: *Medieval and early renaissance medicine. An introduction to knowledge and practice*, Chicago 1990.

Sladeczek 1965
Leonhard Sladeczek: *Albrecht Dürer und die Illustrationen zur Schedelchronik. Neue Fragen um den jungen Dürer* (Studien zur deutschen Kunstgeschichte 342), Baden-Baden/Strassburg 1965.

Snape 1926
Robert Hugh Snape: *English Monastic Finances in the Later Middle Ages* (Cambridge Studies in Medieval Life and Thought 6), Cambridge 1926.

Sollbach 1987
St. Brandans wundersame Seefahrt, nach der Heidelberger Handschrift Cod. Pal. Germ. 60 hrsg., übertragen und erläutert von Gerhard E. Sollbach, Frankfurt a.M. 1987.

Solzbacher/Hopmann 1964
Solzbacher/V. Hopmann: *Die Legende der hl. Ursula*, Köln 1964.

Sommerfeldt 1909
Gustav Sommerfeldt: *Die Prophetien der heiligen Hildegard von Bingen in einem Schreiben des Magisters Heinrich von Langenstein (1383) und Langensteins Trostbrief über den Tod eines Bruders des Wormser Bischofs Eckard von Ders (um 1384)*, in: Historisches Jahrbuch der Görresgesellschaft 30, 1909, S. 43–61 und 279–307.

Sotheby's 1982
Sotheby's 21-1-1982: Important Old Master Paintings, New York 1982.

Sotheby's 1986
Sotheby's 24-6-1986: Western Manuscripts and Miniatures, London 1986.

Spangenberg 1987
Peter Michael Spangenberg: *Maria ist immer und überall. Die Alltagswelten des spätmittelalterlichen Mirakels*, Frankfurt a. M. 1987.

Speck 1972
Josef Speck: *Zur Baugeschichte der St. Oswaldskirche in Zug. Ergebnisse der Ausgrabung 1962*, in: Zuger Neujahrsblatt, 1972, S. 113–140.

Speculum Ecclesiae
Gert Mellbourn (Hrsg.): *Speculum Ecclesiae. Eine frühmittelhochdeutsche Predigtsammlung (Cgm. 39)* (Lunder germanistische Forschungen), Lund 1944.

Speculum Humanae Salvationis
Speculum Humanae Salvationis, vollständige Faksimile-Ausgabe des Codex Cremifanensis 243 des Benediktinerstiftes Kremsmünster, hrsg. und kommentiert von W. Neumüller, 2 Teile, Graz 1972, (Rezension: G. Schmidt in Kunstchronik 27, 1974, S. 152–166).

Speigl 1978
Jakob Speigl: *Das Bildprogramm des Jonamotivs in den Malereien der römischen Katakomben*, in: Römische Quartalschrift 73, 1978, S. 1–15.

Spitzmüller 1971
Henry Spitzmüller: *Poésie latine chrétienne du moyen âge, IIIe-XVe siècle* (Bibliothèque Européenne), Paris 1971.

St. Georgener Prediger
Der sog. St. Georgener Prediger, hrsg. von Karl Rieder (Deutsche Texte des späten Mittelalters 10), Berlin 1908.

Stadler 1913
Franz J. Stadler: *Michael Wolgemut und der Nürnberger Holzschnitt im letzten Drittel des XV. Jahrhunderts*, Strassburg 1913.

Stafski 1986
Heinz Stafski: *Der Drachenleuchter für Anton Tucher: ein angezweifeltes Werk des Veit Stoß*, in: Zeitschrift für Kunstgeschichte 49, 1986, S. 125–146.

Stammler 1984
Wolfgang Stammler: *Wiegendrucke*, in: Reallexikon der deutschen Literaturgeschichte, begründet von Paul Merker und Wolfgang Stammler, hrsg. von Klaus Kanzog und Achim Masser 4, 1984, 2. Aufl.

Stange 1934–1961
Alfred Stange: *Deutsche Malerei der Gotik*, 11 Bde., München 1934–1961.

Stange 1955
Alfred Stange: *Deutsche Malerei der Gotik. Bd. 7: Oberrhein, Bodensee, Schweiz und Mittelrhein in der Zeit von 1450 bis 1500*, Bd. 7, München/Berlin 1955.

Stange 1967–1978
Alfred Stange: *Kritisches Verzeichnis der deutschen Tafelbilder vor Dürer*, 3 Bde. (Bruckmanns Beiträge zur Kunstwissenschaft), München 1967–1978.

Stange 1969
Alfred Stange: *Deutsche Malerei der Gotik. Bd. 7: Oberrhein, Bodensee, Schweiz und Mittelrhein in der Zeit von 1450 bis 1500*, Reprint: Nendeln/Liechtenstein 1969.

Stange 1970
Alfred Stange: *Kritisches Verzeichnis der deutschen Tafelbilder vor Dürer. 2. Band: Oberrhein, Bodensee, Schweiz, Mittelrhein, Ulm, Augsburg, Allgäu, Nördlingen, von der Donau zum Neckar*, hrsg. von Norbert Lieb (Bruckmanns Beiträge zur Kunstwissenschaft), München 1970.

Statuts, chapitres généraux et visites de l'ordre de Cluny 1
Statuts, chapitres généraux et visites de l'ordre de Cluny, Bd. 1, Paris 1965.

Steck 1957
K. G. Steck: *Ablaß*, in: Die Religion in Geschichte und Gegenwart 1, 1957, Sp. 64–67.

Steenbock 1965
Frauke Steenbock: *Der kirchliche Prachteinband im frühen Mittelalter*, Berlin 1965.

Steer 1981
Georg Steer: *Hugo Ripelin von Strassburg. Zur Rezeptions- und Wirkungsgeschichte des «Compendium theologicae veritatis» im deutschen Spätmittelalter*, Tübingen 1981.

Steer 1983
Georg Steer: *Hugo Ripelin von Strassburg*, in: Verfasserlexikon 4, 1983, Sp. 252–266.

Stein 1893–1895
Walther Stein (Bearb.): *Akten zur Geschichte der Verfassung und Verwaltung der Stadt Köln im 14. und 15. Jahrhundert*, 2 Bde. (PGRG 10), Bonn 1893–1895.

Steinböck 1975
Wilhelm Steinböck: *Kunstwerke der Reformationszeit in der Steiermark. Ein Beitrag zur protestantischen Ikonographie und zur Kunstgeschichte der Steiermark des 16. Jahrhunderts*, in: Johannes Kepler 1571–1971. Gedenkschrift der Universität Graz, Graz 1975, S. 407–473, mit Taf. 37–64.

Stempell 1910
Benedictus von Stempell: *Die ewigen Renten und ihre Ablösung*, Leipzig 1910.

Stieder 1981
Peter Stieder: *Dürer*, Königstein/Taunus 1981.

Stirm 1977
Margarete Stirm: *Die Bilderfrage in der Reformation* (Quellen und Forschungen zur Reformationsgeschichte 45), Gütersloh 1977.

Stock 1990
Alex Stock (Hrsg.): *Wozu Bilder im Christentum? Beiträge zur theologischen Kunsttheorie*, St. Ottilien 1990.

Störmann 1916
Anton Störmann: *Die städtischen Gravamina gegen den Klerus* (Reformationsgeschichtliche Studien und Texte 24–26), Münster i.W. 1916.

Stoll 1992
Ulrich Stoll: *Das «Lorscher Arzneibuch». Ein medizinisches Kompendium des 8. Jahrhunderts (Codex Bambergensis Medicinalis 1). Text, Übersetzung und Fachglossar* (Sudhoffs Archiv, Beiheft 28), Stuttgart 1992.

Stolz 1939
Seraphime Stolz: *Das Stiftungswesen in der landesfürstlichen Stadt St. Pölten und ihrer Umgebung im 15. Jahrhundert: Von der Hochblütezeit spätmittelalterlicher Stiftungstätigkeit bis zur beginnenden Gegenreformation im Spiegel der Bürgertestamente*, Diss. (Typoskript), Wien 1939.

Stommel 1958
Eduart Stommel: *Zum Problem der frühchristlichen Jonasdarstellungen*, in: Jahrbuch für Antike und Christentum 1, 1958, S. 112–115.

Stone 1987
Lawrence Stone: *The Past and the Present revisited*, London 1987.

Stork 1992
Hans-Walter Stork: *Die Wiener französische Bible moralisée. Codex 2554 der Österreichischen Nationalbibliothek* (Saarbrücker Hochschulschriften, Kunstgeschichte 18), St. Ingbert 1992.

Straub 1983
Jan Straub: *Die Heiligengräber in der Schweiz. Ihre Gestalt und ihr Brauchtum. Ein Beitrag zur Geschichte der Schweizerischen Heiligenverehrung*, Diss. Universität Zürich 1983.

Strieder 1963
Peter Strieder (Bearb.): *Sammlung Heinz Kisters. Altdeutsche und altniederländische Gemälde* (Ausstellungskatalog: Nürnberg, Germanisches Nationalmuseum), Nürnberg 1963.

Stritzky 1983
Maria-Barbara von Stritzky: *Grabbeigabe*, in: RAC 12, 1983, Sp. 429–445.

Stromer 1973
Wolfgang von Stromer: *Reichtum und Ratswürde. Die wirtschaftliche Führungsschicht der Reichsstadt Nürnberg 1348–1648*, in: Herbert Helbig (Hrsg.): Führungskräfte der Wirtschaft in Mittelalter und Neuzeit 1350–1850 (Deutsche Führungsschichten in der Neuzeit 6), Limburg 1973, S. 1–50.

Stromer 1992
Wolfgang von Stromer: *Marken und Zeichen des Wirtschaftslebens*, in: Symbole des Alltags. Alltag der Symbole. Festschrift für Harry Kühnel, Graz 1992, S. 233-244.

Strub 1959
Marcel Strub: *Les Monuments d'art et d'histoire du Canton de Fribourg. Tome 3. La ville de Fribourg. Les monuments religieux, IIe Partie* (Les Monuments d'art et d'histoire de la Suisse), Bâle 1959.

Stüber 1976
Karl Stüber: *Commendatio animae. Sterben im Mittelalter* (Geist und Werk der Zeiten 48), Bern/Frankfurt a. M. 1976.

Stuiber 1957
Alfred Stuiber: *Refrigerium interim. Die Vorstellung vom Zwischenzustand und die frühchristliche Grabeskunst* (Theophaneia 11), Bonn 1957.

Stuiber 1982
Alfred Stuiber u.a.: *Jenseitsvorstellungen in Antike und Christentum. Gedenkschrift für A. Stuiber* (Jahrbuch für Antike und Christentum, Ergänzungsband 9), Münster/Westfalen 1982.

Stützer 1983
Herbert Alexander Stützer: *Die Kunst der römischen Katakomben*, Köln 1983.

Suckale 1977
Robert Suckale: *Arma Christi. Überlegungen zur Zeichenhaftigkeit mittelalterlicher Andachtsbilder*, in: Städel-Jahrbuch 6, 1977, S. 177-208.

Suckale 1981
Robert Suckale: *Thesen zum Bedeutungswandel der gotischen Fensterrose*, in: Bauwerk und Bildwerk im Hochmittelalter. Anschauliche Beiträge zur Kultur- und Sozialgeschichte, hrsg. von Karl Clausberg u.a. (Kunstwissenschaftliche Untersuchungen des Ulmer Vereins, Verband für Kunst- und Kulturwissenschaften 11), Giessen 1981, S. 259-294.

Sudhoff 1913
Karl Sudhoff: *Eine Antoniter-Urkunde aus Memmingen vom Jahre 1503 und ein therapeutischer Traktat über das Sankt Antonius-Feuer*, in: Archiv für Geschichte der Medizin 6, 1913, S. 270-280.

Sudhoff 1916
Karl Sudhoff: *Die pseudohippokratische Krankheitsdiagnostik nach dem Auftreten von Hautausschlägen, «Secreta Hippocratis» oder «Capsula eburena» benannt*, in: Archiv für Geschichte der Medizin 9, 1916, S. 79-116.

Sudhoff 1925
Karl Sudhoff: *Pesttraktate aus Südwestdeutschland und der Schweiz*, in: Archiv für Geschichte der Medizin 16, 1925, S. 1-69.

Sulzberger 1926
Karl Sulzberger: *Romanische Skulpturen aus dem Kloster Allerheiligen in Schaffhausen*, in: Schaffhauser Jahrbuch 1, 1926, S. 139-146.

Suntrup 1978
Rudolf Suntrup: *Die Bedeutung der liturgischen Gebärden und Bewegungen in lateinischen und deutschen Auslegungen des 9. bis 13. Jahrhunderts* (Münstersche Mittelalter-Schriften 37), München 1978.

Sussmann 1929
Verena Sussmann: *Maria mit dem Schutzmantel*, in: Marburger Jahrbuch 5, 1929, S. 285-351.

Talkenberger 1990
Heike Talkenberger: *Sintflut. Prophetie und Zeitgeschehen in Texten und Holzschnitten astrologischer Flugschriften 1488-1528* (Studien und Texte zur Sozialgeschichte der Literatur 26), Tübingen 1990.

Tappolet 1962
Walter Tappolet (Hrsg.): *Das Marienlob der Reformatoren*, Tübingen 1962.

Tenenti/Ruggiero 1967
Alberto Tenenti/Romano Ruggiero: *Die Grundlegung der modernen Welt. Spätmittelalter, Renaissance, Reformation* (Fischer Weltgeschichte 12), Frankfurt a. M. 1967.

Tertullian, De monogamia
Tertullian: *De monogamia*, in: Tertullians apologetische, dogmatische und montanistische Schriften, übersetzt und mit Einleitungen versehen von K. A. H. Keller (Bibliothek der Kirchenväter II 24), Kempten/München 1915, S. 473-519.

Tertullian (dt. Übersetzung)
Tertullian: *Die Seele ist ein Hauch. Über die Seele – Das Zeugnis der Seele – Vom Ursprung der Seele*, eingeleitet, übersetzt und erläutert von Jan H. Waszink, Zürich 1980, 2. Aufl.

Tervarent 1931
G. de Tervarent: *La légende de Sainte Ursule dans la littérature et l'art du moyen age*, Paris 1931.

Tewes 1990
Götz-Rüdiger Tewes: *Die Bursen der Kölner Artisten-Fakultät im Spätmittelalter*, Diss. phil. Köln 1990, (im Druck).

The Illustrated Bartsch 10, 1980
The Illustrated Bartsch 10 (7.1): Sixteenth Century German Artists, Albrecht Dürer, ed. by Walter L. Strauss, New York 1980.

The Illustrated Bartsch 13, 1981
The Illustrated Bartsch 13 (7.4): Sixteenth Century Artists, ed. by Walter L. Strauss, New York 1981.

The Illustrated Bartsch 80, 1981
The Illustrated Bartsch, German Book Illustration before 1500, Vol. 80, Part I, Anonymous Artists 1457-75, ed. by Walter L. Strauss, New York 1981.

Theissing 1978
Heinrich Theissing: *Dürers Ritter, Tod und Teufel. Sinnbild und Bildsinn* (Gebrüder Mann studio-Reihe), Berlin 1978.

Theophilusspiel
Das niederdeutsche Spiel von Theophilus, hrsg. von Chr. Sarauw (Det kgl. Danske Vedenskabernes selskab. Historisk-filosofisk Meddelelser, VIII/3), Kopenhagen 1923.

Thesleff 1986
Holger Thesleff: *Notes on the Paradise Myth in Ancient Greece*, in: Temenos 22, 1986, S. 129-139.

Thieme/Becker
Allgemeines Lexikon der bildenden Künstler von der Antike bis zur Gegenwart, begründet von Ulrich Thieme und Felix Becker, hrsg. von Hans Vollmer, 37 Bde., Leipzig 1908-1950.

Thöne 1965
Friedrich Thöne: *Der Basler Monogrammist HB von 1575/77. Hans Bock d.Ä. oder Hans Brand?* in: Jahresbericht des Schweizerischen Instituts für Kunstwissenschaft Zürich, 1965, S. 78-104.

Thomas 1933
Alois Thomas: *Das Urbild der Gregoriusmesse*, in: Rivista della Archeologia Cristiana 10, 1933, S. 51-70.

Thomas von Aquin, Summa theologica III, 49-59
Thomas von Aquin: *Summa theologica III, 49-59* (Die deutsche Thomas-Ausgabe Bd. 28), Graz/Wien/Köln 1956.

Thomas von Aquin, Summa theologica III, 84-90, Suppl. 1-16
Thomas von Aquin: *Summa theologica III, 84-90, Suppl. 1-16* (Die deutsche Thomas-Ausgabe Bd. 31), Graz/Wien/Köln 1962.

Thomas von Aquin, Summa theologica Suppl. 69-86
Thomas von Aquin: *Summa theologica Suppl. 69-86* (Die deutsche Thomas-Ausgabe Bd. 35), Graz/Wien/Köln 1958.

Thulin 1955
Oskar Thulin: *Cranach-Altäre der Reformation*, Berlin 1955.

Thümmel 1980
Hans Georg Thümmel: *Bilder IV. Alte Kirche*, in: Theologische Realenzyklopädie 6, 1980, S. 525-531.

Tierney 1955
Brian Tierney: *Foundations of the Conciliar Theory. The Contribution of the Medieval Canonists from Gratian to the Great Schism* (Cambridge Studies in Medieval Life and Thought, NS 4), Cambridge 1955.

Tobler 1882
Wilhelm Tobler: *Eine Sühne um Totschlag im Jahr 1521*, in: Zürcher Taschenbuch, NF 5, 1882, S. 209-216.

Tobler 1896
G. Tobler: *«Rudolf Zigerli von Ringoltingen» und «Thüring von Ringoltingen»*, in: Sammlung Bernischer Biographien 2, Bern 1896, S. 172-192.

Toynbee 1971
Jocelyne M. C. Toynbee: *Death and Burial in the Roman World*, London 1971.

TRE
Theologische Realenzyklopädie, hrsg. von G. Krause/G. Müller, Berlin 1974ff.

Tremp-Utz 1983
Kathrin Tremp-Utz: *Eine spätmittelalterliche Jakobsbruderschaft*, in: Zeitschrift für Schweizerische Kirchengeschichte 77, 1983, S. 47-94.

Troeltsch 1912
Ernst Troeltsch: *Gesammelte Schriften Bd. 1: Die Soziallehren der christlichen Kirchen und Gruppen*, Tübingen 1912.

Troescher 1939
Georg Troescher: *Weltgerichtsbilder in Rathäusern und Gerichtsstätten*, in: Wallraf-Richartz-Jahrbuch, 11, 1939, S. 139-214.

Tschudi 1925
Aegidius Tschudi: *«Vom Fegefür», a treatise on purgatory [...]*, ed. from the original manuscript in the abby archives of St. Gallen by Jsobel A. Kowles, Basel 1925.

Turcan 1989
R. Turcan: *Les cultes orientaux dans le monde romain*, Paris 1989.

Turner 1983
Derek Turner: *The Hastings Hours*, London 1983.

UB ZUG
Urkundenbuch von Stadt und Amt Zug. Vom Eintritt in den Bund bis zum Ausgang des Mittelalters 1352–1528, hrsg. von E. Gruber u.a., 2 Bde., Zug 1953ff.

UFAS Bd. 6, 1979
Ur- und Frühgeschichtliche Archäologie der Schweiz, Bd. 6: Das Frühmittelalter, Basel 1979.

Üffing 1966
Werner Üffing: *Zur Baugeschichte der Stiftskirche von Vreden*, in: Das Münster 19, 1966, S. 384–385.

Ulbricht 1992
Otto Ulbricht: *Der Einstellungswandel zur Kindheit in Deutschland am Ende des Spätmittelalters (ca. 1470 bis ca. 1520)*, in: ZHF 12, 1992, S. 159–187.

Ullmann 1984
Ernst Ullmann: *Gedanken zu den Auswirkungen der Reformation auf die bildende Kunst*, in: Festschrift Martin Gosebruch, hrsg. von Frank Neidhart Steigerwald, München 1984, S. 121–125.

Ulrich-Bochsler 1989a
Susi Ulrich-Bochsler: *Leuzigen – Anthropologische Forschungen*, in: Peter Eggenberger/Susi Ulrich-Bochsler, Leuzigen. Reformierte Pfarrkirche, Ehemaliges Cluniazenserpriorat, Bern 1989, S. 61–70.

Ulrich-Bochsler 1989b
Susi Ulrich-Bochsler: *Zur Anthropologie der Bevölkerung von Rohrbach/BE*, in: Peter Eggenberger / Monique Rast Cotting / Susi Ulrich-Bochsler, Rohrbach. Reformierte Pfarrkirche, Bern 1989, S. 65–106.

Ulrich-Bochsler 1990
Susi Ulrich-Bochsler: *Von Traufkindern, unschuldigen Kindern, Schwangeren und Wöchnerinnen. Anthropologische Befunde zu Ausgrabungen im Kanton Bern*, in: Festschrift für Hans R. Stampfli, Basel 1990, S. 309–318.

Ulrich-Bochsler/Meyer 1990
Susi Ulrich-Bochsler/Lieselotte Meyer: *Aegerten. Kirche Bürglen. Anthropologische Befunde zum neuzeitlichen Friedhof*, in: René Bacher u.a.: Die spätrömischen Anlagen und der Friedhof der Kirche Bürglen, Bern 1990, S. 97–132.

Ulrich-Bochsler/Meyer 1992
Susi Ulrich-Bochsler/Lieselotte Meyer: *Die anthropologischen Forschungen. Die Skelettfunde aus der Kirchengrabung von Walkringen*, in: Peter Eggenberger/Martin Bossert/Susi Ulrich-Bochsler, Walkringen. Reformierte Pfarrkirche, Bern 1992, S. 89–138.

Ulrich-Bochsler/Schäublin 1991
Susi Ulrich-Bochsler/Elisabeth Schäublin: *Anthropologische Befunde*, in: Peter Eggenberger / Monique Rast Cotting / Susi Ulrich-Bochsler, Wangen an der Aare. Reformierte Pfarrkirche. Ehemaliges Benediktinerpriorat, Bern 1991, S. 73–100.

Unverfehrt 1980
Gerd Unverfehrt: *Hieronymus Bosch. Die Rezeption seiner Kunst im frühen 16. Jahrhundert*, Berlin 1980.

Urbach 1989
Susanne Urbach: *Eine unbekannte Darstellung von «Sündenfall und Erlösung» in Budapest und das Weiterleben des Cranachschen Rechtfertigungsbildes*, in: Niederdeutsche Beiträge zur Kunstgeschichte 28, 1989, S. 33–63.

Urkundenarchiv des Klosters Herrenalb
Urkundenarchiv des Klosters Herrenalb, in: Zeitschrift für die Geschichte des Oberrheins 1, 1850, S. 92–128, 224–256, 476–498; 2, 1851, 99–128, 216–255, 356–383, 449–481.

Utz Tremp 1990
Kathrin Utz Tremp: *Das Fegfeuer in Freiburg. Erste Annäherung an die Akten des Freiburger Waldenserprozesses von 1430*, in: Freiburger Geschichtsblätter 67, 1990, S. 7–30.

Utz Tremp 1991
Kathrin Utz Tremp: *Zwischen Ketzerei und Krankenpflege – die Beginen in der spätmittelalterlichen Stadt Bern*, in: Zwischen Macht und Dienst. Beiträge zur Geschichte und Gegenwart von Frauen im kirchlichen Leben der Schweiz, hrsg. von Sophia Bietenhart u.a., Bern 1991, S. 27–52.

Utz Tremp 1991 (Waldenserprozeß)
Kathrin Utz Tremp: *Der Freiburger Waldenserprozess von 1399 und seine bernische Vorgeschichte*, in: Freiburger Geschichtsblätter 68, 1991, S. 57–85.

Utz Tremp 1992
Kathrin Utz Tremp u.a.: *Montaillou n'est pas une île: les derniers cathares, Pierre Clergue et Pierre Maury, devant leur juge*, in: Etude de lettres (Revue de la Faculté des Lettres de l'Université de Lausanne), Lausanne 1992/4, S. 143–167.

Utz Tremp 1993
Kathrin Utz Tremp: *Eine Werbekampagne für die befleckte Empfängnis: der Jetzerhandel in Bern (1507–1509)*, in: Maria in der Welt. Marienverehrung im Kontext der Sozialgeschichte 10. bis 18. Jahrhundert, hrsg. von Claudia Opitz u.a. (Clio Lucernensis 2), Zürich 1993, S. 323–337.

Van de Meer 1951
Frits van der Meer: *Augustinus als Seelsorger*, Köln 1951.

Van Doren/Raggi 1967
Rombaut Van Doren/Angela Maria Raggi: *Odilia*, in: Bibliotheca Sanctorum 9, Rom 1967, Sp. 1110–1116.

Van Os 1970
H. W. Van Os: *Krönung Mariens*, in: LCI 2, 1970, Sp. 671–676.

Vasella 1966
Oskar Vasella: *Über die Taufe totgeborener Kinder*, in: Zeitschrift für Schweizerische Kirchengeschichte 60, 1966, S. 1–70.

Vavra 1987
Elisabeth Vavra: *Kunstwerke als religiöse Stiftung. Überlegungen zum Stifterbild in der deutschen Tafelmalerei des Spätmittelalters*, in: Xavier Barral I Altet (Hrsg.): Artistes, artisans et production artistique au moyen âge, Bd. 2, Paris 1987, S. 257–272.

Vavra 1990
Elisabeth Vavra: *Pro remedio animae – Motivation oder leere Formel. Überlegungen zur Stiftung religiöser Kunstobjekte*, in: Materielle Kultur 1990, S. 123–150.

Végh 1986
János Végh: *The Particular Judgment of a courtier. A Hungarian Fresco of a Rare Iconographical Type*, in: Arte Cristiana 74, 1986, S. 303–314.

Veit 1936
Ludwig Andreas Veit: *Volksfrommes Brauchtum und Kirche im deutschen Mittelalter*, Freiburg i. Br. 1936.

Veit 1982
Ludwig Veit: *Die Imhoff, Handelsherren und Mäzene des ausgehenden Mittelalters und der beginnenden Neuzeit. Archivalien, Münzen, Medaillen und Rechenpfennige*, in: Rudolf Pörtner (Hrsg.): Das Schatzhaus der deutschen Geschichte. Das Germanische Nationalmuseum. Unser Kulturerbe in Bildern und Beispielen, Nürnberg 1982, S. 503–531.

Verdier 1980
Philippe Verdier: *Le couronnement de la vierge. Les origines et les premiers développements d'un thème iconographique* (Conférence Albert-Le-Grand 1972), Montréal/Paris 1980.

Verfasserlexikon
Die Deutsche Literatur des Mittelalters. Verfasserlexikon, 2. völlig neu bearbeitete Aufl., hrsg. von K. Ruh/W. Schröder/B. Wachinger/F.-J. Worstborch, Berlin/New York 1977ff.

Vermaseren 1977
Maarten J. Vermaseren: *Cybele and Attis, the Myth and the Cult*, London 1977.

Vermaseren 1983
Maarten J. Vermaseren: *Corpus cultus Cybelae Attidisque (CCCA)*, Bd. 1, Leyde 1983ff.

Vesal 1706
Andreae Vesalii: *Deß Ersten/Besten Anatomici. Zergliederung Deß Menschlichen Körpers. Auf Mahleren und Bildhauer-Kunst gericht*, Augspurg 1706.

Vidal 1899
Jean-Marie Vidal: *Une secte de spirites à Pamiers en 1320* (Extrait des Annales de Saint-Louis-des-Français 3/3), Rome 1899.

Vidal 1906 [1]
Jean-Marie Vidal: *Le tribunal d'inquisition de Pamiers* (Extrait des Annales de Saint-Louis-des-Français 8, 9 et 10, 1904–1905), Toulouse 1906.

Vidal 1906 [2]
Jean-Marie Vidal: *Les derniers ministres de l'albigéisme en Languedoc. Leurs doctrines*, in: Revue des questions historiques 35, 1906, S. 57–107.

Vidal 1909
Jean-Marie Vidal: *Doctrine et morale des derniers ministres albigeois*, in: Revue des questions historiques 85, 1909, S. 357–409, und 86, 1909, S. 5–48.

Vidal-Naquet 1989
Pierre Vidal-Naquet: *Bildatlas Weltgeschichte*, Gütersloh 1989.

Villeneuve 1957
ROLAND VILLENEUVE: *Le Diable dans l'Art. Essai d'iconographie comparée à propos des rapports entre l'Art et le Satanisme*, Paris 1957.

Villiger 1939
JOHANN BAPTIST VILLIGER: *Das Bistum Basel zur Zeit Johannes XXII., Benedikts XII. und Klemens VI. (1316–1352)* (Analecta Gregoriana 15), Rom/Luzern 1939.

Villon 1988
FRANÇOIS VILLON: *Das kleine und das grosse Testament*, hrsg., übersetzt und kommentiert von Frank-Rutger Hausmann, Stuttgart 1988.

Vita Bernwardi
Vita Bernwardi, in: Lebensbeschreibungen einiger Bischöfe des 10. – 12. Jahrhunderts, hrsg. von Hatto Kallfelz (Freiherr vom Stein-Gedächtnisausgabe), Darmstadt 1973.

Vita et miraculi S. Galli
Vita et miraculi S. Galli, neu hrsg. von G. Meyer von Knonau, in: St. Gallische Geschichtsquellen, Mitteilungen zur vaterländischen Geschichte 12, 1870, S. 1–93.

Vita rhythmica
Vita beate virginis marie et salvatoris rhythmica, hrsg. von Adolf Vögtlin (Bibliothek des Litterarischen Vereins in Stuttgart 180), Tübingen 1888.

Vita S. Otiliae
Vita Sanctae Otiliae Virginis, aufgearbeitet bei Chrétien Pfister, La Vie de Sainte Odile, in: Analecta Bollandiana 13, Brüssel 1894, S. 5–32 (auch bei: W. Levison, Vita Odilia Abbatissae Hohenburgensis, in: Monumenta Germaniae Historica. Scriptorum rerum Merovingicarum 6, Hannover 1913, S. 24–50).

Vögelin 1842–1848
SALOMON VÖGELIN: *Geschichte der Wasserkirche und der Stadtbibliothek in Zürich*, in: Neujahrsblatt hrsg. von der Stadtbibliothek in Zürich, 1842–1848.

VÖKGV
Veröffentlichungen des Kölnischen Geschichtsvereins, Köln 1914ff.

Vogel/Hödl 1983
C. VOGEL/L. HÖDL: *Busse*, in: LMA 2, 1983, Sp. 1123–1141.

Vogler 1983
WERNER VOGLER (Hrsg.): *Die Abtei Pfäfers. Geschichte und Kultur*, St. Gallen 1983.

Vogler 1985
WERNER VOGLER (Hrsg.): *Die Abtei Pfäfers. Geschichte und Kultur* (Ausstellungskatalog: St. Gallen, Stiftsarchiv), St. Gallen 1985, 2. Aufl.

Vogts 1954
HANS VOGTS: *Die Kölner Patriziergeschlechter des Mittelalters als Bauherren und Förderer der Kunst*, in: AHVN 155/156, 1954, S. 501–525.

Volz 1934
PAUL VOLZ: *Die Eschatologie der jüdischen Gemeinde im neutestamentlichen Zeitalter nach Quellen der rabbinischen, apokalyptischen und apokryphen Literatur*, Tübingen 1934, 2. Aufl.

Von den Steinen 1956
WOLFRAM VON DEN STEINEN: *Bernward von Hildesheim über sich selbst*, in: Deutsches Archiv für Erforschung des Mittelalters 12, 1956, S. 331–362.

Von Euw 1989
ANTON VON EUW: *Liber Viventium Fabariensis. Das karolingische Memorialbuch von Pfäfers in seiner liturgie- und kunstgeschichtlichen Bedeutung* (Studia Fabariensia 1), Bern 1989.

Von Wilckens 1980
L. VON WILCKENS: *Bahre, Bahrtuch*, in: LMA 1, 1980, Sp. 1349f.

Vor Stephan Lochner 1974
Vor Stephan Lochner. Die Kölner Maler von 1300–1430. Ergebnisse der Ausstellung und des Colloquiums. Köln 1974 (Kölner Berichte zur Kunstgeschichte 1), Köln 1977.

Vorgrimler 1993
HERBERT VORGRIMLER: *Geschichte der Hölle*, München 1993.

Vorromanische Kirchenbauten
Vorromanische Kirchenbauten. Katalog der Denkmäler bis zum Ausgang der Ottonen, bearbeitet von Friedrich Oswald, Leo Schaefer und Hans Rudolf Sennhauser, 3 Bde., München 1966–1971, Nachtragsband München 1991.

Vovelle/Vovelle 1970
GABY VOVELLE/MICHEL VOVELLE: *Vision de la mort et de l'au-delà en Provence d'après les autels des âmes du purgatoire XVe – XXe siècles* (Cahiers des annales 29), Paris 1970.

VSWG
Vierteljahrschrift für Sozial- und Wirtschaftsgeschichte, Stuttgart 1903ff.

WA
D. Martin Luthers Werke, Kritische Gesamtausgabe, Weimar 1883ff., Abt. 1: Schriften.

Wackernagel 1903
RUDOLF WACKERNAGEL: *Mitteilungen über Raymundus Peraudi und kirchliche Zustände seiner Zeit in Basel*, in: Basler Zeitschrift für Geschichte und Altertumskunde 2, 1903, S. 171–273.

Wadell 1969
MAY-BRIT WADELL: *Fons Pietatis. Eine ikonographische Studie*, Göteborg 1969.

Wahrman 1991
DROR WAHRMAN: *From Imaginary Drama to Dramatized Imagery: The Mappe-Monde Nouvelle Papistique, 1566–67*, in: The Journal of the Warburg and Courtauld Institutes 54, 1991, S. 186–205.

Walther 1964
HANS WALTHER (Hrsg.): *Carmina medii aevi posterioris latina, II/2: Proverbia sententiaeque latinitatis medii aevi. Lateinische Sprichwörter und Sentenzen des Mittelalters in alphabetischer Ordnung*, Göttingen 1964.

Warner 1976
MARINA WARNER: *Alone of All Her Sex. The Myth und the Cult of the Virgin Mary*, London 1976.

Warnke 1976
MARTIN WARNKE: *Bau und Überbau. Soziologie der mittelalterlichen Architektur nach den Schriftquellen*, Frankfurt a. M. 1976.

Warnke 1979
MARTIN WARNKE: *Bau und Überbau. Soziologie der mittelalterlichen Architektur nach den Schriftquellen*, Frankfurt a. M. 1979, 2. Aufl.

Wartmann 1929
WILHELM WARTMANN: *Der Zürcher Nelkenmeister, bei Anlass der Ausstellung des neu entdeckten Michael-Altars und seiner bisher bekannten sowie einiger verwandter Werke im Zürcher Kunsthaus*, Zürich 1929.

Weckwerth 1957
ALFRED WECKWERTH: *Der Ursprung des Bildepitaphs*, in: Zeitschrift für Kunstgeschichte 20, 1957, S. 147–185.

Weddige 1987
HILKERT WEDDIGE: *Einführung in die germanistische Mediävistik*, München 1987.

Weder 1978
HANS WEDER: *Die Gleichnisse Jesu als Metaphern*, Göttingen 1978.

Wegner 1957
WOLFGANG WEGNER: *Beiträge zum graphischen Werk Daniel Hopfers*, in: Zeitschrift für Kunstgeschichte 20, 1957, S. 239–254.

Wehrli-Johns 1980
MARTINA WEHRLI-JOHNS: *Geschichte des Zürcher Predigerkonvents (1230–1524). Mendikantentum zwischen Kirche, Adel und Stadt*, Diss. phil., Zürich 1980.

Wehrli-Johns 1990
MARTINA WEHRLI-JOHNS: *Haushälterin Gottes. Zur Mariennachfolge der Beginen*, in: Maria – Abbild oder Vorbild. Zur Sozialgeschichte mittelalterlicher Marienverehrung, hrsg. von Hedwig Röckelein u.a., Tübingen 1990, S. 147–167.

Wehrli-Johns 1992
MARTINA WEHRLI-JOHNS: *Das mittelalterliche Beginentum – religiöse Frauenbewegung oder Sozialidee der Scholastik? Ein Beitrag zur Revision des Begriffes «religiöse Bewegungen»*, in: «Zahlreich wie die Sterne des Himmels»: Beginen am Niederrhein zwischen Mythos und Wirklichkeit, hrsg. von Peter Modler u.a. (Bensberger Protokolle 70), Bergisch Gladbach 1992, S. 9–39.

Weibel 1988
THOMAS WEIBEL: *Erbrecht und Familie. Fortbildung und Aufzeichnung des Erbrechts in der Stadt Zürich – vom Richtebrief zum Stadterbrecht von 1716*, Zürich 1988.

Weidinger 1990
ERICH WEIDINGER: *Die Apokryphen*, Augsburg 1990.

Weimann 1980
BRIGITTE WEIMANN: *Die mittelalterlichen Handschriften der Gruppe Manuscripta Germanica* (Kataloge der Stadt- und Universitätsbibliothek Frankfurt a. M. 5, Die Handschriften der Stadt- und Universitätsbibliothek Frankfurt a. M. 4), Frankfurt a. M. 1980.

Weinmayer 1982
BARBARA WEINMAYER: *Studien zur Gebrauchssituation früher Druckprosa* (Münchener Texte und Untersuchungen zur deutschen Literatur des Mittelalters 77), München/Zürich 1982.

Weißer 1982
CHRISTOPH WEISSER: *Studien zum mittelalterlichen Krankheitslunar* (Würzburger medizinhistorische Forschungen 21), Pattensen 1982.

Weizsäcker 1923
HEINRICH WEIZSÄCKER: *Die Kunstschätze des ehemaligen Dominikanerklosters in Frankfurt a.M.*, München 1923.

Welker 1988
Lorenz Welker: *Das «iatromathematische Corpus». Untersuchungen zu einem alemannischen astrologisch-medizinischen Kompendium des Spätmittelalters mit Textausgabe und einem Anhang: Michael Puffs von Schrick Traktat «Von den gebrannten Wässern» in der handschriftlichen Fassung des Codex Zürich, Zentralbibliothek, C 102 b* (Zürcher medizingeschichtliche Abhandlungen 196), Zürich 1988.

Wenck 1900
Karl Wenck: *Friedrich des Freidigen Erkrankung und Tod (1321 und 1323)*, in: Festschrift zum fünfundsiebzigjährigen Jubiläum des königlich sächsischen Altertumsvereines, Dresden 1900, S. 69–82.

Werckmeister 1982
Otto Karl Werckmeister: *Die Auferstehung der Toten am Westportal von St. Lazare in Autun*, in: Frühmittelalterliche Studien 16, 1982, S. 208–236.

Werner 1973
F. Werner: *Christophorus*, in: LCI 5, 1973, Sp. 496–508.

Werner um 1920
R. Werner: *Kremsmünster in Wort und Bild*, Kremsmünster (o.J.) [um 1920].

Werres 1989
Johannes M. Werres: *Zur marianischen Auslegung des Psalters bei Johann von Mecheln (–1475)*, in: Ars et Ecclesia. Festschrift für Franz J. Ronig (Veröffentlichungen des Bistumsarchivs Trier 26), Trier 1989, S. 447–452.

Westermann-Angerhausen 1987
Hiltrud Westermann-Angerhausen: *Fragments from Freckenhorst*, in: Romanesque and Gothic. Essays in Honour of George Zarnecki, Bury St. Edmunds 1987, S. 201–204.

Wicki 1954
Nikolaus Wicki: *Die Lehre von der himmlischen Seligkeit in der mittelalterlichen Scholastik von Petrus Lombardus bis Thomas von Aquin* (Studia Friburgensia, NF 9), Freiburg/Schweiz 1954.

Wicki 1991
N[ikolaus] Wicki: *Himmel*, in: LMA 5, 1991, Sp. 22f.

Widmer 1974
Berthe Widmer: *Historischer Kommentar zur Fridolinsvita*, in: Jahrbuch des historischen Vereins des Kantons Glarus 65, 1974, S. 100–191.

Wiebel 1988
Christiane Wiebel: *Askese und Endlichkeitsdemut in der italienischen Renaissance. Ikonologische Studien zum Bild des heiligen Hieronymus*, Weinheim 1988.

Wiebel-Fanderl 1984
Oliva Wiebel-Fanderl: *Der Fegfeuer- und Armenseelenkult*, in: Die letzte Reise. Sterben, Tod und Trauersitten in Oberbayern, hrsg. von Sigrid Metken (Ausstellungskatalog: München, Stadtmuseum), München 1984, S. 243–249.

Wieck 1988 (Book)
Roger S. Wieck: *The Book of Hours in Medieval Art and Life*, London 1988.

Wieck 1988 (Time)
Roger S. Wieck: *Time Sanctified. The Book of Hours in Medieval Art and Life*, with Essays by Lawrence R. Poos, Virginia Reinburg, John Plummer (Ausstellungskatalog: Baltimore, Walters Art Gallery), New York 1988.

Wilckens 1993
Leonie von Wilckens: *«o mensch gedenck an mich...» – Werke der Barmherzigkeit für die Armen Seelen. Zu einer spätmittelalterlichen Handschrift in der Nürnberger Stadtbibliothek*, in: Frömmigkeit – Lenz Kriss-Rettenbeck zum 70. Geburtstag (Forschungshefte, hrsg. vom Bayerischen Nationalmuseum München 13), München 1993, S. 73–80.

Wilhelm 1938
Th. Wilhelm: *Der Ablaßbrief von Avignon von 1361 im Pfarrachiv in Baar*, in: Heimat-Klänge, Wochenbeilage zu den «Zuger Nachrichten», Nr. 22–24, Juni 1938.

Williams/Williams-Krapp 1980
Ulla Williams / Werner Williams-Krapp (Hrsg.): *Die «Elsässische Legenda Aurea»*, Tübingen 1980.

Wilm 1923
Hubert Wilm: *Die gotische Holzfigur. Ihr Wesen und ihre Technik*, Leipzig 1923.

Wilpert 1903
Joseph Wilpert: *Die Malereien der Katakomben Roms*, 2 Bde., Freiburg i. Br. 1903.

Windler 1990
Renata Windler: *Zur Siedlungsgeschichte der Gegend von Bülach im Frühmittelalter*, in: Archäologie der Schweiz 13, 1990, S. 67–79.

Windler 1994
Renate Windler: *Die Gräber*, in: Carola Jäggi u.a. : Die Stadtkirche St. Laurentius Winterthur. Ergebnisse der archäologischen und historischen Forschungen (Zürcher Denkmalpflege, Monographien 14), Zürich 1994, S. 69–71 und 73–75 (im Druck).

Winkler 1936–1939
F. Winkler: *Die Zeichnungen Albrecht Dürers*, 4 Bde., Berlin 1936–1939.

Winkler 1941
F. Winkler: *Die Holzschnitte des Hans Suess von Kulmbach*, in: Jahrbuch der preussischen Kunstsammlungen 20, Heft 1/2, 1941.

Winner 1992
Matthias Winner (Hrsg.): *Der Künstler über sich in seinem Werk*, Weinheim 1992.

Winter 1970
Helmut Winter: *Der Rentenkauf in der freien Reichsstadt Schweinfurt*, in: Mainfränkisches Jahrbuch 22, 1970, S. 1–148.

Wirth 1967
Karl-August Wirth: *Eschatologie*, in: RDK 5, 1967, Sp. 1456–1467.

Wirth 1979
Jean Wirth: *La jeune fille et la mort*, Genf 1979.

Wischmeyer 1978
Wolfgang Wischmeyer: *Die Entstehung der christlichen Archäologie im Rom der Gegenreformation*, in: Zeitschrift für Kirchengeschichte 89, 1978, S. 136–149.

Wischmeyer 1981
Wolfgang Wischmeyer: *Das Beispiel Jonas. Zur kirchengeschichtlichen Bedeutung von Denkmälern frühchristlicher Grabeskunst zwischen Theologie und Frömmigkeit*, in: Zeitschrift für Kirchengeschichte 92, 1981, S. 161–179.

Witte 1926
Fritz Witte: *Liturgische Gewänder und kirchliche Stickereien des Schnütgen-Museums Köln*, Berlin 1926.

Wittkowski 1990
Joachim Wittkowski: *Psychologie des Todes*, Darmstadt 1990.

Wölfflin 1928
Heinrich Wölfflin: *Über das Rechts und Links im Bilde*, in: Münchner Jahrbuch der bildenden Kunst, NF 5, 1928, Sp. 213–224.

Wörterbuch christlicher Ethik 1975
Wörterbuch christlicher Ethik, hrsg. von Bernhard Stoeckle, Freiburg/Basel/Wien 1975.

Wohlfeil 1985
Rainer Wohlfeil: *Nürnberger Bildepitaphien. Versuch einer Fallstudie zur historischen Bildkunde*, in: ZHF 12, 1985, S. 129–180.

Wohlfeil 1986
Rainer Wohlfeil: *Das Bild als Geschichtsquelle*, in: Historische Zeitschrift 243, 1986, S. 91–100.

Wohlfeil 1991
Rainer Wohlfeil: *Methodische Reflexionen zur Historischen Bildkunde*, in: Rainer Wohlfeil/Brigitte Tolkemitt (Hrsg.): Historische Bildkunde. Probleme – Wege – Beispiele (ZHF Beih. 12), Berlin 1991, S. 17–35.

Wolf 1989
Ursula Wolf: *Die Parabel vom reichen Prasser und armen Lazarus in der mittelalterlichen Buchmalerei* (Beiträge zur Kunstwissenschaft 26), München 1989.

Wolff 1977
Philippe Wolff: *Pouvoir et investissements urbains en Europe occidentale et centrale du treizième au dix-septième siècle*, in: Revue historique 524, 1977, S. 277–311.

Wolfram von Eschenbach, Parzival
Wolfram von Eschenbach: *Parzival*, hrsg. von Karl Lachmann und Wolfgang Spiewok, 2 Bde., Stuttgart 1981.

Wolfram von Eschenbach, Parzival (Studienausgabe)
Wolfram von Eschenbach: *Parzival*, Studienausgabe, Berlin 1965.

Wollasch 1982
Joachim Wollasch (Hrsg.): *Synopse der cluniacensischen Necrologien*, 2 Bde. (Münstersche Mittelalter-Schriften 39, 1–2), München 1982.

Wollasch 1988
Joachim Wollasch: *Konventsstärke und Armensorge in mittelalterlichen Klöstern. Zeugnisse und Fragen*, in: Saeculum 39, 1988, S. 184–199.

Wollasch 1989
Joachim Wollasch: *Totengedenken im Reformmönchtum*, in: Monastische Reformen im 9. und 10. Jahrhundert, hrsg. von Raymund Kottje und Helmut Maurer (Vorträge und Forschungen 38), Sigmaringen 1989, S. 147–166.

Woltmann 1874–1986
Alfred Woltmann: *Holbein und seine Zeit*, 2 Bde., Leipzig 1874–1986.

Wright 1975
A. D. Wright: *The Significance of the Council of Trent*, in: Journal of Ecclesiastical History 26, 1975, S. 353–362.

Wurmbach 1932
Edith Wurmbach: *Das Wohnungs- und Kleidungswesen des Kölner Bürgertums um die Wende des Mittelalters* (Veröffentlichungen des Historischen Museums der Stadt Köln 1), Bonn 1932.

Wüthrich 1969
Lucas Heinrich Wüthrich: *Spätgotische Tafelmalerei (1475–1520)* (Aus dem Schweizerischen Landesmuseum 23), Bern 1969.

Wüthrich 1976
Lucas Wüthrich: *Hans Herbst und die Basler Malerei um 1500*, unpubliziertes Manuskript 1976.

Wüthrich 1978
Lukas Wüthrich: *Quellen zur Biographie des Malers Hans Herbst (1470–1552)*, in: Zeitschrift für Schweizerische Archäologie und Kunstgeschichte 35, 1978, Sp. 170–189.

Wüthrich 1990
Lukas Wüthrich: *Der sogenannte «Holbeintisch»* (Mitteilungen der Antiquarischen Gesellschaft 57) 1990.

Wüthrich 1994
Lucas Wüthrich: *Gemälde. Katalog der Sammlung des Schweizerischen Landesmuseums*, 1994, (Arbeitstitel, Publikation im Erscheinen begriffen).

Wuttke 1985 (Nürnberg)
Dieter Wuttke: *Humanismus in Nürnberg um 1500*, in: Zeitschrift für bayerische Landesgeschichte 48, 1985, S. 677–688.

Wuttke 1985 (Philosophia)
Dieter Wuttke: *Humanismus als integrative Kraft. Die Philosophia des deutschen 'Erzhumanisten' Conrad Celtis. Eine ikonographische Studie zu programmatischer Graphik Dürers und Burgkmairs* (Stadt Nürnberg, Stadtgeschichtliche Museen, Renaissance-Vorträge 8), Nürnberg 1985.

Wuttke 1987
Dieter Wuttke: *Nürnberg als Symbol deutscher Kultur und Geschichte*, Bamberg 1987.

Wyss 1973
Franz Wyss: *Zur frühesten Baugeschichte der Kirche St. Oswald in Zug*, in: Heimatklänge 53, 1973, Nr. 4–7.

Zaddach 1971
Bernd I. Zaddach: *Die Folgen des Schwarzen Todes für den Klerus Mitteleuropas* (Forschungen zur Sozial- und Wirtschaftsgeschichte 17), Stuttgart 1971.

Zahn 1973
Peter Zahn: *Neue Funde zur Entstehung der Schedelschen Weltchronik 1493* (Renaissance Vorträge 2/3), Nürnberg 1973.

Zaleski 1993
Carol Zaleski: *Nah-Todeserlebnisse und Jenseitsvisionen vom Mittelalter bis zur Gegenwart*, Frankfurt a. M./Leipzig 1993.

Zander-Seidel 1990
Jutta Zander-Seidel: *Textiler Hausrat. Kleidung und Haustextilien in Nürnberg von 1500–1650* (Kunstwissenschaftliche Studien 59), München 1990.

Zanoni 1911
Luigi Zanoni: *Gli Umiliati nei loro rapporti con l'eresia, l'industria della lana ed i comuni*, Milano 1911.

Zeder
Olivier Zeder: *Dokumentation Fondation Rau*, masch. o.J.

Zehnder 1985
Frank Günter Zehnder: *Sankt Ursula. Legende – Verehrung – Bilderwelt*, Köln 1985.

Zehnder 1989
Frank Günter Zehnder: *Gotische Malerei in Köln. Altkölner Bilder von 1300–1550* (Wallraf-Richartz-Museum Köln, Bildhefte zur Sammlung 3), Köln 1989.

Zehnder 1990
Frank Günter Zehnder: *Katalog der Altkölner Malerei* (Kataloge des Wallraf-Richartz-Museums 11), Köln 1990.

Zender 1985
Matthias Zender: *Die Verehrung des heiligen Severin von Köln* (Geschichtlicher Atlas der Rheinlande 11.2, PGRG 12 1b NF), Köln 1985.

Zerner 1971
Henri Zerner: *L'Art au morier*, in: Revue de l'Art 11, 1971, S. 7–30.

Zeumer 1878
Karl Zeumer: *Die deutschen Städtesteuern, insbesondere die städtischen Reichssteuern im 12. und 13. Jahrhundert* (Staats- und sozialwissenschaftliche Forschungen I/2), Leipzig 1878.

ZGO
Zeitschrift für die Geschichte des Oberrheins, Karlsruhe 1850ff.

ZHF
Zeitschrift für historische Forschung, Bd. 1ff. Berlin 1974ff.

Zimmermann 1986
Gunter Zimmermann: *Spätmittelalterliche Frömmigkeit. Eine sozialgeschichtliche Nachbetrachtung*, in: ZHF 13, 1986, S. 65–81.

Zinserling 1957
Liselotte Zinserling: *Stifterdarstellungen in der altdeutschen Tafelmalerei. Eine Untersuchung ihrer formalen Gestaltung*, Diss. phil. masch. Jena [1957].

Zinsli 1979
Paul Zinsli: *Der Berner Totentanz des Niklaus Manuel*, Bern 1979, 2. Aufl.

Zuccari 1990
Alessandro Zuccari: *Bellarmino e la prima iconografia gesuitica: la cappella degli Angeli al Gesù*, in: Bellarmino e la controriforma (Fonti e studi baroniani 3), Sora 1990, S. 609–628.

250 Jahre Pfarrkirche Schattdorf, 1983
250 Jahre Pfarrkirche Schattdorf, 1733–1983, Gurtnellen 1983.

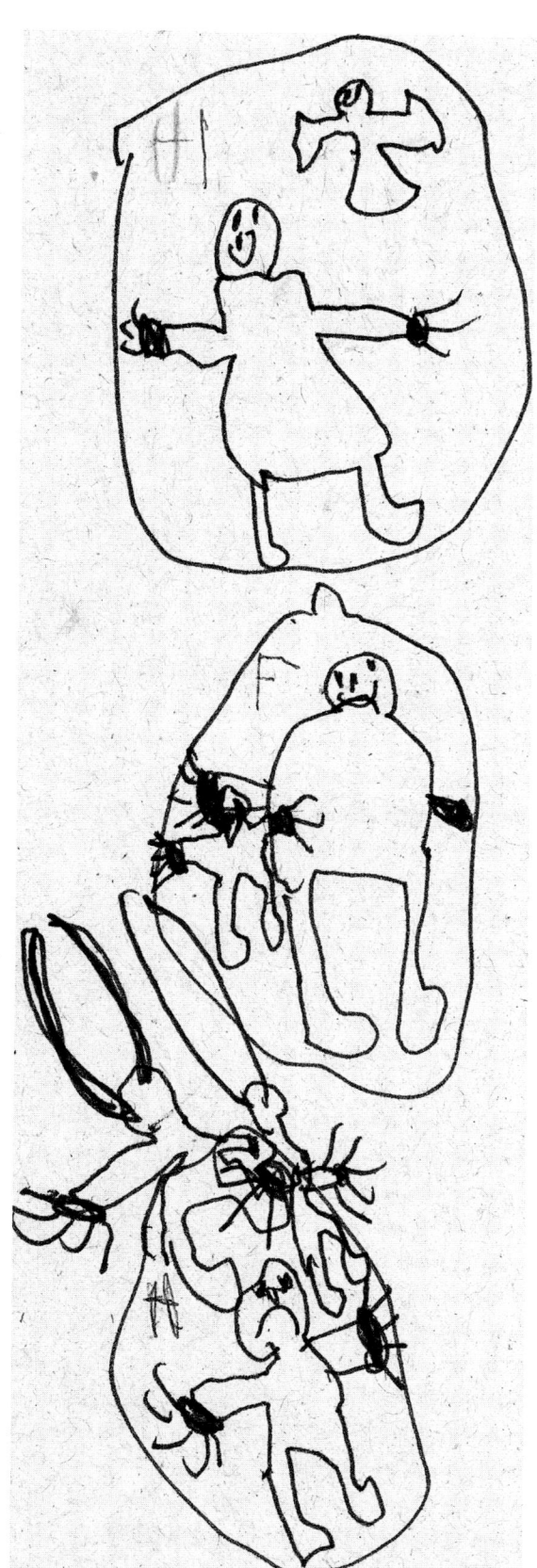

Abb. 163 Clemens Jezler (fünfjährig),
«HI[...], F[...], H[...]», 1993.
Zeichnung auf Papier.